Igl/Welti

Sozialrecht

Werner-Studien-Reihe

Sozialrecht

Ein Studienbuch

8., neu bearbeitete Auflage
begründet von
Prof. Dr. Bertram Schulin

fortgeführt ab der
6. Auflage von
Prof. Dr. Gerhard Igl

weiter fortgeführt ab
der 8. Auflage von
Prof. Dr. Gerhard Igl
und
Privatdozent
Dr. Felix Welti

Werner Verlag 2007

Bibliografische Information Der Deutschen Bibliothek
Die Deutsche Bibliothek verzeichnet diese Publikation in der Deutschen Nationalbibliografie; detaillierte bibliografische Daten sind im Internet über **http://dnb.ddb.de**

ISBN 978-3-8041-4196-4
3-8041-4196-X

www.werner-verlag.de
www.wolterskluwer.de

Werner Verlag – eine Marke von Wolters Kluwer Deutschland GmbH
Eine Lange-Publikation

Satz: Hümmer GmbH, Waldbüttelbrunn
Druck und Verarbeitung: Druckerei Wilco, Amersfoort
Gedruckt auf säurefreiem, alterungsbeständigem und chlorfreiem Papier.

Vorwort

Mit der achten neu bearbeiteten Auflage des bisher von *Schulin* und *Igl* verantworteten Studienbuchs zum Sozialrecht tritt ein Autorenwechsel ein: Für Professor Dr. *Bertram Schulin* wird Privatdozent Dr. jur. habil. *Felix Welti* die inhaltliche Mitverantwortung übernehmen.

Die siebte Auflage des Studienbuches ist 2002 erschienen. Seitdem hat sich das Sozialrecht wieder in vielen Bereichen geändert. Diese Änderungen betreffen nicht nur Einzelheiten, sondern auch Grundlegendes. So wurden die Grundsicherung für Arbeitsuchende als neues Buch des Sozialgesetzbuches (SGB II) eingeführt, das Sozialhilferecht (jetzt im SGB XII, das auch die Grundsicherung im Alter und bei Erwerbsminderung enthält) und das Arbeitsförderungsrecht (SGB III) geändert. Seit der Einführung der Arbeitsmarktgesetze wurden diese schon wieder Änderungen unterzogen. Auch das Krankenversicherungsrecht (SGB V), das Rentenversicherungsrecht (SGB VI), das noch junge Rehabilitations- und Teilhaberecht (SGB IX) und das Sozialgerichtsgesetz (SGG) wurden bereits wieder geändert. Als neues Gesetz, in Kraft ab 1. Januar 2007, kommt das Bundeselterngeld- und -elternzeitgesetz hinzu, das das BErzGG ablöst. Diese gesetzlichen Änderungen bedingten auch eine neue Anordnung der Kapitel.

Die Autoren haben diese Änderungen zum Anlass genommen, das Studienbuch auch in den allgemeinen und die Sozialleistungsbereiche übergreifenden Teilen systematischer zu ordnen. Dies gilt für das bisherige einführende 1. Kapitel, das jetzt aufgeteilt worden ist in einen allgemeinen begrifflichen und systematischen Teil (jetzt aus Platzgründen unter Verzicht auf die Darstellung der ökonomischen Relevanz des Sozialrechts) und einen verfassungs-, gemeinschafts- und internationalrechtlichen Teil. Damit sollte auch die notwendige systematische Trennung zum Internationalen Sozialrecht (ISR) deutlicher werden als bisher. Das ISR ist deswegen zum Schlusskapitel geworden (16. Kapitel).

Die Autoren sind sich bewusst, dass bei einem Studienbuch, das auf der einen Seite den Anspruch erhebt, über die Sozialversicherung hinaus auch die Gebiete des Familienleistungsausgleichs, des Ausbildungs- und Arbeitsförderungsrechts, des Sozialhilferechts und des sozialen Entschädigungsrechts wenigstens in den Grundzügen darzustellen, ein Spagat zwischen den stofflichen Anforderungen des Sozialrechts und dem Aufnahmevermögen der Studierenden zu leisten ist. Der Stoffumfang für das Studium wird vor allem bestimmt durch die jeweiligen Prüfungsordnungen der Länder. Da mittlerweile durch die Juristenausbildungsreform die bisherigen Wahlfächer in von der Universität zu prüfende Schwerpunktbereiche eingegangen sind, haben sich hier wieder neue Konfigurationen ergeben. Dabei tut sich ein weites Spektrum auf, das von der Intensivierung des sozialrechtlichen Stoffes bis hin zu einer Konzentration auf Grundzüge reicht. Deswegen muss wieder darauf hingewiesen werden, dass der breite Stoffumfang des Studienbuches einer Stoffauswahl nicht entgegensteht. Von Kollegenseite ist uns angeraten worden, diesen Stoffumfang beizubehalten. Die Studierenden scheinen dies ebenfalls zu schätzen.

Ein Wort ist noch zur Literaturauswahl zu sagen: Mittlerweile erweist sich das Sozialrecht als ein literarisch und kommentatorisch durchaus intensiv bestelltes Feld. Dies gilt auch für die Lehrbuchproduktion auf diesem Rechtsgebiet. Es ist mittlerweile nicht mehr unüblich, dass zu einem Buch des Sozialgesetzbuchs mehr als fünf Kommentare vorliegen. Auch die rechtswissenschaftliche Produktion hat zugenommen. Davon legen zahlreiche wichtige Habilitationsschriften Zeugnis ab. Für die Autoren des Studienbuches ist damit eine schwierige Situation entstanden, die sie mit folgendem Maßstab bewältigen wollen: Bei der Auswahl aus der Fülle der rechtswissenschaftlichen monografischen Publikationen wird in der Regel nur einmal – bei der Literaturübersicht zu Beginn eines Kapitels –

auf diese verwiesen. Beiträge aus Handbüchern werden nur zitiert, wenn sie für Studierende gut fassbare Überblicke geben. Kommentare werden als Auswahl ebenfalls zu Beginn eines Kapitels oder in der Übersicht über die Arbeitsmittel im Sozialrecht aufgeführt. Reine Praktikerkommentare werden in der Regel nicht aufgenommen. Aufsätze werden dann zitiert, wenn sie unter Ausbildungsgesichtspunkten von Bedeutung erscheinen.

Den Mitarbeiterinnen und Mitarbeitern am Institut gebührt großer Dank. Sie haben ganz erheblich dazu beigetragen, dass diese Auflage trotz der geschilderten grundlegenden Änderungen so zügig herausgegeben werden konnte. Unser Dank gilt den wissenschaftlichen Mitarbeiterinnen *Silke Hamdorf* und *Viktoria Tallich* sowie den ehemaligen wissenschaftlichen Mitarbeitern *Reza Fakhreshafaei* und *Johannes Reimann* für ihre inhaltlichen Beiträge und den studentischen Mitarbeiterinnen und Mitarbeitern *Inga Gerlach, Bianca Lüßenhop, Sushil Kumar, Dennis Bunge, Philipp Köster* und *Malte Wüstenberg* für vielfältige technische Hilfen. In diesen Dank schließen wir auch die Institutssekretärin, Frau *Cornelia Priebcke-Hille,* ein.

Die Revision des Studienbuches wurde im Herbst 2006 abgeschlossen. Von den angekündigten Reformen im Gesundheitswesen und in der Pflegeversicherung lagen zu diesem Zeitpunkt nur Eckpunkte bzw. Pressemitteilungen vor, so dass darauf noch nicht eingegangen werden konnte. Die Grundgesetzänderungen zur Föderalisierung betreffen die Gesetzgebungskompetenzen für das Sozialrecht nur am Rande.

Im Vorwort der letzten Auflage ist um Kritik und Anregungen gebeten worden. Daraufhin sind viele freundliche Hinweise gerade auch aus dem Kreis der Studierenden eingegangen, die in diese Auflage eingearbeitet worden sind. Jeder Verfasser eines Lehr- oder Studienbuches ist auf solche Resonanz angewiesen. Das beste Medium für entsprechende Mitteilungen ist die E-Mail: gigl@instsociallaw.uni-kiel.de und mail@felix-welti.de.

Kiel, im Herbst 2006 *Gerhard Igl/Felix Welti*

Inhaltsübersicht

Inhaltsverzeichnis

Abkürzungsverzeichnis

A. Allgemeine Abkürzungen

a.A.	anderer Ansicht
a.a.O.	am angegebenen Ort
AAÜG	Anspruchs- und Anwartschaftsüberführungsgesetz
Abl.	Amtsblatt
abl.	ablehnend
Abs.	Absatz
AcP	Archiv für die civilistische Praxis (Zeitschrift)
a.E.	am Ende
a.F.	alte Fassung
AF	Arbeitsförderung
AFBG	Aufstiegsfortbildungsförderungsgesetz
AFG	Arbeitsförderungsgesetz
AföRG	Ausbildungsförderungs-Reformgesetz
AFRG	Arbeitsförderungs-Reformgesetz
ALG	Gesetz über die Alterssicherung für Landwirte
ALNG	Gesetz zur Neuordnung der Altershilfe für Landwirte
Alt.	Alternative
AltZertG	Gesetz über die Zertifizierung von Altersvorsorgeverträgen
Anm.	Anmerkung
AnVNG	Angestelltenversicherungs-Neuregelungsgesetz
AOK	Allgemeine Ortskrankenkasse
AöR	Archiv des öffentlichen Rechts
AP	Arbeitsrechtliche Praxis, Nachschlagewerk des Bundesarbeitsgerichts
AR-Blattei	Arbeitsrecht-Blattei
ArblV	Arbeitslosenversicherung
ArbSchG	Arbeitsschutzgesetz
ArbSozPol.	Arbeit und Sozialpolitik (Zeitschrift)
ArbStättV	Verordnung über Arbeitsstätten
ArchsozArb.	Archiv für Wissenschaft und Praxis der sozialen Arbeit (Zeitschrift)
ArEV	Arbeitsentgeltverordnung
arg.	Argument aus
Art.	Artikel
ArVNG	Arbeiterrentenversicherungs-Neuregelungsgesetz
ASiG	Arbeitssicherheitsgesetz
AsylbLG	Asylbewerberleistungsgesetz
AT	Allgemeiner Teil
ATG	Altersteilzeitgesetz
AuA	Arbeit und Arbeitsrecht (Zeitschrift)
Aufl.	Auflage
AuR	Arbeit und Recht (Zeitschrift)
AVA	Altersvorsorgeanteil
AVAVG	Gesetz über Arbeitsvermittlung und Arbeitslosenversicherung
AVG	Angestelltenversicherungsgesetz
AVmEG	Altersvermögensergänzungsgesetz
AVmG	Altersvermögensgesetz

BA	Bundesagentur für Arbeit
Bad.-Württ.	Baden-Württemberg
BAföG	Bundesausbildungsförderungsgesetz
BAföGÄndG	Änderungsgesetz zum BAföG
BAG	Bundesarbeitsgericht
BAK	Blutalkoholkonzentration
BAnz.	Bundesanzeiger
BArbBl.	Bundesarbeitsblatt (Zeitschrift)
BayVBl.	Bayerische Verwaltungsblätter (Zeitschrift)
BB	Betriebs-Berater (Zeitschrift)
BBesG	Bundesbesoldungsgesetz
BBG	Bundesbeamtengesetz
BBiG	Berufsbildungsgesetz
Bd./Bde.	Band/Bände
BDSG	Gesetz zum Schutz vor Missbrauch personenbezogener Daten bei der Datenverarbeitung (Bundesdatenschutzgesetz)
BeamtVG	Beamtenversorgungsgesetz
bearb.	Bearbeitet
BEEG	Bundeselterngeld- und Elternzeitgesetz
BEG	Bundesgesetz zur Entschädigung der Opfer der nationalsozialistischen Verfolgung
BeitrEntlG	Beitragsentlastungsgesetz
BerlVerfGH	Verfassungsgerichtshof des Landes Berlin
BErzGG	Bundeserziehungsgeldgesetz
Beschl.	Beschluss
BetrAV	Betriebliche Altersversorgung (Zeitschrift)
BetrAVG	Gesetz zur Verbesserung der betrieblichen Altersversorgung
BetrVG	Betriebsverfassungsgesetz
BfA	Bundesversicherungsanstalt für Angestellte
BFH	Bundesfinanzhof
BG	Die Berufsgenossenschaft (Zeitschrift), Berufsgenossenschaft
BGB	Bürgerliches Gesetzbuch
BGBl.	Bundesgesetzblatt
BGH	Bundesgerichtshof
BGHSt	Entscheidungen des Bundesgerichtshofes in Strafsachen
BGHZ	Entscheidungen des Bundesgerichtshofes in Zivilsachen
BKGG	Bundeskindergeldgesetz
BKK	Die Betriebskrankenkasse (Zeitschrift)
BK-Listen	Listen der Berufskrankheiten
BKV	Berufskrankheiten-Verordnung
BlStSozArbR	Blätter für Steuerrecht, Sozialversicherung und Arbeitsrecht (Zeitschrift)
BPflV	Bundespflegesatzverordnung
br	Behindertenrecht – Fachzeitschrift für Fragen der Rehabilitation
BRAGO	Bundesrechtsanwaltsgebührenordnung
BR-Drs.	Bundesrats-Drucksache
Breith.	Breithaupt, Sammlung von Entscheidungen aus dem Sozialrecht, begründet von Hermann Breithaupt
BRi	Begutachtungs-Richtlinien
BSeuchG	Bundes-Seuchengesetz
BSG	Bundessozialgericht
BSGE	Entscheidungen des Bundessozialgerichts
BSHG	Bundessozialhilfegesetz

Bsp.	Beispiel
BT-Drs.	Bundestags-Drucksache
BU	Berufsunfähigkeit
BVerfG	Bundesverfassungsgericht
BVerfGE	Entscheidungen des Bundesverfassungsgerichts
BVerwG	Bundesverwaltungsgericht
BVerwGE	Entscheidungen des Bundesverwaltungsgerichts
BVG	Bundesversorgungsgesetz
bzw.	beziehungsweise
D.h.	das heißt
DAG	Deutsche Angestellten-Gewerkschaft
DAK	Deutsche Angestelltenkrankenkasse
DAngVers.	Die Angestelltenversicherung (Zeitschrift)
DB	Der Betrieb (Zeitschrift)
ders.	derselbe
Diss.	Dissertation
DJT	Deutscher Juristentag
DOK	Die Ortskrankenkasse (Zeitschrift)
DÖV	Die Öffentliche Verwaltung (Zeitschrift)
DRiZ	Deutsche Richterzeitung
Drs.	Drucksache
DRK	Deutsches Rotes Kreuz
DRV	Deutsche Rentenversicherung (Zeitschrift)
DtZ	Deutsch-Deutsche Rechts-Zeitschrift
DVBl.	Deutsches Verwaltungsblatt (Zeitschrift)
DuD	Datenschutz und Datensicherung (Zeitschrift)
E	Entscheidung; Entwurf
EAS	Europäisches Arbeits- und Sozialrecht (Textsammlung)
ebd.	ebenda
EFZG	Entgeltfortzahlungsgesetz
EG	Europäische Gemeinschaft; EG-Vertrag (in der nach dem 1. 5. 1999 geltenden Fassung)
eGmbH	eingetragene Gesellschaft mit beschränkter Haftung
EGV	Vertrag zur Gründung der Europäischen Wirtschaftsgemeinschaft (teilweise auch als EWGV zitiert) (in der vor dem 1. 5. 1999 geltenden Fassung)
EheRG	Gesetz zur Reform des Ehe- und Familienrechts
einschl.	einschließlich
Einf.	Einführung
EJSS	The European Journal of Social Security
EltZV	Elternzeitverordnung
Ersk.	Die Ersatzkasse (Zeitschrift)
EStG	Einkommensteuergesetz
etc.	et cetera
EU	Europäische Union; Vertrag über die Europäische Union (in der nach dem 1. 5. 1999 geltenden Fassung); Erwerbsunfähigkeit
EuGH	Europäischer Gerichtshof (= Gerichtshof der Europäischen Gemeinschaften)
EuGHE	Entscheidungen des Europäischen Gerichtshofs (= Slg.)
EuGRZ	Europäische Grundrechte-Zeitschrift
EuM	Entscheidungen und Mitteilungen, hrsg. von Mitgliedern des Reichsversicherungsamtes
EuR	Europarat

EU-Rente	Erwerbsunfähigkeitsrente
EuroAS	Europäisches Arbeits- und Sozialrecht (Zeitschrift)
EUV	Vertrag über die Europäische Union
EuZW	Europäische Zeitschrift für Wirtschaftsrecht
e.V.	eingetragener Verein
EVS	Einkommens- und Verbrauchsstichprobe
EWG	Europäische Wirtschaftsgemeinschaft
EWGV	Vertrag zur Gründung der Europäischen Wirtschaftsgemeinschaft (teilweise auch als EGV zitiert)
EzA	Entscheidungssammlung zum Arbeitsrecht
EzS	Entscheidungssammlung zum Sozialversicherungsrecht
f.; ff.	folgende; fortfolgende
FamRZ	Zeitschrift für das gesamte Familienrecht
FDGB	Freier Deutscher Gewerkschaftsbund (DDR)
FEVS	Fürsorgerechtliche Entscheidungen der Verwaltungs- und Sozialgerichte (Entscheidungssammlung)
FiWi	Finanzwirtschaft (Zeitschrift)
Fn.	Fußnote
FPR	Familie-Partnerschaft-Recht. Interdisziplinäres Fachjournal für die Praxis
FRG	Fremdrentengesetz
FS	FS
FuR	Familie und Recht (Zeitschrift)
FZR	Freiwillige Zusatzrentenversicherung (DDR)
gA	gewöhnlicher Aufenthalt
GAL	Gesetz über die Altershilfe für Landwirte
GBl./GesBl.	Gesetzblatt
GdB	Grad der Behinderung
gem.	gemäß
GesetzE	Gesetzentwurf
GewArch.	Gewerbearchiv (Zeitschrift)
GewO	Gewerbeordnung
GG	Grundgesetz für die Bundesrepublik Deutschland
G+G	Gesundheit und Gesellschaft (Zeitschrift)
ggf.	gegebenenfalls
GK	Gemeinschaftskommentar
GK-SchwbG	Gemeinschaftskommentar zum Schwerbehindertengesetz
GK-SGB	Gemeinschaftskommentar zum Sozialgesetzbuch
GKV	Gesetzliche Krankenversicherung
GKV-NOG	GKV-Neuordnungsgesetz
GKV-SolG	GKV-Solidaritätsstärkungsgesetz
GmbH	Gesellschaft mit beschränkter Haftung
GOÄ	Gebührenordnung für Ärzte
GOZ	Gebührenordnung für Zahnärzte
grundsätzlich	grundsätzlich
GRG	Gesundheits-Reformgesetz
GS	Großer Senat
GSG	Gesundheitsstrukturgesetz
GSiG	Gesetz über eine bedarfsorientierte Grundsicherung im Alter und bei Erwerbsminderung
GWB	Gesetz gegen Wettbewerbsbeschränkungen
HärteV	Härteverordnung

HAS	Handbuch des Arbeits- und Sozialrechts
HbgAbgG	Hamburgisches Abgeordnetengesetz
HDR	Handbuch der gesetzlichen Rentenversicherung
HEZG	Hinterbliebenenrenten- und Erziehungszeitengesetz
HGB	Handelsgesetzbuch
HHG	Häftlingshilfegesetz
h.L.	herrschende Lehre
h.M.	herrschende Meinung
hrsg.; Hrsg.	herausgegeben; Herausgeber
h. Rspr.	herrschende Rechtsprechung
Hs.	Halbsatz
HS-KV	Handbuch des Sozialversicherungsrechts – Krankenversicherungsrecht
HS-PV	Handbuch des Sozialversicherungsrechts – Pflegeversicherungsrecht
HS-RV	Handbuch des Sozialversicherungsrechts – Rentenversicherungsrecht
HS-UV	Handbuch des Sozialversicherungsrechts – Unfallversicherungsrecht
HwVG	Handwerkerversicherungsgesetz
IAO	Internationale Arbeitsorganisation
i.d.F.	in der Fassung
i.d.R.	in der Regel
i.e.S.	im engeren Sinne
IfSG	Infektionsschutzgesetz
info also	Informationen zum Arbeitslosenrecht und Sozialhilferecht (Zeitschrift)
insbes.	insbesondere
InsO	Insolvenzordnung
IPR	Internationales Privatrecht
i.S.	im Sinne
i.S.d.	im Sinne des/r
ISR	Internationales Sozialrecht
i.S.v.	im Sinne von
i.V.m.	in Verbindung mit
i.W.	im Wesentlichen
i.w.S.	im weiteren Sinne
JA	Juristische Arbeitsblätter (Zeitschrift)
JAV	Jahresarbeitsverdienstgrenze
JbSozR	Jahrbuch des Sozialrechts der Gegenwart
JGG	Jugendgerichtsgesetz
JurA	Juristische Analysen (Zeitschrift)
Jura	Juristische Ausbildung (Zeitschrift)
JuS	Juristische Schulung (Zeitschrift)
JWG	Jugendwohlfahrtsgesetz
JZ	Juristen-Zeitung
KÄBV	Kassenärztliche Bundesvereinigung
Kap.	Kapitel
KassKomm.	Kasseler Kommentar (Sozialversicherungsrecht)
KÄV	Kassenärztliche Vereinigung
KG	Kommanditgesellschaft
KHG	Krankenhausfinanzierungsgesetz

KJHG	Kinder- und Jugendhilfegesetz
KK	Krankenkasse
KO	Konkursordnung
krit.	kritisch
KrV	Die Krankenversicherung (Zeitschrift)
KSchG	Kündigungsschutzgesetz
KStG	Körperschaftsteuergesetz
KSVG	Künstlersozialversicherungsgesetz
KURS	Krankenversicherung und Unfallversicherung in Rechtsprechung und Schrifttum
KV	Krankenversicherung
KVdR	Krankenversicherung der Rentner
KVLG	Gesetz über die Krankenversicherung der Landwirte
KVRS	Die Krankenversicherung in Rechtsprechung und Schrifttum
LAG	Gesetz über den Lastenausgleich
lit.	Buchstabe
LohnFG	Lohnfortzahlungsgesetz
LPK	Lehr- und Praxiskommentar
LSG	Landessozialgericht
LVA	Landesversicherungsanstalt
M	Mark der DDR
MdE	Minderung der Erwerbsfähigkeit
MDK	Medizinischer Dienst der Krankenversicherung
MedR	Medizinrecht (Zeitschrift)
Mitt. LVA Ob. u. Mit. fr.	Mitteilungen der Landesversicherungsanstalt Oberfranken und Mittelfranken (Zeitschrift)
MuSchG	Mutterschutzgesetz
m.w. Nachw.	mit weiteren Nachweisen
NDV	Nachrichtendienst des Deutschen Vereins für öffentliche und private Fürsorge (Zeitschrift)
n.F.	neue Fassung
NJW	Neue Juristische Wochenschrift (Zeitschrift)
NKES	Nomos Kommentar zum Europäischen Sozialrecht
NordÖR	Zeitschrift für öffentliches Recht in Norddeutschland
Nr.; Nrn.	Nummer; Nummern
NVwZ	Neue Zeitschrift für Verwaltungsrecht
NVwZ-RR	NVwZ-Rechtsprechungsreport
NWVBl.	Nordrhein-Westfälische Verwaltungsblätter
NZA	Neue Zeitschrift für Arbeits- und Sozialrecht; ab Heft 1/1993 Neue Zeitschrift für Arbeitsrecht
NZS	Neue Zeitschrift für Sozialrecht
OEG	Opferentschädigungsgesetz
o.g.	oben genannt
OLG	Oberlandesgericht
OVG	Oberverwaltungsgericht
PflegeVG	Pflege-Versicherungsgesetz
PflR	PflegeRecht (Zeitschrift)
PflRi	Pflegebedürftigkeits-Richtlinien
PflV	Pflegeversicherung
PflVG	Pflichtversicherungsgesetz
PKR	Pflege- und Krankenhausrecht (Zeitschrift)

RdA	Recht der Arbeit (Zeitschrift)
RdJB	Recht der Jugend und des Bildungswesens (Zeitschrift)
Rn.	Randnummer
RehaAnglG	Gesetz über die Angleichung der Leistungen zur Rehabilitation
RFV	Reichsfürsorgepflichtverordnung
RGBl.	Reichsgesetzblatt
RKG	Reichsknappschaftsgesetz
RL	Richtlinie
RM	Reichsmark
RRG	Rentenreformgesetz
Rs.	Rechtssache
RsDE	Beiträge zum Recht der sozialen Dienste und Einrichtungen (Zeitschrift)
Rspr.	Rechtsprechung
RÜG	Renten-Überleitungsgesetz
rv	Die Rentenversicherung (Zeitschrift)
RV	Rentenversicherung
RVA	Reichsversicherungsamt
RVO	Reichsversicherungsordnung
Rz.	Randziffer
S.	Seite; siehe
s.	siehe
Sachg.	Sachgebiet
SAE	Sammlung arbeitsrechtlicher Entscheidungen
sc.	scilicet (= nämlich)
SchwBeschG	Schwerbeschädigtengesetz
SchwbG	Gesetz zur Sicherung der Eingliederung Schwerbehinderter in Arbeit, Beruf und Gesellschaft
SdL	Soziale Sicherheit in der Landwirtschaft (Zeitschrift)
SDSRV	Schriftenreihe des Deutschen Sozialrechtsverbandes
SeuchRNeuG	Seuchenrechtsneuordnungsgesetz
SF	Sozialer Fortschritt (Zeitschrift)
SGB	Sozialgesetzbuch
SGb	Die Sozialgerichtsbarkeit (Zeitschrift)
SGB-SozVers-GesKomm.	Sozialgesetzbuch – Sozialversicherung, Gesamtkommentar
SGG	Sozialgerichtsgesetz
Slg.	Sammlung der Rechtsprechung des Gerichtshofes der Europäischen Gemeinschaften (s. EuGHE)
sog.	so genannt
SozR	Sozialrecht, Entscheidungssammlung, hrsg. von Richtern des Bundessozialgerichts
SozSich.	Soziale Sicherheit (Zeitschrift)
SozVers.	Die Sozialversicherung (Zeitschrift)
SRH	Sozialrechtshandbuch
SsE	Sammlung sozialhilferechtlicher Entscheidungen
StGB	Strafgesetzbuch
str.	streitig, strittig
st. Rspr.	ständige Rechtsprechung
StVG	Straßenverkehrsgesetz
StVollzG	Strafvollzugsgesetz
SV	Sozialversicherung
SVBG	Gesetz über die Sozialversicherung Behinderter

SVG	Gesetz über die Sozialversicherung (DDR)
SVG	Soldatenversorgungsgesetz
TzBfrG	Gesetz über Teilzeitarbeit und befristete Arbeitsverträge
u.a.	unter anderem; und andere
u.ä.	und ähnliche
UhVG	Unterhaltsvorschussgesetz
Urt.	Urteil
USK	Urteilssammlung für die gesetzliche Krankenversicherung
usw.	und so weiter
u.U.	unter Umständen
UV	Unfallversicherung
UVEG	Unfallversicherungs-Einordnungsgesetz
UVG	Unfallversicherungsgesetz
v.	von; vom
VA	Verwaltungsakt
VAG	Versicherungsaufsichtsgesetz
VdK	Verband der Kriegs- und Wehrdienstopfer, Behinderten und Sozialrentner Deutschlands
VDR-Info	Informationen aus der gesetzlichen Rentenversicherung, hrsg. vom Verband Deutscher Rentenversicherungsträger
Verf.	Verfasser; Verfasserin
Verhdl.	Verhandlung
VersorgB	Der Versorgungsbeamte (Zeitschrift)
VersorgVerw.	Die Versorgungsverwaltung (Zeitschrift)
VerwArch.	Verwaltungsarchiv (Zeitschrift)
vgl.	vergleiche
v.H.	vom Hundert
VO	Verordnung
Vorbem.	Vorbemerkung
VRG	Vorruhestandsgesetz
VSSR	Vierteljahresschrift für Sozialrecht
VwGO	Verwaltungsgerichtsordnung
VwVfG	Verwaltungsverfahrensgesetz
WEG	Wohnungseigentumsgesetz
WoGG	Wohngeldgesetz
WzS	Wege zur Sozialversicherung (Zeitschrift)
Z Gerontol Geriat	Zeitschrift für Gerontologie und Geriatrie
ZAS	Zeitschrift für Arbeitsrecht und Sozialrecht (Wien)
z.B.	zum Beispiel
ZblJugR	Zentralblatt für Jugendrecht (auch ZfJ) (Zeitschrift)
ZDG	Gesetz über den Zivildienst der Kriegsdienstverweigerer (Zivildienstgesetz)
ZESAR	Zeitschrift für Europäisches Sozial- und Arbeitsrecht
ZEuS	Zeitschrift für Europarechtliche Studien
ZfF	Zeitschrift für das Fürsorgewesen
ZfJ	Zentralblatt für Jugendrecht (auch ZblJugR) (Zeitschrift)
ZfS	Zentralblatt für Sozialversicherung, Sozialhilfe und Versorgung (Zeitschrift)
ZfSH/SGB	Zeitschrift für Sozialhilfe und Sozialgesetzbuch

ZIAS	Zeitschrift für ausländisches und internationales Arbeits- und Sozialrecht
Ziff.	Ziffer
ZIP	Zeitschrift für Wirtschaftsrecht und Insolvenzpraxis
zit.	zitiert
ZRP	Zeitschrift für Rechtspolitik
ZSR	Zeitschrift für Sozialreform
z.T.	zum Teil
ZVersWiss	Zeitschrift für die gesamte Versicherungswissenschaft
z.Z.	zurzeit

Häufig zitierte Literatur

Handbuch Altersversorgung	*Cramer,* Jörg-E. / *Förster,* Wolfgang / *Ruland,* Franz (Hrsg.): Handbuch zur Altersversorgung. Gesetzliche, betriebliche und private Vorsorge in Deutschland, 1998
HDR (mit Autor)	*Ruland,* Franz (Hrsg.): Handbuch der gesetzlichen Rentenversicherung, 1990
KassKomm. (mit Autor)	Kasseler Kommentar Sozialversicherungsrecht, Gesamtredaktion: *Niesel,* Klaus; Loseblattwerk
LPK-SGB (mit Autor)	Lehr- und Praxiskommentare zu den einzelnen Sozialgesetzbüchern
SRH (mit Autor)	*Von Mayell,* Bernd Baron / *Ruland,* Franz (Hrsg): Sozialrechtshandbuch (SRH), 3. Aufl., 2003
Schulin / HS	*Schulin,* Bertram (Hrsg.): Handbuch des Sozialversicherungsrechts
HS-KV	Bd. 1: Krankenversicherungsrecht, 1994
HS-UV	Bd. 2: Unfallversicherung, 1996
HS-RV	Bd. 3: Rentenversicherungsrecht, 1999
HS-PV	Bd. 4: Pflegeversicherung, 1997
Wannagat, Lehrbuch	*Wannagat,* Georg: Lehrbuch des Sozialversicherungsrechts, I. Band, 1965
Zacher, Einführung	*Zacher,* Hans F.: Einführung in das Sozialrecht der Bundesrepublik Deutschland, 3. Aufl., 1985

1. Kapitel. Begriff, System und Rechtsquellen des Sozialrechts

Vorbemerkung: In diesem Lehrbuch wird die Geschichte des Sozialrechts bzw. der verschiedenen Sozialleistungsbereiche nur dann dargestellt, wenn dies für das juristische Verständnis der Sicherungszweige unerlässlich ist. Ansonsten kann auf verschiedene Werke verwiesen werden, so vor allem *Stolleis* Geschichte des Sozialrechts in Deutschland, Stuttgart 2003. Grundlegend für die Zeit nach 1945: *Bundesministerium für Arbeit und Sozialordnung und Bundesarchiv (Hrsg.)* Geschichte der Sozialpolitik in Deutschland seit 1945 (11 Bände – noch nicht vollständig erschienen). Hervorragende Überblicke in Band 1, Grundlagen der Sozialpolitik, Baden-Baden 2001, von *Stolleis* (S. 199 ff.) und *Zacher* (S. 333 ff.), für die DDR von *Manfred G. Schmidt* (S. 685 ff.), im internationalen Vergleich *F.-X. Kaufmann* (S. 799 ff.)

§ 1 Begriff und Aufgaben des Sozialrechts

A. Im Sozialgesetzbuch (SGB) wird der Begriff des Sozialrechts nicht definiert. Doch lässt sich aus § 1 Abs. 1 S. 1 SGB I das Wesentliche dieses Begriffs entnehmen: Danach ist *Sozialrecht* das der *sozialen Gerechtigkeit* und der *sozialen Sicherheit* dienende Recht, das diese Ziele durch die Gewährung von *Sozialleistungen* einschließlich sozialer und erzieherischer Hilfen zu verwirklichen sucht. 1

§ 1 Abs. 1 S. 2 SGB I formuliert die Ziele des Sozialrechts in Form eines Aufgabenkatalogs: Das Recht des Sozialgesetzbuchs soll nach dieser Vorschrift dazu beitragen,

»ein menschenwürdiges Dasein zu sichern,
gleiche Voraussetzungen für die freie Entfaltung der Persönlichkeit, insbesondere auch für junge Menschen, zu schaffen,
die Familie zu schützen und zu fördern,
den Erwerb des Lebensunterhalts durch eine frei gewählte Tätigkeit zu ermöglichen
und
besondere Belastungen des Lebens, auch durch Hilfe zur Selbsthilfe, abzuwenden oder auszugleichen.«

Als spezifisch sozialrechtliche Konkretisierung des *Sozialstaatsprinzips* lassen sich die Aufgaben des Sozialrechts wie folgt zusammenfassen[1]: 2

- Gewähr des Existenzminimums: Negation materieller Not;
- Gewähr elementarer personaler Dienste (Erziehung, Betreuung, Pflege);
- Minderung und Kontrolle von Abhängigkeiten;
- Ausgleich von Wohlstandsunterschieden;
- Sicherung des erlangten Lebensstandards gegen wesentliche ökonomische Verschlechterung.

Die Frage nach dem Begriff des Sozialrechts ist vor allem für das Verständnis des Sozialrechts von Bedeutung. Materielle Definitionsansätze anhand von Begriffen wie »soziale Gerechtigkeit« oder »soziale Sicherheit« haben in der Regel den Nachteil der Unschärfe, bieten dafür aber ein besseres inhaltliches Verständnis. Für die praktische juristische Arbeit sind *formelle Definitionsansätze* meist hilfreicher. Seit der Kodifizierung des Sozialrechts im SGB bietet sich ein solcher formeller Ansatz an: Unter Sozialrecht sind die Rechtsbereiche zu verstehen, die in das SGB aufgenommen worden sind. Man kann hier von einem Begriff des *Sozialrechts im formellen Sinn* sprechen[2]. Diese formelle Definition 3

1 *Zacher* Das soziale Staatsziel, in: Isensee / Kirchhof (Hrsg.), Handbuch des Staatsrechts, Bd. II, Verfassungsstaat, 659 ff., Rn. 25.

2 Zu anderen Sozialrechtsbegriffen wie dem sozialpolitischen, dem positiven und dem verstehenden vgl. näher *Zacher* Was ist Sozialrecht?, in: Zacher, Abhandlungen zum Sozialrecht, 1993, S. 249 ff.; umfassend *Schmid* Sozialrecht und Recht der sozialen Sicherheit, 1981, S. 90 ff.

ist mittlerweile allgemein üblich geworden. Sie hat den Vorteil, dass sie wegen der Bezugnahme auf § 1 Abs. 1 SGB I auch die wichtigsten materiellen Gegenstände des Sozialrechts umfasst.

Ein anderer denkbarer formeller Ansatz verbietet sich jedoch im Sozialrecht, nämlich die Definition anhand der Zuweisung zu einem bestimmten Rechtsweg, da die sozialrechtlichen Materien zwischen der (allgemeinen) Verwaltungsgerichtsbarkeit und der (besonderen) Sozialgerichtsbarkeit aufgeteilt sind (vgl. § 51 SGG). Dies gilt auch nach der Zuweisung des Sozialhilferechts und des Rechts der Grundsicherung für Arbeitsuchende an die Sozialgerichtsbarkeit, denn nach wie vor bleiben das Recht der Ausbildungsförderung und das Wohngeldrecht in der Zuständigkeit der Verwaltungsgerichte.

4 **B.** Für das Verständnis des Sozialrechts sind hingegen nach wie vor die *inhaltlich orientierten Definitionsansätze* besser geeignet. Keiner dieser Ansätze kann jedoch einen ausschließlichen Anspruch erheben, für sich alleine zu einem besseren Verständnis des Sozialrechts zu führen. Aus diesem Grund soll im Folgenden ein an den Begriffen der sozialen Gerechtigkeit und der sozialen Sicherheit orientierter Ansatz und weiter ein funktionaler, inhaltlich sehr umfassender Ansatz dargestellt werden.

5 **C.I.** Zur sozialen Gerechtigkeit gehört zunächst, dass jeder Mensch die Chance hat, die seinen individuellen Kräften und Fähigkeiten entsprechende soziale Stellung in Staat und Gesellschaft zu erlangen. Dies erfordert eine von wirtschaftlichen Sorgen freie schulische und berufliche Aus- und Fortbildung der jungen Menschen, aber auch der bereits im Arbeitsleben stehenden Bürger. Die Bildungs- und Arbeitsförderung, § 3 SGB I[3], steht für diese Aufgabe. Sie trägt nicht zuletzt dazu bei, dass jedem Bürger auch außerhalb des Erwerbslebens eine freie Entfaltung seiner Persönlichkeit ermöglicht wird, vgl. Art. 2 Abs. 1 GG. Unter dem Gesichtspunkt der Chancengleichheit bedürfen körperlich, geistig und seelisch behinderte Personen in gesteigertem Maß einer Förderung mit dem Ziel ihrer Selbstbestimmung und gleichberechtigte Teilhabe am Leben in der Gesellschaft § 10 SGB I. Verfassungsrechtlich begleitet wird diese Zielsetzung durch das Verbot der Benachteiligung behinderter Menschen, Art. 3 Abs. 3 S. 2 GG.

6 Der Chancengleichheit als Ausprägung sozialer Gerechtigkeit dienen die Leistungen zur Minderung des Familienaufwandes für Kinder, § 6 SGB I[4], von denen die wichtigste Leistung, das Kindergeld, jetzt nicht mehr im formellen Sozialrecht, sondern seit 1996 im Einkommensteuerrecht geregelt ist[5]. Die Zuschüsse zur Miete und zu vergleichbaren Aufwendungen haben das Ziel, den Berechtigten eine *angemessene Wohnung* zu ermöglichen, § 7 SGB I[6].

Der Gedanke der sozialen Gerechtigkeit liegt ferner der *Entschädigung* von Personen zugrunde, die einen Gesundheitsschaden erlitten haben, für den die Allgemeinheit eine gesteigerte Verantwortung trägt. Hierher zählen etwa die Kriegs- und Wehrdienstopfer, aber auch Personen, die Opfer einer Gewalttat geworden oder durch eine behördlich angeordnete oder empfohlene Impfung zu Schaden gekommen sind, § 5 SGB I[7].

7 *Soziale Gerechtigkeit* erfordert nicht zuletzt Hilfen zur Sicherung des Existenzminimums in elementaren Notsituationen, insbesondere dann, wenn eigene Kräfte und andere Hilfen

---

3 Vgl. vor allem das Bundes-Ausbildungsförderungsgesetz (BAföG) und das Arbeitsförderungsrecht (SGB III).

4 Rechtsgrundlagen sind das Einkommensteuergesetz (EStG), das Bundeskindergeldgesetz (BKGG) und das Bundeserziehungsgeldgesetz (BErzGG), ab 1. 1. 2007 Gesetz zum Elterngeld und zur Elternzeit (Bundeselterngeld- und Elternzeitgesetz – BEEG).

5 Jahressteuergesetz 1996 (BGBl. I 1995 S. 1250).

6 Rechtsgrundlage ist das Wohngeldgesetz (WoGG).

7 Rechtsgrundlage sind insbes. das Bundesversorgungsgesetz (BVG) (§§ 80 ff.), das Soldatenversorgungsgesetz (SVG), das Opferentschädigungsgesetz (OEG) sowie §§ 56 ff. Infektionsschutzgesetz (IfSG).

versagen. Diese Aufgabe erfüllt heute für nicht mehr erwerbsfähige Personen die Sozialhilfe als sozialrechtliches Basissystem § 9 SGB I[8], und für erwerbsfähige Personen die Grundsicherung für Arbeitsuchende, geregelt im SGB II.

Soziale Gerechtigkeit wird jedoch nicht nur durch unmittelbare Leistungsgewährung angestrebt, sondern auf mittelbarem Wege auch durch soziale Umverteilung[9]. Sie hat in besonders deutlicher Weise Niederschlag im System der einkommensabhängigen Beiträge zur SV gefunden, wo etwa in der KV bei gleichen Leistungen der Krankenbehandlung die besser Verdienenden höhere Beiträge zu zahlen haben als die weniger Verdienenden[10]. 8

II. Unter *sozialer Sicherheit*[11], die in § 1 SGB I neben der sozialen Gerechtigkeit als Aufgabe des Rechts des SGB genannt ist, lässt sich in einem ganz allgemeinen Sinn die Möglichkeit des Einzelnen verstehen, auf einer verlässlichen Lebensbasis – vor allem in ökonomischer Hinsicht – sein Leben in einer der menschlichen Würde entsprechenden Weise zu gestalten. Im Übrigen stehen die Ziele »soziale Gerechtigkeit« und »soziale Sicherheit« in einem funktionalen Abhängigkeitsverhältnis, da soziale Gerechtigkeit nicht ohne soziale Sicherheit denkbar ist[12]. 9

In der Bundesrepublik Deutschland hat der Begriff der sozialen Sicherheit nur in § 1 Abs. 1 S. 1 SGB I Eingang gefunden, während in internationalen Dokumenten und in anderen Ländern häufig vom Recht der sozialen Sicherheit, auch im Sinne kodifizierten Rechts (z.B. in Frankreich, Spanien oder den USA), gesprochen wird. Aber auch hier ist der Gebrauch dieses Begriffs wenig einheitlich. Im 1935 von Roosevelt initiierten *Social Security Act*[13], bei dem sich der Begriff erstmals findet, umfasst er sowohl beitragsbezogene Leistungen nach Art der deutschen Sozialversicherung als auch steuerfinanzierte, die der deutschen Sozialhilfe entsprechen. In Art. 22 ff. der *Allgemeinen Erklärung der Menschenrechte* vom 10. 12. 1948 der Vereinten Nationen wird der Begriff der sozialen Sicherheit ebenfalls verwendet und dort weit verstanden als die für die Würde des Menschen und die freie Entwicklung seiner Persönlichkeit unentbehrlichen wirtschaftlichen, sozialen und kulturellen Rechte (Art. 22)[14]. 10

Demgegenüber werden unter sozialer Sicherheit sowohl in der Europäischen Sozialcharta vom 18. 10. 1961[15] als auch im Übereinkommen Nr. 102 der Internationalen Arbeitsorganisation über Mindestnormen der Sozialen Sicherheit vom 28. 6. 1952[16] sowie in der EWG-Verordnung Nr. 1408/71)[17] im Wesentlichen nur jene Gebiete verstanden, die nach deutschem Recht zur Sozialversicherung (Kranken-, Unfall-, Renten- und Arbeitslosenversicherungsrecht) sowie zum Familienleistungsausgleich (Kindergeld- und Erziehungsgeldrecht) zählen. Das Recht der sozialen Entschädigung (insbes. die Kriegs- und

8 Rechtsgrundlage ist das SGB XII.

9 Zu diesem Thema existieren grundlegende Arbeiten: *Haverkate* Verfassungslehre, 1992, S. 258 ff.; für die Rentenversicherung *Becker* Transfergerechtigkeit und Verfassung, Tübingen 2001; *Hase* Versicherungsprinzip und sozialer Ausgleich, Tübingen 2000; *Rolfs* Das Versicherungsprinzip im Sozialversicherungsrecht, München 2000.

10 § 27 Abs. 1 SGB V einerseits, § 223 Abs. 2 S. 1 SGB V andererseits. Dazu aus neuerer Zeit BVerfGE 79, 223 (236 f.)

11 Manchmal wird auch formuliert: soziale Sicherung. Damit wird unterschieden zwischen dem Ziel (Sicherheit) und dem Instrument (Sicherung).

12 Dazu näher *Schulin* 59. DJT, E 35 ff.; *Zacher* Grundlagen der Sozialpolitik in der Bundesrepublik Deutschland, in: Bundesministerium für Arbeit und Sozialordnung und Bundesarchiv (Hrsg.), Geschichte der Sozialpolitik in Deutschland seit 1945 Band 1, Grundlagen der Sozialpolitik, Baden-Baden 2001, S. 333 ff. (375–391),

13 Dazu *Eichenhofer* Recht der sozialen Sicherheit in den USA, 1990, S. 52 ff.

14 Hierzu *Köhler*, Sozialpolitische und sozialrechtliche Aktivitäten in den Vereinten Nationen, 1987, S. 279 ff.

15 Abgedruckt in: EAS A 1400. http://conventions.coe.int/Treaty/ger/Treaties/Html/035.htm

16 BGBl. II 1957 S. 1321. http://www.ilo.org/ilolex/german/docs/gc102.htm

17 Vom 29. 4. 2004, ABl. EU Nr. L 166 v. 30. 4. 2004, S. 1; abgedruckt in: EAS A 2190. Die Vorgänger dieser Verordnung befassten sich mit der Koordinierung der sozialen Sicherheit von Arbeitnehmern und Selbstständigen sowie deren Familienangehörigen, die innerhalb der EG zu- und abwandern. Mittlerweile ist der Personenkreis erweitert worden.

Wehrdienstopferversorgung, das Impfschäden- und das Verbrechensopferschädenrecht) sowie das Sozialhilferecht zählen nicht dazu.

11 **D.** Bei den bisher vorgestellten Ansätzen steht im Vordergrund das Recht der öffentlich-rechtlich institutionalisierten Sozialleistungen, die zur Erreichung der Ziele der sozialen Gerechtigkeit und der sozialen Sicherheit dienen. Damit ist zugleich das öffentlich-rechtlich geprägte Sozialrecht als Recht der Sozialleistungsverwaltung gemeint, vgl. § 12 S. 1 SGB I. Mit einem inhaltlich umfassenderen *funktionalen Ansatz* werden alle Leistungen und sonstigen rechtlichen Reaktionen erfasst, die soziale Funktionen haben, ohne dass es auf die formale Zuordnung zu einem dem öffentlichen oder dem privaten Recht zugehörigen Rechtsgebiet ankäme[18].

Bei diesem *funktionalen Ansatz* wird zunächst von einer *Normalsituation* ausgegangen, in der durch den *Einsatz von Arbeitskraft* Einkommen erzielt wird und in der möglicherweise Vermögen vorhanden oder durch den Einsatz der Arbeitskraft erworben wird. Aus diesem *Einkommen und Vermögen* werden die *Bedarfe des Verdieners und des ihm zugeordneten Unterhaltsverbandes* gedeckt.

Rechtlich entsprechen diesen drei Feldern das Arbeitsrecht (Art und Weise des Einsatzes der Arbeitskraft) und das Einkommensrecht (z.B. Tarifvertragsrecht, bei Beamten das Besoldungsrecht, bei verkammerten Berufen die Gebührenordnungen, z.B. Gebührenordnung für Ärzte (GOÄ), oder das Gesetz über die Vergütung der Rechtsanwältinnen und Rechtsanwälte (RVG), für die Weiterleitung des Einkommens und Vermögens im Unterhaltsverband das Unterhaltsrecht des BGB, als »negatives« Einkommens- und Vermögensrecht das Einkommen- und Vermögensteuerrecht. Im Feld der Bedarfsdeckung schließlich ist das Wirtschaftsrecht anzusiedeln.

Die Normalsituation in den Feldern Arbeitskraft – Einkommen und Einkommensweiterleitung – Bedarfsdeckung kann defizitär sein. Die rechtlichen Reaktionen zum *Ausgleich der Defizite* können in den jeweils zugeordneten Bereichen und dem dafür zuständigen Rechtsgebiet – *internalisierend* – oder aber durch besonders hierfür beauftragte Institutionen des Defizitausgleichs (Träger von Sozialleistungen) – *externalisierend* – stattfinden. Dazu folgende *Beispiele*:

Im Feld der Arbeitskraft: Der zeitweise Mangel an Arbeitskraft, bedingt durch Krankheit, erfordert Maßnahmen zur Wiederherstellung der Gesundheit. Der Betrieb des Arbeitnehmers wäre überfordert, hohe Krankheitskosten selbst zu tragen. Hier tritt die Krankenkasse mit Leistungen der Krankenbehandlung ein, §§ 27 ff. SGB V (i.S. einer externalisierenden Lösung).

Im Feld der Einkommenserzielung und -weiterverteilung: Der durch Krankheit bedingte Einkommensausfall wird für die ersten sechs Wochen vom Arbeitgeber getragen (Entgeltfortzahlungsgesetz) (i.S. einer internalisierenden Lösung); während dieser Zeit ruht der an sich bestehende Anspruch auf Einkommensersatz durch Krankengeld (§ 44 SGB V), vgl. § 49 Abs. 1 Nr. 1 SGB V. Danach wird Krankengeld von der Krankenkasse geleistet (i.S. einer externalisierenden Lösung). Defiziten bei der Weiterverteilung des Einkommens im Unterhaltsverband soll – internalisierend – durch die Unterhaltsansprüche des BGB abgeholfen werden. Entzieht sich der gegenüber minderjährigen Kindern Unterhaltsverpflichtete, so helfen – externalisierend – Leistungen nach dem Unterhaltsvorschussgesetz (inhaltlich zum SGB gehörig, vgl. § 68 Nr. 14 SGB I). Verstirbt ein unterhaltspflichtiger Versicherter, werden Hinterbliebenenrenten gezahlt, s. etwa §§ 46 ff. SGB VI (externalisierende Lösung). Eine besonders intensive Regelung hat in der Bundesrepublik das Anliegen der Minderung des Familienaufwandes im Rahmen des Familienleistungsausgleichs erfahren, vgl. § 6 SGB I. Hier ist die Situation der mangelnden Entsprechung zwischen Einkommen und Unterhaltsbedarf von Kindern gemeint. Nachdem in der Bundesrepublik – außer im öffentlichen Dienst, s. die Familienzuschläge in §§ 39 ff. BBesG[19] – in der Regel kein »familiengerechtes« Arbeitsentgelt gezahlt wird, was einer internalisierenden Lösung gleichkäme, existieren hier vor allem externalisierende Lösungen, und zwar in zwei

18 Die folgenden Ausführungen stützen sich auf *Zacher* Zur Anatomie des Sozialrechts, SGb 1982, 329 ff.

19 Hier werden allerdings Änderungen diskutiert.

Formen: als positive Transfers – externalisierend – in der Zahlung von Kindergeld (nach dem BKGG) und Erziehungsgeld (BErzGG) – ab 1. 1. 2007 Elterngeld (BEEG), und als Vermeidung negativer Transfers durch Vergünstigungen und steuerrechtliches Kindergeld im Einkommensteuerrecht, s. §§ 31 ff. EStG.

Im Feld der Bedarfsdeckung: Hier existieren im Vergleich zu den anderen Feldern nur sehr wenige internalisierende Lösungen, etwa bei bestimmten Gebührenermäßigungen für präsumptiv weniger zahlungskräftige Personen (Rundfunkgebührenbefreiungen). Da es im Feld der Bedarfsdeckung vor allem darum geht, bestimmte Güter – Waren und Dienstleistungen – bereitzustellen, tauchen in diesem Feld Probleme dann auf, wenn bestimmte Güter nicht flächendeckend, D.h. ausreichend, nicht rechtzeitig und nicht in der erforderlichen Qualität bereitgestellt werden. Für die Bereitstellung sozialer und medizinischer Güter kann dies ein besonderes Problem sein. Aus diesem Grund ist in §§ 1 Abs. 2, 17 Abs. 1 Nr. 2 SGB I eine – verhältnismäßig schwach ausgeprägte – Bereitstellungsverantwortung der Sozialleistungsträger für solche Güter formuliert worden, die für einzelne Gebiete, etwa die ärztliche Versorgung (Sicherstellungsauftrag, vgl. §§ 72 ff. SGB V) oder für pflegerische Einrichtungen (§§ 9 u. 12 Abs. 1 SGB XI) noch einmal besonders ausdifferenziert worden ist. Eine sehr weitgehende Art der administrativen Bereitstellung wäre etwa die Schaffung eines flächendeckenden staatlichen Gesundheitsdienstes (wie in Großbritannien: National Health Service). Hierzulande sind solche Ansätze allenfalls kleinräumig vorhanden, so etwa bei der direkten administrativen Bereitstellung von Einrichtungen (z.B. kommunales Krankenhaus). Die Realisierung der administrativen Bereitstellung von Einrichtungen kann aber auch indirekter gestaltet sein, so durch öffentliche Zuwendungen an private, insbesondere gemeinnützige Anbieter (etwa der freien Wohlfahrtspflege). – Insgesamt erfährt der Bereich der Bedarfsdeckung gegenwärtig strukturell und rechtlich einen Wandel, der darin zu sehen ist, dass die bisherigen Instrumente der – externalisierenden – Bereitstellung solcher Güter marktnäher gestaltet werden: Abkehr von der Bedarfsplanung für solche Güter, Herstellung von Wettbewerbsmechanismen für die Anbieter solcher Güter, Einführung von Verbraucherschutz durch Qualitätssicherung und insgesamt verstärkte Nutzerorientierung[20].

12

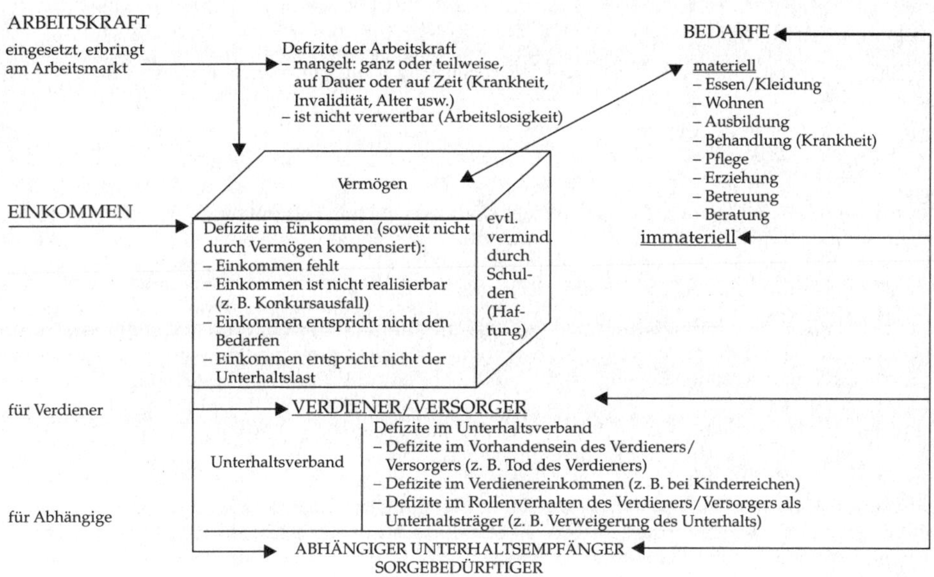

E. Zusammenfassend ist zum *Verständnis des Begriffs des Sozialrechts* Folgendes zu sagen: Das *Recht des Defizitausgleichs in internalisierender und externalisierender Weise kann als das Sozialrecht im materiellen Sinn* verstanden werden. Dies wäre der weiteste Begriff des Sozialrechts. Gemeinhin wird jedoch nur das Recht des Defizitausgleichs in seiner externalisie- 13

20 S. etwa *Igl* Benötigt das Sozialrecht Regelungen zum Sozial-Wirtschaftsrecht?, FS Zacher, 1998, S. 281 ff.

renden Ausprägung, d.h. also der Defizitausgleich durch die hierfür verantwortlichen öffentlich-rechtlichen Sozialleistungsträger, als Sozialrecht (immer noch im materiellen Sinn) verstanden. In einer weiteren Einengung wäre das nach der Kodifikation des Sozialrechts im SGB zusammengefasste Recht – unter Einbezug der in § 68 SGB I aufgeführten Rechtsgebiete – als Sozialrecht im formellen Sinn (formeller Anknüpfungspunkt für die Begriffsbildung: Zugehörigkeit zum SGB) zu verstehen. Im Sinne dieses Begriffsverständnisses ist auch die *Zuordnung des Sozialrechts zum öffentlichen Recht* gegeben.

§ 2 Systemüberblick

A. Systemstrukturen

Vorbemerkung: Die im Folgenden dargestellten Systematisierungen[21] des Sozialrechts sollen der Einsicht in die Struktur des Sozialrechts und damit dem Verständnis seiner Systematik dienen. Zu diesem Verständnis gehört auch die Erkenntnis, dass einzelne Leistungen oder Leistungszweige unter dem Gesichtspunkt der Systemzuordnung durchaus ambivalent sein können.

1 **I. 1.** Der Gesetzgeber hat im Allgemeinen Teil des SGB von einer strengen Systematisierung der einzelnen Sozialleistungsbereiche abgesehen. Vielmehr hat er mit den in §§ 3 bis 10 SGB I normierten »sozialen Rechten« das Feld des Sozialrechts abgesteckt und damit zugleich den äußeren Aufbau des SGB vorgezeichnet. Sucht man bei den in §§ 3 bis 10 SGB I aufgeführten sozialen Rechten nach einem Ordnungsschema, so lässt sich unschwer eine Orientierung an den überkommenen *Einzelgesetzen* feststellen, vgl. die Aufzählung in § 68 SGB I. Dieses pragmatische Vorgehen ist geeignet, die Gesetzesvielfalt in eine gewisse übersichtliche Ordnung zu bringen und dabei zugleich ein allzu hohes Abstraktionsniveau zu vermeiden.

2 **2.** Demgegenüber hat man sich in der Wissenschaft seit jeher darum bemüht, die vielfältigen, historisch bis vor wenigen Jahrzehnten meist unverbunden nebeneinander gewachsenen Sozialleistungsbereiche in ein inneres, dogmatisch geschlossenes System zu bringen. Bereits klassisch zu nennen ist die Dreiteilung in Sozialversicherung, Sozialversorgung und Sozialhilfe (Fürsorge) (»klassische Trias«), die sich auch in den grundgesetzlichen Regelungen zur Gesetzgebungskompetenz widerspiegelt, vgl. Art. 74 Nr. 12 GG (Sozialversicherung), Nr. 10 (Versorgung) und Nr. 7 (Fürsorge).

Die *Sozialversicherung* zeichnet sich dadurch aus, dass bei ihr zwischen den – i.d.R. zwangsweise – Versicherten aus dem Beitragsaufkommen und vielfach – nicht immer – ergänzenden Staatszuschüssen ein von individueller Bedürftigkeit unabhängiger Risiko- und Sozialausgleich herbeigeführt wird, der gegen einschneidende Wechselfälle des Lebens wie Krankheit, Arbeitsunfall, Alter, Invalidität oder Pflegebedürftigkeit sichert.

Die *Sozialversorgung* – finanziert aus allgemeinen Steuermitteln – dient teils dem Ausgleich besonderer (z.B. Kriegs- oder Wehrdienst-)Opfer, für die das Gemeinwesen eine besondere Verantwortlichkeit trägt, teils der Vorsorge für die sozialen Risiken der Beamten, Richter oder Soldaten.

Die *Sozialhilfe* (Fürsorge) ist die individuelle, auf konkrete Notlagen und Bedürftigkeit abgestellte Hilfe aus allgemeinen Steuermitteln; sie wird nur gewährt, wenn andere Hilfe, vor allem von unterhaltspflichtigen Angehörigen, nicht erreichbar ist.

3 **3.** Differenzierter und stärker funktionsbezogen ist eine Systemeinteilung der Sozialleistungsbereiche, die *Zacher* vorgeschlagen hat (»neue Trias«)[22]. Sie unterscheidet zwischen sozialer Vorsorge, sozialer Entschädigung sowie allgemeiner und besonderer sozialer Hilfe und Förderung[23].

---

21 Zu weiteren Vorschlägen *Eichenhofer* Sozialrecht 5. Aufl. 2004, Rn. 10 ff.

22 *Zacher* Einführung, S. 20 ff. Vgl. *Eichenhofer* SGb 1998, 289 ff.

23 *Zacher* Entwicklung einer Dogmatik des Sozialrechts, FS Krause 2006, S. 3 (11).

Mit *sozialer Vorsorge* sind Systeme gemeint, die kalkulierbare Risiken einem vorweg geplanten Schutz unterstellen. Hierher zählen einmal die Zweige der Sozialversicherung, bei denen die Versicherten durch vorherige Beitragsleistungen zwangsweise oder freiwillig gegen die erfassten Risiken Vorsorge treffen, und weiter die Beamtenversorgung für solche Risikofälle.

Soziale Entschädigung stellt einen Schadensausgleich aus öffentlichen Mitteln für solche Gesundheitsschäden bereit, für welche die Allgemeinheit eine besondere Verantwortung trägt (insbes. für Kriegsfolgen, Wehrdienstschäden, Schäden aufgrund öffentlich angeordneter Impfungen, Schäden durch Gewaltverbrechen).

Soziale Hilfe und Förderung in besonderen Hilfs- und Fördersystemen wird – meist unter mehr oder weniger ausgeprägter Berücksichtigung der individuellen Bedürftigkeit – in Form von Entfaltungshilfen gewährt, um die soziale Chancengleichheit der Leistungsberechtigten zu verbessern, ohne dass entsprechende Vorsorge – insbesondere durch Sozialversicherung – möglich oder zumutbar ist. Hierher zählen etwa die Ausbildungs- und Berufsförderung, seit 1. 1. 2005 auch die Grundsicherung für Arbeitsuchende (SGB II) sowie das Kinder-, Erziehungs- (ab 1. 1. 2007: Eltern-) und Wohngeld. Finanziert wird die soziale Förderung teils durch Beiträge, ganz überwiegend aber aus allgemeinen Steuermitteln.

Soziale Hilfe im allgemeinen Hilfs- und Fördersystem der Sozialhilfe stellt das Basissystem der sozialen Sicherheit zur Bekämpfung von Notlagen dar, um jedermann ein Existenzminimum zu sichern. Sie orientiert sich am stärksten von allen Sozialleistungssystemen an der individuellen Bedürftigkeit der einzelnen Leistungsempfänger. Die Sozialhilfe umfasst auch – in der Hilfe in besonderen Lebenslagen – weitere Hilfen, z.B. Schutz bei Krankheit oder Hilfe zur sozialen Integration (bei der Eingliederungshilfe für Behinderte).

II. Eine durchaus nicht unproblematische, sogar als »irreführend«[24] bezeichnete Unterscheidung knüpft am Kausal- und am Finalprinzip an. Nach dieser Unterscheidung ist es für das Kausalprinzip charakteristisch, dass eine bestimmte Sozialleistung nur gewährt wird, wenn die ihr zugrunde liegende Bedarfssituation auf eine *bestimmte Ursache* zurückzuführen ist. 4

Beispiel: Die Leistungen der UV dienen ausschließlich dem Ausgleich von Nachteilen, die durch Arbeitsunfälle und ihnen gleichgestellte Ereignisse (z.B. Berufskrankheiten) verursacht werden, § 7 SGB VII.

Beim Finalprinzip spielt dagegen die Ursache des Schadens keine Rolle.

Beispiel: Die KV leistet bei jeder Krankheit, unabhängig davon, worauf die Gesundheitsstörung zurückzuführen ist; wichtige Ausnahmen: § 11 Abs. 4 SGB V (bei Arbeitsunfällen leistet – nur – die UV) und § 52 SGB V (Leistungsbeschränkung bei Selbstverschulden).

Das Kausalprinzip liegt außer dem Recht der UV z.B. auch dem Kriegsopferversorgungsrecht und allen anderen Bereichen des sozialen Entschädigungsrechts zugrunde. Das Finalprinzip gilt, außer im schon erwähnten Recht der KV, weiter etwa im Invaliditätsrecht der RV sowie im Sozialhilferecht. Leistungen bei Pflegebedürftigkeit müssen auf einer Krankheit oder Behinderung beruhen, § 14 Abs. 1 SGB XI.

Es empfiehlt sich, die zunächst sehr eingängig erscheinende Unterscheidung zwischen Kausal- und Finalprinzip mit großer Zurückhaltung anzuwenden. Es ist ein Unterschied, ob die Leistungen eines Sozialleistungszweiges insgesamt nur bei Vorliegen einer bestimmten Ursache gewährt werden, oder ob nach dem Leistungszweck gefragt wird. So kann die Heilbehandlung in der UV (§ 27 Abs. 1 SGB VII) nur kausal als Leistung beim Vorliegen eines Arbeitsunfalls ausgelöst werden; ihr Leistungszweck, insbesondere bei der Rehabilitation, liegt jedoch in der Wiederherstellung der Gesundheit, ist also final ausgerichtet. Die Rentenversicherung gewährt Altersrenten beim Vorliegen der leistungsauslösenden Altersgrenze. Voraussetzung ist aber weiter, dass Rentenbeiträge entrichtet worden sind oder als entrichtet gelten. Alter und die Entrichtung von Beiträgen sind also die Ursache (causa) für die Rentenleistung. Trotzdem wird die Rentenversicherung nicht den Kausalsystemen zugeordnet. In der Pflegeversicherung muss die Pflegebedürftigkeit auf einer Krankheit oder Behinderung be-

---

24 *Zacher* Zur Anatomie des Sozialrechts, SGb 1982, 329 (334 f.).

ruhen (vgl. § 14 Abs. 1 SGB XI); dennoch werden die Leistungen der Pflegeversicherung als dem Finalprinzip folgend angesehen.

Die Unterscheidung zwischen Kausal- und Finalsystemen ist – genau genommen – für die Systemstrukturierung des *gesamten* Sozialrechts vor allem aus zwei Gründen untauglich: Sie ist erstens nur relevant, wenn es um die Frage der Verantwortlichkeit für den Eintritt gesundheitlicher Schäden geht, so bei der Unfallversicherung und im sozialen Entschädigungsrecht. Sie ist weiter in der Formulierung eines vorgeblich systemstrukturierenden Gegensatzes zwischen Kausal- und Finalsystemen nicht hilfreich: Die *Leistungen* zur gesundheitlichen Wiederherstellung in der Unfall-, Kranken- und Rentenversicherung sind als Heilbehandlung oder als Rehabilitation stets final ausgerichtet, obwohl die Unfallversicherung den Kausalsystemen und die Kranken- und Rentenversicherung den Finalsystemen zugeordnet wird.

B. Soziale Vorsorge

5 **I.** Ziel der Sozialpolitik – deren rechtliche Umsetzung sich u.a. im Sozialrecht vollzieht – ist die Schaffung und Wahrung der (vor allem ökonomischen) Voraussetzungen für die persönliche Freiheit des einzelnen Bürgers[25]. Individuelle Freiheit ist jedoch zugleich untrennbar mit der Selbstverantwortung des Einzelnen verbunden. So geht auch das Sozialrecht von der Grundregel aus, dass jeder Erwachsene die Möglichkeit hat und darauf verwiesen ist, den Lebensunterhalt für sich und seine Familie durch Erwerbstätigkeit zu verdienen[26]. Dies schließt die individuelle Verantwortlichkeit des Einzelnen für mögliche Vorsorge gegen vorsorgefähige Risiken ein. Und hier ist der Ansatz für den Bereich der Sozialversicherung: Der Staat stellt mit ihr ein Instrumentarium bereit, das jedem, der ein »normales« Erwerbseinkommen hat, gegen Zahlung von ihm wirtschaftlich zumutbaren Beiträgen einen hinreichenden Risikoschutz in bezug auf die Wechselfälle des Lebens ermöglicht[27]. Während man früher den wesentlichen Zweck der SV in einem »Schutz der wirtschaftlich und sozial schwachen Bevölkerungsteile, die der Wechselfälle des Lebens nicht Herr zu werden vermögen«, gesehen hat[28], bedarf es für dieses Ziel heute der SV nicht mehr, denn insoweit gewährleistet den erforderlichen sozialen Mindestschutz bereits die Sozialhilfe. Die SV hat daher heute zunächst die Aufgabe, die Allgemeinheit (als Gemeinschaft der Steuerzahler und damit auch Garant der Leistungsfähigkeit der Sozialhilfe) vor mangelnder, aber zumutbarer Risikovorsorge des Einzelnen und damit vor vermeidbarer Inanspruchnahme der Sozialhilfeleistungen zu schützen[29].

Die Notwendigkeit eines Schutzes der Allgemeinheit vor mangelnder Risikovorsorge durch den Einzelnen hat sich am Beispiel des Risikos der Pflegebedürftigkeit gezeigt. Dieses Risiko war bis zur Einführung der Sozialen Pflegeversicherung von wenigen Ausnahmen abgesehen nur in der Sozialhilfe abgedeckt. Dies hatte dazu geführt, dass die Sozialhilfe de facto zum Regelleistungsträger geworden ist, obwohl es sich bei Pflegebedürftigkeit um ein allgemeines, typisches und durchaus vorsorgefähiges Lebensrisiko handelt[30]. Die weitere Folge bestand darin, dass derjenige, der z.B. durch Abschluss entsprechender Versicherungsverträge private Vorsorge betrieben hatte, doppelt belastet wurde: Diese Personen mussten nicht nur ihre eigene Pflegeversicherung, sondern über ihre Steuerzahlungen auch noch die Pflegeleistungen der Sozialhilfe für diejenigen, die private Vorsorge unterlassen haben, finanzieren.

---

25 *Schulin* 59. DJT, E 35 ff.; *Haverkate* Verfassungslehre, 1992, S. 258 ff. (269 ff).

26 *Zacher* Einführung, S. 10.

27 Zur Sozialversicherung grundlegend: *Hase* Versicherungsprinzip und sozialer Ausgleich, 2000; *Rolfs* Das Versicherungsprinzip im Sozialversicherungsrecht, 2000. S. auch *Bieback* VSSR, 2003, 1 ff.

28 Vgl. noch BVerfGE 18, 257 (270).

29 Dazu *Schulin* 59. DJT, E 44.

30 Dazu *Krasney* BKK 1992, 542 ff.

Moderne Sozialversicherung kann also nicht mehr nur als Grund- oder Mindestsicherung auf sozialhilferechtlichem Niveau verstanden werden. Bei den kurzfristigen Einkommensersatzleistungen etwa im Krankheitsfall oder nach Arbeitsunfall soll das Haushaltseinkommen gesichert bleiben. Bei den langfristigen Einkommensersatzleistungen geht es um die Sicherung des Lebensstandards, wenn auch in gewissen Grenzen. Bei den medizinischen Leistungen etwa der Krankenversicherung ist Leistungsmaßstab das Ausreichende, Zweckmäßige und Notwendige, § 12 Abs. 1 SGB V, also nicht etwa nur ein Maßstab der Grundsicherung, der bei medizinischen Leistungen eher schwer vorstellbar wäre. 6

Angesichts des Fehlens eines Momentes individueller Schutzbedürftigkeit als Merkmal moderner Sozialversicherung liegt das Argument auf der Hand, dass solcher Schutz auch über private Vorsorge, etwa durch Abschluss von Versicherungen bei privaten Versicherungsunternehmen, zu erreichen wäre. Damit würde aber verkannt, dass die SV ihre wesentliche Funktion dadurch erfüllt, dass sie – wie insbesondere in der KV – zu einem sozialen Ausgleich beiträgt oder – wie vor allem in der RV – die individuelle Alterssicherung der allgemeinen wirtschaftlichen Entwicklung folgen lässt. Damit trägt die SV zur Realisierung zentraler Grundwerte der Verfassung bei, die von den beiden Prinzipien der Individualität (Freiheit der Person, Art. 1 und 2 GG) und der Solidarität[31] (Ausfluss der Sozialstaatlichkeit, Art. 20 Abs. 1 und 28 Abs. 1 S. 1 GG) ausgeht, also vom Eigenwert der Person und von der Gemeinschaftsgebundenheit aller Bürger (»Einer für alle, alle für einen«).

Seinen deutlichen Niederschlag hat dieser Solidaritätsgedanke u.a. im Prinzip des *Umlageverfahrens* der RV gefunden, das in reiner Form (erst) seit 1969 gilt: Die Renten, die ausbezahlt werden, entstammen nicht Geldern, die die Rentenempfänger und deren Arbeitgeber früher einmal als Beiträge einbezahlt hatten, wie dies nach dem bis dahin gültigen sog. *Deckungsverfahren* vorgesehen war; sie werden vielmehr aus den laufenden Einnahmen der Rentenversicherungsträger (Beiträge, Zuschüsse und Vermögenserträge) finanziert, vgl. §§ 153 Abs. 1, 158 Abs. 1 SGB VI. 7

Ausfluss des Solidaritätsgedankens ist es weiter, dass in der KV die Leistungen der Krankenbehandlung für alle Versicherten gleich, deren Beiträge entsprechend ihrem jeweiligen Einkommen aber unterschiedlich hoch sind (Solidarausgleich zwischen Empfängern von höheren und niedrigen Einkommen[32] oder dass sich in der RV die Rentenhöhe nicht nur danach richtet, wieviel der Rentenempfänger an Beiträgen geleistet hat, sondern dass bei ihr zugleich der allgemeine Lebensstandard berücksichtigt und sie diesem laufend angepasst wird. Lange Zeit wurde ferner der Solidarausgleich zwischen Versicherten verschiedenen Familienstandes als eine zentrale Aufgabe der SV angesehen, indem z.B. Ledige in der KV ebensoviel an Beiträgen zahlen wie Familienväter oder -mütter, die Versicherungsbeiträge sich also nicht – wie in der Privatversicherung – nach den versicherungsmathematischen Risiken der einzelnen (Stamm-)Versicherten richten, sondern nach deren individueller Leistungsfähigkeit, wie sie sich im Arbeitseinkommen widerspiegelt (BVerfGE 17, 1 [9]). Ob es sich allerdings bei dieser Form des Solidarausgleichs nach heutigen sozialpolitischen Überzeugungen immer noch um eine spezifische Aufgabe gerade der Versichertengemeinschaften handelt, ist fraglich[33]. Es spricht viel dafür, hier, soweit kindbedingte Mehrbelastungen der Familie in Rede stehen, eine Aufgabe des Familienleistungsausgleichs anzunehmen, für den ganz oder zumindest überwiegend die Allgemeinheit der Steuerzahler verantwortlich ist[34]. Das BVerfG hat demgegenüber die umlagefinanzierte Sozialversicherung dazu verurteilt, noch stärker als bisher, d.h. auch auf

31 Zum Begriff der Solidarität vgl. *Schulin* Solidarität und Subsidiarität, in: v. Maydell/Kannengießer (Hrsg.), Handbuch Sozialpolitik 1988, S. 85 ff.; *ders.*, 59. DJT. E 50 ff.; *Zacher* (Fn. 12), S. 381 f.

32 BVerfGE 79, 223 (236 f.).

33 Kritisch *Hase* Versicherungsprinzip und sozialer Ausgleich, 2000, S. 301 ff.

34 Dazu *Schulin* 59. DJT, E 83 f., S. 177 ff. m.w. Nachw.

der Beitragsseite und nicht nur auf der Leistungsseite, Elemente des Familienleistungsausgleichs aufzunehmen[35].

8 **II.** Der Gesetzgeber hat der SV primär die Form einer Zwangsversicherung gegeben, weil nur auf diese Weise die Allgemeinheit vor unterlassener Risikovorsorge des Einzelnen geschützt und der sozialpolitisch gewünschte Solidarausgleich gewährleistet werden kann. Im Übrigen ist der Gesetzgeber seit längerem dazu übergegangen, für einzelne Versicherungszweige in immer weiterem Umfang auch den freiwilligen Beitritt zuzulassen. In der RV hat dies zu deren Öffnung für so gut wie alle Bürger geführt, §§ 4 Abs. 2, 7 Abs. 1 SGB VI[36]. Nun gibt es sogar in der Arbeitslosenversicherung eine – allerdings sehr beschränkte – Möglichkeit der frewilligen Versicherung (§ 28 a SGB III).

9 Trotz aller sozialen Funktionen weist die SV – zu der die Kranken-, Pflege-, Unfall-, Renten- und herkömmlicherweise auch die Arbeitslosenversicherung[37] zählen – zugleich auch typische Elemente der Versicherung auf, wie sie aus der Privatversicherung bekannt sind[38]. In den SV-Trägern sind Personengruppen zusammengeschlossen, die durch Beitragsleistungen gegen bestimmte, kalkulierbare Risiken (Krankheit, Arbeitsunfall, Alter, Arbeitslosigkeit) Vorsorge tragen, oder – mit den Worten des BVerfG: SV meint »die gemeinsame Deckung eines möglichen, in seiner Gesamtheit schätzbaren Bedarfs durch Verteilung auf eine organisierte Vielheit«[39]. Durch den Versicherungszwang, den sozialen Ausgleich und die öffentlich-rechtliche Organisation unterscheidet sich die SV zwar nachhaltig von der Privatversicherung, hat mit dieser jedoch die *kollektive Vorsorge* gemeinsam[40].

10 Wenn auch der größte Teil der Bevölkerung in der SV pflichtversichert ist, so handelt es sich bei ihr doch um keine »Volksversicherung« in dem Sinn, dass von ihr die Gesamtheit aller Bürger ohne weiteres kraft Gesetzes erfasst würde. Vielmehr zählt das Gesetz die Fälle der Versicherungspflicht einzeln und enumerativ auf. Das BVerfG geht allerdings bei der Pflegeversicherung von einer Konzeption als Volksversicherung aus[41].

Die Einführung einer Volksversicherung über alle Sozialversicherungszweige hinweg wird nicht ernsthaft diskutiert. Jedoch wird die Einführung einer Bürgerversicherung auf dem Gebiet der Krankenversicherung, insbesondere der Einbezug der selbstständig Erwerbstätigen und der Beamten und Richter diskutiert. Ernsthafte verfassungsrechtliche Bedenken – bis auf Übergangsfragen – scheinen hiergegen nicht zu bestehen.[42]

11 **III.** Die SV erfüllt ihre soziale Aufgabe auf drei Wegen, vgl. § 4 Abs. 2 SGB I:

1. durch *Vorsorge* dafür, dass den Mitgliedern der Versichertengemeinschaft soweit und solange wie möglich ihre Gesundheit und Leistungsfähigkeit erhalten bleibt; diesem Ziel dienen z.B. die Leistungen zur Verhütung von Krankheiten der KV, §§ 20 ff. SGB V und die Unfallverhütungsmaßnahmen der UV, § 14 ff. SGB VII;

2. durch Maßnahmen *zur Besserung und Wiederherstellung der beeinträchtigten Gesundheit und Leistungsfähigkeit*, z.B. durch Krankenbehandlung der KV, § 27 SGB V, durch Leistungen zur Teilhabe am Arbeitsleben der UV, §§ 35 ff. SGB VII, oder durch entsprechende Leistungen der RV, §§ 13 ff. SGB VI;

35 BVerfGE 103, 242. = NJW 2001, 1712 ff.
36 Zu den wenigen Einschränkungen vgl. § 7 Abs. 2 SGB VI.
37 Aus § 1 Abs. 1 S. 2 SGB IV geht hervor, dass die Arbeitslosenversicherung als Teil der Arbeitsförderung (SGB III) vom Gesetz nicht uneingeschränkt zur SV gerechnet wird.
38 Allgemein zu Privat- und Sozialversicherung *Fuchs* VSSR 1991, 281 ff.
39 BVerfGE 75, 108 (146).
40 S. BVerfGE 103, 197 = NJW 2001, 1709 ff.
41 BVerfGE 103, 242 = NJW 2001, 1709 ff. (LS 2).
42 Ausführlich *Bieback* Sozial- und verfassungsrechtliche Aspekte der Bürgerversicherung, 2005.

3. durch Maßnahmen zur *wirtschaftlichen Sicherung* (Erhaltung des Lebensstandards) des Versicherten und seiner Familie bei Krankheit, Mutterschaft, Minderung der Erwerbsfähigkeit, Arbeitslosigkeit und Alter, z.B. durch Zahlung von Krankengeld, § 44 Abs. 1 SGB V, oder Renten, §§ 56 ff. SGB VII, §§ 33, 35 ff. SGB VI.

V. Soziale Entschädigung

Das Gesetz kennt den Begriff der sozialen Entschädigung erst seit Schaffung des Allgemeinen Teils des SGB[43]. Dort ist in § 5 normiert: 12

»Wer einen Gesundheitsschaden erleidet, für dessen Folgen die staatliche Gemeinschaft in Abgeltung eines besonderen Opfers oder aus anderen Gründen nach versorgungsrechtlichen Grundsätzen einsteht, hat ein Recht auf 1. die notwendigen Maßnahmen zur Erhaltung, zur Besserung und zur Wiederherstellung der Gesundheit und der Leistungsfähigkeit und 2. angemessene wirtschaftliche Versorgung. Ein Recht auf angemessene wirtschaftliche Versorgung haben auch die Hinterbliebenen eines Geschädigten.«

Bis zur Schaffung eines der sozialen Entschädigung gewidmeten Buchs des SGB zählen die einschlägigen Einzelgesetze als Besondere Teile des SGB. 13

Es sind dies nach § 68 Nr. 7 SGB I u.a. das Bundesversorgungsgesetz sowie alle diejenigen Ausgleichsregelungen, die die entsprechende Anwendung der Leistungsvorschriften dieses Gesetzes vorsehen, also § 80 Soldatenversorgungsgesetz, § 47 Zivildienstgesetz, § 46 Abs. 1 Zivilschutzkorpsgesetz, § 59 Abs. 1 Bundesgrenzschutzgesetz, §§ 4 und 5 Häftlingshilfegesetz, § 60 Infektionsschutzgesetz und § 1 Opferentschädigungsgesetz.

Anders als bei den Leistungssystemen der Kranken-, Pflege-, Renten- und Arbeitslosenversicherung, aber auch derjenigen der sozialen Förderung, geht es bei den Regelungen der sozialen Entschädigung nicht um die Sicherung gegen *allgemeine* Lebensrisiken. Vielmehr sollen Nachteile aus *besonderen* Risiken ausgeglichen werden, gegen die eine Vorsorge – eben weil es sich um solche besonderer Natur handelt – nicht möglich oder nicht zumutbar ist. Den Umstand, dass *besondere Schadensrisiken* abgedeckt werden, hat die soziale Entschädigung mit der gesetzlichen UV gemeinsam, die gegen die besonderen Risiken der Arbeitsunfälle sichert. Von allen allgemeinen Lebensrisiken unterscheiden sich die von der sozialen Entschädigung erfassten dadurch, dass für die eingetretenen Schäden eine *besondere, kollektive Verantwortlichkeit der Allgemeinheit* gegeben ist. 14

Dies ist für die Schäden der Kriegsopfer unmittelbar deutlich. Aber auch bei Schäden, die Soldaten im Zusammenhang mit ihrem Dienst bei der Bundeswehr erleiden, liegt es nahe, eine besondere Verantwortung der Allgemeinheit bzw. des Staates anzunehmen, und zwar auch und gerade dann, wenn den Staat bzw. seine Organe am Schadenseintritt *kein Verschulden* trifft.

Wegen der kollektiven Verantwortlichkeit der Allgemeinheit für derartige Schäden wird der Schadensausgleich auch unmittelbar aus Steuermitteln finanziert. Zwar gibt es eine ganze Reihe von Tatbeständen, die von der sozialen Entschädigung erfasst werden. Doch kennt das Gesetz nur ein einziges Regelungssystem, das die *Rechtsfolgen* ordnet. Hierbei handelt es sich um das Bundesversorgungsgesetz (BVG), auf das bei allen anderen Entschädigungstatbeständen hinsichtlich der Rechtsfolgen verwiesen wird. So richtet sich auch der Schadensausgleich der Bundeswehropfer, der Impfgeschädigten oder der Kriminalopfer einheitlich nach den Bestimmungen des BVG. 15

Eine Sonderstellung nimmt die sog. *unechte Unfallversicherung* im SGB VII ein. Dort sind bestimmte Tatbestände aufgeführt, so insbesondere der Unfallversicherungsschutz für Lebensretter, Blut- und Organspender (§ 2 Abs. 1 Nr. 13 SGB VII) oder für Unfallhelfer (§ 2 Abs. 2 Nr. 12 SGB VII), die mit der Funktion des traditionellen Unfallversicherungsschutzes nichts mehr gemein haben. Es handelt sich hier grundsätzlich um soziale Entschädi-

---

43 S. dazu *Schulin* Die soziale Entschädigung im System des Sozialrechts, FS Krasney 1997, S. 461 ff.

gung im Gewand des unfallversicherungsrechtlichen Leistungsrechts. Aus diesem Grund wird diese Art der Unfallversicherung aus Steuermitteln finanziert[44].

C. Soziale Förderung – Familienförderung

16 Zu den Sozialleistungsgebieten, die weder zur sozialen Vorsorge und sozialen Entschädigung noch zur allgemeinen sozialen Hilfe (Sozialhilfe) gehören, zählen insbesondere das Kindergeld-, Erziehungs-(Eltern-)geld-, Ausbildungs- und Arbeitsförderungsrecht sowie das Kinder- und Jugendhilferecht. Die Zusammenfassung dieser Leistungsgruppen liegt nicht nur deshalb nahe, weil ihre Zuordnung zu den anderen Systemzweigen kaum möglich ist, sondern vor allem auch, weil in ihnen eine sozialpolitische Zielsetzung zum Ausdruck kommt, für die erst das GG eine Realisierungsgrundlage gegeben hat. Gemeint ist die Idee der Teilhabe an den Gemeinschaftsgütern, um die *Chancengleichheit* der Einzelnen zu fördern. Dies wird auch als Gebot des Art. 3 Abs. 1 GG empfunden.

Bei den verschiedenen Leistungen für Familien, die bis ins Steuerrecht hineinreichen, ist ebenfalls ein Aspekt der Förderung gegeben. Einige dieser Leistungen haben aber zugleich den Charakter das Ausgleichs von Familienlasten (i.S.v. Unterhaltslasten) – hier wird von Familien*lasten*ausgleich gesprochen – bzw. von Leistungen, die Familien für Kinder erbringen – dies heißt dann Familien*leistungs*ausgleich. Das BVerfG versteht diesen Familienlasten- oder -leistungsausgleich als Gebot des Art. 6 Abs. 1 GG, und dieses Grundrecht wiederum als besonderen Gleichheitssatz[45]. Daraus kann geschlossen werden, dass es auf dem Gebiet der Familienförderung (auch) um Herstellung von Chancengleichheit geht.

Die sozialen Leistungssysteme der SV und der sozialen Entschädigung haben ganz vorrangig die Aufgabe, eingetretene Nachteile auszugleichen, also etwa nach Eintritt einer Krankheit Krankengeld oder ärztliche Hilfe oder nach einer Kriminaltat Versorgungsrente zu gewähren. Das Leistungsrecht reagiert somit auf eine *nachteilige Veränderung* der Lebenssituation des Berechtigten, so dass es sich bei diesen beiden Leistungssystemen in erster Linie um *Restitutionsrecht* handelt. Demgegenüber wollen die Systeme der sozialen Förderung (und der sozialen Hilfe) dem einzelnen Bürger unabhängig davon helfen, ob die Bedarfslage auf den Eintritt einer nachteiligen Veränderung seiner Lebenssituation zurückgeht.

Der Unterschied zwischen beiden Leistungsfunktionen wird am Beispiel des Arbeitsförderungsrechts (SGB III) deutlich, das beide Funktionen vereinigt: Das Arbeitslosengeld ist eine versicherungsmäßige Restitutionsleistung. Der Anspruch setzt Arbeitslosigkeit nach vorangegangener Beschäftigung voraus. Demgegenüber sollen die typischerweise zur Arbeitsförderung zählenden Leistungen etwa der Berufsberatung und der Arbeitsvermittlung auch und gerade solchen Personen zugute kommen, die noch keinen Beruf ausgewählt haben und noch keinen Arbeitsplatz innehatten.

Mit der Grundsicherung für Arbeitsuchende (SGB II) ist der Fördergedanke mit dem Gedanken der Eigenverantwortung (»Fordern«) verbunden und damit gesetzliches Programm geworden.

17 Soziale Förderung zielt also auf eine Verbesserung der sozialen *Chancengleichheit* ab, und zwar durch Gewährung von Entfaltungshilfen bei sehr unterschiedlichen Bedarfslagen. Diese Leistungssysteme bauen folglich auch nicht auf – gesetzlich erzwungener – Vorsorge wie in der SV und damit auch nicht auf einer Finanzierung durch Beiträge der potenziellen Leistungsempfänger auf. Vielmehr werden die Leistungen unmittelbar aus Steuermitteln finanziert.

44 Ebenso *Eichenhofer* Sozialrecht, Rn. 431 ff.; *Hase* Versicherungsprinzip und sozialer Ausgleich, 2000, S. 373 f.

45 BVerfGE 99, 216, LS 1.

D. Allgemeine und besondere soziale Hilfen

Besteht eine Bedarfslage, sind jedoch die einen oder anderen Voraussetzungen für Sozialleistungen der bisher behandelten Zweige des Sozialrechts nicht erfüllt, weil es etwa an einer Mitgliedschaft in der SV oder an einer der leistungsbegründenden Schadensursachen der sozialen Entschädigung fehlt, kann es zu existentieller Not kommen, die aufgrund des verfassungsrechtlichen Auftrags an den Staat zum Schutz der Menschenwürde (Art. 1 Abs. 1 GG) dessen Handeln notwendig macht. 18

§ 9 SGB I bestimmt als soziales Recht: »Wer nicht in der Lage ist, aus eigenen Kräften seinen Lebensunterhalt zu bestreiten oder in besonderen Lebenslagen sich selbst zu helfen, und auch von anderer Seite keine ausreichende Hilfe erhält, hat ein Recht auf persönliche und wirtschaftliche Hilfe, die seinem besonderen Bedarf entspricht, ihn zur Selbsthilfe befähigt, die Teilnahme am Leben in der Gemeinschaft ermöglicht und die Führung eines menschenwürdigen Lebens sichert.«

Wenn alle anderen Unterstützungsmöglichkeiten privater oder öffentlicher Natur versagen, ist es die Aufgabe des Sozialhilferechts (seit 1. 1. 2005: SGB XII, früher: Bundessozialhilfegesetz – BSHG), soziale Hilfen bereit zu stellen. Sozialhilfe soll andererseits aber auch *nur* dann eingreifen, wenn keine sonstige Hilfe in Betracht kommt. Dies ist der sozialhilferechtliche Grundsatz der Subsidiarität, eines der zentralen Prinzipien dieses Rechtsgebietes. Die Sozialhilfeleistungen haben aber nur dort den Charakter einer *allgemeinen* sozialen Hilfe, wo es um die *Hilfe zum Lebensunterhalt*, also um die sozioökonomische Existenzsicherung für nicht erwerbsfähige Personen geht. Hierzu kann auch noch die *Grundsicherung im Alter und bei Erwerbsminderung* gerechnet werden. Die anderen Sozialhilfeleistungen, so die Leistungen der früher so genannten Hilfe in besonderen Lebenslagen, z.B. die Eingliederungshilfe für behinderte Menschen oder die Hilfe zur Pflege, sind *besondere* Hilfemaßnahmen. Hierzu gehört auch das Wohngeld, das aber in einem besonderen Gesetz geregelt ist (WoGG). 19

§ 3 Rechtsquellen

A. Unübersichtliches Sozialrecht?

Die Klage darüber, dass ein Rechtsgebiet unübersichtlich geworden ist, wird mittlerweile für viele Rechtsgebiete geführt. Für das Sozialrecht gilt diese Klage besonders[46]. Unübersichtlichkeit kann dabei zweierlei heißen: Unübersichtlichkeit wegen der Vielzahl der Rechtsquellen und Rechtsnormen, und Unübersichtlichkeit mangels systematischer Ordnung des Rechtsstoffes. 1

I. Die Unübersichtlichkeit *wegen der Vielzahl der Rechtsquellen und Rechtsnormen* beruht im Sozialrecht auf der Dynamik der sozialpolitischen Entwicklung und dem ständigen Versuch, soziale Gerechtigkeit und Gleichbehandlung (nicht: Gleichheit) mit fein ausdifferenzierten und detaillierten Normen zu erreichen. Diese Normenflut schafft für sich bereits erhebliche Orientierungsdefizite für den rechtsuchenden Bürger, mittlerweile auch schon für die rechtsberatenden Berufe. Dieser Umstand mutet im Sozialrecht besonders zweifelhaft und ausgesprochen unsozial an[47]. Ursache der Normenflut[48] ist die auf den meisten Rechtsgebieten anzutreffende Tendenz zunehmender Verrechtlichung[49], die ihrerseits 2

46 S. *Igl* Regelungstechnik heutiger Sozialgesetzgebung, SDSRV 40 (1995), 29 ff.

47 Zur Gesamtproblematik *v. Maydell* (Hrsg.) Probleme sozialpolitischer Gesetzgebung – Das Beispiel des Gesundheitsreformgesetzes, 1991, mit Beiträgen u.a. von *Helmrich, Merten* und *Borchardt*.

48 Dazu aus der Fülle der Lit. sehr lesenswert *Krasney* Überjustizialisierung – Überaktivitäten des Gesetzgebers, DRiZ 1992, 165 ff.

49 S. etwa *Zacher*, in: Kübler (Hrsg.), Verrechtlichung von Wirtschaft, Arbeit und sozialer Solidarität, 1985, S. 11 ff.

vor allem eine Folge der ständig komplizierter werdenden Verhältnisse in Staat, Wirtschaft und Gesellschaft, aber auch der aus Gleichheitsgründen (Art. 3 Abs. 1 GG) geforderten Ausdifferenzierung von Recht ist. Eine grundsätzliche Trendumkehr hin zu weniger Normen dürfte im Sozialrecht nicht realisierbar sein.

3 **II.** Die *Unübersichtlichkeit, die aus einer nicht hinreichend systematischen Ordnung des Rechtsstoffes resultiert*, hat das Sozialrecht über lange Zeit hinweg zu einer schwer durchschaubaren Rechtsmaterie werden lassen. Erst mit dem Vorhaben der Kodifikation des Sozialgesetzbuchs ist es gelungen, den Rechtsstoff des Sozialrechts systematisch zu ordnen, auch wenn das Kodifikationsvorhaben noch nicht vollendet ist.

Der Gesetzgeber hat sich leider nicht immer bemüht, eine selbst zu verantwortende Unübersichtlichkeit zu vermeiden, s. als Beispiel für ein Paragrafenungetüm § 85 SGB V. Auch überflüssige Regelungen sind zu verzeichnen: »Soweit (...) Vordrucke vorhanden sind, sollen diese benutzt werden«, § 60 Abs. 2 SGB I.

4 **III.** Die Anstrengungen, die Gesetzesflut einzudämmen, werden meist unter die Begriffe *Deregulierung* und *Entstaatlichung* gefasst. *Deregulierung* meint dabei vor allem das Bemühen, Lebenssachverhalte weniger regulatorisch, vielleicht sogar nur unter Vorgabe von Grundzügen, zu erfassen. *Entstaatlichung* bedeutet, dass nicht eine staatliche Instanz regulierend tätig werden muss, sondern dass Beteiligte, meist im Vertragswege, selbst regelnd tätig werden.

Gegenwärtig wird diese Debatte auch unter der Überschrift der Entbürokratisierung geführt. In dieser Diskussion werden allerdings häufig Fragen des Verwaltungs-(=Bürokratie)abbaus mit Fragen nach besserer Verwaltung (= Optimierung der Verwaltungstätigkeit i.S.v. Dienstleistungsorientierung) sowie mit Deregulierungsfragen vermengt.

Deregulierungsbemühungen haben im Sozialrecht in der Regel keine große Chance. So wäre etwa ein Rentenrecht, das sich im Wesentlichen auf die Aussage beschränkte, die Rente solle den Lebensstandard sichern, kaum operabel. Und auch eine Aussage, dass Studierende eine angemessene Ausbildungsförderung erhalten sollen, bedürfte intensiver Konkretisierung und damit der Regulierung. Anderes gilt für die Entstaatlichungsbemühungen. Im Sozialrecht werden diese Bemühungen immer dort besonders gepflegt, wo es um die Ausgestaltung des Verhältnisses zwischen Sozialleistungsträgern, z.B. Krankenkassen, und Leistungserbringern, z.B. Ärzten, geht. Hier findet sich mittlerweile eine – auch schon wieder unübersichtlich gewordene – Vielzahl an Regelungsformen, die vom Vertrag über die Empfehlung zur Richtlinie reichen. Der Gesetzgeber ist damit entlastet; mehr Regelungsklarheit wird damit keinesfalls erzielt. Trotzdem wird dieser Weg für die Zukunft unter besserer Beachtung systematischer Rechtsbildung weiter beschritten werden müssen.

B. Die verschiedenen Rechtsquellen des Sozialrechts

5 Als Rechtsquellen spielen neben dem Gemeinschaftsrecht, dem Grundgesetz und den Landesverfassungen, den Gesetzen und den Rechtsverordnungen im Sozialrecht die autonomen Satzungen der Selbstverwaltungskörperschaften, ferner im Leistungserbringungsrecht (z.B. Vertragsarztrecht) insbesondere Gesamtverträge und Richtlinien (im SGB V sog. Gemeinsame Selbstverwaltung, nämlich der Ärzte und der Krankenkassen) eine besondere Rolle. Insgesamt ist das Leistungserbringungsrecht nicht nur des SGB V, sondern auch des SGB XI und des SGB XII und – quer durch die Sozialleistungsbereiche auf dem Gebiet der Rehabilitation und Teilhabe (SGB IX) mittlerweile stark von untergesetzlichem Recht geprägt. Damit ist das Sozialrecht in Hinblick auf die Rechtsquellenlehre unter verfassungsrechtlichen Aspekten besonders interessant geworden[50].

---

50 Grundlegend: *Axer* Normsetzung der Exekutive im Sozialversicherungsrecht, 2000; *Hänlein* Rechtsquellen im Sozialversicherungsrecht: System und Legitimation untergesetzlicher Rechtsquellen des deutschen Sozialversicherungsrechts, 2001.

Im Folgenden soll überblicksweise auf die wichtigsten *Rechtsquellen auf dem Gebiet des Krankenversicherungsrechts* eingegangen werden[51]. Da nur das Krankenversicherungsrecht von einer sog. Gemeinsamen Selbstverwaltung gekennzeichnet ist, ist hier eine besondere Situation gegeben, die nicht ohne weiteres auf die anderen Sozialleistungszweige, im Übrigen auch nicht ohne weiteres auf die Soziale Pflegeversicherung, übertragen werden kann. Neben der *Satzung* der sind zwei Rechtsquellen von besonderem Interesse: Die *Verträge zwischen Leistungserbringern und Krankenkassen bzw. ihren Verbänden* und die *Richtlinien des Gemeinsamen Bundesausschusses* (früher: Bundesausschuss).

Satzungen sind die traditionelle Rechtsquelle von Selbstverwaltungskörperschaften. Auf 6
dem Gebiet der gesetzlichen Krankenversicherung ist die Satzungsmacht sehr eingeschränkt. Regelungsermächtigungen für das Leistungsrecht sind äußerst selten (s. etwa § 37 Abs. 2 S. 2 SGB V). Auch hier gilt der Vorbehalt des Gesetzes, § 31 SGB I. §§ 29 Abs. 3, 30 Abs. 1 SGB IV binden ebenfalls die Sozialversicherungsträger hinsichtlich der von ihnen wahrzunehmenden Aufgabenkreise streng an das Gesetz.

Die *Verträge zwischen den Verbänden der Krankenkassen und den Kassenärztlichen Vereinigungen* 7
gehören dem öffentlichen Recht an und haben Normcharakter (vgl. §§ 69, 72 Abs. 2 SGB V)[52]. Es handelt sich hier um Rechtsquellen im Rahmen der gemeinsamen Selbstverwaltung.

Eine besondere Rolle als Rechtsquelle im Bereich der GKV spielen mittlerweile die *Richt-* 8
linien des Gemeinsamen Bundesausschusses (früher: der Bundesausschüsse) (§ 92 SGB V). Nach § 92 Abs. 1 S. 1 Hs. 1 SGB V beschließt der Gemeinsame Bundesausschuss die zur Sicherung der ärztlichen Versorgung erforderlichen Richtlinien über die Gewähr für eine ausreichende, zweckmäßige und wirtschaftliche Versorgung der Versicherten. Er wird durch die Kassenärztlichen Bundesvereinigungen, die Deutsche Krankenhausgesellschaft, die Bundesverbände der Krankenkassen, die Deutsche Rentenversicherung Knappschaft-Bahn-See und die Verbände der Ersatzkassen gebildet (§ 91 Abs. 1 S. 1 SGB V). Das BSG hat in einer umstrittenen Entscheidung (»Methadon-Urteil«)[53] diesen Richtlinien normative Wirkung für die am Versicherungsverhältnis Beteiligten sowie für die Ärzte und ihre Körperschaften zugesprochen[54]. Die Kernaussage dieser Entscheidungen lautet, dass das Leistungsrecht, also das Rechtverhältnis zwischen Versichertem und Krankenkasse, konkretisiert werde durch das Leistungserbringungsrecht, also durch das Rechtsverhältnis zwischen den Kassen und den Leistungserbringern, hier in Gestalt der Richtlinien des Gemeinsamen Bundesausschusses. Damit stellt sich aber nicht nur ein Problem des Normcharakters der Richtlinien (den das BSG annimmt), sondern auch der Normhierarchie zwischen dem gesetzlich verbürgten – allerdings nicht konkretisierten Leistungsanspruch, und den diesen Leistungsanspruch konkretisierenden Richtlinien. Das BVerfG hält sich allerdings bisher mit deutlichen Aussagen zu diesen Fragen zurück[55].

---

51 S. als Überblick: *Joussen* SGb 2004, 334.

52 Grundlegend: *Boerner* Normenverträge im Gesundheitswesen, 2003.

53 BSGE 78, 70 (74), bestätigt in BSGE 81, 54 (59 ff.) und 81, 73 (76).

54 Kritisch hierzu *Ossenbühl* NZS 1997, 497 ff., (502 f.) S. auch *Schnapp* Die Richtlinien im Kassenarztrecht (§ 92 SGB V) auf dem verfassungsrechtlichen Prüfstand, FS Krasney, 1997, S. 437 ff.; *Engelmann* Untergesetzliche Normsetzung im Recht der gesetzlichen Krankenversicherung durch Verträge und Richtlinien, NZS 2000, 1 ff., 76 ff.; *Sodan* NZS 2000, 581 ff.; *Axer* Normsetzung der Exekutive im Sozialversicherungsrecht, 2000, S. 115 ff.

55 Im Beschl. vom 6. 12. 2005 (Az. 1 BvR 347/98), NJW 2006, 891, hat es das BVerfG – anders als erwartet – vermieden, auf den Rechtscharakter von Richtlinien des Bundesausschusses einzugehen. Dazu *Kingreen* NJW 2006, 877.

C. Kodifikation des Sozialrechts im SGB

9 Die wichtigste Rechtsquelle für das Sozialrecht ist das Sozialgesetzbuch (SGB). Die Zusammenfassung des Sozialrechts im SGB kann als eine die wichtigsten Gebiete des Sozialrechts umfassende, allerdings nach mittlerweile 30 Jahren seit Inkrafttreten des Ersten Buches noch immer nicht vollendete Kodifikation des Sozialrechts gelten.

Der Gesetzgeber des SGB hat davon abgesehen, die Kodifikation des Sozialrechts mit einer umfassenden Reform des Sozialrechts zu verbinden (»Kodifikation bei begrenzter Sachreform«)[56]. Trotzdem sind die verschiedenen Sozialleistungsbereiche immer erst dann in das SGB inkorporiert worden, wenn sie gegenüber dem bisherigen Rechtszustand wesentliche Neuerungen brachten. Dies erklärt, warum die Kodifikation immer noch nicht vollständig ist.

Diese Kodifikation zeichnet sich dadurch aus, dass durch die systematische Ordnung des vorhandenen Sozialrechtsbestandes für den Rechtssuchenden, insbesondere aber für den Rechtsanwender der Zugang zu diesem Rechtsgebiet und auch das Verständnis dieses Rechtsgebietes erleichtert wird. Die systematische Ordnung bestand vor allem in der Herstellung eines Verhältnisses des Allgemeinen zum Besonderen. Die allgemeinen Regelungen finden sich im Allgemeinen Teil des SGB, dem SGB I. Weitere allgemeine Regelungen betreffen das Sozialverwaltungsverfahren, den Schutz der Sozialdaten und die Zusammenarbeit der Leistungsträger untereinander und mit Dritten, enthalten im SGB X. Die besonderen Teile des SGB, nämlich die verschiedenen Sozialleistungsgesetze, sollten nach der ursprünglichen Aufbaukonzeption des SGB von den allgemeinen Vorschriften des SGB I und des SGB X »eingerahmt« werden[57].

Der Aufbau des SGB ist heute nur mehr vor dem Hintergrund dieser ursprünglich gewollten Grundanlage zu verstehen. Mittlerweile hat sich diese Grundanlage deutlich verändert. So sind die unter dem Dach des SGB IV und hinter dem besonderen allgemeinen Teil der Gemeinsamen Vorschriften für die Sozialversicherung einzuordnenden Zweige der Kranken-, Renten-, Unfallversicherung jetzt zu einzelnen Büchern des SGB geworden (SGB V bis SGB VII). Die Soziale Pflegeversicherung als spätgeborenes Kind der Sozialversicherung wurde auf einen hinteren Platz verschoben und damit zum SGB XI.

10 Derzeit gibt es *Sozialrecht noch innerhalb und außerhalb des SGB.* Diese außerhalb des SGB stehenden Sozialrechtsgesetze gelten durch eine *spezielle Integrationsvorschrift* als besondere Teile des SGB, s. § 68 SGB I.

I. Als Buch des SGB in Kraft getreten sind bis heute:

11 1. *Buch I: Allgemeiner Teil,* der seit 1. 1. 1976 materiellrechtliche Bestimmungen für sämtliche Sozialleistungsbereiche enthält und in seinem ersten Abschnitt die Aufgaben des SGB sowie die sog. sozialen Rechte umschreibt. Für die Praxis besonders wichtig sind weiter die §§ 11 ff. sowie die Regelungen des dritten und umfangreichsten Abschnitts mit den Bestimmungen u.a. zu Verzinsung, Verjährung, Aufrechnung usw.

2. *Buch II: Grundsicherung für Arbeitsuchende,* vom 24. 12. 2003, in Kraft seit 1. 1. 2005. Mit diesem Buch ist die frühere Arbeitslosenhilfe abgeschafft worden. Gleichzeitig ist eine für alle erwerbsfähigen, aber nicht oder nicht mehr Versicherungsleistungen nach dem SGB III beziehenden Personen eine einheitliche Regelung geschaffen worden. Damit sind auch erwerbsfähige Personen, die früher Leistungen der Hilfe zur Arbeit nach dem SGB XII (bzw. damals dem BSHG – Bundessozialhilfegesetz) erhalten haben, aus der Sozialhilfe herausgenommen worden.

56 *Zacher* Das Vorhaben des Sozialgesetzbuchs, SDSRV 40 (1995), 7 ff. (14); *ders.* RsDE Heft 47, 1 ff.

57 Zu Geschichte und Konzeption des Kodifikationswerkes *Zacher* Das Vorhaben des Sozialgesetzbuchs, SDSRV 40 (1995), 7 ff., *ders.* RsDE Heft 47, 1 ff.

3. *Buch III: Arbeitsförderung* vom 24. 3. 1997, in Kraft seit 1. 1. 1998, enthält das grundlegend reformierte Arbeitsförderungsrecht, früher AFG.

4. *Buch IV: Gemeinsame Vorschriften für die Sozialversicherung*, die seit 1. 7. 1977 einheitliche Regelungen für die Kranken-, Unfall-, und Rentenversicherung einschließlich der Alterssicherung der Landwirte sowie die Pflegeversicherung, insbesondere auch zur Selbstverwaltung der Sozialversicherungsträger, enthalten. Teilweise Anwendung findet das SGB IV auch auf die Arbeitsförderung, § 1 Abs. 1 S. 2 SGB IV, und – sehr eingeschränkt – auf die Sozialhilfe und die Grundsicherung für Arbeitsuchende, § 1 Abs. 2 SGB IV.

5. *Buch V: Gesetzliche Krankenversicherung;* in dieses Buch sind seit 1. 1. 1989 die durch das Gesundheits-Reformgesetz (GRG) novellierten Regelungen der RVO zur gesetzlichen Krankenversicherung aufgenommen worden; diese sind seitdem wieder häufig geändert worden.

6. *Buch VI: Gesetzliche Rentenversicherung;* das hinsichtlich der meisten Regelungen am 1. 1. 1992 in Kraft getretene Rentenreformgesetz 1992 novelliert die gesetzliche Rentenversicherung und fasst die bisher in unterschiedlichen Gesetzen (RVO Buch 4, AVG, RKG und HwVG) geregelten Versicherungszweige materiellrechtlich in Buch VI des SGB zusammen. Zu beachten sind dort auch die zahlreichen, vor allem durch die Wiedervereinigung bedingten Sonderregelungen im 5. Kapitel (§§ 228 ff. SGB VI) sowie die grundlegenden Änderungen, die bei den Berufs- und Erwerbsunfähigkeitsrenten durch das Gesetz zur Reform der Renten wegen verminderter Erwerbsfähigkeit[58], in Kraft ab. 1. 1. 2001, und durch die verschiedenen Gesetze zur Reform der Alterssicherung[59], in Kraft ab 1. Juli 2001, eingeführt worden sind.

7. *Buch VII: Gesetzliche Unfallversicherung*, in Kraft seit 1. 1. 1997. Mit diesem Buch wurden die §§ 537 ff. RVO (3. Buch der RVO) abgelöst..

8. *Buch VIII: Kinder- und Jugendhilfe;* mit den seit 1. 1. 1991 geltenden Regelungen dieses Buchs wurde das frühere Jugendwohlfahrtsgesetz (JWG) abgelöst.

9. *Buch IX: Rehabilitation und Teilhabe behinderter Menschen*, in Kraft seit 1. Juli 2001[60]. In diesem Buch sind zwei ganz unterschiedlich Regelungsmaterien enthalten: Im Teil 1 die allgemeinen Regelungen zum – früher so genannten – Rehabilitationsrecht (jetzt: Teilhaberecht); im Teil 2 das vor allem dem Arbeitsrecht zugehörige Schwerbehindertenrecht.

10. *Buch X: Verwaltungsverfahren, Schutz der Sozialdaten, Zusammenarbeit der Leistungsträger und ihre Beziehungen zu Dritten;* hier handelt es sich um Vorschriften, die wieder – wie diejenigen von Buch I – für alle Sozialleistungsbereiche gelten.

11. *Buch XI: Soziale Pflegeversicherung:* Als »fünfte Säule« neben Kranken-, Renten-, Unfall- und Arbeitslosenversicherung grundsätzlich in Kraft seit 1. 1. 1995, aber erst seit 1. 4. 1995 für Leistungen der häuslichen und teilstationären Pflege und seit 1. 7. 1996 für Leistungen der vollstationären Pflege. Mit diesem Gesetz ist eine grundlegende Neugestaltung der bisher fast ausschließlich in der Sozialhilfe vorgesehenen Pflegeleistungen bewirkt worden. Trotz etlicher Ergänzungen leistungsrechtlicher Art und auf dem Gebiet der Quali-

---

58 Vom 20. 12. 2000 (BGBl. I S. 1827).

59 Gesetz zur Ergänzung des Gesetzes zur Reform der gesetzlichen Rentenversicherung und zur Förderung eines kapitalgedeckten Altersvermögens (Altersvermögensergänzungsgesetz – AVmEG) vom 21. 3. 2001 (BGBl. I S. 403); Gesetz zur Reform der gesetzlichen Rentenversicherung und zur Förderung eines kapitalgedeckten Altersvermögens (Altersvermögensgesetz – AVmG) vom 26. 6. 2001 (BGBl. I S. 1310). Das AVmG enthält in Art. 8 a das Gesetz über eine bedarfsorientierte Grundsicherung im Alter und bei Erwerbsminderung (GSiG), und in Art. 6 a das Gesetz über die Zertifizierung von Altersvorsorgeverträgen (Altersvorsorge-Zertifizierungsgesetz – AltZertG).

60 Vom 19. 6. 2001 (BGBl. I S. 1046).

tätssicherung harrt dieser Bereich schon jetzt – nach kaum mehr als zehn Jahren – einer gründlichen Reform.

12. *Buch XII: Sozialhilfe*, in Kraft seit dem 1. 1. 2005. Bis auf wenige Änderungen und systematische Umstrukturierungen ist das alte Sozialhilferecht des seit 1961 existierenden Bundessozialhilfegesetzes (BSHG) in dieses Buch übernommen worden. Die wichtigste inhaltliche Reform wurde durch das gleichzeitig in Kraft getretene SGB II – Grundsicherung für Arbeitsuchende – bewirkt. Die sozialhilferechtliche Basissicherung, die Hilfe zum Lebensunterhalt, wird nur noch an nicht erwerbsfähige Personen gezahlt. Die Grundsicherung im Alter und bei Erwerbsminderung ist jetzt ebenfalls Bestandteil des Sozialhilferechts geworden, obwohl diese Leistung nach den ursprünglichen Vorstellungen des Gesetzgebers gerade keine Sozialhilfeleistung werden sollte.

12 **II.** Die weitere Gestaltung des SGB ist offen. Der ursprüngliche Plan, die Ausbildungsförderung (BAföG) zum Buch II zu machen, ist nicht mehr haltbar, da das SGB II jetzt die Grundsicherung für Arbeitsuchende enthält.[61]. Für die weiteren Materien, so die soziale Entschädigung (bisher insbesonders: BVG, OEG, §§ 56 ff. IfSG), vgl. § 5 SGB I, den Familienleistungsausgleich im Kinder- und Erziehungsgeld (bisher BKGG sowie steuerrechtlich im Einkommensteuerrecht, und BErzGG, ab 1.1. 2007 BEEG)), und das Wohngeld (bisher WoGG) sind gegenwärtig keine Bestrebungen erkennbar, diese in das SGB kodifikatorisch zu integrieren[62].

13 **III.** Eine Reihe von Rechtsmaterien wird nicht in das SGB aufgenommen werden. Dabei handelt es sich zunächst um Regelungsbereiche, die als einmalige Sondersysteme Schadensfolgen des letzten Krieges und des Nazi-Regimes ausgleichen sollen (Lastenausgleich – LAG; Entschädigung für Opfer der nationalsozialistischen Verfolgung), weiter um die dienstrechtlichen Versorgungssysteme der Beamten, Richter und Soldaten sowie die berufsständischen Versorgungssysteme der Ärzte, Anwälte und sonstigen freiberuflich Tätigen, die traditionell außerhalb des Sozialrechts im engeren Sinne stehen[63]. Schließlich werden wahrscheinlich auch einige Gesetze, die einzelne Sonderbereiche regeln und unstreitig zum Sozialrecht im engeren Sinne zählen, außerhalb des SGB Geltung behalten, wie etwa das KVLG 1989 (Zweites Gesetz über die Krankenversicherung der Landwirte), das nicht in Buch V aufgenommen worden ist. Damit wird das Ziel einer umfassenden Gesamtkodifikation des Sozialrechts nicht unmaßgeblich beeinträchtigt.

D. Landessozialrecht

14 Die Rechtsquellen des Landessozialrechts werden im sozialrechtlichen Unterricht kaum wahrgenommen[64]. Sozialrecht ist in der Hauptsache Bundessozialrecht. Dies beruht darauf, dass der Bund bei der Gesetzgebung praktisch für alle im SGB genannten Bereiche über die konkurrierende Zuständigkeit verfügt (Art. 74 Nr. 6, 7, 9, 10, 12, 13, 19 a GG), von der er auch weitgehend Gebrauch gemacht hat. Obwohl die entsprechenden Kompetenznormen in der Regel weit ausgelegt werden (so fällt es schwer, die Vorschriften des Familienleistungsausgleichs nach dem BKGG und dem BErzGG zur »öffentlichen Für-

61 Dazu *André* ZfSH/SGB 1990, 345 ff., und *Zacher* Sozialgesetzbuch, Teil A, 8 ff.

62 *Köbl* Kodifikation – nicht nur bei Gelegenheit dringlicher Sachreform!, FS Zacher, 1998, S. 389 ff.

63 Dazu *M. Jung* Berufsständische Versorgung, HAV, 151 ff.

64 Darstellungen des Landessozialrechts sind eher selten und mittlerweile auch ziemlich veraltet, s. etwa *Ruland* Sozialrecht, in: Faber/Schneider (Hrsg.), Niedersächsisches Staats- und Verwaltungsrecht, 1985, S. 499 ff.; *Stolleis* Sozialrecht, in: Meyer/Stolleis (Hrsg.), Hessisches Staats- und Verwaltungsrecht, 1983, S. 306 ff.; *Igl* Sozialrecht, in: Hoffmann-Riem/Koch (Hrsg.), Hamburgisches Staats- und Verwaltungsrecht, 1988, S. 560 ff.

sorge« im Sinne des Art. 74 Nr. 7 GG zu rechnen)[65], kann rechtlich nicht von einer »sozialpolitischen Allgemeinzuständigkeit« des Bundes gesprochen werden. De facto verbleiben den Ländern freilich nur wenige Materien des Sozialrechts zur Regelung[66]. Solches ist teilweise noch im Bereich der Hilfen für Blinde (Blindengeld) vorhanden, ebenso auf dem Gebiet des Familienleistungsausgleichs (Landeserziehungsgeld, Familiengeld, Geburtsbeihilfen und Darlehen). Die Verlagerung von Gesetzgebungskompetenzen von der Bundes- auf die Landesebene im Zuge der Föderalisierung im Jahre 2006 hat die Sozialleistungsbereiche nicht erfasst[67].

Mehr Raum als die Rechtsquellen zum Sozial*leistungs*recht nehmen hingegen die landessozialrechtlichen Rechtsquellen auf dem Gebiet des *Leistungserbringungsrechts* ein. Dies gilt insbesondere für das Krankenhausrecht (s. § 1 Abs. 2 Krankenhausfinanzierungsgesetz – KHG), das Pflegerecht (s. § 9 SGB XI) und das Recht der Kinder- und Jugendhilfe (SGB VIII). In diesen Rechtsmaterien haben die Länder Vorschriften geschaffen, die sich insbesondere mit der Planung und Förderung der entsprechenden Einrichtungen befassen. Im Recht der Kinder- und Jugendhilfe ist zudem der Landesrechtsvorbehalt stark ausgeprägt, vgl. §§ 15, 26, 49, 89 g SGB VIII.

Die Länder hatten bislang – vor der Föderalisierung – anders als dies nach der Grundregel des Art. 83 GG zu erwarten wäre – keinen großen Anteil an der *Ausführung der Sozialleistungsgesetze*. Dies liegt vor allem daran, dass die Sozialversicherungen von den Selbstverwaltungsträgern (z.B. Krankenkassen) selbst ausgeführt werden. An Sozialleistungsgesetzen, die von den Ländern ausgeführt werden, sind vor allem das SGB XII, das BErzGG und die Kriegsopferversorgung zu nennen.

§ 4 Sozialrecht im Beitrittsgebiet

Vorbemerkung: Das Sozialrecht in den neuen Bundesländern wird in diesem Studienbuch nicht mehr in einem besonderen Kapitel beschrieben. Die jeweiligen Sonderregelungen, die auch heute noch Geltung haben, werden bei den einzelnen Sozialleistungszweigen aufgeführt. Im Folgenden sollen auf dem Hintergrund einer kurzen Darstellung des DDR-Sozialrechts nur noch die wichtigsten Entwicklungen bis zum Einigungsvertrag skizziert werden[68].

A. DDR-Recht bis zum Staatsvertrag

Aufgrund der hohen Erwerbsbeteiligung war der weit überwiegende Teil der Bevölke- 1
rung in der *SV der Arbeiter und Angestellten*, die vom sog. Freien Deutschen Gewerkschaftsbund (FDGB) verwaltet wurde, einbezogen. Für bestimmte Gruppen, z.B. im Staatsdienst Beschäftigte, gab es darüber hinaus etwa 70 (!) Zusatz- und Sonderversorgungseinrichtungen, die für ca. 15% der Erwerbstätigen zuständig waren. Die SV war eine Einheitssicherung und nicht in verschiedene Versicherungszweige gegliedert. Der Beitragssatz betrug für die Arbeitnehmer 10%. Die Betriebe hatten zusätzlich einen Beitragsanteil von 12,5% zu entrichten. Seit jeher bestand eine (nicht dynamisierte) Beitragsbemessungsgrenze

65 Vgl. etwa *Zuleeg* Familienpolitik und Verfassungsrecht, FamRZ 1980, 210. Das BVerfG hat allerdings den Familienlastenausgleich nach früherem Recht mit der Gesetzgebungsbefugnis des Art. 74 Nr. 12 GG legitimiert, BVerfGE 11, 105.

66 So auch *Krause* Sozialstaat und Sozialrecht, JuS 1986, 349 ff. (351 f.).

67 S. Gesetz v. 28. 8. 2006 (BGBl. I S. 2034).

68 Anders als in der 7. Auflage dieses Lehrbuchs wird auf Literaturhinweise verzichtet. Eine Darstellung der Sozialpolitik und des Sozialrechts in der DDR findet sich bei *M. Schmidt*, in: Bundesministerium für Arbeit und Sozialordnung und Bundesarchiv (Hrsg.), Geschichte der Sozialpolitik in Deutschland seit 1945, Bd. 1, Grundlagen der Sozialpolitik, 2001, S. 685 ff. Die DDR-Sozialpolitik wird demnächst in den Bänden 8 bis 10, die Situation nach der Wiedervereinigung in Band 11 dieses Sammelwerkes dargestellt werden.

von monatlich 600,– M. Die Zuschüsse des Staates beliefen sich zum Schluss auf ca. 50% der Ausgaben der SV.

Im Rahmen der Pflichtversicherung war für die *Rentner* eine Mindestrente vorgesehen, die über den Sätzen der Sozialfürsorge lag und zuletzt zwischen 330,– und 470,– M betrug. Die Höchstrente aus der Pflichtversicherung betrug 510,– M. Die meisten Rentner erhielten die Mindestrente. Sie wurde z.T. durch eine Leistung (in Höhe von durchschnittlich knapp 100,– M) aus der freiwilligen Zusatzrentenversicherung (FZR) ergänzt.

Bei *Krankheit* wurde für sechs Wochen pro Jahr ein Krankengeld in Höhe von 90% des Nettoarbeitsentgelts gewährt, bei Arbeitsunfall oder Berufskrankheit auch darüber hinaus bis zu 78 Wochen. In den übrigen Fällen kam es beim Krankengeld ab der siebten Woche zu Abschlägen, die je nach Familiengröße unterschiedlich hoch waren. Krankengeld wurde auch bei Pflege erkrankter Kinder gezahlt, und zwar bis zu vier (bei einem Kind) und bis dreizehn Wochen (bei fünf und mehr Kindern). Das Gesundheitswesen und damit die Versorgung mit Gesundheitsleistungen war fast ausschließlich staatlich organisiert. Die ambulante Betreuung wurde in betrieblichen und außerbetrieblichen Ambulatorien und Polikliniken vorgenommen, die z.T. an Krankenhäuser angegliedert waren. Neben den Versicherten waren auch Empfänger von Sozialfürsorge leistungsberechtigt.

Auch die Entschädigung von *Arbeitsunfällen* wurde von der staatlichen Einheitsversicherung mit umfasst.

Einen Sicherungszweig für *Arbeitslosigkeit* gab es seit 1977 *nicht* mehr.

Schwerbeschädigte *Kriegsopfer* erhielten Ausgleichsleistungen in Form von Renten und ggf. Pflegegeld von der SV.

Schließlich gab es auch eine *Sozialfürsorge*, die jedoch vor allem wegen des Mindestrentensystems quantitativ keine sehr große Rolle spielte.

B. Staatsvertrag

2 Ein erster wichtiger Schritt auf dem Weg zu einem einheitlichen Sozialrecht in Gesamtdeutschland wurde mit dem Abschluss des Vertrages über die Schaffung einer Währungs-, Wirtschafts- und Sozialunion zwischen der Bundesrepublik Deutschland und der Deutschen Demokratischen Republik (Staatsvertrag) vom 18. 5. 1990 (BGBl. II S. 537) sowie dem Gesetz vom 25. 6. 1990 zu diesem Vertrag (BGBl. II S. 518) getan. Die Bestimmungen zur Sozialunion sahen für die DDR die Einführung eines gegliederten Systems der SV vor, bestehend aus Arbeitslosenversicherung und Arbeitsförderung, Rentenversicherung, Krankenversicherung und Unfallversicherung. Ferner wurde für die DDR die Einführung eines Systems der Sozialhilfe vorgesehen.

In Erfüllung dieses Auftrages ergingen innerhalb nur weniger Wochen fünf wichtige Gesetze: Gesetz über die Sozialversicherung – SVG – vom 28. 6. 1990 (GBl. I S. 486); *Gesetz zur Änderung und Ergänzung des Arbeitsgesetzbuchs* vom 22. 6. 1990 (GBl. I S. 317); *Arbeitsförderungsgesetz* vom 22. 6. 1990 (GBl. I S. 403), *Gesetz zur Sicherung der Eingliederung Schwerbehinderter in Arbeit, Beruf und Gesellschaft – SchwbG* – vom 21. 6. 1990 (GBl. I S. 381) und *Gesetz über den Anspruch auf Sozialhilfe* vom 21. 6. 1990 (GBl. I S. 392).

Aufgrund § 32 Abs. 1 S. 1 SVG wurde die frühere SV der Arbeiter und Angestellten und die frühere SV bei der Staatlichen Versicherung der DDR zu einem gemeinsamen Träger der Kranken-, Renten- und Unfallversicherung zusammengeführt (»Träger der Sozialversicherung«, § 31 SVG). § 32 Abs. 1 S. 2 SVG sah vor, dass für den Aufbau eigenständiger Versicherungsträger für die einzelnen Versicherungszweige »die Voraussetzungen zu schaffen« sind. Dieser Auftrag konnte vor dem Einigungsvertrag jedoch nicht mehr erfüllt werden[69].

Materiell-rechtlich hielt das SVG am weit gezogenen Kreis der Versicherungspflichtigen, wie dies dem früheren DDR-Recht entsprach, fest, so dass insbesondere auch die selbstständig Erwerbstätigen weiterhin versicherungspflichtig blieben, die sich jedoch unter bestimmten Voraussetzungen von der Versicherungspflicht befreien lassen konnten. Darüber hinaus wurden neu in die Versicherungspflicht Studenten, Rentner und Arbeitslose einbezogen. Hinsichtlich der Leistungen übernahm man im Wesentlichen das bis dahin geltende Recht. Neu waren vor allem die Leistungen nach dem Arbeitsförderungsgesetz.

Das Beitragsrecht richtete sich weitgehend nach den im bundesdeutschen Recht geltenden Grundsätzen.

C. Einigungsvertrag

Mit dem Vertrag zwischen der Bundesrepublik Deutschland und der Deutschen Demokratischen Republik über die Herstellung der Einheit Deutschlands (Einigungsvertrag) vom 31. 8. 1990 (BGBl. II S. 889) einschließlich der Anlagen I-III (BGBl. II S. 907), dem Gesetz vom 18. 9. 1990 (BGBl. II S. 885) zu diesem Vertrag (Einigungsvertragsgesetz) sowie dem Beitritt der DDR zur Bundesrepublik Deutschland wurde die staatliche Einheit Deutschlands mit Wirkung ab 3. 10. 1990 hergestellt. Eine vollständige Angleichung der Rechtssysteme war naturgemäß nicht sofort erreichbar. Vielmehr mussten zur Erreichung dieses Ziels Übergangsregelungen vorgesehen werden. Dies geschah insbesondere in den umfangreichen Anlagen I und II zum Einigungsvertrag. 3

Anlage I regelt dabei die Überleitung von Bundesrecht auf das Gebiet der neuen Bundesländer. Die einzelnen Kapitel dieser Anlage sind jeweils in 3 Abschnitte eingeteilt. Die Abschnitte I enthalten die Bestimmungen, die vom Inkrafttreten in den neuen Bundesländern ausgenommen sind, die Abschnitte II diejenigen Regelungen, die aufgehoben, geändert oder ergänzt worden sind, und in den Abschnitten III ist bestimmt, unter welchen Voraussetzungen einzelne bundesrechtliche Bestimmungen in den neuen Bundesländern in Kraft treten. Anlage II schließlich enthält »Besondere Bestimmungen für fortgeltendes Recht der Deutschen Demokratischen Republik«.

Auch für das Sozialrecht gilt nach Art. 8 des Einigungsvertrages, dass mit Wirkung vom 3. 10. 1990 in den neuen Bundesländern grundsätzlich das Bundesrecht in Kraft tritt. Außer Art. 30 des Einigungsvertrags enthalten insbesondere die genannten Anlagen I und II einen umfangreichen Katalog von Sonderregelungen. Dass davon das Sozialrecht nicht ausgenommen bleiben konnte, versteht sich von selbst, da die Übernahme des gegenüber dem früheren DDR-Sozialrecht so völlig verschiedenen bundesdeutschen Systems der sozialen Sicherung mit erheblichen Schwierigkeiten verbunden war. Ein Großteil der Übergangsregelungen galt jedoch nur bis Ende 1991.

69 Der »Träger der Sozialversicherung« nach § 31 SVG wurde zum 1. 1. 1991 in die »Überleitungsanstalt Sozialversicherung« umgewandelt, die bis Ende 1991 die Aufgaben der UV und RV wahrgenommen hatte.

2. Kapitel. Verfassungs-, gemeinschafts- und internationalrechtliche Grundlagen

Vertiefende Literatur zu den verfassungsrechtlichen Grundlagen: *Zacher* Das soziale Staatsziel, in: Isensee / Kirchhof (Hrsg.), Handbuch des Staatsrechts, Bd. II, Verfassungsstaat, 2004, S. 659 ff.; *ders.*: Vierzig Jahre Sozialstaat – Schwerpunkte der rechtlichen Ordnung, in: Blüm / Zacher (Hrsg.), 40 Jahre Sozialstaat Bundesrepublik Deutschland, 1989, S. 19 ff.; *ders.*: Sozialstaat und Gesundheitspolitik, in: Igl / Naegele (Hrsg.), Perspektiven einer sozialstaatlichen Umverteilung im Gesundheitswesen, 1999, S. 143 ff.

Zu den jüngeren Veränderungen: *Pitschas* Der »neue« soziale Rechtsstaat. Vom Wandel der Arbeits- und Sozialverfassung des Grundgesetzes, FS Zacher, 1998, S. 755ff, ; *Kingreen* Rechtliche Gehalte sozialpolitischer Schlüsselbegriffe: Vom daseinsvorsorgenden zum aktivierenden Sozialstaat, SDSRV 52 (2003), S. 7–47.; *Zacher* Der Sozialstaat an der Wende zum 21. Jahrhundert, VSSR 2000, 185 ff.

Literatur zu den gemeinschaftsrechtlichen und internationalrechtlichen Grundlagen s. im 16. Kapitel.

§ 5 Verfassungsrechtliche Grundlagen

A. Zum Verständnis des Sozialen im Grundgesetz

1 Es mag als verfassungsrechtliche Ironie erscheinen, dass ein so ausgebauter Sozialstaat wie die Bundesrepublik Deutschland nur auf wenig Soziales im Text seiner Verfassung verweisen kann. Bis auf das Sozialstaatsprinzip (Art. 20 Abs. 1 GG), gemeinhin als Staatszielbestimmung und damit als nicht anspruchsbegründend beschrieben, bis auf das Recht der Mutter auf Schutz und Fürsorge der Gemeinschaft als einziges soziales Grundrecht der Verfassung (Art. 6 Abs. 4 GG) und bis auf einige Gesetzgebungskompetenzen enthält die deutsche Verfassung kaum Hinweise auf Soziales.[1] Die Landesverfassungen der Bundesländer äußern sich expliziter hierzu und sprechen teilweise von sozialen Grundrechten.

Das Soziale erscheint damit auf den ersten Blick wenig verfassungsgeeignet zu sein. Vor diesem Hintergrund scheint die Feststellung, dass nicht der Verfassungstext, sondern die Realität das Soziale ausmacht, in ihrer Banalität eine gewisse Überzeugungskraft zu haben. Diese Banalität ist leicht verifizierbar, wenn man sich auf vorgeblich grundlegende Fragestellungen einlässt: Ist die deutsche Krankenversicherung, Rentenversicherung, Unfallversicherung als Institution verfassungsfest? Ist die Höhe meiner Rente sicher? Schützt die Verfassung vor Veränderungen bei Sozialleistungen oder – in der jetzt üblichen Terminologie – vor dem Um- / Abbau des Sozialstaates? Kann der Schutz der Sozialversicherungen auf die stets zitierten »wirklich Bedürftigen« reduziert werden?

Die Verfassung weiß keine konkreten Antworten auf diese Fragen. Sie gibt keine Antwort darauf, wie hoch sich das Rentenniveau in Zukunft bemessen lassen muss. Sie hat auch keine Antwort darauf gegeben, ob ein weitreichender Schutz für das Risiko der Pflegebedürftigkeit in der Ausgestaltung als Sozialversicherung gegeben werden musste. Sie hält auch keine Antwort darauf bereit, welche Krankheiten mit welchen Heilmethoden behandelt werden müssen[2]. Die Verfassung ist also in weiten Bereichen wenig wirksam in Hinblick auf soziale Inhalts- wie Maßstabsbildung. Dennoch hat in der Bundesrepublik – bedingt durch die Rspr. des BVerfG – das Verfassungsrecht das Sozialrecht und seine Ent-

1 S. auch *Zacher* Das soziale Staatsziel, S. 659 ff., Rn. 17.

2 Der Beschl. des BVerfG, 1 BvR 347 / 98 vom 6. 12. 2005, NJW 2006, 891, kommt einer solchen Antwort aber bedenklich nah.

wicklung wie in wenigen anderen Ländern[3] beeinflusst. Man kann nachgerade davon sprechen, dass das BVerfG zu einem Motor der Sozialrechtsentwicklung geworden ist.

Damit steht man vor einem eigenartigen Befund: Der Verfassungstext, das Grundgesetz, enthält fast minimalistisch wenig Soziales. Gleichwohl – und dies zeigt schon die Zahl und die Bedeutung der sozialrechtlich relevanten Judikate des BVerfG – hätte das deutsche Sozialrecht in seiner heutigen Ausprägung ohne das Verfassungsrecht und die entsprechenden Entscheidungen des BVerfG eine andere Gestalt.

Dieser eigenartige Befund ist erklärbar, und er wird im besonderen Kontext der gemeinschaftsrechtlichen Entwicklungen noch besser verständlich: Im Grundgesetz ist kein präzises Bild davon niedergelegt, wie sich sozialer Schutz gestalten und organisieren soll. Vielmehr hat das Grundgesetz den sozialen Schutz, wie er zur Zeit der Entstehung des Grundgesetzes gegeben war, aufgenommen und ihn im Rahmen eines weitgehend als Blankettnorm fungierenden Sozialstaatsprinzips der Fortentwicklung anheim gegeben. Der Sozialstaatsbegriff des Grundgesetzes ist also offen.

Einige Hinweise auf das, was das Grundgesetz an sozialstaatlicher Konfiguration vorgefunden hat, sind im Grundgesetz im staatsorganisationsrechtlichen Teil enthalten. 2
Das wichtigste Merkmal der Organisation sozialen Schutzes in Deutschland, die Organisation des Schutzes gegenüber den klassischen Risiken (wie Krankheit, Unfall, Invalidität und Alter) in der Sozialversicherung, drückt sich in den Gesetzgebungskompetenznormen des Grundgesetzes aus, wo von der Sozialversicherung die Rede ist (Art. 74 Abs. 1 Nr. 12 GG). Die andere vorgefundene Art des sozialen Schutzes war die Fürsorge, für die ebenfalls eine Kompetenznorm steht (Art. 74 Abs. 1 Nr. 7 GG). Auch die Kriegsopferversorgung hat ihre Erwähnung in einer Kompetenznorm gefunden (Art. 74 Abs. 1 Nr. 10 GG). Damit ist das tradierte deutsche Konzept sozialer Schutzversehung in Form der Sozialversicherung, der Fürsorge und der Versorgung verfassungsrechtlich schlicht internalisiert worden.

Die Föderalisierung, d.h. die Verlagerung von Gesetzgebungskompetenzen vom Bund auf die Länder, hat auf dem Gebiet dieser drei Kompetenzen keine Veränderung gebracht[4].

Das BVerfG hat den sozialen Schutz hauptsächlich mit Hilfe der in den Grundrechten an- 3
gelegten Freiheitsrechte, nicht primär mit Hilfe des Sozialstaatsprinzips, fortentwickelt. Freiheitsrechte sind anspruchsgetragen, sie verschaffen Abwehrrechte gegen den Staat. Deshalb scheinen sie – als Abwehrrechte, als Negativrechte – kaum geeignet, positiv anspruchsgestaltend zu wirken. Trotzdem waren es die verfassungsrechtlich verbürgten Freiheitsrechte, die in ihrer Funktion als Abwehrrechte – und nur ganz selten in ihrer Funktion als Teilhaberechte[5] – zur positiven Gestaltung sozialer Ansprüche beigetragen haben. Markant stehen hierfür die Eigentumsgarantie für Rentenanwartschaften (Art. 14 Abs. 1 GG), und die auf der Basis des allgemeinen Gleichbehandlungsgrundsatzes (Art. 3 Abs. 1 GG) bewirkte Besserstellung bei der rentenrechtlichen Anerkennung von Kindererziehungszeiten. In dieser Linie liegt auch eine jüngere – nicht unumstrittene – Entscheidung des BVerfG, in der der Schutz eines Versicherten bei einer lebensbedrohlichen Krankheit vorrangig aus Art. 2 Abs. 1 GG i.V.m. dem Sozialstaatsprinzip und nur ganz am Rande aus einer staatlichen Schutzpflicht aus Art. 2 Abs. 2 S. 1 GG hergeleitet wird[6].

---

3 Der Einfluss des Verfassungsrechts der Vereinigten Staaten von Amerika auf das dortige Sozialrecht ist in gewisser Weise vergleichbar, was auch auf die Stellung des Obersten Gerichtshofs (Supreme Court) zurückzuführen ist; s. *Eichenhofer* Recht der sozialen Sicherheit in den USA, 1990, S. 97 ff.; *Igl* Sozialrecht und Verfassungsrecht in den Vereinigten Staaten – Ein Überblick anhand der Rechtsprechung des Obersten Gerichtshofes der Vereinigten Staaten von Amerika, ZIAS 1990, 293 ff.

4 S. Gesetz v. 28. 8. 2006 (BGBl. I S. 2034).

5 So bei Art. 12 Abs. 1 GG, dazu BVerfGE 33, 303 – Numerus-clausus-Urteil.

6 Wie Anm. 2. Hierzu kritisch *Kingreen* NJW 2006, 877.

4 Die individuell anspruchsgetragenen Freiheitsrechte als subjektiv öffentliche Rechte haben nicht nur dem Sozialleistungsberechtigten geholfen. Auch diejenigen, die als Erbringer sozialer und medizinischer Dienst- und Sachleistungen an der Produktion solcher Dienst- und Sachleistungen teilnehmen, sind genuine Träger solcher Ansprüche. Als güteranbietende Teilnehmer am Markt dieser Leistungen haben sie es verstanden, sich ebenfalls auf verfassungsrechtlich verbürgte Freiheitsrechte zu berufen, insbesondere auf die Berufsfreiheit (Art. 12 Abs. 1 GG). Dies gilt hauptsächlich für Ärzte als Erbringer medizinischer Leistungen. Das BVerfG hat hier Wesentliches zu letztlich marktwirtschaftlichen Fragen, etwa zur Bedarfssteuerung bei den ärztlichen Berufen, gesagt.

5 Schließlich sind auch die sozialen Sicherungsinstitutionen, insbesondere die Sozialversicherungsträger, versucht gewesen, sich als Marktteilnehmer im Sinne von Anbietern von Versicherungsleistungen zu verstehen. Hier haben die Verfassung und das BVerfG bislang am wenigsten geholfen. Der Grundrechtsschutz der als öffentlich-rechtliche Körperschaften organisierten Versicherungsträger scheitert in der Regel an ihrer öffentlich-rechtlichen Eigenschaft[7].

6 Ansonsten zeigen sich in der Entwicklung des Verhältnisses von Verfassungsrecht und Sozialrecht wichtige Parallelen zu der *Entwicklung des Gemeinschaftsrechts.* Das Gemeinschaftsrecht der Römischen Verträge hat die Sozialrechtsordnungen der Mitgliedstaaten vorgefunden und als solche akzeptiert. Die Ausrichtung der Europäischen Gemeinschaften auf das Wirtschaftliche und insbesondere auf die Freizügigkeit der Arbeitnehmer ließ sie die sozialrechtlichen Bestrebungen nicht auf die Harmonisierung und Angleichung von Sozialleistungen konzentrieren, sondern auf deren Koordinierung. Es ging also nicht um die Herstellung gleicher oder vergleichbarer Schutzniveaus von Sozialleistungen in den Mitgliedstaaten der Gemeinschaft, sondern um die Erhaltung sozialer Leistungen derjenigen Personen, die in der Gemeinschaft »wandern«, die also ihre Arbeitskraft außerhalb ihres Wohnsitzstaates verdingen. Die VO (EWG) Nr. 1408/71 (»Wanderarbeitnehmerverordnung«) und die sie ablösende VO (EG) 883/2004 stehen für diese Koordinierungsbemühungen zunächst bei Wanderungssituationen von Arbeitnehmern, und dann in der neuen VO mit einer Verbreiterung des personellen Anwendungsbereichs unter Aufgabe der Beschränkung auf Wanderarbeitnehmer. Interessanterweise war es aber erst die stärkere Betonung der EG-vertraglichen Grundfreiheiten, insbesondere der Freizügigkeit und des freien Dienstleistungsverkehrs, die zu einer Entwicklung geführt hat, durch die auch die mitgliedstaatlichen Sozialrechtsordnungen gestaltet werden[8].

B. Die Verpflichtung des Staates auf das Soziale durch das Sozialstaatsprinzip

7 **I.** Zum *Verständnis der Wirkungsweisen des Sozialstaatsprinzips* (Art. 20 Abs. 1, 28 Abs. 1 GG, s. auch Art. 79 Abs. 3 GG) gehört die Erkenntnis, dass das mit dem Grundgesetz im Jahre 1949 zum Staatsziel erhobene Sozialstaatsprinzip nicht auf eine Stunde-Null-Situation sozialer Gewährleistungen in Deutschland getroffen ist. Die beiden Hauptstränge sozialen Schutzes, wie er für Deutschland charakteristisch ist, die Sozialversicherung und die Fürsorge, waren schon lange vorher gegeben, die Sozialversicherungen seit der Bismarckschen Sozialgesetzgebung[9] und dann fortentwickelt in der Reichsversicherungsordnung[10]

---

7 BVerfG, Beschl. v. 20. 9. 1995, SozR 3–2500, § 85 SGB V, Nr. 9 = NJW 1996, 1588; BVerfGE 106, 275.

8 Dies gilt für die Möglichkeiten der Kostenerstattung nach § 13 SGB V. Die Vorschrift ist aufgrund einschlägiger EuGH-Entscheidungen in dieser Weise gefasst worden, s. zuletzt EuGH, Rechtssache C-385/89 *(Müller-Fauré),* Slg. I-2003, 4509.

9 Gesetz betreffend die Krankenversicherung der Arbeiter vom 15. 6. 1883; Unfallversicherungsgesetz vom 6. Juli 1884; Gesetz betreffend die Invaliditäts- und Altersversicherung vom 22. 6. 1889.

10 Reichsversicherungsordnung (RVO) vom 19. 7. 1911.

und dem Angestelltenversicherungsgesetz[11], die Fürsorgeleistungen in den Reichsgrundsätzen aus dem Jahr 1923[12] (die bis 1961 in Kraft waren). Auch der dritte Strang, die Gesetze zur Versorgung der Kriegsopfer[13], existierte bereits. Mit anderen Worten: Das Grundgesetz hat das Soziale nicht *erfunden*, sondern in einigen durchaus wichtigen Ausprägungen bereits *vorgefunden*.

Ob der sozialstaatliche Auftrag deswegen aber so interpretiert werden muss, dass diese vorhandenen Gewährleistungen in ihrem Bestand und Schutzniveau gesichert oder sogar ausgebaut werden müssen, oder ob diese traditionellen Gewährleistungen in gewissen Grenzen zur Disposition stehen können, lässt sich dem Sozialstaatsprinzip kaum entnehmen.

Eine typische Aufgabe, die unmittelbar aus dem Sozialstaatsprinzip resultiert, ist nach BVerfG (E 21, 362 [375]) die gesetzliche Rentenversicherung. Sie dient »der zu den Fundamenten unserer sozialen Ordnung gehörenden Daseinsordnung in den Fällen der Erwerbs- und Berufsunfähigkeit des Versicherten oder des Todes des Ernährers der Familie«. Gleichwohl ist die Rentenversicherung als spezifische Art und Weise der Sicherung insbesondere des Risikos des Alters nicht verfassungsfest. Die Alterssicherung könnte auch in anderen Formen betrieben werden: »Auch das Rentensystem der Bundesrepublik Deutschland genießt als System keinen verfassungsrechtlichen Bestandsschutz, sondern könnte vom Gesetzgeber auf andere Grundlagen gestellt werden.«[14].

Das Sozialstaatsprinzip erschöpft sich aber nicht in der Vorhaltung eines Systems sozialen Schutzes durch Sozialversicherung, Fürsorge und Versorgung. Es durchwirkt vielmehr die staatlichen und gesellschaftlichen Bereiche. In der arg vereinfachenden Vorstellung, dass das Soziale in einer marktwirtschaftlichen Ordnung[15] dazu angetan sei, die Verwerfungen und Probleme abzumildern und zu kompensieren, die diese Ordnung bei den Bürgern hervorruft, würde das Sozialstaatsprinzip nur auf eine Korrekturfunktion beschränkt. Diese Trennung von Wirtschaft und Sozialem entspricht dem Sozialstaatsprinzip ebenso wenig wie die Vermengung der Wirtschaft und des Sozialen in der Weise, dass die Wirtschaftsordnung so zu gestalten sei, dass soziale Probleme gar nicht erst entstehen dürften. Eine solche Einheit von Wirtschafts- und Sozialordnung wurde in den sozialistischen Ländern ideologisch gepflegt, real aber nicht durchgehend praktiziert.

II. Für die Beschreibung der Inhalte des Sozialstaatsprinzips kann man sich daher auf eine 8
erste Annäherung festlegen: In der marktwirtschaftlichen Ordnung kommen dem Sozialen nicht nur Korrekturfunktionen zu, sondern das Soziale soll auch Wirtschaft und Gesellschaft selbst prägen. Das Soziale ist also mitnichten nur der »Reparaturbetrieb des Kapitalismus«. Der Sozialstaat des Grundgesetzes ist daher aufgerufen und legitimiert, auf das bestehende gesellschaftliche Gefüge einzuwirken[16].

Bei der Ausgestaltung des Sozialstaatsprinzips werden die verschiedensten Rechtsgebiete berührt, ohne dass es sich damit zugleich immer schon um Sozialrecht i.e.S. handelt: z.B. das Bürgerliche Recht (Schutz des Mieters[17], Schutz des Abzahlungskäufers u.a.); das Zivilprozessrecht (Chancengleichheit im Rechtsschutz, Verhinderung sozial unerwünschter Kahlpfändungen u.a.), das zum 1. 1. 1999 in Kraft getretene neue Insolvenzrecht (Insolvenzordnung), das Steuerrecht (Progression der Steuersätze in der Einkommensteuer, Kinderfreibetrag u.a.), besonders aber das Arbeitsrecht (Kündigungsschutz, Mutterschutz u.a.).

---

11 Versicherungsgesetz für Angestellte vom 20. 12. 1911.

12 Verordnung über die Fürsorgepflicht (Reichsfürsorgepflichtverordnung – RFV) vom 13. 2. 1924; Reichsgrundsätze über Voraussetzung, Art und Maß der öffentlichen Fürsorge vom 4. 12. 1924.

13 Reichsversorgungsgesetz von 1920.

14 So BVerfGE 100, 1 [39] = NJW 1999, 2493 ff. (2496).

15 Grundlegend *Zacher* Sozialrecht und soziale Marktwirtschaft, FS Wannagat, 1981, S. 715 ff.

16 *Schnapp* Die Sozialstaatsklausel – Beschwörungsformel oder Rechtsprinzip?, SGb 2000, 341 ff. (344) (auch insgesamt lesenswert wegen der methodischen Kritik an den Interpretationsversuchen).

17 Zur Rspr. des BVerfG vgl. E 79, 283; 79, 292; 85, 219, sowie *Sonnenschein* NJW 1993, 161 ff.

Eine *zweite Annäherung* besteht in der Feststellung, dass das Sozialstaatsprinzip kein Idealbild eines oder gar des Sozialstaates entwirft, dessen Realisierung das Bestreben alles Sozialen sei. Vielmehr gilt, dass sich der Sozialstaat auf sehr vielfältige Weise präsentieren kann (= offener Begriff des Sozialstaats). Dies kann die Schutzniveaus genauso betreffen wie die Art und Weise der Schutzbesorgung.

Nach der st. Rspr. des BVerfG[18] begründet das Sozialstaatsprinzip eine – nicht einklagbare – Pflicht des Staates, für eine gerechte Sozialordnung zu sorgen, wobei dem Gesetzgeber bei der Erfüllung dieser Pflicht ein weiter Gestaltungsspielraum eröffnet ist[19]: »Das Sozialstaatsprinzip stellt also dem Staat eine Aufgabe, sagt aber nichts darüber, wie diese Aufgabe im einzelnen zu verwirklichen ist – wäre es anders, dann würde das Prinzip mit dem Prinzip der Demokratie in Widerspruch geraten: Die demokratische Ordnung des Grundgesetzes würde als Ordnung eines freien politischen Prozesses entscheidend eingeschränkt und verkürzt, wenn der politischen Willensbildung eine so und nicht anders einzulösende verfassungsrechtliche Verpflichtung vorgegeben wäre.«[20].

In einer *dritten Annäherung* an das Sozialstaatsprinzip muss die *Einbettung dieses Prinzips in den Kontext der Verfassung* zur Kenntnis genommen werden. Das Sozialstaatsprinzip ist kein isoliertes Prinzip. Das *Rechtsstaatsprinzip* und das *Demokratieprinzip* wirken in das Sozialstaatsprinzip hinein. Die Unterstellung der Sozialleistungsverwaltung unter den Vorbehalt des Gesetzes (§ 31 SGB I), und nicht nur unter den Vorrang des Gesetzes, ist der Ausdruck für die Durchdringung des Sozialstaatsprinzips mit dem Rechtsstaatsprinzip. Ebenso sind die *Grundrechte für die Realisierung des Sozialstaatsprinzips* von zentraler Bedeutung.

9 Dem Sozialstaatsprinzip kommt darüber hinaus Bedeutung für die *Rechtsanwendung* durch Verwaltung und Justiz zu. Hier spielt es eine Rolle als Auslegungsmaxime sowie als Leitgrundsatz für die richterliche Rechtsfortbildung[21].

Vor der leistungsausweitenden Auslegung einer sozialrechtlichen Norm unter Berufung auf das Sozialstaatsprinzip ist allerdings stets zu prüfen, ob nach Sinn und Zweck der anzuwendenden Bestimmung nicht bereits eine abschließende Regelung getroffen worden ist. Insbesondere kann nach der Rspr. des BVerfG das Sozialstaatsgebot nicht zur Korrektur von Härten oder Unbilligkeiten herangezogen werden, die sich in Einzelfällen bei der Normanwendung ergeben (E 69, 272 [315] m.w. Nachw.).

10 **III.** Mit den dargestellten Annäherungen an die Inhalte des Sozialstaatsprinzips lassen sich auch Antworten auf zwei Fragen finden, die regelmäßig im Zusammenhang mit der Sozialstaatsdiskussion gestellt werden: *Schützt das Sozialstaatsprinzip vor dem Um- oder Abbau von Sozialleistungen* oder – wie oft pauschaler formuliert wird – vor dem Um- oder Abbau des Sozialstaates? Und umgekehrt: *Kann das Sozialstaatsprinzip zum Ausbau des Sozialstaates* verhelfen?

Bei der Diskussion um den *Schutz vor Um- und Abbau des Sozialstaates* sind mehrere Dimensionen zu unterscheiden, die wieder unter sich querverbunden sind[22]:

1. Beschränkung des bisher geschützten Personenkreises

Beispiel: Kranken- und Rentenversicherung schützen nur noch Personen bis zum Durchschnittseinkommen.

2. Reduzierung des Leistungsumfangs und der Leistungshöhe

18 Vgl. etwa BVerfGE 59, 231 (263); 65, 182 (193); 75, 348 (359 f.); 82, 60 (80).

19 Vgl. BVerfGE 44, 70 (89): Zur Einführung des gesetzlichen Krankenversicherungsschutzes für Landwirte.

20 BVerfGE 59, 231 (263).

21 Vgl. dazu mit vielen Nachweisen *Scholz/Pitschas* Sozialstaat und Gleichheit, FS zum 25jährigen Bestehen des BSG, 1979, Bd. 2, S. 627 (631 ff.). Aus der Rspr. des BVerfG instruktiv BVerfGE 45, 376 (Rn. 40). S. auch *Reiter* Das Sozialstaatsgebot in der Rechtsprechung des Bundessozialgerichts, FS Zacher, 1998, S. 777 ff.

22 S. zu dieser Diskussion auch *Pitschas,* FS Zacher, 1998, S. 755 ff.

Beispiel: Zuzahlungen zu Medikamenten werden erhöht; die Renten werden künftig in geringerem Maße als bisher erhöht.

3. Ab-/Umbau der Sicherungsinstitutionen:

Beispiel: Die Landesversicherungsanstalten (Rentenversicherungsträger der Arbeiter) werden abgeschafft. Die Bundesversicherungsanstalt übernimmt auch die Arbeiterrentenversicherung.

In der *ersten Dimension* stellt sich die Frage nach der sozialen Schutzbedürftigkeit von Personen, die mehr als das Durchschnittseinkommen verdienen. Man wird diesen Personenkreis kaum als sozial schutzbedürftig ansehen können, insbesondere als sich dieser Personenkreis auch auf private Vorsorge verweisen lassen muss. Allerdings benötigt ein Rentenversicherungssystem, das dem Gedanken des sozialen Ausgleichs verpflichtet ist, zur Sicherstellung seiner Finanzierungsbasis auch die Beitragsleistungen der mehr als das Durchschnittseinkommen verdienenden Personen. Der soziale Schutzbedarf der weniger Verdienenden bedingt also auch – zumindest teilweise – die Versicherungspflicht der mehr Verdienenden. Aus diesem Grund knüpft die Versicherungspflicht in der Sozialversicherung auch nicht am sozialen Schutzbedarf der versicherten Personen an. Vielmehr gehört zur Sozialversicherung »die gemeinsame Deckung eines möglichen, in seiner Gesamtheit schützbaren Bedarfs durch Verteilung auf eine organisierte Vielheit.« – so das BVerfG in der Entscheidung zur Künstlersozialversicherung[23]. 11

In der *zweiten Dimension* wird das Sozialstaatsprinzip stets besonders bemüht. Hier gilt es, den gegenwärtig vorhandenen sozialen Standard gegenüber Veränderungen oder »Abbau« zu sichern. Das Sozialstaatsprinzip selbst enthält jedoch keine Gradmesser für die Feststellung der Grenze zwischen einer – gemessen am gegenwärtigen sozialen Standard – noch verfassungsverträglichen und einer schon sozialstaatswidrigen Standardsenkung. Dies ist nicht nur deshalb nicht möglich, weil der aktuelle Zustand der sozialstaatlichen Gewährleistungen kein verlässlicher Maßstab für Sozialstaatsgarantien sein kann. Das Sozialstaatsprinzip enthält auch keine Konkretisierungen dergestalt, dass aus ihm z.B. die Höhe bestimmter Zuzahlungen zu Medikamenten herzuleiten wäre. Die Fragwürdigkeit eines solchen Ansinnens gegenüber dem Sozialstaatsprinzip wird besonders deutlich, wenn man sich die Komplexität der Sozialleistungen und der in der Geschichte des Sozialstaats durchgeführten Veränderungen vor Augen hält: 12

Soll für die Bewertung einer Standardabsenkung und deren Wirkungen nur individuell auf eine Person zu einem bestimmten Zeitpunkt abgestellt werden (etwa bei einem Rentner, dessen Rentenerhöhung durch eine Rentenreformgesetzgebung im Vergleich zu früheren Erhöhungen abgesenkt worden ist) oder soll auch in Rechnung gestellt werden, dass die Finanzierbarkeit des Rentenversicherungssystems dadurch für die jetzigen wie die zukünftigen Rentner gewährleistet werden soll? Erst in der Abwägung beider Gesichtspunkte kann das Sozialstaatsprinzip Gestalt gewinnen. Weiter: Soll bei dieser Abwägung auch gefragt werden, ob bei einer durch eine Gesetzesänderung in einem Punkt, z.B. der Alterssicherung, negativ betroffenen Person, mit einer für diese Person positiven Veränderung, etwa einer Verbesserung im Krankenversicherungsschutz, »aufgerechnet« werden kann? Wenn ja, welche Zeitspanne für die Saldierung der positiven und negativen Wirkungen wäre zugrunde zu legen?

Das Sozialstaatsprinzip kann für sich genommen keine operablen Maßstäbe zur Beurteilung solcher Fragen liefern. Daher ist in der Rspr. des BVerfG das Sozialstaatsprinzip auch nie für sich allein für die Beurteilung solcher Fragen herangezogen worden[24], sondern immer nur in Verbindung mit einzelnen Grundrechten.

23 BVerfGE 75, 108 (146).

24 S. etwa *Bieback* Verfassungsrechtlicher Schutz gegen Abbau und Umstrukturierungen von Sozialleistungen, Schriftenreihe der Juristischen Gesellschaft zu Berlin, Heft 152, 1997; *Neumann* Der Grundrechtsschutz von Sozialleistungen in Zeiten der Finanznot, NZS 1998, 401 ff.; *Schulin* Verfassungsrechtliche Grenzen bei der Umgestaltung des Sozialstaats im Bereich der Gesundheitssicherung, VSSR 1997, 43 f.

Frage: Kann der Gesetzgeber bindend festgestellte Leistungen (Arbeitslosengeld) absenken (Herabsetzung der Nettolohnquote von 63 auf 60%)? Das BSG[25] hat dies bejaht; dem Gesetzgeber stehe bei Kürzungen ein weiter Gestaltungsspielraum zu[26].

13 In der *dritten Dimension* – institutionelle Garantie für die Aufrechterhaltung bestimmter Sozialleistungsträger – kann man dem Sozialstaatsprinzip ebenso wenig konkrete Handlungsanweisungen entnehmen. Aus Art. 87 Abs. 2 GG folgt zunächst keine verfassungsrechtlich bindende Festlegung auf einen bestimmten Typus von Sozialverwaltung, etwa der mittelbaren Staatsverwaltung[27]. Eine Verfassungsgarantie des bestehenden Systems der Sozialversicherung ist dem GG nicht zu entnehmen[28].

In der Frage des weiteren Ausbaus des Sozialstaates geht es im Übrigen häufig nicht um das Problem, ob das Sozialstaatsprinzip hierzu verpflichtet, sondern darum, ob ein solcher Ausbau verfassungsrechtlich zulässig ist. Dies gilt etwa für die Erweiterung des versicherungspflichtigen Personenkreises in der gesetzlichen Krankenversicherung oder für die Einbeziehung von Selbstständigen in die gesetzliche Rentenversicherung[29]).

14 **IV.** Wirksame Grenzen beim Um- und Abbau des Sozialstaates können hingegen in den Grundrechten gesehen werden, so als menschenwürdiger Mindestschutz (Art. 1 Abs. 1 GG), gegenwärtig im Sozialhilferecht (SGB XII) und in der Grundsicherung für Arbeitsuchende (SGB II) realisiert, als Grundauftrag zur Sicherung der Gesundheit (Art. 2 Abs. 2 GG)[30] und – sehr deutlich in den Aussagen – beim Schutz der Familie (Art. 6 Abs. 1 GG) und der Mutter (Art. 6 Abs. 4 GG). Der Eigentumsschutz (Art. 14 Abs. 1 GG) wirkt grundsätzlich abbausperrend bei beitragserworbenen Leistungen.

Damit wäre aber das Sozialstaatsprinzip – für sich genommen – auf den Schutz reduziert, den die erwähnten Grundrechte bereits bieten. Das Sozialstaatsprinzip verlöre bei diesem Verständnis seinen eigenen Wert. Will man aber das Sozialstaatsprinzip nicht nur als Hülse für Grundrechtsschutz bei sozialen Belangen verstehen, muss sein Inhalt qualitativ anders sein. Damit aber stellt sich aufs Neue die Frage, wie sich dieses Andere in Inhalt und Umfang darstellen soll. Diese Frage ist in der sozialstaatlichen Diskussion der Bundesrepublik in den neunziger Jahren wieder häufiger aufgeworfen worden. Zufriedenstellende Antworten hat es nicht gegeben und wird es wohl nicht geben können. Auch das BVerfG hatte noch nicht Gelegenheit, sich zu diesen Fragen zu äußern. Der verhältnismäßig gut ausgebaute Sozialstaat der Bundesrepublik und die selbst bei vielen Einschnitten in das soziale Netz in der Regel immer noch maßvollen und per saldo oft sehr ausgleichenden Reaktionen des Gesetzgebers haben bisher noch keinen ernsthaften allgemeinen Anlass gegeben, das Sozialstaatsprinzip in dieser Hinsicht vor dem Bundesverfassungsgericht auszutesten. So wird man diese Situation beim Umgang mit dem Sozialstaatsprinzip auf dem gegenwärtigen sozialstaatlichen Hintergrund hinnehmen können. Die Verfassung muss dem Sozialstaat und seiner Gestaltung umso weniger helfen, je mehr dieser Sozialstaat *realiter* gefestigt ist. Der deutsche Sozialstaat beschränkt sich nicht darauf, nur Leistungen zur bloßen Nothilfe vorzusehen[31]. Der Sozialstaat hat nicht nur den Bedürftigen im Auge, er

---

25 BSGE 78, 201.

26 Zu dieser Entscheidung und allgemein zur Heranziehung des Sozialstaatsprinzips durch das BSG *Louven* SGb 1998, 507 ff.

27 *Papier* SRH, A. 3 Rn. 24; s. auch *Krebs* Verfassungsrechtliche Zulässigkeit der Organisationsreform der Deutschen Rentenversicherung, Rechtsgutachten, DRV-Schriften, Band 14, 1999.

28 BVerfGE 39, 302 (314).

29 Dazu *Merten* Die Ausweitung der Sozialversicherungspflicht und die Grenzen der Verfassung, NZS 1998, 545 ff.; umfassend *Bieback* Sozial- und verfassungsrechtliche Aspekte der Bürgerversicherung, 2005.

30 *Pitschas* VSSR 1998, 253 ff. (257), spricht von einem Individualrecht auf Gesundheit. S. auch die Entscheidung des BVerfG vom 17. 12. 2005, Absatz-Nr. 65 (wie Anm. 2).

31 S. etwa *Heinze* Gutachten E für den 55. DJT, 1984.

hat mittlerweile in einer weiten Spreizung[32] praktisch alle Bevölkerungsteile erfasst. Im Zuge des Ausbaus dieses Sozialstaates und der Überprüfung dieses Ausbaus mussten etliche Leistungen auf den Prüfstand kommen, um mehr Zielgenauigkeit der Sozialleistungen zu erreichen. Dies ist gemeint, wenn von der »Resozialisierung« des Sozialstaates gesprochen wird[33].

Eine aus dem *Sozialstaatsprinzip abgeleitete Verpflichtung des Gesetzgebers zum weiteren Ausbau des Sozialstaates* kann vor dem Hintergrund des vorstehend Ausgeführten jedenfalls für konkrete Leistungsbereiche nicht angenommen werden. So war auch die Einführung der Pflegeversicherung (SGB XI) sozialstaatlich nicht zwingend geboten. Man wird jedoch dem Gesetzgeber eine allgemeine, aus dem Sozialstaatsprinzip abgeleitete Verpflichtung auferlegen können, die Sozialgesetzgebung an den sozialen Realitäten zu orientieren. Aus diesem Grund wird der Sozialstaat wesensnotwendig ständig im Wandel sein müssen.

C. Der Verzicht auf soziale Grundrechte[34]

Zu einem weiteren Merkmal der sozialstaatlichen Verfassung der Bundesrepublik gehört 15
der weitgehende Verzicht auf die Formulierung sozialer Grundrechte im Grundgesetz (anders die meisten Landesverfassungen und anders als die Weimarer Verfassung)[35]. Das Grundgesetz enthält in seinem Grundrechtsteil keine explizit formulierten Rechte auf Arbeit, Ausbildung, Gesundheit, Wohnung etc. Nur in Art. 6 Abs. 4 GG ist das Recht der Mutter auf Schutz und Fürsorge der Gemeinschaft als soziales Grundrecht enthalten. Der weitgehende Verzicht auf soziale Grundrechte ist nicht nur historisch zu erklären, indem auf das zentrale freiheitssichernde Anliegen der Verfassungsväter verwiesen wird. Die Aufnahme sozialer Grundrechte hätte auch später, insbesondere nach den Grundgesetzänderungen im Zusammenhang mit der Wiedervereinigung, bewerkstelligt werden können[36].

Im Wesentlichen werden zwei Einwände gegen soziale Grundrechte, ausgestaltet als subjektiv öffentliche Rechte und nicht (nur) als Staatszielbestimmungen, vorgebracht: Ein subjektiv öffentliches Recht auf z.B. Gesundheit würde leerlaufen, da das Grundgesetz anders als das einfache Gesetz nicht in der Lage ist, Vorgaben für die Ausgestaltung im Einzelnen zu geben. Der andere wichtige Einwand zählt mehr: Für die Realisierung der sozialen Grundrechte sind Finanzmittel nötig, über die das Parlament direkt im Haushaltsgesetz, so bei steuerfinanzierten Sozialleistungen, und indirekt in den Sozialleistungsgesetzen, so bei beitragsfinanzierten Leistungen, befindet. Das Demokratie- und das Gewaltenteilungsprinzip würden verletzt, wenn ein Gericht einem Bürger im Rahmen eines sozialen Grundrechts einen Leistungsanspruch verschaffen könnte.

Die Problematik der sozialen Grundrechte, die hier nicht vertieft werden kann, stellt sich über diese beiden Grundfragestellungen hinaus noch sehr viel differenzierter dar. So macht es einen wesentlichen Unterschied aus, ob es um ein Recht auf Arbeit oder um

32 *Zacher* Vierzig Jahre Sozialstaat – Schwerpunkte der rechtlichen Ordnung, in: Blüm/Zacher (Hrsg.), 40 Jahre Sozialstaat Bundesrepublik Deutschland, 19 ff., S. 119.

33 *Zacher* Der gebeutelte Sozialstaat in der wirtschaftlichen Krise, SF 1984, 1 ff.

34 Gute Problemstellung und Zusammenfassung der jüngeren Diskussion bei *Borowski* Grundrechte als Prinzipien, 1998, S. 289 ff.; grundlegend *Marauhn* Rekonstruktion sozialer Grundrechte als Normkategorie, 2003.

35 Lesenswert *Eichenhofer* Soziale Grundrechte – verlässliche Grundrechte?, in: Eichenhofer (Hrsg.), 80 Jahre Weimarer Reichsverfassung – Was ist geblieben?, 2000, S. 207 ff.

36 Die Arbeiten der Gemeinsamen Verfassungskommission haben nicht zu einer Kodifizierung sozialer Grundrechte geführt.

ein Recht auf Wohnung geht[37]. So ist das Recht auf Wohnung bereits sozialhilferechtlich im Sinne eines Individualanspruches realisiert, allerdings nur für den Kreis sozialhilfebedürftiger Personen. Die flächendeckende Realisierung des Rechts auf Arbeit würde entweder die Übernahme des privatwirtschaftlichen Sektors in einen staatswirtschaftlichen Sektor voraussetzen oder aber die Schaffung eines breiten sog. Zweiten Arbeitsmarktes, der im Übrigen in manchen Bereichen schon existiert.

16 Aus diesen Gründen hat der Verfassungsgeber darauf verzichtet, soziale Grundrechte in das Grundgesetz zu inkorporieren. Der einfache Gesetzgeber hat die Thematik insofern aufgegriffen, als er *soziale Rechte* im SGB I – einfachgesetzlich – verankert hat. Aber selbst diese einfachgesetzlichen sozialen Rechte geben nur unter weiteren Voraussetzungen Individualansprüche (§ 2 Abs. 1 S. 2 SGB I).

Soziale Grundrechte spielen hingegen auf internationalrechtlicher Ebene eine Rolle. So sieht die *Europäische Sozialcharta*[38] soziale Rechte vor. Ferner hat der Europäische Rat Ende 1989 die *Gemeinschaftscharta der Sozialen Grundrechte der Arbeitnehmer* angenommen[39]. Am Gipfel von Nizza wurde im Dezember 2000 die *Charta der Grundrechte der EU* proklamiert.

D. Sozialleistungen und Grundrechte

17 Der Einfluss der Grundrechte auf die Sozialleistungen vollzieht sich hauptsächlich unter folgenden Aspekten[40]:

- Gleichbehandlung;
- Sicherung von Erwartungen;
- Wahrung der Menschenwürde;
- Familien- und Kinderleistungsausgleich.

I. Gleichbehandlung und Nichtdiskriminierung (Art. 3 GG); besonderer Gleichheitssatz des Art. 6 Abs. 1 GG

18 Im Sozialrecht erlangt der allgemeine Gleichheitssatz (Art. 3 Abs. 1 GG) vor allem bei einer Ungleichbehandlung durch den Gesetzgeber Bedeutung. Das BVerfG entnimmt dem allgemeinen Gleichheitssatz je nach Regelungsgegenstand und Differenzierungsmerkmal unterschiedliche Grenzen für den Gesetzgeber, die vom bloßen Willkürverbot bis zu einer strengen Bindung an Verhältnismäßigkeitserfordernisse reichen. Da nach Art. 3 Abs. 1 GG in erster Linie eine ungerechtfertigte Verschiedenbehandlung von Personen verhindert werden soll, unterliegt der Gesetzgeber bei einer Ungleichbehandlung von Personengruppen regelmäßig einer strengen Bindung. Dem Gestaltungsspielraum des Gesetzgebers sind umso engere Grenzen gesetzt, je stärker sich die Ungleichbehandlung von Personen und Sachverhalten auf die Ausübung grundrechtlich geschützter Freiheiten nachteilig auswirken kann, was insbesondere im Hinblick auf die Zwangsmitgliedschaft von Versicherten, deren allgemeine Handlungsfreiheit hierdurch eingeschränkt wird, von Bedeutung ist. Außerhalb des so umschriebenen Bereichs lässt der Gleichheitssatz dem Gesetzgeber jedoch weitgehende Freiheit, Lebenssachverhalte je nach dem Regelungszusammenhang verschieden zu behandeln. Die Grenze bildet insoweit allein das Willkürverbot.[41] Für den einzelnen Bürger ist der Gleichheitssatz deshalb von besonderer Bedeutung, weil im

37 *Breuer* Freiheit des Berufs, in: Isensee/Kirchhof (Hrsg.), Handbuch des Staatsrechts, Bd. VI, 1989, § 147 Rn. 7. Allgemein zur Problematik sozialer Grundrechte *Murswiek,* in: lsensee/Kirchhof (Hrsg) Handbuch des Staatsrechts, Bd. V, 1992, § 112 Rn. 40 ff.

38 Abgedruckt in: EAS, A 1400.

39 Abgedruckt in: EAS, A 1500.

40 Zu den Reformen in der GRV unter verfassungsrechtlichen Aspekten s. *Jaeger* NZS 2003, 225 ff.

41 BVerfGE 97, 271 (283 ff.) = NJW 1998, 3109 ff. (3111). *Bieback* SGb 1989, 45 ff.; *Rüfner* NZS 1992, 81 ff.

Falle der Verletzung dieses Verfassungsgebots durch den Gesetzgeber das BVerfG in der Regel die rechtliche Besserstellung des Benachteiligten bewirken will. Entsprechendes gilt für die besonderen Gleichheitskonkretisierungen des Art. 3 Abs. 2[42] und 3 GG.

Die frühere rentenrechtliche Regelung, wonach der Witwer eine Hinterbliebenenrente nach dem Tod seiner Ehefrau nur bekam, wenn diese den Unterhalt der Familie *überwiegend* bestritten hatte, war nach Ansicht des BVerfG nicht auf Dauer mit Art. 3 Abs. 2 und 3 GG vereinbar.[43] Die vom Gericht angemahnte Rechtsangleichung konnte entweder zu Lasten der Frauen (auch auf Witwenrente kein Anspruch, wenn der verstorbene Ehemann nicht überwiegend zum Unterhalt beigetragen hat) oder zugunsten der Männer (Verzicht auf das Tatbestandsmerkmal der überwiegenden Unterhaltungsleistung) geschehen. Die Wahl zwischen den beiden Möglichkeiten musste das BVerfG dem Gesetzgeber überlassen. Dieser entschied sich für die zweite Möglichkeit, so dass sich damit die Chance der Rechtsverbesserung für die früher benachteiligten Männer schließlich realisierte.

Die Ungleichbehandlung zwischen Mann und Frau hinsichtlich der unterschiedlichen Altersgrenzen beim Bezug von Renten war ebenfalls Gegenstand einer Entscheidung des BVerfG[44]. Nach §§ 35 und 39 SGB VI konnten Frauen schon mit 60, Männer jedoch im Regelfall erst mit 65 Jahren Altersrente in Anspruch nehmen. Da einerseits Art. 3 Abs. 2 GG lediglich verbietet, differenzierende Regelungen allein an den Geschlechtsunterschied zu knüpfen, und da andererseits Art. 3 Abs. 1 und Abs. 2 GG nicht auf formale Gleichbehandlung abzielt, sondern verlangt, dass gleiche Sachverhalte nicht nur gleich, sondern ungleiche entsprechend ihrer Verschiedenheit unterschiedlich (ungleich) geregelt werden, musste das BVerfG die Situationen der versicherten Männer und die der versicherten Frauen gerade auch auf mögliche Unterschiede hin prüfen. Bei der Analyse der zu vergleichenden Sachverhalte kam es zu dem Ergebnis, dass versicherte Frauen nach wie vor in mancherlei Weise gegenüber versicherten Männern im Nachteil seien (z.B. hinsichtlich der typischen Doppelbelastung durch Beruf und Kindererziehung), so dass die hier in Rede stehende rentenrechtliche Besserstellung als ein angemessener Ausgleich anzusehen und die Ungleichbehandlung daher nicht verfassungswidrig sei.

Besondere Bedeutung hat der allgemeine Gleichheitssatz bei *Maßnahmen im Zusammenhang des Familienleistungsausgleichs* im Sozialversicherungsrecht erlangt. Die Anerkennung von Kindererziehungszeiten im Rentenversicherungsrecht (vgl. § 56 SGB VI) ist in Anwendung dieser Grundgesetznorm in Verbindung mit Art. 6 Abs. 1 GG fortentwickelt worden[45]. Das BVerfG hat den Gesetzgeber verpflichtet, den Mangel des Rentenversicherungssystems, der in den durch Kindererziehung bedingten Nachteilen bei der Altersversorgung liegt, in weiterem Umfang als bisher auszugleichen. In diesem Zusammenhang hat das BVerfG festgestellt, dass das bestehende Alterssicherungssystem zu einer Benachteiligung von Personen führt, die sich innerhalb der Familie der Kindererziehung widmen, gegenüber kinderlosen Personen, die durchgängig einer Erwerbstätigkeit nachgehen können,[46] da bei Aufgabe der Erwerbstätigkeit wegen Kindererziehung ein Beitragsausfall zur Rentenversicherung und damit eine geringere Rentenhöhe zu verzeichnen sei. Für diese Benachteiligung fehle es an einem zureichenden Grund. Der Gesetzgeber sei in seiner Entscheidung, wie er die Benachteiligung der Familie beseitigen wolle, zwar grundsätzlich frei; soweit sich die Benachteiligung gerade in der Alterssicherung der Kinder erziehenden Personen niederschlage, sei sie vornehmlich durch rentenrechtliche Regelungen auszugleichen.[47] In einer späteren Entscheidung hat das BVerfG[48] dann einen Verstoß gegen Art. 3 Abs. 1 GG bei einer rentenrechtlichen Regelung gesehen, nach der bei der Anrechnung von Kindererziehungszeiten Beitragszeiten z.B. aus beitragspflichtiger Beschäftigung so angerechnet wurden, dass die Kindererziehungszeiten in Höhe der Beitragszeiten verloren gingen (vgl. § 70 Abs. 2 SGB VI in der bis 30. 6. 1998 geltenden Fassung). Die Ungleichbehandlung sah das BVerfG in der jeweils unterschiedlichen Wirkung der Kindererziehungszeiten, wobei insbesondere jene Ver- 19

42 Dazu etwa *Ruland* DAngVers. 1989, 325 ff.; *Bieback* SF 1989, 221 ff.
43 BVerfGE 39, 169.
44 BVerGE 74, 163.
45 BVerfGE 87, 1, dazu krit. *Ruland* NZS 1993, 1 ff. S. auch BVerfGE 82, 60 (81 f., 85 ff.).
46 BVerfGE 87, 1 (37).
47 BVerfGE 87, 1 (39).
48 BVerfGE 94, 241.

sicherten benachteiligt würden, die auch während der ersten Lebensphase ihres Kindes die Solidargemeinschaft durch die Entrichtung von Rentenversicherungsbeiträgen unterstützt und für ihr Alter eigenständig Vorsorge getroffen haben[49]. Siehe jetzt die Neuregelung in § 70 Abs. 2 SGB VI, in der Fassung mit Wirkung ab 1. 7. 1998[50].

Während das BVerfG in den vorgenannten Entscheidungen für eine Ungleichbehandlung nur die leistungsrechtliche Seite der Sozialversicherung im Visier hatte, ist dies mit einer bahnbrechenden Entscheidung zur Pflegeversicherung jetzt auch für die beitragsrechtliche Seite geschehen.[51] Danach soll eine auch dem Schutz der Familie (Art. 6 Abs. 1 GG) widersprechende Ungleichbehandlung darin liegen, dass Mitglieder der sozialen Pflegeversicherung, die Kinder betreuen und erziehen und damit neben dem Geldbeitrag einen generativen Beitrag zur Funktionsfähigkeit eines umlagefinanzierten Sozialversicherungssystems leisten, mit einem gleich hohen Pflegeversicherungsbeitrag wie Mitglieder ohne Kinder belastet werden. Mit dieser Entscheidung hat das BVerfG zum ersten Mal die in der Zeit der Kindererziehung stattfindende ökonomische Benachteiligung von kindererziehenden Versicherten im Verhältnis zu kinderlosen Versicherten zum Gegenstand der Feststellung einer Ungleichbehandlung gemacht, während bisher vor allem die Frage der mangelnden Freihaltung des Existenzminimums von kindererziehenden Familien im Vordergrund stand. Das BVerfG hat diese Entscheidung zum Anlass genommen, umlagefinanzierte Versicherungssysteme wie die Kranken- und die Rentenversicherung ebenfalls vom Gesetzgeber überprüfen zu lassen. Das BVerfG hat dem Gesetzgeber hierzu eine Frist bis zum 31. Dezember 2004 gesetzt, in der er beitragsseitig einen Ausgleich zwischen Eltern und kinderlosen Personen vornehmen musste[52]. Ein anderer als ein beitragsseitiger Ausgleich kommt für das BVerfG nicht in Frage; es will die Belastung schon ab dem ersten Kind in der Erwerbsphase der Eltern ausgeglichen wissen. Damit ist der Weg für Sozialversicherungsbeiträge eröffnet, die eine Kindererziehungskomponente enthalten müssen. Ob sich dies nur für den Arbeitnehmeranteil oder auch für den Arbeitgeberanteil auswirken soll, bleibt im Urteil des BVerfG offen. Kritisch ist zu dieser Entscheidung zu bemerken, dass keine Gesamtsicht der familien- und kindbezogenen Umverteilungswirkungen in allen Sozialversicherungszweigen angestellt wird. Nur eine solche Gesamtsicht würde es erlauben, die – wenn auch nur auf die Sozialversicherung begrenzte – Realität der Umverteilungswirkungen zur Kenntnis zu nehmen[53].

Nicht immer stellt sich der Familienleistungsausgleich als gleichheitsrechtliche Allzweckwaffe dar: So ist es kein Gleichheitsverstoß, wenn die kostenlose Mitversicherung eines Kindes in der GKV dann nicht gegeben ist, wenn der mit ihm verwandte Ehepartner nicht versichert ist und sein Einkommen über einer bestimmten Grenze bezieht (vgl. § 10 Abs. 3 SGB V).[54]

An Art. 3 Abs. 1 GG hat das BVerfG auch die Regelung gemessen, nach der frühere Beamtinnen, die wegen ihrer Eheschließung aus dem Beamtenverhältnis unter Gewährung einer Abfindung ausgeschieden, aber später sozialversicherungspflichtig beschäftigt gewesen sind, anders als weibliche Angestellte an der Nachentrichtung freiwilliger Beiträge für die Dauer des Beschäftigungsverhältnisses gehindert waren. Das BVerfG hat sich für eine verfassungskonforme Auslegung im Sinne einer Berechtigung zur Nachentrichtung entschieden.[55]

---

49 BVerfGE 94, 241 (260). Abgedruckt auch in SGb 1997, 528 ff., mit Anm. *Igl.*

50 Rentenreformgesetz (RRG) 1999 v. 16. 12. 1997 (BGBl. I S. 2998).

51 BVerfGE 103, 242 = NJW 2001, 1712 ff. Dazu *Ruland* NJW 2001, 1673 ff.; *Ebsen* VSSR 2004, 3 ff.; *ders.* Jura 2002, 401 ff.; *Estelmann* SGb 2002, 245 ff.; *Hase* VSSR 2004, 55 ff.; *Rust* VSSR 2004, 75 ff.

52 Dies ist mit dem Kinder-Berücksichtigungsgesetz vom 1. 1. 2005 geschehen (BGBl. I 2004 S. 3448). Danach beträgt der Beitragszuschlag für Kinderlose 0,25%. Kritisch hierzu *Bauer/Krämer,* NJW 2005, 180 ff.

53 Es erstaunt, dass das BVerfG die dazu schon früher verfassten Arbeiten nicht zur Kenntnis genommen hat, s. z.B. *Rust* Familienlastenausgleich in der gesetzlichen Kranken-, Unfall- und Rentenversicherung, 1990.

54 BVerfGE 107, 205.

55 NVwZ 1998, 1058 ff.

Zur unterschiedlichen Anrechnung von Kindererziehungsleistungen auf die Sozialhilfe s. BVerfGE 97, 103 = NJW 1998, 2431.

Zur unterschiedlichen Bemessung der Höhe einer Grundrente im Kriegsopferversorgungsrecht in den alten und in den neuen Bundesländern s. BVerfGE 102, 41 = NJW 2000, 1855 ff.

Der Gleichheitssatz gebietet, dass einmalig gezahltes Arbeitsentgelt bei der Berechnung von kurzfristigen beitragsfinanzierten Lohnersatzleistungen wie z.B. Arbeitslosen- und Krankengeld, berücksichtigt wird, wenn es zu Sozialversicherungsbeiträgen herangezogen wird.[56] Nicht immer ist eine ungerechtfertige Ungleichbehandlung, was auf den ersten Blick so aussieht. Wenn bei der Berechnung des beitragsfinanzierten Arbeitslosengeldes einmal gezahltes Arbeitsentgelt berücksichtigt wird, dieses nicht jedoch bei der Berechnung der bedürfnisabhängigen und aus Steuermitteln finanzierten (früheren) Arbeitslosenhilfe, so ist wegen der unterschiedlichen Finanzierungsweise im letzteren Fall dem Gesetzgeber ein großer Gestaltungsspielraum eingeräumt.[57]

Das Verbot der Benachteiligung Behinderter (Art. 3 Abs. 3 S. 2 GG), das erst durch das 20
Grundgesetzänderungsgesetz vom 27. 10. 1994[58] neu geschaffen worden ist, hat das BVerfG zum ersten Mal im Jahr 1997 beschäftigt. Dort ging es um die Frage, ob die Überweisung eines behinderten Schülers an eine Sonderschule gegen seinen und seiner Eltern Willen einen Verstoß gegen diese Norm darstelle, was das BVerfG[59] verneint hat[60]. Das BVerfG legt dabei den Behindertenbegriff des § 3 Abs. 1 S. 1 des Schwerbehindertengesetzes, allerdings nicht abschließend, zugrunde.[61] In Hinblick auf den Begriff der Benachteiligung führt das BVerfG aus, dass hier nicht nur Regelungen und Maßnahmen gemeint sind, die die Situation des Behinderten wegen seiner Behinderung verschlechtern, sondern eine Benachteiligung auch bei einem Ausschluss von Entfaltungs- und Betätigungsmöglichkeiten durch die öffentliche Gewalt gegeben sein kann, wenn dieser Ausschluss nicht durch eine auf die Behinderung bezogene Förderungsmaßnahme hinlänglich kompensiert wird[62].

Als *besonderen Gleichheitssatz* sieht das BVerfG Art. 6 Abs. 1 GG an, der es verbietet, Ehe und 21
Familie gegenüber anderen Lebens- und Erziehungsgemeinschaften schlechter zu stellen. Dieses Benachteiligungsverbot stehe jeder belastenden Differenzierung entgegen, die an die Existenz einer Ehe oder die Wahrnehmung des Elternrechts in ehelicher Erziehungsgemeinschaft anknüpfe.[63] Anlass dieser Entscheidung war die Gewährung eines Haushaltsfreibetrages und die Möglichkeit des Abzuges von Kinderbetreuungskosten für alleinstehende Erziehende im Einkommensteuerrecht. Das BVerfG rügte aber nicht die Tatsache, dass nur alleinstehende Erziehende in den Genuss dieser Steuervergünstigungen kamen, sondern dass zusammenlebende Unverheiratete anders als Ehegatten ebenfalls diese Möglichkeit hatten.[64]

II. Sicherung von Erwartungen (Art. 14 Abs. 1 GG, Rechtsstaatsprinzip)

Das Anliegen, Erworbenes zu sichern, gilt nicht nur dann, wenn der Bestand des Erwor- 22
benen bereits in der eigenen Verfügungszuständigkeit ist, sondern auch, wenn sich dieser

---

56 BVerfGE 92, 53 und BVerfGE 102, 127 = NJW 2000, 2264 ff. = NZS 2000, 345 ff.

57 BVerfG NZS 2006, 247.

58 BGBl. I S. 3146.

59 BVerfGE 96, 288.

60 S. hierzu auch *Frowein* Die Überwindung von Diskriminierung als Staatsauftrag in Art. 3 Abs. 3 GG, FS Zacher 1998, S. 157 ff. (164 f.)

61 BVerfGE 96, 288 (301).

62 BVerfGE 96, 288 (303); *Spranger* DVBl. 1998, 1058 ff. S. auch den Beschl. des BerlVerfGH v. 18. 6. 1998, NJW 1998, 3632 ff., zur Frage der Kürzung von Haushaltsmitteln für einen Behindertenfahrdienst. S. vor allem *Welti* Behinderung und Rehabilitation im sozialen Rechtsstaat, 2005, S. 437 ff.

63 BVerfGE 99, 216 (232).

64 BVerfGE 99, 216 (235).

Bestand im Aufbau befindet, für den jeweiligen Aufbauzustand dieses Bestandes (Anwartschaft). Beides wird für private Güter über den Eigentumsschutz des Art. 14 Abs. 1 GG gewährleistet. Werden solche Güter öffentlich-rechtlich vermittelt, sollte nach traditioneller Ansicht ein solcher Schutz nicht gewährleistet sein. Allenfalls kommt hier der Vertrauensschutz ins Spiel[65].

Wie stellt sich – gesehen vor diesem Hintergrund – das Schutzanliegen eines Bürgers dar, der über lange Jahre hinweg seine Pflichtbeiträge zur gesetzlichen Rentenversicherung bezahlt hat, um im Alter Anspruch auf eine Altersrente zu haben, die ihm den Lebensstandard einigermaßen sichern soll? Dieser Bürger hat das Anliegen, dass ihm im Gegenzug für die »Zwangszahlung« der Beiträge in etwa das ausgezahlt wird, was ihm zur Zeit der Beitragszahlung als Altersrente versprochen worden ist. Dieses Interesse ist insofern verstärkt, als sich dieser Bürger nur im Ausnahmefall nebenher eine weitere Alterssicherung auf privater Basis verschaffen kann. Es muss dem Versicherten also sehr daran liegen, dass diese Zusagen eingehalten werden. Für einen im Jahr 1970 geborenen Bürger, der im Jahr 2000 schon auf Beitragszahlungen zur Rentenversicherung im Laufe von über 10 Jahren verweisen kann, stellt sich das Sicherungsanliegen so dar, dass er spätestens im Jahre 2035 bei weiterer Beitragszahlung seine Rente in versprochener Höhe erhält. Dieser Bürger hat jetzt keinen Einfluss darauf, wie sich die politischen Konstellationen dann darstellen werden und ob sich dann der Gesetzgeber der Versprechungen vorangehender Gesetzgebungskörperschaften erinnert. Die einzige Sicherheit, die sich überhaupt anbieten lässt, ist eine verfassungsrechtliche Gewährleistung über einen Grundrechtsschutz – mehr an Sicherheit lässt sich für die Zukunft bei öffentlich-rechtlich disponiblen Ansprüchen nicht geben.

Zwar ist heute anerkannt, dass insbesondere Versichertenrenten und Anwartschaften auf solche Renten als subjektiv öffentliche Rechte den Eigentumsschutz des Art. 14 GG genießen.[66] Ebenso einig ist man sich jedoch darin, dass der Gesetzgeber bei der Bestimmung von Inhalt und Schranken derartiger sozialversicherungsrechtlicher Vermögensrechte (Art. 14 Abs. 1 S. 2 GG) einen großen Gestaltungsspielraum hat.[67] Nur ein gewisser Kernbereich sozialrechtlicher Sicherung muss garantiert bleiben. Damit stellt sich die Konkretisierung der Grenzen als das eigentliche Problem dar.

Der verfassungsrechtliche Eigentumsschutz des Art. 14 GG sowie der Grundsatz des Vertrauensschutzes[68] spielen vor allem im Zusammenhang mit der leistungseinschränkenden Spargesetzgebung seit Ende der 70er Jahre eine große Rolle. Nach st. Rspr. des BVerfG ist »Voraussetzung für einen Eigentumsschutz sozialversicherungsrechtlicher Positionen (...) eine vermögenswerte Rechtsposition, die nach Art eines Ausschließlichkeitsrechts dem Rechtsträger als privatnützig zugeordnet ist; diese genießt den Schutz der Eigentumsgarantie dann, wenn sie auf nicht unerheblichen Eigenleistungen des Versicherten beruht und zudem der Sicherung seiner Existenz dient.«[69]

Beispiele: Die Rentner waren vor dem 1. 7. 1977 in der gesetzlichen KV beitragsfrei versichert. Durch das Krankenversicherungs-Kostendämpfungsgesetz vom 27. 6. 1977 ist der beitragsfreie Krankenversicherungsschutz stark eingeschränkt worden. Das BVerfG hat diese Regelung nicht für verfassungswidrig gehalten[70]. – Da das Sterbegeld der Krankenversicherung nicht der »Existenzsicherung« dient, hat das BSG in dessen Herabsetzung durch das GRG keinen Verfassungsverstoß gesehen.[71]

23 Bei der *Ausgestaltung des Eigentums* kann der Gesetzgeber nicht nach Belieben verfahren. Für das Ausmaß seiner Gestaltungsfreiheit sind Eigenart und Funktion des Eigentumsobjekts von maßgeblicher Bedeutung. Insbesondere sind dem Gesetzgeber enge Grenzen gezogen, soweit es um die Funktion des Eigentums als Sicherung der Freiheit des einzel-

65 *Bogs* Art. 14 (Eigentum) als Vertrauensschutz-Basisnorm für Rentenversicherte?, FS Zacher 1998, S. 65 ff.

66 Grundlegend BVerfGE 53, 257 (289 ff.).

67 BVerfGE 64, 87 (99 ff.).

68 Vgl. BVerfGE 64, 87 (104); 76, 220 (244 f.).

69 Leitsatz BVerfGE 69, 272.

70 BVerfGE 69, 272.

71 BVerfGE 69, 76.

nen geht. Die Befugnis des Gesetzgebers zur Inhalts- und Schrankenbestimmung ist auf der anderen Seite weiter, je mehr das Eigentumsobjekt in einem sozialen Bezug und einer sozialen Funktion steht. Dem entspricht es, dass Eigentumsbindungen stets verhältnismäßig sein müssen.[72] Vor allem darf der Eigentumsschutz die Sozialpolitik hinsichtlich notwendiger Anpassungen des Sozialrechts an veränderte Gesellschafts- und Wirtschaftsbedingungen nicht blockieren.[73]

Fehlt es an Eigenleistungen, zu denen insbes. Beiträge der Versicherten zählen, scheidet ein Eigentumsschutz aus. Ansprüche von Versicherten in der gesetzlichen Rentenversicherung auf Versorgung ihrer Hinterbliebenen unterliegen nicht dem Eigentumsschutz, da die Hinterbliebenenversorgung dem Versicherten nicht als Rechtsposition privatnützig zugeordnet ist und da sie nicht auf einer dem Versicherten zurechenbaren Eigenleistung beruht[74]. Die Hinterbliebenenrente ist eine »vorwiegend fürsorgerisch motivierte Leistung, weil sie ohne eigene Beitragsleistung des Versicherten gewährt wird«.[75] Das BVerfG hat in diesem Fall auch keinen Vertrauensschutz zuerkannt, weil nur eine sog. unechte Rückwirkung vorliege. 24

Die Frage, ob und inwieweit die Dynamisierung von Renten Eigentumsschutz genießt, ist vom BVerfG noch nicht geklärt[76].

Wenn eine Sicherung von Erwartungen über den Eigentumsschutz nicht gegeben ist, bleibt der Vertrauensschutz nach dem Rechtsstaatsprinzip. Das Rechtsstaatsprinzip entfaltet hier aber keine besondere Kraft. Das hat das BVerfG jüngst in einer Entscheidung zur Kürzung von Fremdrenten sehr deutlich gemacht[77]. Nur für rentennahe Jahrgänge seien Übergangsregelungen vorzusehen. Im Übrigen hat das BVerfG nur in wenigen Fällen Vertrauensschutz zugesprochen[78]. Das Vertrauen in ein bestehendes Förderkonzept – hier nach dem BAföG und die Umstellung auf Darlehensförderung bei der Studienabschlussförderung – ist nicht geschützt[79]. Wenn eine Übergangsregelung – hier Beschleunigung der Anhebung des Renteneintrittsalters für Frauen – noch nicht zur Anwendung gekommen ist, besteht nur geringer Vertrauensschutz[80]. 25

III. Menschenwürde (Art. 1 Abs. 1 GG)

Die Gewährleistung eines menschenwürdigen Daseins ist das erste grundlegende sozialstaatliche Gebot, Art. 1 Abs. 1 GG, s. auch die Nennung der Menschenwürde in § 1 Abs. 1 S. 2 SGB I und § 1 S. 1 SGB XII. Gemeinhin wird der Sozialhilfe die Aufgabe zugesprochen, dieses sozialstaatliche Mindestgebot zu erfüllen[81]. So verstanden bedeutet die Sicherung der Menschenwürde ein Mindestprogramm. Der Staat ist verpflichtet, dem mittellosen Bürger die Mindestvoraussetzungen für ein menschenwürdiges Dasein zu verschaffen.[82] Auch die anderen sozialen Sicherungszweige tragen mit zur Sicherung der Menschenwürde bei, indem dieses Mindestprogramm ebenfalls in ihrem Sicherungsauftrag enthalten ist. Nur bei Ausfall der Sicherungen in den sog. gehobenen sozialen Sicherungssyste- 26

72 BVerfGE 64, 87 (101).
73 BVerfGE 69, 272 (304).
74 BVerfGE 97, 271 (283 ff.) = NJW 1998, 3109. Kritisch *Hase* JZ 2000, 591 ff.
75 BVerfGE 97, 271, (285).
76 S. hierzu ausführlich BSGE 90, 11 = NJW 2003, 1474. *Lenze* NZS 2003, 1427.
77 BVerfG, 1 BvL 9/00 vom 13. 6. 2006.
78 So in BVerfGE 40, 65 (knappschaftliche Krankenversicherung); 51, 356 (freiwillige Rentenversicherung von Ausländern im Ausland); 102, 68 (Vertrauensschutz in eine Übergangsregelung).
79 BVerfG, 1 BvR 1594/99 vom 17. 6. 2002, NVwZ-RR 2002, 838.
80 BVerfG, 1 BvR 2491/97 v. 3. 2. 2004, NVwZ 2004, 604.
81 Allerdings besteht die Gefahr einer Banalisierung der Menschenwürde, wenn das sozialhilferechtliche Existenzminimum mit der Menschenwürde gleichgesetzt wird, so *Spranger* Die Unzulänglichkeiten des Menschenwürdebegriffs im Sozialhilferecht, ZfS 1999, 5 ff. (7).
82 BVerfGE 40, 121 (133).

men, wie sie vor allem die Sozialversicherungen darstellen, ist die Sozialhilfe zuständig. Umgekehrt – und dies ist eines der Merkmale der deutschen Sozialversicherung – enthalten die gehobenen Sicherungszweige keine eigenen zweigspezifischen Programme der Sicherung der Menschenwürde, etwa beim Bezug von Kleinstrenten. Ein verfassungsrechtliches Gebot, solche Grund- oder Mindestsicherungsprogramme auch in die gehobenen Sicherungssysteme einzu- bauen, ist nach der h.L. dem Grundgesetz nicht zu entnehmen, solange nur für alle ein allgemeines System wie die Sozialhilfe zur Verfügung steht.

IV. Freihaltung des Existenzminimums und Familienleistungsausgleich (Art. 6 Abs. 1 GG)

27 Das BVerfG hat seit 1990 in einer Reihe von Entscheidungen im Zusammenhang mit dem Familienleistungsausgleich Art. 1 Abs. 1 GG in der Weise verstanden, dass der Staat nicht nur für die menschenwürdigen Mindestvoraussetzungen des Daseins zu sorgen hat, sondern dass »der Staat dem Steuerpflichtigen sein Einkommen insoweit steuerfrei belassen muss, als es zur Schaffung der Mindestvoraussetzungen für ein menschenwürdiges Dasein benötigt wird.«[83]. Aus Art. 6 Abs. 1 GG folge ferner, »dass bei der Besteuerung einer Familie das Existenzminimum sämtlicher Familienmitglieder steuerfrei bleiben müsse«.[84] Das BVerfG lässt es nicht genügen, dass ein Steuerpflichtiger, der nach Besteuerung unter das sozialhilferechtliche Existenzminimum fällt, dann einen Anspruch auf Leistungen der Sozialhilfe hätte. Dem BVerfG geht es somit nicht nur um das Ergebnis, Sicherung des Existenzminimums der Familien, sondern auch um den Weg zu diesem Ergebnis, Sicherung des Existenzminimums gerade durch steuerliche Freihaltung desselben.[85] Dies setzt aber immer entsprechende Einkommenserzielung voraus. Diese Rspr. hat 1998 ihren vorläufigen Endpunkt erreicht[86].

Das BVerfG hat mit seinen Entscheidungen zum Familienleistungsausgleich in einer bislang nicht geübten Weise sehr konkret in die Gestaltung von sozialen Gewährleistungen hineingewirkt. Die betreffenden Entscheidungen sind nur vor dem Hintergrund des deutschen Konzeptes des Familienleistungsausgleichs zu verstehen. Der Ausgleich von kindesbedingten Aufwendungen im Rahmen des Familienleistungsausgleichs – früher Kinder- bzw. Familienlastenausgleich genannt[87] – ist dual angelegt und findet im Sozialleistungsrecht als positiver Transfer (Kindergeld, Erziehungsgeld) und im Einkommensteuerrecht als Vermeidung eines negativen Transfers (steuerlicher Freibetrag) statt. Beide Möglichkeiten können kombiniert werden, wie dies zeitweise der Fall war. Mit dem Jahressteuergesetz 1996 hat sich der Gesetzgeber dann für ein im Wesentlichen steuerrechtlich verfasstes System des Familienleistungsausgleichs entschieden (§§ 32 ff. EStG). Die Entscheidungen des BVerfG zum Familienleistungsausgleich betreffen Zeiträume, in denen die steuerrechtliche und die sozialleistungsrechtliche Möglichkeit kombiniert waren. Sie sind aber darüber hinaus generell auf jedes System des Familienleistungsausgleichs anwendbar.

Die Höhe des Existenzminimums bemisst das BVerfG anhand der Sozialhilfesätze, wobei nicht nur der Regelsatz, sondern auch die Einmalleistungen, der Mietmehrbedarf und die Heizkosten anzusetzen sind. Das so ermittelte Existenzminimum für Kinder müsse steuerlich freigehalten werden.[88]

---

83 BVerfGE 82, 60 (85); 87, 153 (169). Dazu *v. Maydell* Steuerfreies Existenzminimum und Sozialhilfe – Zum Verhältnis von Steuerrecht und Sozialrecht, FS Gitter 1995, S. 567 ff.

84 BVerfGE 82, 60 (85); 87, 153 (169).

85 BVerfGE 82, 60 (85); 87, 153 (169).

86 BVerfGE 99, 246 = NJW 1999, 561 ff.

87 Der Gesetzgeber des Jahressteuergesetzes 1996 (BGBl. I 1995 S. 1250) ist in der Terminologie den Anregungen des 5. Familienberichtes gefolgt (BT-Drs. 12/7560, 321), s. die Überschrift zu § 31 EStG (»Familienleistungsausgleich«).

88 BVerfGE 99, 246 = NJW 1999, 561 ff. (563 f.).

Die Reihe der Entscheidungen zum Familienleistungsausgleich hat – mit einer erheblichen qualitativen Veränderung – ihre Fortsetzung mit dem Urteil des BVerfG zu den Pflegeversicherungsbeiträgen gefunden[89]. Gegenstand dieser Entscheidung war zwar nicht der Familienleistungsausgleich. Jedoch ging es dort um wichtige Fragen der Belastung und des Ausgleichs von Belastungen von Kinder erziehenden Versicherten in umlagefinanzierten Sozialversicherungssystemen. Damit werden zwei Stränge zusammengeführt: Familienleistungsausgleich qua Verschonung des Existenzminimums Kinder erziehender Haushalte (genau genommen handelt es sich hier nicht um Familienleistungs*ausgleich*) und Familienleistungsausgleich qua Berücksichtigung der ökonomischen und sonstigen Belastung Kinder erziehender Versicherter in den Sozialversicherungssystemen.

E. Verfassungsrechtliche Garantien für den Erhalt der Sozialversicherung als soziale Sicherungsinstitution?

Auch wenn die Frage nach einer verfassungsrechtlichen Garantie für den Erhalt der Sozialversicherung als eine für Deutschland besonders typische soziale Sicherungsinstitution eher theoretisch erscheinen mag, lässt sich in der Beantwortung dieser Frage das Verständnis des Zusammenhangs zwischen sozialer Sicherheit und Verfassungsrecht gut darstellen. Der Text des Grundgesetzes enthält keine derartige explizite Garantie. Die Nennung der Sozialversicherung und der Arbeitslosenversicherung im Kompetenztitel des Art. 74 Abs. 1 Nr. 12 GG lässt sich nicht als implizite Bestandsgarantie verstehen. Trotzdem hat das BVerfG mehrfach gesagt, dass der Krankenversicherungsschutz[90], die Arbeitslosenversicherung[91], die Unfallversicherung[92] und auch die Rentenversicherung[93] Konkretisierungen des Sozialstaatsprinzips seien. Daraus lässt sich aber nicht ableiten, dass das BVerfG für diese Sicherungszweige eine Bestandsgarantie einrichten will[94]. 28

Diese fehlenden verfassungsrechtlichen Festlegungen bedeuten allerdings nicht, dass der Gesetzgeber von heute auf morgen einen Sozialversicherungszweig abschaffen könnte. Hier sind die Rechte derjenigen, die in Erwartung z.B. einer künftigen Rente oder eines Schutzes im Krankheitsfall ihre Beiträge entrichtet haben, verfassungsrechtlich – über Art. 14 Abs. 1 und über den Vertrauensschutz gesichert., was dann zu den weithin diskutierten Übergangsproblemen bei der Einführung z.B. eines Grundrentensystems anstelle eines leistungsbezogenen Alterssicherungssystems führt[95]. Das Grundgesetz sichert also die individuellen Rechte, nicht die Sicherungsinstitutionen in ihrer jeweiligen Gestalt.

F. Marktsituationen und Grundrechte der Anbieter (Leistungserbringer) sozialer und medizinischer Güter

Das Sozialrecht hat vor allem in den folgenden drei Dimensionen mit dem Markt zu tun: 29

- Konkurrenz der Sicherungsinstitutionen im Verhältnis von Sozial- zu Privatversicherung;
- Unterwerfung privater Anbieter von sozialen und medizinischen Dienstleistungen unter das Sozial-Wirtschaftsrecht[96] der Sozialleistungszweige;

89 Wie Anm. 51.

90 BVerfGE 40, 65 (66).

91 BVerfGE 51, 115 (125).

92 BVerfGE 45, 376 (387).

93 BVerfGE 44, 70.

94 So auch *Bieback* Verfassungsrechtlicher Schutz gegen Abbau und Umstrukturierung von Sozialleistungen, 1997, 34 f. S. BVerfGE 100, 1 (39) = NJW 1999, 2493 ff. (2496).

95 Grundsätzlich zu den Umstellungsproblemen *Ruland,* Handbuch Altersversorgung, S. 935 ff. (963 ff.).

96 S. dazu *Igl* FS Zacher, 1998, S. 281 ff.

– Einführung marktnaher Instrumente (z.B. Wettbewerb der Leistungsanbieter; Verbraucherschutz durch Qualitätssicherung).

I. Konkurrenz von Sozial- und Privatversicherung

30 Weite Bereiche des Sozialleistungssystems werden mit Leistungen auf einem Gebiet wirksam, das grundsätzlich auch von privatwirtschaftlichen Unternehmungen bedient werden kann. Dies gilt besonders für Versicherungsleistungen: Leistungen der Alters- und Invaliditätssicherung oder der Sicherung im Krankheitsfall bieten auch die Privatversicherungsunternehmen an. Damit ergibt sich eine Konkurrenzsituation. Wo die Sozialversicherung als Pflichtversicherung tätig wird, bleibt kein Platz für Angebote der Privatversicherung. Diese können dann allenfalls ergänzend oder aufstockend tätig werden. Virulent wird diese Marktabgrenzung vor allem auf dem Gebiet der Krankenversicherung. Dort unterliegen unselbstständig beschäftigte Personen der Versicherungspflicht nur bis zu einer bestimmten Einkommenshöhe. Über dieser Grenze besteht Versicherungsfreiheit. (§ 6 Abs. 1 Nr. 1 SGB V). Diese Grenze markiert demnach die Marktgrenze zwischen Sozial- und Privatversicherung. Verfassungsrechtlich wird dieses Thema in Hinblick auf die Rechte der Privatversicherungsunternehmen anhand von Art. 12 Abs. 1 GG artikuliert. Eine darauf fußende Bestandsgarantie wird sich daraus jedoch nicht ableiten lassen können[97].

In der politischen Sprache wird diese Grenze als »Friedensgrenze« bezeichnet. Bei anstehenden Bundestagswahlen werden die Sozialpolitiker der Parteien regelmäßig von den Privatversicherungsverbänden befragt, wie sie es mit dieser Friedensgrenze halten werden. Im Zuge der Diskussion um die anstehende Gesundheitsreform ist das Verhältnis zur privaten Krankenversicherung wieder besonders akut geworden.

II. Leistungserbringer im Sozial-Wirtschaftsrecht

31 Soziale Leistungen, die nicht Geldleistungen, sondern Dienst- und Warenleistungen (vgl. § 11 SGB I) sind, werden in der Regel nicht vom Sozialleistungsträger selbst, sondern von Dritten erbracht (sog. Leistungserbringer), die Marktteilnehmer sind. So erbringt die GKV die ärztliche Heilbehandlung nicht durch bei der Kasse angestellte Ärzte, sondern durch Vertragsärzte, die damit aber nicht ihren Status als freiberuflich Tätige verlieren (§ 73 SGB V). Pflegeleistungen nach dem SGB XI werden nicht durch bei der Pflegekasse angestellte Fachpflegepersonen geleistet (Ausnahme § 77 Abs. 2 SGB XI), sondern durch Pflegedienste, die der Pflegekasse mit einem Versorgungs- und Vergütungsvertrag verbunden sind (§§ 72, 82 ff. SGB XI). Angesichts des in personeller wie in sachlicher Hinsicht sehr weiten Anwendungsbereiches etwa der GKV (über 85% der Bevölkerung sind in der GKV und damit auch in der PflV versichert) sind die Leistungserbringer »auf Gedeih und Verderb« darauf angewiesen, dass sie für die Versicherten der GKV und der PflV tätig werden können. Gesetze und Regelungen mit Auswirkungen für diese Leistungserbringer sind insbesondere an Art. 12 Abs. 1 GG zu messen. S. hierzu insbesondere den Facharzt-Beschluss[98] und das Urteil zu den Festbeträgen für Arznei- und Hilfsmittel (E 106, 275).

32 Für den Beruf der Ärzte enthält das Krankenversicherungsrecht (SGB V) besondere Altersgrenzen für diejenigen Ärzte, die als Vertragsärzte zugelassen sind (§ 95 Abs. 7 SGB V). Bis Ende 1992 endete die Zulassung der Ärzte nicht an einer Altersgrenze, sondern durch den Tod. Mit dem Gesundheitsstrukturgesetz (GSG) ist eine Regelung eingeführt worden, nach der ab dem 1. Januar 1999 die Zulassung am Ende des Kalendervierteljahres endet, in dem der Vertragsarzt sein 68. Lebensjahr vollendet. Diese

---

97 *Bieback* Verfassungsrechtlicher Schutz gegen Abbau und Umstrukturierungen von Sozialleistungen, Schriftenreihe der Juristischen Gesellschaft zu Berlin, Heft 152, 1997, S. 107 ff. mit weiteren Hinweisen zum Diskussionsstand.

98 BVerfGE 33, 125 (161 f.). Überblick bei *Bogs* Das Grundrecht der Berufsfreiheit (Art. 12 GG) im Spiegel des Arztsystems, FS Thieme 1993, S. 715 ff. Zum gesamten Themenbereich *Sodan* Freie Berufe als Leistungserbringer im Recht der gesetzlichen Krankenversicherung, 1997; *ders.*, NJW 2003, 257 ff.

Regelung ist vom BVerfG[99] wie auch schon vom LSG Nordrhein-Westfalen[100] als verfassungsgemäß erachtet worden. – Interessant sind die unterschiedlichen Begründungen: Das LSG Nordrhein-Westfalen stellt bei der Prüfung der Einschränkung der Berufsfreiheit (Art. 12 Abs. 1 GG) im Wesentlichen auf die Gesetzesbegründung ab, wonach es Sinn und Zweck des GSG gewesen sei, die Finanzierbarkeit der akut gefährdeten gesetzlichen Krankenversicherung zu erhalten. Dies rechtfertige einen Eingriff in die ungehinderte berufliche Entfaltung der Ärzte. Das BVerfG lässt diese Argumente dahingestellt sein und sieht die Rechtfertigung darin, dass Altersgrenzen, die die Berufsausübung im höheren Alter einschränken, dazu dienen, die Gefährdungen, die von älteren, nicht mehr voll leistungsfähigen Berufstätigen ausgehen, einzudämmen. Es entspreche der Lebenserfahrung, dass die Gefahr einer Beeinträchtigung der Leistungsfähigkeit auch heute noch mit zunehmendem Alter größer werde. Außerdem liege diese Altersgrenze höher als die Regelaltersgrenzen in vielen anderen Berufen. Schon deshalb sei sie nicht unverhältnismäßig. Das BVerfG hat auch die Regelung, nach der approbierte Ärzte, die das 55. Lebensjahr vollendet haben, nicht mehr neu zur vertragsärztlichen Versorgung zugelassen werden (§ 98 Abs. 2 Nr. 12 SGB V), als verfassungsgemäß angesehen[101]. Als Begründung werden insbesondere wirtschaftliche Gründe im Zusammenhang der Aufrechterhaltung der Funktionsfähigkeit der kassenärztlichen Versorgung angeführt.

III. Einführung marktnaher Instrumente

Das BVerfG hatte sich bisher noch nicht mit Fragen zu befassen, die mit der Einführung marktnaher Instrumente bei der Zulassung und Finanzierung der Sozialleistungserbringer zu tun haben[102]. Diese marktnahen Instrumente bestehen vor allem in der Schaffung von gleichen Markteintrittschancen und von Wettbewerbssituationen zwischen den Leistungserbringern und bei der Finanzierung in der Abkehr vom Selbstkostendeckungsprinzip bei der Vergütung von Leistungen, schließlich in der Qualitätssicherung. Erfasst sind hiervon das SGB XI, teilweise das SGB V, das SGB VIII und das SGB XII. Verfassungsrechtlich ist hier insbesondere Art. 3 Abs. 1 GG (bei Wettbewerbsfragen) und Art. 12 Abs. 1 GG (bei Finanzierungs- und Qualitätssicherungsfragen) relevant. 33

S. die Hinweise zum Verhältnis von Bedarfsplanung und Wettbewerb von Pflegeeinrichtungen nach dem SGB XI (§ 9) in BVerfG NZS 1997, 172[103].

G. Weitere für das Sozialrecht bedeutende Grundrechte

Die vorstehend aufgeführten Grundrechte spielen in der Rspr. des BVerfG im Zusammenhang sozialrechtlicher Fragen eine besondere Rolle. Daneben sind auch andere Grundrechte einschlägig, so Art. 2 Abs. 1 (Schutz der freien Entfaltung der Persönlichkeit)[104], Art. 4 (Glaubens-, Gewissens- und Bekenntnisfreiheit)[105], Art. 6 Abs. 1 (Schutz der Ehe und Familie)[106], Art. 9 Abs. 3 (Koalitionsfreiheit[107] und beim Eingriff in die Tarifautonomie 34

99 BVerfG, Beschl. v. 31. 3. 1998, SozR 3–2500 § 95 Nr. 17 = NJW 1998, 1776 f.

100 Urt. v. 3. 12. 1997, MedR 1998, 282 ff.

101 BVerfGE 103, 172 = NJW 2001, 1779 ff.

102 S. hierzu *Neumann* Angebotssteuerung und Qualitätssicherung im SGB XI, VSSR 1994, 309 ff., 316 ff., zu den veränderten Strukturen in der KV s. *Pitschas* VSSR 1998, 253 ff.

103 Zu diesem Verhältnis jetzt auch SG Speyer, Urt. v. 26. 5. 1998 – S 13 P 63/97, abgedruckt in: PflegeRecht 4/1999, 75 ff., nachfolgend LSG Rheinland-Pfalz, Urt. v. 19. 8. 1999 – L 5 P 33/98, NZS 2000, 93 ff. = RsDE 2000, Heft 45, 75 ff.

104 BVerfGE 75, 108 (154 ff.); 78, 232 (244 ff.): Schutz der allgemeinen Handlungsfreiheit gegenüber überhöhten Sozialabgaben. Jüngst zur Krankenbehandlung bei lebensbedrohlicher Krankheit: BVerfG, 1 BvR 347/98 vom 6. 12. 2005, NJW 2006, 891.

105 BSGE 54, 7; 61, 158; BVerfG SozR 4100 § 119 Nr. 22: Zur Frage des Eintritts einer Sperrzeit für den Anspruch auf Arbeitslosengeld bei Ablehnung eines Arbeitsangebots aus Gewissensgründen.

106 Dazu *Söllner* Zum verfassungsrechtlich gebotenen Schutz von Ehe und Familie im Sozialrecht, FS Krasney 1997, 527 ff.

107 BSGE 69, 25 (mit Anm. von *Schulin* SAE 1993, 1 ff.): Problem des Ruhens von Ansprüchen auf Kurzarbeiter- oder Arbeitslosengeld bei Fernwirkungen von Arbeitskämpfen.

bei gesetzlichen Lohnabstandsklauseln für Arbeitsbeschaffungsmaßnahmen[108], Art. 12 (Schutz der Berufsfreiheit)[109].

§ 6 Gemeinschaftsrechtliche Grundlagen

A. Funktionen und Wirkungen des Gemeinschaftsrechts auf dem Gebiet des Sozialen

1 Das Gemeinschaftsrecht hat unterschiedliche Funktionen in Hinblick auf das deutsche Sozialrecht und es wirkt in unterschiedlicher Weise auf dieses Recht. Für das Verständnis der mittlerweile sehr komplexen Regelungen des Gemeinschaftsrechts müssen diese Funktionen und Wirkungen im Auge behalten werden.

2 Eine der Funktionen des Gemeinschaftsrechts ist die des *Internationalen Sozialrechts (ISR)*, also die Regelung von *Sachverhalten mit Auslandsbezug*. Diese Funktion betraf für lange Zeit den ganz überwiegenden Teil des Gemeinschaftsrechts. Sie steht auch noch heute im Vordergrund. Die entsprechenden Regelungen haben dabei vor allem die Aufgabe, die Freizügigkeit der Arbeitnehmer und der EU-Bürger in den Ländern der EG zu sichern[110]. Diese rechtlichen Regelungen wirken unmittelbar.

3 Eine weitere Funktion des Gemeinschaftsrechts ist darin zu sehen, zu einer *Rechtsangleichung des nationalen Sozialrechts* beizutragen. Dabei ist aber nicht bezweckt, für die Mitgliedstaaten ein einheitliches Sozialrecht zu schaffen. Hierfür besteht keine Kompetenz der EU-Organe. Vielmehr wird versucht, in bestimmten Bereichen zu einer Annäherung und ggf. Abstimmung der Politiken zu kommen. Festzuhalten ist aber für den Bereich des Sozialrechts, dass es kein erklärtes Ziel des Gemeinschaftsrechts ist, eine weitgehende Harmonisierung oder gar Rechtsangleichung des Sozialrechts der Mitgliedstaaten zu erreichen, vgl. Art. 137 Abs. 2 EG[111].

4 Die Verbindlichkeit der anlässlich der Regierungskonferenz in Nizza am 7. Dezember 2000 proklamierten *Charta der Grundrechte der Europäischen Union*, die auch eine Reihe sozialer Grundrechte enthält, ist noch offen. Nachdem der Vertrag über eine Verfassung für Europa, dessen Teil II die Charta werden sollte, gescheitert ist, besteht keine rechtliche Bindungswirkung der Charta. Im Übrigen ist diese Charta nicht zu verwechseln mit der *Gemeinschaftscharta der sozialen Grundrechte der Arbeitnehmer* von 1989, vgl. Art 136 Abs. 1 EG. Auch dieser Charta kam keine Verbindlichkeit zu. Die *Charta der Grundrechte der Europäischen Union* hat einige der in dieser Charta formulierten Rechte aufgenommen.

5 Schließlich ist auf die *Wirkung der Grundfreiheiten des EG-Vertrages* hinzuweisen. Aufgrund dieser Grundfreiheiten (Freizügigkeit, Waren-, Dienstleistungs- und Kapitalverkehrsfreiheit) ist jenseits der Kompetenznormen für den Bereich der sozialen Sicherheit de facto in die Regelungszuständigkeit der Mitgliedstaaten für Soziales eingegriffen worden.

6 Eine besondere *Wirkung* weist das *allgemeine Diskriminierungsverbot* (Art. 12 EG) auf. Das Diskriminierungsverbot in Art. 12 EG hat Anlass gegeben, die sog. Gegenseitigkeitsklauseln in nationalen Rechtsvorschriften auf ihre gemeinschaftsrechtliche Verträglichkeit zu überprüfen. Eine solche Gegenseitigkeitsklausel enthielt das Opferentschädigungsgesetz (OEG) für EG-Ausländer. Für EU-Bürger ist mittlerweile – nach der unten dargestellten

108 BVerfGE 100, 271.
109 BSGE 69, 128: Zur Bedeutung der Berufsfreiheit bei der Gewährung von Leistungen zur beruflichen Rehabilitation. S. weiter *Schulin* Die Freiheit des Berufs im Sozialrecht, SGb 1989, 94 ff., ferner die Entscheidung des BVerfGE 81, 156 (188 ff.) zu § 128 AFG a.F.
110 S. dazu 16. Kapitel.
111 S. hierzu *Eichenhofer* Sozialrecht der Europäischen Union, S. 175 ff.

Rspr. des EuGH – die Gegenseitigkeitsklausel aufgehoben, vgl. § 1 Abs. 4 Nr. 1 und 2 OEG. Folgender Fall[112] war hierfür entscheidend:

Der Italiener F fuhr 1980 nach München, um dort das Oktoberfest zu besuchen. Kurz nachdem er den Rückweg zu seinem Hotel angetreten hatte, wurde er von drei Betrunkenen zusammengeschlagen und schwer verletzt. F begehrte Opferentschädigung nach § 1 Abs. 1 OEG. Die Versorgungsbehörde wies den Antrag unter Berufung auf § 1 Abs. 4 OEG zurück. In dieser Vorschrift hieß es damals, dass Ausländer keinen Anspruch auf Versorgung haben, »wenn die Gegenseitigkeit nicht gewährleistet ist.«

Die Gegenseitigkeitsklausel in § 1 Abs. 4 OEG (a.F.) bedeutete, dass nur Angehörige solcher Staaten Opferentschädigungsansprüche geltend machen konnten, die in entsprechenden Fällen auch Deutschen vergleichbare Leistungen gewähren. Eine solche Gegenseitigkeit war früher im Verhältnis zwischen Deutschland und Italien nicht gegeben. In der zitierten Entscheidung sah der EuGH in derartigen Gegenseitigkeitsklauseln einen Verstoß gegen das allgemeine Diskriminierungsverbot des (damaligen) Art. 7 Abs. 1 EWGV (jetzt: Art. 12 EG):

»Unbeschadet besonderer Bestimmungen dieses Vertrags ist in seinem Anwendungsbereich jede Diskriminierung aus Gründen der Staatsangehörigkeit verboten.«

Der Leitsatz der EuGH-Entscheidung lautet:

»Das insbesondere in Art. 7 EWGV enthaltene Diskriminierungsverbot ist dahin auszulegen, dass ein Mitgliedstaat die Gewährung einer staatlichen Entschädigung zur Wiedergutmachung des Schadens, der in diesem Staat dem Opfer einer mit einer Körperverletzung verbundenen Gewalttat zugefügt wurde, bei Personen, denen das Gemeinschaftsrecht die Freiheit garantiert, in diesen Mitgliedstaat insbesondere als Dienstleistungsempfänger einzureisen, nicht davon abhängig machen darf, dass sie (...) Angehörige eines Staates sind, der ein Gegenseitigkeitsabkommen mit diesem Mitgliedstaat geschlossen hat.«

In der Rechtssache *Ferlini*[113] hat sich der EuGH ganz strikt gegen eine Diskriminierung gewandt, wonach ein europäischer Beamter in Luxemburg höhere Gebührensätze für ärztliche und Krankenhausleistungen entrichten musste, als sie für luxemburgische Angehörige des dortigen sozialen Sicherungssystems vorgesehen waren.

B. Rechtsquellen

Die *Bedeutung des Gemeinschaftsrechts für das Sozialrecht* ist in den letzten Jahren vor allem in der Entwicklung des primären Gemeinschaftsrechts zum Ausdruck gekommen. Dies zeugt von einer stärkeren Hinwendung der Gemeinschaft zu sozialpolitischen Anliegen. Rechtsquellen des primären Gemeinschaftsrechts sind der *Vertrag zur Gründung der Europäischen Gemeinschaft (EGV) vom 25. 3. 1957* und der *Vertrag über die Europäische Union (EUV) vom 7. 2. 1992* (Maastrichter Vertrag), jeweils in der konsolidierten Fassung, die diese Verträge durch den Vertrag von Amsterdam erfahren haben. Mit dem *Vertrag von Amsterdam vom 2. 10. 1997* stellt sich die Rechtsquellenlage verändert dar. Dieser Vertrag hat vor allem den Vertrag über die Europäische Union und die Verträge zur Gründung der Europäischen Gemeinschaften geändert. Eine weitere Änderung wurde vorgenommen durch den *Vertrag von Nizza*, der am 1. Februar 2003 in Kraft getreten ist. Dieser Vertragstext enthält wichtige Änderungen auch im Bereich der Sozialpolitik und für die soziale Sicherheit, vgl. Art. 137 und 144 EG[114]. 7

112 Nach EuGH, Rs. 186/87 *(Cowan)*, Slg. 1989, 195, abgedruckt in: EAS, EG-Vertrag, Art. 6 Nr. 14; SozR 6030 Art. 7 Nr. 3.

113 EuGH, Rs. C 411/98, Slg. I-2000, 8081, abgedruckt in EAS, EG-Vertrag, Art. 6 Nr. 25..

114 S. hierzu – mit Abdruck der Texte – *Fischer* Der Vertrag von Nizza, 2001.

Das Schwergewicht des europäischen Sozialrechts mit unmittelbarer Rechtsverbindlichkeit für den einzelnen Bürger liegt nicht auf dem primären EG-Recht, sondern auf dem Sekundärrecdht der Verordnungen. An erster Stelle sind hier die beiden VO (EWG) Nr. 1408/71 und 574/72 über die soziale Sicherheit für Wanderarbeitnehmer zu nennen, wobei die erstere Verordnung mittlerweile abgelöst worden ist durch die VO (EG) 883/2004. Regelungen der Verordnungen haben »allgemeine Geltung«, D.h. sie gelten »unmittelbar in jedem Mitgliedstaat«, Art. 249 Abs. 2 EG, und haben damit Vorrang vor entgegenstehendem nationalem Recht[115].

In Ausnahmefällen kann sich der Einzelne darüber hinaus auch auf Bestimmungen von Richtlinien der EG berufen. Für das Sozialrecht ist hier insbesondere die Richtlinie 79/7/EWG »zur schrittweisen Verwirklichung des Grundsatzes der Gleichbehandlung von Männern und Frauen im Bereich der sozialen Sicherheit« zu nennen.

C. Grundrechtecharta und soziale Grundrechte

8 Der Rat, das Europäische Parlament und die Kommission haben gemeinsam anlässlich der Konferenz des Europäischen Rates im Dezember 2000 in Nizza die *Charta der Grundrechte der Europäischen Union* proklamiert[116]. Über die Tragweite der Charta sollte zu einem späteren Zeitpunkt befunden werden. Diese Charta hat bürgerliche, politische, wirtschaftlichen, soziale und gesellschaftliche Rechte zum Gegenstand, die bisher in verschiedenen internationalen, europäischen oder nationalen Texten niedergelegt waren, so z.B. in der Europäischen Sozialcharta oder der Europäischen Menschenrechtskonvention. Die Grundrechtecharta umfasst 54 Artikel. In sozialrechtlicher Hinsicht sind vor allem von Interesse die Bestimmungen über die *Gleichheit von Männern und Frauen* (Art. 23), wobei der Grundsatz der Gleichheit der Beibehaltung oder der Einführung spezifischer Vergünstigungen für das unterrepräsentierte Geschlecht nicht entgegensteht, sowie zur *Nichtdiskriminierung* (Art. 21). Hier sind neben den verschiedenen, auch zum Teil schon in Art. 3 Abs. 3 GG erfassten Kriterien besonders zu erwähnen das Diskriminierungsverbot wegen der Geburt, des Alters oder der sexuellen Ausrichtung (Art. 21). Neben dem *Recht auf Bildung* (Art. 14) können einige Bestimmungen als soziale Grundrechte charakterisiert werden: *Rechte des Kindes* (Art. 24) und *Rechte älterer Menschen* (Art. 25), *Integration von Menschen mit Behinderung* (Art. 26), das *Recht auf Zugang zu einem Arbeitsvermittlungsdienst* (Art. 29), der rechtliche, wirtschaftliche und soziale *Schutz der Familie* (Art. 33), das *Recht auf soziale Sicherheit und soziale Unterstützung* (Art. 34) und das *Recht auf Gesundheitsschutz* (Art. 35).

9 Die sozialen Grundrechte sind unterschiedlich gefasst, wobei die Formulierungen der sozialen Grundrechte in der Grundrechtecharta zeigen, wie vielfältig diese ausgebracht werden können:

Als *Zugangsrechte* zu sozialen Schutzssystemen sind neben dem Recht auf Zugang zu einem Arbeitsvermittlungsdienst (Art. 29) teilweise ausgestaltet das Recht auf soziale Sicherheit und soziale Unterstützung (Art. 34 Abs. 1) und das Recht auf Gesundheitsschutz (Art. 35). Dazu gehört auch die allgemeine Zugangsvorschrift zu Dienstleistungen von allgemeinem wirtschaftlichen Interesse (Art. 36). Als *Anerkennungs- und Achtungsrechte* gelten die Bestimmungen über die Rechte älterer Menschen (Art. 25), über die Integration von Menschen mit Behinderung (Art. 26) und zur Bekämpfung der sozialen Ausgrenzung und der Armut (Art. 34 Abs. 3). *Diskriminierungsverbote* bestehen insbesondere gegenüber

115 Näheres zu den Verordnungen im 16. Kapitel.

116 Zur Diskussion s. *Bernsdorff* Soziale Grundrechte in der Charta der Grundrechte der Europäischen Union – Diskussionsstand und Konzept, VSSR 2001, 1 ff.; *Magiera* Die Grundrechtecharta der Europäischen Union, DÖV 2000, 1017 ff.

älteren und gegenüber behinderten Menschen (Art. 21 Abs. 1). Bestimmte *soziale Standards* sollen beim Gesundheitsschutz – Sicherstellung eines hohen Gesundheitsschutzniveaus – erzielt werden (Art. 35 S. 2). Als *Rechtsansprüche* im Sinne von Schutzansprüchen sind ausgeprägt die Rechte des Kindes (Art. 24) und der Familien (Art. 33).

Auf bestehende Rechte verweist eine Vorschrift, die auch Personen betrifft, die nicht Staatsbürger eines EU-Mitgliedstaates sind: »Jede Person, die in der Union ihren rechtmäßigen Wohnsitz hat und ihren Aufenthalt rechtmäßig wechselt, hat Anspruch auf die Leistungen der sozialen Sicherheit und die sozialen Vergünstigungen nach dem Gemeinschaftsrecht und den einzelstaatlichen Rechtsvorschriften und Gepflogenheiten.« (Art. 34 Abs. 2).

Diese Grundrechtecharta sollte teilweise in Teil II des *Vertrages über eine Verfassung für Europa* übernommen werden. Dort sind als bestimmte Rechte des Kindes (Art. II-84), der älteren Menschen (Art. II-85) und der Menschen mit Behinderung (Art. II-86) vorgesehen. Der soziale Schutz von Familien soll gewährleistet werden (Art. II-93). Ein weiteres Grundrecht handelt vom Zugang zu den Leistungen der sozialen Sicherheit und zu den sozialen Diensten (Art. II-94) sowie zu zur Gesundheitsvorsorge und zur ärztlichen Versorgung (Art. II-95). Nachdem der Verfassungsvertrag bisher nicht zustande gekommen ist, bleibt es allerdings beim gegenwärtigen Rechtszustand der nicht verbindlichen sozialen Grundrechte der Grundrechtscharta.

D. Sozialpolitische Kompetenzen der EG-Organe

I. Mit dem Vertrag von Amsterdam und dann mit dem Vertrag von Nizza hat sich die Kompetenzsituation der EG-Organe für Soziales nicht unwesentlich verändert[117]. Zwar sind Vorstellungen gescheitert, die Kompetenzen für soziale Sicherheit und Sozialpolitik nur mehr dem Prinzip der qualifizierten Mehrheit im Rat statt dem bisher praktizierten Einstimmigkeitsprinzip im Rat zu unterwerfen. Letzteres ist immer noch einschlägig für das koordinierende europäische Sozialrecht (Art. 42 EG) und für die soziale Sicherheit und den sozialen Schutz der Arbeitnehmer (Art. 137 Abs. 2 (b) EG,). Jedoch sind mittlerweile folgende Angelegenheiten nicht mehr nur Angelegenheiten der Mitgliedstaaten, sondern der Gemeinschaft und der Mitgliedstaaten: die Förderung der Beschäftigung, die Verbesserung der Lebens- und Arbeitsbedingungen, um dadurch auf dem Wege des Fortschritts ihre Angleichung zu ermöglichen, ein angemessener sozialen Schutz, der soziale Dialog, die Entwicklung des Arbeitskräftepotenzials im Hinblick auf ein dauerhaft hohes Beschäftigungsniveau und die Bekämpfung von Ausgrenzungen (Art. 136 Abs. 1 EG). 10

Weiter heißt es in Art 136 Abs. 2 EG: »Zu diesem Zweck führen die Gemeinschaft und die Mitgliedstaaten Maßnahmen durch, die der Vielfalt der einzelstaatlichen Gepflogenheiten, insbesondere in den vertraglichen Beziehungen, sowie der Notwendigkeit, die Wettbewerbsfähigkeit der Wirtschaft der Gemeinschaft zu erhalten, Rechnung tragen. Sie sind der Auffassung, dass sich eine solche Entwicklung sowohl aus dem eine Abstimmung der Sozialordnungen begünstigenden Wirken des Gemeinsamen Marktes als auch aus den in diesem Vertrag vorgesehenen Verfahren sowie aus der Angleichung ihrer Rechts- und Verwaltungsvorschriften ergeben wird.«

II. Die Kompetenzen, die das primäre Gemeinschaftsrecht auf dem Gebiet der sozialen Sicherheit und der Sozialpolitik vorsieht, beziehen sich zum einen auf das *koordinierende Sozialrecht* (Art. 42 EG) (= gemeinschaftsrechtliches ISR), zum anderen auf *standardisierendes Recht* (Art. 137 EG). Art. 42 EG ermächtigt den Rat, gemäß dem in Art. 251 EG geschilderten Verfahren, »die auf dem Gebiet der sozialen Sicherheit für die Herstellung der Freizü- 11

117 Zum Folgenden *Schulte* Das Sozialrecht in der Rechtsprechung des Europäischen Gerichtshofs 1996 und 1997, JbSozR 1998, Bd. 20, 461 (462 f.) sowie die Berichterstattung von *dems.* in den darauffolgenden Bänden des JbSozR. S. auch *Joussen* Die Stellung europäischer Sozialpolitik nach dem Vertrag von Amsterdam, ZIAS 2000, 191 ff.

gigkeit der Arbeitnehmer notwendigen Maßnahmen« zu beschließen. Ziel ist es u.a. zu verhindern, dass Arbeitnehmer, die von einem Mitgliedstaat in den anderen wechseln (»aus- und einwandern«), dadurch Nachteile hinsichtlich ihrer Rechte im Bereich der sozialen Sicherheit erleiden. Im Hinblick auf das beschriebene Regelungsziel spricht man hier auch von dem sog. *freizügigkeitsspezifischen* EG-Sozialrecht.

12 **III.** In den Vorschriften des EG-Vertrags zum *standardisierenden Sozialrecht* (Art. 136 ff. EG) wird auch von einer »Abstimmung der Sozialordnungen« gesprochen (Art. 136 EG). Dieser Vorschrift ist jedoch kein Kompetenztitel zu entnehmen[118]. Der entsprechende Kompetenztitel lautet vielmehr, dass die Gemeinschaft die Tätigkeit der Mitgliedstaaten unterstützt und ergänzt, und dies auf folgenden Gebieten (Art. 137 Abs. 1 EG):

»a) Verbesserung insbesondere der Arbeitsumwelt zum Schutz der Gesundheit und der Sicherheit der Arbeitnehmer,

b) Arbeitsbedingungen,

c) soziale Sicherheit und sozialer Schutz der Arbeitnehmer,

d) Schutz der Arbeitnehmer bei Beendigung des Arbeitsvertrags,

e) Unterrichtung und Anhörung der Arbeitnehmer,

f) Vertretung und kollektive Wahrnehmung der Arbeitnehmer- und Arbeitgeberinteressen, einschließlich der Mitbestimmung, vorbehaltlich des Absatzes 5,

g) Beschäftigungsbedingungen der Staatsangehörigen dritter Länder, die sich rechtmäßig im Gebiet der Gemeinschaft aufhalten,

h) berufliche Eingliederung der aus dem Arbeitsmarkt ausgegrenzten Personen, unbeschadet des Artikels

i) Chancengleichheit von Männern und Frauen auf dem Arbeitsmarkt und Gleichbehandlung am Arbeitsplatz,

j) Bekämpfung der sozialen Ausgrenzung,

k) Modernisierung der Systeme des sozialen Schutzes, unbeschadet des Buchstabens c).«

Bei den Maßnahmen, die in diesem Zusammenhang vorgesehen sind wird ausdrücklich eine Harmonisierung von Gesetzen und Verordnungen der Mitgliedstaaten ausgeschlossen (Art. 137 Abs. 2 (a) EG). Die Sorge um die Eigenständigkeit der Mitgliedstaaten auf dem Gebiet der sozialen Sicherheit kommt auch zum Ausdruck in der Klausel, dass die Rechte der Mitgliedstaaten und die grundlegenden Prinzipien ihrer sozialen Sicherungssysteme nicht berührt werden dürfen und dass das finanzielle Gleichgewicht dieser Systeme nicht signifikant betroffen werden darf (Art. 137 Abs. 4 EG).

13 **IV.** Die Zusammenarbeit der Mitgliedstaaten auf sozialem Gebiet soll aber gefördert werden durch einen neu einzurichtenden Ausschuss für Sozialschutz (Social Protection Committee). Dieser Ausschuss soll auch die Kommission bei der Sozialschutzpolitik beraten (Art. 144 EG). Zu den Aufgaben dieses Ausschusses gehört die Beobachtung der sozialen Situation und die Entwicklung der Sozialschutzpolitik in den Mitgliedstaaten und in der Gemeinschaft, der Informationsaustausch und die Erstellung von Berichten und die Abfassung von Meinungen.

118 Zur Frage der Konvergenz der Systeme sozialer Sicherheit s. *Eichenhofer* Sozialrecht der Europäischen Union, 2006, S. 225 ff., zur weiteren sozialpolitischen Entwicklung S. 243 ff.

E. Einfluss der Grundfreiheiten des Vertrages

I. Zum Verständnis der begrenzten sozialrechtlichen und sozialpolitischen Kompetenzen der EG-Organe nach dem Gemeinschaftsrecht ist darauf hinzuweisen, dass die EG ursprünglich in der Hauptsache wirtschaftliche, aber kaum sozialpolitische Zielsetzungen hatte. Die *vier Grundfreiheiten* des EG-Vertrags, freier Warenverkehr, Freizügigkeit, freier Dienstleistungs- und Kapitalverkehr, sollten und sollen dazu dienen, den Wirtschaftsraum der EG-Mitgliedstaaten zu öffnen und von Schranken zu befreien. Eine gemeinsame Sozialpolitik und damit die Herstellung einer gemeinsamen Sozialordnung und eines gemeinsamen Sozialrechts gehören nicht zu den Zielsetzungen der EG und der EU. Ein »Europäisches Sozialrecht« etwa im Sinne eines gemeinsamen Sozialgesetzbuches für die EG-Mitgliedstaaten existiert nicht und wird nicht angestrebt. Insofern ist die Verwendung des Begriffes »Europäisches Sozialrecht« etwas irreführend[119]. 14

Die Akzentsetzung auf das Wirtschaftliche wird auch dort deutlich, wo wichtige Rechtsnormen für das koordinierende Sozialrecht i.S.d. ISR geschaffen worden sind: Art. 42 EG, auf dessen Grundlage das koordinierende Sozialrecht der VO (EWG) Nr. 1408/71 entstanden ist, ist im Kapitel über die Freizügigkeit der Arbeitskräfte des EG-Vertrags lokalisiert, nicht etwa im Kapitel über die Sozialpolitik (Titel XI EG).

II. Auch wenn mangels einer Harmonisierung auf Gemeinschaftsebene jeder Mitgliedstaat das Recht hat, das nationale System der sozialen Sicherheit selbst zu bestimmen, so sind doch bei der Ausübung dieser Befugnis das Gemeinschaftsrecht, insbesondere die *vertraglichen Grundfreiheiten* zu beachten. Die Rechtsprechung des EuGH begann hier mit Inanspruchnahme von Sachleistungen der Krankenversicherung im Ausland[120]. 15

Obwohl die hier zugrunde liegenden Fälle nach Maßgabe des luxemburgischen Sozialrechts zu beurteilen waren, sind sie doch für das deutsche Sozialrecht, insbesondere für das vom Sachleistungsprinzip geprägte Krankenversicherungsrecht, von besonderer Bedeutung, vgl. § 13 Abs. 1 SGB V. Das Sachleistungsprinzip in der KV bedeutet, dass die Krankenkassen Dritte für die Erbringung von medizinischen Dienstleistungen vertraglich verpflichten, wobei bestimmte Regeln der Finanzierung, der Leistungserbringung und der Qualitätssicherung einzuhalten sind. Aufgrund der gesetzlichen Ausgestaltung des Verhältnisses zu den Leistungserbringern, z.B. zu den Ärzten oder den Krankenhäusern, ist es im Krankenversicherungsrecht auch möglich, bestimmte Elemente der Bedarfssteuerung einzusetzen, um durch die selektive und restriktive Steuerung des Leistungsangebotes zur Effektivität (= höhere Wirksamkeit unter qualitativen Gesichtspunkten) und Effizienz (= höhere Wirksamkeit auch unter Beachtung der Kosten) der Leistungen beitragen zu können. Vor dem Hintergrund dieser Sachlage haben die beiden Urteile des EuGH zu diesen Fragen in der Bundesrepublik wie kaum andere Entscheidungen im sozialrechtlichen Bereich Aufmerksamkeit erlangt[121].

In der Rechtssache *Decker* ging es um die Versagung des Kaufs einer Brille in einem anderen Mitgliedstaat als dem Staat, in dem der Versicherte leistungsberechtigt ist. In der Rechtssache *Kohll* war die Erstattung von Kosten einer Zahnbehandlung in einem anderen

---

119 In der herkömmlichen Verwendung des Begriffs »Europäisches Sozialrecht« (so etwa der Titel eines von *Fuchs* herausgegebenen Kommentars, ist i.d.R. das europäische koordinierende Sozialrecht nach der VO (EWG) Nr. 1408/71 – jetzt VO (EG) 883/2004 – gemeint, s. dazu unten im 16. Kapitel. *Eichenhofer* Sozialrecht, S. 45, versteht darunter in einer weiten Begriffsbildung den Inbegriff aller Normen, die von der EG geschaffen wurden, unter den Mitgliedstaaten der EG gelten und das Sozialrecht der Mitgliedstaaten betreffen. In dem Buch von *Eichenhofer* mit dem Titel »Sozialrecht der Europäischen Union« (2001) wird dieses Verständnis erweitert auf die Gesamtheit aller EU-Normen mit sozialrechtlicher Bedeutung, S. 22.

120 Rs. C-120/95 *(Decker)*, Slg. I 1998, 1831, abgedruckt in: EAS, EG-Vertrag Art. 30 Nr. 13, und Rs. C-158/96 *(Kohll)*, Slg. I 1998, 1931, abgedruckt in: EAS, EG-Vertrag Art. 59 Nr. 29, ebenso in: SGb 1998, 586 (mit Anm. *Gassner*). Ausführlich hierzu *B. Schulte*, ZfSH/SGB 1999, 269 ff., 347 ff. S. auch *Bieback*, Konfliktfelder zwischen nationalem Sozialrecht und EU-Recht, RsDE 41, 46 ff.

121 S. hierzu die Beiträge von *Bieback*, *Steinmeyer* und *Pitschas* in: Igl (Hrsg.), Europäische Union und gesetzliche Krankenversicherung, 1999. Ausführlich *Schulte* ZfSH/SGB 1999, 278 ff., 347 ff. S. weiter *Bieback* RsDE 1999, Heft 41, 46 ff.; *Eichenhofer* VSSR 1999, 101 ff.; *Kötter* VSSR 1998, 233 ff.

EG-Staat streitig. In beiden Fällen bestand eine Genehmigungspflicht seitens des luxemburgischen Krankenversicherungsträgers. Die Genehmigung wurde jeweils versagt. In der Rechtssache *Kohll* ging es damit um die Frage, ob der freie Dienstleistungsverkehr aus Gründen der Kontrolle der Gesundheitskosten eingeschränkt werden könne, Artt. 49, 50 EG. Der Gerichtshof sieht in rein wirtschaftlichen Gründen keine Möglichkeit, den Grundsatz des freien Dienstleistungsverkehrs einzuschränken. Jedoch könne »eine erhebliche Gefährdung des finanziellen Gleichgewichts des Systems der sozialen Sicherheit einen zwingenden Grund des Allgemeininteresses darstellen, der eine solche Beschränkung rechtfertigen kann.« (s. hierzu Art. 46 EG). Während in der Rechtssache *Kohll* die Dienstleistungsfreiheit berührt war, ging es in der Rechtssache *Decker* um die Grundfreiheit des freien Warenverkehrs. Der Gerichtshof bedient sich in dieser Rechtssache der gleichen Argumentation wie in der Rechtssache *Kohll* und sieht diese Freiheit als verletzt an.

Als auch auf nationaler Ebene zu beachtendes Ergebnis dieser Entscheidungen des Gerichtshofes ist festzuhalten, dass das Gesundheitswesen als Wirtschaftssektor betrachtet wird, der von den EG-vertraglichen Grundfreiheiten geprägt wird, was auch die Geltung europäischen Wettbewerbsrechts nach sich zieht[122]. Weiter ist zu bemerken, dass der EuGH Argumente, die auf die jeweilige nationale Qualität medizinischer Leistungsanbieter zielen, nicht gelten lässt, und hier auf die entsprechenden Richtlinien zur Anerkennung beruflicher Befähigungsnachweise verweist. Das Argument der finanziellen Gefährdung des nationalen Systems der sozialen Sicherheit wird zwar im Grundsatz anerkannt; es zieht jedoch erst bei einer »erheblichen Gefährdung des finanziellen Gleichgewichts« dieses Systems.

In zwei weiteren Rechtssachen (*Smits/Peerbooms*[123] und *Vanbraekel*[124]) ging es um die nach mitgliedstaatlichem Recht genehmigungspflichtige Inanspruchnahme von Krankenhausleistungen im Ausland. Der Gerichtshof hat in der Rechtssache *Smits/Peerbooms* eine solche Genehmigungspflicht nicht als der Dienstleistungsfreiheit (Artt. 49 ff. EG) widersprechend angesehen, sofern sie bestimmten Anforderungen genügt, insbesondere der Erreichbarkeit einer ebenso wirksamen Behandlung in einer Vertragseinrichtung der Krankenkasse, der der Versicherte angehört. Mit dieser Anforderung will der EuGH der Sorge begegnen, dass Versicherte die Krankenhausversorgung in anderen Mitgliedstaaten in Anspruch nehmen und damit die Planungs- und Rationalisierungsanstrengungen der Krankenkassen in seinem Wohnsitzstaat in Frage stellen.

In der Rechtssache *Vanbraekel* ging es um die Frage der Höhe der Erstattung von Krankenhauskosten in einem Fall, in dem die Genehmigung zur Behandlung in einem anderen Mitgliedstaat zu Unrecht versagt worden ist. Das Recht des Wohnsitzes des Versicherten sah hier einen höheren Erstattungsbetrag bei inländischer Krankenhausbehandlung als bei einer Behandlung in einem anderen Mitgliedstaat vor. Hier hat der Sozialversicherte Anspruch auch auf den Differenzbetrag zum höheren Erstattungsbetrag.

Den Abschluss dieser Entscheidungsreihe bildete die Rechtssache *Müller-Fauré*[125]. Hier ging es wiederum um die Inanspruchnahme von Krankenhausleistungen im Ausland und um die nationale Genehmigungspflichtigkeit dieser Inanspruchnahme. Der Gerichtshof stellte hier klar, unter welchen Bedingungen eine solche Genehmigung versagt werden kann:

---

122 S. etwa den Überblick bei *Gassner* Nationaler Gesundheitsmarkt und europäisches Kartellrecht, VSSR 2000, 121 ff. Zur gesamten Thematik s. die Beiträge in: Igl (Hrsg.), Das Gesundheitswesen in der Wettbewerbsordnung, Wiesbaden 2000.

123 Rs. C-157/99 Slg. I-2001, 5473, abgedruckt in EAS, EG-Vertrag, Art. 59 Nr. 41

124 Rs. C-368/98, Slg. I-2001, 5363, abgedruckt in EAS, EG-Vertrag, VO (EWG) 1408/71 Art. 22 Nr. 4. Überblick über die entschiedenen und anhängigen Rechtssachen bei *Schneider-Danwitz* SGb 2000, 355 ff.

125 Rs. C-385/99, Slg. I-2003, 4509; abgedruckt in EAS, EG-Vertrag, Art. 59, Nr. 48.

»Die Genehmigung kann jedoch nur dann aus diesem Grund versagt werden, wenn die gleiche oder eine für den Patienten ebenso wirksame Behandlung rechtzeitig in einer Einrichtung erlangt werden kann, die eine vertragliche Vereinbarung mit der betreffenden Kasse getroffen hat.«

Der Gerichtshof hatte auch über die Genehmigungspflicht bzw. die Kostenerstattung von im Ausland in Anspruch genommenen Leistungen außerhalb eines Krankenhauses, also in der Regel ärztlicher Leistungen (der EuGH formuliert »außerhalb eines Krankenhauses durch eine Person oder Einrichtung«) zu befinden. Selbst wenn im nationalen Rechtssystem diese Leistungserbringer ihre Leistungen nach dem Sachleistungsprinzip und nicht nach dem Kostenerstattungsprinzip erbringen, muss die nationale Kasse bei Leistungsinanspruchnahme im Ausland die Kosten erstatten.

Diese Rechtsprechung hat direkte Auswirkungen auf den deutschen Gesetzgeber gehabt, 16
der sich zurecht veranlasst gesehen hat, Abweichungen vom Sachleistungsprinzip zuzulassen und für die Auslandsfälle besondere Regelungen zu treffen (s. § 13 Abs. 4 und 5 SGB V). Diese Wirkung der Grundfreiheiten auf die Gesetzgebung der Mitgliedstaaten, also mit einer faktischen Wirkung auf die Kompetenzen auf dem Gebiet der sozialen Sicherheit, wird in der Bundesrepublik mancherorts kritisiert[126]. Dabei wird aber übersehen, dass die Wirkung auf die mitgliedstaatlichen Gesetzgebungskompetenzen nicht durch die gesetzgebenden Organe der EU-Instanzen, sondern durch die Rechtsprechung des EuGH gegeben ist.

§ 7 Internationalrechtliche Grundlagen außerhalb des Internationalen Sozialrechts (ISR)

Jenseits des Internationalen Sozialrechts (ISR)[127], das für Sachverhalte mit Auslandsbezug 1
die Anwendbarkeit der jeweiligen Rechtsordnung bestimmt und hierin dem Internationalen Privatrecht (IPR) vergleichbar ist, existieren internationale Instrumente, die Erklärungen, Zielsetzungen oder auch Standardbildungen auf sozialrechtlichen Gebiet zum Gegenstand haben[128]. Hierzu rechnen vor allem die *allgemeinen Deklarationen*, deren Adressaten jedoch nur die Staaten selber, nicht dagegen die einzelnen Bürger sind, die folglich aus ihnen auch keine subjektiven Rechte ableiten können. Wohl aber kommen die in diesen Erklärungen enthaltenen Grundsätze als *Auslegungsmaximen* in Betracht. Zu nennen sind insbesondere folgende Instrumente:

Art. 22 der *Allgemeinen Erklärung der Menschenrechte der Vereinten Nationen vom 10. 12. 1948*, 2
wonach jeder Mensch als Mitglied der Gesellschaft ein Recht auf soziale Sicherheit und Anspruch darauf hat, »durch innerstaatliche Maßnahmen (...) und unter Berücksichtigung (...) der Hilfsmittel jedes Staates in den Genuss der für seine Würde und freie Entwicklung seiner Persönlichkeit unentbehrlichen wirtschaftlichen, sozialen und kulturellen Rechte zu gelangen«. – Umfassende soziale Rechte sieht die *Europäische Sozialcharta* vom 18. 10. 1961[129] vor, nämlich insbesondere ein Recht auf Schutz der Gesundheit (Art. 11), ein Recht auf Soziale Sicherheit (Art. 12), ein Recht auf Fürsorge (Art. 13), ein Recht auf Inanspruchnahme sozialer Dienste (Art. 14) sowie ein Recht der Behinderten auf umfassende Rehabilitation (Art. 15). Die *Revidierte Europäische Sozialcharta* ist seit dem 1. 7. 1999 in Kraft, aber von Deuschland nicht unterzeichnet und ratifiziert worden.

Der Grundsatz der Gleichbehandlung aller Bürger der vertragsschließenden Staaten ist 3
auch Gegenstand der *Europäischen Ordnung der sozialen Sicherheit vom 16. 4. 1964*[130], die

126 *Fuchs* NZS 2004, 225 ff. S. aus der Vielzahl der Beiträge zu der zitierten EuGH-Rspr. noch *Becker* NZS 2005, 449 ff.; *Kötter* ZESAR 2003, 449 ff.; *Rixen* ZESAR 2003, 69 ff.
127 Dazu unten 16. Kapitel.
128 Dazu eingehender *Nußberger* SRH, D. 33.
129 Abgedruckt in: EAS, A 1400.
130 BGBl. II 1971 S. 207.

im Übrigen umfassend für alle Zweige des Sozialrechts Mindestnormen vorsieht, ohne jedoch dem Einzelnen unmittelbare Rechtsansprüche einzuräumen. Diese Rahmenordnung leitet über zur Gruppe der Übereinkommen der Internationalen Arbeitsorganisation (IAO)[131]. So war das Übereinkommen Nr. 102 über die Mindestnormen der Sozialen Sicherheit vom 28. 6. 1952[132] das Vorbild für die Europäische Ordnung der Sozialen Sicherheit. Die Tätigkeit der IAO hat beträchtlichen Einfluss auf die Entwicklung des nationalen, supranationalen und zwischenstaatlichen Sozialrechts. Die zahlreichen Übereinkommen[133] wenden sich i.d.R. nur an die Mitgliedstaaten als solche[134].

131 Dazu näher *Wickenhagen* S. 104 ff., und *Stauner* ZfSH/SGB 1990, 169 ff.

132 BGBl. II 1957 S. 1322.

133 Vgl. die Übersicht bei *Wickenhagen* S. 134 f.; ferner bei *Clever* BArbBl. 1989, Heft 10, 12 (14 f.).

134 Zu einer Ausnahme s. BSGE 30, 226.

3. Kapitel. Gemeinsame Vorschriften für die Sozialversicherung (SGB IV)

Kommentare: *Gleitze-/Krause-/Maydell-/Merten* Gemeinschaftskommentar zum Sozialgesetzbuch – Gemeinsame Vorschriften für die Sozialversicherung (GK-SGB IV), Berlin, 1992

Zur Vertiefung: *Axer* Normsetzung der Exekutive in der Sozialversicherung, 2000; *Hänlein* Rechtsquellen im Sozialversicherungsrecht, 2001; *Hase* Versicherungsprinzip und sozialer Ausgleich, 2000; *Rolfs* Das Versicherungsprinzip im Sozialversicherungsrecht, 2000

§ 8 Allgemeines

Gemeinsames der verschiedenen Sozialversicherungszweige ist geregelt im *SGB IV – Gemeinsame Vorschriften für die Sozialversicherung*. Die für die Rechte und Pflichten der Versicherten und Arbeitgeber wichtigsten Normen des SGB IV zur Versicherungspflicht und zum Beschäftigungsverhältnis werden in diesem Kapitel dargestellt. 1

Im SGB IV sind wichtige Fragen der inneren Struktur der Sozialversicherungsträger und ihrer Selbstverwaltung (§§ 29–66 SGB IV), ihres Haushaltswesens (§§ 67–86 SGB IV) und der staatlichen Aufsicht über sie (§§ 87–90 SGB IV) geregelt. Diese Fragen werden auch bei den einzelnen Zweigen der Sozialversicherung angesprochen, soweit es hier wichtige Unterschiede gibt. 2

Die klassischen Zweige der Sozialversicherung, die auf die Gesetzgebung der 1880er Jahre zurückgehen, nämlich Krankenversicherung, Rentenversicherung und Unfallversicherung (»Bismarcksche Sozialgesetzgebung«), hatten von Anfang an gemeinsame Regelungen und spezifische Besonderheiten. Sie unterstanden einer gemeinsamen Aufsichtsbehörde, dem Reichsversicherungsamt, das auch Rechtsschutzfunktionen hatte und zur Vereinheitlichung beitrug. In einem gemeinsamen Regelungswerk kodifiziert wurden sie durch die Reichsversicherungsordnung von 1911[1], die in ihrem ersten Buch gemeinsame Vorschriften enthielt. Die durch das AVAVG von 1927 geschaffene Arbeitslosenversicherung (heute: SGB III) weicht bis heute in Grundsätzen und Institutionen stärker von der klassischen Sozialversicherung ab, was auch in der Formulierung in Art. 74 Abs. 1 Nr. 12 GG deutlich wird. Erst mit dem Wechsel vom AFG zum SGB III 1998 ist das SGB IV auch für die Arbeitsförderung maßgeblich (vgl. § 1 Abs. 1 S. 2 und 3 SGB IV). Die 1994 eingeführte Pflegeversicherung (SGB XI) ist organisatorisch an die Krankenversicherung angelehnt, gilt aber als eigenständiger Versicherungszweig. 3

Die Kodifikation allgemeiner Fragen der Versicherungspflicht, des Beitragseinzugs oder der inneren Struktur in der RVO wurde 1977 abgelöst durch das SGB IV – Gemeinsame Vorschriften für die Sozialversicherung[2]. Dieses Gesetz ist seitdem mehrfach geändert worden. Besonders umstritten waren die mehrfach reformierten Vorschriften zur Reichweite der Versicherungspflicht in den §§ 7, 8 SGB IV. 4

1 Reichsversicherungsordnung (RVO) vom 19. 7. 1991 (RGBl. S. 509).

2 Sozialgesetzbuch Viertes Buch – Gemeinsame Vorschriften für die Sozialversicherung – vom 23. 12. 1976 (BGBl. I S. 3845).

§ 9 Versicherungspflicht, Versicherungsfreiheit, Versicherungsberechtigung

1 Nach § 4 Abs. 1 SGB I hat jeder im Rahmen des Sozialgesetzbuchs ein Recht auf Zugang zur Sozialversicherung. Dies ist jedoch keine Anspruchsgrundlage. Der Zugang zur Sozialversicherung wird für jeden Zweig in seinem spezifischen Gesetzbuch normiert. Aus verfassungsrechtlichen Gründen, insbesondere der Gleichbehandlung, kann es darüber hinaus ein unmittelbares Recht auf Zugang geben[3].

Das Recht auf Zugang verwirklicht sich vor allem durch die Pflicht zur Versicherung, bei der typischerweise das Recht auf Leistungen und die Pflicht zum Beitrag korrespondieren. Die Versicherungspflicht ist der Regelfall des Zugangs zur Sozialversicherung. Daneben steht die Versicherungsberechtigung auf Grund freiwilligen Beitritts oder freiwilliger Fortsetzung der Versicherung (§ 2 Abs. 1 SGB IV). Gegenbegriff zur Versicherungspflicht ist die Versicherungsfreiheit.

A. Versicherungspflicht

2 Versicherungspflicht bedeutet nicht, dass die versicherungspflichtigen Personen verpflichtet wären, einen Versicherungsvertrag abzuschließen, wie etwa nach dem Pflichtversicherungsgesetz für Kraftfahrzeuge. Vielmehr wird in der Sozialversicherung ein öffentlich-rechtliches *Mitgliedschafts-* und / oder *Versicherungsverhältnis* kraft Gesetzes begründet, sobald die Tatbestandsvoraussetzungen der entsprechenden Gesetzesnormen erfüllt sind.

Für den Bereich der Krankenversicherung hat das Gesetz das Mitgliedschaftsverhältnis als das umfassendere Rechtsverhältnis vorgesehen, das u.a. das Versicherungsverhältnis mit einschließt. Demgegenüber fallen in der Unfallversicherung Mitgliedschaftsverhältnis und Versicherungsverhältnis regelmäßig auseinander, da Mitglieder der Berufsgenossenschaften die Unternehmer, Versicherte aber die Arbeitnehmer sind.

Ein Beschäftigter ist nach § 5 Abs. 1 Nr. 1 SGB V von dem Augenblick an krankenversichert, in dem er bei einem Arbeitgeber gegen Entgelt beschäftigt wird (§ 186 Abs. 1 SGB V). Auf den Willen des Pflichtversicherten kommt es für die Begründung des Versicherungsverhältnisses nicht an. Ein privatvertraglicher Versicherungsschutz hat auf die gesetzliche Versicherungspflicht grundsätzlich keinen Einfluss; in Betracht kommt nur, dass das Gesetz eine Befreiung von der Versicherungspflicht zulässt, vgl. § 8 SGB V. In der Pflegeversicherung besteht Versicherungspflicht auch für den privaten Versicherungsschutz (§ 23 SGB XI).

3 Mit Beginn des Versicherungsverhältnisses entsteht die Pflicht zur Zahlung des Versicherungsbeitrags. Zugleich beginnt in der Krankenversicherung und Unfallversicherung, ferner zum Teil auch in der Arbeitslosenversicherung, der *materielle Versicherungsschutz*, d.h., der Versicherte kann die Leistungen dieser Versicherungszweige in Anspruch nehmen, sobald nach Beginn der Versicherungspflicht ein Versicherungsfall eintritt (z.B. Behandlungsbedürftigkeit wegen Krankheit, Arbeitsunfall). Dabei ist es unerheblich, ob Beiträge gezahlt worden sind oder nicht; anders in der Rentenversicherung und Pflegeversicherung: In der Rentenversicherung besteht ein Anspruch auf Leistungen erst nach einer – je nach Rente – unterschiedlichen Anzahl von Beitragszahlungen (Wartezeiten); in der Pflegeversicherung besteht ein Leistungsanspruch grundsätzlich erst nach einer bestimmten Vorversicherungszeit.

Die Versicherungspflicht in der Kranken-, Pflege- und Rentenversicherung sowie nach dem Recht der Arbeitsförderung wird von der Einzugsstelle festgestellt, § 28 h Abs. 2 SGB IV. Als Einzugsstelle fungieren die Krankenkassen, an die auch der Gesamtsozialversicherungsbeitrag zu zahlen ist (§ 28 h Abs. 1 SGB IV). Abweichend von dieser Regelung kann nach § 7 a SGB IV auch die Deutsche Renten-

3 BVerfGE 103, 225 = NJW 2001, 1716 (Pflegeversicherung).

versicherung Bund auf Antrag entscheiden, ob eine Beschäftigung im Sinne von § 7 Abs. 1 SGB IV vorliegt.

Das Versicherungsverhältnis ist ein *Sozialrechtsverhältnis*. Dieser Oberbegriff für alle sozialrechtlichen Rechtsverhältnisse ist dem Sozialgesetzbuch nicht zu entnehmen. 4

Die Dogmatik des Sozialrechtsverhältnisses, die zum Ziel hat, dessen wesentliche Strukturen im Vergleich zu Rechtsverhältnissen anderer – öffentlich- wie privatrechtlicher – Bereiche aufzuzeigen und in ein System zu bringen, wird in jüngerer Zeit kaum mehr diskutiert. Die Bemühungen um die Dogmatik des Sozialrechtsverhältnisses sind vor allem vor dem Hintergrund der Vielfalt der Sozialleistungsbereiche zu sehen. Diese ist zwar durch die Kodifikation im SGB, insbesondere durch den Allgemeinen Teil (SGB I, X) teilweise reduziert worden. Trotzdem bleibt sie noch weitgehend erhalten, weil der Gesetzgeber einen Vorbehalt hinsichtlich abweichender Bestimmungen im Rahmen der Besonderen Teile des SGB vorgesehen hat, vgl. § 37 SGB I.

In § 2 Abs. 1 SGB IV sind *Versicherungspflicht* und *Versicherungsberechtigung* genannt. In § 2 Abs. 2 SGB IV sind in allen Versicherungszweigen der Versicherungspflicht unterliegende Personengruppen aufgezählt (»sind [. . .] versichert [. . .]«). Doch hat die Regelung nur deklaratorischen Charakter, was aus den Worten »nach Maßgabe der besonderen Vorschriften« folgt (vgl. § 6 SGB IV). 5

Entscheidend sind die Regelungen zu den einzelnen Versicherungszweigen. Die Gesetze umschreiben zunächst den von der *Versicherungspflicht* erfassten *Personenkreis:* 6

Vgl. § 5 SGB V, §§ 1 ff. SGB VI, § 2 SGB VII, §§ 24 ff. SGB III, §§ 20, 21 SGB XI. Für die Unfallversicherung passt der Begriff Versicherungspflicht nicht recht. Hier spielen für die Versicherungsverhältnisse zwischen Versicherten und Versicherungsträgern, insbes. den Berufsgenossenschaften, nur die *Leistungsansprüche* eine Rolle, während die Beitragspflichten ausschließlich die Unternehmer treffen, die ihrerseits oft keinen materiellen Versicherungsschutz genießen.

Versicherungspflicht besteht für abhängig Beschäftigte (§§ 2 Abs. 2 Nr. 1, 8 SGB IV) mit Ausnahmen, die vom Einkommen bestimmt werden. In der Krankenversicherung gibt es eine Versicherungspflichtgrenze (§ 6 Abs. 1 Nr. 1 SGB V), in allen Versicherungszweigen die geringfügige Beschäftigung (§ 8 SGB IV).

Weitere Tatbestände der Versicherungspflicht für selbstständig Erwerbstätige und für Nichterwerbstätige sind in den einzelnen Versicherungszweigen unterschiedlich und dort jeweils enumerativ aufgezählt.

B. Versicherungsfreiheit

Gegenbegriff zur Versicherungspflicht ist die gesetzliche *Versicherungsfreiheit*. 7

Hierbei knüpft das Gesetz entweder an statusbezogene Umstände bestimmter Personengruppen (z.B. Beamtenverhältnis), vgl. § 6 Abs. 1 Nr. 2 bis 8 SGB V, § 5 Abs. 1 und 4 SGB VI, oder an Ober- bzw. Untergrenzen des Tätigkeits- oder Verdienstumfangs (z.B. geringfügige Beschäftigung) an (vgl. §§ 6 Abs. 1 Nr. 1, 7 SGB V, § 5 Abs. 2 SGB VI, §§ 27, 28 SGB III).

Bei der Regelung der Versicherungsfreiheit ist weiter zu unterscheiden, ob diese *kraft Gesetzes* oder nur *auf Antrag* der Betroffenen eintritt (vgl. §§ 6, 7 SGB V, § 4 SGB VII, § 5 SGB VI einerseits, § 8 SGB V, § 5 SGB VII, § 6 SGB VI andererseits; zur Arbeitslosenversicherung vgl. §§ 27, 28 SGB III).

C. Versicherungsberechtigung

Die Fälle der *Versicherungsberechtigung im Rahmen einer freiwilligen Versicherung* sind ebenfalls in den einzelnen Sozialversicherungszweigen unterschiedlich geregelt, § 9 SGB V, § 6 SGB VII, § 7 SGB VI. Zu beachten ist, dass es in der Rentenversicherung noch den speziel- 8 len Fall der Versicherungspflicht auf Antrag gibt (»freiwillige Versicherungspflicht«), § 4 SGB VI.

§ 10 Versicherungsschutz

A. Sozialversicherungsschutz der abhängig Beschäftigten

I. Beschäftigte als Kernbegriff

1 Ihrer historischen Zielsetzung entsprechend – Schutz der abhängig arbeitenden Bevölkerung – unterliegen der Versicherungspflicht in der Sozialversicherung in erster Linie die *unselbstständig Erwerbstätigen*, also die Beschäftigten oder Arbeitnehmer (§ 611 BGB).

Vgl. für die Krankenversicherung § 5 Abs. 1 Nr. 1 i.V.m. § 6 Abs. 1 Nr. 1 SGB V, für die Unfallversicherung § 2 Abs. 1 Nr. 1 SGB VII, für die Rentenversicherung § 1 S. 1 Nr. 1 SGB VI und für die Arbeitslosenversicherung § 25 Abs. 1 i.V.m. § 24 Abs. 1 SGB III. – Sieht man eine weitere Funktion der obligatorischen Sozialversicherung heute im Schutz der Allgemeinheit vor mangelnder Individualvorsorge, so ist allerdings die Begrenzung der Versicherungspflicht auf bestimmte Personengruppen problematisch, soweit die versicherungsfreien Personen nicht in andere Pflichtsysteme einbezogen sind, z.B. in das beamtenrechtliche Beihilferecht oder in berufsständische Versorgungswerke (etwa der Ärzte oder Rechtsanwälte). Gerade Selbstständige sind oft in gleichem Maße schutzbedürftig wie abhängig Beschäftigte[4].

Nach § 5 Abs. 1 Nr. 1 SGB V ist in der Krankenversicherung Voraussetzung für die Versicherungspflicht der Beschäftigten, dass sie (gegen Arbeitsentgelt) *beschäftigt* sind; entsprechendes gilt für die Unfallversicherung[5], Rentenversicherung und Arbeitslosenversicherung und für die Pflegeversicherung, die an die Versicherungspflicht in der Krankenversicherung und somit auch an den traditionellen Kern des versicherungspflichtigen Personenkreises anknüpft. *Beschäftigung* bedeutet nach § 7 Abs. 1 S. 1 SGB IV *nichtselbstständige Arbeit*, insbes. in einem Arbeitsverhältnis[6]. Anhaltspunkte für eine Beschäftigung sind eine Tätigkeit nach Weisungen und eine Eingliederung in die Arbeitsorganisation des Weisungsgebers[7] (§ 7 Abs. 1 S. 2 SGB IV).

II. Begriff des Beschäftigungsverhältnisses

2 Der Begrif des abhängigen Beschäftigungsverhältnisses ist ein Schlüsselbegriff des gesamten Rechts der Sozialversicherung[8]. Vgl. zu weiteren Anwendungsfällen §§ 9 Abs. 1 Nr. 3 und 5, 186 Abs. 1 SGB V.

1. Die Bedeutung des Arbeitsverhältnisses für die sozialversicherungsrechtliche Beschäftigung

3 Der *Zweck der Sozialversicherung* verlangt, dass der Versicherungsschutz nicht nur während des Bestehens eines wirksamen Arbeitsverhältnisses gewährleistet ist, sondern immer schon dann, wenn der Arbeitnehmer Arbeitstätigkeiten erbringt, unabhängig davon, ob in den arbeitsrechtlichen Beziehungen rechtliche Mängel gegeben sind oder nicht. Leistet ein Arbeitnehmer tatsächlich Arbeit, so soll er auch sozialversichert sein[9]. Sozialrechtlich besteht daher ein Beschäftigungsverhältnis grundsätzlich auch dann, wenn der Arbeitsvertrag nichtig ist.

---

4 Vgl. *Bieback* Sozial- und verfassungsrechtliche Aspekte der Bürgerversicherung, 2005.
5 Hier besteht Versicherungsschutz auch bei unentgeltlichen Beschäftigungsverhältnissen.
6 Vgl. BVerfG v. 20. 5. 1996, SozR 3-2400 § 7 Nr. 11 = NZS 1996, 522 = NJW 1996, 2644.
7 BSG SozR 2200 § 1227 Nr. 19; BSGE 51, 164.
8 BSGE 53, 242, (244).
9 Vgl. BSG SozR 2200 § 1227 Nr. 17.

Beispiel: Ein 17-jähriger schließt ohne Einwilligung seiner Eltern einen Arbeitsvertrag ab und nimmt die Arbeitstätigkeit auf. Eine (nachträgliche) Genehmigung von Seiten der Eltern erfolgt nicht. – Obwohl der Arbeitsvertrag wegen §§ 107, 108 BGB nichtig ist, besteht ein versicherungspflichtiges Beschäftigungsverhältnis.

Die Frage, ob bei tatsächlichen Beschäftigungsverhältnissen, die gegen die guten Sitten verstoßen, trotzdem ein sozialversicherungsrechtliches Beschäftigungsverhältnis besteht[10], ist zumindest für die Fälle der Prostitution mittlerweile vom Gesetzgeber geklärt worden. 4

Nach § 1 ProstG[11] begründet die Vereinbarung der Leistung sexueller Handlungen gegen Entgelt eine rechtswirksame Forderung, insbesondere wenn sich eine Person im Rahmen eines Beschäftigungsverhältnisses für die Erbringung sexueller Handlungen gegen ein vorher vereinbartes Entgelt für eine bestimmte Zeitdauer bereithält. Die Verträge über die Leistung sexueller Handlungen gegen Entgelt sind somit nicht mehr nach § 138 BGB nichtig.

Abhängige Schwarzarbeit führt i.d.R. zu sozialversicherungsrechtlichen Beschäftigungsverhältnissen. Wenn, wie bei Zwangsarbeit, die Beschäftigung nicht aufgrund zweiseitiger Vereinbarung aufgenommen worden ist, besteht kein Beschäftigungsverhältnis[12].

Wenn nach § 7 Abs. 1 SGB IV Beschäftigung als nichtselbstständige Arbeit, insbesondere in einem Arbeitsverhältnis, definiert ist, so bringt diese Regelung zwar zutreffend zum Ausdruck, dass sich der sozialversicherungsrechtliche Begriff des Beschäftigungsverhältnisses in der Regel mit dem arbeitsrechtlichen Begriff des Arbeitsverhältnisses deckt[13]. Hierzu hätte es jedoch nicht eines eigenständigen sozialrechtlichen Begriffs bedurft. Dieser kann nur dann einen Sinn haben, wenn er zumindest in einigen Punkten vom Begriff des Arbeitsverhältnisses abweicht. 5

Ursprünglich sollte der Begriff des Beschäftigungsverhältnisses vor allem die Fälle tatsächlicher Arbeitsleistung bei rechtlich *fehlerhaften* oder *nichtigen* Arbeitsverträgen erfassen. Gerade hierfür bedarf es aber keines eigenständigen Begriffs mehr, seit das Arbeitsrecht die Figur des *faktischen Arbeitsverhältnisses* kennt. Daher hielt man – vorschnell – vielfach die Lehre vom sozialversicherungsrechtlichen Beschäftigungsverhältnis überhaupt für überflüssig[14]. 6

Fall[15] 1: Arbeitgeber G kündigte dem Angestellten A zum 31. 1. A erhob Kündigungsschutzklage und obsiegte am 25.4. vor dem Arbeitsgericht, das G zur Weiterbeschäftigung des A verurteilte. Mit Urteil vom 15.12. stellt das LAG fest, dass die Kündigung nicht sozialwidrig war und das Arbeitsverhältnis zum 31.1. beendet wurde. – Das BAG verneint für die Zeit der erzwungenen Weiterbeschäftigung ein faktisches Arbeitsverhältnis, weil ein solches nicht gegen den Willen des Arbeitgebers zustande kommen könne. Sofern man dem folgt, muss man hier zugleich eine wichtige Fallgruppe von sozialversicherungsrechtlichen Beschäftigungsverhältnissen annehmen, bei denen es an den Voraussetzungen für ein Arbeitsverhältnis – auch lediglich faktischer Natur – fehlt.

Fall[16] 2: S ist als Rote-Kreuz-Schwester im Rote-Kreuz-Krankenhaus R tätig. Nach der für S – aufgrund der Vereinssatzung verbindlichen – Schwesternordnung ist sie einerseits zur Leistung von Krankenpflege verpflichtet, andererseits hat sie Anspruch auf Zahlung einer monatlichen Barvergütung. – Weil die genannten Rechte und Pflichten der S ausschließlich auf ihrer vereinsrechtlichen Zugehörigkeit zu der Schwesternschaft beruhen, verneint das BAG das Vorliegen eines Arbeitsverhältnisses[17].

---

10 Die Frage, ob Sittenwidrigkeit einem sozialversicherungsrechtlichen Beschäftigungsverhältnis entgegensteht, wurde zuletzt durch Urteil des BSG v. 10. 8. 2000, BSGE 87, 53, verneint.

11 Gesetz zur Regelung der Rechtsverhältnisse der Prostituierten (BGBl. I 2001 S. 3983), in Kraft getreten am 1. 1. 2002. Zur Vertiefung: *Leube* SozVers 2002, 85.

12 BSG SozR 3–2200 § 1248 Nr. 16 = NJW 1999, 3143 f.

13 BSG SozR 2200 § 165 Nr. 61, 82.

14 *Seiter* VSSR 1976, 179 ff.; *Gitter* FS Wannagat 1981, S. 141 ff.

15 Vgl. BAG AP Nr. 1 zu § 611 BGB Weiterbeschäftigung, mit abl. Anm. von *von Hoyningen-Huene.*

16 Vgl. BAG AP Nr. 1 und 2 zu § 5 BetrVG 1972 Rotes Kreuz.

17 BAG AP Nr. 1 und 2 zu § 5 BetrVG 1972 Rotes Kreuz.

Da S jedoch abhängige Arbeit leistet, steht sie grundsätzlich in einem sozialversicherungsrechtlichen Beschäftigungsverhältnis. Dennoch ist sie letztlich nur in der Rentenversicherung pflichtversichert (§ 1 S. 1 Nr. 1 SGB VI), weil für sie in der Krankenversicherung, Unfallversicherung und Arbeitslosenversicherung aufgrund ausdrücklicher Ausnahmeregelungen Versicherungsfreiheit vorgesehen ist, § 6 Abs. 1 Nr. 7 SGB V (»ähnliche Personen«), § 4 Abs. 1 Nr. 3 SGB VII und § 27 Abs. 1 Nr. 4 SGB III.

7 Ein sozialversicherungsrechtliches Beschäftigungsverhältnis ohne gleichzeitiges Vorliegen eines Arbeitsverhältnisses ist auch in den Fällen des § 28 SGB IX nicht ausgeschlossen, wenn ein »an sich« noch arbeitsunfähiger Versicherter durch Teilbeschäftigungen stufenweise in das Arbeitsleben wieder eingegliedert wird.

Das BAG sieht in einem solchen Wiedereingliederungsverhältnis ein Rechtsverhältnis eigener Art, das jedenfalls kein Arbeitsverhältnis sei. Eine Vergütung könne, müsse aber nicht vereinbart und gezahlt werden[18]. Zumindest in der Unfallversicherung (§ 2 Abs. 1 Nr. 1 SGB VII[19]), aber auch in der Rentenversicherung (§ 1 S. 1 Nr. 1 SGB VI – soweit Entgelt gezahlt wird und das Krankengeld nach § 49 Abs. 1 Nr. 1 SGB V ruht – und § 3 S. 1 Nr. 3 SGB VI – soweit Krankengeld gewährt wird) spricht nichts gegen eine Versicherungspflicht. Entsprechendes muss aber auch für die Krankenversicherung gelten[20].

2. Das sozialversicherungsrechtliche Beschäftigungsverhältnis bei fehlender Arbeitsleistung, aber wirksam bestehendem Arbeitsverhältnis

Ein sozialversicherungsrechtliches Beschäftigungsverhältnis kommt auch in Betracht, wenn zwar ein wirksames Arbeitsverhältnis besteht, Arbeit tatsächlich aber nicht geleistet wird:

a) Auflösung des Arbeitsverhältnisses/Verzicht auf die Arbeitsleistung bis zum Ende der Kündigungsfrist

8 Wenn auch für *Beginn* und *Ende* des Beschäftigungsverhältnisses in der Regel die *tatsächliche* Arbeitsaufnahme entscheidend ist, ohne dass es auf einen (rechtswirksamen) Arbeitsvertrag ankommt, so kann es auch einmal anders liegen.

Beispiel: A ist bei der Fa. X als Fliesenleger tätig. X kündigt A zum 31.1. Mit rechtskräftigem Urteil vom 5.10. wird die Kündigung für sozialwidrig erklärt. Am gleichen Tage lösen A und X das Arbeitsverhältnis einverständlich auf. – Bis zum Ende der Kündigungsfrist besteht ein sozialversicherungspflichtiges Beschäftigungsverhältnis, auch wenn der Arbeitnehmer von der Arbeit freigestellt wurde und der Arbeitgeber ihn weiter bezahlt[21].

Fall[22]: Der Arbeiter A hat mit G einen Arbeitsvertrag geschlossen, nach dem er bei diesem vom 1. 1. 2005 an tätig sein soll. Am 31. 12. 2004 erklärt G dem A, dass er das Arbeitsverhältnis zum 31. 3. 2005 kündige und auf die Arbeitsleistung des A bis dahin verzichte, aber zur Lohnzahlung bereit sei. – Hier liegt für die Zeit vom 1. 1. bis 31. 3. 2005 ein die Versicherungspflicht begründendes Beschäftigungsverhältnis auch ohne tatsächliche Arbeitsleistung vor, weil ein rechtsgültiger Arbeitsvertrag geschlossen wurde, A sich der Verfügungsmacht des Arbeitgebers G unterstellt hat und dieser zur Lohnzahlung verpflichtet ist.

b) Kurzfristige Aufnahme der Arbeit trotz Arbeitsunfähigkeit

9 Ein versicherungspflichtiges Beschäftigungsverhältnis scheitert auch nicht mehr nach einem sog. *missglückten Arbeitsversuch*. Vielmehr hat das BSG[23] entschieden, dass diese Rechtsfigur seit Inkrafttreten des SGB V (1989) nicht mehr anzuwenden ist.

---

18 BAG EzA Nr. 1 zu § 74 SGB V ; Ebenso *von Hoyningen-Huene* NZA 1992, 49 ff.
19 Sonst käme immer noch § 2 Abs. 2 S. 1 SGB VII in Betracht.
20 Vgl. BT-Drs. 11/2237, 192.
21 Vgl. BSGE 59, 183 sowie LSG Berlin v. 12. 3. 2003 Az. L 15 KR 12/01.
22 Vgl. BSGE 36, 161.
23 BSGE 81, 231 = SozR 3–2500 § 5 Nr. 37 = NZS 1998, 234.

Fall[24]: K schließt mit V einen Arbeitsvertrag, nach dem sie als Stations- und Küchenhilfe bei V am 3.11. anfangen soll. Wie vereinbart nimmt sie ihre Arbeit an diesem Tag auf, meldet sich aber bereits am 9.11. krank und lässt sich in dem psychiatrischen Krankenhaus behandeln, in dem sie kurz vor der Arbeitsaufnahme eine stationäre Behandlung abgebrochen hatte. Zu einer Wiederaufnahme der Arbeit kommt es nicht. Am 14.11. unterschreibt sie eine von V vorgefertigte fristlose Eigenkündigung, am 26.11. stürzt sich K aus dem Fenster und ist seitdem querschnittsgelähmt. – Durch die am 3.11. aufgenommene Arbeit ist unabhängig von der bereits bei der Arbeitsaufnahme bestehenden Arbeitsunfähigkeit ein versicherungspflichtiges Beschäftigungsverhältnis entstanden.

In der Rechtsprechung des BSG unter der Geltung der RVO ließ ein missglückter Arbeitsversuch ein versicherungspflichtiges Arbeitsverhältnis nicht entstehen[25]. Ein missglückter Arbeitsversuch lag dabei vor, wenn objektiv feststand, dass der Beschäftigte bei Aufnahme der Arbeit zu ihrer Verrichtung nicht fähig war oder er die Arbeit nur unter schwerwiegender Gefährdung seiner Gesundheit – etwa unter der Gefahr einer weiteren Verschlimmerung seines Leidens – würde verrichten können, und wenn er die Arbeit entsprechend der darauf zu gründenden Erwartung vor Ablauf einer wirtschaftlich ins Gewicht fallenden Zeit aufgegeben hatte[26]. Rechtsfolge des missglückten Arbeitsversuches war der vollständige Ausschluss der Versicherungspflicht.

Diese zum früheren Recht entwickelte Rechtsfigur ist vom BSG[27] nunmehr aufgegeben worden. Das SGB V macht die Versicherungspflicht allein davon abhängig, dass eine versicherungspflichtige Beschäftigung vorliegt, in die der Betreffende eingetreten ist. Der Beweggrund für ihre Aufnahme ist dabei unerheblich. Selbst wenn der Zweck der Beschäftigung darin liegt, sich einen vorher nicht bestehenden oder günstigen Krankenversicherungsschutz zu verschaffen, steht das der Versicherungspflicht nicht entgegen, wenn die gesetzlichen Anforderungen hierfür erfüllt sind. Das SGB V enthält keine Vorschrift, nach der die Versicherungspflicht von bestimmten gesundheitlichen Voraussetzungen oder von Arbeitsfähigkeit abhängt.

So sieht das SGB V im Gegensatz zum früheren Recht für den Beitritt freiwillig Versicherter keine Wartezeiten oder Leistungsausschlüsse bei Vorerkrankungen mehr vor. Zudem rechtfertigt auch das Versicherungsprinzip die Ablehnung der Versicherungspflicht nach § 5 Abs. 1 Nr. 1 SGB V nicht. Auf der Leistungsseite gilt es nicht, weil ein Ausschluss der am Beginn der Versicherung bestehenden Risiken nicht vorgesehen ist; aber auch von der Beitragsseite rechtfertigte es den Ausschluss der Versicherungspflicht nicht. Wer trotz bestehender Arbeitsunfähigkeit in die versicherungspflichtige Beschäftigung eintritt und eine zeitlang gegen Entgelt arbeitet, hat für diese Zeit Beiträge zu entrichten. Gleiches gilt, wenn ein Beschäftigter nach Eintritt der Beschäftigung wegen Arbeitsunfähigkeit die Arbeit niederlegt und Entgeltfortzahlung erhält: Erst wenn er Anspruch auf Krankengeld hat oder dieses bezieht, bleibt seine Mitgliedschaft beitragsfrei erhalten (§§ 192 Abs. 1 Nr. 2, 224 Abs. 1 SGB V). Es entspräche nicht dem Solidaritätsprinzip der gesetzlichen Krankenversicherung, Personen die Versicherung zu verwehren, weil sie hohe Leistungsaufwendungen verursachen, aber nur geringe Beiträge entrichten.

Mit der Aufgabe der Rechtsfigur des missglückten Arbeitsversuches hat das BSG darauf hingewiesen, dass auch in der Rentenversicherung und Arbeitslosenversicherung die Versicherungspflicht und Beitragspflicht unabhängig vom Vorliegen eines missglückten Arbeitsversuches eintritt[28].

---

24 Angelehnt an BSGE 81, 231

25 Z.B.: BSGE 10, 156, 159; 15, 89, 91, 92 = SozR Nr. 25 zu § 165 RVO; BSGE 20, 145, 147; BSG SozR Nr. 44, 53, 61 und 75 zu § 154 RVO; BSG SozR 2200 § 165 Nr. 2, 4, 33, 34 und 66; BSGE 54, 148 = SozR 2200 § 306 Nr. 13; BSGE 54, 257 = SozR 2200 § 306 Nr. 14; BSGE 55, 78, 80, 81 = SozR 2200 § 1531 Nr. 13.

26 BSG SozR 2200 § 165 Nr. 33.

27 BSGE 81, 231 = NZS 1998, 234, und vom 29. 9. 1998, NZS 1999, 500, unter Hinweis auf die ab dem 1. 1. 1998 wirkende Gesetzesänderung in § 186 Abs. 1 SGB V, wo anstelle des Eintritts in die Beschäftigung nunmehr der Eintritt in das Beschäftigungsverhältnis für das Entstehen der Mitgliedschaft in der GKV genügt.

28 BSGE 81, 231 (240).

c) Unterbrechung der tatsächlichen Arbeitsleistung

10 Wird trotz fehlender tatsächlicher Arbeitsleistung, aber aufgrund gegebener Arbeitsbereitschaft des Arbeitnehmers ein Beschäftigungsverhältnis begründet, so schadet auch eine *Unterbrechung* der tatsächlichen Arbeitsleistung nicht. Nötig ist auch hier stets das Vorliegen eines wirksamen Arbeitsverhältnisses mit Lohnanspruch und Arbeitsbereitschaft des Arbeitnehmers.

Beispiel: Beurlaubung und Erkrankung des Arbeitnehmers, zeitweise Betriebsstilllegung wegen Fehlens von Betriebsmitteln usw. Besteht auf der anderen Seite das Arbeitsverhältnis während eines unbezahlten Urlaubs fort, vermag dies nichts an der versicherungsrechtlichen Beurteilung der Beschäftigung zu ändern. Mit Beginn des unbezahlten Urlaubs endet die Versicherungspflicht wie auch die Mitgliedschaft. Wie die Mitgliedschaft mit dem Tage des Eintritts in die versicherungspflichtige Beschäftigung begann, so endet sie mit dem Tage des »Austritts« aus der versicherungspflichtigen Beschäftigung. Entscheidend ist der Zeitpunkt, ab dem die Beschäftigung nicht mehr ausgeübt wird. Für den erneuten Beginn nach Ende des Urlaubs ist dann der Wiedereintritt in die Beschäftigung erforderlich. Daran fehlt es, wenn die Arbeit am vereinbarten Tage wegen krankheitsbedingter Arbeitsunfähigkeit nicht wieder aufgenommen wird[29].

11 Eine weitere Abweichung vom Arbeitsrecht haben Praxis und Rechtsprechung für die Geschäftsführer von Gesellschaften mit beschränkter Haftung (GmbH) entwickelt, soweit diese eine beherrschende Stellung in ihrer GmbH haben. Trotz formal abhängiger Beschäftigung wird hier ein Beschäftigungsverhältnis abgelehnt, da diese Geschäftsführer die typischen Merkmale eines selbstständigen Unternehmers in Bezug auf Chancen und Risiken haben[30]. Dies kann auch für Gesellschafter zutreffen, die nicht Geschäftsführer sind, aber eine ansonsten einem Selbstständigen vergleichbare Stellung haben[31]. Anders ist es bei Vorstandsmitgliedern eines Vereins, die von diesem Verein beschäftigt werden. Sie sind Beschäftigte[32].

12 Für den Fall der Freistellung vom Arbeitsverhältnis mit *flexiblen Arbeitszeiten* und *Wertguthaben* ist eine Regelung in den §§ 7 Abs. 1 a, b, 7 d, 23 b SGB IV enthalten. Dies ist unter anderem für die häufigen Fälle der verblockten Altersteilzeit von Bedeutung[33]. Für das Wertguthaben ist Insolvenzschutz zu vereinbaren (§ 7 d SGB IV).

3. Nichtselbstständige Arbeit und Scheinselbstständigkeit

13 Das rechtlich entscheidende Merkmal, das die Arbeit zur Beschäftigung i.S.d. Sozialversicherung macht, ist die »nichtselbstständige Arbeit« i.S.v. § 7 Abs. 1 S. 1 SGB IV. Das Gesetz liefert Anhaltspunkte hierfür (§ 7 Abs. 1 S. 2 SGB IV): Eine Tätigkeit nach Weisungen und eine Eingliederung in die Arbeitsorganisation des Weisungsgebers.

14 Das wichtigste Abgrenzungskriterium für ein Beschäftigungsverhältnis ist die persönliche Abhängigkeit des Arbeitnehmers vom Arbeitgeber. Diese wird angenommen, wenn der Betreffende Weisungen hinsichtlich Zeit, Dauer, Ort, Inhalt und Gestaltung seiner Arbeit folgen muss[34]. Weitere Merkmale sind u.a. die soziale Schutzbedürftigkeit, wirtschaftliche Abhängigkeit, Eingliederung in einen Betrieb, keine Verfügungsmöglichkeit über die eigene Arbeitskraft, keine Tragung des unternehmerischen Risikos, keine eigene Betriebsstätte, keine vertragliche Haftung für Verluste und Fehlleistungen, keine Möglichkeit der Beschäftigung von Hilfskräften und keine eigene Beschaffung von Arbeitsmaterial und Arbeitsgeräten. Nicht erforderlich ist, dass stets sämtliche dieser Merkmale vorliegen. Vielmehr können sie in unterschiedlichem Maße und verschiedener Intensität gegeben

---

29 BSGE 75, 277 = SozR 3–2500 § 186 Nr. 2 = NJW 1995, 3077.
30 BSGE 13, 196; BSG, NZS 2000, 147.
31 BSG SGb 2002, 70 = SozR 3–2400 § 7 Nr. 17.
32 BSG SozR 3–2400 § 7 Nr. 18 = SGb 2002, 298 mit Anm. *Hergenröder.*
33 Vgl. *Knospe* NZS 2004, 638.
34 BSGE 16, 98, 101; 45, 199, 200; 51, 164, 167.

sein. Entscheidend ist jeweils ihre Verbindung, die Intensität und die Häufigkeit ihres Auftretens im konkreten Einzelfall als Gesamtbild unter Berücksichtigung der Verkehrsanschauung[35]. Die Merkmale sind wie Indizien im Rahmen einer nachfolgenden Gesamtbewertung zusammenzutragen, situativ zu gewichten, bevor eine Entscheidung durch Abwägung der verschiedenen Teilaspekte erfolgt[36]. Sofern die vertraglichen Vereinbarungen von den tatsächlichen Verhältnissen abweichen, geben letztere den Ausschlag[37].

Diese Abgrenzungskriterien hätten es erlaubt, auch sog. Scheinselbstständige, d.h. Personen, die lediglich formal die Voraussetzungen für die Selbstständigkeit erfüllen, die aber aufgrund ihrer tatsächlichen Situation eher mit dem klassischen Arbeitnehmer vergleichbar sind, als abhängig Beschäftige zu begreifen.

Die Einordnung als »Selbstständige« entzieht diese Personen den für die Arbeitnehmer vorgesehenen arbeits- und sozialrechtlichen Schutzregelungen. Für den Arbeitgeber bedeutet dies vor allem geringere Kosten, da er keine Sozialversicherungsbeiträge entrichten muss. Für den Scheinselbstständigen entfällt zwar ebenfalls die Pflicht, Sozialversicherungsbeiträge zu entrichten. Allerdings wird er sich zumindest für den Fall der Krankheit, des Unfalls und des Alters privat versichern wollen. Hier stellt sich dann die Frage, ob der genannte Selbstständige tatsächlich die finanziellen Mittel besitzt, sich (und seine Familie) gegen die Risiken, die sonst in der Sozialversicherung abgedeckt werden, privat abzusichern. Befürchtet werden muss in vielen Fällen, dass er wegen der Kosten keine entsprechende Vorsorge trifft oder treffen kann und bei Eintritt der Risiken keinen Schutz genießt und daher möglicherweise auf Grundsicherung angewiesen ist.

Mit dem Gesetz zu Korrekturen in der Sozialversicherung und zur Sicherung der Arbeitnehmerrechte vom 19. 12. 1998[38] hatte der Gesetzgeber genauere Regelungen geschaffen, die eine Unterscheidung zwischen selbstständiger und nichtselbstständiger Erwerbstätigkeit erleichtern sollten[39]. Die verwendeten Kriterien blieben jedoch umstritten, so dass sich der Gesetzgeber mit dem Gesetz zur Förderung der Selbstständigkeit vom 20.12. 1999[40] zur Korrektur veranlasst gesehen hat. 15

Nach der danach bis 2003 geltenden Fassung des § 7 Abs. 4 SGB IV wurde beim Vorliegen von mindestens drei der dort genannten fünf Merkmale in der Person eines Erwerbstätigen vermutet, dass eine Beschäftigung besteht. Nach dem Katalog kam es darauf an, ob die Person im Zusammenhang mit ihrer Tätigkeit regelmäßig einen versicherungspflichtigen Arbeitnehmer beschäftigt, dessen Arbeitsentgelt aus diesem Beschäftigungsverhältnis regelmäßig im Monat 325 € übersteigt oder nicht; ob sie auf Dauer und im Wesentlichen nur für einen Auftraggeber tätig ist oder nicht; ob ihr Auftraggeber oder ein vergleichbarer Auftraggeber entsprechende Tätigkeiten regelmäßig durch von ihm beschäftigte Arbeitnehmer verrichten lässt oder nicht; ob ihre Tätigkeit typische Merkmale unternehmerischen Handelns erkennen lässt oder nicht und ob ihre Tätigkeit dem äußeren Erscheinungsbild nach

---

35 So BSGE 45, 199, 200.

36 Die Rechtsprechung hat nach diesen Grundsätzen in den verschiedenen Zweigen der Sozialversicherung bisher u.a. als abhängige Beschäftigte angesehen: Chefarzt eines Krankenhauses (BSGE 32, 38), Filialleiter (BSGE 11, 257), Sportlehrer (BSGE 20, 6), Berufssportler (BSG, Breith. 1962, 571), und Vertragsfußballspieler (BSGE 16, 98). Selbstständig tätig waren dagegen: Handels- und Versicherungsvertreter (§§ 84 ff. HGB) (LSG Bremen NJW 1955, 1455, LSG Rheinland-Pfalz SGb 1955, S. 382; LSG Nordrhein-Westfalen Breith. 1956, 678), Künstler (BSG SGb 1973, 181, 183 f.) Reiseleiter (BSGE 36, 7; anders Bayer. LSG Breith. 1965, 720), und Tankstelleninhaber (BSG Breith. 1967, 274). Vgl. auch die Entscheidung des BSG vom 12. 2. 2004, B 12 KR 26/02 R zur Frage der abhängigen Beschäftigung von Lehrern.

37 BSGE 45, 199; BSG vom 12. 02. 2004 AZ. B 12 KR 26/02 R.

38 BGBl. I S. 3843.

39 Diskutiert wurden weitere Lösungsansätze für eine sachgerechte Einbeziehung dieses Personenkreises, z.B. die Einbeziehung aller Selbstständigen, die Gleichstellung der Selbstständigen mit den Arbeitnehmern, die Anknüpfung an das zu versteuernde Einkommen, die Einbeziehung von sog. Ein-Personen-Unternehmer, vgl. hierzu: *Gitter* SGb 1996, 263; *Geisler* DAngVers 1999, 68; *Steinmeyer* ZSR 1996, 348.

40 BGBl. I 2000 S. 2. Ausführlich: *Bieback* SGb 2000, 189.

der Tätigkeit entspricht, die sie für denselben Auftraggeber zuvor aufgrund eines Beschäftigungsverhältnisses ausgeübt hatte oder nicht.

Die Regelung führte zu einer Beweislastumkehr zu Lasten des Erwerbstätigen, die den Einzugsstellen (d.h. der zuständigen Krankenkasse, vgl. § 28 h SGB IV) eine schnellere Entscheidung über die Sozialversicherungspflicht einer Beschäftigung ermöglichen sollte.

16 Mit dem Zweiten Gesetz für moderne Dienstleistungen am Arbeitsmarkt vom 23. 12. 2002[41] hat der Gesetzgeber den Katalog des § 7 Abs. 4 SGB IV und damit die gesetzlich normierten Abgrenzungsmerkmale für eine selbstständige Tätigkeit mit Wirkung zum 1. 1. 2003 wieder abgeschafft und durch eine neue Regelung ersetzt[42]. Die Neufassung soll Hemmnisse für Existenzgründungen beseitigen und Selbstständige auch sozialversicherungsrechtlich als Selbstständige behandeln[43]. Nach § 7 Abs. 4 SGB IV wird für Personen, die für eine selbstständige Tätigkeit einen Zuschuss nach § 421 l SGB III beantragen, widerlegbar vermutet, dass sie in dieser Tätigkeit als Selbstständige tätig sind. Die Vermutungsregel wurde also auf die Personen beschränkt, die einen Existenzgründungszuschuss nach dem Arbeitsförderungsrecht beantragen. Ein Anspruch auf diesen Zuschuss besteht jedoch nur für die Aufnahme einer selbstständigen Tätigkeit, so dass es widersprüchlich erscheint, die Vermutung der Selbstständigkeit durch Darlegung und Beweis von Tatsachen, die für eine abhängige Beschäftigung sprechen, widerlegen zu können und damit als abhängig Beschäftigter den Zugang zur Sozialversicherung zu bekommen. Die Scheinselbstständigkeit an sich und das zu Grunde liegende sozialpolitische Problem wurden mit dieser Regelung jedenfalls nicht abgeschafft[44].

17 Eine Hilfe für Versicherte, Arbeitgeber und Auftraggeber ist die Möglichkeit, bei der DRV Bund im Rahmen eines Anfrageverfahrens klären zu lassen, ob eine Beschäftigung vorliegt (§ 7 a Abs. 1 SGB IV)[45]. Dies gilt aber nur, wenn die Einzugsstelle oder ein anderer Versicherungsträger noch kein Verfahren zur Feststellung einer Beschäftigung eingeleitet haben. § 7 a SGB IV enthält weiter Regelungen zum Zeitpunkt der Versicherungspflicht, zur Fälligkeit des Gesamtsozialversicherungsbeitrages und zur aufschiebenden Wirkung von Widerspruch und Klage gegen eine Entscheidung, dass eine Beschäftigung vorliegt.

4. Beschäftigungsverhältnis von Familienangehörigen

18 Die Möglichkeit sozialversicherungsrechtlicher Beschäftigungsverhältnisse naher *Familienangehöriger und Ehegatten*, ist seit langem – wie im Arbeits- und Steuerrecht – anerkannt (vgl. auch § 134 Abs. 2 Nr. 1 SGB III). Jedoch bedarf die Ernsthaftigkeit eines echten Arbeitsverhältnisses im Einzelfall sorgfältiger Prüfung. Es muss im Wesentlichen wie ein entsprechender Arbeitsvertrag mit einem Fremden durchgeführt werden[46].

In der Praxis geht es hier meist darum, dass die betreffenden Familienangehörigen gerne den Schutz der Sozialversicherung hätten, während insbesondere die Krankenkassen dem entgegentreten, weil es sich i.d.R. um »ungünstige« Risiken (geringe Beiträge wegen niedrigen Arbeitsentgelts, aber kostspielige Leistungen) handelt[47].

---

41 BGBl. I S. 4621; siehe dazu BT-Drs. 15/26.

42 Die Abschaffung des Katalogs in § 7 Abs. 4 SGB IV sowie dessen Neufassung wurde erst auf Betreiben des Bundesrates im Vermittlungsausschuss vorgeschlagen, siehe BT-Drs. 15/133 und 15/202.

43 BT-Drs. 15/133, 2.

44 **Zur Vertiefung:** *Sommer* NZS 2003, 169; *Bieback* KJ 2001, 29; *Haupt/Wollenschläger* NZS 2001, 289; *Ulmer* ZRP 2001, 257; *Bieback* WSI-Mitteilungen 2000, 810; *Schlegel* NZS 2000, 421.

45 Vgl. *Bieback* BB 2000, 873.

46 **Zur Vertiefung:** BSG NZA 2003, 548. In BSG SozR 3–2400 § 7 Nr. 1 geht es um einen Fall, bei dem sowohl das Problem des mitarbeitenden Gesellschafters als auch der Ehegatten-Beschäftigung eine Rolle spielt.

47 Vgl. den Fall der Beschäftigung eines bis dahin nicht als Arbeitnehmer tätig gewesenen über 80jährigen im Unternehmen seines Sohnes: BSG SozR 2200 § 165 Nr. 98.

Kein Beschäftigungsverhältnis i.S. des Sozialversicherungsrechts liegt bei sog. *familienhafter Mitarbeit* auf familienrechtlicher Grundlage[48] vor, z.B. bei einer Tätigkeit, die ein Kind im Rahmen seiner familienrechtlichen Dienstleistungspflicht (§ 1619 BGB) im elterlichen Geschäft verrichtet.

III. Beschäftigung gegen Entgelt

Nur ein *entgeltliches* Beschäftigungsverhältnis führt grundsätzlich zur Versicherungspflicht in der Krankenversicherung, Rentenversicherung und Arbeitslosenversicherung (§ 5 Abs. 1 Nr. 1 SGB V, § 1 S. 1 Nr. 1 SGB VI, §§ 24, 25 SGB III). Demgegenüber ist in der Unfallversicherung auch der unentgeltlich beschäftigte Arbeitnehmer versichert (§ 2 Abs. 1 Nr. 1 und 2 SGB VII). 19

Der Begriff des *Arbeitsentgelts* ist einheitlich für den gesamten Bereich der Sozialversicherung einschließlich der Arbeitslosenversicherung in § 14 Abs. 1 SGB IV geregelt. Danach sind Arbeitsentgelt »alle laufenden oder einmaligen Einnahmen aus einer Beschäftigung, gleichgültig, ob ein Rechtsanspruch auf die Einnahmen besteht, unter welcher Bezeichnung oder in welcher Form sie geleistet werden und ob sie unmittelbar aus der Beschäftigung oder im Zusammenhang mit ihr erzielt werden«. 20

Bei untertariflicher Bezahlung ist die Beitragshöhe nach dem tariflich zustehenden und nicht lediglich nach dem zugeflossenen Arbeitsentgelt zu beurteilen (Entstehungsprinzip, § 22 Abs. 1 SGB IV)[49]. Bei höherer Bezahlung richtet sich der Beitrag nach dem tatsächlich zugeflossenen Entgelt.

Stets muss ein *innerer Zusammenhang* zwischen den Zuwendungen und der Beschäftigung bestehen. 21

Entscheidend ist in allen Fällen, ob nach *wirtschaftlicher* Betrachtungsweise eine *Gegenleistung* für die Arbeitstätigkeit gegeben ist, woran es z.B. fehlt bei Auslagenerstattungen, Schadensersatzleistungen, Geschenken usw.[50]. Abfindungen, die aus Anlass der Beendigung eines Arbeitsverhältnisses gezahlt werden, sind kein Arbeitsentgelt, soweit sie die Funktion einer Entschädigung für die Zeit nach Beschäftigungsende haben[51]. Aufwandsentschädigungen für ehrenamtliche Tätigkeit sind nur insofern kein Arbeitsentgelt, als mit ihnen Aufwendungen ersetzt werden[52].

Die Frage der Entgeltlichkeit kann besondere Schwierigkeiten bereiten, wenn Familienangehörige oder nahe Verwandte beschäftigt werden. Liegt lediglich familienhafte Mitarbeit vor, fehlt es bereits an einem Beschäftigungsverhältnis. Es ist darauf abzustellen, ob die geleistete Arbeit und der gezahlte »Lohn«, der auch als Sachlohn in Form von freiem Unterhalt gewährt werden kann, in einem echten Verhältnis von Leistung und Gegenleistung stehen[53]. 22

Für Sachbezüge, wie insbes. freien Unterhalt, wird der Wert nach dem tatsächlichen Verkehrswert bestimmt. Freie Verpflegung wird mit einem bestimmten Betrag angerechnet. Freies Wohnen wird mit dem ortsüblichen Mietpreis unter Berücksichtigung der sich aus der Lage der Wohnung zum Betrieb ergebenden Beeinträchtigungen bewertet. Dies wird durch Verordnung näher geregelt (§ 17 Abs. 1 S. 1 Nr. 4 SGB IV, Sachbezugsverordnung). Beiträge an Direktversicherungen und Pensionsfonds gelten nicht als Arbeitsentgelt. Auch bestimmte steuerfreie Einnahmen (»Übungsleiterpauschale«) und steuerfreie Aufwandsentschädigungen gelten nicht als Arbeitsentgelt (§ 14 Abs. 1 S. 3 SGB IV). Dies ist in der Arbeitsentgeltverordnung geregelt (§ 17 Abs. 1 S. Nr. 1–3 SGB IV). 23

48 Vgl. hierzu *Figge* DB 1974, 675.
49 BSGE 93, 119 = NZS 2005, 538.
50 Vgl. *Benner* BB 1999, Beil. 2.
51 BSG SozR 3–2400 § 14 Nr. 2.
52 BSGE 78, 34 (36). Vgl. *Igl/Jachmann/Eichenhofer* Ehrenamt und bürgerschaftliches Engagement – ein Ratgeber, 2002, S. 167.
53 BSG SozR 2200 § 165 Nr. 90.

24 Einmalig gezahltes Arbeitsentgelt wie Weihnachts- und Urlaubsgeld ist sozialversicherungspflichtig (§ 23 a Abs. 1 S. 1 SGB IV). Nicht dazu gehören Aufwandsentschädigungen, Mitarbeiterrabatte, sonstige Sachbezüge und vermögenswirksame Leistungen (§ 23 a Abs. 1 S. 2 SGB IV).

25 Der Begriff des *Arbeitsentgelts* hat nicht nur für die Frage der Versicherungspflicht Bedeutung, sondern auch für die Berechnung der Sozialversicherungsbeiträge (§ 226 SGB V; § 162 SGB VI; § 153 SGB VII; § 57 SGB XI; § 342 SGB III) und wichtiger Sozialversicherungsleistungen wie Krankengeld (§ 47 Abs. 1 SGB V), Verletztengeld (§§ 47 ff. SGB VII), Übergangsgeld (§ 46 Abs. 1 SGB IX), und Arbeitslosengeld (§ 131 SGB III). Daher und vor allem aus Gleichheitsgesichtspunkten war es verfassungswidrig, dass einmalig gezahltes Entgelt wie Weihnachtsgeld sozialversicherungspflichtig ist, aber bei der Bemessung von Leistungen nicht berücksichtigt wurde[54].

26 Eine Beschäftigung gegen Arbeitsentgelt gilt als fortbestehend, solange das Beschäftigungsverhältnis ohne Anspruch auf Arbeitsentgelt fortdauert, jedoch nicht länger als einen Monat (§ 7 Abs. 3 SGB IV).

IV. Geringfügige Beschäftigung

27 Die Versicherungspflicht in der Sozialversicherung dient – nach traditionellem Verständnis – dem sozialen Schutz jener Personen, für die eine abhängige Beschäftigung Grundlage des Lebensunterhalts ist. Aus dieser abhängigen Beschäftigung schließt der Gesetzgeber auf die soziale Schutzbedürftigkeit. Fehlt es an einer derartigen typischen Situation, ist unter dem Gesichtspunkt der Schutzbedürftigkeit der Beschäftigten keine Versicherungspflicht erforderlich. Aus diesem Grund sind *Ausnahmen* von der Versicherungspflicht vorgesehen.

Beispiel: Frau X aus Hamburg, deren Ehemann Büroangestellter in einer Baufirma ist, verdient monatlich 300 € dadurch, dass sie wöchentlich zweimal je vier Stunden im Haushalt des Zahnarztes Dr. Z hilft. – Frau X übt eine abhängige Beschäftigung i.S. des § 7 Abs. 1 SGB IV aus, die auch entgeltlich ist, so dass grundsätzlich die Voraussetzungen der Versicherungspflicht nach § 5 Abs. 1 Nr. 1 SGB V und § 1 S. 1 Nr. 1 SGB VI gegeben wären. Aber nicht diese Beschäftigung stellt ihre hauptsächliche Lebensgrundlage dar, sondern ihre Stellung als haushaltsführende Ehegattin mit dem Anspruch auf angemessenen Unterhalt durch ihren Ehemann (§§ 1356, 1360 BGB).

28 Eine nur *geringfügige Beschäftigung* führt nach § 7 SGB V und § 5 Abs. 2 S. 1 SGB VI i.V.m. § 8 SGB IV grundsätzlich nicht zur Versicherungspflicht, weil davon ausgegangen wird, dass dem Beschäftigten als Existenzgrundlage eine anderweitige ökonomische Basis zur Verfügung steht (insbes. selbstständige Tätigkeit, Familienunterhalt, Vermögen).

29 Die Versicherungsfreiheit bei geringfügiger Beschäftigung und die damit verbundene Beitragsfreiheit wird seit langem unter verschiedenen Gesichtspunkten kritisiert. So wird vorgebracht, dass damit Personen außerhalb des Schutzbereichs der Sozialversicherung, insbes. der Rentenversicherung, stehen, die auf diesen Schutz angewiesen sind, namentlich Frauen, die einen großen Teil der geringfügig Beschäftigten ausmachen. Weil Frauen statistisch signifikant häufiger geringfügig beschäftigt sind als Männer, kann die Regelung auch als mittelbare Benachteiligung der Frauen gedeutet werden. Der EuGH hat jedoch abgelehnt, daraus Konsequenzen zu ziehen, weil den Mitgliedstaaten im Sozialrecht – anders als im Arbeitsrecht – ein erheblicher Spielraum gelassen ist[55].

Im Hinblick auf die Finanzierungsbasis der Kranken- und Rentenversicherung wird geäußert, dass diesen Versicherungszweigen Beiträge entgehen. Schließlich werden negative arbeitsmarktpolitische Entwicklungen in bestimmten Branchen ausgemacht (Verdrängung regulärer Beschäftigungsverhältnisse durch geringfügige Beschäftigung).

---

54 BVerfGE 101, 127 = NJW 2000, 2264.

55 EuGH Rs. C-281/97 *(Krüger)*, Slg. I-1999, 5127 = DVBl. 1999, 1575; vgl. *Fuchsloch* NZS 1996, 607; *Graue/Deinert* EWS 1996, 418; *Rombach* SGb 1996, 193; vgl. EuGH Rs. C-444/93 *(Megner und Scheffel)* Slg. I-1995, 4741, und Rs. 444/93 *(Nolte)*, Slg. I-1995, 4625 = NZS 1996, 117.

Diese Gründe hatten den Gesetzgeber nach dem Regierungswechsel im September 1998 bewogen, das Recht der geringfügigen Beschäftigungsverhältnisse insgesamt neu zu ordnen[56]. 30

Eine weitere grundsätzliche Neuregelung erfolgte mit dem Zweiten Gesetz für moderne Dienstleistungen am Arbeitsmarkt vom 23. 12. 2002[57] mit Wirkung zum 1. 1. 2003[58]. Für eine geringfügige Beschäftigung kommt es nach § 8 Abs. 1 Nr. 1 SGB IV nicht mehr wie früher auch auf die Arbeitszeit an, sondern nur noch darauf, dass das Entgelt regelmäßig im Monat 400 € nicht übersteigt.

Für die Beurteilung, ob eine geringfügige Beschäftigung vorliegt, sind mehrere Beschäftigungen zusammenzurechnen und zwar unabhängig davon, ob es sich um geringfügig entlohnte oder um nicht geringfügig entlohnte (versicherungspflichtige) Beschäftigungen handelt, § 8 Abs. 2 S. 1 SGB IV[59].

Dabei werden jedoch nur mehrere geringfügige Beschäftigungen der gleichen Art (Nr. 1 oder Nr. 2) zusammengerechnet (§ 8 Abs. 2 S. 1 1. Hs. SGB IV). Von dem Grundsatz der Zusammenrechnung aller Beschäftigungen wird jedoch eine Ausnahme gemacht: Die Formulierung in § 8 Abs. 2 S. 1 SGB IV »... mit Ausnahme einer geringfügigen Beschäftigung nach Nummer. 1 ...« wird so verstanden (der Gesetzestext ist schwer verständlich), dass neben einer sozialversicherungspflichtigen Hauptbeschäftigung eine geringfügig entlohnte Nebentätigkeit ausgeübt werden kann, ohne dass letztere der Versicherungspflicht unterliegt[60]. Ferner ist zu berücksichtigen, dass in der Krankenversicherung und der Rentenversicherung eine Zusammenrechnung von geringfügiger und nicht geringfügiger Beschäftigung nur erfolgt, wenn die nicht geringfügige Beschäftigung versicherungspflichtig ist (§§ 7 Abs. 1 S. 2 SGB V, 5 Abs. 2 S. 1 letzter Hs. SGB VI). Gar nicht zusammengerechnet werden geringfügige Beschäftigungen im Recht der Arbeitsförderung (§ 27 Abs. 2 S. 1 SGB III).

Nach der Neuregelung sind die geringfügigen Beschäftigungen in der Krankenversicherung nach wie vor versicherungsfrei (§ 7 SGB V). Allerdings sind für die geringfügig entlohnten – versicherungsfreien – Beschäftigungsverhältnisse vom Arbeitgeber pauschale Sozialversicherungsbeiträge zu leisten. Bis zur Grenze von 400 € werden 13 % des Arbeitsentgelts als pauschaler Krankenversicherungsbeitrag (§ 249 b SGB V) und 15 % des Arbeitsentgelts als Rentenversicherungsbeitrag (§ 172 Abs. 3 SGB VI) fällig. Bei dem pauschalen Arbeitgeberbeitrag gibt es keine Untergrenze; er ist vom ersten Euro Arbeitslohn an zu entrichten. Während dem geringfügig Beschäftigten aufgrund des Rentenbeitrages Leistungen bei der Altersrente erwachsen können, wenn sie ihn entsprechend aufstocken (§ 5 Abs. 2 S. 2 SGB VI), gilt dies für die Krankenversicherung nicht. Ein eigenständiges neues Krankenversicherungsverhältnis wird nicht begründet. Da der Arbeitgeber zudem eine Pauschalsteuer in Höhe von 2 % zu entrichten hat (§ 40 a Abs. 2 EStG), ergibt sich eine Gesamtbelastung für den Arbeitgeber in Höhe von 30 %. 31

Für geringfügige Beschäftigungen in Privathaushalten gelten zum Teil abweichende Regelungen (§ 8 a SGB IV; § 249 b S. 2 SGB V; § 172 Abs. 3 a SGB VI: jeweils 5% Pauschalbeitrag).

Im Beispiel sind von Dr. Z für X somit 5 % von 300 € an die Krankenversicherung und 5 % an die Rentenversicherung zu entrichten.

Geringfügige Beschäftigungsverhältnisse unterliegen zudem seit dem 1. 4. 1999 der Meldepflicht (§ 28 a Abs. 9 SGB IV). Dies gilt auch für die in privaten Haushalten geringfügig beschäftigten Arbeitnehmer (Haushaltshilfen). Einzugsstelle ist die Minijobzentrale bei der Deutschen Rentenversicherung Knappschaft-Bahn-See (§ 28 i S. 5 SGB IV). 32

56 Vgl. *Hofmann* DAngVers 1998, 474.

57 BGBl. I S. 4621.

58 Zur Vertiefung: *Kazmierczak* NZS 2003, 188; *Grahn* JA 2003, 346; *Laurich/Geisler* DAngVers 2003, 241; *Rolfs* ZIP 2003, 141.

59 Diese Regelung wurde bereits zum 1. 4. 1999 eingeführt.

60 Geringfügigkeitsrichtlinie der Spitzenverbände der Krankenkassen, der Bundesversicherungsanstalt für Angestellte und der Bundesagentur für Arbeit vom 25. 2. 2003.

33 Eine Beschäftigung ist nicht nur geringfügig, wenn das Entgelt 400 € nicht übersteigt (§ 8 Abs. 1 Nr. 1 SGB IV). Nach § 8 Abs. 1 Nr. 2 SGB IV ist eine Beschäftigung auch geringfügig, wenn sie innerhalb eines Kalenderjahres auf längstens zwei Monate oder 50 Arbeitstage nach ihrer Eigenart begrenzt zu sein pflegt oder im voraus vertraglich begrenzt ist, es sei denn, sie wird berufsmäßig ausgeübt und ihr Entgelt übersteigt 400 € im Monat (kurzfristige oder zeitgeringfügige Beschäftigung). Anders als die geringfügig entlohnten Beschäftigungen führen die kurzfristigen Beschäftigungen allerdings grundsätzlich nicht zur Beitragspflicht in der gesetzlichen Krankenversicherung.

Beispiel 3: Frau Y verpflichtet sich jedes Jahr bei dem Winzer R zur Mithilfe bei der Weinlese. Hier ist sie im Durchschnitt an etwa 20–25 Tagen tätig. Ihr Verdienst beträgt im Herbst 2002 2.400 €. – Es handelt sich hierbei zwar um eine nicht regelmäßig ausgeübte Beschäftigung, allerdings sind die Voraussetzungen des § 8 Abs. 1 Nr. 2 SGB IV erfüllt. Frau Y übt eine Beschäftigung aus, die »innerhalb eines Kalenderjahres seit ihrem Beginn auf längstens zwei Monate oder fünfzig Arbeitstage nach ihrer Eigenart begrenzt zu sein pflegt oder im voraus vertraglich begrenzt ist«, § 8 Abs. 1 Nr. 2 SGB IV. Auf die Verdiensthöhe kommt es in einem solchen Fall nicht an, da wegen der Kurzzeitigkeit der Beschäftigung auch hier nicht davon ausgegangen werden kann, dass sie die hauptsächliche Grundlage für den Lebensunterhalt des Beschäftigten darstellt.

V. Gleitzone

34 Das Institut der geringfügigen Beschäftigung führte – auch mit Pauschalbeitrag des Arbeitgebers – zu dem problematischen Effekt, dass bei Überschreiten der Geringfügigkeitsgrenze die Beitragsbelastung sprunghaft anstieg. Der Gesetzgeber hat darauf reagiert und eine Gleitzone zwischen 400,01 € und 800 € Monatseinkommen geschaffen (§ 20 Abs. 2 SGB IV). Beschäftigungsverhältnisse in der Gleitzone (»Midi-Jobs«) sind voll versicherungspflichtig, aber die Beiträge werden abweichend berechnet. Dies führt zu einer niedrigeren Beitragsbelastung der Beschäftigten (nicht der Arbeitgeber). Auf diese Weise soll verhindert werden, dass Beschäftigte sich scheuen, eine solche Beschäftigung anzunehmen. Der Übergang von der Belastung der geringfügigen Beschäftigung zur allgemeinen Beitragsbelastung von derzeit etwas über 40% wird nach einer Formel gleitend gestaltet. Auf die Leistungsansprüche hat die Gleitzone keinen Einfluss. Gesetzliche Regelungen sind in §§ 226 Abs. 4, 249 Abs. 4 SGB V; §§ 163 Abs. 10, 168 Abs. 1 Nr. 1 d SGB VI und in §§ 344 Abs. 4, 346 Abs. 1 a SGB III enthalten.

VI. Sonderformen der Beschäftigung

35 Einige Formen der abhängigen Beschäftigung sind gesondert geregelt. So sind *Wehr- und Zivildienstpflichtige* in Rentenversicherung und Arbeitslosenversicherung einbezogen (§ 3 Nr. 2 SGB VI; § 25 Abs. 1 Nr. 2 SGB III). Wer in *Werkstätten für behinderte Menschen* (§§ 40, 41, 145 SGB IX) beschäftigt wird, ist, obwohl meist unterhalb der Grenze der geringfügigen Beschäftigung, pflichtversichert (§ 2 Abs. 2 Nr. 2 SGB IV; § 5 Abs. 1 Nr. 7, 8 SGB V; § 1 Nr. 2 SGB VI; § 2 Abs. 1 Nr. 4 SGB VII). Die 1974 eingeführte Sozialversicherung der behinderten Menschen in Werkstätten war ein wichtiger Schritt zur Integration dieser Gruppe in das allgemeine System der sozialen Sicherung.

B. Sozialversicherung selbstständig Erwerbstätiger

36 Verschiedene Gruppen selbstständig Erwerbstätiger sind zum Teil schon seit langer Zeit in die Versicherungspflicht der Sozialversicherung einbezogen. Dies ist auch im europäischen Vergleich nicht ungewöhnlich. Politische Diskussionen über die Einbeziehung weiterer Selbstständiger wegen deren Schutzbedürftigkeit und aus Gründen der Lastengerechtigkeit werden daher laufend geführt[61].

61 Vgl. *Bieback* (wie Fn. 4).

I. Landwirte

Die Sozialversicherung der Landwirte ist zwar in § 2 Abs. 2 Nr. 3 SGB IV erwähnt. Sie ist in besonderen Systemen mit eigenen Trägern nach dem Gesetz über die Alterssicherung der Landwirte (ALG)[62] und dem zweiten Gesetz über die Krankenversicherung der Landwirte[63] geregelt (vgl. § 5 Abs. 1 Nr. 3 SGB V; § 2 Abs. 1 Nr. 5 SGB VII). Mit erheblichen Steuerzuschüssen dient die landwirtschaftliche Sozialversicherung auch der sozialen Gestaltung des Strukturwandels der Landwirtschaft. 37

II. Künstler und Publizisten

Das *Künstlersozialversicherungsgesetz (KSVG)*[64] regelt den Zugang selbstständiger Künstler und Publizisten zur Kranken-, Renten- und Pflegeversicherung, die wegen ihres niedrigen und unregelmäßigen Einkommens lange Zeit besondere Probleme der sozialen Sicherung hatten. Sie werden über die Künstlersozialkasse versichert, die auch durch die Künstlersozialabgabe der Vermarkter künstlerischer Leistungen und einen Zuschuss des Bundes finanziert wird (§ 14 KSVG). 38

III. Handwerker

In der Rentenversicherung sind selbstständige Handwerker versichert (§ 2 S. 1 Nr. 8 SGB VI, §§ 2, 3 HwO). 39

IV. Weitere Versicherungstatbestände Selbstständiger

Für einzelne weitere Selbstständigengruppen besteht insbesondere in der Rentenversicherung und Unfallversicherung Versicherungspflicht, etwa Küstenschiffer und Küstenfischer (§ 2 S. 1 Nr. 7 SGB VI, § 2 Abs. 1 Nr. 7 SGB VII) und abhängig Selbstständige (§ 2 S. 1 Nr. 9 SGB VI). Eine Versicherungsberechtigung für Selbstständige besteht vor allem in der Rentenversicherung (§ 4 Abs. 2 SGB VI) und neuerdings in der Arbeitsförderung (§ 28 a Nr. 2 SGB III). 40

C. Sozialversicherung nicht Erwerbstätiger

Immer mehr nicht erwerbstätige Personen sind in die Sozialversicherung einbezogen. 41

I. Sozialleistungsempfänger

Rentner benötigen Schutz bei Krankheit, Langzeitkranke müssen für das Alter vorsorgen, Arbeitslose gegen Krankheit und Einkommensausfall im Alter gesichert sein. Entsprechend sind die Empfängerinnen und Empfänger von Sozialleistungen zumeist in den anderen Sozialleistungszweigen pflichtversichert (§ 26 Abs. 2 SGB III; § 5 Abs. 1 Nr. 2, 2 a, 5, 6, 11 SGB V, §§ 1 Nr. 3, 3 Nr. 3, 3 a, 4 SGB VI; § 2 Nr. 3, 14, 15 SGB VII). Man bezeichnet dies als den Schutz des *sekundären sozialen Risikos* der Sicherung der jeweils anderen sozialen Risiken. 42

II. Familienangehörige

Die Sozialversicherung schützt nicht nur vor dem Risiko, nicht für den eigenen Lebensunterhalt aufkommen zu können, sondern zum Teil auch vor dem Risiko, den eigenen Unterhaltspflichten nicht nachkommen zu können. Entsprechend sind insbesondere in der 43

---

62 Vom 29. 7. 1994 – (BGBl. I S. 1890).
63 Vom 20. 12. 1988 – (BGBl. I S. 2477, 2557).
64 Vom 27. 7. 1981 (BGBl. I S. 705); zur Vereinbarkeit mit Europarecht EuGH, Rs. C-68/99. Slg. I-2001, 1865.

Krankenversicherung *Familienangehörige* von Versicherten pflichtversichert (§ 10 SGB V). Dadurch übernimmt die Sozialversicherung auch Funktionen des Familienlastenausgleichs.

III. Studierende, Schülerinnen und Schüler

44 Ebenfalls der Entlastung der Unterhaltsverpflichteten und zugleich der Förderung von Bildung dient die Sozialversicherung für *Studierende* (§ 5 Abs. 1 Nr. 9 SGB V, § 2 Nr. 8 c SGB VII) und für Schülerinnen und Schüler (§ 2 Nr. 8 b SGB VII) und Kindern in Tageseinrichtungen (§ 2 Nr. 8 a SGB VII).

IV. Erziehende und Pflegende

45 Eine weitere familienfördernde Funktion übernimmt die Sozialversicherung, soweit sie in und für Zeiten der *Erziehungsarbeit* (§ 26 Abs. 2 a SGB III, § 3 Nr. 1 SGB VI) und *Pflege* (§ 3 Nr. 1 a SGB VI, § 2 Abs. 1 Nr. 17 SGB VII, § 44 SGB XI) sozialen Schutz bietet.

V. Ehrenamtlich Tätige

46 Zumindest in der Unfallversicherung werden auch einzelne *ehrenamtliche Tätigkeiten*[65] zum Anknüpfungspunkt für Sozialversicherungsschutz genommen (§§ 2 Abs. 1 Nr. 9–13, 6 Abs. 2 Nr. 3 und 4 SGB VII).

§ 11 Selbstverwaltung, Mitgliedschaftsverhältnis, Aufsicht

A. Selbstverwaltung

1 Die Träger der Krankenversicherung, Pflegeversicherung, Unfallversicherung und Rentenversicherung sind rechtsfähige Körperschaften des öffentlichen Rechts mit Selbstverwaltung (§ 29 Abs. 1 SGB IV). Sinn und Zweck der Selbstverwaltung ist, die Sachkenntnis und Interessen der Versicherten und Arbeitgeber als Betroffenen und Finanziers in die Ausführung des Sozialversicherungsrechts einzubinden und ihr sozialpolitisches Engagement zu fördern[66]. Durch eine solche staatsferne mittelbare Sozialverwaltung soll sich das Sozialstaatsprinzip auch organisatorisch ausprägen können. Anstelle unmittelbarer politischer und exekutiver Steuerung tritt ein Wechselverhältnis des verantwortlichen Staates als Rechtsaufsicht und der gesellschaftlichen Kräfte in der funktionalen Selbstverwaltung. Doch genießt die soziale Selbstverwaltung keinen eigenen Schutz durch das Grundgesetz wie die kommunale Selbstverwaltung. Der Gesetzgeber hat insofern einen weiten Spielraum für die Gestaltung der Sozialversicherung und Sozialverwaltung[67].

B. Mitgliedschaftsverhältnis

2 Mitglieder der Krankenkassen sind die Versicherungspflichtigen und -berechtigten (dagegen nicht die Familienversicherten), während den Berufsgenossenschaften als Mitglieder ausschließlich die Unternehmer angehören. Obwohl auch die Arbeitslosenversicherung zur Sozialversicherung gehört (Art. 74 Nr. 12 GG), gilt für sie das SGB IV nicht uneingeschränkt (§ 1 Abs. 1 S. 2 SGB IV). Eine entsprechende Regelung zur Organisation der Bundesagentur findet sich in § 367 SGB III. Danach ist sie eine rechtsfähige bundesunmittel-

65 Vgl. dazu *Igl/Jachmann/Eichenhofer* (wie Fn. 52), 161.
66 Vgl. *von Wulffen* DRV 2003, 662; *Leopold* WzS 2003, 137; *Axer* Die Verwaltung 2002, 377; *Muckel* NZS 2002, 118; *Mönig-Raane* ErsK 2002, 445; *Reiter* DRV 1993, 657; *Hendler* DRV 1986, 319.
67 BVerfGE 39, 302, (313 f.).

bare Körperschaft des öffentlichen Rechts mit Selbstverwaltung. Entgegen dem Wortlaut des Gesetzes ist die Bundesagentur allerdings als Anstalt, also gerade nicht körperschaftlich organisiert.

Die aufgezeigten Unterschiede in der Organisationsform spielen insofern keine wesentliche Rolle, als an der Verwaltung der Versicherungsträger *aller* Sozialversicherungszweige, auch der Unfallversicherung und Arbeitslosenversicherung, Arbeitgeber und Versicherte gemeinsam, und zwar i.d.R. je zur Hälfte, beteiligt sind. Bei den Ersatzkassen bestehen die Selbstverwaltungsorgane dagegen ausschließlich aus Vertretern der Versicherten (§ 44 Abs. 1 Nr. 4 SGB IV). Für die Bundesagentur gilt die Besonderheit, dass hier neben den Sozialpartnern auch die öffentlichen Körperschaften in der Verwaltung mitwirken (Drittelparität) (§ 380 Abs. 1 SGB III). 3

Die Versicherten und Arbeitgeber in der Unfallversicherung, Krankenversicherung und Rentenversicherung wählen alle sechs Jahre die Mitglieder der Vertreterversammlung als oberstes Organ jeden Versicherungsträgers. Dieser beschließt die Satzung und sonstiges autonomes Recht des Versicherungsträgers[68] und kontrolliert die Verwaltung (§§ 31, 33, 58 Abs. 1 SGB IV). Jedoch hat die soziale Selbstverwaltung nur die vom Gesetzgeber bestimmten Kompetenzen und kein Recht zur eigenen Aufgabendefinition. 4

Nach §§ 31 Abs. 3 a, 46 Abs. 1 SGB IV wählen die Versicherten und die Arbeitgeber die Vertreter ihrer Gruppe in den Verwaltungsrat. § 47 Abs. 1 Nr. 1 SGB IV schränkt den Kreis der wahlberechtigten Versicherten in der Krankenversicherung ausdrücklich auf die *Mitglieder* ein, so dass Familienversicherte kein Wahlrecht haben. 5

Das *aktive Wahlrecht* setzt ein Lebensalter von 16 Jahren und Wohnung, gewöhnlichen Aufenthalt, regelmäßige Beschäftigung oder regelmäßige Tätigkeit im Bundesgebiet voraus (§ 50 Abs. 1 SGB IV).

Auch das *passive Wahlrecht* (Wählbarkeit) steht nur Mitgliedern zu (§ 51 Abs. 1 S. 1 Nr. 1 i.V.m. § 47 Abs. 1 Nr. 1 SGB IV).

Sie müssen mindestens 18 Jahre alt sein und in gewisser räumlicher Nähe zum betreffenden Versicherungsträger leben (§ 51 Abs. 1 S. 1 Nr. 2 bis 4 SGB IV).

Die Vertreterversammlung, die aus höchstens 60 Mitgliedern bestehen darf (§ 43 Abs. 1 S. 2 SGB IV), wählt den Vorstand, der den Versicherungsträger gerichtlich und außergerichtlich vertritt (§ 35 SGB IV). Die Mitglieder beider Organe sind ehrenamtlich tätig. Die laufenden Geschäfte führt der Geschäftsführer bzw. die dreiköpfige Geschäftsführung (§ 36 SGB IV). Die Selbstverwaltung kann Ausschüsse bilden (§ 36 a SGB IV)[69]. 6

In der Krankenversicherung wurden mit dem Gesundheitsstrukturgesetz (GSG) im Jahr 1996 einschneidende Änderungen der Verwaltungsorganisation vorgenommen[70]. An die Stelle der bisherigen Vertreterversammlung trat der *Verwaltungsrat*, der statt bisher höchstens 60 nur noch maximal 30 Mitglieder hat (§§ 31 Abs. 3 a, 43 Abs. 1 S. 2 SGB IV). Er erfüllt die bisher von der Vertreterversammlung wahrgenommenen Aufgaben und übt zusätzlich bestimmte Entscheidungs- und Überwachungsfunktionen aus (§ 197 Abs. 1 Nr. 1 a und 1 b sowie Abs. 2 SGB V). Die Verwaltung der Krankenkassen obliegt einem hauptamtlichen, jeweils für sechs Jahre gewählten *Vorstand*, der vor allem die Aufgaben des bisherigen (unbefristet angestellten) Geschäftsführers sowie die des bisherigen Vorstandes übernimmt, § 35 a SGB IV. Der Gesetzgeber erhoffte sich durch diese Reform mehr Verwaltungseffizienz. 7

Organe der Pflegekassen sind die Organe der Krankenkassen, bei denen sie errichtet sind (§ 46 Abs. 2 S. 2 SGB XI).

---

68 Vgl. *Ebsen* VSSR 1990, 57.

69 Vgl. *Kruse/Kruse* SozVers 2000, 200.

70 Vgl. *H. Fuchs* SozSich 1994, 249; *Oldiges* SozSich 1994, 308; *Cassel* SGb 1993, 97.

8 Für die Versicherten sind bei den Sozialwahlen Gewerkschaften, selbstständige Arbeitnehmervereinigungen und freie Listen[71] wählbar (§ 48 Abs. 1 SGB IV). Das Interesse an den *Sozialwahlen* wird häufig als niedrig angesehen[72], muss aber auch in Relation zu anderen Formen gesellschaftlicher Partizipation gesehen werden. So betrug die Wahlbeteiligung 1968 nur 20,45% (niedrigste Beteiligung), 1980 aber 43,78% (bisher höchste Beteiligung). Die Wahlbeteiligung lag bei den Sozialwahlen 2005 bei 31%. Zudem steht auf Seiten der Arbeitgeber immer, bei den Versicherten häufig nur eine Liste zur Wahl, so dass eine Wahl ohne Wahlhandlung (»Friedenswahl«) stattfindet[73].

9 Die aus der körperschaftlichen Organisationsstruktur der Sozialversicherungsträger folgende Mitgliedschaft ist in den einzelnen Sozialversicherungszweigen sehr unterschiedlich geregelt.

In der Krankenversicherung sind nicht alle Personen, die Versicherungsschutz genießen, Mitglieder einer Krankenkasse, sondern lediglich diejenigen, die das Gesetz als Versicherungspflichtige bzw. Versicherungsberechtigte vorsieht (§ 173 Abs. 1 SGB V).

So sind u.a. die in einem Beschäftigungsverhältnis stehenden Arbeitnehmer Mitglieder ihrer zuständigen Krankenkasse, nicht aber deren Familienangehörige, auch wenn sie über die Familienversicherung (§ 10 SGB V) in den materiellen Versicherungsschutz miteinbezogen sind. Nur die Kassenmitglieder können an den Wahlen zu den Selbstverwaltungsorganen teilnehmen (§ 46 Abs. 1 i.V.m. § 47 Abs. 1 Nr. 1 SGB IV), nicht die mitversicherten Familienangehörigen.

10 Das Gleiche gilt in diesem Zusammenhang sinngemäß für die Pflegeversicherung, die in ihrem Aufbau im SGB XI weitgehend dem der gesetzlichen Krankenversicherung nachgebildet ist (§§ 25, 56 Abs. 1 SGB XI).

11 In der Unfallversicherung waren nach dem Recht der RVO Mitglieder der Berufsgenossenschaften ausschließlich die Unternehmer (§ 658 Abs. 1 RVO). Die Versicherten waren keine Mitglieder in diesem Sinne. Dies war Ausdruck des Genossenschaftsprinzips, nachdem nur Berufs»genossen« Mitglieder sein konnten. Aufgrund der paritätischen Selbstverwaltung der Berufsgenossenschaft als Körperschaft des öffentlichen Rechts durch Unternehmer und Versicherte wurde die herkömmliche Mitgliederstruktur als überholt, zumindest begrifflich als zu eng angesehen. Sie wurde deswegen nicht in das SGB VII übernommen. Rechtsfolgen sind damit aber nicht verbunden.

12 Bei den Rentenversicherungsträgern ist die körperschaftliche Struktur am wenigsten ausgeprägt. Sie weisen heute der Sache nach, insbes. nach der Öffnung der Rentenversicherung für fast *alle* Bürger, große Ähnlichkeiten mit *Anstalten* des öffentlichen Rechts auf. Auch ist an keiner Stelle des SGB IV (vgl. etwa § 47 Abs. 1 Nr. 3) oder des SGB VI bei den Rentenversicherungsträgern von »Mitgliedern« die Rede.

13 Schließlich ist die Bundesagentur – entgegen § 367 SGB III und trotz ihres Namenwechsels – eine echte Anstalt, da sie keine Mitglieder, sondern Benutzer hat.

C. Aufsicht

14 Die Sozialversicherungsträger unterliegen – ähnlich wie die Kommunen – nur einer *Rechtsaufsicht* (§ 87 Abs. 1 SGB IV). Bundesweite Träger wie die DRV Bund, die Ersatzkas-

71 Vgl. BSGE 92, 59.

72 Empirisch: *Braun/Buitkamp* SozSich 2005, 77; Zu Reformvorschlägen: *Braun/Klenk* SozSich 2006, 54; *Urbaniak* SozSich 2006, 66; *Klenk* ZSR 2006, 273; *Schroeder* ZSR 2006, 253.

73 Vgl. *Windels-Pietzsch* VSSR 2003, 215. Bei den Sozialwahlen 2005 gab es nur bei acht Sozialversicherungsträgern – allerdings großen Trägern – Wahlen mit Wahlhandlung.

sen oder die meisten Berufsgenossenschaften stehen unter Aufsicht des *Bundesversicherungsamtes* (§ 94 SGB IV). Die Aufsicht über die Bundesverbände der Krankenkassen (§ 214 SGB V) und über den Gemeinsamen Bundesausschuss (§ 91 Abs. 10 SGB V) wird vom Bundesgesundheitsministerium ausgeübt.

Die Aufsicht über die Bundesagentur liegt beim Bundesarbeitsministerium (§ 393 SGB III). Soweit Aufgaben nach dem SGB II betroffen sind, übt das Ministerium Rechts- und Fachaufsicht aus (§ 47 Abs. 1 SGB II). Hieran wird ein Unterschied zwischen dem Sozialversicherungssystem SGB III und dem Fürsorgesystem SGB II deutlich.

Landesunmittelbare Träger stehen unter Aufsicht einer Landesbehörde. Sozialversicherungsträger, die in nicht mehr als drei Ländern tätig sind (z.B. DRV Nord, DRV Mitteldeutschland), stehen unter Aufsicht einer Landesbehörde, wenn das Aufsicht führende Land durch Staatsvertrag bestimmt ist (Art. 87 Abs. 2 S. 2 GG).

4. Kapitel. Gesetzliche Krankenversicherung (SGB V)

Handbücher und Kommentare: *Krauskopf* Soziale Krankenversicherung – Pflegeversicherung, Kommentar, Loseblattwerk; *Kruse / Hänlein* Sozialgesetzbuch V (LPK-SGB V), Kommentar, 2. Aufl. 2003; *Schnapp Wigge* Handbuch des Vertragsarztrechts, 2. A.ufl. 2006; *Schulin* Handbuch des Sozialversicherungsrechts, Bd. 1, Krankenversicherungsrecht, 1994

Zur Vertiefung: *Boerner* Normenverträge im Gesundheitswesen, 2003; *Kingreen* Das Sozialstaatsprinzip im europäischen Verfassungsverbund – Gemeinschaftsrechtliche Einflüsse auf das deutsche Recht der gesetzlichen Krankenversicherung, 2003; *Rixen* Sozialrecht als öffentliches Wirtschaftsrecht am Beispiel des Leistungserbringerrechts der gesetzlichen Krankenversicherung, 2005

Rechtsprechung: *Urteilssammlung für die gesetzliche Krankenversicherung,* hrsg. vom AOK-Bundesverband, Loseblattwerk (zit.: USK)

Zeitschriften: *Die Betriebskrankenkasse,* hrsg. vom Bundesverband der Betriebskrankenkassen (zit.: BKK); *Die Ersatzkasse,* hrsg. vom Verband der Angestellten-Krankenkassen und vom Verband der Arbeiter-Ersatzkassen (zit: ErsK); *Die Krankenversicherung,* hrsg. vom Bundesverband der Innungskrankenkassen (zit.: KrV); *Gesundheit und Gesellschaft,* hrsg. vom AOK-Bundesverband (zit.: G+G); bis 1998: *Die Ortskrankenkasse* (DOK)

§ 12 Allgemeines

1 Der Gedanke einer auf Gegenseitigkeit und Versicherungspflicht beruhenden Versicherung für den Krankheitsfall ist alt und wurde auf berufsständischer (Knappschaften), betrieblicher oder örtlicher Basis schon vor den Sozialversicherungsgesetzen umgesetzt. Mit dem Gesetz betreffend die Krankenversicherung der Arbeiter vom 16. 6. 1883[1] wurde zunächst für die gewerblichen Arbeiter die Versicherungspflicht begründet und die Möglichkeit einer freiwilligen Versicherung geschaffen. Die Krankenversicherung wurde in die Kodifikation der Reichsversicherungsordnung von 1911 einbezogen (2. Buch). In vielen Reformgesetzen wurden der Versichertenkreis und die Leistungen erweitert. Insbesondere seit Mitte der 1970er Jahre war auch die Kostenbegrenzung Gegenstand der Gesetzgebung. Dabei wurden Leistungen gekürzt und teilweise auch der Zugang zur Versicherung begrenzt.

2 Das SGB V – Gesetzliche Krankenversicherung – ist nach dem *Gesundheits-Reformgesetz (GRG)* vom 20. 12. 1988[2] zum 1. 1. 1989 in Kraft getreten[3] und hat die Regelung in der RVO fast vollständig abgelöst.

3 Eine erste Strukturreform des SGB V brachte das *Gesetz zur Sicherung und Strukturverbesserung der gesetzlichen Krankenversicherung (Gesundheitsstrukturgesetz)* (GSG) vom 21. 12. 1992[4]. Schwerpunkte des GSG waren die Kassenwahlfreiheit der Versicherten (zum 1. 1. 1996) und die Einführung des Risikostrukturausgleiches. Das GSG legte damit Grundlagen für einen Wettbewerb der Krankenkassen untereinander. Ferner führte das Gesetz neben Leistungseinschränkungen eine Neuzulassungsbeschränkung für Vertragsärzte ab 1999 ein. Im Bereich der Krankenhausfinanzierung wurde das Selbstkostendeckungsprinzip durch die Einführung eines leistungsbezogenen Entgeltsystems abgelöst.

---

1 RGBl. S. 73.

2 BGBl. I S. 2477.

3 *Dazu einführend Rüfner* NJW 1989, 1001. Zur Entstehungsgeschichte etwa *Wasem,* in: v. Maydell, Probleme sozialpolitischer Gesetzgebung, 1991, S. 65 ff.

4 BGBl. I S. 2266; Dazu einführend die Beiträge von *Schulte, Grupp* und *Zipperer* NZS 1993, 41 (46, 53) sowie *Zipperer* BKK 1993, 3; *Rüfner* NJW 1993, 753; *Bieback* ZSR 1993, 197.

Es folgten weitere wichtige Änderungen des SGB V, insbesondere: 4

- Beitragsentlastungsgesetz vom 1. 11. 1996[5]
- Erstes und Zweites Gesetz zur Neuordnung von Selbstverwaltung und Eigenverantwortung in der GKV vom 23. 6. 1997 (1. und 2. GKV-NOG)[6]
- Gesetz zur Stärkung der Solidarität in der gesetzlichen Krankenversicherung (GKV-SolG) und Gesetz zu Korrekturen in der Sozialversicherung und zur Stärkung der Arbeitnehmerrechte vom 19. 12. 1998[7]
- Beitragssatzsicherungsgesetz vom 23. 12. 2002[8]
- Gesetz zur Modernisierung der gesetzlichen Krankenversicherung (GMG) vom 14. 11. 2003[9]

Weitere Reformen sind angekündigt. Im Juli 2006 wurden Eckpunkte für erhebliche Veränderungen im Beitrags- und Organisationsrecht vorgelegt, deren gesetzgeberische Umsetzung noch ungewiss ist.

Die gesetzlichen Vorschriften über die Krankenversicherung finden sich vor allem im Fünften Buch des SGB. Daneben sind noch die alten Regelungen der RVO zur Mutterschaftshilfe in Kraft geblieben (§§ 179, 195–200 b RVO)[10]. Weiter ist das Recht der landwirtschaftlichen Krankenversicherung zu beachten (KVLG 1989). 5

Die Krankenversicherung sichert ihre Mitglieder und deren Familienangehörige vor allem gegen die Risiken der Behandlungsbedürftigkeit und Arbeitsunfähigkeit wegen *Krankheit* – unabhängig von der Krankheitsursache[11] – und *Mutterschaft.* Sie schützt etwa 85% der Gesamtbevölkerung. Reformüberlegungen sehen zum Teil eine weitergehende allgemeine Versicherungspflicht (*Bürgerversicherung*) vor[12]. 6

Die sozialpolitische Diskussion in der gesetzlichen Krankenversicherung (GKV) konzentriert sich seit den siebziger Jahren vor allem auf die Probleme der Finanzierung der Krankenversicherung. Während die Einnahmen der Krankenkassen durch die Anbindung an die versicherungspflichtige Beschäftigung bei stagnierenden Löhnen und hoher Arbeitslosigkeit langsamer steigen als die Wirtschaftskraft der Volkswirtschaft, steigen tendenziell die Ausgaben. 7

Die Gründe für die Leistungsentwicklung im Sinne einer Leistungsausweitung sind quantitativ in einer erhöhten Leistungsinanspruchnahme und qualitativ in verbesserten und oft auch teureren Behandlungsmöglichkeiten zu sehen. Dies bringt auch *Kostensteigerungen* (häufig sachlich unzutreffend als »Kostenexplosion« bezeichnet) mit sich.

Die Finanzierung der Krankenversicherung folgt einem grundsätzlich ausgabenorientierten Einnahmesystem, d.h., dass die Beiträge entsprechend den Ausgaben der Kassen erhöht werden (vgl. §§ 71 Abs. 1, 220 Abs. 1 SGB V). *Maßnahmen zur Begrenzung der Kostenentwicklung* sind u.a. die gesetzliche Begrenzung der Leistungen (Leistungskürzungen und -ausschluss), die Beeinflussung der Leistungsinanspruchnahme seitens der Versicherten (insbesondere durch Zuzahlungen, z.B. bei Medikamenten), die quantitative Steuerung des Angebots der leistungserbringenden Ärzte und Krankenhäuser (insbesondere durch Bedarfsplanung und Beschränkung der Zulassung von Leistungserbringern oder 8

5 BGBl. I S. 1631.
6 BGBl. I S. 1518, 1520; dazu *Noftz* VSSR 1997, 393; *Stackelberg* DOK 1997, 12 *Muckel* SGb 1998, 385.
7 BGBl. I S. 3853; dazu *Krasney* NJW 1999, 1745.
8 BGBl. I S. 4637; dazu BVerfGE 106, 351; 106, 359; 106, 369.
9 BGBl. I S. 2190; dazu *Hiddemann/Muckel* NJW 2004, 7.
10 Neben den genannten leistungsrechtlichen Regelungen gelten auch noch einige Bestimmungen des Organisationsrechts weiter, vgl. u.a. §§ 349 ff. RVO.
11 **Ausnahmen:** § 11 Abs. 4 und § 52 SGB V.
12 Vgl. *Axer* GS Heinze 2005, S. 1; *Lauterbach* SozSich 2005, 190; *Beck* SozSich 2004, 386; *Muckel* SGb 2004, 583; *Isensee* NZS 2004, 293; *F. Kirchhof* NZS 2004, 1; *Bieback* SozSich 2003, 416.

– bei Medikamenten – durch Ausschluss bestimmter Produkte) sowie die Vergütungsweisen für Leistungserbringer. Auch die gesetzliche Fixierung des Ausgabenvolumens bestimmter Leistungserbringer, etwa der Ärzte, oder des gesamten Ausgabenvolumens der Krankenversicherung finden als Möglichkeit der Kostenbegrenzung Anwendung (Budgetierung). Über *Priorisierungen* im Sinne bewusster gesundheitspolitischer Schwerpunktsetzungen (»Gesundheitsziele«) wird diskutiert[13]; dem SGB V liegen sie aber nicht zu Grunde.

Für die Sicherung der notwendigen Einnahmen der Krankenkassen werden insbesondere diskutiert die Ausweitung der Versicherungspflicht nach dem Personenkreis und den beitragspflichtigen Einkünften (z.B. aus Vermietung und Verpachtung, Kapitalerträgen etc.) und ein Steuerzuschuss. Erwogen wird auch eine stärkere Lösung von den Arbeitsentgelten als Finanzierungsbasis durch Einführung einkommensunabhängiger Beiträge (Kopfpauschale).

§ 13 Der Kreis der versicherten Personen

A. Zur Systematik des Gesetzes

1 In § 5 SGB V ist die *Versicherungspflicht* geregelt, während die §§ 6 bis 8 SGB V die Ausnahmen von der Versicherungspflicht behandeln; hier ist die fehlende Versicherungspflicht *kraft Gesetzes*, §§ 6 und 7 SGB V, von derjenigen auf *Antrag*, § 8 SGB V *(Befreiung von der Versicherungspflicht)*, zu unterscheiden. § 9 SGB V regelt sodann die *Versicherungsberechtigung*, also die Möglichkeit, freiwillig der Versicherung beizutreten. § 10 SGB V behandelt schließlich die *Familienversicherung*, also die Versicherung von Familienangehörigen der Versicherungspflichtigen und -berechtigten.

B. Versicherungspflicht

2 Nach § 5 Abs. 1 Nr. 1 SGB V sind pflichtversichert *Arbeiter* und *Angestellte*, die gegen Entgelt beschäftigt werden, also als *Arbeitnehmer* in einem entgeltlichen *Beschäftigungsverhältnis* stehen. Die Versicherungspflicht besteht jedoch nicht oder endet, wenn das regelmäßige Jahresarbeitsentgelt die Jahresarbeitsentgeltgrenze (Pflichtversicherungsgrenze) übersteigt, § 6 Abs. 1 Nr. 1, Abs. 4–8 SGB V (Jahresarbeitsentgeltgrenze).

Die Jahresarbeitsentgeltgrenze beträgt ab dem 1. 1. 2006 47.250 €; das entspricht monatlich 3937,50 € (vgl. § 6 Abs. 6 SGB V und § 4 Abs. 1 Sozialversicherungs-Rechengrößenverordnung 2006[14]).

3 Versicherungspflichtig sind nach § 5 Abs. 1 Nr. 1 SGB V (vgl. auch § 7 Abs. 2 SGB IV) weiter zu ihrer Berufsausbildung Beschäftigte – also *Auszubildende* –, wobei auch bei ihnen der Bezug von Arbeitsentgelt oder Ausbildungsvergütung (vgl. §§ 10 ff. BBiG) Voraussetzung ist.

Als abhängig Beschäftigte gelten auch die *Heimarbeiter* (§ 12 Abs. 2 2. Hs. SGB IV), so dass sie ebenfalls in der Krankenversicherung versicherungspflichtig sind.

Schließlich gelten diejenigen, die aus dem aktiven Arbeitsverhältnis ausgeschieden sind und von ihrem früheren Arbeitgeber Vorruhestandsgeld beziehen, als entgeltlich beschäftigt (§ 5 Abs. 3 SGB V) und sind versicherungspflichtig.

---

13 Vgl. *Neumann* NZS 2005, 617; Bericht der Enquete-Kommission Ethik und Recht der modernen Medizin, BT-Drs. 15/5980, 14 ff.

14 BGBl. I S. 3627.

Wer Arbeitslosengeld oder Unterhaltsgeld nach dem SGB III oder Arbeitslosengeld II nach dem SGB II bezieht, bleibt trotz Arbeitsausfalls in der Krankenversicherung weiter pflichtversichert (§ 5 Abs. 1 Nr. 2, 2 a SGB V). Für die Bezieher von kurzfristigen Sozialleistungen bleibt eine bestehende Pflichtversicherungsmitgliedschaft aufrechterhalten (§ 192 Abs. 1 SGB V). 4

Als *Rentner* unterliegt der Versicherungspflicht, wer mindestens neun Zehntel der zweiten Hälfte seines Erwerbslebens in der Krankenversicherung pflichtversichert war (freiwillige Versicherung genügt nicht) und auf diese Weise seine Zugehörigkeit zur Solidargemeinschaft der Krankenversicherung besonders deutlich zum Ausdruck gebracht hat (§ 5 Abs. 1 Nr. 11 SGB V). Diese Regelung ist für verfassungswidrig erklärt worden[15], daher bestehen Übergangsregelungen (§§ 9 Abs. 1 Nr. 6, 188 Abs. 2 SGB V). 5

Der bisher erwähnte Personenkreis ist der Kern der Versichertengemeinschaft, wobei das verbindende Element die Beziehung zur abhängigen Arbeit ist: Es handelt sich also um Personen, die abhängige Arbeit leisten, leisten wollen (Arbeitslose), geleistet haben (Rentner) oder für eine solche Tätigkeit ausgebildet werden (Auszubildende). – Im Laufe der Zeit hat man die gesetzliche Krankenversicherung weiteren Personenkreisen geöffnet.

Rehabilitanden sind nach § 5 Abs. 1 Nr. 6 SGB V pflichtversichert, wenn sie an Leistungen zur Teilhabe am Arbeitsleben (§ 33 SGB IX) teilnehmen. 6

Versicherungspflichtig sind weiter *behinderte Menschen*, wenn sie in anerkannten Werkstätten für behinderte Menschen (§ 145 SGB IX) oder in anderen Einrichtungen tätig sind (§ 5 Abs. 1 Nr. 7 und 8 SGB V). 7

In die Versicherungspflicht sind weiter die Studierenden und *Praktikanten*[16] einbezogen, und zwar – abweichend von § 3 SGB IV – unabhängig davon, ob sie ihren Wohnsitz oder gewöhnlichen Aufenthaltsort im In- oder Ausland haben, § 5 Abs. 1 Nr. 9 und 10 SGB V. Allerdings ist der Versicherungsschutz zur Vermeidung von Missbräuchen zeitlich begrenzt auf 14 Fachsemester bzw. bis zum 30. Lebensjahr; vgl. Rn. 180. 8

Bei den hier behandelten Tatbeständen des § 5 Abs. 1 Nr. 6 bis 12 SGB V handelt es sich in der Sache eigentlich gar nicht um eine echte Versicherungspflicht, da sich die betreffenden Personen ohne weiteres von ihr befreien lassen können (§ 8 Abs. 1 Nr. 4 bis 7 SGB V).

Soweit Empfängerinnen und Empfänger von Grundsicherung bei dauerhafter Erwerbsminderung und im Alter und von Hilfe zum Lebensunterhalt nach dem SGB XII sowie nach dem AsylbLG nicht krankenversichert sind, übernimmt die Krankenversicherung ihre Leistungen gegen Kostenerstattung (§ 264 SGB V). Nach außen hin sind diese Personen Mitglieder der GKV, sind aber nicht versicherungspflichtig. 9

Für alle Tatbestände der Versicherungspflicht gilt, dass Personen, die nach Vollendung des 55. Lebensjahrs versicherungspflichtig werden, versicherungsfrei sind, wenn sie in den letzten fünf Jahren vor Eintritt der Versicherungspflicht nicht gesetzlich versichert waren (§ 6 Abs. 3 a SGB V). Mit dieser Norm soll verhindert werden, dass Personen zuerst die für sie günstigere Privatversicherung in Anspruch nehmen und im Alter in die dann günstigere gesetzliche Versicherung wechseln. Diese Abgrenzungsprobleme zeigen, dass ein Nebeneinander beider Versicherungsformen schwer zu organisieren ist. 10

Da in einer Person mehrere Tatbestände der Versicherungspflicht des § 5 Abs. 1 SGB V oder eine Versicherungspflicht nach dieser Bestimmung und eine *Familienversicherung* nach § 10 SGB V zusammentreffen können, ist in den Abs. 6 bis 8 ihr Verhältnis zueinander geregelt. 11

Dem kommt vor allem beitragsrechtliche Bedeutung zu. **Beispiel:** S, der nach seinem Abitur im Unternehmen U eine Angestelltentätigkeit mit einer wöchentlichen Arbeitszeit von 40 Stunden auf-

15 Vgl. BVerfGE 102, 68.

16 Zur studentischen Krankenversicherung *Felix* NZS 2000, 477.

genommen hatte, beginnt nach zwei Jahren Jura zu studieren, wobei er seine Tätigkeit bei U um 10 Stunden reduziert. – Wird S nach § 5 Abs. 1 Nr. 1 SGB V als Arbeitnehmer versichert, errechnen sich seine Beiträge zur Krankenversicherung nach dem vollen Arbeitsentgelt (§ 226 Abs. 1 Nr. 1 SGB V), wird er nach § 5 Abs. 1 Nr. 9 SGB V als Student versichert, wird der Beitragsbemessung nur der BAföG-Bedarfssatz zugrunde gelegt (§ 236 Abs. 1 SGB V).

§ 5 Abs. 6 bis 8 SGB V lässt sich als *Grundregel* entnehmen, dass die Versicherungspflicht aufgrund entgeltlicher Beschäftigung (Nr. 1) absoluten Vorrang vor allen anderen Tatbeständen hat.

12 Zu beachten ist weiter § 5 Abs. 5 SGB V: Danach schließt ein selbstständiger Hauptberuf den Versicherungsschutz der gesetzlichen Krankenversicherung generell aus. Damit soll vermieden werden, dass ein Selbstständiger über eine versicherungspflichtige Nebenbeschäftigung zu Lasten der Solidargemeinschaft die möglicherweise höheren Kosten einer privaten Krankenversicherung einspart

Beispiel[17]: Ein selbstständiger Rechtsanwalt nimmt neben seiner Anwaltstätigkeit ein wirtschaftswissenschaftliches Studium auf.

C. Versicherungsfreiheit

13 Das Gesetz spricht von Versicherungsfreiheit, wenn es diejenige kraft Gesetzes meint, während es die Versicherungsfreiheit auf Antrag mit Befreiung von der Versicherungspflicht umschreibt.

Alle Bestimmungen über die Versicherungsfreiheit stellen Ausnahmeregelungen von den Vorschriften über die Versicherungspflicht dar. Das bedeutet, dass diese Normen nur zum Zuge kommen, wenn zunächst grundsätzlich die Voraussetzungen für eine Versicherungspflicht nach § 5 SGB V erfüllt sind.

I. Überschreiten der Jahresarbeitsentgeltgrenze

14 Der Gesetzgeber hält höherverdienende Beschäftigte für nicht mehr schutzbedürftig. Sie sind daher bei Überschreiten der *Jahresarbeitsentgeltgrenze kraft Gesetzes* versicherungsfrei (§ 6 Abs. 1 Nr. 1 SGB V). Berücksichtigt wird nur das *regelmäßige* (Jahres-)Arbeitsentgelt, zu welchem aber z.B. auch ein jährlich gewährtes Weihnachtsgeld, nicht jedoch eine einmalige Sonderzuwendung – etwa anlässlich eines Firmenjubiläums – zählt. War ein Arbeitnehmer zunächst versicherungspflichtig, überschreitet er jedoch später die Jahresarbeitsentgeltgrenze, wird er kraft Gesetzes versicherungsfrei und zwar mit Ablauf des Kalenderjahres, in dem die Entgeltgrenze überschritten wird (§ 6 Abs. 4 S. 1 SGB V). Von der Frage, wann die Versicherungspflicht endet, ist zu trennen, welche Rechtsfolgen dies für die Mitgliedschaft hat.

15 Das Abstellen auf den Jahreszeitraum vermeidet bei den heute üblichen jährlichen Lohnerhöhungen einen zu häufigen Wechsel zwischen Versicherungspflicht und Versicherungsfreiheit[18]. Wer zunächst wegen Überschreitens der Jahresarbeitsentgeltgrenze versicherungsfrei war, dann aber wegen ihrer Erhöhung versicherungspflichtig wird, kann sich, selbst wenn er nicht oder nicht ausreichend privatversichert ist, von der Versicherungspflicht befreien lassen (§ 8 Abs. 1 Nr. 1 SGB V).

---

17 Vgl. BSG SozR 3–2200 § 165 Nr. 2.

18 Steht jedoch bei einer Gehaltserhöhung von vornherein fest, dass das erhöhte Gehalt auch im folgenden Jahr über der dann maßgebenden Versicherungspflichtgrenze liegen wird, so wird der Arbeitnehmer sofort von der Versicherungspflicht frei; § 6 Abs. 4 S. 1 SGB V ist dann nicht anwendbar (teleologische Reduktion).

II. Versicherungsfreie Personengruppen

1. Beamte und beamtenähnlich gesicherte Personen

Beamte erbringen in abhängiger Stellung nichtselbstständige Arbeit und stehen daher grundsätzlich in einem Beschäftigungsverhältnis i.S.d. § 7 SGB IV. Da sie aber bereits durch das für sie geltende Dienstrechts sozial gesichert sind (bei Krankheit insbes. durch Beihilfen und Fortzahlung der Bezüge), sind sie mangels entsprechender Schutzbedürftigkeit in der Krankenversicherung (und den übrigen Zweigen der Sozialversicherung) kraft Gesetzes versicherungsfrei. Das Gleiche gilt für Personen, die in sozial ähnlich gesicherten Dienststellungen stehen, wie z.B. Richter, Soldaten oder Geistliche der Kirchen, aber auch Lehrer an Privatschulen (vgl. § 6 Abs. 1 Nr. 2, 4, 5 und 7 SGB V), sowie für Ruhestandspersonen (§ 6 Abs. 1 Nr. 6 SGB V). 16

Fall[19]: B ist Beamter auf Lebenszeit und übt neben seiner Beamtentätigkeit eine Beschäftigung bei der Fa. F aus, deren Wochenverdienst 500 € beträgt. – Wäre die für Beamte geltende Versicherungsfreiheit auf die nach beamtenrechtlichen Vorschriften oder Grundsätzen versorgungsrechtlich gesicherten Dienstverhältnisse beschränkt, so wäre das private Beschäftigungsverhältnis des B von der Versicherungsfreiheit nicht erfasst. Sozialpolitisch spricht manches dafür, B trotz Fehlens einer individuellen Schutzbedürftigkeit allein aufgrund seiner abhängigen Beschäftigung als zur Solidargemeinschaft der versicherten Arbeitnehmer zugehörig anzusehen, mit der Folge, dass er zu Beitragszahlungen verpflichtet wäre, auch wenn er vielleicht keine Leistungen in Anspruch nehmen würde[20]. Der Gesetzgeber hat sich mit § 6 Abs. 3 S. 1 SGB V anders entschieden: Beamte – und mit ihnen vergleichbare Personen – sollen grundsätzlich außerhalb der gesetzlichen Krankenversicherung stehen, so dass die Krankenkassen zwar einerseits auf Beitragseinnahmen verzichten müssen, andererseits aber auch gegen missbräuchliche Leistungsinanspruchnahme geschützt sind. Zur entsprechenden Situation bei selbstständiger Erwerbstätigkeit vgl. § 5 Abs. 5 SGB V. 17

2. Studierende

Ebenfalls *kraft Gesetzes* versicherungsfrei sind nach § 6 Abs. 1 Nr. 3 SGB V Studierende, wenn sie »als ordentliche Studierende« während der Dauer des Studiums gegen Arbeitsentgelt beschäftigt sind (sog. Werkstudenten). Dies kann auch gelten, wenn eine bisherige Hauptbeschäftigung reduziert wird[21]. 18

Fall: S studiert Rechtswissenschaften. Er verdient sich seinen Lebensunterhalt zum ganz überwiegenden Teil als Werkstudent, indem er regelmäßig bei der Fa. X als LKW-Fahrer arbeitet, und zwar wöchentlich zwischen 15 und 25 Stunden, in den Semesterferien öfter auch bis zu 40 Stunden. Sein monatliches Einkommen beträgt durchschnittlich ca. 650 €. Sinn der in § 6 Abs. 1 Nr. 3 SGB V geregelten Versicherungsfreiheit für Werkstudenten ist es, i.d.R. kürzere, dem Studium untergeordnete entgeltliche Beschäftigungen versicherungsfrei zu lassen. Dahinter steht auch die Überlegung, dass Studenten – anders als Auszubildende – später meist keine versicherungspflichtige Beschäftigung ausüben und folglich i.d.R. auch nicht Mitglied in einer Solidargemeinschaft der gesetzlichen Krankenversicherung werden. Eine an sich versicherungspflichtige Tätigkeit, die ein Student nur *neben* dem Studium ausübt, soll nach diesem Grundsatz somit versicherungsfrei bleiben. Entscheidend ist, ob der Erwerbstätige seinem Erscheinungsbild nach Student bleibt. Das ist der Fall, wenn Zeit und Arbeitskraft überwiegend vom Studium in Anspruch genommen werden. Die Praxis arbeitet hier zumeist mit der Grenze von 20 Stuinden wöchentlicher Erwerbstätigkeit. Es kommt aber immer auf den Einzelfall an[22]. Wenn in vorstehendem Fall S trotz seiner zeitraubenden Arbeitstätigkeit bei X noch mehr Zeit und Kraft für sein Studium aufbringt, ist er hinsichtlich seiner entgeltlichen Beschäftigung versicherungsfrei. Die Versicherungspflicht nach § 5 Abs. 1 Nr. 9 SGB V bleibt davon unberührt. Diese entfällt nach § 5 Abs. 7 S. 1 SGB V insbesondere dann, wenn der Student als Familienmitglied nach § 10 SGB V versichert ist. Sofern diese Voraussetzung nicht erfüllt ist, kann er sich in jedem Fall nach § 8 Abs. 1 Nr. 5 SGB V auf Antrag von der Versicherungspflicht befreien lassen.

---

19 Vgl. BSGE 40, 208.

20 So BSGE 40, 208, zur Rechtslage bis 1988; vgl. auch BSG SozR 2200 § 169 Nr. 4.

21 BSG SozR 4–2500 § 6 Nr. 3.

22 Dazu BSG SozR 2200 § 172 Nr. 20.

D. Befreiung von der Versicherungspflicht

19 Schon nach früherem Recht bestand für einige Personengruppen die Möglichkeit, sich auf Antrag von einer an sich bestehenden Versicherungspflicht befreien zu lassen. Voraussetzung war dabei stets der Nachweis eines gleichwertigen privaten Versicherungsschutzes. § 8 SGB V knüpft an diese Tradition an, verzichtet jedoch darauf, dass die Antragsteller privat versichert sein müssen.

20 Von der Versicherungspflicht befreit werden können Personen, die wegen höheren Verdienstes zunächst kraft Gesetzes versicherungsfrei waren, nun aber wegen Erhöhung der Jahresarbeitsentgeltgrenze oder wegen Reduzierung der Beschäftigung auf eine Teilzeittätigkeit versicherungspflichtig werden würden (§ 8 Abs. 1 Nr. 1, 3 SGB V). Es geht also um die Erhaltung des Status der Versicherungsfreiheit. § 8 Abs. 1 Nr. 2 SGB V nimmt auf die besondere Situation während einer Elternzeit Rücksicht.

E. Versicherungsberechtigung

21 In der gesetzlichen Krankenversicherung sind die Möglichkeiten der freiwilligen Versicherung nach wie vor begrenzt. Der Grund liegt in der Notwendigkeit, die Versichertengemeinschaft davor zu schützen, dass Versicherte in der Zeit, in der sie »gute« Risiken darstellen, die in der Beitragshöhe meist günstigeren Privatversicherungen wählen, während sie später im fortgeschrittenen Alter oder bei Vorerkrankungen dann den im Vergleich wieder günstigeren Schutz in der gesetzlichen Krankenversicherung wünschen, ohne dass sie vorher zur Solidargemeinschaft der Krankenversicherung beigetragen hätten.

In § 5 Abs. 10 SGB V wird Privatversicherten unter bestimmten Voraussetzungen ein Recht auf Neuabschluss eines Versicherungsvertrages zu gleichen Tarifbedingungen gewährt, was einer Kontrahierungspflicht für Privatversicherungsunternehmen gleichkommt. Ein weiterer Fall der Versicherungspflicht durch die private Krankenversicherung ist die Kinder-Nachversicherung für die Kinder privat Krankenversicherter, die nicht schutzlos bleiben dürfen, insbesondere wenn sie behindert zur Welt kommen (§ 178 d VVG).

22 Beschäftigte, die erstmals eine Beschäftigung aufgenommen haben und nach § 6 Abs. 1 Nr. 1 SGB V versicherungsfrei sind, können der Versicherung erstmalig beitreten, da sie von ihrer Erwerbstätigkeit her grundsätzlich zur Solidargemeinschaft der Pflichtversicherten gehören (§ 9 Abs. 1 Nr. 3 SGB V).

Weiter darf, wer nach einer gewissen Vorversicherungszeit in der Krankenversicherung aus der versicherungspflichtigen Beschäftigung ausscheidet, trotzdem Mitglied bei seiner bisherigen Krankenkasse bleiben (§ 9 Abs. 1 Nr. 1 SGB V). Wer gezwungen wird, der gesetzlichen Krankenversicherung beizutreten, den darf der Gesetzgeber nicht im Stich lassen, wenn die Tatbestandsvoraussetzungen für die Versicherungspflicht eines Tages nicht mehr erfüllt sind, z.B., weil sich der bisher als Arbeitnehmer Versicherte freiberuflich niederlässt oder sein Gehalt die Jahresarbeitsentgeltgrenze überschreitet. Der Beitritt zu einer privaten Krankenversicherung ist mit zunehmendem Alter nicht nur teurer, sondern wegen des u.U. verminderten Versicherungsschutzes auch weniger effektiv. – Die übrigen Tatbestände des § 9 Abs. 1 Nr. 2, 4 und 5 SGB V betreffen vergleichbare Fälle, in denen ein gesetzlicher Krankenversicherungsschutz endet (z.B. eine Familienversicherung nach § 10 SGB V wegen Tod des Stammversicherten) und die bisher Versicherten weiterhin schutzwürdig sind.

Stets muss der Beitritt zur Krankenversicherung – um Missbrauch zu vermeiden – alsbald nach der erstmaligen Beitrittsmöglichkeit beantragt werden (§ 9 Abs. 2 SGB V).

23 Für freiwillig versicherte Kassenmitglieder ist § 44 Abs. 2 SGB V zu beachten. Nach dieser Regelung können die Krankenkassen – bei entsprechenden Beitragsermäßigungen (§ 243

Abs. 1 SGB V) – den Anspruch auf Krankengeld ausschließen[23]. Von dieser Möglichkeit wird häufig Gebrauch gemacht.

F. Familienversicherung

Nicht nur durch eigene Krankheit kann ein Versicherungspflichtiger oder -berechtigter in 24
Bedrängnis geraten, sondern auch durch Krankheitsfälle seiner Familienangehörigen[24]. Daher schützt die Krankenversicherung – ohne Beitragszuschläge – auch den Ehegatten und die Kinder des (Stamm-)Versicherten sowie dessen Lebenspartner.

Zur Terminologie: Mitglieder und von § 10 SGB V erfasste Familienangehörige sind *Versicherte* i.S.d. Leistungsrechts (§§ 11 ff. SGB V). Im Unterschied zu den versicherten Familienangehörigen, also den *Familienversicherten,* kann man die versicherten Mitglieder als *Stammversicherte* bezeichnen.

Da es sich jedoch nur um einen *abgeleiteten* Versicherungsschutz handelt (vgl. § 19 Abs. 1 und insbes. 25
Abs. 3 SGB V), ist bei der Geltendmachung von Leistungsansprüchen durch Familienangehörige stets zunächst das Bestehen eines Mitgliedschaftsverhältnisses des Stammversicherten zu prüfen.

Während die Leistungsansprüche der Familienversicherten i.d.R. denjenigen der Stammversicherten entsprechen (Ausnahme: Krankengeld, § 44 Abs. 1 S. 2 SGB V), besteht ein wesentlicher Unterschied zwischen den beiden Arten von Versicherungsverhältnissen darin, dass nur die Stammversicherten als Mitglieder zu Beiträgen verpflichtet sind (§§ 223 Abs. 1, 249 Abs. 1, 250 SGB V).

Eine Familienversicherung kommt für *Ehegatten, Lebenspartner* und *Kinder* (vgl. § 10 Abs. 2 26
SGB V) der Stammversicherten in Betracht. Sie setzt voraus, dass die Familienangehörigen nicht ihrerseits aufgrund persönlicher Umstände außerhalb der Solidargemeinschaft stehen. Scheidet bereits für einen an sich Versicherungspflichtigen eine Mitgliedschaft in der Krankenversicherung wegen einer hauptberuflich ausgeübten selbstständigen Erwerbstätigkeit aus (§ 5 Abs. 5 SGB V), muss dies erst recht für den Schutz im Rahmen der Familienversicherung gelten (vgl. § 10 Abs. 1 Nr. 4 SGB V). Die Ungleichbehandlung nichtehelicher Lebensgemeinschaften in Bezug auf die Kinderversicherung ist verfassungsgemäß[25].

Ebenso schließt die eigene Mitgliedschaft eines Familienangehörigen dessen Familienversicherung aus (§ 10 Abs. 1 Nr. 2 SGB V).

Vgl. § 10 Abs. 1 Nr. 5 SGB V (typischerweise keine Unterhaltsberechtigung des Familienangehörigen gegenüber dem Stammversicherten).

§ 14 Krankenkassen

A. Organisation

Krankenkassen sind weder Privatunternehmen noch Behörden der unmittelbaren Staats- 1
verwaltung, sondern selbstständige und selbstverwaltete Körperschaften des öffentlichen Rechts, die unter staatlicher Rechtsaufsicht stehen (§§ 87 ff. SGB IV)[26].

---

23 Das Vertrauen der freiwillig Versicherten darauf, dass das satzungsmäßige Leistungsrecht nicht zu ihren Ungunsten verändert wird, ist nicht geschützt, BSG SozR 2200 § 213 Nr. 2.

24 Vgl. BGH NJW 1992, 909: Eine medizinisch indizierte, unaufschiebbare ärztliche Behandlung eines Ehegatten dient ohne Rücksicht auf die Höhe der mit ihr verbundenen Kosten der angemessenen Deckung des Lebensbedarfs der Familie i.S.v. § 1357 Abs. 1 S. 1 BGB (Leitsatz).

25 BVerfGE 107, 205.

26 Vgl. *Schewe* SozVers. 1990, 169.

2 Die Krankenversicherung ist nach dem Prinzip der *Selbstverwaltung* durch die Versicherten und die Arbeitgeber organisiert (§ 29 Abs. 1 und 2 SGB IV). Für die Krankenkassen gilt seit 1996 eine von den anderen Sozialversicherungsträgern abweichende Struktur der Selbstverwaltung (§ 35 a SGB IV; §§ 194–197 a SGB V). Der Vorstand ist hier nicht ehrenamtlich, sondern hauptamtlich. Er wird vom Verwaltungsrat gewählt und kontrolliert. Bei den Ersatzkassen gilt die Besonderheit, dass die Selbstverwaltung allein von den Versicherten gestellt wird. Die Kassen entscheiden selbst über *Satzungsleistungen* (z.B. §§ 20 Abs. 1 S. 1, 37 Abs. 2 S. 3, 38 Abs. 2 SGB V), für die eine gesetzliche Ermächtigung erforderlich ist[27]. Die Krankenkassen setzen im Grundsatz die *Beitragssätze* autonom fest (§ 241 S. 1 SGB V).

3 Die Krankenversicherung ist *dezentral* organisiert (§ 4 Abs. 2 SGB V), wobei seit einiger Zeit ein Trend zu größeren Krankenkassen erkennbar ist[28], der durch das GSG noch unterstützt wurde (vgl. §§ 143, 145, 160, 168 a SGB V). Ob größere Kassen immer kostengünstiger und effizienter sind, kann bezweifelt werden.

Ihre Träger sind 262 Krankenkassen, die jede für sich *Finanzautonomie* besitzen. 2006 gab es neben 16 Ortskrankenkassen (§ 143 Abs. 1 SGB V) 208 Betriebs- und 18 Innungskrankenkassen (§§ 147 Abs. 1, 157 Abs. 1 SGB V), ferner die bei den landwirtschaftlichen Berufsgenossenschaften errichteten acht landwirtschaftlichen Krankenkassen (§ 166 SGB V), die Seekrankenkasse (§ 165 Abs. 1 SGB V) und die knappschaftliche Krankenversicherung (§ 167 SGB V), drei Arbeiter- und sieben Angestellten-Ersatzkassen (§ 168 Abs. 1 SGB V).

Die Kassen haben Kompetenzen im Bereich der Kassenorganisation, so die ab 1996 bestehende Möglichkeit für Betriebs- und Innungskrankenkassen, auch betriebs- und innungsfremde Mitglieder aufzunehmen (*Öffnung der Kasse*, § 173 Abs. 2 S. 1 Nr. 4 SGB V).

Die Krankenkassen sind in Landesverbänden, Bundesverbänden und Spitzenverbänden organisiert[29] (§§ 207 ff. SGB V). Diese Verbände haben im Laufe der Zeit immer mehr Aufgaben und Kompetenzen bekommen. So schließen die Landesverbände der Krankenkassen (zusammen mit den Verbänden der Ersatzkassen) mit Wirkung für diese vor allem die Gesamtverträge mit den kassenärztlichen Vereinigungen (§ 83 SGB V), während die Bundesverbände und Spitzenverbände z.B. die Festbeträge für Arzneimittel festsetzen[30] (§ 35 Abs. 3 SGB V) oder Regelungen über einen Finanzausgleich in besonderen Notlagen von Krankenkassen treffen (§ 265 a SGB V).

4 Regelungsmöglichkeiten der Kassen und ihrer Verbände bestehen insbesondere im Leistungserbringungsrecht (§§ 69 ff. SGB V) und hier im Vertragsarztrecht (§§ 72 ff. SGB V). Die Krankenkassen wirken mit den *Kassenärztlichen Vereinigungen* (§ 77 SGB V) zusammen. Dieser Bereich wird auch als *gemeinsame Selbstverwaltung* bezeichnet[31]. Diese hat im gesetzlichen Rahmen einen gemeinsamen *Sicherstellungsauftrag* für die vertragsärztliche Versorgung der Versicherten (§ 72 Abs. 1 S. 1 SGB V).

5 Die *Kassenärztlichen Vereinigungen* sind gesetzlich auf die Sicherstellung der Versorgung im Rahmen des Krankenversicherungssystems als Naturalleistungssystem verpflichtet. Verweigert sich die Mehrheit der Vertragsärzte, geht der Sicherstellungsauftrag auf die Krankenkassen über (§ 72 a SGB V). Betreiben die Organe der Kassenärztlichen Vereinigung

---

27 Dazu BSGE 89, 227 = NZS 2003, 374.

28 1995 existierten noch 868 Krankenkassen gegenüber 585 Krankenkassen Anfang 1999, s. Statistisches Jahrbuch 1998, S. 451.

29 Dazu *Ruland* DRV 1988, 359. Zur Vertiefung *Hein*, Die Verbände der Sozialversicherungsträger in der Bundesrepublik Deutschland, 1990.

30 Vgl. BVerfGE 106, 275 = NJW 2003, 1232; *Fahlbusch* SGb 2003, 464; EuGH ZESAR 2004, 187 mit Anm. *M. Fuchs*.

31 Vgl. *Axer* FS 50 Jahre BSG, S. 339; *Axer* Die Verwaltung 2002, 377.

selbst den Ausstieg aus dem System, kann bei ihnen ein Staatsbeauftragter eingesetzt werden, um rechtmäßige Zustände wiederherzustellen[32].

Als gemeinsame Einrichtung unterhalten die Krankenkassen den *Medizinischen Dienst der Krankenversicherung* (MDK; §§ 275–283 SGB V) als Arbeitsgemeinschaft der Landesverbände[33]. Er dient der Überprüfung der Leistungserbringung und von Leistungsvoraussetzungen, insbesondere der medizinischen Rehabilitation und bei Zweifeln an der Arbeitsunfähigkeit (§ 275 SGB V). Der MDK hat auch wichtige Funktionen für die Feststellung der Pflegebedürftigkeit im Verfahren der Pflegekassen (§ 18 SGB XI). 6

B. Die Krankenkassen als Anlaufstelle für alle Zweige der Sozialversicherung

Die breite Streuung der früher noch wesentlich zahlreicheren Krankenkassen und die damit verbundene große Nähe zu den Versicherten und deren Arbeitgebern waren ursprünglich die Gründe, sie für die Erfüllung einer Reihe von Aufgaben als geeignet anzusehen, die über den eigentlichen Bereich der Krankenversicherung hinausgehen. So hat sie der Gesetzgeber z.B. in § 15 Abs. 1 SGB I – neben den Kreisen und kreisfreien Städten – als *Auskunftsstellen* für den gesamten Bereich der »sozialen Angelegenheiten nach diesem Gesetzbuch«, nämlich dem Sozialgesetzbuch, vorgesehen[34]. Und als *Einzugsstellen* für den Beitrag werden die Krankenkassen auch für die Träger der Rentenversicherung und die Bundesagentur tätig (§ 28 h SGB IV). 7

Den Krankenkassen sind allgemeine Aufgaben des *Meldewesens* übertragen: Dies erstreckt sich in erster Linie auf die versicherungspflichtigen Arbeitnehmer, deren Meldung auch für die Träger der Rentenversicherung und für die Bundesagentur (s. § 1 Abs. 2 S. 2 SGB IV) bei den Krankenkassen vorzunehmen ist (§ 28 a Abs. 1 SGB IV)[35]. Vor allem haben die Arbeitgeber Beginn und Ende der versicherungspflichtigen Beschäftigung ihrer Arbeitnehmer anzuzeigen (§ 28 a Abs. 3 SGB IV). 8

Die Krankenkassen entscheiden aufgrund der Meldungen über die *Versicherungs- und Beitragspflicht* und über die *Höhe der Beiträge*, und zwar wiederum zugleich für die Träger der Rentenversicherung, der Pflegversicherung und für die Bundesagentur (§ 28 h Abs. 2 SGB IV). 9

Schließlich obliegt den Krankenkassen außer der Erhebung der ihnen selbst zustehenden Beiträge der *Einzug* und die *Weiterleitung* auch der Beiträge für die Träger der Pflegeversicherung, der Rentenversicherung und für die Bundesagentur (Einzug des *Gesamtsozialversicherungsbeitrags;* §§ 28 d, 28 h Abs. 1, 28 k SGB IV). 10

Für die Erledigung dieser gesetzlichen Verwaltungsaufgaben erhalten die Krankenkassen von den Trägern der Pflegeversicherung, der Rentenversicherung und von der Bundesagentur eine *Vergütung* (§ 28 l SGB IV). Andererseits *haften* die Krankenkassen diesen Trägern der Sozialversicherung für die ordnungsgemäße Erfüllung der genannten Aufgaben auf Schadensersatz (§ 28 r Abs. 1 SGB IV). 11

---

32 BSGE 88, 193.

33 Näher: *Gitter/Köhler-Fleischmann* SGb 1999, 157.

34 Zu den Folgen eines Beratungsfehlers der Krankenkasse auf dem Gebiet des Rentenversicherungsrechts: BSG SozR 4–2600 § 4 Nr. 2.

35 Vgl. *Krasney* NJW 1989, 1007

§ 15 Mitgliedschaft und Versicherungsverhältnis

A. Allgemeines

1 Die Anspruchsberechtigung für Leistungen der Krankenversicherung (§ 11 SGB V) knüpft i.d.R. unmittelbar oder mittelbar an die Mitgliedschaft in einer Krankenkasse an (vgl. § 19 Abs. 1 und 3 SGB V).

Aus der *Mitgliedschaft* als dem versicherungsrechtlichen Grundverhältnis resultiert zum einen für das Mitglied das Recht auf *Teilhabe an der Selbstverwaltung*. Zum anderen folgt aus ihr das *Versicherungsverhältnis* zwischen Mitglied und Krankenkasse, aus dem wiederum die Anwartschaft auf *Leistungsansprüche sowie Beitragspflichten* resultieren. Darüber hinaus kann das Mitgliedschaftsverhältnis auch Versicherungsverhältnisse zwischen den Familienangehörigen des Mitglieds und der Krankenkasse begründen, wenn und soweit die Voraussetzungen des § 10 SGB V erfüllt sind; die Wirkung dieser *Familienversicherungsverhältnisse* beschränkt sich auf Leistungsansprüche ohne Beitragspflichten.

Mitgliedschaftsverhältnis
zwischen Mitglied und Krankenkasse
(§§ 186 ff. SGB V)

Teilhabe des Mitglieds (Stammversicherten) *an Selbstverwaltung* (§§ 43 ff. SGB IV)	*Versicherungsverhältnis* zwischen Mitglied (Stammversichertem) und Krankenkasse	*Versicherungsverhältnis* zwischen Familienangehörigen des Mitglieds und Krankenkasse
Leistungsansprüche (§ 11 SGB V, vgl. auch § 19 SGB IV)	*Beitragspflichten** (§§ 223 Abs. 1, 249 Abs. 1, 250 SGB V)	*Leistungsansprüche* (§ 11 SGB V, vgl. auch § 19 SGB IV)

* Hinzu kommt ggf. eine Beitragspflicht des Arbeitgebers (§ 249 Abs. 1 SGB V). Möglich ist auch die alleinige Beitragspflicht des Arbeitgebers oder eines Dritten (§§ 249 Abs. 2, 251 SGB V).

B. Beginn der Mitgliedschaft

I. Versicherungspflichtige

2 Die Mitgliedschaft bei einer Krankenkasse beginnt für die versicherungspflichtigen Beschäftigten, insbes. die Arbeitnehmer, kraft Gesetzes mit dem Tage des Eintritts in das Beschäftigungsverhältnis (§ 186 Abs. 1 SGB V). Sie besteht unabhängig davon, ob Beiträge gezahlt worden sind oder ob der Versicherte bei einer Krankenkasse angemeldet worden ist. Zum Beginn der Mitgliedschaft der übrigen Versicherungspflichtigen, z.B. der Künstler, Rehabilitanden, Studierenden oder Rentner vgl. §§ 186 Abs. 2 bis 10, 189 SGB V.

II. Versicherungsberechtigte

3 Für die Versicherungsberechtigten beginnt die Mitgliedschaft mit ihrem Beitritt zur Krankenkasse (§ 188 Abs. 1 SGB V), auch hier unabhängig von Beitragszahlungen. Der Beitritt geschieht durch schriftliche Erklärung gegenüber der Krankenkasse (§ 188 Abs. 3 SGB V).

Bei dem Beitritt zur Krankenversicherung handelt es sich nicht um den Abschluss eines (öffentlich-rechtlichen) Vertrages, sondern um eine einseitige empfangsbedürftige Willenserklärung durch den Versicherungsberechtigten. Für sie gelten die zivilrechtlichen Bestimmungen über Geschäftsfähigkeit, Anfechtung u.ä. entsprechend. Eine Annahme oder »Bestätigung« durch die Krankenkasse ist nicht erforderlich[36]. Vielmehr begründet die Versicherungsberechtigung ein öffentlich-rechtliches Gestaltungsrecht.

C. Zuständigkeit und Kassenwahlrechte

Mit der Frage, *ob* eine Mitgliedschaft in der Krankenversicherung gegeben ist, hängt zusammen, bei *welcher* Krankenkasse sie vorliegt. Ein Leistungsanspruch – des Stamm- oder Familienversicherten – kann nur gegenüber einer bestimmten, nämlich derjenigen Krankenkasse bestehen, deren Mitglied der Stammversicherte ist. 4

Im Gegensatz zu der bis 1995 geltenden Regelung gibt es keine Zuweisung der Versicherten kraft Gesetzes mehr zu einer bestimmten Krankenkasse. Vielmehr ist in jedem Fall eine positive Entscheidung des Versicherungspflichtigen für eine von mehreren in Betracht kommenden Krankenkassen durch Ausübung eines entsprechenden Wahlrechts erforderlich (§ 175 SGB V). Auch Betriebs- und Innungskrankenkassen können gewählt werden, allerdings nur, wenn die Satzungen der Kassen dies vorsehen und die Kasse geöffnet haben (§ 173 Abs. 2 S. 1 Nr. 4 SGB V). 5

Sofern ein versicherungspflichtiger Arbeitnehmer sein Wahlrecht nicht ausübt, muss sein Arbeitgeber (»die zur Meldung verpflichtete Stelle«) eine Krankenkasse für ihn bestimmen (§ 175 Abs. 3 S. 2 SGB V).

Die gewählte Krankenkasse darf die Mitgliedschaft nicht ablehnen (§ 175 Abs. 1 S. 2 SGB V). Wenn insoweit verschiedentlich von »Kontrahierungszwang« die Rede ist[37], so ist dies verfehlt. Denn es handelt sich nicht um Vertragsschlüsse, sondern um einseitige Willenserklärungen. – Ein Wechsel der Krankenkasse durch »Kündigung« der Mitgliedschaft bei der bisherigen und »Ausübung des Wahlrechts« gegenüber einer anderen Krankenkasse war bislang i.d.R. nach einem Jahr zulässig. Versicherungspflichtige und Versicherungsberechtigte sind an die Wahl der Krankenkasse mittlerweile mindestens 18 Monate gebunden (§ 175 Abs. 4 SGB V) (Ausnahme: Abs. 5)[38]. 6

D. Versicherungsverhältnis und Leistungsansprüche

Mit der Mitgliedschaft ist das *Versicherungsverhältnis* zwischen *Mitglied* und Krankenkasse verbunden; dieses begründet die Beitragspflicht (§§ 249 Abs. 1, 250 SGB V) und bei Eintritt eines Versicherungsfalles die Leistungsansprüche (arg. § 19 Abs. 1 SGB V). Zudem werden durch die Mitgliedschaft die Versicherungsverhältnisse der *Familienversicherten* vermittelt (arg. § 19 Abs. 1 und 3 SGB V), die jedoch nur Leistungsansprüche und keine Beitragspflichten zur Folge haben. 7

Im Einzelnen müssen für das Entstehen von Leistungsansprüchen jeweils bestimmte Tatbestandsvoraussetzungen erfüllt sein (sog. Leistungsfall). Für die Begründung von Leistungsansprüchen ist Voraussetzung, dass der Versicherungsfall *während* der Mitgliedschaft[39] und damit zugleich während des Versicherungsverhältnisses *realisiert* ist. Daraus folgt zunächst, dass es für die Leistungsansprüche – im Gegensatz zum privaten Krankenversicherungsrecht – *nicht* darauf ankommt, ob der Versicherungsfall schon *vor* Beginn der Mitgliedschaft (und damit vor Begründung des Versicherungsverhältnisses) *eingetreten* ist. 8

36 BSGE 23, 248 (251).
37 So etwa in der Gesetzesbegründung, BT-Drs. 12/3608, 74.
38 Gesetz zur Neuregelung der Krankenkassenwahlrechte v. 27. 7. 2001 (BGBl. I S. 1946).
39 Einzige (wichtige) Ausnahmen sind in § 19 Abs. 2 und 3 SGB V enthalten: Danach besteht auch noch nach Beendigung der Mitgliedschaft für Stamm- und Familienversicherte für das Versicherungsverhältnis eine Nachfrist von einem Monat.

Damit sind die Krankenkassen auch für solche Krankheiten leistungspflichtig, die bei Beginn der Mitgliedschaft bereits bestehen.

Aus dem Umstand, dass Leistungsansprüche nur in Betracht kommen, wenn und soweit ein Versicherungsfall *während* der Mitgliedschaft realisiert ist, folgt zugleich aber auch eine *zeitliche Begrenzung* der Ansprüche. Sie scheiden aus, wenn und soweit ein Versicherungsfall in die Zeit nach Beendigung des Versicherungsverhältnisses fällt.

9 Für Beginn und Ende der Leistungsansprüche wird auf den *Grundsatz von Einheit des Versicherungsfalles* abgestellt. Danach werden die einzelnen Leistungsansprüche ihrem Rechtsgrund nach auf den Eintritt des Versicherungsfalles zurückbezogen. Die Behandlungsbedürftigkeit oder die Arbeitsunfähigkeit, die auf die Krankheit zurückzuführen sind, sind dabei nur Erscheinungsformen der Krankheit[40]. Sie stellen demnach nicht zwei Versicherungsfälle dar. Es kommt also darauf an, dass der Versicherungsfall – die krankheitsbedingte Behandlungsbedürftigkeit und / oder die krankheitsbedingte Arbeitsunfähigkeit – während der Mitgliedschaft bzw. während der Nachfrist des § 19 Abs. 2 und 3 SGB V und damit während des Versicherungsverhältnisses *realisiert* ist.

Beispiel[41]**:** Der bei einer AOK pflichtversicherte K leidet seit Jahren an Herz- und Kreislaufbeschwerden. Am 18. 10. schied er behandlungsbedürftig, aber nicht arbeitsunfähig, aus der Beschäftigung aus, um sich eine leichtere Arbeit zu suchen. Zur beabsichtigten Arbeitsaufnahme kam es jedoch nicht, da K bereits am 22. 11. wegen des Herzleidens arbeitsunfähig krankgeschrieben wurde. K verlangt Zahlung von Krankengeld (§ 44 Abs. 1 SGB V). – Ein Anspruch auf Krankengeld aus dem bisherigen Versicherungsverhältnis (aufgrund der Beschäftigung, § 5 Abs. 1 Nr. 1 SGB V) kann gar nicht erst entstehen, da die krankheitsbedingte Arbeitsunfähigkeit erst nach Ablauf der Frist des § 19 Abs. 2 SGB V eingetreten ist.

Dennoch muss K nicht schutzlos sein. In Betracht kommt ein neues Mitgliedschafts- und Versicherungsverhältnis aufgrund § 5 Abs. 1 Nr. 2 SGB V, wenn K nach Beendigung der Beschäftigung Arbeitslosengeld nach dem SGB III bezieht. Allerdings ist das Arbeitslosen-Krankengeld nach § 47b SGB V niedriger als das »normale« Krankengeld.

Wie ist die Rechtslage, wenn K bereits am 28. 10. aufgrund der Krankheit arbeitsunfähig wurde? – Dann entsteht zwar der Krankengeldanspruch (zum genauen Zeitpunkt § 46 S. 1 Nr. 2 SGB V). Dieser erlischt jedoch am 18. 11., § 19 Abs. 2 SGB V. Dem steht weder § 48 Abs. 1 SGB V entgegen, da diese Regelung nur im Rahmen des § 19 SGB V anwendbar ist, noch gar § 192 Abs. 1 Nr. 2 SGB V, da keine Mitgliedschaft *fortbestehen* kann.

Ohne weiteres ist im Beispielsfall das Entstehen des Krankengeldanspruchs dem SGB V freilich nicht zu entnehmen. Das SGB V enthält – außer der hier nicht einschlägigen Bestimmung des § 46 SGB V – keine ausdrücklichen Regelungen zum Beginn der Leistungsansprüche. § 19 Abs. 2 SGB V könnte daher auch in dem Sinne ausgelegt werden, dass die Leistungsansprüche noch während der Mitgliedschaft entstanden sein müssen und dass diese Bestimmung nur ein *Fortbestehen* bis längstens einen Monat vorsieht. Dies würde jedoch der Absicht des Gesetzgebers widersprechen[42].

Was im Beispielsfall und seiner Variante für den Krankengeldanspruch gilt, gilt gleichermaßen für den Anspruch auf Krankenbehandlung nach § 27 SGB V.

Wie ist die Rechtslage, wenn K nicht pflicht-, sondern freiwillig versichert war, zum 31. 10. aus der gesetzlichen Krankenversicherung ausgeschieden ist und am 1. 11. arbeitsunfähig wurde? – Dann enden die Leistungsansprüche am 31. 10., da § 19 Abs. 2 SGB V nur für *Pflicht*versicherte gilt.

40 Hierzu *Kummer,* in: Schulin, HS-KV § 20 Rn. 1 ff. (13).
41 Sachverhalt nach BSGE 26, 57.
42 Vgl. BT-Drs. 11 / 2237, 166.

E. Ende der Mitgliedschaft

I. Versicherungspflichtige

Entfallen die tatbestandsmäßigen Voraussetzungen für die Versicherungspflicht, so enden damit meist zugleich die Mitgliedschaft in der Krankenkasse und folglich auch das Versicherungsverhältnis. Legt z.B. ein Arbeitnehmer seine Arbeit nieder, um fortan als Privatier von einer angefallenen Erbschaft zu leben, so scheidet er damit ohne weiteres aus der Krankenversicherung aus (§ 190 Abs. 2 SGB V). Dasselbe gilt auch, wenn der Versicherte stirbt (§ 190 Abs. 1 SGB V), so dass damit auch die Familienangehörigen, von § 19 Abs. 3 SGB V abgesehen, keinen Versicherungsschutz mehr genießen. 10

Für Arbeitnehmer, die die Jahresarbeitsentgeltgrenze überschreiten, ist § 190 Abs. 3 SGB V zu beachten. Danach hat ein Ende der Versicherungspflicht nicht automatisch auch ein Ende der Mitgliedschaft zur Folge. Diese wird vielmehr nur beendet, »wenn das Mitglied innerhalb von zwei Wochen nach Hinweis der Krankenkasse über die Austrittsmöglichkeit seinen Austritt erklärt«. Andernfalls setzt sich die Mitgliedschaft freiwillig fort.

In einigen Fällen bleibt die Mitgliedschaft Versicherungspflichtiger in der Krankenkasse nur noch erhalten, solange sie sich in einem rechtmäßigen Arbeitskampf befinden (§ 192 Abs. 1 Nr. 1 SGB V). 11

Auch hier liegt ein Fall vor, in welchem das Versicherungsverhältnis an das *Arbeitsverhältnis* ohne tatsächliche Beschäftigung anknüpft.

Was gilt, wenn ein Arbeitnehmer *rechtswidrig ausgesperrt* wird? – Dann verbleibt ihm sein arbeitsrechtlicher Entgeltanspruch, so dass er nach § 5 Abs. 1 Nr. 1 SGB V Mitglied bleibt.

Wichtig ist weiter die Fallgruppe des § 192 Abs. 1 Nr. 2 SGB V. Danach bleibt die Mitgliedschaft u.a. erhalten, solange Anspruch auf Krankengeld besteht. Das kann gemäß § 48 Abs. 1 SGB V bis zu 1 1/2 Jahren der Fall sein. 12

Warum ist diese Regelung nicht im **Beispiel** oben anwendbar? – Weil nach ihr nur die *Aufrechterhaltung* einer Mitgliedschaft vorgesehen ist, nicht aber deren Wiederaufleben, nachdem sie – wie im *Bsp.* – bereits zuvor geendet hat.

II. Freiwillig Versicherte

Eine freiwillige Mitgliedschaft endet nach § 191 SGB V außer durch Tod, Beginn einer Pflichtmitgliedschaft oder Austrittserklärung auch nach zweimaliger Säumnis der Beitragsentrichtung und zwar kraft Gesetzes. 13

F. Versicherungsverhältnis ohne Mitgliedschaft

In einigen Fällen kann ein Versicherungsverhältnis auch ohne Mitgliedschaft bestehen oder fortbestehen. 14

I. Beendigung der Mitgliedschaft

Endet die Mitgliedschaft eines Versicherungs*pflichtigen* und übt dieser keine Erwerbstätigkeit aus, dann bleibt das Versicherungsverhältnis in leistungsrechtlicher Hinsicht bis zu einem Monat aufrechterhalten (§ 19 Abs. 2 SGB V). Es können während dieser Zeit auch Leistungsansprüche neu entstehen, deren Dauer jedoch auf die Monatsfrist begrenzt ist.

Fall: A ist Waldarbeiter bei W. Wegen ungünstiger Witterungsverhältnisse wird die Arbeit am 10. 1. für acht Wochen unter Fortfall der Entgeltfortzahlung ausgesetzt. Mangels Erfüllung der erforderlichen Anwartschaftszeiten kann A zwar weder Arbeitslosengeld noch Arbeitslosenhilfe beziehen, dafür aber Winterausfallgeld nach dem SGB III. Nach fünf Wochen erkrankt A. Hat er Anspruch auf Kassenleistungen? – Wäre hier lediglich § 19 Abs. 2 SGB V anzuwenden, würde A keinen Versicherungsschutz mehr genießen, da die Krankheit nach Ablauf der Monatsfrist eingetreten ist; dass der Arbeitsvertrag zwischen A und W fortbesteht, ist insoweit unerheblich. Jedoch ist hier zunächst § 192 Abs. 1 Nr. 4 SGB V zu beachten. Danach bleibt die Mitgliedschaft des A während des Bezugs von Kurzarbeiter- oder Winterausfallgeld erhalten. Erst mit Beendigung der in § 211 Abs. 2 SGB III genannten Förderungszeit würde § 19 Abs. 2 SGB V grundsätzlich eingreifen. Hier ist die Arbeit des A allerdings nur für acht Wochen ausgesetzt, so dass A nicht auf § 19 Abs. 2 SGB V verwiesen werden muss.

Vor § 19 Abs. 2 SGB V ist also stets zu prüfen, ob noch ein Mitgliedschaftsverhältnis aufgrund anderer Normen besteht.

Fall: B ist wegen Überschreitens der Jahresarbeitsentgeltgrenze freiwilliges Mitglied in der gesetzlichen Krankenversicherung. Er vereinbart mit seinem Arbeitgeber C für 3 Monate unbezahlten Sonderurlaub. Nach 4 Wochen kündigt C dem B wirksam fristlos, nach 6 bzw. 10 Wochen wird B arbeitsunfähig krank. – Hier kommt § 192 SGB V grundsätzlich nicht zur Anwendung, da die Regelungen nur für Pflichtversicherte gelten (können). Die Mitgliedschaft des B bleibt so lange erhalten, bis er sie (freiwillig) aufgibt oder ein anderer Beendigungsgrund des § 191 SGB V eintritt. Des besonderen Schutzes des § 19 Abs. 2 SGB V bzw. des § 7 Abs. 3 SGB IV bedarf er nicht.

II. Tod des Stammversicherten

15 Wird die Mitgliedschaft eines Stammversicherten durch Tod beendet (§§ 190 Abs. 1, 191 Abs. 1 SGB V), so bleiben die *Familienversicherungsverhältnisse* ebenfalls bis zu einem Monat bestehen, § 19 Abs. 3 SGB V. Während dieser Zeit haben die betroffenen Familienangehörigen die Möglichkeit, durch freiwilligen Beitritt selbst Mitglied in der gesetzlichen Krankenversicherung (nun als Stammversicherte) zu werden, § 9 Abs. 1 Nr. 2 SGB V, oder für privaten Versicherungsschutz zu sorgen.

§ 19 Abs. 3 SGB V ist auch beim Tod *freiwillig versicherter Mitglieder* anwendbar, da in solchen Fällen mangels vorheriger Vorsorgemöglichkeit die Familienversicherten ebenso schutzbedürftig sind wie in Fällen der Mitgliedschaft des Stammversicherten aufgrund Versicherungspflicht.

§ 16 Die Beiträge

A. Allgemeines

1 Lange Zeit waren in der Krankenversicherung die einzelnen Krankenkassen jede für sich finanziell unabhängig. Regelungsversuche, besondere Leistungsaufwendungen oder unterschiedliche Beitragsaufkommen unter mehreren Krankenkassen auszugleichen (durch eine sog. Gemeinlast oder durch Finanzhilfe), scheiterten sowohl in den 20er und 30er Jahren als auch in der Nachkriegszeit. Ende 1967 wurden dann erste Schritte eines *Finanzausgleichs unter den Krankenkassen* in Bezug auf die Ausgaben für die krankenversicherten Rentner getan, die schließlich 1977 in die Regelungen eines allgemeinen, bundesweiten und alle Kassenarten einbeziehenden Finanzausgleichs der Krankenversicherung der Rentner (KVdR) mündeten. Ein kassenartinterner Finanzausgleich wurde erst landesweit, später bundesweit eingeführt. Der Finanzausgleich in der KVdR erfasste über ein Drittel der Gesamtausgaben dieses Bereichs.

2 Es war eines der wesentlichen Anliegen des Gesetzgebers des GSG 1993, einen Wettbewerb unter den Krankenkassen zu fördern. Dem sollten vor allem die umfassenden Kassenwahlrechte der Versicherten dienen. Voraussetzung für dieses System der Wahlrechte sind jedoch einigermaßen gleiche Wettbewerbsbedingungen der Krankenkassen. An ihnen fehlt es, soweit die Krankenkassen unterschiedliche Belastungen treffen, auf die sie keinen Einfluss haben, z.B. wegen Unterschieden in der Höhe der beitragspflichtigen Einnahmen der Versicherten.

Das GSG hat daher 1994 einen bundesweiten, alle Kassen und Kassenarten umfassenden *Risikostrukturausgleich (RSA)* eingeführt (§ 266 SGB V). In ihn werden die finanziellen Auswirkungen von vier (Risiko-)Faktoren einbezogen: die Höhe der beitragspflichtigen Einnahmen, die Zahl der Familienversicherten (§ 10 SGB V) sowie Alter und Geschlecht der Versicherten. 2002 wurden so 14,9 Mrd. € zwischen den Kassen umverteilt. 3

Ein weiterer wesentlicher Wettbewerbsfaktor ist jedoch die *Morbidität* der Versicherten, also ihre spezifische Krankheitslast. Chronische Krankheiten und der soziale Status sowie der Bildungsgrad beeinflussen die Morbidität. Entsprechend wird seit Jahren darüber diskutiert, den Risikostrukturausgleich morbiditätsorientiert zu gestalten, damit die Krankenkassen nicht mehr wie bisher im Wettbewerb einen Anreiz haben, nur um junge, gesunde Versicherte mit hohem Sozial- und Bildungsstatus zu werben (Risikoselektion)[43]. Erste Ansätze zur Datensammlung und Weiterentwicklung des RSA sind im Gesetz enthalten (§§ 267, 268 SGB V). In der öffentlichen und politischen Diskussion wird das Problem der Risikoselektion und Risikostruktur oft unterschätzt und das Problem der Verwaltungskosten überschätzt.

Das BVerfG hat den Risikostrukturausgleich als verfassungsgemäß erkannt. Es gibt keine Rechte der Kassen oder Versicherten auf Bildung einer günstigeren Risikogemeinschaft[44]. Auch der darin enthaltene regionale Ausgleich ist im sozialen Bundesstaat verfassungsgemäß. Der Gesetzgeber könnte auch einen einheitlichen Krankenversicherungsträger schaffen oder einen vollständigen Finanzausgleich wie in der Rentenversicherung einführen[45].

Die *Höhe der Beiträge* richtet sich in der Krankenversicherung, Pflegeversicherung, Rentenversicherung und Bundesagentur nach den Bruttobezügen der Versicherten (vgl. § 3 SGB V). Dabei spielen für die Beitragshöhe in der Krankenversicherung, anders als bei den privaten Krankenversicherungsunternehmen, die individuellen (Krankheits-)Risiken und die Zahl der mitversicherten Familienmitglieder keine Rolle. Hierin insbesondere liegt das Soziale der gesetzlichen Krankenversicherung begründet[46]. 4

Während die *Beitragssätze* für die Pflegeversicherung, die Rentenversicherung und die Bundesagentur unmittelbar durch VO (§§ 158, 160 S. 1 Nr. 1 SGB VI) bzw. durch Gesetz (§ 55 Abs. 1 SGB XI; § 341 Abs. 2 SGB III) bundeseinheitlich festgesetzt werden, ist dies bei der Krankenversicherung anders. Jede Krankenkasse setzt den allgemeinen Beitragssatz in ihrer Satzung je nach Finanzbedarf nach Maßgabe der gesetzlichen Regelungen (§ 21 SGB IV, §§ 220 ff. SGB V) selbstständig fest. 5

B. Beitragspflicht und beitragspflichtige Einnahmen

Mit der Mitgliedschaft und dem auf ihr beruhenden Versicherungsverhältnis des Stammversicherten ist die *Beitragspflicht* verbunden (§ 223 Abs.1 SGB V) die kraft Gesetzes mit Erfüllung der entsprechenden Tatbestandsmerkmale entsteht (vgl. § 22 SGB IV), wenn nicht beitragsfreie Versicherungsverhältnisse vorliegen (§§ 19 Abs. 2, 3, 224, 225 SGB V). 6

Nach § 223 Abs. 2 SGB V werden die Beiträge nach den *beitragspflichtigen Einnahmen* der Mitglieder bemessen, allerdings nur bis zu einer bestimmten Grenze, der *Beitragsbemessungsgrenze* (§ 223 Abs. 3 SGB V; 2006: 42.750 € jährlich), die nicht (mehr) der Pflichtversicherungsgrenze entspricht. 7

---

43 Vgl. BVerfGE 113, 167 (238 ff.); *Ramsauer* NJW 1998, 481, (484).

44 BVerfGE 113, 167; BSG SozR 4–2500 § 266 Nr. 5 = NZS 2004, 36; Anm. *Spoerr* NZS 2004, 402; *Axer* SGb 2003, 485. Nicht durchgesetzt hat sich die von *Sodan/Gast* VSSR 2001, 311 vertretene Position.

45 BVerfGE 113, 167, 223.

46 Vgl. *Schulin* 59. DJT, E 117 f.

Während §§ 226 bis 238 SGB V Näheres zu den (beitragspflichtigen) Einnahmen der versicherungspflichtigen Mitglieder bestimmen, enthalten §§ 238 a und 240 SGB V Regelungen für freiwillig Versicherte; beachte auch § 239 SGB V für Rentenantragsteller.

Dabei ist zu berücksichtigen, dass nach dem SGB V den Krankenkassen für freiwillige Mitglieder ein größerer Gestaltungsfreiraum zusteht. Nach § 240 SGB V (vgl. auch Abs. 5) wird die Beitragsbemessung grundsätzlich durch die Satzung geregelt, wobei die Norm Mindestanforderungen – insbes. hinsichtlich der zu berücksichtigenden Einnahmen – vorsieht. Der Gesetzgeber wollte es den Krankenkassen ermöglichen, vor allem für Selbstständige und einkommenslose freiwillig versicherte Ehegatten (Hausfrauen) sachgerechte Sonderregelungen zu treffen.

Stets muss jedoch oberste Leitlinie sein, dass die Beitragsgestaltung an der wirtschaftlichen Leistungsfähigkeit der Mitglieder orientiert wird (§ 240 Abs. 1 S. 2 SGB V). Dabei kann auch Ehegatteneinkommen berücksichtigt werden[47]. Einkommen aus Kapitalvermögen werden unter Abzug des steuerrechtlichen Sparer-Freibetrags berücksichtigt[48]. Im Unterschied dazu wird etwa bei versicherungspflichtigen Arbeitnehmern zu den Beiträgen nur das Arbeitsentgelt und ggf. eine Rente (oder ähnliche Leistung) herangezogen, nicht dagegen sonstiges Einkommen, insbes. aus selbstständiger Tätigkeit.

8 Bei *versicherungspflichtig Beschäftigten* werden die Beiträge vom Arbeitsentgelt aus der Beschäftigung berechnet (vgl. § 14 SGB IV). Berücksichtigt wird grundsätzlich nur das Entgelt aus *versicherungspflichtigen* Beschäftigungen. Nicht versicherungspflichtig sind die geringfügig Beschäftigten. Seit dem 1. 4. 1999 sind für sie vom Arbeitgeber Pauschalbeiträge abzuführen.

9 Nach § 14 Abs. 1 SGB IV gehören zum Arbeitsentgelt auch die *einmaligen* Bezüge (§ 23 a SGB IV)[49].

Zu ihnen zählen wiederkehrende Sonderzahlungen wie Urlaubs- oder Weihnachtsgeld und Zahlungen wie Jubiläumszuwendungen (etwa anlässlich eines 50jährigen Firmenjubiläums) oder Erfindervergütungen. Nicht zum einmalig gezahlten Arbeitsentgelt zählen besondere Lohnanteile wie Feiertagszuschläge oder Mehrarbeits- bzw. Überstundenvergütungen.

Fall[50]**:** Die Versicherte V erhält von ihrer Arbeitgeberin nach vereinbartem Ausscheiden eine Abfindungszahlung »gem. §§ 9, 10 KSchG« in Höhe von ca. 33.000 €, abzüglich der Gesamtsozialversicherungsbeiträge. V beantragt von der zuständigen Einzugsstelle – zunächst erfolglos – Beitragserstattung, die ihr aber nach dem BSG zusteht: Eine Abfindung, die wegen Beendigung einer versicherungspflichtigen Beschäftigung als Entschädigung für die Zeit danach gezahlt wird, ist kein beitragspflichtiges Arbeitsentgelt. Zwar gehören zum Arbeitsentgelt auch einmalige Einnahmen, die nicht unmittelbar aus der Beschäftigung, sondern nur »im Zusammenhang mit ihr« erzielt werden. Voraussetzung für die sozialversicherungsrechtliche Beitragspflicht ist allerdings – im Gegensatz zur Lohnsteuerpflicht –, dass sich diese Einnahmen der versicherungspflichtigen Beschäftigung zeitlich zuordnen lassen. Eine solche Zuordnung trifft aber auf eine Abfindung, die wegen Beendigung der versicherungspflichtigen Beschäftigung gezahlt wird, grundsätzlich nicht zu.

10 Bei der Jahresarbeitsentgeltgrenze (§ 6 Abs. 1 Nr. 1 SGB V), die für die Versicherungspflicht maßgebend ist, wird zwar auch einmalig gezahltes Arbeitsentgelt berücksichtigt, jedoch nur, soweit es regelmäßig – d.h. mindestens jährlich – gewährt wird.

11 Bei der Berechnung des *Krankengeldes* muss einmalig gezahltes Arbeitsentgelt berücksichtigt werden (§ 47 Abs. 2 S. 6 SGB V), nachdem das BVerfG die Vorgängerregelung zu Recht für verfassungswidrig gehalten hat[51].

---

47 BSGE 89, 213 = SGb 2003, 282 mit Anm. *Wallerath.*

48 BSGE 91, 83 = SGb 2004, 731 mit Anm. *Bloch.*

49 Vgl. BVerfGE 96, 260 (263).

50 Nach BSGE 66, 219.

51 BVerfGE 102, 127 = SozR 3–2400 § 23 a Nr. 1, wonach es der Gleichheitssatz gebietet, dass einmalig gezahltes Arbeitsentgelt bei der Berechnung von kurzfristigen beitragsfinanzierten Lohnersatzleistungen, wie beispielsweise Arbeitslosengeld und Krankengeld, berücksichtigt wird, wenn es zu den Sozialversicherungsbeiträgen herangezogen wird (s. auch schon BVerfGE 92, 53).

Für *freiwillig Versicherte* gilt § 240 SGB V. 12

Beispiel: Der 50-jährige A ist Angestellter in der Fa. F und verdient 2.500 €. Daneben hat er monatliche Einnahmen aus Vermietung in Höhe von 300 € sowie Zinseinnahmen in Höhe von 100 €. Der ebenfalls 50-jährige B war bisher ebenfalls als Arbeitnehmer beschäftigt, musste sich dann aber wegen Konkurses des Arbeitgebers selbstständig machen, wobei er sich in der gesetzlichen Krankenversicherung freiwillig weiterversichert (s. § 9 Abs. 1 Nr. 1 SGB V). Auch er verdient 2.500 € und hat Nebeneinnahmen gleicher Art und Höhe wie A.

Während für den pflichtversicherten A nur dessen Angestelltengehalt der Beitragspflicht unterliegt, muss die Satzung der Krankenkasse des B vorsehen, dass auch die Miet- und Zinseinnahmen in die Beitragsbemessung einbezogen werden (§ 240 Abs. 1 S. 2 SGB V). Ob diese Ungleichbehandlung zwischen Pflicht- und freiwillig Versicherten verfassungsgemäß ist, kann bezweifelt werden[52].

Als *beitragspflichtige Mindesteinnahmen für freiwillig Versicherte* sieht § 240 Abs. 4 SGB V für den Kalendertag den neunzigsten Teil der monatlichen Bezugsgröße (vgl. § 18 SGB IV) vor. Die »mindestens« beitragspflichtigen Einnahmen für einen ganzen Monat (zu 30 Tagen) betragen somit ein Drittel der monatlichen Bezugsgröße, was für einkommensschwache oder einkommenslose Versicherte zu einer hohen Belastung führt.

C. Beitragslast

Die Beitragslast und damit die Stellung in der Solidargemeinschaft der Krankenversicherung ergibt sich aus dem für die jeweiligen Gruppen geltenden *Beitragssatz*, der *Bemessungsgrundlage* dieser Beiträge und der Frage, wer die einer versicherten Person zugeordneten Beiträge zu tragen hat. 13

Die Beiträge sind, soweit kein Sonderbeitragssatz gilt, nach einem *Beitragssatz* zu berechnen, den jede Krankenkasse in ihrer Satzung als Prozentsatz der beitragspflichtigen Einnahmen festsetzt (§ 241 S. 1 SGB V, *allgemeiner* Beitragssatz). Dazu kommt ein *zusätzlicher Beitragssatz* von 0,9%, den nur die Beschäftigten zu tragen haben (§ 241 a SGB V)[53]. 14

Übersteigen die Einnahmen der pflichtversicherten Beschäftigten die *Beitragsbemessungsgrenze* von (2006) 42.750 € jährlich, so bleibt der überschießende Teil bei der Beitragsberechnung unberücksichtigt (§ 223 Abs. 3 S. 2 SGB V). 15

Bei der Beitragsbemessungsgrenze wird nicht auf den Jahres-, sondern auf den *Tagesverdienst* abgestellt (§ 223 Abs. 3 S. 1 SGB V), obwohl Beitragsberechnung und -erhebung i.d.R. monatlich stattfinden.

Die Beiträge zur Krankenversicherung für die *pflichtversicherten Arbeitnehmer* werden jeweils zur Hälfte von ihnen und ihren Arbeitgebern getragen (§ 249 Abs. 1 SGB V), nicht jedoch der *zusätzliche Beitragssatz* (§ 241 a SGB V). 16

Wenn auch die Bruttobezüge die Arbeitgeberanteile nicht enthalten, diese daher auch nicht der Lohnsteuer unterliegen, so handelt es sich bei ihnen wirtschaftlich doch um Entgeltbestandteile, die für die Arbeitgeber einen Teil der Gesamtarbeitskosten darstellen[54]. Auch im zivilen Schadensersatzrecht ist anerkannt, dass die gesamten Sozialversicherungsbeiträge einschließlich der Arbeitgeberanteile haftungsrechtlich i.d.R. als vom Schädiger zu ersetzendes Arbeitsentgelt anzusehen sind[55].

---

52 Zu weiteren problematischen Fällen beitragsrechtlicher Ungleichbehandlung BSG SozR 3–2500 § 240 Nr. 1, 6 und 7. – Zur Leistungsfähigkeit als Kriterium der Beitragsbemessung zustimmend *Schulin* 59. DJT, E 59 ff.

53 Zur Verfassungsmäßigkeit: *Wahl* SozSich 2005, 133.

54 Vgl. *Schlegel* Schadensersatz und Sozialversicherungsbeiträge, 1989, 26 ff. m.w. Nachw.

55 St. Rspr.: BGH NJW 1965, 1430 (1432); NJW 1984, 736, BGHZ 116, 260.

17 Die Beiträge für die pflichtversicherten *Studierenden* tragen sie selbst. Sie werden nach einem ermäßigten Beitragssatz berechnet, der 7/10 des durchschnittlichen Beitragssatzes aller Krankenkassen beträgt, § 245 SGB V (neue Bundesländer (§ 245 SGB V). Ihr Einkommen wird fiktiv nach dem BAFöG-Satz bemessen (§ 236 SGB V).

Problem: Ist es systemgerecht und sozialpolitisch unbedenklich, dass die Aufwendungen für die Krankenversicherung der Studierenden nicht voll durch deren Beiträge gedeckt werden, sondern zum Teil zu Lasten der übrigen Versichertengemeinschaft gehen? Wäre es angemessener, dass die Kosten, soweit nicht die Studierenden für sie aufkommen, die Allgemeinheit der Steuerzahler trägt?

18 Für pflichtversicherte *Rentner* gilt der Durchschnittsbeitragssatz aller Krankenkassen (§ 247 SGB V), der auf die Rente und vergleichbare Einnahmen (Betriebsrenten) (§ 237 SGB V) erhoben wird. Sie tragen die Beiträge auf die Rente zur Hälfte, auf die anderen Einkommen allein, wenn auch zum halben Beitragssatz (§§ 248, 249 a SGB V). *Freiwillig* versicherte Rentner dagegen unterliegen hinsichtlich der Rente dem satzungsmäßigen Beitragssatz (§ 240 SGB V).

19 Bei den Beziehern von *Arbeitslosengeld, Arbeitslosengeld II, Übergangsgeld* und weiteren Sozialleistungen trägt der Sozialleistungsträger den gesamten Beitrag (§ 251 SGB V) auf der Grundlage bestimmter Sätze des Einkommens oder der Bezugsgröße (§§ 232 a, 235 SGB V) und bei Arbeitslosengeld II eines besonderen Beitragssatzes (§ 246 SGB V). Die Bezieher von *Krankengeld, Mutterschaftsgeld* und *Erziehungsgeld* sind beitragsfrei versichert (§ 224 SGB V).

Diese Regelungen und Relationen begründen eine variable Lastenverteilung zwischen den Sozialleistungsträgern (sozialpolitischer »Verschiebebahnhof«). Systematisch zutreffender und transparenter ist es, wenn das sekundäre soziale Risiko der Krankheit von Sozialleistungsbeziehern von dem jeweils anderen Trägern des Primärrisikos abgedeckt wird.

20 Die Beiträge für die pflichtversicherten *Künstler* und *Publizisten* trägt die Künstlersozialkasse (§ 251 Abs. 3 SGB V) die ihrerseits als eine Art Inkassostelle die hälftigen Beitragsanteile der Versicherten sowie zur Deckung des Rests die Künstlersozialabgabe[56] von den Vermarktern (Unternehmen) einzieht und einen Bundeszuschuss erhält (§§ 14, 15 f., 23 KSVG).

21 *Freiwillige Mitglieder* haben bei grundsätzlich gleichem Beitragssatz ihre Beiträge selber zu tragen (§ 250 Abs. 2 SGB V). Dies wirkt sich aber voll nur auf freiwillig versicherte Selbstständige aus. Beschäftigte, die die Versicherungspflichtgrenze überschritten haben, erhalten vom Arbeitgeber einen Beitragszuschuss in Höhe von maximal dem halben Beitrag (§ 257 Abs. 1 SGB V), freiwillig versicherte Rentner erhalten einen Zuschuss vom Rentenversicherungsträger (§ 258 SGB V) auf Basis des Rentenzahlbetrags[57].

1974[58] hat der *Gemeinsame Senat der obersten Gerichtshöfe des Bundes* entschieden, dass es sich nicht um einen *arbeitsrechtlichen*, sondern um einen *sozialversicherungsrechtlichen* Anspruch handelt, für dessen Geltendmachung der Rechtsweg zu den Sozialgerichten ausschließlich gegeben sei[59].

Für versicherungsfreie Arbeitnehmer, die bei einem privaten Versicherungsunternehmen versichert sind, sieht § 257 Abs. 2 SGB V eine Zuschussregelung vor.

D. Zahlung der Beiträge

22 Bei pflichtversicherten Arbeitnehmern ist zu unterscheiden: Im Innenverhältnis zwischen Arbeitnehmer und Arbeitgeber haben beide Teile die Beitragslast für die Sozialversiche-

56 Vgl. EuGH Rs. C-68/99, EAS VO 1408/71 Art. 13 Nr. 14.
57 Vgl. BSGE 88, 138.
58 BSGE 37, 292.
59 Vgl. auch BSGE 48, 195.

rung im Grundsatz je zur Hälfte zu tragen. Im Außenverhältnis zur Krankenkasse jedoch, die als Einzugsstelle auch für die Träger der Rentenversicherung und für die Bundesagentur tätig wird, ist Schuldner der vollen Beiträge für alle drei Versicherungszweige, des Gesamtsozialversicherungsbeitrags (§ 28 d SGB IV), allein der Arbeitgeber, also auch hinsichtlich der Arbeitnehmeranteile (§ 28 e Abs. 1 SGB IV; § 253 SGB V).

Daher kann ein pflichtversicherter Arbeitnehmer, wenn sein Arbeitgeber mit Beitragszahlungen säumig ist, von der Krankenkasse nicht zur Zahlung der auf *ihn* entfallenden Beitragsanteile herangezogen werden.

Zu Entstehen und Fälligkeit der Beitragsansprüche sowie zur Verjährung und zu Folgen von Säumnis vgl. §§ 22 ff. SGB IV.

Näheres ist in der Verordnung über die Zahlung, Weiterleitung, Abrechnung und Abstimmung des Gesamtsozialversicherungsbeitrags (*Beitragszahlungsverordnung*) geregelt. 23

Die Beiträge zur Unfallversicherung werden von den Berufsgenossenschaften eingezogen. Sie zählen nicht zum Gesamtsozialversicherungsbeitrag.

Das Gegenstück zur öffentlich-rechtlichen Zahlungsverpflichtung des Arbeitgebers gegenüber der Krankenkasse stellt die ebenfalls öffentlich-rechtliche Pflicht des versicherungspflichtigen Arbeitnehmers gegenüber seinem Arbeitgeber auf Duldung des *Lohnabzugs* in Höhe seiner Beitragsanteile dar (§ 28 g SGB IV). Der Arbeitgeber darf einen unterbliebenen Abzug nur bei den drei nächsten Lohnzahlungen nachholen, wenn nicht der Beschäftigte seine Auskunfts- und Vorlagepflichten (§ 28 o SGB IV) grob fahrlässig verletzt hat (§ 28 g S. 3 und 4 SGB IV). 24

Problem: Der Malermeister M betreibt seit Jahren allein einen kleinen Malerbetrieb. Eines Tages vereinbart er mit A, dass dieser an drei Wochentagen je 8, also wöchentlich insgesamt 24 Stunden, in seinem Betrieb mitarbeitet. Nach sieben Monaten erhält M von der zuständigen AOK die Aufforderung, den A zur SV anzumelden und die rückständigen Beiträge abzuführen. M war der Meinung, A unterliege nicht der Versicherungspflicht, weil es sich nur um eine Teilzeitbeschäftigung handele. Als er bei der nächsten Lohnzahlung die auf A entfallenden rückständigen Beitragsanteile von dessen Lohn abzieht, widerspricht A dieser Maßnahme energisch. – A unterliegt der Versicherungspflicht (§ 5 Abs. 1 Nr. 1 SGB V, § 20 Abs. 1 Nr. 1 SGB XI, § 1 S. 1 Nr. 1 SGB VI; §§ 24 Abs. 1, 25 Abs. 1 SGB III). M hätte daher den A bei einer Krankenkasse zur SV anmelden (§ 28 a SGB IV, § 198 SGB V), und die Sozialversicherungsbeiträge abführen müssen. Nunmehr muss er die rückständigen Beiträge für sechs Monate aus eigener Tasche bezahlen, auch soweit es sich um die Arbeitnehmeranteile handelt. Nur für die drei letzten Abrechnungszeiträume darf A den Arbeitnehmeranteil bei der nächsten Lohnzahlung abziehen (§ 28 g S. 3 SGB IV). Vor allem entschuldigt ihn nicht sein Rechtsirrtum über die Versicherungspflicht des A, da er sich bei einer zuständigen Stelle, vgl. §§ 14, 15 SGB I, etwa der AOK, hätte erkundigen können und müssen. Im Übrigen muss jeder Arbeitgeber wissen, dass alle auch nur geringfügig Beschäftigten zu melden sind (§ 28 a SGB IV). Wegen des in § 28 g SGB IV zum Ausdruck kommenden *Schutzprinzips* zugunsten der Arbeitnehmer[60] ist die Ausnahmevorschrift des § 28 g S. 3 Hs. 2 SGB IV eng auszulegen[61]. – Könnte M wenigstens einen Anspruch aus ungerechtfertigter Bereicherung nach BGB geltend machen? Das Schutzprinzip des § 28 g SGB IV steht nach h.M. auch bürgerlich-rechtlichen Bereicherungsansprüchen entgegen[62].

Aufgrund seiner Fürsorgepflicht ist der Arbeitgeber dem Arbeitnehmer gegenüber verpflichtet, die Beiträge zur Sozialversicherung ordnungsgemäß abzuführen. Verletzt der Arbeitgeber diese Pflicht, kann dies dem Arbeitnehmer gegenüber im Falle eines Schadens eine arbeitsvertragliche und deliktische (§ 823 Abs. 2 BGB) Schadensersatzpflicht begründen[63]. 25

---

60 Vgl. BAGE 6, 7 (10 ff.) zu §§ 394, 395 RVO, die von § 28 g SGB IV abgelöst wurden.

61 Ist ein Verschulden des Arbeitgebers zu verneinen, verjährt dessen Anspruch auf Lohnabzug in 4 Jahren (§ 25 Abs. 1 S. 1 SGB IV analog), BSGE 67, 280.

62 BAGE 6, 7 (12 f.) m.w. Nachw.

63 BAG AP Nr. 1, 4, 14 zu § 823 BGB Schutzgesetz. Vgl. auch BGH NJW 1976, 2129.

Frage: Worin kann der Schaden in Bezug auf den Krankenversicherungsschutz liegen? Hier wird der Arbeitnehmer regelmäßig überhaupt keinen Schaden erleiden, denn die Ansprüche auf Versicherungsleistungen bestehen unabhängig von den Beitragszahlungen.

26 Schematische Darstellung der öffentlich-rechtlichen Rechtsbeziehungen zwischen den Beteiligten:

27 Für diejenigen Versicherten, die nicht Arbeitnehmer oder pflichtversicherte Rentner sind, gilt, dass die Beiträge von demjenigen zu *zahlen* sind, der sie zu *tragen* hat (§ 252 SGB V). Folglich sind alle freiwilligen Mitglieder und die Studierenden (§ 254 SGB V) selbst zahlungspflichtig, während für Rehabilitanden und behinderte Menschen in Einrichtungen (vgl. § 251 SGB V) die Rehabilitationsträger bzw. die betreuenden Einrichtungen zur Beitragszahlung verpflichtet sind.

§ 17 Die Leistungen

A. Das Leistungssystem in der Krankenversicherung

1 Die Leistungen der gesetzlichen Krankenversicherung lassen sich nach verschiedenen Gesichtspunkten systematisieren.

I. Leistungsgruppen nach dem Gesetz

2 Aufgabe der Krankenversicherung ist es, die *Gesundheit* der Versicherten zu erhalten, wiederherzustellen oder ihren Gesundheitszustand zu bessern (§ 1 S. 1 SGB V). Nicht alles, was hierfür erforderlich ist, übernimmt die Krankenversicherung. Insbesondere die Prävention liegt zum Teil in der *Eigenverantwortung* der Versicherten. Die Krankenversicherung erbringt Leistungen zur *Prävention und Früherkennung* (§ 11 Abs. 1 Nr. 2 und 3, 20–26 SGB V) und bei *Krankheit* (§ 11 Abs. 1 Nr. 4, §§ 27–52 SGB V) und zur *medizinischen Rehabilitation* bei und vor *Behinderung* und *Pflegebedürftigkeit* (§ 11 Abs. 1 Nr. 5, 11 Abs. 2 SGB V, §§ 26–32 SGB IX). Da die menschliche Gesundheit nicht in streng zu trennenden Phasen verläuft, können auch diese Leistungen oft nicht genau abgegrenzt werden. Insbesondere die Rehabilitation ist deshalb Teil der Krankenbehandlung und über sie hinausweisende Leistung mit weiteren Zielen.

1. Prävention und Früherkennung

3 *Leistungen zur Verhütung von Krankheiten* (§§ 20–24 SGB V) bestehen aus individuellen *Vorsorgeleistungen*, auf die ein Anspruch (§§ 22–24) besteht und die von Ärzten, Zahnärzten oder in Vorsorgeeinrichtungen erbracht werden sowie aus Leistungen der *primären Präven-*

tion, Gesundheitsförderung und *Selbsthilfeförderung* (§§ 20, 21 SGB V), auf die kein Anspruch besteht.

Auf *Leistungen zur Früherkennung* (§§ 25, 26 SGB V) besteht in dem gesetzlich beschriebenen Umfang ein Anspruch.

Mutterschaft ist keine Krankheit. Die *Mutterschaftshilfe* (§§ 195 ff. RVO) gehört zur Krankenversicherung, weil Schwangerschaft und Geburt besondere Maßnahmen zur *Sicherung der Gesundheit* von Mutter und Kind erforderlich machen. Es handelt sich um Präventionsleistungen.

Leistungen eigener Art sind die 1975 eingeführten Leistungen der §§ 24 a und 24 b SGB V, nämlich die ärztliche Beratung über Fragen der *Empfängnisregelung*, die Versorgung jüngerer Versicherter mit *empfängnisverhütenden Mitteln* sowie die *Sterilisation* und der nicht rechtswidrige *Schwangerschaftsabbruch*.

2. Leistungen bei Krankheit

Im Falle von *Krankheit* eines Versicherten gewährt die Krankenkasse die verschiedenen 4
Leistungen der *Krankenbehandlung* (§§ 27 ff. SGB V) sowie das *Krankengeld* (§§ 44 ff. SGB V).

3. Medizinische Rehabilitation

Prävention und Ausgleich von Behinderungen und Pflegebedürftigkeit sind eigenstän- 5
dige Ziele der *medizinischen Rehabilitation* neben der Krankenbehandlung (§ 11 Abs. 2 SGB V). Sie zielen auf die Teilhabe gesundheitlich beeinträchtigter Menschen (§ 1 SGB IX) und nicht nur auf die Besserung ihrer gesundheitlichen Funktionen. Das Leistungsspektrum der medizinischen Rehabilitation (§ 26 SGB IX) ist zu einem erheblichen Teil in den Leistungen zur Krankenbehandlung enthalten. Erbringt die Krankenkasse Leistungen der medizinischen Rehabilitation, ist sie Rehabilitationsträgerin (§ 6 Abs. 1 Nr. 1 SGB IX).

II. Sach- und Dienstleistungen, Geldleistungen

Eine wichtige Unterscheidung im Leistungsrecht der gesetzlichen Krankenversicherung 6
betrifft die zwischen *Sach- und Dienstleistungen (Naturalleistungen)* einerseits und *Geldleistungen* andererseits (§ 11 SGB I). In der Gewährung von Sach- und Dienstleistungen liegt ein wesentlicher Unterschied zur Privatversicherung, die ausschließlich Geldleistungen (Aufwendungs- und Entgeltersatz) kennt. Das in § 2 Abs. 2 SGB V festgelegte *Sachleistungsprinzip*, von dem nur in den gesetzlich ausdrücklich geregelten Fällen abgewichen werden darf (§ 13 Abs. 1 SGB V; § 9 Abs. 2 SGB IX; § 17 Abs. 2 IX), soll die Versicherten davor schützen, im Krankheitsfall die Behandlungskosten vorstrecken zu müssen. Zudem dient es den Krankenkassen zur Kosten- und Qualitätssteuerung, da sie die Verträge mit den Leistungserbringern – insbes. mit den Ärzten und Krankenhäusern – abzuschließen haben[64]. Der Sachleistungsgrundsatz hat zugleich eine *Verschaffungspflicht* hinsichtlich der erforderlichen Leistungen der Krankenbehandlung (§ 27 Abs. 1 SGB V) zum Inhalt, die in Bezug auf die ärztlichen Leistungen als Sicherstellungsauftrag in das Gesetz Eingang gefunden hat (§§ 72, 72 a SGB V)[65]. Vertragsärzte und Kassenärztliche Vereinigungen dürfen davon nicht eigenmächtig abweichen[66].

Die Inanspruchnahme von Dienst- und Sachleistungen ist u.a. in § 15 Abs. 2 bis 6 SGB V sowie – hinsichtlich der ärztlichen Leistungen – vor allem in § 76 SGB V und §§ 17 ff. der Bundesmantelverträge

---

64 Zum Sachleistungsprinzip BSG SozR 2200 § 184 Nr. 4, S. 9 f., BKK 1988, 152 = USK 8777, SozR 3–2500 § 29 Nr. 1 sowie BSGE 69, 170 (172 ff.) = SozR 3–2200 § 321 Nr. 1.

65 Dazu *Meydam* SGb 1991, 377.

66 BSGE 88, 20 = SGb 2002, 105 mit Anm. *Kleinke* = NJW 2002, 238.

(vgl. § 82 Abs. 1 SGB V) geregelt. Der Versicherte hat unter den zugelassenen Vertragsärzten freie Wahl (§ 76 Abs. 1 SGB V). Seine Leistungsberechtigung weist er dem Arzt durch Vorlage der Krankenversicherungskarte nach, die in Form einer computerlesbaren Chipkarte ausgegeben wird (§§ 15, 291 SGB V), die zu einer elektronischen Gesundheitskarte erweitert werden soll (§ 291 a SGB V).

7 Versicherte können anstelle der Sach- und Dienstleistungen Kostenerstattung wählen (§ 13 Abs. 2 SGB V). Die Kostenerstattung wird höchstens in Höhe der Vergütung gewährt, die die Krankenkasse bei Erbringung als Sachleistung zu tragen hätte (§ 13 Abs. 2 S. 7 SGB V).

8 Auch bei der Sachleistungsgewährung wird ein privatrechtlicher Vertrag zwischen Versichertem und Leistungserbringer angenommen, z.B. ein Behandlungsvertrag mit einem Vertragsarzt, in dem die Standards des bürgerlichen Rechts gelten (§ 76 Abs. 4 SGB V). Doch ist die Leistungserbringung (z.B. die ärztliche Behandlung) durch öffentlich-rechtliche Bestimmungen ausgestaltet, insbesondere durch Gesamtverträge zwischen den Kassenärztlichen Vereinigungen (für die Vertragsärzte) und den Verbänden der Krankenkassen (für diese) (§ 83 Abs. 1 S. 1 SGB V). Vor allem werden die Vergütungen der Leistungserbringer (z.B. des Arztes) nicht privatvertraglich zwischen diesen und den Versicherten, sondern in Verträgen zwischen den Leistungserbringern und den Krankenkassen bzw. deren Verbänden vereinbart und gezahlt.

9 Keine Ausnahme vom Sachleistungsprinzip sind die *Festbetragsregelungen* (§§ 12 Abs. 2, 31 Abs. 2, 33 Abs. 2, 35 und 36 SGB V). Im Regelfall sollen die Versicherten die Arznei- und Hilfsmittel, die sie benötigen, *als Sachleistung* im Wesentlichen kostenfrei erhalten, ggf. unter Einschluss einer gewissen Selbstbeteiligung. Ist für ein Arznei- und Hilfsmittel ein Festbetrag festgesetzt, trägt die Krankenkasse die Kosten bis zur Höhe dieses Betrages, bei anderen Arznei- und Hilfsmitteln trägt die Krankenkasse die vollen Kosten, jeweils abzüglich der vom Versicherten zu leistenden Zuzahlungen (§§ 31 Abs. 2, 33 Abs. 2 SGB V). Nimmt ein Versicherter jedoch eine Leistung in Anspruch, die über das medizinisch Erforderliche hinausgeht, hat er die Mehrkosten zu tragen. Der Zweck der Festbetragsregelung liegt darin, Anreize für die Verwendung preisgünstiger Arzneimittel zu schaffen und den Preiswettbewerb zwischen den Herstellern von Arzneimitteln zu verstärken. Letztlich sollen damit die Kosten für die Versorgung mit Arzneimitteln ohne Beeinträchtigung der medizinischen Qualität abgesenkt werden[67].

10 In unaufschiebbaren Fällen und dann, wenn die Krankenkasse eine Sachleistung dem Versicherten gegenüber rechtswidrig ablehnt[68], hat dieser Anspruch auf Erstattung derjenigen Kosten, die ihm dadurch entstehen, dass er sich die Leistung – etwa eine ärztliche Behandlung – privatvertraglich verschafft (§ 13 Abs. 3 SGB V)[69]; bei der zweiten Variante handelt es sich um einen gesetzlich geregelten Fall des sozialrechtlichen Herstellungsanspruchs[70]. Ein solcher Anspruch setzt die tatsächliche Kostenbelastung voraus. Liegen die Kosten noch beim Leistungserbringer, muss dieser gegen die Krankenkasse klagen[71].

III. Kostenbeteiligung der Versicherten

11 Während früher Kostenbeteiligungen nur in wenigen Einzelfällen vorgesehen waren, sind solche Regelungen in den letzten Jahren in großem Umfang eingeführt worden. Dabei steht nicht mehr die Argumentation im Vordergrund, dass der Versicherte durch die Kostenbeteiligung die Leistungen sinnvoller in Anspruch nimmt. Vielmehr stellt die Kostenbeteiligung eine weitere Finanzierung von Krankenversicherungsleistungen durch die privaten Haushalte dar, die somit die Krankenkassen entlasten (Kostenverlagerung).

67 BVerfGE 106, 275 = NJW 2003, 1232; dazu *Hänlein* SGb 2003, 301.

68 Vgl. BSG SozR 3–2500 § 28 Nr. 6 = NZS 2002, 312.

69 Das BSG spricht hier von einer Umwandlung des Sachleistungsanspruchs in einen Kostenerstattungsanspruch, SozR 3–2500 § 13 Nr. 2.

70 Vgl. BSGE 89, 34 = SGb 2002, 563 mit Anm. *Muckel*; BSGE 89, 50 = SGb 2002, 694 mit Anm. *Igl*; BSGE 73, 271 (274).

71 BSGE 94, 161.

Das Krankenversicherungsrecht sieht Kostenbeteiligungen in verschiedenen Gestaltungsformen vor:

Eine Reihe von Leistungen wird zwar von der Krankenkasse zur Verfügung gestellt. Der Versicherte muss jedoch eine *Zuzahlung* leisten (§§ 28 Abs. 4 (»Praxisgebühr«), 31 Abs. 3, 32 Abs. 2, 33 Abs. 2 S. 5, 37 a Abs. 3, 38 Abs. 5, 39 Abs. 4, 40 Abs. 6, 41 Abs. 3, 24 Abs. 3, 23 Abs. 6, 61 SGB V). Kinder bis 18 Jahre sind hiervon generell ausgenommen. 12

Soweit ein Versicherter eine Zuzahlung vornehmen muss, hat der Leistungserbringer sie einzuziehen und mit seinem Vergütungsanspruch gegenüber der Krankenkasse zu »verrechnen« (so die Formulierung in § 43 b S. 1 SGB V. S. aber auch etwa § 39 Abs. 4 S. 1 SGB V).

Für zahlreiche Arzneimittel (z.B. nicht verschreibungspflichtige Arzneimittel, Arzneimittel bei geringfügigen Gesundheitsstörungen, unwirtschaftliche Arzneimittel) muss der Versicherte allerdings in voller Höhe selbst aufkommen (§ 34 SGB V). Hier handelt es sich nicht um eine Zuzahlung, sondern um einen *Leistungsausschluss*.

Bei der kieferorthopädischen Behandlung hat der Versicherte 10% bzw. 20% der Kosten zu tragen, wenn er die Behandlung vorzeitig abbricht (§ 29 Abs. 1 i.V.m. Abs. 3 SGB V). 13

Die Selbstbeteiligungen, die vor allem bei chronisch Kranken zu erheblichen Belastungen führen können, machten eine Regelung für *Härtefälle* notwendig. § 62 SGB V sieht vor, dass Versicherte bis zu 2% ihrer jährlichen Bruttoeinnahmen als Zuzahlung zu leisten haben. Sind sie schwerwiegend chronisch krank, vermindert sich dies auf 1%. 14

Die weitestreichende Kostenbeteiligung der Versicherten ist in den Fällen gegeben, in denen das Gesetz lediglich einen *Zuschuss* der Krankenversicherung zu den Kosten der Leistungen vorsieht, die im Übrigen von den Versicherten privat zu beschaffen und zu finanzieren sind (§§ 23 Abs. 2 S. 2, 24 Abs. 1 S. 2, 39 a Abs. 1, 40 Abs. 1 S. 2, 41 Abs. 1 S. 2 SGB V, ambulante Vorsorge- und Rehabilitationsmaßnahmen). Bei Zahnersatz werden nur befundbezogene Festzuschüsse geleistet, die 50% der nötigen Kosten abdecken sollen (§ 55 SGB V)[72]. 15

IV. Gesetzlich und satzungsmäßig bestimmte Leistungen

Bei den Leistungen nach dem SGB V ist weiter danach zu unterscheiden, ob es sich um *gesetzliche* oder *satzungsmäßige Zusatzleistungen*, ferner danach, ob es sich um *unkürzbare Leistungen* handelt oder um solche, die durch Satzungsregelung *gekürzt* werden können. Für alle Leistungen muss aber eine gesetzliche Grundlage bestehen[73]. 16

Satzungsmäßige Leistungen (früher: Mehrleistungen), die über die gesetzlich vorgesehenen (früher: Regelleistungen) hinausgehen, darf eine Krankenkasse nur insoweit vorsehen, wie dies das Gesetz zulässt (§ 31 SGB I, § 30 Abs. 1 SGB IV, § 194 Abs. 2 S. 2 SGB V). Dies sind heute etwa Leistungen zur Primärprävention (§ 20 Abs. 1 SGB V), Haushaltshilfe (§ 38 Abs. 2 SGB V) und stationäre Hospizleistungen (§ 39 a Abs. 1 S. 2 SGB V). 17

Neben der Möglichkeit für die Krankenkasse, durch Satzung zusätzliche Leistungen vorzusehen, steht die seltenere Möglichkeit der *Kürzung* von Leistungen durch Satzung. Hier kommt nur noch der Fall des § 44 Abs. 2 SGB V in Betracht. 18

Danach kann die Satzung den Anspruch auf Krankengeld für freiwillig Versicherte ausschließen oder für ihn eine Wartezeit vorsehen, allerdings nur bei entsprechender Beitragsermäßigung (§ 243 Abs. 1 SGB V)[74]. *Problem:* Gilt diese Regelung auch für Versicherte, die nach Beendigung einer Versicherungspflicht freiwillig weiter Mitglied bleiben wollen? – Ja. Die freiwillige »Weiterversicherung« ist nach § 9 Abs. 1 SGB V lediglich ein Unterfall der freiwilligen Versicherung (Versicherungsberechtigung, § 2

---

72 Nach Änderung durch das GMG erneut geändert durch das Gesetz zur Anpassung der Finanzierung von Zahnersatz vom 15. 12. 2004 (BGBl. I S. 3445).

73 BSG SozR 3–2500 § 38 Nr. 4.

74 Vgl. BSG SozR 3–2500 § 44 Nr. 4, 5 und 6.

Abs. 1 SGB IV). Diese Regelung ist allerdings nicht unproblematisch, da Personen, deren Pflichtversicherung endet, vor allem im fortgeschrittenen Alter oft nur schwer in der Lage sind, entsprechenden privaten Versicherungsschutz zu erlangen.

V. Pflicht- und Ermessensleistungen

19 Soweit nichts anderes ausdrücklich normiert ist, handelt es sich bei gesetzlich vorgesehenen Leistungen stets um Pflichtleistungen, § 38 SGB I. Verschiedentlich ist der Krankenkasse jedoch hinsichtlich der Leistungsgewährung ein Ermessen eingeräumt (z.B. §§ 23 Abs. 4, 24 Abs. 1 S. 1, 33 Abs. 5, 37 Abs. 1 S. 4, 40 Abs. 1 und 2, 41 Abs. 1 S. 1 SGB V). Das Ermessen ist stets gebunden (§ 39 Abs. 1 SGB I). Für den Ermessensfehlgebrauch (vgl. § 54 Abs. 2 S. 2 SGB) gelten die gleichen Grundsätze wie im allgemeinen Verwaltungsrecht. Häufig wird eine sog. Ermessensreduzierung auf Null gegeben sein, so dass der Ermessensanspruch zu einem Pflichtanspruch erstarkt[75].

20 Ermessensleistungen dürfen nicht mit den satzungsmäßigen Zusatzleistungen verwechselt werden. Letztere werden durch Satzung in *genereller Form* vorgesehen; bei Ermessensleistungen geht es um die Ermessensausübung im *Einzelfall*. Möglich und in der Praxis nicht selten sind allerdings satzungsmäßige Zusatzleistungen, deren Gewährung in das Ermessen der Krankenkasse gestellt ist.

Beispiel: Eine Satzung sieht vor, dass Haushaltshilfe auch in anderen als den in § 38 Abs. 1 SGB V genannten Fällen gewährt werden kann, § 38 Abs. 2 SGB V.

Fall: Nach einem Amateurfußballspiel findet sich eine Reihe von Spielern beider Mannschaften, darunter X von der Mannschaft A und S von der Mannschaft B, in einem Wirtshaus ein. X, der über die Spielweise des S sehr verärgert ist, provoziert ihn bewusst durch ständige und lautstarke Beschimpfungen, obwohl er weiß, dass dieser leicht zu Schlägereien neigt. Als schließlich S die Geduld verliert und dem X eine Ohrfeige gibt, kommt es schnell zu einer wilden Schlägerei. X und S werden dabei erheblich verletzt. X verliert drei Schneidezähne, ferner erleidet er durch den Schlag mit einem Bierkrug eine schwere Gehirnerschütterung und einen Schädelbruch. Er muss 9 Wochen in einer Klinik stationär behandelt werden. Ferner bedarf er zur endgültigen Genesung einer stationären Kurbehandlung. – Die AOK, bei der X versichert ist, bewilligt als Zuschuss für die Zahnersatzleistungen lediglich einen Betrag in Höhe von 30%. Sie beruft sich dabei auf ihre Satzung, in der für den Fall grob fahrlässig oder vorsätzlich verursachter Krankheit eine nur 30%ige Kostenerstattung vorgesehen ist. Weil X seine Krankheit vorsätzlich durch die Schlägerei herbeigeführt habe, verweigert die AOK auch die Behandlung in einer Rehabilitationsklinik, zumal § 40 Abs. 2 SGB V eine solche nur als Ermessensleistung vorsehe. Schließlich lehnt sie auch die Zahlung von Krankengeld ab.

Lösungshinweise: a) *Krankengeld:* Nach § 52 SGB V kann die AOK dem X das Krankengeld ganz oder teilweise versagen, wenn er sich die Krankheit vorsätzlich oder bei einem von ihm begangenen Verbrechen oder vorsätzlichen Vergehen zugezogen hat. Vorsatz bedeutet hier das gleiche wie im Zivil- und Strafrecht[76]. Bedingter Vorsatz genügt daher. Vermutlich hat sich X bereits die Krankheit als solche bedingt vorsätzlich zugezogen. Zumindest aber hat er sie sich *bei* dem vorsätzlichen Vergehen einer Körperverletzung zugezogen (§§ 223 Abs. 1, § 12 Abs. 1 StGB). Eine Versagung des Krankengeldes ist daher grundsätzlich möglich. Ihre Rechtmäßigkeit setzt jedoch eine pflichtgemäße Ermessensausübung unter Berücksichtigung aller aus der Sicht des X wie auch der Versichertengemeinschaft maßgeblichen Umstände des Einzelfalles voraus, worüber im Sachverhalt nichts gesagt ist.

b) *Stationäre Rehabilitation:* Zwar handelt es sich bei § 40 Abs. 2 SGB V dem Wortlaut nach um eine *Ermessensvorschrift*. Liegen allerdings die gesetzlichen Leistungsvoraussetzungen vor, ist also eine Erforderlichkeit der stationären Behandlung in einer Rehabilitationseinrichtung gegeben und ist der Krankenversicherungsträger nach Abs. 4 zuständig (Subsidiaritätsklausel), muss er unter Wahrung des Gleichheitssatzes und im Rahmen seiner wirtschaftlichen Möglichkeiten alle geeigneten Maßnahmen ergreifen, um die Gesundheit der Versicherten wiederherzustellen. Eine völlige Ablehnung von Leis-

75 Vgl. BSGE 67, 279 (Anm. *Pitschas* SGb 1991, 492) mit dem Leitsatz: »Die Ablehnung von Überbrückungsgeld (§ 55 a AFG) allein wegen Erschöpfung der Haushaltsmittel ist ermessensfehlerhaft.«

76 Vgl. *Künnell* DOK 1990, 333.

tungen wird nur in Ausnahmefällen zulässig sein[77]. Das Ermessen der Krankenkasse hinsichtlich des »Ob« der Leistung ist daher eingeschränkt. Das »Wie« der Leistung, d.h. Art, Ort, Beginn, Dauer und sonstige Einzelheiten, steht dagegen im pflichtgemäßen Ermessen der Krankenkasse, das allerdings durch Versichertenrechte nach § 33 SGB I, § 9 Abs. 1 SGB IX beschränkt ist. Jedenfalls darf bei der Ermessensentscheidung die *Ursache* der Krankheit *keine* Rolle spielen. Denn Maßnahmen i.S.v. § 40 Abs. 2 SGB V dienen rein medizinischen Zwecken, sind also unmittelbar auf die Behandlung von *Krankheiten* ausgerichtet. *Grundsatz* im Recht der Krankenversicherung ist aber, dass die Gewährung von Gesundheitsmaßnahmen (also von Restitutionsleistungen) wegen des hier geltenden Finalprinzips nicht von der Ursache der Beeinträchtigung abhängig gemacht werden darf. Abgesehen von § 11 Abs. 4 SGB V sieht das Gesetz jedoch in dem schon erwähnten § 52 SGB V bei selbstverschuldeter Krankheit eine wichtige Ausnahme vor. Dabei ist streng zwischen Leistungskürzung bzw. -versagung einerseits und Pflicht zur Kostenbeteiligung andererseits zu unterscheiden. Die erste Variante kommt nur beim Krankengeldanspruch in Betracht; die zweite ist dagegen bei allen anderen Leistungsarten zulässig. Im Beispielsfall darf der Umstand des Selbstverschuldens nur im Rahmen des § 52 SGB V berücksichtigt werden, nicht aber bei der Ermessensausübung nach § 40 Abs. 2 SGB V. Als Sanktion ist lediglich eine Kostenbeteiligung (über § 40 Abs. 5 SGB V hinaus) zulässig, jedoch keine Leistungsversagung. Die Entscheidung der AOK ist daher rechtswidrig.

c) *Zahnersatz:* Hier ist bereits die *Satzung* fehlerhaft. § 30 SGB V enthält keine Ermächtigung zu einer derartigen Satzungsregelung. Die AOK kann auch hier nur eine Kostenbeteiligung nach § 52 SGB V verfügen. Da § 30 SGB V ohnehin eine Eigenbeteiligung des Versicherten vorsieht, läuft dies auf eine entsprechende Erhöhung der Kostenbeteiligung hinaus.

VI. Haupt- und Ergänzungs- bzw. Nebenleistungen

Schließlich findet sich im Recht der Krankenversicherung gelegentlich die Unterscheidung zwischen *Hauptleistungen* einerseits und *Neben-* bzw. *Ergänzungsleistungen* andererseits. **Beispiel:** Der Anspruch auf Transport des versicherten Kranken in die Klinik nach § 60 Abs. 1 SGB V ist eine Nebenleistung zur Krankenhausbehandlung gemäß § 39 SGB V. Auch die Leistung der Soziotherapie (§ 37 a SGB V) kann als Nebenleistung zu ärztlichen Leistungen gelten. 21

Die *Neben-* bzw. *Ergänzungsleistungen* zeichnen sich dadurch aus, dass sie zur jeweiligen *Hauptleistung* im Verhältnis der *Akzessorietät* stehen und »in Bezug auf die Kostentragung grundsätzlich wie die Leistung zu behandeln (sind), zu der sie gehören«[78].

VII. Leistungen im Inland, in der Europäischen Union und im restlichen Ausland

Grundsätzlich ist das System des SGB V darauf eingerichtet, dass alle Leistungen im Inland erbracht werden. Der Leistungsanspruch ruht normalerweise, solange Versicherte sich im Ausland aufhalten (§ 16 Abs. 1 Nr. 1 SGB V). Arbeitet ein versicherungspflichtig Beschäftigter im Ausland, so erhalten die Versicherten die Leistungen von ihrem Arbeitgeber, dem die Krankenkasse die Kosten zu erstatten hat (§ 17 SGB V). 22

Da auch Gesundheitsdienstleistungen, Arzneimittel und Hilfsmittel von den europäischen Marktfreiheiten umfasst sind, können Versicherte im Wege der Kostenerstattung auch in den Ländern der Europäischen Union (EU) und des Europäischen Wirtschaftsraums (EWR) Leistungen in Anspruch nehmen (§ 13 Abs. 4 und 5 SGB V)[79]. Dabei sollen der Kasse keine Mehrkosten im Vergleich zu einer Leistung in Deutschland entstehen (§ 13 Abs. 4 S. 3 SGB V), es sei denn, eine dem allgemein anerkannten Stand der medizinischen Erkenntnisse entsprechende Behandlung ist nur in einem anderen Staat möglich (§ 13 Abs. 4 S. 6 SGB V). Krankenhausleistungen dürfen nur nach vorheriger Zustimmung der Krankenkasse in Anspruch genommen werden (§ 13 Abs. 5 SGB V)[80]. Die Kranken- 23

77 BSGE 50, 47, 51 = SozR 2200 § 184 a Nr. 3.
78 BSG SozR 2200 § 194 Nr. 5.
79 Vgl. EuGH Slg. 1998, I-1831 *(Decker)*; EuGH Slg. 1998, I-1935 *(Kohll)*.
80 Vgl. EuGH Slg. 2001, I-5383 = NJW 2001, 3391 *(Smits, Peerbooms)*.

kasse kann auch Verträge mit Leistungserbringern im EU- und EWR-Ausland abschließen (§ 140 e SGB V).

24 Ist eine dem allgemein anerkannten Stand der medizinischen Erkenntnisse entsprechende Behandlung nur außerhalb von EU und EWR möglich, kann die Krankenkasse die Kosten ganz oder teilweise übernehmen (§ 18 SGB V).

B. Die Leistungen im Einzelnen

I. Prävention

25 §§ 20–24 SGB V sehen eine Leistungen zur Förderung der Gesundheit und zur Verhütung von Krankheiten vor[81].

In Betracht kommen allgemeine Maßnahmen zur primären Prävention oder zur betrieblichen Gesundheitsförderung oder die Unterstützung von Selbsthilfegruppen (§ 20 SGB V sowie zur Gruppenprophylaxe gegen Zahnerkrankungen, insbesondere bei der Schulzahnpflege (§ 21 SGB V) und individuelle medizinischen Vorsorgemaßnahmen (§ 23 Abs. 1 SGB V) einschließlich ambulanter und stationärer Vorsorgeleistungen (§§ 23 Abs. 2 und 4, 24 SGB V).

Für die Vorsorgeleistungen bedarf es abstrakt oder konkret bestimmter individueller Gesundheitsrisiken, die Leistungen der primären Prävention setzen im Vorfeld bei gesellschaftlichen Risikofaktoren an und werden auch im Betrieb (§ 20 Abs. 2 SGB V) oder in der Schule (§ 21 SGB V) erbracht. Bei der Primärprävention ist politisch zu fragen, ob sie nicht systematisch besser – wie früher – in Verantwortung des staatlichen oder kommunalen Gesundheitsdienstes zu erbringen wären. Zu den Vorsorgeleistungen gehört die Medizinische Vorsorge für Mütter und Väter (§ 24 SGB V, früher Mütterkuren), eine sozialpolitisch bedeutsame Leistung, mit der die besondere gesundheitliche Gefährdung von Eltern und Kindern in schwierigen Familiensituationen berücksichtigt wird[82].

26 1975 wurden als Leistungen der Krankenversicherung die ärztliche Beratung zur Empfängnisregelung sowie Maßnahmen bei einer nicht rechtswidrigen Sterilisation und bei einem nicht rechtswidrigen Schwangerschaftsabbruch eingeführt (§§ 24 a, 24 b SGB V).

Als Hilfe für die Empfängnisregelung wird zwar ärztliche Beratung gewährt, zu der auch die erforderlichen Untersuchungen und die Verordnung von empfängnisregelnden Mitteln gehören. Die Kosten der Antikonzeptiva werden jedoch von der Krankenkasse nur für Versicherte bis zum 20. Lebensjahr übernommen.

Ausnahmsweise kann ein Anspruch auf empfängnisverhütende Maßnahmen auch für eine ältere Versicherte bestehen, wenn sie z.B. erforderlich sind, um von der Versicherten die Gefahr einer schwerwiegenden Schädigung ihres körperlichen oder geistig-seelischen Gesundheitszustandes abzuwenden. Jedoch handelt es sich dann nicht um eine Leistung i.S.d. § 24 a SGB V, sondern um Krankenbehandlung i.S.d. § 27 Abs. 1 SGB V[83].

Die Leistungen der §§ 24 a, 24 b SGB V sind als flankierende Maßnahmen im Rahmen der Strafrechtsreform zu § 218 StGB eingeführt worden. Die Krankenversicherung ist Träger dieser Leistungen, um sicherzustellen, dass ein Schwangerschaftsabbruch, der nicht vermieden werden kann, zumindest durch ärztlich vorgenommen wird. Damit sollen die gesundheitlichen Gefahren für die Schwangere möglichst gering gehalten werden. Ruft man sich in Erinnerung, welche Gesundheitsgefahren früher von illegalen Abbrüchen verursacht wurden (»Engelmacherinnen«), ist die Zuordnung zu den präventiven Leistungen nachvollziehbar.

---

81 Vgl. *Bieback* DOK 1989, 77.

82 Zu Problemen vgl. BT-Drs. 16/1150.

83 Vgl. BSGE 39, 167 (170), sowie BSG SozR 3–2200 § 182 Nr. 1.

Der Umfang der von der gesetzlichen Krankenversicherung zu gewährenden Leistungen ist abhängig von der Frage der Rechtswidrigkeit der Sterilisation oder des Schwangerschaftsabbruchs. Während eine nicht rechtswidrige Sterilisation bereits vorliegt, wenn die Versicherten eingewilligt haben und die Einwilligung nicht gegen die guten Sitten verstößt (§ 228 StGB), wird die Frage nach der Rechtswidrigkeit eines Schwangerschaftsabbruchs ausschließlich mit dem Strafrecht beantwortet. Kann die Rechtswidrigkeit des Schwangerschaftsabbruchs nach § 218 a Abs. 2 und 3 StGB aufgrund eines vorhandenen Indikationsgrundes verneint werden, hat die Versicherte Anspruch auf die in § 24 b Abs. 2 SGB V genannten Leistungen. Dagegen werden der Versicherten nur sog. Teilleistungen gewährt, wenn ein Schwangerschaftsabbruch nach der seit dem 1. 10. 1995[84] geltenden Beratungsregelung i.S.d. § 218 a Abs. 1 StGB erfolgt. Die Beratungsregelung enthält dabei keinen Rechtfertigungsgrund für den Schwangerschaftsabbruch, sondern erklärt ihn im Ergebnis mit dem Mittel des Tatbestandsausschlusses für straflos. Der Umfang der Leistungen ist hier auf Leistungen im Vorfeld des Abbruchs, auf komplikationsbedingte Nachleistungen und auf Leistungen beschränkt, die dem Schutz der Gesundheit des ungeborenen Kindes (falls es nicht zum Abbruch kommt), der Gesundheit von Kindern aus weiteren Schwangerschaften oder der Gesundheit der Mutter dienen (§ 24 b Abs. 3, 4 SGB V)[85].

II. Leistungen zur Früherkennung von Krankheiten

27 Die Vorschriften der §§ 25, 26 SGB V betreffen *gezielte* Vorsorgemaßnahmen zur Früherkennung von Krankheiten, ohne dass bereits Krankheitserscheinungen vorliegen (müssen). Es handelt sich um diagnostische, nicht um therapeutische Maßnahmen.

Untersucht ein Arzt einen Versicherten auf eine Krankheit hin, weil dieser meint, krank zu sein, so handelt es sich um (diagnostische) Krankenbehandlung i.S.v. § 27 Abs. 1 SGB V, auch wenn sich die Meinung des Versicherten als unrichtig herausstellt. Zur Krankenbehandlung zählen ferner therapeutische Vorsorgemaßnahmen aus Anlass einer Krankheit.

III. Mutterschaftsleistungen

28 Betreuungsbedürftigkeit und Arbeitsunfähigkeit wegen Mutterschaft stellen einen eigenen Versicherungsfall der Krankenversicherung dar. Er umfasst Schwangerschaft, Entbindung und Wochenbett. § 195 Abs. 1 RVO zählt die verschiedenen Leistungsgruppen auf, die als Mutterschaftshilfe in Betracht kommen.

29 Die in §§ 196, 197 RVO genannten Leistungen betreffen die medizinische Betreuung und Hilfe bei Mutterschaft, wozu insbes. auch Vorsorgemaßnahmen gehören. §§ 198, 199 RVO sehen häusliche Pflege und Haushaltshilfe vor.

IV. Leistungen bei Krankheit

30 Bei Krankheit sieht das Gesetz die Gewährung von *Krankenbehandlung* und von *Krankengeld* vor (§§ 27, 44 SGB V). Krankenbehandlung zielt vor allem auf Behebung der krankheitsbedingten immateriellen Nachteile ab (Restitution). Das Krankengeld dient dem Ausgleich der materiellen Schäden, die als Folge einer krankheitsbedingten Arbeitsunfähigkeit eintreten (Kompensation).

1. Der Versicherungsfall der Krankheit

31 Der Gesetzgeber hat bis heute von einer Definition des krankenversicherungsrechtlichen Versicherungsfalles der *Krankheit* abgesehen. Der Krankheitsbegriff ist vielmehr in der Rechtsprechung definiert worden als ein »regelwidriger Körper- und Geisteszustand, der ärztlicher Behandlung bedarf oder – zugleich oder ausschließlich – Arbeitsunfähigkeit zur Folge hat«[86].

---

84 Gesetz vom 21. 8. 1995 (BGBl. I S. 1050) mit Wirkung vom 1. 10. 1995.

85 Eingefügt mit dem Gesetz vom 21. 8. 1995 (BGBl. I S. 1050) mit Wirkung vom 1. 10. 1995.

86 BSGE 26, 288; BSGE 35, 10, 15 = SozR 3–2200 Nr. 52 zu § 182 RVO; BSG SozR 3–2200 § 182 Nr. 9; BSG SozR 3–2200 § 182 Nr. 14; BSG SozR 3–2500 § 27 Nr. 5; vgl. *Eichenhofer* SGb 1994, 501.

Diese »klassische« Definition geht somit von einer leistungsrechtlichen Verknüpfung der Behandlungsbedürftigkeit und Arbeitsunfähigkeit aus. In der Gesetzesbegründung zum GRG[87] wird hinsichtlich des Krankheitsbegriffs auf die »klassische« Definition, wie sie seit mehr als hundert Jahren unverändert Anwendung findet[88], Bezug genommen[89].

32 Der dem SGB V zugrunde liegende Krankheitsbegriff ist ein juristischer, nicht ein medizinischer Begriff[90]. Krankheit setzt zunächst einen *regelwidrigen Körper- und Geisteszustand* voraus. *Regelwidrigkeit* ist gegeben, wenn der Körper- oder Geisteszustand eines Versicherten vom »Leitbild des gesunden Menschen« abweicht. Dieses »Leitbild« wird *funktional* verstanden, d.h., es wird darauf abgestellt, ob der Versicherte zur Ausübung der normalen psychophysischen Funktionen in der Lage ist oder nicht[91]. *Krankheit* i.S.d. Rechts der gesetzlichen Krankenversicherung ist danach ein *regelwidriger Körper- oder Geisteszustand, der die Ausübung der normalen psychophysischen Funktionen beeinträchtigt*. Eine Schädigung der Leibesfrucht steht dabei der Erkrankung der versicherten Mutter gleich[92].

Haarlosigkeit weicht vom üblichen Leitbild des Menschen ab, so dass von einem regelwidrigen Zustand gesprochen werden kann. Da der Betroffene dadurch aber in keinen wesentlichen Funktionen des Körpers beeinträchtigt wird, liegt keine Krankheit im krankenversicherungsrechtlichen Sinn vor, so dass z.B. kein Anspruch auf ein Toupet gegeben ist[93]. – In jedem Fall scheiden bloße Schönheitsfehler[94] ohne weitere, insbes. psychische, Folgewirkungen als Krankheit aus.

Entspricht eine Körpergröße von 164 cm dem »Leitbild« eines gesunden Mannes? Das BSG lehnte einen Anspruch auf operative Vergrößerung um 14 cm zum Preis von rund 40.000 DM ab[95]. Dies dürfte, selbst wenn der Versicherte wegen des Kleinwuchses unter psychischen Störungen litt, eine zutreffende Entscheidung sein. Nicht der Kleinwuchs ist »regelwidrig«, sondern die psychische Störung, so dass ggf. ein Anspruch auf psychotherapeutische Behandlung in Betracht kommt. Allerdings handelt es sich wohl um einen Grenzfall. Auch *Übergewicht* (Adipositas) kann eine behandlungsbedürftige Krankheit sein[96].

Auf das Merkmal der Funktionsbeeinträchtigung[97] hat die Rspr. vor allem bei *Kiefer-* und *Zahnfehlstellungen* abgestellt und eine Krankheit angenommen, wenn eine oder mehrere der Körperfunktionen des Beißens, Kauens oder Artikulierens der Sprache hierdurch in nicht unerheblichem Maße beeinträchtigt werden[98].

Bei *Transsexualität* hat das BSG einen besonderen *Leidensdruck* zur Anerkennung als Krankheit gefordert[99]. Normalerweise bedarf es dieser zusätzlichen Voraussetzung jedoch nicht.

Sucht wird im Gegensatz zu früheren Auffassungen nicht mehr als Charakterschwäche, sondern als Krankheit angesehen[100] (vgl. aber § 34 Abs. 1 S. 8 SGB V). Nur so wird die Möglichkeit erschlossen,

---

87 BT-Drs. 11/2237, 170.

88 Dazu etwa *Rosin* Das Recht der Arbeiterversicherung, 1. Bd., 1890–1893, S. 293 ff. – Zur historischen Entwicklung etwa *Gitter* KrV 1986, 191.

89 Aus Gründen der begrifflichen Vereinfachung und Klarheit wurde vorgeschlagen, bei einem einheitlichen Krankheitsbegriff zwei selbstständige Versicherungsfälle, den der *krankheitsbedingten Behandlungsbedürftigkeit* und den der *krankheitsbedingten Arbeitsunfähigkeit*, zu unterscheiden, s. dazu näher *Schulin* KrV 1989, 215. Diese Trennung in zwei unterschiedliche Versicherungsfälle ist jedoch nicht aufgenommen worden. Ausführlich und mit überzeugenden Gründen gegen diese Trennung *Kummer*, in: HS-KV, § 20, Rn. 42 ff.; s. auch BSG SozR 3–2200 § 182 Nr. 14.

90 Zu Folgenden auch *Kummer*, in: Schulin, HS-KV § 20 Rn. 30 ff.

91 BSGE 59, 119 (121).

92 BSG SozR 3–2200 § 182 Nr. 1.

93 BSG SozR 2200 § 182 b Nr. 18.

94 Dazu ausführlich *Eicher* DOK 1989, 757.

95 BSG SGb 1993, 261.

96 BSGE 90, 289.

97 Vgl. BSGE 30, 151.

98 BSGE 48, 258; vgl. auch BSGE 30, 151, 153; ferner LSG Berlin KVRS 2200/42.

99 BSGE 62, 83 = SozR 2200 § 182 Nr. 106.

100 BSGE 28, 114; BSGE 46, 41.

rechtzeitig körperliche Folgeerkrankungen und gesellschaftliche Teilhabestörungen zu verhindern oder gegen sie vorzugehen.

Auch *Unfruchtbarkeit* ist eine Krankheit[101]. Die Krankenbehandlung umfasst daher auch medizinische Maßnahmen zur Herbeiführung einer Schwangerschaft, deren Einzelheiten in § 27 a SGB V geregelt sind. Das gilt jedenfalls für Fälle ungewollter (»schicksalhafter«) Unfruchtbarkeit. Bei insbes. zur Geburtenplanung absichtlich herbeigeführter Unfruchtbarkeit soll es nach Ansicht des BSG bereits an einer Krankheit fehlen[102]. Folgt man dem nicht (§ 27 a SGB V ist dazu nichts zu entnehmen), kommt eine Anwendung von § 52 SGB V in Betracht.

Fall 1[103]**:** Die achtjährige T leidet an Schlaf- und Essstörungen, außerdem hat sie Schwierigkeiten in der Schule. Aufgrund einer Untersuchung wurde eine Legasthenie bei sehr hoher Allgemeinintelligenz diagnostiziert. – Das BSG verneinte hier das Vorliegen einer Krankheit i.S.d. Krankenversicherungsrechts. Einer Legasthenie, also einer Schwäche im Erlernen des Lesens und des Rechtschreibens bei hinreichender Intelligenz und sonst regelrechtem neurologischem Befund, komme kein Krankheitswert im Sinne des Krankenversicherungsrechts zu. »Eine Störung der natürlichen körperlichen und / oder geistigen Funktionen eines Menschen wird erst dann zur Krankheit i.S.d. Gesetzes mit der Folge einer Leistungspflicht der gesetzlichen Krankenversicherung, wenn diese Funktionen über eine bestimmte Bandbreite individueller Verschiedenheiten hinaus in einem so beträchtlichen Maße eingeschränkt sind, dass ihre Wiederherstellung der Mithilfe des Arztes bedarf.«[104] Erst wenn es infolge der Legasthenie zu einer neurotischen Fehlentwicklung kommt, der ohne ärztliche Hilfe nicht begegnet werden kann, liegt eine Krankheit im krankenversicherungsrechtlichen Sinn vor[105].

Bereits an der *Regelwidrigkeit* eines Körper- oder Geisteszustandes soll es nach h.M. fehlen, wenn dieser als Folge einer *natürlichen* Körper- oder Geistesentwicklung anzusehen ist; *Bsp.:* Altersgebrechlichkeit[106], Schwangerschaft. Soweit jedoch die Beschwerden das übliche und für den Betroffenen erträgliche Maß übersteigen oder eine zweckmäßige Behandlungsmöglichkeit besteht, kann eine Krankheit i.S.d. gesetzlichen Krankenversicherung vorliegen. Ein Spannungsverhältnis zwischen dem Leitbild eines gesunden Menschen und dem altersbedingten Nachlassen der körperlichen und psychischen Funktionen besteht dabei insbes. bei Altersgebrechlichkeit. Führt die Entwicklung der Medizin zu weiteren zweckmäßigen und wirtschaftlichen Behandlungsmöglichkeiten, so wird dies über das Tatbestandsmerkmal der Behandlungs*fähigkeit* (und damit der Behandlungs*bedürftigkeit*) den Anwendungsbereich des Krankheitsbegriffs erweitern.

Beispiel[107]**:** Eine erektile Dysfunktion eines Mannes im Alter von 60 Jahren kann eine Krankheit sein und damit die Leistungspflicht der Krankenkasse auslösen (§ 27 Abs. 1 S. 1 SGB V: Linderung von Krankheitsbeschwerden). Der Gesetzgeber hat aber jetzt explizit Arzneimittel zur Behandlung der erektilen Dysfunktion aus den Leistungen ausgeschlossen (§ 34 Abs. 1 S. 8 SGB V). Das verstößt nach Ansicht des BSG nicht gegen die Grundrechte der Versicherten[108], wenn auch der generelle Ausschluss gerade dieser Funktionsstörung aus dem leistungsbegründenden Krankheitsbegriff auch im Lichte von Art. 6 GG nur schwer zu begründen ist.

Eine »mittelbare« Behandlung (z.B. Entfernung von Amalgam-Zahnfüllungen zur Beseitigung unklarer gesundheitlicher Beschwerden) bedarf spezieller Rechtfertigung in Hinblick auf den therapeutischen Nutzen der Maßnahme[109].

Es ist ein zentraler Grundsatz im Recht der gesetzlichen Krankenversicherung, dass es für 33
Leistungsansprüche nicht auf die Krankheitsursache ankommt (*Finalprinzip*). Das Gesetz sieht *zwei Ausnahmen* vor. Zum einen scheiden Leistungen grundsätzlich aus, wenn »sie als

---

101 BSGE 59, 119, 120 = SozR 2200 § 182 Nr. 101; BSG SozR 3–2200 § 182 Nr. 2.
102 BSGE 59, 119 = SozR 2200 § 182 Nr. 101.
103 Nach BSGE 48, 258.
104 BSGE 48, 258 (265 f.).
105 Vgl. dazu umfassend *Schulte/Trenk-Hinterberger* Legasthenie und Sozialrecht, 1982.
106 BSGE 85, 36 (38 f.).
107 BSGE 85, 36.
108 BSGE 94, 302.
109 BSGE 85, 56 (ablehnend).

Folge eines *Arbeitsunfalls* oder einer *Berufskrankheit* im Sinne der gesetzlichen Unfallversicherung zu erbringen sind« (§ 11 Abs. 4 SGB V). Das kausale Leistungssystem der Unfallversicherung hat generellen Vorrang vor dem finalen der Krankenversicherung. Zum anderen handelt es sich bei der Selbstverschuldensregelung in § 52 SGB V um eine Ausnahme vom Finalprinzip.

2. Krankenbehandlung

34 Versicherte haben einen Anspruch auf Krankenbehandlung, wenn sie notwendig ist, um eine Krankheit zu erkennen, ihre Verschlimmerung zu verhüten oder Krankheitsbeschwerden zu lindern (§ 27 Abs. 1 S. 1 SGB V). Diese Behandlungsziele konkretisieren den Zweck der Krankenbehandlung. Eine Krankenbehandlung, die im Rahmen der gesetzlichen Krankenversicherung erbracht wird, muss eines dieser in § 27 Abs. 1 S. 1 SGB V genannten Ziele zum Inhalt haben. Allgemeine Mittel der Gesunderhaltung (etwa in Sportvereinen ausgeübte Gymnastik[110]) oder gar z.B. die bloße Verbesserung des Aussehens, soweit damit nicht auch erhebliche Gesundheitsstörungen behoben werden, werden von den Zielsetzungen des S. 1 nicht erfasst.

Bedeutung haben die in § 27 Abs. 1 S. 1 normierten Behandlungsziele u.a. in den von dem BSG entschiedenen Drogensubstitutionsfällen erlangt. Das BSG[111] hat die Drogensubstitution (mit Methadon) als eine nicht von der Krankenkasse geschuldete Maßnahme der Krankenbehandlung qualifiziert, wenn sie im konkreten Fall nur sonstige, wegen einer Krankheit notwendig werdende Hilfe im Bereich der Lebensführung bieten soll. In Verbindung mit dem in § 12 Abs. 1 SGB V normierten Grundsatz, dass die von den Krankenkassen gewährten Leistungen ausreichend, zweckmäßig und wirtschaftlich sein müssen, folgert das BSG aus den in § 27 Abs. 1 S. 1 SGB V genannten Behandlungszielen, dass der Versicherte nur gesundheitliche Maßnahmen fordern kann, die gezielt der Krankheitsbekämpfung dienen. Die Krankenkasse habe nicht die Aufgabe, sonstige wegen einer Krankheit notwendig werdende Hilfe im Bereich der Lebensführung zu bieten. Insbesondere bei der Beurteilung des Einsatzes von Ersatzdrogen zur Bekämpfung von Suchtkrankheiten müsse die Zielsetzung dahin gehen, dass der Gebrauch von Drogen beendet werde. Suchtbehandlung außerhalb der medizinischen Entgiftung kann aber medizinische Rehabilitation sein.

Einen Katalog von Maßnahmen, die zur Krankenbehandlung gehören, enthält schließlich § 27 Abs. 1 S. 2 SGB V. Im Einzelnen sind die Leistungen dann in den folgenden Bestimmungen geregelt.

Dieser Katalog soll abschließend[112] sein. Die Versicherungsgemeinschaft kommt nur für die Bedürfnisse ihrer Versicherten auf, wenn die Voraussetzungen einer Anspruchsgrundlage erfüllt sind. Neue Leistungen können nur durch eine Gesetzesänderung eingeführt werden. So können auch in Zukunft wieder Probleme auftauchen, wenn neue, bisher nicht bekannte und unter den Leistungskatalog nicht subsumierbare Behandlungsformen beansprucht werden. Eine Leistungsausdehnung durch die entsprechende Anwendung von Anspruchsnormen ist nur ausnahmsweise zur Ausfüllung von Gesetzeslücken zulässig[113].

35 In welcher Art, welchem Umfang und welcher Qualität die Leistungen der Krankenversicherung und somit auch die Krankenbehandlung zu gewähren sind, ergibt sich aus den Leistungsgrundsätzen der *Wirtschaftlichkeit* (§§ 2 Abs. 1 S., 2 Abs. 4, 12 Abs. 1, 70 Abs. 1 S. 2 SGB V), der *Qualität, Wirksamkeit* und *Bedarfsgerechtigkeit* der Leistungen auf dem *allgemein anerkannten Stand der medizinischen Erkenntnisse* (§ 33 S. 1 SGB I; §§ 2 Abs. 1 S. 3, 70 Abs. 1 S. 1 SGB V) und der *besonderen Berücksichtigung chronisch kranker und behinderter Menschen* (§ 2 a SGB V).

110 Etwas anders gilt dagegen wieder, wenn der medizinische Zweck überwiegt, z.B. bei Heilgymnastik.

111 BSG SozR 3–2500 § 27 Nr. 6.

112 Gesetzesbegründung, BT-Drs. 11/2237, 170.

113 BSGE 53, 273 = SozR 2200 § 182 Nr. 82; BSGE 59, 119 = SozR 2200 § 182 Nr. 101= NJW 1986, 1572.

Nach dem *Wirtschaftlichkeitsgebot* müssen die Leistungen einerseits ausreichend und zweckmäßig sein und dürfen andererseits das Maß des Notwendigen nicht überschreiten. Das Wirtschaftlichkeitsgebot erlaubt keinen Substandard, sondern fordert nur die wirtschaftlich günstigste Möglichkeit, die Leistungsziele zu erreichen. Verbessert eine Innovation die Qualität und Zielerreichung deutlich, kann ihr das Wirtschaftlichkeitsgebot nicht entgegengehalten werden[114]. 36

§ 2 Abs. 1 S. 3 SGB V bestimmt schließlich, dass *Qualität* und *Wirksamkeit* der Leistungen dem *allgemein anerkannten Stand der medizinischen Erkenntnisse* zu entsprechen und den medizinischen Fortschritt zu berücksichtigen haben. Der allgemein anerkannte Stand der medizinischen Kenntnisse schließt dabei Leistungen aus, die mit wissenschaftlich nicht anerkannten Methoden erbracht werden. Neue Verfahren, die nicht ausreichend erprobt sind, oder sog. Außenseitermethoden (paramedizinische Verfahren), die zwar bekannt sind, aber sich nicht bewährt haben, lösen keine Leistungspflicht der Krankenkassen aus[115]. 37

In § 2 Abs. 1 S. 3 SGB V wird somit deutlich gemacht, dass es nicht Aufgabe der gesetzlichen Krankenkasse sein soll, die medizinische Forschung zu finanzieren. Selbst wenn neue Methoden im Einzelfall zu einer Heilung der Krankheit oder Linderung der Krankheitsbeschwerden führen, sind diese Leistungen nicht von den Krankenkassen zu finanzieren. Auf den Erfolg im Einzelfall kann nach S. 3 des § 2 Abs. 1 SGB V nicht abgestellt werden.

Bei der Ermittlung des allgemein anerkannten Stands der medizinischen Erkenntnisse bedienen sich die medizinische Wissenschaft und der Gemeinsame Bundesausschuss (§§ 91, 92 SGB V) ausweislich seiner Verfahrensordnung[116] (§ 20) der Methoden der *evidenzbasierten Medizin.* Diese stellt Verfahren zur Verfügung, die bestverfügbaren Nachweise (englisch: evidence) für die Wirksamkeit von Therapien zu ermitteln und zu gewinnen[117]. Sie werden vielfach in evidenzbasierten Leitlinien der medizinischen Fachgesellschaften niedergelegt. Soweit diese den medizinischen Standard abbilden, werden sie vom Sozialrecht rezipiert und markieren auch den rechtlichen Standard der gebotenen Behandlungsqualität[118]. 38

Die Orientierung des Leistungsanspruchs an Qualität und genereller Wirksamkeit der Leistungen steht jedoch unter dem Gebot der Verhältnismäßigkeit, insbesondere da die Versicherten in das System des SGB V verpflichtend einbezogen sind. Das BVerfG hat daraus in seiner Entscheidung vom 6. 12. 2005[119] geschlossen, dass bei lebensbedrohlichen Erkrankungen niedrigere Anforderungen an die Wirksamkeit zu stellen sind und möglicherweise doch auf den Erfolg im Einzelfall abgestellt werden kann. Diese Entscheidung ist als Statuierung einer verfassungsunmittelbaren Leistungspflicht der gesetzlichen Krankenversicherung für Heilversuche bei lebensbedrohlichen Krankheiten gedeutet worden[120]. Sie gibt auch Hinweise auf verfassungsrechtliche Grenzen des Leistungsabbaus. 39

Nicht von der Leistungspflicht der gesetzlichen Krankenkassen ausgeschlossen sind Behandlungsmethoden, Arznei- und Heilmittel der besonderen Therapierichtungen (§ 2 Abs. 1 S. 2 SGB V). Klargestellt wird damit, dass die Ausrichtung der Gesundheitsleistungen am allgemeinen Stand der me- 40

114 BSG SozR 3–2500 § 33 Nr. 44 = NZS 2003, 477.

115 So die Regierungsbegründung zu § 2 Abs. 1 S. 2 SGB V, BT-Drs. 11/2237, 157.

116 Vom 20. 9. 2005 BAnz 2005, 16998.

117 Vgl. *Welti/Raspe* NJW 2002, 874 gegen *Zuck* NJW 2001, 869; *Zuck* NZS 1999, 313; ausführlich: *Raspe* ZaeFQ 2001, 495.

118 Dazu *Mengel* Sozialrechtliche Rezeption ärztlicher Leitlinien (2004); *Francke* und *Clemens* Leitlinien und Sozialrecht in: Hart (Hrsg.) Klinische Leitlinien und Recht, 2005), S. 123 ff., (147 ff.); vgl. *Welti* GesR 2006, 1.

119 BVerfG NJW 2006, 891; dazu: *Kingreen* NJW 2006, 877; *Francke/Hart* MedR 2006, 131; *Wenner* SozSich 2006, 174; vgl. bereits BVerfG NJW 2003, 1236.

120 *Francke/Hart* MedR 2006, 131.

dizinischen Erkenntnisse die Leistungen der besonderen Therapierichtungen nicht ausschließen. Vielmehr kommt es alleine auf die Wirksamkeit einer Methode an, unabhängig von deren (vermuteter) Wirkungsweise. Die Norm ist kein Freibrief, alleine wegen der Besonderheit einer Methode an den Mitteln der Krankenkassen zu partizipieren. Auch die Kassen dürfen nicht aus Wettbewerbsgründen Kosten für Leistungen zweifelhafter Wirksamkeit erstatten[121].

41 Die meisten Maßnahmen der Krankenbehandlung, insbes. die ärztliche Behandlung, werden in der Form der *Sach-* oder *Dienstleistung* gewährt. Der Versicherte hat also grundsätzlich keine finanziellen Belastungen zu tragen; er braucht insbes. keine Kosten vorzustrecken, wie dies beim Privatversicherten der Fall ist.

42 Grundsätzlich steht die ärztliche oder zahnärztliche Behandlung in der Krankenversicherung unter dem *Arztvorbehalt*. Sie bleibt Personen mit Approbation als Arzt oder Zahnarzt vorbehalten (§ 15 Abs. 1 SGB V). Unter bestimmten Voraussetzungen ist auch die Therapie durch psychologische Psychotherapeuten in den Leistungskatalog aufgenommen (§ 27 Abs. 1 S. 2 Nr. 1 SGB V). Zur ärztlichen und zahnärztlichen Behandlung gehören allerdings nicht nur die vom (Zahn-)Arzt persönlich ausgeführten Tätigkeiten, sondern auch alle Hilfsmaßnahmen anderer (nichtärztlicher) Personen. Diese dürfen allerdings nur unter ärztlicher Verantwortung, d.h. Anleitung oder Aufsicht, ausgeführt werden (§ 15 Abs. 1 S. 2 SGB V). Da ein Heilpraktiker kein Arzt ist, stellt seine Tätigkeit keine ärztliche Behandlung i.S.d. SGB V dar. Der damit grundsätzlich ausgedrückte Ausschluss nichtärztlicher Heilberufe von der selbstständigen Behandlung im Rahmen der Krankenversicherung verstößt nicht gegen das Grundgesetz[122].

Fall 2[123]**:** Die Versicherte V leidet seit Jahren unter Rückenschmerzen. Da sie kein Vertrauen in die Ärzteschaft hat, begibt sie sich direkt zu dem im Ort bekannten Chiropraktiker C. – *Fallvariante*: Sie begibt sich zuerst zu ihrem Vertrauensarzt, der sie an C überweist, allerdings die chiropraktische Behandlung nicht überwacht. Ihre Kasse lehnt in beiden Fällen jegliche Kostenerstattung ab. – Nach dem BSG ist eine chiropraktische Behandlung durch einen Nichtarzt, die nicht von einem approbierten Arzt geleitet oder überwacht wird, keine »ärztliche Behandlung« und deshalb grundsätzlich keine Versicherungsleistung.

Fall 3[124]**:** Der ledige, 23-jährige Versicherte A sollte gegen Hodenkrebs bestrahlt werden. Wegen der Gefahr eines dadurch herbeigeführten Verlustes der Zeugungsfähigkeit ließ er, nicht zuletzt wegen zu befürchtender psychischer Störungen, auf ärztliche Empfehlung Samenzellen einfrieren und lagern. – Das BSG sah darin keine ärztliche Behandlung, so dass es eine Leistungspflicht der Krankenkasse des A ablehnte.

43 *Krankenhausbehandlung* ist ebenfalls eine Sach- und Dienstleistung, und zwar in Form einer Gesamtleistung, die medizinische Betreuung, Unterbringung und Verpflegung umfasst. Krankenhausbehandlung gemäß § 39 Abs. 1 SGB V wird vollstationär[125], teilstationär, vor- und nachstationär sowie ambulant erbracht. Sie umfasst auch bestimmte Formen ambulanter Behandlung (§§ 115 a ff. SGB V). Zweck der zuerst durch das GSG herbeigeführten Behandlungserweiterung war es, durch Einschränkung der stationären Behandlung Einsparungen zu erzielen[126]. Krankenhausbehandlung ist erforderlich, wenn das Behandlungsziel nur mit den spezifischen Mitteln des Krankenhauses (vgl. § 107 Abs. 1 SGB V) erreicht werden kann[127]. Die Entscheidung über die Notwendigkeit der Krankenhausbehandlung obliegt der Krankenkasse[128]. Die Entscheidung des Krankenhausarztes begründet aber einen Anscheinsbeweis der Notwendigkeit und einen Vertrauenstatbestand für

121 BSGE 94, 221.
122 BVerfGE 78, 155; BVerfGE 79, 179; BSGE 29, 27; BVerfG-Kammerentscheidung MedR 1998, 269.
123 Angelehnt an BSGE 29, 27.
124 Nach BSG SozR 3–2200 § 182 Nr. 3.
125 Dazu BSG SozR 4–2500 § 39 Nr. 5.
126 BT-Drs. 12/3608, 102, Begründung zu §§ 115 a und 115 b SGB V.
127 BSGE 86, 166; BSGE 83, 254.
128 BSGE 82, 158 = SozR 3–2500 § 39 Nr. 5 = NZS 1999, 242.

den Versicherten[129]. Die Krankenkasse muss konkrete Behandlungsalternativen benennen, wenn sie eine Krankenhausbehandlung nicht für notwendig hält[130]. Die Zuzahlung zur Krankenhausbehandlung beträgt 10 € täglich für bis zu 28 Tage im Jahr (§§ 39 Abs. 4, 61 S. 2 SGB V).

Ein Anspruch auf *künstliche Befruchtung* (§ 27 a SGB V) besteht nur, wenn die Personen mit ungewollt[131] und unbehandelbar[132] unerfülltem Kinderwunsch miteinander verheiratet sind und das 25. Lebensjahr vollendet haben. Der Anspruch endet für Frauen mit dem 40. und für Männer mit dem 50. Lebensjahr. Er beläuft sich nur auf eine Kostenerstattung in Höhe von 50% der Kosten. 44

Heilmittel (§ 32 SGB V) sind alle ärztlich verordneten Dienstleistungen, die einem Heilzweck dienen oder einen Heilerfolg sichern und nur von entsprechend ausgebildeten Personen erbracht werden dürfen[133], etwa physikalische Therapie sowie Sprach- und Beschäftigungstherapie durch Physiotherapeuten, Logopäden oder Ergotherapeuten (vgl. §§ 124, 125 SGB V). 45

Arzneimittel (§ 31 SGB V) müssen über eine arzneimittelrechtliche Zulassung verfügen[134], um auf Kosten der Krankenversicherung verordnet werden zu können. Ausnahmsweise können zugelassene Arzneimittel in einem Gebiet verordnet werden, für das sie nicht zugelassen sind (Off-Label-Gebrauch)[135]. Nicht verschreibungspflichtige Arzneimittel sowie eine Reihe weiterer vom Gesetzgeber für trivial angesehene Arzneimittel sind – außer für Kinder bis zu zwölf Jahren – ausgeschlossen (§ 34 Abs. 1 SGB V). Ausnahmen legt der *Gemeinsame Bundesausschuss* (GBA) in einer Richtlinie fest (§ 92 Abs. 1 S. 2 Nr. 6 SGB V). 46

Leistungen für *Zahnersatz* (einschließlich *Zahnkronen)* wurden erst 1943 eingeführt, da man früher die Anfertigung von Zahnersatz nicht als ärztliche Tätigkeit angesehen hatte, während sie heute zur vertragsärztlichen Versorgung gehört (§ 73 Abs. 2 Nr. 2 a SGB V). Nach heutiger Rechtslage wird ein befundbezogener Festzuschuss geleistet (§§ 55–57 SGB V). Die Entwicklung beim Zahnersatz zeigt, dass die Lösung eines Bereichs aus dem Sachleistungsprinzip zu erheblichen Kostensteigerungen führt, die hier die Versicherten tragen. 47

Zu den *Hilfsmitteln* (§ 33 SGB V, § 31 SGB IX) gehören Seh- und Hörhilfen, Körperersatzstücke und andere Gegenstände, die im Einzelfall erforderlich sind, um den Erfolg der Krankenbehandlung zu sichern oder eine Behinderung auszugleichen[136]. Ein Hilfsmittel muss beeinträchtigte Körperfunktionen ermöglichen, ersetzen, erleichtern oder ergänzen und der Befriedigung von Grundbedürfnissen des täglichen Lebens dienen. Welche Einschränkungen das letztere Merkmal im Lichte des Benachteiligungsverbots wegen einer Behinderung (Art. 3 Abs. 3 S. 2 GG) trägt, ist strittig[137]. Hilfsmittel dürfen nur von zugelassenen Leistungserbringern abgegeben werden (§§ 126, 127 SGB V). 48

Der *Hilfsmittelbegriff* ist im Wesentlichen von den eingesetzten Mitteln und den mit diesen verfolgten Zwecken geprägt. Ausgeschlossen sind alle Gebrauchsgegenstände des täglichen Lebens und Mittel, für die gemäß § 34 Abs. 4 SGB V keine Leistungspflicht besteht. Als Hilfsmittel kommen nach der Rechtsprechung des BSG für den Bereich der gesetzlichen Krankenversicherung nur Sachen in Betracht, nicht aber von Personen ausgeführte 49

---

129 BSGE 89, 104 = NZS 2003, 28; *Pilz* NZS 2003, 350; *Adelt* BKK 2001, 39.
130 BSGE 92, 300 = SGb 2005, 286 mit Anm. *Noftz*.
131 Dazu BSG SozR 4–2500 § 27 a Nr. 2.
132 BSG Soz-R 4–2500 § 27 a Nr. 1 = NJW 2005, 2476.
133 Vgl. BSG SozR 3–2500 § 33 Nr. 39 = NZS 2001, 532.
134 Vgl. BSGE 93, 1 zu europarechtlichen Fragen.
135 BSGE 89, 184 = NJW 2003, 460 = SGb 2003, 102 mit Anm. *Mrozynski*. Vgl. *Francke* SGb 2003, 653.
136 BSG SozR 3–2500 § 33 Nr. 39 = NZS 2001, 532.
137 Zu restriktiv: BSG SozR 4–2500 § 33 Nr. 6 = Behindertenrecht 2005, 111 mit krit. Anm. *J. Reimann* und BSG SozR 3–2500 § 33 Nr. 40; vgl. BSGE 91, 60.

Dienstleistungen oder Dienstleistungssysteme[138]. Aus dem Vorstehenden ergibt sich eine wesentliche Abgrenzung der Hilfsmittel von den Heilmitteln: Im Unterschied zu den der therapeutischen Einflussnahme dienenden und auf Dienstleistungen beschränkten Heilmitteln sind Hilfsmittel zum Ausgleich von Funktionsstörungen erforderlich[139]. Weitere Konkretisierungen des Hilfsmittelbegriffs enthalten die Heil- und Hilfsmittel-Richtlinien des Gemeinsamen Bundesausschusses (§ 92 Abs. 2 Nr. 6 SGB V). Das Hilfsmittelverzeichnis (§ 128 SGB V) ist nicht verbindlich.

Beispiel[140]**:** Fraglich war, ob eine sog. Fahrrad-Rollstuhl-Kombination (sog. Rollstuhlboy) ein Hilfsmittel i.S.d. § 33 SGB V ist. Der unter Kinderlähmung leidende 1940 geborene Versicherte V ist für die Benutzung eines herkömmlichen Rollstuhls auf die Hilfe seiner Mutter angewiesen. Unter Berücksichtigung des Alters seiner Mutter ist der so eröffnete Freiraum des V daher beschränkt. Mit dem Rollstuhlboy würde es ihm ermöglicht werden, von seiner Mutter in einem erheblich größeren Radius um seine Wohnung ausgefahren zu werden. Die beklagte Krankenkasse stellte die Eignung des Rollstuhlboys dagegen in Abrede, weil dieser nur der Pflegeperson den Transport erleichtere. – Das BSG folgte dem nicht. Die Hilfsmitteleigenschaft entfällt nicht deshalb, weil das Mittel gleichzeitig die Pflege durch Dritte erleichtere. Maßgebend ist vielmehr, dass der Rollstuhlboy die Nutzungsmöglichkeiten des Rollstuhls für den Kläger erheblich ausweitet. Soweit der Versicherte aufgrund seiner Behinderung und unter Berücksichtigung seiner Betreuungssituation aus der unmittelbaren Umgebung seiner Wohnung nur mit Hilfe eines Rollstuhlboys in die Natur gelangen kann, wird mit diesem Hilfsmittel ein Grundbedürfnis befriedigt.

Beispiel[141]**:** Wenn ein sog. Shoprider einer Person das selbstständige Einkaufen ermöglicht, so kann sie nicht auf den Elektrorollstuhl verwiesen werden, mit dem nur der nächste Lebensmittelladen zu erreichen ist. Der Versicherte hat gemäß § 33 S. 2 SGB I (und mittlerweile auch § 9 Abs. 1 SGB IX) unter verschiedenartigen, aber gleichermaßen geeigneten und wirtschaftlichen Hilfsmitteln die Wahl.

Beispiel[142]**:** Die Schülerin S ist gehörlos. Sie und ihr Vater bewohnen ein Einfamilienhaus. Ihr Vater, der berufsbedingt tagsüber außer Haus ist, ist ihre einzige Bezugsperson. Von ihrer Versicherung begehrt S ein Telefaxgerät, um mit ihrem Vater während dessen berufsbedingter Abwesenheit zu kommunizieren. Die Krankenkasse lehnt den Anspruch ab, da es sich ihrer Ansicht nach bei dem Gerät um einen allgemeinen Gebrauchsgegenstand des täglichen Lebens handele. – Das BSG folgte dem nicht. Der Begriff des »allgemeinen Gebrauchsgegenstandes des täglichen Lebens« erfordert eine Gesamtwürdigung verschiedener Merkmale und ist nicht nach Einzelkriterien bestimmbar. In erster Linie hängt dabei die Frage des allgemeinen Gebrauchs des Gegenstands von seiner praktischen Bedeutung für die Lebensführung der Menschen und ihrer alltäglichen Lebensbetätigungen ab. Das Telefaxgerät, so das BSG, ist im Jahre 1994 dabei noch nicht als allgemeiner Gebrauchsgegenstand des täglichen Lebens zu qualifizieren. Allerdings verwies das BSG auch darauf, dass es bei Gehörlosen ein Standardtelefon ersetzt, das zweifellos ein allgemeiner Gebrauchsgegenstand des täglichen Lebens ist. In derartigen Fällen sind die Anschaffungs- und Betriebskosten für ein Standardtelefon als Eigenanteil vom Versicherten grundsätzlich selbst zu tragen. Dieser Grundsatz gilt aber nur, wenn der durch das Hilfsmittel zu ersetzende allgemeine Gebrauchsgegenstand des täglichen Lebens im Haushalt tatsächlich nicht vorhanden ist, da nur dann die Ersetzungsfunktion in vollem Umfang erfüllt ist. Hier besitzt der Vater der Klägerin ein eigenes Telefon. Ohne Behinderung würde die Klägerin dieses Standardtelefon mitbenutzen und sich keinen zweiten Apparat anschaffen. Die Auferlegung eines Eigenanteils hinsichtlich der Anschaffungskosten und der monatlichen Grundgebühren ist für das Telefaxgerät somit im vorliegenden Fall nicht gerechtfertigt. Die Gebühren für die verbrauchten Einheiten hat sie jedoch selbst zu tragen, da die Gebührenrechnung für das von ihr ansonsten benutzte Telefon entsprechend höher ausfiele.

138 BSG SozR 2200 § 182 b Nr. 31; BSG SozR 3–2200 § 182 Nr. 2.
139 BSG SozR Nr. 3 zu § 193 RVO.
140 Nach BSG SozR 3–2500 § 33 Nr. 7; vgl. BSG SozR 3–2500 § 33 Nr. 46 (behinderungsgerechtes Dreirad für ein Kind).
141 BSG SozR 3–1200 § 33 Nr. 1.
142 BSG SozR 3–2500 § 33 Nr. 19.

Beispiel[143]**:** Die Versicherte V trägt medizinisch indizierte Kontaktlinsen. Von der Krankenkasse begehrt sie die zu ihrer Pflege benötigten Mittel. – Das BSG entschied, dass der Leistungsausschluss in § 33 Abs. 3 S. 4 SGB V auch für den Anspruch auf Versorgung mit Kontaktlinsen in medizinisch zwingend erforderlichen Ausnahmefällen gilt.

Beispiel[144]**:** Der Versicherte K ist behindert. In seinem Einfamilienhaus hat er einen Treppenlift einbauen lassen, weil er ohne eigene Gefährdung und ohne Gefahr der Verschlimmerung seiner Behinderung die Treppe nicht mehr allein bewältigen konnte. – Obwohl die fehlende Gehfunktion des K durch das Hilfsmittel ersetzt wird und obwohl dieses Hilfsmittel behindertenspezifisch wirkt, hat das BSG die Leistung abgelehnt, weil der Behinderte dadurch nicht – wie sonst bei Hilfsmitteln – an die Erfordernisse der Umwelt angepasst wird, sondern die Umwelt an die Erfordernisse des Behinderten. Dieses Unterscheidungsmerkmal soll danach die Leistungspflicht der Krankenkasse begrenzen. Dies ist angesichts des modernen Behinderungsbegriffs (§ 2 Abs. 1 SGB IX) mehr als zweifelhaft.

Leistungen der *häuslichen Krankenpflege* existieren in Form der Krankenhausvermeidungs- 50
pflege und der Sicherungspflege (= Sicherung der ärztlichen Behandlung) (§ 37 Abs. 1 und 2 SGB V).

Diese Leistungen haben – auch im Zusammenhang mit den Leistungen der häuslichen Pflege nach dem SGB XI – zu wichtigen Urteilen des BSG Anlass gegeben. Problematisch war dabei die Unterscheidung zwischen Grund- und Behandlungspflege und vor allem der auch pflegewissenschaftlich umstrittene Inhalt des letzteren Begriffs[145]. Der Gesetzgeber hat durch eine Sonderregelung für Kompressionsstrümpfe (§ 37 Abs. 2 S. 1 SGB V) hier wohl die rechtsstaatlichen Grenzen rationaler Gesetzgebung überschritten[146].

Beispiel: Eine stark alkoholabhängige Person ist nicht in der Lage, Medikamente selbstständig und kontrolliert einzunehmen. Sie hat Anspruch auf häusliche Krankenpflege zur Sicherung des Ziels der ärztlichen Behandlung, § 37 Abs. 2 S. 1 SGB V[147].

Zur Vergleichsberechnung bei häuslicher Krankenpflege (Sicherungspflege) eines Querschnittgelähmten im Verhältnis zu Klinikaufenthalt[148].

Häusliche Krankenpflege kann ausgeschlossen sein, wenn die Voraussetzungen der Angehörigenpflege im Haushalt vorliegen (§ 37 Abs. 3 SGB V). Diese Vorschrift knüpft an die familienrechtlichen Fürsorge- und Unterhaltspflichten an, erweitert diese aber nicht. Voraussetzung des Ausschlusstatbestandes ist auch, dass die Hilfe tatsächlich geleistet wird, nicht nur geleistet werden könnte[149]. Häusliche Krankenpflege kann auch außerhalb der Wohnung der versicherten Person erbracht werden[150].

Versicherte, die wegen schwerer psychischer Erkrankung nicht in der Lage sind, ärztliche 51
oder ärztlich verordnete Leistungen selbstständig in Anspruch zu nehmen, haben Anspruch auf *Soziotherapie*, wenn dadurch Krankenhausbehandlung vermieden oder verkürzt wird oder wenn diese geboten, aber nicht ausführbar ist (§ 37 a SGB V).

Für Menschen in der letzten Lebensphase, insbesondere Krebskranke, gibt es bis heute zu 52
wenige Angebote mit der nötigen Schmerztherapie (Palliativversorgung) und sozialen Betreuung, die auch den Angehörigen zugute kommt. In den letzten Jahren sind im Ansatz ambulante und stationäre *Hospizleistungen* (§ 39 a SGB V) im Gesetz verankert worden. Für stationäre Hospizleistungen besteht ein individueller Anspruch auf einen Zuschuss nach Satzung der Krankenkasse (§ 39 a Abs. 1 SGB V). Ambulante Hospize werden bislang nur institutionell gefördert (§ 39 a Abs. 2 SGB V).

---

143 BSG SozR 3–2500 § 33 Nr. 6.
144 BSG SozR 3–2500 § 33 Nr. 30.
145 BSGE 82, 27, 32; BSGE 89, 50 = SGb 2002, 694 mit Anm. *Igl*; BSGE 94, 192.
146 Vgl. BSGE 94, 192.
147 BSG, Urt. v. 30. 3. 1999 – B 3 KR 14/99 R.
148 BSGE 83, 254 = SozR 3–2500 § 37 Nr. 1 = NZS 2000, 27.
149 BSGE 86, 101 = BSG SozR 3–2500 § 37 Nr. 2 = NZS 2001, 89, 91.
150 BSGE 90, 143 = SGb 2003, 578 mit Anm. *Rolfs*.

53 Der *Anspruch* auf Krankenbehandlung *beginnt*, sobald während der Mitgliedschaft oder – bei Pflichtversicherten – in der Zeit bis zu einem Monat nach Mitgliedschaftsende (§ 19 Abs. 1 und 2 SGB V) die Notwendigkeit zu Leistungen nach §§ 27 ff. SGB V gegeben ist. Die Krankheit als solche – also der Versicherungsfall – kann dabei bereits vor Mitgliedschaftsbeginn eingetreten sein.

Für die Frage, wann der Anspruch *endet*, muss danach unterschieden werden, ob gleichzeitig wegen Arbeitsunfähigkeit ein Anspruch auf Krankengeld besteht.

Beispiel: Der pflichtversicherte A wird seit Jahren wegen eines Herzleidens behandelt, konnte jedoch stets seiner Arbeitstätigkeit als Buchhalter nachgehen. Zum 30. 4. vereinbaren er und sein Arbeitgeber die Aufhebung des Arbeitsvertrages. – *Bsp.:* Der pflichtversicherte B erleidet am 1. 2. einen Herzinfarkt und ist bis 30. 6. arbeitsunfähig. Zum 31. 3. wird der Betrieb, in dem B zuletzt beschäftigt war, geschlossen, so dass auch sein Arbeitsverhältnis zu diesem Zeitpunkt endet.

Zwar gilt für beide Fallgruppen, dass der Anspruch auf Krankenbehandlung für Versicherungspflichtige spätestens einen Monat nach Mitgliedschaftsende erlischt (§ 19 Abs. 2 SGB V). Der Unterschied besteht jedoch darin, dass im zweiten *Bsp.* die *Mitgliedschaft* des B wegen des Krankengeldanspruchs über den 31.3. hinaus (§ 192 Abs. 1 Nr. 2 SGB V) und *deshalb* auch der Anspruch auf Kranken*behandlung* fortbesteht. Demgegenüber endet die Mitgliedschaft des A im ersten *Bsp.* am 30.4. (§ 190 Abs. 2 SGB V) und der Anspruch auf Krankenbehandlung spätestens am 31. 5., auch wenn die Behandlungsbedürftigkeit weiter fortdauert.

Grund für die unterschiedliche Behandlung der beiden Fälle: Während der Zeit einer Arbeitsunfähigkeit ist es einem Versicherten i.d.R. nicht möglich, durch Abschluss eines neuen Arbeitsvertrages für neuen Versicherungsschutz zu sorgen.

V. Leistungen zur Rehabilitation

54 Nach § 11 Abs. 2 SGB V haben die Krankenkassen auch Leistungen zur *medizinischen Rehabilitation* zu erbringen, um Behinderung oder Pflegebedürftigkeit zu vermeiden oder zu mindern. Der Umfang der Leistungen zur medizinischen Rehabilitation wird durch das SGB IX bestimmt (§§ 26–31 SGB IX), falls nicht das Leistungsrecht des SGB V eine ausdrücklich andere Regelung enthält (§ 7 SGB IX). Die Leistungen der medizinischen Rehabilitation der Krankenkassen sind nachrangig zu denen anderer Leistungsträger (§ 40 Abs. 4 SGB V), insbesondere der Rentenversicherung. Gleichwohl sind sie zur Einleitung von Leistungen der Rehabilitation verpflichtet, wenn ihnen Bedarf bekannt wird (§§ 8, 14 SGB IX).

55 Insbesondere erbringen die Krankenkassen ambulante und stationäre Leistungen zur Rehabilitation in besonderen Einrichtungen (§§ 11 Abs. 2, 40, 107 Abs. 2, 111 SGB V) und Leistungen der *Rehabilitation für Mütter und Väter* (§§ 41, 111 a SGB V). Dazu kommen *Belastungserprobung und Arbeitstherapie* (§ 42 SGB V) und nichtärztliche *sozialpädiatrische Leistungen* (§ 43 a SGB V). Den Krankenkassen ist bei der Entscheidung nach § 40 SGB V ein Ermessen eingeräumt, das sich aber nicht auf die Entscheidung über die Leistungsvoraussetzungen bezieht[151].

56 Die Leistungen zur medizinischen Rehabilitation sind oft schwierig abzugrenzen. Leistungen der akuten Krankenbehandlung sollen daher ebenfalls die Ziele der medizinischen Rehabilitation verfolgen (§ 27 SGB IX; vgl. auch § 2 a SGB V). So gesehen ist die an der Teilhabe orientierte Rehabilitation die umfassendere Zielbestimmung des Gesundheitswesens. Auch im Krankenhaus ist bereits *Frührehabilitation* zu betreiben (§ 39 Abs. 1 S. 3 SGB V)[152].

---

151 BSG SozR 4–1500 § 54 Nr. 1 = SGb 2004, 742 mit Anm. *Lindemann*.
152 Dazu *H. Fuchs* SozSich 2005, 168.

Schwierig ist auch die Abgrenzung von medizinischer Rehabilitation und Leistungen zur Teilhabe am Leben in der Gemeinschaft, vor allem wenn es um Kinder und Jugendliche geht. Die Leistungen der Krankenkassen und der Sozialhilfeträger zur *Früherkennung* und *Frühförderung* sollen daher als gemeinsame Komplexleistung von sozialpädiatrischen und von heilpädagogischen Leistungen erbracht werden (§§ 30, 56 SGB IX; Frühförderungsverordnung). 57

Die Rehabilitation *zur Vermeidung und Linderung von Pflegebedürftigkeit* ist Aufgabe der Krankenkassen, während die Pflegekassen nur *aktivierende Pflege* (§ 28 SGB XI) und vorläufige Leistungen (§ 32 SGB XI) erbringen sollen. Problematisch ist, dass den Krankenkassen hier ein finanzieller Anreiz fehlt, pflegevermeidende (zumeist: geriatrische) Pflege zu erbringen. 58

VI. Krankengeld

Führt eine Krankheit zu Arbeitsunfähigkeit, haben Stammversicherte Anspruch auf Krankengeld (§ 44 Abs. 1 S. 1 SGB V). Dasselbe gilt bei stationärer Aufnahme in einem Krankenhaus oder Teilnahme an einer Leistung der medizinischen Rehabilitation (§ 45 Abs. 1 Nr. 1 SGB IX) als Unterfälle der allgemeinen Arbeitsunfähigkeit. 59

Arbeitsunfähig i.S.v. § 44 Abs. 1 S. 1 SGB V ist, wer die vor Krankheitsbeginn ausgeübte Tätigkeit aufgrund der Krankheit entweder überhaupt nicht mehr oder nur auf die Gefahr hin ausüben kann, seinen Zustand zu verschlimmern[153]. 60

Voraussetzung ist damit ein *Kausalzusammenhang* zwischen Krankheit und mangelnder Arbeitsfähigkeit. An einem solchen soll es z.B. fehlen, wenn der Versicherte seine Arbeitstätigkeit an sich verrichten kann, er an ihr jedoch nur wegen eines Arztbesuches gehindert ist.

Auf *Behandlungsbedürftigkeit* kommt es bei der Arbeitsunfähigkeit *nicht* an. 61

So kann es sein, dass ärztlicherseits nur Bettruhe verordnet wird und eine weitere Behandlung nicht erforderlich ist. Da es sich aber um einen »regelwidrigen Körperzustand« handelt, der Arbeitsunfähigkeit zur Folge hat, besteht Anspruch auf Zahlung von Krankengeld.

Der Anspruch auf Krankengeld setzt auch nicht voraus, dass die versicherte Person ohne die Arbeitsunfähigkeit Arbeitsentgelt erzielt hätte[154].

Das Krankengeld soll zunächst den durch die Arbeitsunfähigkeit bedingten Entgeltausfall ausgleichen. Darüber hinaus kommt ihm aber auch die Funktion zu, dem erkrankten Versicherten bis zur Genesung seinen Arbeitsplatz zu erhalten. Dies führt zur Frage, ob der Versicherte ggf. auf eine andere Arbeitstätigkeit *verwiesen* werden kann. Während des fortbestehenden Arbeitsverhältnisses hält das BSG dies nur hinsichtlich einer arbeitsvertraglich geschuldeten (und dem Versicherten durch den Arbeitgeber im Wege des Direktionsrechts zuweisbaren) Tätigkeit für zulässig[155]. Immerhin sollte zumindest ein zeitweiser Arbeitsplatzwechsel im gleichen Betrieb, wenn dies keinen »Berufswechsel« bedeutet, zumutbar sein. 62

Nach beendetem Arbeitsverhältnis scheidet eine Erhaltung des Arbeitsplatzes aus. Dann ist es dem Versicherten auch zumutbar, eine Tätigkeit zu verrichten, die seiner bisherigen Erwerbstätigkeit nach Art und Entgelt entspricht[156].

---

153 Vgl. BSGE 57, 227 (228 f.); vgl. auch BSGE 61, 66, 70, 69, 180, 182; BSG SGb 2001, 133 mit Anm. *Muckel.*

154 BSGE 89, 254 = SGb 2003, 289 mit Anm. *Hanau.*

155 BSGE 69, 180 (183) = SozR 3–2200 § 182 Nr. 9, 38.

156 BSGE 61, 66, 70 f. = SozR 2200 § 182 Nr. 104, 224 f.; BSGE 69, 180, 182 = SozR 3–2200 § 182 Nr. 9, 38.

Fall: A ist seit drei Monaten arbeitslos und erhält Arbeitslosengeld. Er erkrankt und kann keine Arbeitstätigkeit aufnehmen. Hat er Anspruch auf Zahlung von Krankengeld? – Zunächst: Kann A überhaupt arbeitsunfähig i.S.d. Krankenversicherungsrechts sein? Dies ist zweifelhaft, weil er vor Beginn der Krankheit keine Arbeitstätigkeit ausgeübt hat. Doch kann diese Frage offen bleiben, da das Gesetz den Fall ausdrücklich geregelt hat (vgl. §§ 5 Abs. 1 Nr. 2, 47 b SGB V).

63 Erkrankt ein Arbeitnehmer, so zahlt für die ersten sechs Wochen i.d.R. der Arbeitgeber das volle Arbeitsentgelt weiter (§ 616 Abs. 1 und 2 BGB, § 3 Abs. 1 Entgeltfortzahlungsgesetz – EFZG –, § 12 Abs. 1 S. 2 BBiG). Soweit der Versicherte *Arbeitsentgelt* erhält, *ruht* der Anspruch auf *Krankengeld.*

Fall 5: X ist als Arbeiter bei A beschäftigt. Als er an Grippe erkrankt, verweigert A die Entgeltfortzahlung mit der Begründung, er, X, sei trotz kühler Witterung am Tag vor der Erkrankung in zu leichter Kleidung zur Arbeit gekommen, so dass er die Grippe verschuldet habe. – Entgegen dem Wortlaut des § 1 Abs. 1 EFZG entfällt der Anspruch auf Entgeltfortzahlung nur bei *grobem* Verschulden. Dieses ist hier sicher nicht gegeben. Kann X, da A nicht zahlt, Krankengeld von seiner Krankenkasse verlangen? Gemäß § 49 Abs. 1 Nr. 1 SGB V ruht der Anspruch nur, *wenn* und *soweit* der Versicherte Arbeitsentgelt *tatsächlich* erhält. X kann also Zahlung verlangen. Entfällt damit die Zahlungspflicht des A? Nein, vgl. § 115 Abs. 1 SGB X.

Nicht zuletzt weil nach sechs Wochen Arbeitsunfähigkeit die Krankenkasse im Regelfall leistungsverpflichtet ist, sind die Arbeitgeber dazu verpflichtet worden, spätestens zu diesem Zeitpunkt ein betriebliches Eingliederungsmanagement (§ 84 Abs. 2 SGB IX) in Gang zu setzen. Sie müssen alle Möglichkeiten ausschöpfen, kranke Beschäftigte wieder arbeitsfähig zu machen. Hierzu kommt auch die stufenweise Wiedereingliederung (§ 28 SGB IX; § 74 SGB V) in Betracht.

64 Besteht kein Anspruch auf Entgeltfortzahlung (z.B. bei grob fahrlässiger Krankheitsverursachung durch den Arbeitnehmer und in dem Fall des § 3 Abs. 3 EFZG), so richtet sich der *Beginn der Krankengeldzahlung* nach § 46 SGB V. Danach kommt es entweder auf den Beginn der Krankenhausbehandlung oder darauf an, wann die Arbeitsunfähigkeit ärztlich *festgestellt* worden ist[157]; nicht entscheidend ist dagegen, wann die Arbeitsunfähigkeit tatsächlich begonnen hat.

Durch diese Regelung soll der Simulation und dem Missbrauch vorgebeugt werden. Die ärztliche Feststellung ist *Anspruchsvoraussetzung* für den Krankengeldanspruch; ohne sie *darf* die Krankenkasse nicht zahlen. Auch eine *rückwirkende* ärztliche Feststellung kommt nicht in Betracht. Beachte den Karenztag des § 46 S. 1 Nr. 2 SGB V, ferner die Meldevoraussetzung nach § 49 Abs. 1 Nr. 5 SGB V.

65 Krankengeld kann theoretisch für *unbegrenzte Dauer* in Betracht kommen. Vorgesehen sind lediglich die – allerdings gewichtigen – Unterbrechungen des Leistungsanspruchs nach § 48 Abs. 1 S. 1 SGB V. Um die Versichertengemeinschaft finanziell nicht allzu sehr zu strapazieren, bestimmt die genannte Regelung nicht nur, dass bei Arbeitsunfähigkeit wegen *derselben* Krankheit Krankengeld für höchstens 78 Wochen innerhalb von je drei Jahren (Blockfrist) gezahlt wird. Vielmehr muss der Versicherte bei Beginn einer neuen Blockfrist auch die strengen Voraussetzungen des § 48 Abs. 2 SGB V[158] erfüllen, wodurch die auf Dauer Arbeitsunfähigen in den weiteren Blockfristen regelmäßig von dem Erwerb eines neuen Krankengeldanspruches ausgeschlossen sind (Versicherung mit Krankengeldanspruch – bei *freiwilliger* Versicherung meist nicht gegeben, vgl. § 44 Abs. 2 SGB V – sowie zwischendurch *keine* Arbeitsunfähigkeit wegen derselben Krankheit). Damit sollen Fälle vermieden werden, in denen das Krankengeld entgegen seiner Funktion als kurzzeitiger Entgeltersatz zu einer rentenähnlichen Dauerleistung werden könnte.

---

157 BSGE 24, 278, 279; 26, 111, 112; 41, 201, 203 f.

158 Dazu *Didong* SGb 1992, 394.

Bei länger andauernder Arbeitsunfähigkeit wird der Versicherte häufig von der Rentenversicherung Rente wegen verminderter Erwerbsfähigkeit erhalten; freilich gelten hier Wartezeiten. Notfalls tritt die Grundsicherung bei dauerhafter Erwerbsminderung ein. Fehlt es an der Prognose der Dauerhaftigkeit kommt Hilfe zum Lebensunterhalt in Betracht.

Das BVerfG hatte aufgrund eines Vorlagebeschlusses über die Frage zu befinden, ob ein dauerarbeitsunfähiger Versicherter, der wegen fehlender Voraussetzungen keine Erwerbsunfähigkeitsrente beziehen konnte und der nach altem Recht jeweils nach Beginn der neuen Blockfrist Krankengeld für 78 Wochen erhalten hat, unter Verletzung von Art. 14 Abs. 1 GG jetzt nach neuem Recht schlechter gestellt werden durfte[159]. Das BVerfG hat – ohne über die Frage zu entscheiden, ob der Krankengeldanspruch von Art. 14 Abs. 1 GG geschützt sei – keinen Verfassungsverstoß erkennen können. Vielmehr sei mit der Neuregelung dem öffentlichen Interesse Rechnung getragen worden, das Verhältnis der Aufgaben von Krankenversicherung und Rentenversicherung sachgerecht zu bestimmen.

Dieselbe Krankheit bedeutet, dass der konkrete Krankheitszustand auf dieselbe Krankheitsursache zurückführbar sein muss[160]. Es ist Identität von Krankheitsursache und Krankheitsablauf notwendig. Nicht um *dieselbe* Krankheit handelt es sich, wenn mehrere gleichartige Krankheiten (z.B. mehrere Grippeerkrankungen), jeweils nach Heilung der vorausgegangenen, zeitlich hintereinander folgen. 66

Beispiel 1: Der Versicherte X erkrankt am 1. 6. 2004 an einem schweren Herzleiden. Während Krankenbehandlung bei fortdauernder Mitgliedschaft unbeschränkt gewährt wird, § 19 Abs. 1 SGB V, zahlt die Krankenkasse Krankengeld für einen Zeitraum von 78 Wochen ab 1. 6. 2004 (sog. Bezugszeit). Ist die Krankheit am 1. 6. 2007, also nach Ablauf der dreijährigen Blockfrist des § 48 Abs. 1 S. 1 SGB V, noch nicht ausgeheilt, lebt der gleiche Krankengeldanspruch am 1. 6. 2007 für weitere 78 Wochen wieder auf, wenn die Voraussetzungen des § 48 Abs. 2 SGB V erfüllt sind[161].

Beispiel 2: Wie Beispiel 1, jedoch: X scheidet am 1. 7. 2004 aus der Versicherung aus. Da der Anspruch auf Krankengeld noch während der Mitgliedschaft des X entstanden ist, gilt § 192 Abs. 1 Nr. 2 SGB V, so dass auch Krankenbehandlung für dieselbe Zeit gewährt wird. Nach Ablauf von 78 Wochen (zzgl. ggf. 1 Monat, § 19 Abs. 2 SGB V) muss sich X für einen Krankenbehandlungsanspruch freiwillig weiterversichern.

Beispiel 3: X erleidet am 1. 6. 2005 einen schweren Herzinfarkt. Die Arbeitsunfähigkeit (wegen Krankheit und Schonungsbedürftigkeit) dauert bis zum 5. 5. 2006 (etwa 50 Wochen). Am 15. 3. 2007 erleidet X erneut einen Herzinfarkt, der Arbeitsunfähigkeit bis zum 30. 11. 2007 (etwa 37 Wochen) zur Folge hat. – Die dreijährige Blockfrist beginnt am 15. 3. 2007 erneut zu laufen, da der zweite Herzinfarkt nicht *dieselbe* Krankheit wie die erste ist. X erhält also für die gesamten Zeiten der Arbeitsunfähigkeit Krankengeld.

Beispiel 4: X erleidet am 1. 6. 2005 einen schweren Herzinfarkt, der eine Arbeitsunfähigkeit bis zum 5. 5. 2006 (etwa 50 Wochen) zur Folge hat. Am 1. 4. 2006, während der Schonungszeit, erkrankt er an einem Magenleiden, das ihn für weitere 30 Wochen arbeitsunfähig macht. – Gemäß § 48 Abs. 1 S. 2 SGB V endet der Anspruch auf Krankengeld mit Ablauf der 78 Wochen seit Eintritt des Herzinfarkts.

Das Hinzutreten einer neuen Krankheit zu der weiter bestehenden und fortlaufend Arbeitsunfähigkeit verursachenden Ersterkrankung führt weder zur Entstehung eines neuen Krankengeldanspruchs noch zur Verlängerung der Leistungsdauer (§ 48 Abs. 1 S. 2 SGB V). Das gilt auch, wenn für die erste Krankheit nicht mehr gezahlt wird, sei es, weil der Leistungsanspruch durch Erreichen der Höchstbezugsdauer von 78 Wochen innerhalb des Dreijahreszeitraums erschöpft oder weil die Voraussetzungen des § 48 Abs. 2 SGB V für das Entstehen eines neuen Anspruchs wegen derselben Krankheit in einer späteren Blockfrist nicht erfüllt sind. Solange die Arbeitsunfähigkeit wegen der ersten Krankheit als der für den Krankengeldanspruch maßgebende Leistungsfall andauert, kann ein weiterer Leistungsfall nicht eintreten und weitergehende Ansprüche begründen. Daran än- 67

159 BVerfGE 97, 378.

160 Zu dem Begriff »wegen derselben Krankheit«, vgl. BSG SozR 3–2500 § 48 Nr. 3. S. auch BSGE 83, 7 = SozR 3–2500 § 48 Nr. 8 = NZS 1999, 294.

161 Bei Beginn jeder neuen Blockfrist bedarf es auch wieder einer erneuten Entscheidung der Krankenkasse über den Krankengeldanspruch, BSG SozR 2200 § 183 Nr. 51.

dert auch nichts, dass die neue Krankheit für sich genommen ebenfalls Arbeitsunfähigkeit verursachen würde[162]. Anders ist der Fall zu beurteilen, wenn nur noch die zweite Krankheit Ursache der Arbeitsunfähigkeit ist.

68 Die *Bemessung* des Krankengeldes richtet sich nach § 47 SGB V. Zunächst ist nach Abs. 2 das sog. *Regelentgelt* zu berechnen. Das Krankengeld beträgt gemäß § 47 Abs. 1 S. 1 70% (statt ehemals 80%) dieses – bis zur Beitragsbemessungsgrenze zu berücksichtigenden – Regelentgelts, unabhängig vom Familienstand des Versicherten und der Anzahl der von ihm zu unterhaltenden Angehörigen. Berechnungsmaßstab ist vielmehr allein der Entgeltausfall. Hierbei wird für die Berechnung das vor Beginn der Arbeitsunfähigkeit im letzten abgerechneten Lohnabrechnungszeitraum (von mindestens vier Wochen) erzielte Arbeitseinkommen zugrunde gelegt.

69 Die Senkung von 80% auf 70% mit Wirkung vom 1. 1. 1997[163] wurde wegen der Ausgabenentwicklung in den Jahren 1993–1995 vorgenommen, als allein in diesen Jahren das Ausgabenvolumen des Krankengeldes um rund 38% von 13,3 Mrd. DM auf 18,4 Mrd. DM gestiegen war. Mit der Absenkung auf 70% beabsichtigt der Gesetzgeber eine Abstufung zwischen Arbeitsentgelt und Lohnersatzleistung und eine Angleichung an das Niveau der Lohnersatzleistungen anderer Sozialversicherungszweige[164]. Während nach dem Regierungswechsel mit dem Gesetz zu Korrekturen in der Sozialversicherung und zur Sicherung der Arbeitnehmerrechte vom 19. 12. 1998[165] die im Jahr 1996[166] auf 80% gekürzte Entgeltfortzahlung nach dem EFZG auf das dem Arbeitnehmer bei der für ihn regelmäßigen Arbeitszeit zustehende Arbeitsentgelt wieder auf den ursprünglichen Satz angehoben wurde (100%), blieb die Kürzung des Krankengelds bestehen.

Höchstgrenze des Krankengeldes ist 90% des Nettoarbeitsentgelts nach § 47 Abs. 2 SGB V. Zu beachten ist ferner die Dynamisierung des Krankengeldes nach § 47 Abs. 5 SGB V. Bei lang andauernder Arbeitsunfähigkeit erhöht sich jeweils nach Ablauf eines Jahres das Krankengeld um den Vomhundertsatz, um den die Renten der gesetzlichen Rentenversicherung zuletzt vor diesem Zeitpunkt nach dem jeweiligen Rentenanpassungsgesetz angepasst worden sind.

70 Nach § 47 Abs. 2 S. 1 SGB V ist für die Bemessung des Krankengeldes das unmittelbar – genauer: im letzten Entgeltabrechnungszeitraum – vor Beginn der Arbeitsunfähigkeit erzielte Arbeitsentgelt maßgebend. Damit wird erreicht, dass sich das Krankengeld möglichst eng am tatsächlichen Entgeltausfall orientiert. Insoweit kommt dem Zeitpunkt des Eintritts der Arbeitsunfähigkeit eine wichtige leistungsrechtliche Bedeutung zu. –

Beispiel: Ein Versicherter erkrankt im Januar und wird ambulant behandelt. Im April erhält er eine Gehaltserhöhung. Im Juli wird er arbeitsunfähig. – Das Krankengeld beträgt 70% vom erhöhten Gehalt, obwohl der Versicherungsfall der Krankheit bereits vorher eingetreten ist.

Fall[167]: Die Versicherte V vereinbarte mit ihrem Arbeitgeber A, ab 1. 3. die wöchentliche Arbeitszeit von 40 auf 25 Stunden herabzusetzen. Am 3. 3. (einem Montag) erkrankt V arbeitsunfähig. Das Arbeitsentgelt für Februar ist am 28. 2. abgerechnet worden. – *Fallvariante* : V vereinbart mit A, ab 1. 3. statt 25 nunmehr 40 Std. wöchentlich zu arbeiten. – Nach Beendigung der arbeitsrechtlichen Entgelt-

162 BSG NZS 1999, 294 (295). In dieser Entscheidung hat das BSG auch – gegen zahlreiche Meinungen in der Lit. – klargestellt, dass die Voraussetzungen, von denen § 48 Abs. 2 SGB V das Wiederentstehen eines Krankengeldanspruchs wegen derselben Krankheit abhängig macht, nicht nur in dem auf die Erschöpfung des Anspruchs folgenden, sondern auch in einem späteren Dreijahreszeitraum erfüllt sein müssen.

163 Gesetz v. 1. 11. 1996 (BGBl. I S. 1631).

164 BT-Drs. 13/4615, 8, 10.

165 BGBl. I S. 3843, 3849.

166 Mit Gesetz v. 25. 9. 1996 (BGBl. I S. 1476).

167 Nach BSG SozR 3–2500 § 44 Nr. 1.

fortzahlung erhält V im Ausgangsfall Krankengeld, das auf der Basis von 40 Std., im anderen Fall ein solches, das auf der Basis von 25 Std. berechnet wird.

Fall[168]: Der türkische Gastarbeiter T vereinbarte mit seinem Arbeitgeber A unbezahlten Urlaub, um wegen des Todes seines Sohnes in die Türkei zu reisen. Drei Tage nach Ankunft in der Türkei erkrankte er arbeitsunfähig. – Obwohl T durch die Krankheit keinen Entgeltausfall erleidet, hat er Anspruch auf Krankengeld[169].

Fall[170]: Der Versicherte V ist wegen derselben Krankheit für seine bisherige Berufstätigkeit dauernd arbeitsunfähig. Nach Erschöpfung des Krankengeldanspruchs in der vorhergehenden Dreijahresfrist stellt er sich der Arbeitsvermittlung mit seinem Restleistungsvermögen zur Verfügung und erhält Arbeitslosengeld. Nun wird V auch bezüglich seines Restleistungsvermögens arbeitsunfähig – V hat in einer neuen Dreijahresfrist nur Anspruch auf Krankengeld in Höhe des zuletzt bezogenen Arbeitslosengeldes.

Wenn ein erkrankter Versicherter die volle, arbeitsvertraglich geschuldete Arbeitsleistung nicht erbringen kann, ist er auch dann arbeitsunfähig i.S.d. § 44 Abs. 1 SGB V, wenn er noch zu einer Teilarbeitsleistung in der Lage ist. Teilarbeitsunfähigkeit wird allerdings krankenversicherungsrechtlich nicht berücksichtigt[171]. Es besteht aber die in § 74 SGB V, § 28 SGB IX vorgesehene Möglichkeit der stufenweisen Wiedereingliederung in das Erwerbsleben[172]. Trotz einer entsprechenden Teilbeschäftigung soll sich nichts an der Arbeitsunfähigkeit als solcher ändern[173]. 71

Da das Krankengeld die Funktion hat, den Versicherten gegen die wirtschaftlichen Folgen zu sichern, weil er seine Arbeitsleistung nicht erbringen kann, wird ihm grundsätzlich nicht zugemutet, eine andere Tätigkeit auszuüben. Allerdings kann die Krankenkasse bei Gefährdung der Erwerbstätigkeit fordern, dass der Versicherte einen Antrag auf Leistungen der medizinischen Rehabilitation oder zur Teilhabe am Arbeitsleben stellt (§ 51 Abs. 1 S. 1 SGB V). Dies ist eine besondere Ausprägung des allgemeinen Vorrangs der Rehabilitation und Teilhabe (§ 8 Abs. 1 SGB IX). Ebenso kann unter bestimmten Voraussetzungen gefordert werden, einen Antrag auf Rente nach dem SGB VI zu stellen (§ 51 Abs. 1 S. 2 und Abs. 2; Sanktion in Abs. 3: Wegfall des Krankengeldes). Davon abgesehen muss sich der Versicherte in engen Grenzen auf eine andere Tätigkeit verweisen lassen[174]. 72

Allerdings findet eine solche Verweisung in wesentlich engeren Grenzen als bei den früheren Erwerbs- und Berufsunfähigkeitsrenten und den jetzigen Renten wegen verminderter Erwerbsfähigkeit nach dem SGB VI statt. Dabei ist zunächst zu unterscheiden, ob das Arbeitsverhältnis bei Geltendmachung des Krankengeldanspruchs bereits beendet ist, oder ob es noch fortbesteht. Im letzteren Fall ist es für den Versicherten nicht zumutbar, das Arbeitsverhältnis zu lösen. Findet jedoch im Rahmen des bestehenden Arbeitsverhältnisses eine arbeitsrechtlich zulässige Umsetzung statt, wirkt sich dies auch krankenversicherungsrechtlich so aus, dass der Versicherte sich auf diesen Arbeitsplatz verweisen lassen muss[175].

Bei beendigtem Arbeitsverhältnis und Arbeitslosigkeit ist der Versicherte soweit arbeitsunfähig, wie er Arbeiten nicht mehr verrichten kann, für die er der Arbeitsvermittlung zur Verfügung gestanden hat[176]. Die Zumutbarkeitskriterien des SGB III sind anzuwenden[177]. Eine erhebliche Umstellung darf nicht verlangt werden, etwa hinsichtlich der Entfernung des Arbeitsplatzes zur Wohnung. Ein

168 BSGE 68, 11 = SozR 3–2200 § 182 Nr. 4.
169 Anders noch BSGE 43, 86. Wie hier bereits *Schulin* SGb 1977, 476.
170 BSG SozR 3–2500 § 48 Nr. 6.
171 Krit. dazu *Schulin* SGb 1984, 285.
172 Einführend *Gunder* ErsK 1992, 136.
173 Gesetzesbegründung, BT-Drs. 11/2237, 192.
174 Hierzu *Kummer*, in: Schulin, HS-KV § 20 Rn. 56 ff.
175 BSGE 69, 180, 186 f.
176 BSGE 94, 19 = SGb 2005, 588 mit Anm. *Bieback*.
177 BSGE 94, 247.

Arbeitsplatz muss nicht konkret nachgewiesen werden; jedoch müssen solche in nennenswerter Zahl vorhanden sein[178].

73 Zur Höhe und Berechnung des Krankengeldes bei Beziehern von Arbeitslosengeld, Arbeitslosenhilfe, Unterhalts-, Kurzarbeiter- oder Winterausfallgeld vgl. § 47b SGB V.

VII. Mutterschaftsgeld

74 Als Entgeltersatz im Mutterschutz wird *Mutterschaftsgeld* gezahlt. Nach § 200 Abs. 1 RVO besteht ein Anspruch auf Mutterschaftsgeld während der Schutzfristen vor und nach der Entbindung (§ 3 Abs. 2 und § 6 Abs. 1 MuSchG). Allerdings ist das Mutterschaftsgeld für Arbeitnehmerinnen auf höchstens 13 € täglich begrenzt (§ 200 Abs. 2 S. 2 RVO). Für die Differenz zwischen dem bisherigen Nettoentgelt der Versicherten und dem Mutterschaftsgeld der Krankenversicherung hat der Arbeitgeber durch den nach § 14 MuSchG zu zahlenden Zuschuss zum Mutterschaftsgeld aufzukommen, für den eine Umlage unter allen Arbeitgebern erhoben wird[179].

§ 18 Leistungserbringungsrecht

A. Allgemeines

1 Wenn ein Sozialleistungsträger gesetzlich verpflichtet ist, dem Versicherten gegenüber einen Anspruch auf soziale Leistungen in Form von Dienstleistungen einzulösen, so z.B. ärztliche Behandlung, gibt es unterschiedliche Möglichkeiten, damit der Versicherte diese Leistungen erhält: Die Krankenkasse könnte Ärzte bei sich als Arbeitnehmer anstellen; diese behandeln den kranken Versicherten. Die andere Möglichkeit wäre: Der Versicherte geht zu einem Arzt, lässt sich behandeln, der Arzt rechnet mit dem Versicherten direkt ab, der Versicherte legt diese Abrechnung der Kasse vor und die Kasse erstattet den Abrechnungsbetrag.

Die erstere Möglichkeit folgt dem Modell des *staatlichen Gesundheitsdienstes*, so wie er z.B. in Großbritannien als National Health Service existiert. Der Arzt ist dort Bediensteter. Die andere Möglichkeit ist das Modell der *Kostenerstattung*, wie wir sie hierzulande für die privatversicherten Personen bei der ärztlichen Behandlung kennen – allerdings mit einer besonderen Maßgabe: Der Arzt ist für seine Leistungen einer staatlichen Gebührenordnung für Ärzte (GOÄ) unterworfen[180].

Im deutschen Sozialleistungssystem hat man sich für die Verschaffung von Dienstleistungen für einen besonderen – *mittleren* – Weg entschieden, mit dem der Konflikt zwischen einer Kostenerstattungslösung einerseits und der Staatsdienstlösung andererseits bewältigt werden soll: Der Sozialleistungsträger schließt Verträge mit denjenigen Personen und Institutionen, die soziale Dienstleistungen anbieten können, also etwa mit Ärzten, Krankenhäusern (oder – wie im SGB XI – mit Pflegediensten), und er verpflichtet die Anbieter, dass sie den Leistungsberechtigten diese Dienstleistungen zugute kommen lassen. Die Vergütung für diese Leistung wird dann zwischen dem Sozialleistungsträger und dem Leistungsanbieter abgerechnet. Diese Lösung spiegelt sich im *Sachleistungsprinzip* wider.

Dieser Weg scheint viele Vorteile zu haben: Die Leistungsanbieter behalten fachliche und ökonomische Selbstständigkeit und können auch in einen Wettbewerb treten; die Sozialleistungsträger können so möglicherweise ihre Ansprüche besser, flexibler und individueller erfüllen.

2 Das Leistungserbringungsrecht ist im SGB V im Vierten Kapitel unter der Überschrift »Beziehungen der Krankenkassen zu den Leistungserbringern« zusammengefasst. *Inhaltlich* gehören zum Leistungserbringungsrecht die Festlegung der Art und Weise der Leistungs-

178 Zuletzt bestätigt in BSGE 85, 271, 273.
179 Dazu BVerfGE 109, 64 = NJW 2004, 146.
180 Zur Kostenerstattung und Sachleistung aus ökonomischer Sicht *Wasem* MedR 2000, 472.

erbringung (allgemeiner auch Leistungsbeschreibung genannt), die Festlegung der Entgelte bzw. Vergütungen für diese Leistungen sowie die Festlegungen über die Qualität und Wirtschaftlichkeit der Leistungen. Diese Festlegungen finden regelmäßig in vertraglichen Vereinbarungen statt, deren Inhalt wiederum in mehr oder weniger großem Ausmaß öffentlich-rechtlich vorgeprägt ist. Im Zusammenhang des Leistungserbringungsrechts finden sich teilweise auch Regelungen zur hoheitlichen Gestaltung des Zugangs von Leistungserbringern zum Markt der Leistungserbringung, so insbesondere die Bedarfsplanung für Ärzte (§§ 99 ff. SGB V)[181]. Auch Höchstaltersgrenzen beschränken legitimerweise den Zugang zur Leistungserbringung[182].

Das GKV-Reformgesetz 2000 hat das gesamte Leistungserbringungsrecht als öffentliches Recht bestimmt (§ 69 SGB V). Die Vorschriften des Bürgerlichen Rechts sind ergänzend heranzuziehen, wenn sich aus den übrigen Vorschriften des gesamten SGB nichts anderes ergibt (§ 61 SGB X)[183]. Damit haben sich teilweise strittige Fragen der Zuordnung des Rechtswegs erledigt[184]. Das nationale Wettbewerbsrecht ist hier nicht anwendbar[185]. 3

B. Vertragsarztrecht

Wenn in der sozialen Krankenversicherung der Versicherte gegen seine *Krankenkasse* grundsätzlich einen Anspruch auf *ärztliche Behandlung* hat, so müssen den Krankenkassen Ärzte[186] zur Verfügung stehen, die ihren Versicherten im Krankheitsfall ärztliche Hilfe leisten. Zu diesem Zweck werden entsprechende *Gesamtverträge* zwischen den Kassenärztlichen Vereinigungen und den Landesverbänden der Krankenkassen auf Landesebene abgeschlossen (§§ 82 Abs. 1, 83 SGB V)[187]. Ihr allgemeiner Inhalt wird in *Bundesmantelverträgen* durch die Kassenärztliche Bundesvereinigung und die Spitzenverbände der Krankenkassen bestimmt (§ 82 Abs. 1 SGB V). Die Verträge müssen eine ausreichende, zweckmäßige und wirtschaftliche Versorgung gewährleisten (§ 72 Abs. 2 SGB V). 4

An der vertragsärztlichen Versorgung (ambulanten Versorgung) nehmen *Hausärzte* (§ 73 Abs. 1 S. 2, Abs. 1 a, 1 b SGB V), *Fachärzte*[188], *ermächtigte Krankenhausärzte* (§ 116 SGB V) und *medizinische Versorgungszentren* (§ 95 Abs. 1 S. 2 und 3 SGB V)[189] teil. 5

Für die Ärzte handeln dabei die durch Gesetz auf Landesebene gebildeten öffentlich-rechtlichen *Kassenärztlichen Vereinigungen*[190], in denen die Vertragsärzte zusammengeschlossen sind (§ 77 SGB V), ggf. die Kassenärztliche Bundesvereinigung (§ 77 Abs. 4 SGB V). Auf Kassenseite treten für die Krankenkassen die Landesverbände sowie die Verbände der Ersatzkassen, ggf. die Spitzenverbände der Krankenkassen auf (§§ 82, 83 Abs. 1 SGB V). Auf diese Weise wirken Ärzte und Krankenkassen »zur Sicherstellung der vertragsärztlichen Versorgung der Versicherten zusammen« (§ 72 Abs. 1 S. 1 SGB V). 6

---

181 Zur Verfassungsmäßigkeit der vertragsärztlichen Bedarfsplanung BVerfG MedR 2001, 639; BSGE 82, 41.

182 Zur Verfassungsmäßigkeit solcher Höchstaltersgrenzen BVerfGE 103, 172 = NJW 2001, 1779; BSGE 83, 135. Dazu *U. Becker* NZS 1999, 521.

183 BSG SozR 4–2500 § 69 Nr. 1 = SGb 2006, 56 mit Anm. *M. Krasney.*

184 Zur Bedeutung der Vorschrift für die Leistungserbringungsverträge *Boerner* SGb 2000, 389.

185 BSGE 89, 24 = SGb 2002, 688 mit Anm. *Noftz.*

186 Entsprechendes gilt auch für Zahnärzte; im Folgenden werden nur die Ärzte erwähnt. Vgl. auch § 72 Abs. 1 S. 2 SGB V.

187 Allgemein zum Vertragsarztrecht: *Weiß* NZS 2005, 67.

188 Zur Verfassungsmäßigkeit der Trennung: BVerfG-Kammerentscheidung MedR 1999, 560.

189 Zur Wechselwirkung mit dem ärztlichen Berufsrecht: *Butzer* NZS 2005, 344.

190 Vgl. *von Holst* Das Selbstverwaltungsrecht der Kassenzahnärztlichen Vereinigungen, 1998.

7 Inhalt der Gesamtverträge ist zum einen die Verpflichtung der Kassenärztlichen Vereinigungen, »eine ausreichende, zweckmäßige und wirtschaftliche Versorgung der Versicherten« zu gewährleisten (Sicherstellungsauftrag, vgl. auch § 75 SGB V). Zum anderen werden die Krankenkassen gegenüber den Kassenärztlichen Vereinigungen verpflichtet, die ärztlichen Leistungen »angemessen« zu vergüten (§ 72 Abs. 2 SGB V). Der einzelne Vertragsarzt erhält das Honorar für seine Leistungen also nicht von den einzelnen Krankenkassen, sondern von seiner Kassenärztlichen Vereinigung.

8 Das Honorar wird aus der *Gesamtvergütung* (§ 85 Abs. 2 S. 2 SGB V) genommen. Da diese nicht steigt, wenn mehr Leistungen erbracht werden, wird der Wert der vertragsärztlichen Leistungen nicht in Geld, sondern in Punkten bestimmt, die ihr Verhältnis zueinander bestimmen. Die Punktwerte der Leistungen werden im *einheitlichen Bewertungsmaßstab* (EBM) (§ 87 Abs. 2 S. 1 SGB V) bestimmt. Was nicht im EBM enthalten ist, wird in der vertragsärztlichen Versorgung grundsätzlich nicht vergütet. So ist der EBM eine wesentliche Konkretisierung des Leistungskatalogs nach dem SGB V[191].

9 Eine generelle Konkretisierung, welche Leistungen zur Versorgung der Versicherten notwendig, ausreichend, zweckmäßig und wirtschaftlich sind und dem allgemein anerkannten Stand der medizinischen Erkenntnisse genügen (§§ 2, 12 SGB V), nimmt der *Gemeinsame Bundesausschuss* (GBA; § 91 Abs. 1 SGB V) vor[192]. Er ist das Herz der *gemeinsamen Selbstverwaltung* von Krankenkassen, Vertragsärzten und Krankenhäusern. Vertreter der Organisationen behinderter Menschen und von Patientenorganisationen sind beratend vertreten (§ 140 f SGB V), damit das grundsätzlich minoritäre Interesse der chronisch kranken und behinderten Menschen (vgl. § 2 a SGB V) nicht zu sehr vernachlässigt wird. Der GBA ist 2004 an die Stelle des bisherigen Bundesausschusses der Ärzte und Krankenkassen, des Ausschusses Krankenhauses und des Koordinierungsausschusses getreten.

10 Der Gemeinsame Bundesausschuss setzt wesentliches untergesetzliches Recht zur Konkretisierung der Leistungspflicht der Krankenkassen in Form von *Richtlinien* (§ 92 SGB V). Sie regeln Inhalte der ärztlichen Behandlung, die Einführung neuer Untersuchungs- und Behandlungsmethoden und die Verordnung von Leistungen durch Ärzte sowie weitere Fragen (§§ 92 Abs. 1 S. 2, 135 SGB V). Bei neuen Untersuchungs- und Behandlungsmethoden kann unterschieden werden: In der vertragsärztlichen Versorgung gilt ein Verbot mit Erlaubnisvorbehalt (§ 135 Abs. 1 S. 1 SGB V)[193], im Krankenhaus eine Erlaubnis mit Verbotsvorbehalt (§ 137 c SGB V)[194]. Die Richtlinien setzen den Rahmen, in dem Vertragsärzte und Krankenhäuser die Leistungsansprüche der Versicherten im Einzelfall konkretisieren[195]. Sie können vom Bundesministerium für Gesundheit beanstandet werden (§ 94 Abs. 1 SGB V). Da der GBA ein Selbstverwaltungsgremium ist, handelt es sich hier um Rechtsaufsicht.

11 Über Reichweite, Verbindlichkeit und gerichtliche Kontrolle der Richtlinien werden umfangreiche rechtliche und politische Kontroversen geführt[196]. Der Gesetzgeber hat ent-

191 Gut verständliche Darstellung: *Wenner* SozSich 2005, 399.

192 *Welti* GesR 2006, 1; *Fastabend* NZS 2002, 299.

193 BSGE 88, 51 = SGb 2002, 573 mit Anm. *Klose*.

194 Dazu BSGE 90, 289 = SGb 2004, 115 mit Anm. *Schmitt*.

195 BSGE 78, 70; BSGE 81, 54.

196 Vgl. die Ausführungen bei *Axer* Normsetzung der Exekutive im Sozialversicherungsrecht, 2000, S. 119 ff.; *Hänlein* Rechtsquellen im Sozialversicherungsrecht, 2001, S. 454 ff.; *Rixen* Sozialrecht als öffentliches Wirtschaftsrecht, 2005, S. 176 ff.; *Roters* Die gebotene Kontrolldichte bei der gerichtlichen Prüfung der Richtlinien des Bundesausschusses, 2002; *Seeringer* Der gemeinsame Bundesausschuss nach SGB V, 2006; weiterhin: *Welti* GesR 2006, 1; *Hiddemann* BKK 2001, 187; *Neumann* NZS 2001, 515; *Schimmelpfeng-Schütte* NZS 1999, 530; *Noftz* VSSR 1997, 393; *Ebsen* FS Krasney, S. 81.

schieden, dass die Richtlinien des GBA Bestandteil der Bundesmantelverträge sind (§ 92 Abs. 8 SGB V) und für die Versicherten, Krankenkassen und im GBA repräsentierten Leistungserbringer verbindlich sind (§ 91 Abs. 9 SGB V).

Das BVerfG ist auf verfassungsrechtliche Kritik an der Legitimation des GBA nicht eingegangen und hat in anderem Zusammenhang die Zulässigkeit *funktionaler Selbstverwaltung* bestätigt[197]. Das BSG überprüft regelmäßig nur, ob die Richtlinien des GBA in einem korrekten Verfahren zustandegekommen sind ob sie und den gesetzlichen Rahmen einhalten[198].

12 Vertragsarzt wird ein Arzt durch die vom Zulassungsausschuss (vgl. § 96 SGB V) zu erteilende *Zulassung* (§ 95 SGB V). Er ist nach § 95 Abs. 3 SGB V zur Teilnahme an der vertragsärztlichen Versorgung berechtigt und verpflichtet[199]. Die Versicherten können unter den zugelassenen Vertragsärzten frei wählen; in Notsituationen dürfen sie auf Kosten der Krankenkasse auch einen nicht zugelassenen Arzt konsultieren (§ 76 Abs. 1 und 2 SGB V).

Nachdem früher noch weitgehende Niederlassungsfreiheit für die Vertragsärzte besteht[200], ist seit 2003 eine Bedarfszulassung nach gesetzlich festzulegenden Verhältniszahlen vorgesehen, um den Anstieg der Zahl der Vertragsärzte und damit zugleich der Kosten der Krankenversicherung zu bremsen (§ 102 SGB V). Trotz des schweren Eingriffs in die Berufsfreiheit ist sie verhältnismäßig, weil die hohe Zahl der Ärzte durch nicht notwendige Leistungsausweitung die Stabilität der gesetzlichen Krankenversicherung bedroht.

13 Die Übernahme der Behandlung verpflichtet den Vertragsarzt gegenüber dem zu Behandelnden zur Sorgfalt nach den Vorschriften des bürgerlichen Vertragsrechts (§ 76 Abs. 4 SGB V)[201]. Der Kassenpatient hat gegenüber seinem Arzt bürgerlich-rechtliche Schadensersatzansprüche aus *eigenem* Recht und einen öffentlich-rechtlichen Anspruch gegen die Kasse auf Verschaffung einer Behandlung in entsprechender Qualität.

14 Das sozialpolitische Anliegen der *Qualitätssicherung* im medizinischen Bereich ist mit dem GRG zum ersten Mal Gesetz geworden[202]. Das GKV-Reformgesetz 2000 hat hierzu wichtige Veränderungen gebracht (§§ 135 bis 137 e SGB V). Die Qualitätssicherung in der Medizin hat damit einen erheblich verbesserten rechtlichen Rahmen erhalten. Weiterbildungsanforderungen an Leistungserbringer sind zumutbare Beschränkungen der freien Berufsausübung[203].

15 Nachfolgend eine Übersicht über die Rechtsbeziehungen zwischen den Beteiligten:

197 BVerfGE 107, 59.
198 BSGE 88, 62 = SGb 2002, 233 mit Anm. *Meydam*; BSGE 86, 54; BSG SozR 4–2500 § 135 Nr. 1.
199 Zum vertragsärztlichen Berufsrecht im SGB V und den hiervon abgeleiteten untergesetzlichen Regelwerken, vgl. *Wimmer* NJW 1995, 1577.
200 BVerfGE 11, 30.
201 Vgl. *Hart* MedR 2002, 321.
202 Überblick zum Rechtszustand bis 2000: *Igl* ZfGG 1999, 3.
203 BSG SozR 4–2500 § 125 Nr. 2.

Rechtsbeziehungen bei der vertragsärztlichen Versorgung

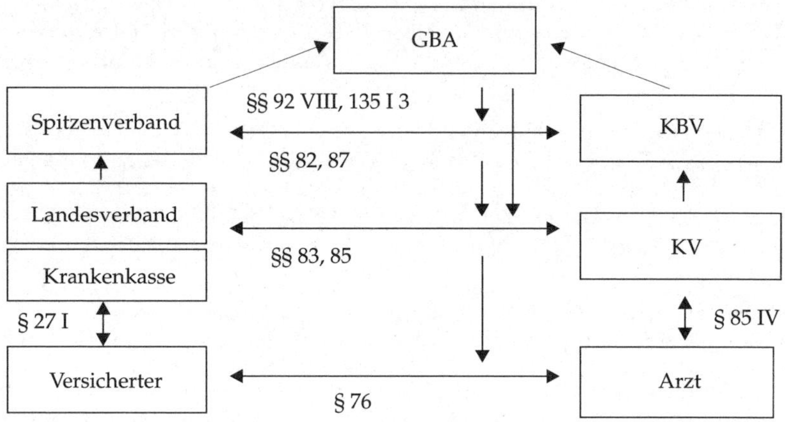

C. Sonstiges Leistungserbringungsrecht

16 Während das Vertragsarztrecht die Organisation der ambulanten ärztlichen Behandlung sehr detailliert und ausschließlich auf der Grundlage öffentlich-rechtlicher Rechtsverhältnisse regelt, ist die Normendichte hinsichtlich der übrigen Leistungserbringungsverhältnisse immer noch wesentlich geringer. Die hier bestehenden Rechtsverhältnisse sind nur zum Teil öffentlich-rechtlicher, im Übrigen privatrechtlicher Natur.

17 Im Weiteren sind die Rechtsbeziehungen der Krankenkassen geregelt zu *Krankenhäusern* (§§ 107 Abs. 1, 108–110, 112–123 SGB V), *Rehabilitations- und Vorsorgeeinrichtungen* (§§ 107 Abs. 2, 111–111 b SGB V), Leistungserbringern von *Heilmitteln* (§§ 124–125 SGB V) und von *Hilfsmitteln* (§§ 126–128 SGB V), *Apotheken* und pharmazeutischen Unternehmen (§§ 129–131 SGB V[204]), Pflegediensten (§ 132 a SGB V), Krankentransportunternehmen (§ 133 SGB V), Hebammen (§ 134 a SGB V) und anderen Leistungserbringern. Bei den nichtärztlichen Leistungserbringern muss das Leistungserbringungsrecht ihr Verhältnis zur Krankenkasse und meist auch zu den verordnungsberechtigten Ärzten klären[205].

18 Dabei sind meist zweistufige Regelungssysteme vorgesehen. Auf *Verbandsebene* – zwischen den Verbänden der Krankenkassen einerseits und den Verbänden der Leistungserbringer andererseits – werden *Rahmenverträge* abgeschlossen, die durch vertragliche Verpflichtungen (»Zulassungen«) mit den *einzelnen Leistungserbringern* ergänzt werden.

19 Die Regelungen zum Verhältnis zwischen Krankenhäusern und vertragsärztlicher Versorgung sollen das Problem der Schnittstellen von Versorgung und Vergütung zwischen diesen Sektoren regeln. Hierzu sind dreiseitige Verträge und Rahmenempfehlungen vorgesehen (§ 115 SGB V). Zunehmend werden die Kapazitäten der Krankenhäuser in die ambulante Versorgung einbezogen (§§ 115 b, c, 116, 116 a, 116 b, 117, 118, 120 SGB V). Vertragsärzte können im Krankenhaus als *Belegärzte* (§ 121 SGB V) tätig werden.

---

204 Vgl. BSGE 94, 213; BVerfGE 106, 359; 106, 369.
205 Vgl. *Bieback* NZS 1997, 393 (450); *Plagemann* VSSR 1997, 453.

Rechtsbeziehungen bei der Krankenhausversorgung

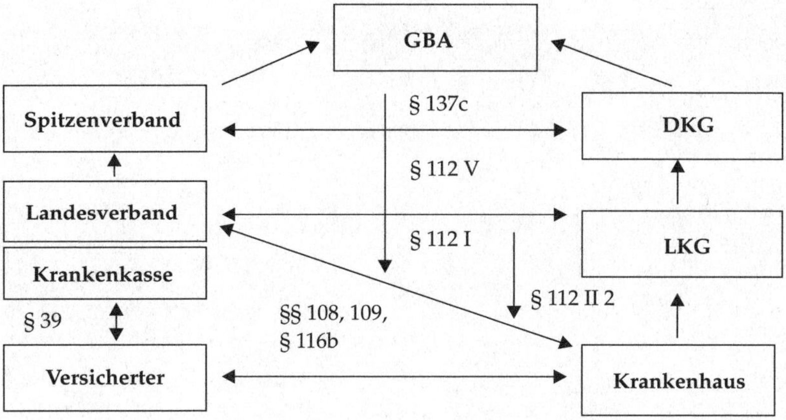

20 Nur ausnahmsweise dürfen die Krankenkassen Leistungen selbst durch eigene Einrichtungen und Beschäftigte erbringen (§§ 132 Abs. 1 S. 1, 140 SGB V), obwohl dies in der Renten- und Unfallversicherung effizient und kostengünstig möglich ist.

D. Neue Versorgungsformen

21 Die strikte Aufteilung der medizinischen Versorgung zwischen ambulanter vertragsärztlicher Versorgung und stationärer Versorgung in Krankenhäusern sowie zwischen ärztlichen und anderen Leistungserbringern wird schon seit längerem als Hemmnis für Qualität und Effizienz erkannt. Dies gilt besonders bei chronischen Krankheiten, deren Bedeutung gerade durch den medizinischen Fortschritt gewachsen ist.

22 Die Krankenkassen haben die Möglichkeit bekommen, *strukturierte Behandlungsprogramme* bei chronischen Krankheiten (Disease-Management-Programme, DMPs, §§ 137 f, 137 g SGB V[206]) einzuführen[207]. Diese werden im Risikostrukturausgleich berücksichtigt (§ 267 Abs. 2 S. 4 SGB V). Mit strukturierten Behandlungsprogrammen sollen Fehl- und Unterversorgung chronisch Kranker abgebaut werden, die bislang durch eine mangelnde Strukturierung der Leistungen entstehen. Allerdings sind die für chronisch Kranke besonders wichtigen Leistungen der medizinischen Rehabilitation nicht einbezogen. Bislang werden strukturierte Behandlungsprogramme für Diabetes, Brustkrebs, Koronare Herzkrankheit und chronisch-obstruktive Atemwegserkrankungen entwickelt. Die Programme der einzelnen Krankenkassen werden vom Bundesversicherungsamt geprüft und zugelassen.

23 Verträge zur *Integrierten Versorgung* (§§ 140 a-140 d SGB V) können außerhalb der bisherigen ambulanten und stationären Versorgung abgeschlossen werden[208]. Die Verträge können vom gesamten Leistungserbringungsrecht und Krankenhausfinanzierungsrecht abweichen, wenn dies für die Integration der Versorgung erforderlich ist (§ 140 b Abs. 4 SGB V). Angestrebt wird eine die Leistungssektoren übergreifende interdisziplinär-fach-

206 Die nähere Ausgestaltung ist in den §§ 28 b ff. der Risikostrukturausgleichsverordnung geregelt.
207 Zur Verfassungsmäßigkeit: BVerfGE 113, 167 (266).
208 *Becker* NZS 2001, 505; *Korenke* SF 2001, 268; *Wigge* NZS 2001, 17; *Orlowski* BKK 2000, 191; *Schulz-Nieswandt* SF 2000, 115.

übergreifende Versorgung. Die Teilnahme der versicherten ist freiwillig, ihre Leistungsansprüche werden nicht geschmälert (§ 140 b Abs. 3 S. 2 SGB V). Die Integrierte Versorgung soll zukünftige Versorgungsformen im Gesundheitswesen vorbereiten, die insgesamt weniger von finanziellen und fachlichen Abgrenzungen geprägt sind.

5. Kapitel. Soziale Pflegeversicherung (SGB XI)

Kommentare und Handbücher: *Klie / Krahmer* Soziale Pflegeversicherung, LPK – SGB XII, 2. Aufl., 2003; *Udsching* Sozialgesetzbuch SGB XI. Soziale Pflegeversicherung, Kommentar, 2. Aufl., 2000;

Zur Einführung: *Igl* Die soziale Pflegeversicherung, NJW 1994, 3185 ff.; *Igl* Das Erste Änderungsgesetz zur sozialen Pflegeversicherung (SGB XI), NJW 1996, 3169 ff.; *Klie* Pflegeversicherung, 2005; *Schulin* Die soziale Pflegeversicherung des SGB XI – Grundstrukturen und Probleme NZS 1994, 433 ff.

Zum Studium: *Igl* Die neue soziale Pflegeversicherung, 1995

Zur Vertiefung: *Deutscher Bundestag* Drucksache 13 / 9528, Erster Bericht über die Entwicklung der Pflegeversicherung seit ihrer Einführung am 1. Januar 1995; *Deutscher Bundestag* Drucksache 14 / 5590, Zweiter Bericht über die Entwicklung der Pflegeversicherung; *Deutscher Bundestag*, Drucksache 15 / 4125, Dritter Bericht über die Entwicklung der Pflegeversicherung; *Igl /Klie* Pflegeversicherung auf dem Prüfstand, 2000; *Schulin* Handbuch des Sozialversicherungsrechts, Band 4, Pflegeversicherungsrecht, 1997 (zit: *Bearb.* in: Schulin, HS-PV); *Sieveking* Soziale Sicherung bei Pflegebedürftigkeit in der Euopäischen Union, 1998

Zeitschriften: *PflegeRecht* (zit.: PflR); *Pflege- und Krankenhausrecht* (zit.: PKR)

§ 19 Entstehungshintergründe und Wirkungen der Pflegeversicherung

»Zur sozialen Absicherung des Risikos der Pflegebedürftigkeit wird als neuer eigenständiger Zweig der Sozialversicherung eine soziale Pflegeversicherung geschaffen« (§ 1 Abs. 1 SGB XI). 1

Die Lektüre dieses ersten Satzes des SGB XI lässt nicht mehr erahnen, wie lange die Reform der Sicherung bei Pflegebedürftigkeit gedauert und wie kontrovers sie sich gestaltet hat[1]. Schon in den frühen siebziger Jahren wurden Vorschläge für eine bessere Absicherung pflegebedürftiger, insbesondere pflegebedürftiger älterer Menschen erarbeitet. Pflegebedürftigkeit war damals für viele Menschen gleichbedeutend mit Heimunterbringung und damit gleichbedeutend mit Sozialhilfeabhängigkeit. Ältere Menschen im Ruhestand mussten demnach bei Pflegebedürftigkeit bis auf ein kleines Taschengeld erst ihre Rente einsetzen, um Sozialhilfe für die Finanzierung ihrer Heimunterbringung zu bekommen. Dies wurde sozialpolitisch als nicht mehr hinnehmbar erachtet. Rentner sollten nicht, wenn sie pflegebedürftig wurden und aus ihrer Rente die Pflegesätze für eine Heimunterbringung nicht mehr bezahlen konnten, zu Sozialhilfeempfängern werden.

Dieses sozialpolitische Problem wurde im Verlauf der darauf folgenden Reformdiskussio- 2
nen um andere Aspekte ergänzt. Die Entlastung der Sozialhilfeträger von den Kosten der Pflege, die etwa ein Drittel ihrer gesamten Leistungsaufwendungen ausmachte, war einer der am häufigsten genannten Gründe für die Notwendigkeit einer Veränderung der Kostenträgerschaft. Die Diskussion bot auch Anlass für das theoretische Durchspielen zahlreicher Reformkonzepte. So war die Debatte um die Steuer- oder Beitragsfinanzierung eines entsprechenden Sicherungssystems für Pflegebedürftige lange Zeit beherrschend. Auch die Frage der Anbindung an das Krankenversicherungssystem oder der Schaffung eines Volksversicherungssystems wurde zeitweise in diesem Zusammenhang diskutiert. Zahlreiche Reformkonzepte, zum Teil in Form von Gesetzesentwürfen, wurden vorgelegt. Der eigentliche Durchbruch für eine dem deutschen sozialen Sicherungsdenken konforme Lösung wurde mit dem Gesundheits-Reformgesetz vom 18. 12. 1988 erreicht. Mit den Leistungen zur häuslichen Pflege von schwerpflegebedürftigen Personen (§§ 53 ff. SGB V a.F.) war die Tür zu einer Versicherungslösung geöffnet. Obwohl nur ein kleines Segment pfle-

1 Ausführlicher zur Geschichte *Schulin*, in: Schulin, HS-PV § 1 Rn. 1 ff.

gebedürftiger Menschen in den Genuss dieser Leistungen kam, hatte es der Gesetzgeber geschickt vermocht, damit den Boden für einen umfassenderen Schutz zu bereiten. Insbesondere die Leistung der sog. Urlaubs- und Verhinderungspflege (§ 56 SGB V a.F.) war dazu angetan, die künftige Pflegeversicherung »schmackhaft« zu machen. Diese Leistung trug wesentlich zur Entlastung von pflegenden Angehörigen bei, denen damit in vielen Fällen zum ersten Mal die Möglichkeit geboten wurde, Urlaub von der Pflege zu nehmen.

3 Das für die Vorbereitung der Pflegeversicherung damals zuständige Bundesministerium für Arbeit und Sozialordnung knüpfte mit der Erarbeitung eines Entwurfes für ein Gesetz zur sozialen Absicherung des Risikos der Pflegebedürftigkeit[2] sehr klarsichtig an die deutsche, von der Bismarckschen Sozialversicherung geprägten Versicherungstradition an. Die Sicherung im Pflegefall sollte mit der Finanzierungs- und Organisationstechnik der Sozialversicherung bewältigt werden. Damit wurde die »fünfte Säule« der Sozialversicherung neben der Kranken-, Renten-, Unfall- und Arbeitslosenversicherung errichtet. Die Gesetzesinitiatoren hatten aber auch die modernen Anliegen des sozialen Schutzes im Auge. Die Pflegeversicherung wurde explizit nicht als »Vollkaskoschutz«, sondern ergänzend zur familiären und nachbarschaftlichen Betreuung und zur Heranziehung von Eigenmitteln konzipiert (§ 4 Abs. 2 SGB XI). Außerdem war es ein nachvollziehbares Anliegen, die Ausgabenentwicklung einer Pflegeversicherung besser zu beherrschen als es bisher auf dem Gebiet der Krankenversicherung gelungen war. Davon zeugen zahlreiche Mechanismen zur Sicherung der Beitragssatzstabilität, so etwa die Abwendung von einer ausgabenorientierten Einnahmepolitik[3], die zu einem großen Teil für die Finanzierungsprobleme in der Krankenversicherung verantwortlich ist. In der Pflegeversicherung wurde dies umgekehrt: Das Finanzvolumen der Ausgaben soll sich an den Beitragseinnahmen orientieren (§ 84 Abs. 2 S. 6 SGB XI).

Dieses Konzept kann aber nur dann schlüssig verfolgt werden, wenn sich über die Zeit Einnahmen und Ausgaben die Waage halten. Das ist aber seit einigen Jahren nicht mehr der Fall. Der Reformbedarf ist mittlerweile breit anerkannt, harrt aber der Umsetzung.

4 Die Pflegeversicherung stand bis zu ihrer endgültigen Gesetzwerdung[4] im Kreuzfeuer einer teilweise polemischen Kritik. Auch nach Überwindung der nicht unüblichen Anlaufschwierigkeiten hatte sich diese Kritik nicht gelegt: Die Pflegeeinrichtungen klagten über finanzielle Beschränkungen, die zu einer »Satt-Sauber-Trocken-Pflege« führten; die Pflegebedürftigen rügten angeblich willkürliche Begutachtungen und Einstufungen durch den Medizinischen Dienst der Krankenversicherung (MDK), und die pflegenden Angehörigen wollten nicht verstehen, dass die Pflegeversicherung kein Entgelt für jegliche Handreichung und Mühe bietet. Dabei wurde verdrängt, dass ohne die Pflegeversicherung bisher bei einer durch die Sozialhilfe übernommenen Versorgung nicht nur die pflegebedürftige Person, sondern auch die Angehörigen im ersten Grad zur Finanzierung der Inanspruchnahme von Sozialhilfeleistungen zur Pflege herangezogen worden waren. Heute ist von dieser Entlastung nicht mehr die Rede. Weiter wurde vergessen, dass die der Pflegeversicherung angelasteten Missstände in Heimen schon vorher aufgetreten waren[5]. Vergessen wurde auch, dass das Thema der Versorgung pflegebedürftiger Menschen vor In-

---

2 BT-Drs. 12/5262.

3 Dies bedeutet Beitragserhöhung, wenn die Leistungsausgaben steigen.

4 Sozialgesetzbuch (SGB) Elftes Buch (XI) – Soziale Pflegeversicherung vom 26. Mai 1994 (BGBl. I S. 1014), verkündet als Art. 1 des Gesetzes zur sozialen Absicherung des Risikos der Pflegebedürftigkeit (Pflege-VersicherungsG – PflegeVG). Für die korrekte Gesetzesbezeichnung der Pflegeversicherung steht SGB XI, nicht PflegeVG, wie immer noch häufig zu lesen ist. Das PflegeVG enthält als Artikelgesetz nicht nur die durch die Einführung der Pflegeversicherung bedingten Änderungen und Übergangsvorschriften in anderen Gesetzen, sondern auch das Entgeltfortzahlungsgesetz (Art. 53 PflegeVG).

5 S. *Klie* Heimaufsicht – Praxis, Probleme, Perspektiven, 1988.

krafttreten der Pflegeversicherung nur für die Fachwelt der Sozialpolitik ein Gegenstand der Befassung war. Für die Pflegebedürftigen und ihre Angehörigen wurde Pflegebedürftigkeit oft erst dann relevant, wenn der Sozialhilfeträger zur Offenlegung der Einkommens- und Vermögensverhältnisse aufforderte.

Die Einführung der Pflegeversicherung hatte den weiteren Effekt, dass Pflege in all ihren Zusammenhängen und Ausstrahlungen zum Thema geworden ist[6]. Die Palette dieser Themen reicht von der sozialen Wertigkeit ehrenamtlicher Pflege über das Anliegen der Qualitätssicherung von Pflegeleistungen hin zu gesellschaftspolitischen Fragen der gerechten Umverteilung bei der Inanspruchnahme von Pflegeleistungen. Sogar die Gesundheitsökonomie, die lange Zeit auf das Medizinwesen beschränkt war, hat die Pflege als Forschungsgegenstand entdeckt. Mittlerweile liegen auch zahlreiche Untersuchungen sozialwissenschaftlicher Art vor.

§ 20 Allgemeines

A. Pflegeversicherung als neuer Sozialversicherungszweig

Da in der Bundesrepublik Deutschland aufgrund der sozialversicherungs-rechtlichen Tradition die vorsorgefähigen Risiken mit dem Instrument der Sozialversicherung gesichert werden, liegt es in der Linie dieser Tradition, Schutz bei Pflegebedürftigkeit als Sozialversicherung zu organisieren. Dies war in der langjährigen Debatte um die Reform der Sicherung bei Pflegebedürftigkeit nicht unstreitig[7]. Trotz der Organisation als Sozialversicherungszweig ist bei der Pflegeversicherung in zweierlei Hinsicht eine Abweichung von der klassischen Sozialversicherung gegeben: 1

- Die Pflegeversicherung ist zwar ein eigenständiger Sozialversicherungszweig mit eigenständiger Finanzierung; sie organisiert sich jedoch unter dem Dach der Krankenversicherung. Bei jeder Krankenkasse wird eine Pflegekasse errichtet (§ 46 Abs. 1 S. 2 SGB XI).
- Die Beitragslast ist vordergründig traditionell aufgesplittet in einen je hälftig zu übernehmenden Arbeitgeber- und Arbeitnehmeranteil. Über ein Kompensationsmodell soll jedoch der Arbeitgeberanteil zu Lasten der Arbeitnehmer wieder eingefahren werden.

B. Ausdehnung des personellen Schutzbereichs: Pflichtversicherung in der privaten Pflegeversicherung und sonstige Erweiterungen – Pflegeversicherung als »Volksversicherung«

Erstmalig in der Geschichte der bundesrepublikanischen Sozialversicherung wird das Anliegen, in personeller Hinsicht einen über den traditionellen Kreis der versicherungspflichtigen Personen hinaus möglichst breiten Schutz für ein Risiko zu organisieren, mit einer Pflicht verbunden, sich in der Privatversicherung gegen das Risiko der Pflegebedürftigkeit zu versichern[8]. Dies gilt für alle Personen, die gegen Krankheit bei einem privaten Kran- 2

6 S. *Igl* Die Pflegeversicherung hat die Welt der Pflege verändert – Skizzen zu einigen Grundfragen der Umsetzung der Pflegeversicherung, in: Naegele/Schütz (Hrsg.) Soziale Gerontologie und Sozialpolitik für ältere Menschen, GS Dieck, S. 317 ff.; *Rothgang* Die Pflegeversicherung: Kernstück der Altenpflegepolitik der letzten drei Dekaden, in: Schulz-Nieswandt/G. Schewe (Hrsg.) Sozialpolitische Trends in Deutschland in den letzten drei Dekaden, 2000, S. 59 ff.; *Bieback* VSSR 1999, 251 ff.

7 Auch in verfassungsrechtlicher Hinsicht wurden Bedenken erhoben, s. dazu insgesamt *Kleemann* Verfassungsrechtliche Probleme der sozialen Pflegeversicherung und ihrer Finanzierung, 1998.

8 Kritisch *Isensee* Sozialversicherung über Privatversicherer, FS Gitter, S. 401 ff.

kenversicherungsunternehmen versichert sind (§§ 1 Abs. 2 S. 2, 23 SGB XI). Auch bestimmte sonstige Personen, die nicht in einer gesetzlichen oder privaten Versicherung gegen das Risiko Krankheit versichert sind, sind versicherungspflichtig (§ 21 SGB XI). Die Abgeordneten der Länderparlamente, des Bundestages und des €päischen Parlaments sind verpflichtet, eine Pflegeversicherung nachzuweisen (§ 24 SGB XI). Aus diesem umfassenden Einbezug von Personen in die Pflegeversicherung hat das BVerfG geschlossen, dass es sich um eine Volksversicherung handele[9].

C. Allgemeine Vorschriften

3 Die Allgemeinen Vorschriften (Erstes Kapitel SGB XI) sind für das gesamte Pflegeversicherungsrecht bestimmend. Diese allgemeinen Vorschriften können unterteilt werden in Vorschriften, die sich direkt oder indirekt auf das Leistungsrecht auswirken, und in Vorschriften, die die an der pflegerischen Versorgung Beteiligten betreffen.

I. Allgemeine Vorschriften mit leistungsrechtlichem Bezug

Hierzu rechnen die Vorschriften über die Selbstbestimmung (§ 2 SGB XI), den Vorrang der häuslichen Pflege (§ 3 SGB XI), die Art und den Umfang der Leistungen (§ 4 SGB XI), den Vorrang von Prävention und Rehabilitation (§ 5 SGB XI), die Eigenverantwortung (§ 6 SGB XI)[10], die Aufklärung und Beratung (§ 7 SGB XI) und über das Verhältnis der Leistungen der Pflegeversicherung zu anderen Sozialleistungen (§ 13 SGB XI).

4 **1.** Der *Vorrang der häuslichen Pflege* kann als eine der leitenden Grundsatznormen des SGB XI gelten. Dieser Vorrang kommt nicht nur durch die Ausgestaltung der Pflegeleistungen (häusliche Pflege, s. dort insbesondere die Verhinderungspflege, §§ 36 bis 39 SGB XI), sondern auch durch Leistungen zur Verbesserung des Wohnumfeldes (§ 40 Abs. 4 SGB XI) zur Geltung. Besonders aber trägt zur Sicherung des Vorrangs der häuslichen Pflege die erstmalige Ausstattung von nicht erwerbsmäßig tätigen Pflegepersonen, z.B. Familienangehörigen, mit einem eigenen Anspruch auf soziale Sicherung bei (§ 44 SGB XI). Außerdem erhalten diese Personen Qualifizierungsmöglichkeiten in Pflegekursen (§ 45 SGB XI).

Trotz des Vorrangs der häuslichen Pflege besteht ein gesetzliches Verbot, Verträge zwischen Pflegekassen und Haushaltsangehörigen eines Pflegebedürftigen über die entgeltliche Erbringung von Pflegeleistungen zu schließen, selbst dann, wenn die Pflegeperson eine ausgebildete Pflegekraft ist.[11]

5 **2.** Trotz dieses auf umfassende Weise gesicherten Grundsatzes des Vorrangs der häuslichen Pflege sollen die häuslichen Pflegeleistungen nicht dazu dienen, die pflegebedürftige Person bei der häuslichen Pflege in vollem Umfang zu versorgen. Das Gesetz spricht nur von der *Unterstützung* der Angehörigen und Nachbarn (§ 3 S. 1 SGB XI). Dem entspricht die Regelung, dass bei häuslicher und teilstationärer Pflege die Leistungen der Pflegeversicherung die familiäre, nachbarschaftliche oder sonstige ehrenamtliche Pflege und Betreuung *ergänzen* (§ 4 Abs. 2 S. 1 SGB XI).

6 **3.** Der *Vorrang von Prävention und medizinischer Rehabilitation* (§ 5 SGB XI) stellt einen zentralen Grundsatz des SGB XI dar. Damit wird der Tatsache Rechnung getragen, dass Pflegebedürftigkeit grundsätzlich ein positiv beeinflussbarer Zustand ist. Die Abgrenzung zum Krankheitsbegriff wird hierdurch fließend werden. Wo Krankheit durch die ärztliche Behandlungsbedürftigkeit definiert wird, ist bei der medizinischen Rehabilitation von

9 BVerfGE 103, 197, 2. LeitS. = NJW 2001, 1709 ff.

10 *Trenk-Hinterberger* Eigenverantwortung in der sozialen Pflegeversicherung, FS Zacher, 1998, S. 1163 ff. (1171), hält die Vorschrift für überflüssig.

11 Hierzu informativ – auch unter dem Aspekt der Verfassungsmäßigkeit – BSG SozR 3–3300 § 77 Nr 1 = NZS 2000, 35 ff.

pflegebedürftigen Personen kein großer Unterschied mehr zur Behandlungsbedürftigkeit zu sehen. Allerdings sind die Pflegekassen nicht Träger von Leistungen der medizinischen Rehabilitation, vgl. § 6 SGB IX.

Vorrangige Leistungsträger für Prävention und medizinische Rehabilitation sind vor allem die Krankenkassen. Diese hatten schon vor der Pflegeversicherung im Zusammenhang mit den Leistungen bei Schwerpflegebedürftigkeit einen Rehabilitationsauftrag erhalten[12]. Dieser Rehabilitationsauftrag ist bestehen geblieben und mit der Pflegeversicherung sowie mit dem SGB IX zum Teil erweitert worden. Diesem Rehabilitationsauftrag entsprechend sind die Leistungsträger, also insbesondere die Krankenkassen, verpflichtet, »im Rahmen ihres Leistungsrechts auch nach Eintritt der Pflegebedürftigkeit ihre Leistungen zur medizinischen Rehabilitation und ergänzenden Leistungen in vollem Umfang einzusetzen und darauf hinzuwirken, die Pflegebedürftigkeit zu überwinden, zu mindern sowie eine Verschlimmerung zu verhindern« (§ 5 Abs. 2 SGB XI). Dieser Leistungsauftrag existiert also nicht nur bei einer drohenden Pflegebedürftigkeit, sondern auch bei einer bestehenden Pflegebedürftigkeit (§ 11 Abs. 2 S. 1 SGB V). Leistungen der aktivierenden Pflege werden hingegen von den Pflegekassen erbracht (§ 11 Abs. 2 S. 2 SGB XI). Hierbei handelt es sich vor allem um Leistungen, die der Förderung der Aktivierung des Pflegebedürftigen im Rahmen eines Pflegekonzeptes dienen.

Im Pflegeversicherungsrecht wird von dem in § 8 Abs. 2 SGB IX allgemein zum Ausdruck kommenden Grundsatz abgewichen, dass der Träger für die Rehabilitationsleistungen auch der Träger für diejenigen Leistungen ist, die dann zu gewähren sind, wenn die Rehabilitation nur unzureichend war oder nicht zum Erfolg geführt hat. So dienen die Rehabilitationsleistungen (jetzt gemäß SGB IX: Leistungen zur Teilhabe) in der gesetzlichen Rentenversicherung (SGB VI) dazu, den Eintritt einer Verminderung der Erwerbsfähigkeit und damit die Verrentung zu verhindern (vgl. § 9 Abs. 1 SGB VI). Der Rehabilitationsträger hat also durchaus auch ein finanzielles Interesse daran, die Versicherten zu rehabilitieren. Da die Krankenkassen als Rehabilitationsträger nicht für die Pflegeleistungen zuständig sind, sich eine »Ersparnis« bei erfolgreich durchgeführter Rehabilitation also nicht bei ihnen, sondern bei den finanziell getrennt verwalteten Pflegekassen niederschlägt, war gesetzlich dafür Sorge zu treffen, dass die Krankenkassen ihren Rehabilitationsauftrag auch ernsthaft wahrnehmen. Dazu dienen neben dem gesetzlichen Auftrag, den die Krankenkassen für die Rehabilitation pflegebedürftiger Versicherter erhalten haben, vor allem die Aufgaben des Medizinischen Dienstes der Krankenversicherung (MDK) anlässlich der Begutachtung der Pflegebedürftigkeit, wo der MDK auch Feststellungen über Rehabilitationsmöglichkeiten zu treffen hat (§ 18 Abs. 1 S. 3 SGB XI). Wenig praxisrelevant ist die Vorschrift, wonach vorläufige medizinische Rehabilitationsleistungen durch die Pflegekasse für den Fall vorgesehen sind, dass Rehabilitation dringend geboten ist (§ 32 SGB XI).

4. Das *Verhältnis der Leistungen der PflV zu anderen Sozialleistungen* ist in § 13 SGB XI i.S. 7
eines Vorrangs und Nachrangs geklärt. Vorrangig vor den Leistungen der PflV sind die Entschädigungsleistungen nach dem sozialen Entschädigungsrecht und nach dem Arbeits- und Dienstunfallrecht, § 13 Abs. 1 SGB XI. Nachrangig sind die Fürsorgeleistungen zur Pflege, insbes. nach dem SGB XII, § 13 Abs. 2 SGB XI. Hier ergeben sich insbes. folgende Situationen:

- Die PflV sieht keine eigenen Leistungen vor, weil das Risiko der Pflegebedürftigkeit enger gefasst ist als im SGB XII. Dies gilt für die Stufe der Pflegebedürftigkeit, die unter der erheblichen Pflegebedürftigkeit (Pflegestufe I) (vgl. § 15 SGB XI) angesiedelt ist (sog. Pflegestufe 0), und für Personen, die einen Hilfebedarf für andere Verrichtungen haben, als dies in § 14 Abs. 4 SGB XI aufgeführt ist, z.B. für Kommunikationshilfen. Hier sind in § 61 Abs. 1 S. 2 SGB XII originäre Sozialhilfeleistungen vorgesehen, die nach den Leis-

12 §§ 11 Abs. 2, 23 Abs. 1 Nr. 3 SGB V.

tungskriterien der Sozialhilfe (insbes. Einsatz von Einkommen und Vermögen) gewährt werden.

- Die PflV sieht einen Leistungsausschluss für bestimmte Leistungen vor, so z.B. die Unterkunft und Verpflegung bei stationärer Versorgung (§ 4 Abs. 2 S. 2 SGB XI). Wenn hier der Versicherte nicht in der Lage ist, diese Leistungen selbst zu finanzieren, ist er auf entsprechende Sozialhilfeleistungen angewiesen.
- Der Versicherte benötigt über die Hilfen hinaus, die ihm seitens der PflV gewährt werden, weitere pflegerische Hilfen, ist jedoch finanziell nicht in der Lage, diese selbst zu tragen. Auch hier muss die Sozialhilfe ergänzend einstehen[13].

Die Leistungen der häuslichen Krankenpflege nach § 37 SGB V bleiben unberührt (§ 13 Abs. 2 SGB XI). Die Abstimmung mit dem Leistungsrecht der PflV wird im Übrigen in § 37 SGB V vorgenommen. Problematisch ist hier insbesondere die Situation, bei der eine behinderte Person intensiv zu Hause betreut wird, jedoch wegen mangelnder Erfüllung der Kriterien der Pflegebedürftigkeit und des zeitlichen Umfangs der familiären Pflege (§§ 14, 15 SGB XI) kein Pflegegeld aus der PflV und wegen des Leistungsausschlusses in § 37 Abs. 3 SGB XI keine entsprechende Leistung aus der KV gewährt werden[14].

II. Allgemeine Vorschriften mit Bezug auf die an der pflegerischen Versorgung Beteiligten

8 **1.** Das SGB XI enthält eine Reihe von Vorschriften, in denen die Verantwortlichkeiten der an der pflegerischen Versorgung Beteiligten beschrieben wird. Hierzu gehören die Leitnorm zur sozialen Pflegeversicherung mit der Bestimmung der Pflegekassen als Träger der sozialen Pflegeversicherung (§ 1 Abs. 3 SGB XI), das Postulat der gemeinsamen Verantwortung (§ 8 SGB XI), die Aufgabenverteilung zwischen Ländern und Bund (§§ 9, 10 SGB XI), die Festschreibung von Rechten und Pflichten der Pflegeeinrichtungen (§ 11 SGB XI) sowie die Aufgaben der Pflegekassen (§ 12 SGB XI). Diese Vorschriften sind teilweise wenig präzise und sie wirken auf den an klare Zuständigkeitsvorschriften gewöhnten Juristen häufig verwirrend, vgl. etwa § 8 Abs. 2 SGB XI. Zum Verständnis dieser Vorschriften muss gesagt werden, dass der Gesetzgeber mit dem SGB XI nicht nur eine neue Kostenträgerschaft der Pflegekassen für die bisher vor allem von der Sozialhilfe finanzierten Pflegeleistungen einführen wollte, sondern dass auch bezweckt war, insgesamt die Landschaft der Pflege und damit die Verpflichtungen aller an der pflegerischen Versorgung Beteiligten neu zu ordnen und im Zuge dieser Neuordnung die Kooperation der an der pflegerischen Versorgung Beteiligten zu sichern. Die zunächst ungewöhnlich anmutende Vorschrift des § 8 Abs. 2 SGB XI kann deshalb als Ausdruck für die Notwendigkeit dieser Kooperation stehen.

9 **2.** Mit dem SGB XI ist eine Trennung der bisher beim Sozialhilfeträger zusammengefassten Verantwortlichkeiten für die Vorhaltung der Infrastruktur für die Pflegeleistungen *(Bereitstellungsverantwortung*) und für die Leistungsgewähr (*Leistungsverantwortung;* in der gesetzlichen Terminologie häufig *Sicherstellungsauftrag* genannt*)* geschaffen worden.

Nach wie vor sind aber die Sozialhilfeträger für die Pflegeleistungen nach §§ 61 ff. SGB XII in der Bereitstellungs- wie in der Leistungsverantwortung (§ 17 Abs. 1 Nr. 2 SGB I)[15].

10 **3.** Das SGB XI verschiebt hier die Gewichte der Verantwortlichkeiten nicht unwesentlich. Die *Pflegekassen* haben nunmehr den *Sicherstellungsauftrag für die pflegerische Versorgung* er-

---

13 S. BVerwGE 111, 241 = NJW 2000, 3512 f., zum weitergehenden Anspruch auf ergänzende Hilfe zur Pflege bei Heranziehung einer besonderen Pflegekraft. Dazu Anm. *Welti* PKR 2000, 111 f.

14 Zu einer problematischen Schnittstelle zwischen häuslicher Krankenpflege nach § 37 Abs. 2 SGB V und Grundpflege nach SGB XI s. BSGE 94, 192, mit einer kühnen, aber in der Sache richtigen Argumentation anhand des Gleichbehandlungssatzes

15 § 17 Abs. 1 Nr. 2 SGB I besagt, dass die Leistungsträger verpflichtet sind, darauf hinzuwirken, dass »die zur Ausführung von Sozialleistungen erforderlichen sozialen Dienste und Einrichtungen rechtzeitig und ausreichend zur Verfügung stehen«; s. auch § 1 Abs. 2 SGB I.

halten (§ 12 Abs. 1 S. 1 SGB XI). Dieser Sicherstellungsauftrag ist hauptsächlich darauf gerichtet, dass die versicherten pflegebedürftigen Personen die entsprechenden Pflegeleistungen erhalten.

Wenn also im Einzelfall ein Versicherter aufgrund einer defizitären Versorgungslage, etwa in einer abgeschiedenen ländlichen Region, nicht pflegerisch betreut werden kann, hat die Pflegekasse kraft ihres Sicherstellungsauftrags dafür Sorge zu tragen, dass die Pflegeleistung erbracht wird. Sie kann dafür auch Einzelpersonen vertraglich verpflichten oder sogar selbst bei der Pflegekasse anstellen, vgl. § 77 SGB XI.

4. Pflegerische Dienstleistungen können, anders als Geldleistungen, nicht ohne weiteres realisiert werden, sondern bedürfen einer infrastrukturellen Vorhaltung (ähnlich wie Krankenhäuser, Altenheime, Sozialstationen). Die Realisierung der pflegerischen Dienstleistungen hängt daher von einem entsprechenden Angebot solcher Pflegeleistungen ab. Der Markt[16] an Pflegeangeboten kann aber Defizite aufweisen. Die Bereitstellungsverantwortung im Sinne der »Vorhaltung einer leistungsfähigen, zahlenmäßig ausreichenden und wirtschaftlichen pflegerischen Versorgungsstruktur« liegt bei den Ländern, § 9 S. 1 SGB XI. Dabei geht das Gesetz von der *Planungs- und Förderungskompetenz der Länder* aus, § 9 S. 2 SGB XI. Diese Vorschrift ist an die entsprechende Regelung zur Bereitstellungsverantwortung der Länder im Krankenhaussektor angelehnt, vgl. § 1 KHG[17]. Ähnlich wie im Krankenhaussektor haben die Länder Landespflegegesetze erlassen, die hier die Einzelheiten regeln, vgl. § 9 S. 2 SGB XI. 11

Die Anlehnung der gesetzlichen Regelung zur Bereitstellungsverantwortung nach dem SGB XI an das Krankenhausfinanzierungsrecht des KHG erlaubt es jedoch nicht, das Marktsegment pflegerischer Dienstleistungsangebote ähnlich zu beplanen wie dies im Krankenhaussektor geschehen ist. Nach dem SGB XI besteht keine dem Krankenhaussektor vergleichbare Kompetenz für eine Bedarfsplanung, vgl. § 6 KHG und § 9 SGB XI, zumindest dann nicht, wenn die am Markt der pflegerischen Dienstleistungen vorhandenen Angebote die Voraussetzungen einer leistungsfähigen, zahlenmäßig ausreichenden und wirtschaftlichen pflegerischen Versorgungsstruktur erfüllen. Eine Bedarfsplanung würde in diesem Fall dem im SGB XI angelegten Prinzip des Wettbewerbs der Leistungsanbieter widersprechen, das vom Gesetzgeber bewusst so geschaffen worden ist und wonach jeder Leistungsanbieter von Pflegeleistungen bei Erfüllung der für jeden gleichen Voraussetzungen ein Marktzutrittsrecht im Sinne des Anspruchs auf Abschluss eines Versorgungsvertrages mit der Pflegekasse hat[18]. Der Wettbewerbsgedanke wird vom Gesetzgeber darüber hinaus noch einmal explizit formuliert, s. § 72 Abs. 5 SGB XI). Unter Berücksichtigung dieser gesetzlichen Vorschriften kann eine Bedarfsplanung demnach nur bis zur Schwelle des nicht ausreichenden Angebots an Pflegeleistungen stattfinden[19].

5. Neben der Festlegung der Bereitstellungs- und der Leistungsverantwortung soll auch die *Gesamtgesellschaft* für die pflegerische Versorgung der Bevölkerung verantwortlich sein, § 8 Abs. 1 SGB XI. Weiter besteht eine *Verantwortung zum Zusammenwirken* der Pflegeeinrichtungen Pflegekassen, Ländern und Kommunen zur Gewährleistung einer leistungsfähigen, regional gegliederten, ortsnahen und aufeinander abgestimmten pflegerischen Versorgung, § 8 Abs. 2 SGB XI. 12

6. Eine *Schlüsselnorm für die Art und Weise der Finanzierung von Pflegeeinrichtungen* stellt § 9 Abs. 3 SGB XI dar. In dieser Vorschrift wird zwar nur die *Investitionsförderung der Pflegeeinrichtungen* angesprochen. Indirekt geht aber daraus hervor, dass sich der Gesetzgeber für die sog. *duale Finanzierung* der Erbringer von Pflegeleistungen entschieden hat: Die Finan- 13

16 Die Frage, ob die PflV einen Markt an Pflegeleistungen geschaffen hat, wird sehr kontrovers diskutiert. S. hierzu kritisch etwa *Schäfer* Lässt SGB XI (Euro-)Märkte zu?, FS Zacher, S. 895 ff. (911 ff.).

17 Gesetz zur wirtschaftlichen Sicherung der Krankenhäuser und zur Regelung der Krankenhauspflegesätze (Krankenhausfinanzierungsgesetz – KHG).

18 Ähnlich auch *Neumann,* in: Schulin, HS-PV § 21 Rn. 18.

19 Einige Landespflegegesetze sehen dennoch eine weit reichende Bedarfsplanung vor, s. den Überblick bei *Rothgang* Pflegebedarfsplanung in Deutschland, ZSR 2000, 103ff.

zierung der Betriebskosten der Pflegeeinrichtungen übernehmen die Pflegekassen, die Finanzierung von Investitionskosten die Länder.

Die Entscheidung für die duale Finanzierungsweise ist nur vor dem Hintergrund der Gesetzgebungsgeschichte zu verstehen. Ursprünglich war eine monistische Finanzierungsweise im Sinne der Vergütung von Betriebs- *und* Investitionskosten der Pflegeeinrichtungen *nur durch die Pflegekassen* vorgesehen. Da die Länder aber die mit der Einführung der Pflegeversicherung bei der Sozialhilfe ersparten Aufwendungen für Pflegeleistungen weiterhin für Pflege einsetzen sollten, und da weiter eine direkte Subventionierung der Pflegekassen seitens der Länder in Höhe der ersparten Sozialhilfeaufwendungen finanzverfassungsrechtlich nicht möglich ist, war für die Finanzierungsbeteiligung der Länder nur der Weg über den dualen Finanzierungsmodus gegeben.

Die Vorschrift des § 9 S. 3 SGB XI zeichnet sich durch eine sehr offene und letztlich – insbesondere im Vergleich zum Recht der Förderung von Krankenhäusern nach dem KHG – wenig präzise Beschreibung der Aufgaben der Länder aus[20]. Zwar genießen die Länder damit ebenso eine große Freiheit bei der Wahl des rechtlichen Instrumentariums wie bei der Ausgestaltung der gegebenen Aufgaben; jedoch ist diese Freiheit begrenzt durch die Maßgaben des SGB XI selbst, insbesondere durch das Wettbewerbserfordernis, und durch die verfassungsrechtlichen Freiheitsrechte der Leistungserbringer in Art. 2 Abs. 1, 3, 12 und 14 GG[21].

14 **7.** Ein sozialpolitisches Novum für den Pflegebereich stellte damals die Vorrangklausel dar (§ 11 Abs. 2 S. 2 SGB XI): »Freigemeinnützige und private Träger haben Vorrang gegenüber öffentlichen Trägern.« Wurde früher im Sozialhilferecht der Vorrang immer als ein Vorrang der Träger der freien Wohlfahrtspflege verstanden[22], ist im SGB XI ein gleichrangiger Vorrang aller privaten Träger – der freigemeinnützigen wie der privatgewerblichen – gegenüber den öffentlichen Trägern gegeben. Die Vorschrift sagt allerdings nicht, in welcher Hinsicht dieser Vorrang gilt. Nur § 72 Abs. 3 S. 2 SGB XI erwähnt den Vorrang beim Abschluss von Versorgungsverträgen. Mit der Vorrangklausel soll auch zur Herstellung eines *Wettbewerbs unter den Leistungsanbietern* beigetragen werden. Nur wenn alle Anbieter von Pflegeleistungen beim Zugang zum Pflegemarkt im Sinne der Schaffung gleicher Marktzugangsvoraussetzungen gleichbehandelt werden, kann sich der gewünschte Wettbewerb einstellen.

§ 21 Versicherungspflichtige Personen

1 Die *Versicherungspflicht in der Pflegeversicherung folgt der Versicherung in der gesetzlichen Krankenversicherung* (§ 20 SGB XI). Wer gegen Krankheit bei einem privaten Krankenversicherungsunternehmen versichert ist, muss eine private Pflegeversicherung abschließen (§§ 1 Abs. 2, 23 SGB XI). Mit dieser Regelung soll gewährleistet werden, dass auch privatversicherte Personen und beihilfeberechtigte Beamte Vorsorge gegen Pflegebedürftigkeit treffen[23].

Das Anliegen des Gesetzgebers, einen möglichst weiten Kreis der Bevölkerung in die soziale Pflegeversicherung einzubeziehen, kommt zum einen darin zum Ausdruck, dass die *freiwilligen Mitglieder der gesetzlichen Krankenversicherung versicherungspflichtig in der Pflegeversicherung* sind (§ 20 Abs. 3 SGB XI), und zum anderen in der Erweiterung der Versicherungspflicht auf bestimmte Gruppen von Sozialleistungsbeziehern (§ 21 SGB XI).

---

20 S. zur Investitionsfinanzierung *Prinz/Wrohlich* RsDE 51, 1 ff.

21 S. BVerfG, Beschl. v. 14. 1. 1997, NZS 1997, 172. Eindeutig gegen eine Bedarfssteuerung bei der Zulassung von Pflegeeinrichtungen BSGE 88, 215.

22 Die bisher im Sozialhilferecht übliche Vorrangklausel für die Sozialhilfeeinrichtungen ist mittlerweile ebenfalls weggefallen.

23 Bestätigt von BVerfG, Beschl. des 2. Senats, 2 BvR 2566/94, v. 25. 9. 2001.

Die Anknüpfung der Versicherungspflicht in der Pflegeversicherung grundsätzlich an das Bestehen eines gesetzlichen oder privaten Versicherungsschutzes ist verfassungsrechtlich unbedenklich. Gleichermaßen schutzbedürftigen Personen darf jedoch der Zugang zur gesetzlichen Pflegeversicherung nicht verwehrt werden[24]. Der Gesetzgeber war aber nicht verpflichtet, den zum Zeitpunkt des In-Kraft-Tretens des SGB XI privat krankenversicherten Personen ein Wahlrecht einzuräumen, der sozialen Pflegeversicherung beizutreten[25].

Wie in der gesetzlichen Krankenversicherung besteht für Familienmitglieder die *Familienversicherung* (§ 25 SGB XI). Eine Möglichkeit der *freiwilligen Versicherung* existiert nur in der Form der Weiterversicherung beim Ausscheiden aus der Versicherungspflicht und bei Verlegung des Wohnsitzes ins Ausland (§ 26 SGB XI). Ein Beitrittsrecht ist für einen eng begrenzten Personenkreis vorgesehen (§ 26 a SGB XI).

Zur Herstellung der Versicherungspflicht für Versicherte der privaten Krankenversiche- 2
rungsunternehmen war eine Reihe von juristischen Vorkehrungen notwendig: Neben der Sicherung der Konkordanz von Pflegeleistungen der Privatversicherungen mit denen der sozialen Pflegeversicherung (§ 23 Abs. 1 S. 2, Abs. 6 SGB XI) waren insbesondere der Kontrahierungszwang (§ 110 Abs. 1 Nr. 1, Abs. 3 Nr. 1 SGB XI) sowie eine Kündigungsmöglichkeit für bestehende Verträge (§ 27 SGB XI) einzuführen.

Abgeordnete der Länder, des Bundestages und des Europaparlaments sind ebenfalls verpflichtet, sich gegen das Risiko der Pflegebedürftigkeit zu versichern (§ 24 SGB XI). *Beihilfeberechtigte Personen* müssen eine beihilfekonforme Versicherung abschließen (§ 23 Abs. 3 S. SGB XI).

§ 22 Leistungsberechtigte Personen

A. Zur Unterscheidung zwischen versichertem und leistungsberechtigtem Personenkreis

Im Aufbau der anderen Bücher des SGB, die Sozialversicherungen zum Gegenstand ha- 1
ben, wird nicht zwischen versicherten Personen und leistungsberechtigten Personen unterschieden, da der versicherte Personenkreis mit dem leistungsberechtigten Personenkreis identisch ist. Anders im SGB XI, wo in den §§ 14–19 der leistungsberechtigte Personenkreis (Zweites Kapitel) definiert wird und erst danach der versicherungspflichtige Personenkreis (Drittes Kapitel).

Als Rechtfertigung für diese ungewöhnliche Trennung könnte nur das Argument gelten, dass Leistungen der Pflegeversicherung nicht nur für die versicherten Personen, sondern auch für Pflegepersonen vorgesehen sind (§§ 19, 44, 45 SGB XI). Trotzdem wäre die systematisch irreführende Trennung zwischen versichertem und leistungsberechtigtem Personenkreis nicht erforderlich gewesen. Die entsprechenden Vorschriften zum leistungsberechtigten Personenkreis enthalten nämlich keine zusätzlichen Leistungsvoraussetzungen, sondern neben Legaldefinitionen zum Begriff der Pflegebedürftigkeit (§§ 14 bis 17 SGB XI) und der Pflegeperson (§ 19 SGB XI) nur noch verwaltungsverfahrensrechtliche Regelungen (Verfahren zur Feststellung der Pflegebedürftigkeit, § 18 SGB XI). Solche Vorschriften gehören aber zum Recht der Leistungsvoraussetzungen und damit zum Leistungsrecht. Immerhin hätte man bei Aufrechterhaltung der Trennung zwischen leistungsberechtigten und versicherungspflichtigem Personenkreis wenigstens eine umgekehrte Anordnung vornehmen können, damit die Nähe des Leistungsvoraussetzungsrechts zum Leistungsrecht deutlicher wird.

24 BVerfGE 103, 225, 1. Leitsatz = NJW 2001, 1716 ff.
25 BVerfGE 103, 271, 1. Leitsatz = NJW 2001, 1707 ff.

B. Der Begriff der Pflegebedürftigkeit im SGB XI

2 Das leistungsauslösende Risiko ist die Pflegebedürftigkeit, und zwar in der Gestalt, wie sie in den §§ 14, 15 SGB XI gesetzlich beschrieben ist. Dabei wird nicht zwischen einem Pflegebedarf im häuslichen Umfeld und einem Pflegebedarf für stationäre Versorgung unterschieden.

Fall (nach BSGE 85, 278 = SozR 3–3300 § 43 Nr. 1): A ist stark psychisch behindert, hat jedoch Pflegebedarf nur in den Bereichen Körperpflege und Mobilität in einem täglichen Zeitumfang von ca. 30 Minuten. Er bedarf intensiver psychosozialer Betreuung. Hat er Anspruch auf Pflegeleistungen in einer stationären Einrichtung?

Der Begriff der Pflegebedürftigkeit wird im Kern von den verschiedenen Sozialleistungsgesetzen ziemlich deckungsgleich verstanden. Den jeweiligen Begriffen der Pflegebedürftigkeit liegt eine gemeinsame Struktur[26] zugrunde: Erstens muss eine eingeschränkte oder mangelnde Fähigkeit einer Person vorliegen, für sich bestimmte gewöhnliche oder existenzerhaltende Verrichtungen auszuführen (Fähigkeitsstörung); zweitens muss diese Person der Hilfe anderer bedürfen (kompensierende Hilfe). Diese zweiteilige Grundstruktur des Begriffes der Pflegebedürftigkeit wird häufig ergänzt durch ein drittes kausales Element: Die Pflegebedürftigkeit muss auf Krankheit oder Behinderung oder – wie in der Unfallversicherung – auf einem Arbeitsunfall beruhen.

Mit dem SGB XI ist der Begriff der Pflegebedürftigkeit etwas differenziert worden. Er entspricht zwar der vorstehend geschilderten Grundstruktur, war aber so in den anderen Sozialleistungsgesetzen bisher nicht zu finden (§ 14 SGB XI)[27]. Die gesetzliche Definition des Begriffes der Pflegebedürftigkeit für das SGB XI enthält gegenüber den in den anderen Sozialleistungsgesetzen verwendeten Begriffen zusätzliche – einschränkende – Merkmale. Nach der gesetzlichen Definition sind pflegebedürftig im Sinne des SGB XI Personen, die wegen einer körperlichen, geistigen oder seelischen Krankheit oder Behinderung für die gewöhnlichen und regelmäßig wiederkehrenden Verrichtungen im Ablauf des täglichen Lebens auf Dauer, voraussichtlich für mindestens sechs Monate, in erheblichem oder höherem Maße der Hilfe bedürfen (§ 14 Abs. 1 SGB XI). Diese Legaldefinition enthält Einschränkungen hinsichtlich der zu erwartenden Dauer der Pflegebedürftigkeit[28] und hinsichtlich des Grades der Pflegebedürftigkeit (Hilfebedarf »in erheblichem oder höherem Maße«). Der Gesetzgeber hat aber noch weitere Einschränkungen und Präzisierungen angebracht beim Element der Krankheit und Behinderung (§ 14 Abs. 2 SGB XI) und beim Element der Verrichtungen, die der Pflegebedürftige nicht ausführen kann (§ 14 Abs. 4 SGB XI)[29].

Krankheiten und Behinderungen werden definiert als Verluste, Lähmungen oder andere Funktionsstörungen am Stütz- und Bewegungsapparat, als Funktionsstörungen der inneren Organe oder der Sinnesorgane und als Störungen des Zentralnervensystems wie Antriebs-, Gedächtnis- oder Orientierungsstörungen sowie endogene Psychosen, N€sen oder geistige Behinderungen (§ 14 Abs. 2 SGB XI).

Da in der Pflegeversicherung nicht jedweder Unterstützungsbedarf zu Leistungen führen soll, sind die Verrichtungen, für die Hilfebedarf besteht, im Einzelnen getrennt nach den Aktivitäten des täglichen Lebens in den Bereichen der Körperpflege, der Ernährung, der

26 S. dazu ausführlicher *Igl* Pflegeversicherung als Gegenstand sozialrechtlicher Regulierung, in: K. Sieveking (Hrsg.) Soziale Sicherung bei Pflegebedürftigkeit in der Europäischen Union, 1998, S. 19 ff.

27 In den mit dem PflegeVG geänderten Vorschriften der Hilfe zur Pflege des Sozialhilferechts ist – mit einer Abweichung – eine Anpassung an den im SGB XI verwendeten Begriff hergestellt worden. Gleiches gilt für die anderen Sozialleistungsgesetze.

28 Dies erfordert eine vorausschauende Betrachtungsweise, die Prognose muss sich nicht bestätigen, BSG, Urt. v. 17. 3. 2005, B 3 P 2/04 R, SozR 4–3300 § 14 Nr. 6.

29 Die Verwendung eines engen Begriffs der Pflegebedürftigkeit ist verfassungsgemäß, BVerfG, Beschl. v. 22. 5. 2003, 1 BvR 452/99 u. 1077/00, ZfSH/SGB 2003, 548.

Mobilität und nach der hauswirtschaftlichen Versorgung aufgeführt (§ 14 Abs. 4 SGB XI). Pflegeleistungen in den ersten drei Bereichen werden auch als *Leistungen der Grundpflege* bezeichnet[30].

Im **Fall** reicht der Pflegebedarf nicht für die Annahme einer Pflegebedürftigkeit aus; der psychosoziale Betreuungsbedarf gilt nicht als Pflegebedarf bei der Prüfung der Voraussetzungen der Pflegebedürftigkeit, s. § 14 Abs. 4, § 15 Abs. 1 Nr. 1 SGB XI.

Fallvariante: Angenommen, A wäre gemäß § 14 i.V.m. § 15 Abs. 1 SGB XI erheblich pflegebedürftig (Pflegestufe I) – würde er dann in einer vollstationären Einrichtung zu Lasten der Pflegekasse psychosoziale Betreuung erhalten? Ja, s. § 43 Abs. 2 S. 1 SGB XI. Die gesetzlichen Regelungen sind hier nicht besonders gut aufeinander abgestimmt! Das zeigt sich auch in den Vergütungsregelungen für die Pflegeeinrichtung: A wäre als erheblich Pflegebedürftiger der Pflegeklasse 1 zuzuweisen, § 84 Abs. 2 S. 3 SGB XI, mit der Konsequenz, dass seine erforderliche psychosoziale Betreuung von der Pflegekasse nicht entsprechend übernommen würde. Allerdings kann hier die Öffnungsklausel des § 84 Abs. 2 S. 4 SGB XI helfen, wonach A einer höheren Pflegeklasse zugewiesen und damit die Pflegeeinrichtung besser entgolten werden kann (verfassungskonforme Lösung laut BSGE 85, 278).

Die untere Einsatzschwelle für Pflegeleistungen nach dem SGB XI beginnt mit der erheblichen Pflegebedürftigkeit Pflegestufe I); die Pflegestufe II wird mit Schwerpflegebedürftigkeit und die Pflegestufe III mit Schwerstpflegebedürftigkeit bezeichnet. Der Gesetzgeber hat die Abgrenzungsmerkmale schon rahmenartig umrissen (§ 15 Abs. 1 SGB XI). Dabei wird eine zeitvolumenunabhängige Kombinationsformel angewendet, in der eine Anzahl bestimmter Verrichtungen mit der Häufigkeit von Pflegeanlässen verbunden wird. Nur bei der pflegerischen Tätigkeit von Familienangehörigen oder nicht professionell tätigen Pflegepersonen werden Mindestpflegezeiten für die einzelnen Pflegestufen angesetzt (§ 15 Abs. 3 SGB XI)[31]. 3

In der Pflegestufe III muss Grundpflege täglich rund um die Uhr, auch nachts, erforderlich sein (§ 15 Abs. 1 S. 1 Nr. 3 SGB XI). Es kommt aber bei der nächtlichen Hilfeleistung nicht darauf an, ob die Pflegeperson hierzu ihren Nachtschlaf unterbrechen muss. Es genügt, wenn die Hilfeleistung zwischen 22 Uhr abends und 6 Uhr morgens objektiv erforderlich ist[32].

Im Leistungsrecht des SGB XI ist eine weitere Pflegestufe bei außergewöhnlich hohem Pflegeaufwand vorgesehen (§§ 36 Abs. 4, 43 Abs. 3 SGB XI). Personen, die die Voraussetzungen der erheblichen Pflegebedürftigkeit nach dem SGB XI nicht erfüllen (sog. Pflegestufe 0), können Leistungen der Sozialhilfe zur Pflege erhalten. Dies gilt auch für Personen, die in anderen als den in § 14 Abs. 4 SGB XI aufgeführten Verrichtungen Hilfebedarf haben, z.B. bei der Kommunikation (§ 61 Abs. 1 S. 2 SGB XII).

Fall[33]: Der Hilfebedarf einer Person besteht vor allem in Maßnahmen, die der Beschaffung und Zubereitung der für die Diät benötigten Lebensmittel dienen, in der Medikamentenversorgung, in Blut- und Urinzuckertests und im Spritzen von Insulin. – Das BSG unterscheidet zwischen den Verrichtungen im Zusammenhang mit der Ernährung und den medikalisierten Verrichtungen. Die Zuordnung je zur hauswirtschaftlichen Versorgung oder zur Grundpflege hat insofern Bedeutung, als bei der häuslichen Pflege durch Familienangehörige der Zeitaufwand für diese beiden Bereiche bei der Bemessung der Pflegestufen gesetzlich festgelegt ist (vgl. § 15 Abs. 3 SGB XI). In Pflegestufe I muss der Zeitaufwand täglich im Wochendurchschnitt[34] mindestens 90 Minuten betragen; auf die Grundpflege

30 In Abgrenzung zu den Leistungen der Behandlungspflege, insbesondere nach § 37 Abs. 2 S. 2 SGB V. Hierzu *Klie* PKR 1998, 13 ff.

31 Zur weiteren Konkretisierung der Merkmale der Pflegebedürftigkeit, der Pflegestufen und des Verfahrens zur Feststellung der Pflegebedürftigkeit sind Richtlinien der Spitzenverbände der Pflegekassen nach § 17 SGB XI ergangen, Pflegebedürftigkeits-Richtlinien (PflRi); s. *Udsching* Richtlinien in der Pflegeversicherung, FS Krasney, S. 677 ff. (696).

32 BSG SozR 3–3300 § 77 Nr. 1 = NZS 2000, 34.

33 BSGE 82, 27 = SGb 1999, S. 138 ff., dazu der Besprechungsaufsatz von *Igl* SGb 1999, 111 ff. Zur Berücksichtigung krankheitsspezifischer Pflegemaßnahmen BSGE 82, 276.

34 Diese Klarstellung hat das BSG (BSGE 82, 276) passim angebracht; der Gesetzestext lautet »wöchentlich im Tagesdurchschnitt«.

müssen hierbei mehr als 45 Minuten entfallen (§ 15 Abs. 3 Nr. 1 SGB XI). Im vorliegenden Fall war der Hilfebedarf in der Grundpflege zeitlich nicht erfüllt, so dass keine Pflegeleistungen gewährt werden konnten.

C. Das Verfahren zur Feststellung der Pflegebedürftigkeit durch den Medizinischen Dienst der Krankenversicherung (MDK)

4 Dem Medizinischen Dienst der Krankenversicherung (MDK) (§§ 275 ff. SGB V) ist die Begutachtung des Vorliegens der Voraussetzungen der Pflegebedürftigkeit und die Zuordnung zu den verschiedenen Stufen der Pflegebedürftigkeit übertragen worden (§ 18 Abs. 1 S. 1 SGB XI). Bei der Begutachtung, die durch Ärzte vorgenommen wird, hat eine enge Zusammenarbeit mit Pflegefachkräften und anderen geeigneten Fachkräften stattzufinden (§ 18 Abs. 7 S. 1 SGB XI)[35]. Insgesamt kann man sagen, dass die Begutachtung durch den MDK in ihrer Bedeutung erheblich aufgewertet worden ist. Der MDK erhält bei der Begutachtung der Pflegebedürftigkeit zentrale Steuerungsfunktionen. Insbesondere ist die aktive Rolle des MDK bei der Feststellung der vorrangigen Leistungen zur medizinischen Rehabilitation in diesem Zusammenhang hervorzuheben (§ 18 Abs. 1 S. 3 SGB XI)[36].

Verwaltungsverfahrensrechtlich gesehen hat das Gutachten des MDK für den Versicherten keine unmittelbare Rechtswirkung nach außen. Ein Verwaltungsakt liegt erst mit dem ablehnenden oder zusprechenden Bescheid der Pflegekasse vor.

Wird es im Verwaltungsverfahren unterlassen, bei erforderlicher Begutachtung aus pflegerischer Sicht ein pflegefachliches Gutachten einzuholen, so kann dies im Gerichtsverfahren nachgeholt werden, wenn die Einholung eines solchen Gutachtens unverzichtbar erscheint[37].

§ 23 Leistungen

A. Grundsicherungsfunktion der Pflegeleistungen

1 Angesichts eines Kataloges von insgesamt elf Leistungen der Pflegeversicherung (Überblick in § 28 SGB XI) könnte man den Eindruck gewinnen, dass das Leistungsrecht der Pflegeversicherung an der umfassenden Sicherung aller sozialen Bedarfslagen pflegebedürftiger Personen ausgerichtet ist. Das Leistungsrecht der Pflegeversicherung bietet jedoch keinen vollen Schutz. Schon in der Gesetzesbegründung wird von einer »Grundsicherung«[38] gesprochen. Wer sich weitergehende Leistungen nicht selbst beschaffen oder bezahlen kann, muss auf ergänzende und aufstockende Sozialhilfeleistungen zurückgreifen. Dies gilt besonders für die im Rahmen des SGB XI nicht finanzierten Leistungen der Unterkunft und Verpflegung im Rahmen der stationären Versorgung (§ 4 Abs. 2 SGB XI), aber auch bei der häuslichen Pflege, wenn die Leistungen nach dem SGB XI nicht ausreichen[39].

---

35 Das BSG, Urt. v. 30. 9. 1993 – 4 RK 1/92, SGb 1994, 549, mit Anm. *Schulin,* hat – in seinen Ausführungen zur Begutachtung der Schwerpflegebedürftigkeit nach §§ 53 ff. SGB V a.F. – den Arzt bei der Begutachtung nichtmedizinischer Sachverhalte bei der Feststellung des Hilfebedarfs und des Betreuungsaufwandes in die Rolle eines Zeugen verwiesen.

36 Um eine einheitliche Grundlage für die Begutachtung zu sichern, sind von den Spitzenverbänden der Pflegekassen Begutachtungs-Richtlinien (BRi) gemäß §§ 17, 53 a SGB XI erarbeitet worden.

37 LSG Niedersachsen, Urt. v. 20. 10. 1998 – L 3 P 41/97 –, PflR 2000, 350.

38 BT-Drs. 12/5262, 90: »Mit den Leistungen der Pflegeversicherung wird eine Vollversorgung der Pflegebedürftigen weder angestrebt noch erreicht. Die Pflegeversicherung stellt eine soziale Grundsicherung in Form von unterstützenden Hilfeleistungen dar, die Eigenleistungen der Versicherten nicht entbehrlich machen.«

39 So BVerwGE111, 241 = NJW 2000, 3512 f.

Die leistungsrechtliche Ausgestaltung des SGB XI im Sinne einer Grundsicherungsfunktion führt zu einer Verwerfung bei der durch das SGB XI bewirkten Umverteilung: Personen, deren Mittel nicht ausreichen, um sich die ergänzenden und aufstockenden Leistungen selbst zu beschaffen, sind, obwohl sie Beiträge zur Pflegeversicherung geleistet haben, wieder auf Sozialhilfeleistungen angewiesen – ein Zustand, der mit Einführung der Pflegeversicherung gerade behoben werden sollte[40].

B. Eng begrenztes Leistungsprogramm (geschlossenes Leistungsprogramm)

Vergleicht man die Grundstruktur des Leistungsprogramms der PflV mit dem der KV, so 2
wird deutlich, dass das Leistungsprogramm der PflV eng begrenzt und gesetzlich sehr detailliert ausgestaltet worden ist. Dagegen ist das Leistungsprogramm der KV eher offen angelegt. In der PflV ist schon der leistungseröffnende Begriff der Pflegebedürftigkeit – auch im Verhältnis zum früheren Recht, insbes. zum Sozialhilferecht – exakt inhaltlich bestimmt, § 14 f. SGB XI. Der Krankheitsbegriff der KV ist hingegen für eine weite Interpretation offen, § 27 Abs. 1 SGB V. Gleiches gilt für die Leistungen selbst. Während in der KV die Krankenbehandlung unter Vorgabe eines äußeren Rahmens der verschiedenen Arten der Krankenbehandlung inhaltlich weitgehend offen ist und nur in Teilbereichen durch die Richtlinien des Gemeinsamen Bundesausschusses beeinflusst wird, ist in der PflV genau vorgegeben, welche Hilfen (§ 14 Abs. 3 und 4 SGB XI) an welchen Orten (häuslich – teilstationär – vollstationär) gegeben werden. In der KV kommen dem *Arzt in einer Person* weitreichende Kompetenzen bei der Krankenbehandlung zu; diese reichen von der Begutachtung des Kranken über die Bestimmung der Behandlung bis zur Erfolgskontrolle. In der PflV sind diese Kompetenzen auf *mehrere Beteiligte* verteilt: Die Begutachtung wird vom MDK vorgenommen, § 18 SGB XI die Pflegekasse ist als Verwaltungsträger für den Erlass der entsprechenden Verwaltungsakte, z.B. der Gewährung häuslicher Pflegeleistungen, zuständig; die Pflegeeinrichtungen erbringen die Leistungen nach den Maßgaben, die der MDK und die Pflegekasse entwickelt haben, und schließlich ist für die Erfolgskontrolle i.S.d. Qualitätssicherung ein besonderes Verfahren vorgesehen, vgl. §§ 80, 112 ff. SGB XI.

Gerade bei der Erbringung von pflegerischen und ärztlichen Dienstleistungen wird deutlich, wie unterschiedlich die Leistungsprogramme von KV und PflV sind. Zusammenfassend ergeben sich diese Unterschiede:

- bei der *inhaltlichen Ausgestaltung der Leistungsvoraussetzungen* mit weiten oder engen Vorgaben für den Leistungserbringer (weiter Krankheitsbegriff ./. enger Begriff der Pflegebedürftigkeit);
- bei der *Feststellung der gesetzlichen Leistungsvoraussetzungen (jedoch nicht der Versicherungsvoraussetzungen* durch den Leistungserbringer selbst oder durch Dritte (Arzt ./. MDK);
- bei der *Feststellung des Leistungsbedarfs* durch den Leistungserbringer selbst oder durch Dritte (Arzt ./. MDK);
- schließlich bei der *Qualitätskontrolle, auch bei der Erfolgskontrolle,* durch den Leistungserbringer oder durch Dritte (im ambulanten ärztlichen Bereich keine externe Qualitätskontrolle ./. externe Qualitätskontrolle durch MDK, im stationären Bereich zusätzlich durch Heimaufsicht nach HeimG).

Deshalb kann man beim *Leistungsprogramm der KV* von einem eher *offenen Programm* sprechen, während sich das *Leistungsprogramm der PflV* als ein *geschlossenes Programm* darstellt.

---

40 Die Zahl der Empfänger der Sozialhilfeleistung Hilfe zur Pflege ist seit 1994 (bis 2002) im ambulanten Bereich um zwei Drittel zurückgegangen, im stationären Bereich seit 1995 um ein Drittel, Zahlen aus: *Dritter Bericht über die Entwicklung der Pflegeversicherung* BT-Drs. 15/4125, 67.

Wegen dieses geschlossenen Leistungsprogramms ist es in der PflV sehr viel schwerer als in der KV möglich, die Leistungsvoraussetzungen und die Leistungen extensiv zu interpretieren. Für Leistungsausweitungen wird daher stets der Gesetzgeber zu bemühen sein.

C. Allgemeines

I. Leistungsvoraussetzungen

3 Der Bezug von Pflegeleistungen setzt die Erfüllung von zwei Leistungsvoraussetzungen voraus: eine konstitutiv wirkende Antragstellung und die Erfüllung von Vorversicherungszeiten (§ 33 SGB XI). Ab dem 1. 1. 2000 muss der Versicherte in den letzten zehn Jahren vor der Antragstellung mindestens fünf Jahre als Mitglied versichert oder nach § 25 SGB XI familienversichert gewesen sein.

Ende 2003 bezogen rund 1,28 Mio. Personen ambulante Pflegeleistungen und 610.000 Personen stationäre Pflegeleistungen aus der Pflegeversicherung[41].

II. Ruhen der Leistungsansprüche

4 Die Leistungsansprüche ruhen in drei Fällen (§ 34 SGB XI): bei einem Auslandsaufenthalt, der länger als sechs Wochen je Kalenderjahr andauert (wobei zwischenstaatliche und EG-Regelungen vorgehen), bei Bezug von Entschädigungsleistungen aus anderen öffentlich-rechtlichen Gesetzen, und speziell hinsichtlich der Leistungen häuslicher Pflege bei Bezug von bestimmten Leistungen des SGB V, die pflegerische Anteile enthalten, so z.B. nach § 37 SGB V. Für Leistungen zur sozialen Sicherung der Pflegepersonen (§ 44 SGB XI) bestehen bezüglich dieser Ruhenssituation Sonderregelungen.

Der EuGH[42] hat festgestellt, dass die Ruhensregelung den europasozialrechtlichen Koordinierungsvorschriften widerspricht. In dem zu entscheidenden Fall ging es um den Bezug von Pflegegeld in einem anderen europäischen Mitgliedstaat.

D. Leistungen bei häuslicher Pflege

5 Bei häuslicher Pflege sind drei Leistungstypen vorgesehen: die Pflegesachleistung, ersatzweise als Pflegegeld oder als Kombination von Sach- und Geldleistung Kombinationsleistung) zu beziehen; die häusliche Pflege bei Verhinderung einer Pflegeperson; die Pflegehilfsmittel und die technischen Hilfen.

Die Leistungen bei häuslicher Pflege stellen quantitativ die wichtigsten Leistungen dar. Die prozentuale Inanspruchnahme der verschiedenen Leistungsarten verteilt sich wie folgt (2003): 49 % Pflegegeld, 10 % Kombinationsleistung, 9 % Pflegesachleistung (Anteil der häuslichen Pflege also insgesamt 68 %!), 27 % vollstationäre Pflege, 3 % vollstationäre Pflege in Einrichtungen für behinderte Menschen; der Rest verteilt sich auf die übrigen Leistungsarten[43].

I. Pflegesachleistung

6 Voraussetzung für die Pflegesachleistung ist, dass der Pflegebedürftige in seinem Haushalt oder in einem anderen Haushalt gepflegt wird (§ 36 Abs. 1 S. 1 SGB XI)[44]. Leistungssegmente der Pflegesachleistung sind die Grundpflege und die hauswirtschaftliche Ver-

41 *Dritter Bericht über die Entwicklung der Pflegeversicherung* BT-Drs. 15/4125, 47.

42 EuGH, Rs. C-160/96, *(Molenaar)*, Slg. I-1998, 843, abgedruckt in: EAS, EG-Vertrag Art. 48 Nr. 94 = NJW 1998, 1767 ff. Hierzu auch die Beiträge in: *Sieveking* (Hrsg.), Soziale Sicherung bei Pflegebedürftigkeit in der Europäischen Union, 1998; dort auch Abdruck des EuGH-Urteils, S. 362 ff.

43 *Dritter Bericht über die Entwicklung der Pflegeversicherung* BT-Drs. 15/4125, 49.

44 Die Frage, ob auch in einer stationären Einrichtung eine Wohnung bestehen kann, ist mit einer Präzisierung der Vorschrift geklärt worden. Leistungen der häuslichen Pflege sind nicht zulässig

sorgung (§ 36 Abs. 2 SGB XI). Der Wert der Pflegesachleistung wird nach den drei Pflegestufen (vgl. § 15 SGB XI) festgelegt. Er beträgt im Kalendermonat jeweils bis zu 384, 921 und 1432 €.

In dieser Vorschrift wird bewusst darauf verzichtet, diesen Geldbeträgen entsprechende Pflegezeitvolumina gegenüberzustellen. Der Zeitumfang der Pflegeeinsätze wird auch nicht im Rahmen der Vergütungsvereinbarungen für ambulante Pflegeleistungen zwischen den Pflegekassen und den Pflegediensten berücksichtigt (§§ 89 Abs. 3, 90 SGB XI).

In besonders gelagerten Einzelfällen können die Pflegekassen zur Vermeidung von Härten Pflegebedürftigen der Pflegestufe III weitere Pflegeeinsätze bis zu einem Gesamtwert von 1.918 € monatlich gewähren, wenn ein außergewöhnlich hoher Pflegeaufwand vorliegt, der das übliche Maß der Pflegestufe III weit übersteigt (§ 36 Abs. 4 SGB XI). Die Pflegekassen haben sicherzustellen, dass diese Ausnahmeregelung insgesamt für nicht mehr als 3% der bei ihr versicherten Pflegebedürftigen der Pflegestufe III Anwendung findet.

II. Geldleistung (Pflegegeld)

Die Alternative zur häuslichen Pflege als Sachleistung stellt die Geldleistung Pflegegeld 7
dar (§ 37 SGB XI)[45]. Voraussetzungen des Bezuges von Pflegegeld sind ein spezieller auf die Pflegegeldleistung abzielender Antrag und die Sicherstellung der Pflege in geeigneter Weise durch die pflegebedürftige Person selbst auf dem Wege des Einsatzes einer oder mehrerer Pflegepersonen (§ 37 Abs. 1 S. 1 und 2 SGB XI). Die Höhe des Pflegegeldes beträgt je Kalendermonat in den drei Pflegestufen 205, 410 und 665 € (§ 37 Abs. 1 S. 3 SGB XI). Pflegegeldbezieher sind verpflichtet, bei Pflegestufe I und II mindestens einmal halbjährlich, bei Pflegestufe III mindestens einmal vierteljährlich einen Pflegeeinsatz durch eine Pflegeeinrichtung, mit der die Pflegekasse einen Versorgungsvertrag abgeschlossen hat, auf Kosten der Pflegekasse abzurufen (§ 37 Abs. 3 SGB XI). Mit dieser Regelung soll ein Beitrag dazu geleistet werden, dass eine pflegebedürftige Person zu Hause angemessen versorgt und das Pflegegeld zweckentsprechend verwendet wird[46].

III. Kombinationsleistung

Schließlich kann eine Kombination von Geldleistung und Sachleistung Kombinationsleis- 8
tung) stattfinden, wobei das Pflegegeld um den Vomhundertsatz vermindert wird, in dem der Pflegebedürftige Sachleistungen in Anspruch genommen hat (§ 38 SGB XI).

IV. Verhinderungspflege

Ist eine Pflegeperson wegen Erholungsurlaubs, Krankheit oder aus anderen Gründen an 9
der Pflege gehindert, übernimmt die Pflegekasse die Kosten für eine Ersatzpflegekraft für längstens vier Wochen je Kalenderjahr. Voraussetzung ist, dass die Pflegeperson den Pflegebedürftigen vor der erstmaligen Verhinderung mindestens zwölf Monate in seiner häuslichen Umgebung gepflegt hat. Die Aufwendungen der Pflegekasse dürfen im Einzelfall bei professioneller Pflege 1.432 € im Kalenderjahr nicht überschreiten (§ 39 S. 3 SGB XI).

---

in einer stationären Pflegeeinrichtung oder in einer Behinderteneinrichtung (§ 36 Abs. 1 S. 2 SGB XI).

45 Die Wirkungen weitergereichten Pflegegeldes sind gesetzlich noch nicht hinreichend erfasst, s. dazu *Köbl* Weitergereichtes Pflegegeld als Einkommen der Pflegeperson, FS Krasney, S. 251 ff. S. aber die mit dem 4. SGB XI-ÄndG v. 21. Juli 1999 (BGBl. I S. 1656) bewirkte Neuregelung zur Freihaltung in unterhaltsrechtlicher Hinsicht in § 13 Abs. 6 SGB XI.

46 Auch bei gleich bleibendem Hilfebedarf ist dies regelmäßig erforderlich, BSG 91, 174.

V. Pflegehilfsmittel und technische Hilfen

10 Pflegebedürftige Personen haben schon gegenüber ihrer Krankenkasse einen Anspruch auf Hilfsmittel (vgl. § 33 SGB V). Für Pflegehilfsmittel und technische Hilfen besteht nunmehr auch ein Anspruch gegen die Pflegekassen (§ 40 SGB XI). Allerdings ist dieser Anspruch bei für zum Verbrauch bestimmten Hilfsmitteln auf monatlich 31 € begrenzt.

Die Abgrenzung für die Zuständigkeit bei der Hilfsmittelgewährung nach § 33 SGB V und § 40 Abs. 1 SGB XI ist teilweise problematisch. Dazu folgender *Fall* (nach BSGE 85, 287[47]): Die pflegebedürftige Frau A, die in einer zugelassenen Pflegeeinrichtung versorgt wird, kann weder selbstständig gehen und stehen noch aus eigener Kraft aufrecht auf einem Stuhl sitzen. Sie ist deshalb ständig auf einen Rollstuhl angewiesen. Hat Frau A Anspruch auf einen Rollstuhl, und gegenüber welcher Kasse? – Wenn Frau A den Rollstuhl nur für das Sitzen und die Fortbewegung im Heim benötigt, besteht kein Anspruch gegenüber Kranken- oder Pflegekasse, da das Pflegeheim im Rahmen seiner Versorgungsleistungen verpflichtet ist, einen Rollstuhl zu stellen. Die Heime müssen das für die vollstationäre Pflege notwendige Inventar bereithalten. Benötigt Frau A den Rollstuhl auch für die Fortbewegung außerhalb des Pflegeheims, so ist die Krankenkasse nach § 33 Abs. 1 SGB V verpflichtet, den Rollstuhl zu leisten.

Die Pflegekassen können auch subsidiär finanzielle Zuschüsse für Maßnahmen zur Verbesserung des individuellen Wohnumfeldes des Pflegebedürftigen gewähren, beispielsweise für technische Hilfen im Haushalt, wenn dadurch im Einzelfall die häusliche Pflege ermöglicht oder erheblich erleichtert oder eine möglichst selbstständige Lebensführung des Pflegebedürftigen wiederhergestellt wird. Die Zuschüsse dürfen einen Betrag in Höhe von 2.557 € je Maßnahme nicht übersteigen (§ 40 Abs. 4 SGB XI).

Fall (nach BSG SozR 3–3300 § 40 SGB XI Nr. 2): Der pflegebedürftige P will sein Einfamilienhaus behindertengerecht umbauen lassen und dafür einen Außen- und einen Innentreppenlift installieren. Er beantragt für jede Maßnahme den Zuschuss nach § 40 Abs. 4 SGB XI. Die Pflegekasse lehnt ab und gibt nur *einen* Zuschuss in Höhe von 2.557€. Handelt es sich um eine oder zwei Maßnahmen? – Alle in einem bestimmten Zeitpunkt aufgrund des objektiven Pflegebedarfs notwendigen und vom Grundsatz her bezuschussungsfähigen Einzelschritte (Einzelmaßnahmen) zur Verbesserung des individuellen Wohnumfeldes des Pflegebedürftigen stellen in ihrer Gesamtheit rechtlich eine Maßnahme (Gesamtmaßnahme) dar. Dies gilt also auch dann, wenn die zu diesem Zeitpunkt notwendigen Einzelmaßnahmen nicht in einem Auftrag zusammengefasst oder zeitlich nacheinander durchgeführt werden.

E. Teilstationäre Pflege und Kurzzeitpflege

I. Teilstationäre Pflege

11 Teilstationäre Pflege wird in Form der Tages- oder Nachtpflege geleistet (§ 41 SGB XI). Pflegebedürftige haben Anspruch auf teilstationäre Pflege, wenn häusliche Pflege nicht in ausreichendem Umfang sichergestellt werden kann. Die Pflegekasse übernimmt die Aufwendungen entsprechend den drei Pflegestufen im Wert bis zu 384, 921 und 1432 €. Werden diese Höchstwerte nicht ausgeschöpft, erhält der Pflegebedürftige zusätzlich anteiliges Pflegegeld oder Pflegesachleistungen. Auch die Beförderungskosten werden übernommen.

II. Kurzzeitpflege

12 Kurzzeitpflege in einer stationären Einrichtung ist möglich, wenn die häusliche Pflege zeitweise nicht, noch nicht oder nicht im erforderlichen Umfang erbracht werden kann und auch teilstationäre Pflege nicht ausreicht (§ 42 SGB XI). Dies gilt im Anschluss an

47 Kritisch hierzu *Welti* Hilfsmittelversorgung im Pflegeheim, PKR 2001, 47 ff. S. weitere Entscheidungen: BSG, Urt. v. 24. 9. 2002, B 3 KR 15/02 R, SozR 3–2500 § 33 Nr. 47 (Dekubitusmatraze), BSGE 89, 271 (Ernährungspumpe).

eine stationäre Behandlung oder in sonstigen Krisensituationen, in denen vorübergehend häusliche oder teilstationäre Pflege nicht möglich oder nicht ausreichend ist. Der Anspruch auf Kurzzeitpflege ist auf vier Wochen pro Kalenderjahr beschränkt. Die Aufwendungen der Pflegekasse für die Kurzzeitpflege sind auf 1.432 € im Kalenderjahr begrenzt.

F. Vollstationäre Pflege

I. Inhalt der Leistung

13 Voraussetzung der vollstationären Pflege nach § 43 SGB XI ist, dass häusliche oder teilstationäre Pflege nicht möglich ist oder wegen der Besonderheit des einzelnen Falles nicht in Betracht kommt. In der vollstationären Pflege werden neben den allgemeinen Pflegeleistungen die Aufwendungen für soziale Betreuung – und begrenzt bis zum 31. Juni 2007 auch die Aufwendungen für medizinische Behandlungspflege[48] –, nicht aber die Aufwendungen für Unterkunft und Verpflegung von der Pflegekasse übernommen. Für diese hat der Pflegebedürftige selbst oder die Sozialhilfe einzustehen. Für die Übernahme der Aufwendungen für die allgemeinen Pflegeleistungen ist eine Begrenzung auf 1.432 € monatlich – in besonderen Ausnahmefällen auf 1.688 € monatlich – vorgesehen. Die Pflegekassen haben weiter sicherzustellen, dass die Ausnahmeregelung insgesamt für nicht mehr als 5 % der Pflegebedürftigen der Pflegestufe III Anwendung findet. Die jährlichen Ausgaben der Pflegekassen hierfür dürfen im Durchschnitt 15.339 € je Pflegebedürftigen nicht übersteigen.

II. Leistungen in vollstationären Einrichtungen der Hilfe für behinderte Menschen

14 Die Pflegekasse übernimmt zur Abgeltung der pflegebedingten Aufwendungen 10% des Heimentgelts der Behinderteneinrichtung, höchstens jedoch 256 € (§ 43 a SGB XI)[49].

III. Zusatzleistungen

15 Zusatzleistungen (Komfortleistungen bei Unterkunft und Verpflegung; zusätzliche pflegerisch-betreuende Leistungen) dürfen im Pflegeheim nur unter engen Voraussetzungen vereinbart werden (§ 88 SGB XI). So sind u.a. eine detaillierte Leistungs- und Entgeltbeschreibung sowie eine schriftliche Mitteilung an die Sozialleistungsträger erforderlich (§ 88 Abs. 2 SGB XI).

G. Leistungen für Pflegepersonen

16 Pflegepersonen sind Personen, die nicht erwerbsmäßig einen Pflegebedürftigen wenigstens 14 Stunden wöchentlich in seiner häuslichen Umgebung pflegen (§ 19 S. 1 SGB XI). Diese Pflegepersonen erhalten Leistungen zur sozialen Sicherung (§ 44 SGB XI) und Qualifizierungsmöglichkeiten im Rahmen von Pflegekursen (§ 45 SGB XI), erstere allerdings nur dann, wenn sie die pflegebedürftige Person mindestens 14 Stunden wöchentlich pflegen (§ 19 S. 2 SGB XI). Mit den Leistungen zur sozialen Sicherung für Pflegepersonen ist ein nicht zu unterschätzender Fortschritt in der Situation der Pflege durch Angehörige und ehrenamtliche Pflegekräfte erzielt worden. Insbesondere wird dadurch der Tatsache

---

48 Diese Regelung war als zeitlich begrenzte Kompromissregelung zur Entlastung der gesetzlichen Krankenkassen gedacht. In der Reform der Pflegeversicherung ist gemäß dem Koalitionsvertrag 2005 geplant, dies zu einer Dauerregelung zu machen. Sollte dies so kommen, würde eine nicht gerechtfertigte Finanzierung von medizinischen Leistungen zu Lasten der Pflegeversicherung gehen.

49 Eingeführt durch Gesetz vom 14. 6. 1996 (BGBl. I S. 830).

Rechnung getragen, dass diese Personen teilweise auf anderweitige Erwerbstätigkeit und damit auch auf soziale Sicherung, insbes. in der RV, verzichten.

I. Soziale Sicherung der Pflegepersonen

17 Maßnahmen zur sozialen Sicherung für Pflegepersonen sind in der Unfall- und Rentenversicherung sowie im Arbeitsförderungsrecht getroffen worden.

1. Unfallversicherung

In der Unfallversicherung besteht Schutz für Pflegepersonen i.S.d. § 19 SGB XI (§ 2 Abs. 1 Nr. 17 SGB VII). Dabei kommt es nicht darauf an, dass der zeitliche Mindestumfang (14 Stunden wöchentlich, § 19 S. 2 SGB XI) eingehalten wird[50]. In der Unfallversicherung ist auch sichergestellt worden, dass insbesondere Familienmitglieder und Verwandte, die sonst bei unentgeltlicher Beschäftigung im Haushalt versicherungsfrei wären, bei pflegerischer Tätigkeit nicht mehr versicherungsfrei sind (§ 4 Abs. 4 SGB VII). Damit sollen auch pflegerische Tätigkeiten seitens Angehöriger grundsätzlich dem Versicherungsschutz unterstellt bleiben. Unfallversicherungsschutz besteht nur bei Pflegetätigkeiten im Bereich der Körperpflege und – soweit diese Tätigkeiten überwiegend Pflegebedürftigen zugute kommen – Pflegetätigkeiten in den Bereichen der Ernährung, der Mobilität sowie der hauswirtschaftlichen Versorgung i.S.v. § 14 Abs. 4 SGB XI. Zur zivilrechtlichen Haftungsbeschränkung s. § 106 Abs. 2 SGB VII.

Die Gemeinden und die Gemeindeunfallversicherungsverbände sind *Träger* der Unfallversicherung dieser Pflegepersonen (§ 129 Abs. 1 Nr. 7 SGB VII). *Beiträge* für die versicherten Pflegepersonen dürfen nicht erhoben werden (§ 185 Abs. 2 S. 1 SGB VII).

2. Rentenversicherung

18 Schon mit der Einführung der Leistungen zur häuslichen Pflege bei Schwerpflegebedürftigkeit in das SGB V wurden mit Wirkung ab 1. 1. 1992 auch Regelungen zur sozialen Sicherung von Pflegepersonen in der Rentenversicherung[51] getroffen. Die Pflegepersonen mussten die Beiträge selbst als freiwillige Beiträge entrichten und hatten nur die Möglichkeit, diese in Pflichtbeiträge umwandeln oder auf andere Weise als Pflichtbeiträge gelten zu lassen. Die mit dem PflegeVG bewirkte Neuregelung der Anerkennung von Pflegezeiten in der Rentenversicherung lehnt sich an das Modell an, das mit der Anerkennung von Kindererziehungszeiten vorliegt, ohne dieses Modell voll zu übernehmen.

Personen, die als nicht erwerbsmäßig tätige Pflegepersonen i.S.v. § 19 SGB XI gelten, werden als pflichtversicherte Personen betrachtet. Anders als bei den Kindererziehungszeiten, für die der Bund die Beiträge zahlt (vgl. § 177 SGB VI), werden die Beiträge von den Pflegekassen an die Rentenversicherungsträger gezahlt (§ 44 Abs. 1 S. 1 SGB XI, § 170 Abs. 1 Nr. 6 a) SGB VI). Die Höhe der Beiträge und damit – gemäß dem das deutsche Rentenversicherungsrecht beherrschenden Äquivalenzgedanken – auch die Höhe der späteren Rentenleistungen bestimmen sich nach dem Umfang der Pflegetätigkeit und dem Grad der Pflegebedürftigkeit, dies zusammen ausgedrückt in einem Bruchteil der Bezugsgröße i.S.v. § 18 SGB IV. Dieser Bruchteil reicht von 26,6667% bis 80% der Bezugsgröße (vgl. auch § 166 Abs. 2 SGB VI). Als Bezugsgröße versteht sich das Durchschnittsentgelt der gesetzlichen Rentenversicherung im vorvergangenen Kalenderjahr. Eine Anerkennung der Pflegetätigkeit in Höhe von 80% der Bezugsgröße verschafft also einen Rentenanspruch aus dieser Zeit auf der Basis von 80% des Durchschnittsentgelts.

---

50 BSG, Urt. vom 7. 9. 2004, Az.: B 2 U 46/03 R, NJW 2005, 1148.

51 S. zur rentenrechtlichen Situation von Pflegepersonen im Rentenreformgesetz 1992 und nach dem PflegeVG *Krauthausen/Schmidt* DRV 1994, 379 ff.; *Petersen* DAngVers 1994, 260 ff. Insgesamt *Tofall* Soziale Sicherung der Pflegepersonen, 1997.

3. Arbeitsförderung

Die Berücksichtigung von Pflegepersonen in der Arbeitsförderung war bis Ende 2004 durch verschiedene Förderungen gewährleistet, so durch Maßnahmen der beruflichen Weiterbildung im Rahmen der Rückkehr ins Erwerbsleben (§ 44 Abs. 1 S. 7 SGB XI). Diese Maßnahmen sind aber gestrichen worden. Ebenso ist gestrichen worden die Berücksichtigung von Pflegetätigkeit für Angehörige bei der Verfügbarkeit nach § 119 SGB III und bei der Berechnung der Rahmenfrist für den Bezug des Arbeitslosengeldes. Neu eingeführt wurde für Pflegepersonen hingegen die Möglichkeit einer *freiwilligen Weiterversicherung* in der Arbeitslosenversicherung, § 28 a Abs. 1 S. 1 Nr. 1 SGB III. 19

II. Pflegekurse

Mit den Pflegekursen für Angehörige und für sonstige an einer ehrenamtlichen Pflegetätigkeit interessierte Personen soll das Anliegen einer auch qualitativ angemessenen häuslichen Pflege gesichert werden. Die Pflegekassen sollen diese Kurse unentgeltlich anbieten. Sie können auch in der häuslichen Umgebung des Pflegebedürftigen stattfinden, § 45 SGB XI. 20

§ 24 Leistungserbringung

A. Vertragliche Anbindung der Leistungsanbieter

Die Dienst- und Sachleistungen, auf die ein Versicherter Anspruch hat, werden grundsätzlich nicht von den Sozialleistungsträgern selbst, sondern von Leistungsanbietern erbracht. Die Sozialleistungsträger bedienen sich dieser Leistungsanbieter – in der sozialrechtlichen Terminologie Leistungserbringer genannt –, um die Leistungsansprüche der Versicherten zu erfüllen. Dieser innerhalb einer öffentlich-rechtlichen Rahmenordnung stattfindende vertragliche Rückgriff der Sozialleistungsträger, hier der Pflegekassen, auf Dritte als Leistungserbringer ist ein Charakteristikum der bundesdeutschen Sozialpolitik. 1

Da die Pflegekassen gemäß § 12 SGB XI einen Sicherstellungsauftrag für die pflegerische Versorgung ihrer Versicherten erhalten haben, ist ihnen hierfür das entsprechende rechtliche Instrumentarium in die Hand gegeben: Die Sicherstellung der pflegerischen Versorgung vollzieht sich auf dem Wege des Abschlusses von Versorgungsverträgen und Vergütungsvereinbarungen mit den Leistungserbringern (§ 69 SGB XI), deren Inhalt zu einem großen Teil öffentlich-rechtlich vorgeprägt ist. Aus diesem Grund wird man die Verträge als öffentlich-rechtlich ansehen können[52]. Wegen der speziellen Rechtswegzuweisung der Angelegenheiten des SGB XI an die Sozialgerichtsbarkeit wird dieses Zuordnungsproblem jedoch nicht relevant werden (§ 51 Abs. 2 S. 2 SGG).

Für die Leistungserbringer spielt die Zulassung durch Versorgungsvertrag eine erhebliche Rolle. Abgesehen von der Einhaltung sonstiger öffentlich-rechtlicher Vorschriften, z.B. nach dem Heimgesetz, stellt der Versorgungsvertrag das Ticket zum Eintritt in den Anbietermarkt für soziale Pflegeleistungen dar[53]. Auf den Abschluss eines Versorgungsvertrages besteht ein Anspruch, wenn die gesetzlichen Voraussetzungen erfüllt sind (§ 72 Abs. 3 S. 1 SGB). Damit hat das Wettbewerbsprinzip und nicht ein Angebotssteuerungsprinzip

52 *Udsching* NZS 1999, 473 ff. (474); *Igl* Die Verpreislichung sozialer und medizinischer Dienstleistungen im Vergleich, in: Igl/Klie (Hrsg.), Pflegeversicherung auf dem Prüfstand, 2000, S. 31 ff.

53 Die Zulassung durch Versorgungsvertrag ist auch Voraussetzung dafür, dass bei Versorgung eines Versicherten in einer Einrichtung ohne Vergütungsvertrag 80% des Wertes der gesetzlich vorgesehenen Leistungen erstattet werden, vgl. § 91 SGB XI.

Eingang in das Gesetz gefunden[54]. Bei notwendiger Auswahl[55] zwischen mehreren geeigneten Pflegeeinrichtungen besteht ein Abschlussvorrang der freigemeinnützigen und privaten Träger vor den öffentlichen Trägern (§ 72 Abs. 3 S. 2 SGB XI).

Fall (nach BSGE 82, 252): Der Einrichtung »Sonne im Alter« ist der Versorgungsvertrag verweigert worden. Mit welcher Klage kann sie den Abschluss eines Versorgungsvertrages erreichen? – Die Zulassung einer Einrichtung stellt einen VA dar. Bei Ablehnung ist die Anfechtungs- und Verpflichtungsklage die zulässige Klagart (§ 54 SGG).

B. Übersicht über die Regelungen

I. Pflegeeinrichtungen

2 Die wichtigsten Leistungserbringer der Pflegeversicherung sind die Pflegeeinrichtungen. Diese werden definiert als selbstständig wirtschaftende Einheiten der ambulanten und stationären Versorgung, die unter ständiger Verantwortung einer ausgebildeten Pflegefachkraft[56] stehen (§ 71 SGB XI). Der Begriff der Einrichtungen umfasst also die Pflegedienste und die Pflegeheime[57]. Mit diesen Einrichtungen ist der Versorgungsvertrag zu schließen (§ 72 SGB XI). Nur über solche Einrichtungen darf die Pflegekasse Leistungen erbringen. Der Inhalt der Versorgungsverträge wird neben den gesetzlichen Vorgaben weiter durch Rahmenverträge auf Landesebene ausgefüllt, deren Inhalt wiederum durch Bundesempfehlungen bestimmt wird (§ 75 SGB XI).

Eine Schiedsstelle auf Landesebene entscheidet über Vertragsfragen (§ 76 SGB XI), insbesondere über Vergütungsfragen, nicht jedoch über die Zulassung durch Versorgungsvertrag, vgl. § 73 Abs. 2 SGB XI.

Das Vorbild der Entscheidung von streitigen Vertragsfragen durch eine Schiedsstelle ist dem Krankenhausfinanzierungsrecht entnommen, § 18 a KHG.

II. Sonstige Leistungserbringer

3 Mit sonstigen Leistungserbringern können die Pflegekassen Verträge abschließen (§§ 77, 78 SGB XI). Hinsichtlich der Pflegehilfsmittel sind Regelungen auf Bundesebene (durch die Spitzenverbände der Pflegekassen, ggf. durch Rechtsverordnung) vorgesehen.

III. Grundsatz der Beitragssatzstabilität

4 Bei allen Verträgen mit Leistungserbringern gilt der Grundsatz der Wahrung der Beitragssatzstabilität. Ist dieser Grundsatz verletzt, sollen die Verträge unwirksam sein (§ 70 SGB XI). Wie diese Vorschrift allerdings in die Praxis umgesetzt werden soll, ist unklar[58].

IV. Qualität und Wirtschaftlichkeit

5 Pflegeeinrichtungen werden Wirtschaftlichkeits- und Wirksamkeitsprüfungen für Pflegeleistungen unterworfen. Zuständig für diese Prüfungen sind die Landesverbände der Pflegekassen (§ 79 SGB XI). Weiter sind Regelungen über Qualitätssicherungsmaßnahmen getroffen worden. Die Standards werden durch Vereinbarungen auf Bundesebene festgelegt

54 So ausdrücklich auch *Neumann*, in: Schulin, HS-PV § 21 Rn. 18.
55 Zu den Ungereimtheiten, die diese Regelung im Verhältnis zum Prinzip der Zulassung bei Vorliegen der gesetzlichen Voraussetzungen aufweist, *Schulin* VSSR 1994, 285 (303).
56 Zu diesem Erfordernis BSG SozR 3–2500 § 6 Nr. 14, dazu Anm. *Welti* PKR 2000, 19 ff.
57 Klarstellend für das SGB XII jetzt § 75 SGB XII.
58 Kritisch *Schulin* VSSR 1994, 285 (306), der für eine Abschaffung dieser Vorschrift plädiert.

und sind unmittelbar für die zugelassenen Pflegeeinrichtungen verbindlich (§ 80 Abs. 1 SGB XI)[59].

Die Qualitätssicherung im SGB XI ist umfassend neu geregelt worden, s. das Gesetz zur Qualitätssicherung und zur Stärkung des Verbraucherschutzes in der Pflege (Pflege-Qualitätssicherungsgesetz – PQsG)[60]. Mit diesem Gesetz ist eine Reihe neuer Vorschriften eingefügt worden (§§ 112–120 SGB XI), die jedoch zum Teil nicht implementiert werden konnten, weil die in § 118 SGB XI vorgesehene Pflegeprüfverordnung im Bundesrat gescheitert ist. Teilweise haben sich Vorschriften auch als unpraktikabel erwiesen, so die Leistungs- und Qualitätsvereinbarungen für Pflegeheime, § 80 a SGB XI. Das Bemühen des Gesetzgebers, die Leistungsqualität bei Pflegeleistungen – s. hierzu auch die lex-artis-Regel in § 11 Abs. 1 S. 1 SGB XI (»allgemein anerkannter Stand medizinisch-pflegerischer Erkenntnisse«) durch rechtliche Regulierung zu fördern, ist deswegen nicht gescheitert[61].

§ 25 Finanzierung der Leistungserbringer

Die Erbringer von Pflegedienstleistungen, also insbesondere die Pflegeeinrichtungen, werden von den Pflegekassen nicht jeweils für eine Einzelleistung vergütet, also nicht etwa in dem Sinne, dass ein ambulanter Pflegedienst für einen Pflegeeinsatz bei einer pflegebedürftigen Person einen bestimmten Stundensatz erstattet bekommt. Die Entgelte (Vergütungen) für die Pflegeleistungen werden zwischen der Pflegeeinrichtung und den Sozialleistungsträgern ebenso ausgehandelt wie das System der Entgeltung[62]. 1

Da die Art und Weise der Finanzierung der seitens der Pflegeeinrichtungen erbrachten Pflegeleistungen einen wesentlichen Einfluss auf die Wirtschaftlichkeit und Qualität der Leistungserbringung hat und da sie sich weiter auf die Ausgabenentwicklung der Pflegeversicherung auswirkt, kommen den Vorschriften über die Finanzierung der Leistungserbringer heute allgemein große Bedeutung zu. Allerdings sind diese Vorschriften in der Regel ziemlich kompliziert und leider oft unübersichtlich und schwer verständlich. So wird das Verständnis des Rechts der Finanzierung der Leistungserbringer (insbesondere der Pflegeeinrichtungen im SGB XI) erheblich dadurch erschwert, dass neben den entsprechenden Finanzierungsregelungen des SGB XI auch die landesrechtlichen Vorschriften zur Finanzierung der Investitionskosten der Einrichtungen zu beachten sind (§ 9 S. 3 SGB XI).

A. Neue Konzepte der Einrichtungsfinanzierung

Bei der Finanzierung der von Dritten erbrachten Sozialleistungen wendet man sich seit einiger Zeit vom Selbstkostendeckungsprinzip ab und führt Preis- oder Entgeltsysteme ein[63]. Der Gesetzgeber bezweckt mit der Einrichtung dieser Entgeltsysteme ein wirtschaftlicheres Agieren der Einrichtungen. 2

59 Zu den Problemen der Qualitätssicherung von Pflegeleistungen s. die einzelnen Beiträge in: *Klie* (Hrsg.) Pflegeversicherung und Qualitätssicherung in der Pflege, 2. Aufl. 1996.

60 Vom 9. 9. 2001 (BGBl. I S. 2320).

61 Umfassend zu den Rechtsfragen *Bieback*, Qualitätssicherung in der Pflege im Sozialrecht, 2004.

62 Dazu *Udsching* NZS 1999, 473 ff. (476 ff.). S. auch *Klie* Leistungen und Entgelte in vollstationären Einrichtungen, in: Igl/Klie (Hrsg.), Pflegeversicherung auf dem Prüfstand, 2000, 67 ff.

63 So auch im Krankenhausfinanzierungsrecht und im Sozialhilferecht; s. dazu *Igl* Einführung leistungsgerechter Entgelte bei der Hilfe in Einrichtungen nach dem Bundessozialhilfegesetz, 1995.

B. Allgemeine Finanzierungsregelungen

3 Bei der Finanzierung von Pflegeeinrichtungen wird zwischen stationären (voll- und teilstationären) und ambulanten Einrichtungen unterschieden. Die nachfolgenden allgemeinen Regelungen gelten für alle Pflegeeinrichtungen (= Einrichtungen und Dienste) (§§ 82 und 83 SGB XI), soweit sie nicht speziell auf stationäre Einrichtungen zugeschnitten sind.

Vier Merkmale kennzeichnen das Einrichtungsfinanzierungssystem des SGB XI:

- *duale Finanzierung*, D.h. die Aufspaltung der Finanzierungszuständigkeit zwischen den Pflegekassen und den Ländern;
- Einführung *leistungsgerechter Vergütungen* für die allgemeinen Pflegeleistungen;
- Einführung des *prospektiven Vergütungssystems* bei den stationären Pflegeleistungen;
- *Ausschluss* der Kosten für Unterkunft und Verpflegung von der Pflegevergütung bei stationärer Pflege.

I. Duale Finanzierung

4 Die duale Finanzierung lehnt sich an das Krankenhausfinanzierungssystem nach dem Krankenhausfinanzierungsgesetz (KHG) an: Die Länder finanzieren die Investitionskosten, die Sozialversicherungsträger, hier die Pflegekassen, die Betriebskosten einer Einrichtung.

Dem Finanzierungssystem des SGB XI sind nur die durch Versorgungsvertrag zugelassenen Pflegeheime und Pflegedienste unterstellt[64]. Diese Pflegeeinrichtungen erhalten (§ 82 Abs. 1 S. 1 SGB XI):

- eine leistungsgerechte Vergütung für die allgemeinen Pflegeleistungen Pflegevergütung) sowie
- bei stationärer Pflege ein angemessenes Entgelt für Unterkunft und Verpflegung[65].

Diese beiden Positionen stehen – ohne dass es das Gesetz so ausdrückt – vor allem für die Finanzierung des laufenden Betriebes der Einrichtung (Betriebskosten). Um die Wettbewerbschancen der Einrichtungen nicht zu verzerren, wird das Finanzierungssystem bei den Betriebskosten als geschlossenes System behandelt. Öffentliche Zuschüsse zu den Betriebskosten einer Pflegeeinrichtung sind deshalb von der Pflegevergütung abzuziehen (§ 82 Abs. 5 SGB XI).

In die Pflegevergütung bzw. in die Entgelte für Unterkunft und Verpflegung dürfen insbesondere Investitionsaufwendungen und andere Aufwendungen (§ 82 Abs. 2 SGB XI) nicht eingehen. Diese Aufwendungen sollen durch landesrechtliche Förderungen (teilweise) gedeckt werden (vgl. § 9 S. 2 und 3 SGB XI). Da der Gesetzgeber des SGB XI darauf verzichtet hat, den Ländern über den allgemeinen Auftrag des § 9 SGB XI hinaus konkretere Maßgaben für die landesrechtliche Ausgestaltung der Förderung von Pflegeeinrichtungen vorzuschreiben, war es erforderlich, besondere Bestimmungen für den Fall zu treffen, dass eine Pflegeeinrichtung keine oder nicht ausreichende Förderungen nach Landesrecht erfährt. In solchen Fällen kann die Pflegeeinrichtung diesen Teil der Aufwendungen den Pflegebedürftigen gesondert berechnen (§ 82 Abs. 3 und 4 SGB XI). Diese Regelungen erlauben es den Pflegeeinrichtungen zwar, ihre Investitionsaufwendungen gegenüber dem

---

64 Es besteht aber die Möglichkeit, die Kostenerstattung nach § 91 SGB XI zu wählen, wenn man sich dem Finanzierungssystem des SGB XI nicht unterwerfen will. Voraussetzung ist allerdings ein Versorgungsvertrag.

65 Der leistungsrechtliche Ausschluss von Unterkunft und Verpflegung bedeutet nicht zwangsläufig, dass das Gesetz keine Regelung über die Finanzierung dieser Leistungen enthalten darf. Vielmehr soll damit gewährleistet sein, dass auch für diese Leistungen angemessene Entgelte vereinbart werden.

Pflegebedürftigen geltend zu machen. Jedoch führt eine mangelnde oder fehlende Investitionsförderung zu ungleichen Wettbewerbschancen.

II. Leistungsgerechte Vergütungen für die allgemeinen Pflegeleistungen

Im System der leistungsgerechten Vergütung ist es erforderlich, dass die Leistungen hinreichend beschrieben werden. Erst dann kann eine Vergütung der Leistung gerecht werden. Es gibt aber keinen objektiven Maßstab hierfür, so dass die Vergütung im Verhandlungswege gefunden werden muss. Die Rahmenverträge auf Landesebene und Bundesempfehlungen (§ 75 Abs. 2 Nrn. 1 und 2, Abs. 5 SGB XI), ggf. die Verordnung (§ 83 Abs. 1 Nr. 2 SGB XI) liefern Kriterien für die Inhalte der Verträge. 5

Fall (nach BSGE 87, 199): E ist Träger einer Pflegeeinrichtung. Er verlangt im Pflegesatzverfahren nach § 85 SGB XI eine Erhöhung der Pflegesätze um 10% mit der Begründung, dass die Personalkosten in der Einrichtung wegen einer Tariferhöhung gestiegen seien. Außerdem müsse er wegen der Tarifbindung den älteren Pflegerinnen mehr bezahlen als den jüngeren. In seiner Einrichtung habe er eine ungünstige Personalstruktur mit vielen wegen ihres Alters höher bezahlten Arbeitnehmerinnen. Die Pflegekassen lehnen diese Argumentation ab und verweisen darauf, dass die Pflegesätze leistungsgerecht sein müssen, nicht aber kostengerecht. Die Verhandlungen scheitern und E ruft die Schiedsstelle nach § 85 Abs. 6 i.V.m. § 76 SGB XI an. Welchen Maßstab wird die Schiedsstelle für die Festsetzung der Pflegesätze anlegen? – Das BSG verweist hier als »Methode der Wahl« [66] vorrangig auf den externen Marktvergleich, D.h. den Vergleich mit Pflegesätzen von ortsnahen Einrichtungen mit vergleichbaren Leistungen. Auf die Kostenstruktur soll es nur dann ankommen, wenn ein solcher Vergleich nicht möglich ist. Eine reine Selbstkostendeckung kommt aber nicht in Frage.

III. Prospektives Vergütungssystem

Die Einführung des prospektiven Vergütungssystems bei den stationären Pflegeleistungen gilt für die allgemeinen Pflegeleistungen und auch für die Leistungsanteile Unterkunft und Verpflegung. Neu an diesem System ist, dass die Vergütung für einen künftigen Pflegesatzzeitraum – prospektiv – vereinbart wird und dass nachträgliche Ausgleiche nicht vorgesehen sind (§ 85 Abs. 3 S. 1 SGB XI). Überschüsse wie Verluste sind beim Einrichtungsträger möglich (§ 84 Abs. 2 S. 5 SGB XI). Nur beim Wegfall der Geschäftsgrundlage kann Neuverhandlung beantragt werden (§ 85 Abs. 7 SGB XI). 6

IV. Hotelkosten

Die Kosten für Unterkunft und Verpflegung bei stationärer Pflege (sog. Hotelkosten) sind von der Pflegevergütung ausgeschlossen (§ 82 Abs. 1 S. 3 SGB XI). Die Abgrenzung dieser Kosten von den Pflegekosten wird im Rahmenvertrag (§ 75 Abs. 2 Nr. 1 SGB XI), ggf. durch Verordnung (§ 83 Abs. 1 Nr. 4 SGB XI), vorgenommen. Die Hotelkosten werden aber im Pflegesatzverfahren mitverhandelt (§ 87 SGB XI). 7

C. Besondere Finanzierungsregelungen

Neben den aufgeführten allgemeinen Regelungen existieren besondere Regelungen für die Leistungsbereiche der stationären und ambulanten Pflege. 8

I. Stationäre Pflegeleistungen

Im stationären Bereich sind die

- voll- und teilstationären Pflegeleistungen (§ 84 Abs. 1 SGB XI),
- die Unterkunfts- und Verpflegungsleistungen (§ 87 SGB XI) und
- ggf. Zusatzleistungen (§ 88 SGB XI)

66 BSGE 87, 199 (204).

zu vergüten.

Für diese Leistungsbestandteile sind folgende Verfahren vorgesehen:

- die Pflegeleistungen und die Unterkunfts- und Verpflegungsleistungen werden im Rahmen eines Pflegesatzverfahrens vereinbart (§§ 85, 87 SGB XI);
- die Zusatzleistungen müssen den Voraussetzungen des § 88 SGB XI genügen und sie müssen den Landesverbänden der Pflegekassen und den überörtlichen Trägern der Sozialhilfe im Land vor Leistungsbeginn schriftlich mitgeteilt werden (§ 88 Abs. 2 Nr. 3 SGB XI).

9 **1.** Pflegesätze[67] sind die Entgelte der Heimbewohner oder ihrer Kostenträger für die voll- oder teilstationären Pflegeleistungen des Pflegeheims sowie für medizinische Behandlungspflege und soziale Betreuung (§ 84 Abs. 1 SGB XI). § 84 Absätze 2 bis 4 SGB XI enthalten die Bemessungsgrundsätze für die Pflegesätze. Die Vorschrift reguliert die Rahmenbedingungen für vertraglich zu vereinbarende Entgelte und hat damit den Charakter eines öffentlichen Preisrechts.

Bei der Bemessung der Pflegesätze ist grundsätzlich zweierlei zu berücksichtigen: Die Leistungen, die das Pflegeheim erbringt, haben sich an dem gesetzlichen Leistungsauftrag (Versorgungsauftrag) zu orientieren (vgl. § 11 Abs. 1 SGB XI), und die Pflegekassen müssen diese Leistungen so entgelten, dass die Pflegeheime in der Lage sind, die Leistungen gemäß dem Versorgungsauftrag zu erbringen (§ 84 Abs. 2 S. 1 und 4 SGB XI). Die Pflegekassen können somit nicht erwarten, dass der Träger des Pflegeheims über die ihm durch die Pflegekassen zufließenden Mittel hinaus noch weitere Mittel einsetzt (z.B. aus öffentlichen Zuwendungen wie bei den Trägern der freien Wohlfahrtspflege). Die in § 82 Abs. 5 SGB XI genannten öffentlichen Betriebskostenzuschüsse und die Zuwendungen aus der Landesförderung nach § 9 S. 2 SGB XI gehen nicht in den Pflegesatz ein.

Die Pflegesätze sind nach dem Versorgungsaufwand, den der Pflegebedürftige nach Art und Schwere seiner Pflegebedürftigkeit benötigt, in drei Pflegeklassen einzuteilen (§ 84 Abs. 2 S. 2 SGB XI)[68].

In Hinblick auf eine entgeltmäßige Gleichbehandlung aller Heimbewohner und aller Kostenträger fordert das Gesetz, die Pflegesätze für alle Heimbewohner des Pflegeheims nach einheitlichen Grundsätzen zu bemessen; es verbietet gleichzeitig eine Differenzierung der Pflegesätze nach Kostenträgern (§ 84 Abs. 3 SGB XI).

Mit den Pflegesätzen sind alle für die Versorgung der Pflegebedürftigen nach Art und Schwere ihrer Pflegebedürftigkeit erforderlichen Pflegeleistungen der Pflegeeinrichtung (allgemeine Pflegeleistungen) abgegolten. Für die allgemeinen Pflegeleistungen dürfen, soweit nichts anderes bestimmt ist, ausschließlich die nach den §§ 85 oder 86 SGB XI vereinbarten oder von der Schiedsstelle festgesetzten Pflegesätze berechnet werden, ohne Rücksicht darauf, wer zu ihrer Zahlung verpflichtet ist (§ 84 Abs. 4 SGB XI). Aufstockende Sozialhilfeleistungen sind möglich[69].

---

67 Während der Begriff der Pflegevergütung i.S.v. § 82 Abs. 1 SGB XI die Vergütung für stationäre wie ambulante Pflegeleistungen umfasst, bezieht sich der Begriff Pflegesatz nur auf die stationären Pflegeleistungen.

68 Die erstmals an dieser Stelle im Gesetz vorgenommene Einteilung in Pflegeklassen betrifft nur die Pflegesätze. In der Regel werden pflegebedürftige Personen gemäß der Stufe ihrer Pflegebedürftigkeit (vgl. § 15 SGB XI) einer Pflegeklasse zugeordnet. Nur wenn im Einzelfall der Versorgungsaufwand einer Person nicht der Pflegestufe und der korrespondierenden Pflegeklasse entspricht, kann der Pflegebedürftige auch einer anderen Pflegeklasse zugeordnet werden (BT-Drs. 12/5262, 144). Ausführlich BSGE 85, 278 (283 ff.) = SGb 2001, 32 ff. mit Anm. *Welti* Zur Frage, ob der Heimträger – nicht die pflegebedürftige Person – von der Pflegekasse eine Zahlung des Pflegesatzes in einer höheren Pflegestufe verlangen kann bejahend BSGE 95, 102.

69 Kritisch hierzu *Neumann*, in: Schulin, HS-PV § 22 Rn. 27.

2. Obwohl die *Unterkunfts- und Verpflegungsleistungen* des Pflegeheims nicht von den Pflegekassen getragen werden, sondern vom Pflegebedürftigen selbst (§ 82 Abs. 1 S. 3 SGB XI) oder ggf. vom Sozialhilfeträger, vereinbaren die Pflegekassen, die sonstigen Sozialleistungsträger und die Sozialhilfeträger mit dem Träger des Pflegeheims die von den Pflegebedürftigen zu tragenden Entgelte für Unterkunft und Verpflegung (§ 87 S. 1 SGB XI). 10

II. Ambulante Pflegeleistungen

Für die Vergütung von ambulanten Pflegeleistungen und der hauswirtschaftlichen Versorgung ist die Vergütungsregelung (§ 89 SGB XI) oder eine Gebührenordnung (§ 90 SGB XI) vorgesehen. 11

1. Die *Vergütungsregelung* für ambulante Pflegeleistungen und der hauswirtschaftlichen Versorgung orientiert sich in den wesentlichen Punkten an den Pflegesätzen für die stationären Leistungen.

Vertragspartner sind der Träger des Pflegedienstes und die Pflegekassen oder sonstige Sozialversicherungsträger sowie der für den Sitz des Pflegedienstes nach Landesrecht zuständige (örtliche oder überörtliche) Träger der Sozialhilfe, soweit auf den jeweiligen Kostenträger im Jahr vor Beginn der Pflegesatzverhandlungen jeweils mehr als fünf vom Hundert der vom Pflegedienst betreuten Pflegebedürftigen entfallen (§ 89 Abs. 1 S. 1, Abs. 2 SGB XI).

Die *Vergütung* wird für alle Pflegebedürftigen nach *einheitlichen Grundsätzen* vereinbart. Sie muss *leistungsgerecht* sein. Die Vergütung muss einem Pflegedienst bei wirtschaftlicher Betriebsführung ermöglichen, seinen Versorgungsauftrag zu erfüllen; eine Differenzierung in der Vergütung nach Kostenträgern ist unzulässig (§ 89 Abs. 1 SGB XI).

Für die Vergütungen liefert das Gesetz bestimmte Gestaltungsgrundsätze (§ 89 Abs. 3 S. 1 und 2 SGB XI). So können Komplexleistungen vereinbart werden, nach denen bestimmte typisch auftretende Verbindungen von einzelnen Pflegeleistungen entgolten werden, z.B. in der häuslichen pflegerischen Versorgung die Hilfeleistungen anlässlich des morgendlichen Aufstehens, der Körperpflege etc., die zur sog. Morgentoilette als Leistungskomplex verbunden werden.

2. In § 90 SGB XI ist die Möglichkeit der Aufstellung einer *Gebührenordnung* für die ambulanten Pflegeleistungen und die hauswirtschaftliche Versorgung vorgesehen, soweit die Leistungspflicht der Pflegeversicherung erfasst ist. Eine solche Gebührenordnung ist gegenüber einer vertraglichen Vergütungsregelung vorrangig. Von dieser Möglichkeit ist bisher nicht Gebrauch gemacht worden. 12

§ 26 Träger der Pflegeversicherung

Träger der Pflegeversicherung sind die Pflegekassen. Bei jeder Krankenkasse wird eine Pflegekasse errichtet. Bei der Seekasse wird die Pflegeversicherung in einer besonderen Abteilung unter dem Namen See-Pflegekasse durchgeführt. Die Bundesknappschaft führt die Pflegeversicherung für die knappschaftlich Versicherten durch (§ 46 Abs. 1 SGB XI). Die Pflegekassen sind rechtsfähige Körperschaften des öffentlichen Rechts mit Selbstverwaltung. Organe der Pflegekassen sind die Organe der Krankenkassen, bei denen sie errichtet sind. Arbeitgeber (Dienstherr) der für die Pflegekasse tätigen Beschäftigten ist die Krankenkasse, bei der die Pflegekasse errichtet ist (§ 46 Abs. 2 S. 1 bis 3 SGB XI).

§ 27 Finanzierung der Pflegeversicherung

A. Beitragsfragen

I. Pflichtversicherte

1 Das Finanzierungssystem der Pflegeversicherung beruht auf dem sozialversicherungsüblichen Beitragssystem, wobei die Beiträge zwischen Arbeitgeber und Arbeitnehmer hälftig aufgeteilt sind (§ 58 Abs. 1 SGB XI). Der Arbeitgeberanteil ist – außer in Sachsen[70] – durch Streichung des Buß- und Bettages kompensiert worden (§ 58 Abs. 2 SGB XI)[71]. Die Beiträge werden auf der Basis der in der Krankenversicherung üblichen Beitragsbemessungsgrenze erhoben (§ 55 Abs. 2 SGB XI). Das Finanzierungssystem weist ansonsten zahlreiche Abweichungen vom Finanzierungssystem der Krankenversicherung auf[72].

II. Sonstige Versicherte

2 Freiwillige Mitglieder der gesetzlichen Krankenversicherung und Privatversicherte erhalten von ihrem Arbeitgeber einen Beitragszuschuss (§ 61 SGB XI).

B. Stabilisierung des Beitragssatzes

3 Es war eines der wesentlichen Anliegen des Gesetzgebers, die Beitragsentwicklung in der PflV stabil zu halten. Deshalb sind zur Stabilisierung des Beitragssatzes im Finanzierungssystem drei Instrumente eingebaut:

Auf der *Einnahmenseite:* Der Beitragssatz wird gesetzlich – und nicht durch die Kassen – festgelegt. Er betrug in der Zeit vom 1. 1. 1995 bis zum 30. 6. 1996 bundeseinheitlich 1% der beitragspflichtigen Einnahmen der Mitglieder (§ 55 Abs. 1 SGB XI). Seit 1. 7. 1996 beläuft er sich bundeseinheitlich auf 1,7%. Für kinderlose Versicherte erhöht sich der Beitragssatz um 0,25 Punkte (Beitragszuschlag für Kinderlose, § 55 Abs. 2 SGB XI)[73].

Auf der *Ausgabenseite:* Um zu vermeiden, dass wegen Leistungserhöhungen die Beiträge erhöht werden müssen, dürfen die Leistungen durch Rechtsverordnung der Bundesregierung nur »im Rahmen des geltenden Beitragssatzes und der sich daraus ergebenden Einnahmenentwicklung« angepasst werden (§ 30 SGB XI). Dies heißt, dass nur innerhalb des Rahmens des vorhandenen Beitragsvolumens Leistungserhöhungen stattfinden können. Vereinbarungen mit den Leistungserbringern über die Höhe von Vergütungen für Pflegeleistungen, die dem Grundsatz der Beitragssatzstabilität widersprechen, sind unwirksam (§ 70 Abs. 2 SGB XI).

Durch einen *Finanzausgleich* zwischen den Pflegekassen: Die Leistungsaufwendungen sowie die Verwaltungskosten der Pflegekassen werden von allen Pflegekassen nach dem Verhältnis ihrer Beitragseinnahmen gemeinsam getragen. Zu diesem Zweck findet zwischen allen Pflegekassen ein Finanzausgleich statt (§ 66 Abs. 1 Sätze 1 und 2 SGB XI). Hierfür wird beim Bundesversicherungsamt ein Ausgleichsfonds gebildet (§ 65 SGB XI).

---

70 Diese Regelung ist verfassungsgemäß, BSGE 85, 10 = NZS 2000, 302 ff.

71 Die Streichung des Buß- und Bettages ist verfassungsgemäß, Beschl. der 1. Kammer des 1. Senats des BVerfG v. 18. 9. 1995, NJW 1995, 3378 ff. In der politischen Diskussion wird mittlerweile übersehen, dass die Arbeitgeber für ihren Arbeitgeberanteil eine entsprechende Kompensation erreicht haben.

72 Der Erlass einer einstweiligen Anordnung auf Aussetzung des Vollzugs der Regelungen über die Beitragspflicht und Beitragshöhe in der sozialen Pflegeversicherung ist vom BVerfG, Beschl. des 1. Senats v. 7. 12. 1994, SozR 3–3300 § 54 SGB XI Nr. 1, abgelehnt worden.

73 Dies hat das BVerfG gefordert, BVerfGE 103, 242.

§ 28 Private Pflegeversicherung

A. Kontrahierungszwang – Vertragsanforderungen

Den privaten Krankenversicherungsunternehmen, die für ihre Versicherungsnehmer 1
auch die Pflegeversicherung durchführen, sind zahlreiche Verpflichtungen auferlegt worden, mit denen diese Unternehmen in mancher Hinsicht fast wie Sozialversicherungsträger behandelt werden[74]. Dazu gehören der Kontrahierungszwang, gekoppelt mit einem Ausschluss von Rücktritts- und Kündigungsrechten der Unternehmen (§ 110 Abs. 1 Nr. 1, Abs. 4 SGB XI), sowie verschiedene Maßgaben an die Versicherungsverträge (kein Ausschluss von Vorerkrankungen der Versicherten; kein Ausschluss bereits pflegebedürftiger Personen; keine längeren Wartezeiten als in der sozialen Pflegeversicherung, keine Staffelung der Prämien nach Geschlecht und Gesundheitszustand der Versicherten; bestimmte Anforderung an Prämienhöhen; die beitragsfreie Mitversicherung der Kinder des Versicherten unter denselben Voraussetzungen wie in der sozialen Pflegeversicherung) (§ 110 Abs. 1 Nr. 2 lit. a bis g SGB XI).

B. Risikoausgleich

Analog zu den Regelungen über den Ausgleichsfond und den Finanzausgleich bei den 2
Pflegekassen (§§ 65 bis 68 SGB XI) ist für die privaten Versicherungsunternehmen ein Risikoausgleich vorgeschrieben worden (§ 111 SGB XI).

C. Rechtsweg in Angelegenheiten der privaten Pflegeversicherung

Der Rechtsweg bestimmt sich nach § 51 Abs. 1 Nr. 2 SGG, wonach auch in Angelegenhei- 3
ten der privaten Pflegeversicherung der Rechtsweg zu den Gerichten der Sozialgerichtsbarkeit eröffnet ist.

---

74 In BVerfGE 103, 197 = NJW 2001, 1709 ff., wird festgestellt, dass die nähere Ausgestaltung der privaten Pflegeversicherung von Art. 74 Abs. 1 Nr. 11 GG gedeckt ist.

6. Kapitel. Rentenversicherung (SGB VI)

Zur Einführung: *Hepting* Die gesetzliche Rentenversicherung nach dem Rentenreformgesetz 1992, Jura 1990, 617; *Ruland* Schwerpunkte der Rentenreformen in Deutschland, NJW 2001, 3505

Kommentare: *Kreikebohm* Sozialgesetzbuch – Gesetzliche Rentenversicherung (SGB VI), Kommentar, 2. Aufl. 2003; *Lueg / von Maydell/Ruland* Gemeinschaftskommentar zum Sozialgesetzbuch – Gesetzliche Rentenversicherung (GK-SGB VI), Loseblattwerk; *Reinhardt* Sozialgesetzbuch VI – Gesetzliche Rentenversicherung, Lehr- und Praxiskommentar, 2006

Handbücher: *Cramer / Förster / Ruland* Handbuch zur Altersversorgung. Gesetzliche, betriebliche und private Vorsorge in Deutschland, 1998 (zit.: Handbuch Altersversorgung); *Ruland* Handbuch der gesetzlichen Rentenversicherung, 1990; *Schulin* Handbuch des Sozialversicherungsrechts, Bd. 3. Rentenversicherungsrecht, 1999

Zur Vertiefung: *Lenze* Staatsbürgerversicherung und Verfassung – Rentenreform zwischen Eigentumsschutz, Gleichheitssatz und europäischer Integration, 2005

Zeitschriften: *Deutsche Rentenversicherung* (zit.: DRV); *Rentenversicherung aktuell (früher: Die Angestelltenversicherung)* Mitteilungsblatt der DRV Bund

§ 29 Allgemeines

1 Der Versicherungszweig der Rentenversicherung (SGB VI) ist nicht nach den Risiken benannt, die in diesem Zweig geschützt sind, sondern nach einer der wichtigsten Leistungsarten, den Renten. Renten werden in der Sozialversicherung langfristige Entgeltersatzleistungen genannt, während die vorübergehenden Einkommensersatzleistungen mit »Geld« bezeichnet werden (z.B. Krankengeld, Verletztengeld, Übergangsgeld). Die Benennung dieses Versicherungszweiges nach seiner wichtigsten Leistung ist aber in mehrfacher Hinsicht ungenau: Die Renten (§§ 33 ff. SGB VI) bilden den größten Block vom Leistungsvolumen. Sie sind jedoch nicht die alleinigen Leistungen der Rentenversicherung. Es gibt auch Leistungen zur Teilhabe (§§ 9 ff. SGB VI), und den Zusatzleistungen (§§ 106 ff. SGB VI). Die Renten sind unterteilt in drei Rentenarten: die Renten wegen Alters, wegen verminderter Erwerbsfähigkeit und wegen Todes (Hinterbliebenenrenten). Und schließlich verdeckt die Benennung als Rentenversicherung die Funktion dieses Versicherungszweiges: Die Versicherung des Risikos des Lebensunterhalts im Alter und bei Erwerbsminderung.

Ursprünglich wurde dieser Versicherungszweig nach den gesicherten Risiken benannt: *Gesetz betreffend die Invaliditäts- und Altersversicherung* vom 22. 6. 1889. Das Alter wurde jedoch nicht als eigenständiges Risiko im heutigen Sinn, sondern als spezieller Tatbestand der Invalidität verstanden. Altersrente wurde erst ab Vollendung des 70. Lebensjahres gewährt, also ein Alter, in dem die Arbeiter zu einem großen Teil schon invalide waren. Das auf das Gesetz vom 22. 6. 1889 folgende *Invalidenversicherungsgesetz* vom 13. 7. 1899 verdeutlichte diese Konzeption. Auch in der *Reichsversicherungsverordnung* (RVO) vom 19. 7. 1911 wurde noch von der Invalidenversicherung gesprochen, jetzt im Rahmen einer »Invaliden- und Hinterbliebenenversicherung«[1].

2 Zwischen 80 und 90% der älteren Menschen, der Erwerbsgeminderten (Invaliden) und der Witwen und Waisen bestreiten ihren Lebensunterhalt überwiegend aus Leistungen der gesetzlichen Rentenversicherung[2]. Dieser hohe Anteil erklärt sich nicht zuletzt aus der Öff-

---

1 Vgl. *Köhler* HDR 2 Rn. 1 ff., 13.

2 Im Jahr 2004 wurden in der gesezlichen Rentenversicherung insgesamt 24,25 Mio. Renten gezahlt, davon 16,65 Mio. wegen Alters, 5,5 Mio. an Witwen und Witwer und 0,4 Mio. Waisenrenten und 1,69 Mio. wegen verminderter Erwerbsfähigkeit, s. VDR, Rentenversicherung in Zahlen 2005.

nung der Rentenversicherung für fast alle Bürger, also auch für Selbstständige und Hausfrauen.

Die Rentenversicherung istt allerdings nicht die einzige Säule der Altersvorsorge der Versicherten[3]. Sie ist der Regelfall der Alterssicherung für die in der Privatwirtschaft Beschäftigten und kann daher als *Regelsicherung*[4] *bezeichnet werden.* 3

Diese Regelsicherung soll aber ergänzt werden durch eine darauf aufbauende betriebliche und private Alterssicherung. Man bezeichnete dieses von der Weltbank propagierte Konzept modellhaft als *Drei-Säulen-Sicherung*[5], wobei die erste Säule durch die Rentenversicherung, die zweite Säule durch die betriebliche Altersversorgung und die dritte Säule durch die private Vorsorge gebildet werden soll. Das Modell ist aber für viele Menschen nicht Realität, weil betriebliche und private Altersvorsorge längst nicht für alle zugänglich und erschwinglich sind. Internationale Beispiele geben Grund zu wachsender Skepsis über die Leistungsfähigkeit des Modells und der privaten Altersvorsorge[6].

Die frühere organisatorische Trennung in Arbeiterrentenversicherung (Landesversicherungsanstalten, LVA), Angestelltenrentenversicherung (BfA) und Sonderträger (Knappschaft, Bahnversicherungsanstalt, Seekasse) ist durch die letzte Organisationsreform weitgehend aufgehoben worden. Lediglich die Alterssicherung der Landwirte ist getrennt organisiert. Ansonsten werden die Versicherten den Rentenversicherungsträgern über ihre Versicherungsnummer zugeteilt (§ 127 Abs. 1 SGB VI). 4

Die Rentenversicherung ist nun untergliedert in (derzeit, vgl. §§ 141, 142 SGB VI) 16 Regionalträger, die Deutsche Rentenversicherung Bund und die Deutsche Rentenversicherung Knappschaft-Bahn-See (§ 126 SGB VI). Die Regionalträger sind aus den Landesversicherungsanstalten der Arbeiterrentenversicherung, die DRV Bund aus der BfA hervorgegangen. Die Neuverteilung der Versicherten erfolgt nach einem Schlüssel, der sicherstellen soll, dass dauerhaft 55% den Regionalträgern, 40% der DRV Bund und 5% der DRV Knappschaft-Bahn-See zugeordnet sind (§ 127 Abs. 2 SGB VI). 5

Die DRV Bund nimmt nicht nur die Aufgaben eines Versicherungsträgers, sondern auch die eines Dachverbandes für Grundsatz- und Querschnittsaufgaben wahr (§ 138 SGB VI). Hierfür sind die anderen Träger in der Selbstverwaltung in einem erweiterten Direktorium repräsentiert (§ 139 SGB VI). 6

Die gesetzliche Rentenversicherung verwirklicht Solidarität über die Zeit und die Generationen hinweg[7]. Sie ist dabei von wirtschaftlichen und demografischen Faktoren[8] abhängig. Die Relation von Beitragseinnahmen und Rentenzahlungen wird insbesondere von der Entwicklung der Beschäftigungsquote und des Lohnniveaus, dem Renteneintrittsalter, dem Altersaufbau der Bevölkerung und der Lebenserwartung bestimmt. Die Rentenversicherung war in den letzten zwei Jahrzehnten Gegenstand meherer Reformen, angefangen mit dem 1989 beschlossenenen Rentenreformgesetz (RRG) 1992. 7

Mit diesem Gesetz war, anders als mit der Rentenreform von 1957[9], nicht eine Reform des Systems, sondern eine »Reform im System«[10] beschlossen worden. In gesetzestechnischer 8

3 Zum Überblick: *Schmähl* Das Gesamtsystem der Alterssicherung, in: Handbuch Altersversorgung, S. 59 ff.

4 Zur Terminologie *Zacher*, in: *Zacher* (Hrsg.), Alterssicherung im Rechtsvergleich, 1991, S. 25 ff. (99, 101 ff.).

5 *Kaltenbach* Die Rentenversicherung im Konzept der »Drei Säulen«, HDR 17 Rn. 15 ff.

6 *Scholz* SozSich 2005, 44.

7 Vgl. *Ruland* NJW 2002, 3518; *Heidel/Loose* DAngVers 2004, 341.

8 Zur Kritik an interessengeleiteten Dramatisierungen und der Aussagekraft von Prognosen: *Bosbach* GMH 2004, 96; *Römer* SozSich 2003, 188.

9 Dazu *Hockerts* HDR 3 Rn. 1 ff.

10 *Ruland* HDR 19 Rn. 1 ff.

Hinsicht hat das RRG 1992 zunächst eine Zusammenfassung bisher getrennter Regelungsbereiche im SGB VI gebracht. Vereinheitlicht wurden das Recht der Rentenversicherung der Arbeiter (bisher Buch IV der RVO), das Recht der Rentenversicherung der Angestellten (bisher AngestelltenversicherungsG – AVG), das Recht der Rentenversicherung der Bergleute (bisher ReichsknappschaftsG – RKnG) sowie das Recht der Rentenversicherung der Handwerker (HandwerkerversicherungsG – HwVG).

9 Das SGB VI[11] hat an der entgeltbezogenen Rente festgehalten und kein System einer beitragsunabhängigen Grundsicherung eingeführt. Ferner ist es für die Finanzierung beim Umlageverfahren geblieben. Zu den wichtigsten Neuerungen zählte der Übergang von der brutto- zur nettoentgeltorientierten Anpassung der Renten. Zudem wollte der Gesetzgeber einen Selbststeuerungsmechanismus im Hinblick auf die Entwicklung der Beiträge, der Rentenanpassung sowie des Bundeszuschusses einführen: Alle drei Faktoren stehen nunmehr dergestalt in gegenseitiger Abhängigkeit, dass bei höherem Finanzbedarf zwar die Beiträge und der Bundeszuschuss steigen, jedoch zugleich auch die Rentenanpassung vermindert wird, um auf diese Weise eine gleichmäßige Lastenverteilung auf Beitragszahler, Rentner und Staat sowie eine Unabhängigkeit von gesetzgeberischen Korrekturen zu erreichen.

10 Es folgten das Gesetz zur Reform der gesetzlichen Rentenversicherung *(Rentenreformgesetz 1999 – RRG 1999)* vom 16. 12. 1997[12], das Gesetz zu Korrekturen in der Sozialversicherung und zur Sicherung der Arbeitnehmerrechte vom 19. 12. 1998, nichtamtlich abgekürzt: Korrekturgesetz[13], das Altersvermögensgesetz *(AVmG)* vom 26. 6. 2001[14] und das Altersvermögensergänzungsgesetz *(AVmEG)* vom 21. 3. 2001 und das Gesetz zur Sicherung der nachhaltigen Finanzierungsgrundlagen der gesetzlichen Rentenversicherung (*RV-Nachhaltigkeitsgesetz*) vom 21. 7. 2004[15] und das Gesetz zur Organisationsreform der gesetzlichen Rentenversicherung (RVOrgG) vom 9. 12. 2004[16].

11 Das SGB VI ist übersichtlich aufgebaut: In derselben Reihenfolge wie im SGB V (Krankenversicherung) werden der versicherte Personenkreis, die Leistungen, die Organisation sowie die Finanzierung geregelt.

Dann folgt mit Kapitel 5 (§§ 228 ff. SGB VI) eine Besonderheit des Rechts der Rentenversicherung, die sich daraus erklärt, dass es dieser Zweig der Sozialversicherung im Gegensatz zur Krankenversicherung mit Sachverhalten zu tun hat, die oft das gesamte Erwerbs- und Ruhestandsleben umfassen. So wirkt sich z.B. die Entgelt- bzw. Beitragsbezogenheit der Rente rechtlich über Jahrzehnte hinweg aus: Die Rentenhöhe eines 65-jährigen bestimmt sich u.a. danach, was dieser 40 Jahre früher verdient hat. Dies macht bei Gesetzesänderungen Sonderregelungen für »Altfälle« erforderlich. Diese Regelungen sind im 5. Kapitel enthalten. Das bedeutet: Die Bestimmungen der Kapitel 1 bis 4 gelten zunächst für alle Sachverhalte, die nach dem 1. 1. 1992 eintreten (z.B. Beginn der Versicherungspflicht). Auf Sachverhalte, die bereits vorher eingetreten sind, finden diese Regelungen grundsätzlich zwar ebenfalls Anwendung, jedoch nur, soweit nicht im 5. Kapitel Sonderbestimmungen enthalten sind (§ 228 SGB VI).

Viele Regelungen des SGB VI enthalten keine sachlichen Änderungen gegenüber dem Recht der RVO bzw. des AVG, so dass Literatur und Judikatur zum früheren Recht in großem Umfang ihre Bedeutung behalten haben.

---

11 Hierzu *Heine* HDR 5, Rn. 1 ff. Vgl. *Hepting* Jura 1990, 617; *Stolleis* DRV 1989, 333; *Ruland* NZA 1992, 41 – Die Verbesserung der sozialen Sicherung der Frauen ist im RRG 1992 nicht bewältigt worden, s. dazu die Entschließung des Bundestages, BT-Drs. 12/837; *Ruland* DRV 1992, S. 68 ff.; vgl. weiter zur sozialen Alterssicherung der Frauen *Rust* SGB 2001, 649; *Köbl* Mitteilungen der LVA Oberfranken und Mittelfranken 2000, *Fuchsloch* ZSR 2000, 700; 439; *Klammer* SozSich 2003, 384.

12 BGBl. I S. 2998.

13 BGBl. I S. 3843.

14 Dazu *Ruland* SozSich 2001, 43.

15 BGBl. I S. 1791.

16 BGBl. I S. 3242.

Die Debatte um die Rentenreformen, insbesondere um die Reform der Alterssicherungssysteme, wird seit einiger Zeit geführt[17]. Dabei geht es auch – über die Vorstellungen hinaus, die mit den jüngsten Reformgesetzen realisiert werden sollen – um eine *grundlegende Reform der Rentenversicherung*. 12

Hier werden teilweise grundsätzliche Systemveränderungen propagiert, etwas im Sinne einer Ausgestaltung der Rentenversicherung als steuerfinanziertes Grundsicherungssystem. Andere Ansätze gehen in die Richtung auf eine verstärkte Kapitaldeckung der Rentenversicherung[18]. In anderen Vorschlägen wird die Erhöhung des Renteneintrittsalters, die Einbeziehung von Selbstständigen, Beamten und Abgeordneten in die gesetzliche Rentenversicherung[19] und die Erhöhung der Beitragsbemessungsgrenze bei gleichzeitiger Einführung einer Höchstrente (Schweizer Modell) diskutiert. Diese Veränderungsfragen werfen nicht nur ökonomische, sondern auch verfassungsrechtliche Fragen insbesondere des Vertrauensschutzes und der Gleichbehandlung auf.

§ 30 Der Kreis der versicherten Personen

A. Allgemeines

Die Rentenversicherung stellt heute eine Art *Volksversicherung* dar, weil ihr fast jeder, wenn er nicht bereits pflichtversichert ist, freiwillig beitreten kann. Die entscheidende Öffnung hat das Rentenreformgesetz von 1972 gebracht: War die Rentenversicherung bis dahin im Wesentlichen den Arbeitnehmern vorbehalten, so konnten nunmehr vor allem auch Selbstständige und Hausfrauen eine Alterssicherung in der Rentenversicherung aufbauen[20]. Damit ist die Rentenversicherung derjenige Zweig der Sozialversicherung, bei dem die freiwillige Beitrittsmöglichkeit die größte Rolle spielt. 1

Die Möglichkeit der freiwilligen Versicherung wird in der Rentenversicherung deshalb so großzügig gegeben, weil eine freiwillige Versicherung des Hauptrisikos »Wegfall des Arbeitsentgelts im Alter« nicht zu unerwünschten Wirkungen führen kann, weil für die Höhe der Leistung vor allem die entrichteten Beiträge einschlägig sind.

Bei den anderen Leistungen – Renten wegen verminderter Erwerbsfähigkeit und Leistungen zur Teilhabe (Rehabilitation) – sind gegen eine unerwünschte Inanspruchnahme ohne adäquate vorherige Beitragszahlung besondere Vorkehrungen getroffen worden, so bei den Leistungen zur Teilhabe eine zumeist fünfjährige Wartezeit, § 11 Abs. 2 SGB VI, und bei den Renten wegen Erwerbsminderung das Erfordernis einer Vorversicherungszeit mit Pflichtbeiträgen (§ 43 SGB VI).

Der Kreis der versicherungspflichtigen Personen in der Rentenversicherung weicht von dem in der Krankenversicherung und in der Unfallversicherung in verschiedener Hinsicht ab, so dass in jedem Einzelfall die Frage der Versicherungspflicht gesondert zu prüfen ist.

B. Zur Systematik des Gesetzes

Wie in den anderen Zweigen der Sozialversicherung werden zunächst die Fälle der Versicherungspflicht enumerativ aufgezählt (§§ 1–3 SGB VI). Danach werden die Ausnahmen von der Versicherungspflicht behandelt, wobei auch hier zu unterscheiden ist zwischen der Versicherungsfreiheit kraft Gesetzes (§ 5 SGB VI), und der Befreiung von der Versicherungspflicht auf Antrag (§ 6 SGB VI). Neben der freiwilligen Versicherung (§ 7 SGB VI), 2

---

17 Vgl. *Rische* DAngVers 2004, 1; *Ruland* FamRZ 2004, 493; *Welti* KJ 2004, 255; *Schmähl* DAngVers 2003, 349; *Döring* SozSich 2003, 378; *Hebeler* DRV 2002, 270.

18 Dazu: *Weeber* SF 2002, 28; *Scholz* DRV 2000, 578; *Rabe/Langelüddeke* DAngVers 1999, 586.

19 Vgl. *Welti* SozSich 2001, 223; *Merten* DRV 1999, 609.

20 Bereits zwischen 1937 und 1957 waren nach § 1243 RVO in der damaligen Fassung alle Deutschen bis zum 40. Lebensjahr bei fehlender Versicherungspflicht zur freiwilligen Versicherung berechtigt.

existiert die freiwillige *Pflichtversicherung auf Antrag* (§ 4 SGB VI). Eine Besonderheit der Rentenversicherung ist die *Nachversicherung* (§ 8 SGB VI), die pflichtmäßige Begründung eines Versicherungsverhältnisses für bestimmte Fälle vorangegangener Versicherungsfreiheit. Das Gesetz zählt hierher auch die Übertragung oder Begründung von Rentenanwartschaften aufgrund eines *Versorgungsausgleichs*.

C. Versicherungspflicht

I. Beschäftigte

3 In erster Linie sind diejenigen Personen pflichtversichert, die als Beschäftigte gegen Entgelt arbeiten, einschließlich derer, die – auch *ohne* Entgelt (anders § 5 Abs. 1 Nr. 1 SGB V) – in einem entsprechenden Berufsausbildungsverhältnis stehen, (§ 1 S. 1 Nr. 1 SGB VI)[21]. Die Versicherungspflicht ist für alle Arbeitnehmer (anders als in der Krankenversicherung) unabhängig von der Höhe ihres Einkommens; die frühere Versicherungspflichtgrenze für Angestellte wurde 1967 abgeschafft. Allerdings besteht, wie in der Krankenversicherung, eine *Beitragsbemessungsgrenze*, die aber höher liegt (§ 159 SGB VI).

II. Behinderte Menschen in Werkstätten

4 Wie in der Krankenversicherung sind die in anerkannten Werkstätten für behinderte Menschen (§ 136 SGB IX) oder in anderen Einrichtungen tätigen behinderten Menschen auch in der Rentenversicherung pflichtversichert (§ 1 S. 1 Nr. 2 SGB VI). Dies trägt wesentlich dazu bei, diesem Personenkreis eine eigenständige soziale Sicherung im Alter zu ermöglichen. Die Rentenversicherung der behinderten Menschen in Einrichtungen wird wesentlich durch einen besonderen Bundeszuschuss zu den Beiträgen der Einrichtungen finanziert (§ 179 Abs. 1 SGB VI).

III. Bestimmte selbstständig Erwerbstätige

5 Für verschiedene Gruppen von selbstständig Erwerbstätigen hat der Gesetzgeber eine Versicherungspflicht in der Rentenversicherung vorgesehen[22].

Pflichtversichert sind die selbstständigen Hausgewerbetreibenden (vgl. § 12 Abs. 1 SGB IV i.V.m. § 2 Nr. 6 SGB VI), ferner bestimmte Küstenschiffer und Küstenfischer (§ 2 Nr. 7 i.V.m. § 129 Abs. 2 SGB VI), selbstständige Lehrer (etwa Klavier-, Reit- oder Fahrlehrer)[23] und Erzieher sowie die in der Kranken-, Wochen-, Säuglings- oder Kinderpflege selbstständig Tätigen, sofern sie in ihrem Betrieb keine versicherungspflichtigen Arbeitnehmer beschäftigen (Indiz für persönliche Ausübung des Berufs, damit für nur geringe Wirtschaftskraft und daher für soziale Schutzbedürftigkeit[24]), ferner niedergelassene Hebammen und Seelotsen sowie nach Maßgabe des KSVG selbstständige Künstler und Publizisten (§ 2 Nr. 1 bis 5 i.V.m. § 134 SGB VI).

Außerdem sind Handwerker pflichtversichert (§ 2 Nr. 8 i.V.m. § 129 Abs. 1 SGB VI). Allerdings handelt es sich hier nur um eine Grundsicherung, da sich die Handwerker nach 18jähriger Versicherungspflicht von dieser befreien lassen können (§ 6 Abs. 1 Nr. 4 SGB VI).

6 Seit 1. 1. 1999 sind auch *arbeitnehmerähnliche Selbstständige* versicherungspflichtig (§ 2 Abs. 1 Nr. 9 SGB VI)[25]. Dies sind Personen, die im Zusammenhang mit ihrer selbstständigen Tätigkeit regelmäßig keinen versicherungspflichtigen Arbeitnehmer beschäftigen,

---

21 Am 31. 12. 2003 waren dies über 25 Millionen aktiv Versicherte (74,97%).
22 Am 31. 12. 2003 betraf dies insgesamt 238.245 aktiv Versicherte (0,71%).
23 Vgl. BSG SozVers 2001, 192.
24 Dazu BSG SozR 2400 § 2 Nrn. 22 und 24.
25 Hierzu *Geisler* DAngVers 1999, 68, 71.

dessen Arbeitsentgelt aus diesem Beschäftigungsverhältnis regelmäßig 400 € im Monat übersteigt und auf Dauer und im Wesentlichen nur für einen Auftraggeber tätig sind (§ 2 Abs. 1 Nr. 9 SGB VI). Das BSG hat hierzu auch den Alleingesellschafter bzw. Geschäftsführer einer GmbH gezählt[26]. Der Gesetzgeber hat diese Rechtsprechung mit einer Änderung der Norm durch das Haushaltsbegleitgesetz 2006 korrigiert.

IV. Kindererziehungszeiten

Seit 1986 besteht Versicherungspflicht auch für Zeiten der Kindererziehung. Nach § 3 S. 1 Nr. 1 i.V.m. § 56 Abs. 1 SGB VI werden für die Erziehung je eines Kindes der Mutter oder dem Vater drei Jahre Versicherungszeit angerechnet[27]. Es handelt sich hierbei um eine besondere Form des *Familienlasten- oder Familienleistungsausgleichs*. Die Pflichtversicherung nach den genannten Regelungen ist unabhängig davon, ob der Versicherte erwerbstätig ist oder nicht, ggf. wird ein neues Versicherungsverhältnis begründet. 7

V. Empfänger von Entgeltersatzleistungen

Versicherungspflichtig ist auch, wer z.B. Kranken-, Verletzten- oder Übergangsgeld von einer Krankenkasse oder einem Unfallversicherungsträger bezieht, womit ausgefallenes Arbeitsentgelt ersetzt werden soll (§ 3 S. 1 Nr. 3 SGB VI; vgl. auch § 4 Abs. 3 S. 1 Nr. 1 SGB VI). 8

VI. Pflegepersonen

Mit Einführung der Pflegeversicherung sind auch Pflegepersonen, die einen Pflegebedürftigen nicht erwerbsmäßig wenigstens 14 Stunden wöchentlich in einer häuslichen Umgebung pflegen, versicherungspflichtig (§ 3 S. 1 Nr. 1 a SGB VI). 9

VII. Wehr- und Zivildienstleistende

Wehr- und Zivildienstleistende sind pflichtversichert (§ 3 S. 1 Nr. 2 SGB VI). 10

VIII. Versicherungspflicht auf Antrag

Wer eine selbstständige Erwerbstätigkeit ausübt und nicht schon kraft Gesetzes versicherungspflichtig ist (z.B. als Hausgewerbetreibender oder als Hebamme), kann innerhalb von fünf Jahren nach Aufnahme dieser Tätigkeit die Versicherung beantragen (§ 4 Abs. 2 SGB VI). Er steht den kraft Gesetzes Pflichtversicherten in jeder Hinsicht gleich[28]. Voraussetzung ist, dass die Erwerbstätigkeit nicht nur vorübergehend ausgeübt wird, wobei man als Maßstab auf die Regelung des § 8 Abs. 1 Nr. 2 SGB IV zurückgreift. Tritt erst während der selbstständigen Erwerbstätigkeit Versicherungsfreiheit ein, so läuft die Fünfjahresfrist ab diesem Zeitpunkt. Zu weiteren Fällen der Versicherungspflicht auf Antrag (vgl. § 4 Abs. 1 und 3 SGB VI). 11

Diese Art der Versicherung ist nicht mit der freiwilligen Versicherung (§ 7 SGB VI) zu verwechseln. Während bei der Pflichtversicherung auf Antrag eine entsprechende Beitragspflicht wie in den übrigen Fällen der Versicherungspflicht besteht, die sich – bis zur Beitragsbemessungsgrenze – nach dem Bruttoeinkommen des Versicherten richtet (§§ 161 Abs. 1, 162, 165 SGB VI), steht es bei der freiwilligen Versicherung dem Versicherten frei, in welcher Höhe er – unter Beachtung eines Mindestbeitrages – Beiträge leisten will (§§ 161 Abs. 2, 167 SGB VI).

---

26 BSG vom 24. 11. 2005, Az. B 12 RA 1/04 R.

27 BSGE 69, 101.

28 Auch im Hinblick auf Verschlechterungen des Rechts, die hinzunehmen sind: BSG SozR 4–2600 § 58 Nr. 6 = NZS 2005, 602.

Unter selbstständiger Erwerbstätigkeit versteht man eine gewerbliche oder freiberufliche Tätigkeit, bei deren Ausübung keine persönliche Abhängigkeit i.S.v. § 7 Abs. 1 SGB IV zu einem Dritten besteht.

Antragsberechtigt sind also z.B. Unternehmer von Gewerbebetrieben oder die freiberuflich Tätigen wie Steuerberater usw.

D. Versicherungsfreiheit

I. Vorstandsmitglieder einer Aktiengesellschaft

12 Vorstandsmitglieder einer Aktiengesellschaft sind nach § 1 S. 4 SGB VI ausdrücklich von der Versicherungspflicht ausgenommen, wobei diese Regelung systematisch richtig in § 5 SGB VI hätte aufgenommen werden müssen. Denn auch diese Personen stehen in einem Beschäftigungsverhältnis i.S.d. § 7 Abs. 1 SGB IV (Überwachung durch den Aufsichtsrat, ferner Abberufungsmöglichkeit durch dieses Organ)[29]. Nach h.M. erstreckt sich die Versicherungsfreiheit auch auf neben der Vorstandsfunktion ausgeübte Beschäftigungen und Tätigkeiten[30].

II. Aktive Beamte und beamtenähnliche Personen

13 Nach § 5 Abs. 1 S. 1 Nr. 1 und 2 SGB VI sind *kraft Gesetzes* die meisten im Dienst stehenden Beamten, Geistlichen und Soldaten einschließlich derjenigen, die sich in einer entsprechenden Berufsausbildung befinden, versicherungsfrei. Die Altersversorgung dieser Personen ist regelmäßig anderweitig gesichert. Entsprechendes gilt für Ordensangehörige und vergleichbare Personen (§ 5 Abs. 1 S. 1 Nr. 3 SGB VI).

III. Geringfügige Beschäftigung

14 § 5 Abs. 2 SGB VI regelt i.V.m. § 8 SGB IV die Versicherungsfreiheit bei *geringfügiger Beschäftigung* und *geringfügiger selbstständiger Tätigkeit*. Besonderheiten bestehen im Hinblick auf die Möglichkeit, auf die Versicherungsfreiheit zu verzichten (§ 5 Abs. 2 S. 2 SGB VI). Wird ein solcher Verzicht gegenüber dem Arbeitgeber erklärt, besteht keine Versicherungsfreiheit. Leistungsrechtlich ist der Versicherte dann als Pflichtversicherter zu behandeln.

Es wird zwischen geringfügiger *Beschäftigung* (= abhängige Arbeit, § 7 SGB IV) und geringfügiger *Tätigkeit* (= selbstständige Tätigkeit; vgl. z.B. § 2 Nr. 7 SGB VI) unterschieden. Jedoch gelten nach § 8 Abs. 3 SGB IV die Regelungen zur geringfügigen Beschäftigung entsprechend für geringfügige Tätigkeiten.

IV. Werkstudenten

15 Wie in der Krankenversicherung sind *Werkstudenten* auch in der Rentenversicherung versicherungsfrei (§ 5 Abs. 3 SGB VI)[31]. Versicherungsfreiheit besteht nicht, wenn der Student für die Tätigkeit bereits eine abgeschlossene Berufsausbildung besitzt[32].

V. Altersrentenempfänger

16 Nach § 5 Abs. 4 Nr. 1 SGB VI sind kraft Gesetzes rentenversicherungsfrei Personen, die zwar eine an sich gemäß §§ 1 ff. SGB VI versicherungspflichtige Beschäftigung oder Tätigkeit ausüben, die jedoch außerdem bereits eine Rente wegen Alters aus der gesetzlichen

29 Vgl. BSGE 65, 113 (116 f.).
30 Vgl. etwa KassKomm/*Funk* § 1 SGB VI Rn. 34.
31 BSG SozR 2400 § 2 Nr. 3.
32 BSGE 18, 254.

Rentenversicherung beziehen; Voraussetzung ist der Bezug einer Vollrente, nicht nur einer Teilrente (vgl. §§ 42 Abs. 1 und 2 SGB VI).

VI. Pensionsempfänger

Ebenso sind *Pensionsempfänger,* also ehemalige Beamte und vergleichbare Personen im Ruhestand, versicherungsfrei, wenn sie eine an sich versicherungspflichtige Nebenbeschäftigung ausüben (§ 5 Abs. 4 Nr. 2 SGB VI). Voraussetzung ist der Bezug einer Pension oder Versorgung nach Erreichen der Altersgrenze; ein Ruhegehalt wegen Dienstunfähigkeit genügt nicht. 17

E. Befreiung von der Versicherungspflicht (Versicherungsfreiheit auf Antrag)

I. Angehörige der kammerfähigen Berufe

Üben Angehörige von kammerfähigen Berufen – z.B. Ärzte, Zahnärzte oder Rechtsanwälte –, die Pflichtmitglieder in einer gesetzlichen Versicherungs- oder Versorgungseinrichtung ihrer Berufsgruppe sind, eine an sich nach § 1 f. SGB VI versicherungspflichtige Beschäftigung (z.B. Rechtsanwalt im Angestelltenverhältnis) oder Tätigkeit aus, so können sie sich auf ihren Antrag von der Versicherungspflicht in der Rentenversicherung der Angestellten befreien lassen (§ 6 Abs. 1 Nr. 1 SGB VI). Die Befreiungsmöglichkeit gilt nicht für freiwillige Mitglieder von Kammern. Damit verhindert der Gesetzgeber legitimerweise die Gründung neuer Versorgungswerke, mit denen weitere gutverdienende Beschäftigte aus der Sozialversicherung abwandern könnten[33]. 18

Beispiel: X ist als Arzt in einer privaten Berliner Klinik angestellt. Als pflichtmäßiges Mitglied der Berliner Ärzteversorgung kann er sich von der Versicherungspflicht in der Rentenversicherung befreien lassen. – Zur Beitragspflicht des Arbeitgebers s. § 172 Abs. 2 SGB VI.

Ist ein selbstständig Tätiger (z.B. ein Rechtsanwalt) aufgrund eines entsprechenden Antrags nach § 4 Abs. 2 SGB VI in der gesetzlichen Rentenversicherung pflichtversichert, kann auch er sich nur unter den in § 6 Abs. 1 Nr. 1 SGB VI genannten Voraussetzungen (vor allem: vergleichbare Beiträge und Leistungen) wieder von der Versicherungspflicht befreien lassen. Voraussetzung ist insbesondere, dass nach der Satzung des Versorgungswerks einkommensbezogene Beiträge zu entrichten sind, die eine mit den Leistungen der gesetzlichen Rentenversicherung vergleichbare Versorgung sicherstellen[34].

II. Handwerker nach 18 Jahren Pflichtmitgliedschaft

Weiter haben *selbstständig tätige Handwerker* das Recht, einen Antrag auf Befreiung von der Versicherungspflicht zu stellen, wenn sie mindestens 18 Jahre Pflichtbeiträge gezahlt und damit die Basis für eine Altersgrundsicherung geschaffen haben (§ 6 Abs. 1 Nr. 4 SGB VI). 19

III. Existenzgründer

Die arbeitnehmerähnlichen Selbstständigen i.S.v. § 2 S. 1 Nr. 9 SGB VI werden von der Versicherungspflicht befreit für einen Zeitraum von drei Jahren nach erstmaliger Aufnahme der Tätigkeit nach dieser Vorschrift sowie nach Vollendung des 58. Lebensjahres, wenn sie nach einer zuvor ausgeübten selbstständigen Tätigkeit erstmals nach § 2 S. 1 Nr. 9 SGB VI versicherungspflichtig werden (§ 6 Abs. 1 a SGB VI). 20

33 BSG SozR 4–2600 § 6 Nr. 3 = SGb 2006, 101 mit Anm. *Welti.*
34 BSG SozR 3–2940 § 7 Nr. 2.

F. Freiwillige Versicherung

21 Seit der Rentenreform 1972 kann sich fast jeder, der nicht versicherungspflichtig ist, in der Rentenversicherung freiwillig versichern, § 7 Abs. 1 SGB VI. Dies gilt vor allem für selbstständig Erwerbstätige – es sei denn, sie haben bereits die Versicherungspflicht auf Antrag gewählt,– und alle Nichterwerbstätigen, z.B. Hausfrauen. Zu den Einschränkungen dieser Möglichkeit vgl. § 7 Abs. 2 und 3 SGB VI.

Der freiwillig Versicherte kann die Höhe der Beiträge in gewissen Grenzen frei wählen (§§ 161 Abs. 2, 167, 197 Abs. 2 SGB VI). Gegenüber der Pflichtversicherung auf Antrag hat die freiwillige Versicherung den wesentlichen Nachteil, dass sie nicht zum Bezug von Rente wegen Berufs- und Erwerbsunfähigkeit berechtigt. Dagegen werden freiwillige Beiträge bei der Bewertung beitragsfreier Zeiten nach dem Gesamtleistungsmodell in gleicher Weise berücksichtigt wie Pflichtbeiträge. Ferner nehmen Renten aus einer freiwilligen Versicherung – wie bisher – an den Rentenanpassungen teil.

G. Nachversicherungspflicht

22 Eine Versicherungspflicht kann nicht nur mit Beginn, sondern ausnahmsweise auch *nachträglich nach Beendigung einer Beschäftigung oder Tätigkeit* entstehen. Es handelt sich um die Fälle der Nachversicherung, § 8 Abs. 1 S. 1 Nr. 1 i.V.m. Abs. 2 SGB VI[35]. Wer während einer Beschäftigung als Beamter, Berufssoldat oder in vergleichbarer Stellung wegen Gewährleistung von Versorgungsanwartschaften (§§ 5 Abs. 1, 6 Abs. 1 Nr. 2 SGB VI) versicherungsfrei bzw. von der Versicherungspflicht befreit war, wird, wenn er aus dieser Beschäftigung ausscheidet und die Versorgungsanwartschaft oder den Versorgungsanspruch verliert, für die Zeit der versicherungsfreien Beschäftigung nachversichert (s. aber auch § 184 Abs. 2 SGB VI). Mit diesem Zeitpunkt wird also nachträglich ein Versicherungsverhältnis begründet[36]; es werden nicht etwa die zunächst versicherungsfreien Beschäftigungszeiten nachträglich in versicherungspflichtige umgewandelt[37].

Beispiel: X war nach Abschluss eines wirtschaftswissenschaftlichen Studiums vier Jahre als Beamter im Bundeswirtschaftsministerium tätig. Danach wird ihm ein hoher Posten in einem großen Industrieunternehmen angeboten. Er wird auf eigenen Wunsch aus dem Beamtenverhältnis entlassen, § 30 BBG. – Da keine Versorgungsansprüche in Betracht kommen, § 4 Abs. 1 Nr. 1 BeamtVG, wird er nach § 8 Abs. 2 S. 1 Nr. 1 SGB VI nachversichert, wobei der Staat nach § 181 Abs. 5 S. 1 SGB VI die Beiträge in *voller* Höhe allein zu tragen hat (kein Beitragsanteil des Nachversicherten).

23 Weil es sich nicht um eine rückwirkende Versicherung handelt, richtet sich die Höhe der nachzuentrichtenden Beiträge nach dem Beitragssatz, der zur Zeit der Zahlung der Nachversicherungsbeiträge gilt (vgl. § 181 Abs. 1 SGB VI). Das zur Zeit der Beschäftigung geltende Recht ist dagegen für die Frage maßgebend, in welchen Zeiträumen ohne den Befreiungstatbestand Versicherungspflicht bestanden hätte[38]. Ob überhaupt eine Nachversicherung vorzunehmen ist, richtet sich schließlich nach der Rechtslage zum Zeitpunkt des Ausscheidens aus der versicherungsfreien Beschäftigung[39].

Fall[40]: R war von Oktober bis Juli des übernächsten Jahres Rechtsreferendar und daneben als wissenschaftlicher Mitarbeiter versicherungspflichtig bei der Universität beschäftigt. Nach seinem endgültigen Ausscheiden aus dem Beamtenverhältnis soll er nachversichert werden. Es stellt sich heraus, dass die Summe der im betreffenden Zeitraum von R aus beiden Beschäftigungen vereinnahmten Entgelte die Beitragsbemessungsgrenze (vgl. § 181 Abs. 4 SGB VI) überstieg. – Nach § 182 Abs. 1 SGB VI ist das nachzuversichernde Entgelt (aus der Referendartätigkeit) nur insoweit zu berücksichtigen, als

35 Dazu näher *Wolff* HDR 20 Rn. 148 ff., sowie GK-SGB VI/*Boecken* § 8 Rn. 1 ff.
36 Umfassend dazu GK-SGB VI/*Boecken* § 8 Rn. 30 ff.
37 BSGE 1, 219, 221 f.
38 BSGE 1, 219, 221 f..
39 BSG SozR 3–2200 § 1232 Nr. 3.
40 Nach BSG SozR 2200 § 1232 RVO Nr. 14.

es zusammen mit dem Entgelt aus der Zweitbeschäftigung (bei der Universität) die Beitragsbemessungsgrenze nicht überschreitet. Das bedeutet, dass R nicht etwa für die Universitätstätigkeit zu hohe Beiträge entrichtet hat, die er (teilweise) zurückverlangen könnte.

Das Nachversicherungsverhältnis entsteht bei Vorliegen der Voraussetzungen, hängt also nicht davon ab, ob der Arbeitgeber die Beiträge zur Nachversicherung entrichtet hat[41].

H. Versicherung aufgrund Versorgungsausgleichs

Mit der Eherechtsreform von 1976 wurde im Bereich des Scheidungsfolgerechts der Versorgungsausgleich eingeführt[42] (§§ 1587 ff. BGB). Er stellt das unterhaltsrechtliche Gegenstück zum güterrechtlichen Zugewinnausgleich (§ 1372 BGB) dar. Danach werden die versorgungsrechtlichen Anwartschaften der Ehegatten, die während der Ehezeit begründet oder aufrechterhalten wurden, ihrer wertmäßigen Höhe nach verglichen. Derjenige Ehegatte, der die werthöheren Anwartschaften hat, ist gegenüber dem anderen Ehegatten zum Ausgleich in Höhe der Hälfte des Wertunterschieds verpflichtet (§§ 1587 ff. BGB). 24

Dem Versorgungsausgleich unterliegen nicht nur Anwartschaften aus der gesetzlichen Rentenversicherung. Auch Pensionen, Betriebsrenten, Lebensversicherungen u.a. werden miteinbezogen.

Für den *Vollzug* des Versorgungsausgleichs kommt – soweit der ausgleichsberechtigte Ehegatte noch ohne Versicherungsverhältnis in der Rentenversicherung ist – in erster Linie die Begründung eines neuen Versicherungsverhältnisses in Betracht (vgl. § 8 Abs. 1 S. 1 Nr. 2 SGB VI). Dabei entsteht das neue Anwartschaftsverhältnis ohne weiteres mit Rechtskraft der Entscheidung des Familiengerichts, durch die die Anwartschaftsübertragung vorgenommen wird (§ 1587 b Abs. 1 S. 1 und Abs. 2 S. 1 BGB). 25

§ 31 Versicherungsverhältnis

A. Mitgliedschaftsrechte

Die körperschaftliche Struktur der Versicherungsträger ist in der Rentenversicherung weniger ausgeprägt als etwa in der Krankenversicherung. 1

Im SGB VI und in § 47 Abs. 1 Nr. 3 SGB IV wird ausschließlich von *Versicherten* der Rentenversicherung und nicht von *Mitgliedern* gesprochen. Der Gesetzesterminologie folgend wird auch hier im Weiteren nur von den Versicherten und deren Versicherungsverhältnissen gesprochen.

Jeder Versicherte in der Rentenversicherung, der eine Versicherungsnummer (§ 147 SGB VI) erhalten oder beantragt hat, nimmt an der Selbstverwaltung seines Versicherungsträgers teil (§§ 46 Abs. 1, 47 Abs. 1 Nr. 3 SGB IV). 2

B. Beginn des Versicherungsverhältnisses und materieller Versicherungsschutz

Das Versicherungsverhältnis – verstanden als die Gesamtheit der jeweiligen öffentlich-schuldrechtlichen Rechtsbeziehungen zwischen dem Versicherten und dem Träger der Rentenversicherung – wird für die Versicherungspflichtigen kraft Gesetzes begründet. So entstehen z.B. für einen Arbeitnehmer die ersten Rechtsbeziehungen zwischen ihm und dem zuständigen Träger der Rentenversicherung mit Beginn der versicherungspflich- 3

41 BSG SozR 3–2600 § 8 Nr. 4.

42 Der Versorgungsausgleich wird als Scheidungsfolgerecht in den familienrechtlichen Lehrbüchern behandelt. Vgl. *Münder* NJW 1998, 5.

tigen Beschäftigung. Entsprechendes gilt für einen versicherungspflichtigen Selbstständigen mit Beginn der versicherungspflichtigen Tätigkeit.

Am deutlichsten wird dies bei den pflichtversicherten Selbstständigen: Mit Beginn der Versicherungspflicht entsteht ihre Verpflichtung zur Beitragszahlung. Beginnt z.B. ein selbstständiger Fahrlehrer (§ 2 Nr. 1 SGB VI) am 1. Juni mit seiner Unterrichtstätigkeit, so entsteht mit diesem Zeitpunkt aufgrund der Versicherungspflicht für ihn die Pflicht, spätestens am 15. Juli den entsprechenden Versicherungsbeitrag zu entrichten (§ 173 SGB VI i.V.m. §§ 22 Abs. 1, 23 Abs. 1 S. 2 SGB IV). Etwas komplizierter liegt es bei den Versicherungsverhältnissen abhängig Beschäftigter. Hier entsteht mit Beginn des Beschäftigungsverhältnisses zum einen die Pflicht des *Arbeitgebers*, mit dem Gesamtsozialversicherungsbeitrag auch den Beitrag zur Rentenversicherung abzuführen (§ 28 e Abs. 1 i.V.m. § 28 d SGB IV), zum anderen die Pflicht des *Arbeitnehmers*, den Lohnabzug in Höhe des Arbeitnehmeranteils zu dulden (§ 28 g SGB IV). Danach entstehen mit Beginn der Versicherungspflicht zugleich Rechtsbeziehungen zwischen dem Träger der Rentenversicherung und dem *Arbeitgeber* des pflichtversicherten Arbeitnehmers.

4 Entsprechend ist die Rechtslage bei der Pflichtversicherung auf Antrag und bei der freiwilligen Versicherung. Anstelle des faktischen Beginns der versicherungspflichtigen Beschäftigung oder Tätigkeit tritt im ersten Fall die Antragstellung (§ 4 Abs. 2 SGB VI). Mit dem Tag, der dem Eingang des Antrags folgt, entsteht die Versicherungspflicht (§ 4 Abs. 4 S. 1 Nr. 1 SGB VI). Bei der freiwilligen Versicherung beginnt das Versicherungsverhältnis mit der Entrichtung des ersten Beitrags.

Die freiwillige Versicherung in der Rentenversicherung wird *nicht* durch den Abschluss eines *Vertrages begründet*, sondern durch eine *einseitige Willenserklärung* des zur freiwilligen Versicherung Berechtigten. Diese liegt regelmäßig in der Beitragsentrichtung oder im Antrag auf Versicherung. Das schließt nicht aus, dass der Rentenversicherungsträger seinerseits die Zustimmung zu einem solchen Begehren erklärt. Es handelt sich dann um eine »Erklärung, die sich aus dem öffentlich-rechtlichen Verhältnis zwischen Versicherungsträger und Versichertem über das Bestehen und die Gestaltung des Versicherungsverhältnisses ergibt«[43], also um einen Verwaltungsakt, nicht dagegen um einen öffentlich-rechtlichen Vertrag i.S.d. § 53 SGB X.

5 Der *materielle Versicherungsschutz*, d.h. die Anwartschaft auf Versicherungsleistungen, beginnt jedoch, anders als in der Krankenversicherung, nicht schon mit dem Entstehen der Versicherungspflicht, sondern erst mit der Beitragszahlung. Die Frage nach dem Beginn des Versicherungsverhältnisses ist in der Rentenversicherung daher streng von der anderen zu trennen, wann die Eigenschaft als (materiell) *Versicherter* begründet wird[44]. Während z.B. ein Arbeitnehmer vom Tage seines Eintritts in die versicherungspflichtige Beschäftigung an Kranken- und Unfallversicherungsschutz genießt, ohne dass es darauf ankommt, ob Beiträge gezahlt worden sind, ist dies in der Rentenversicherung anders. Die Höhe des Altersruhegeldes z.B. ist unmittelbar abhängig von Anzahl und Höhe der Beiträge, genauer: von der Höhe der »durch Beiträge versicherten Arbeitsentgelte und Arbeitseinkommen« (§ 63 Abs. 1 SGB VI).

6 Nun können allerdings auch Zeiten ohne Beitragsleistung rentensteigernd wirken. So besteht gerade eines der wesentlichen Versicherungsziele in der Rentenversicherung darin, dass sich etwa Zeiten der Krankheit oder der Arbeitslosigkeit während des Erwerbslebens später nicht deshalb allzu nachteilig auf die Altersversorgung in Form einer verminderten Rente auswirken sollen, weil für diese Zeiten keine Arbeitsvergütungen bezogen und keine Beiträge geleistet werden konnten. Daher sieht das Gesetz vor, dass solche entgelt- und beitragslosen Zeiten als *Anrechnungszeiten* bei der Rentenberechnung berücksichtigt werden können (§ 58 Abs. 1 i.V.m. 54 Abs. 3, 63 Abs. 3, 71 SGB VI).

43 BSGE 11, 226 zur früheren Weiterversicherung.
44 Vgl. BSGE 68, 269 (271 f.).

Voraussetzung hierfür ist jedoch, dass durch die Anrechnungszeit, z.B. aufgrund einer Krankheit, »eine versicherte Beschäftigung oder selbstständige Tätigkeit (...) unterbrochen ist« (§ 58 Abs. 2 S. 1 SGB VI). Eine versicherte Beschäftigung bzw. Tätigkeit liegt aber nur vor, wenn eine Beitragspflicht bestand und die Beiträge auch tatsächlich entrichtet worden sind[45]. Auch der materielle Versicherungsschutz, der durch die Berücksichtigung von Anrechnungszeiten erreicht werden soll, knüpft also unmittelbar an die Beitragszahlung an, so dass er erst mit der Entrichtung des ersten Beitrags beginnen kann[46].

Vgl. auch § 26 Abs. 1 S. 2 SGB IV: Sind Pflichtbeiträge entrichtet worden, obwohl gar keine Versicherungspflicht bestand, kann damit dennoch materieller Versicherungsschutz erworben werden (»Formalversicherung«).

Im Nachversicherungsverhältnis besteht nach der Rechtsprechung materieller Versicherungsschutz unabhängig davon, ob Beiträge nachentrichtet worden sind oder nicht[47].

Von der Frage, wann die Versicherteneigenschaft begründet wird, ist die weitere Frage zu trennen, wann bei Eintritt eines Versicherungsfalles *Leistungsansprüche* aus der Versicherung gegeben sind.

C. Entstehung der Beitragspflicht und der Leistungsansprüche

I. Beitragspflicht

Mit der Begründung des pflichtmäßigen Versicherungsverhältnisses (kraft Gesetzes oder auf Antrag) entsteht zugleich die Pflicht zur Beitragszahlung (vgl. § 22 SGB IV). Anders bei der freiwilligen Versicherung: hier besteht niemals eine Beitrags*pflicht*; vielmehr lässt sich vom *Recht* auf Beitragszahlung sprechen. 7

II. Leistungsansprüche

Für das Entstehen von Leistungsansprüchen in der Rentenversicherung ist die Begründung des beitragspflichtigen Versicherungsverhältnisses nicht ausreichend. Zum einen muss, wie auch bei jeder anderen Versicherung, ein *Versicherungsfall* eintreten (Gefährdung oder Minderung der Erwerbsfähigkeit, Alter, Tod). 8

Ferner müssen für die verschiedenen Leistungsansprüche regelmäßig noch weitere Voraussetzungen erfüllt sein, z.B. bestimmte Vorversicherungs- oder Wartezeiten (vgl. etwa für Leistungen zur Teilhabe § 11 Abs. 1 und 2 SGB VI). 9

Doch entstehen ab dem Zeitpunkt, ab dem mit der ersten Beitragszahlung der materielle Versicherungsschutz beginnt, der Beitragsleistende also Versicherter im Sinne des Gesetzes wird, für diesen Anwartschaftspositionen[48], die sich im Laufe der Zeit, wenn auch die weiteren Anspruchsvoraussetzungen erfüllt werden, zu echten subjektiven Ansprüchen konkretisieren.

Nicht nötig für die Entstehung von Leistungsansprüchen ist es, dass zur Zeit des Versicherungsfalles noch ein *beitragspflichtiges* Versicherungsverhältnis besteht. 10

Beispiel: X war bis zu seinem 27. Lebensjahr 10 Jahre als Kfz-Mechaniker bei der Firma A tätig. Für diese Zeit wurden ordnungsgemäß Beiträge zur Rentenversicherung abgeführt. Danach machte er sich selbstständig und eröffnete eine eigene Werkstatt. Seither hat er keine Versicherungsbeiträge

---

45 *Grandi* HDR 23 Rn. 110.

46 Dazu auch *Grandi* HDR 23 Rn. 164.

47 BSG SozR 3–2600 § 8 Nr. 4.

48 Nach BVerfGE 53, 257 (289 f.) genießen nicht nur Versichertenrenten aus der gesetzlichen Rentenversicherung, sondern auch *Anwartschaften* auf sie den Schutz der Eigentumsgarantie, Art. 14 Abs. 1 GG.

mehr entrichtet. Mit Vollendung seines 65. Lebensjahres möchte er Altersruhegeld aus der Rentenversicherung erhalten. – Auch wenn X fast 40 Jahre lang nicht mehr der Versicherungspflicht unterlag und für diese Zeit auch keine freiwilligen Beiträge zur Rentenversicherung gezahlt hat, kann er doch ein Altersruhegeld beanspruchen, da er die erforderliche Wartezeit von fünf Jahren Versicherungszeit erfüllt hat, §§ 35, 50 Abs. 1 S. 1 SGB VI.

Da eine Rente wegen Erwerbsminderung an bestimmte Vorversicherungszeiten geknüpft ist, besteht für diese Rentenart das Problem eines nach einem beitragspflichtigem Versicherungsverhältnis eintretenden Risikos nicht, vgl. § 43 Abs. 1 Nr. 2 und Abs. 2 Nr. 2 SGB VI).

D. Ende des Versicherungsverhältnisses

11 Das Versicherungsverhältnis endet, sobald keine Rechtsbeziehungen mehr zum Rentenversicherungsträger bestehen. Im Einzelnen ist zu unterscheiden zwischen dem Ende der Versicherungspflicht und dem Ende jener Rechtsbeziehung, die aufgrund bestehender Anwartschaftspositionen oder Leistungsansprüche gegeben ist. Die Versicherungspflicht erlischt, sobald deren gesetzliche Tatbestandsvoraussetzungen entfallen, wenn also z.B. ein Arbeitnehmer aus der versicherungspflichtigen Beschäftigung ausscheidet. Das Ende der Versicherungspflicht hindert jedoch nicht das Fortbestehen des einmal begründeten Versicherungsverhältnisses. Denn auch eine nur einmalige Beitragszahlung führt zu einer Anwartschaftsposition.

Wird z.B. ein aus der Versicherungspflicht ausscheidender Arbeitnehmer später wieder versicherungspflichtig und werden erneut Beiträge entrichtet, so wirken *alle Beitragszeiten* rentensteigernd. Das Gleiche gilt, wenn freiwillige Beiträge entrichtet werden. Nach heutiger Rechtslage kann kein Beitrag, der einmal gezahlt worden ist, »verfallen«[49]. Das einmal begründete Versicherungsverhältnis wird daher nur durch den Tod des Versicherten[50] oder durch Beitragserstattung beendet.

12 Eine *Beitragserstattung* kommt übrigens nur in seltenen Fällen in Betracht (vgl. § 210 SGB VI). Der Hauptfall ist der, dass ein Versicherter aus der Versicherungspflicht ausscheidet und ausnahmsweise nicht zur freiwilligen Versicherung berechtigt ist. Dies kann z.B. dann zutreffen, wenn der Versicherte Beamter wird (vgl. §§ 5 Abs. 1 S. 1 Nr. 1, 7 Abs. 2 SGB VI).

§ 32 Die Finanzierung der Rentenversicherung

A. Das Umlageverfahren

1 In der Rentenversicherung werden die Ausgaben eines Kalenderjahres durch die Einnahmen des gleichen Kalenderjahres gedeckt. Dieses Finanzierungssystem (§ 153 Abs. 1 SGB VI) nennt man Umlageverfahren. Es ist Merkmal des Umlageverfahrens, dass in einem bestimmten Zeitraum (Rechnungsjahr, Kalenderjahr) die Ausgaben in diesem Zeitraum durch die in diesem Zeitraum erzielten Einnahmen gedeckt werden. Auch die Finanzierung des Staatshaushaltes durch Steuern folgt grundsätzlich dem Umlageverfahren (§§ 1 ff. Bundeshaushaltsordnung – BHO).

Das Umlageverfahren unterscheidet sich von anderen Finanzierungsverfahren, insbesondere vom früheren System des Anwartschaftsdeckungsverfahrens: Nach ihm sollte das durch die Einnahmen angesammelte Kapital die bestehenden Anwartschaften decken. Dieses System scheiterte vor allem an den großen Verlusten der Rentenversicherung durch

---

49 Besonderheiten gelten noch für Beiträge, die vor 1924 geleistet worden sind, vgl. § 247 Abs. 3 S. 2 SGB VI.

50 Hier kann dann ein neues rentenversicherungsrechtliches Rechtsverhältnis zwischen dem Rentenversicherungsträger und den Hinterbliebenen des Versicherten entstehen.

die Inflation von 1923 und durch die Währungsreform von 1948 (hier allein in Höhe von etwa 16 Mrd. RM). Auch die heutige Geldentwertung würde einem Deckungsverfahren entgegenstehen, langfristig ebenso die veränderte Altersstruktur der Bevölkerung. Schließlich ließe sich mit dem Anwartschaftsdeckungsverfahren auch keine Anpassung der Renten an das Wirtschaftswachstum vereinbaren. Im Übrigen wären nach Schätzungen 4 Billionen € (das entspricht etwa dem Dreifachen des jährlichen Bruttosozialprodukts) an Deckungsrückstellungen erforderlich[51] – eine volkswirtschaftlich unvertretbare Summe. In einem weiteren Sinne ist ohnehin jede Alterssicherung auf eine Umlage aus der aktuellen Wertschöpfung angewiesen, nur der Weg der Umverteilung ist unterschiedlich.

1957 ist man vom Anwartschaftsdeckungsverfahren abgegangen. Nach einer Übergangsphase, in der ein Abschnittsdeckungsverfahren (Anwartschaftsdeckung begrenzt auf einen Zeitraum von 10 Jahren) galt, wurde 1969 das Umlageverfahren, verbunden mit der Pflicht zu einer bestimmten Rücklage und Liquiditätsreserve der Rentenversicherungsträger, eingeführt. Heute werden die laufenden Renten aus den zur gleichen Zeit eingehenden Einnahmen finanziert (§ 153 Abs. 1 SGB VI).

Eine *Nachhaltigkeitsrücklage* (früher: Schwankungsreserve) dient dazu, Defizite zu decken 2
(§§ 153 Abs. 1, 216, 217 SGB VI). Die Beitragssätze sind dabei so festzusetzen, dass die Nachhaltigkeitsrücklage die Ausgaben für 0,2 Monate deckt (§ 158 Abs. 1 S. 1 SGB VI). Soweit dennoch im aktuellen Fall die Liquidität der Rentenversicherung nicht gegeben ist, hat der Bund zinslose Darlehen als *Liquiditätssicherung* zu gewähren (§ 214 SGB VI).

B. Finanzverbund

Zwischen den Trägern der Rentenversicherung besteht ein Finanzverbund (§ 219 SGB VI). 3
Die Leistungen für Renten und Beitragserstattungen sowie für die Beiträge für die Krankenversicherung der Rentner, also die wichtigsten Leistungen der Rentenversicherung, werden von sämtlichen Trägern der Rentenversicherung *gemeinsam* getragen, und zwar nach dem Verhältnis ihrer Beitragseinnahmen. Damit wird auch ein vollständiger regionaler Ausgleich bewirkt[52].

C. Beiträge und Bundeszuschuss

Einnahmen der Rentenversicherung sind insbesondere die Beiträge und die Zuschüsse 4
des Bundes (§ 153 Abs. 2 SGB VI). Die Beiträge werden von den Versicherten und den Arbeitgebern finanziert (§§ 168 ff. SGB VI); während des Bezuges von Entgeltersatzleistungen (z.B. Kranken- oder Arbeitslosengeld) führen die betreffenden Leistungsträger Beiträge ab (§ 170 Abs. 1 Nr. 2 SGB VI). Der Bund leistet den Rentenversicherung-Trägern einen Zuschuss, durch den ca. 25% der Gesamtausgaben gedeckt werden[53] (§ 213 SGB VI). Durch ihn sollen vor allem Leistungen der Rentenversicherung finanziert werden, die man als versicherungsfremd ansieht, z.B. Rentenanteile, die auf beitragslosen Zeiten des Militär- und Kriegsdienstes beruhen (vgl. § 250 SGB VI). Aus allgemeinen sozial- und wirtschaftspolitischen Erwägungen wurde der Bundeszuschuss in den letzten Jahren erheblich gesteigert, so dass Steuermittel in erheblichem Umfang zur Rentenfinanzierung beitragen (§ 213 Abs. 3 und 4 SGB VI).

Aufwendungen für Kindererziehungszeiten werden als Maßnahme des Familienleistungsausgleichs vom Bund getragen (§ 177 SGB VI). Wie eng der Zusammenhang zwischen Alterssicherung und Familienleistungen ist und ob die Verknüpfung innerhalb der Rentenversicherung hergestellt werden muss, ist politisch und verfassungsrechtlich umstritten. Die Vorgaben des BVerfG in seinen Urteilen

51 *Ruland* HDR 19 Rn. 73.
52 Gegen eine Regionalisierung der Beitragssätze: *Ruland* SozSich 1998, 3.
53 Der Bundeszuschuss lag 2004 bei 26,4% der Einnahmen der Rentenversicherung.

zur Pflegeversicherung sind nach Inhalt und Bindungswirkung strittig. Das Gericht hat hier wohl die Bindung des sozialgestaltenden Gesetzgebers an seine eigenen sozialpolitischen Erwägungen überzogen.

§ 33 Die Beiträge

A. Höhe der Beiträge

I. Beitragssatz

1 Ebenso wie in der Krankenversicherung orientiert sich die Beitragshöhe bei den Erwerbstätigen auch in der Rentenversicherung an den Bruttobezügen der Versicherten. Der Beitrag besteht in einem für alle Versicherten gleichen Prozentsatz des Bruttoeinkommens, ohne dass es im Übrigen auf persönliche Risikofaktoren, wie etwa das Alter beim Eintritt in die Versicherung, ankommt (§§ 157, 158 SGB VI).

Der Beitrag betrug 1998 20,3% und liegt 2006 bei 19,5%. Der Beitragssatz wird durch RechtsVO festgesetzt (§ 160 S. 1 Nr. 1 SGB VI).

II. Berechnungsgrundlage

2 Bei den versicherungspflichtigen Arbeitnehmern ist das Bruttoarbeitsentgelt (§ 14 SGB IV) maßgebend (§ 162 Nr. 1 SGB VI). S. auch die – vom Recht der Krankenversicherung abweichenden – Sonderregelungen für Auszubildende (§ 162 Nr. 1 SGB VI) und Behinderte, insbes. solche, die in Werkstätten für Behinderte beschäftigt sind (§ 162 Nr. 2 SGB VI für die Rentenversicherung). Für Versicherungspflichtige, die keine Arbeitnehmer sind, richtet sich die Bemessung der Beiträge nach §§ 165 bis 167 SGB VI.

Fall: A ist als Packer bei der Fa. X-GmbH beschäftigt und beim zuständigen Rentenversicherungsträger versichert. In der Zeit vom 15.5. bis 15.8. ist er arbeitsunfähig krank. Müssen während dieser 3 Monate für A Beiträge abgeführt werden? – Für die ersten sechs Wochen hat A Anspruch gegen die X-GmbH auf Entgeltfortzahlung, § 3 Abs. 1 S. 1 EFZG (zur Höhe vgl. § 4 EFZG). Während dieser Zeit besteht – trotz Fehlens tatsächlicher Arbeitsleistung – das entgeltliche Beschäftigungsverhältnis und damit Versicherungspflicht fort, so dass Beiträge u.a. zur Rentenversicherung abzuführen sind. Ab der 7. Woche endet zwar das entgeltliche Beschäftigungsverhältnis. Doch sieht § 3 S. 1 Nr. 3 SGB VI einen selbstständigen Tatbestand der Versicherungspflicht in der Rentenversicherung für Bezieher von Entgeltersatzleistungen – u.a. auch von Krankengeld – vor, so dass daraus auch eine entsprechende Beitragspflicht folgt (§ 166 Nr. 2 SGB VI).

3 Bei nicht *erwerbsmäßig tätigen Pflegepersonen* nach dem SGB XI wird die Bemessungsgrundlage nach dem Grad der Pflegebedürftigkeit der versorgten pflegebedürftigen Person und der Dauer der Versorgung bemessen (§ 166 Abs. 2 SGB VI).

4 Für *selbstständig Tätige* gilt ein *Mindestbeitrag* (§ 165 Abs. 1 Nr. 1 SGB VI) auf der Basis eines beitragspflichtigen Einkommens mindestens in Höhe eines Siebtels der Bezugsgröße (vgl. § 18 SGB IV), mindestens jedoch in Höhe von 400 €.

III. Beitragsbemessungsgrenze

5 Durch die *Beitragsbemessungsgrenze* in der Rentenversicherung wird für die Beitragsberechnung das Einkommen nur bis zu einer bestimmten Höhe berücksichtigt (§§ 157, 159, 160 S. 1 Nr. 2 SGB VI).

Diese beträgt 2006 in den alten Bundesländern 63.000 € jährlich bzw. 5.250 € monatlich und in den neuen Bundesländern 52.800 € jährlich bzw. 4.400 € monatlich. Bis 1977 orientierten sich sowohl die Beiträge als auch die Renten an einem einheitlichen Maßstab (allgemeine Bemessungsgrundlage). Diese wiederum knüpfte an das durchschnittliche Bruttoarbeitsentgelt aller Rentenversicherten an und wurde beim einzelnen Versicherten (sowohl beitrags- als auch leistungsrechtlich) bis zum Doppelten berücksichtigt (§ 1385 Abs. 1 RVO; § 32 Abs. 1 AVG). In den Jahren 1978 bis 1981 kam es für die leistungsrechtliche Bemessungsgrundlage aus Kostendämpfungsgründen zu einer Abkoppelung von der Lohnentwicklung, so dass die Renten nicht mehr auf der Grundlage der durchschnittlichen Bruttoeinkommen berechnet wurden. Für die Beitragsbemessung hielt man dagegen am Maßstab der Entgeltentwicklung fest. Seither knüpft zwar auch das Leistungsrecht wieder an die Einkommensentwicklung an, jedoch nur entsprechend den jährlichen prozentualen Veränderungen und unter Beibehaltung des seit 1978 von der beitragsrechtlichen Bemessungsgrundlage (nach unten) abweichenden Ausgangsmaßstabs. So erklärt sich, dass der aktuelle Rentenwert nach § 68 SGB VI (dem die Funktion der allgemeinen Bemessungsgrundlage des früheren Rechts zukommt) entsprechend niedriger liegt als der für die Beitragsbemessungsgrundlage geltende Maßstab (Durchschnittseinkommen der Versicherten).

Auch wenn das Einkommen die Beitragsbemessungrenze übersteigt, richtet sich die spätere Rente nur nach den tatsächlich geleisteten Beiträgen[54]. Dies bedeutet für höher Verdienende (z.B. leitende Angestellte), die mit ihrem Verdienst über der Beitragsbemessungsgrenze liegen, dass sie aus der Rentenversicherung ein Altersruhegeld zu erwarten haben, das ihrem sozialen Status nicht entspricht, da sich wegen der Äquivalenz von Beiträgen und Rentenleistungen der über der Beitragsbemessungsgrundlage liegende Teil des Einkommens nicht in der Rente wiederfindet. Dafür hat dieser Personenkreis bessere Möglichkeiten ergänzender Altersvorsorge. 6

B. Aufbringung der Beiträge

Auch in der Rentenversicherung ist die Frage, wer die Beiträge – wirtschaftlich – zu tragen hat, davon zu trennen, wer sie als Schuldner abzuführen hat. 7

Für die pflichtversicherten *Beschäftigten* werden die Beiträge je zur Hälfte von diesen und von ihren Arbeitgebern aufgebracht (§ 168 Abs. 1 Nr. 1 SGB VI); dasselbe gilt für Heimarbeiter (§ 12 Abs. 2 Hs. 2 SGB IV). Entsprechendes gilt nach § 169 Nr. 3 SGB VI aber auch für die an sich selbstständig tätigen Hausgewerbetreibenden; für diese gilt als Arbeitgeber, wer die Arbeit unmittelbar an sie vergibt (§ 12 Abs. 3 SGB IV).

Fall: Der sehr rüstige X erhält ab seinem 65. Lebensjahr Rente (Vollrente wegen Alters, § 42 Abs. 1 SGB VI), arbeitet jedoch in einer anderen Firma als Buchhalter noch halbtags weiter. Wie verhält es sich mit seiner Versicherungs- und Beitragspflicht? – An sich würde X der Versicherungspflicht nach § 1 S. 1 Nr. 1 SGB VI unterliegen. Doch erfüllt er den Befreiungstatbestand des § 5 Abs. 4 Nr. 1 SGB VI. Trotz Versicherungsfreiheit besteht eine *Beitragspflicht*, jedoch nicht für X, sondern allein für seinen Arbeitgeber. Dieser hat den Beitragsanteil zu entrichten, den er entrichten müsste, wenn X versicherungspflichtig wäre (§ 172 Abs. 1 S. 1 SGB VI). Wie wirken sich die Beitragszahlungen auf die Höhe der Rente des X aus? Überhaupt nicht! Aus diesen Arbeitgeberbeiträgen gewährt der Rentenversicherungsträger keinerlei Leistungen. Die genannte Regelung, die zwar system-, nach Ansicht des BVerfG jedoch nicht verfassungswidrig ist[55], verfolgt arbeitsmarkt- und wirtschaftspolitische Ziele. Sie will verhindern, dass Arbeitgeber Altersrentner nur wegen deren Versicherungsfreiheit und des damit verbundenen Lohnkostenvorteils beschäftigen. Nicht zuletzt will man damit auch vermeiden, dass in Zeiten mit schlechter Arbeitsmarktlage Altersrentner Arbeitsplätze blockieren. 8

Die pflichtversicherten *Selbstständigen* haben, bis auf die Hausgewerbetreibenden, die Beiträge ebenso allein zu tragen wie die auf Antrag Pflichtversicherten (§ 169 Nr. 1 SGB VI); das Gleiche gilt für die freiwillig Versicherten (§ 171 SGB VI). 9

---

54 Genauer: Die spätere Rente richtet sich nach dem »durch Beiträge versicherten« Entgelt bis zur Beitragsbemessungsgrenze, § 63 Abs. 1 SGB VI.

55 BVerfGE 14, 312 (zu § 113 AVG, neben § 1386 RVO eine Vorläuferregelung von § 172 Abs. 1 S. 1 Nr. 1 SGB VI).

C. Zahlung der Beiträge

I. Beitragsentrichtung durch den Arbeitgeber

10 Auch in der Rentenversicherung ist bei pflichtversicherten Arbeitnehmern und Hausgewerbetreibenden gegenüber der Einzugsstelle (Krankenkasse, § 28 h SGB IV) der Arbeitgeber der alleinige Schuldner der Versicherungsbeiträge in voller Höhe, und zwar als Teil des Gesamtsozialversicherungsbeitrags (§ 28 e Abs. 1 SGB IV, vgl. § 174 Abs. 1 SGB VI).

Auch dann, wenn der Versicherte nicht der Krankenversicherungspflicht unterliegt, sind die Beiträge nicht etwa direkt an den zuständigen Rentenversicherungsträger abzuführen. Vielmehr obliegt auch in diesen Fällen den Krankenkassen der Einzug (vgl. § 28 i Abs. 1 S. 2 SGB IV).

Die Krankenkasse entscheidet weiter zugleich über die Versicherungspflicht, die Beitragspflicht und die Beitragshöhe, § 28 h Abs. 2 S. 1 SGB IV.

11 **Fall:** X, Inhaber eines kleineren Baugeschäftes, befindet sich in Zahlungsschwierigkeiten. Daher führt er drei Monate lang für einige Arbeitnehmer, u.a. den A, keine Beiträge zur Sozialversicherung mehr ab. Wie wirkt sich dies auf die späteren Rentenansprüche des A aus? – Wenn A glaubhaft machen kann, dass er auch für die Monate, für die keine Beiträge abgeführt worden sind, nur das Nettoentgelt erhalten hat, dass also die auf ihn entfallenden Beiträge zur Rentenversicherung vom Arbeitsentgelt abgezogen worden sind, so gilt gemäß § 203 Abs. 2 SGB VI der Beitrag ohne Rücksicht auf die tatsächliche Abführung als entrichtet. A hat dann also keine Nachteile für seine Rentenansprüche zu befürchten. Vor allem ist er nicht auf die unsichere Durchsetzung von Schadensersatzansprüchen gegen X angewiesen.

Auch bei versicherten Beziehern von Entgeltersatzleistungen (z.B. Krankengeld) kommt ein Beitragsabzug in Betracht (§ 176 Abs. 1 SGB VI).

II. Beitragsentrichtung durch den Versicherten

12 Alle Versicherten, für die das Beitragsabzugsverfahren nicht in Betracht kommt, müssen ihre Beiträge selbst abführen. Hierher zählen vor allem die selbstständigen Pflichtversicherten kraft Gesetzes oder auf Antrag und alle freiwillig Versicherten (§ 173 SGB VI).

III. Wirksamkeit der Beitragsentrichtung; Nachentrichtung von Beiträgen

13 **Fall:** T war vom 1. 8. 1996 bis 31. 12. 2004 bei der Baufirma A beschäftigt, ohne dass er zur Sozialversicherung angemeldet und ohne dass für ihn Beiträge abgeführt worden waren. Als er im Januar 2005 in ein anderes Unternehmen überwechselt, wird er von seinem neuen Arbeitgeber über die Versäumnisse der A aufgeklärt. T fragt, ob er von A die nachträgliche Abführung der Beiträge verlangen soll.

Der Versicherungsgedanke der Rentenversicherung erfordert, dass der Zeitpunkt der Beitragsentrichtung und der Zeitraum, für den der Beitrag gelten soll, nicht allzuweit auseinanderfallen. Andernfalls wären zu leicht Manipulationen von Versicherten, die z.B. vor einem zu erwartenden Versicherungsfall noch rasch eine Reihe von Beiträgen nachentrichten wollen, zu Lasten der Versichertengemeinschaft möglich. Vor allem hängt auch die Funktionsfähigkeit des Umlageverfahrens davon ab, dass die Beiträge regelmäßig eingehen. Daher genügt es nicht, dass *irgendwann* Beiträge entrichtet werden. Vielmehr müssen sie innerhalb bestimmter zeitlicher Grenzen gezahlt werden. Nach § 197 Abs. 1 SGB VI sind Pflichtbeiträge nur wirksam, »wenn sie gezahlt werden, solange der Anspruch auf ihre Zahlung noch nicht verjährt ist«.

Für die Verjährung gilt § 25 Abs. 1 SGB IV (i.V.m. § 23 Abs. 1 SGB IV zur Fälligkeit).

Beispiel: Ein Beitrag für Januar 2002 kann noch bis zum 31. 12. 2006 wirksam entrichtet werden (von der Wirksamkeit der Beitragszahlung zugunsten des Versicherten ist die ganz andere Frage der Sanktion bei Säumnis der Beitragszahlung nach Fälligkeit zu trennen, vgl. dazu § 24 SGB IV).

Für freiwillige Beiträge gilt eine strengere Regelung: Sie können nur bis zum 31.3. des Jahres gezahlt werden, das dem Jahr folgt, für das sie gelten sollen (§ 197 Abs. 2 SGB VI). In Fällen besonderer Härte kann die Frist überschritten werden, wenn Beiträge ohne Verschulden des Versicherten nicht rechtzeitig entrichtet worden sind. 14

Im obigen *Fall* von T ist (bei Anwendung der allgemeinen Regelungen des SGB VI) zunächst zu prüfen, ob die Voraussetzungen der Glaubhaftmachung (§ 203 Abs. 2 SGB VI), erfüllt sind, was offenbar nicht der Fall ist. T hätte daher seine zuständige DRV bzw. Krankenkasse benachrichtigen und um Beitreibung der rückständigen Beiträge ersuchen müssen. Allerdings ist die Verjährungsvorschrift des § 25 Abs. 1 SGB IV zu beachten (Unterbrechungsvorschrift in § 198 SGB VI). Mit Ablauf des Jahres 2004 sind die Ansprüche der LVA (DRV) gegen A auf Zahlung der Beiträge für die Jahre bis 2000 verjährt, sofern dem A nicht nachgewiesen werden kann, dass er die Beiträge vorsätzlich vorenthalten hat. Unterstellt man, dass dieser Nachweis nicht gelungen ist, hätte T die Beitreibung von Beiträgen nur noch für die Zeit ab 1. 1. 2001 verlangen können. Für die Zeit davor wäre er dann auf Schadensersatzansprüche gegen A angewiesen. Zunächst wäre auch zu prüfen gewesen, ob T berechtigt gewesen ist, noch Beiträge für die Zeit vor dem 1. 1. 2001 nachzuentrichten. In Betracht kommt dafür § 197 Abs. 3 SGB VI. Doch sind hier strenge Maßstäbe anzulegen. Ob diese Vorschrift auf vorliegenden Beispielsfall anzuwenden gewesen wäre, kann mangels näherer Sachverhaltsmitteilung nicht entschieden werden. Sollte eine Nachentrichtung nicht möglich gewesen sein, hätte T von A Schadensersatz für diejenigen Nachteile verlangen können, die sich wegen der versäumten Beitragsentrichtung aufgrund der verminderten Leistungsansprüche des T gegen seine DRV ergeben. 15

Besondere Vorschriften gelten für die Beitragsnachentrichtung im Rahmen der *Nachversicherung* (§§ 181 ff. SGB VI). 16

§ 34 Die Leistungen

A. Allgemeines

In § 23 SGB I werden die verschiedenen Leistungen der Rentenversicherung aufgezählt. Diese Leistungen können auf verschiedene Weise systematisiert werden. 1

Das Schwergewicht der Leistungen in der Rentenversicherung liegt ganz eindeutig auf der Zahlung von Renten. Es folgen die Leistungen für die Krankenversicherung der Rentner und die Leistungen zur Teilhabe.

Zum Zwecke der *Schadensverhütung* (Prävention) können *Leistungen zur Teilhabe* gewährt werden (§§ 9 Abs. 1, 13 ff. SGB VI, § 6 Abs. 1 Nr. 4 SGB IX), also vor allem medizinische Rehabilitation (§ 26 SGB IX) und Leistungen zur Teilhabe am Arbeitsleben (§ 33 SGB IX); durch sie soll einer Gefährdung der Erwerbsfähigkeit vorgebeugt werden. 2

Der Prävention und Rehabilitation dienen auch die in § 31 Abs. 1 SGB VI als »sonstige« Leistungen vorgesehenen Maßnahmen zur Förderung der Gesundheit.

Zur *Schadensbeseitigung* werden *Restitutions-* und *Kompensationsleistungen* gewährt: 3

Zu den *Restitutionsleistungen* zählen die medizinischen und berufsfördernden Rehabilitationsmaßnahmen, sofern sie der Besserung oder Wiederherstellung der (geminderten) Erwerbsfähigkeit dienen (§§ 10, 13–15 SGB VI; §§ 4 Abs. 1 Nr. 2, 26 Abs. 1, 33 Abs. 1 SGB IX).

Die *Kompensationsleistungen* dienen dem Ausgleich von mittelbaren Nachteilen, die die Gefährdung oder Minderung der Erwerbsfähigkeit, die Berufs- und Erwerbsunfähigkeit, ferner Alter und Tod für die Versicherten und ihre Hinterbliebenen zur Folge haben.

Kompensierende *Geldleistungen* sind

- das Übergangsgeld; es dient dem Entgeltersatz während der medizinischen und berufsfördernden Teilhabeleistungen (§§ 20, 21 SGB VI; §§ 45 Abs. 1 Nr. 3, 45 Abs. 2 Nr. 2 SGB IX);

- die Versicherten- und Hinterbliebenenrenten (§§ 33 ff. SGB VI); sie haben Entgeltersatz- bzw. Unterhaltsersatzfunktion; ersatzweise kommt die Witwen- oder Witwenrentenabfindung in Betracht (§ 107 SGB VI);
- die Zuschüsse zu den Aufwendungen für die Krankenversicherung der Rentner (§ 106 SGB VI).

Als kompensierende *Sachleistungen* kommen die Haushaltshilfe und Kinderbetreuung in Betracht, (§ 28 SGB VI; § 54 SGB IX).

Dem *Familienleistungsausgleich* dienen die Anrechnung von Kindererziehungszeiten, § 3 S. 1 Nr. 1 i.V.m. § 56 SGB VI, sowie die Gewährung von Kindererziehungsleistungen an Mütter für Geburtsjahre vor 1921 (§§ 294 ff. SGB VI).

4 Auch in der Rentenversicherung ist zwischen *Geld- und Sachleistungen* zu unterscheiden (§ 11 SGB I). Allerdings stellen die Geldleistungen den größeren Anteil an den Gesamtleistungen dar.

5 Die meisten Leistungen der Rentenversicherung sind *gesetzliche Leistungen*, deren Anspruchsvoraussetzungen im Gesetz abschließend geregelt sind. Durch Satzung vorgesehene Zusatzleistungen gibt es in der Rentenversicherung nicht.

Eine Besonderheit der Rentenversicherung sind die *sonstigen Leistungen zur Teilhabe* (§ 31 SGB VI). Sie werden aufgrund gemeinsamer Richtlinien der DRV Bund erbracht, die im Benehmen mit dem Bundesminister für Arbeit und Soziales erlassen werden.

6 Während die meisten Geldleistungen, insbes. die Renten, *Pflichtleistungen* sind, handelt es sich bei den Leistungen zur Teilhabe nach dem Gesetzeswortlaut um *Ermessensleistungen* (§ 9 Abs. 2 S. 1 SGB VI). Das BSG räumt den Rentenversicherung-Trägern im Ergebnis jedoch ein Ermessen nur in Bezug auf die Art der Leistung und die Auswahl der Einrichtung ein[56], das wiederum durch § 33 SGB I, § 9 Abs. 1 SGB IX gebunden ist.

Beispiel: Ein Rentenversicherungsträger macht in entsprechenden Leistungsrichtlinien zur Rehabilitation die Gewährung eines Zuschusses für die Anschaffung eines Kraftfahrzeugs davon abhängig, dass der Zuschuss vor Beschaffung des Wagens beantragt wird. – Lehnt der Rentenversicherungsträger einen Zuschuss unter Berufung auf die verspätete Antragstellung nach Beschaffung des Kfz ab, überschreitet er die Grenzen des Ermessens (§ 39 Abs. 1 SGB I) nicht[57].

B. Leistungen zur Teilhabe

7 Wer erwerbsunfähig ist oder zu werden droht – z.B. wegen eines Asthma- oder Herzleidens –, die Altersgrenze jedoch noch nicht erreicht hat, soll Renten erst bekommen können, wenn eine Wiederherstellung oder Besserung der Erwerbsfähigkeit nicht mehr möglich erscheint (§ 8 Abs. 2 SGB IX, § 9 Abs. 1 S. 2 SGB VI, Grundsatz: Leistungen zur Teilhabe vor Rente[58]).

Das Leistungssystem der Rentenversicherung sieht Leistungen zur medizinische Rehabilitation, zur Teilhabe am Arbeitsleben und ergänzende Maßnahmen zur Rehabilitation vor (§§ 9 ff. SGB VI[59], SGB IX)

Zur Begründung der Zuständigkeit der Rentenversicherung für Leistungen zur Teilhabe stellen §§ 9 Abs. 1 S. 1, 10 SGB VI ausschließlich auf die *Erwerbsfähigkeit* ab. Dies hat zur Folge, dass dort, wo eine Besserung oder Wiederherstellung der Erwerbsfähigkeit voraussichtlich nicht möglich ist, Leistungen

56 Vgl. etwa BSG SozR 2200 § 1236 Nr. 43 und E 68, 167, sowie GK-SGB VI/*Lueg* § 9 Rn. 8 ff.

57 BSGE 54, 91; beachte aber auch BSGE 57, 157 (160 f.).

58 Zur Problematik *Köbl* VSSR 1979, S. 1 ff.; *Ficht* SGb 1990, S. 269 ff.; vgl. auch BSG SozR 2200 § 1246 Nr. 56.

59 Zur Vertiefung: *Tiedt/Peters/Vömel/Friedrich* DRV 1990, 313.

zur Teilhabe der Rentenversicherungsträger ausscheiden, auch wenn andere Teilhabeziele nach § 4 Abs. 1 SGB IX erreicht werden könnten. Hierfür können dann andere Rehabilitationsträger, insbesondere die gesetzliche Krankenversicherung, zuständig sein. Die Rentenversicherung ist dann verpflichtet, im Verfahren diese Träger einzuschalten (§ 14 Abs. 1 SGB IX).

Die Orientierung an der Erwerbsfähigkeit ist primär eine Regelung der Zuständigkeit (vgl. § 7 S. 2 SGB IX). Der zuständige Rehabilitationsträger ist immer auf alle Ziele aus § 4 Abs. 1 SGB IX verpflichtet (vgl. § 4 Abs. 2 S. 2 SGB IX).

Voraussetzung für Leistungen zur Teilhabe der Rentenversicherung ist eine Minderung, 8 zumindest aber *erhebliche* Gefährdung oder Minderung der Erwerbsfähigkeit. Weiter muss die Erwerbsfähigkeit voraussichtlich wiederhergestellt oder aber jedenfalls *wesentlich* gebessert werden können (§ 10 Abs. 1 SGB VI[60]). Leistungen zur Teilhabe können nur Personen gewährt werden, die die versicherungsrechtlichen Voraussetzungen des § 11 SGB VI erfüllen.

Im Übrigen steht ihre Gewährung im pflichtgemäßen Ermessen der Rentenversicherungs- 9 träger (§ 9 Abs. 2 SGB VI[61]). Dieses Ermessen besteht nur in Bezug auf das »wie«, nicht aber auf das »ob« einer Teilhabeleistung, wenn die persönlichen und versicherungsrechtlichen Voraussetzungen erfüllt sind. Dies ist begründet im Vorrang der Teilhabeleistung vor der Pflichtleistung Erwerbsminderungsrente.

Bei den *Leistungen* der medizinischen Rehabilitation ist die Zuständigkeit im Verhältnis 10 zur akuten Krankenbehandlung der Krankenversicherung abzugrenzen (vgl. §§ 13 Abs. 2 Nr. 1 und 2, 15 Abs. 1 und Abs. 2 SGB VI)[62].

Soweit aber die medizinische Rehabilitation selbst betroffen ist, ist die Zuständigkeit der Rentenversicherung vorrangig (§ 40 Abs. 4 SGB V). Die Krankenversicherung wird, wenn beide Versicherungsverhältnisse vorliegen, tätig, wenn die versicherungsrechtlichen oder persönlichen Voraussetzungen (§§ 10, 11 SGB VI) nicht gegeben sind. Die Rentenversicherung ist nachrangig zur Unfallversicherung und sozialen Entschädigung zuständig (§ 12 Abs. 1 Nr. 1 SGB VI).

Die *Leistungen zur Teilhabe am Arbeitsleben* (früher: *berufliche Rehabilitation)* sollen vor allem 11 jenen Versicherten helfen, die trotz Ausschöpfung der medizinischen Möglichkeiten behindert bleiben und eine Umschulung oder eine neue Berufsausbildung benötigen, um wieder am Berufsleben teilnehmen zu können (§ 16 SGB VI; § 33 ff. SGB IX).

Die Zuständigkeit der Rentenversicherung für die Teilhabe am Arbeitsleben ist vorrangig zu derjenigen der Bundesagentur für Arbeit (§ 22 Abs. 2 SGB III), nachrangig zur Unfallversicherung und sozialen Entschädigung (§ 12 Abs. 1 Nr. 1 SGB VI).

Medizinische und berufliche Rehabilitation werden schließlich ergänzt durch das *Über-* 12 *gangsgeld*, das dem Unterhalt während der Krankheit oder des Bezugs von Leistungen zur Teilhabe am Arbeitsleben dient, sofern der Versicherte arbeitsunfähig ist oder wegen der Teilnahme an der Maßnahme keine ganztägige Erwerbstätigkeit ausüben kann (§§ 20, 21 SGB VI, 45 ff. SGB IX).

Zu den *ergänzenden* und *sonstigen Leistungen* s. § 28 SGB VI, §§ 44, 54, 55 SGB IX; § 31 13 SGB VI.

60 Dazu BSGE 68, 167.

61 Vgl. dazu BSGE 50, 149 (150).

62 Vgl. BSG SozR 3–2600 § 13 Nr. 4.

C. Rentenleistungen

I. Allgemeines

14 Bei der Prüfung von Rentenansprüchen ist danach zu unterscheiden, ob ein Anspruch *dem Grunde* nach besteht, und, wenn ja, *in welcher Höhe*. Zu den Voraussetzungen eines Anspruchs dem Grunde nach gehört zunächst das Bestehen eines *Versicherungsverhältnisses*, weiter das Vorliegen eines *Versicherungsfalles* und die Erfüllung einer *Wartezeit* (Mindestversicherungszeit) sowie ggf. weitere besondere Voraussetzungen (§ 34 Abs. 1 SGB VI). Dann erst stellt sich die Frage nach der Höhe eines Rentenanspruchs.

15 Die Anspruchsvoraussetzungen *dem Grunde nach* werden für alle Rentenarten – Versicherten- wie Hinterbliebenenrenten – gemeinsam geregelt (§§ 34–53 SGB VI). Danach finden sich die Regelungen zur Rentenhöhe und zur Rentenanpassung (§§ 63 ff. SGB VI), also zu den Rentenansprüchen *der Höhe nach*.

Wenn das Gesetz von »Rente« spricht – etwa in § 63 SGB VI –, so meint es damit stets *alle* Rentenarten (dazu § 33 SGB VI). Insbesondere gilt auch die *Rentenformel* (§ 64 SGB VI) mit den einzelnen Faktoren für *sämtliche* Rentenarten. Das schließt nicht aus, dass für einzelne Rentenarten verschiedentlich besondere Regelungen vorgesehen sind.

Die Vorschriften über die *rentenrechtlichen Zeiten* (§§ 54 ff. SGB VI), enthalten Regelungen für die Anspruchsvoraussetzungen dem Grunde nach *und* für die Anspruchshöhe. Diese rentenrechtlichen Zeiten spielen eine Rolle im Zusammenhang mit den Wartezeiten (Anspruchsvoraussetzung dem Grunde nach) als auch bei der Feststellung der persönlichen Entgeltpunkte (Anspruchshöhe) eine Rolle.

II. Renten für Versicherte

16 Das Gesetz unterscheidet bei den *Renten für Versicherte* solche wegen Alters und wegen verminderter Erwerbsfähigkeit (§ 33 Abs. 1 SGB VI). Bei den in dieser Bestimmung weiter genannten *Renten wegen Todes* handelt es sich dagegen um Hinterbliebenenrenten.

Den *Versichertenrenten* liegen drei Gruppen von Versicherungsfällen zugrunde: das Erreichen einer von mehreren vorgesehenen Altersgrenzen, teilweise und volle Erwerbsminderung (früher: Berufsunfähigkeit, BU, und Erwerbsunfähigkeit, EU). Hinzu kommt noch der besondere Tatbestand der Rente für Bergleute (§ 33 Abs. 3 Nr. 3 i.V.m. § 45 SGB VI). Jeder Rentenanspruch setzt jedoch außer dem Eintritt eines dieser genannten Versicherungsfälle noch die Erfüllung einer bestimmten Wartezeit voraus, der Anspruch auf Rente wegen verminderter Erwerbsfähigkeit ferner vorherige versicherungspflichtige Berufstätigkeit.

Die Höhe der einzelnen Rente richtet sich sodann insbes. nach Anzahl und Höhe der geleisteten Beiträge. Die einzelnen Anspruchsvoraussetzungen Versicherungsfall, Wartezeit und Berechnungsfaktoren werden im Folgenden in dieser Reihenfolge behandelt.

III. Renten wegen verminderter Erwerbsfähigkeit

1. Allgemeines

17 Mit dem Gesetz zur Reform der Renten wegen verminderter Erwerbsfähigkeit vom 16. 11. 2000[63] ist die Sicherung des Lebensunterhalts bei Erwerbsminderung (*Invalidität*) grundlegend reformiert worden. Die bisherige Zweiteilung der Versicherungsfälle bei Invalidität in *Erwerbsunfähigkeit* und *Berufsunfähigkeit* ist ersetzt worden durch eine zweistufige *Erwerbsminderung* (*volle* und *teilweise* Erwerbsminderung). Damit soll nicht mehr auf die

63 BGBl. I S. 1827. Hierzu auch BT-Drs. 14/4230 (Regierungsentwurf) und 14/4630 (Beschlussempfehlung); vgl. *Rademacker* SozSich 2001, 74; *Stichnoth/Wiechmann* DAngVers 2001, 1.

Fähigkeit zur Erwerbstätigkeit im spezifischen Beruf des Versicherten, sondern nur noch auf dem allgemeinen Arbeitsmarkt abgestellt werden.

Die Neuregelung wurde damit begründet, dass die Rentenversicherung bei einem beträchtlichen Teil der Versicherten nicht nur das Invaliditätsrisiko, sondern auch das Arbeitsmarktrisiko trage. Ein Großteil der Renten wurde nicht ausschließlich wegen der gesundheitlichen Beeinträchtigung, sondern infolge des verschlossenen Arbeitsmarktes gewährt. So wurde 1999 jede dritte Erwerbsunfähigkeitsrente – insgesamt 71000 – aus arbeitsmarktbedingten Gründen bewilligt[64]. Damit wurde die EU-Rente zu einer Arbeitsmarktrente. Darüber hinaus sollte der Kritik an der Berufsunfähigkeitsrente Rechnung getragen werden, die sich zu einer »Prestigerente« für Versicherte mit besonderer Qualifikation in herausgehobenen Positionen entwickelt hatte.

Aus Gründen des Vertrauensschutzes wird jedoch für alle Versicherten, die vor dem 2. Januar 1961 geboren sind, eine *Rente wegen teilweiser Erwerbsminderung bei Berufsunfähigkeit* gewährt, deren Voraussetzungen im Wesentlichen denen der früheren Berufsunfähigkeitsrente entsprechen. Diese wird daher noch für längere Zeit praktische Bedeutung behalten.

Nach dem früher geltenden Recht wurden Renten wegen Berufsunfähigkeit und wegen 18
Erwerbsunfähigkeit unterschieden. Diese Trennung wurde aufgehoben.

Das *Gesetz zur Reform der Renten wegen verminderter Erwerbsfähigkeit* ist am 1. 1. 2001 in Kraft getreten. Dieses Gesetz ersetzt die Regelungen des Rentenreformgesetzes 1999[65], das nach dem Regierungswechsel 1998 durch das Korrekturgesetz ausgesetzt worden war. Renten wegen Berufs- und Erwerbsunfähigkeit werden nur noch bei einem Rentenbeginn bis zum 31. 12. 2000 gezahlt.

2. Erwerbsminderungsrenten

a) Teilweise Erwerbsminderung

Teilweise erwerbsgemindert sind Versicherte, die wegen Krankheit oder Behinderung auf 19
nicht absehbare Zeit außerstande sind, unter den üblichen Bedingungen des allgemeinen Arbeitsmarktes mindestens sechs Stunden täglich erwerbstätig zu sein (§ 43 Abs. 1 S. 2 SGB VI).

b) Volle Erwerbsminderung

Voll erwerbsgemindert sind Versicherte, die wegen Krankheit oder Behinderung auf nicht 20
absehbare Zeit außerstande sind, unter diesen Bedingungen mindestens drei Stunden täglich erwerbstätig zu sein (§ 43 Abs. 2 S. 2 SGB VI). Die Erwerbsminderung beurteilt sich dabei nach dem Leistungsvermögen des Versicherten in zeitlicher Hinsicht unter den üblichen Bedingungen des allgemeinen Arbeitsmarktes. Besondere nicht gesundheitlich bedingte Leistungseinschränkungen wie Analphabetismus können zu berücksichtigen sein[66].

c) Erwerbsminderung bei verschlossenem Arbeitsmarkt

Das neue Recht legt darüber hinaus fest, dass nicht erwerbsgemindert ist, wer unabhängig 21
von der jeweiligen Arbeitsmarktlage für mindestens sechs Stunden täglich erwerbstätig sein kann (§ 43 Abs. 3 SGB VI). Daraus wird im Umkehrschluss hergeleitet, dass bei einer Leistungsfähigkeit, die unter sechs Stunden liegt, die Arbeitsmarktlage berücksichtigt wird. Der Gesetzgeber hat damit die von der Rspr. entwickelte konkrete Betrachtungsweise[67] anerkannt[68].

---

64 *Leopold* BB 2001, 208.
65 Dazu *Kamprad* SGb 1999, 656.
66 BSG SozR 4–2600 § 44 Nr. 1.
67 BSGE 30, 167; 30, 192; 43, 75; SozR 2200 § 1246 Nr. 139, 449 f.
68 *A. Marschner* ZTR 2001, S. 15 (16).

Dies bedeutet, dass auch diejenigen Versicherten voll erwerbsgemindert sind, die ein Leistungsvermögen von über drei, aber unter sechs Stunden täglich aufweisen und bei denen von einem verschlossenen Arbeitsmarkt auszugehen ist. Diese Versicherten sind arbeitslos, weil sie ihr Restleistungsvermögen nicht in Erwerbseinkommen umsetzen können[69].

Aber auch für alle anderen Versicherten, bei denen solche besonderen gesundheitlichen Erschwernisse nicht vorliegen, ist noch zu prüfen, ob ihnen der allgemeine Teilzeitarbeitsmarkt offensteht oder ob er als verschlossen anzusehen ist.

Das BSG[70] hatte zunächst darauf abgestellt, ob das Verhältnis der im Verweisungsgebiet vorhandenen und für den Versicherten in Betracht kommenden Teilzeitarbeitsplätze zur Zahl der Interessenten für solche Beschäftigungen ungünstiger ist als 75:100 (dann Arbeitsmarkt verschlossen); dabei sollte unerheblich sein, inwieweit die *vorhandenen* Teilzeitarbeitsplätze *besetzt* oder frei sind (sog. konkret-objektive Betrachtungsweise). Dieses Verfahren erwies sich jedoch als nicht praktikabel (vgl. dazu Vorlagebeschluss SozR 2200 § 1246 Nr. 9), so dass das BSG nach einer neuen Lösung suchen musste.

22 Seit dem Beschluss des Großen Senats vom 10. 12. 1976[71] hält das BSG für einen Versicherten den Arbeitsmarkt dann für »praktisch verschlossen«, wenn ihm weder der Rentenversicherungträger noch das zuständige Arbeitsamt innerhalb eines Jahres seit Stellung des Antrags auf BU-Rente einen konkreten, für ihn in Betracht kommenden Arbeitsplatz anbieten kann. Dabei darf er i.d.R. nur auf solche Teilzeitarbeitsplätze verwiesen werden, die er täglich von seiner Wohnung aus erreichen kann (sog. konkret-subjektive Betrachtungsweise).

Für längstens ein Jahr wird also die Offenheit des Arbeitsmarktes unterstellt. Das hat zur Konsequenz, dass für den Versicherten, solange er keinen Teilzeitarbeitsplatz findet, wegen Arbeitslosigkeit Ansprüche auf Arbeitslosengeld in Betracht kommen. Spätestens nach einem Jahr tritt dann die Leistungspflicht der Rentenversicherung ein. Allerdings gehen die Rentenversicherungsträger aufgrund der angespannten Lage auf dem Arbeitsmarkt z.Z. ohne weitere Ermittlungen davon aus, dass eine Vermittlung innerhalb der Jahresfrist nicht möglich ist. Dieser Begriff der Arbeitslosigkeit ist nicht mit dem Begriff aus § 118 SGB III gleichzusetzen: Arbeitslosigkeit nach der konkreten Betrachtungsweise liegt unabhängig davon vor, ob der Versicherte als Arbeitssuchender gemeldet ist oder ob er einen Anspruch auf Geldleistungen nach dem SGB III hat. Aus diesem Grund erhält der Rentenversicherungsträger für diese Erwerbsminderungsrenten auch einen Ausgleichsbetrag seitens der Bundesanstalt für Arbeit.

23 Da die Arbeitsmarktsituation in bestimmten Fällen zu einem Anspruch auf Erwerbsminderungsrente führen kann, sind in § 224 SGB VI Ausgleichszahlungen durch die Bundesagentur für Arbeit an die Träger der Rentenversicherung festgelegt. Damit sollen die Aufwendungen, die durch die Berücksichtigung der Arbeitsmarktsituation für die Rentenversicherungsträger entstehen, ausgeglichen werden. Der Ausgleichsbetrag bemisst sich pauschal nach der Hälfte der Aufwendungen für die Renten wegen voller Erwerbsminderung (§ 224 Abs.1 S. 2 SGB VI).

3. Vorversicherungszeit

24 Ein Anspruch auf Erwerbsminderungsrente setzt voraus, dass innerhalb der letzten fünf Jahre vor Eintritt der Erwerbsminderung mindestens drei Jahre Pflichtbeitragszeiten gegeben sind (§§ 43 Abs. 1 Nr. 2, Abs. 2 Nr. 2 SGB VI). Dies sind Zeiten, für die Pflicht- und nicht nur freiwillige Beiträge nach § 7 SGB VI gezahlt worden sind (§ 55 SGB VI).

Freiwillige Versicherungszeiten, etwa von Hausfrauen oder Selbstständigen – außer sie sind pflichtversichert auf Antrag (§ 4 SGB VI) –, sind also nicht ausreichend[72]. Damit

69 BT-Drs. 14/4230, 25 f.

70 BSGE 30, 167 (184); 30, 192 (204).

71 BSGE 43, 75.

72 Auch im Wege des Versorgungsausgleichs übertragene oder begründete Rentenanwartschaften sind nicht anrechenbar, BSGE 65, 107.

wird eine große Gruppe von Versicherten von den Erwerbsminderungsrenten ausgeschlossen, was auch vom Gesetzgeber bezweckt worden ist[73].

Die Fünfjahresfrist verlängert sich nach §§ 43 Abs. 4 SGB VI um Anrechnungszeiten, also Zeiten, in denen der Versicherte z.B. wegen Krankheit (§ 58 Abs. 1 S. 1 Nr. 1 SGB VI) keiner Erwerbstätigkeit nachgehen und daher auch keine Pflichtbeiträge abführen konnte. Wichtig ist weiter, dass die Fünfjahresfrist auch um Berücksichtigungszeiten verlängert wird. Hierher zählen die Kindererziehungszeiten (§ 57 SGB VI). Pflegezeiten hingegen gelten voll als Beitragszeiten (§ 3 S. 1 Nr. 1 a SGB VI). 25

4. Befristung der Rentengewährung

Erwerbsminderungsrenten werden grundsätzlich nur befristet gewährt (§ 102 SGB VI). 26
Die Höchstdauer für eine Befristung beträgt drei Jahre; die Befristung kann wiederholt werden. Unbefristet werden Renten nur geleistet, wenn auf sie unabhängig von der jeweiligen Arbeitsmarktlage ein Anspruch besteht und wenn unwahrscheinlich ist, dass die Minderung der Erwerbsfähigkeit behoben werden kann. Dies wird bei einer Gesamtdauer der Befristung von neun Jahren angenommen.

5. Abschläge

Durch den Zugangsfaktor wurden Rentenabschläge bei der Erwerbsminderungsrente ein- 27
geführt. Der Zugangsfaktor 1 wird für jeden Monat, den eine Rente vor Ablauf des Kalendermonats der Vollendung des 63. Lebensjahres in Anspruch genommen wird, um 0,003 verringert (§ 77 Abs. 2 Nr. 3 SGB VI). Beginnt die Rente vor dem 60. Lebensjahr, wird der Zugangsfaktor bis auf dieses Jahr herabgerechnet (§ 77 Abs. 2 S. 2 SGB VI). Daraus ergibt sich damit ein Abschlag von 10,8%, da in den drei Jahren zwischen der Vollendung des 60. und der Vollendung des 63. Lebensjahres für jeden Monat ein Abschlag von 0,003 vorgenommen wird.

Die Abschläge sollen verhindern, dass durch Erwerbsminderungsrenten ein abschlagsfreier Weg in die Altersrente genommen wird. Problematisch ist, dass die Abschläge bisher auch diejenigen Versicherten getroffen haben, die vor dem 60. Lebensjahr erwerbsgemindert worden sind. Das BSG hat die entsprechende Auslegung des Gesetzes für rechtswidrig gehalten, weil der Steuerungszweck der Norm bei ihnen gar nicht erreicht werden kann[74].

6. Rente wegen teilweiser Erwerbsminderung bei Berufsunfähigkeit

Für diejenigen, die vor dem 2. 1. 1961 geboren wurden und deren tägliches Leistungsver- 28
mögen auf sechs Stunden des bisher ausgeübten Berufes beträgt, wird eine spezielle Rente gewährt, § 240 SGB VI, die *Rente wegen teilweiser Erwerbsminderung bei Berufsunfähigkeit*.

a) Definition

§ 240 Abs. 2 SGB VI gibt eine Legaldefinition der *Berufsunfähigkeit*, die an das frühere Recht 29
anknüpft. Berufsunfähig sind Versicherte, deren Erwerbsfähigkeit wegen Krankheit oder Behinderung im Vergleich zur Erwerbsfähigkeit von körperlich, geistig und seelisch gesunden Versicherten mit ähnlicher Ausbildung und gleichwertigen Kenntnissen und Fähigkeiten auf weniger als sechs Stunden gesunken ist. Der Kreis der Tätigkeiten, nach denen die Erwerbsfähigkeit zu beurteilen ist, umfasst alle Tätigkeiten, die den Versicherten unter Berücksichtigung von Qualifikation und Berufspraxis zumutbar sind. Berufsunfä-

73 Zur Verfassungsmäßigkeit BVerfGE 75, 78, sowie BSG SozR 3–2200 § 1247 Nr. 9, vgl. *Behn* NZA 1990, 175.

74 BSG vom 16. 5. 2006, Az. B 4 RA 2205 R; dazu *Schaller* SozSich 2006, 215.

hig ist nicht, wer eine zumutbare Tätigkeit mindestens sechs Stunden täglich ausüben kann.

Der Versicherungsfall der Berufsunfähigkeit galt und gilt als der »problematischste des gesamten Sozialversicherungsrechts«[75].

Das BSG[76] drückte dies so aus: Berufsunfähigkeit »setzt voraus, dass das gesundheitliche Vermögen des Versicherten bei keinem Beruf, der seiner geschützten Berufskompetenz entspricht (d.h. ihn also fachlich-qualitativ weder über- noch unterfordert) dafür ausreicht, ihn (zeitlich und inhaltlich) wenigstens hälftig auszuüben«. Nicht versichert ist »die Gefahr, keinen geeigneten Arbeitsplatz zu erhalten; versichertes Gut ist also nicht die Erwerbsmöglichkeit und auch nicht die Vermittelbarkeit auf einen zumutbaren Arbeitsplatz«.

b) Vollerwerbsfähigkeit, Hauptberuf, Berufsschutz

30 Zunächst ist festzustellen, ob überhaupt eine Minderung der Erwerbsfähigkeit des Versicherten gegeben ist[77]. Als volle Erwerbsfähigkeit des Versicherten fingiert man diejenige eines körperlich, geistig und seelisch gesunden Versicherten mit ähnlicher Ausbildung und gleichwertigen Kenntnissen und Fähigkeiten. Richtungsweisend ist der vom Versicherten zuvor ausgeübte Hauptberuf.

Ihm gleichgestellt sind Tätigkeiten, die mit diesem Hauptberuf aufgrund der erforderlichen ähnlichen Ausbildung und der nötigen gleichwertigen Kenntnisse und Fähigkeiten vergleichbar sind.

Beispiel: Der Beruf eines Verkäufers im Fotoeinzelhandel ist dem eines im Fotolabor Tätigen gleichgestellt. Beide Berufe erfordern eine ähnliche Ausbildung und gleichwertige Kenntnisse und Fähigkeiten. Dagegen würde der Schneiderberuf nicht mehr vergleichbar sein, da er vielleicht *gleichwertige* Kenntnisse und Fähigkeiten erfordert, jedoch eine völlig andere Ausbildungsart voraussetzt.

31 Der fiktiven Vollerwerbsfähigkeit ist die Erwerbsfähigkeit des Versicherten gegenüberzustellen, wobei auf den für den Versicherten maßgeblichen *Hauptberuf* und die ihm entsprechende *Berufsgruppe* abzustellen ist.

Dies ist vor allem dann von Bedeutung, wenn der Versicherte vor der Gesundheitsbeeinträchtigung *mehrere* Berufstätigkeiten unterschiedlicher Qualifikationen ausgeübt hat. Dann fragt es sich, welche der Tätigkeiten den Hauptberuf darstellte. Zunächst kommt nur eine solche in Betracht, die vom Schutz der *Pflichtversicherung* erfasst wird[78]. Des Weiteren wird zwar meist die *zuletzt* ausgeübte Tätigkeit als Hauptberuf anzusehen sein. Entscheidend ist jedoch, ob sich der Versicherte von einer früheren Tätigkeit gelöst, ob er sich also endgültig und nicht nur vorübergehend (etwa wegen Arbeitslosigkeit)[79] von ihr abgewandt hat.

Problematisch ist insbes., wann sich ein Versicherter von einem früheren Beruf mit einem *höheren* Sozialprestige und / oder einem höheren Lohnniveau gelöst hat. Im Einzelfall kommt alles auf die konkreten Umstände an. **Beispiel:** Ein Versicherter muss gegen seinen Willen aus betrieblichen Gründen einen Arbeitsplatzwechsel hinnehmen. Übt er die neue Tätigkeit längere Zeit aus, ohne sich um eine Rückkehr zur früheren Arbeit zu bemühen, muss angenommen werden, dass er sich mit dem Wechsel abgefunden und damit von der früheren Tätigkeit gelöst hat[80].

32 Ein Berufsschutz wird insbesondere dann gewährt, wenn ein Versicherter aus gesundheitlichen Gründen eine frühere Tätigkeit nicht oder nicht mehr uneingeschränkt auszuüben in der Lage ist. In solchen Fällen bleibt dieser frühere Beruf der Hauptberuf. Denn die

---

75 *Bley/Kreikebohm* Sozialrecht, 7. Aufl., Rn. 499.
76 SozR 3–2600 § 43 Nr. 13.
77 Vgl. BSGE 9, 254 (256).
78 Dazu BVerfGE 47, 168 (177 ff.).
79 Dazu BSGE 2, 182 (186 f.).
80 BSG vom 28. 3. 1980 – 5 RJ 40/79.

Rente bei Berufsunfähigkeit hat gerade den Sinn, gegen das gesundheitliche Berufsrisiko zu schützen.

Fall: X führt bis zu seinem 45. Lebensjahr ein ihm gehörendes Lebensmittelgeschäft. Nachdem er es aufgegeben hatte, trat er die Stelle des Geschäftsführers in einem Lebensmittelsupermarkt an. Jedoch musste er bereits nach vier Jahren aus gesundheitlichen Gründen diesen Posten wieder aufgeben. Er übernahm daraufhin eine Stellung in der Buchhaltung des Unternehmens. Nach weiteren drei Jahren tritt eine neuerliche Verschlechterung seines Gesundheitszustandes ein, so dass er Rente wegen BU beantragt. – Hier kann die frühere Berufstätigkeit des X als Geschäftsführer eines Lebensmittelsupermarktes ausnahmsweise *nicht* als Hauptberuf berücksichtigt werden, auch wenn X diese Tätigkeit aus gesundheitlichen Gründen aufgeben musste.

Zu trennen von dieser Frage des *Berufsschutzes* im Zusammenhang mit der Ermittlung der fiktiven Vollerwerbsfähigkeit ist die ganz andere Frage der *Zumutbarkeit eines Verweisungsberufs*, bei der der frühere Hauptberuf natürlich ebenfalls eine wichtige Rolle spielt.

Das Studium des genauen Wortlauts des § 240 Abs. 1 SGB VI gibt zu folgenden Überlegun- 33
gen Anlass: Im S. 1 wird auf die Erwerbsfähigkeit gesunder Versicherter mit »ähnlicher Ausbildung« und »gleichwertigen Kenntnissen und Fähigkeiten« abgestellt. Demgegenüber ist gemäß S. 2 die Zumutbarkeit derjenigen Tätigkeiten, auf die die Versicherten verwiesen werden können, zu beurteilen unter Berücksichtigung »der Dauer und des Umfangs ihrer Ausbildung sowie ihres bisherigen Berufs und der besonderen Anforderungen ihrer bisherigen Berufstätigkeit«. Von Interesse ist also nicht die (vor allem inhaltliche) Ähnlichkeit der Ausbildung, sondern nur ihre Dauer und ihr (auch qualitativer) Umfang. Ferner spielt für die Frage, ob Versicherte auf bestimmte Tätigkeiten verwiesen werden können, keine Rolle, ob diese (qualitativ) gleichwertige Kenntnisse und Fähigkeiten erfordern, sondern nur, ob sie ihnen unter Berücksichtigung der erwähnten Merkmale subjektiv zumutbar sind. Umfang und Dauer der Ausbildung der Versicherten haben danach keine selbstständige Bedeutung; vielmehr kennzeichnen sie lediglich den Weg, auf dem die für den bisherigen Beruf erforderlichen Kenntnisse und Fähigkeiten erworben worden sind[81].

Die Ausbildung als Fotolaborant z.B. ist in inhaltlicher Hinsicht von der eines Schneiders grundverschieden. Das schließt nicht aus, dass beide Ausbildungen bezüglich Dauer und Umfang vergleichbar sind.

c) Verweisung auf einen anderen Beruf

Meist allerdings, insbesondere bei höher qualifizierten Berufen, ist es für einen Versicher- 34
ten, vor allem aufgrund der Situation am Arbeitsmarkt, nicht möglich, die bisherige Tätigkeit wenigstens sechs Stunden auszuüben, weil es keine entsprechenden Stellen gibt. In diesen Fällen könnte der Versicherte seinen Beruf nicht mehr ausüben. Das Gesetz sieht jedoch keinen Schutz in Hinblick auf die gesundheitliche Verhinderung vor, gerade im bisherigen Beruf tätig zu werden. Vielmehr müssen sich diese Versicherten im Rahmen des § 240 Abs. 2 S. 2 SGB VI auf andere Berufstätigkeiten verweisen lassen; dabei wird ihnen auch ein gewisser sozialer Abstieg zugemutet.

Stets zumutbar ist die Verweisung auf eine Tätigkeit, für die der Versicherte durch Leistungen zur Teilhabe am Arbeitsleben mit Erfolg ausgebildet oder umgeschult worden ist (§ 240 Abs. 2 S. 3 SGB VI).

d) Objektive Zumutbarkeit

Das Gesetz stellt für die Zulässigkeit einer solchen Verweisung auf zwei Kriterien ab. Zu- 35
nächst darf ein Versicherter auf alle Tätigkeiten verwiesen werden, die seinen »Kräften und Fähigkeiten entsprechen« (objektive Zumutbarkeit). Soweit damit gesagt ist, dass ein Versicherter auf keine Tätigkeit verwiesen werden darf, die seine Leistungsfähigkeit

81 BSGE 38, 153 (155).

übersteigt, handelt es sich um eine Selbstverständlichkeit, die keiner ausdrücklichen gesetzlichen Hervorhebung bedurft hätte. Doch stellt diese Regelung darüber hinaus klar, dass ein Versicherter auch wirklich alle seine Kräfte und Fähigkeiten einzusetzen bereit sein muss, unabhängig davon, ob die Ausübung seines bisherigen Hauptberufs von ihnen abhing oder nicht. Keine Rolle spielt auch, auf welchem Wege er sich die Fähigkeiten erworben hat.

e) Subjektive Zumutbarkeit

36 Viel problematischer ist das zweite Kriterium, nach der die Zulässigkeit einer Verweisung auf einen anderen Beruf zu beurteilen ist, nämlich das der subjektiven Zumutbarkeit[82]. Versicherte dürfen nur auf solche Tätigkeiten verwiesen werden, die »ihnen unter Berücksichtigung der Dauer und des Umfangs ihrer Ausbildung sowie ihres bisherigen Berufs und der besonderen Anforderungen ihrer bisherigen Berufstätigkeit zugemutet werden können«. Diese Regelung soll vor allem gewährleisten, dass ein Versicherter in beruflicher Hinsicht keinen unzumutbaren sozialen Abstieg erleidet. Der Anspruch auf Rente wegen Berufsunfähigkeit soll nicht daran scheitern, dass sich der Versicherte weigert, eine Erwerbstätigkeit auszuüben, zu der er leistungsmäßig zwar in der Lage wäre, die für ihn jedoch einen über das Zumutbare hinausgehenden Prestigeverlust mit sich bringen würde.

Zum Zumutbarkeitsproblem bei Berufsunfähigkeit hat die Rechtsprechung in zahlreichen Urteilen Stellung genommen und dabei mehrfache Wandlungen in inhaltlicher Hinsicht vollzogen[83].

37 Auszugehen ist von folgendem Grundsatz: Je qualifizierter ein Beruf ist und je spezieller die für ihn erforderlichen Kenntnisse und Fähigkeiten sind, desto enger ist der Kreis der zumutbaren Verweisungstätigkeiten.

Beispiel[84]**:** K ist Opernsängerin. Infolge gesundheitlicher Beschwerden wie Fettleibigkeit, Atemnot und Rückenschmerzen kann sie diesem Beruf nicht mehr nachgehen. – Ihre persönlichen Kenntnisse und Fähigkeiten sind so stark auf die Operntätigkeit zugeschnitten, dass keine Verweisungstätigkeiten für sie in Betracht kommen, zumal sie keinen erhöhten künstlerischen Ruf genießt, der ihr u.U. gewisse andere gleichrangige Erwerbstätigkeiten, etwa als hervorragende Gesangspädagogin, eröffnen könnte. Die für sie z.B. in Betracht kommende Arbeit als Konzertsängerin oder eine Rundfunktätigkeit verlangen andere Qualitäten als der durchschnittliche Bühnengesang.

38 Hat dagegen ein Versicherter bisher nur ungelernte Tätigkeiten verrichtet, so darf er – immer im Rahmen seiner (objektiven) Kräfte und Fähigkeiten – auf den gesamten Arbeitsmarkt verwiesen werden.

39 Eine Schwierigkeit besteht darin, objektive Kriterien zu entwickeln, die eine qualitativ-graduelle Abstufung der verschiedenen Berufsgruppen erlauben. Sie sind aber erforderlich, da den Versicherten ein gewisser beruflich-sozialer Abstieg zugemutet wird. Sie können nicht darauf bestehen, nur auf Tätigkeiten qualitativ völlig gleichwertiger Berufsgruppen verwiesen zu werden. Zu diesem Zweck wurde die Stufentheorie entwickelt.

40 Ausgangspunkt war das *Drei-Stufen-Schema* des BSG. Danach wurden für die Arbeiterberufe zunächst drei Gruppen unterschieden: eine obere, eine mittlere und eine untere Gruppe. Der oberen Gruppe sollten die anerkannten Lehrberufe mit einer zwei- bis dreijährigen Lehrzeit und Abschlussprüfung angehören. Zur mittleren Gruppe zählte man die anerkannten Anlernberufe mit einer ein- bis zweijährigen Anlernzeit, während die ungelernten Berufe der unteren Gruppe zugeordnet wurden[85]. Im Laufe der Zeit hat die Rspr. dieses Drei-Stufen-Schema weiter differenziert. So führte man zum einen innerhalb der ungelern-

82 Vgl. *Kolb* FS Wannagat, S. 223.
83 Vgl. BSGE 62, 74.
84 Nach BSG SozR Nr. 31 zu § 1246 RVO.
85 Vgl. BSG SozR Nr. 35 und 103 zu § 1246 RVO; SozR 2200 § 1246 Nr. 4.

ten Tätigkeiten die Unterscheidung zwischen »normalen« und solchen Tätigkeiten ein, die »nur ganz geringen qualitativen Wert« aufweisen[86]. Zum anderen ordnete man der Gruppe der »normalen« Facharbeiterberufe die Gruppe der besonders hoch qualifizierten Facharbeiter bzw. der Vorarbeiter mit Vorgesetztenfunktion vor[87]. Schließlich kam es noch zu einer Differenzierung zwischen »normalen« Anlernberufen und solchen im »oberen Bereich« dieser Berufsgruppe.

So ergab sich folgendes Mehrstufenschema[88]: 41

1. Stufe: Vorarbeiter / besonders qualifizierte Facharbeiter[89];
2. Stufe: Gelernte (Facharbeiter);
3. Stufe: Angelernte (einschließlich sonstiger Ausbildungsberufe);
   a) »oberer Bereich« dieser Gruppe[90];
   b) übrige Tätigkeiten;
4. Stufe: Ungelernte:
   a) »normale« ungelernte Tätigkeiten[91];
   b) Tätigkeiten mit »nur ganz geringem qualitativen Wert«[92].

Für zumutbar hält man einen *sozialen Abstieg um eine Stufe,* für unzumutbar i.d.R. einen solchen um zwei und mehr Stufen[93]. Dabei ist allerdings auf eine wichtige Besonderheit hinzuweisen: Vom Angelernten im oberen Bereich dieser Gruppe (3 a) kann ein Versicherter nach der Rspr. des BSG nicht auf eine ungelernte Tätigkeit einfachster Art (Gruppe 4 b) verwiesen werden. 42

Das BSG hält für entscheidend, wie die tatsächlich ausgeübte Tätigkeit als solche zu qualifizieren ist. Auch ein Versicherter ohne die für seine Tätigkeit an sich vorgesehene dreijährige Ausbildung ist der Gruppe der Facharbeiter dann zuzuordnen, wenn er tatsächlich Facharbeitertätigkeiten verrichtet und entsprechende Kenntnisse und Fähigkeiten besitzt[94]. Ebenso können ungelernte Tätigkeiten rechtlich wie angelernte zu behandeln sein, wenn sie wegen eines besonderen Vertrauenserfordernisses, gesteigerter Verantwortung oder sonstiger Eigenschaften die üblichen ungelernten Tätigkeiten deutlich überragen[95]. Auf eine solche Tätigkeit kann dann auch ein Facharbeiter verwiesen werden. Schließlich ist es möglich, dass angelernte Tätigkeiten, einer Facharbeitertätigkeit gleichzustellen sind, wenn der Zugang zu ihr nur über eine Facharbeiterausbildung in Betracht kommt[96].

Beispiel: Ein Betriebsstudienhauer im Bergbau zählt zur Gruppe 1. Er bedarf nicht nur einer normalen Ausbildung für die bergmännische Facharbeitertätigkeit eines Hauers. Vielmehr braucht er eine langjährige Berufserfahrung als Hauer und umfangreiche, über die normalen bergmännischen Fachanforderungen hinausgehende Kenntnisse. Er kann daher nur auf Tätigkeiten eines (normalen) Facharbeiters der Gruppe 2 verwiesen werden[97]. 43

Bei der Einordnung einer Tätigkeit in das Stufenschema hat sich die Orientierung an den *tariflichen Einstufungen* immer mehr durchgesetzt. Der tarifvertraglichen Einstufung kommt eine Indizwirkung zu[98]. 44

---

86 BSG SozR 2200 § 1246 Nr. 143, 473.
87 BSGE 62, 74.
88 Vgl. *Ockenga/Weiler* SGb 1991, 177.
89 Dazu BSG SozR 2200 § 1246 Nr. 140.
90 Die tarifliche Bezeichnung »Facharbeiter« ist unerheblich, da die Ausbildung (nur) 2 Jahre dauert.
91 BSG SozR 2200 § 1246 Nr. 152.
92 BSG SozR § 1246 RVO Nr. 32.
93 St. Rspr; vgl. etwa BSGE 19, 57 (60); 62, 74 (76). Zur Verfassungsmäßigkeit BVerfGE 59, 36.
94 BSG SozR 4–2600 § 43 Nr. 1 = NZS 2005, 103; BSG SozR 3–2200 § 1246 Nr. 21.
95 BSGE 38, 153 (155 f.).
96 BSG SozR 3–2200 § 1246 Nr. 5.
97 BSG SozR 2200 § 1246 Nr. 103.
98 BSG SozR 3–2600 § 43 SGB VI Nr. 13.

45 Jedenfalls bei Versicherten, die einer der Gruppen 1 bis 3 a angehörten, muss der Rentenversicherungsträger mindestens eine der in Betracht kommenden Verweisungstätigkeiten konkret bezeichnen[99].

46 Das BSG hatte die Stufentheorie für die Arbeiterberufe entwickelt. Für die *Angestelltenberufe* wurde die Anwendbarkeit lange Zeit abgelehnt[100]. Später wurde auch für die Angestelltenberufe ein Mehrstufenschema entwickelt[101]. Danach sind für die Angestelltentätigkeiten folgende Gruppen zu unterscheiden[102]:

1. Stufe: Besonders qualifizierte Ausbildungsberufe (etwa Meister und Berufe mit Hochschulausbildung);
2. Stufe: sonstige Ausbildungsberufe mit einer über zwei-, in der Regel dreijährigen Ausbildung (Ausgebildete);
3. Stufe: Ausbildungsberufe mit einer bis zu zweijährigen Ausbildung (Angelernte);
4. Stufe: Angestelltenberufe ohne Ausbildung (Ungelernte).

Die Anerkennung einer eigenen Gruppe der leitenden Angestellten mit einem Entgelt oberhalb der Beitragsbemessungsgrenze hat das Gericht mit der Begründung abgelehnt, an dieser Grenze endet der rentenversicherungsrechtliche Schutz einschließlich des Berufsschutzes[103].

7. Übergangsrecht

47 Die Übergangsregelungen schützen Bezieher einer Berufs- oder Erwerbsunfähigkeitsrente, deren Anspruch bereits vor dem 31. 12. 2000 bestanden hat. Sie erhalten bei Vollendung des 58. Lebensjahres eine unbefristete Rente (§ 314 b SGB VI).

Gemäß § 302 b SGB VI besteht auch ein Vertrauensschutz für die Renten wegen Erwerbsunfähigkeit oder Berufsunfähigkeit, auf die am 31. 12. 2000 ein Anspruch bestand. Dieser Anspruch bleibt bei Vorliegen der Anspruchvoraussetzungen bis zur Vollendung des 65. Lebensjahres bestehen.

IV. Erreichen einer Altersgrenze

48 Auch das Erreichen einer Altersgrenze, etwa des 65. Lebensjahres, ist ein soziales Risiko. Ein Lebensabend ohne (meist nicht mehr mögliche oder zumutbare) Erwerbstätigkeit erfordert erhebliche finanzielle Mittel für den Lebensunterhalt, so dass für den Versicherungsfall »Alter« eine Sicherung in Form der Altersrente – da andere Vermögen in ausreichender Höhe i.d.R. nicht verfügbar sind – lebensnotwendig ist.

Die Rentenversicherung ist auch in der Form der Altersversicherung eine reine Risikoversicherung. Verstirbt der Versicherte vor Erreichen der Altersgrenze, werden deshalb keine Beiträge, etwa an Familienangehörige, erstattet.

49 Anspruch auf die *Regelaltersrente* besteht, wenn der Versicherte das 65. Lebensjahr vollendet hat und wenn er darüber hinaus die allgemeine Wartezeit von fünf Jahren (§ 50 Abs. 1 S. 1 SGB VI) erfüllt hat, § 35 SGB VI.

Fall: A führte bis zu seinem 61. Lebensjahr ein kleines Lebensmittelgeschäft, das er dann aufgeben musste. Anschließend war er als Angestellter bei einem großen Lebensmittelfilialunternehmen tätig. Als er mit 65 Jahren wenigstens eine kleine Rente aus der Rentenversicherung beziehen möchte, erfährt er, dass er die allgemeine Wartezeit von 60 Monaten noch nicht erfüllt hat. – Die Altersgrenze des § 35 Nr. 1 SGB VI von 65 Jahren ist nur eine Mindestaltersgrenze. A kann seinen Rentenantrag später stellen, um über sein 65. Lebensjahr hinaus Beiträge zu zahlen und zur Erfüllung der Wartezeit beizutragen.

---

99 BSG SozR 2200 § 1246 Nr. 143, S. 473; dazu *Ruland* SRH C. 16, Rn. 124.
100 BSGE 49, 54, 56.
101 BSGE 48, 202 (204); E 55, 45; SozR 3–2200 § 1246 Nr. 1, 2 und 41.
102 Näheres bei *Ruland* SRH C. 16 Rn. 123 ff.
103 BSG SozR 3–2200 § 1246 Nr. 1.

Andere besondere Voraussetzungen brauchen nicht erfüllt zu sein. Insbes. steht es dem Rentenempfänger frei, nach Belieben hinzuzuverdienen (§ 34 Abs. 2 S. 1 SGB VI).

Neben der Regelaltersrente kennt das Gesetz noch fünf Rentenarten, die unter bestimmten Voraussetzungen schon vor Vollendung des 65. Lebensjahres in Anspruch genommen werden können (§ 33 Abs. 2 Nr. 2–6 SGB VI). Da sie jedoch nicht in Anspruch genommen werden müssen, bestehen insoweit für die Versicherten Wahlmöglichkeiten. 50

Alle Versicherten können *ab dem 62. Altersrente für langjährig Versicherte* beziehen (§ 36 SGB VI; Regelung für Versicherte bis Jahrgang 1947: § 236 SGB VI). Erforderlich ist eine sehr lange Wartezeit von 35 Jahren. Es sind Abschläge in Kauf zu nehmen (§ 77 Abs. 2 Nr. 2 SGB VI). 51

Weiterarbeit oder Nebenerwerbstätigkeit sind, wie auch bei allen anderen vor Vollendung des 65. Lebensjahres in Anspruch genommenen Renten, nur eingeschränkt zulässig (§ 34 Abs. 2 und 3 SGB VI).

Ab dem 63. Lebensjahr haben Versicherte Anspruch auf Altersrente, wenn sie bei Beginn der Altersrente als *schwerbehinderte Menschen* nach § 2 Abs. 2 SGB IX anerkannt sind (Regelung für Jahrgänge bis Jahrgang 1951: § 236 a SGB VI). Auch hier muss eine Wartezeit von 35 Jahren erfüllt sein (§ 37 SGB VI). Gründe für diese Sonderregelung ist die erschwerte Arbeitsmarktsituation und die typisiert früher geminderte Leistungsfähigkeit dieser Gruppe. 52

Nur noch für Versicherte, die vor 1952 geboren sind, gilt die Regelung dass *ab dem 60. Lebensjahr* Altersrente bezogen werden kann, wenn sie nach Vollendung des 58. Lebensjahres längere Zeit (mindestens 52 Wochen in den letzten 1 1/2 Jahren) *arbeitslos* waren, die weiteren Versicherungsvoraussetzungen nach erfüllen und eine Wartezeit von 15 Jahren vorweisen können (§ 237 Abs. 1 SGB VI). 53

Für die Frage, ob Arbeitslosigkeit vorgelegen hat oder nicht, sind, soweit nicht rentenrechtliche Besonderheiten entgegenstehen, die Bestimmungen des SGB III maßgebend.

Für weibliche Versicherte sieht § 237 a SGB VI die besondere *Altersrente für Frauen* vor, die vor 1952 geboren sind, das 60. Lebensjahr vollendet haben und nach Vollendung des 40. Lebensjahres mehr als 10 Jahre Pflichtbeitragszeiten haben, wenn darüber hinaus eine Wartezeit von 15 Jahren erfüllt ist. 54

Diese Art des vorgezogenen Altersruhegeldes ging auf die erste große Rentenreform von 1957 zurück. Es sollte als Ausgleich insbesondere für solche rentenrechtlichen Nachteile dienen, denen weibliche Versicherte wegen ungünstigerer Bedingungen im Erwerbsleben aufgrund ihrer typischen und biologisch bedingten Stellung als Ehefrau und Mutter ausgesetzt sind. Dazu zählen Ausbildungsdefizite, Beschäftigungen in unteren Lohngruppen, geringere Aufstiegschancen sowie Unterbrechungen der Berufstätigkeit wegen Kindererziehung. Alle diese Umstände führen zu einem geringeren Arbeitsverdienst und damit zu niedrigeren Rentenansprüchen[104].

Ein Rentenanspruch darf nicht als *Kündigungsgrund* nach dem Kündigungsschutzgesetz angesehen werden (§ 41 SGB VI). Diese Vorschrift im SGB VI ist arbeitsrechtliche Schutznorm[105]. 55

Vor dem RRG 1992 war die Flexibilisierung des Rentenbezugs auf die *zeitliche* Inanspruchnahme (unterschiedliche Altersgrenzen) beschränkt. Das jetzige Rentenrecht kennt eine Flexibilisierung auch in Bezug auf die *Rentenhöhe*. Nach § 42 Abs. 1 und 2 SGB VI kann jede Rentenart als *Vollrente* oder aber als *Teilrente* in Höhe eines Drittels, der Hälfte oder in Höhe von zwei Dritteln bezogen werden. Teilrenten sind vor allem bei gleitenden Übergängen vom Arbeitsleben in den Ruhestand von Bedeutung. 56

---

104 BVerfGE 74, 163 (180).

105 Dazu *Moll* DB 1992, 475, und *Steinmeyer* RdA 1992, 6.

Ein früherer Rentenbezug – auch bei einer Teilrente – führt zu einer Rentenminderung (und zwar auf Dauer, also auch über das 65. Lebensjahr hinaus), eine spätere Inanspruchnahme der Rente zu einer entsprechend höheren Rente. Erreicht wird dieser Effekt über eine entsprechende Verminderung oder Erhöhung des Zugangsfaktors (§ 77 SGB VI).

57 Nach Vollendung des 65. Lebensjahres können Versicherte neben dem Bezug einer Altersrente unbeschränkt hinzuverdienen. Vorher ist dies nur in Grenzen möglich, genauer: bei Überschreiten bestimmter Verdienstgrenzen aufgrund abhängiger Beschäftigung oder selbstständiger Tätigkeit besteht kein Anspruch auf eine Rente wegen Alters (§ 34 Abs. 2 S. 1 SGB VI).

58 In den Jahren vor dem RRG 1992 wurde von den Möglichkeiten eines vorzeitigen Rentenbezugs so häufig Gebrauch gemacht, dass die reguläre Altersgrenze des 65. Lebensjahres zur Ausnahme zu werden drohte. Dies hatte erhebliche finanzielle Belastungen der Rentenversicherung zur Folge, da vorzeitige Renten mit nur verhältnismäßig geringen Abschlägen verbunden waren. Der Gesetzgeber hatte daher mit dem RRG 1992 eine erst ab 2001 wirkende Anhebung der Altersgrenze von 60 bzw. 63 Jahren bei den drei Rentenarten der Altersrente für langjährig Versicherte (§ 36 SGB VI), der Altersrente wegen Arbeitslosigkeit (§ 38 SGB VI a.F.)[106] und der Altersrente für Frauen (§ 39 SGB VI a.F.) auf 65 Jahre vorgesehen.

59 Bereits 1996 hat der Gesetzgeber jedoch die Regelung wieder geändert[107] und die Frühverrentung korrigiert[108]. Zu den Altersgrenzen bei Altersrenten wegen Arbeitslosigkeit vgl. § 237 Abs. 1 und 3 SGB VI, zu den Altersgrenzen bei Altersrenten für Frauen § 237 a Abs. 2 SGB VI. Zwar können auch jetzt noch vorzeitige Renten in Anspruch genommen werden, jedoch nur unter Inkaufnahme von spürbaren Rentenabschlägen. Allerdings können für diese Zeiten freiwillige Beiträge gemäß § 187 a SGB VI als Ausgleich eingezahlt werden.

In der Rentenversicherung wird die Problematik der Altersgrenzen vor allem unter den Gesichtspunkten der Finanzierbarkeit von Renten und der Arbeitsmarktentlastung gesehen. Nur wenig wird diskutiert, dass über die Festlegung der Altersgrenzen in der Rentenversicherung zumindest indirekt auch über die Möglichkeit der freien Berufsausübung im Alter bestimmt wird. Gerontologische Aspekte werden bei dieser Thematik vernachlässigt[109].

V. Die Wartezeiten

1. Allgemeines

60 Die Gewährung einer Rente setzt zunächst voraus, dass auf sie ein *Anspruch dem Grunde* nach besteht. Das ist neben dem Eintritt eines Versicherungsfalles die Erfüllung einer bestimmten Wartezeit (§ 50 i.V.m. §§ 35 Nr. 2, 36 Nr. 2, 37 Nr. 3 SGB VI). Die Erfüllung einer Wartezeit ist ein typisches Merkmal des Versicherungsprinzips, das gerade in der Rentenversicherung von wesentlicher Bedeutung ist. Ansprüche gegen einen Versicherungsträger sollen erst entstehen, wenn der Versicherte eine Mindestversicherungszeit (§ 34 Abs. 1 SGB VI) zurückgelegt, der Versichertengemeinschaft also eine Mindestzeit angehört und mit seinen Beiträgen zu deren Leistungsfähigkeit beigetragen hat.

61 Am ehesten entspricht es dem Versicherungsprinzip, wenn die Wartezeit mit Zeiten der Beitragsentrichtung (freiwillige Beiträge und Pflichtbeiträge) erfüllt wird. Diese Grundregel gilt für die allgemeine Wartezeit von fünf Jahren sowie für die Wartezeiten von 15

---

106 Zur Verfassungsmäßigkeit der Anhebung: BSG SozR 4–2600 § 237 Nr. 6.

107 Nach der ursprünglichen Fassung war z.B. eine Frühverrentung schon für alle nach dem 31. Dezember 1940 Geborenen möglich.

108 Die Änderung ist nicht verfassungswidrig, weil der Gesetzgeber mit §§ 237, 237 a SGB VI eine vertretbare Übergangsregelung geschaffen hat. Diese ist durch das Zweite Gesetz zur Fortentwicklung der Altersteilzeit vom 27. 6. 2000 (BGBl. I S. 910) verlängert worden.

109 *Boecken* Wie sollte der Übergang vom Erwerbsleben in den Ruhestand rechtlich gestaltet werden?, Gutachten B zum 62. DJT Bremen 1998. Vgl. *Eichenhofer* JZ 1998, 808 (814).

und 20 Jahren (§ 51 Abs. 1 SGB VI). Das Versicherungsprinzip kann jedoch in einer Sozialversicherung nicht strikt verwirklicht werden. Aus diesem Grund werden z.B. für die Wartezeit von 35 Jahren bei der Altersrente für langjährig Versicherte alle sog. rentenrechtlichen Zeiten (einschließlich der beitragsfreien Zeiten) angerechnet, wie sie in §§ 54 ff. SGB VI näher geregelt sind.

Die Wartezeit kann auch vorzeitig erfüllt sein, genauer: als vorzeitig erfüllt gelten (§ 53 62
SGB VI) so etwa, wenn ein Versicherter wegen eines Arbeitsunfalls vermindert erwerbsfähig wird. In solchen Fällen soll das Versicherungsprinzip ebenfalls nicht strikt angewendet werden.

Ist die erforderliche Wartezeit erfüllt, so ist damit über die Höhe der Rente noch nichts ausgesagt. Diese bestimmt sich vielmehr – u.a. – nach den sog. persönlichen Entgeltpunkten, die unter Berücksichtigung der jeweiligen rentenrechtlichen Zeiten des einzelnen Versicherten ermittelt werden (§§ 64, 66 SGB VI).

2. Die Wartezeiten im Einzelnen

a) Beitragszeiten

Beitragszeiten sind nach § 55 SGB VI Zeiten, für die Pflicht- oder freiwillige Beiträge ge- 63
zahlt worden sind. Den ersten Fall definiert das Gesetz als sog. Pflichtbeitragszeiten. Es handelt sich um diejenigen Zeiten, in denen wegen Versicherungspflicht Beiträge von den versicherungspflichtigen Einnahmen (§§ 161 ff. SGB VI) entrichtet worden sind.

Derartige Pflichtbeitragszeiten sind als Vorversicherungszeiten insbesondere bei den Erwerbsminderungsrenten erforderlich.

Als Beitragszeiten nach § 55 SGB VI kommen nur solche Zeiten in Betracht, für die die (freiwilligen oder Pflicht-) Beiträge wirksam gezahlt worden sind. Zu beachten ist, dass auch Bezieher von Entgeltersatzleistungen (z.B. von Krankengeld) pflichtversichert sind, so dass folglich auch für sie Pflichtbeiträge abgeführt werden.

b) Beitragsfreie Zeiten

Sowohl die Altersrente für langjährig Versicherte (§ 36 SGB VI) als auch die Altersrente für 64
schwerbehinderte Menschen (§ 37 SGB VI) erfordern eine Wartezeit von 35 Jahren. Auf diese längste aller Wartezeiten sind nicht nur Beitragszeiten, sondern auch alle übrigen rentenrechtlichen Zeiten anrechenbar (§ 51 Abs. 3 SGB VI). Zu diesen zählen außer den Berücksichtigungszeiten die beitragsfreien Zeiten (§ 54 Abs. 1 und 4 SGB VI).

aa) Anrechnungszeiten. Die in § 58 SGB VI geregelten Anrechnungszeiten entsprechen im 65
Wesentlichen den sog. Ausfallzeiten nach früherem Recht (vgl. § 1259 Abs. 1 RVO a.F.). Es handelt sich um Zeiten, in denen der Versicherte aus persönlichen Gründen nicht in der Lage ist bzw. war, Pflichtbeiträge zur gesetzlichen Rentenversicherung zu entrichten, in denen also Beiträge »ausfallen«, die aber dennoch rentenrechtlich, insbes. rentensteigernd, »angerechnet« werden. Dies sind insbesondere Zeiten der Krankheit oder Schwangerschaft, der Arbeitslosigkeit oder der schulischen Ausbildung.

Anrechnungszeiten nach § 58 Abs. 1 S. 1 Nr. 1 bis 3 SGB VI liegen nur vor, wenn eine Beschäftigung oder Tätigkeit, für die Versicherungspflicht besteht, unterbrochen worden ist (vgl. Abs. 2). Nur wenn also vor und nach der Ausfallzeit eine versicherungspflichtige Beschäftigung oder Tätigkeit ausgeübt wurde, kann sie berücksichtigt werden.

Fall[110]**:** K war bis zum 15.4. bei der Fa. H beschäftigt. Vom 16.4. bis 31.5. nahm er an einem gewerk- 66
schaftlich organisierten, rechtmäßigen Streik teil. Nach Beendigung des Streiks meldete sich K am 1. 6. beim Arbeitsamt als arbeitslos. Arbeitslosengeld oder Arbeitslosenhilfe standen ihm nicht zu. Da-

110 Nach BSGE [GS] 37, 10.

gegen bezog er Sozialhilfe. Ab 1. 8. übte er wieder eine versicherungspflichtige Beschäftigung aus. Werden die Monate Juni und Juli als Anrechnungszeit berücksichtigt? – Zunächst: Da K kein Arbeitslosengeld und auch keine Arbeitslosenhilfe bezogen hat, scheidet die Anerkennung als Anrechnungszeit mangels Versicherungspflicht nach § 3 S. 1 Nr. 3 SGB VI aus (vgl. § 58 Abs. 1 S. 3 SGB VI). Die Entscheidung über die Anrechnungszeit hängt davon ab, ob hier eine *Unterbrechung* der versicherungspflichtigen Beschäftigung des K durch die *Arbeitslosigkeit* oder bereits durch die Teilnahme an dem Streik anzunehmen ist. Das BSG meinte, dass die Streikteilnahme das Beschäftigungsverhältnis des K nicht unterbrochen, sondern nur *suspendiert* habe[111]. Unter diesen Umständen hat es sodann die Streikzeit als »*Überbrückungszeit*« angesehen, die nicht selber zur Unterbrechung des Beschäftigungsverhältnisses geführt habe. Danach ist erst durch die anschließende Arbeitslosigkeit die versicherungspflichtige Beschäftigung i.S.d. § 58 Abs. 2 S. 1 SGB VI unterbrochen worden.

67 Das BSG geht durchaus nicht engherzig vor, wenn es die Frage der Unterbrechung eines Beschäftigungsverhältnisses durch Arbeitslosigkeit zu beurteilen hat. So hat es z.B. noch eine »Überbrückungszeit« in einem Fall angenommen, in dem der Versicherte nach seinem unfreiwilligen Ausscheiden aus dem bisherigen Arbeitsverhältnis vergeblich versucht hatte, durch seine selbstständige Tätigkeit, die nicht versicherungspflichtig war, seinen Lebensunterhalt zu verdienen[112].

68 **bb) Ersatzzeiten.** Noch immer gibt es zahlreiche Versicherte, deren Rentenbiographie durch die Ereignisse des Zweiten Weltkrieges Einbrüche erlitten haben. Gemeint sind Zeiten des Militärdienstes, der Kriegsgefangenschaft, der Internierung, Verschleppung und Verfolgung, ferner der Umsiedlung und der Flucht. Hier war es den Versicherten i.d.R. unmöglich, eine beitragspflichtige Beschäftigung auszuüben oder freiwillige Beiträge zur Rentenversicherung zu leisten. Um bei den Betroffenen rentenrechtliche Nachteile zu verhindern, werden solche Zeiten als sog. Ersatzzeiten wie Beitragszeiten behandelt. Allerdings können solche Zeiten künftig nicht mehr neu erworben werden (§ 250 Abs. 1 SGB VI). In der Sache handelt es sich bei der rentenrechtlichen Berücksichtigung der Ersatzzeiten übrigens um eine besondere Form der staatlichen Aufopferungsentschädigung[113], deren Finanzierung eine wesentliche Aufgabe des Staatszuschusses ist.

Frage: Zählen hierher auch Zeiten des Grundwehrdienstes oder der Beteiligung an Wehrübungen bei der Bundeswehr? – Nein! Wehrpflichtige und Personen, die Zivildienst leisten, sind nach § 3 S. 1 Nr. 2 SGB VI pflichtversichert.

69 **cc) Zurechnungszeit.** Die sog. Zurechnungszeit spielt eine Rolle für Versicherte, die vor dem 60. Lebensjahr Renten wegen verminderter Erwerbsfähigkeit beantragen. Damit eine solche Rente dem Versicherten als ausreichende Lebensgrundlage dienen kann, werden zusätzliche Jahre als Zurechnungszeit angerechnet, nämlich eine Anzahl von Jahren, die zwischen dem Eintritt des Versicherungsfalles und dem 60. Lebensjahr des Versicherten liegen (§ 59 Abs. 1 SGB VI). Das Erwerbsleben wird entsprechend »hochgerechnet«, damit die Erwerbsminderungsrente ihre Funktion als Ersatz für Arbeitseinkommen erfüllen kann.

Entsprechendes gilt für den Fall, dass der Versicherte stirbt und seine Hinterbliebenen Witwen- bzw. Witwerrente, Waisenrente oder Erziehungsrente beantragen.

Beispiel: X wird im Alter von 39 Jahren erwerbsunfähig. Er steht seit seinem 16. Lebensjahr in einer versicherungspflichtigen Beschäftigung. Es wurden auch regelmäßig Beiträge zur Rentenversicherung abgeführt. Zu den 23 Jahren Beitragszeit wird rentensteigernd noch eine 21 Jahre umfassende Zurechnungszeit (Differenz zwischen dem 60. und 39. Lebensjahr berücksichtigt, § 59 Abs. 2 Nr 1, S. 2 SGB VI).

111 Es ist damit der Rspr. des BAG gefolgt, vgl. BAG GS AP Nr. 43 zu Art. 9 GG Arbeitskampf.
112 BSGE 34, 93; vgl. BSG SozR 2200 § 1259 Nr. 8, andererseits BSG SozR 3–2200 § 1259 Nr. 10.
113 Vgl. dazu BSG SozR 2200 § 1251 Nr. 127, 353, und Nr. 128, 359 f.

c) Berücksichtigungszeiten

Die Berücksichtigungszeiten (§ 57 SGB VI) sind durch das RRG 1992 neu eingeführt worden. Die Regelung führt zu einer rentenrechtlichen Berücksichtigung von Zeiten der Kindererziehung (über die beitragsrechtliche Anrechnung nach § 56 Abs. 1 SGB VI hinaus). Ob eine Erziehungszeit als Berücksichtigungszeit anzusehen ist, richtet sich im Einzelnen nach den Tatbestandsvoraussetzungen des § 56 SGB VI, wie sich aus der Formulierung des § 57 Abs. 1 Hs. 2 (»soweit ...«) ergibt. 70

Berücksichtigungszeiten tragen allerdings nicht unmittelbar zur Steigerung der Renten bei, wie dies auf beitragsfreie Zeiten, z.B. auf Zeiten der Schulausbildung (§§ 58 Abs. 1 S. 1 Nr. 4, 71 Abs. 1 SGB VI), zutrifft. Vielmehr haben sie nur mittelbare Auswirkungen auf rentenrechtliche Leistungsansprüche, und zwar in zweierlei Hinsicht. Zum einen kommt ihnen Bedeutung bei der Erfüllung von Voraussetzungen für Leistungsansprüche dem Grunde nach zu. So kann z.B. bei Erwerbsminderungsrenten die Vorversicherungszeit bei Vorliegen von Berücksichtigungszeiten unter erleichterten Bedingungen erfüllt werden, (§ 43 Abs. 4 S. 1 Nr. 2 SGB VI). Ferner werden Berücksichtigungszeiten auf die Wartezeit von 35 Jahren angerechnet (§ 51 Abs. 3 SGB VI). Zum anderen wirken sich Berücksichtigungszeiten günstig auf die Bewertung von beitragsfreien Zeiten aus. 71

d) Vorzeitige und fingierte Erfüllung der Wartezeit

Für die Erwerbsminderungsrenten und Hinterbliebenenrenten sieht das Gesetz für gewisse Härtefälle eine Sonderregelung vor. Nach § 53 Abs. 1 S. 1 SGB VI ist für diese Rentenansprüche die erforderliche Wartezeit unter bestimmten Voraussetzungen vorzeitig erfüllt. In Betracht kommt vor allem, dass ein Versicherter durch Arbeitsunfall vermindert erwerbsfähig geworden oder gestorben ist. 72

Eine ähnliche Regelung gilt für junge Versicherte, wenn sie innerhalb von sechs Jahren nach Abschluss ihrer Ausbildung (nicht nur infolge eines Arbeitsunfalles, sondern gleich, aus welchem Grunde) voll erwerbsgemindert geworden oder gestorben sind; allerdings müssen in den letzten zwei Jahren vor dem Unfall wenigstens für ein Jahr *Pflicht*beiträge entrichtet worden sein (§ 53 Abs. 2 SGB VI).

VI. Rentenhöhe

1. Die Rentenformel

a) Grundprinzip: Äquivalenz mit sozialem Ausgleich

Die Höhe der individuellen Rente wird nach der Rentenformel berechnet (§ 64 SGB VI). Ihre weitere Entwicklung richtet sich nach dem aktuellen Rentenwert (§§ 65, 68 SGB VI). 73

Die Höhe einer individuellen Rente richtet sich vor allem nach der Höhe der während des Versicherungslebens durch Beiträge versicherten Arbeitsentgelte und Arbeitseinkommen (§ 63 Abs. 1 SGB VI). Dieses *Äquivalenzprinzip* von Beiträgen und Leistungen bedeutet: hohe Beiträge bringen hohe Rentenleistungen, geringe Beiträge geringe Rentenleistungen. Es soll dem Ansatz der *Leistungsgerechtigkeit* entsprechen. Würde das Äquivalenzprinzip in der Rentenversicherung und dort insbesondere bei den Altersrenten ohne Abstriche durchgeführt, würden die in der Sozialversicherung ebenfalls notwendigen Gesichtspunkte der *Bedarfsgerechtigkeit* vernachlässigt, die durch *sozialen* Ausgleich in der Rentenversicherung erreicht werden soll. In diesem Zusammenhang haben die beitragsfreien Zeiten, die schon bei den Voraussetzungen zum Anspruchsgrund – der Erfüllung von Wartezeiten – eine Rolle spielen, eine weitere Funktion bei der Rentenberechnung. Hierzu zählen die Anrechnungs- und Ersatzzeiten ebenso wie die Zurechnungszeiten. Zeiten der Ausbildung oder der Erwerbsminderung z.B. können also, wenn bestimmte Voraussetzungen erfüllt sind, auch ohne oder ohne volle Beitragsleistungen rentensteigernd berücksichtigt werden.

Beispiel: A erfreute sich Zeit seines Lebens bester Gesundheit. Bis zu seinem 65. Lebensjahr wurden 45 Jahre lang für ihn jeden Monat die Beiträge zur Rentenversicherung abgeführt. Sein Kollege B erlitt schon im Alter von 40 Jahren einen Schlaganfall, der ihn erwerbsunfähig machte. Obwohl für B in erheblich geringerem Umfang Versicherungsbeiträge entrichtet worden sind als für A, unterscheiden sich die Renten für A und B nicht so stark, wie dies der Fall sein müsste, wenn für ihre Höhe primär die Beitragszahlungen ausschlaggebend wären.

b) Die maßgeblichen Berechnungsfaktoren

74 Die Entsprechung von Beitrag und Rentenleistung drückt der Berechnungsfaktor der *persönlichen Entgeltpunkte* (§§ 64 Nr. 1, 66 SGB VI) aus. In diesem Faktor drückt sich die individuelle Beitragsleistung aus, wobei diese Beitragsleistung nicht nominell in Euro wiedergegeben wird, sondern mit dem Wert der Beitragsleistung, ausgedrückt durch die Beitragsleistung des Versicherten im Verhältnis zu den anderen Versicherten. Die Versicherung eines Arbeitseinkommens in Höhe des Durchschnittsentgelts aller Rentenversicherten in einem Kalenderjahr ergibt einen Entgeltpunkt (§ 63 Abs. 2 S. 2 SGB VI). Die Anzahl der Entgeltpunkte entscheidet über den Anteil, den der einzelne Versicherte von der Leistungskraft der Rentenversicherung beanspruchen kann.

75 Den aktuellen Geldwert der Entgeltpunkte drückt der *aktuelle Rentenwert* aus (§§ 64 Nr. 3, 68, 255 a SGB VI). Der aktuelle Rentenwert gibt an, wieviel ein Entgeltpunkt aktuell in Euro wert ist. Das Produkt aus den persönlichen Entgeltpunkten, errechnet aus einer im Rentenrecht immer noch für standardsetzend gehaltenen Versichertenbiografie von 45 Versicherungsjahren, und aus dem aktuellen Rentenwert ergibt die sog. Netto-Standardrente, die sich bei einem aktuellen Rentenwert von 26,13 € zum 30. Juni 2005 monatlich auf 1175,85 € beläuft (alte Bundesländer). Die Netto-Standardrente ist in § 145 Abs. 3 Nr. 2 SGB VI mittelbar als Sicherungsziel beschrieben. Lebensstandardsichernd kann sie unter den dortigen Zielvorgaben allenfalls noch sein, wenn eine erhebliche betriebliche oder private Altersvorsorge hinzukommen.

76 Mit der Rentenformel werden nicht nur die Altersrenten, sondern alle Renten aus der Rentenversicherung errechnet. Für die verschiedenen Rentenarten werden unterschiedliche Faktoren, die *Rentenartfaktoren,* angewandt (§§ 64 Nr. 2, 67 SGB VI). Der Rentenartfaktor 1,0 steht für Renten, welche die (beschränkte) Lebensstandardsicherungsfunktion erfüllen sollen, nämlich Renten wegen Alters und wegen voller Erwerbsminderung. Renten wegen teilweiser Erwerbsminderung, Witwen-und Witwerrenten und Waisenrenten sollen das Einkommen nur ergänzen und werden deshalb mit niedrigeren Rentenartfaktoren versehen.

77 Ein weiterer Berechnungsfaktor, der bei den persönlichen Entgeltpunkten Eingang findet, vgl. § 64 Nr. 1 SGB VI, dient dazu, früheren oder späteren Rentenbeginn (= Rentenzugang), insbesondere bei Altersrenten, zu berücksichtigen. Dieser Faktor heißt *Zugangsfaktor* (§ 77 SGB VI). Während es bei späterem Rentenbeginn als nach dem Alter von 65 Jahren ohne weiteres einleuchtend ist, dass die Rentenversicherung den dann zumindest statistischen kürzeren Rentenbezug honoriert, ist dies bei früherem Rentenbeginn deswegen nicht sofort plausibel, als bei den Altersrenten, die vor dem Alter von 65 Jahren zu beziehen sind, bereits durch den früheren Rentenbeginn geringere Renten bezogen werden. Ein negativ wirkender Zugangsfaktor ist demnach nur für die Renten vorgesehen, für die die in § 41 SGB VI vorgesehene schrittweise Anhebung der Altersgrenzen (Altersrenten für langjährig Versicherte und Altersrenten für Frauen) wirkt und bei denen dennoch eine vorzeitige Inanspruchnahme möglich ist.

78 Die individuelle *Rentenformel* lautet danach (§§ 63 Abs. 6, 64 SGB VI):

$$\text{Monatsrente (R)} = \text{persönliche Entgeltpunkte (EP)} \times \text{Rentenartfaktor (RF)} \times \text{aktueller Rentenwert (AR)}$$

Oder kurz: R = EP × RF × AR.

Diese Rentenformel gilt für *alle* Rentenarten, auch für die Hinterbliebenenrenten.

2. Einzelheiten zur Rentenformel

Das in den einzelnen Kalenderjahren durch Beiträge versicherte Arbeitsentgelt und Arbeitseinkommen wird in *Entgeltpunkte* umgerechnet (§ 63 Abs. 2 SGB VI). Die Versicherung eines Durchschnittsverdienstes ergibt dabei für ein Kalenderjahr einen vollen Entgeltpunkt. 79

Beispiel: Der Versicherte V beantragt die Gewährung der Regelaltersrente für die Zeit nach der bevorstehenden Vollendung seines 65. Lebensjahres. Er war seit seinem 16. Lebensjahr ununterbrochen als Arbeitnehmer beschäftigt und hat während dieser insgesamt 49 Jahre ein Arbeitsentgelt verdient, das stets genau dem Durchschnittsentgelt aller Versicherten entsprach. Dann werden ihm für alle 49 Jahre je ein voller Entgeltpunkt angerechnet, zusammen also 49 Punkte. – Der Versicherte V würde eine Rente in gleicher Höhe beziehen können, wenn er 10 Jahre nur die Hälfte des Durchschnittsentgelts (= 5 Entgeltpunkte), 10 Jahre aber 150% des Durchschnittsentgelts (= 15 Entgeltpunkte) und die restlichen 29 Jahre das Durchschnittsentgelt verdient hätte (= 29 Entgeltpunkte).

Die persönlichen Entgeltpunkte – die nicht nur für Beitrags-, sondern auch für beitragsfreie Zeiten angerechnet werden (vgl. § 63 Abs. 3 SGB VI) – kennzeichnen das Verhältnis, in welchem der individuelle Verdienst des Versicherten zum jeweiligen Durchschnittsverdienst aller Versicherten steht. Dasselbe gilt für das Verhältnis der Summe aller (einzelnen) persönlichen Entgeltpunkte zum Durchschnittsverdienst der Versicherten während der entsprechenden Gesamtversicherungszeit. 80

Nach § 70 Abs. 1 SGB VI werden die Entgeltpunkte für Beitragszeiten ermittelt, indem die für den Versicherten geltende Beitragsbemessungsgrundlage durch das Durchschnittsentgelt aller Versicherten für dasselbe Kalenderjahr geteilt wird. Die Durchschnittsentgelte für die einzelnen Kalenderjahre sind in der Anlage 1 zum SGB VI mitgeteilt, wobei die Werte jährlich fortgeschrieben werden (vgl. § 69 Abs. 2 S. 1 Nr. 1 SGB VI). 81

Beispiel: Hat der Versicherte X im Jahre 1981 monatlich 2.060 DM verdient, betrug also sein Jahresverdienst 24.720 DM, so ist für die Ermittlung seines persönlichen Entgeltpunktes für 1981 dieser Betrag, der zugleich seine Beitragsbemessungsgrundlage darstellte, durch 30.900 DM zu teilen, da dieser Betrag nach Anlage 1 zum SGB VI dem Durchschnittsentgelt aller Versicherten in eben diesem Jahr entspricht. Das Ergebnis ist 0,8 als persönlicher Entgeltpunkt des X für das Jahr 1981, was bedeutet, dass X 1981 4/5 des Durchschnittsverdienstes aller Versicherten verdient hat.

Um das Ziel einer Rentenberechnung zu erreichen, die sich nicht an den nominellen Beiträgen, sondern am allgemeinen Einkommensniveau zum Zeitpunkt der Rentenfestsetzung orientiert, wird die Summe der persönlichen Entgeltpunkte zum *aktuellen Rentenwert* in Beziehung gesetzt (§§ 63 Abs. 7, 64 Nr. 3 SGB VI). Dieser knüpft an die Durchschnittsrente des letzten Jahres vor der Rentenberechnung an. Bei Inkrafttreten des RRG 1992 wurde dabei derjenige Rentenbetrag übernommen, der sich letztmalig nach den Bestimmungen des Rentenrechts der RVO ergab, und diese Regelungen wiederum orientierten sich bei der Rentenberechnung am allgemeinen Einkommensniveau zum Zeitpunkt der Rentenfestsetzung. 82

Neben der Summe der persönlichen Entgeltpunkte und dem aktuellen Rentenwert stellt der *Rentenartfaktor* die dritte Größe der Rentenformel dar (§§ 63 Abs. 4, 67 SGB VI). Dieser beträgt bei Altersrenten bei Renten wegen voller Erwerbsminderung 1,0, bei Renten wegen teilweiser Erwerbsminderung – auch bei Berufsunfähigkeit – 0,5 und bei großen Witwen- oder Witwerrenten 0,55. 83

Nach § 64 Nr. 1 SGB VI ist bei der Ermittlung der persönlichen Entgeltpunkte schließlich noch der *Zugangsfaktor* zu berücksichtigen (§§ 63 Abs. 5, 77 SGB VI).

Beiträge zur Unfallversicherung, Rentenversicherung und Arbeitslosenversicherung sind auf die Rente nicht mehr zu entrichten, wohl aber ggf. zur Krankenversicherung und Pflegeversicherung.

3. Die persönlichen Entgeltpunkte im Besonderen

84 Von den genannten Berechnungsfaktoren der Rentenformel wurde zuvor ein Faktor noch nicht näher behandelt, nämlich die Bewertung der verschiedenen rentenrechtlichen Zeiten. Im Beispiel oben ging es um einen zwar einfachen, aber sehr untypischen Lebenssachverhalt. So wurde angenommen, der Versicherte V habe während seines gesamten rentenrechtlich relevanten Lebens – nämlich ab Vollendung des 16. Lebensjahres – ein Erwerbseinkommen gehabt, das stets exakt dem Durchschnittsverdienst aller Versicherten entsprach. Deshalb und weil V mit 65 Jahren die Regelaltersrente mit dem Zugangsfaktor 1 beantragte, konnte für ihn die Summe der persönlichen Entgeltpunkte problemlos aus dem Wert 1,0 pro Versicherungsjahr ermittelt werden. Im Folgenden geht es um die rechtliche Beurteilung einiger abweichender Sachverhalte.

a) Beitragszeiten

85 Zeiten mit vollwertigen Beiträgen sind die »normalen« Beitragszeiten, denen Arbeitsentgelt oder Arbeitseinkommen zugrunde liegt (vgl. § 70 Abs. 1 SGB VI i.V.m. § 54 Abs. 1 Nr. 1 lit. a und Abs. 2 SGB VI).

86 Während *anrechenbarer Kindererziehungszeiten* besteht Versicherungspflicht (§ 3 S. 1 Nr. 1 SGB VI). Beiträge werden nicht vom Versicherten selbst, sondern vom Bund getragen (§ 177 SGB VI). Es handelt sich also um Zeiten mit echten »vollwertigen Beiträgen« (§ 54 Abs. 1 Nr. 1 lit. a SGB VI). Ein Jahr Kindererziehung ergibt fast genau einen Entgeltpunkt (§ 70 Abs. 2 SGB VI).

Das BVerfG[114] hat anhand der früheren Rechtslage deutlich gemacht, dass die Kindererziehungszeit unabhängig von der gleichzeitigen Ausübung eines Berufes berücksichtigt werden müssen, da Kindererziehung neben der eigenen Beitragszahlung »eine der beiden Leistungen für das Rentenversicherungssystem« sei.

Der Gesetzgeber hat im RRG 1999 den Vorgaben des BVerfG Rechnung getragen. Die während der Kindererziehungszeit erarbeiteten Entgeltpunkte werden den Entgeltpunkten für Kindererziehungszeiten hinzuaddiert. Das BVerfG hatte in dieser Entscheidung ebenfalls angemahnt, die Entgeltpunkte für Kindererziehungszeiten zu erhöhen, was ebenfalls geschehen ist (zuvor hatten sie 0,75 EP im Jahr erbracht).

b) Beitragsfreie Zeiten

87 *Beitragsfreie Zeiten* sind insbesondere Kalendermonate mit Anrechnungszeiten (§§ 54 Abs. 4, 58 SGB VI).

Die rentenwirksame Anerkennung von beitragsfreien Zeiten steht für das Element des sozialen Ausgleichs in der Rentenversicherung. In § 63 Abs. 3 SGB VI wird der Grundsatz aufgestellt, dass für diese Zeiten Entgeltpunkte angerechnet werden, »deren Höhe von der Höhe der in der übrigen Zeit versicherten Arbeitsentgelte und Arbeitseinkommen abhängig ist«. § 71 Abs. 1 S. 1 SGB VI ergänzt dies in einem wesentlichen Punkt: Danach erhalten beitragsfreie Zeiten den Durchschnittswert an Entgeltpunkten, der sich aus der Gesamtleistung an Beiträgen im belegungsfähigen Zeitraum ergibt. Entscheidend für die Ermittlung des Durchschnittswertes der Beitragszeiten – der dann die Bewertung der anre-

---

114 BVerfGE 94, 241 = NJW 1996, 2293. Zur gesamten Thematik s. *Karuth* Kindererziehungszeiten in der gesetzlichen Rentenversicherung. Verfassungsmäßigkeit der subsidiären Anrechnungsmethode, 2000.

chenbaren beitragsfreien Zeiten bestimmt – ist der »belegungsfähige Gesamtzeitraum« (vgl. § 72 Abs. 2 SGB VI). Dieser schließt auch »Lücke«-Zeiten in der rentenversicherungsrechtlichen Biographie der Versicherten ein.

Mit der *Gesamtleistungsbewertung* (§ 71 SGB VI) wird für die rentenwirksame Anerkennung beitragsfreier Zeiten das Maß der Solidarität gegenüber den anderen Versicherten angelegt. Dieses Maß drückt sich aus in den Beitragszahlungen an die Rentenversicherung, die der sozial Ausgleichsbedürftige geleistet hat, wobei weiter danach gefragt wird, was er hätte leisten können. 88

Beispiel: Die Zwillingsbrüder Fritz und Hans haben beide eine gleich lange Schul- und Hochschulausbildung als Diplom-Psychologen absolviert, die nach Vollendung ihres 17. Lebensjahres 8 Jahre dauerte. Anschließend waren beide als Angestellte in einer Rehabilitationsklinik tätig, und zwar Fritz bis zu seinem 65. Lebensjahr, während sich Hans mit 50 selbstständig gemacht hat. – Für beide werden nach § 58 Abs. 1 Nr. 4 SGB VI zwar je 3 Jahre Ausbildungszeit als beitragsfreie Anrechnungszeiten angerechnet, jedoch mit unterschiedlichem Einfluss auf die Rentenberechnung. Fritz und Hans waren beide zwischen ihrem 25. und 65. Lebensjahr berufstätig. Da sich Hans nicht freiwillig in der Rentenversicherung versichert hatte, leistete er nur zwischen seinem 25. und 50. Lebensjahr Pflichtbeiträge zur Rentenversicherung, also für insgesamt 26 Jahre, Fritz dagegen bis zu seinem 65. Lebensjahr für insgesamt 41 Jahre. Für Fritz ergibt sich danach eine höhere Gesamtleistung an Beiträgen als für Hans. Dabei ist entscheidend, dass er auch zwischen dem 50. und 65. Lebensjahr Rentenversicherung-Beiträge – sei es pflichtgemäß oder freiwillig – *hätte* entrichten *können*, dies aber tatsächlich nicht getan hat, so dass hier eine rentenzeitmäßige »Lücke« von 15 Jahren besteht. Da das Gesetz konsequent auf eine Gesamtleistungsbewertung für den belegungs*fähigen* Gesamtzeitraum abstellt (vgl. dazu § 72 Abs. 2 und 3 SGB VI), ist der Durchschnittswert an Entgeltpunkten bei Hans und Fritz für denselben Zeitraum – in beiden Fällen bis zum 65. Lebensjahr – zu ermitteln. Folglich ist dieser Durchschnittswert für Hans wegen der Zeit seiner selbstständigen, nicht rentenversicherten Tätigkeit niedriger als der für Fritz. Deshalb wird dann die beitragsfreie Anrechnungszeit der Ausbildung bei Hans niedriger bewertet als bei Fritz. So erhält Hans eine Rente, die nicht nur wegen geringerer Beitragszahlung (zwischen dem 50. und dem 65. Lebensjahr) niedriger ist als die von Fritz, sondern auch wegen der geringer bewerteten Ausbildungszeit als Anrechnungszeit. Der soziale Ausgleich wird mithin nur relativ unter Berücksichtigung der individuellen »Beitragsdichte« der Versicherten vorgenommen. 89

Lückenprobleme bei Kindererziehung – Berücksichtigungszeiten: Personen, die Kinder erziehen, widmen sich häufig und typischerweise länger als die drei Jahre, für die sie pflichtversichert sind (§ 3 S. 1 Nr. 1 SGB VI) der Kindererziehung. Da eine zeitlich volle Berücksichtigung von Kindererziehungszeiten als Pflichtversicherungszeiten in der Rentenversicherung aber finanziell nicht leistbar erscheint, würden solche Personen bei der Gesamtleistungsbewertung benachteiligt, da diese Zeiten nach Ablauf der dreijährigen Pflichtversicherungszeit nicht mit Beiträgen belegt sind. Aus diesem Grund werden in die Gesamtleistungsbewertung auch *Berücksichtigungszeiten* einbezogen (§§ 71 Abs. 3, 57 SGB VI). Damit wird verhindert, dass Zeiten der Kindererziehung – soweit sie über die anrechnungsfähigen Kindererziehungszeiten, die ja Beitragszeiten sind, hinausgehen – als »Lücke-Zeiten« den Durchschnittswert der Entgeltpunkte mindern. Denn diese Zeiten der Kindererziehung sind keine Anrechnungszeiten im Sinne von § 58 SGB VI. 90

Berücksichtigungszeiten wirken danach bei der Gesamtleistungsbewertung so, als ob während dieser Zeiten Beiträge abgeführt worden wären. Die Berücksichtigungszeiten gehen nicht – wie die Anrechnungszeiten – mit Entgeltpunkten in die Rentenberechnung ein. Sie kommen nur bei der Berechnung von Anrechnungszeiten im Rahmen der Gesamtleistungsbewertung zum Tragen. In diesem Rahmen schlagen sie sich wie Kindererziehungszeiten mit einem kalendermonatlichen Entgeltpunkt von 0,0833 nieder (§ 71 Abs. 3 SGB VI).

Nach der Gesamtleistungsbewertung als *Grundbewertung* (§ 72 SGB VI), wird eine *Vergleichsbewertung* durchgeführt (§ 73 SGB VI). Sie dient dazu sicherzustellen, dass die Entrichtung von Beiträgen während der Anrechnungszeiten nicht zu einer Verschlechterung der Bewertung führt. 91

92 Die Gesamtleistungsbewertung wird bei Zeiten beruflicher und schulischer Ausbildung in zweifacher Weise begrenzt (§ 74 S. 1 SGB VI)[115]. Zunächst wird die sich ergebende Gesamtleistungsbewertung für diese Zeiten auf 75% begrenzt. Auch nach dieser Begrenzung darf damit nicht ein Wert in Höhe von kalendermonatlich 0,0625 Entgeltpunkten (= 75 % des Durchschnittsverdienstes) überschritten werden (§ 74 S. 2 SGB VI).

4. Zusammentreffen mit Verletztenrenten der Unfallversicherung

93 Das gegliederte System der Sozialversicherung führt zu zahlreichen Überschneidungen der Aufgabenbereiche und Leistungskompetenzen, die den einzelnen Sozialversicherungsträgern zuge wiesen sind. Das gilt für Leistungen zur Teilhabe (Rehabilitation), aber auch für Geldleistungen. Hierfür werden Kollisions- und Koordinierungsregelungen benötigt.

Zunächst zwei allgemeine *Grundsätze:* Ein Versicherter soll keine Doppelleistungen von zwei Leistungsträgern erhalten. Und jeder Versicherungsträger soll die Kosten tragen, die auf Leistungen seines Aufgabenbereichs zurückgehen, auch wenn sie ein anderer Träger erbracht hat[116].

Für den Fall des Zusammentreffens einer Rente aus der Rentenversicherung mit einer Verletztenrente aus der Unfallversicherung sieht § 93 SGB VI zur Vermeidung von Doppelleistungen eine Höchstbegrenzung vor[117]. Danach kann der Rentenempfänger Rentenleistungen aus beiden Versicherungszweigen insgesamt nur bis zum Grenzbetrag von 70% seines Jahresarbeitsverdienstes erhalten, der der Berechnung der Verletztenrente zugrunde liegt, wobei dieser Betrag von 70% noch mit dem bei dem Versicherten anzuwendenden Rentenartfaktor zu vervielfältigen ist. Soweit dieser Grenzbetrag überschritten wird, ruht die Rente aus der Rentenversicherung.

Damit der Rentenversicherungsträger die Ruhensregelung auch realisieren kann, verpflichtet § 190 SGB VII den Unfallversicherungsträger zu seiner unverzüglichen Benachrichtigung, wenn ein solcher Fall der doppelten Rentenberechtigung eintritt. Unterlässt der Unfallversicherungsträger diese Mitteilung schuldhaft, so kann ihn eine Schadensersatzpflicht gemäß Art. 34 GG i.V.m. § 839 BGB treffen.

D. Renten und Rentenabfindungen für Hinterbliebene (Renten wegen Todes)

94 Das Gesetz unterscheidet bei den Hinterbliebenen zwischen Witwen- und Witwerrenten (§ 46 SGB VI) und Waisenrenten (§ 48 SGB VI). Diese Renten sollen den durch den Tod eines Versicherten ausfallenden Unterhalt für die genannten Personen ersetzen. Deshalb ist bei Witwen- und Witwerrenten Voraussetzung, dass der überlebende Ehegatte nicht wieder geheiratet hat (§ 46 Abs. 1 und Abs. 2 S. 1 SGB VI). Bei Wiederheirat lebt nach Auflösung der Ehe die frühere Witwen- bzw. Witwerrente wieder auf (§ 46 Abs. 3 SGB VI).

Hinzu kommt noch die *Erziehungsrente* (§ 47 SGB VI), die jedoch keine echte Hinterbliebenenrente ist.

95 Für jede Hinterbliebenenrente ist Voraussetzung, dass der verstorbene Versicherte zur Zeit seines Todes die allgemeine Wartezeit (fünf Jahre, § 50 Abs. 1 S. 1 SGB VI) erfüllt hat, wobei auch eine Erfüllungsfiktion (§ 50 Abs. 1 S. 2 SGB VI) genügt (§§ 46 Abs. 1, Abs. 2 S. 1, 48 Abs. 1 Nr. 2, Abs. 2 Nr. 2 SGB VI).

Bei vorsätzlicher Tötung des Versicherten durch die hinterbliebene Person besteht kein Anspruch auf Hinterbliebenenrente, § 105 SGB VI.

---

115 Zur Frage, ob die begrenzte Gesamtleistungsbewertung mittelbar diskriminierend wirkt s. *Dünn/Heese* DRV 2000, 710, vgl. Kammerbeschluss des BVerfG v. 20. 4 .2000 – 1 BvL 18/98.

116 Zum Innenverhältnis der Sozialleistungsträger vgl. §§ 86 ff., 102 ff. SGB X.

117 Kritisch: *Breuer* SozSich 2006, 163.

Witwe oder Witwer ist nur, wer zum Zeitpunkt des Todes des Versicherten mit diesem verheiratet war. Der frühere Ehegatte, der geschieden oder dessen Ehe mit dem Versicherten aufgehoben oder für nichtig erklärt worden ist, ist nicht verwitwet. 96

Bis 1985 – nämlich bis zum Inkrafttreten des *Hinterbliebenen- und Erziehungszeiten-Gesetzes (HEZG)* – hatte einen Anspruch auf Hinterbliebenenrente ohne zusätzliche Voraussetzungen lediglich die Witwe, während Witwerrente generell nur gewährt wurde, wenn die verstorbene Ehefrau den Unterhalt ihrer Familie überwiegend bestritten hatte, §§ 1264, 1266 RVO in der damaligen Fassung. Wegen des verfassungsrechtlichen Gleichheitsgrundsatzes[118] hat der Gesetzgeber auf diese zusätzliche Leistungsvoraussetzung für Witwerrenten bei Versicherungsfällen nach dem 31. 12. 1985 verzichtet, so dass für Witwen- und Witwerrenten nunmehr in jeder Hinsicht gleiche Regelungen gelten. 97

Zu unterscheiden sind die *kleine* und die *große Witwen- bzw. Witwerrente.* Die kleine Witwen- bzw. Witwerrente setzt lediglich die Erfüllung der *allgemeinen Wartezeit* von fünf Jahren voraus (§ 46 Abs. 1 SGB VI). Für die große ist darüber hinaus Voraussetzung, dass der überlebende Ehegatte entweder ein Kind erzieht, über 45 Jahre alt oder erwerbsgemindert ist (§ 46 Abs. 2 SGB VI). Die Höhe der Witwen- bzw. Witwerrenten ergibt sich aufgrund der Rentenformel (§ 64 SGB VI) aus den persönlichen Entgeltpunkten des verstorbenen Versicherten (§ 66 Abs. 2 Nr. 2 SGB VI) und dem betreffenden Rentenartfaktor (§ 67 SGB VI). 98

Aufgrund Nr. 5 und 6 dieser Regelung entspricht die Witwen- bzw. Witwerrente für die ersten drei Monate nach dem Tod des Versicherten der vollen Altersrente, auf die dieser Anspruch hatte (Rentenartfaktor 1,0). Danach beträgt die kleine Witwen- bzw. Witwerrente 20%, die große 55% der Versichertenaltersrente[119]. Dazu kommt ein Zuschlag, wenn der Witwe oder dem Witwer Berücksichtigungszeiten wegen Kindererziehung zugeordnet sind (§ 78 a SGB VI).

Für Witwen- und Witwerrenten (sowie für Waisen- und Erziehungsrenten) ist die *Anrechnung eigenen Erwerbs- und Erwerbsersatzeinkommens* vorgesehen (§ 97 SGB VI). Danach vermindert sich die Rente um 40% des Einkommens, soweit dieses einen bestimmten, dynamisierten Freibetrag übersteigt. 99

Die Anrechnung beschränkt sich auf das *Nettoeinkommen,* das nach § 18 b Abs. 5 SGB IV durch pauschalierte Abzüge vom Bruttoeinkommen ermittelt wird (z.B. 35% vom Arbeitsentgelt). Der monatliche *Freibetrag* beläuft sich nach § 97 Abs. 2 S. 1 Nr. 1 SGB VI bei Witwen- bzw. Witwer- und Erziehungsrenten auf das 26,4-fache, bei Waisenrenten auf das 17,6-fache des aktuellen Rentenwerts.

Bei einem *Zusammentreffen von Hinterbliebenenrenten aus der Rentenversicherung und aus der Unfallversicherung* ist von § 97 Abs. 3 S. 2 SGB VI auszugehen. Danach ist zunächst eine Einkommensanrechnung auf die Rente aus der Unfallversicherung vorzunehmen. Sollte noch ein Anrechnungsbetrag übrig bleiben, ist er dann in einem zweiten Schritt auf die Rente aus der Rentenversicherung anzurechnen. Im Übrigen gilt für das Verhältnis von zwei Hinterbliebenenrenten zueinander § 93 SGB VI. 100

Ein *früherer Ehegatte* kann nur noch dann eine abgeleitete Hinterbliebenenrente nach § 243 SGB VI beziehen, wenn die Ehe vor dem 1. 7. 1977 geschieden (oder für nichtig erklärt bzw. aufgehoben) wurde. Denn ab diesem Zeitpunkt führte der Gesetzgeber mit dem Ersten Gesetz zur Ehe- und Familienrechtsreform[120] den Versorgungsausgleich ein, durch den dem geschiedenen Ehegatten, der geringere Versorgungsanwartschaften aus eigenem Recht erworben hat, die Hälfte der diese übersteigenden Versorgungsanwartschaften des anderen Ehegatten übertragen wird. 101

Fall: Die Eheleute A werden am 8. 7. 1993 nach zwölfjähriger Ehe geschieden. Kurz darauf stirbt Herr A. Frau A, 37 Jahre alt, kann einer Erwerbstätigkeit nicht nachgehen, da sie für die drei noch minderjährigen Kinder aus ihrer früheren Ehe zu sorgen hat. Wie ist ihre versorgungsrechtliche Lage, wenn 102

118 Vgl. BVerfGE 39, 169.
119 Vgl. BVerfGE 48, 346.
120 1. EheRG vom 14. 6. 1976 (BGBl. I S. 1421).

sie nicht wieder heiratet? – Zwar muss mit der Ehescheidung der Versorgungsausgleich vorgenommen werden, doch kann A Rentenansprüche aus den übertragenen Rentenanwartschaften erst geltend machen, wenn sie entweder erwerbsgemindert geworden ist oder wenn sie die für das Altersruhegeld erforderliche Altersgrenze erreicht hat. Keine dieser Voraussetzungen ist erfüllt. Für diese Versorgungslücke sieht § 47 SGB VI die *Erziehungsrente* vor, die den durch den Tod des früheren Ehegatten weggefallenen Unterhaltsanspruch (§ 1570 BGB) ersetzen soll.

103 Bei der *Erziehungsrente* handelt es sich um eine Rente aus *eigener* Versicherung des überlebenden Ehegatten. Sie wird gewährt, wenn und solange er mindestens ein Kind erzieht. Voraussetzung ist ferner, dass der Berechtigte vor dem Tod des anderen Ehegatten die allgemeine Wartezeit (fünf Jahre, § 50 Abs. 1 S. 1 SGB VI) erfüllt hat. Für die Höhe der Erziehungsrente ist auch hier wieder die allgemeine Rentenformel (§ 64 SGB VI) anzuwenden. Die persönlichen Entgeltpunkte bestimmen sich nach den Entgeltpunkten »des Versicherten«, also des erziehenden überlebenden Ehegatten (§ 66 Abs. 2 Nr. 1 SGB VI). Der Rentenartfaktor beträgt 1,0 (§ 67 Nr. 4 SGB VI).

104 *Halb- oder Vollwaisenrente* erhalten die Kinder (zum Kreis der Berechtigten § 48 Abs. 3 SGB VI) des Versicherten bis zum 18., bei Ausbildung oder bei Behinderung bis zum 27. Lebensjahr (§ 48 SGB VI). Diese Altersgrenze gilt, obwohl die zu kompensierende Unterhaltspflicht nicht mit einer Altersgrenze endet, insbesondere, wenn behinderte Menschen nicht in der Lage sind, sich selbst zu unterhalten[121]. Die Höhe der Waisenrente richtet sich nach der Rentenformel des § 64 SGB VI. Für die persönlichen Entgeltpunkte ist zunächst von § 66 Abs. 2 Nr. 2 bzw. 3 SGB VI auszugehen. Hinzu kommt der *Zuschlag* nach § 78 SGB VI. Der Rentenartfaktor beträgt für die Halbwaisenrente 0,1 und für die Vollwaisenrente 0,2 (§ 67 Nr. 7 und 8 SGB VI).

105 Bei *Wiederverheiratung* fällt die Witwen- bzw. Witwerrente weg (§ 100 Abs. 3 S. 1 SGB VI). Der Witwe oder dem Witwer wird in diesem Fall als Abfindung das 24-fache des Monatsbetrages der Rente gewährt (§ 107 Abs. 1 SGB VI). Zum Wiederaufleben der Witwen- bzw. Witwerrente bei Auflösung der zweiten Ehe vgl. § 46 Abs. 3 SGB VI.

106 Ein *Rentensplitting unter Ehegatten* ist möglich (§§ 120 a ff. SGB VI). Die Ehegatten können sich darüber einigen, ob sie die klassische Hinterbliebenenversorgung beibehalten wollen oder ob sie es vorziehen, dass die jeweils erworbenen Anwartschaften addiert und geteilt werden. Dies kann, je nachdem, wer zuerst stirbt, Vor- oder Nachteile gegenüber der hergebrachten Hinterbliebenenrente haben. Als problematisch wird hier gesehen, dass aus diesem Grund Ehegatten spekulieren müssen, wer von ihnen als erster sterben wird.

E. Rentenanpassung

107 Im Rahmen der erstmaligen Festsetzung einer Rente gewährleistet die Rentenformel mit dem Berechnungsfaktor des aktuellen Rentenwertes, dass bei der Berechnung dieser *Zugangsrente* das bis dahin erreichte individuelle Entgeltniveau des Versicherten wie auch das allgemeine der gesamten Versichertengemeinschaft berücksichtigt wird. Ohne eine Erhöhung der Rente im weiteren Verlauf des Rentenbezuges würde diese bei fortschreitender Einkommens- und Preisentwicklung ihren Wert verlieren. Deshalb sollen auch die *Bestandsrenten* der Wirtschaftsentwicklung folgen und am allgemeinen Lebensstandard orientiert bleiben. Diese Anpassung an die Entwicklung der Arbeitsentgelte wurde mit der ersten großen Rentenreform von 1957 eingeführt (vgl. § 1272 RVO).

108 Ob die Anpassung des Rentenwerts auch verfassungsrechtlichen Schutz wie die Anwartschaften dem Grunde nach genießt, hat das BVerfG bisher offen gelassen[122]. Nach einer Entscheidung des BSG hat der Gesetzgeber hier einen Regelungsspielraum, soweit die

121 BSG SozR 3–2600 § 48 Nr. 7 = SGb 2003, 115 mit Anm. *Buschmann*.
122 BVerfGE 64, 87 (97 f.).

Wertsicherungsfunktion gewahrt ist[123]. Aus Gleichheitsgesichtspunkten ist es auch notwendig, dass Rentenversicherte besser gestellt bleiben als Personen, die keine Beiträge geleistet haben, die Rentenversicherung also mehr ist als Mindestsicherung[124].

Zur Rentenanpassung wird nach § 65 SGB VI zum 1. Juli jeden Jahres der bisherige aktuelle Rentenwert durch einen neuen Rentenwert nach Maßgabe von §§ 68 Abs. 1 S. 2, 255 e SGB VI ersetzt. Die Anpassung des aktuellen Rentenwerts orientiert sich an der *Veränderung der durchschnittlichen Bruttoentgelte* unter Berücksichtigung der Veränderung des Beitragssatzes zur Rentenversicherung (§§ 63 Abs. 7, 68 Abs. 2 und 7 SGB VI). Dies gewährleistet nicht vollständig eine Berücksichtigung der allgemeinen Einkommensentwicklung[125], soll aber das spezifische Risiko der Rentenversicherung zwischen Beitragszahlern und Rentenempfängern aufteilen. 109

Für den Zeitraum von 2005 bis 2011 gilt eine modifizierte Rentenanpassungsformel, durch die der Anstieg der Renten zusätzlich gedämpft wird (§ 255 e SGB VI). Dieser *neuen Rentenanpassungsformel* liegt eine *fiktive Nettoeinkommensentwicklung* zugrunde, die sich ergibt, wenn vom Steigerungssatz des Bruttoeinkommens die Veränderung des Beitragssatzes zur gesetzlichen Rentenversicherung und das Anwachsen des steuerlich geförderten Beitrages zur zusätzlichen privaten Altersvorsorge abgezogen wird. Die Berücksichtigung des förderungsfähigen privaten Beitrags zur zusätzlichen Altersvorsorge geschieht dabei unabhängig von der tatsächlichen Inanspruchnahme der staatlichen Förderung. Die Berücksichtigung des *Altersvorsorgeanteils* senkt also die Rentenanpassung auch für diejenigen ab, die auf ein geförderte private Vorsorge verzichten. 110

Durch die Berücksichtigung sowohl des Rentenversicherungsbeitrages als auch des Altersvorsorgeanteils wird die zugrundegelegte Einkommenssteigerung abgesenkt. Damit wird auch die Rentenanpassung gedämpft. Auch die Entwicklung der Beiträge zu anderen Sozialversicherungszweigen und der Steuern wird nicht mehr berücksichtigt. Vorteile einer Nettolohnerhöhung etwa durch Steuerreformen wirken sich – anders als zwischen 1992 und 1998 – nicht mehr rentensteigernd aus.

Weiterhin wird die Entwicklung des *Rentnerquotienten* berücksichtigt, also des Verhältnisses von Rentnern zu Erwerbstätigen (§ 68 Abs. 4 S. 2–5 SGB VI). Anders als bei schlichten »demografischen Faktoren« wird mit diesem im Gesetz so bezeichneten Nachhaltigkeitsfaktor (§ 68 Abs. 1 S. 3 Nr. 3, Abs. 4 SGB VI) immerhin berücksichtigt, dass nicht das zahlenmäßige Verhältnis der Generationen, sondern die Leistungsfähigkeit und faktische Beitragszahlung der erwerbstätigen Generation maßgeblich für die Entwicklung der Rentenversicherung ist. Die Veränderung des Rentnerquotienten wird mit einer Größe á multipliziert, die auf 0,25 festgesetzt worden ist (§ 68 Abs. 4 S. 1 und 6 SGB VI). 111

Die den Anstieg dämpfende Wirkung der Faktoren wird wiederum durch eine *Niveausicherungsklausel* begrenzt (§§ 68 Abs. 6, 255 e Abs. 5 SGB VI). Danach darf der allgemeine Rentenwert durch diese Faktoren nicht verringert werden. 112

Während das System der Rentenversicherung nach den Rentenreformen von 1957 und 1989 / 1992 noch stark von einem Sicherungsziel bestimmt war und Gewinne und Risiken der Wirtschaftsentwicklung zwischen älterer und jüngerer Generation verteilen sollte, sind die Eingriffe der letzten Jahre in den Mechanismus der Rentenanpassung vor allem an der Entwicklung der Beitragssätze orientiert. 113

---

123 BSGE 90, 11 = NJW 2003, 1474 = SGb 2003, 468 mit Anm. *Rohrbach*; vgl. *Lenze* NZS 2003, 505.

124 Vgl. *Neumann* DRV 1999, 393; *Jarass* NZS 1997, 545.

125 Vgl. *Ruland* DRV 1989, 741 (778); *van Almsick* DAngVers. 1992, 229; *Weißenberger* DRV 1992, 5, 570.

F. Leistungen wegen Kindererziehung für Geburtsjahrgänge vor 1921

114 Die rentenrechtliche Honorierung von Kindererziehung wollte der Gesetzgeber aus finanzpolitischen Gründen ursprünglich auf Versicherte bis zum Geburtsjahrgang 1921 beschränken (vgl. § 249 Abs. 4 SGB VI). Damit stieß er jedoch auf vehementen (und berechtigten) sozialpolitischen Widerstand, weil aufgrund dieser Regelung viele jener Frauen leer ausgehen mussten, die während des Krieges und unmittelbar danach unter besonders schweren Bedingungen Kinder aufgezogen hatten (»Trümmerfrauen«). Daher sind für Mütter, die vor dem 1921 geboren sind, als Ausgleich für das gesetzgeberische Versäumnis nachträglich unmittelbare Leistungen (sog. Kindererziehungsleistungen) vorgesehen worden[126] (vgl. heute §§ 294 ff. SGB VI)[127]. Pro Kind beträgt die monatliche Leistung 100% des aktuellen Rentenwerts (§ 295 SGB VI).

G. Überleitung der Rentenversicherung der DDR

I. Allgemeines

115 Versicherungsverhältnisse in der Rentenversicherung sind grundsätzlich auf lebenslange Dauer angelegt. Die Langfristigkeit der Versicherungsverhältnisse führt daher bei jeder Rechtsänderung zu Schwierigkeiten. Eine Herausforderung besonderer Art war daher die Überleitung des Rentenrechts des SGB VI auf das Gebiet der neuen Bundesländer 1990/1992. Das System der Altersvorsorge hatte sich in der DDR wesentlich anders als in der Bundesrepublik entwickelt. Vor allem wurden in der DDR zahlreiche und sehr unterschiedliche Zusatz- und Sonderversorgungssysteme eingeführt.

Der *Einigungsvertrag* enthielt in Art. 30 Abs. 5 S. 2 und 3 einige Vorgaben für die Rentenüberleitung, die durch das Renten-Überleitungsgesetzes (RÜG)[128] nicht immer einfach erfüllt werden konnten. Der Gesetzgeber hat die Überleitungsbestimmungen teils in das SGB VI integriert, teils Spezialgesetzen vorbehalten, insbesondere dem *Anspruchs- und Anwartschaftsüberführungsgesetz* und dem *Fremdrentengesetz*.

II. Überleitung des SGB VI

116 Grundsätzlich gilt ab 1. 1. 1992 in den neuen Bundesländern das SGB VI. Das bedeutet, dass die nach dem Recht der DDR-Rentenversicherung begründeten Versicherungsverhältnisse nun nach dem Recht des SGB VI und den dort neu eingefügten Sonderregelungen behandelt werden, soweit nicht spezielle Vertrauensschutzregelungen nach dem Übergangsrecht gelten.

Die in der Sozialversicherung der DDR und in den Zusatz- und Sonderversorgungen erworbenen Ansprüche und Anwartschaften stehen im Schutzbereich des Art. 14 Abs. 1 GG. Mit dem Beitritt und der Anerkennung durch den Einigungsvertrag gelangten diese Ansprüche und Anwartschaften wie andere vermögenswerte Positionen in diesen Schutzbereich[129].

1. Kreis der Versicherten

117 Die Versicherungspflicht reichte in der DDR weiter als im alten Bundesgebiet und erfasste vor allem auch alle selbstständig Erwerbstätigen. § 229 a SGB VI ermöglicht Personen, die nach den Bestimmungen des SGB VI nicht versicherungspflichtig wären, der gesetzlichen

126 Die Regelung ist verfassungsgemäß, BVerfGE 87, 1.
127 Vgl. dazu auch BSG SozR 3–5750 Art. 2 § 62 Nr. 1.
128 Vom 28. 7. 1991 (BGBl. I S. 1606).
129 BVerfGE 100, 1 = NJW 1999, 2493.

Rentenversicherung weiterhin anzugehören oder aber aus ihr auszuscheiden. Mit § 233 a SGB VI wurde die Nachversicherung in den neuen Bundesländern eingeführt.

2. Renten wegen verminderter Erwerbsfähigkeit

Nach DDR-Recht gab es nur eine einheitliche *Invalidenrente*, die eine Erwerbsminderung um mindestens zwei Drittel voraussetzte. Solche Renten werden nach § 302 a SGB VI zum 1. 1. 1992 i.d.R. in Erwerbsunfähigkeitsrenten umgewandelt. Nur bei einem Hinzuverdienst von mehr als 1/7 der Bezugsgrenze bzw. mindestens 400 DM monatlich wurde sie in eine Berufsunfähigkeitsrente umgewandelt (§ 302 a Abs. 2 und 3 SGB VI). 118

3. Altersrenten

Seit 1. 1. 1992 gelten in den neuen Bundesländern die Altersgrenzen der verschiedenen Renten wegen Alters nach §§ 35 ff. SGB VI. Soweit jedoch ein Versicherter zu diesem Zeitpunkt bereits eine Altersrente bezog, ohne die Voraussetzungen der vorgenannten Bestimmungen zu erfüllen, genoss er Vertrauensschutz und darf sie weiter in Anspruch nehmen (§ 302 SGB VI). 119

4. Hinterbliebenenrenten

Ansprüche auf Witwen-, Witwer- und Waisenrenten bestanden nach dem Recht der DDR unter engeren Voraussetzungen als im alten Bundesgebiet. Seit 1. 1. 1992 werden Hinterbliebenenrenten nach den Regelungen des SGB VI in den neuen Bundesländern auch dann gezahlt, wenn der Versicherte vor diesem Zeitpunkt gestorben ist. Allerdings gilt dann auch die Einkommensanrechnung (§ 314 a SGB VI). 120

5. Rentenberechnung

Nach DDR-Recht bestand eine sehr niedrige Beitragsbemessungsgrenze (unter Berücksichtigung der Zusatzversicherung zuletzt 1.200 M monatlich). Seit dem 1. 1. 1992 werden daher bei der Rentenversicherung die tatsächlichen Arbeitsentgelte in voller Höhe berücksichtigt (§ 256 a SGB VI). 121

Im Übrigen wurde ein den Einkommensverhältnissen in den neuen Bundesländern entsprechend niedrigerer aktueller *Rentenwert Ost* eingeführt (§ 255 a SGB VI). Dieser beträgt gegenwärtig 22,97 € (30. Juni 2006). Sozialpolitisch kann darin eher ein Ausgleich dafür gesehen werden, dass durch die sehr vollständigen Erwerbsverläufe in der DDR im Beitrittsgebiet noch viele Entgeltpunkte berücksichtigt werden können. Für die mittlerweile in Rente gehende Generation ist das aber nicht mehr gegeben, da sie durch Arbeitslosigkeit nach der Vereinigung stark betroffen war. Entsprechend ist es auch aus Gleichbehandlungsgründen zweifelhaft geworden, vom Grundsatz eines national einheitlichen Rentenwerts im Beitrittsgebiet abzusehen.

In einigen Fällen gewährte das DDR-Recht Rentenansprüche unter günstigeren Voraussetzungen, als dies nach dem SGB VI der Fall ist, z.B. für Frauen mit fünf oder mehr Kindern. Art. 30 Abs. 5 S. 2 des Einigungsvertrages garantiert für derartige Fälle einen Vertrauensschutz bei Renten, die bis zum 30. 6. 1995 beginnen (»zugehen«). Nach Art. 2 RÜG gilt – vereinfacht ausgedrückt – das DDR-Recht, soweit es günstiger als das Recht des SGB VI ist. 122

Renten, die am 31. 12. 1991 bereits liefen, sind zum 1. 1. 1992 nach einem komplizierten Mechanismus und unter Zugrundelegung wesentlicher Prinzipien des Rentenversicherungsrechts des SGB VI *umgewertet* worden (§§ 307 a–d SGB VI)[130].

---

130 Vgl. auch Art. 2 des 2. AAÜG-ÄndG v. 27. 7. 2001 (BGBl. I S. 1939).

III. Zusatz- und Sonderversorgungssysteme

123 In der DDR bestanden für verschiedene Personengruppen besondere Zusatz- und Sonderversorgungssysteme, die in den Anlagen 1 und 2 des AAÜG aufgeführt sind. Für diese mit der deutschen Einigung aufgelösten Systeme enthält das *Gesetz zur Überführung der Ansprüche und Anwartschaften aus Zusatz- und Sonderversorgungssystemen des Beitrittsgebietes (Anspruchs- und Anwartschaftsüberführungsgesetz – AAÜG)* (= Art. 3 des RÜG) die entsprechenden Überleitungsregelungen.

Bei knapp der Hälfte dieser Systeme werden die Ansprüche und Anwartschaften im Wesentlichen nach denselben Grundsätzen behandelt wie die entsprechenden Rechte aus der DDR-Sozialversicherung.

Allerdings werden Einkommen von Kaderleitern, hauptamtlichen Parteisekretären, Richtern, Staatsanwälten und anderen Personen, die dem politischen System der DDR in vergleichbarer Weise nahestanden, nur bis zu gewissen Höchstgrenzen berücksichtigt (§ 10 Abs. 1 S. 2 AAÜG). Für Renten aus dem Sonderversorgungssystem des ehemaligen Ministeriums für Staatssicherheit / Amt für Nationale Sicherheit sind die Zahlbeträge für Versichertenrenten auf den besonders niedrigen Betrag von höchstens 802 DM begrenzt worden (§ 10 Abs. 2 AAÜG).

Das BVerfG hat diese Begrenzungen als gegen Art. 14 Abs. 1 GG verstoßend für nichtig erklärt[131]. Die Art und Weise der Neuberechnung für Bestandsrenten aus den Zusatz- und Sonderversorgungssystemen ist als gegen Art. 3 Abs. 1 GG verstoßend vom BVerfG gerügt worden[132].

124 Nach dem in Art. 4 RÜG enthaltenen *Gesetz über das Ruhen von Ansprüchen aus Sonder- und Zusatzversorgungssystemen (Versorgungsruhensgesetz)* können schließlich Ansprüche »zum Ruhen gebracht werden«, wenn gegen den Berechtigten ein Strafverfahren wegen einer als Träger eines Staatsamtes oder Inhaber einer politischen oder gesellschaftlichen Funktion begangenen Straftat gegen das Leben oder einer anderen schwerwiegenden Straftat gegen die körperliche Unversehrtheit oder die persönliche Freiheit betrieben wird und der Berechtigte sich dem Strafverfahren durch Aufenthalt im Ausland entzieht.

H. Förderung der privaten Vorsorge

I. Allgemeines

125 Die Absenkung der Rentenniveaus bzw. der langsamere Anstieg der gesetzlichen Renten sollen durch den Aufbau einer zusätzlichen *privaten Altersvorsorge* kompensiert werden. Dabei ist eine umfangreiche staatliche Förderung vorgesehen. Diese kommt nur denjenigen zugute, die in der gesetzlichen Rentenversicherung pflichtversichert oder Beamte sind. Bis zum Jahr 2008 ansteigend können bis zu vier Prozent der Beitragsbemessungsgrenze für den Aufbau einer privaten Vorsorge vorgesehen werden und sind dann förderungsfähig.

Die *Förderung der privaten Zusatzvorsorge* geschieht alternativ auf *zwei verschiedenen Wegen* nach dem Einkommensteuerrecht: entweder kann eine *Zulage* in Anspruch genommen werden (§§ 79–97 EStG) oder die private Altersvorsorge ist als *Sonderausgabe steuerlich ab-*

---

131 Zu § 10 Abs. 2 AAÜG BVerfGE 100, 104 = NJW 1999, 2506; zu § 10 Abs. 1 AAÜG: BVerfGE 100, 1 = NJW 1999, 2493; vgl. dazu *Will* NJ 1999, 357; zu den Versorgungssystementscheidungen des BverfG auch *Ulmer* NZS 2000, 176.

132 Zu § 6 Abs. 1 S. 1 AAÜG BVerfGE 100, 104 = NJW 1999, 2512; zu § 6 Abs. 2 und Abs. 3 Nr. 7 AAÜG BVerfGE 111, 115; BVerfGE 100, 59 = NJW 1999, 2501.

zugsfähig (§ 10 a EStG), wobei sich je nach Einkommenssituation und Kinderzahl das eine oder das andere als vorteilhafter erweist[133].

II. Förderungsfähige Altersvorsorgeverträge

Ob eine Form privater Alterssicherung förderungsfähig ist, bestimmt sich danach, ob die Altersvorsorgeverträge den gesetzlich vorgeschriebenen Vorgaben genügen. Für sie ist bei der Bundesanstalt für Finanzdienstleistungsaufsicht (BaFin) eine *Zertifizierung* vorgesehen. Diese richtet sich nach dem Gesetz über die Zertifizierung von Altersvorsorgeverträgen (AltZertG). Der *Kriterienkatalog, der für die Förderungsfähigkeit* erfüllt sein muss, ist in § 1 AltZertG niedergelegt. Die private Alterssicherung muss grundsätzlich zu einer lebenslangen Rentenzahlung führen. Nachdem dies zunächst nicht vorgesehen war, ist nun auch vorgeschrieben, dass Altersvorsorgeverträge für Frauen und Männer gleiche Konditionen bieten müssen. Eine ergänzende Sicherung bei Erwerbsminderung und für den Fall des Hinterbleibens kann vereinbart werden. Verpflichtend ist dies nicht, was problematisch ist, da alle Rentenarten vom verlangsamten Rentenanstieg betroffen sind. Wichtig sind auch die Vorgaben über die Informationspflicht des Anbieters (§ 7 AltZertG). 126

Für die *Förderung privaten Wohneigentums* ist in §§ 92 a, 92 b EStG vorgesehen, dass in bestimmten Fällen auch Wohneigentum als förderungsfähige Altersvorsorge akzeptiert wird, wenn es für eigene Wohnzwecke dient. Diese Fälle sind in § 1 Abs. 1 S. 2 AltZertG den anderen Verträgen gleichgestellt. 127

III. Probleme der privaten Altersvorsorge

Für private Alterssicherung wird *keine Dynamisierungsgarantie* gegeben. Immerhin ist geregelt, dass zu Beginn der Auszahlungsphase zumindest die eingezahlten Altersvorsorgebeiträge für die Auszahlungsphase zur Verfügung stehen müssen (§ 1 Abs. 1 S. 1 Nr. 3 AltZertG). Das heißt, dass auch Alterssicherungsprodukte zertifiziert werden können, wenn eine Rendite bei Vertragsabschluss nicht garantiert ist. Wie sich die Rendite solcher Produkte im allgemeinen entwickeln wird, ist umstritten. Insbesondere wird darauf hingewiesen, dass der durch die Neuregelung zu erwartende Kapitalzufluss auf dem Kapitalmarkt zu einer Senkung der Renditen führen könne[134]. 128

Nach Untersuchungen der Weltbank im internationalen Vergleich liegen die Verwaltungskosten bei privaten Versicherungen bei 13,5% bis 26% der jährlichen Beiträge und führen damit zu einer Renditereduzierung von 0,65% bis 1,39%[135]. Dies muss bei der Annahme, dass Versicherte durch die Aufnahme einer privaten Vorsorge Vorteile gegenüber der gesetzlichen Rentenversicherung zu erwarten haben, berücksichtigt werden. Vorteile einer gesetzlichen Versicherung sind die demgegenüber wesentlich niedrigeren Verwaltungskosten von unter 2% der Ausgaben.

Bei Unterbrechungen der Beitragszahlung in die gesetzliche Rentenversicherung etwa bei Zeiten der Kindererziehung oder Arbeitslosigkeit werden (im Fall der Arbeitslosigkeit zumindest anteilig) Beiträge durch den zuständigen Leistungsträger oder aus Steuermitteln geleistet. Diese Übernahme von Versicherungsbeiträgen gilt für die Privatvorsorge nicht. Diskontinuierliche Erwerbsbiographien vermindern also die Erträge aus der privaten Altersvorsorge. 129

Während die Beschränkungen bei der Entwicklung des Rentenwerts auch für Erwerbsminderungsrenten gelten, ist eine private Vorsorge für den Invaliditätsfall weder in gleicher Weise möglich noch gefördert wie dies bei der privaten Altersvorsorge der Fall ist. Ge- 130

133 Zur Vertiefung: *Bruno-Latocha/Grütz* DRV 2001, 401.
134 *Schmähl* DRV 2000, 50 (65).
135 So *R. Holzmann* (Weltbank) zitiert nach: DAngVers 2000, 410.

rade chronisch kranke und behinderte Menschen haben zumeist keinen erschwinglichen Zugang zu einer Vorsorge für den Fall der Erwerbsminderung.

§ 35 Altersversorgungssysteme außerhalb der sozialen Rentenversicherung

A. Alterssicherung der Landwirte

1 1957 wurde das *Gesetz über Altershilfe für Landwirte (GAL)* erlassen[136]. Es hatte ein Altersgeld für Landwirte eingeführt, das die Funktion nicht nur – wie ursprünglich – eines Bargeldzuschusses zum Altenteil hatte, sondern den gesamten Bargeldbedarf des früheren landwirtschaftlichen Unternehmers decken sollte. Mit dem *Gesetz über die Alterssicherung der Landwirte (ALG)*[137] hat der Gesetzgeber 1995 eine umfangreiche Neukodifikation vorgenommen und das Gesetz in seiner Struktur und Terminologie dem SGB VI angeglichen. Neu aufgenommen wurden u.a. der Versicherungsschutz für den mitarbeitenden Ehegatten, der jetzt gemäß § 1 Abs. 3 ALG pflichtversichert ist. Anspruchsvoraussetzung für die Leistung einer Altersrente ist weiterhin die Abgabe des Unternehmens der Landwirtschaft (§ 11 ALG).

Neben den Beiträgen der Versicherten tragen auch Bundesmittel ganz erheblich zur Finanzierung der Versicherung bei (§ 66 Abs. 2 ALG). Insoweit trägt der Bund das agrarstrukturelle Risiko[138].

B. Öffentlich-rechtliche Versorgungswerke der kammerfähigen Berufe (Berufsständische Versorgung)

2 Für bestimmte Angehörige der freien Berufe, so vor allem für Ärzte, Tierärzte und Apotheker, aber auch für Notare, Rechtsanwälte, Steuerberater bestehen aufgrund landesgesetzlicher Regelungen heute zahlreiche *berufsständische Versorgungswerke.* Die Versorgungswerke sichern im Wesentlichen die gleichen Risiken ab wie die gesetzliche Rentenversicherung, also Alter, Invalidität und Tod. An Leistungen werden vor allem Berufsunfähigkeitsrenten, Alters- und Hinterbliebenenrenten gewährt.

Die Gesetzgebungskompetenz für diese Versorgungswerke ist umstritten[139]. Das BVerfG stützt die Kompetenz auf Art. 70 GG, weil es sich nicht um eine Sozialversicherung (hierfür die Kompetenz in Art. 74 Nr. 12 GG) handelt[140]. Die Versorgungswerke sind zwar nicht an alle Grundsätze der Sozialversicherung gebunden, müssen aber sozialstaatliche Grundsätze und das Gebot der Geschlechtergleichbehandlung einhalten[141].

C. Versorgung im öffentlichen Dienst

3 Als Teil des öffentlichen Dienstrechts gehört das beamtenrechtliche Versorgungsrecht formal nicht zum Sozialrecht, sondern zum Beamtenrecht. Die *Versorgung der Beamten, Richter und Soldaten*[142] erfolgt unmittelbar aus Mitteln der öffentlichen Haushalte, ohne dass die

136 Zur Einführung: *Deisler* Handbuch Altersversorgung, S. 129.
137 Vom 29. 7. 1994 (BGBl. I S. 1890).
138 Vgl. weiter *Breuer/Lehle* SRH, C. 19 Rn. 1 ff; *Koch* ZfSH / SGB 1999, 462. Zur Vertiefung: *v. Maydell* Weiterentwicklung des landwirtschaftlichen Sozialrechts, 1988.
139 Vgl. *Boecken* Die Pflichtversorgung der verkammerten freien Berufe und der Bundesgesetzgeber, 1986, S. 253 ff., 267.
140 BVerfGE 12, 319 (323); BVerfG NJW 1990, 1653; zur Zulässigkeit derartiger Versorgungswerke BVerfGE 10, 354 (362).
141 BVerfGE 113, 1; *Fuchsloch/Schuler-Harms* NJW 2004, 3065.
142 Zur Einführung: *Battis* Beamtenversorgung, in: Handbuch Altersversorgung, S. 117 ff.

Versorgungsberechtigten Beiträge abführen. Träger der Versorgung ist der jeweilige Dienstherr. Rechtsgrundlage sind das Beamtenversorgungsgesetz (BeamtVG)[143] und die Beamtengesetze der Länder. Das Beamtenversorgungssystem ist unabhängig von der Rentenversicherung, kann jedoch politisch und sozialstaatlich nicht losgelöst von ihm betrachtet werden[144].

Die *Beschäftigten im öffentlichen Dienst* sind in die allgemeine Sozialversicherung, insbes. auch in die gesetzliche Rentenversicherung einbezogen[145]. Wegen des – im Vergleich zu den Beamtenpensionen – vor allem früher i.d.R. wesentlich niedrigeren Rentenniveaus wurde schon früh für diesen Personenkreis eine eigenständige Form der »betrieblichen Altersversorgung«, die sog. *Zusatzversorgung* (bzw. Zusatzversicherung) im öffentlichen Dienst auf *tarifvertraglicher*, also arbeitsrechtlicher Basis geschaffen. Auch dieser Bereich zählt mithin nicht zum Sozialrecht. Es bestehen selbstständige Versorgungswerke, wie insbesondere die Versorgungsanstalt des Bundes und der Länder (VBL). 4

D. Betriebliche Altersversorgung

I. Allgemeines

Als arbeitsrechtliche Sicherung der Arbeiter und Angestellten in der Privatwirtschaft hat die betriebliche Altersversorgung die Aufgabe einer Ergänzung der Alters-, Invaliden- und Hinterbliebenenrenten aus der Rentenversicherung[146]. 5

II. Unverfallbarkeit

Seit 1975 ist das *Gesetz zur Verbesserung der betrieblichen Altersversorgung (BetrAVG)* in Kraft, das eine Reihe von Unzuträglichkeiten der früheren Rechtslage zum Betriebsrentenrecht beseitigt hat. So kommt eine Verfallbarkeit von Ruhegeldanwartschaften für den Fall, dass der Arbeitnehmer vor Eintritt in den Ruhestand aus dem Betrieb ausscheidet, nur noch unter bestimmten Umständen in Betracht (§ 1 BetrAVG). 6

III. Auszehrungsverbot

§ 5 BetrAVG bestimmt ein weitgehendes Auszehrungsverbot; das bedeutet, dass Betriebsrenten nicht durch Anrechnung anderer Versorgungsleistungen, z.B. aus der Sozialversicherung, gekürzt werden dürfen. § 6 BetrAVG hat die Altersgrenze an die der Rentenversicherung geknüpft, so dass damit auch für Betriebsrenten die flexible Altersgrenze eingeführt worden ist[147]. Schließlich hat man für eine Insolvenzsicherung gesorgt, so dass die Anwartschaften nicht durch Eröffnung des Insolvenzverfahrens des Unternehmens verlorengehen können (§ 7 BetrAVG). Dagegen hat das Gesetz keine automatische Dynamisierung der Betriebsrenten gebracht; jedoch ist der Arbeitgeber gemäß § 16 BetrAVG verpflichtet, alle drei Jahre eine Anpassung der Betriebsrenten zu prüfen und »hierüber nach billigem Ermessen zu entscheiden«. 7

IV. Entgeltumwandlung

Jeder Arbeitnehmer hat einen Rechtsanspruch darauf hat, dass Entgelt in Höhe von bis zu vier Prozent der Beitragsbemessungsgrenze (nicht: des Einkommens) in eine betriebliche Altersversorgung umgewandelt wird (§ 1 a BetrAVG). 8

---

143 Beamtenversorgungsgesetz (BeamtVG) vom 24. 8. 1976 (BGBl. I S. 3839) i.d.F. der Bekanntmachung der Neufassung v. 16. 3. 1999 (BGBl. I S. 322).

144 *Ruland* NVwZ 1995, 417.

145 Zur Einführung: *v. Puskás* Handbuch Altersversorgung, S. 235.

146 Zur Einführung: *Förster* Handbuch Altersversorgung, S. 201 ff.

147 Damit wurde das BetrAVG an die Regelung der Frühverrentung des SGB VI angeglichen.

V. Durchführungswege

9 Sofern der Arbeitgeber eine Durchführung über eine Pensionskasse oder einen Pensionsfonds nicht anbietet, besteht für den Arbeitnehmer die Möglichkeit, den Abschluss einer Direktversicherung zu verlangen. Die Entgeltumwandlung hat gegenüber anderen Formen betrieblicher Altersvorsorge mehrere Vorteile. Zum einen sind die in Zukunft erworbenen Anwartschaften sofort unverfallbar. Zum anderen besteht ein Recht des Arbeitnehmers, auch nach Beendigung des Arbeitsverhältnisses die Versicherung weiterzuführen. In diesem Fall muss er allerdings die Beiträge selbst aufbringen. Das erwirtschaftete Kapital kann beim Wechsel des Arbeitgebers übertragen werden[148].

10 Pensionsfonds erbringen als rechtsfähige Einrichtung im Wege der Kapitaldeckung Altersversorgungsleistungen für einen oder mehrere Arbeitgeber zu Gunsten von Arbeitnehmern (§§ 112 ff. VAG). Die Durchführung der betrieblichen Altersversorgung in Pensionsfonds ist im § 1 Abs. 2 BetrAVG geregelt. Sie ergänzen dort die bereits geschaffenen Durchführungswege für eine betriebliche Altersversorgung.

148 Vgl. *Bruno-Latocha/Grütz* DRV 2001, 401 (411).

7. Kapitel. Gesetzliche Unfallversicherung (SGB VII)

Zur Einführung: *Eichberger* Der Unfall – eine Übersicht über einen vielfältigen Begriff, JuS 1996, 1078; *Niemeyer / Freund* Die Einordnung des Rechts der Unfallversicherung in das Sozialgesetzbuch als neues SGB VII, NZS 1996, 497; *Plagemann* Die Einordnung der gesetzlichen Unfallversicherung in das SGB VII, NJW 1996, 3173; *Waltermann* Gesetzliche Unfallversicherung – Grundlagen, Entwicklung und neues SGB VII, BG 1997, 310

Kommentare: *Franke* Sozialgesetzbuch VII – Unfallversicherung, Lehr- und Praxiskommentar (LPK-SGB VII), 2. Aufl. 2006; *Kater / Leube* Gesetzliche Unfallversicherung SGB VII, 1. Aufl., 1997; *Schmitt* SGB VII – Gesetzliche Unfallversicherung, 2.Aufl. 2004

Zur Vertiefung: *Barta* Kausalität im Sozialrecht: Entstehung und Funktion der so genannten Theorie der wesentlichen Bedingung, 1983; *Fuchs* Zivilrecht und Sozialrecht, 1992, S. 157–223; *Gitter*Schadensausgleich im Arbeitsunfallrecht. Die soziale Unfallversicherung als Teil des allgemeinen Schadensrechts, 1969; Köhler Kausalität, Finalität und Beweis, 2001; *Hauptverband der gewerblichen Berufsgenossenschaften e.V.* (Hrsg.) 100 Jahre gesetzliche Unfallversicherung, 1985; *Schulin* Handbuch des Sozialversicherungsrechts, Bd. 2 Unfallversicherungsrecht, 1996; Wickenhagen Geschichte der gewerblichen Unfallversicherung, 1980, 2 Bde.

Zeitschrift: *Die Berufsgenossenschaft* (BG), hrsg. vom Hauptverband der gewerblichen Berufsgenossenschaften (HVBG)

§ 36 Allgemeines

A. Zum Verständnis des Unfallversicherungsrechts

Das Recht der gesetzlichen Unfallversicherung unterscheidet sich maßgeblich vom Recht 1
der anderen Sozialversicherungszweige. Dies hat mit der besonderen Funktion der Unfallversicherung zu tun, die in der Ablösung der privatrechtlichen Unternehmerhaftung und in der Schaffung einer öffentlich-rechtlichen Versicherung gegen die Folgen von Arbeitsunfällen mit Pflichtmitgliedschaft der Unternehmer zu sehen ist.

I. Historische Entwicklung

Diese Unfallversicherung geht zurück auf das *Unfallversicherungsgesetz (UVG) vom* 1a
6. 7. 1884. Sie löste die für die Arbeiter unzureichende und schwer zu erlangende zivilrechtliche Haftung der Arbeitgeber durch eine sozialrechtliche Gefährdungshaftung ab. Ausgehend von den besonders gefahrenträchtigen Branchen und Berufen in Bergbau und Industrie wurde der Versicherungsschutz in mehreren Schritten ausgedehnt; mit der Einordnung des Unfallversicherungsrechts in die *Reichsversicherungsordnung (RVO) vom 19. 7. 1911* wurden nahezu alle gewerblichen Beschäftigten erfasst, 1938 wurden die kaufmännischen und verwaltenden Bereiche einbezogen, 1942 alle Beschäftigten[1]. Zugleich wurde der Anknüpfungspunkt des Versicherungsschutzes verändert: *Aus der Betriebsversicherung wurde eine Personenversicherung*. Über den Schutz einer Arbeitnehmerversicherung hinausgehend wurden 1963 Gefangene und 1971 Kindergartenkinder, Schülerinnen und Schüler sowie Studierende[2] einbezogen; 1974 folgte der Schutz für Rehabilitanden.

Bei der Erweiterung des *Leistungsrechts* sind insbesondere die Einbeziehung der Wegeunfälle, die Schaffung der BerufskrankheitenVO, der Beginn von Rehabilitationsleistungen

---

1 Sechstes Gesetz über Änderungen in der Unfallversicherung vom 9. 3. 1942 (RGBl. I S. 107).
2 Gesetz vom 18. 3. 1971 (BGBl. I S. 237).

(»Berufsfürsorge«, später »Berufshilfe«) 1925[3] und die Dynamisierung der Unfallrenten 1963 zu nennen.

Mit dem Unfallversicherungs-Einordnungsgesetz (UVEG) vom 7. August 1996[4] ist das Recht der gesetzlichen Unfallversicherung im SGB VII neu geregelt und ins Sozialgesetzbuch eingeordnet worden. Diese Kodifikation war inhaltlich nur mit einer begrenzten Sachreform[5] verbunden und vollzog eine Reihe von Entwicklungen der Rechtsprechung nach, so dass die zur RVO ergangene Judikatur in wichtigen Teilen weiter herangezogen werden kann. Das SGB IX hat neben terminologischen Änderungen wichtige leistungsrechtliche Änderungen gebracht. Bürgerschaftlich engagierte Personen sind 2004 in den Unfallversicherungsschutz einbezogen worden[6].

II. Verhältnis der Unfallversicherung zur zivilrechtlichen Haftung[7]

2 Die Funktion der Unfallversicherung zugleich als Unternehmerhaftpflichtversicherung findet ihren Ausdruck darin, dass das Gesetz die Unternehmer von der zivilrechtlichen Haftpflicht, insbesondere aus positiver Verletzung des Arbeitsvertrags und Delikt bei Arbeitsunfällen, gegenüber ihren Arbeitnehmern, deren Angehörigen und Hinterbliebenen freigestellt hat, § 104 SGB VII[8]; dies gilt auch für Schmerzensgeldansprüche[9] oder für geringe Minderungen der Erwerbsfähigkeit, wenn die Unfallversicherungsträger insoweit keine Leistungen erbringen. Der Haftungsausschluss führt also dazu, dass die sozialrechtliche Schadensregulierung den zivilrechtlichen Schadensersatz zwischen Beschäftigten und Unternehmern ablöst. Dies gilt aber nur für die von der Unfallversicherung gesicherten Schäden, also für *Personenschäden,* nicht für Sachschäden. Ob der Ausschluss des Schmerzensgelds im Unfallversicherungsrecht auch nach der Reform des Schadensrechts im Jahre 2002 angemessen ist, kann bezweifelt werden. Denn durch § 253 Abs. 2 BGB kann Schmerzensgeld seitdem in allen Schuldverhältnissen beansprucht werden, auch in der durch die Unfallversicherung abgelösten Arbeitgeberhaftung.

3 Allerdings bestehen zwei Ausnahmen, von denen nur die zweite in der Praxis von Bedeutung ist: Die Ablösung der Haftpflicht tritt nicht ein, wenn entweder der Unternehmer den Arbeitsunfall vorsätzlich herbeigeführt hat oder »wenn der Arbeitsunfall bei der Teilnahme am allgemeinen Verkehr« eingetreten ist. Dabei wird etwa an die Situation gedacht, dass der Arbeitnehmer von seinem Arbeitgeber (oder, besonders wichtig, von einem seiner Erfüllungs- oder Verrichtungsgehilfen) in einen Verkehrsunfall verwickelt wird, z.B. auf dem Weg zur oder von der Arbeitsstätte[10]. Da auch Wegeunfälle als Arbeitsunfälle in den Schutz der Unfallversicherung mit einbezogen sind, würde ohne die ausdrückliche Ausnahmevorschrift für sie die Haftungsablösung ebenfalls gelten. Der vom Arbeitgeber oder Kollegen verletzte Arbeitnehmer soll aber nach dem Gesetz in solchen Fällen nicht schlechter gestellt sein – z.B. hinsichtlich der konkreten Schadensberechnung oder des Schmerzensgeldes –, als wenn eine betriebsfremde Person den Unfall (mit)verursacht hät-

---

3 2. Unfallversicherungs-Änderungsgesetz vom 14. 7. 1925 (RGBl. I S. 97).

4 Art. 1 des Gesetzes zur Einordnung des Rechts der gesetzlichen Unfallversicherung in das Sozialgesetzbuch (Unfallversicherungs-Einordnungsgesetz – UVEG) v. 7. 8. 1996 (BGBl. I S. 1254).

5 BT-Drs. 13/2204, S. 73.

6 Gesetz zur Verbesserung des unfallversicherungsrechtlichen Schutzes bürgerschaftlich Engagierter und weiterer Personen vom 9. 12. 2004 (BGBl. I S. 3299); hierzu *Molkentin* BG 2006, 17; *Merten,* SGb 2005, 427.

7 Ausführlich *Maschmann* SGb 1998, 54; *Rolfs* NJW 1996, 3177; *Waltermann* NJW 2002, 1225; *Waltermann* NJW 2004, 901.

8 Vgl. die Monographie von *Gitter* Schadensausgleich im Arbeitsunfallrecht, 1969; ferner *Hanau* Jura 1970, 112.

9 Dazu das BVerfG im Hinblick auf Art. 3 Abs. 1 GG: BVerfGE 34, 118 und SozR 3–2200 Nr. 1 zu § 636 RVO.

10 *Steinfeltz* BG 1992, 786; *Neumann-Duesberg* SGb 1992, 249.;BGHZ 145, 331 = NJW 2001, 443.

te. Selbst wenn die Haftung nach § 104 Abs. 1 und 2 SGB VII nicht ausgeschlossen ist, kann der Unternehmer nur für den Teil eines Schadens in Anspruch genommen werden, für den die Unfallversicherung nicht aufkommt (§ 104 Abs. 3 SGB VII).

Die Haftungsfreistellung gilt nach § 106 Abs. 1 SGB VII auch im Verhältnis des Schulträgers zu den Schülern. 4

So erhält ein Schüler kein Schmerzensgeld, wenn ein Mitarbeiter des Schulträgers beim Fach »Alpiner Skilauf« durch unzureichende Sicherung der Schneekanone dessen Sturz und damit eine Querschnittlähmung verursacht[11].

Nach § 105 SGB VII gilt eine entsprechende Regelung für die Haftung von Beschäftigten für Arbeitsunfallschäden, die sie im gleichen Betrieb tätigen Arbeitskollegen zufügen: Auch sie sind – außer bei Vorsatz – von der Haftung freigestellt. Einerseits ist dies darin begründet, dass Arbeitnehmer, wenn sie den Unfall nicht vorsätzlich[12] oder grob fahrlässig herbeigeführt haben, nach den Grundsätzen der Arbeitnehmerhaftung gegen ihren Arbeitgeber einen Haftungsfreistellungsanspruch hätten. Es müsste also für den durch Beschäftigte verursachten Schaden der Arbeitgeber aufkommen, so dass auf diesem Umweg letztlich doch wieder ihn die Haftung treffen würde, die gerade die Unfallversicherung übernehmen soll. Andererseits sichert die Norm die Beschäftigten vor Regressforderungen ihrer Kollegen und erleichtert dadurch auch die vertrauensvolle Zusammenarbeit. Nach einem Urteil des BGH zur Haftung unter Schülern[13] ist die Freistellung nur ausgeschlossen, wenn der Schädiger nicht nur bezüglich der Schädigungshandlung, sondern auch bezüglich der Folge vorsätzlich gehandelt hat.

Während in § 104 SGB VII Unternehmer gegenüber Beschäftigten ihres Unternehmens in der Haftung privilegiert sind, gilt die Haftungseinschränkung unter Beschäftigten nach § 105 SGB VII zwischen solchen »desselben Betriebes«. Der Begriff des Betriebes im Arbeitsrecht ist enger; ein Unternehmen kann aus mehreren Betrieben bestehen[14]. Einem Streit über die Erweiterung dieser Haftungsprivilegierung lagen Differenzen in der Rechtsprechung zwischen BGH[15] und BAG[16] unter Geltung der RVO zugrunde. Durch die jetzige Fassung von § 105 SGB VII ist die Haftungsprivilegierung von Betriebsangehörigen auf »Personen, die durch betriebliche Tätigkeit einen Schaden von Versicherten desselben Betriebs verursachen« erweitert, so dass es nicht mehr zu einer Inkongruenz zwischen Versicherungsschutz vorübergehend in den Betrieb eingegliederter Personen (§ 2 Abs. 2 SGB VII) und deren Haftungsprivilegierung kommen kann. Die Regelung ist auch entsprechend auf Ersatzansprüche eines nicht versicherten Unternehmers anzuwenden, der durch eine in seinem Betrieb beschäftigtenähnlich tätige Person geschädigt wird[17]. 5

Da der Gesetzgeber des SGB VII im Übrigen aber am Betriebsbegriff in § 105 festgehalten hat, dürfte der Streit insoweit entschieden sein[18]. Mit § 106 Abs. 3 SGB VII ist die Haftungsprivilegierung außerdem auf Beschäftigte verschiedener Unternehmen auf einer gemeinsamen Betriebsstätte (z.B. Großbaustelle) erweitert, soweit ein aufeinander bezogenes betriebliches Zusammenwirken stattfindet[19]. Die Haftungsfreistellung gilt auch unter Schü-

---

11 OLG Dresden NJW-RR 1999, 902, vgl. *Waltermann* NJW 2004, 901 (902).

12 Der Vorsatz muss sich auf das Handeln und den konkreten Schaden beziehen, BGH NJW 2003, 1605, s. auch *Ebers* NJW 2003, 2655 (für eine Beschränkung auf das Handeln).

13 BGH NJW 2003, 1605.

14 Vgl. *Kater/Leube* Rn. 2, 3 zu § 105 SGB VII.

15 BGH NJW 1988, 493.

16 BAG NZA 1993, 451.

17 BSG SozR 4–2700 § 105 Nr. 1 = NJW 2004, 966.

18 *Kater/Leube* Rn. 4 zu § 105 SGB VII; *Schmitt* Rn. 7 zu § 105 SGB VII; *Maschmann* SGb 1998, 54 (59); *Rolfs* NJW 1996, 3177 (3180).

19 Vgl. *Steinfeltz* BG 1997, 378; BSG NZS 2001, 270; BGHZ 145, 331.

lerinnen und Schülern[20], Studierenden, sowie zwischen Pflegepersonen und Pflegebedürftigen (§ 106 Abs. 1 und 2 SGB VII) sowie unter »Wie-Beschäftigten«[21].

6 Im Falle grob fahrlässiger oder vorsätzlicher Verursachung eines Schadens, für den ein Haftungsausschluss nach §§ 104 ff. SGB VII besteht, kommt ein Ersatzanspruch (*Regress*) gegen die Schädiger für diejenigen Sozialversicherungsträger in Betracht, die aus Anlass des Unfalles Leistungen erbracht haben (§§ 110 ff. SGB VII). Ob die Unfallversicherungsträger den Regress geltend machen, entscheiden sie nach billigem Ermessen unter Berücksichtigung der wirtschaftlichen Lage des Schädigers (§ 110 Abs. 2 SGB VII), dabei ist auch privater Haftpflichtversicherungsschutz zu berücksichtigen. Bei dem Anspruch aus § 110 SGB VII handelt es sich um einen *zivilrechtlichen Aufwendungsersatzanspruch,* den der Unfallversicherungsträger vor den ordentlichen Gerichten geltend machen muss[22]. Der Regress ist auf die Höhe des bürgerlich-rechtlichen Schadensersatzanspruchs begrenzt (Neuerung durch das SGB VII), so dass der Unfallversicherungsträger die Differenz zwischen konkretem und abstraktem Erwerbsausfallschaden tragen muss, wenn der Geschädigte weiter berufstätig ist. Hierdurch wird verhindert, dass der Schädiger schlechter gestellt wird als wenn er den Schaden unmittelbar ersetzen müsste.

7 Gegen außenstehende, nicht durch §§ 104 bis 107 SGB VII privilegierte Schädiger kann der Unfallversicherungsträger nach § 116 SGB X den zivilrechtlichen Schadensersatzanspruch der verletzten versicherten Person geltend machen, weil der Anspruch auf ihn übergegangen ist. Hierdurch wird dem Unfallversicherungsträger ein Anspruch gegen schuldhafte Schädiger in die Hand gegeben und eine unbillige Doppelentschädigung von Versicherten verhindert. Der Anspruchsübergang reicht soweit wie sachliche Kongruenz zwischen den Ansprüchen besteht. Er umfasst also nicht den Schmerzensgeldanspruch gegen außenstehende Schädiger.

B. Echte und unechte Unfallversicherung

8 Originäre Aufgabe der Unfallversicherung ist der Schutz der *Beschäftigten* vor und bei *Arbeitsunfällen* und *Berufskrankheiten* mit dem *präventiven* und dem *folgenausgleichenden* Ansatz. Daneben ist im Laufe der Zeit die sog. *unechte Unfallversicherung* entwickelt und ausgebaut worden[23]. Damit ist der Schutz gegen Unfälle für Personen gemeint, die nicht im Rahmen eines Arbeitsverhältnisses tätig werden, so für Kinder während des Besuchs von Kindergärten oder Schülerinnen, Schüler und Studierende während des Schul- und Hochschulbesuchs[24], für Pflegepersonen im Sinne des SGB XI, für ehrenamtlich Tätige in der Wohlfahrtspflege (seit 1942) oder für Organspender (seit 1963) und Helfende in Notfällen, für die 1928[25] die erste Ausweitung der Unfallversicherung über den Beschäftigtenkreis hinaus geschaffen wurde. Hier zeigt sich die Entwicklung der Sozialversicherung von der Sicherung der Arbeiterinnen und Arbeiter zum allgemeinen sozialstaatlichen Instrument. Die sog. unechte Unfallversicherung kann nach ihrem Zweck in den Bereich der sozialen Entschädigung eingeordnet werden[26]. Die versicherungsrechtliche Anknüpfung dient lediglich der Kostenzuordnung, die bei den Unfallversicherungsträgern der Länder und Gemeinden vorgenommen wird. Es handelt sich also um steuerfinanzierte Leistungen. Der durch die unechte Unfallversicherung geschützte Personenkreis ist historisch aus verschiedenen sozialpolitischen Vorhaben gewachsen; eine systematische Begrün-

20 Vgl. BGH NJW 2003, 1605; *Ebers* NJW 2003, 2655.
21 Vgl. BSG NJW 2004, 966, *Waltermann* NJW 2004, 901 (903).
22 Vgl. BGH NJW 1968, 1429; BGH NJW 1972, 907.
23 Hierzu ausführlich: *Gitter/Nunius,* in: Schulin, HS-Unfallversicherung, § 7.
24 Zur Abgrenzung z.B. BSG SozR 3–2200 § 539 RVO Nr. 36.
25 Drittes Gesetz über Änderungen in der Unfallversicherung vom 20. 12. 1928 (RGBl. I S. 405).
26 Zur verfassungsrechtlichen Einordnung BVerfGE 75, 348 (359); BVerfGE 81, 156 (207).

dung dafür, wer hier einbezogen ist und wer nicht, gibt es nicht. Dies ist unter Gleichheitsgesichtspunkten nicht unproblematisch[27].

C. Träger und Aufgaben der Unfallversicherung

Träger der Unfallversicherung (§ 22 Abs. 2 SGB I, § 114 SGB VII) sind 35 gewerbliche Berufsgenossenschaften (BG), 10 landwirtschaftliche Berufsgenossenschaften, die Unfallkassen der Eisenbahn und Post / Telekom, die Feuerwehr-Unfallkassen, die Unfallkassen des Bundes, der Länder und der Gemeinden. Näheres zur inneren Struktur und Selbstverwaltung, zur Abgrenzung der Zuständigkeiten der Unfallversicherungsträger und zu ihrem Dienstrecht ist in den §§ 29 bis 94 SGB IV, §§ 114 bis 149 a, 218 b SGB VII geregelt. 9

Die Aufgaben der Unfallversicherung sind: Verhütung von Arbeitsunfällen, Berufskrankheiten und arbeitsbedingten Gesundheitsgefahren[28] und – nach Eintritt von Arbeitsunfällen oder Berufskrankheiten – die Wiederherstellung der Gesundheit und Leistungsfähigkeit der Versicherten (Heilbehandlung, Teilhabe und Rehabilitation) und ihre Entschädigung sowie die ihrer Angehörigen und Hinterbliebenen (§§ 1 SGB VII, 22 Abs. 1 SGB I). 10

In keinem Zweig der Sozialversicherung – gefolgt von der Arbeitsförderung nach dem SGB III – spielt die *Vorsorge* zur Verhinderung von Schadensfällen eine so große Rolle wie in der Unfallversicherung. Bei der Prävention von Arbeitsunfällen und Berufskrankheiten arbeiten die BG mit den Ämtern für Arbeitsschutz (vgl. §§ 20 SGB VII, 21 Abs. 3 ArbSchG) und mit den Krankenkassen (§§ 20 Abs. 2 SGB V, 14 Abs. 2 SGB VII) zusammen. Die Unfallverhütungsvorschriften der BG (§ 15 SGB VII) bilden einen Anknüpfungspunkt für das individuelle Arbeitsrecht (§ 618 BGB) und die Rechte des Betriebsrats (§§ 87 Abs. 1 Nr. 7, 88 Nr. 1, 89 BetrVG).

D. Grundgedanken der Unfallversicherung

Die gesetzliche Unfallversicherung ist eine echte *Unfallversicherung* der Beschäftigten[29], die für sie von den Unternehmern – und zwar auf deren Rechnung – durchgeführt wird. Die Berufsgenossenschaften leisten ohne Ansehen des Verschuldens Entschädigung bei allen Arbeitsunfällen und Berufskrankheiten. Zum anderen ist die Unfallversicherung auch eine Art *Haftpflichtversicherung* der Unternehmer. Denn durch sie wird deren zivilrechtliche Haftpflicht gegenüber den Beschäftigten – außer bei Vorsatz – abgelöst (§§ 104 ff. SGB VII). Zugleich ist damit einem geschädigten Beschäftigten – soweit im Einzelfall überhaupt eine zivilrechtliche Verantwortlichkeit des Betriebes in Betracht kommt – nicht nur das Risiko eines Prozesses gegen den Unternehmer abgenommen, was für ihn vor allem wegen möglicher Beweisschwierigkeiten wichtig ist. Vielmehr hat er für seine Entschädigungsansprüche auch stets einen zahlungsfähigen Anspruchsgegner. Ferner kommt diese Regelung dem Betriebsfrieden entgegen, da von vornherein Prozessstreitigkeiten wegen Arbeitsunfällen zwischen Unternehmern und Beschäftigten ausgeschlossen sind. 11

Die Aufwendungen der Unfallversicherung werden von den Unternehmern allein getragen, weil die Unfallversicherung ihre Haftpflicht bei verschuldeten Versicherungsfällen ablöst. Aus dem Interesse an der Erhaltung der Arbeitskraft der Beschäftigten, der Verantwortlichkeit für die betriebliche Risikosphäre und der arbeitsrechtlichen Fürsorgepflicht ergibt sich auch das Einstehen für nicht vom Unternehmer verschuldete Arbeitsunfälle und Berufskrankheiten. Dies ist eine rechtlich und politisch wirksame Schranke gegen Leistungsabbau im Unfallversicherungsrecht.

---

27 Vgl. hierzu auch *Krasney* VSSR 1993, 81 (84).

28 Vgl. *Schork* FS Lauterbach, 1981, S. 191.

29 Außer diesen sind zu einem Teil auch die Unternehmer in den Unfallversicherungsschutz einbezogen.

Für den gesamten Bereich der Arbeitstätigkeit aber trifft den Unternehmer eine besondere Verantwortung (Fürsorgepflicht), nicht nur, weil er den Nutzen aus seinem Unternehmen für sich beansprucht, sondern vor allem auch, weil er einen tatsächlichen Einfluss auf den Betriebsablauf und damit auch auf die Betriebssicherheit ausüben kann. Daher hat man auch immer wieder darauf hingewiesen, dass im Unfallversicherungssystem gewisse Elemente einer sozialrechtlichen *Gefährdungshaftung* der Unternehmer für betriebliche Gefahren mit enthalten seien[30].

Im Übrigen ist darauf hinzuweisen, dass Unfallversicherung und soziale Entschädigung eine Reihe wichtiger Gemeinsamkeiten in Bezug auf die rechtlichen Grundstrukturen haben. Der Grund liegt zum einen in dem beide Gebiete beherrschenden *Kausalprinzip* (was zu Parallelen der Kausal- und Zurechnungslehre führt) und zum anderen in der gemeinsamen *Entschädigungsfunktion* der Leistungen. Daher legt auch das BSG bei vergleichbaren Fragestellungen mit Recht Wert auf eine einheitliche Rechtsprechung.

12 *Verhältnis zu anderen Systemen:* Der kausale Ansatz der Unfallversicherung führt dazu, dass ihr Vorrang vor den finalen Systemen der Krankenversicherung in § 11 Abs. 4 SGB V und der Rentenversicherung in §§ 12 Abs. 1 Nr. 1, 93 SGB VI festgeschrieben ist. Dagegen ist bei überschneidender Leistungspflicht mit Trägern der sozialen Entschädigung regelmäßig die Leistung der Unfallversicherung ausgeschlossen (§ 4 Abs. 1 Nr. 2 SGB VII – Ausnahmen: § 3 Abs. 4 OEG, § 63 Abs. 3 IfSG, § 65 BVG).

13 *Vereinbarkeit mit Europarecht*: Das sozialstaatliche Pflichtversicherungssystem des SGB VII ist sowohl mit dem Grundgesetz wie mit dem Europäischen Wettbewerbsrecht vereinbar, wie das BSG 2003 zutreffend festgestellt hat[31]. Solidarausgleich, allgemeiner Zugang und Pflichtversicherung sowie die Übernahme von Präventionsleistungen zeigen, dass es sich um eine Versicherung handelt, die so von Privatversicherungen nicht angeboten würde.

Arbeitsunfälle und Berufskrankheiten sind in vielen Ländern öffentlich-rechtlich versichert, da es gerade für letztere keine oder nur sehr teure private Anbieter geben würde[32]. Auch die höheren Verwaltungskosten der privaten Unfallversicherung sprechen gegen sie. Wenn Betriebe aber gegen die Risiken nicht versichert wären, könnten sie durch die Haftung oftmals ruiniert werden; man denke etwa an die Haftung für Asbestschäden.

E. Terminologische Besonderheit in der Unfallversicherung

14 Dem Begriff des Arbeitgebers in der Krankenversicherung entspricht nach der Terminologie des SGB in der Unfallversicherung der des *Unternehmers*. Das SGB IV differenziert für die Unfallversicherung einerseits und die übrigen Zweige der Sozialversicherung andererseits allerdings nicht, sondern gebraucht für die gesamte Sozialversicherung den Begriff des Arbeitgebers (vgl. §§ 43 ff. SGB IV).

F. Regelungen für das Beitrittsgebiet

15 Seit 1. 1. 1992 galt das Unfallversicherungsrecht der RVO in vollem Umfang in den neuen Bundesländern[33]. Im SGB VII sind die Sondervorschriften für das Beitrittsgebiet in §§ 215, 216 enthalten[34].

---

30 *Gitter* Schadensausgleich im Arbeitsunfallrecht, 1969, S. 61 ff. m.w. Nachw.

31 BSG BG 2004, 126 unter Verweis auf EuGH, Rs. C-160/91 E (*Poucet et Pistre*), Slg. I-1993, 637 und das Urteil des EuGH zur italienischen Unfallversicherung *INAIL*, Rs. C-218/00, EuGH, Slg. I-2002, 691 =BG 2002, 313.

32 Vgl. *Breuer* SozSich 2003, 191; *Papst* Kompass 2003, 30.

33 Näheres – vor allem zur Rechtslage bis 31. 12. 1991 – bei *Graeff* BG 1990, 676; *Aulmann* Kompass 1990, 605; *Zöller* BG 1990, 682; *Raschke* BG 1991, 153; *Schmidt* BG 1991, 149; *Dahm* Kompaß 1991, 8; *Graeff* BG 1991, 498; *Sokoll* BG 1991, 722; *Radek/Gerhardt* NZA 1992, 481; *Piasecki* Kompaß 1992, 335.

34 Das Heft 12/2001 der Zeitschrift »Die Berufsgenossenschaft« ist dem Thema »Nach einem Jahrzehnt: Wie hat die Unfallversicherung die Wiedervereinigung erlebt und gestaltet?« gewidmet.

G. Zahlen zur Unfallversicherung[35]

Bei den gewerblichen Berufsgenossenschaften waren 2002 über 42,7 Mio. Personen versichert (bei 54,5 Mio. Versicherungsverhältnissen), das entspricht 30 Mio. sog. Vollarbeitern[36]. Über 31 Mio. abhängig Beschäftigte und 1,43 Mio. Unternehmer in mehr als 3 Mio. Unternehmen, 1,96 Mio. ehrenamtlich Tätige, 943.000 Personen bei nicht gewerbsmäßigen Bauarbeiten (vgl. § 129 Abs. 1 Nr. 3 SGB VII), 140.000 Selbsthelfer im sozialen Wohnungsbau, 17,5 Mio. Kinder in Tageseinrichtungen, Schülerinnen und Schüler und Studierende, 1,1 Mio. Pflegepersonen, 3,2 Mio. Blutspender waren 2002 von der gesetzlichen Unfallversicherung geschützt. 16

Die Aufwendungen der gewerblichen BG betrugen 2005 8,772 Mrd. € (davon 733 Mio. € für Prävention). Der Beitragssatz lag 2005 bei durchschnittlich 1,31% des beitragspflichtigen Entgelts und ist seit Jahrzehnten langfristig rückläufig. 2005 ereigneten sich 801.834 meldepflichtige Arbeitsunfälle (davon 589 tödliche) und 151.641 Wegeunfälle (davon 495 tödliche). Im Verhältnis zur Zahl der Arbeitsstunden hat die Unfallhäufigkeit einen neuen Tiefststand erreicht (27,23 Arbeitsunfälle je 1.000 Vollarbeiter; noch 2002 waren es 32, 1999 waren es 41, 1965 noch fast 119). Weiterhin wurden 2005 53.576 Anzeigen auf Verdacht einer Berufskrankheit registriert; 14.920 Berufskrankheiten wurden anerkannt.

Der Erfolg langjähriger Anstrengungen auf dem Gebiet der Arbeitssicherheit und die Verlagerung gesundheitsgefährdender Arbeiten im globalen Maßstab werden deutlich durch eine Studie der Internationalen Arbeitsorganisation (IAO) von 1999. Danach wurde die Zahl von tödlichen Arbeitsunfällen auf weltweit 1,1 Mio. geschätzt, von denen 600.000 bei Anwendung der möglichen Sicherheitsregeln vermieden werden könnten. Das Unfallrisiko ist in den Entwicklungsländern viermal so hoch wie in den Industriestaaten.

§ 37 Der Kreis der versicherten Personen

A. Zur Systematik des Gesetzes

Auch für die Unfallversicherung gilt, dass der Kreis der versicherten Personen gesetzlich abschließend aufgezählt ist. Ebenso wie bei der Krankenversicherung zählt das Gesetz zunächst die Fälle der Versicherungspflicht auf. Das Gesetz spricht hier allerdings zutreffend von Versicherung kraft Gesetzes. Anders als in den übrigen Zweigen der Sozialversicherung kennt die Unfallversicherung auch eine Versicherung kraft *Satzung* (§ 3 SGB VII). Schließlich erwähnt das Gesetz noch die wenigen Fälle der freiwilligen Versicherung (§ 6 SGB VII). 1

B. Versicherung kraft Gesetzes

Auch die Unfallversicherung will in erster Linie *Arbeitnehmer, Arbeitnehmerinnen* und *arbeitnehmerähnliche Personen* erfassen einschließlich derer, die in einem entsprechenden Ausbildungsverhältnis stehen (vgl. § 2 Abs. 1 Nr. 1, 2, 3, 4 SGB VII). Anders als in der Krankenversicherung gibt es keine Versicherungspflichtgrenze. In diesem Zusammenhang 2

35 Quellen: BG 2006, 303; *Reiß* BG 2003, 347. Weiteres Zahlenmaterial unter www.hvbg.de.

36 Die Zahl der Vollarbeiter ist eine rein statistische Größe, die der Berechnung von Unfallhäufigkeiten dient. Ein Vollarbeiter entspricht der durchschnittlich von einer vollbeschäftigten Person in der gewerblichen Wirtschaft geleisteten – nicht der tariflichen – Arbeitsstundenzahl. Er spiegelt damit die Expositionszeit gegenüber Arbeitsunfällen im Betrieb wider. Für 1999 wird von allen gewerblichen Berufsgenossenschaften einheitlich ein Vollarbeiterrichtwert von 1560 Stunden zugrunde gelegt.

sind weiter die in § 2 Abs. 1 Nr. 14 und 15 SGB VII bezeichneten Personen – die nach SGB II oder SGB III Meldepflichten nachkommen oder an Rehabilitation und Teilhabeleistungen der Krankenversicherung, Rentenversicherung oder Bundesagentur teilnehmen – zu nennen, bei denen ein Bezug zu abhängiger Arbeit insofern vorliegt, als sie eine solche (wieder) anstreben[37]. Dass hier nicht alle Rehabilitationsträger (§ 6 SGB IX) für entsprechende Leistungen genannt sind, ist nur historisch erklärbar und unter Gleichheitsgesichtspunkten problematisch. Leistungen zur Teilhabe der Unfallversicherung sind nach § 11 SGB VII erfasst.

3 Auch geringfügige Beschäftigungen und Tätigkeiten (§ 8 SGB IV) sind in den Schutz der Unfallversicherung mit einbezogen. Die spezifischen Zielsetzungen der Unfallversicherung, insbesondere auch ihre Funktion als eine Art Haftpflichtversicherung der Unternehmer, verbieten es, beim Versicherungsschutz für Arbeitsunfälle nach dem *Umfang* der Beschäftigung oder Tätigkeit zu differenzieren.

4 Im Unterschied zu § 5 Abs. 1 Nr. 1 SGB V ist in § 2 Abs. 1 Nr. 1 SGB VII von den »Beschäftigten« die Rede. An das arbeitsrechtliche Verhältnis, wie noch § 539 Abs. 1 Nr. 1 RVO, knüpft dieser Begriff nicht an. Er ist im Wesentlichen deckungsgleich mit dem Beschäftigtenbegriff in § 7 SGB IV[38] – insbesondere in der Abgrenzung zur selbstständigen Tätigkeit –, kann aber im Einzelfall weiter gehen[39]. Auch in Heimarbeit Beschäftigte (§ 12 Abs. 2 SGB IV) sind erfasst; die Hausgewerbetreibenden und Zwischenmeister fallen unter § 2 Abs. 1 Nr. 6 SGB VII. Behinderte Menschen in Werkstätten nach § 136 SGB IX sind nach § 2 Abs. 1 Nr. 4 SGB VII versichert.

In der Unfallversicherung unterliegen mehr Beschäftigungsverhältnisse der Versicherungspflicht als in der Krankenversicherung. Auch reicht der Begriff des Beschäftigungsverhältnisses für den Bereich der Unfallversicherung in Einzelfällen weiter als für den Bereich der Krankenversicherung.

5 Charakteristisch für die Unfallversicherung ist auch der Schutz der *Wie-Beschäftigten* (§ 2 Abs. 2 SGB VII). Er stellt einen Auffangtatbestand der Versicherungspflicht insbesondere für den Fall dar, dass die Voraussetzungen des § 2 Abs. 1 Nr. 1 SGB VII nicht erfüllt sind. Der Unfallversicherungsschutz soll möglichst lückenlos alle Tätigkeiten erfassen, die irgendwie im Interesse eines fremden Unternehmens ausgeführt werden, unabhängig davon, ob dies im Rahmen eines echten Beschäftigungsverhältnisses geschieht oder nicht. Typische Anwendungsfälle des § 2 Abs. 2 SGB VII sind einmalige und kurz dauernde Tätigkeiten[40].

Beispiele: X, der eine Schreinerei betreibt, bittet den 16-Jährigen S, einen Schulfreund seines Sohnes, eine Sendung für seinen Betrieb von der Post abzuholen. S verunglückt auf dem Weg dorthin. – Feriengäste auf dem Bauernhof des Y bieten sich an, den bei der Ernte Tätigen das Mittagessen aufs Feld zu bringen; sie kommen in der Nähe des Mähdreschers durch ein Unglück zu Schaden. – Eine betriebsfremde Person begleitet einen blinden Arbeitnehmer beim Betriebsausflug.

Die Tätigkeit muss dem Unternehmen dienen und mutmaßlich auch von ihm gewollt sein. Sie muss normalerweise von abhängig Beschäftigten verrichtet werden oder werden können, da sonst allenfalls eine unternehmerähnliche Tätigkeit vorliegt[41]. Daraus folgt umgekehrt: Ein persönliches Abhängigkeitsverhältnis, das wichtigste Kriterium für das Vorlie-

37 *Gitter* ZfSH/SGB 1984, 289.

38 BT-Drs. 13/2204, 74; BSG SozR 4–2700 § 2 Nr. 1.

39 *Kater/Leube* Rn. 5 vor §§ 2–6; vgl. z.B. BSG NZS 1998, 487: Unfallversicherungsschutz einer Tagesmutter als Beschäftigte.

40 Ausführlich zu den zahlreichen Unklarheiten bei der Anwendung dieser Vorschrift *Krasney* NZS 1999, 577. Grundlegend: BSGE 5, 168. Der in dem Urteil zitierte § 537 Nr. 1 RVO a.F. entspricht dem späteren § 539 Abs. 1 Nr. 1 RVO, jetzt § 2 Abs. 1 Nr. 1 SGB VII, § 537 Nr. 10 RVO a.F. dem späteren § 539 Abs. 2 RVO, jetzt § 2 Abs. 2 SGB VII. Vgl. weiter BSG SozR 2200 § 539 Nr. 119, 123 und 134 sowie SozR 3–2200 § 539 Nr. 8 und 9.

41 Vgl. *Keller* NZS 2001, 188.

gen eines Beschäftigungsverhältnisses i.S.v. § 2 Abs. 1 Nr. 1 SGB VII, braucht tatsächlich gerade nicht gegeben zu sein.

Beispiel[42]**:** A ist alleiniger Geschäftsführer der auf seinen Namen lautenden A-GmbH, Kraftfahrzeugmechanikerbetrieb, und arbeitet dort als Kfz-Meister mit. Er ist mit 60% am Gesellschaftskapital beteiligt. Nachdem die Ehefrau E des A, die 40% des GmbH-Kapitals hält, auf einer Probefahrt mit einem Kundenwagen einen Unfall erlitten hatte, eilt A zu Hilfe und erleidet dabei seinerseits einen Unfall. – A ist nicht nach § 2 Abs. 2 SGB VII versichert, weil er für sein eigenes Unternehmen und damit gerade nicht (zugleich) wie ein Arbeitnehmer tätig war.

Bei der Anwendung des § 2 Abs. 2 SGB VII ist darauf zu achten, dass der mit dem objektiv arbeitnehmerähnlichen Verhalten verbundenen Handlungstendenz, die vom bloßen Motiv für das Tätigwerden zu unterscheiden ist, ausschlaggebende Bedeutung zukommt. Verfolgt eine Person wesentlich allein eigene Angelegenheiten, ist sie wie ein Unternehmer eigenwirtschaftlich tätig.

Beispiel: Selbsternten von gekauftem Obst beim Obstgartenbesitzer; ein Sturz von der Leiter steht dann nicht unter Versicherungsschutz[43]; gemeinsame Reinigung einer Reihenhausanlage durch die Nachbarn[44].

In der Unfallversicherung sind als besonders schutzbedürftig auch einige *Unternehmer, ihre mitarbeitenden Ehegatten oder Lebenspartner* pflichtversichert (vgl. § 2 Abs. 1 Nr. 5 a, 6, 7 SGB VII). 6

Zur so genannten unechten Unfallversicherung gehören zunächst jene Gruppen von Personen, deren Tätigkeit – und damit auch der mit dem Schutz vermittelte Anreiz dazu – als gesellschaftlich besonders erwünscht betrachtet wird, vgl. § 2 Abs. 1 Nr. 9 (selbstständige oder ehrenamtliche Tätigkeit im Gesundheitswesen oder in der Wohlfahrtspflege, z.B. ehrenamtliche Betreuer, § 1897 Abs. 1 BGB[45]), Nr. 10 (ehrenamtliche Tätigkeit im öffentlich-rechtlichen Bereich[46] einschließlich der Kirchen sowie Zeugentätigkeit, z.B. Wahlhelfer, Schöffen), Nr. 12 und 13 (ehrenamtliche Hilfe bei Unglücksfällen[47], Organspende, Schutz widerrechtlich Angegriffener). Erleiden sie im Zusammenhang mit einer der dort genannten Tätigkeiten einen Unfall, so sollen sie aus dem Gesichtspunkt der Aufopferung heraus Entschädigung erhalten. Da für diesen Personenkreis der Staat eine besondere Verantwortung übernimmt, wird die Finanzierung dieses Bereichs der Unfallversicherung aus Steuermitteln vorgenommen[48]. 7

Davon zu unterscheiden ist die freiwillige Versicherung für gewählte Ehrenamtsträger in gemeinnützigen Organisationen und ehrenamtlich Tätige in Gewerkschaften und Arbeitgeberorganisationen (§ 6 Abs. 1 Nr. 3 und 4 SGB VII). Sie setzt einen Antrag und Beitragszahlung durch die Organisationen voraus.

Einen sozialpolitischen Zweck verfolgt der Gesetzgeber mit dem Unfallversicherungsschutz von Personen, die im Rahmen der *Selbsthilfe* bei einem öffentlich geförderten oder steuerbegünstigten *Bau eines Wohnhauses* helfen, § 2 Abs. 1 Nr. 16 SGB VII. Bezweckt 8

42 Nach BSG SozR 3–2200 § 539 Nr. 3.

43 BSGE 57, 91_ vgl. ferner BSG SozR 3–2200 § 539 RVO Nr. 8, 15 (Gartennachbar), 25 (Familienhilfe), 30 (tägliche Betreuung des Enkelkindes).

44 BSG SozR 4–2700 § 2 Nr 6.

45 BSG SozR 3–2200 § 539 Nr. 46; *Jürgens/Kröger/Marschner/Winterstein* Betreuungsrecht kompakt, 5. A., Rn. 267.

46 Vgl. zur Abgrenzung BSG SozR 3–2200 § 539 RVO Nr. 5 (Feuerwehrball), 11 (St.-Martins-Zug), 14 (Helfer der ehrenamtlich Tätigen), 46 (Spaziergang eines Betreuers mit der betreuten Person).

47 Hierzu sehr weitgehend: BSGE 44, 22; 54, 190.

48 Vgl. zur Aufteilung zwischen den Unfallversicherungsträgern von Bund, Ländern und Gemeinden: §§ 125, 128, 129 SGB VII; zum Gedanken der sozialen Entschädigung bei diesen Ausgleichsfällen *Schulin* Soziale Entschädigung, 91 ff., 217 ff. Zu § 539 Abs. 1 Nr. 9 a RVO, BSG SozR 3–2200 § 539 Nr. 10, 11 und 14.

ist die mittelbare Förderung des Wohnungsbaus, und zwar vor allem für Personen mit geringem Einkommen, indem diese recht unfallträchtige Tätigkeit versichert wird.

9 *Kinder* in Tageseinrichtungen nach §§ 22, 45 SGB VIII (nicht jedoch bei Tageseltern[49]), *Schülerinnen und Schüler* an allgemeinbildenden und berufsbildenden Schulen im Unterricht und allen Schulveranstaltungen und bei schulischen Betreuungsmaßnahmen sowie *Studierende* – an allen Hochschulen bei studienbezogenen Tätigkeiten im räumlichen Hochschulbereich, bei Exkursionen und Praktika in Verantwortung der Hochschule, nicht jedoch beim häuslichen Studium[50] – sind nach § 2 Abs. 2 Nr. 8 a bis c SGB VII[51] versichert.

10 *Pflegepersonen*[52] i.S.v. § 19 SGB XI (nicht erwerbsmäßig, das bedeutet nicht: ohne Geld dafür zu bekommen, vgl. § 3 S. 2 SGB VI, wonach eine Bezahlung bis zur Höhe des Pflegegeldes nach § 37 SGB XI für den Rentenversicherungsschutz unschädlich ist, und mindestens 14 Stunden pro Woche[53]) bei der Pflegetätigkeit sind nach §§ 2 Abs. 1 Nr. 17 SGB VII, 44 Abs. 1 S. 6 SGB XI versichert. Wegen der Einschränkung auf die Pflegetätigkeit können schwierige Abgrenzungsprobleme entstehen, wenn – wie häufig – Pflegeperson und pflegebedürftige Person in einem Haushalt wohnen. Es ist ggf. zu untersuchen, ob die gerade ausgeübte Tätigkeit überwiegend der Pflege diente.

Beispiel: In einem Haushalt wohnen drei Generationen unter einem Dach. Der Schwiegervater der nicht erwerbstätigen Mutter zweier Kinder ist pflegebedürftig und erhält aus der Pflegeversicherung Pflegegeld (§ 37 SGB XI). Die Schwiegertochter erhält vom Schwiegervater dieses Pflegegeld für die Pflege. Versicherungsschutz besteht zwar beim Waschen oder Anziehen des Pflegebedürftigen, nicht jedoch, wenn sie Essen für vier Personen zubereitet. Leben Pflegeperson und pflegebedürftige Person nicht unter einem Dach, ist dagegen der ganze Aufenthalt in deren Haushalt geschützt. Die enge Fassung des Gesetzes erscheint auch deshalb kritikwürdig, weil die Aufgabe einer Erwerbstätigkeit für die Pflege eine Entscheidung mit ohnehin weit reichenden Folgen ist.

11 Gemäß § 2 Abs. 2 S. 2 SGB VII sind auch Personen, die in Haft oder anderweitig angeordnete Tätigkeiten (etwa nach § 41 Abs. 1 StVollzG, § 56 b Abs. 2 Nr. 3 StGB, § 45 Abs. 2 S. 1 JGG) verrichten, unfallversichert[54].

12 Erleidet eine nach § 2 SGB VII versicherte Frau einen Arbeitsunfall oder eine Berufskrankheit während sie schwanger ist, kann dadurch auch die *Leibesfrucht* geschädigt werden.

Beispiel[55]**:** Die Landarbeiterin F, im 6. Monat schwanger, fällt von einem vier Meter hoch beladenen Strohwagen. Während F nach wenigen Tagen ihrer Arbeit ohne weitere Schäden wieder nachgehen kann, wird das Kind K mit Hirn- und Skelettschäden geboren.

13 Dem BSG stand 1959 keine gesetzliche Regelung zur Verfügung, auf die es eine Entschädigung des Kindes hätte stützen können. Mit Beschluss vom 22. 6. 1977 erklärte das BVerfG[56] den fehlenden Unfallversicherungsschutz der Leibesfrucht wegen Verstoßes gegen den allgemeinen Gleichheitsgrundsatz und das Sozialstaatsprinzip für verfassungswidrig. Daraufhin führte der Gesetzgeber 1980 mit § 555 a RVO einen entsprechenden Versicherungsschutz ein, der durch § 12 SGB VII übernommen und – in Bezug auf die Folgen von Berufskrankheiten – erweitert wurde, so dass im Beispielsfall K heute Entschädigung erhalten würde[57].

---

49 Vgl. die Kontroverse mit dem Bundesrat, BT-Drs. 13/2333, 4, 18 f.

50 Zur Reichweite des Schutzes BSGE 37, 98; BSG SozR 2200 § 539 RVO Nr. 122.

51 Dazu *Stecher* Die Unfallversicherung für Schüler, Studierende und Kinder in Kindergärten im Recht der »sozialen Sicherheit«, Diss. Köln 1990.

52 Vgl. *Schmitt* RdA 1997, 86.

53 Hierzu: *Leube* SGb 1998, 97.

54 Zum Unfallversicherungsschutz bei Unterbringung in einem Fürsorgeheim BSGE 39, 104.

55 Nach BSGE 10, 97.

56 BVerfGE 45, 376.

57 Vgl. *Hamacher* BG 1981, 150.

Beispiel[58]: Die Versicherte V erkrankte an einer Hepatitis B (Leberentzündung), die als Berufskrankheit anerkannt wurde. Das nach Krankheitsausbruch gezeugte Kind K infiziert sich bei der Geburt. – § 12 S. 1 SGB VII ist nicht erfüllt, weil dieser Tatbestand voraussetzt, dass durch die Berufskrankheit ein bereits zuvor gezeugtes Kind geschädigt wird. § 12 S. 2 SGB VII bezieht sich etwa auf den Fall, dass Strahleneinwirkungen während der Schwangerschaft zu Schäden beim Kind führen, und diese Strahlen generell geeignet wären, eine Berufskrankheit der Mutter hervorzurufen.

§ 135 SGB VII regelt *Konkurrenzfragen* zwischen verschiedenen Versicherungstatbeständen, hauptsächlich zugunsten eines Vorrangs von § 2 Abs. 1 Nr. 1 SGB VII. 14

Beispiel: Ein Arbeitnehmer leistet bei einem Unglücksfall, der sich im Betrieb ereignet, Hilfe und erleidet dabei einen Schaden. Der für die Entschädigung zuständige Träger der Unfallversicherung ist nicht etwa das betreffende Bundesland (§§ 2 Abs. 1 Nr. 13 a, 128 Abs. 1 Nr. 7 SGB VII), sondern die für den Betrieb zuständige Berufsgenossenschaft. Denn die Unglückshilfe geschieht im Zusammenhang mit dem Beschäftigungsverhältnis des helfenden Arbeitnehmers, so dass § 2 Abs. 1 Nr. 1 SGB VII anwendbar ist (§ 135 Abs. 1 Nr. 5 SGB VII).

C. Versicherungspflicht kraft Satzung

Die Satzung eines Versicherungsträgers der Unfallversicherung kann die Versicherungspflicht der zu ihrem Zuständigkeitsbereich gehörenden *Unternehmer* vorsehen (§ 3 SGB VII)[59]. Es handelt sich dann um eine *genossenschaftliche Eigenunfallversicherung*. Zu beachten ist aber, dass *Haushaltsführende* unter keinen Umständen in die Versicherungspflicht mit einbezogen werden können (§ 3 Abs. 2 Nr. 1 SGB VII). Ob dieser Ausschluss des »Privatlebens« vor dem Hintergrund veränderter Anschauungen über das Wechselverhältnis entgeltlicher und unentgeltlicher Tätigkeit und ihrer Verteilung zwischen den Geschlechtern Bestand hat, wird die Zukunft zeigen. An Kritik daran, dass die gesetzliche Unfallversicherung die Haus- und Erziehungsarbeit ausklammert, hat es auch insgesamt nicht gefehlt[60]. 15

D. Versicherungsfreiheit

In der Unfallversicherung sind versicherungsfrei kraft Gesetzes nach § 4 SGB VII Beamte (zu deren Unfallfürsorge vgl. § 31 BeamtVG), Soldaten und Zivildienstleistende (vgl. §§ 81 Abs. 1, 27 Abs. 2 SVG), Abgeordnete[61], Ärzte, Zahnärzte, Tierärzte, Heilpraktiker und Apotheker (§ 4 Abs. 3 SGB VII), nicht gewerbsmäßige Jäger, Fischer und Imker. Neu geschaffen wurde mit § 5 SGB VII die Möglichkeit einer Versicherungsbefreiung auf Antrag für Kleinlandwirte unter 0,12 ha, weil bei diesen davon ausgegangen wird, dass die Landwirtschaft für sie regelmäßig nur ein Nebenerwerb ist. 16

E. Freiwillige Versicherung

Freiwillig können sich in der Unfallversicherung die Unternehmer und deren im Unternehmen tätige Ehegatten versichern (§ 6 Abs. 1 Nr. 1 SGB VII). Ein neuer Tatbestand der freiwilligen Versicherung ist die Unfallversicherung ehrenamtlich tätiger Personen in gemeinnützigen Organisationen und in Gewerkschaften und Arbeitgeberverbänden (§ 6 Abs. 1 Nr. 3 und 4 SGB VII). 17

---

58 Nach BSGE 58, 83, vgl. BVerfGE 75, 348.
59 Zu einem Beispielsfall BSGE 52, 89.
60 Vgl. *Gitter/Nunius*, in: Schulin, HS-Unfallversicherung § 7Rn. Rn. 54–58; *Jaeger* Verhandlungen des 60. DJT, 1994, Bd. II/1.
61 Ausnahme: Hamburg, vgl. § 6 HbgAbgG.

§ 38 Zuständigkeit, Mitgliedschaft und Versicherungsverhältnis

A. Allgemeines

1 Während in der Krankenversicherung das Versicherungsverhältnis aus dem Mitgliedschaftsverhältnis folgt, sind die Rechtsverhältnisse in der Unfallversicherung anders geregelt. Wie die Krankenkassen, so sind auch die Berufsgenossenschaften (BG) *körperschaftlich* organisiert (vgl. § 29 Abs. 1 SGB IV). Jedoch sind Mitglieder nur *Unternehmer,* nicht dagegen die versicherten Arbeitnehmer. Versicherungsverhältnis und Mitgliedschaftsverhältnis fallen also regelmäßig auseinander; anders ist es nur für den Fall, dass ein Unternehmer selbst versichert ist. An der Selbstverwaltung der BG sind nach §§ 43 ff. SGB IV Unternehmer und Versicherte beteiligt. Der Mitgliedschaftsbegriff zeigt also im Wesentlichen die Zuständigkeit der jeweiligen BG und die Zahlungspflicht des Unternehmers auf, entfaltet aber darüber hinaus keine Bedeutung[62]. Folgerichtig ist in den §§ 114 ff. SGB VII nur noch von *zuständigen Trägern* der Unfallversicherung und nicht mehr von ihren Mitgliedern die Rede[63]. Gerade wenn man in die Betrachtung noch die Unfallversicherungsträger der öffentlichen Hand und ihre Zuständigkeit für die unechte Unfallversicherung einbezieht, hat die Organisation der Unfallversicherung eher den Charakter einer Anstalt mit Selbstverwaltungselementen als den einer Körperschaft.

B. Zuständigkeit

2 Die Zuständigkeit einer BG für ein Unternehmen beginnt kraft Gesetzes, sobald die Tatbestandsvoraussetzungen der sachlichen (§§ 121 bis 130 SGB VII) und örtlichen Zuständigkeit (§ 130 SGB VII) erfüllt sind. Nach § 136 Abs. 1 S. 2 SGB VII ist dies mit der Eröffnung des Unternehmens oder der Aufnahme der vorbereitenden Arbeiten für das Unternehmen der Fall. In § 136 SGB VII ist die *Feststellung* von Beginn und Ende der Zuständigkeit – nicht ihre Begründung und Beendung – durch Verwaltungsakt gegenüber dem Unternehmer vorgesehen. *Grundsatz:* Jedes Unternehmen, auch wenn es sich aus »verschiedenartigen Bestandteilen« zusammensetzt oder mehrere Nebenunternehmen mit umfasst (§ 131 SGB VII), kann nur *einer* BG angehören[64].

3 Für das Versicherungsverhältnis gilt Entsprechendes. Ein Versicherter kann hinsichtlich einer versicherten Tätigkeit nur zu *einer* Berufsgenossenschaft in einem Versicherungsverhältnis stehen[65].

Fall[66]: K ist bei der Brauerei X als Kraftfahrer und Magazinverwalter beschäftigt. Nebenher ist er als Bierzapfer oder Büfettverwalter bei verschiedenen gastronomischen Betrieben tätig, die Kunden der Brauerei X sind, und zwar teils im Auftrag und für Rechnung der Brauerei X, teils für eigene Rechnung. Als es im Zusammenhang mit einer solchen Nebentätigkeit im Hotel des G zu einem Arbeitsunfall kommt, besteht Streit darüber, welche Berufsgenossenschaft für die Entschädigung zuständig ist. G, in dessen Hotel K anlässlich eines Feuerwehrfestes als zusätzlicher Zapfer aushalf und zu Schaden kam, hatte sich an die Brauerei X gewandt mit der Bitte um Entsendung eines Betriebsangehörigen für diese Tätigkeit. K hatte sich bereit gefunden. Er wurde von G bezahlt, während er von der Brauerei keine Entlohnung erhielt. – Zwar liegen die Bierzapfertätigkeiten des K in jedem Fall auch im Interesse der Brauerei. Doch stand hier das unternehmerische Interesse des G ganz im Vordergrund, zumal K aus Anlass eines Beschäftigungsverhältnisses tätig war, das ausschließlich zwischen ihm und G bestand. K muss sich also an die für G zuständige Berufsgenossenschaft halten.

---

62 Vgl. *Bieback,* in: Schulin, HS-Unfallversicherung § 54Rn. Rn. 60 ff.; kritisch zur dogmatischen Funktion des Mitgliedschaftsbegriffs in der Unfallversicherung *Dausmann/Platz* BG 1986, 748.

63 Vgl. BT-Drs. 13/2204, 107 f.

64 Zur Vertiefung: *Platz/Geiberger* BB 1990, 1621.

65 BSG SozR 3–2200 § 539 Nr. 19.

66 Nach BSG SozR 2200 § 548 Nr. 6.

Dieser Fall zeigt, dass für einen Versicherten also mehrere Versicherungsverhältnisse in Betracht kommen können. Denn der Versicherungsschutz knüpft nicht an die Person des Versicherten an (wie dies in der Krankenversicherung der Fall ist), sondern an die (jeweilige) versicherte *Tätigkeit.*

Ist eine Person bei mehreren Unternehmen tätig, für die verschiedene Be rufsgenossenschaften zuständig sind, so bestehen auch mehrere Versicherungsverhältnisse. Für die Entschädigung eines Arbeitsunfalles ist die Berufsgenossenschaft desjenigen Unternehmens zuständig, dem die unfallbringende Tätigkeit wirtschaftlich zuzurechnen ist. Dient eine solche Tätigkeit mehreren Unternehmen, so ist i.d.R. der Versicherungsträger desjenigen Unternehmens entschädigungspflichtig, in dem der Verletzte ständig tätig ist (Stammunternehmen). *Grundsatz:* Für eine bestimmte Tätigkeit kommt stets nur *eine* Berufsgenossenschaft als Versicherungsträger in Betracht[67].

Wie »eine und dieselbe Person zeitweilig, je nach Art der ausgeübten Tätigkeit, in schneller Folge aufeinander versichert sein, nicht versichert sein und bei dem einen oder dem anderen Träger der Unfallversicherung versichert sein« kann, hat *Krause* anschaulich wie folgt verdeutlicht[68]: »Wer morgens aufgrund eines Arbeitsverhältnisses, nachmittags als Heimarbeiter und abends als Artist tätig wird, dann noch bei der Gesellschaft zur Rettung Schiffbrüchiger Unterricht leistet, bei einem Unglücksfall hilft, einen Beamten unterstützt, Blut spendet, im Luftschutzdienst tätig ist, sich aufgrund von Arbeitsschutz- und Unfallverhütungsvorschriften ärztlich untersuchen lässt, ehrenamtlich im Gemeinderat tätig ist, sich ein öffentlich gefördertes Familienhaus baut, ist in mannigfacher Weise neben- und hintereinander in der Unfallversicherung versichert. Er gehört zahlreichen verschiedenen Trägern der Unfallversicherung an, und zwar bald als Selbstständiger, bald als Arbeitnehmer.«

C. Versicherungsverhältnis

Unabhängig vom Mitgliedschaftsverhältnis der *Unternehmer* besteht das Versicherungsverhältnis zwischen den versicherungspflichtigen *Beschäftigten* und der Berufsgenossenschaft. Auch dieses Rechtsverhältnis entsteht kraft Gesetzes, nämlich mit Erfüllung der die Versicherungspflicht begründenden Tatbestandsvoraussetzungen. Vor allem ist unerheblich, ob der Unternehmer Beiträge gezahlt hat oder nicht. Die *Mitteilung* des Unternehmens über Anzahl und Person der Versicherten (§ 192 SGB VII) an den Träger hat ebenfalls keinen Einfluss auf das Versicherungsverhältnis. 4

Wichtigste Rechtsfolge aus dem Versicherungsverhältnis ist die Begründung des Rechtes der Versicherten auf Versicherungsleistungen für den Fall, dass sie durch einen Versicherungsfall zu Schaden kommen. Anders als in der Krankenversicherung begründet das Versicherungsverhältnis zwischen den Versicherten und dem Träger der Unfallversicherung *keine Beitragspflicht;* die Beiträge sind von den Unternehmern allein aufzubringen. Allerdings treffen die Versicherten gegenüber der Berufsgenossenschaft einige andere Pflichten, vor allem die zur Einhaltung der Unfallverhütungsvorschriften (§ 15 Abs. 1 Nr. 2 SGB VII). Verstöße gegen diese Vorschriften können als Ordnungswidrigkeiten geahndet werden, § 209 SGB VII. Dagegen ist eine Leistungskürzung gegenüber geschädigten Versicherten nur unter den engen Voraussetzungen des § 101 SGB VII (vorsätzliche Todesherbeiführung, strafbare Handlung) möglich. Im Übrigen schließt verbotwidriges Handeln einen Versicherungsfall nicht aus (§ 7 Abs. 2 SGB VII) 5

67 BSGE 5, 168 (175).

68 GK-SGB IV / *Krause* § 47 Rn. 45.

§ 39 Die Beiträge

Die Beiträge werden von den Unternehmern aufgebracht, und zwar von denjenigen, die entweder selbst versichert sind oder/und Versicherte beschäftigen (§ 150 SGB VII). Die Beitragshöhe richtet sich nach dem Finanzbedarf (Umlagesoll), dem Arbeitseinkommen der Versicherten und nach dem Grad der Unfallgefahren in den Unternehmen (Gefahrtarif, § 153 SGB VII). Der Selbstverwaltung obliegt es, Gefahrengemeinschaften nach Tätigkeiten oder Gewerbezweigen zu bilden (§ 157 SGB VII)[69]. Um einen Anreiz zu wirksamen Maßnahmen gegen Unfallgefahren zu geben, haben die Berufsgenossenschaften einerseits Unternehmen mit besonders wenigen und leichten Arbeitsunfällen Nachlässe zu bewilligen oder Prämien zu gewähren und andererseits Unternehmen mit besonders häufigen, schweren und kostenaufwendigen Arbeitsunfällen Zuschläge zu den normalen Beiträgen aufzuerlegen[70] (§ 162 SGB VII). So sind im Beitragssystem der Unfallversicherung Solidarausgleich und Präventionsanreize enthalten[71].

Der durchschnittliche Beitragssatz beträgt derzeit bei den gewerblichen Berufsgenossenschaften 1,31 % der Arbeitsverdienste. Die Beiträge werden nicht wie diejenigen für die übrigen Zweige der Sozialversicherung durch die Krankenkassen, sondern durch die Berufsgenossenschaften selbst eingezogen, und zwar jährlich durch eine Umlage (§ 152 SGB VII).

§ 40 Der Arbeitsunfall

A. Der Versicherungsfall in der Unfallversicherung

1 Der Eintritt eines *Versicherungsfalls* bedeutet die Erfüllung des wichtigsten Tatbestandsmerkmals für die Begründung von Leistungsansprüchen.

Konkrete Leistungsansprüche setzen freilich voraus, dass auch alle übrigen Anspruchsvoraussetzungen erfüllt sind, beim Anspruch auf Verletztenrente z.B. eine Minderung der Erwerbsfähigkeit um mindestens 20% (§ 56 Abs. 1 S. 1 SGB VII). Sind alle Voraussetzungen für einen Leistungsanspruch gegeben, spricht man vom Eintritt eines *Leistungsfalls*[72].

Die Unfallversicherung dient nicht der Vorsorge gegen die allgemeinen Lebensrisiken der Krankheit (Gesundheitsschaden), der Behinderung, Erwerbsminderung und des Todes; dies ist der Aufgabenbereich der Krankenversicherung und der Rentenversicherung, wobei es dort folgerichtig nicht darauf ankommt, auf welcher *Ursache* die Krankheit oder der Tod beruhen (*Finalprinzip*). Vielmehr ist die Unfallversicherung – abgesehen von den Fällen der unechten Unfallversicherung – speziell zuständig für den wesentlich engeren Bereich derjenigen Personenschäden, die ursächlich auf unternehmensbezogene Risiken im Zusammenhang mit einer abhängigen Beschäftigung zurückzuführen sind (*Kausalprinzip*). Das Kernproblem besteht somit in der Abgrenzung der beschäftigungsbezogenen von den übrigen Schäden.

Der Versicherungsfall ist in den §§ 7 bis 13 SGB VII geregelt. Mit dem SGB VII werden nun auch gesetzlich die Versicherungsfälle »Arbeitsunfall« (§ 8 SGB VII) und »Berufskrankheit« (§ 9 SGB VII) unterschieden, während unter Geltung der RVO noch alle Versicherungsfälle als Arbeitsunfälle definiert worden waren.

---

69 Zur Verfassungsmäßigkeit BSGE 91, 128 = SGb 2004, 55 mit Anm. *Platz*.

70 Dazu *Schulz* BG 1991, 331; *Kötz / Schäfer* BG 1989, 706. Zu weiteren Einzelheiten über das Beitragssystem in der Unfallversicherung *Platz*, in: Schulin, HS-Unfallversicherung §§ 58–62.

71 Vgl. *Papier/Möller* NZS 1998, 353.

72 Vgl. *Koch*, in: Schulin, HS-Unfallversicherung § 35; kritisch zu diesem Begriff: *Ricke* SGb 2002, 267.

B. Unfallbegriff – doppelte Kausalbeziehung

Der Versicherungsfall in der Unfallversicherung besteht aus einer dreigliedrigen kausalen Ereigniskette[73]: Durch eine versicherte Tätigkeit (z.B. Arbeitstätigkeit, Kindergartenbesuch usw.) muss ein schädigendes Geschehen (Arbeitsunfall oder Berufskrankheit) verursacht worden sein, und dieses muss einen Gesundheitsschaden oder den Tod zur Folge haben. 2

Gerade weil in der Unfallversicherung der Versicherungsschutz von der konkreten Tätigkeit abhängt, muss bei der Prüfung zunächst sorgfältig zwischen Versicherteneigenschaft und Versicherungsfall differenziert werden. Zuerst muss die Versicherteneigenschaft für die verletzte Person anhand der §§ 2, 3 und 6 SGB VII geprüft werden und ein konkretes Versicherungsverhältnis bejaht werden (als Beschäftigter, mithelfender Familienangehöriger, Wie-Beschäftigter usw.). Dann erst ist zu prüfen, ob die konkrete Tätigkeit beim Unfallgeschehen zur versicherten Tätigkeit zuzurechnen ist[74].

§ 548 Abs. 1 S. 1 RVO definierte den Arbeitsunfall als einen Unfall, den ein Versicherter »bei« einer versicherten Tätigkeit erleidet. In § 8 Abs. 1 S. 1 SGB VII ist nun von einem Unfall »infolge« einer versicherten Tätigkeit die Rede[75]. § 8 Abs. 1 S. 2 SGB VII definiert Unfälle – in Anlehnung an die schon bisher geltende Rechtsprechung – als »zeitlich begrenzte, von außen auf den Körper einwirkende Ereignisse, die zu einem Gesundheitsschaden oder zum Tod führen«, während die RVO das Tatbestandsmerkmal des Schadens nur implizit enthalten hatte. Der Begriff des Unfalls in der Unfallversicherung ist nicht identisch mit Definitionen, wie sie im Strafrecht oder Zivilrecht verwendet werden[76], sondern wird im Hinblick auf den sozialrechtlichen Normzweck gefüllt.

Die größten Probleme bereiten nicht so sehr die Begriffe des Gesundheitsschadens oder der Kausalität zwischen Unfall und Schaden, als vielmehr die beiden Fragen, ob es sich bei der unfallbringenden Tätigkeit um eine versicherte Tätigkeit handelt und ob zwischen dieser und dem Unfallereignis sowie zwischen dem Unfallereignis und dem Gesundheitsschaden ein ursächlicher Zusammenhang i.S.d. sog. *wesentlichen Bedingung* besteht.

C. Versicherte Arbeitstätigkeit und haftungsbegründende Kausalität (Unfallkausalität)

Im Folgenden werden die Hauptprobleme behandelt, die mit der Abgrenzung der versicherten von den nicht versicherten Tätigkeiten und mit der haftungsbegründenden Kausalität (Unfallkausalität)[77] zusammenhängen, und zwar zunächst unter Beschränkung auf die Arbeitsunfälle i.e.S., nämlich diejenigen, die sich im Rahmen einer versicherten *Arbeitstätigkeit* (§ 2 Abs. 1 Nr. 1 SGB VII), ereignen. 3

I. Ausgangsfall

Fall 1: X ist Kraftfahrzeugmechaniker in der Autoreparaturwerkstatt des A. Nachdem die Bremsanlage des von dem Kunden K zur Reparatur gegebenen Wagens instandgesetzt worden ist, obliegt X die Aufgabe, den Wagen Probe zu fahren. Zunächst funktionieren die Bremsen zwar, doch bereits nach kurzer Zeit versagen sie plötzlich, so dass er den Zusammenstoß mit einem anderen Pkw nicht mehr vermeiden kann. Er wird schwer verletzt. 4

---

73 Vgl. *Schulin*, in: Schulin, HS-Unfallversicherung §§ 28–32.

74 Dazu *Benz* SGb 2000, 346.

75 Kritisch hierzu: *Schulin* BG 1996, 140 (141).

76 Etwa in: § 142 StGB, § 7 StVG; vgl. *Eichberger* JuS 1996, 1078.

77 Als neuer Begriff in Abgrenzung zur zivilrechtlichen Terminologie vorgeschlagen bei *Schulin* FS Gitter, 1995, S. 911

In *Fall 1* liegt die typische soziale Situation vor, in der die Unfallversicherung Schutz bieten soll: X ist bei seiner Arbeitstätigkeit Opfer einer betriebsbedingten Gefahr geworden, die nicht mehr dem allgemeinen Lebensrisiko zuzurechnen ist. Ob einen Werkstattangehörigen oder gar den A selbst ein Verschulden trifft, wird X wahrscheinlich nicht aufklären und beweisen können, so dass er keine zivilrechtlichen Schadensersatzansprüche mit Erfolg geltend machen kann.

Vielleicht ist nicht einmal auszuschließen, dass X bei Anwendung einer noch größeren Sorgfalt und Vorsicht den Schaden sogar hätte abwenden oder zumindest vermindern können. Jedenfalls aber handelt es sich um einen Schaden, der seiner Höhe und Schwere nach in keinem Verhältnis zu einer möglicherweise geringfügigen Sorgfaltsverletzung steht. *Fall 1* gibt keine Probleme auf: Der Unfall ist unmittelbar infolge der versicherten Arbeitstätigkeit des A geschehen, so dass zwischen dieser Tätigkeit und dem Unfallgeschehen ein Ursachenzusammenhang besteht und damit Unfallversicherungsschutz gewährleistet ist.

II. Versicherte Tätigkeit, Zurechnungszusammenhang und haftungsbegründende Kausalität

5 **Fall 2:** X (s. *Fall 1*) wuchtet nach Feierabend im Betrieb des A – mit dessen Einwilligung – die Reifen seines privaten Wagens aus. Dabei kommt es zu einer schweren Handverletzung des X.

§ 8 Abs. 1 S. 1 SGB VII verlangt einen Unfall, der »infolge« einer versicherten Tätigkeit eintritt. Daher ist zunächst die unfallbringende Tätigkeit daraufhin zu prüfen, ob sie – wie etwa in *Fall 1* – *als versicherte Tätigkeit* i.S. dieser Vorschrift anzusehen, genauer: ob sie als solche zu *werten* ist[78]. Kommt man hier zu einem positiven Ergebnis, so wird die Frage nach der *haftungsbegründenden Kausalität* zwischen der versicherten Tätigkeit und dem Unfallereignis häufig keine Probleme mehr bereiten; anders vor allem in den Fällen, in denen eine sog. innere Ursache eine Rolle spielt.

6 Während man früher oft die beiden genannten Fragen – versicherte Tätigkeit? Kausalzusammenhang? – nicht genau genug getrennt, sondern unter Übergehung der ersten Fragestellung vielfach sogleich (etwa in *Fall 2*) geprüft hat, ob zwischen der versicherten Beschäftigung und dem Unfall ein *Ursachenzusammenhang* i.S.d. rechtlich wesentlichen Bedingung besteht, legt das BSG seit einiger Zeit in seiner Rspr. auf die Unterscheidung mit Recht großen Wert[79]. Insbesondere betont das Gericht zutreffend, dass die Frage, ob das zum Unfall führende Verhalten des Versicherten zur versicherten Tätigkeit zu rechnen sei, nach *wertenden* Gesichtspunkten entschieden werden müsse. Es komme darauf an, ob beide Umstände »in einem rechtlich wesentlichen inneren Zusammenhang« stünden, was wiederum davon abhänge, ob die unfallbringende Tätigkeit »innerhalb der Grenze liegt, bis zu welcher der Versicherungsschutz in der gesetzlichen Unfallversicherung reicht«[80]. Die Zurechnung ist also am sozialrechtlichen Normzweck orientiert vorzunehmen.

Das BSG greift zur Konkretisierung des Umstandes, dass das unfallbringende Verhalten zur versicherten Tätigkeit zu rechnen ist, außer auf den bereits erwähnten Begriff des rechtlich wesentlichen inneren Zusammenhangs noch auf zwei weitere Formulierungen zurück. Und zwar umschreibt das Gericht den »inneren Zusammenhang« auch mit dem Begriff der (wesentlichen) »sachlichen Verbindung«. Ferner spricht es von der »Zurechnung« des unfallbringenden Verhaltens zur versicherten Tätigkeit[81].

Durch den Wechsel von »bei« (§ 548 Abs. 1 S. 1 RVO) zu »infolge« (§ 8 Abs. 1 S. 1 SGB VII) in der gesetzlichen Definition sollte deutlicher zum Ausdruck gebracht werden, dass für die Annahme eines Arbeitsunfalls ein ursächlicher innerer Zusammenhang zwischen Un-

---

78 Ebenso BSGE 61,127 (128), SozR 3–2200 § 548 Nr. 3, S 3.
79 Vgl. etwa BSGE 48, 224 (226 f.); BSG SozR 3–2200 Nr. 4 zu § 548 RVO.
80 BSGE 61, 127 (128); BSG SozR 2200 § 548 Nr. 96, 269.
81 BSG SozR 2200 § 548 Nr. 96, 269, und Nr. 97, 274.

fall und versicherter Tätigkeit erforderlich ist[82]. Die Rechtslage wurde dadurch nicht geändert, sondern nur verdeutlicht. Allerdings darf nicht vergessen werden, dass mit »infolge« nicht eine Kausalität im Sinne zivil- oder strafrechtlicher Kausalitäts- und Zurechnungslehren gemeint ist[83], sondern dass das »infolge« mit den spezifischen sozial- und unfallversicherungsrechtlichen Inhalten und Wertungen auszufüllen ist.

Die *Gesamtstruktur* des Versicherungsfalles lässt sich daher hinsichtlich des ersten Gliedes 7
der oben beschriebenen dreigliedrigen Kausalkette noch um eine *normative Zurechnungsbeziehung* ergänzen:

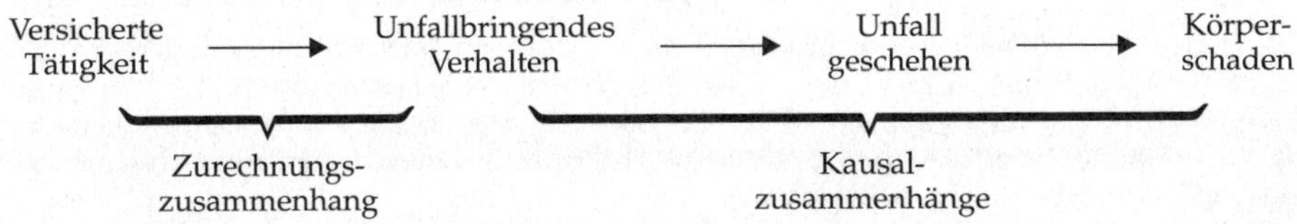

Aber auch diese Struktur ist nicht für alle Fälle schematisch anzuwenden. Es gibt Sachverhalte, in denen die entscheidende Wertungsfrage nach der *normativen Reichweite des Versicherungsschutzes* kaum aus der Kausalprüfung, ob zwischen der versicherten Tätigkeit bzw. dem unfallbringenden Verhalten und dem Unfallgeschehen der Ursachenzusammenhang besteht, herausgehalten werden kann (vgl. *Fall* 6).

So hat das BSG hervorgehoben, dass »bei der Wertbestimmung der einzelnen für den Unfall ursächlichen Bedingungen (...) auch der Schutzzweck der jeweiligen Norm einzubeziehen« sei, »um zu ermitteln, bis zu welcher Grenze der Versicherungsschutz reicht«[84].

Der Unterscheidung zwischen der Frage nach dem Zurechnungszusammenhang (zwi- 8
schen versicherter Tätigkeit und unfallbringendem Verhalten) und der Frage nach dem Kausalzusammenhang (zwischen unfallbringendem Verhalten und Unfallgeschehen) kommt durchaus praktische Bedeutung zu. Denn nach der Rspr. des BSG muss der Zurechnungszusammenhang *feststehen,* während für den Kausalzusammenhang hinreichende *Wahrscheinlichkeit* genügt[85].

In *Fall 2* lässt sich die genannte Trennung nicht nur überzeugend durchführen, vielmehr spricht für sie auch eine hohe Plausibilität. Würde man sogleich den Ursachenzusammenhang zwischen versicherter Beschäftigung und Unfall prüfen, so müsste man sagen: Ohne das Arbeitsverhältnis zwischen X und A, aufgrund dessen X gemäß § 2 Abs. 1 Nr. 1 SGB VII Unfallversicherungsschutz hat, wäre es nicht dazu gekommen, dass X die Reifen seines Privatwagens in der Werkstatt des A ausgewuchtet hat. Zwischen der versicherten Beschäftigung des X und dem Unfall lässt sich daher eine Ursachenbeziehung sicher nicht leugnen. Man müsste also, will man den Versicherungsschutz verneinen, begründen, warum dieser Kausalzusammenhang nicht ausreichend ist. Gemäß der im Recht der Unfallversicherung herrschenden Theorie von der wesentlichen Ursache müsste man annehmen, dass dieser Ursachenzusammenhang *nicht wesentlich* ist. Bevor man jedoch ohne Not *hier* die »Normzweckfrage« aufwirft und entscheidet, sollte dies auf einer Stufe früher in der Weise geschehen, dass die unfallbringende Tätigkeit von vornherein erst gar nicht als versicherte Tätigkeit bewertet wird, weil sie eine sog. *eigenwirtschaftliche Tätigkeit* darstellt, auf die sich der Unfallversicherungsschutz nicht bezieht[86].

---

82 BT-Drs. 13/2204, 77; zu Einzelfragen *Krasney* NZS 2000, 373.

83 Vgl. *Schulin* FS Gitter, 1995, S. 911.

84 BSGE 38, 127 (129); BSGE 59, 193 (195).

85 BSGE 61, 127 (128).

86 Vergleichbar: BSG SozR 2200 § 548 Nr. 67. Hier verneinte das Gericht zunächst (S. 186) den ursächlichen Zusammenhang zwischen Beschäftigungsverhältnis und Reparatur des eigenen Pkw, während es diese Tätigkeit später (S. 189) dem eigenwirtschaftlichen und damit unversicherten Bereich des Versicherten zurechnete. Vgl. auch BSGE 14, 295.

III. Betriebliche und eigenwirtschaftliche bzw. private Tätigkeiten

9 Eine versicherte Tätigkeit i.S.d. §§ 2 Abs. 1 Nr. 1, 8 Abs. 1 S. 1 SGB VII liegt vor, wenn sie den Interessen des Unternehmens zu dienen bestimmt ist; ob sie für das Unternehmen tatsächlich einen objektiven Nutzen bringt, ist unerheblich. Entscheidend ist vielmehr die Handlungstendenz[87]. Zur betrieblichen Tätigkeit gehören z.B. die Tätigkeiten im Rahmen der betrieblichen Mitbestimmung[88]. Diese ist in *Fall 1* auf die Interessen des Unternehmens gerichtet. In *Fall 2* ist die Handlungstendenz auf die eigenwirtschaftlichen Interessen des X gerichtet. Diese gehören der privaten und damit nicht versicherten Sphäre an. Entscheidend ist eine am Zweck orientierte (finale) Betrachtungsweise.

Fall 2 wäre daher nicht anders zu beurteilen, wenn X nicht *nach Abschluss*, sondern *während* der Arbeitszeit seine Reifen auswuchtete; dann wäre eine *Unterbrechung der versicherten Tätigkeit* gegeben, die gleichfalls zu einem Ausschluss des Versicherungsschutzes führen würde. – Auch wenn X mit A die Zahlung einer Vergütung für die Werkstatt- und Maschinenbenutzung vereinbart haben sollte, würde sich am Ergebnis nichts ändern[89].

10 Häufig lässt sich der eigenwirtschaftliche nicht vom unternehmensbezogenen Teil einer Tätigkeit abgrenzen.

Beispiel: X ist auf einer Obstplantage beschäftigt. Er pflückt Kirschen, wobei er mit dem Unternehmer abgemacht hat, dass er 10 Kilogramm zum Selbstkostenpreis für sich persönlich mitpflücken darf. Als er von der Leiter stürzt, zieht er sich erhebliche Verletzungen zu.

Hier liegt eine so genannte gemischte Tätigkeit vor. X steht unter Versicherungsschutz, wenn die Handlungstendenz bei seiner Tätigkeit wesentlich (auch) darauf gerichtet ist, betrieblichen Interessen zu dienen[90]. Im Einzelnen ist es umstritten, ob bei der gemischten Tätigkeit stets ein überwiegender oder mindestens gleichwertiger Anteil der betrieblichen Handlungstendenz zu fordern ist[91].

11 Ein Überwiegen der eigenwirtschaftlichen Handlungstendenz hat das BSG bei folgendem Fall bejaht und daher Versicherungsschutz verneint[92]: A baute (ohne öffentliche Förderung) ein Wohnhaus für seine Familie. Mit dem mit der Errichtung des Dachstuhls beauftragten Zimmermeister hatte er vereinbart, dass er selbst beim Aufstellen des Dachstuhls helfen sollte, wofür 10 € pro Stunde von der Rechnung abgezogen wurden. Der Dachstuhl stürzte ein und A wurde schwer verletzt. Die private Tendenz wurde auch als überwiegend angesehen, bei einem Hotelier, der sich beim Schlittschuhlaufen verletzt hatte und einen Arbeitsunfall mit dem Argument geltend machte, er habe Freizeitmöglichkeiten für seine Gäste testen wollen[93].

Versicherungsschutz wird auch verneint, wenn eine Tätigkeit offensichtlich unsinnig ist[94].

12 **Fall 3:** In der Mittagspause setzt sich der Beschäftigte X auf die Hofmauer des Betriebsgeländes, um seine von zu Hause mitgebrachten Fischbrötchen zu essen. Er verschluckt eine Gräte und erstickt.

Auch die *Nahrungsaufnahme* in *Fall 3* kann man nicht als eine betriebliche Tätigkeit ansehen. Natürlich kommt es den unternehmerischen Interessen des A entgegen, wenn X gut gestärkt nach der Mittagspause wieder an die Arbeit geht. Aber dies allein genügt nicht zur Annahme eines Arbeitsunfalls, auch wenn grundsätzlich gilt, dass der Begriff des Ar-

---

87 Dazu *Krasney* NZS 2000, 373.

88 Dazu *Krasney* ZTR 2004, 21.

89 BSGE 14, 295.

90 *Krasney* NZS 2000, 373 (375 f.); typische Fälle auch Dienstreisen, die sich nicht in einen unternehmensbezogenen und einen eigenwirtschaftlichen Teil trennen lassen: BSGE 3, 240; BSG SozR 2200 § 548 Nr. 9; BSG SozR 3–2200 § 539 Nr. 28.

91 Dafür: *Benz* BG 2000, 538.

92 BSG vom 24. 3. 1998; *Fuchs/Höller* JbSozR Bd. 21, 1999, 126.

93 BSG SGb 2003, 28 f.

94 BSGE 5, 168 (172); 64, 159 (161).

beitsunfalls weit auszulegen ist. Denn da die gesetzliche Unfallversicherung gerade nicht die Funktion hat, das *allgemeine Unfallrisiko* abzudecken, ist eine Abgrenzung zum privaten Lebensbereich nötig, zu dem auch die Nahrungsaufnahme gerechnet wird[95]. Entsprechendes gilt für andere rein persönliche Tätigkeiten, z.B. für die Beschaffung und Instandhaltung von Kleidung oder die Suche nach ausreichendem Wohnraum, das Duschen nach der Arbeit[96], ferner für den gesamten Bereich der Freizeitgestaltung, auch soweit es um die Erhaltung oder Wiederherstellung der Gesundheit geht[97]. Ausnahmsweise kann es jedoch auch einmal anders liegen:

Fall 4[98]**:** X ist in einer Zentralwerkstatt beschäftigt, in der die erhebliche Staubentwicklung bei ihm erhöhten Durst verursacht, der ihn während der Arbeit in Abständen zum Trinken zwingt. Als er einen Schluck aus einer Saftflasche zu sich nimmt, verschluckt er eine Wespe und erstickt.

Auch hier wird man nicht sagen können, dass die Nahrungsaufnahme als solche zur Arbeitstätigkeit zählt. Jedoch weist der Unfall (Verschlucken der Wespe) in vorliegendem Fall eine besonders enge Beziehung zu betrieblichen Umständen auf: die übermäßige Staubentwicklung war besonders Durst erregend, und ohne laufende Flüssigkeitsaufnahme hätte X nicht arbeiten können. Wenn in einem solchen Fall das Trinken eines Versicherten »der Erhaltung seiner Arbeitsfähigkeit wesentlich dient«, steht dieses Verhalten ausnahmsweise wegen des engen Zusammenhangs mit betrieblichen Umständen unter Versicherungsschutz. 13

Während sich das BSG früher zur Begründung meist in erster Linie auf einen *ursächlichen Zusammenhang* zwischen Unfall und versicherter Tätigkeit berief[99], stellt es heute ausdrücklich auf einen (wertenden) *Zurechnungszusammenhang* zwischen dem Verhalten der Nahrungsaufnahme und der versicherten Tätigkeit ab[100].

Der Versicherungsschutz kann sich also in Ausnahmefällen auch auf Tätigkeiten des rein persönlichen Lebensbereichs erstrecken, wenn dies durch besondere, betrieblich bedingte Umstände gerechtfertigt ist. Dies ist der Fall, wenn »die Betätigung, bei der der Unfall eintritt, mit dem Beschäftigungsverhältnis rechtlich wesentlich zusammenhängt«[101]. Einen solchen Zusammenhang nimmt das BSG auch auf Wegen zur Nahrungsaufnahme während der Arbeitszeit zu einer Werkskantine, einem Vesperraum oder zu einem Geschäft an[102], so dass ein Unfall auf dem Weg dorthin nach § 8 Abs. 1 SGB VII unter Versicherungsschutz steht, nicht dagegen i.d.R. die Nahrungsaufnahme oder –beschaffung selbst[103]; bei einem Unfall außerhalb des Betriebsgeländes kommt ein Wegeunfall nach § 8 Abs. 2 Nr. 1 SGB VII in Betracht. 14

Die Prüfung des »inneren Zusammenhangs« zwischen versicherter Tätigkeit und unfallbringendem Verhalten spielt auch in allen Bereichen der Unfallversicherung eine große Rolle, so auch bei der Reichweite des Schutzes bei ehrenamtlicher Tätigkeit[104].

95 BSGE 12, 247 (249); BSG NZS 2003, 268.
96 BSG SGb 2003, 28.
97 BSGE 9, 222 (226); vgl. auch BSGE 7, 255.
98 Vgl. BSG SozR 2200 § 548 Nr. 73.
99 Vgl. etwa BSG SozR Nr. 41 zu § 542 RVO.
100 BSG SozR 2200 § 548 Nr. 73 und 82.
101 BSG SozR 2200 § 548 Nr. 7, S. 15.
102 Zur Abgrenzung: BSG NZS 1997, 85 (Einkaufszentrum). BSG NZS 2000, 566 (Versicherungsschutz bei Kantinenessen beim Lehrgang in der Fachschule); BSG SGb 2003, 628 f. (Lebensmittelgeschäft).
103 BSG SozR 2200 § 548 Nr. 97; BSG SGb 2003, 628: BSG NJW 2000, 2836.
104 BSG SozR 3–2200 § 539 Nr. 46: kein Schutz für ehrenamtlichen Betreuer nach § 1897 BGB bei Spaziergang mit dem Betreuten.

15 **Fall 5:** X ist bei der Baufirma F beschäftigt. Da seine Ehe ausweglos zerrüttet ist, stürzt er sich absichtlich vom Baugerüst aus 30 m Höhe herab. Er hoffte, dass die BG den »Unfall« als Arbeitsunfall anerkennen würde und dass damit wenigstens seine noch minderjährigen Kinder finanziell abgesichert sein würden.

Hier fehlt es am inneren Zusammenhang von unfallbringendem Verhalten und versicherter Tätigkeit. Die Selbsttötung erfolgt nur *bei Gelegenheit* des Aufenthalts am Arbeitsplatz[105].

IV. Zur Lehre von der rechtlich wesentlichen Ursache

16 **Fall 6**[106]**:** K, die als Zeitungsausträgerin beschäftigt ist, benutzt für ihre Tätigkeit regelmäßig das Fahrrad. Als sie auf einer Arbeitstour einen – aus ihrer Sicht gesehen links von der Fahrbahn verlaufenden – Radweg verlässt, erleidet sie einen Schwächeanfall und wird auf der Straße von einem entgegenkommenden Lkw erfasst.

17 **Fall 7**[107]**:** B, die in einem Büro arbeitet, ist dort u.a. mit der Postöffnung betraut. Ihr Ehemann befand sich in großen finanziellen Schwierigkeiten. Er hat – mit gefälschter Unterschrift der B – eine ihn begünstigende private Familienunfallversicherung über 100.000 € abgeschlossen. Er schickt ein an die Arbeitsstätte seiner Frau adressiertes Päckchen mit einem Sprengsatz ab und stellt sicher, dass B es öffnen würde. Dies trifft ein und B wird schwer an der Hand verletzt.

In beiden Fällen ist eine Unterscheidung zwischen versichertem und zum Unfall führendem Verhalten der Verletzten kaum möglich. Denn in dem Augenblick, als K in *Fall 6* den Schwächeanfall erlitt, war sie zu einer Verhaltenssteuerung nicht mehr in der Lage. Die versicherte Tätigkeit ging unmittelbar in das Unfallgeschehen über. Fraglich kann nur sein, ob zwischen versicherter Tätigkeit und Unfallgeschehen der erforderliche *Kausalzusammenhang* gegeben ist. Dies ist nach der Lehre von der *rechtlich wesentlichen Bedingung*[108] (nicht zu verwechseln mit dem Begriff des rechtlich wesentlichen inneren Zusammenhangs) zu entscheiden. Bei ihr handelt es sich um eine Besonderheit des Sozialversicherungsrechts sowie des Rechts der sozialen Entschädigung[109], ferner auch des Beamtenunfallrechts[110]. Sie bezweckt, ähnlich wie im Zivilrecht die Lehre von der adäquaten Ursache, eine sinnvolle, am Gesetzeszweck orientierte Bestimmung und Begrenzung der zu einer Entschädigungspflicht führenden Schadensursachen.

Zwar müsste theoretisch für jeden Sachverhalt zunächst festgestellt werden, ob zwischen der versicherten Tätigkeit und dem Unfallgeschehen ein Ursachenzusammenhang i.S.d. conditio sine qua non besteht; nur wenn dies der Fall ist, kann eine rechtlich wesentliche Bedingung in Betracht kommen. Entsprechendes gilt für das Zivilrecht in Bezug auf die Adäquanz einer Ursache. Doch treten hier in der Praxis nur selten Probleme auf. Wo nicht einmal ein Ursachenzusammenhang i.S.d. conditio sine qua non vorliegt, scheidet ein Entschädigungsanspruch gegen den Träger der Unfallversicherung i.d.R. offensichtlich aus.

18 Bei der zivilrechtlichen Adäquanzprüfung geht es um die Frage, ob die Möglichkeit für den Eintritt des schädigenden Ereignisses aus allgemeiner Sicht so entfernt lag, dass dem Schädiger eine Haftung nicht mehr zugetraut werden kann, oder auch ob andere Ursachenzusammenhänge den geprüften überlagern (*Fall 7*); entscheidend ist dabei die objektive, *nachträgliche Prognose*. Demgegenüber bezweckt die sozialrechtliche Lehre von der

---

105 Zur Differenzierung bei Selbsttötungsfällen: *Kater/Leube* Rn. 116–122 zu § 8 SGB VII.

106 Nach BSG SozR 2200 § 548 Nr. 81.

107 Nach BSG NZS 1996, 577 (vereinfacht; der Ausgangsfall wurde dadurch kompliziert, dass die B das an ihren Arbeitgeber adressierte Päckchen zu Hause erhielt und außerhalb des Betriebes öffnete, vgl. dazu *Gitter/Singler* JbSozR 1997, 114).

108 *Schulin,* in: Schulin, HS-Unfallversicherung § 29 Rn. 23–33.

109 Vgl. etwa BSGE 50, 95 (96) m.w. Nachw.

110 BVerwGE 7, 48 (49 f.); BSGE 26, 332.

wesentlichen Bedingung, die Schadensrisiken aus der betrieblich-unternehmerischen Sphäre von denjenigen aus dem allgemein-persönlichen Lebensbereich abzugrenzen, wobei es vor allem auf die Umstände des Einzelfalles ankommt. »Die Kausalitätsprüfung des Zivilrechts ist damit eine abstrahierende und generalisierende, die der gesetzlichen Unfallversicherung eine individualisierende und konkretisierende«[111].

Maßstab für die Beurteilung der Wesentlichkeit einer Bedingung ist allein Sinn und Zweck 19
des unfallversicherungsrechtlichen Schutzsystems. Soweit es um die Funktion geht, Haftpflichten der Unternehmer abzulösen, werden kaum Probleme auftreten. Wo eine solche Haftpflicht in Betracht kommt, wird die Beziehung des Unfalls zur versicherten Tätigkeit regelmäßig nicht zweifelhaft sein. Anders im Bereich der Fremdvorsorge (Schadensversicherung der Arbeitnehmer): Hier bezweckt die Unfallversicherung aus dem sozialen Schutzgedanken heraus eine Sicherung der Arbeitnehmer gegen – sei es von diesen (mit-)verschuldete, sei es von niemandem oder von anderen, sogar vorsätzlich, verschuldete – Schäden, die mit ihrer Arbeitstätigkeit zusammenhängen. Wo zwischen der Arbeitstätigkeit und einem Unfall ein solcher Zusammenhang besteht, der eine Entschädigung rechtfertigt, dort ist ein rechtlich wesentlicher Ursachenzusammenhang gegeben. Damit beschreibt der Begriff die Wertungsaufgabe, er enthält also eher eine Beschreibung des zu bewältigenden Problems als seine Lösung[112].

Es trifft sicher häufig zu, dass eine »adäquate« Bedingung zugleich eine »wesentliche« ist; doch braucht dies durchaus nicht stets so zu sein. Vor allem können nicht vorhersehbare, außergewöhnliche Umstände des Einzelfalls zu den wesentlichen Bedingungen gehören. Gerade in solchen Fällen ist das soziale Schutzbedürfnis häufig besonders groß.

In *Fall 6* sind zwei Ursachen für den Unfall von Bedeutung: die versicherte Tätigkeit (näm- 20
lich die Zeitungsbeförderung und -verteilung mit dem Fahrrad) und der plötzliche und unvorhergesehene Eintritt der Krankheit (als sog. »innere«, nämlich körpereigene Ursache[113]). Leistungsansprüche der K setzen nun voraus, dass die versicherte Tätigkeit (bzw. – damit hier zusammenfallend – das unfallbringende Verhalten) eine *rechtlich wesentliche* Ursache für den Unfall war. Es genügt, dass sie zumindest in *gleicher* Weise als wesentliche Ursache gesehen werden kann wie der Krankheitsausbruch. Dagegen wären Leistungen ausgeschlossen, wenn »die körpereigene Ursache von so überragender Bedeutung für Art und Schwere des Unfalls war, dass sie allein als wesentliche Ursache im Rechtssinne für den Unfall anzusehen ist«[114]. Es handelt sich insoweit wieder um eine *wertende Entscheidung,* die unter Berücksichtigung aller Umstände des Einzelfalles zu treffen ist und bei der vor allem Normzwecküberlegungen eine Rolle spielen. In dem Sachverhalt, dem *Fall* 6 nachgebildet ist, hat das BSG einen rechtlich wesentlichen Ursachenzusammenhang mit der versicherten Tätigkeit bejaht. In dem Sachverhalt, dem *Fall* 7 nachgebildet ist, führt das BSG aus, dass der Anschlag auf die B unter Ausnutzung betrieblicher Abläufe geschah und daher auch eine Mitverursachung durch die betriebliche Tätigkeit angenommen werden kann.

Die praktische Bedeutung der Lehre von der rechtlich wesentlichen Ursache geht seit längerer Zeit merklich zurück. Der Grund liegt darin, dass sich – vor allem auch in der Rspr. des BSG – die Trennung zwischen Zurechnungs- und Kausalzusammenhang weitgehend durchgesetzt hat und in vielen, vielleicht sogar in den meisten Fällen die entscheidenden Probleme bei der Frage auftreten, ob das unfallbringende Verhalten der versicherten Tätigkeit zugerechnet werden kann oder nicht.

---

111 BSGE 63, 277 (280).

112 So *Eichenhofer* Sozialrecht, Rn. 399.

113 Der – hier in Rede stehende – Fall, dass eine Krankheit das Unfallgeschehen verursacht hat (Unfallkausalität), ist streng von dem anderen zu unterscheiden, dass eine Krankheitsanlage neben dem (krankheitsunabhängigen) Unfall geschehen als rechtlich wesentliche Ursache für den Körperschaden bzw. den Tod in Betracht kommt (haftungsausfüllende Kausalität); s. dazu BSG SozR 3–2200 § 548 Nr. 14, 40 f.

114 BSG SozR 2200 § 548 RVO Nr. 81, 229.

21 In der Unfallversicherung herrscht das Alles-oder-Nichts-Prinzip, d.h., entweder stehen dem Versicherten oder seinen Hinterbliebenen die *vollen* Leistungsansprüche zu, oder aber er hat gar keine Ansprüche. Eine Entschädigungsteilung wegen Mitverursachung kommt nicht in Betracht.

Dass im gesamten Sozialrecht eine *bloße Mitverursachung* bzw. ein *Mitverschulden* des Leistungsempfängers bei der Schadensentstehung unberücksichtigt bleibt, stellt ein wichtiges, dem sozialen Schutzgedanken dienendes *Grundprinzip* dar. Die Grenze liegt bei absichtlicher oder vorsätzlicher Schadensherbeiführung (vgl. § 52 SGB V, § 101 SGB VII, §§ 103 ff. SGB VI, § 144 Abs. 1 Nr. 1 SGB III; hier wird auch grobe Fahrlässigkeit berücksichtigt; § 1 Abs. 4 BVG, nach der Rechtsprechung des BAG auch § 3 EFZG).

Vorbemerkung zu 5 bis 7: Unter 1 bis 4 wurden die Grundgedanken zur Lehre vom Arbeitsunfall und von der rechtlich wesentlichen Ursache behandelt. Von diesen Erläuterungen ausgehend sollen im Folgenden noch einige typische Probleme angesprochen werden.

V. Selbst geschaffene Gefahren

22 **Fall 8**[115]: X, der in einem Kieswerk beschäftigt ist, setzt sich auf ein Förderband, um auf diese Weise einen Fußweg abzukürzen. Er verunglückt und wird schwer verletzt.

Zunächst: Hier liegt nicht etwa ein Wegeunfall (§ 8 Abs. 2 Nr. 1 SGB VII) vor: Vielmehr handelt es sich unmittelbar um Arbeitstätigkeit, wenn X auf dem Betriebsgelände im Rahmen seiner Beschäftigung Wege zurücklegt.

Der Unfall resultiert hier aus einer Gefahr, die der Versicherte selbst herbeigeführt hat und die über den normalerweise mit einem Kiesgrubenbetrieb verbundenen Gefahrenkreis hinausgeht. In der Rechtsprechung findet sich hierzu der Begriff der *selbst geschaffenen erhöhten oder geschaffenen Gefahr*[116]. Steht das Unfallereignis trotz der selbst geschaffenen Gefahr noch in einem wesentlichen inneren Zusammenhang mit der versicherten Tätigkeit, so bleibt der Versicherungsschutz erhalten. Dies nimmt das BSG immer dann an, »wenn der Versicherte ausschließlich betriebsbedingte Zwecke verfolgte«[117]. Unter dieser Voraussetzung soll auch noch so vernunftwidriges Verhalten den Zurechnungszusammenhang zur versicherten Tätigkeit nicht ausschließen. Verfolgt der Versicherte mit einem solchen Verhalten jedoch (zugleich) private Interessen, können die betrieblichen so in den Hintergrund treten, dass die herbeigeführte Gefahrensituation der persönlichen Sphäre des Versicherten zuzurechnen ist und dass aus diesem Grunde der Versicherungsschutz entfällt, sofern der Unfall auch tatsächlich auf die konkrete selbst geschaffene Gefahr zurückzuführen ist[118].

Beispiel: Ein in hohem Maß Gefahr bringender und vernunftwidriger Kopfsprung in einen Baggersee[119]; Sonnenbaden auf dem Laufsteg eines Tankaufliegers während der Fahrt[120], rücksichtsloses Überholen mit Straßenverkehrsgefährdung[121].

23 In der Sache geht es um die Berücksichtigung eines *Mitverschuldens* des Versicherten[122], nur dass diese Frage im Gewande der Zurechnung bzw. der Kausalität behandelt wird und damit die Konsequenz des Alles-oder-Nichts-Prinzips verbunden ist. Das BSG führt aus, die betrieblichen Umstände könnten durch eine selbst geschaffene Gefahr bei der Prü-

115 Nach LSG Bad.-Württ., Breith. 1967, 661.

116 Dazu BSGE 94, 262 = SGb 2006, 166 mit Anm. *Ricke*; vgl. BSG SozR 2200 § 548 Nr. 60 sowie BSGE 64, 159, jeweils m.w.N.; *Kater/Leube* Rn. 74 ff. zu § 8 SGB VII.

117 BSGE 64, 159 (161).

118 BSGE 30, 14 (15 f.); BSG, SGb 2002, 745 mit Anm. *Jung*.

119 BSG SozR Nr. 53 zu § 542 RVO a.F.

120 BSGE 64, 159.

121 BSG NJW 2002, 3275.

122 A.A. *Bühler* WzS 1992, 321 (322).

fung der Kausalität so in den Hintergrund gedrängt werden, dass diese als rechtlich allein wesentliche Ursache anzusehen ist[123].

Das BSG hat zu Recht stets betont, dass der Begriff der selbst geschaffenen Gefahr nur »mit größter Vorsicht« zu handhaben sei, ferner, dass nur eine aus »betriebsfremden Motiven« selbst geschaffene Gefahr den wesentlichen Kausalzusammenhang zwischen der versicherten Tätigkeit und dem Unfall ausschließe[124].

Zu *Fall 8:* Das LSG Baden-Württemberg hatte in dem von ihm entschiedenen Fall den Versicherungsschutz *nicht* verneint, und zwar zum einen deswegen, weil der Versicherte einen erheblichen, unbequemen und überdies nicht ganz ungefährlichen Umweg hätte nehmen müssen, um an das gewünschte Ziel zu gelangen, so dass sich für ihn die Benutzung des Förderbandes besonders angeboten habe, zum anderen aber auch, weil er durch die bezweckte Zeitersparnis in einem – wenn auch falsch verstandenen – Betriebsinteresse gehandelt habe. Liegen solche besonderen Voraussetzungen nicht vor, so wird man wohl annehmen müssen, dass die Benutzung eines Förderbandes vor allem aus Gründen persönlicher Bequemlichkeit geschieht und in so hohem Maße vernunftwidrig ist, dass der Zusammenhang mit der betrieblichen Tätigkeit gelöst ist. 24

Dass eine Versagung des Versicherungsschutzes wegen selbst geschaffener Gefahr auch bei betriebsfremden Motiven nur unter sehr engen Voraussetzungen in Betracht kommen kann, ergibt sich daraus, dass es mit dem sozialen Schutzprinzip der Unfallversicherung nicht vereinbar wäre, bereits wegen einer menschlichen Schwäche, die zu einem Unfallschaden führt, den Versicherungsschutz zu versagen.

Frage: Handelt es sich bei der Selbsttötung oder ihrem Versuch um eine selbst geschaffene Gefahr? – Nein, vielmehr ist zu prüfen, ob ein Selbsttötungsversuch Folge eines Arbeitsunfalls oder eines psychischen Traumas am Arbeitsplatz ist [125].

VI. Trunkenheitsunfälle[126]

Fall 9: Zwischen dem Versicherten F, Lieferwagenfahrer der Brauerei B, und K, Fahrer eines Pkw, kommt es an einer Straßenkreuzung mit Ampelanlage zu einem Zusammenstoß, bei dem F erheblich verletzt wird. Es wird bei ihm eine Blutalkoholkonzentration (BAK) von 1,9 Promille festgestellt. Als er gegen die BG Ansprüche geltend macht, lehnt diese Entschädigungsleistungen ab, weil F den Unfall durch seine Trunkenheit verschuldet habe. F behauptet, K sei mit hoher Geschwindigkeit trotz Rotlichts an der Ampel über die Kreuzung gefahren, so dass der Unfall für ihn in jedem Fall unvermeidbar gewesen sei. 25

Fall 10: Der Versicherte W ist als Vertreter für die Weingroßhandlung G tätig. Auf seinen Reisen muss er täglich ausgiebige Weinproben durchführen. Eines Tages wird er in einen Unfall verwickelt und schwer verletzt. Die BG lehnt Entschädigungsleistungen mit der Begründung ab, W habe, als es zum Unfall gekommen sei, unter Alkohol gestanden.

Fall 11: Der Fernfahrer V trifft in einer nahe der Autobahn gelegenen Gaststätte Bekannte, die gerade einen deutschen Sieg im Fußball mit viel Alkohol feiern. Er trinkt in kurzer Zeit erhebliche Mengen an Bier und Schnaps. Nach einer dreiviertel Stunde setzt er sich im Vollrausch ans Steuer und prallt noch auf dem Parkplatz gegen einen Baum, so dass er verletzt wird.

Eine große Rolle in der Praxis des Unfallversicherungsrechts spielen Unglücksfälle, die auf *Trunkenheit* der Versicherten – insbes. im Straßenverkehr – zurückzuführen sind. Die Rspr. hat hier im Laufe der Zeit folgende *Grundsätze* entwickelt, die sie auch in Fällen der Einnahme *berauschend wirkender Medikamente* anwendet[127]:

123 BSGE 94, 262.
124 BSGE 64, 159 (161).
125 Vgl. *Benz* NZS 1999, 435.
126 Zur Vertiefung: *Kater/Leube* Rn. 82 ff. zu § 108 SGB VII.
127 BSGE 59,193.

26 In Fällen alkoholbedingten *Vollrausches* fehlt es bereits an einer *versicherten Tätigkeit*, da hier eine dem Unternehmen noch irgendwie förderliche Arbeit nicht (mehr) möglich ist[128].

Verschiedentlich verneint man hier auch den rechtlich wesentlichen Ursachenzusammenhang zwischen versicherter Tätigkeit und Unfallgeschehen[129].

Ein Fahrer, der sich im Vollrausch befindet, ist zu einer vernünftigen und zweckgerichteten Fahrtätigkeit nicht mehr fähig. Er hat sich vom Unternehmen gelöst und steht damit nicht unter Versicherungsschutz. Es handelt sich hier um Fälle des gänzlichen Leistungsausfalls (*Fall 11*).

Dabei ist zu beachten, dass es für die Beurteilung des Vollrausches keine allgemeingültigen Maßstäbe – etwa eine bestimmte BAK-Grenze – gibt, dass vielmehr die gesamten Umstände des Einzelfalles heranzuziehen sind[130].

27 Führt der Alkoholkonsum lediglich zu einem qualitativen oder quantitativen Leistungsabfall, so ist eine versicherte Tätigkeit nicht ausgeschlossen, ferner kommt es darauf an, ob zwischen dem unfallbringenden Verhalten und dem Unfallgeschehen (noch) eine rechtlich wesentliche Ursachenbeziehung gegeben ist.

Problematisch sind hier insbes. die Fälle alkoholbedingter *Fahruntüchtigkeit* im Straßenverkehr[131]. Nach der Rspr. ist der Zurechnungszusammenhang zwischen der versicherten Tätigkeit und dem unfallbringenden Verhalten dann noch nicht stets gelöst, wenn der versicherte Fahrer sein Fahrzeug zwar *nicht mehr verkehrssicher* führen kann, aber immerhin überhaupt noch zu fahren in der Lage ist. Denn eine vernünftige und zweckgerichtete Fahrtätigkeit ist hier nicht in jedem Falle ausgeschlossen; die Gefahr, die aus der Fahruntüchtigkeit, also aus der verminderten Wahrnehmungs- und Reaktionsfähigkeit, resultiert, braucht nicht notwendig zur Auswirkung zu kommen[132]. Jedoch fehlt es am rechtlich wesentlichen Ursachenzusammenhang zwischen dem unfallbringenden Verhalten und dem Unfallgeschehen, wenn die alkoholbedingte Fahruntüchtigkeit für den Eintritt des Unfalls die einzige rechtlich erhebliche Ursache im Sinne einer wesentlichen Bedingung darstellt. Das ist nach der Rspr. des BSG[133] dann der Fall, wenn nach den Erfahrungen des täglichen Lebens der Versicherte, hätte er nicht unter Alkoholeinfluss gestanden, bei gleicher Sachlage wahrscheinlich nicht verunglückt wäre.

28 Wendet man diese Grundsätze auf *Fall 9* an, so ergibt sich: Kommt das Gericht im Rahmen seiner von Amts wegen anzustellenden Sachverhaltsaufklärung (Offizialmaxime, § 103 SGG) zum Ergebnis, dass die Darstellung des F zutrifft, so wird man einen Ursachenzusammenhang zwischen seiner alkoholbedingten Fahruntüchtigkeit und dem Unfall verneinen müssen, denn auch ein nicht unter Alkoholeinfluss stehender Kraftfahrer hätte den Unfall wahrscheinlich (!) nicht vermeiden können.

29 Was aber gilt in *Fall 9*, wenn aufgrund der Beweisaufnahme nicht feststellbar ist, ob K wirklich bei Rotlicht und mit hoher Geschwindigkeit über die Kreuzung gefahren ist? Zunächst zur »Beweislast«: Es wurde schon erwähnt, dass es bei sozialversicherungsrechtlichen Streitigkeiten keine subjektive Beweislast wie im Zivilprozess gibt. Das Gericht muss vielmehr den Sachverhalt von Amts wegen aufzuklären versuchen (§ 103 SGG).

Das ändert allerdings nichts daran, dass das Risiko der Nichterweislichkeit einzelner Tatsachen auf die Prozessparteien verteilt werden muss. Und hier gilt nichts anderes als im Zivilprozess auch: Bleiben nach Erschöpfung der in Betracht kommenden Beweismittel die anspruchsbegründenden Tatsa-

128 Vgl. BSGE 12, 242; 48, 224 (226).
129 BSGE 45, 176 (178).
130 BSGE 48, 224 (226 ff.); vgl. auch BSGE 45, 176 (178 f.).
131 Auch die sog. absolute Fahruntüchtigkeit zählt hierzu.
132 BSG SozR 3–2200 Nr. 9 zu § 548 RVO.
133 BSGE 12, 242 (246); 48, 228 (229).

chen unklar, kann der *Kläger* nicht durchdringen. Können rechtshemmende, rechtshindernde oder rechtsvernichtende Tatsachen nicht aufgeklärt werden, trägt daraus die beklagte Partei den Nachteil (sog. *objektive Beweislast* i.S.v. Feststellungslast[134]).

Obwohl nun das BSG zutreffend erkannt hat, dass »grundsätzlich der ursächliche Zusammenhang zwischen der unfallbringenden und der versicherten Tätigkeit ein anspruchsbegründendes Merkmal« ist, dessen Nichterweislichkeit zu Lasten desjenigen geht, der hieraus ein Recht herleitet[135], kommt das Gericht letztlich der Sache nach in den Trunkenheitsfällen doch zu einer diesen Grundsatz stark relativierenden Beweislastverteilung. Bei der alkoholbedingten Fahruntüchtigkeit handele es sich um ein sog. *negatives Tatbestandsmerkmal.* Denn der anspruchsbegründende Ursachenzusammenhang müsse bejaht werden, wenn die Verkehrsuntüchtigkeit zu verneinen sei. Diese sei als eine *rechtshindernde Tatsache* zu verstehen, so dass ihre Nichterweislichkeit zu Lasten des Unfallversicherungsträgers gehe[136].

Dogmatisch einleuchtend ist diese Argumentation nicht unbedingt. Denn das Tatbestandsmerkmal des Ursachenzusammenhangs ließe sich eben auch in einem »positiven Sinn« begreifen: Es ist erfüllt, wenn die Fahrtüchtigkeit zu bejahen ist. Bleibt also der Einwand des Unfallversicherungsträgers, der Versicherte sei zur Zeit des Unfalls fahruntüchtig gewesen, ungeklärt, können allein aus *diesem* Grunde Entschädigungsleistungen nicht verweigert werden. Insbesondere ist dann noch nicht ohne weiteres Raum für die Frage, ob mit *Wahrscheinlichkeit* zwischen alkoholbedingter Fahruntüchtigkeit und Unfallgeschehen ein rechtlich allein wesentlicher Kausalzusammenhang besteht oder nicht. Denn zunächst muss alkoholbedingte Verkehrsuntüchtigkeit *nachgewiesen* sein, um als rechtlich allein wesentliche Unfallursache den Schutz der gesetzlichen Unfallversicherung ausschließen zu können. Es genügt nicht, dass der Verkehrsteilnehmer infolge Alkoholgenusses »*wahrscheinlich*« verkehrsuntüchtig war[137].

Allerdings gewinnt in diesem Zusammenhang die Unterscheidung zwischen der sog. absoluten oder unbedingten und der relativen Fahruntüchtigkeit eine große praktische Bedeutung. Im Anschluss vor allem an die Rechtsprechung des BGH[138] geht nämlich auch das BSG davon aus, dass ein Autofahrer bei einer BAK von 1,1 Promille absolut, d.h. unabhängig von sonstigen Beweisanzeichen, fahruntüchtig ist[139]. Steht eine BAK mindestens in dieser Höhe fest, so ist das Gericht weiterer Aufklärungspflichten hinsichtlich der Frage, ob Fahruntüchtigkeit vorliegt, enthoben. Nur wenn nicht erwiesen ist, dass diese Promillegrenze überschritten wurde, ist zur Ermittlung der Fahruntüchtigkeit auf alle anderen Beweisanzeichen zurückzugreifen, wie vernunftwidriges Verhalten, überhöhte Geschwindigkeit usw. 30

Aber selbst wenn die alkoholbedingte Fahruntüchtigkeit des Versicherten erwiesen ist, braucht ihm noch nicht allein deswegen der Versicherungsschutz verloren zu gehen. Denn es muss noch hinzukommen, dass die Fahruntüchtigkeit die *einzige* rechtlich erhebliche Ursache des Unfalles gewesen ist. Trunkenheit als solche löst noch nicht den inneren Zusammenhang mit der versicherten Tätigkeit (Ausnahme: Vollrausch). Für die Fälle aber, in denen *ungeklärt* bleibt, ob die (erwiesene) Fahruntüchtigkeit die einzige rechtlich wesentliche Unfallursache darstellt, greift man auf zwei *Prima-facie-Beweise* zurück. Sind nämlich anderweitige Ursachenzusammenhänge nicht erwiesen, so spricht nach der Rspr.[140] die Lebenserfahrung dafür, dass die auf Alkoholbeeinflussung beruhende Fahr-

134 Vgl. *Kater/Leube* Rn. 56 ff. vor §§ 7–13 SGB VII; BSGE 6, 70 (72 f.); 30, 278 (280).
135 BSGE 7, 249 (254); 35, 216 (217 f.).
136 BSGE 43, 110 (112); 45, 285.
137 Leitsatz BSGE 45, 285.
138 BGHSt 21, 157; BGH NJW 1990, 2393.
139 BSGE 43, 293 (294).
140 BSGE 48, 228 (229).

untüchtigkeit den Unfall verursacht hat. Darüber hinaus nimmt man an, dass es sich dabei nach Auffassung des täglichen Lebens um die *rechtlich allein wesentliche Ursache* gehandelt hat[141]. Bleibt also in *Fall 9* unklar, ob K wirklich bei Rotlicht und mit hoher Geschwindigkeit über die Kreuzung gefahren ist, so hat den Nachteil dieser Beweislücke F zu tragen, so dass Entschädigungsansprüche nicht begründet sind.

31 Mag auch in den meisten Fällen alkoholbedingte Fahruntüchtigkeit die rechtlich allein wesentliche (Mit-)Ursache für einen Unfall darstellen, so kann es doch auch einmal so liegen, dass die Trunkenheit gerade die Folge der versicherten Tätigkeit ist, weil sie sich aus der Eigenart der beruflichen Beschäftigung ergibt[142]. Dann fehlt es weder am Zurechnungszusammenhang zwischen versicherter Tätigkeit und unfallbringendem Verhalten noch an der rechtlich wesentlichen (Mit-)Ursächlichkeit zwischen diesem und dem Unfallgeschehen. Freilich sind an eine solche Ausnahme sehr strenge Maßstäbe anzulegen. In Betracht kommen z.B. Betätigungen im Gaststättenpersonal, Spirituosenvertreter, Weinprüfer u.a.[143] Im *Fall 10* steht daher W unter Versicherungsschutz.

Die Beweislast (Feststellungslast) für das Vorliegen und die (Mit-)Ursächlichkeit betriebsbezogener Umstände trägt der Versicherte[144]. Die vorstehend skizzierten Grundsätze gelten ausschließlich für Unfälle im Straßenverkehr. Sonst führt Alkoholgenuss »nur zum Ausschluss des Versicherungsschutzes, wenn neben der Blutalkoholkonzentration (kein allgemeiner Grenzwert) weitere beweiskräftige Umstände für ein alkoholtypisches Fehlverhalten vorhanden sind«[145].

VII. Vorbereitende Tätigkeiten, Unfälle des täglichen Lebens, betriebliche Gemeinschaftsveranstaltungen

32 **Fall 12:** A plant den alljährlichen Betriebsausflug, der mit einem geselligen Abend in einem Ausflugslokal enden soll. Als Einlage soll X zusammen mit seinem Kollegen Y einige Sketche vorführen. Am Abend vor dem Betriebsausflug findet auf Veranlassung des A in seiner Anwesenheit die Generalprobe dieser Einlage statt. Während der Probe stolpert X, fällt zu Boden und bricht sich einen Arm.

Unter bestimmten Voraussetzungen werden auch *betriebliche Gemeinschaftsveranstaltungen,* die keine Arbeitstätigkeit zum Gegenstand haben, versicherungsmäßig wie Arbeitstätigkeit behandelt[146]. Wenn eine solche Veranstaltung vom Unternehmer organisiert oder jedenfalls von ihm gebilligt wird und für alle Betriebsangehörigen[147] vorgesehen ist, so besteht aufgrund des Veranstaltungszwecks – Förderung der Gemeinschaftsverbundenheit sowohl unter den Betriebsangehörigen als auch zwischen diesen und der Unternehmensleitung, Pflege des Betriebsklimas – ein genügend enger Zusammenhang mit dem unternehmerischen Interesse, so dass ein Versicherungsschutz gerechtfertigt ist[148]. Alle Verhaltensweisen und Tätigkeiten, die mit der Gemeinschaftsveranstaltung zusammenhängen, sind versichert[149].

Entschädigt werden also Unfälle, die sich z.B. bei einer Busfahrt oder einer Wanderung ereignen, ebenso solche, die mit Unternehmungen sportlichen oder spielerischen Charakters zusammenhän-

141 BSGE 12, 242 (246).
142 BSG Breith. 1957, 315.
143 Vgl. *Kater/Leube* Rn. 113–115 zu § 8 SGB VII.
144 BSGE 48, 228 (229). Vgl. BSG in: *Gitter/Singler* JbSozR 1997, 119.
145 Leitsatz BSG SozR 3–2200 § 548 Nr. 9.
146 Überblick bei *Krasney* NZS 2006, 57.
147 Bei größeren Betrieben kann es genügen, dass die Veranstaltung für alle Angehörigen einer Betriebsabteilung vorgesehen ist, Ein gemütliches Zusammensein nur von Abteilungsleitern reicht dagegen nicht aus, BSG SozR 2200 § 548 Nr. 69; auch nicht ein Fußballturnier nur für sportinteressierte Betriebsangehörige: BSG SozR 4–2700 § 8 Nr. 11 = NZS 2005, 657.
148 Vgl. BSGE 1, 179; 7, 249; 56, 283 und SozR 2200 § 548 Nr. 69.
149 Abgrenzungsbeispiel: BSG NZS 1996, 577.

gen[150] oder beim Betriebssport[151] geschehen. Ein Versicherungsschutz kann auch bei Gemeinschaftsveranstaltungen anderer Firmen bestehen, wenn der Versicherte zur Pflege der Geschäftsbeziehungen dorthin entsandt war[152].

Um *Fall 12* beurteilen zu können, ist zunächst auf zwei *allgemeine Grundsätze* des Unfallversicherungsrechts einzugehen. Versichert sind nicht nur die Tätigkeiten, die zur eigentlichen Betriebsarbeit gehören, sondern auch alle ihr dienenden *Vorbereitungshandlungen,* z.B. das Abholen des Arbeitszimmerschlüssels, die Überprüfung des Reifendrucks vor einer dienstlichen Autofahrt usw. Jedoch besteht kein Versicherungsschutz, wenn es sich um allgemeine Verrichtungen zur Vorbereitung der Arbeitsaufnahme handelt, die nicht spezifisch betriebsbedingt sind, wie z.B. das An- oder Umkleiden, soweit es sich um allgemeine Arbeitskleidung handelt; anders aber z.B. bei spezieller Schutzkleidung. Versichert sind ferner auch die *Unfälle des täglichen Lebens.* Damit sind Unglücksfälle gemeint, die nicht auf betriebsspezifische Gefahren, sondern auf solche des täglichen Lebens zurückzuführen sind. Wer am Arbeitsort über eine normale Türschwelle stolpert, auf dem Boden ausrutscht oder wer von einem Insekt gestochen wird[153], genießt Versicherungsschutz[154]. 33

Damit sind zugleich auch die Fragen des *Falles 12* gelöst: Der Versicherungsschutz ist weder dadurch ausgeschlossen, dass der Unfall bei der den Betriebsausflug nur vorbereitenden Generalprobe eingetreten ist, noch dadurch, dass die Unfallursache ein bloßes Stolpern war.

VIII. Unfälle beim Umgang mit Arbeitsgerät

Zum besonderen Fall des Arbeitsunfalles, der sich im Zusammenhang mit dem *Arbeitsgerät* ereignet vgl. § 8 Abs. 2 Nr. 5 SGB VII. 34

IX. Weiterer Unfall als mittelbare Schädigungsfolge

Fall 13: A erlitt 2000 einen Arbeitsunfall, als dessen Folge eine Beinversteifung zurück blieb und für den die BG X zuständig war. 2005 kam es wegen dieser Beinversteifung bei der Benutzung einer Rolltreppe zu einem weiteren Arbeitsunfall, der in den Zuständigkeitsbereich der BG Y fiel. 35

Fall 13 a: In *Fall 13* erlitt A den zweiten Unfall bei einer privaten Tätigkeit.

Fall 13 b: In *Fall 13* erlitt A den zweiten Unfall nicht *wegen der Beinversteifung,* sondern wegen eines plötzlich eintretenden technischen Schadens an der Rolltreppe, der auch bei einer Person mit einem gesunden Bein zum Unfall geführt hätte. Der zweite Unfall hatte bei A jedoch eine weitere Schädigung des schon durch den ersten Unfall betroffenen Beines zur Folge, die schließlich dessen Amputation erforderlich machte. Diese wäre ohne die durch den ersten Unfall verursachten Verletzungen nicht nötig geworden.

Fall 13 c: In *Fall 13 b* erlitt A den zweiten Unfall bei einer privaten Tätigkeit.

Erleidet ein Versicherter wegen der Folgen eines früheren Arbeitsunfalles einen erneuten Unfall, kann sich die haftungsbegründende Kausalität des ersten Arbeitsunfalles auch auf den zweiten erstrecken. Das hat vor allem dann Bedeutung, wenn für den Versicherten inzwischen eine andere BG zuständig ist. 36

---

150 Zu den Grenzen des Unfallversicherungsschutzes bei Sportveranstaltungen BSGE 68, 200, mit krit. Anm. *Gitter* SGb 1992, 27 f.

151 BSGE 16, 1 (Grundsatzentscheidung); BSG NZS 1997, 87 (Abgrenzung zum Wettkampfsport). BSG vom 18. 11. 1997, EzS 40/568 (Versicherungsschutz bejaht bei Verletzung beim Fußballspiel in einer Ad-hoc-Betriebsmannschaft bei einem Benefizturnier).

152 BSG, NJW 1998, 404 – Skiunfall bei Motivationsreise, Versicherungsschutz bejaht, BSG – 2 RU 29/96 – Tennisunfall bei Geschäftskontakten, Versicherungsschutz verneint, vgl. *Gitter/Köhler-Fleischmann* JbSozR 1998, 74.

153 Wenig klar BSG SozR 3–2200 § 548 Nr. 4. Vgl. *Benz* WzS 1992, 39.

154 *Kater/Leube* Rn. 63–66 zu § 8 SGB VII.

Im Einzelnen ist wie folgt zu unterscheiden[155]: Handelt es sich bei dem zweiten Unfall nicht um einen Arbeitsunfall, so werden dennoch dessen Folgen vom Versicherungsschutz des ersten (Arbeits-)Unfalls erfasst (*Fall 13 a)*[156]. Zu einer gesetzlich besonders geregelten Fallgruppe vgl. § 11 SGB VII[157]. Das Gleiche gilt, wenn die durch den ersten Unfall hervorgerufenen Gesundheitsstörungen zwar nicht für das Entstehen des späteren, unversicherten Unfalls ursächlich sind, jedoch das Ausmaß seiner Folgen rechtlich wesentlich mit verursacht haben (*Fall 13 c*). – Ist auch der zweite Unfall ein Arbeitsunfall (für den eine andere BG zuständig ist), so ist er nach einer früheren Entscheidung des BSG[158] dann von der für den ersten Unfall zuständigen BG zu entschädigen, wenn es zu dem zweiten wegen der Folgen des ersten gekommen ist (*Fall 13*). Dagegen hat das Gericht in einem jüngeren Urteil[159] für einen Sachverhalt wie den des *Falles 13 b* eine Verantwortlichkeit der für den ersten Arbeitsunfall zuständigen BG auch für den zweiten abgelehnt, und zwar – nicht zuletzt aus Praktikabilitätsgründen – gerade auch für solche Unfallfolgen, die ganz oder nur teilweise auf den Vorschäden des ersten Arbeitsunfalles beruhen.

Wird anlässlich einer zur Erkennung von Unfallfolgen durchgeführten Operation ein zusätzlicher ärztlicher Eingriff zur Behebung eines unfallfremden Leidens vorgenommen, so können die aus diesem Eingriff resultierenden Gesundheitsstörungen dem Arbeitsunfall nicht zugeordnet werden[160]. Wenn es sich bei der mittelbaren Schädigungsfolge eines Arbeitsunfalls nicht um einen weiteren *Unfall* – sondern z.B. um einen Freitod wegen der unfallbedingten Gesundheitsfolgen – handelt, ist im Weiteren die *haftungsausfüllende* Kausalität zu prüfen.

D. Beweisanforderungen

37 Grundsätzlich gilt auch für das Sozialversicherungsrecht, dass alle anspruchsbegründenden Voraussetzungen zur Überzeugung des Gerichts erfüllt sein müssen, damit es ein entsprechendes Urteil erlassen kann. Da im sozialgerichtlichen Verfahren gemäß § 103 SGG die Untersuchungsmaxime Anwendung findet, muss das Gericht den Sachverhalt von Amts wegen erforschen; zum Verwaltungsverfahren vgl. § 20 SGB X. Nach den Grundsätzen der sog. *objektiven Beweislast* gilt, dass eine Ungewissheit über anspruchsbegründende Tatsachen zu Lasten des Anspruchstellers, eine solche in Bezug auf rechtshemmende, rechtshindernde oder rechtsvernichtende Tatsachen zu Lasten des Anspruchsgegners geht[161].

38 Besonders häufig kommt es darüber zu Streitigkeiten, ob zwischen dem unfallbringenden Verhalten (und damit zugleich der in einem Zurechnungszusammenhang stehenden versicherten Tätigkeit) einerseits und dem Unfallereignis andererseits der geforderte, rechtlich wesentliche Ursachenzusammenhang besteht oder nicht. Der soziale Schutz der Unfallversicherung würde häufig leerlaufen, wollte man in dieser Hinsicht stets absolute Gewissheit verlangen. Es genügt daher, dass für einen solchen Kausalzusammenhang eine *»hinreichende Wahrscheinlichkeit«* angenommen werden kann. Damit braucht einerseits eine »an Sicherheit grenzende Wahrscheinlichkeit« nicht gegeben zu sein, während andererseits die bloße *Möglichkeit* nicht ausreicht[162].

---

155 Dazu BSG SozR 2200 § 548 Nr. 89.

156 Nach BSG SozR 3–3100 § 1 Nr. 7 bestehen dagegen keine Leistungsansprüche, wenn der durch den ersten Unfall verursachte Schaden später für einen Verkehrsunfall mitursächlich ist (die Entscheidung betrifft zwar einen Fall des sozialen Entschädigungsrechts, die Ausführungen sind jedoch auf das Unfallversicherungsrecht übertragbar).

157 Dazu *Benz* BG 1989, 614.

158 BSGE 47, 25.

159 BSG SozR 2200 § 548 Nr. 89, S. 245.

160 BSG SozR 3–2200 § 548 Nr. 13.

161 *Ockenga* NZS 1993, 57; *Kater/Leube* Rn. 63 ff. vor §§ 7–13 SGB VII.

162 *Kater/Leube* Rn. 65 vor §§ 7–13 SGB VII.

Fall: S. nochmals, *Fall 5*: Wie ist die Rechtslage, wenn ungeklärt bleibt, ob X versehentlich vom Baugerüst gestürzt ist oder in Selbsttötungsabsicht handelte? – Hier geht es um die Feststellung des *Zurechnungszusammenhangs* zwischen Sturz (unfallbringendes Verhalten) und versicherter Tätigkeit (und – noch – nicht um den Kausalzusammenhang zwischen versicherter Tätigkeit und Tod). Der Zurechnungszusammenhang muss feststehen; hinreichende Wahrscheinlichkeit genügt nicht[163].

E. Der Unfall

Unfall ist im Gesetz definiert als zeitlich begrenztes, von außen auf den Körper einwirken- 39
des Ereignis, das zum Personenschaden oder Tod führt[164]. Der Körper ist nicht nur in organisch-physischer, sondern auch in psychischer Hinsicht gemeint[165]. Entsprechend ist es missverständlich, von einer Einwirkung »von außen« zu sprechen: Gemeint ist die Abgrenzung gegenüber der »inneren Ursache« als einer solchen, die in der eigenen Risikosphäre der versicherten Person liegt, insbesondere einem unfallfremden Leiden[166]. Wichtig ist die zeitliche Abgrenzung. Das Unfallgeschehnis darf sich nach vom BSG entwickelten Kriterien insgesamt nicht über eine längere Zeitdauer als *eine Arbeitsschicht* hinziehen[167]; andernfalls kommt jedoch eine Berufskrankheit in Betracht.

Ist ein Versicherter über mehrere Arbeitsschichten hinweg einer schubweisen Bakterienzufuhr ausgesetzt mit der Folge einer Tbc-Erkrankung, so liegt kein Unfallereignis vor; anders, wenn eine einmalige Infektion zu einer Tbc-Erkrankung führt[168].

F. Schaden und haftungsausfüllende Kausalität (Schadenskausalität)

Die gesetzliche Unfallversicherung gewährt Leistungen i.d.R. nur bei *Gesundheitsschäden* 40
oder Tod, nicht bei Sachschäden. Gesundheitsschäden können auch psychisch sein. Neurotische Erscheinungen können zu berücksichtigen sein, wenn sie nicht lediglich auf wunschbedingten Vorstellungen beruhen (insbes. »Unfall- oder Rentenneurose«)[169].

Der Schaden kann auch in der *Verschlimmerung* einer zum Unfallzeitpunkt bereits vorhan- 41
denen Krankheit bestehen (*Fall 13 b* und *13 c*).

Dem Gesundheitsschaden steht gemäß § 8 Abs. 3 SGB VII die Beschädigung eines *Hilfs-* 42
mittels gleich (vgl. § 31 SGB IX).

Auch zwischen Unfallgeschehen und Schaden muss ein Ursachenzusammenhang beste- 43
hen. Während man bei der Kausalität zwischen versicherter Tätigkeit bzw. unfallbringendem Verhalten und Unfallgeschehen von *haftungsbegründender Kausalität* (oder: *Unfallkausalität)* spricht, bezeichnet man die Ursachenbeziehung zwischen Unfallgeschehen und Schaden als *haftungsausfüllende Kausalität* (oder: *Schadenskausalität)*, für die ebenfalls die Lehre von der *wesentlichen Bedingung* gilt.

Bei der haftungsausfüllenden Kausalität treten zwar seltener Probleme auf als bei der haftungsbegründenden; doch gibt es auch hier einige komplizierte Sachverhalte. Vor allem spielen solche Fälle eine große Rolle, bei denen zwar feststeht, dass das Unfallereignis zum Tod geführt hat, in denen aber noch andere Umstände – etwa eine Krankheitsanlage

163 Vgl. BSGE 58, 76.
164 Zur Definition unter der RVO: BSGE 23, 139 (141); SozR 2200 § 550 Nr. 35 und § 548 Nr. 56.
165 BSGE 61, 113 (116); vgl. *Benz* NZS 2002, 8.
166 *Kater/Leube* Rn. 18, 124 ff. zu § 8.
167 BSG SozR 2200 § 548 Nr. 71.
168 Vgl. dazu BSGE 15, 112.
169 Grundlegend BSGE 18, 173: vgl. weiter insbes. BSG SozR 2200 § 581 Nr. 26.

– vorliegen, die den Tod mitverursacht haben oder ihn zu einem späteren Zeitpunkt verursacht hätten, wäre nicht das Unfallereignis eingetreten.

Hier sind zwei Fragestellungen sorgfältig auseinander zu halten. Zunächst ist stets zu prüfen, ob das Unfallgeschehen für den Tod eine wesentliche Bedingung i.S.d. Unfallversicherungsrechts war. Erst und nur dann, wenn sich diese Frage nicht eindeutig klären lässt, kann es auf die weitere ankommen, ob eine Lebensverkürzung um mindestens ein Jahr gegeben ist[170].

44 **Beispiel:** H, der seit längerer Zeit an einer fortschreitenden Koronarsklerose (Verkalkung der Herzschlagader) leidet, arbeitet im Autolackierbetrieb des A. Eines Tages kommt es dort zu einer starken Explosion. H erleidet einen Schock und in der Folge einen tödlichen Herzinfarkt[171].

Auch wenn H ohne die Koronarsklerose den Explosionsschock höchstwahrscheinlich überlebt hätte, diese Krankheit also *Mitursache* des Todes i.S. einer notwendigen Bedingung war, kann doch trotzdem der Schock eine *rechtlich wesentliche Ursache* i.S.d. Unfallversicherungsrechts für den Tod des H gewesen sein, wobei es für die Entschädigungsansprüche aus der Unfallversicherung genügt, dass er wesentliche Mit-(oder Teil-)Ursache war. Dies ist dann anzunehmen, wenn die Sklerose des H noch nicht so weit fortgeschritten war, dass schon jede kleinere, das Betriebsübliche nicht übersteigende Körperbelastung zum Herzinfarkt geführt hätte[172], oder umgekehrt formuliert: wenn sich die Sklerose noch in einem Stadium befand, das es dem A erlaubte, betriebsüblichen Belastungen standzuhalten. In solchen Fällen beeinflusst der Vorschaden auch die Versicherungsleistung, weil der Versicherte in dem Zustand geschützt ist, in dem er den Versicherungsfall erlitten hat[173].

45 **Beispiel:** X leidet an einer weit fortgeschrittenen Koronarsklerose. Er ist Packer im Baumarkt B. Als er neu eingetroffene Waren zu den Verkaufsregalen transportiert, erleidet er einen Herzinfarkt, der nach einer Woche zum Tod führt.

Hier war Ursache des Schadens eine betriebsübliche Tätigkeit, die X bis dahin stets bewältigt hatte. Diese Tätigkeit war sicher auch conditio sine qua non für den Tod des X. Aber eine *rechtlich wesentliche Ursache* i.S.d. Unfallversicherungsrechts stellte sie nicht dar. Denn X befand sich, wie gerade der Unfallverlauf gezeigt hat, in einem Körperzustand, der normalen betriebsüblichen Belastungen nicht mehr gewachsen war, weil sich sein Herzleiden entsprechend verschlechtert hatte und jedes andere alltäglich vorkommende, ähnlich gelagerte Ereignis zu derselben Zeit den tödlichen Herzinfarkt ebenfalls ausgelöst hätte. Dann aber wertet man eine solche betriebsübliche Ursache nicht mehr als wesentliche, vielmehr spricht man hier von einer sog. *Gelegenheitsursache*[174].

46 Vergleicht man das *letzte Beispiel* und seine Lösung mit den Unglücksfällen des täglichen Lebens, die vom Versicherungsschutz umfasst sind, so scheint auf den ersten Blick eine Ungereimtheit vorzuliegen. Wenn eine Entschädigung aus der Unfallversicherung sogar für den Fall gewährt wird, dass der Schaden etwa auf ein bloßes Stolpern am Arbeitsplatz zurückzuführen ist, so könnte man meinen, dass ein Unfall, der durch eine betriebsübliche Arbeitstätigkeit verursacht wird, erst recht entschädigt werden müsste. Doch ist zu berücksichtigen, dass das Gesundheitsrisiko eines Versicherten, wie es sich ohne die versicherte Tätigkeit darstellt, nicht vom Versicherungsschutz erfasst wird. Die Koronarsklerose als ein fortschreitender Krankheitsprozess musste irgendwann einmal bei X dazu führen, dass er auch den normalen, betriebsüblichen Belastungen des Arbeitsprozesses nicht mehr gewachsen ist. Die Folgen sind dann aber nicht der betrieblichen Sphäre zuzurechnen.

---

170 BSGE 25, 49 (50); 40, 273; 62, 220 (223).
171 Vgl. BSG bei *Fuchs/Höller* JbSozR Bd. 22, 2000, 81 f.
172 Zum Versicherungsschutz bei Herzinfarkt eines Zeugen vor Gericht: BSG SGb 1997, 587.
173 Vgl. *Benz* BG 2002, 372.
174 Vgl. hierzu BSG Breith. 1968, 823; SozR 2200 § 548 Nr. 20, S. 49; BSGE 62, 220 (222 f.).

Vgl. noch die folgende *Fallabwandlung des letzten Beispiels:* X erleidet den Herzinfarkt, als er während der Arbeitstätigkeit durch ungeschicktes Gehen stolpert. Hier handelt es sich um einen *Unglücksfall des täglichen Lebens.* Doch genießt X auch hier keinen Unfallversicherungsschutz, da das Schadensereignis nur als eine *Gelegenheitsursache* zu werten ist[175].

Kein Versicherungsschutz kommt in Betracht, wenn nicht einmal feststeht, dass der Arbeitsunfall überhaupt mitursächlich für den Gesundheitsschaden war. 47

Fall[176]**:** Der Auszubildende A stolperte im Betrieb seines Arbeitgebers, fiel auf den Kopf und zog sich eine Schädelprellung zu. Ob der mehrere Stunden später festgestellte Hirninfarkt Folge des Unfallgeschehens oder einer Vorerkrankung war, konnte nicht festgestellt werden. – Hier scheiden Ansprüche des A gegen die für ihn zuständige BG wegen des Hirninfarkts und seiner Folgen aus. Zwar steht fest, dass zwischen dem unfallbringenden Verhalten und der versicherten Tätigkeit ein Zurechnungszusammenhang, ferner, dass zwischen dem unfallbringenden Verhalten und dem Unfallgeschehen ein haftungsbegründender Kausalzusammenhang besteht. Nicht erwiesen (im Sinne hinreichender Wahrscheinlichkeit) ist dagegen der haftungsausfüllende Kausalzusammenhang zwischen Unfallgeschehen (Stolpern) und Hirninfarkt sowie den Folgeschäden[177].

Umgekehrt sind alle Voraussetzungen für Leistungsansprüche erfüllt, wenn feststeht, dass der Arbeitsunfall den Tod des Versicherten rechtlich wesentlich verursacht hat, selbst wenn eine Krankheitsanlage wenig später mit Sicherheit ebenfalls zum Tod geführt hätte.

Beispiel: Tödlicher Verkehrsunfall als Arbeitsunfall eines krebskranken Versicherten.

Wichtig sind schließlich solche Sachverhalte, in denen zwar davon auszugehen ist, dass der Arbeitsunfall eine Mitursache für den Tod des Versicherten darstellte, in denen jedoch fraglich ist, ob er es auch im Sinne der rechtlich *wesentlichen* Kausalität war oder ob dies auf eine Krankheitsanlage zutrifft. 48

Ist die tödliche Folge einer unfallunabhängigen Krankheit zwar bereits als solche, nicht aber hinsichtlich des Zeitpunktes absehbar, dann (und nur dann) gilt der Grundsatz, dass der Unfall als eine rechtlich wesentliche Teilursache anzusehen ist, wenn er *den Tod um mindestens etwa ein Jahr beschleunigt* hat[178]. Dies gilt auch, wenn ein Unfall zur tödlichen Verschlimmerung einer bereits bestehenden Krankheit geführt hat.

Beispiel[179]**:** K fuhr mit einem Lastzug nach X, um von einer Zementfabrik Zement zu holen. Nach seiner Ankunft schob er mit einem Fabrikangehörigen den zweiachsigen Anhänger (Leergewicht 2,9 t) an die Laderampe. Als er sich danach zum Fabrikbüro begeben wollte, brach er auf einer Drehscheibe zusammen und starb kurz danach. Die Sektion ergab, dass K an einer Koronarsklerose litt. Es war zweifelhaft, ob die unfallbringende betriebliche Tätigkeit des K als rechtlich wesentliche Teilursache oder als bloße Gelegenheitsursache des Todes zu werten war. Das BSG verwies die Sache an das Berufungsgericht zurück, damit dieses weitere Erhebungen darüber vornehmen sollte, ob die unfallbringende Betriebstätigkeit des K seinen Tod mit Wahrscheinlichkeit um mindestens ein Jahr beschleunigt hat[180].

Beispiel: B ist seit Jahren als Büroangestellter bei C beschäftigt. Als er eines Tages stolpert und sich verletzt, verblutet er, da er an der Bluterkrankheit litt und ärztliche Hilfe nicht rasch genug zu erreichen war. – Hier handelt es sich nicht etwa um eine Gelegenheitsursache, die zum Tod führte, sondern um eine rechtlich wesentliche Ursache als Folge eines Unfalles des täglichen Lebens. Die Bluterkrankheit des B hätte von sich aus niemals zwingend zum tödlichen Schadenserfolg hingeführt, vielmehr stellte sie eine latente Krankheitsbereitschaft (ruhende Krankheitsanlage) dar, die aus sich allein heraus keine Krankheitserscheinungen zur Folge hatte. Dass es sich dabei um einen besonders gefährlichen Körperzustand handelte, der geeignet war, schon bei geringen Verletzungen schwerwiegende

175 Vgl. *Ludolph* BG 1992, 391 f.; *Kater/Leube* Rn. 133 ff. zu § 8 SGB VII.

176 Nach BSG SozR 3–2200 § 548 Nr. 11.

177 Vgl. BSG SozR 3–2200 § 548 Nr. 14.

178 BSGE 12, 247 (253); 40, 273: NJW 1958, 1206; BSG SozR Nr. 69 zu § 542 a.F. RVO: BSGE 62, 220 (223); BSGE 63, 277 (278).

179 Nach BSG NJW 1958, 1206.

180 Zur Vertiefung: *Benz* BG 1992, 430 (437 f.)

Folgen nach sich zu ziehen, schließt den Versicherungsschutz nicht aus. Im Gegenteil: Nach dem Grundgedanken der Unfallversicherung soll ein Versicherter in dem Gesundheitszustand geschützt werden, in dem er zur Arbeit antritt.

49 Auch eine Selbsttötung kann rechtlich wesentlich durch einen Arbeitsunfall im Sinne der haftungsausfüllenden Kausalität verursacht sein, und zwar auch dann, wenn keine Willensbeeinträchtigung vorliegt. Erforderlich ist, dass die gesundheitlichen Folgen des Arbeitsunfalls wesentliche Bedingungen für den Entschluss zur Selbsttötung gewesen sind[181].

G. Aufbauschema Arbeitsunfall

50 In der Praxis wird folgendes Aufbauschema[182] bei der Prüfung des Arbeitsunfalles verwendet:

1. Versicherte Personen

Zugehörigkeit zum Kreis der nach §§ 2, 3 oder 6 SGB VII kraft Gesetzes, kraft Satzung oder freiwillig versicherten Personen – Beweisanforderung: Vollbeweis

2. Unfallereignis

Liegt ein Unfall nach § 8 Abs. 1 S. 2 SGB VII vor? – Beweisanforderung: Vollbeweis

3. Versicherte Tätigkeit

Ist das zum Unfall führende Verhalten des Verunglückten der versicherten Tätigkeit oder dem privaten Bereich zuzurechnen (= innerer Zusammenhang)? – Beweisanforderung: Vollbeweis bezüglich der für die versicherte Tätigkeit sprechenden Tatsachen

4. Haftungsbegründende Kausalität

Ist die versicherte Tätigkeit rechtlich wesentliche Ursache des Unfalls? – Beweisanforderung: Wahrscheinlichkeit

5. Haftungsausfüllende Kausalität

Ist der Unfall rechtlich wesentliche Ursache des Gesundheitsschadens oder des Todes? – Beweisanforderung: Wahrscheinlichkeit

§ 41 Wegeunfälle, Berufskrankheiten, Versicherungsfälle der unechten Unfallversicherung

A. Wegeunfälle

I. Allgemeines

1 Der Gesetzgeber hat (seit 1925) den Schutz der Unfallversicherung auf einen wichtigen Bereich ausgedehnt, der nur einen mittelbaren Bezug zur unternehmerischen Risikosphäre aufweist, nämlich auf die sog. Wegeunfälle (§ 8 Abs. 2 Nr. 1 SGB VII). Unfälle, die auf dem Weg nach oder von dem Ort der Tätigkeit geschehen, gelten als Arbeitsunfälle, wenn der Weg mit der versicherten Tätigkeit zusammenhängt. Zwar ist diese Regelung wegen der Risikozuordnung immer wieder in der Kritik. Doch darf man nicht übersehen, dass gerade Arbeitgeber und Politik von den Beschäftigten immer mehr örtliche Flexibilität verlangen.

---

181 BSG SozR 3–2200 § 553 Nr. 1.; vgl. *Kater/Leube* Rn. 116–123 zu § 8 SGB VII.
182 Aus *Benz* SGb 2000, 346 (347).

II. Ort der Tätigkeit und der andere Ausgangs- oder Zielort

Fall: A und B sind als Bautischler bei der Fa. F beschäftigt. Beide arbeiten zurzeit nicht in der Werkstatt des Unternehmens, sondern auf einem Neubau. A begibt sich eines Morgens von seiner Wohnung unmittelbar dorthin. Etwa 300 m vorher trifft er B, der sich ebenfalls auf dem Weg zum Neubau befindet. Jedoch kam B nicht direkt von seiner Wohnung, vielmehr hatte er zuvor die Werkstatt der Fa. F aufgesucht, um von dort Werkzeuge zu holen. Kurz vor Erreichen des Neubaugrundstücks werden beide von einem Auto angefahren und verletzt. 2

A befand sich auf dem Weg zum Ort seiner Tätigkeit. Er hat also einen Wegeunfall erlitten, der unter Versicherungsschutz steht. Als B den Weg zwischen der Werkstatt und dem Neubaugelände zurücklegte, ging er dagegen bereits der Arbeitstätigkeit als solcher nach. Denn der Weg i.S.v. § 8 Abs. 2 Nr. 1 SGB VII führte nur von seiner Wohnung bis zur Werkstatt; ab da handelte es sich um einen Betriebsweg, so dass er nicht nach § 8 Abs. 2 Nr. 1, wohl aber nach § 8 Abs. 1 Nr. 1 SGB VII unter Versicherungsschutz stand[183].

In § 8 Abs. 2 Nr. 1 SGB VII ist nur von dem einen Ziel- bzw. Ausgangspunkt des versicherten Weges die Rede, nämlich dem Ort der Tätigkeit. Den anderen Endpunkt des Weges spricht das Gesetz hier nicht an. 3

Als anderer Ausgangs- bzw. Zielort kommt vor allem der häusliche Bereich in Betracht[184]. Zur Frage, wo nun örtlich genau der Versicherungsschutz beginnt, ob erst am Garagentor, an der Haustür oder schon im Hause selbst, hat die Rspr. eine umfangreiche Kasuistik entwickelt[185]. Man stellt auf den häuslichen Wirkungskreis ab, innerhalb dessen wegen seiner rein privaten Sphäre noch kein Versicherungsschutz besteht. Dieser häusliche Wirkungskreis wird durch die Außentüren des bewohnten Gebäudes begrenzt[186]. Erst bei deren Durchschreiten beginnt der Versicherungsschutz. Die Grenze der Haustür für Wegeunfälle führt zu Ergebnissen, die mit den Kriterien der Handlungstendenz und wertenden Zurechnung nicht erzielt würden.

Fall: A ist Bauleiter. Er hatte am Vorabend im Arbeitszimmer seiner Wohnung die Unterlagen für eine Bauabnahme vorbereitet. Am nächsten Morgen fährt er zur Baustelle. Unterwegs bemerkt er, dass er die Unterlagen zu Hause vergessen hatte und kehrt zurück. Auf dem Weg vom Arbeitszimmer zur Haustür stolpert er und verletzt sich. – Das BSG hat in diesem Fall daran festgehalten, dass der Versicherungsschutz für den Arbeitsweg erst nach Durchschreiten der Haustür beginnt[187]. Es begründete dies mit der Wahrung der Rechtssicherheit. Dagegen ist der Weg vom häuslichen zum betrieblichen Bereich desselben Gebäudes ein versicherter Betriebsweg[188]. 4

Doch kann Versicherungsschutz auch für einen Weg zur Arbeitsstätte bestehen, dessen Ausgangs- oder Zielort nicht die Wohnung des Versicherten, sondern ein sog. dritter Ort ist, wobei ein spezieller Fall in § 8 Abs. 2 Nr. 4 SGB VII geregelt ist (Familienwohnung[189]). 5

Fall 1[190]: Der versicherte Arbeitnehmer A fährt morgens von zu Hause in eine Klinik, um dort Untersuchungen vornehmen zu lassen. Nach drei Stunden begibt er sich von der Klinik aus zur Arbeitsstelle, verunglückt jedoch unterwegs, ohne seinen üblichen Arbeitsweg erreicht zu haben.

Fall 2: A fährt nach der Arbeit mittags in die Klinik und von dort drei Stunden später nach Hause, wobei er unterwegs verunglückt, ohne seinen üblichen Heimweg erreicht zu haben.

Fall 3: Wie Fall 1. Jedoch: Der Aufenthalt in der Klinik beträgt nur anderthalb Stunden.

183 Vgl. BSGE 62, 113 (115).
184 Vgl. aber SozR 3–2200 Nr. 10 zu § 550 RVO.
185 *Kater/Leube* Rn. 162–167 zu § 8 SGB VII. Zusammenfassung der Rspr. in BSG SozR 3–2700 § 8 Nr. 6
186 Ausführlich BSGE 2, 239: bestätigt in BSGE 22, 240 (242 f.); 45, 254 (257).
187 BSG SozR 3–2700 § 8 Nr. 3.
188 BSG bei *Fuchs/Höller* JbSozR Bd. 22, 2000, 86.
189 Zur Abgrenzung: BSG NZS 1997, 36.
190 Vgl. BSGE 62, 113; BSGE 82, 138.

Fall 4: Wie Fall 2. Jedoch: Auch hier war die Behandlung bereits nach anderthalb Stunden beendet.

6 Die Rspr. verlangt für einen Versicherungsschutz auch bei Wegeunfällen einen rechtlich wesentlichen Zusammenhang zwischen dem Zurücklegen des Weges und der versicherten Tätigkeit. Dabei sollte wie bei den Arbeitsunfällen im engeren Sinne auch bei den Wegeunfällen sowohl sachlich als auch terminologisch der Zurechnungszusammenhang[191] (zwischen dem Zurücklegen des Weges, das zum Unfall geführt hat, und der versicherten Tätigkeit) einerseits von den (haftungsbegründenden und haftungsausfüllenden) Kausalzusammenhängen andererseits unterschieden werden.

Der Weg von zu Hause zur Klinik ist im *Fall 1* ein privater Weg. Erst zwischen dem Weg von der Klinik zur Arbeitsstelle besteht wieder ein wesentlicher Zusammenhang mit der versicherten Tätigkeit, der den Versicherungsschutz rechtfertigt[192]. Die Klinik ist hier dritter Ort, der versicherte Weg zum Arbeitsplatz beginnt erst dort und ist voll versichert; der Weg zur Klinik ist privater Weg und auch dann nicht versichert, wenn er mit dem Arbeitsweg teilweise übereinstimmt. Der dritte Ort tritt an die Stelle der Wohnung.

Demgegenüber ist in *Fall 3* der Weg von zu Hause zur Arbeitsstelle insgesamt als Weg zum Ort der Tätigkeit anzusehen. Das bedeutet nicht, dass damit auch der gesamte Zeitraum vom Verlassen des häuslichen Bereichs bis zum Eintreffen am Arbeitsplatz unter Versicherungsschutz steht. Vielmehr kommen hier die Grundsätze zu Umwegen und Wegeunterbrechungen zur Anwendung. Das heißt: Versicherungsschutz besteht solange, wie sich A auf seinem Arbeitsweg befindet, der private (Ab-)Weg vom Arbeitsweg zur Klinik und zurück ist nicht versichert.

7 Die Grenze zwischen Um- bzw. Abweg und Weg vom dritten Ort zur Arbeitsstelle wird nach der in dieser Frage 1998 präzisierten BSG-Rechtsprechung bei einem Aufenthalt von zwei Stunden angesetzt[193]. Damit entfallen Abgrenzungsschwierigkeiten, die bestanden, weil die frühere Rechtsprechung teilweise auch bei Aufenthalten unter zwei Stunden einen »dritten Ort« angenommen hatte. Der Weg zur Arbeit und von der Arbeit ist dabei jeweils gleich zu behandeln (*Fall 2* wie *1*, *Fall 4* wie *3*). Nicht geklärt ist dagegen die Streitfrage, ob und in welchem Ausmaß und bei welchem Zweck der dritte Ort weiter vom Arbeitsplatz entfernt sein darf als die Wohnung. Jedenfalls muss die Länge dieses Weges in einem angemessenen Verhältnis zu dem üblicherweise zurückgelegten Weg stehen[194].

8 Das Problem des Zurechnungszusammenhangs zwischen dem Zurücklegen eines Weges zum oder vom Ort der Tätigkeit und der versicherten Tätigkeit zeigt der folgende Fall:

Die Angestellte K befindet sich auf dem Heimweg von der Arbeit. Ihre Tochter T, die sie mit einem Schäferhund abgeholt hat, begleitet sie. Als T die Straße überqueren will, um für den Ehemann der K Zigaretten zu besorgen, übernimmt sie, K, den Hund und bindet die Hundeleine fest um ihr Handgelenk. Plötzlich reißt sich das Tier los, um über die Straße zu stürmen. Da sie sich jedoch von der Leine nicht so schnell befreien kann, wird sie mit auf die Straße gerissen, wo sie von einem Kfz angefahren und verletzt wird.

Das BSG[195] spricht u.a. folgende Gesichtspunkte an: Zwar sei K auf dem Heimweg von der Arbeit gewesen, jedoch habe sich der Unfall nicht »beim unmittelbaren Zurücklegen des Weges« ereignet. Allerdings scheitere der Versicherungsschutz nicht schon – wie das Berufungsgericht angenommen hatte – aus dem Gesichtspunkt einer selbst geschaffenen Gefahr heraus, da ihr Verhalten (das Festbinden der Hundeleine um das Handgelenk) nicht als in so hohem Maße vernunftwidrig anzusehen sei. Doch könne es an dem für eine Entschädigungspflicht des Unfallversicherungsträgers erforderlichen inneren Zusammenhang des Unfallgeschehens mit dem Zurücklegen des Heimweges gefehlt haben, nämlich dann, wenn der Hund nicht zum Schutz der K mitgeführt worden sei. Treffe dies zu, so habe,

---

191 Vgl. BSG SozR 3–2200 § 550 Nr. 5, S. 15, wo von »Zurechnung« die Rede ist.

192 Vgl. BSGE 62, 113; BSGE 82, 138, BSG SGb 2003, 516 f.

193 BSG NZS 1998, 578.

194 Vgl. BSG SGb 2002, 181 mit Anm. *Jung*; BSGE 62, 113: vierfache Strecke zulässig bei Arztbesuch; BSG SGb 1982, 547: Fahrt zum Wochenendurlaub verneint; weitere Nachweise bei *Kater/Leube* Rn. 179, 180 zu § 8 SGB VII.

195 BSGE 30, 14.

da für die Übernahme des Hundes kein dem Erreichen des Wegzieles dienlicher Grund maßgeblich gewesen sei, K vielmehr den Hund in ihre vorübergehende Obhut nur genommen habe, um ihrer Tochter T das Besorgen der Zigaretten zu erleichtern, der gesamte Vorgang in ihrem privaten Interesse gelegen.

Darauf abzustellen, ob der Hund zum Schutze der K mitgeführt worden ist, erscheint problematisch. Näher liegt es, mit der Inobhutnahme des Hundes eine Unterbrechung des versicherten Weges anzunehmen. Die Zeit, die K bis zur Erledigung der Besorgung ihrer Tochter wartete, ist dann nicht der versicherten Tätigkeit zuzurechnen. Hätte K den Hund während des ganzen Weges mitgeführt und hätte sich unterwegs der Unfall ereignet, müsste man einen Versicherungsschutz der K annehmen.

III. Einzelprobleme

Bei den Wegeunfällen begegnet man vielfach den gleichen Fragenkreisen wie bei den Arbeitsunfällen im engeren Sinne. Daneben treten jedoch auch Sonderprobleme auf, von denen nachfolgend einige besonders wichtige behandelt werden. 9

Versichert ist grundsätzlich nur der direkte Weg von und zu der Arbeitsstätte. Ein Umweg ist dann unschädlich, wenn er bei vernünftiger Betrachtungsweise, z.B. wegen besserer Straßenverhältnisse oder günstigerer Verkehrsführung, angemessen ist[196] (vgl. jedoch § 8 Abs. 2 Nr. 2 und 3 SGB VII). 10

Beispiel: A nimmt, wenn er morgens zur Arbeit fährt, regelmäßig seine zweijährige Tochter T mit, um sie, da auch seine Frau wegen eigener Berufstätigkeit nicht zu Hause ist, zur Betreuung bei seiner Schwiegermutter abzugeben. Außerdem fährt er noch seinen elfjährigen Sohn S zur Schule. Da beide Ziele nicht am direkten Weg zur Arbeitsstätte liegen, muss A verschiedene Umwege fahren. Eines Morgens ruft ihn sein Nachbar an und fragt, ob er noch dessen Sohn N zu einer anderen Schule mitnehmen könne, da er selbst krank sei. A erklärt sich bereit, obwohl dies einen weiteren zusätzlichen Umweg bedingt. Kurz vor der Wohnung seiner Schwiegermutter – dem ersten Ziel seiner Tour – wird A in einen Verkehrsunfall verwickelt. Die bis zur Unfallstelle gefahrene Wegstrecke stellt für alle noch vorgesehenen Ziele einen Umweg dar. A selbst und alle Kinder werden verletzt. Sind sie unfallversichert? – A ist pflichtversichert gemäß § 2 Abs. 1 Nr. 1 SGB VII; auch wenn A vom unmittelbaren Weg zu seiner Arbeitsstätte abgewichen ist, steht er hinsichtlich des Wegeunfalls unter Versicherungsschutz, weil die Voraussetzungen des § 8 Abs. 2 Nr. 2 SGB VII erfüllt sind. Das Kind T ist nicht versichert, vor allem kommt nicht § 2 Abs. 1 Nr. 8 a SGB VII in Betracht; für T können also keine Entschädigungsansprüche aus der Unfallversicherung geltend gemacht werden. S ist gemäß § 2 Abs. 1 Nr. 8 b SGB VII pflichtversichert; allerdings ist er nicht auf dem direkten Weg zur Schule verletzt worden; doch schadet dies seinem Versicherungsschutz nicht, da hier § 8 Abs. 2 Nr. 2 b SGB VII anwendbar ist: Die »andere berufstätige oder versicherte Person« ist A, ferner sind A und S gemeinsam im Fahrzeug zum »Ort der Tätigkeit« (hier: Schule) gefahren. Entsprechendes gilt für N; auch er ist gemäß § 2 Abs. 1 Nr. 8 b SGB VII pflichtversichert, so dass für ihn ebenfalls § 8 Abs. 2 Nr. 2 b SGB VII gilt; dass es sich um eine einmalige Mitnahme handelt, schadet nicht.

Versichert ist der Weg von und zu der Arbeitsstätte ferner nur, soweit er nicht unterbrochen worden ist. Eine private Besorgung oder Verrichtung auf dem Weg wird vom BSG jedoch dann noch nicht als Unterbrechung gewertet, wenn sie »bei natürlicher Betrachtungsweise angesichts des Gesamtweges als geringfügig anzusehen ist«[197] – 11

Beispiel: Der Versicherte kauft »im Vorbeigehen« eine Zeitung oder Zigaretten[198] – oder der Sicherung der Arbeitsfähigkeit dient (Kauf von Kopfschmerztabletten[199]).

Unterbricht der Versicherte aus privaten bzw. eigenwirtschaftlichen Gründen den Weg länger, so wird auch der Versicherungsschutz unterbrochen, wenn der Versicherte das

---

196 Dazu BSG SGb 2002, 345 mit Anm. *Wilde*; BSG NZS 1998, 576: kein Versicherungsschutz bei versehentlichem Verpassen von vier Autobahnausfahrten; andererseits BSG SozR 3–2200 Nr. 6 zu § 550 RVO (Zug verpasst).

197 Vgl. BSG SozR 2200 § 550 Nr. 53 sowie SozR 3–2200 § 548 Nr. 8.

198 BSGE 20, 219; SozR 3–2200 § 550 Nr. 1, S. 4.

199 BSG SGb 1998, 129 mit abl. Anm. von *Benz*; vgl. die ähnliche Problemlage bei BSG SozR 3–2200 Nr. 23 zu § 548 RVO (Umweg zur Nachttankstelle).

Fahrzeug verlässt[200], unter Umständen sogar beendet, je nach Intensität der Unterbrechung. Ein kurzer Besuch bei einem Bekannten, ein nicht zu lang andauernder Einkauf oder auch ein zeitlich begrenzter Gasthausaufenthalt beenden den Versicherungsschutz noch nicht endgültig, vielmehr lebt er nach Beendigung der Unterbrechung wieder auf, genauer: dann, »wenn der Versicherte wieder den Ausgangspunkt oder eine sonstige dem Versicherungsschutz unterliegende Wegstrecke erreicht hat«[201]. Nach der Rspr. ist eine Unterbrechung bis zu zwei Stunden unschädlich[202]. Unternimmt der Versicherte z.B. drei Stunden lang private Einkäufe, so steht dieser eigenwirtschaftliche Zweck auch für die Fortsetzung des Weges so im Vordergrund, dass man eine Lösung von der betrieblichen Tätigkeit annimmt und den Versicherungsschutz für den weiteren Weg versagt[203].

Die Zwei-Stunden-Grenze gilt auch für den Beginn des Versicherungsschutzes bei verspätetem Antritt des Weges nach der Arbeitstätigkeit[204]. 12

12 Nicht versichert sind Wege, die der Arbeitssuche dienen, es sei denn, die Arbeitstätigkeit wird unmittelbar anschließend aufgenommen. Versichert ist dagegen der Weg zum Arbeitgeber, um ihm die Kündigung des Arbeitsverhältnisses zu erklären[205]; kein Versicherungsschutz besteht jedoch auf Wegen zum oder vom Arbeitsgericht im Zusammenhang mit einem Kündigungsschutzverfahren[206]. Wege zu einem früheren Arbeitgeber nach beendetem Versicherungsverhältnis sind nur ausnahmsweise versichert, so z.B. zum Zwecke der Abholung von Arbeitspapieren[207].

B. Berufskrankheiten

13 Entschädigungsleistungen für *Berufskrankheiten* wurden im Recht der Unfallversicherung 1925 eingeführt[208]. Bis dahin konnten Nachteile, die auf berufsbedingte Krankheiten zurückzuführen waren, lediglich nach dem Recht der Krankenversicherung bzw. Rentenversicherung entschädigt werden. Gegenüber Entschädigungen der Unfallversicherung wegen Arbeitsunfällen waren diese Leistungen häufig erheblich niedriger, insbesondere auch für die Hinterbliebenen. Dass die Träger der Unfallversicherung heute zugleich für Schäden wegen Berufskrankheiten aufkommen, ist nicht zuletzt aus rechtssystematischen Gründen sachgerecht. Die Krankenversicherung hat die Aufgabe, Schutz gegen Krankheitsfälle zu gewährleisten, die Ausfluss des allgemeinen Lebensrisikos sind, während die BG die speziell berufs- und damit unternehmensbezogenen Nachteile aus Gesundheitsschäden auszugleichen haben.

14 Die Berufskrankheit (§ 9 Abs. 1 SGB VII) muss *infolge der versicherten Tätigkeit* auftreten. Sie muss mit ihr in einem rechtlich wesentlichen Ursachenzusammenhang[209] stehen (haftungsbegründende Kausalität) und einen Gesundheitsschaden wesentlich verursacht haben (haftungsausfüllende Kausalität). Dabei wird anstelle einer Kausalitätsprüfung im

200 BSGE 91, 293 = SGb 2004, 490 mit Anm. *Kunze*.
201 BSG SozR 3–2200 § 548 Nr. 8, S. 20.
202 BSGE 49, 16 (18); SozR 2200 § 550 Nr. 27; SozR 2200 § 548 Nr. 67, 189 f.
203 Vgl. BSG Breith. 1972, S. 914.
204 BSG SozR 2200 § 550 Nr. 42; anders bei Fahrten zur Familienwohnung nach § 8 Abs. 2 Nr. 4 SGB VII: hier kann nach BSG SozR 2200 § 550 Nr. 42 der Versicherungsschutz auch noch nach einer längeren Frist in Betracht kommen.
205 BSGE 8, 176.
206 BSG SozR 2200 § 548 Nr. 96.
207 BSGE 20, 23.
208 Vgl. die 1. VO über die Ausdehnung der Unfallversicherung auf Berufskrankheiten vom 12. 5. 1925 (RGBl. I S. 69); zur Entwicklung *Koch*, in: Schulin, HS-Unfallversicherung, § 34.
209 Zum Ursachenbegriff BSG SozR 2200 § 551 Nr. 33.

Einzelfall nach dem Enumerationsprinzip des Berufskrankheitenkatalogs[210] (Listenprinzip) vorgegangen: In der Regel kann nur eine solche Krankheit als Berufskrankheit berücksichtigt werden, die in einer Anlage zur Berufskrankheiten-Verordnung[211] aufgezählt ist[212]. Dieses Verzeichnis enthält zurzeit 68 Krankheiten; die Ausnahmeregelung in § 9 Abs. 2 SGB VII wird eng ausgelegt. Das BVerfG hat es als verfassungskonform angesehen, dass dadurch ein lückenloser Schutz der Unfallversicherten gegen berufsbedingten Krankheiten nicht erreicht wird[213]. Die Entschädigung bei Berufskrankheit ist damit weniger von einer naturwissenschaftlichen Kausalitätsprüfung abhängig als vielmehr von der sozialmedizinischen und sozialpolitischen Zuordnung einzelner Krankheitsbilder zu Arbeitsbedingungen, die diese Krankheitsbilder mehr oder weniger stark mitverursachen[214]. Die Aufnahme neuer Krankheitsbilder in die Liste obliegt dem Verordnungsgeber nach Maßgabe der medizinischen Erkenntnisse[215] (§ 9 Abs. 1 S. 2 SGB VII).

Durch das Enumerationsprinzip wird die Ursachenfrage häufig insofern gegenstandslos, als eine nicht aufgeführte Krankheit auch keine Berufskrankheit sein kann. Im Übrigen ist beim Versicherungsfall Berufskrankheit der Nachweis von haftungsbegründender Kausalität zwischen versicherter Tätigkeit und Krankheit und haftungsausfüllender Kausalität zwischen dem beruflich verursachten Krankheitsbild und konkretem Schaden nötig. Allerdings genügt es, wenn der Ursachenzusammenhang hinreichend wahrscheinlich gegeben ist. Die bloße, vielleicht sogar nur entfernte Möglichkeit einer Kausalität ist freilich nicht ausreichend[216]. Eine Kausalitätsvermutung bei Auftreten einer Listenkrankheit – wie in anderen europäischen Ländern[217] – gibt es in Deutschland nicht. Gerade bei multikausal verursachten Langzeitschäden geraten jedoch die Betroffenen in erhebliche Beweisnot[218]. Allerdings ist mit § 9 Abs. 3 SGB VII eine Vermutung für den Fall des Auftretens von Listenkrankheiten nach besonders gefahrexponierter Tätigkeit für die Fälle geschaffen worden, dass keine Anhaltspunkte für eine Verursachung außerhalb der versicherten Tätigkeit bestehen. Die Reichweite dieser Vorschrift ist noch nicht geklärt[219].

Ist durch eine Berufskrankheit der Tod des Versicherten verursacht worden, kommen Ansprüche der Hinterbliebenen in Betracht, § 63 SGB VII. Auch dieser Anspruch erfordert, dass der haftungsausfüllende Kausalzusammenhang hinreichend wahrscheinlich feststeht. Bei verschiedenen Berufskrankheiten kann die Feststellung der haftungsausfüllenden Kausalität jedoch besonders schwierig sein, so dass der Gesetzgeber in § 63 Abs. 2 SGB VII für einige Fälle, und zwar für verschiedene Staublungenkrankheiten, eine Kausalitätsvermutung normiert hat. War danach die Erwerbsfähigkeit durch eine solche Berufskrankheit um mindestens 50% gemindert worden, so wird, wenn der Versicherte stirbt, vermutet, dass der Ursachenzusammenhang gegeben ist, es sei denn, dies ist offenkundig[220] nicht der Fall. 15

210 Überblick bei *Koch,* in: Schulin, HS-Unfallversicherung § 39.

211 Berufskrankheiten-Verordnung (BKV) vom 31. 10. 1997 (BGBl. I S. 2623); *Blome* BG 1998, 360; zu rechtsstaatlichen Anforderungen: BSGE 91, 23 = SGb 2004, 65 mit Anm. *Brandenburg.*

212 Diese unflexible Regelung stößt immer wieder auf Kritik, vgl. etwa *Battenstein* SGb 1988, 482. Zu einer Übergangsproblematik bei Rechtsänderung vgl. BVerfG NVwZ 2005, 1415.

213 BVerfG SozR 3–2200 Nr. 5 zu § 551 RVO; vgl. zu dieser Regelung *Koch,* in: Schulin, HS-Unfallversicherung § 37; *Blome* BG 1998, 566; BSGE 59, 295, weiter auch BVerfGE 58, 369; 1996 wurden nach dieser Norm 265 Fälle anerkannt (nach *Blome).*

214 Zum europäischen Vergleich: *de Brucq/Mehrhoff* BG 1997, 732.

215 Dazu (Ausschluss einer Stichtagsregelung): BSG SozR 3–2200 Nr. 9 zu § 551 RVO.

216 Vgl. dazu BSG SozR 2200 § 551 Nr. 1.

217 Vgl. *de Brucq/Mehrhoff* BG 1997, S. 732, u.a. Belgien, Schweden, Frankreich, Italien. In Deutschland fand dieses Prinzip keine Mehrheit, vgl. BT-Drs. 13/4853, 13; *Plagemann* NJW 1996, 3173 (3175).

218 Vgl. *Pohl* SGb 2002, 717.

219 Vgl. *Benz* SGb 1998, 353 einerseits; *Kater/Leube* Rn. 95 ff. zu § 9 SGB VII andererseits.

220 Zur Auslegung dieses Begriffs BSG SozR 2200 § 589 Nr. 7; *Kater/Leube* Rn. 13–16 zu § 63 SGB VII.

C. Versicherungsfälle der unechten Unfallversicherung

16 Die Versicherungsfälle der Unfallversicherung sind auch gegeben, wenn der Versicherungsschutz nach einem Tatbestand der »unechten« Unfallversicherung besteht. Gemäß § 8 Abs. 1 Nr. 1 SGB VII gilt z.B. auch der Unfall einer versicherten Schülerin während des Schulbesuchs als Arbeitsunfall; die »versicherte Tätigkeit« besteht hier im Besuch der Schule. Zwischen der versicherten Tätigkeit und dem unfallbringenden Verhalten der Schülerin muss ein Zurechnungszusammenhang, ferner muss zwischen diesem Verhalten und dem Unfallgeschehen ein haftungsbegründender wesentlicher Ursachenzusammenhang bestehen. Beides ist ohne weiteres gegeben, wenn z.B. im Chemieunterricht ein Versuch missglückt und dadurch Schülerinnen und Schüler zu Schaden kommen.

17 **Fall**[221]**:** Zwei 17-Jährige Gymnasiasten A und B geraten während einer Schulpause in Streit, weil A die Schultasche des B nach einer Sportstunde im Umkleideraum der Turnhalle durchsucht hatte. Es kommt zu einer tätlichen Auseinandersetzung, in deren Verlauf B dem A mit dem Fuß in den Bauch tritt. A erleidet eine Verletzung der Bauchspeicheldrüse, ferner müssen ihm die Milz und ein Teil des Magens entfernt werden. – Das BSG hat den rechtlich wesentlichen Zusammenhang zwischen dem Schulbesuch des verletzten A und dem Streit bejaht.

Fall[222]**:** Kindergartenkind K (drei Jahre und acht Monate alt) wird normalerweise um 16.15 h abgeholt. Um 16.00 h verlässt K unerlaubt und unbemerkt den Kindergarten. K geht alleine zu dem Hochhaus, in dem seine Familie wohnt und fällt dort von einem Laubengang. – Das BSG sah den inneren Zusammenhang zum Kindergartenbesuch als noch gegeben an, weil die Obhutspflicht der Einrichtung andauerte.

Fall: A ist dabei, sich in seinem Dorf D auf einem neu erworbenen Grundstück ein (steuerbegünstigtes) Eigenheim (Einfamilienhaus) zu bauen, wobei er viele Arbeiten mit Hilfe von Verwandten und Bekannten selbst ausführt. Mit dem befreundeten Landwirt L hat er vereinbart, dass er sich in dessen Wald gegen ein Freundschaftsentgelt Baumstämme selbst schlagen darf, die er für den Dachstuhl benötigt. Als er die Stämme mit seinem Schwager S abholt, um sie zum Sägewerk ins Nachbardorf zu fahren, kommt es zu einem schweren Unfall, bei dem S erheblich verletzt wird. – S ist gemäß § 2 Abs. 1 Nr. 16 SGB VII unfallversichert, wenn der Holztransport eine Tätigkeit i.S.d. § 8 SGB VII darstellt. S war zwar nicht unmittelbar beim Bau des Eigenheimes seines Schwagers tätig. Doch entspricht es allgemeinen Grundsätzen des Unfallversicherungsrechts, auch Vorbereitungshandlungen zu versicherten Tätigkeiten in den Versicherungsschutz einzubeziehen, wenn nur ein innerer Zusammenhang (hier: mit der eigentlichen Bautätigkeit) gegeben ist. Dies ist für den Beispielsfall zu bejahen.

§ 42 Die Leistungen

A. Das Leistungssystem in der Unfallversicherung

1 Ist der Versicherungsfall eingetreten, kommen Ansprüche auf die verschiedenen Leistungen der Unfallversicherung in Betracht. Ähnlich wie die Leistungen der Krankenversicherung lassen sich auch die der Unfallversicherung in mehrfacher Hinsicht systematisieren.

I. Leistungssystem des Gesetzes

2 Das Gesetz sieht verschiedene Leistungsarten vor (§ 22 Abs. 1 SGB I), die zu Leistungsgruppen zusammengefasst werden: Heilbehandlung, Leistungen zur Teilhabe am Arbeitsleben, Leistungen zur Teilhabe am Leben in der Gemeinschaft und ergänzende Leistungen, Pflege, Geldleistungen (§§ 26 ff. SGB VII); Renten, Beihilfen und Abfindungen (§§ 56 ff. SGB VII). Doch darf ein Träger der Unfallversicherung keine Leistung erbringen, die nicht im Gesetz oder der Satzung des Unfallversicherungsträgers ihre Grundlage findet (Vorbehalt des Gesetzes, vgl. § 31 SGB I). Allerdings belassen viele Bestimmungen ge-

221 Nach BSG SozR 2200 § 548 Nr. 48.
222 BSG SozR 3–2200 § 539 Nr. 42.

nügend Ermessensspielraum (§ 39 SGB I), um im Einzelfall die Leistungen den konkreten Bedürfnissen anpassen zu können, vgl. etwa §§ 27 Abs. 1, 30 S. 2, 31 Abs. 1 S. 2 SGB VII (»insbesondere«).

II. Systematisierung nach Funktionen

1. Leistungen werden zum Arbeitsschutz und zur Prävention gewährt (§§ 14–25 SGB VII). 3

2. Zur Schadensbeseitigung werden Restitutions- und Kompensationsleistungen gewährt.

a) Als Restitutionsleistungen dienen der Beseitigung oder Verminderung von immateriellen Schäden die Heilbehandlung, die Leistungen zur Teilhabe im Arbeitsleben und z.T. die Leistungen zur Teilhabe am Leben in der Gemeinschaft (Sach- und Dienstleistungen) (§§ 24–54 SGB VII).

b) Zu den Kompensationsleistungen, die dem Ausgleich von wirtschaftlichen Schäden als Folge einer Körperverletzung, Gesundheitsstörung oder des Todes dienen, zählen insbes. die folgenden Leistungen:

(1) Kompensierende Geldleistungen:

(a) das Verletzten- und Übergangsgeld sowie die Verletztenrente, (§§ 45–52, 55, 56–62 SGB VII); alle diese Leistungen haben Entgeltersatzfunktion;

(b) Kostenerstattungen, die dem Aufwendungsersatz dienen, vgl. z.B. § 40 SGB VII (Kraftfahrzeughilfe), § 41 SGB VII (Wohnungshilfe), § 64 SGB VII (Sterbegeld, Überführungskosten).

(2) Zu den Kompensationsleistungen in Form von Sach- und Dienstleistungen gehört vor allem die Stellung von Haushaltshilfe und von Leistungen zur Kinderbetreuung (§ 42 SGB VII; § 54 SGB IX).

Dabei ermöglichen die Kompensationsleistungen der Leistungen zur Teilhabe am Leben in der Gemeinschaft auch wieder die Restitutionsleistungen der Leistungen zur Teilhabe am Arbeitsleben; die Übergänge müssen hier fließend sein.

(3) Besonderheiten gelten für die Hinterbliebenenrenten (§§ 65 ff. SGB VII). Zum einen wird der Versicherte durch die Unfallversicherung zu seinen Lebzeiten der Aufgabe enthoben, für den Fall seines Todes durch Arbeitsunfall die Versorgung seiner Hinterbliebenen zu sichern. Zum anderen dienen die Renten nach dem Tod des Versicherten unmittelbar dem Unterhalt seiner Hinterbliebenen; insoweit haben sie also Unterhaltsersatzfunktion.

III. Andere Systematisierungen

Auch in der Unfallversicherung werden Geldleistungen und Sach- und Dienstleistungen unterschieden (§ 11 SGB I). 4

Ebenso wird zwischen gesetzlichen Leistungen und satzungsmäßigen Mehrleistungen unterschieden, wobei auch hier gilt, dass durch Satzung Mehrleistungen nur vorgesehen werden dürfen, soweit dies das Gesetz ausdrücklich zulässt. Danach kommen Mehrleistungen zum einen im Rahmen des § 94 SGB VII in Betracht, also für Personen, die im Interesse des Allgemeinwohls tätig werden und dabei einen Arbeitsunfall erleiden. Ferner kann durch Satzung das Verletzten- und Übergangsgeld über die gesetzliche Höchstgrenze hinaus erhöht werden (§§ 47 Abs. 1 Nr. 2 S. 3, 47 Abs. 8 i.V.m. §§ 90 Abs. 1 und 3, 83 SGB VII; Erhöhung des für die Berechnung des Verletzten- und Übergangsgeldes maßgeblichen Jahresarbeitsverdienstes). 5

Schließlich ist zwischen Pflicht- und Ermessensleistungen (vgl. §§ 38, 39 SGB I) zu unterscheiden. Eine typische Ermessensleistung der Unfallversicherung stellt die besondere Unterstützung gemäß § 39 Abs. 2 SGB VII dar. 6

B. Die Leistungen im Einzelnen

I. Leistungen zur Teilhabe

1. Umfassende Zuständigkeit der Unfallversicherung

7 Sind Versicherte durch Arbeitsunfall verletzt worden, kommen zunächst Leistungen in Betracht, die »mit allen geeigneten Mitteln«[223] den Gesundheitsschaden beseitigen oder bessern, seine Verschlimmerung verhüten und seine Folgen mildern sollen, den Versicherten einen ihren Neigungen und Fähigkeiten entsprechenden Platz im Arbeitsleben sichern sollen, ihnen Hilfen im täglichen Leben und zur Teilhabe am Leben in der Gemeinschaft und zur Führung eines möglichst selbstständigen Lebens geben sollen oder die nötige Pflege geben sollen (§ 26 Abs. 2 SGB VII). Diese Leistungen der Wiederherstellung (Naturalrestitution) und Rehabilitation mit dem Zweck der Teilhabe haben Vorrang vor Rentenleistungen (§§ 26 Abs. 3 SGB VII, 8 Abs. 2 SGB IX). Als Leistungen zur Teilhabe unterliegen sie den allgemeinen Vorschriften des SGB IX.

Alle Leistungen zur Teilhabe und der Heilbehandlung werden vom Träger der Unfallversicherung erbracht, wenn sie dem Ausgleich des Schadens aus Arbeitsunfall oder Berufskrankheit dienen. Damit entfallen praktisch die Abgrenzungsschwierigkeiten zwischen akuter Krankenbehandlung und Rehabilitation sowie zwischen medizinischer, beruflicher und sozialer Rehabilitation, die bei Zuständigkeit anderer Träger häufig gegeben sind. Das erleichtert es, die Leistungen aufeinander abgestimmt zu entwickeln und zu gewähren.

2. Heilbehandlung und Pflege

8 Die Leistungen der Unfallversicherung zur Heilbehandlung sind nach § 11 Abs. 4 SGB V vorrangig gegenüber denen der gesetzlichen Krankenversicherung. Auch die Träger der Unfallversicherung müssen durch Abschluss von Verträgen mit den Kassenärztlichen Vereinigungen, Krankenhäusern und anderen Leistungserbringern die Heilbehandlung sicherstellen (§ 34 SGB VII). Sie unterhalten allerdings zahlreiche Eigeneinrichtungen, etwa spezialisierte Unfallkliniken.

9 In der Unfallversicherung wird das *Durchgangsarztverfahren*[224] praktiziert: Alle Unfallverletzten sollen zunächst einem Durchgangsarzt vorgestellt werden, der auf die Diagnose von Unfallverletzungen spezialisiert ist und entscheiden soll, ob aus fachlicher Sicht eine besondere unfallmedizinische Behandlung angezeigt ist oder nicht. Die freie Arztwahl kann insoweit eingeschränkt werden (§ 28 Abs. 4 SGB VII).

10 Die Ärzte und Zahnärzte müssen jede mit Arbeitsunfähigkeit verbundene Krankheit von gegen Unfall Versicherten der Unfallversicherung unverzüglich anzeigen, wenn anzunehmen ist, dass es sich um eine Berufskrankheit handelt (§ 202 SGB VII). Die Krankenkassen sind auskunftspflichtig nach § 20 Abs. 2 S. 3 SGB V. Haben Unfallversicherungsträger Leistungen gewährt und stellt sich nachträglich heraus, dass die Krankheit nicht Folge eines Arbeitsunfalls war, so muss die Krankenkasse die Kosten nach § 105 Abs. 1 und 2 SGB X in Höhe ihrer Leistungsverpflichtung erstatten.

11 Die einzelnen Maßnahmen der Heilbehandlung (§§ 27 bis 33 SGB VII) entsprechen grundsätzlich den Leistungsarten der Krankenbehandlung in der Krankenversicherung (§§ 27 bis 43 b SGB V) einschließlich medizinischer Rehabilitation. Auch in der Unfallversicherung herrscht das Sachleistungsprinzip. Eine Kostenerstattung kommt nur unter den Voraussetzungen von § 15 Abs. 1 S. 3 und 4 SGB IX bei Fristversäumung oder zu Unrecht nicht erbrachter Leistung oder in entsprechender Anwendung von § 13 Abs. 3 SGB V in Betracht, wenn die Leistung unaufschiebbar war oder zu Unrecht abgelehnt

---

223 Zur Bedeutung dieser Formulierung: *Keller* SGb 2000, 459.

224 Dazu *Kater/Leube* Rn. 14 zu § 28.

wurde[225]. Bei Teilhabeleistungen kommen auch die Geldleistung als Sachleistung (§ 9 Abs. 2 SGB IX) oder das persönliche Budget (§ 17 Abs. 2 SGB IX) in Betracht. Bei der Arzneimittelversorgung und bei Hilfsmitteln gelten Festbeträge (§ 29 Abs. 1 S. 2 SGB VII, § 31 Abs. 1 S. 2 und 3 SGB VII). Es gibt aber keine Zuzahlungen bei Arzneimitteln, Heil- und Hilfsmitteln[226] und keine Ausschlussregelung wie in § 34 SGB V.

Eigenständig geregelt ist in der Unfallversicherung auch die Gewährung von Pflege (§ 44 SGB VII), die Vorrang vor den Pflegeleistungen der Pflegeversicherung hat (§ 13 Abs. 1 Nr. 2 SGB XI)[227]. Die Pflegebedürftigkeit wird mit dem in der Unfallversicherung traditionellen Begriff der »Hilflosigkeit« in Anlehnung an § 14 SGB XI definiert[228]. Die Pflegeleistungen sind eigenständig festgelegt: Pflegegeld, Stellung einer Pflegekraft, Heimpflege. Das Pflegegeld (§ 44 Abs. 2 bis 4 SGB VII) wird innerhalb eines (dynamischen) Finanzrahmens nach pflichtgemäßem Ermessen festgesetzt. Es dient der pauschalen Abgeltung des in Folge eines Versicherungsfalls auftretenden Finanzbedarfs. Anstelle des Pflegegeldes können Hauspflege oder Heimpflege gewählt werden (§ 44 Abs. 4 SGB VII). Diese Leistungen sind bedarfsorientiert und nicht wie die Sachleistungen nach dem SGB XI beschränkt. In der Unfallversicherung ist das Risiko der Pflegebedürftigkeit schon vor der Schaffung des SGB XI abgedeckt gewesen, was sich aus der (auch) schadensersatzrechtlichen Funktion der Unfallversicherung ergibt. 12

3. Verletztengeld

Solange ein Versicherter infolge des Arbeitsunfalles arbeitsunfähig i.S.d. Krankenversicherungsrechts ist und soweit er kein Arbeitsentgelt (z.B. gemäß EFZG) erhält, hat er Anspruch auf Verletzten- oder Übergangsgeld[229] (§§ 45 ff. SGB VII; §§ 45 Abs. 1 Nr. 2, 46 Abs. 2 Nr. 1 SGB IX). Beide Leistungen haben Entgeltersatzfunktion. 13

Übergangsgeld ist bei Leistungen zur Teilhabe am Arbeitsleben (§ 49 SGB VII) und Verletztengeld bei Maßnahmen der Heilbehandlung vorgesehen (§ 45 Abs. 1 SGB VII). Mit dem SGB VII wurde der Anspruch auf Kinderpflegeverletztengeld (§ 45 Abs. 4 SGB VII i.V.m. § 45 SGB V) neu eingeführt. Dadurch erhalten Berufstätige einen Anspruch auf Verletztengeld, wenn sie wegen Beaufsichtigung, Betreuung oder Pflege eines durch einen Versicherungsfall verletzten Kindes bis zum 12. Lebensjahr von der Arbeit fernbleiben und hierdurch Verdienstausfall erleiden. Hieraus ergibt sich auch ein arbeitsrechtlicher Freistellungsanspruch (§ 45 Abs. 3 S. 1 SGB V).

Das Verletztengeld wird im Wesentlichen nach den gleichen Grundsätzen berechnet wie das Krankengeld der Krankenversicherung (vgl. in § 47 Abs. 1 SGB VII die Verweisung auf § 47 Abs. 1 und 2 SGB V). Allerdings beträgt das Verletztengeld 80% des Regelentgelts statt 70%. Für die Berechnung des Übergangsgeldes verweist § 50 SGB VII auf §§ 46–51 SGB IX. Es ist niedriger als das Verletztengeld. 14

Zu weiteren Besonderheiten folgende Fälle:

Fall: X ist Prokuristin bei der Fa. Z-GmbH in Köln. Sie verdient monatlich 5.000 €. Auf einer Geschäftsreise erleidet sie am 1. 7. 2004 einen Autounfall. Sie ist mehrere Wochen arbeitsunfähig. In welcher Höhe erhält sie Verletztengeld? – Für die Berechnung des Verletztengeldes gelten zwar grundsätzlich die gleichen Regeln wie für das Krankengeld (§ 47 Abs. 1 S. 1 SGB VII). Doch ist, wie sich aus der Verweisung in § 47 Abs. 1 SGB VII ergibt, das Regelentgelt nicht nur bis zur Höhe der im Krankenver-

225 BSG SozSich 2000, 436.
226 Vgl. BSG ZfS 2002, 51 f.
227 Überblick bei *Benz* BG 2001, 89.
228 Vgl. *Ludolph* BG 1997, 38.
229 Die Terminologie hat mehrfach gewechselt: Während es bis 1963 die Leistungen »Kranken-, Tage- und Familiengeld« gab, wurde danach das Verletztengeld eingeführt. 1974 nannte der Gesetzgeber diese Leistung Übergangsgeld. Seit 1982 gibt es sowohl Verletzten- als auch Übergangsgeld.

sicherungsrecht geltenden Beitragsbemessungsgrenze (vgl. §§ 47 Abs. 6, 223 Abs. 3 SGB V, 2006: 42.750 €), sondern bis zum Höchstjahresarbeitsverdienst (§§ 47 Abs. 1 Nr. 1, 85 SGB VII) zu berücksichtigen. Dieser beträgt gesetzlich das Doppelte der Bezugsgröße (§ 18 SGB IV; 2006: 58.800 €). Die BG kann in ihrer Satzung eine höhere Obergrenze vorsehen. Selbst wenn ihre BG dies nicht getan hat – was selten ist – erhält X ein deutlich höheres Verletztengeld aus der Unfallversicherung als sie Krankengeld von der Krankenversicherung erhalten würde. Der Grund für diese Besserstellung der Unfallversicherten liegt auch hier wieder in der Aufgabe der Unfallversicherung, zugleich schadensersatzrechtliche Funktionen zu erfüllen.

Fall: A ist seit drei Monaten arbeitslos und erhält Arbeitslosengeld. Er wird aufgefordert, sich im Personalbüro der Fa. X vorzustellen, da man dort Arbeitskräfte sucht. Auf dem Weg dorthin erleidet A einen Unfall und wird verletzt; er kann sechs Wochen lang keine Arbeitsstelle antreten. Erhält er Verletztengeld? – A stand für den Weg zur Fa. X unter Versicherungsschutz (§ 2 Abs. 1 Nr. 14 SGB VII); zu den »anderen Stellen« zählen auch private Stellen. Konnte er arbeitsunfähig werden, auch wenn er vor dem Unfall gar keine Arbeitstätigkeit ausübte? – Vgl. § 47 Abs. 2 SGB VII.

Wie ist die Rechtslage in folgendem **Beispiel:** Das vierjährige Kind T erleidet während des Besuchs im Kindergarten einen Unfall. – Die Zahlung von Verletztengeld scheidet aus, weil das Kind vor dem Unfall kein Arbeitsentgelt bezogen hat. Doch hat das Kind u.U. vom Tage des Unfalles an Anspruch auf Verletztenrente, weil seine »Erwerbsunfähigkeit« über die 26. Woche nach dem Unfall hinaus andauert (§ 56 Abs. 1 SGB VII).

4. Leistungen zur Teilhabe am Arbeitsleben

15 Die Leistungen zur Teilhabe am Arbeitsleben (früher: berufsfördernde Leistungen zur Rehabilitation, Berufshilfe) dienen dazu, den Versicherten einen ihren Neigungen und Fähigkeiten entsprechenden Platz im Berufsleben zu sichern. Dabei geht es nicht nur darum, den status quo ante zu erreichen, also die berufliche Stellung vor dem Unfall, sondern auch um die Sicherung der weiteren beruflichen Entwicklung. Die möglichen Leistungen sind in den §§ 33–38 SGB IX definiert.

Auch wer nach einem Arbeitsunfall Leistungen zur Teilhabe für seine weitere berufliche Entwicklung benötigt, genießt weiterhin die Freiheit der Berufswahl (Art. 12 Abs. 1 GG). Dies gilt auch dann, wenn eine Förderung als unangemessen erscheint, etwa weil ein entsprechender beruflicher Aufstieg ohne den Versicherungsfall der Unfallversicherung auch nicht zu erwarten gewesen wäre. Für diesen Fall ist eine Teilförderung vorgesehen (§ 35 Abs. 3 SGB VII)[230].

16 **Fall:** A erleidet einen Arbeitsunfall mit schweren Verletzungen. Da voraussehbar ist, dass körperliche Dauerschäden zurückbleiben, die der Wiederaufnahme ihrer bisherigen Arbeitstätigkeit als Kunsttischlerin entgegenstehen, wird noch während der medizinischen Rehabilitation mit Umschulungsmaßnahmen begonnen (vgl. § 11 SGB IX). Hat A Anspruch auf Verletzten- oder auf Übergangsgeld?

Nach § 49 SGB VII wird für die Dauer von Leistungen zur Teilhabe am Arbeitsleben Übergangsgeld gezahlt. Werden zugleich Maßnahmen der Heilbehandlung und solche zur Teilhabe am Arbeitsleben erbracht, erhalten Versicherte Verletztengeld (§ 45 Abs. 3 SGB VII).

Im Ausgangsfall erhält A während der gesamten Zeit der medizinischen Rehabilitation Leistungen der Heilbehandlung. Sie ist auch ununterbrochen arbeitsunfähig. Sie hat Anspruch auf das (höhere) Verletztengeld.

5. Leistungen zur Teilhabe am Leben in der Gemeinschaft

17 Bereits mit dem SGB VII sind die heute als Leistungen zur Teilhabe am Leben in der Gemeinschaft bezeichneten Leistungen als Leistungen der sozialen Rehabilitation zur gleichwertigen dritten Säule der Rehabilitation geworden, während sie in der RVO noch als »ergänzende Leistungen« bezeichnet worden waren. Auch jetzt noch eröffnet § 39 Abs. 1 SGB VII ein gegenüber §§ 55–58 SGB IX erweitertes Leistungsspektrum, indem die Kraft-

230 Vgl. BSG SozR 3–4100 zu § 56 AFG.

fahrzeughilfe (§ 40 SGB VII) sowie alle sonstigen Leistungen zur Sicherung des Erfolgs der Leistungen der medizinischen Rehabilitation und zur Teilhabe aufgenommen sind (§ 39 Abs. 1 Nr. 2 SGB VII). Ziel ist der möglichst umfassende Schadensausgleich durch Herstellung der vollen Teilhabe und Selbstbestimmung in allen Lebensbereichen.

II. Renten an Verletzte

Haben die Verletzungen, die Versicherte durch einen Arbeitsunfall erlitten haben, die Min- 18
derung oder den Verlust ihrer Erwerbsfähigkeit zur Folge, so kommen für sie Ansprüche auf Verletztenrente in Betracht.

Für den Anspruch auf Verletztenrente ist Voraussetzung, dass die Minderung der Erwerbsfähigkeit (MdE) von gewisser Dauer ist; nach § 56 Abs. 1 S. 1 SGB VII muss sie mindestens über die 26. Woche nach dem Arbeitsunfall hinaus andauern. Ferner muss sie von gewisser Schwere sein. Eine Teilrente wird erst gewährt, wenn die Erwerbsfähigkeit des Verletzten um wenigstens 20% gemindert ist. Eine Ausnahme ist nach § 56 Abs. 1 S. 2 SGB VII gegeben, wenn eine MdE von mindestens 10% und eine weitere MdE von mindestens 10% mit oder ohne Rentenanspruch – etwa nach dem BVG – vorliegen (Stützrente)[231].

Schwierigkeiten bereitet im Einzelfall die Feststellung, um wieviel die Erwerbsfähigkeit[232] 19
der Verletzten gemindert ist. Erwerbsfähig ist, wer sich durch Arbeit einen Erwerb verschaffen kann. Die Minderung der Erwerbsfähigkeit richtet sich nach dem Umfang der sich aus der Beeinträchtigung des körperlichen und geistigen Leistungsvermögens ergebenden verminderten Arbeitsmöglichkeiten auf dem gesamten Gebiet des Erwerbslebens (§ 56 Abs. 2 S. 1 SGB VII). Wegen der für das Rentenrecht der Unfallversicherung geltenden *abstrakten Schadensberechnung* kommt es also nicht darauf an, welche Erwerbsminderung bezüglich der vor dem Arbeitsunfall konkret ausgeübten Tätigkeit eingetreten ist; auch die konkrete Einkommenseinbuße spielt keine Rolle. Vielmehr stellt man auf den gesamten Bereich des Erwerbslebens (»allgemeiner Arbeitsmarkt«) und darauf ab, welche Erwerbsmöglichkeiten der Verletzte dort unter Berücksichtigung seiner gesamten Kenntnisse und körperlichen wie geistigen Fähigkeiten vor dem Unfall hatte und nunmehr hat[233].

Zum Begriff der Arbeitsunfähigkeit in der Krankenversicherung besteht daher ein wichti- 20
ger Unterschied: Bei diesem geht es darum, ob Versicherte diejenige Arbeitstätigkeit, die sie vor Krankheitsausbruch konkret ausübten, danach noch auszuüben in der Lage sind, wobei die Möglichkeit, die Versicherten auf einen anderen Arbeitsplatz zu verweisen, sehr eng begrenzt ist. Danach ist die Arbeitsfähigkeit in dem Sinn unteilbar, dass sie entweder gegeben ist oder nicht; es gibt keine teilweise Arbeitsunfähigkeit. Demgegenüber versteht man unter dem Begriff der Erwerbsfähigkeit i.S.d. Unfallversicherung die generelle Möglichkeit für die Versicherten, am Arbeitsleben teilzunehmen, ohne dass es auf eine bestimmte Arbeitstätigkeit ankommt.

Beispiel: A ist gelernte Bankkauffrau. Nachdem sie acht Jahre in einer Bank tätig war, tritt sie die Stelle einer Schwimmmeisterin in einem städtischen Hallenschwimmbad an. Eines Tages rutscht sie im Schwimmbad aus und zieht sich eine Wirbelverletzung zu. Es bleibt ein Dauerschaden zurück, der in einer verminderten Belastbarkeit der Wirbelsäule besteht, so dass A zwar nicht mehr die Tätigkeit einer Schwimmmeisterin ausüben, jedoch ohne weiteres als Bankkauffrau tätig werden kann. A ist demnach arbeitsunfähig i.S.d. Krankenversicherung. Würde es sich nicht um einen Arbeitsunfall handeln (vgl. § 11 Abs. 4 SGB V), könnte sie für bis zu 78 Wochen Krankengeld in Anspruch nehmen (§ 48

---

231 Dazu: *Benz* NZS 1998, 455; BSG SozR 2200 § 581 RVO Nr. 21. Zur Problematik unfallunabhängiger *Nachschäden* vgl. BSG SozR 3–2200 § 581 RVO Nr. 2 und dazu *Griese* BG 1992, 776.

232 Dazu BSG SozR 2200 § 581 Nr. 22 und 27. Zur Bemessung der Minderung der Erwerbsfähigkeit ferner *Benz* NZS 1998, 455.

233 *Ruppelt*, in: Schulin, HS-Unfallversicherung § 48 Rn. 18–48; *Kater/Leube* Rn. 29–34 zu § 56 SGB VII; BSGE 21, 63.

Abs. 1 SGB V). Ihre Erwerbsfähigkeit i.S.d. Unfallversicherung hat sie jedoch auf keinen Fall vollständig eingebüßt; sie ist höchstens zu einem Teil gemindert. Denn auf dem allgemeinen Arbeitsmarkt ist es ihr möglich, noch eine Reihe von verschiedenen Erwerbstätigkeiten, z.B. als Bankkauffrau, auszuüben.

21 Auszugehen ist also von der individuellen Fähigkeit der Verletzten vor dem Unfall, auf dem allgemeinen Arbeitsmarkt eine Erwerbstätigkeit auszuüben. Diese mit 100% anzusetzende Erwerbsfähigkeit stellt den Maßstab dar, an dem die Erwerbsfähigkeit nach dem Unfall zu messen ist. Wie hoch die Minderung der Erwerbsfähigkeit ist, hängt zwar von den Umständen des einzelnen Falles ab. Es werden aber feste Erfahrungssätze und Richtwerte angewandt – z.B. Verlust eines Daumenendglieds MdE 10%, eines Daumens 20%, der Gebrauchshand 60%, beider Hände 100% –. Eine Abweichung von den Richtwerten ist aber möglich und muss möglich bleiben. Im Beispielsfall sei unterstellt, dass die Erwerbsmöglichkeiten der A auf dem allgemeinen Arbeitsmarkt nach ihrem Unfall um etwa 20% vermindert sind, da sie viele Tätigkeiten, die mit einer gewissen körperlichen Anstrengung verbunden sind, infolge der Wirbelsäulenverletzung nicht mehr ausüben kann. Dabei spielt es keine Rolle, dass A, wenn sie wieder als Bankkauffrau tätig wird, das gleiche, vielleicht sogar ein höheres Einkommen erzielt als vor dem Unfall. Dies ist die Konsequenz aus der abstrakten Schadensberechnung in der Unfallversicherung[234]. Die Verletztenrente dient zugleich dem Ersatz des gesamten Teilhabeschadens, zumal ein gesondertes Schmerzensgeld nicht gezahlt wird[235]. Die Verletzten sollen auch in Zeiten geschützt sein, in denen die Arbeitsmarktlage ungünstig ist.

22 Die abstrakte Schadensberechnung kann verschiedentlich zu unbillig erscheinenden Ergebnissen führen.

Beispiel[236]**:** X ist Inhaberin einer Kaffeegroßrösterei. Sie erleidet einen Arbeitsunfall mit schweren Verletzungen, die jedoch alle ausheilen bis auf die Tatsache, dass ihr Geruchs- und Geschmackssinn beeinträchtigt bleibt. Damit hat sie die in jahrelanger Praxis erworbenen Fähigkeiten einer Kaffeeprüferin verloren.

Normalerweise wird die Erwerbsfähigkeit von in der kaufmännischen Branche tätigen Versicherten durch eine geringfügige Minderung des Geruchs- und Geschmackssinnes nicht beeinträchtigt. Im vorliegenden Beispiel jedoch wirkt sich die Unfallfolge auf die konkrete Erwerbsfähigkeit der X besonders nachteilig aus. Dies trifft sie um so härter, als sie sich die Fähigkeiten eines Kaffeeprüfers in jahrelanger Praxis erst nach und nach angeeignet hat. Solchen Härtefällen trägt das Gesetz durch die Regelung des § 56 Abs. 2 S. 3 SGB VII Rechnung, die auch das BSG auf vorstehenden Fall angewandt hat. Allerdings kommt auch hier keine konkrete Schadensberechnung in Betracht; vielmehr wirkt sich die Berücksichtigung solcher besonderen Umstände lediglich in einer gewissen erhöhten Bemessung der Minderung der Erwerbsfähigkeit aus. Die Rspr. macht aber nur in wenigen Ausnahmefällen von dieser Bestimmung Gebrauch[237].

23 Die Höhe der Verletztenrente richtet sich nach dem Jahresarbeitsverdienst (§ 56 Abs. 3 SGB VII). Dabei handelt es sich um den Gesamtbetrag von Arbeitsentgelt und Arbeitseinkünften (§§ 14, 15 SGB IV) aus der Arbeit in der Jahresspanne vor dem Arbeitsunfall (§ 82 SGB VII). Bei Verlust der Erwerbsfähigkeit erhalten Verletzte als Vollrente 2/3 des Jahresarbeitsverdienstes. Ist die Erwerbsfähigkeit lediglich gemindert, wird ein der Minderung entsprechender Teil der Verletztenrente gezahlt (Teilrente). Damit orientiert sich die Verletztenrente der Unfallversicherung, anders als die Rente wegen Erwerbsminderung der Rentenversicherung (§§ 43, 67 Nr. 2 und 3 SGB VI), nicht an dem Einkommens- und Bei-

---

234 Hierzu ausführlich *Gitter* Schadensausgleich im Arbeitsunfallrecht, 1969, S. 159 ff.; zur Diskussion über die abstrakte Schadensberechnung im Recht der gesetzlichen Unfallversicherung vgl. *Krasney* FS Lauterbach, S. 273, sowie *Ricke* BG 1989, 288.

235 Zum Problem des Schmerzensgeldes in der Unfallversicherung vgl. *Gitter* FS Sieg, S. 139.

236 Nach BSG SozR § 581 RVO Nr. 10.

237 Vgl. BSG SozR 2200 § 581 Nr. 18: (Verletzung des kleinen Fingers mit Dauerfolgen einer Klavierhochschullehrerin und Konzertpianistin). Vgl. auch BSG SozR 3–2200 § 581 Nr. 1.

tragsniveau der gesamten versicherungspflichtigen Erwerbstätigkeit, sondern am aktuellen Lebensstandard und ist damit oft günstiger. Die Unfallversicherung berücksichtigt andererseits keine Erziehungs-, Pflege- oder Ausbildungszeiten als rentenbegründend.

Die Berechnung des Jahresarbeitsverdienstes ist in §§ 81–93 SGB VII geregelt. Wichtig sind die Mindest- und Höchstsätze des Jahresarbeitsverdienstes (§ 85 SGB VII)[238]. Danach beträgt eine Verletztenrente mindestens 60% (Minderjährige: 40%) und höchstens 200% der Bezugsgröße (§ 18 Abs. 1 SGB IV). § 89 SGB VII sieht eine Dynamisierung der Renten vor. Auch versicherte Kinder, Schülerinnen und Schüler in einem Alter, das noch keine Erwerbstätigkeit erlaubt, können Verletztenrente erhalten, § 86 SGB VII (Jahresarbeitsverdienst bis 6 Jahre: 25%, bis 15 Jahre: 33 1/3%); § 90 SGB VII regelt die Neufestsetzung nach dem fiktiven Abschluss einer durch Unfall vereitelten Ausbildung und beruflichen Entwicklung[239]; dabei wird etwa bei einem im Alter von fünf Jahren erlittenen Unfall eine durchschnittliche berufliche Entwicklung mit einem durchschnittlichen Einkommen i.S.d. § 18 SGB IV unterstellt[240].

Der Beginn der Verletztenrente richtet sich nach § 72 SGB VII. Nr. 2 hat u.a. Bedeutung für 24
die Versicherten, die nicht (z.B. Arbeitslose[241]) oder noch nicht am Erwerbsleben teilnehmen konnten (z.B. Kinder). In allen Fällen muss die Voraussetzung des § 56 Abs. 1 SGB VII erfüllt sein (Mindestdauer der beeinträchtigten Erwerbsfähigkeit von 26 Wochen).

Lässt sich die Rente ihrer Höhe nach noch nicht als Dauerrente feststellen – z.B., weil die 25
dauernden Unfallfolgen noch nicht feststehen –, kann der Träger der Unfallversicherung für die ersten zwei Jahre eine *vorläufige Rente* festsetzen (§ 62 SGB VII). Spätestens nach Ablauf von drei Jahren nach dem Unfall muss die Rente als *Dauerrente* gewährt werden (§ 62 Abs. 2 SGB VII).

III. Abfindung für Verletztenrenten

Die einmalige Abfindung anstelle einer Dauerrente (§§ 75–80 SGB VII) soll einerseits ver- 26
hindern, dass Berechtigte sich auf eine Dauerzahlung einstellen, andererseits führt sie zur Verwaltungsvereinfachung. Daher war sie früher insbesondere im Falle der vorläufigen Rente zulässig (§ 75 SGB VII). Auch *kleine Dauerrenten* bis 30% konnten bereits früher ohne weitere Voraussetzungen abgefunden werden; diese Grenze ist jetzt auf 40% angehoben worden § 76 SGB VII[242]. Stark erleichtert wurde die Abfindung von Renten über 40% (§ 78 SGB VII); der Unterschied zwischen beiden Arten von Abfindung liegt jetzt vor allem darin, dass im zweiten Fall nur eine Teilabfindung für zehn Jahre möglich ist (§ 79 SGB VII). In beiden Fällen liegt die Entscheidung im Ermessen des Unfallversicherungsträgers, der entsprechend dem Gedanken von § 46 Abs. 2 SGB I zu berücksichtigen hat, dass voraussichtlich keine Sozialhilfebedürftigkeit eintreten wird und keine weitere Minderung der Erwerbsfähigkeit zu befürchten ist.

IV. Sterbegeld

Hat ein Arbeitsunfall den Tod des Versicherten verursacht, wird an diejenigen Personen, 27
die Bestattungs- und Überführungskosten tragen, ein Sterbegeld in Höhe eines Siebtels der jährlichen Bezugsgröße (2006: 4200 € West, 3540 € Ost) gezahlt, die Überführungskosten werden außerdem erstattet, wenn Versicherte aufgrund der versicherten Tätigkeit sich

238 Die Satzungen der gewerblichen Berufsgenossenschaften sehen regelmäßig wesentlich höhere Beträge als Höchstgrenze des Jahresarbeitsverdienstes vor, vgl. § 85 Abs. 2 S. 2 SGB VII.

239 Vgl. BSG SozR 3–2200 § 573 RVO Nr. 2 (Zimmermannslehre mit geplantem anschließenden Bauingenieursstudium).

240 BSG SozR 3–2200 § 577 RVO Nr. 1.

241 BSG SozR 2200 § 580 Nr. 6.

242 Vgl. die VO zur Berechnung des Kapitalwertes bei Abfindung von Leistungen aus der gesetzlichen Unfallversicherung.

bei ihrem Tode an einem anderen Ort als dem der ständigen Wohnung aufgehalten haben (§ 64 SGB VII).

V. Leistungen an Hinterbliebene

28 Es ist zu unterscheiden zwischen Witwen- / Witwerrenten und Waisenrenten. Auch eingetragene Lebenspartnerschaften werden berücksichtigt (§ 63 Abs. 1 a SGB VII). Ein überlebender Ehegatte erhält die *erhöhte Witwen-/Witwerrente* in Höhe von 40% des Jahresarbeitsverdienstes, wenn er das 45. Lebensjahr vollendet hat oder berufs- bzw. erwerbsunfähig i.S.d. Rentenversicherung ist, ferner unter bestimmten Voraussetzungen, wenn er noch für Kinder sorgt, § 65 Abs. 2 Nr. 3 SGB VII. Sonst erhält er die *verminderte Witwen- bzw. Witwerrente* in Höhe von 30% des Jahresarbeitsverdienstes, § 65 Abs. 2 Nr. 2 SGB VII, für 24 Monate.

Seit 1986 werden auf Witwen- und Witwerrenten in gewissem Umfang Erwerbs- und Erwerbsersatzeinkommen (Arbeitsentgelt, Ruhegelder usw.) *angerechnet* (§ 65 Abs. 3 SGB VII); es gelten hier dieselben Grundsätze[243] wie in der Rentenversicherung (§ 97 SGB VI).

Die Rente an *frühere Ehegatten* oder an mehrere frühere Ehegatten (Hauptfall: Geschiedenenwitwenrente) bestimmt sich nach § 66 SGB VII.

Bei einer mit einem Verletzten nach dem Arbeitsunfall und kurz vor seinem Tod geschlossenen Ehe, die nicht länger als ein Jahr dauerte, vermutet das Gesetz, dass sie vor allem aus Versorgungsgründen eingegangen worden ist. In einem solchen Fall ist daher kein Anspruch auf Witwen- bzw. Witwerrente gegeben, es sei denn, es bestehen *besondere* Gründe, die diese gesetzliche Vermutung als ungerechtfertigt erscheinen lassen (§ 65 Abs. 6 SGB VII).

Zur Vermeidung von wirtschaftlichen Härten, die sich für die Witwe oder den Witwer durch den Tod des Ehegatten ergeben können, ist in § 65 Abs. 2 Nr. 1 SGB VII vorgesehen, dass die Rente während der ersten drei Monate nach dem Tod des Ehegatten in jedem Fall in Höhe der Vollrente gewährt wird.

29 Sterben Versicherte durch Arbeitsunfall, so erwirbt jedes Kind einen selbstständigen Anspruch auf *Waisenrente* (§ 67 SGB VII). Auch Stiefkinder, Pflegekinder, Enkel und Geschwister des Verstorbenen können rentenberechtigt sein (§ 67 Abs. 2 SGB VII). Die *Höhe* der Waisenrente richtet sich danach, ob das berechtigte Kind im Zeitpunkt des Todes Vollwaise (30% des Jahresarbeitsverdienstes) oder Halbwaise (20%) ist.

Problem: Der Versicherte X wird durch Arbeitsunfall getötet. Er hinterlässt seine Frau und drei minderjährige Kinder. Nach einem Jahr stirbt die Frau. – Mit dem Tod des X erwerben die Kinder Ansprüche auf Halbwaisenrente. Durch den Tod der Frau ändert sich hieran zunächst nichts. Die Halbwaisenrente wird nicht automatisch in eine Vollwaisenrente umgewandelt. Doch muss in einem solchen Fall eine *Neufeststellung* gemäß § 48 Abs. 1 SGB X stattfinden.

Waisenrente wird ohne weiteres bis zum 18. Lebensjahr, darüber hinaus bis zum 27. Lebensjahr nur unter bestimmten Umständen, vor allem während der Schul- und Berufsausbildung, gezahlt (§ 67 Abs. 3 SGB VII).

Fall: X ist an den Folgen eines Arbeitsunfalles verstorben. Er hinterlässt seine Frau und vier minderjährige Kinder. Wie hoch sind die Hinterbliebenenrenten? – Die Witwenrente beträgt an sich gemäß § 65 Abs. 2 Nr. 3 lit. a 40%, die Halbwaisenrente gemäß § 68 Abs. 1 Nr. 1 SGB VII je 20% des Jahresarbeitsverdienstes. Dies ergäbe einen Gesamtbetrag von 120% des Jahresarbeitsverdienstes. Jedoch dürfen nach § 70 SGB VII alle Hinterbliebenenrenten zusammen den Betrag von 80% des Jahresarbeitsverdienstes nicht übersteigen, um die Unterhaltsersatzfiktion nicht zu überziehen. Die Renten sind daher im Verhältnis ihrer jeweiligen Höhe entsprechend zu kürzen.

243 Kritisch: *Denck* BG 1988, 352.

Außer bei Wiederverheiratung (§ 80 SGB VII) ist eine *Abfindung* bei den Hinterbliebenenrenten *nicht möglich.* 30

Das Recht der Hinterbliebenenversorgung in der Unfallversicherung gleicht in weiten Teilen dem in der Rentenversicherung, doch bestehen einige wesentliche Unterschiede. Die Versagung der Witwen- und Witwerrente bei einer Versorgungsehe (§ 65 Abs. 6 SGB VII) gibt es nur in der Unfallversicherung, nicht in der Rentenversicherung. Unterschiede bestehen auch hinsichtlich der Gewährung einer Rente an die frühere Ehefrau (vgl. § 65 SGB VII, §§ 47, 243 SGB VI). Auch die Elternrente (§ 69 SGB VII) findet sich nur in der Unfallversicherung. 31

Sind Versicherte, die durch Arbeitsunfall schwer verletzt worden sind, gestorben, ohne dass der Tod die Folge des Arbeitsunfalles darstellt, so kommen keine Hinterbliebenenrenten in Betracht. Zur Vermeidung von wirtschaftlichen Härten werden unter bestimmten Voraussetzungen einmalige, u.U. auch laufende *Beihilfen an die Hinterbliebenen* gezahlt, § 71 SGB VII. 32

C. Arbeitsschutz, Prävention und betriebliche Gesundheitsförderung

Besondere Bedeutung kommt in der Unfallversicherung der *Prävention (Vorsorge)* zur Verhütung von Unfällen und Berufskrankheiten zu (§§ 14 ff. SGB VII). Hier liegt ein wichtiger Regelungs- und Tätigkeitsbereich für die BG und zugleich ein Berührungspunkt zur Krankenversicherung, zum Gesundheitswesen und zur Gesundheitspolitik[244], zum individuellen und kollektiven Arbeitsrecht, zum öffentlich-rechtlichen Arbeitsschutzrecht, in dem der Arbeitsschutz, auch auf Grundlage von Artt. 137, 138 EGV und zahlreicher Richtlinien des europäischen Rechts, u.a. der Rahmenrichtlinie 89/391/EWG, in den letzten Jahren ausgebaut und verstärkt worden ist[245]. Die Präventionsaufwendungen der gewerblichen BG betrugen 2002 fast 700 Millionen €[246]. Für die einzelnen Versicherten bestehen *unmittelbar* nach dem SGB VII keine subjektiven *Ansprüche* auf Maßnahmen der Unfallverhütung. 33

Die Unfallverhütungsvorschriften der BG bilden gemeinsam mit den Vorschriften u.a. des Arbeitsschutzgesetzes[247] und des Arbeitssicherheitsgesetzes[248] sowie der Arbeitsstättenverordnung[249] und der Gefahrstoffverordnung[250] den *öffentlich-rechtlichen Arbeitsschutz.* BG und Ämter für Arbeitsschutz sollen bei seiner Umsetzung eng zusammenarbeiten (§ 21 ArbSchG). Auch die *Krankenkassen* sind nach § 20 Abs. 2 SGB V in die Prävention arbeitsbedingter Gesundheitsgefahren in Zusammenarbeit mit den BG eingebunden. Die Unfallverhütungsmaßnahmen, für deren Durchführung der Unternehmer nach § 21 SGB VII (und § 3 ArbSchG) und nach Maßgabe der aufgrund von § 15 SGB VII erlassenen Unfallverhütungsvorschriften verantwortlich ist, werden durch § 618 BGB und § 62 HGB *Bestandteil der arbeitsvertraglichen Pflichten des Arbeitgebers* (Doppelwirkung des öffentlich- 34

244 Vgl. *Berger* SGb 2003, 719; *Badura* Betriebliche Gesundheitspolitik, 2003; *Bedner* Gesundheitsschutz und Gesundheitsförderung in Betrieben, 2001; *Köhler* BG 2001, 526; *Teske / Witte* (Hrsg.) Prävention arbeitsbedingter Erkrankungen, 2000 (3 Bde).

245 Ausführlich: *Bücker/Feldhoff/Kohte* Vom Arbeitsschutz zur Arbeitsumwelt, 1994.

246 *Reiß* BG 2003, 346.

247 Gesetz über die Durchführung von Maßnahmen des Arbeitsschutzes und zur Verbesserung der Sicherheit und des Gesundheitsschutzes der Beschäftigten bei der Arbeit (Arbeitsschutzgesetz – ArbSchG) vom 7. 8. 1996 (BGBl. I S. 1246); vgl. *Wlotzke* NZA 1996, 1017.

248 Gesetz über Betriebsärzte, Sicherheitsingenieure und andere Fachkräfte für Arbeitssicherheit (Arbeitssicherheitsgesetz – ASiG) vom 12. 12. 1973 (BGBl. I S. 1885).

249 Verordnung über Arbeitsstätten (ArbStättV) vom 20. 3. 1975 (BGBl. I S. 729).

250 Verordnung zum Schutz vor gefährlichen Stoffen (Gefahrstoffverordnung – GefStoffV) vom 26. 10. 1993 (BGBl. I S. 1782).

rechtlichen Arbeitsschutzrechts)[251], auf deren Einhaltung ein *Anspruch der Arbeitnehmer* besteht und bei deren Nichteinhaltung ggf. Rechte zur Arbeitsverweigerung (als Zurückbehaltungsrecht, § 273 BGB[252]) und Entfernung von der Arbeit (§ 9 Abs. 3 S. 1 ArbSchG)[253] sowie zur Beschwerde bei der zuständigen Behörde (§ 17 Abs. 2 ArbSchG) bestehen. Der *Betriebsrat* ist nach §§ 80 Abs. 1 Nr. 1, 87 Abs. 1 Nr. 7, 89 BetrVG berechtigt und verpflichtet, sich an der Umsetzung des Arbeits- und Unfallschutzes zu beteiligen, er hat diesbezüglich Mitbestimmungs-, Initiativ- und Informationsrechte (vgl. § 193 Abs. 5 SGB VII). Somit haben die Beschäftigten *mittelbar* erhebliche subjektive Rechte aus den Präventionsnormen des SGB VII.

251 Vgl. *Wlotzke* FS Hilger und Stumpf, S. 723; *Bücker/Feldhoff/Kohte* Vom Arbeitsschutz zur Arbeitsumwelt, 1994Rn. Rn. 16 ff.

252 Vgl. BAG DB 1994, 1011 (Asbestbelastung).

253 Vgl. *Fabricius* Die Einstellung der Arbeitsleistung bei gefährlichen und normwidrigen Tätigkeiten, 1996.

8. Kapitel. Arbeitsförderung (SGB III)

Kommentare: *Niesel* **Sozialgesetzbuch III, 3. Aufl. 2005;** *Wissing/Mutschler/Bartzf/Schmidt De-Caluwe*-Sozialgesetzbuch III – Arbeitsförderung, 2. Aufl., 2004

Zur Vertiefung: *Bieback* Die Reform der Arbeitsförderung (SGB III und II) – Eine Zwischenbilanz, SGb 2005, 481–490; *Schmidt* Aktuelle Änderungen im Arbeitsförderungsrecht, SGb 2004, 345–352; *Winkel / Nakielski* Die wichtigsten Änderungen im Jahr 2004, Soz Sich 2004, 18ff; *Karasch* Was hat sich bei der Arbeitsvermittlung geändert?, SozSich 2004, 2–5; *Palsherm* Die staatliche Lenkung des Arbeitsmarktes, 2005

Zeitschrift: *Informationen zum Arbeitslosenrecht und Sozialhilferecht* (zit.: info also)

§ 43 Allgemeines

A. Zur Funktion der Arbeitsförderung in der sozialen Marktwirtschaft

Zum 1. 1. 1998 ist das Recht der Arbeitsförderung als Drittes Buch (SGB III) als Nachfolger des bisherigen Arbeitsförderungsgesetzes (AFG) von 1969[1] in das Sozialgesetzbuch aufgenommen worden[2]. Der Gesetzgeber definiert das Ziel der Arbeitsförderung folgendermaßen (§ 1 Abs. 1 SGB III): 1

»Die Leistungen der Arbeitsförderung sollen dazu beitragen, dass ein hoher Beschäftigungsstand erreicht und die Beschäftigungsstruktur ständig verbessert wird. Sie sind insbesondere darauf auszurichten, das Entstehen von Arbeitslosigkeit zu vermeiden oder die Dauer der Arbeitslosigkeit zu verkürzen.«

Im Vordergrund steht damit nicht die finanzielle Absicherung des Einzelnen in Zeiten der Arbeitslosigkeit, sondern die Förderung der Beschäftigung des Einzelnen. Die Unterstützung des Ausgleichs am Arbeitsmarkt bedeutet nicht die Bereitstellung von Arbeitsplätzen[3]. Mit der im SGB III genannten Zielsetzung wird die Art und Weise des Tätigwerdens der mit der Arbeitsförderung beauftragten Bundesagentur für Arbeit allgemein umschrieben. Die bisherigen Ziele des AFG, nämlich die Erzielung und Aufrechterhaltung eines hohen Beschäftigungsstandes[4], die Verbesserung der Beschäftigungsstruktur und damit die Förderung des Wirtschaftswachstums (vgl. § 1 AFG), werden nicht mehr genannt. Daraus kann jedoch nicht geschlossen werden, dass sich die Funktion der öffentlichen Arbeitsförderung mit dem SGB III grundlegend geändert hätte. Allerdings verfestigt sich die wirtschaftspolitische Erkenntnis, dass unter den gegenwärtigen ökonomischen Bedingungen die Erreichung von auch nur annähernder Vollbeschäftigung nicht mehr möglich ist. Die Maßnahmen der Arbeitsförderung haben sich – nach altem wie nach neuem Recht – in den Rahmen der Wirtschafts- und Sozialpolitik, jetzt auch der Finanzpolitik, der Bundesregierung, einzuordnen (§ 1 Abs. 1 S. 4 SGB III).

---

1 Vom 25. 6. 1969 (BGBl. I S. 582).

2 Art. 1 des Gesetzes zur Reform der Arbeitsförderung (Arbeitsförderungs-Reformgesetz – AFRG) v. 24. 3. 1997 (BGBl. I S. 594).

3 Vgl. die Gesetzesbegründung, BT-Drs 13 / 4941, 151; ebenso *Clever* ZfSH / SGB 1998, 3 ff. (4); *Eichenhofer* SGb 2000, 289 ff. (290).

4 Das Ziel der Erreichung eines hohen Beschäftigungsstandes wurde im Übrigen schon vom Stabilitätsgesetz (Gesetz zur Förderung der Stabilität und des Wachstums der Wirtschaft vom 8. 6. 1967, BGBl. I S. 582) formuliert. Im Rahmen des sog. magischen Vierecks des gesamtwirtschaftlichen Gleichgewichts werden daneben genannt die Preisstabilität, das außenwirtschaftliche Gleichgewicht und das Wirtschaftswachstum (§ 1 Stabilitätsgesetz).

Hinter diesen ökonomischen Zusammenhängen ist nicht zu vergessen, dass die Leistungen des Sozialgesetzbuches und damit auch die der Arbeitsförderung dazu beitragen sollen, den Erwerb des Lebensunterhalts durch eine frei gewählte Tätigkeit zu ermöglichen und besondere Belastungen des Lebens abzuwenden oder auszugleichen (§ 1 Abs. 1 S. 2 SGB I). Das entsprechende soziale Recht ist in § 3 Abs. 2 SGB I formuliert. Die Einweisungsvorschrift des § 19 SGB I enthält die Übersicht über die Leistungen der Arbeitsförderung.

2 Das primäre Ziel der Unterstützung des Ausgleichs am Arbeitsmarkt will besagen, dass es *keine staatliche Primärverantwortung für den Arbeitsmarkt* gibt. Ausgleich bedeutet dabei – wie dies in § 1 Abs. 2 Nr. 1 SGB III besonders erwähnt wird – *Ausgleich von Angebot und Nachfrage am Arbeitsmarkt.* Dieser Ausgleich vollzieht sich am Arbeitsmarkt ganz überwiegend ohne die Intervention der Arbeitsämter, so dass diese nur unterstützend tätig werden sollen[5]. In einer marktwirtschaftlichen Ordnung liegt diese Primärverantwortung bei den Marktbeteiligten, also den Arbeitgebern und den Arbeitnehmern. Die besondere Verantwortung von Arbeitnehmern und Arbeitgebern wird in § 2 SGB III niedergelegt, der die Aufforderung enthält, mit den Agenturen für Arbeit zusammenzuarbeiten, und der die Arbeitgeber anhält, bei ihren Entscheidungen verantwortungsvoll die Auswirkungen auf die Arbeitnehmer zu bedenken sowie die Arbeitnehmer ermahnt, selbst dafür zu sorgen, dass sie in einem Beschäftigungsverhältnis bleiben oder ein neues begründen. Vor diesem Hintergrund bedeutet Ausgleich am Arbeitsmarkt also den Verzicht auf steuernde staatliche Interventionen zugunsten ausgleichender Tätigkeit. Die staatlichen Maßnahmen in Form der Leistungen der Bundesagentur für Arbeit beschränken sich damit vor allem auf solche Maßnahmen, die dazu geeignet sind, die Seite der Arbeitsplatznachfrager, der Ausbildung- und Arbeitsuchenden, zu stärken und nur ausnahmsweise die Seite der Arbeitsplatzanbieter, die Arbeitgeber, zu unterstützen. Die gesetzlich formulierte besondere Verantwortung der am Arbeitsmarkt beteiligten Arbeitgeber und Arbeitnehmer liest sich dabei wie ein Katalog von Selbstverständlichkeiten: Arbeitgeber sollen u.a. für die Entwicklung der beruflichen Leistungsfähigkeit der Arbeitnehmer zur Anpassung an sich ändernde Anforderungen sorgen und sie sollen vorrangig durch betriebliche Maßnahmen die Inanspruchnahme von Leistungen der Arbeitsförderung sowie Entlassungen von Arbeitnehmern vermeiden (§ 2 Abs. 2 SGB III). Arbeitnehmer haben u.a. bei ihren Entscheidungen verantwortungsvoll deren Auswirkungen auf ihre beruflichen Möglichkeiten einzubeziehen (§ 2 Abs. 4 SGB III). Trotz der mangelnden rechtlichen Durchsetzungsmöglichkeit solcher allgemeiner Grundsätze und Anforderungen soll den am Arbeitsmarkt Beteiligten damit klargemacht werden, dass in einer sozialen Marktwirtschaft auf Arbeitgeberseite eine Personalpolitik des »hire and fire« arbeitsmarktpolitisch ebensowenig erwünscht ist wie auf Arbeitnehmerseite ein lediglich passives Anspruchsverhalten.

Im EG-Vertrag (EG) und im Vertrag über die Europäische Union ist ein hohes Beschäftigungsniveau als Aufgabe der Gemeinschaft bzw. der Europäischen Union genannt (jeweils Art. 2 der Verträge). Die entsprechenden beschäftigungspolitischen Maßnahmen der Gemeinschaft (s. Art. 125 ff. EG) spielen in der mitgliedstaatlichen Beschäftigungspolitik mittlerweile eine beachtliche Rolle.

3 Schon beim bisherigen AFG ist mit dem Titel »Arbeitsförderungsgesetz« zum Ausdruck gekommen, dass sich das Arbeitsförderungsrecht weniger als risikoschützendes Recht im Sinne der Gewährung von Leistungen bei Arbeitslosigkeit denn als Förderungsrecht versteht. Diese Konzeption ist im SGB III fortgeführt und weiterentwickelt worden. Dabei gilt der *Vorrang der aktiven Arbeitsförderung vor dem Entgeltersatz* (§ 5 SGB III), worin auch der Vorrang der Vermittlung vor Entgeltersatz eingeschlossen ist (§ 4 SGB III). Die Kombination von Risikovermeidung (Prävention) und Risikoschutz in einer Hand bei der Bundesagentur für Arbeit stellt das prägende Merkmal des deutschen Arbeitsförderungsrechts dar. Im SGB III wird das risikovermeidende Leistungsinstrumentarium jetzt als *aktive Arbeitsförderung* bezeichnet (§ 3 Abs. 4 und 5 SGB III). Die Leistungen bei Risikoeintritt,

5 So die Gesetzesbegründung, BT-Drs. 13/4941, 151.

also insbesondere Arbeitslosengeld und Insolvenzgeld, sind im Abschnitt über die Entgeltersatzleistungen aufgeführt (§§ 116 ff. SGB III).

Der zentrale Grundsatz des Vorrangs der aktiven Arbeitsförderung wird ergänzt durch einige weitere Zielsetzungen, so die Vermeidung von Langzeitarbeitslosigkeit (§ 6 SGB III), die Frauenförderung (§§ 8, 385 Abs. 2 SGB III), die ortsnahe Leistungserbringung (§ 9 SGB III) und die Flexibilität der aktiven Arbeitsmarktpolitik vor Ort durch freie Förderung und durch Erstellen von Eingliederungsbilanzen (§§ 10, 11 SGB III).

Aufgrund der anhaltend angespannten Arbeitsmarktsituation wurden auf Vorschlag der von der Bundesregierung eingesetzten »Kommission für moderne Dienstleistungen am Arbeitsmarkt« in den vier Gesetzen für moderne Dienstleistungen am Arbeitsmarkt diverse Neuregelungen getroffen, die im Wesentlichen die Erschließung neuer Beschäftigungsmöglichkeiten, die Verbesserung der Qualität und Schnelligkeit der Arbeitsvermittlung, die Neuausrichtung der beruflichen Weiterbildung, die Stärkung des Dienstleistungscharakters der Bundesagentur für Arbeit, Änderungen des Leistungsrechts und eine Strukturreform der Bundesagentur für Arbeit zum Gegenstand haben[6].

B. Systematische Stellung des SGB III im SGB und Verhältnis zum SGB IV

Das Recht der Arbeitsförderung lässt sich in einen *risikovermeidenden* und einen *risikoausgleichenden Teil* gliedern. Der risikovermeidende Teil entspricht in der Hauptsache den Leistungen der aktiven Arbeitsförderung, der risikoausgleichende Teil beinhaltet vor allem die Entgeltersatzleistungen des Arbeitslosengeldes und des Insolvenzgeldes. Diese Verbindung verschiedener Funktionen und Techniken wirft Fragen im Hinblick auf die systematische Stellung des SGB III im SGB auf. Soweit nach dem SGB III durch die Arbeitslosenversicherung Arbeitslosengeld gewährt wird, gehört das SGB III systematisch zur Sozialversicherung[7]. Gesetzestechnisch ist mit dem SGB III eine ziemlich weitgehende Angleichung der allgemeinen sozialversicherungsrechtlichen Vorschriften des Arbeitsförderungsrechts an das SGB IV erreicht worden. Dieses gilt im Übrigen nicht nur für den funktional einer Sozialversicherung entsprechenden Teil des SGB III, sondern auch für die förderungsrechtlichen Teile. Jedoch werden nicht alle Vorschriften, die für die Sozialversicherung als Gemeinsame Vorschriften im SGB IV erlassen worden sind, auf das SGB III angewendet (so bestimmte organisationsrechtliche Vorschriften, § 1 Abs. 1 S. 2 SGB IV). Außerdem gilt auch für das SGB III der Vorbehalt der besonderen Regelungen (§ 1 Abs. 3 SGB IV). 4

Anders als in § 8 Abs. 2 S. 1 SGB IV[8] vorgesehen, werden in der Arbeitslosenversicherung geringfügige und nicht geringfügige Beschäftigungen *nicht* zusammengerechnet (§ 27 Abs. 2 S. 1 SGB III). – Dieses Beispiel zeigt, dass man bei der Gesetzesanwendung des SGB III darauf zu achten hat, ob und inwieweit besondere Vorschriften des SGB III Vorrang vor den gemeinsamen Vorschriften für die Sozialversicherung des SGB IV haben.

Das SGB III liefert auch *Definitionen* für den Kreis der Berechtigten (§§ 12 ff. SGB III), so z.B. für den Arbeitslosen (§ 16 SGB III), für den von Arbeitslosigkeit bedrohten Arbeitnehmer (§ 17 SGB III) oder für den Langzeitarbeitslosen (Arbeitslosigkeit ein Jahr und länger, § 18 SGB III).

---

6 Vgl. die Gesetzesbegründungen in BT-Drs. 15/25, 22, BT-Drs. 15/26, 17.

7 In der Gesetzgebungskompetenz nach Art. 74 Abs. 1 Nr. 12 GG ist die Arbeitslosenversicherung neben der Sozialversicherung besonders aufgeführt.

8 I.d.F. des Gesetzes zur Neuregelung der geringfügigen Beschäftigungsverhältnisse v. 24. 3. 1999 (BGBl. I S. 388).

C. Aufbau des SGB III

5 Mit der Einordnung der verschiedenen Sozialleistungsbereiche in das SGB verfolgt der Gesetzgeber auch das Anliegen, die systematische Gliederung der eingeordneten Bücher zu vereinheitlichen[9]. Allerdings steht bei den in jüngerer Zeit eingeordneten Büchern, so bei der Sozialen Pflegeversicherung (SGB XI), der Gesetzlichen Unfallversicherung (SGB VII) sowie der Sozialhilfe (SGB XII), dieses Anliegen der Vereinheitlichung häufig im Konflikt mit der Abbildung der Besonderheiten der jeweiligen Sicherungszweige. Immerhin kann nach wie vor ein Gliederungsmuster ausgemacht werden, das auch dem SGB III zugrunde liegt, nämlich die grobe Einteilung – neben einem Kapitel oder Abschnitt über Allgemeines – in die vier Regelungsbereiche Leistungsberechtigte (auch Versicherungspflichtige), Leistungen, Finanzierung und Organisation. Da das SGB III weit über 400 Paragrafen enthält und damit zum paragrafenreichsten Buch des SGB zählt[10], ist das Verstehen der Gliederungssystematik für das Verständnis des SGB III und für die Orientierung darin besonders wichtig.

Die 13 Kapitel des SGB III entsprechen in etwa der genannten Vierteilung. Nach den *Allgemeinen Vorschriften (1. Kap.)* folgen die Vorschriften zur *Versicherungspflicht (2. Kap.).* Da das SGB III, anders als etwa das SGB V, Leistungen nicht nur für versicherte Personen vorsieht, sondern auf der einen Seite Leistungsangebote macht *(3. Kap.: Beratung und Vermittlung),* und auf der anderen Seite in der aktiven Arbeitsförderung Leistungen auch für Arbeitgeber und für Träger arbeitsfördernder Maßnahmen (vgl. § 21 SGB III) vorsieht, musste das Leistungsrecht unter dem Gesichtspunkt des jeweiligen Leistungsadressaten geordnet werden *(4.–6. Kap.: Leistungen an Arbeitnehmer, Arbeitgeber und Träger).* Die *Finanzierungs- und Organisationsvorschriften* finden sich im *10. und 11. Kapitel.* Eine Besonderheit des SGB III stellen die beiden Kapitel über die *Pflichten* vor allem *im Leistungsverfahren (8. Kap.)* und über die *Gemeinsamen Vorschriften für Leistungen (9. Kap.)* dar. In diesen systematisch dem Leistungsrecht zuzuordnenden Kapiteln sind zahlreiche Sonderregelungen im Verhältnis zum SGB I und SGB X enthalten. Abweichungen im Verhältnis zum SGB I und zum SGB X finden sich vor allem bei den *Mitwirkungspflichten* (§§ 309 bis 320 SGB III), beim *Datenschutz* (§ 394 ff. SGB III) und beim *Verwaltungsverfahren* (§§ 323 bis 339 SGB III).

Das 3. Kap. befasst sich mit weiteren Aufgaben der Bundesanstalt für Arbeit. Das 12. Kap. enthält die Straf- und Bußgeldvorschriften, das 13. Kap. Sonderregelungen, auch im Zusammenhang mit der Herstellung der Einheit Deutschlands (1. Abschnitt).

§ 44 Versicherungspflicht

A. Versicherungspflichtverhältnis

1 Mit dem SGB III ist zum Zweck der Angleichung an die sozialversicherungsrechtliche Terminologie der Begriff der Versicherungspflicht eingeführt worden. Neu eingeführt wurde für den Bereich des Arbeitsförderungsrechts der Begriff des *Versicherungspflichtverhältnisses* (§ 24 SGB III). Dieser Begriff dient als *Oberbegriff für alle versicherungsrechtlich relevanten Lebenssachverhalte* und umfasst die Beschäftigung ebenso wie die sonstigen Versicherungspflichtverhältnisse, etwa den Bezug von Entgeltersatzleistungen (§ 26 Abs. 2 SGB III)[11].

---

9 Zu den Anliegen des Sozialgesetzbuchs und den bisherigen Ordnungsbemühungen *Zacher* Das Vorhaben des Sozialgesetzbuchs, in: Schriftenreihe des Deutschen Sozialrechtsverbandes (SDSRV), Bd. 40 (1995), 7 ff.

10 Dieses ist auch darauf zurückzuführen, dass zahlreiche Vorschriften aus den früheren Anordnungen der Bundesanstalt für Arbeit jetzt als Gesetzestext im SGB III enthalten sind.

11 S. Gesetzesbegründung BT-Drs. 13/4941, 57.

Der Beginn des Versicherungspflichtverhältnisses ist für Beschäftigte der Tag des Eintritts in das Beschäftigungsverhältnis oder der Tag nach dem Erlöschen der Versicherungsfreiheit, für die sonstigen Versicherungspflichtigen der Tag, an dem erstmals die Voraussetzungen für die Versicherungspflicht erfüllt sind (§ 24 Abs. 2 SGB III). Entsprechend ist das Ende des Versicherungspflichtverhältnisses geregelt (§ 24 Abs. 4 SGB III). Diese Regelungen entsprechen im Wesentlichen denen der anderen Bücher des SGB.

B. Beschäftigte und sonstige Versicherungspflichtige

Die Versicherungspflicht gegen Arbeitsentgelt oder zu ihrer Berufsausbildung Beschäftigter stellt den herkömmlichen Fall des Einbezugs von Personen in den Schutzbereich der Sozialversicherungen dar. Dieser Schutz ist mittlerweile auch auf andere Personenkreise erweitert worden, z.B. auf Jugendliche, die in Einrichtungen der beruflichen Rehabilitation Leistungen zur Teilhabe am Arbeitsleben erhalten (§ 26 Abs. 1 Nr. 1 SGB III). Zeiten des Bezuges bestimmter Sozialleistungen eröffnen ebenfalls die Versicherungspflicht (§ 26 Abs. 2 SGB III). 2

C. Versicherungsfreiheit

Die Regelungen zur Versicherungsfreiheit entsprechen teilweise den Vorschriften in den anderen Sozialversicherungszweigen (so Beamte, Richter, Soldaten u.a., § 27 Abs. 1 SGB III). Versicherungsfreiheit besteht auch bei einer geringfügigen Beschäftigung i.S.v. § 8 SGB IV, § 27 Abs. 2 S. 1 SGB III. Allerdings sind auch solche Personen versicherungsfrei, die während der Zeit, in der ein Anspruch auf Arbeitslosengeld besteht, eine mehr als geringfügige, aber weniger als 15 Stunden wöchentlich umfassende Beschäftigung ausüben (§ 27 Abs. 5 S. 1 SGB III). Damit soll vermieden werden, dass solche Beschäftigten während des Bezugs von Arbeitslosengeld einen neuen Anspruch begründen können. Im Arbeitsförderungsrecht führt also nicht jede Überschreitung der Schwelle der Geringfügigkeit i.S.v. § 8 SGB IV zur Versicherungspflicht. 3

Versicherungsfrei sind weiter Personen, die das 65. Lebensjahr vollendet haben und Personen für die Zeit, für die ihnen ein Anspruch auf Rente wegen Erwerbsunfähigkeit zuerkannt ist, § 28 Abs. 1 Nr. 1 SGB III. Für Personen, die dauernd wegen einer Minderung ihrer Leistungsfähigkeit nicht mehr verfügbar sind, besteht von dem Zeitpunkt an Versicherungsfreiheit, an dem das Arbeitsamt diese Minderung der Leistungsfähigkeit und der zuständige Rentenversicherungsträger volle Erwerbsminderung festgestellt hat (§ 28 Abs. 1 Nr. 2 SGB III).

D. Versicherungspflichtverhältnis auf Antrag

Im Rahmen des Dritten Gesetzes für moderne Dienstleistungen am Arbeitsmarkt wurde die Möglichkeit geschaffen, ein Versicherungspflichtverhältnis auf Antrag zu begründen (§ 28 a SGB III). Diese Option steht unter bestimmten Voraussetzungen Pflegepersonen zu, die einen pflegebedürftigen Angehörigen wenigstens 14 Stunden wöchentlich pflegen, Personen, die eine mindestens 15 Stunden wöchentlich umfassende selbstständige Tätigkeit aufnehmen (Existenzgründer) sowie Personen, die eine Beschäftigung im Ausland außerhalb der Europäischen Union oder einem assoziierten Staat ausüben. Diese freiwillige Versicherung bezweckt jedoch nur eine freiwillige Weiterversicherung zur Aufrechterhaltung eines einmal begründeten Schutzes nach dem SGB III und setzt daher voraus, dass der Betroffene vorher einen Bezug zur Arbeitslosenversicherung hatte, indem er innerhalb der letzten 24 Monate vor Aufnahme der Tätigkeit mindestens 12 Monate in einem Pflicht- 4 versicherungsverhältnis gestanden oder eine Entgeltersatzleistung nach dem SGB III bezogen hat und unmittelbar vor Aufnahme der Tätigkeit ein Versicherungspflichtverhältnis bestanden hat oder Entgeltersatzleistungen bezogen wurden.

Ein Jurist, der nach dem zweiten Staatsexamen eine eigene Rechtsanwaltskanzlei gründet, kann sich jetzt auf Antrag freiwillig weiterversichern. Als beitragspflichtige Einnahmen gelten 25 % der monatlichen Bezugsgröße (§ 345 b SGB III; § 18 SGB IV), für die der Rechtsanwalt 6,5 % Beiträge allein tragen muss (§ 349 a SGB III).

§ 45 Aufgaben und Leistungen der Bundesagentur für Arbeit

A. Systematisierung der Aufgaben und Leistungen

I. Sozialleistungsverwaltung und andere Aufgaben

1 Bei der Tätigkeit der Bundesagentur für Arbeit (BA) treffen Aufgaben der klassischen Sozialleistungsverwaltung im Sinne der Erfüllung subjektiv-öffentlicher Ansprüche der Leistungsberechtigten zusammen mit der Bereithaltung von Leistungsangeboten wie Beratung und Vermittlung[12]. Darüber hinaus hat die BA eine Reihe weiterer Aufgaben zu erfüllen, die von der ordnungsrechtlichen Tätigkeit der Erteilung von Genehmigungen und Erlaubnissen im Zusammenhang mit der Ausländerbeschäftigung (§§ 284 ff. SGB III), der Erteilung von Erlaubnissen im Zusammenhang mit privater Beratung und Vermittlung (§§ 288 a ff. SGB III), der Bekämpfung von Leistungsmissbrauch und illegaler Ausländerbeschäftigung (§ 394 Abs. 1 Nr. 6 SGB III) bis hin zur Arbeitsmarkt- und Berufsforschung (§§ 280 ff. SGB III) reichen.

II. Erweiterung des Leistungsinstrumentariums

2 Den Kern der Tätigkeit der BA stellt jedoch nach wie vor die eigentliche Sozialleistungsverwaltung dar. Aber auch hier ergeben sich Besonderheiten: Empfänger sozialer Leistungen ist nach herkömmlichem Verständnis eine leistungsberechtigte natürliche Person, für die das soziale Sicherungssystem in einer bestimmten Lebenslage oder bei Realisierung eines sozialen Risikos eine Leistung bereithält. Im SGB III ist das Leistungsinstrumentarium, wie auch schon im AFG, erweitert worden. Leistungen erhalten nicht nur die Arbeitnehmer (§§ 45 ff. SGB III), sondern auch Arbeitgeber (§§ 217 ff. SGB III) und Träger arbeitsfördernder Maßnahmen (§§ 240 ff. SGB III). Die verschiedenen Leistungen sind jeweils bestimmten Funktionen zugeordnet, z.B. der Förderung der Berufsausbildung (§§ 59 ff. SGB III) oder der beruflichen Weiterbildung (§§ 77 ff. SGB III).

III. Aktive Arbeitsförderung und sonstige Leistungen

3 Über diese vom SGB III vorgenommene Systematisierung des Leistungsrechts nach Adressaten und Funktionen hinaus sind weitere gesetzliche Systematisierungen auszumachen: die Unterscheidung von Leistungen der aktiven Arbeitsförderung und sonstigen Leistungen. Zu letzteren zählen Arbeitslosengeld, Teilarbeitslosengeld und Insolvenzgeld (§ 3 Abs. 4 SGB III). Die Leistungen der aktiven Arbeitsförderung genießen Vorrang vor Entgeltersatzleistungen bei Arbeitslosigkeit (§ 5 SGB III). Bei den Leistungen der aktiven Arbeitsförderung wird weiter unterschieden zwischen Pflicht- und Ermessensleistungen[13], wobei Pflichtleistungen nur der Anspruch auf die Beauftragung von Dritten mit der

---

12 Das Gesetz spricht ebenfalls von Angeboten, vgl. §§ 29 Abs. 1, 35 Abs. 1 S. 1 SGB III.

13 Kritisch unter rechtsstaatlichen Gesichtspunkten zur Reduktion der Pflichtleistungen im SGB III, *Bieback* Das neue Sozialgesetzbuch III von 1997, in: Ebsen (Hrsg.), Stand und Entwicklung des Arbeitsförderungsrechts im Übergang vom AFG zum SGB III, 1997, S. 21 ff. (24). Ob der weitgehende Verzicht auf Rechtsansprüche insgesamt die Steuerbarkeit der jeweiligen Instrumente

Vermittlung nach sechs Monaten, das Überbrückungsgeld, die Berufsausbildungsbeihilfe, die besonderen Leistungen zur Teilhabe am Arbeitsleben, Arbeitslosengeld bei beruflicher Weiterbildung, Kurzarbeitergeld, Wintergeld, Winterausfallgeld und die Leistungen zur Förderung der Teilnahme an Transfermaßnahmen sind (§ 3 Abs. 5 SGB III).

Die Unterscheidung zwischen Leistungen der aktiven Arbeitsförderung und anderen Leistungen wird auch im Verhältnis zu Leistungen anderer Leistungsträger relevant. Die Leistungen der aktiven Arbeitsförderung nach dem SGB III sind nachrangig (§ 22 Abs. 1 SGB III). Gleiches gilt für Leistungen zur Teilhabe am Arbeitsleben einschließlich der Leistungen an Arbeitgeber und an Träger (§ 22 Abs. 2 SGB III).

Auf der anderen Seite ist die BA mit Leistungen der aktiven Arbeitsförderung vorleistungspflichtig, solange und soweit die vorrangige Stelle Leistungen nicht gewährt (§ 23 Abs. 1 SGB III).

B. Arbeitsmarktpolitische Instrumente im SGB III

Das SGB III enthält verschiedene arbeitsmarktpolitische Instrumente, wovon die folgenden Instrumente besonders erwähnt werden sollen:

I. Mit der *freien Förderung* (§ 10 SGB III) wird den Agenturen für Arbeit die Möglichkeit eingeräumt, über die gesetzlich beschriebenen Leistungen hinaus Ermessensleistungen zur aktiven Arbeitsförderung zu finanzieren. Damit haben die Arbeitsämter vor Ort die Möglichkeit, auf besondere Belange zu reagieren. Reine Aufstockungen zu gesetzlichen Leistungen sind nicht zulässig. Die Mittel hierfür dürfen bis zu 10% der im Haushalt unter dem Eingliederungstitel[14] veranschlagten Mittel betragen. 4

II. Die im Eingliederungstitel des Haushalts der Bundesagentur für Arbeit für Ermessensleistungen der aktiven Arbeitsförderung veranschlagten Mittel werden den Agenturen für Arbeit zur Bewirtschaftung zugewiesen, wobei die Agenturen für Arbeit für jede Art der Ermessensleistungen Mittel unter Berücksichtigung der Besonderheiten des regionalen Arbeitsmarktes bereitstellen (§ 71 b Abs. 1 bis 3 SGB IV). Damit erhalten die Agenturen für Arbeit eine weitgehende *Budgetkompetenz.* Über die Verwendung dieser Mittel stellen die Agenturen für Arbeit jährlich eine *Eingliederungsbilanz* auf, die eine Reihe von arbeitsmarktpolitischen Aussagen enthalten muss, z.B. Förderungsanteil besonders förderungsbedürftiger Gruppen, Beteiligung von Frauen (§ 11 Abs. 1 u. 2 SGB III). 5

III. Zur Förderung der Eingliederung von Arbeitslosen, insbesondere solchen mit Vermittlungshemmnissen, können Arbeitgeber Zuschüsse zu den Arbeitsentgelten erhalten. Der Eingliederungszuschuss für Arbeitslose mit Vermittlungshemmnissen (§ 217ff SGB III) wird für maximal zwölf Monate erbracht und beträgt maximal 50% des berücksichtigungsfähigen Arbeitsentgelts, für schwerbehinderte oder sonstige behinderte Menschen kann die Förderung auch maximal 70% für 24 Monate betragen. Aus dieser Differenzierung folgt, dass es auch andere Gründe für ein Vermittlungshemmnis geben kann, wie z.B. Langzeitarbeitslosigkeit. Ein Arbeitgeber kann ferner Eingliederungszuschüsse für einen Zeitraum von 12 Monaten in Höhe von 50% des berücksichtigungsfähigen Arbeitsentgelts bekommen, wenn er innerhalb von zwei Jahren nach Aufnahme einer selbstständigen Tätigkeit einen zuvor arbeitslosen Arbeitnehmer unbefristet einstellt, zu den Einzelheiten vgl. §§ 225 ff. SGB III. Die dritte Variante des Eingliederungszuschusses besteht in der Förderung der Einstellung eines Arbeitslosen als Vertretung für einen Arbeitnehmer, der an einer Weiterbildungsmaßnahme teilnimmt, für maximal 12 Monate (§§ 229 ff. 6

erhöht, muss sich erst bewahrheiten, s. *Clever* Sozialgesetzbuch III – Das neue Recht der Arbeitsförderung, ZfSH/SGB 1998, 3 ff. (3).

14 Dieses ist der Titel für alle Ermessensleistungen der aktiven Arbeitsförderung, § 71 b SGB IV.

SGB III). Die Höhe beträgt mindestens 50 und maximal 100% des berücksichtigungsfähigen Arbeitsentgelts.

C. Beratung und Vermittlung

7 **I.** Die grundsätzlich *unentgeltliche Beratungs- und Vermittlungstätigkeit* stellt eine traditionelle Aufgabe der Agenturen für Arbeit dar (§§ 29 bis 44 SGB III). Beide Tätigkeiten sind als Pflichtangebote der Agenturen für Arbeit ausgestaltet (§§ 29 Abs. 1, 35 Abs. 1 S. 1 SGB III). Die im SGB III geregelte Beratungstätigkeit ist nicht mit der Beratung über die Rechte und Pflichten nach dem Sozialgesetzbuch gleichzusetzen (§ 14 SGB I). Ausnahmen von der Unentgeltlichkeit der Beratungs- und Vermittlungstätigkeit können etwa bei besonders aufwendiger Vermittlungstätigkeit (§ 43 Abs. 2 SGB III) oder bei Auslandsvermittlung (§ 43 Abs. 3 SGB III) vorliegen.

8 **II.** Die Beratung richtet sich in Form von *Berufsberatung* an (künftige) Teilnehmer am Arbeitsleben und in Form von *Arbeitsmarktberatung* an Arbeitgeber (§§ 30 ff., 34 SGB III). Besondere Maßnahmen im Rahmen der *Berufsberatung* sind die Eignungsfeststellung (§ 32 SGB III) und die Berufsorientierung (§ 33 SGB III). Die ärztliche und psychologische Begutachtung zur Feststellung der Berufseignung und der Vermittlungsfähigkeit stellt eine besondere Regelung zur allgemeinen Mitwirkungspflicht bei Untersuchungen dar (vgl. §§ 62, 37 S. 1 SGB I). Das Arbeitsamt soll die *Arbeitsmarktberatung* auch zur Gewinnung von Ausbildungs- und Arbeitsplätzen für die Vermittlung nutzen (§ 34 Abs. 2 S. 1 SGB III).

9 **III.** Die *Vermittlung in Form der Ausbildungs- und der Arbeitsvermittlung* dient der Zusammenführung von Arbeitgebern und Ausbildung- bzw. Arbeitsuchenden zur Begründung eines Beschäftigungs- bzw. Ausbildungsverhältnisses (§ 35 Abs. 1 SGB III). Bei der Vermittlung darf die Agentur für Arbeit Einschränkungen, die der Arbeitgeber hinsichtlich von Merkmalen wie Geschlecht, Alter o.ä. vornimmt, nur berücksichtigen, wenn diese Einschränkungen nach Art der auszuübenden Tätigkeit unerlässlich sind (§ 36 Abs. 2 S. 1 SGB III). Einschränkungsmöglichkeiten gelten auch bei Religionsgemeinschaften oder Tendenzbetrieben als Arbeitgeber (§ 36 Abs. 2 Sätze 2 u. 3 SGB III). Für Ausbildung- und Arbeitsuchende sind ebenso wie für Arbeitgeber besondere Mitwirkungspflichten vorgesehen (§§ 38, 39 SGB III). Damit der Arbeitnehmer im Falle der Beendigung eines Arbeitsverhältnisses möglichst schnell wieder eine neue Tätigkeit finden kann, ist er zur frühzeitigen Meldung bei der Agentur für Arbeit, spätestens drei Monate vor Beendigung des Arbeitsverhältnisses verpflichtet (§ 37 b SGB III). Wer sich nicht frühzeitig meldet, muss Leistungskürzungen hinnehmen (§ 140 SGB III).

10 **IV.** In den *Gemeinsamen Vorschriften zur Beratung und Vermittlung* (§§ 41 bis 44 SGB III) sind neben einer allgemeinen Unterrichtungspflicht der Agentur für Arbeit über freie Arbeits- und Ausbildungsplätze sowie über Ausbildung- und Arbeitsuchende (§ 41 SGB III) auch datenschutzrechtliche Angelegenheiten geregelt (§ 42 SGB III). Diese Regelungen stellen besondere Vorschriften im Verhältnis zum Sozialdatenschutz nach den § 35 SGB I, §§ 67 ff. SGB X dar.

11 **V.** Das *Beratungs- und Vermittlungsmonopol der BA* ist im SGB III weitgehend aufgegeben worden. Die Berufsberatung durch andere als die Agentur für Arbeit ist nur insofern reguliert, als der Berufsberater, der die Interessen eines Arbeitgebers oder einer Einrichtung wahrnimmt, verpflichtet ist, dem Ratsuchenden deren Identität mitzuteilen (§ 289 SGB III). Für eine Berufsberatung darf nur eine Vergütung verlangt werden, wenn der Vermittler nicht zugleich eine Vermittlung von Ausbildungs- oder Arbeitsplätzen betreibt (§ 290 SGB III). Die Agentur für Arbeit kann die Berufsberatung gegebenenfalls untersagen.

Die Ausbildungs- und Arbeitsvermittlung durch Dritte ist hingegen erlaubnispflichtig (§ 291 Abs. 1 SGB III, Ausnahmen in Abs. 2). Auf die Erlaubnis besteht bei Vorliegen der am Gewerberecht orientierten Voraussetzungen ein Anspruch (§ 293 SGB III). Aus dem Gewerberecht wurden insbesondere die Zuverlässigkeit und die Eignung als Voraussetzungen übernommen. Die Erlaubnis wird vom Landesarbeitsamt erteilt (§ 294 Abs. 1 S. 1 SGB III). Die Erlaubnispflichtigkeit kann als präventives Verbot mit Erlaubnisvorbehalt verstanden werden. Ein eingeschränktes Vermittlungsmonopol der BA besteht nur noch bei der Auslandsvermittlung (§ 292 SGB III).

Die Agentur für Arbeit kann auch Dritte mit der Vermittlung oder mit Teilaufgaben der Vermittlung beauftragen. Arbeitslose, die länger als sechs Monate arbeitslos sind, können sogar die Beauftragung Dritter verlangen (§ 37 SGB III).

Seit der Entscheidung des EuGH in der Rechtssache *Höfner* und *Elser* [15] hat es das Arbeitsvermittlungsmonopol der Bundesanstalt für Arbeit, das bis dahin gemäß §§ 4, 13 AFG a.F. existierte, in dieser Form nicht mehr gegeben. In der Entscheidung ging es um die Frage, ob zwei Personalberater für die Vermittlung von Arbeitnehmern ein Honorar verlangen durften. Der EuGH stellte fest, dass ein Mitgliedstaat, der einer solchen Anstalt ein Arbeitsvermittlungsmonopol eingeräumt hat, gegen europäisches Wettbewerbsrecht verstößt, wenn private Arbeitsvermittler in ihrer Tätigkeit behindert werden, obgleich die öffentliche Arbeitsvermittlung nachgewiesenermaßen die Nachfrage nach Arbeitskräften nicht befriedigen kann. Ein Verstoß gegen die Dienstleistungsfreiheit wurde jedoch, soweit es sich um ein Personalberatungsunternehmen des Mitgliedstaates und um die Vermittlung von Angehörigen des Mitgliedstaates an Unternehmen desselben Staates handelt, verneint[16].

D. Überblick über Leistungen der aktiven Arbeitsförderung

I. Bis auf die Entgeltersatzleistungen des Arbeitslosengeldes, des Teilarbeitslosengeldes 12
und des Insolvenzgeldes stellen alle *Leistungen an Arbeitnehmer* Leistungen der aktiven Arbeitsförderung dar (§ 3 Abs. 4 SGB III). Diese Leistungen decken vielfältige Situationen ab, in denen Personen Unterstützung und Förderung benötigen.

1. So werden zur *Unterstützung der Beratung und Vermittlung* insbesondere Bewerbungskosten übernommen oder Reisekosten bezuschusst (§§ 45–47 SGB III). Ebenso ist die *Förderung der Verbesserung der Eingliederungsaussichten* durch bestimmte Trainingsmaßnahmen möglich, die jedoch nicht berufliche Qualifizierungsmaßnahmen darstellen (§§ 48 bis 52 SGB III). Zur *Förderung der Aufnahme einer Beschäftigung* (§§ 53 bis 55 SGB III) dienen Mobilitätshilfen, so etwa eine Übergangsbeihilfe bis zur ersten Arbeitsentgeltzahlung oder die Übernahme der Fahrkosten bei auswärtiger Beschäftigung.

Neu ist auch die Möglichkeit zur Einrichtung einer Personal-Service-Agentur, deren Hauptaufgabe die Durchführung einer Arbeitnehmerüberlassung zur Vermittlung von Arbeitslosen in Arbeit ist (§ 37 c SGB III). Zu diesem Zweck werden Verträge mit erlaubt tätigen Verleihern geschlossen. Die Leiharbeitnehmer sind wie die übrigen Arbeitnehmer des entleihenden Unternehmens zu behandeln[17].

Mit der *Förderung der Aufnahme einer selbstständigen Tätigkeit* (§§ 57 bis 58 SGB III) wird die Existenzgründung unterstützt. Das Instrument Gründungszuschuss vereint das bisherige Überbrückungsgeld und die sog. »Ich-AG« zu einer Leistung. Der Arbeitslose muss einen

---

15 C-41/90, Slg. I-1991, 1979, abgedruckt in: EAS, Art. 59 EG-Vertrag Nr. 13 sowie in SozR 3–6030 Art. 86 Nr. 1 und NJW 1991, 2891 ff.

16 Dazu *Eichenhofer* Das Arbeitsvermittlungsmonopol der Bundesanstalt für Arbeit und das EG-Recht, NJW 1991, 2857 ff.

17 Zu den weiteren Beweggründen siehe BT-Drs. 15/25, 23 und 27.

Bezug zur Arbeitslosenversicherung haben (Nr. 1 u. 2), eine Tragfähigkeitsbescheinigung vorlegen (Nr. 3) und seine Kenntnisse darlegen (Nr. 4). Da der Zuschuss als Äquivalent zum Arbeitslosengeld gezahlt wird, gelten ähnliche Ausschlussgründe (§ 57 Abs. 3). Der Zuschuss wird in Höhe des Arbeitslosengeldes und eines Zuschusses für soziale Sicherung i.H.v. 300 € mtl. gezahlt.

Der Betroffene kann sich mit den Zuwendungen freiwillig in der KV (§ 9 SGB V), PV (§ 26 SGB XI), und jetzt auch AlV (§ 28 a SGB III) versichern.

Umstritten ist, ob der Gründungszuschuss als Einkommen i.S.d. § 11 Abs. 1 SGB II anzusehen ist oder nicht und wenn ja, ob sie dann »mit der Erzielung des Einkommens verbundene notwendige Ausgaben« i.S.d. § 11 Abs. 2 S. 1 Nr. 5 SGB II oder »zweckbestimmte Einnahmen« i.S.d. § 11 Abs. 3 Nr. 1 a) sind oder nicht.[18]

Bei den vorstehend genannten Leistungen handelt es sich meist um Ermessensleistungen (§ 3 Abs. 5 SGB III).

13 **2.** Die Förderung der beruflichen Weiterbildung besteht in der Übernahme der Weiterbildungskosten, die aus den Lehrgangskosten, Fahrkosten, Kosten für die auswärtige Unterbringung und Verpflegung sowie die Kosten für die Betreuung der Kinder besteht (§§ 77 ff. SGB III). Daneben kann Arbeitslosengeld in Anspruch genommen werden (§ 117 Nr. 2 SGB III). Mit der Zusammenfassung von Arbeitslosengeld und Unterhaltsgeld zu einer einheitlichen Leistung von Arbeitslosengeld bei Arbeitslosigkeit und bei beruflicher Weiterbildung ist kein Nachteil für die Versicherten verbunden. Die Leistungsgewährung wird vielmehr erleichtert, vor allem beim Übergang in eine Weiterbildungsmaßnahme während des Bezugs von Arbeitslosengeld[19]. Hervorzuheben ist, dass sich die Träger von Maßnahmen der beruflichen Weiterbildung *qualitätssichernden Maßnahmen* zu unterwerfen haben (§ 86 SGB III).

14 **3.** Die *Leistungen zur Teilhabe behinderter Menschen* (§§ 10, 29 SGB I) werden von den verschiedenen Zweigen der sozialen Sicherheit ausgeführt. Mit dem SGB IX sind neben terminologischen Veränderungen – Teilhabe am Arbeitsleben statt: berufliche Rehabilitation – auch inhaltliche Veränderungen vorgenommen worden. Die Leistungen zur Teilhabe am Arbeitsleben behinderter Menschen (zur Definition der Behinderung im SGB III s. § 19 SGB III) nach dem SGB III (§§ 97 bis 115 SGB III) werden im Verhältnis zu den entsprechenden Leistungen anderer Rehabilitationsträger nachrangig erbracht (§ 22 Abs. 2 SGB III). Bei Vorliegen der Leistungsvoraussetzungen ist vorrangiger Rehabilitationsträger die Gesetzliche Rentenversicherung, die ebenfalls Leistungen zur Teilhabe am Arbeitsleben vorsieht (§§ 16 ff. SGB VI). Die Bundesagentur für Arbeit ist von den anderen Rehabilitationsträgern jedoch schon mit der Einleitung von Leistungen zur medizinischen Rehabilitation zu beteiligen, um prüfen zu können, ob Leistungen zur Teilhabe am Arbeitsleben die Erwerbsfähigkeit des behinderten oder von Behinderung bedrohten Menschen erhalten, bessern oder wiederherstellen können (§§ 11 Abs. 1, 38 SGB IX). Auf diese Weise soll die bisherige Schnittstellenproblematik ausgeräumt werden: Bisher verging oft viel Zeit zwischen der medizinischen und beruflichen Rehabilitation, was eine Wiedereingliederung in den Arbeitsmarkt erschwerte. Nach dem SGB III werden allgemeine und besondere Leistungen zur Teilhabe am Arbeitsleben sowie diese ergänzende Leistungen unterschieden (§ 98 SGB III). Die allgemeinen Leistungen umfassen etwa Beratung und Vermittlung, Förderung der Aufnahme einer Beschäftigung oder selbstständigen Tätigkeit, Förderung der Berufsausbildung oder der beruflichen Weiterbildung (§ 100 SGB III). Sie

18 S. dazu SG Leipzig, Beschl. v. 22. 8. 2005, Az. S 16 AS 350/05 ER; Hess. LSG, Beschl. v. 29. 6. 2005 L 7 AS 22/05 ER.

19 Mit dem Dritten Gesetz für moderne Dienstleistungen am Arbeitsmarkt (BGBl. I 2003 S. 2848) hat der Gesetzgeber das Arbeitslosengeld und das Unterhaltsgeld zu einer einheitlichen Versicherungsleistung bei Arbeitslosigkeit und bei beruflicher Weiterbildung zusammengefasst, siehe § 117 SGB III, für weitere Einzelheiten siehe BT-Drs. 15/1515, 82.

sind als Ermessensleistungen i.S.v. § 3 Abs. 5 SGB III ausgestaltet. Erst wenn durch diese allgemeinen Leistungen eine berufliche Eingliederung nicht erreicht werden kann, werden – in der Regel als Pflichtleistungen[20] – die besonderen Leistungen erbracht (§§ 98 Abs. 2, 3 Abs. 5 SGB III). Diese bestehen im Übergangsgeld oder, wenn dieses nicht erbracht werden kann, im Ausbildungsgeld, in der Übernahme der Teilnahmekosten für eine Maßnahme und in sonstigen Hilfen (§ 103 SGB III). Die Höhe des Übergangsgeldes (§§ 160 bis 162 SGB III) wird nach den Vorschriften des SGB IX bestimmt (§ 160 S. 2 SGB III i.V.m. § 46 ff. SGB IX).

4. Das *Kurzarbeitergeld* (§§ 169 bis 182 SGB III) hat in den letzten Jahrzehnten wesentlich zur Erhaltung von Arbeitsplätzen beigetragen. Es dient dazu, einen erheblichen Arbeitsausfall mit Entgeltausfall zu überbrücken, wobei der Arbeitsausfall auf wirtschaftlichen Gründen oder einem unabwendbaren Ereignis (z.B. ungewöhnlicher Witterungsverlauf oder Arbeitsunfall) beruhen sowie vorübergehend und nicht vermeidbar sein muss (§ 170 Abs. 1 SGB III). Das Kurzarbeitergeld beträgt entsprechend der Kriterien für die Erfüllung der Voraussetzungen des Arbeitslosengeldes 67 bzw. 60% der Nettoentgeltdifferenz im Anspruchszeitraum (§ 178 SGB III). Die Nettoentgeltdifferenz wird gebildet zwischen dem pauschalierten Nettoentgelt aus dem Sollentgelt (= zu erzielendes Entgelt) und dem pauschalierten Nettoentgelt aus dem Istentgelt (= erzieltes Entgelt) (§ 179 SGB III). Bei Arbeitskämpfen ruht der Anspruch auf Kurzarbeitergeld wie der Anspruch auf Arbeitslosengeld (§ 174 SGB III). Kurzarbeitergeld wird während der Bezugsfrist für längstens sechs Monate gezahlt (§ 177 SGB III). Die Bundesregierung ist ermächtigt, durch Rechtsverordnung die Wirtschaftszweige zu bestimmen, die dem Baugewerbe zuzuordnen sind. Die Bundesregierung darf somit den Kreis der Berechtigten festlegen, § 182 SGB III. Zu den besonderen Antragserfordernissen s. §§ 323 Abs. 2, 325 Abs. 3 SGB III. 15

5. Zur *Förderung der ganzjährigen Beschäftigung in der Bauwirtschaft* (§§ 209 bis 216 SGB III) wird in Ansehung der besonderen Witterungsabhängigkeit dieses Gewerbezweiges ein Wintergeld in Form von Mehraufwands- und Zuschuss-Wintergeld und ein Winterausfallgeld gezahlt (§ 209 SGB III). Zu den besonderen Antragserfordernissen s. §§ 323 Abs. 2, 325 Abs. 4 SGB III. 16

II. *Leistungen an Arbeitgeber* umfassen finanzielle Anreize für die Eingliederung von Arbeitnehmern (§§ 217 bis 234 SGB III), insbesondere in Form von Eingliederungszuschüssen und von Leistungen im Zusammenhang mit dem Abschluss eines Eingliederungsvertrages. Weiter sind Leistungen zur beruflichen Ausbildung und zur Teilhabe am Arbeitsleben für behinderte und schwerbehinderte Menschen vorgesehen(§§ 235 bis 239 SGB III). Alle Leistungen an Arbeitgeber zählen zu den Ermessensleistungen der aktiven Arbeitsförderung i.S.v. § 3 Abs. 5 SGB III[21]. 17

III. Die *Leistungen an Träger* beziehen sich auf die Förderung der Berufsausbildung, die Förderung von Einrichtungen der beruflichen Aus- oder Weiterbildung oder zur beruflichen Rehabilitation behinderter Menschen, die Förderung von Jugendwohnheimen, die Förderung von Sozialplanmaßnahmen, von Arbeitsbeschaffungsmaßnahmen und von Strukturanpassungsmaßnahmen (§§ 240 bis 271 SGB III). 18

---

20 Während in § 3 Abs. 5 SGB III – anders als im ursprünglichen Gesetzentwurf (vgl. BT-Drs. 13/4941, 16, sowie Begründung 172 f.) – die besonderen Leistungen zur Teilhabe am Arbeitsleben (früher: beruflichen Eingliederung Behinderter) als Pflichtleistungen ausgebracht sind, sieht die Gesetzesfassung in § 98 Abs. 1 SGB III nur Kann-Leistungen vor. In den einzelnen Vorschriften zu den verschiedenen besonderen Leistungen wird jedoch wieder zwischen Pflicht- und Ermessensleistungen unterschieden. Damit wird die Klärungsfunktion der in § 3 Abs. 4 u. 5 SGB III vorgenommenen Unterscheidung zwischen Pflicht- und Ermessensleistungen für diesen Leistungsbereich obsolet. Das SGB IX hat hieran nichts geändert, vgl. Art. 3 Nr. 10 SGB IX.

21 Zu den Neuregelungen BT-Drs. 15/1515, 93.

E. Überblick über die Entgeltersatzleistungen

19 Das Arbeitsförderungsrecht sieht sechs Arten von Entgeltersatzleistungen vor (§ 116 SGB III). Es sind dies neben der bekanntesten Leistung bei Arbeitslosigkeit, dem Arbeitslosengeld bei Arbeitslosigkeit und jetzt auch bei beruflicher Weiterbildung, das Teilarbeitslosengeld, das Übergangsgeld bei Teilnahme an Leistungen zur Teilhabe am Arbeitsleben, das Kurzarbeitergeld und das Insolvenzgeld. Die Arbeitslosenhilfe (jetzt Arbeitslosengeld II) wird zwar weiterhin im Regelfall von der Bundesagentur für Arbeit gezahlt, ist jedoch gesetzessystematisch nicht mehr eine Leistung des Arbeitsförderungsrechts, vgl. §§ 6, 19 SGB II. Von den Geldleistungen im Zusammenhang mit der Förderung der ganzjährigen Beschäftigung in der Bauwirtschaft (§§ 209 bis 216 SGB III) zählt das Winterausfallgeld bei Schlechtwetterzeit zu den Entgeltersatzleistungen, vgl. § 116 Nr. 7 SGB III.

Im Folgenden soll nur auf das Arbeitslosen- und Teilarbeitslosengeld und das Insolvenzgeld sowie auf den Schutz der Empfänger von Entgeltersatzleistungen in der Kranken-, Pflege-, Unfall- und Rentenversicherung näher eingegangen werden.

F. Arbeitslosengeld und Teilarbeitslosengeld

20 **I.** Der *Anspruch auf Arbeitslosengeld* hat *vier Voraussetzungen*: Arbeitslosigkeit, Meldung bei der Agentur für Arbeit, Erfüllung der Anwartschaftszeit, Alter bis zu 65 Jahren (§§ 118, 117 Abs. 2 SGB III). Als *weitere Voraussetzung* kommt die *Antragstellung* hinzu, die auch mit der persönlichen Arbeitslosmeldung als erfüllt gilt (§§ 122 Abs. 1, 323 Abs. 1 SGB III). Eine rückwirkende Leistung kommt nicht in Betracht (§ 325 Abs. 2 SGB III).

Die einzelnen Anspruchsvoraussetzungen werden in den nachfolgenden Vorschriften jeweils mit Legaldefinitionen ausgefüllt.

21 **1.** *Übersicht über die Voraussetzungen des Anspruchs auf Arbeitslosengeld* (§ 118 SGB III):

a) Arbeitslosigkeit (§ 118 Abs. 1 Nr. 1)

- Beschäftigungslosigkeit (§ 119 Abs. 1 Nr. 1)
- Eigenbemühungen (§ 119 Abs. 1 Nr. 2), Definition in § 119 Abs. 4 *und*
- Verfügbarkeit (§ 119 Abs. 1 Nr. 3 SGB III), Definition in § 119 Abs. 5.

b) Meldung beim Arbeitsamt als arbeitslos (§ 118 Abs. 1 Nr. 2)

- persönliche Meldung (§ 122 Abs. 1 S. 1), gilt als Antrag (§ 323 Abs. 1 S. 2) *und*
- Nichterlöschen der Meldung (§ 122 Abs. 2)

c) Erfüllung der Anwartschaftszeit (§ 118 Abs. 1 Nr. 3)

- in der Rahmenfrist: zwei Jahre (§ 124 Abs. 1); Ausnahmen (§ 124 Abs. 3)
- bestand mindestens 12 Monate ein Versicherungspflichtverhältnis (§§ 123 S. 1, 124)

d) Altersgrenze 65 Jahre (§ 117 Abs. 2)

22 **2.** Der *Begriff der Arbeitslosigkeit* hat drei Merkmale: die *Beschäftigungslosigkeit, Eigenbemühungen und Verfügbarkeit* (§ 119 Abs. 1 SGB III). *Beschäftigungslosigkeit* bedeutet, nicht in einem Beschäftigungsverhältnis zu stehen, wobei eine selbstständige Tätigkeit und eine Tätigkeit als mithelfender Familienangehöriger, die weniger als 15 Stunden wöchentlich umfassen, die Beschäftigungslosigkeit nicht ausschließen (§ 119 Abs. 3 S. 1 SGB III).

Gemäß seiner Eigenverantwortung ist der Arbeitslose gehalten, alle Möglichkeiten zur Beendigung seiner Beschäftigungslosigkeit zu nutzen (§ 119 Abs. 4 S. 1 SGB III), insbesondere durch Wahrnehmung der Verpflichtungen aus der Eingliederungsvereinbarung, Mitwirkung bei der Vermittlung durch Dritte und Inanspruchnahme von Selbstinformationseinrichtungen der Agentur für Arbeit (§ 119 Abs. 4).

Den Vermittlungsbemühungen der Agentur für Arbeit steht zur Verfügung, wer eine versicherungspflichtige, mindestens 15 Stunden wöchentlich umfassende zumutbare Beschäftigung unter den üblichen Bedingungen des für ihn in Betracht kommenden Arbeitsmarktes ausüben kann und darf (§ 119 Abs. 5 Nr. 1)[22], Vorschlägen der Agentur für Arbeit zur beruflichen Eingliederung zeit- und ortsnah Folge leisten kann (§ 119 Abs. 5 Nr. 2), bereit ist, jede Beschäftigung im Sinne der Nr. 1 anzunehmen und auszuüben (§ 119 Abs. 5 Nr. 3) und bereit ist, an Maßnahmen der beruflichen Eingliederung in das Erwerbsleben teilzunehmen (§ 119 Abs. 5 Nr. 4)[23]. Einige Sonderfälle der Verfügbarkeit, beispielsweise von Teilnehmern einer Maßnahme zur beruflichen Rehabilitation und von Studenten und Schülern sind in § 120 SGB III geregelt.

Zumutbar sind alle der Arbeitsfähigkeit des Arbeitslosen entsprechenden Beschäftigungen, soweit *allgemeine oder personenbezogene Gründe* nicht entgegenstehen (§ 121 Abs. 1 SGB III). *Allgemeine Gründe* sind insbesondere, dass die Beschäftigung nicht gegen gesetzliche, tarifliche oder in Betriebsvereinbarungen festgelegte Bestimmungen verstoßen darf (§ 121 Abs. 2 SGB III). Bei den *personenbezogenen Gründen* ist vor allem die Höhe des Arbeitsentgeltes zu nennen, das in den ersten drei Monaten der Arbeitslosigkeit nicht mehr als 20% und in den folgenden drei Monaten nicht um mehr als 30% niedriger als das der Bemessung des Arbeitslosengeldes zugrunde liegende Arbeitsentgelt sein darf. Vom siebten Monat an darf das Nettoeinkommen unter Berücksichtigung der mit der Beschäftigung zusammenhängenden Aufwendungen nicht niedriger sein als das Arbeitslosengeld (§ 121 Abs. 3 SGB III). Weitere personenbezogene Gründe sind unverhältnismäßig lange Pendelzeiten (§ 121 Abs. 4 SGB III; zur Zumutbarkeit bei befristeter getrennter Haushaltsführung Abs. 5), wobei die Länge der Pendelzeiten im Vergleich zur früheren Regelung etwas reduziert worden ist: jetzt zweieinhalb Stunden (statt vorher drei) bei einer Arbeitszeit von mehr als sechs Stunden bzw. mehr als zwei Stunden (statt zweieinhalb) bei einer Arbeitszeit von sechs Stunden und weniger. Ein Berufsschutz wird im Rahmen der Zumutbarkeit einer Beschäftigung nicht mehr eingeräumt. Mit dem Ersten Gesetz für moderne Dienstleistungen am Arbeitsmarkt sind Regelungen über die Zumutbarkeit eines Umzugs eingeführt worden, siehe § 122 Abs. 4 S. 4 bis 7[24]: Innerhalb der ersten drei Monate der Arbeitslosigkeit ist dem Arbeitslosen ein Umzug außerhalb des zumutbaren Pendelbereichs nur dann zumutbar, wenn nicht zu erwarten ist, dass er in dieser Zeit innerhalb des zumutbaren Pendelbereichs eine Beschäftigung findet. Ab dem vierten Monat ist ein Umzug in der Regel zumutbar, außer es steht ein wichtiger Grund entgegen, der beispielsweise in familiären Bindungen liegen kann (hier berücksichtigt der Gesetzgeber Art. 6 Abs. 1 GG). 23

3. Die *Arbeitslosmeldung* muss der Arbeitslose persönlich vornehmen (§ 122 Abs. 1 S. 1 SGB III). Sie erlischt u.a. bei einer mehr als sechswöchigen Unterbrechung der Arbeitslosigkeit (§ 122 Abs. 2 Nr. 1 SGB III). Die persönliche Arbeitslosmeldung gilt als Antragstellung (§ 323 Abs. 1 S. 2 SGB III). Zu beachten ist auch die Fiktion des § 122 Abs. 3 SGB III zum Schutz des Arbeitslosen, wenn die Agentur für Arbeit am ersten Tag der Beschäftigungslosigkeit nicht dienstbereit war. 24

4. Die *Anwartschaftszeit* hat erfüllt, wer in der Rahmenfrist mindestens zwölf Monate in einem versicherungspflichtigen Beschäftigungsverhältnis gestanden hat (§ 123 S. 1 SGB III). Die Rahmenfrist hat die Funktion, einen stetigen, aktuellen Bezug des Versicherten zur Solidargemeinschaft herzustellen. Dieses bedeutet auch, dass in der Arbeitslosenversicherung, anders als in der Rentenversicherung, länger zurückliegende Beitragszeiten

22 Diese Voraussetzung wurde früher »Arbeitsfähigkeit« genannt.
23 Die Voraussetzungen der Nr. 3 und 4 entsprechen der früheren Voraussetzung »Arbeitsbereitschaft«.
24 Gesetz vom 23. 12. 2002 (BGBl. I S. 4607); dazu BT- Drs. 15/25.

verfallen[25]. Die Rahmenfrist ist eine in die Vergangenheit weisende Frist. Sie beträgt zwei Jahre[26] und beginnt mit dem Tag vor der Erfüllung aller sonstigen Voraussetzungen für den Anspruch auf Arbeitslosengeld (§ 124 Abs. 1 SGB III).

25 **II.** Die *Anspruchsdauer* richtet sich nach der Dauer des Versicherungspflichtverhältnisses in der um ein Jahr erweiterten Rahmenfrist[27] und nach dem Lebensalter bei Anspruchsentstehung (§ 127 Abs. 1 SGB III). Eine Tabelle zur Anspruchsdauer ist in § 127 Abs. 2 SGB III enthalten.

Mit der Neuregelung zum 01. 01. 2004 wurde die Anspruchsdauer erheblich verkürzt. Arbeitslose, die das 55. Lebensjahr noch nicht vollendet haben, haben längstens für 12 Monate Anspruch auf Arbeitslosengeld. Für Arbeitslose, die das 55. Lebensjahr vollendet und in den 36 Monaten vor der Arbeitslosigkeit in einem Versicherungspflichtverhältnis gestanden haben, bekommen für maximal 18 Monate Arbeitslosengeld. Früher betrug die Maximalbezugsdauer 32 Monate.

Beispiel: A, 44 Jahre alt, war in den letzten drei Jahren vor Eintritt der Arbeitslosigkeit für insgesamt 32 Monate versicherungspflichtig beschäftigt. Die Anspruchsdauer beträgt 12 Monate, da A bei Entstehung des Anspruches auf Arbeitslosengeld das 55. Lebensjahr noch nicht vollendet hat (§ 127 Abs. 1 Nr. 2, Abs. 2 SGB III). Wäre A bereits 57 Jahre alt, wäre ein Anspruch für 15 Monate gegeben.

26 **III. 1.** Die Höhe des Arbeitslosengeldes richtet sich nach der Höhe des letzten maßgeblichen Einkommens während eines Versicherungspflichtverhältnisses vor der Arbeitslosigkeit. Jeder versicherungspflichtigen Zeit wird ein Bemessungsentgelt zugeordnet, unabhängig davon, ob dieses Zeiten tatsächlicher Beschäftigung oder andere versicherungspflichtige Zeiten, z.B. Zeiten des Bezuges von Krankengeld, sind (§§ 26 Abs. 2, 130 SGB III).

Die Gesichtspunkte, die der Bemessung des Arbeitslosengeldes zugrunde liegen, sind einerseits der Bezug auf das vergangene und nun ausgefallene Arbeitsentgelt (Referenzprinzip), andererseits aktuelle Tatbestände (Aktualitätsprinzip), mit denen vor allem Korrekturen bei Sonderentgelten vorgenommen werden, die in der Zukunft nicht mehr anfallen (§ 131 Abs. 2 SGB III). Hier tritt also das Referenzprinzip deutlich hervor. Das Aktualitätsprinzip rückt in den Vordergrund bei Arbeitslosen, die die bisherige Zahl von Arbeitsstunden auf Grund von gesundheitlichen oder sonstigen Beschränkungen nicht mehr leisten können. Hier wird das Bemessungsentgelt entsprechend reduziert ((§ 131 Abs. 5 SGB III).

Das BVerfG hat die bisherige Regelung in § 134 Abs. 1 S. 3 Nr. 1 SGB III, wonach einmalig gezahlte Arbeitsentgelte außer Betracht blieben, mit Art. 3 Abs. 1 GG für unvereinbar erklärt[28]. Die Vorschrift ist demgemäß aufgehoben worden.

27 **2.** Die *Höhe des Arbeitslosengeldes* bemisst sich nach zwei Leistungssätzen. Der erhöhte Leistungssatz beträgt 67% des Leistungsentgelts. Er wird gezahlt für Arbeitslose, die mindestens ein Kind i.S.d. § 32 Abs. 1, 4 und 5 EStG haben, sowie für Arbeitslose, deren Ehegatte mindestens ein Kind im vorgenannten Sinne hat, wenn beide Ehegatten unbeschränkt einkommensteuerpflichtig sind und nicht dauernd getrennt leben. Der allgemeine Leistungssatz in Höhe von 60% des Leistungsentgelts gilt für alle übrigen Arbeitslosen. Das Leistungsentgelt ist das pauschalierte Nettoentgelt, das sich aus dem Bruttoentgelt ergibt, das der Arbeitslose im Bemessungszeitraum erzielt hat (Bemessungsentgelt) (§ 129 SGB III).

---

25 *Wagner* SRH, C. 21 Rn. 107.

26 Bis zum 31. 12. 2003 betrug die Rahmenfrist noch drei Jahre. Die Verkürzung im Rahmen des sog. Hartz III – Gesetzes wird mit einer angestrebten Verwaltungsvereinfachung und der Möglichkeit der freiwilligen Weiterversicherung begründet.

27 Also insgesamt drei Jahre, vgl. § 124 SGB III.

28 BVerfGE 102, 127 = SozR 3–2400 § 23 a Nr. 1 = NJW 2000, 2264 = NZS 2000, 345.

Es ergibt sich folgender Berechnungsweg:

- *Feststellung des Bemessungszeitraums:* Entgeltabrechnungszeiträume im letzten Jahr vor Entstehung des Anspruches, in denen Versicherungspflicht bestand (§ 130 Abs. 1 SGB III).
- *Feststellung des Bemessungsentgelts:* Das im Bemessungszeitraum durchschnittlich auf den Tag entfallende Arbeitsentgelt (§ 131 SGB III).
- *Feststellung des Leistungsentgelts:* Leistungsentgelt ist das um pauschalierte Abzüge verminderte Bemessungsentgelt (§ 133Abs. 1 SGB III).
- Für die Sozialversicherungsbeiträge wird jeweils eine Sozialversicherungspauschale in Höhe von 21% des Bemessungsentgelts abgezogen (§ 133 Abs. 1 S. 2 Nr. 1 SGB III).
- Die Lohnsteuer wird nach der Lohnsteuertabelle abgezogen, die sich nach dem vom Bundesministerium der Finanzen auf Grund des § 51 Abs. 4 Nr. 1 a EStG bekannt gegebenen Programmablaufplan bei Berücksichtigung der Vorsorgepauschale nach § 10 c Abs. 2 EStG in dem Jahr, in dem der Anspruch entstanden ist, ergibt (§ 133 Abs. 1 S. 2 Nr. 2 SGB III).

Das Arbeitslosengeld wird für Kalendertage gezahlt; wenn es für einen Kalendermonat gezahlt wird, wird dieser mit 30 Tagen angesetzt (§ 134 SGB III).

IV. Für das *Zusammentreffen des Arbeitslosengeldes mit sonstigem Einkommen* s. die Anrechnungs- und Ruhensregeln in §§ 141 ff. SGB III. 28

V. 1. Der *Anspruch auf Arbeitslosengeld ruht* während des Bezuges bestimmter anderer Sozialleistungen (§ 142 SGB III) und bei Anspruch auf Arbeitsentgelt oder Urlaubsabgeltung (§ 143 SGB III). Ebenso ruht der Anspruch bei einer *Sperrzeit* und bei einer *Säumniszeit.* Eine *Sperrzeit* tritt z.B. ein in den Fällen der Arbeitsaufgabe, der Arbeitsablehnung, der Ablehnung oder des Abbruchs einer beruflichen Eingliederungsmaßnahme oder der Versäumung einer Meldepflicht, wenn für das Verhalten des Arbeitslosen kein wichtiger Grund vorliegt. Sie beträgt im Regelfall 12 Wochen. In besonders geregelten Fällen verringert sich die Sperrzeit auf sechs bzw. drei Wochen (§ 144 SGB III). Die Sperrzeit führt in den in § 128 SGB III aufgeführten Fällen auch zu einer Kürzung der Gesamtanspruchsdauer. 29

Ein wichtiger Grund für die Auflösung des Arbeitsverhältnisses kann z.B. darin bestehen, dass der Arbeitnehmer zum nichtehelichen Lebenspartner zieht. Die Rspr hat für diese Fälle besondere Kriterien entwickelt (BSG SozR 3–4100 § 144 Nr. 26): eheähnlich ist eine Bindung zweier Partner unterschiedlichen Geschlechts nur dann, wenn sie auf Dauer angelegt ist, daneben keine weitere Lebensgemeinschaft gleicher Art zulässt und sich durch innere Bindungen auszeichnet, die ein gegenseitiges Einstehen der Partner in den Not- und Wechselfällen des Lebens begründen, also über die Beziehungen einer reinen Haushalts- und Wirtschaftsgemeinschaft hinausgehen. Kriterien für die Ernsthaftigkeit einer Beziehung im vorbezeichneten Sinne sind insbesondere deren Dauerhaftigkeit und Kontinuität und eine bestehende Haushalts- und Wirtschaftsgemeinschaft; daneben können weitere Umstände, wie etwa die gemeinsame Versorgung von Angehörigen, gewertet werden. Auch die Schulpflichtigkeit eines Kindes kann den konkreten Zeitpunkt der Auflösung des Arbeitsverhältnisses rechfertigen (Sächs. LSG, Urt. v. 02. 04. 2004, Az. L 3 AL 126/03).

Fall (nach BSG SozR 3–1300 § 44 Nr. 25): K war von 1995 bis 2005 als Verkaufsmanagerin beschäftigt. Am 24. 4. 2005 schloss K mit ihrer Arbeitgeberin einen Aufhebungsvertrag, nach dem das Anstellungsverhältnis aus betrieblichen Gründen mit dem 30. 4. 2005 endete. Für den Verlust des Arbeitsplatzes erhielt K eine Abfindung in Höhe von 125.000 €.

a) Ab wann hat K einen Anspruch auf Arbeitslosengeld? – Die Sperrzeit beträgt 12 Wochen, § 144 Abs. 1 Nr. 1 SGB III. Sie hat am 1. 5. 2005 begonnen und endet nach 12 Wochen.

b) Wie lange kann K Arbeitslosengeld beziehen? – Nach § 128 Abs. 1 Nr. 4 SGB III mindert sich die Dauer des Arbeitslosengeldes um die Anzahl von Tagen einer Sperrzeit wegen Arbeitsaufgabe. Hätte K ihren Antrag auf Arbeitslosengeld erst zum 1. 5. 2006 gestellt, wäre sie in den Genuss der Regelung des § 128 Abs. 2 S. 2 SGB III gekommen, weil das Ereignis, das die Sperrzeit begründet, bei Erfüllung der Voraussetzungen für den Anspruch auf Arbeitslosengeld länger als ein Jahr zurückliegt.

c) Hat K einen Anspruch gegen das Arbeitsamt, wenn dieses versäumt hat, sie auf diese Möglichkeit hinzuweisen? Ja, sofern die Voraussetzungen eines sozialrechtlichen Herstellungsanspruchs vorliegen.

30 **2.** Einen besonderen Fall stellt das *Ruhen des Anspruchs bei Arbeitskämpfen* dar (§ 146 SGB III). Wer durch unmittelbare Beteiligung an einem Arbeitskampf arbeitslos geworden ist, bekommt kein Arbeitslosengeld, § 146 Abs. 2 SGB III; ist er Mitglied einer Gewerkschaft, erhält er i.d.R. eine (geringe) Unterstützung aus der Streikkasse. Diese Regelung folgt aus dem wichtigen Neutralitätsgrundsatz, der für das Verhältnis der BA zu den Sozialpartnern gilt. Es darf nicht durch Zahlung von Arbeitslosengeld in Arbeitskämpfe eingegriffen werden, § 146 Abs. 1 S. 1 SGB III. Um Einflussnahmen auf Arbeitskämpfe zu verhindern, ist der BA aber nicht nur die Zahlung von Arbeitslosengeld an unmittelbar von einem Arbeitskampf betroffene – also streikende oder ausgesperrte – Arbeitnehmer untersagt, sondern in zwei Fällen auch die Leistungsgewährung an nur mittelbar Betroffene, § 146 Abs. 3 SGB III.

Der erste Fall (Abs. 3 S. 1 Nr. 1) betrifft Arbeitnehmer von Betrieben, die »dem räumlichen und fachlichen Geltungsbereich des umkämpften Tarifvertrages« zuzuordnen sind.

Beispiel: Im Tarifbezirk Nordwürttemberg/Nordbaden der Metallindustrie wird im Betrieb des Automobilunternehmens A gestreikt. Daraufhin kann dieses Unternehmen keine elektronischen Zulieferteile der Fa. X abnehmen, was dort zur Betriebsstilllegung führt. Erkämpfen die Arbeitnehmer der Fa. A einen höheren Tariflohn, kommt dieses zugleich unmittelbar auch den Arbeitnehmern der Fa. X zugute. Abs. 3 S. 1 Nr. 1 sieht daher für sie ein Ruhen der Ansprüche auf Arbeitslosengeld vor; schließlich erhalten ja auch die streikenden und möglicherweise ausgesperrten Arbeitnehmer der Fa. A kein Arbeitslosengeld, Abs. 1 S. 1.

Wandelt man das eben behandelte Beispiel dahingehend ab, dass die Fa. X im Metall-Tarifbezirk Südwürttemberg/Südbaden liegt, so handelt es sich um einen Sachverhalt der *zweiten Fallgruppe* (Abs. 3 S. 1 Nr. 2). Das Ruhen der Ansprüche setzt jedoch zweierlei voraus: zum einen eine *entsprechende* Tarifauseinandersetzung wie im nördlichen Tarifbezirk (Nr. 2 Buchst. a), zum anderen die Wahrscheinlichkeit, dass das dort erkämpfte *Tarifergebnis* (z.B. die Lohnerhöhung) »im wesentlichen« auch im südlichen Tarifbezirk *übernommen* werden wird. Handelt es sich im Ausgangsbeispiel dagegen bei der Fa. A um eine Autoreifenfabrik, die zur chemischen Industrie gehört, so gilt Abs. 1 S. 2: die Gewährung von Arbeitslosengeld ist *nicht* ausgeschlossen.

Zu weiteren Einzelheiten s. § 146 SGB III, dessen heutige Fassung das Ergebnis einer außerordentlich heftigen sozialpolitischen Kontroverse ist[29].

Die Neutralitätsregelung des § 146 SGB III gilt entsprechend auch für die Gewährung von Kurzarbeitergeld und von Arbeitslosenhilfe, §§ 174, 198 S. 1 Nr. 6 SGB III.

31 **VI.** Der *Anspruch auf Arbeitslosengeld erlischt* mit der Entstehung eines neuen Anspruchs oder wenn der Arbeitslose Anlass für den Eintritt von Sperrzeiten mit einer Dauer von insgesamt mindestens 21 Wochen gegeben hat (§ 147 Abs. 1 SGB III).

32 **VII.** Die neu eingeführte Leistung des *Teilarbeitslosengeldes* wird bei Teilarbeitslosigkeit gezahlt (§ 150 SGB III). Dies ist der Fall, wenn jemand eine versicherungspflichtige Beschäftigung verloren hat, die er neben einer weiteren versicherungspflichtigen Beschäftigung ausgeübt hat. Die Dauer des Anspruchs ist auf sechs Monate begrenzt. Ansonsten gelten die Vorschriften über das Arbeitslosengeld entsprechend.

---

29 Vgl. aus der umfangreichen Literatur zur Einführung m.w. Nachw. *Seiter* NJW 1987, 1 ff., *Kummer* DAngVers. 1990, 201 ff., sowie zur Vertiefung *Schwerdtfeger* Rechtsfragen zu § 116 AFG n.F., 1990.

G. Insolvenzgeld

I. Bei Zahlungsunfähigkeit (Insolvenz) des Arbeitgebers wird dem Arbeitnehmer ein Insolvenzgeld (früher: Konkursausfallgeld) gezahlt (§§ 183 ff. SGB III)[30]. Die Leistung des Konkursausfallgeldes wurde 1974 angesichts zunehmender Insolvenzen bei gleichzeitig unzureichender Sicherung der Ansprüche der Arbeitnehmer auf Arbeitsentgelt im Konkursverfahren als weitere Sozialleistung in das AFG eingeführt. Diese Leistung soll bei Zahlungsunfähigkeit des Arbeitgebers zu einer sicheren und schnellen Befriedigung offener Entgeltansprüche des Arbeitnehmers führen. 33

II. 1. Der Begriff des *Arbeitnehmers* (§ 183 Abs. 1 SGB III) ist der gleiche wie nach § 117 Abs. 1 SGB III (§§ 183 ff. SGB III gehören ebenso wie § 117 SGB III zum Achten Abschnitt). 34

2. Als *Insolvenzereignis* kommt neben der Eröffnung des Insolvenzverfahrens über das Vermögen des Arbeitgebers (§ 183 Abs. 1 S. 1 Nr. 1 SGB III) vor allem die Abweisung des Antrages auf Eröffnung des Insolvenzverfahrens mangels Masse (§ 183 Abs. 1 S. 1 Nr. 2 SGB III) in Betracht.

3. Der Begriff *»Arbeitsentgelt«* i.S.d. § 183 Abs. 1 S. 1 SGB III wird weiter als der Entgeltbegriff des § 14 SGB IV verstanden. Maßgebend ist der *insolvenzrechtliche* Arbeitsentgeltbegriff, der z.B. auch Ansprüche auf Reisekosten und Spesen umfasst[31]. Dazu gehören alle Ansprüche auf Bezüge aus dem Arbeitsverhältnis (§ 183 Abs. 1 S. 3 SGB III).

4. Beim Insolvenzgeld werden nur Arbeitsentgeltansprüche der letzten drei Monate des Arbeitsverhältnisses vor Eintritt des Insolvenzereignisses berücksichtigt[32]. Für die Berechnung des *Ausfallzeitraumes* ist grundsätzlich der Tag des Insolvenzereignisses maßgeblich. Arbeitet im Falle einer Abweisung des Insolvenzverfahrens mangels Masse ein Arbeitnehmer in Unkenntnis dieses Umstandes – zur Mitteilungspflicht des Arbeitgebers vgl. § 183 Abs. 4 SGB III –, werden die letzten drei Monate vor der späteren Kenntniserlangung berücksichtigt, § 183 Abs. 2 SGB III.

5. Insolvenzgeld wird in Höhe des ausstehenden Nettoarbeitsentgeltes der letzten drei Monate des Arbeitsverhältnisses gewährt, § 185 SGB III.

6. § 208 SGB III sieht die Entrichtung des ausstehenden *Gesamtsozialversicherungsbeitrags* für die dem Insolvenzereignis vorausgehenden drei Monate des Arbeitsverhältnisses durch die Bundesagentur für Arbeit vor.

III. Die Zahlung des Insolvenzgeldes setzt eine *Antragstellung* innerhalb einer Ausschlussfrist von zwei Monaten nach Eintritt des Insolvenzereignisses bzw. dessen Kenntniserlangung beim zuständigen Arbeitsamt voraus, § 324 Abs. 3 SGB III. 35

IV. Die für das Insolvenzgeld erforderlichen *Mittel* werden durch die Berufsgenossenschaften und andere Unfallversicherungsträger *aufgebracht* (§ 358 SGB III), die ihrerseits die benötigten finanziellen Mittel durch eine Umlage von den Arbeitgebern einfordern, § 359 SGB III[33]. 36

---

30 Die Vorschriften über das Insolvenzgeld gelten seit dem 1. 1. 1999.

31 BSG SozR 3–4100 § 141 b Nr. 2.

32 Zu den Gründen des Ausschlusses weiter zurückreichender Ansprüche vgl. BT-Drs. 7/1750, S. 10.

33 Zur Verfassungsmäßigkeit der Umlage vgl. BVerfG SozR 4100 § 186 b Nr. 2.

H. Schutz der Empfänger von Entgeltersatzleistungen in den Zweigen der Sozialversicherung

37 **I.** Bezieher von Arbeitslosengeld oder Unterhaltsgeld sind in der gesetzlichen *Krankenversicherung* (§ 5 Abs. 1 Nr. 2 SGB V) und in der *Pflegeversicherung* (§ 20 Abs. 1 Nr. 2 SGB XI) versichert (bei Befreiung von der Versicherungspflicht s. § 207 a SGB III).

II. Der *Unfallversicherungsschutz* von Leistungsempfängern nach dem SGB III richtet sich nach den Vorschriften der gesetzlichen Unfallversicherung (SGB VII). Unfallversicherungsschutz genießen Personen, die der Meldepflicht unterliegen, wenn sie einer besonderen, an sie im Einzelfall gerichteten Aufforderung einer Dienststelle der Bundesagentur für Arbeit nachkommen, diese oder eine andere Stelle aufzusuchen (§ 2 Abs. 1 Nr. 14 SGB VII). Versicherungsschutz besteht auch für Personen, die zur Vorbereitung von Leistungen zur Teilhabe am Arbeitsleben auf Aufforderung eines Trägers der gesetzlichen Rentenversicherung oder der Bundesagentur für Arbeit einen dieser Träger oder eine andere Stelle aufsuchen (§ 2 Abs. 1 Nr. 15 Buchst. b SGB VII).

Der Unfallversicherungsschutz besteht also z.B. nicht bei der erstmaligen Kontaktaufnahme mit einer Agentur für Arbeit nach §§ 37 b, 22 SGB III.

III. Bezieher von Übergangsgeld oder Arbeitslosengeld sind in der gesetzlichen *Rentenversicherung* pflichtversichert (§ 3 S. 1 Nr. 3 SGB VI). Für die Rentenhöhe entscheidend ist dabei die Grundlage, auf der die Beiträge bemessen werden, vgl. § 166 Abs.1 Nr. 2, 2 a, 2 b SGB VI. Bei Befreiung von der Versicherungspflicht s. § 207 SGB III.

IV. Zur Erstattung von Arbeitgeberbeiträgen zur Sozialversicherung beim Winterausfallgeld s. § 214 a SGB III.

I. Pflichten im Leistungsverfahren

38 Das Arbeitsförderungsrecht enthält im Achten Kapitel detaillierte Regelungen zu den Pflichten im Leistungsverfahren. Diese sind teilweise als Sonderregelungen zu den allgemeinen *Mitwirkungspflichten* zu verstehen (vgl. §§ 60 ff. SGB I). Die Verletzung dieser Pflichten ist im Achten Kapitel nur insoweit geregelt, als an bestimmte Pflichtverletzungen Schadensersatzansprüche der BA geknüpft sind (§ 321 SGB III). Die Konsequenzen der Verletzung von Mitwirkungspflichten sind den allgemeinen Mitwirkungsvorschriften zu entnehmen (§§ 66, 67 SGB I). An besonderen Pflichten zu nennen sind die *allgemeine Meldepflicht des Arbeitslosen* (§ 309 SGB III) und bestimmte *Anzeige- und Bescheinigungspflichten* auch dritter Personen, z.B. bezüglich der Arbeits- oder Nebeneinkommensbescheinigung (§§ 311 bis 314 SGB III). Diese Pflichten sind teilweise bürokratisch überreguliert, so etwa, wenn die Benutzung von Vordrucken der BA gefordert wird (vgl. § 313 Abs. 1 S. 2 SGB III), wobei durchaus fraglich sein kann, dass die Nichtbenutzung solcher Vordrucke zu einem Anspruch der BA auf Schadenersatz führt (vgl. § 321 Nr. 1 SGB III).

J. Gemeinsame Vorschriften für Leistungen – Grundsätze bei Rechtsänderungen

39 **I.** Es ist unüblich, dass wichtige allgemeine Vorschriften ans Ende eines Gesetzes gerückt werden. Üblich ist vielmehr der Aufbaugrundsatz, wonach das Allgemeine *vor* dem Besonderen zu stehen hat. In anderen Büchern des SGB wird dieser Grundsatz berücksichtigt. Dieses geschieht nicht bei den Gemeinsamen Vorschriften für Leistungen, die im Neunten Kapitel des SGB III stehen, und ebenfalls nicht bei einigen Bereichen der Sonderregelungen im Dreizehnten Kapitel, so insbesondere bei den Grundsätzen bei Rechtsände-

rungen im Dritten Abschnitt dieses Kapitels. Völlig unsystematisch platziert ist die ermessensleitende Vorschrift des § 7 SGB III im Abschnitt über die Grundsätze.

II. In den *Gemeinsamen Vorschriften für Leistungen* werden für das Recht der Arbeitsförderung im Verhältnis zu Vorschriften des SGB I und des SGB X besondere Regelungen eingeführt. Diese betreffen insbesondere *Anträge* und *Fristen* (§§ 323 bis 326 SGB III), die *Zuständigkeit* (§ 327 SGB III), die *vorläufige Entscheidung* (§ 328 SGB III)[34], die *Aufhebung von Verwaltungsakten* (§ 330 SGB III) sowie den *Anspruchsübergang*, die *Aufrechnung* und die *Pfändung* (§§ 332 bis 334 SGB III). Laufende Geldleistungen werden regelmäßig monatlich nachträglich gezahlt (§ 337 Abs. 2 SGB III).

Bezüglich der *Anträge* und der *Wirkungen der Anträge* sind drei Grundsätze zu beachten, die allerdings je nach Leistung variieren können: Der Grundsatz des Antragserfordernisses (§ 323 SGB III), der Grundsatz des Antrags vor Eintritt des leistungsbegründenden Ereignisses (§ 324 Abs. 1 S. 1 SGB III; Härteregelung in S. 2) und der Grundsatz der nichtrückwirkenden Leistung (§ 325 Abs. 1 und 2 SGB III).

III. In den *Grundsätzen bei Rechtsänderungen* werden die Voraussetzungen für die Weitergeltung des bisherigen Rechts bei Leistungen der aktiven Arbeitsförderung geklärt (§ 422 SGB III).

IV. Für die Leistungen der aktiven Arbeitsförderung, die als *Ermessensleistungen* i.S.v. § 3 Abs. 5 SGB III ausgestaltet sind, gibt das Gesetz besondere Regeln für die Auswahl solcher Leistungen vor (§ 7 SGB III). Diese Vorschrift liefert damit eine Handlungsanweisung an die Agentur für Arbeit im Rahmen der Ermessensbildung, wobei sich die Agentur für Arbeit bereits zum Tätigwerden entschlossen haben muss. Vor dem Hintergrund der gängigen Unterscheidung zwischen Handlungs- (oder Entschließungs-) und Auswahlermessen lässt sich die Vorschrift als Handlungsanweisung bei der Betätigung des Auswahlermessens einordnen. Die Agentur für Arbeit soll unter Beachtung des Grundsatzes der Wirtschaftlichkeit und Sparsamkeit die im Einzelfall am besten geeignete Leistung oder Kombination von Leistungen wählen. Ferner sind die Fähigkeiten der Person, die Aufnahmefähigkeit des Arbeitsmarktes und der arbeitsmarktpolitische Handlungsbedarf zu berücksichtigen.

§ 46 Finanzierung

Die Vielfalt der Aufgaben der BA spiegelt sich auch in den Finanzierungsgrundlagen wider. Die Mittel der BA werden durch Beiträge der Versicherungspflichtigen, der Arbeitgeber und Dritter durch *Umlagen*, durch *Mittel des Bundes* und *sonstige Einnahmen* finanziert (§ 340 SGB III). Der Beitragssatz wird gesetzlich festgelegt und beläuft sich derzeit auf 6,5% im Rahmen der Bemessungsgrenze, die für die Rentenversicherung gilt (§ 341 SGB III; § 159 SGB VI). Die Vorschriften über die Beiträge und das Verfahren stellen besondere Regelungen zu den §§ 20 ff. SGB IV dar. Mit dem Beitrag zur Arbeitsförderung werden also nicht nur die Entgeltersatzleistungen der Arbeitslosenversicherung, sondern – bis auf die nachstehend aufgeführten besonderen Finanzierungen – auch die Leistungen der aktiven Arbeitsförderung finanziert. Die Mittel der Winterbauförderung werden durch eine Umlage von den Arbeitgebern des Baugewerbes aufgebracht, in deren Betrieben die ganzjährige Beschäftigung zu fördern ist (§§ 354 bis 357 SGB III). Durch eine Umlage der Unfallversicherungsträger bei ihren Mitgliedern wird das Insolvenzgeld finanziert (§§ 358 bis 362 ff. SGB III). Der Bund trägt, finanziert aus Steuermitteln, die Ausgaben für die weiteren Aufgaben, deren Durchführung die Bundesregierung aufgrund dieses

34 Hierzu *Schmidt-De Caluwe* Vorläufige Verwaltungsakte im Arbeitsförderungsrecht, NZS 2001, 240 ff.

Buches der Bundesanstalt übertragen hat oder die gesetzlich übertragen worden sind (§ 363 SGB III).

§ 47 Die Bundesagentur für Arbeit als Träger der Arbeitsförderung und ihre Organe

Die Erfüllung der Aufgaben der Arbeitsförderung obliegt der Bundesagentur für Arbeit (BA) in Nürnberg und deren Unterbehörden, und zwar den Regionaldirektionen und Agenturen für Arbeit (§§ 367, 368 SGB III).

Der Name wurde mit Wirkung zum 01. 01. 2004 von »Bundesanstalt für Arbeit« in »Bundesagentur für Arbeit« geändert.[35]

Anders als die Träger der KV, UV und RV ist die BA – entgegen dem Wortlaut des § 367 S. 1 SGB III – nicht körperschaftlich, sondern *anstaltsrechtlich* organisiert[36]. Dieses ergibt sich nicht zuletzt aus der Art, wie die Organe der BA kreiert werden. Zu diesen zählen außer den Verwaltungsausschüssen der Agenturen für Arbeit und Regionaldirektionen (§§ 374, 374 a SGB III), der *Verwaltungsrat* (der, insbes. als Rechtssetzungsorgan, § 373 SGB III, am ehesten der Vertreterversammlung der SV-Träger vergleichbar ist) sowie der *Vorstand* (der die BA gerichtlich und außergerichtlich vertritt, § 381 SGB III). Diese Organe werden nicht von den beitragspflichtigen Arbeitnehmern oder Arbeitgebern *gewählt,* sondern von der Arbeitsverwaltung berufen, (§ 377 SGB III). Den Beitragspflichtigen kommt lediglich ein Vorschlagsrecht zu, das sie allerdings nicht einmal selbst ausüben dürfen. Vielmehr werden die – auch nicht organisierten – Arbeitnehmer von den Gewerkschaften, die Arbeitgeber von den Arbeitgeberverbänden »vertreten«, § 379 SGB III. Mit der Organisationsreform zum 01. 01. 2004 wurde die Kontrolle der Geschäftsführung (Vorstand bei der BA) durch den Verwaltungsrat und den Verwaltungsausschuss verstärkt[37].

Dieses erklärt sich vor allem daraus, dass der Gesetzgeber die verschiedenen Maßnahmen der Arbeitsförderung auch als Instrumentarium der allgemeinen Arbeitsmarkt- und Beschäftigungspolitik verstanden wissen wollte, vgl. § 1 SGB III. Daher sind die Organe der BA auch nicht lediglich aus Vertretern der Arbeitnehmer und Arbeitgeber, sondern zugleich noch aus Vertretern der öffentlichen Hand – jeweils zu gleichen Teilen – zusammengesetzt, § 380 Abs. 1 SGB III.

Mit dem SGB III ist eine Politik der Dezentralisierung der Arbeitsmarktpolitik verfolgt worden[38]. Dieses drückt sich insbesondere in den Möglichkeiten bezüglich des regionalen Arbeitsmarktes aus, § 10 SGB III.

§ 48 Sonderregelungen für das Beitrittsgebiet

Verschiedene Sonderregelungen sind im Zusammenhang mit der Herstellung der Einheit Deutschlands getroffen worden (§§ 408 bis 416 a SGB III). Dies gilt insbesondere für die Förderung von Arbeitsbeschaffungsmaßnahmen (§ 416 SGB III).

---

35 Änderung durch das Dritte Gesetz für moderne Dienstleistungen am Arbeitsmarkt. Der Name »Bundesanstalt für Arbeit« war 1969 eingeführt worden und löste die »Bundesagentur für Arbeitsvermittlung und Arbeitslosenversicherung« aus der Zeit des »Gesetzes über Arbeitsvermittlung und Arbeitslosenversicherung« von 1927 ab.

36 Dazu *Becker* SRH, B. 6, Rn. 33 ff., dort auch weitere Nachw.

37 Vgl. im Einzelnen die Gesetzesbegründung in BT-Drs. 15/1515, S. 72 und 106.

38 *Clever* ZfSH/SGB 1998, 3 ff. (3 f.). Kritisch hierzu *Bull* Die Organisationreform der Bundesanstalt für Arbeit im Kontext der Reform des öffentlichen Dienstes, RsDE 48, 42 ff.

9. Kapitel. Grundsicherung für Arbeitsuchende (SGB II)

Kommentare: *Eicher / Spellbrink* SGB II – Grundsicherung für Arbeitsuchende, Kommentar, München 2005; *Münder*, Lehr- und Praxiskommentar SGB II, Baden-Baden 2005

Vertiefung: *Bieback* Probleme des SGB II, NZS 2005, S. 337–343;*Krahmer / Spindler* Rechtliche Maßstäbe für die Erbringung von Arbeitsgelegenheiten für Arbeitsuchende nach § 16 Abs. 3 SGB II, NDV 2005, S. 17–24; *Lehmann-Franßen* Unangemessene Eigenbemühungen und die Nichtigkeit der Eingliederungsvereinbarung nach § 15 SGB II, NZS 2005, S. 519–523; *O'Sullivan* Verfassungsrechtliche Fragen des Leistungsrechts der Grundsicherung für Arbeitsuchende, SGb 2005, S. 369–376; *Rixen*, »Hartz IV« – Ist jede Arbeit zumutbar?, SGb 2005, S. 509–514; *ders.* Rechtliche Grenzen bei »Ein-Euro-Jobs«, SozSich 2005, S. 152–157; *Spellbrink* Das Einstiegsgeld nach § 29 SGB II – oder von den Aporien »moderner« Gesetzgebung, NZS 2005, S. 231–237

§ 49 Allgemeines

1 Durch das Vierte Gesetz für moderne Dienstleistungen am Arbeitsmarkt (»Hartz IV«) ist das SGB II geschaffen worden, welches seit dem 1. 1. 2005 in Kraft ist. Durch das SGB II soll das bisherige Nebeneinander der Fürsorgesysteme von Sozialhilfe und Arbeitslosenhilfe bei Erwerbsfähigen vermieden werden, welches als ineffizient, intransparent und wenig bürgerfreundlich angesehen worden ist[1]. Die Sozialhilfe (SGB XII) sollte mit den Leistungen der Hilfe zum Lebensunterhalt und der Grundsicherung im Alter und bei Erwerbsminderung nur noch Personen zur Verfügung stehen, die nicht erwerbsfähig sind, während das SGB II für bedürftige erwerbsfähige Arbeitsuchende einschlägig ist. Für erwerbsfähige Arbeitsuchende, die Leistungen der Arbeitslosenversicherung oder sonstige Leistungen nach dem SGB III erhalten, ist wiederum das System der Arbeitsförderung (SGB III) zuständig.

2 Mit der Einführung des Arbeitslosengeldes II ist die Arbeitslosenhilfe, welche bisher im Anschluss an das Arbeitslosengeld gezahlt worden ist, weggefallen. Der Unterschied zwischen diesen beiden Geldleistungen besteht u.a. darin, dass die Arbeitslosenhilfe bei der Bemessung seiner Höhe einkommensabhängig war, das Arbeitslosengeld II jedoch eine pauschalisierte Leistung darstellt[2].

3 Aufgabe und Ziel des SGB II sind in § 1 Abs. 1 S. 1 SGB II normiert: die Grundsicherung für Arbeitsuchende soll zum einen die Eigenverantwortung des Hilfebedürftigen sowie der mit ihm in einer Bedarfsgemeinschaft lebenden Personen stärken und zum anderen dazu beitragen, den Lebensunterhalt unabhängig von der Grundsicherung aus eigenen Mitteln und Kräften zu bestreiten. Soweit die Eingliederung nicht möglich ist, wird der Lebensunterhalt der erwerbsfähigen Hilfebedürftigen und der mit ihnen in einer Bedarfsgemeinschaft lebenden Personen durch pauschalisierte bedarfsdeckende Leistungen und die Einbeziehung in die Sozialversicherung gesichert.

4 Die Grundsicherung für Arbeitsuchende beruht auf den Grundsätzen des »Förderns« und »Forderns«. Der Grundsatz des Förderns bedeutet, dass das SGB II einen Leistungsanspruch auf geeignete Fördermaßnahmen und Unterstützung schafft. Nach dem Grundsatz des Forderns, gewissermaßen das Gegenstück dazu, müssen erwerbsfähige Hilfebedürftige und die mit ihnen in einer Bedarfsgemeinschaft lebenden Personen alle Möglichkeiten zur Beendigung oder Verringerung ihrer Hilfebedürftigkeit ausschöpfen. Der erwerbsfähige Hilfebedürftige muss aktiv an allen Maßnahmen zu seiner Eingliederung in das Arbeitsleben mitwirken.

1 BT-Drs. 15/1516, 1.
2 Ausführlich zu den Unterschieden: *Bäcker/Koch* SozSich 2004, 88 ff.

§ 50 Leistungsberechtigte

A. Berechtigte nach § 7 Abs. 1 SGB II

1 Anspruchsberechtigt ist, wer das 15. Lebensjahr vollendet und das 65. Lebensjahr noch nicht vollendet hat, erwerbsfähig und hilfebedürftig ist und seinen gewöhnlichen Aufenthalt in der Bundesrepublik Deutschland hat.

I. Erwerbsfähigkeit (§ 8 SGB II)

2 Die Erwerbsfähigkeit ist nicht nur Anspruchsvoraussetzung für das SGB II, sondern dient zugleich auch als Abgrenzungskriterium zum SGB XII, denn wenn der hilfebedürftige Arbeitsuchende nicht erwerbsunfähig ist, kann er Leistungen nach dem SGB II nicht beanspruchen, so dass nur die Sozialhilfe nach dem SGB XII in Betracht kommt. Erwerbsfähig ist, wer nicht wegen Krankheit oder Behinderung auf absehbare Zeit außerstande ist, unter den üblichen Bedingungen des allgemeinen Arbeitsmarktes mindestens drei Stunden täglich erwerbsfähig zu sein. Es wird auf den allgemeinen Arbeitsmarkt abgestellt, so dass es für die Frage der Erwerbsfähigkeit unerheblich ist, ob auf dem konkret bestehenden Arbeitsmarkt eine Nachfragesituation nach Arbeitskräften besteht. Die Erwerbsfähigkeit stellt somit primär auf den Gesundheitszustand des Arbeitsuchenden ab und ist an die Regelung des § 43 Abs. 2 S. 2 SGB VI angelehnt[3]. Das Recht der gesetzlichen Rentenversicherung bietet insoweit eine erste Orientierung, wobei aber ausgehend vom Sinn und Zweck des SGB II dieser Begriff eigenständig zu interpretieren ist[4].

Für die Bestimmung der Erwerbsfähigkeit ist die Bundesagentur für Arbeit zuständig (§ 44 a SGB II)[5]. Sofern der kommunale Träger, ein anderer Leistungsträger, der bei voller Erwerbsminderung zuständig wäre oder die Krankenkasse, die bei Erwerbsfähigkeit Leistungen der Krankenversicherung zu erbringen hätte, der Feststellung widerspricht, entscheidet die gemeinsame Einigungsstelle nach § 45 SGB II. Mit dem Gesetz zur Fortentwicklung der Grundsicherung für Arbeitsuchende[6] wurde auch Krankenkassen die Möglichkeit gegeben, bei Zweifeln an der Erwerbsfähigkeit der Betroffenen die gemeinsame Einigungsstelle anzurufen. Damit wird berücksichtigt, dass von den finanziellen Folgen eines rechtswidrigen Bezuges von Arbeitslosengeld II aufgrund fehlender Erwerbsfähigkeit auch die Krankenkassen betroffen sind[7].

II. Hilfebedürftigkeit (§ 9 SGB II)

3 Hilfebedürftig ist derjenige, der seinen Lebensunterhalt, seine Eingliederung in Arbeit und den Lebensunterhalt der mit ihm in einer Bedarfsgemeinschaft lebenden Personen nicht oder nicht ausreichend aus eigenen Mitteln bestreiten kann. Der Hilfesuchende hat vor allem seine Arbeitskraft und das zu berücksichtigende Einkommen oder Vermögen einzusetzen, um Hilfebedürftigkeit zu vermeiden. § 9 Abs. 1 SGB II ist zum einen Konkretisierung der in § 3 Abs. 1 und Abs. 3 SGB II niedergelegten Subsidiarität[8], wonach Leistungen nach dem SGB II nur erbracht werden dürfen, soweit die Hilfebedürftigkeit nicht anderweitig beseitigt werden kann, und zum anderen Ausdruck des Grundsatzes des Forderns nach § 2 SGB II[9]. Mit dem Gesetz zur Fortentwicklung der Grundsicherung für Arbeitsuchende

3 BT-Drs. 15/1516, 52.
4 *Blüggel*, in: Eicher/Spellbrink, § 8 Rn. 7.
5 Zu den medizinischen Kriterien der Erwerbsfähigkeitseinstufung vgl. *Tänzer* ZfF 2005, 58.
6 Vom 20. 7. 2006 (BGBl. I S. 1706).
7 BT-Drs. 16/1410, 27; zu der vorherigen Rechtslage und deren Problematik: *Hammel* ZFSH/SGB 2006, 328 ff.
8 *Mecke*, in: Eicher/Spellbrink, § 9 Rn. 6.
9 BT-Drs. 15/1516, 52.

wird § 3 Abs. 3 SGB II dadurch ergänzt, dass die nach diesem Buch vorgesehenen Leistungen den Bedarf der erwerbsfähigen Hilfebedürftigen und der mit ihnen in einer Bedarfsgemeinschaft lebenden Personen decken. Eine davon abweichende Festlegung der Bedarfe ist ausgeschlossen. Mit diesem Gesetz wird § 9 Abs. 2 S. 2 SGB II dahingehend konkretisiert, dass Einkommen innerhalb einer Bedarfsgemeinschaft auch auf den Bedarf nicht leiblicher Kinder anzurechnen ist. Der bisherige Wortlaut machte dies nicht ausreichend deutlich, so dass es möglicherweise zu einer Schlechterstellung von miteinander verheirateten Partnern gekommen wäre, weil in diesem Fall zu dem nicht leiblichen Kind eine Schwägerschaft entstanden ist, welche zur Anwendung des § 9 Abs. 5 SGB II führt. Anhand des Wortlautes des § 9 SGB II wird deutlich, dass die mit dem Betroffenen in einer Gemeinschaft Lebenden mitberücksichtigt werden, wobei darauf abgestellt wird, ob der gesamte Bedarf gedeckt ist (§ 9 Abs. 2 S. 2 SGB II). Sofern dies nicht der Fall ist, gilt jede Person der Bedarfsgemeinschaft im Verhältnis des eigenen Bedarfs zum Gesamtbedarf als hilfebedürftig.

1. Zumutbare Arbeit (§ 10 SGB II)

Hilfebedürftig ist somit nicht, wer durch die Aufnahme einer zumutbaren Arbeit den Lebensunterhalt für sich und für die in der Bedarfsgemeinschaft lebenden Personen ausreichend sichern kann. Dem erwerbsfähigen Hilfebedürftigen ist jede Arbeit zumutbar (§ 10 Abs. 1 SGB II), es sei denn, es liegt einer der in den Nummern eins bis fünf genannten Gründe vor[10]. Diese Regelungen sind an die früheren Zumutbarkeitsregelungen des BSHG angelehnt[11]. In § 10 Abs. 2 SGB II sind die Kriterien aufgezählt, nach denen eine Arbeit von vornherein nicht unzumutbar ist. Die Vorschrift konkretisiert die Grundsätze des Forderns hinsichtlich der Zumutbarkeit von Tätigkeiten und Maßnahmen. Die Anforderungen an den Erwerbsfähigen sind schärfer als diejenigen nach dem Versicherungssystem des SGB III. Dies wird damit gerechtfertigt, dass den Arbeitsuchenden im Rahmen des SGB II eine höhere Verpflichtung trifft, die Belastung der Allgemeinheit zu minimieren, als einen Versicherten im Rahmen des SGB III, der auch mit eigenen Beiträgen zum sozialen Schutz beigetragen hat[12]. 4

Allerdings darf das Ziel des Förderns, d.h. die Reintegration in den ersten Arbeitsmarkt, nicht ganz ausgeklammert werden, woraus sich Rücksichtnahme- und Förderpflichten ergeben[13]. Wenn die frühere berufliche Identität durch Zuweisung beliebiger Arbeit zerstört wird, werden auch die späteren Wiedereingliederungschancen beeinträchtigt, womit gegen das Fördergebot verstoßen wird[14]. 5

2. Zu berücksichtigendes Einkommen und Vermögen

Hilfebedürftigkeit ist ausgeschlossen, wenn der Arbeitsuchende seinen Lebensunterhalt und den mit ihm in einer Bedarfgemeinschaft lebenden Personen aus dem zu berücksichtigenden Einkommen oder Vermögen sichern kann (§ 9 Abs. 1 S. 2 SGB II). § 11 SGB II regelt das zu berücksichtigende Einkommen und § 12 SGB II das zu berücksichtigende Vermögen. § 11 Abs. 1 SGB II entspricht inhaltlich dem Sozialhilferecht; außerdem wird in S. 2 klargestellt, dass der mit der Änderung des Bundeskindergeldgesetzes (BKGG) eingeführte Kinderzuschlag als Einkommen des jeweiligen Kindes zu berücksichtigen ist, da ansonsten nicht die Abhängigkeit des Kindes von Sozialgeld oder Arbeitslosengeld II beseitigt werden kann[15]. 6

10 Weiterführend: *Rixen* SGb 2005, 509ff; sowie: *Kohte* SozSich 2005, 146 ff.
11 *Bieback* NZS 2005, 337 (339).
12 Vgl. BT-Drs. 15/1516, 53.
13 *Bieback* NZS 2005, 337 (340).
14 *Bieback* NZS 2005, 337 (340).
15 BT-Drs. 15/1516, 53.

7 Der Kinderzuschlag nach § 6 a BKGG verfolgt das Ziel zu verhindern, dass Eltern allein wegen des Unterhalts der Kinder Arbeitslosengeld II-/Sozialgeld-Leistungen beantragen müssen[16]. Der Zuschlag kann bis zu 160 € pro Monat pro Kind betragen. Er wird bei der Familienkasse beantragt, die auch das Kindergeld auszahlt. Er soll jeweils für sechs Monate bewilligt werden. Der Kinderzuschlag wird nicht für Zeiten vor der Antragstellung erbracht. Der Anspruch auf Zahlung des Kindeszuschlages für ein Kind besteht nicht für Zeiträume, in denen zumutbare Anstrengungen unterlassen wurden, Einkommen des Kindes zu erzielen, denn der Kinderzuschlag dient dazu, Hilfebedürftigkeit nach dem SGB II zu vermeiden. Hinsichtlich des Verhältnisses zu anderen möglichen Einkünften des Kindes, insbesondere Unterhalts- oder Unterhaltsvorschussleistungen, ist er deshalb ebenso nachrangig wie Leistungen nach dem SGB II. Insofern kann erwartet werden, dass zumutbare Anstrengungen, wie z.B. die Beantragung von Leistungen nach dem Unterhaltsvorschussgesetz, unternommen werden, bevor Kinderzuschlag in Anspruch genommen wird[17]. Der Kinderzuschlag stellt einen eigenständigen Anspruch dar[18]. Entscheidend für diesen Anspruch ist allerdings, dass durch die Gewährung des Kinderzuschlages an ein kinderzuschlagsberechtigte Mitglied einer Bedarfsgemeinschaft diese insgesamt aus dem Leistungsbezug des Arbeitslosengeldes II ausscheidet. Mit dem Gesetz zur Fortentwicklung der Grundsicherung wurde § 6 a BKKG ein neuer Abs. 5 angefügt, wonach ein Anspruch auf Kinderzuschlag entfällt, wenn der Berechtigte erklärt, ihn für einen bestimmten Zeitraum wegen eines damit verbundenen Verlustes von anderen höheren Ansprüchen nicht geltend machen zu wollen. In diesen Fällen unterrichtet die Familienkasse den für den Wohnort des Berechtigten zuständigen Träger der Grundsicherung für Arbeitsuchende über die Erklärung. Die Erklärung kann jedoch mit Wirkung für die Zukunft widerrufen werden. Mit dieser neuen Regelung sollen Problemfälle gelöst werden, in denen ein ansonsten bestehender Anspruch auf den befristeten Zuschlag nach Bezug von Arbeitslosengeld gem. § 24 SGB II verloren geht, weil durch den Kinderzuschlag Hilfebedürftigkeit nach § 9 SGB II vermieden wird.

8 § 11 Abs. 2 und 3 SGB II bestimmen, was vom Einkommen abzusetzen bzw. welche Positionen nicht als Einkommen zu berücksichtigen sind. Diese Norm ist aufgrund ihres abschließenden Charakters einer erweiternden Auslegung nicht zugänglich[19].

9 Nach § 30 SGB II werden die ersten 100 € eines Nebeneinkommens als Grundfreibetrag stets zusätzlich zu den üblichen monatlichen Leistungen zugestanden. Bei Einkünften zwischen 100 und 800 € dürfen die Bezieher von Arbeitslosengeld II 20% des 100 € übersteigenden Bruttoverdienstes behalten. Sollte das monatliche Einkommen 800 € übersteigen, allerdings nicht mehr als 1.200 € betragen, bleiben dem Hilfebedürftigen nur 10%, der Rest wird mit den Ansprüchen auf das Arbeitslosengeld II verrechnet. Für erwerbsfähige Hilfebedürftige, die entweder mit mindestens einem minderjährigen Kind in Bedarfsgemeinschaft leben oder die mindestens ein minderjähriges Kind haben, beträgt der Betrag 1.500 €.

Beispiel[20]**:** Eine alleinstehende Arbeitslosengeld II-Bezieherin mit zwei minderjährigen Kindern nimmt einen Job auf, bei dem sie monatlich brutto 1.500 € verdient. Von diesem Verdienst bleiben ihr nach Abzug von Steuern und Sozialversicherungsbeiträgen netto 1.050 €. Davon werden ihr insgesamt 310 € zugestanden (20% von 700 = 140 €, 10% von 700 € = 70 €, 100 € Freibetrag). Der Rest wird einbehalten, indem die monatliche Überweisung der SGB II-Leistungen an die Familie um genau 740 € gekürzt wird.

16 Ausführlich: *Wild* ZFSH/SGB 2005, 136 ff.
17 BT-Drs. 16/1410, 34.
18 *Spellbrink*, in: Eicher/Spellbrink, Anhang § 6 a BKGG Rn. 1.
19 LSG Hamburg NordÖR 2005, 437 f.
20 *Winkel* SozSich 2005, 304 (304).

Sofern der Verdienst des erwerbsfähigen Hilfebedürftigen höchstens 400 € beträgt, gilt der 100 €-Freibetrag. Dadurch sind Werbungskosten, Versicherungsbeiträge etc. pauschal abgedeckt[21]. Nach § 11 Abs. 2 S. 2 SGB II gilt dies jedoch nicht, wenn das monatliche Einkommen mehr als 400 € beträgt und der erwerbsfähige Hilfebedürftige nachweist, dass die Anrechnungsbeträge über dem Pauschalbetrag von 100 € liegen. Dann werden die tatsächlichen Ausgaben anerkannt.

Bei Selbstständigen, welche bei niedrigen Einkünften auch Arbeitslosengeld II erhalten 10
können, stellt sich das Problem, von welchen Bruttoeinkünften auszugehen ist. Hier wird an frühere Betriebsergebnisse angeknüpft (§ 2 a Abs. 2 AlG II-V[22]). Für Betriebsausgaben sind pauschale Abzugsmöglichkeiten vorgesehen (§ 2 a Abs. 1 S. 3 AlG II-V).

Die Berücksichtigung von Vermögen (§ 12 SGB II) ist an das bisherige Recht der Arbeits- 11
losenhilfe angelehnt[23]. Grundsätzlich sind alle verwertbaren Vermögensgegenstände zu berücksichtigen. Geschützt ist Barvermögen in Höhe von 150 € je Lebensalter für den Hilfebedürftigen und seinen Partner, höchstens aber je 9.750 €. Für jedes hilfebedürftige minderjährige Kind existiert ein Grundfreibetrag in Höhe von 3.100 €. Für vor dem 1. 1. 1948 Geborene gilt eine Vertrauensschutzregelung, wonach diese ein geschütztes Barvermögen von 520 € pro Lebensjahr, höchstens aber 33.800 € beanspruchen können, § 65 Abs. 5 SGB II. Ein weiterer Freibetrag von 250 € je Lebensjahr für den Hilfebedürftigen und seinen Partner kommt für Altersvorsorge hinzu, höchstens jedoch 16.250 €. Voraussetzung ist, dass der Inhaber diese Beträge nicht vor Eintritt in den Ruhestand auf Grund einer vertraglichen Vereinbarung verwerten kann.

Ferner gehören zum geschützten Vermögen das selbstgenutzte Wohneigentum, ein Kfz für jeden erwerbsfähigen Hilfebedürftigen, angemessener Hausrat sowie ein Freibetrag von 750 € für notwendige Anschaffungen. Die Rechtsprechung geht davon aus, dass ein Kraftfahrzeug bis zu einem Wert von 10.000 € von der Verpflichtung der Verwertung ausgeschlossen ist[24].

Bei der Berechnung der Hilfebedürftigkeit wird die Summe, welche mittels einer fiktiven 12
Berechnung dem Bedürftigen zustehen würde, mit der Summe der Einkünfte verglichen. Dies betrifft vor allem die Fälle, in denen der Ehepartner / Lebenspartner oder aber der eheähnliche / lebenspartnerähnliche Partner Einkünfte hat. In dieser Situation kann sich folgendes Problem ergeben: Zwar ist der Anspruchsberechtigte nach dem SGB II kranken- (§ 5 Abs. 1 Nr. 2 a SGB V), pflege- (§ 20 Abs. 1 S. 2 Nr. 2 a SGB XI) und rentenversichert (§ 3 S. 1 Nr. 3 a SGB VI). Wenn aber der Partner zuviel verdient und somit die Bedarfsgemeinschaft nicht mehr hilfebedürftig ist, ist der Arbeitsuchende – falls er verheiratet ist – noch als Familienversicherter in der Kranken- und Pflegeversicherung- aber nicht mehr in der Rentenversicherung versichert. Innerhalb einer eheähnlichen Lebensgemeinschaft ist er nicht einmal familienversichert. Folglich muss sein Partner die Beiträge für die Kranken-, Pflege- und gegebenenfalls Rentenversicherung für ihn aufbringen[25].

Das Arbeitslosengeld II reduziert sich um das zu berücksichtigende Einkommen und Ver- 13
mögen. Nach § 19 S. 2 SGB II mindert das zu berücksichtigende Einkommen und Vermögen zuerst die Geldleistung der Agentur für Arbeit; soweit Einkommen und Vermögen darüber hinaus zu berücksichtigen ist, mindert es die Geldleistungen der kommunalen Träger.

---

21 *Winkel* SozSich 2005, 304 (305).

22 Verordnung zur Berechnung von Einkommen sowie zur Nichtberücksichtigung von Einkommen und Vermögen beim Arbeitslosengeld II / Sozialgeld (Arbeitslosengeld II / Sozialgeld-Verordnung – AlG II-V) vom 20. Oktober 2004, BGBl. I S. 2622.

23 BT-Drs. 15 / 1516, 53.

24 LSG Baden- Württemberg, Beschl. vom 1. 8. 2005 – L 7 AS 2875 / 05 ER-B.

25 *Faber* NZS 2005, 75 (78).

III. Weitere Voraussetzungen

14 Eine weitere persönliche Leistungsvoraussetzung ist das Alter. Nur Personen, welche das 15. Lebensjahr vollendet und das 65. Lebensjahr noch nicht vollendet haben, erhalten Leistungen nach dem SGB II. Personen unter 15 Jahren sind auf Hilfe zum Lebensunterhalt nach dem SGB XII angewiesen, soweit sie nicht Angehöriger einer Bedarfsgemeinschaft sind. Das gleiche gilt für Personen unter 65 Jahren, die Altersrente beziehen, und Personen ab 65 Jahren die Grundsicherung im Alter und Erwerbsminderung nach dem SGB XII erhalten.

Ferner ist für einen Leistungsbezug nach dem SGB II Voraussetzung, dass die Arbeitsuchenden ihren gewöhnlichen Aufenthalt in der Bundesrepublik Deutschland haben (vgl. § 30 SGB I).

B. Bedarfsgemeinschaft (§ 7 Abs. 2 S. 1 SGB II)

15 Was unter einer Bedarfsgemeinschaft verstanden wird, wird im Gesetz selbst nicht definiert. Geregelt wird in § 7 Abs. 3 SGB II nur, wer zu einer Bedarfsgemeinschaft gehört. Maßgeblicher Zeitpunkt für das Vorliegen der Bedarfsgemeinschaft ist der Zeitpunkt der Antragstellung[26]. Darunter fallen

- die erwerbsfähigen Hilfebedürftigen
- die im Haushalt lebenden Eltern oder der im Haushalt lebende Elternteil eines unverheirateten erwerbsfähigen Kindes, welches das 25. Lebensjahr noch nicht vollendet hat und der im Haushalt lebende Partner dieses Elternteils,
- als Partner der erwerbsfähigen Hilfebedürftigen der nicht dauernd getrennt lebende Ehegatte, der nicht dauernd getrennt lebende Lebenspartner, eine Person, die mit dem erwerbsfähigen Hilfebedürftigen in einem gemeinsamen Haushalt so zusammenlebt, dass nach verständiger Würdigung der wechselseitige Wille anzunehmen ist, Verantwortung füreinander zu tragen und füreinander einzustehen
- sowie die dem Haushalt angehörenden unverheirateten Kinder der bisher genannten Personen, wenn sie das 25. Lebensjahr noch nicht vollendet haben, soweit sie nicht aus eigenem Einkommen oder Vermögen die Leistungen zur Sicherung ihres Lebensunterhalts beschaffen können[27].

16 Mit dem Gesetz zur Fortentwicklung der Grundsicherung für Arbeitsuchende wurde in § 7 SGB II Abs. 3 a eingefügt, wonach ein wechselseitiger Wille, Verantwortung füreinander zu tragen und füreinander einzustehen, vermutet wird, wenn Partner länger als ein Jahr zusammenleben, mit einem gemeinsamen Kind zusammenleben, Kinder oder Angehörige im Haushalt versorgen oder befugt sind, über Einkommen und Vermögen des anderen zu verfügen. Mit diesem neuen Absatz erfolgt eine Änderung bezüglich der Frage, wer das Vorliegen einer eheähnlichen Gemeinschaft bzw. einer nicht eingetragenen gleichgeschlechtlichen Lebenspartnerschaft zu beweisen hat. Grundsätzlich gilt nach § 20 SGB X der Untersuchungsgrundsatz, nach dem die zuständige Behörde den Sachverhalt von Amts wegen ermittelt und dabei alle für den Einzelfall bedeutsamen, auch für die Beteiligten günstigen Umstände berücksichtigen kann. Zukünftig gilt eine Beweislastumkehr. Auf diese Weise soll auch Leistungsmissbrauch durch falsche Angaben zu den häuslichen Verhältnissen entgegengewirkt werden. Die Kriterien, bei deren Vorliegen das Bestehen einer Einstehensgemeinschaft vermutet wird, greifen die Vorgaben des Bundesverfassungsgerichts[28] und daran anschließend des Bundessozialgerichts auf[29]. Die Vermutung kann

---

26 LSG Hessen, Beschluss vom 29. 6. 2005 – L 7 AS 1/05 ER.
27 Zu der Feststellung des Bedarfs einer Bedarfsgemeinschaft: Thüring. LSG NZS 2005, 662 f.
28 BVerfGE 87, 234 (264 f); BSGE 63,120 (122 f).
29 BT-Drs.16/1410, 48 f.

vom Betroffenen widerlegt werden; ausreichend ist jedoch nicht die Behauptung, dass der Vertrauenstatbestand nicht erfüllt ist. Erforderlich ist vielmehr, dass der Betroffene darlegt und nachweist, dass alle Kriterien des § 7 Abs. 3 a SGB II nicht erfüllt werden bzw. die Vermutung durch andere Umstände entkräftet wird[30].

Zwingend für die Bildung einer Bedarfsgemeinschaft ist die Zugehörigkeit einer primär leistungsberechtigten erwerbsfähigen Person, zu der mindestens eine sekundär leistungsberechtigte Person hinzukommen muss; sekundär leistungsberechtigte Personen unterscheiden sich von den primär leistungsberechtigten Personen dadurch, dass sie entweder das 15. Lebensjahr noch nicht bzw. das 65. bereits erreicht haben oder nicht erwerbsfähig sind. Die anderen Voraussetzungen – die Hilfebedürftigkeit und der gewöhnliche Aufenthalt in der Bundesrepublik Deutschland – müssen aber auch bei ihnen erfüllt sein[31]. Jeder einzelne in der Bedarfsgemeinschaft ist auch für sich anspruchs- und leistungsberechtigt, sein Anspruch wird durch Zuordnung seines persönlichen Bedarfs und Einkommens ermittelt. 17

Zu einer Haushaltsgemeinschaft, nicht aber zu einer Bedarfsgemeinschaft gehören auch sonstige Verwandte, wie z.B. Onkel, Tante, Nichten, Neffen etc. und alle nicht verwandten Personen, die im selben Haushalt leben. Leben Hilfebedürftige in einer Haushaltsgemeinschaft mit Verwandten oder Verschwägerten, wird von Gesetzes wegen vermutet, dass sie von diesen unterstützt werden, soweit dies nach deren Einkommen und Vermögen erwartet werden kann (§ 9 Abs. 5 SGB II). Diese Leistungen sind bei der Hilfebedürftigkeit zu berücksichtigen. Wohnt der Hilfebedürftige z.B. unentgeltlich bei einem Verwandten, so besteht kein Anspruch auf Unterhaltskosten nach § 22 Abs. 1 SGB II. Genauso wird bei der Berechnung der Regelleistung berücksichtigt, wenn der Hilfebedürftige von Verwandten verpflegt wird; berechnet werden diese Sachleistungen nach der Sachbezugsverordnung, § 2 Abs. 4 AlG II-V. 18

§ 51 Leistungen

Das SGB II unterscheidet zwei Leistungsformen. Das sind zum einen die Leistungen zur Eingliederung in Arbeit und zum anderen Leistungen zur Sicherung des Lebensunterhalts. Nach § 4 Abs. 1 SGB II werden die Leistungen entsprechend § 11 Abs. 1 SGB I in Form von Dienst-, Geld- und Sachleistungen erbracht. Die Dienstleistungen sind durch persönliche Berater zu erbringen. 1

Anhand § 3 SGB II, welcher mit »Leistungsgrundsätzen« überschrieben ist, wird deutlich, dass vorrangiges Ziel die Eingliederung in Arbeit ist. Dabei ist allerdings den Besonderheiten des Einzelfalles Rechung zu tragen, denn bei den Leistungen zur Eingliederung in Arbeit sind nach § 3 Abs. 1 S. 2 SGB II die Eignung, die individuelle Lebenssituation, insbesondere die familiäre Situation, die voraussichtliche Dauer der Hilfebedürftigkeit und die Dauerhaftigkeit der Eingliederung der erwerbsfähigen Hilfebedürftigen zu berücksichtigen. Bei der Leistungserbringung findet sich dagegen eine Einschränkung unter dem Gesichtspunkt der Wirtschaftlichkeit und Sparsamkeit. Diese Kriterien spielen nur bei der Leistungserbringung, nicht dagegen schon bei der Leistungsgewährung eine Rolle, so dass die Frage nach dem »Ob« der Leistung, also danach, ob überhaupt eine Leistung zu erbringen ist, sondern nur beim »Wie« der Leistung, also bei der Abwägung zwischen mehreren gleich geeigneten Leistungen, Berücksichtigung findet[32].

30 BT-Drs.16/1410, 49.
31 LPK-SGB II/*Brühl* § 7 Rn 36.
32 LPK-SGB II/*Münder* § 3 Rn. 10.

Arbeitsuchende Jugendliche und junge Erwachsene zwischen 16 und 25 Jahren haben eine Sonderstellung: Sie sind nach § 3 Abs. 2 SGB II vorrangig zu vermitteln und ihre Leistungen sind immer qualifizierend anzulegen.

A. Leistungen zur Eingliederung in Arbeit

2 Die Leistungen zur Eingliederung in Arbeit entsprechen dem Grundsatz des Förderns (§ 14 SGB II). Dabei soll nach § 14 S. 2 SGB II die Agentur für Arbeit für jeden erwerbsfähigen Hilfebedürftigen und die mit ihm in einer Bedarfsgemeinschaft Lebenden einen persönlichen Ansprechpartner benennen. Die Zuordnung nach Möglichkeit nur eines Ansprechpartners soll ein kompetentes Fallmanagement sicherstellen, ein Vertrauensverhältnis zwischen dem Erwerbsfähigen und dem Mitarbeiter der Agentur für Arbeit fördern und der Effizienz der Betreuung des Erwerbsfähigen dienen[33].

3 Als Förderung ist zunächst eine Eingliederungsvereinbarung nach § 15 SGB II vorgesehen, die für sechs Monate geschlossen werden und danach erneuert werden soll. Die Eingliederungsvereinbarung soll im Einvernehmen mit dem kommunalen Träger mit jedem erwerbsfähigen Hilfebedürftigen erfolgen. Inhaltlich soll sie vor allem bestimmen, welche Leistungen der Erwerbsfähige zur Eingliederung in Arbeit erhält und welche Bemühungen der erwerbsfähige Hilfebedürftige in welcher Häufigkeit zur Eingliederung in Arbeit mindestens unternehmen muss und in welcher Form er die Bemühungen nachzuweisen hat. Ferner soll festgehalten werden, welche Leistungen Dritter, insbesondere Träger anderer Sozialleistungen, der erwerbsfähige Hilfebedürftige zu beantragen hat. Dadurch, dass der Hilfebedürftige auch selbst eine Verpflichtung zu eigenständigen Bemühungen abschließt und sich selbst durch diese Vereinbarung besonderen Mitwirkungspflichten auferlegt, enthält die Eingliederungsvereinbarung auch eine Komponente des »Forderns«. Die Eingliederungsvereinbarung nach § 15 SGB II stellt einen subordinationsrechtlichen, öffentlich-rechtlichen Vertrag im Sinne der §§ 53 ff. SGB X dar[34].

Kommt eine Eingliederungsvereinbarung nicht zustande, normiert § 15 Abs. 1 S. 6 SGB II, dass die zuvor genannten Inhalte mittels Verwaltungsakt durchgesetzt werden sollen.

4 Mit dem Gesetz zur Fortentwicklung der Grundsicherung für Arbeitsuchende wurde ein »Sofortangebot« eingeführt (§ 15 a SGB II). Danach sollen erwerbsfähigen Personen, die innerhalb der letzten zwei Jahren weder Leistungen nach dem SGB II noch nach dem SGB III bezogen haben bei der Beantragung von Leistungen nach diesem Buch unverzüglich Leistungen zur Eingliederung in Arbeit angeboten werden. Nach Ansicht des Gesetzgebers ist die frühzeitige Unterbreitung von Eingliederungsangeboten ein geeignetes Mittel, Hilfebedürftigkeit zu vermeiden bzw. einer länger andauernden Zeit der Hilfebedürftigkeit vorzubeugen sowie die Bereitschaft des Hilfesuchenden zur Arbeitsaufnahme zu überprüfen[35].

5 Als weitere Maßnahme zur Eingliederung in Arbeit sieht das SGB II Leistungen zur Eingliederung nach § 16 SGB II vor. Diese verweisen auf Leistungen nach dem SGB III, darunter fallen vor allem Beratung, Vermittlung und Weiterbildungskosten. Ferner gehören dazu Leistungen an Arbeitgeber und die Förderung von Arbeitsbeschaffungsmaßnahmen. Nach Abs. 1 a gelten, soweit das SGB II nichts Abweichendes regelt, für die Leistungen die Voraussetzungen und Rechtsfolgen des SGB III mit Ausnahme der Anordnungsermächtigungen für die Bundesagentur für Arbeit und mit der Maßgabe, dass an die Stelle des Arbeitslosengeldes das Arbeitslosengeld II tritt.

---

33 BT-Drs. 15/1516, 54.

34 *Lehmann-Franßen* NZS 2005, 519 (521).

35 BT-Drs. 16/1410, 21.

Abs. 2 sieht weitere Leistungen vor, wobei S. 2 einige exemplarisch aufzählt. Der Katalog der Eingliederungsleistungen ist somit nicht abschließend. Die weiteren Leistungen dürfen die Leistungen nach Abs. 1 jedoch nicht aufstocken, § 16 Abs. 2 S. 1 2. Hs. SGB II.

Von weit größerer Bedeutung sind jedoch die Leistungen nach § 16 Abs. 3 SGB II. Danach sollen für erwerbsfähige Hilfebedürftige, die keine Arbeit finden können, Arbeitsgelegenheiten geschaffen werden. Werden Gelegenheiten für im öffentlichen Interesse liegende, zusätzliche Arbeiten nicht als Arbeitsbeschaffungsmaßnahme gefördert, ist dem Arbeitsuchenden zuzüglich zum Arbeitslosengeld II eine angemessene Entschädigung für Mehraufwendungen zu zahlen. Hierbei handelt es sich um die sog. Ein-Euro-Jobs[36]. Die Arbeitsgelegenheit muss vom Ziel der Eingliederung und den qualifizierenden und helfenden Elementen geprägt sein, sie darf nicht vollschichtig sein, denn nur so kann die Arbeitsgelegenheit von normaler Arbeit unterschieden und die Anordnung von Zwangsarbeit vermieden werden[37]. Hinsichtlich der zeitlichen Einschränkungen gehen die Ansichten jedoch auseinander[38]. Die Arbeitsgelegenheiten sollen dazu dienen, die Arbeitsfähigkeit zu erhalten und die Arbeitsbereitschaft zu testen[39]. Daraus folgt, dass diese Ziele auch die Ausgestaltung prägen: Sie müssen von ihrer Ausgestaltung her tatsächlich der Eingliederung und Stärkung der Arbeitsfähigkeit dienen, bei den Betroffenen muss eine Entwöhnung vom Arbeitsmarkt vorliegen bzw. zu befürchten sein und / oder der Erwerb zusätzlicher Qualifikationen ist notwendig und von der Art der Maßnahme her gewährleistet[40]. Sind diese Voraussetzungen nicht gegeben, ist die Zuweisung in die Arbeitsgelegenheit ermessensfehlerhaft, weil sie nicht dem Ziel und Zweck des Ein-Euro-Jobs dient und somit unverhältnismäßig ist[41]. Dieser wichtige Aspekt des Ein-Euro-Jobs wird jedoch häufig außen vorgelassen bzw. gerät in der politischen Diskussion oft in Vergessenheit[42]. 6

Um die Voraussetzungen für einen sog. Ein-Euro-Job zu erfüllen, muss die Arbeitsgelegenheit »zusätzlich« und »im öffentlichen Interesse« liegen. Während das öffentliche Interesse in Anlehnung an § 261 Abs. 3 SGB III bejaht wird, wenn das konkrete Arbeitsergebnis überwiegend nicht-erwerbswirtschaftlichen Interessen oder den Interessen eines unbegrenzten Personenkreises dient, ist das Kriterium der »Zusätzlichkeit« nicht so einfach zu bestimmen[43]. Grundsätzlich verfolgt dieses Kriterium das Ziel, zu verhindern, dass Arbeit, für die Nachfrage auf dem allgemeinen Arbeitsmarkt zu marktgängigen Preisen besteht, durch billige Ein-Euro-Jobs ersetzt wird[44]. Folglich wird darunter verstanden, dass Arbeiten zusätzlich sind, wenn sie ohne Ein-Euro-Job nicht, nicht in diesem Umfang oder erst zu einem späteren Zeitpunkt durchgeführt werden. Da ein Ein-Euro-Job nicht länger als sechs Monate dauern darf, muss man sich den Ein-Euro-Job hinweg denken können, ohne dass die standardgerechte Funktionsfähigkeit des konkreten Bereichs entfällt[45].

---

36 Ausführlich dazu *Rixen* SozSich 2005, 152 ff.

37 *Bieback* NZS 2005, 337 (342).

38 *Schürmann* FPR 2005, 448 (454); *Bieback* NZS 2005, 337 (342): 20 Std / Woche; *Rixen* SozSich 2005, 152 (156): 15 Std / Woche.

39 BayVGH BayVBl 2004,468.

40 *Fuchs* NDV 2006, 41 (41); *Bieback* NZS 2005, 337 (342).

41 *Bieback* NZS 2005, 337 (342); *Krahmer/Spindler* NDV 2005, 17 (20 f.).

42 Vgl. Bundesagentur für Arbeit: SGB II, Kompendium Aktive Arbeitsmarktpolitik nach dem SGB II, 1. Aufl. September 2004, 63: die Annahme einer Arbeitsgelegenheit ist in erster Linie »der zumutbare Mitwirkungsbeitrag des Hilfeempfängers zur Reduzierung seiner Hilfebedürftigkeit«.

43 *Rixen* SozSich 2005, 152 (155).

44 *Eicher*, in: Eicher / Spellbrink, § 16 SGB II Rn. 226; *Krahmer/Spindler* NDV 2005, 17 (22); *Fuchs* NDV 2006, 41 (42).

45 *Rixen* SozSich 2005, 152 (156).

Die Mehraufwandsentschädigung muss sich nach dem tatsächlichen Aufwand richten, also Fahrt-, Essens- und Kleiderkosten tatsächlich ausgleichen[46]. Bezeichnung und Praxis als »Ein-Euro-Jobs« sind also falsch[47]. Bezahlt wird dieses Geld vom Staat aus allgemeinen Steuermitteln.

B. Leistungen zur Sicherung des Lebensunterhaltes

7 Die Leistungen zur Sicherung des Lebensunterhalts sollen den Bedarf der erwerbsfähigen Hilfebedürftigen und der mit ihnen in Bedarfsgemeinschaft lebenden Angehörigen decken. Die Leistungen werden bis auf die Kosten für Unterkunft und Heizung in aller Regel in pauschalisierter Form erbracht. Die Leistungen werden nicht ab Kenntnis, sondern nur auf Antrag gewährt, § 37 SGB II. Sie sollen nach § 41 Abs. 1 S. 4 SGB II jeweils für sechs Monate bewilligt und im Voraus erbracht werden. Der Bewilligungszeitraum kann auf bis zu zwölf Monate bei Berechtigten verlängert werden, bei denen eine Veränderung der Verhältnisse in diesem Zeitraum nicht zu erwarten ist.

I. Arbeitslosengeld II

8 Nach § 19 SGB II erhalten erwerbsfähige Hilfebedürftige als Arbeitslosengeld II Leistungen zur Sicherung des Lebensunterhalts einschließlich der angemessenen Kosten für Unterkunft und Heizung. Die Regelleistung zur Sicherung des Lebensunterhalts umfasst gemäß § 20 Abs. 1 S. 1 SGB II insbesondere Ernährung, Kleidung, Körperpflege, Hausrat, Haushaltsenergie ohne die auf die Heizung entfallenden Anteile, Bedarfe des täglichen Lebens sowie in vertretbarem Umfang auch Beziehungen zur Umwelt und eine Teilnahme am kulturellen Leben[48]. Die monatliche Regelleistung beträgt für Personen, die alleinstehend oder allein erziehend sind oder deren Partner minderjährig ist, 345 €[49]. Die Regelleistung für sonstige erwerbsfähige Angehörige der Bedarfsgemeinschaft beträgt 80% der Regelleistung nach S. 1.

Abweichend davon erhalten jedoch nach Abs. 2 a Personen, die das 25. Lebensjahr noch nicht vollendet haben und ohne Zusicherung des zuständigen kommunalen Trägers nach § 22 Abs. 2 a SGB II umziehen, bis zur Vollendung des 25. Lebensjahres 80% der Regelleistung. Nach § 68 SGB II gilt diese Regelung nicht für Personen, die am 17. Februar 2006 nicht mehr zum Haushalt der Eltern oder eines Elternteils gehören.

Die Regelleistung soll im Rahmen des Arbeitslosengeldes II das »soziokulturelle« Existenzminimum abbilden[50]. Nach § 20 Abs. 3 SGB II ist die Regelleistung jeweils nur 90%, wenn zwei Partner der Bedarfsgemeinschaft das 18. Lebensjahr vollendet haben. Ferner ist in § 20 Abs. 4 SGB II eine Anpassungsdynamik vorgesehen, wonach sich die Höhe der Regelleistung an der Veränderung des aktuellen Rentenwertes orientiert. Das Arbeitslosengeld II beinhaltet, wie auch schon erwähnt, unter den Voraussetzungen des § 24 SGB II auch einen befristeten Zuschlag nach dem Bezug von Arbeitslosengeld. Für diejenigen erwerbsfähigen Hilfebedürftigen, die nach Beendigung des Bezugs von Arbeitslosengeld in die neue, aus Arbeitslosenhilfe und Sozialhilfe zusammengeführte Leistung kommen, erhalten zur Abfederung finanzieller Härten einen zeitlich befristeten, degressiven Zuschlag[51].

46 *Eicher*, in: Eicher/Spellbrink, § 16 SGB II Rn. 230.
47 *Bieback* SGb 2005, 481 (488).
48 Kritik am Regelsatz und seiner Berechnung: *Schneider* SozSich 2006, 181; *Rothkegel* ZFSH/SGB 2005, 391 ff; *Becker* »Bedarfsgerechtigkeit und sozio-kulturelles Existenzminimum«, Arbeitspapier zu einer Studie im Auftrag der Hans-Böckler-Stiftung, März 2006.
49 Zu den Problemen der pauschalisierten Grundsicherungsleistung, *Welti* NDV 2005, 426 (428).
50 BT-Drs. 15/1516, 56.
51 BT-Drs. 15/1516, 58.

Der Zuschlag beträgt zwei Drittel des Unterschiedsbetrages zwischen dem von dem erwerbsfähigen Hilfebedürftigen zuletzt bezogenen Arbeitslosengeld und dem nach dem Wohngeldgesetz erhaltenen Wohngeld und dem dem erwerbsfähigen Hilfebedürftigen und den mit ihm in Bedarfsgemeinschaft lebenden Angehörigen erstmalig nach dem Ende des Bezuges von Arbeitslosengeld zustehenden Arbeitslosengeld II nach § 19 SGB II oder Sozialgeld nach § 28 SGB II. Verlässt ein Partner die Bedarfsgemeinschaft, ist der Zuschlag neu festzusetzen.

Er ist jedoch auf höchstens 160 € für Alleinstehende bzw. 320 € für Partner sowie weitere 60 € je in Bedarfsgemeinschaft lebendes Kind begrenzt, § 24 Abs. 3 SGB II. Im zweiten Bezugsjahr vermindert sich dieser Betrag auf die Hälfte des Vorjahresbetrags. Der Zuschlag ist im zweiten Jahr bei erwerbsfähigen Hilfebedürftigen auf höchstens 80 €, bei Partnern auf höchstens 160 € und für die mit dem Zuschlagsberechtigten in Bedarfsgemeinschaft zusammenlebenden minderjährigen Kindern auf höchstens 30 € pro Kind begrenzt.

Beispiel[52]: Ein alleinstehender Arbeitsloser erhält zuletzt ein Arbeitslosengeld von monatlich 1.600 € einschließlich Wohngeld. Der Bedarf nach SGB II beläuft sich auf 850 € (345 € Regelleistung und 405 € Leistungen für Unterkunft und Heizung).

Die Differenz zwischen Arbeitslosengeld I und Arbeitslosengeld II beträgt 750 €, 2/3 hiervon sind 500 €. Allerdings beträgt der Zuschlag höchstens 160 €. Dieser Höchstbetrag kommt hier zur Anwendung. Ab dem 13. Monat wird der Zuschlag nur noch in Höhe von monatlich 80 € gewährt.

Ferner sieht § 21 SGB II für bestimmte, typisierte Bedarfe, die nicht durch die Regelleistung abgedeckt sind, eine Erhöhung der Regelleistung vor. Diese Regelungen sind an die der Sozialhilfe angelehnt[53]. Die Summe des insgesamt gezahlten Mehrbedarfs darf die Höhe der für erwerbsfähige Hilfebedürftige maßgebenden Regelleistung nicht übersteigen, § 21 Abs. 6 SGB II. 9

Für den Fall, dass im Einzelfall ein von den Regelleistungen umfasster und nach den Umständen unabweisbarer Bedarf zur Sicherung des Lebensunterhalts weder durch das Vermögen noch auf andere Weise gedeckt werden kann, gewährt nach § 23 SGB II die Agentur für Arbeit dem Hilfebedürftigen ein Darlehen[54]. Das Darlehen wird sodann durch monatliche Aufrechnung in Höhe von bis zu 10% mit der zu zahlenden Regelleistung getilgt[55]. 10

Das Arbeitslosengeld II umfasst, wie bereits erwähnt, auch die angemessenen Kosten für Unterkunft und Heizung[56]. Stromkosten werden dagegen nicht im Rahmen des § 22 SGB II übernommen, denn sie gelten bereits als Bestandteil der Regelleistung. Nach § 22 SGB II werden die Leistungen für Unterkunft und Heizung in Höhe der tatsächlichen Aufwendungen erbracht, soweit sie angemessen sind. Erhöhen sich nach einem nicht erforderlichen Umzug die angemessenen Aufwendungen für Unterkunft und Heizung, werden die Leistungen weiterhin nur in Höhe der bis dahin tragenden Aufwendungen erbracht. Ferner ist normiert, dass soweit die Aufwendungen für die Unterkunft den der Besonderheit des Einzelfalles angemessenen Umfang übersteigen, sie als Bedarf des alleinstehenden Hilfebedürftigen oder der Bedarfsgemeinschaft so lange zu berücksichtigen sind, wie es dem alleinstehenden Hilfebedürftigen oder der Bedarfsgemeinschaft nicht möglich oder zuzumuten ist, durch einen Wohnungswechsel, durch Vermieten oder auf andere Weise die Aufwendungen zu senken, in der Regel jedoch längstens für sechs Monate; 11

52 Aus *Marburger* SGB II-Umsetzung von Hartz IV, kommentierte Textausgabe, S. 18.

53 Vgl. BT-Drs. 15/1516, 57.

54 Babyerstausstattung als besonderer Bedarf i.S.d. § 23 Abs. 3 Nr. 1 SGB II: SG Hamburg, Beschluss vom 23. 3. 2005, Az: S 57 AS 125/05 ER.

55 *Bieback* NZS 2005, 337 (339) sieht in dieser Regelung einen Verstoß gegen Art. 3 GG, weil in § 28 Abs. 2 SGB XII der Bedarf abweichend festgestellt wird und somit dauerhaft und nicht darlehensweise gewährt wird; *Welti* NDV 2005, 426 (428) sieht die Lösung in einer verfassungskonformen Auslegung des § 44 SGB II.

56 Umfassend *Berlit* NDV 2006, 5 ff.

der für den Ort der neuen Unterkunft örtlich zuständige kommunale Träger ist zu beteiligen. Die Rechtsverordnung nach § 27 Nr. 1 SGB II, die normieren kann, welche Aufwendungen für die Unterkunft und Heizung angemessen sind und unter welchen Voraussetzungen die Kosten für Unterkunft und Heizung pauschalisiert werden können, ist bisher noch nicht erlassen worden. Folglich muss der unbestimmte Rechtsbegriff »angemessen« ausgefüllt werden, wobei dem Bedarfsdeckungs- und Individualisierungsgrundsatz Genüge getan werden muss[57]. Die Angemessenheit beurteilt sich nach den individuellen Verhältnissen des Einzelfalles[58]. Zudem muss bei der Beurteilung die Anzahl der vorhandenen Räume, das örtliche Mietniveau bzw. der örtliche Mietspiegel und die Wohnungsmarktsituation berücksichtigt werden[59]. Abstrakt generelle Aussagen sind hierzu nicht möglich[60]. Zu beachten ist jedoch, dass wenn mehrere Personen in einer Wohnung leben, zuerst zu bestimmen ist, wer zur Bedarfsgemeinschaft gehört. Nur diese anteiligen Unterkunftskosten werden dann nach dem SGB II übernommen. Die anteiligen Kosten der sonstigen Mitglieder der Haushaltsgemeinschaft müssen von den Unterkunftskosten abgezogen werden.

Vor Abschluss eines Vertrages über eine neue Unterkunft soll nach Abs. 2 der erwerbsfähige Hilfebedürftige die Zusicherung des für die Leistungserbringung bisher örtlich zuständigen kommunalen Trägers zu den Aufwendungen für die neue Unterkunft einholen. Der kommunale Träger ist nur zur Zusicherung verpflichtet, wenn der Umzug erforderlich ist und die Aufwendungen für die neue Unterkunft angemessen sind. Für Personen, die das 25. Lebensjahr noch nicht vollendet haben, ist Abs. 2 a lex specialis. Danach werden bei diesem Personenkreis die Leistungen für Unterkunft und Heizung für die Zeit nach einem Umzug bis zur Vollendung des 25. Lebensjahr nur erbracht, wenn der kommunale Träger dies vor Abschluss des Vertrages über die Unterkunft zugesichert hat. Der kommunale Träger ist zur Zusicherung verpflichtet, wenn der Betroffene aus schwerwiegenden sozialen Gründen nicht auf die Wohnung der Eltern oder eines Elternteils verwiesen werden kann, der Bezug der Unterkunft zur Eingliederung in den Arbeitsmarkt erforderlich ist oder ein sonstiger, ähnlich schwerwiegender Grund vorliegt. Unter diesen Voraussetzungen kann auch vom Erfordernis der Zusicherung abgesehen werden, wenn es dem Betroffenen aus wichtigem Grund nicht zumutbar war, die Zusicherung einzuholen. Eine Ergänzung des Absatzes 2 a sieht vor, dass Leistungen für Unterkunft und Heizung für Personen, die das 25. Lebensjahr noch nicht vollendet haben, nicht erbracht werden, wenn diese vor der Beantragung der Leistungen in eine Unterkunft in der Absicht umziehen, die Voraussetzungen für die Gewährung der Leistungen herbeizuführen. Diese Ergänzung soll sicherstellen, dass Jugendliche die notwendige Zusicherung des Leistungsträgers für eine Übernahme der Kosten der Unterkunft und Heizung nicht dadurch umgehen können, dass sie bereits vor Beginn des Leistungsbezuges eine Wohnung beziehen[61].

12 Mit dem Gesetz zur Fortentwicklung der Grundsicherung für Arbeitsuchende wurde auch ein Abs. 7 angefügt. Danach erhalten abweichend von § 7 Abs. 5 SGB II Auszubildende, die Berufsausbildungsbeihilfe oder Ausbildungsgeld nach dem SGB III oder Leistungen nach dem BAföG erhalten und deren Bedarf sich nach § 65 Abs. 1, § 66 Abs. 3, § 101 Abs. 3, § 105 Abs. 1 Nr. 1, § 105 Abs. 1 Nr. 4, § 106 Abs. Nr. 2 SGB III oder nach § 12 Abs. 1 Nr. 2, Abs. 2 und 3, § 13 Abs. 1 i.V.m. Abs. 2 Nr. 1 BAföG bemisst, einen Zuschuss zu ihren ungedeckten angemessenen Kosten für Unterkunft und Heizung. Dies gilt jedoch nicht, wenn die Übernahme der Leistungen für Unterkunft und Heizung nach Abs. 2 a ausgeschlossen ist. Mit dem neuen Abs. 7 wird eine Regelung für solche Auszubildenden getroffen, die Ausbildungsförderung nach dem BAföG oder BAB beziehen und bislang von

57 *Berlit* NDV 2006, 5 (5).
58 Beispiele bei *Kolf* SozSich 2005, 203.
59 *Steck/Kossens* FPR 2005, 424 (425); *Berlit* NDV 2006, 5 (7).
60 Für die Sozialhilfe: BVerwG, Urteil vom 31. August 2004, NJW 2005, 310.
61 BT-Drs. 16/1696, 25.

den Leistungen zum Lebensunterhalt ausgeschlossen sind[62]. Damit sollen solche Ausbildungsabbrüche verhindert werden, die ihre Ursache darin haben, dass die in der Ausbildungsförderung berücksichtigen Leistungen für Unterkunft und Heizung für die Existenzsicherung nicht ausreichen[63].

Die in SGB V, VI und XI geregelte Versicherungspflicht von Arbeitslosengeld II-Beziehern in der Sozialversicherung und die Tragung der entsprechenden Beiträge durch die Bundesagentur für Arbeit wird im SGB II nicht ausdrücklich als Leistung im Rahmen des Arbeitslosengeldes II erwähnt[64]. Lediglich für den Sonderfall der Befreiung von der Versicherungspflicht sieht § 26 SGB II die Zahlung von Zuschüssen zu den entsprechenden Beiträgen vor. Abs. 1 normiert sowohl die Voraussetzungen als auch die Höhe des Zuschusses bei der Befreiung von der Versicherungspflicht in der gesetzlichen Rentenversicherung, während Abs. 2 dies für die Befreiung in der gesetzlichen Kranken- und Pflegeversicherung regelt. Mit dem Gesetz zur Fortentwicklung der Grundsicherung für Arbeitsuchende wurde ein Abs. 3 eingefügt, wonach die Bundesagentur für Arbeit auf Antrag im erforderlichen Umfang die Aufwendungen für die angemessene Kranken- und Pflegeversicherung übernimmt, soweit Personen allein durch diese Aufwendungen hilfebedürftig werden. Die Bundesagentur soll die Aufwendungen unmittelbar an die Krankenkasse oder das Versicherungsunternehmen zahlen, wenn die zweckentsprechende Verwendung durch die betreffende Person nicht sichergestellt ist. 13

II. Sozialgeld

Nicht erwerbsfähige Angehörige, die mit erwerbsfähigen Hilfebedürftigen in einer Bedarfsgemeinschaft leben, erhalten Sozialgeld nach § 28 SGB II, soweit sie keinen Anspruch auf Leistungen nach dem Vierten Kapitel des SGB XII über die Grundsicherung im Alter und bei Erwerbsminderung haben. Das Sozialgeld tritt für diese Personengruppe an die Stelle des Arbeitslosengeldes II. Da nicht erwerbsfähige Personen dem Arbeitsmarkt nicht zur Verfügung stehen und deshalb auch nicht arbeitslos werden können, wäre der Begriff Arbeitslosengeld II für diesen Personenkreis deplaziert gewesen[65]. Wie beim Arbeitslosengeld II gelten jedoch auch für das Sozialgeld die Prinzipien der Hilfebedürftigkeit, das Verhältnis zu anderen Leistungen, die Anrechnung von Einkommen und Vermögen, die Bedarfsdeckung durch pauschale Regelleistungen, der Übergang von Ansprüchen gegen Dritte, die Erbenhaftung etc[66]. Der Anspruch auf Sozialgeld umfasst die sich aus § 19 S. 1 Nr. 1 SGB II ergebenden Leistungen, also die Leistungen zur Sicherung des Lebensunterhaltes einschließlich der angemessenen Kosten für Unterkunft und Heizung, wobei diese durch § 28 Abs. 1 S. 3 SGB II modifiziert werden. Danach beträgt die Regelleistung bis zur Vollendung des 14. Lebensjahres 60% und im 15. Lebensjahr 80% der nach § 20 Abs. 2 maßgebenden Regelleistung. Ferner werden die Leistungen für Mehrbedarfe nach § 21 Abs. 4 SGB II auch gezahlt, wenn Eingliederungshilfe nach § 54 Abs. 1 S. 1 Nr. 1 bis 3 SGB XII erbracht wird. 14

III. Anreize und Sanktionen

Die Anreize und Sanktionen sind in den §§ 29 bis 32 SGB II geregelt. Als zusätzliche Leistung zum Bezug von Geldleistungen zur Sicherung des Lebensunterhaltes kann das Einstiegsgeld nach § 29 SGB II gewährt werden. Daraus folgt, dass Einstiegsgeld nur gewährt werden kann, wenn auch die Berechtigung zum Bezug von Arbeitslosengeld II gegeben ist. Bei Aufnahme einer sozialversicherungspflichtigen oder selbstständigen Erwerbs- 15

62 BT-Drs. 16/1410, 24.
63 BT-Drs. 16/1410, 24.
64 LPK-SGB II/*Brünner* § 26 Rn. 1.
65 LPK-SGB II/*Birk* § 28 Rn. 1.
66 LPK-SGB II/*Birk* § 28 Rn. 4.

fähigkeit kann dem Hilfebedürftigen ein auf höchstens zwei Jahre befristetes Einstiegsgeld als Zuschuss zum Arbeitslosengeld II erbracht werden, wenn dies zur Eingliederung in den allgemeinen Arbeitsmarkt erforderlich ist. Bei der Bemessung der Höhe des Einstiegsgeldes soll die vorherige Dauer der Arbeitslosigkeit sowie die Größe der Bedarfsgemeinschaft berücksichtigt werden. Bei dem Einstiegsgeld handelt es sich um eine Ermessensvorschrift, so dass der Anspruchsteller nur einen Anspruch auf ermessensfehlerfreie Entscheidung hat, § 39 SGB I. Der Gesetzgeber sah durch die Ausgestaltung als eine befristete Ermessensvorschrift das Risiko von Mitnahmeeffekten minimiert und zugleich eine Möglichkeit, finanzielle Härten oder Ungerechtigkeiten im Einzelfall auszugleichen[67]. Die Zweckdienlichkeit des Einstiegsgeldes wird jedoch stark kritisiert[68]; so ist es möglich, dass, da das Einstiegsgeld nicht als Einkommen i.S.d. § 11 Abs. 1 SGB II gilt, die Lage entstehen kann, dass derjenige, der geringeres Erwerbseinkommen erzielt, aber Einstiegsgeld erhält, im Ergebnis besser steht, als derjenige, der durch Erwerbsarbeit seinen Bedarf genau deckt[69].

16 Als weiteren Anreiz normiert § 30 SGB II, dass bei erwerbsfähigen Hilfebedürftigen bei Ermittlung der Höhe des Leistungsbetrages ein zusätzlicher Freibetrag zu berücksichtigen ist. Dies soll zu der Aufnahme von gegebenenfalls geringfügigen bzw. gering entlohnten Beschäftigungen ermuntern[70].

17 Die Sanktionen bei Pflichtverletzungen regelt § 31 SGB II. Nach § 31 Abs. 1 bis 3 SGB II kann bei einmaliger bzw. wiederholter Weigerung des erwerbsfähigen Hilfebedürftigen ohne wichtigen Grund zur Aufnahme zumutbarer Arbeit, Abschluss einer Eingliederungsvereinbarung, Abbruch einer Maßnahme zur Eingliederung in Arbeit oder Verstößen gegen die Meldepflicht bei der Agentur für Arbeit das Arbeitslosengeld II in verschiedenen Stufen unter Wegfall des Zuschlages nach § 24 SGB II um bis zu 60 Prozent gekürzt werden[71]. Der Hilfebedürftige trägt nach § 31 Abs. 1 S. 2 SGB II die Beweislast für den wichtigen Grund für die Unzumutbarkeit.

Bei der ersten wiederholten Pflichtverletzung nach Abs. 1 wird das Arbeitslosengeld II um 60% der für den erwerbsfähigen Hilfebedürftigen nach § 20 SGB II maßgebenden Regelleistung gemindert. Bei jeder weiteren wiederholten Pflichtverletzung nach Abs. 1 wird das Arbeitslosengeld II ganz gestrichen. Bei wiederholter Pflichtverletzung nach Abs. 2 wird das Arbeitslosengeld II um den Prozentsatz gemindert, der sich aus der Summe des in Abs. 2 Prozentsatzes und dem der jeweils vorangegangenen Absenkung nach Abs. 2 zugrunde liegenden Prozentsatz ergibt. Eine wiederholte Pflichtverletzung liegt nicht vor, wenn der Beginn des vorangegangenen Sanktionszeitraums länger als ein Jahr zurückliegt. Bei Minderung des Arbeitslosengeldes II nach S. 2 kann der Träger unter Berücksichtigung aller Umstände des Einzelfalls die Minderung auf 60% der für den erwerbsfähigen Hilfebedürftigen nach § 20 SGB II maßgebenden Regelleistung begrenzen, wenn der erwerbsfähige Hilfebedürftige sich nachträglich bereit erklärt, seinen Pflichten nachzukommen, § 31 Abs. 3 SGB II. Dieser Absatz wurde durch das Gesetz zur Fortentwicklung der Grundsicherung neu gefasst. Im Rahmen der Neufassung von Abs. 3 entfiel der Hinweis auf die Einbeziehung der Leistungen nach den §§ 21 bis 23 SGB II. Damit wird klargestellt, dass von einer Absenkung, ob wegen erstmaliger oder wiederholter Pflichtverletzung, immer das gesamte Arbeitslosengeld II betroffen sein soll[72].

Bei einer Minderung der Regelleistung um mehr als 30% kann (bzw. soll, wenn der Hilfebedürftige mit minderjährigen Kindern in einer Bedarfsgemeinschaft lebt) der zuständige

67 BT-Drs. 15/1516, 59.
68 Nachvollziehbar: *Spellbrink* NZS 2005, 231 ff.
69 *Spellbrink*, in: Eicher/Spellbrink, § 29 SGB II Rn. 39.
70 BT-Drs. 15/1516, 59.
71 Zu möglichen kontraproduktiven Wirkungen: *Welti* NDV 2005, 426 (430).
72 BT-Drs. 16/1410, 26; a.A. *Wunder/Diehm* SozSich 2006, 195 ff.

Träger in angemessenem Umfang ergänzende Sachleistungen oder geldwerte Leistungen erbringen, § 31 Abs. 3 S. 3,4 SGB II. Dieselbe Sanktion trifft den Leistungsbezieher, der absichtlich die Voraussetzungen für den Leistungsfall herbeigeführt hat, sein unwirtschaftliches Verhalten trotz Belehrung fortsetzt oder für die Dauer einer Sperrzeit für den Bezug von Arbeitslosengeld I, § 31 Abs. 4 SGB II. § 32 SGB II normiert, dass die Sanktionsmaßnahmen auch gegenüber den Beziehern von Sozialgeld gelten, wenn von diesen die zur Sanktion führenden Tatbestandsmerkmale verwirklicht sind.

Hinsichtlich der Sanktionen galten für erwerbsfähige Hilfebedürftige, die das 25. Lebens- 18
jahr noch nicht vollendet haben, von Anfang an Besonderheiten. Bei ihnen wurde der Bezug von pauschalierten Geldleistungen vollständig ausgeschlossen, d.h. sie erhielten als Arbeitslosengeld II lediglich die Kosten für angemessene Unterbringung und Heizung. Dies ist nach Ansicht des Gesetzgebers notwendig, um bei jungen Menschen von vornherein der Langzeitarbeitslosigkeit entgegenzuwirken[73]. Mit dem Gesetz zur Fortentwicklung der Grundsicherung wurde dies noch einmal verschärft[74]; bei wiederholter Pflichtverletzung nach Abs. 1 oder 4 wird das Arbeitslosengeld II um 100% gemindert. Der Hilfebedürftige erhält somit keine Leistungen mehr. Bei wiederholter Pflichtverletzung nach Abs. 2 wird das Arbeitslosengeld II um den Prozentsatz gemindert, der sich aus der Summe des in Abs. 2 genannten Prozentsatzes und dem der jeweils vorangegangenen Absenkung nach Abs. 2 zugrunde liegenden Prozentsatz ergibt. Bei entsprechender Minderung des Arbeitslosengeldes II nach S. 2 kann der Träger unter Berücksichtigung aller Umstände des Einzelfalles Leistungen für Unterkunft und Heizung erbringen, wenn der erwerbsfähige Hilfebedürftige sich nachträglich bereit erklärt, seinen Pflichten nachzukommen. Eine Verschärfung wird damit begründet, dass ansonsten die erzieherische Wirkung der Sanktion häufig nicht erreicht wird. Mit der Regelung des neuen S. 2 wird erreicht, dass von einer Sanktion bei wiederholten Pflichtverletzungen auch die Leistungen für Unterkunft und Heizung betroffen sind[75]. Nur unter den Voraussetzungen des neuen S. 5 kann der Träger unter Berücksichtigung des Einzelfalles wieder Leistungen für Unterkunft und Heizung gewähren.

Während erstmals Folge der verschärften Rechtsfolgen war, dass einem jungen Hilfebedürftigen die Belehrung besonders eindeutig, konkret, verbindlich und rechtlich zutreffend vor Augen geführt werden musste, und zwar »vorher«, also vor der Pflichtverletzung, anderenfalls lagen die Absenkungs- bzw. Beschränkungsvoraussetzungen nicht vor[76], wurde mit dem Gesetz zur Fortentwicklung der Grundsicherung die gesonderte Belehrung aufgehoben. Der Gesetzgeber ging davon aus, dass mit dem Verweis auf die Absätze 1 und 4 geregelt ist, in welchen Fällen der Jugendliche über die Rechtsfolgen von sanktionsbewehrten Pflichtverletzungen zu belehren ist[77].

Die Eingliederung des Hilfebedürftigen in Arbeit erfolgt damit unter der Drohung des 19
Entzugs der existenzsichernden Leistungen. Alternative Möglichkeiten der Existenzsicherung, wie die Hilfe zum Lebensunterhalt aus dem Sozialhilferecht nach dem SGB XII, sind für diesen Personenkreis nicht mehr verfügbar (§ 5 Abs. 2 SGB II bzw. § 21 SGB XII).

§ 31 Abs. 6 SGB II bestimmt die Dauer der in den Abs. 1 bis 5 geregelten Rechtsfolgen bei 20
Pflichtverletzungen. Da die Absenkung oder der Wegfall des Arbeitslosengeldes II Sanktionscharakter hat, ist die Dauer der Rechtsfolge, unabhängig davon, ob die Pflichtverletzung zwischenzeitlich beendet wurde, auf jeweils drei Monate festgelegt.

---

73 BT-Drs. 15/1516, 61.

74 Zu der Frage der Verfassungsmäßigkeit einer vollständigen Kürzung des Arbeitslosengeldes II: *Wunder/Diehm* SozSich 2006, 195 ff.

75 BT-Drs. 16/1696, 25.

76 SG Osnabrück, Beschl. vom 22. Juni 2005, Az: S 10 AS 68/05 ER.

77 BT-Drs. 16/1410, 26.

Für diesen Zeitraum besteht auch kein Anspruch auf Leistungen nach dem SGB XII. Diese Rechtsfolge unterscheidet sich für den Fall der fehlenden Mitwirkung somit von den allgemeinen Regelungen in §§ 66, 67 SGB I. Nach diesen Vorschriften ist eine Nachholung der Mitwirkung möglich und der Leistungsträger kann die Sozialleistungen nachträglich ganz oder teilweise erbringen.

21 Eine Ausnahme von dieser strikten Regelung wurde für erwerbsfähige Hilfebedürftigen, die das 15. Lebensjahr, jedoch noch nicht das 25. Lebensjahr vollendet haben, eingeführt. Bei ihnen kann der Träger die Absenkung und den Wegfall der Regelleistung unter Berücksichtigung aller Umstände des Einzelfalls auf sechs Wochen verkürzen. Diese Neuregelung führt nach Ansicht des Gesetzgebers zu einer Flexibilisierung in der Dauer des Sanktionszeitraums bei unter 25-jährigen[78].

22 Das Sanktionssystem des SGB II wird unter verfasssungsrechtlichen Aspekten kritisiert[79], so hinsichtlich der zwingenden und einheitlichen Sanktionen, die dem Verhältnismäßigkeitsprinzip widersprächen. Ferner sei es unverhältnismäßig, dass das SGB II eine sanktionsbewehrte Pflicht nicht nur zur Weiterbildung, sondern auch zur Ausbildung statuiert und Jugendlichen schon bei der ersten Weigerung kraft Gesetzes versagt. Schließlich gehe es nicht darum, Unrecht zu ahnden, sondern den Arbeitslosen zur Mitwirkung anzuhalten. Besinne sich der Arbeitslose und tue das Verlangte, sei das Ziel erreicht, so dass die Sanktion aufzuheben sei und nicht gem. § 31 Abs. 6 SGB II unbeirrt grundsätzlich drei Monate lang fortgesetzt werden könne[80].

§ 52 Kostenersatz und Inanspruchnahme Dritter

1 Haben Empfänger von Leistungen zur Sicherung des Lebensunterhalts für die Zeit, für die Leistungen erbracht werden, einen Anspruch gegen einen anderen, der nicht Leistungsträger ist, geht nach § 33 SGB II der Anspruch bis zur Höhe der geleisteten Aufwendungen auf die Träger des SGB II über, wenn nach rechtzeitiger Leistung des anderen Leistungen zur Sicherung des Lebensunterhalts nicht erbracht worden wären. Der Übergang wird nicht dadurch ausgeschlossen, dass der Anspruch nicht übertragen, verpfändet oder gepfändet werden kann. Unterhaltsansprüche nach bürgerlichem Recht gehen zusammen mit dem unterhaltsrechtlichen Auskunftsanspruch auf die Träger des SGB II über. Abs. 2 des § 33 SGB II normiert schließlich, wann ein Unterhaltsanspruch nach bürgerlichem Recht nicht übergeht. Mit dem Gesetz zur Fortentwicklung der Grundsicherung wurde § 33 SGB II neu gefasst. § 33 SGB II dient der Wiederherstellung des Nachrangprinzips. Nach der bisherigen Fassung konnte der Übergang von Ansprüchen der Leistungsempfänger nur durch Überleitungsanzeige bewirkt werden. Es wurde bewusst von der Regelung der Sozialhilfe abgewichen, die einen gesetzlichen Übergang vorsah. Ziel war, eine flexiblere Handhabung des Übergangs zu ermöglichen. Außerdem sollte für die Verpflichteten durch das Erfordernis einer Überleitungsanzeige mehr Transparenz als nach dem System der früheren Sozialhilfe geschaffen werden[81]. Die in die Systemänderung gesetzten Erwartungen haben sich nicht erfüllt. Die Leistungsträger sind vielmehr weit hinter den Rückgriffsmöglichkeiten zurückgeblieben, so dass nunmehr wieder ein gesetzlicher Forderungsübergang eingeführt wurde. Zugleich soll damit, soweit es um den Übergang von Unterhaltsansprüchen geht, der Gleichklang mit § 94 SGB XII hergestellt werden[82].

78 BT-Drs.16/1410, 67.
79 Ausführlich: *O'Sullivan* SGb 2005,369 ff.
80 LPK-SGB II/*Berlit* § 31 Rn. 16ff, 116; *Bieback* SGb 2005, 481 (486).
81 BT-Drs.16/1410, 68.
82 BT-Drs.16/1410, 68.

Eine weitere Regelung zur Wahrung des Nachrangprinzips stellt § 34 SGB II dar. Sie normiert die Ersatzpflicht von Personen, die die Voraussetzungen für ihre Hilfebedürftigkeit oder diejenige der Mitglieder ihrer Bedarfsgemeinschaft bzw. die Zahlung von Leistungen zur Sicherung des Lebensunterhalts schuldhaft herbeigeführt haben. Von diesem Grundsatz ist nach S. 2 abzusehen, soweit der Ersatzpflichtige durch die Zahlung künftig hilfebedürftig im Sinne des SGB II bzw. SGB XII werden würde. Nach Abs. 2 geht die Verpflichtung zum Ersatz der Leistungen auf die Erben über, ist allerdings auf den Nachlasswert im Zeitpunkt des Erbfalles begrenzt. Der Ersatzanspruch erlischt drei Jahre nach Ablauf des Jahres, in dem die Leistung erbracht worden ist. Die Bestimmungen des BGB über die Ablaufhemmung, den Neubeginn und die Wirkung der Verjährung werden für entsprechend anwendbar erklärt. 2

Mit dem Gesetz zur Fortentwicklung der Grundsicherung wurde auch § 34 a SGB II eingeführt. Danach kann der Träger des SGB II von einem anderen, gegen den die Leistungsberechtigten einen Anspruch haben, Aufwendungen erstattet bekommen. Der Anspruch muss sich nach sonstigen gesetzlichen Vorschriften richten, die dem § 33 SGB II vorgehen und dabei gelten auch solche Aufwendungen als erstattungsfähig, die an den nicht getrennt lebenden Ehegatten oder Lebenspartner des Hilfebedürftigen erbracht wurden sowie an dessen unverheiratete Kinder, die das 25. Lebensjahr noch nicht vollendet haben. Die Vorschrift entspricht im Wesentlichen § 114 SGB XII. Der Vorschrift bedarf es, weil § 104 SGB X grundsätzlich Personenidentität zwischen dem Leistungsberechtigten der nachrangigen mit der vorrangigen Sozialleistung besteht. Erstattungsansprüche des Leistungsträgers der Grundsicherung für Arbeitsuchende bestanden daher vorher nur insoweit, als es sich bei dem Leistungsbezieher nach dem SGB II und dem Leistungsberechtigten der anderen Leistungen um dieselbe Person handelt. In der Praxis konnten daher beispielsweise Leistungen nach dem SGB II für Angehörige der Bedarfsgemeinschaft eines Rentenleistungsberechtigten aus den Rentenzahlungen des Rentenberechtigten nicht erstattet werden[83]. 3

Nach § 35 SGB II müssen Erben von Hilfeempfängern grundsätzlich das an die Verstorbene oder den Verstorbenen gezahlte Arbeitslosengeld II aus dem Erbe zurückzahlen, denn das Vermögen ist nur zu Lebzeiten des Hilfebedürftigen durch die Freibeträge geschützt. Ersetzt werden müssen die Leistungen der letzten zehn Jahre vor Eintritt des Erbfalls. Der Träger der Grundsicherung kann seinen Anspruch bis zu drei Jahre nach dem Tod des Leistungsempfängers geltend machen, § 35 Abs. 3 SGB II. Der Ersatzanspruch ist nach § 35 Abs. 2 SGB II jedoch nicht geltend zu machen, wenn das Erbe weniger als 1.700 € beträgt, wenn die Erstattung für die Erbin oder den Erben eine besondere Härte bedeuten würde, soweit das Erbe weniger als 15.500 € beträgt und die Erbin oder der Erbe die Lebenspartnerin oder den Lebenspartner des Arbeitslosengeldempfängers war oder die Erbin oder der Erbe mit dem Arbeitslosengeldempfänger verwandt war und nicht nur vorübergehend bis zu seinem Tod mit ihm in häuslicher Gemeinschaft gelebt und ihn gepflegt hat. Die Ersatzpflicht der Erben ist auf den Wert des Nachlasses zum Zeitpunkt des Erbfalles begrenzt. Die Erben müssen also nur aus dem ihnen zugeflossenen Erbe Arbeitslosengeld II-Zahlungen erstatten. Ihr eigenes Einkommen und Vermögen wird folglich nicht angetastet. 4

§ 53 Trägerschaft und Finanzierung

Nach § 6 Abs. 1 SGB II sind Träger der Leistungen nach dem SGB II die Bundesagentur für Arbeit, aber auch die kreisfreien Städte und Kreise (kommunale Träger)[84]. Die Zuständig- 1

83 BT-Drs.16/1410, 69.

84 Genaue Zahlen hinsichtlich der Organisation, Personal, Leistungsgewährung vgl. die verschiedenen Beiträge in NDV 2005, 412 ff.

keit der kommunalen Träger erstreckt sich zunächst auf die zusätzlichen Leistungen, die für die Eingliederung der erwerbsfähigen Hilfebedürftigen in das Erwerbsleben erforderlich sind. Darüber hinaus sind sie für die Leistungen nach den §§ 22 und 23 Abs. 3 SGB II zuständig. Es geht hier um die Leistungen für Unterkunft und Heizung sowie um Leistungen, die nicht von der Regelleistung umfasst sind, soweit Landesrecht nichts anderes bestimmt. Die Zuständigkeit der kommunalen Träger wird mit deren Sachnähe begründet. Um eine einheitliche Wahrnehmung der Aufgaben zu gewährleisten, werden nach § 44 b SGB II Arbeitsgemeinschaften gebildet. Dies kann entweder durch privatrechtliche oder öffentlich-rechtliche Verträge geschehen. Mit dem Gesetz zur Fortentwicklung der Grundsicherung für Arbeitsuchende wurde eingeführt, dass die Träger einen Außendienst zur Bekämpfung von Leistungsmissbrauch einrichten sollen, § 6 Abs. 1 S. 2. Der Außendienst soll insbesondere überprüfen, ob die Anspruchsvoraussetzungen von Personen, die Leistungen der Grundsicherung für Arbeitsuchende beziehen oder bezogen haben, vorliegen oder vorlagen. Dabei soll der Außendienst Sachverhalte überprüfen, die nicht allein aufgrund der Aktenlage beurteilt werden können. Dies kann auch die Frage sein, ob bei Personen, die Leistungen der Grundsicherung für Arbeitsuchende beziehen oder bezogen haben, eigenes Einkommen und Vermögen oder Einkommen und Vermögen von Mitgliedern der Bedarfsgemeinschaft vorhanden ist. Der Außendienst soll in den Fällen des § 6 b SGB II bei den zugelassenen kommunalen Trägern, in den Fällen des § 44 b SGB II bei den Arbeitsgemeinschaften eingerichtet und mit hinreichenden personellen und sächlichen Ressourcen ausgestattet werden[85].

2 Durch § 6 a SGB II wird zudem die Option der kommunalen Trägerschaft eröffnet. Diese Option wurde nach langwierigen politischen Verhandlungen durch das Kommunale Optionsgesetz[86] insbesondere in den §§ 6 a, 6 b und 6 c umgesetzt[87]. Im Fall des § 6 a SGB II werden kommunale Träger für die gesamten Leistungen des SGB II als Leistungsträger zugelassen[88]. Die Vorschriften über die Bildung von Arbeitsgemeinschaften gelten in diesem Fall nicht.

3 Die Finanzierungskompetenz richtet sich grundsätzlich nach der Aufgabenkompetenz, d.h. derjenige Träger, der eine Aufgabe wahrzunehmen hat, hat auch die daraus entstehenden Aufgaben aus eigenen Haushaltsmitteln zu finanzieren[89]. Folglich muss der Bund die Aufwendungen der Arbeitsuchenden, namentlich das Arbeitslosengeld II – mit Ausnahme der Kosten für Unterkunft und Heizung-, das Sozialgeld, die Beiträge zu den Sozialversicherungen, die arbeitsmarktlichen Eingliederungsmaßnahmen und schließlich die Verwaltungskosten übernehmen. Die Finanzierung erfolgt aus Steuermitteln des Bundes[90]. Aus dem oben Gesagten ergibt sich, dass die kommunalen Träger dementsprechend die Aufwendungen für die Leistungen nach § 16 Abs. 2 SGB II, die Leistungen für Unterkunft und Heizung sowie die in § 23 Abs. 3 SGB II genannten Leistungen tragen.

Üben die kommunalen Träger die Experimentierklausel des § 6 a SGB II aus und erhalten sie auf Antrag den Status der zugelassenen kommunalen Trägerschaft nach § 6 b SGB II, so übernehmen sie bis auf die in § 6 b Abs. 1 SGB II ausgenommenen Aufgaben die Aufgaben nach § 6 Abs. 1 S. 1 Nr. 1 SGB II. § 6 b Abs. 2 S. 1 SGB II enthält für diesen Fall eine besondere Finanzierungsregelung[91].

85 BT-Drs. 16/1410, 18.

86 Gesetz zur optionalen Trägerschaft von Kommunen nach dem SGB II (Kommunales Optionsgesetz) vom 30. 7. 2004 (BGBl. I S. 2014).

87 LPK-SGB II/*Münder* § 6 Rn. 2.

88 Zu den verschiedenen Möglichkeiten und die damit verbundenen Probleme: *Welti* NDV 2005, 426 (426 f.).

89 *Henneke* DÖV 2005, 177 (178); *Oppermann,* in: Eicher/Spellbrink § 46 SGB II Rn. 8.

90 *Oppermann,* in: Eicher/Spellbrink § 46 SGB II Rn. 8.

91 Ausführlich – auch unter Berücksichtigung verfassungsrechtlicher Fragen: *Oppermann* DVBl 2005, 1008 ff.

Ferner ist noch zu erwähnen, dass zur Sicherung der durch die Zusammenführung politisch zugesagte Entlastung der kommunalen Ebene um 2,5 Milliarden € § 46 Abs. 5 SGB II eine zweckgebundene Kostenbeteiligung des Bundes an den Leistungen für Unterkunft und Heizung nach § 22 Abs. 1 SGB II vorsieht. Eine Regelung, wie die Länder diese Mittel an die kommunalen Träger weiterzuleiten haben, sieht das SGB II nicht vor.

§ 54 Vorrang- und Kollisionsregeln

Arbeitslosengeld II und Sozialgeld haben Vorrang vor Hilfe zum Lebensunterhalt nach dem SGB XII, § 5 Abs. 2 S. 1 SGB II/§ 21 SGB XII.

Die Grundsicherung im Alter und bei Erwerbsminderung (§§ 41 ff. SGB XII) und die Grundsicherung für Arbeitsuchende nach dem SGB II stehen auf Grund des Abgrenzungskriteriums der Erwerbsfähigkeit grundsätzlich in einem »Entweder- Oder« – Verhältnis zueinander. Gegenüber Ansprüchen auf Sozialgeld nach dem SGB II sind Leistungen der Grundsicherung nach dem SGB XII vorrangig, § 5 Abs. 2 S. 3 SGB II. Insofern ist die Wiederholung des Ausschlusses von Sozialgeld bei der Berechtigung des Bezuges von Grundsicherung in § 28 Abs. 1 S. 1 1. Hs. SGB II bloß klarstellender, deklaratorischer Natur.

Leistungen an Auszubildende auf Grund des BAföGs bzw. der §§ 60 bis 62 SGB III haben grundsätzlich Vorrang vor Leistungsansprüchen auf Grund des SGB II, § 7 Abs. 5 SGB II.

Für Bezieher von Altersrenten oder Knappschaftsausgleichsleistungen oder ähnlichen Leistungen öffentlicher Art sind Leistungen nach dem SGB II ausgeschlossen, § 7 Abs. 4 SGB II.

Ferner erhält nach § 7 Abs. 4 SGB II derjenige keine Leistungen, der in einer stationären Einrichtung untergebracht ist, wenn der Aufenthalt voraussichtlich sechs Monate oder länger beträgt und derjenige unter den üblichen Bedingungen des allgemeinen Arbeitsmarktes nicht mindestens 15 Stunden wöchentlich erwerbstätig ist. Dem Aufenthalt in einer stationären Einrichtung ist der Aufenthalt in einer Einrichtung zum Vollzug richterlich angeordneter Freiheitsentziehung gleichgestellt.

Da innerhalb des Arbeitslosengeldes II auch die angemessenen Kosten für Unterkunft und Heizung enthalten sind, ist der Bezug von Wohngeld nach dem WoGG ausgeschlossen, § 1 Abs. 2 WoGG.

Für Leistungsberechtigte nach dem AsylbLG sind Leistungen nach dem SGB II ausgeschlossen genauso für diejenigen Ausländer, deren Aufenthaltsrecht sich allein aus dem Zweck der Arbeitssuche ergibt und deren Familienangehörige, § 7 Abs. 1 S. 2 SGB II.

10. Kapitel. Sozialhilfe (SGB XII)

Kommentare/Handbücher: *Grube / Wahrendorf* Sozialhilfe – Kommentar, 2005; *Münder / Armborst / Berlit / Bieritz-Harder / Birk / Brühl / Conradis / Hofmann / Krahmer / Roscher / Schoch* Lehr- und Praxiskommentar SGB XII, 7. Aufl. 2005; *Rothkegel* Sozialhilferecht, Existenzsicherung – Grundsicherung (Handbuch), 2005

Zur Vertiefung: *Rothkegel* Der Bedarfsdeckungsgrundsatz der Sozialhilfe, ZfSH / SGB 2000, 259 ff.; *Rothkegel,* Die Strukturprinzipien des Sozialhilferechts. Bestand, Bedeutung, Bewertung, 2000; *Rothkegel,* Sozialhilferecht im Umbruch, ZfSH / SGB 2004, 396–409; *Schelter* Die Sozialhilfe in der Entwicklung des Sozialrechts, ZfSH / SGB 2005, 268–271, 387–390

Rechtsprechung: Für sozialhilferechtliche Streitigkeiten vor Einführung des SGB XII war die allgemeine Verwaltungsgerichtsbarkeit zuständig. Deshalb kann z.T. auf die Entscheidungssammlungen zum Verwaltungsrecht und auf besondere Entscheidungssammlungen zum Sozialhilferecht zurückgegriffen werden. Seit dem 1. 1. 2005 ist nach § 51 Abs. 1 Nr. 6 a SGG die Sozialgerichtsbarkeit für die Angelegenheiten der Sozialhilfe und des Asylbewerberleistungsgesetzes zuständig.

Zeitschriften: *Archiv für Wissenschaft und Praxis der sozialen Arbeit* (zit.: ArchsozArb.); *Beiträge zum Recht der sozialen Dienste und Einrichtungen* (zit.: RsDE); *Informationen zum Arbeitslosenrecht und Sozialhilferecht* (zit.: info also); *Nachrichtendienst des Deutschen Vereins für öffentliche und private Fürsorge* (zit.: NDV); *Zeitschrift für das Fürsorgewesen* (zit.: ZfF); *Zeitschrift für Sozialhilfe und Sozialgesetzbuch* (zit.: ZfSH / SGB)

§ 55 Die Sozialhilfe im System der sozialen Sicherheit

1 Die Sozialhilfe – in einer veralteten Terminologie auch Fürsorge genannt (so noch der Kompetenztitel in Art. 74 Abs. 1 Nr. 7 GG) – wird im allgemeinen Verständnis als das letzte Netz der sozialen Sicherung bezeichnet. Die Leistungen der Sozialhilfe waren seit 1961 im Bundessozialhilfegesetz (BSHG)[1] geregelt. Dieses Gesetz ist mehrfach geändert, aber lange nie grundlegend reformiert worden. Dies geschah erst mit dem »Gesetz zur Einordnung des Sozialhilferechts in das Sozialgesetzbuch« vom 27. 12. 2003[2], das am 1. 1. 2005 in Kraft trat. Das Sozialhilferecht ist damit nicht nur reformiert, sondern es ist auch in einem neuen Sozialgesetzbuch zusammengefasst worden. Da zur gleichen Zeit auch das SGB II »Grundsicherung für Arbeitsuchende« geschaffen worden ist, sind zahlreiche der bisher sozialhilfeberechtigten Personen nicht mehr von der Sozialhilfe erfasst, sondern fallen in den Anwendungsbereich des SGB II. Denn alle dem Grunde nach erwerbsfähigen Personen und die dazugehörigen Familienmitglieder werden aus dem Bezug der Sozialhilfe herausgenommen und erhalten künftig Arbeitslosengeld II bzw. Sozialgeld.

2 Die Leistungen der Sozialhilfe sollen nicht nur Armut verhindern, sondern dem Leistungsberechtigten auch eine Lebensführung ermöglichen, die der Würde des Menschen entspricht. Ferner soll er in die Lage versetzt werden, sein Leben möglichst bald wieder aus eigener Kraft zu gestalten.

Das neue Sozialhilferecht umfasst neben den Leistungen und Voraussetzungen der Sozialhilfe nunmehr auch die Grundsicherung im Alter und bei Erwerbsminderung.

Die Grundsicherung im Alter und bei Erwerbsminderung hilft vor allem älteren Menschen, die vor der Einführung von Grundsicherungsleistungen im Jahr 2003 nicht die Hilfe zum Lebensunterhalt in Anspruch nehmen wollten, weil sie den mit dieser Sozialhilfeleistung verbundenen Unterhaltsrückgriff auf ihre Kinder befürchteten.

---

1 Vom 30. 6. 1961 (BGBl. I S. 815), in Kraft getreten am 1. 6. 1962.

2 BGBl. I S. 3022.

Während bisher zwischen »Hilfe zum Lebensunterhalt« und »Hilfe in besonderen Lebenslagen« unterschieden wurde, sind die Sozialhilfeleistungen nun in sieben Bereiche gegliedert, die jeweils die Leistungen in bestimmten Lebenslagen regeln:

- Hilfe zum Lebensunterhalt (§§ 27 bis 40 SGB XII)
- Grundsicherung im Alter und bei Erwerbsminderung (§§ 41 bis 46 SGB XII)
- Hilfen zur Gesundheit (§§ 47 bis 52 SGB XII)
- Eingliederungshilfe für behinderte Menschen (§§ 53 bis 60 SGB XII)
- Hilfe zur Pflege (§§ 61 bis 66 SGB XII)
- Hilfe zur Überwindung besonderer sozialer Schwierigkeiten (§§ 67 bis 69 SGB XII)
- Hilfe in anderen Lebenslagen (§§ 70 bis 74 SGB XII).

Diese in § 8 SGB XII enthaltenen Hilfearten stehen gleichrangig nebeneinander und unterscheiden sich neben den Leistungsinhalten im Wesentlichen nur durch die Modalitäten beim Einsatz des Einkommens und Vermögens.

Anders als in den Sozialversicherungszweigen ist für die Feststellung der Leistungsberechtigung nicht vorher zu prüfen, ob die leistungsbegehrende Person zum versicherten Personenkreis gehört. Auch kommt es nicht darauf an, ob eine spezifische Schadensursache vorliegt (wie in der Gesetzlichen Unfallversicherung und im sozialen Entschädigungsrecht). Anspruch auf Sozialhilfe besteht unabhängig davon, ob man seine Notlage selbst verschuldet hat oder nicht. 3

Die Leistungen der Sozialhilfe werden aus Steuermitteln finanziert. Da die Länder das SGB XII als eigene Angelegenheit ausführen, sind sie auch für die Finanzierung der Leistungen zuständig (Art. 84 GG). Das SGB XII enthält deshalb keine Regelungen zur Finanzierung. Die Finanzierungsregelungen des SGB XII für Leistungen von Einrichtungen (§§ 75 ff. SGB XII) gehören systematisch zum Leistungserbringungsrecht und haben nichts mit der allgemeinen Finanzierung der Sozialhilfe zu tun. 4

§ 56 Allgemeine Leistungsgrundsätze

Das Leistungsrecht der Sozialhilfe kennt eine Reihe von allgemeinen Grundsätzen (vgl. §§ 1 ff. SGB XII), die für sämtliche Leistungsarten gelten und die daher im Folgenden vorweg behandelt werden.

A. Aufgabe der Sozialhilfe

I. Die Aufgabe der Sozialhilfe ist es, den Leistungsberechtigten die Führung eines Lebens zu ermöglichen, das der Würde des Menschen entspricht (§ 1 SGB XII). Die Leistung soll sie so weit wie möglich befähigen, unabhängig von ihr zu leben; darauf haben auch die Leistungsberechtigten nach ihren Kräften hinzuarbeiten (§ 1 Abs. 1 S. 2 SGB I und § 9 SGB I). Beiden Zielsetzungen – Schutz der Menschenwürde und Hilfe zur Selbsthilfe – kommt Bedeutung für die Auslegung zahlreicher sozialhilferechtlicher Normen zu. 1

Was die Würde des Menschen sozialhilferechtlich bedeutet, ist abstrakt schwer formulierbar. So wird einzelfallbezogen entschieden, ob bei einer bestimmten Auslegung einer sozialhilferechtlichen Norm die Menschenwürde des Hilfesuchenden Schaden nehmen würde[3].

II. Die zweite Zielfunktion – die *Hilfe zur Selbsthilfe* – lässt sich auch so umschreiben, dass Sozialhilfe letztlich die Aufgabe hat, sich selbst überflüssig zu machen, indem sie dem Leistungsberechtigten so hilft, dass er sich schließlich allein (weiter)helfen kann. 2

Freilich ist die Erfüllung dieses gesetzlichen Auftrages in erster Linie davon abhängig, ob sich der Hilfeempfänger auch wirklich mit der Zielsetzung der Hilfeunabhängigkeit helfen lassen *will*. Er-

---

3 BVerwGE 72, 113 (117).

zwingbar ist dies nicht, auch nicht durch die in § 1 S. 2 SGB XII vorgesehene »Pflicht« des Hilfeempfängers zur eigenen Mitwirkung an der genannten Aufgabe.

In engem Zusammenhang mit § 1 S. 2 SGB XII steht § 15 SGB XII. Danach soll einerseits bereits zur Abwendung einer erst drohenden Notlage Sozialhilfe gewährt werden, andererseits sollen aber auch nach Beseitigung der Notlage weitere Hilfeleistungen erfolgen, um die Wirksamkeit der zuvor gewährten Hilfe zu sichern, d.h. also insbesondere, um den Eintritt einer erneuten Notlage zu verhindern.

In § 1 SGB XII wird stärker als bisher die eigenständige Verpflichtung der Leistungsberechtigten hervorgehoben, ihre gesamte Kraft dafür einzusetzen, um wieder unabhängig von Sozialhilfe leben zu können. Die Leistungsberechtigten müssen insoweit mit den Sozialhilfeträgern zusammenarbeiten. Ziel dieser Regelung ist es nach dem Willen des Gesetzgebers, eine Art Verantwortungsgemeinschaft zu bilden und zwar insbesondere im Bereich notwendiger Beratung und Unterstützung, ohne dass dabei die jeweiligen Rechte und Pflichten berührt werden. Die Bedeutung der bisher schon geltenden Pflicht zum Zusammenwirken von Leistungsberechtigten und Sozialhilfeträgern wird durch die Aufnahme in den Aufgabenkatalog in § 1 SGB XII besonders hervorgehoben[4].

3 **III.** Neu eingeführt worden ist die Regelung über Leistungsabsprachen in § 12 SGB XII. Mit der Leistungsabsprache soll die kooperative Vergehensweise verstärkt werden, da die erfolgreiche Überwindung der Notlage wie auch die Stärkung der Selbsthilfe zur aktiven Teilnahme am Leben in der Gemeinschaft in vielfältiger Weise von der aktiven Mitwirkung der Leistungsberechtigten abhängig ist. Die Regelung soll insoweit § 1 S. 3 SGB XII konkretisieren[5]. Die Leistungsabsprache soll spätestens vier Wochen nach Leistungsbeginn getroffen werden, sie ist auf fortlaufende Leistungen beschränkt und in Form einer Soll-Verpflichtung des Sozialhilfeträgers, aus der kein Anspruch des Leistungsberechtigten abgeleitet werden kann, gehalten. Die Leistungsabsprache ist kein öffentlich-rechtlicher Vertrag[6]. Es sind auch keine Sanktionen, wie z.B. im SGB II bei der Eingliederungsvereinbarung, vorgesehen, wenn der Leistungsberechtigte seine Mitwirkung verweigert.

B. Finalprinzip und Bedarfsdeckungsprinzip

4 **I.** Ein ungeschriebenes Grundprinzip des Sozialhilferechts ist es, dass ein Anspruch auf Leistungen unabhängig davon entsteht, auf welche Ursache die Hilfebedürftigkeit zurückgeht, insbesondere, ob sie der Hilfebedürftige verschuldet hat[7] (sog. *Finalprinzip*).

Durch §§ 26, 39, 103 SGB XII erfährt dieser Grundsatz wichtige Einschränkungen. Nach § 26 SGB XII soll die Leistung bis auf das Unerlässliche eingeschränkt werden, wenn der Leistungsberechtigte sein Einkommen oder Vermögen in der Absicht vermindert hat, die Voraussetzungen für die Gewährung oder Erhöhung der Leistung herbeizuführen oder wenn die Leistungsberechtigten trotz Belehrung ihr unwirtschaftliches Verhalten fortsetzen. Diese Regelung entspricht dem bisherigen Recht[8]. § 39 SGB XII sieht eine Einschränkung der Leistung vor, wenn der Leistungsberechtigte die Aufnahme einer Tätigkeit oder die Teilnahme an einer erforderlichen Vorbereitung anlehnen. Die Regelung ist Ausdruck der vorrangigen Selbstverpflichtung, wobei der Anwendungsbereich durch die Einführung des SGB II erheblich an Bedeutung verloren hat. Aber auch wenn nur in geringem Umfang eine Tätigkeit zur Entlastung der Sozialhilfe möglich ist und der Leistungsberechtigte eine solche nicht aufnimmt, besteht insoweit nach § 2 Abs. 1 SGB XII kein Anspruch auf Sozialhilfeleistungen[9].

---

4 BT-Drs. 15/1514, 55.
5 BT-Drs. 15/1514, 56.
6 BT-Drs. 15/1514, 56.
7 BVerwGE 29, 99 (102).
8 BT-Drs. 15/1514, 58.
9 *Falterbaum*, in: Hauck/Noftz § 39 SGB XII Rn. 1.

§ 103 SGB XII normiert einen Kostenersatz bei schuldhaftem Verhalten. Völlig ohne Hilfe darf das Sozialamt jedoch niemanden lassen[10]. Letztlich darf keinem Hilfebedürftigen das unverzichtbare Minimum an materieller Lebensgrundlage vorenthalten werden. Im Übrigen ist zu berücksichtigen, dass sich die Aufgabe der Hilfe zum Lebensunterhalt darin erschöpft, jedem Hilfebedürftigen sein Existenzminimum zu sichern. Dagegen soll und darf die Sozialhilfe niemanden gegen seinen Willen »bessern« wollen.

Fall[11]: Eine Mutter begehrt für sich und ihr nichteheliches Kind Hilfe zum Lebensunterhalt, ohne zuvor den Vater des Kindes auf Zahlung von Unterhalt in Anspruch genommen zu haben, wobei sie sich dabei auf ihre »Intim- und Privatsphäre« beruft. Von besonderen Umständen abgesehen, nahm die Rspr. hier einen Fall des § 103 SGB XII an. In einer Entscheidung hat das BVerwG seine Auffassung teilweise wieder revidiert, und zwar dahingehend, dass Leistungen der Sozialhilfe nicht versagt bzw. gekürzt werden können, wenn die Vermögenssorge nicht bei der Mutter liegt, sondern für das Kind eine (Amts-)Pflegschaft des Jugendamtes besteht[12]. Die Pflegschaft umfasst u.a. die Geltendmachung von Unterhaltsansprüchen, so dass die Mutter in dieser Angelegenheit nicht die gesetzliche Vertreterin ihrer Kinder ist und sie deshalb für das Unterlassen der Selbsthilfe ihrer Kinder rechtlich und tatsächlich nicht verantwortlich ist[13].

II. Mit dem Finalprinzip korreliert der *Bedarfsdeckungsgrundsatz,* der in § 9 SGB XII zum Ausdruck kommt. Danach müssen die Leistungen der Sozialhilfe so bemessen sein, dass durch sie der individuelle, konkrete sozialhilferechtliche Bedarf vollständig befriedigt wird[14]. Aus dem so verstandenen Bedarfsdeckungsprinzip folgert man, dass Sozialhilfe grundsätzlich nicht für die Vergangenheit geleistet werden könne, weil sich eine Notlage in der Vergangenheit (grundsätzlich) nicht durch eine Leistung in der Gegenwart überwinden lasse[15] (Gegenwärtigkeitsprinzip). 5

Das Bedarfsdeckungsprinzip wirkt sich auch prozessrechtlich aus. Begehrt der Hilfesuchende im Wege der Verpflichtungsklage eine Sozialhilfeleistung, kann der Anspruch auf Leistungen der Sozialhilfe grundsätzlich nur in dem zeitlichen Umfang in zulässiger Weise zum Gegenstand der verwaltungsgerichtlichen Kontrolle gemacht werden, in dem der Träger der Sozialhilfe den Hilfefall geregelt hat. Dies ist regelmäßig der Zeitpunkt bis zur letzten Verwaltungsentscheidung, also bis zum Erlass des Widerspruchsbescheides[16]. Diese zeitliche Fixierung gilt jedoch nicht uneingeschränkt. Eine Ausnahme von dem genannten Grundsatz ist gegeben, wenn die Behörde den Hilfefall statt für den dem Bescheid nächstliegenden Zeitraum für einen längeren Zeitraum geregelt hat (z.B. bei laufenden Leistungen der Eingliederungshilfe oder bei der Kostenübernahme für ein Hilfsmittel). Das Gericht muss dann den gesamten Regelungszeitraum bis zum Zeitpunkt der gerichtlichen Entscheidung – und nicht nur den Zeitraum bis zur letzten behördlichen Entscheidung – als für die Beurteilung der Sach- und Rechtslage maßgeblichen Zeitpunkt einbeziehen[17]

Eine weitere wichtige Schlussfolgerung wird von der Rechtsprechung gezogen[18]: Sozialhilfe sei nicht zur Schuldentilgung da. Andernfalls würde der Steuerzahler über Sozialhilfeleistungen zur Vermögensbildung der Hilfesuchenden beitragen. Dem gleichen Schutz der Allgemeinheit dient auch das zwangsvollstreckungsrechtliche Verbot der sog. Kahlpfändung, §§ 850 ff. ZPO.

Das Bedarfsdeckungsprinzip wird durch die Pauschalisierung der Regelsätze stark eingeschränkt, auch wenn § 28 Abs. 3 SGB XII vorschreibt, dass die Regelsätze so bemessen werden, dass der Bedarf dadurch gedeckt werden kann. Ferner ist in § 28 Abs. 1 S. 2 SGB XII festgelegt, dass die Bedarfe abweichend festgelegt werden, wenn im Einzelfall ein Bedarf ganz oder teilweise anderweitig gedeckt ist und unabweisbar seiner Höhe nach erheblich

10 BVerwGE 29, 99 (103).
11 BVerwGE 67,163 (163).
12 BVerwGE 89, 192.
13 BVerwGE 89, 192.
14 BVerwGE 108, 47 (53).
15 BVerwGE 58, 68 (70 ff.); BVerwG NDV 1992, 337 f.; BVerwG, NJW 1996, 2588 (2590). S. dazu *Grube* NordÖR 1999, 176 ff. Keine rückwirkende Erhöhung der Pflegestufe: BVerwGE 117, 272.
16 BVerwGE 25, 307 (308).
17 BVerwG NJW 1996, 2588 (2589 f.).
18 BVerwGE 48, 182 (185).

von einem durchschnittlichen Bedarf abweicht. Dabei handelt es sich um eine »begrenzte Öffnungsklausel«[19], denn diese war in § 22 Abs. 1 S. 2 BSHG wesentlich weiter und stärker am Individualisierungsgrundsatz des § 3 BSHG orientiert.

C. Nachrang

6 Wer sich selbst helfen kann oder Hilfe von dritter Seite erhält, hat keinen Anspruch auf Sozialhilfe, § 2 Abs. 1 SGB XII. Dieser Grundsatz des Nachrangs der Sozialhilfe versteht sich eigentlich vor dem Hintergrund des § 1 S. 1 SGB XII von selbst. Denn wenn die Voraussetzungen des § 2 Abs. 1 SGB XII erfüllt sind, ist der Betreffende ja gerade in der Lage, ein menschenwürdiges Leben zu führen.

Das SGB XII hat den Nachranggrundsatz in zahlreichen Normen konkretisiert. In einem allgemeinen Sinn ist dies zunächst in § 19 SGB XII geschehen, weiter in § 26 SGB XII. Von großer praktischer Bedeutung sind schließlich die §§ 82 ff. SGB XII, die den Einsatz eigenen Einkommens und Vermögens regeln.

Der Nachranggrundsatz ist im SGB XII jedoch auch mehrfach durchbrochen: So bei den Vorschriften über den teilweisen Schutz des Einkommens und Vermögens oder durch Vorschriften über die Gewährung einzelner Leistungen unabhängig vom Einkommen und Vermögen (§§ 92 Abs. 2, 71 Abs. 4, 68 Abs. 2 SGB XII)[20].

7 Auch §§ 102 ff. SGB X sowie §§ 93 ff. SGB XII sind in diesem Zusammenhang zu nennen. Nach §§ 102 ff. SGB X soll sichergestellt werden, dass die Leistungsträger der Sozialversicherung, der sozialen Entschädigung und der sozialen Förderung nicht zu Lasten der Sozialhilfe von ihren Verpflichtungen frei werden.

Beispiel[21]**:** Der behinderte B macht gegenüber seiner gesetzlichen Krankenkasse einen Anspruch auf Gewährung eines Schreibtelefons geltend, den diese ablehnt. Daraufhin erhält B dieses Gerät von der Sozialhilfe, die ihrerseits wiederum nach § 104 Abs. 1 SGB X von der Krankenkasse Erstattung verlangt. – Die §§ 93 ff. SGB XII betreffen dagegen Ansprüche des Hilfeempfängers gegenüber Dritten, die keine Sozialleistungsträger sind, insbes. auch Unterhaltsansprüche gegenüber Familienangehörigen.

In § 2 SGB XII kommt besonders deutlich der Charakter der Sozialhilfe als einer Art »Ausfallbürgschaft« zum Ausdruck. Sie ist das »Netz unter dem sozialen Netz«[22], nämlich das Basisnetz unter den darüber hängenden Netzen der übrigen Sozialleistungssysteme. Aus dieser Stellung des Sozialhilferechts geht zugleich dessen Abhängigkeit von den Ausgestaltungen der anderen Sozialleistungsbereiche hervor. Kommt es dort zu Sparmaßnahmen, wirkt sich dies i.d.R. durch höhere Ausgaben bei der Sozialhilfe aus. Umgekehrt hat die Einführung der Pflegeversicherung eine erhebliche Minderung der Ausgaben für Leistungen der Hilfe zur Pflege nach dem damaligen BSHG und dem heutigen SGB XII bewirkt.

D. Individualisierungsprinzip

8 In den §§ 9 und 16 SGB XII ist das Prinzip der *Individualisierung* besonders hervorgehoben, auch wenn es das gesamte SGB XII durchzieht[23]. Nach § 9 Abs. 1 SGB XII richten sich die Leistungen nach der Besonderheit des Einzelfalles, insbesondere nach der Art des Bedarfs, den örtlichen Verhältnissen, den eigenen Kräften und Mitteln der Person und des Haus-

19 *Mrozynski* ZfSH/SGB 2004, 198 (207).
20 *Neumann*, in: Hauck/Noftz Einführung, SGB XII Rn. 57.
21 BSG SozR 2200 § 182 b Nr. 30
22 *Eichenhofer*, in: Rothkegel, Sozialhilferecht, Teil 1, Rn. 26.
23 Zur Abgrenzung zum Bedarfsdeckungsprinzip *Grube* NordÖR 1999, 176 ff.

halts. § 16 SGB XII schreibt vor, dass bei Leistungen der Sozialhilfe die besonderen Verhältnisse in der Familie der Leistungsberechtigten berücksichtigt werden sollen. Die Sozialhilfe soll die Kräfte der Familie zur Selbsthilfe anregen und den Zusammenhalt der Familie festlegen. Nach § 9 Abs. 2 S. 1 SGB XII schließlich soll Wünschen des Hilfeempfängers, die sich auf die Gestaltung der Leistung richten, entsprochen werden, soweit sie angemessen sind. Bei der Frage der Angemessenheit des Wunsches sind vor allem die Kriterien des Absatzes 1 zu berücksichtigen[24].

Ferner lässt sich allgemein feststellen, dass das SGB XII durchgehend zahlreiche unbestimmte Rechtsbegriffe verwendet, die weite Spielräume eröffnen[25], womit dem Individualisierungsprinzip Rechnung getragen werden kann.

Dieser sozialhilferechtliche Grundsatz der Individualisierung steht im Gegensatz zu den leistungsrechtlichen Prinzipien insbesondere der Sozialversicherung und der sozialen Entschädigung. Die Höhe etwa des Kranken- oder Verletztengeldes, einer Erwerbsunfähigkeits- oder Altersrente, einer Grund- oder Ausgleichsrente, – alle derartigen Leistungen sind im Gesetz nach abstrakten Kriterien festgelegt, ohne dass die einzelnen Leistungsträger bei ihrer Gewährung einen Gestaltungsspielraum hätten.

Am wenigsten ausgeprägt ist der Individualisierungsgrundsatz bei der Hilfe zum Lebensunterhalt, deren Höhe sich nach *Regelsätzen* bestimmt (§§ 28 ff. SGB XII) und bei der auf individuelle Bedarfsmomente insoweit kaum Rücksicht genommen wird.

Beim *Wunschrecht* nach § 9 Abs. 2 SGB XII stellen sich zahlreiche Probleme. Es ist in der zu- 9
rückliegenden Zeit in der Praxis aus Kostengründen spürbar eingeschränkt worden. Da sich das Wunschrecht lediglich auf die Gestaltung der Hilfe bezieht, kommt es erst zum Zuge, wenn der Anspruch auf eine Sozialleistung dem Grunde nach besteht. Nach Absatz 2 S. 3 braucht solchen Wünschen des Hilfeempfängers nicht entsprochen zu werden, deren Erfüllung mit unverhältnismäßigen Mehrkosten verbunden wäre.

Allerdings erschöpft sich der Mehrkostenvorbehalt nicht in einem rein rechnerischen Kostenvergleich, sondern verlangt auch eine wertende Betrachtungsweise, bei der das Gewicht der vom Leistungsempfänger gewünschten Gestaltung der Hilfe im Hinblick auf seine individuelle Notsituation zu berücksichtigen ist, die Zweck / Mittel-Relation muss beachtet werden[26]. Auch beim bekenntnisgetragenen Wunschrecht, § 9 Abs. 3 SGB XII, ist der Mehrkostenvorbehalt zu beachten[27].

Fall[28]: Die Eltern eines geistig behinderten Kindes wünschen dessen Unterbringung in einer privaten Tagesstätte, während der Sozialhilfeträger auf die Möglichkeit des kostenlosen Besuchs eines staatlichen Sonderschulkindergartens verweist. Die Eltern haben für den nach § 9 Abs. 2 SGB XII vorzunehmenden Kostenvergleich darauf hingewiesen, dass schließlich auch der staatliche Sonderschulkindergarten Kosten verursache, die letztlich nicht entscheidend höher lägen als der Tagessatz der von ihnen gewünschten privaten Einrichtung.

Das BVerwG hat einen derartigen Kostenvergleich abgelehnt. Nach seiner – zutreffenden – Ansicht kommt es in Fällen eines derartigen Vergleichs zwischen privaten und öffentlichen Einrichtungen darauf an, welchem öffentlichen »Bereich« die betreffende Einrichtung zuzuordnen ist. Handelt es sich z.B. um eine Einrichtung eines Sozialhilfeträgers (»Bereich Sozialhilfe«), so könne in der Tat der Träger nicht darauf verweisen, dass hier keine Kosten anfielen, weil die Einrichtung ohnehin vorhanden sei. Anders liege es aber, wenn es sich um eine öffentliche Einrichtung der allgemeinen staatlichen Daseinsvorsorge handele, etwa – wie im vorstehenden Beispiel – um einen staatlichen Sonderschulkindergarten (»Bereich Bildung«), der jedermann – ob arm oder reich – zur kostenlosen Inan-

---

24 *Luthe*, in: Hauck / Noftz § 9 SGB XII Rn. 22.
25 *Grube*, in: Wahrendorf / Grube Einl. SGB XII Rn. 45.
26 BVerwGE 97, 103 (104).
27 BVerwG NJW 1983, 2586 ff. = E 65, 52 (55 ff.).
28 BVerwGE 75, 343.

spruchnahme offen stehe. Daraus folgt für den Ausgangsfall, dass dem Wunsch der Eltern, ihr Kind in der privaten Einrichtung unterzubringen, von Seiten des Sozialhilfeträgers nicht Rechnung getragen zu werden braucht.

Ein Sonderfall des § 9 Abs. 1 SGB XII ist in § 13 SGB XII normiert[29]. Die Vorschrift sieht vor, dass Leistungen entsprechend den Erfordernissen des Einzelfalles für die Deckung des Bedarfs außerhalb von Einrichtungen, also in ambulanter Form, oder für teilstationäre oder stationäre Einrichtungen erbracht werden können. Der ebenfalls in § 13 SGB XII niedergelegte Vorrang der offenen (vor der stationären) Hilfe entspricht den allgemeinen sozialpolitischen Vorstellungen der Deinstitutionalisierung, wie sie z.B. auch in der Psychiatrie seit der Psychiatriereform verfolgt wird. Allerdings kann eine ambulante Versorgung im häuslichen Bereich gerade bei besonders betreuungsintensiven Fällen sehr viel kostenaufwendiger als eine stationäre Versorgung sein. Aus diesem Grund hat sich der Gesetzgeber entschlossen, ab 1. 1. 1999 eine Mehrkostenklausel einzufügen, so dass nunmehr der Vorrang der offenen Hilfe wie das Wunschrecht nach § 9 Abs. 2 SGB XII unter dem Mehrkostenvorbehalt steht (§ 13 Abs. 1 S. 4 SGB XII).

E. Rechtsanspruch

10 Durch das BSHG von 1961 wurde das frühere Recht der öffentlichen Fürsorge grundlegend reformiert. Dieses öffentliche Fürsorgerecht war davon geprägt, dass es keine Rechtsansprüche der einzelnen hilfebedürftigen Bürger gegenüber den Fürsorgeträgern enthielt. Nach Inkrafttreten des Grundgesetzes hat das BVerwG 1954, also Jahre vor der Schaffung des BSHG, diesen Grundsatz unter Berufung auf die zentralen Grundrechte der Verfassung (insbes. Art. 1 und 2 GG) verworfen und die spätere Regelung des § 17 SGB XII (früher § 4 BSHG) vorweggenommen[30]: Auf Sozialhilfe besteht ein gerichtlich durchsetzbarer Anspruch, und sei es auch nur dahingehend, dass die Sozialhilfeträger zur Ausübung pflichtgemäßen Ermessens gehalten werden.

11 Wie §§ 38, 39 SGB I unterscheidet auch § 17 SGB XII strikte (unbedingte) Rechtsansprüche und Ansprüche auf Ermessensleistungen, zu denen als Unterart auch solche Leistungen gehören, die in einer Sollregelung vorgesehen sind. Die Unterscheidung bezieht sich zunächst nur auf die Frage, *ob* auf eine Leistung Anspruch besteht. Davon zu trennen ist die andere Frage nach »Art und Maß« der Sozialhilfe, worüber in jedem Fall nach pflichtgemäßem Ermessen zu entscheiden ist (§ 17 Abs. 2 SGB XII), also auch im Fall eines strikten Rechtsanspruchs (dem Grunde nach).

12 Eine wichtige Ergänzung des § 17 SGB XII stellt die Regelung des § 18 SGB XII dar. Danach setzt Sozialhilfe, mit Ausnahme der Leistungen der Grundsicherung im Alter und bei Erwerbsminderung und das ergänzende Darlehen nach § 37 SGB XII, ein, sobald dem Träger der Sozialhilfe oder den von ihm beauftragten Stellen bekannt wird, dass die Voraussetzungen für die Leistung vorliegen[31]. Natürlich erfährt der Sozialhilfeträger häufig erst aufgrund von »Anträgen« der Hilfesuchenden von deren Bedarfslagen, so dass er vorher auch nicht tätig werden kann. Und da Sozialhilfe in aller Regel nicht für eine zurückliegende Zeit gewährt wird, muss sich ein Hilfebedürftiger schon im eigenen Interesse so schnell wie möglich an den zuständigen Träger wenden (»Obliegenheit«[32]). Hilft ein Dritter in einer Notlage aus, für die die Sozialhilfe einzutreten hätte, hat der Dritte einen Anspruch aus § 25 SGB XII[33]. Ein Herstellungsanspruch ist trotz der Vorschrift des § 18 SGB

29 *Wahrendorf*, in: Grube/Wahrendorf § 13 SGB XII Rn. 2.
30 Grundsätzlich BVerwGE 1, 159.
31 Ausführlich: *Münder* SGb 2006, 186 ff.
32 BVerwG NDV 1992, 337ff = BVerGE 90, 154.
33 BVerwG NVwZ 1993, 994 ff.

XII im Sozialhilferecht nicht gegeben, denn die Sozialhilfe dient regelmäßig nur dazu, eine gegenwärtige Notlage zu beheben[34]. Insofern wäre eine Übertragung des vom BSG entwickelten sozialrechtlichen Herstellungsanspruchs auf das Sozialhilferecht mit diesem Grundprinzip nicht zu vereinbaren[35]. Die Kenntnisnahme der Sozialhilfebedürftigkeit durch einen unzuständigen Leistungsträger regelt § 18 Abs. 2 SGB XII, der inhaltlich § 16 Abs. 2 SGB I entspricht.

Uneingeschränkt gilt weiterhin der aus § 18 Abs. 1 SGB XII abzuleitende Gesamtfallgrundsatz[36]. Das bedeutet, dass der Sozialhilfeträger den Fall so zu bearbeiten hat, wie er ihm zur Kenntnis gebracht wird. Er darf sich somit nicht auf beantragte Leistungen beschränken. Er muss vielmehr jeden Bedarf decken, der ihm, sei es auch zufällig, zur Kenntnis gelangt. Lediglich »erahnen« muss er einen Bedarf nicht[37].

§ 57 Die Leistungen

A. Leistungsarten

I. Während bisher zwischen »Hilfe zum Lebensunterhalt« und »Hilfe in besonderen Lebenslagen« unterschieden wurde, ist die Sozialhilfe nun in sieben Bereiche gegliedert, die jeweils die Leistungen in bestimmten Lebenslagen regeln: 1

- Hilfe zum Lebensunterhalt (§§ 27 bis 40 SGB XII)
- Grundsicherung im Alter und bei Erwerbsminderung (§§ 41 bis 46 SGB XII)
- Hilfen zur Gesundheit (§§ 47 bis 52 SGB XII)
- Eingliederungshilfe für behinderte Menschen (§§ 53 bis 60 SGB XII)
- Hilfe zur Pflege (§§ 61 bis 66 SGB XII)
- Hilfe zur Überwindung besonderer sozialer Schwierigkeiten (§§ 67 bis 69 SGB XII)
- Hilfe in anderen Lebenslagen (§§ 70 bis 74 SGB XII).

II. Hinsichtlich der *Hilfeformen* unterscheidet das SGB XII Dienstleistungen, Geldleistungen und Sachleistungen, § 10 Abs. 1 SGB XII. 2

In Form von *Geldleistungen* wird i.d.R. die Hilfe zum Lebensunterhalt außerhalb von Einrichtungen (Anstalten, Heimen usw.) gewährt. Das gilt insbesondere für die laufenden Leistungen, die nach *Regelsätzen* bestimmt werden, § 28 SGB XII. Auch andere Leistungen im Rahmen der Hilfe zum Lebensunterhalt werden grundsätzlich als Geldleistungen gewährt, da dem erwachsenen Menschen die Möglichkeit gelassen werden soll, im Rahmen der ihm nach dem SGB XII zustehenden Mittel seine Bedarfsdeckung frei zu gestalten[38].

§ 10 Abs. 3 SGB XII sieht den ausdrücklichen Vorrang von Geldleistungen vor. Allerdings nur soweit das SGB XII nicht etwas anderes bestimmt oder die Sachleistung das Ziel der Sozialhilfe erheblich besser oder wirtschaftlicher erreichen kann oder die Leistungsberechtigten es wünschen.

Bei Leistungen, die von Einrichtungen erbracht werden, z.B. bei Maßnahmen der Eingliederungshilfe für behinderte Menschen in Heimen (§§ 53, 54 SGB XII), müssen zwischen dem Träger der Sozialhilfe und dem Einrichtungsträger Leistungs-, Vergütungs- und Prüfungsvereinbarungen geschlossen werden (§ 75 SGB XII). Hier handelt es sich um Sachleistungen, d.h. der Sozialhilfeträger beschafft sich die Leistung bei Dritten und stellt sie dem Leistungsempfänger zur Verfügung.

34 OVG Koblenz NVwZ 1985, 509.
35 OVG Koblenz NVwZ 1985, 509.
36 BVerwGE 22, 319 .
37 *Mrozynski* ZFSH/SGB 2004, 198 (207).
38 BVerwGE 72, 354 (357).

B. Hilfe zum Lebensunterhalt

3 **I.** Die Hilfe zum Lebensunterhalt als Sozialhilfe steht nur denjenigen Bedürftigen zu, die aufgrund anderer Rechtsvorschriften sonst keine Leistungen erhalten – also weder Arbeitslosengeld II (als erwerbsfähige Personen im Alter von 15 bis 65 Jahren) noch Grundsicherung im Alter und bei Erwerbsminderung (als 65-Jährige oder Ältere bzw. als dauerhaft voll Erwerbsgeminderte). Arbeitslosengeld II und Grundsicherungsleistungen gehen also vor. Somit steht Hilfe zum Lebensunterhalt denjenigen Menschen im erwerbsfähigen Alter zu, für die vorübergehend keine Erwerbstätigkeit möglich ist, z.B. wegen Erwerbsminderung, längerfristiger Krankheit oder weil sie in einer Einrichtungen leben und betreut werden.

Nach § 19 Abs. 1 S. 1 SGB XII ist demjenigen Hilfe zum Lebensunterhalt zu leisten, der seinen notwendigen Lebensunterhalt nicht oder nicht ausreichend aus eigenen Kräften und Mitteln, vor allem aus seinem Einkommen und Vermögen, beschaffen kann.

Zu berücksichtigen sind jedoch nicht nur das Einkommen und Vermögen des Hilfesuchenden selbst, sondern nach § 19 Abs. 1 S. 2 SGB XII auch das der Mitglieder der sog. *Bedarfsgemeinschaft*[39], zu der insbesondere der im gemeinsamen Haushalt lebende Ehegatte oder Lebenspartner zählt. Die Ausdehnung der Prüfung auf das Einkommen und Vermögen der eingetragenen Lebenspartner von Hilfesuchenden trägt dem Umstand Rechnung, dass Lebenspartner nach § 5 Lebenspartnerschaftsgesetz einander Unterstützung, insbesondere angemessenen Unterhalt, zu leisten haben. Der Nachrang der Sozialhilfe erfordert es, auch von Lebenspartnern, die eine solche Unterhaltspflicht kraft Gesetzes trifft, zu verlangen, dass sie wie nicht getrennt lebende Ehegatten für einander vorrangig ihr Einkommen und Vermögen einsetzen[40]. Minderjährige und unverheiratete Kinder gehören zur Bedarfsgemeinschaft, wenn sie ihren eigenen Lebensunterhalt nicht bestreiten können. Sie gehören also nicht dazu, wenn nur ihre Eltern hilfsbedürftig sind. Eine Ausnahme von diesen Grundsätzen ist in § 19 Abs. 4 SGB XII geregelt: bei einer minderjährigen unverheirateten Leistungsberechtigten, die schwanger ist oder ihr leibliches Kind bis zur Vollendung des 6. Lebensjahres betreut, ist das Einkommen und Vermögen der mit ihr zusammenlebenden Eltern oder des Elternteils nicht zu berücksichtigen. Diese Norm ist mit der Reform des § 218 StGB eingeführt worden und soll verhindern, dass eine minderjährige Schwangere eine Abtreibung durchführt, weil wegen der finanziellen Belastung ihrer Eltern im Rahmen der Einsatzgemeinschaft Druck auf sie ausgeübt wird, einen Schwangerschaftsabbruch durchführen zu lassen.

Wegen § 20 SGB XII werden weiter Einkommen und Vermögen des Partners einer eheähnlichen oder lebenspartnerschaftsähnlichen Lebensgemeinschaft berücksichtigt[41].

Nach der gesetzlichen Vermutung des § 36 SGB XII wird bei einer Haushaltsgemeinschaft lebenden Personen (widerlegbar) angenommen, dass diese dem Hilfesuchenden Unterhalt gewähren und es daher an einem Bedarf fehlt. Diese Vermutung wird nun auf alle Haushaltsgemeinschaften ausgedehnt, nicht wie beispielsweise in § 9 Abs. 5 SGB II nur auf Verwandte und Verschwägerte beschränkt. Nur S. 3 nimmt bestimmte Personenkreise aus dem Anwendungsbereich der Vorschrift aus, um unerwünschte sozialpolitische Folgen zu vermeiden[42].

Abgesehen von Härtefällen sind Auszubildende nach § 22 SGB XII, deren Ausbildung nach BAföG oder §§ 60 bis 62 SGB III dem Grunde nach förderungsfähig ist, von jeder Hilfe zum Lebensunterhalt generell ausgeschlossen, auch dann, wenn sie die Leistungsvoraussetzungen nach BAföG oder den §§ 60 bis 62 SGB III tatsächlich nicht erfüllen. Leistungen zur Ausbildungsförderung sollen nur noch nach BAföG und nach dem SGB III gewährt werden.

Fall: Anton, siebtes Kind einer einkommensschwachen Familie, besucht die 7. Klasse des Gymnasiums. Kommen für ihn, auch wenn er bei seinen Eltern wohnt, Sozialhilfeleistungen in Betracht? – Dies ist von vornherein dann nicht der Fall, wenn er Anspruch auf Ausbildungsförderung nach

39 Gegen diesen Begriff und für »Einsatzgemeinschaft«: *Neumann*, in: Hauck/Noftz § 19 SGB XII Rn. 14.

40 BT-Drs. 15/1514, 57.

41 Zu dem Begriff der eheähnlichen Gemeinschaft: *Debus* SGb 2006, 82 ff.

42 *Grube*, in: Grube/Wahrendorf § 36 SGB XII Rn. 3.

BAföG hat, § 2 Abs. 1 SGB XII. Nach § 2 Abs. 1 S. 1 Nr. 1 i.V.m. Abs. 1 a S. 1 BAföG scheiden BAföG-Leistungen aus. Ist die Ausbildung des Anton »dem Grunde nach förderungswürdig« i.S.d. § 22 SGB XII? Diese Frage wird in § 22 Abs. 2 SGB XII beantwortet: § 22 Abs. 1 S. 1 SGB XII ist nicht anwendbar, wenn die förderungswürdige Person im Haushalt der Eltern wohnt. § 22 SGB XII findet im vorliegenden Fall keine Anwendung. Anton könnte also, wenn im Übrigen die Voraussetzungen erfüllt sind, Sozialhilfe erhalten.

In § 23 SGB XII sind Sonderregelungen für Ausländerinnen und Ausländer normiert. 4

§ 24 SGB XII beschäftigt sich mit der Gewährung von Sozialhilfe für Deutsche im Ausland[43]. Aufgrund aktueller Vorkommnisse in jüngster Zeit über den Missbrauch der Sozialhilfe ist diese Leistung eingeschränkt worden. Grundsätzlich erhalten Deutsche, die ihren gewöhnlichen Aufenthalt im Ausland haben, keine Leistungen. Voraussetzung einer solchen Leistungsgewährung ist im Einzelfall, dass eine Rückkehr in das Inland aus bestimmten Gründen nicht möglich ist. Dies muss vom Leistungsberechtigten nachgewiesen werden. Bei den genannten Gründen geht es um:

- Pflege und Erziehung eines Kindes, das aus rechtlichen Gründen im Ausland bleiben muss,
- längerfristige stationäre Betreuung in einer Einrichtung oder Schwere der Pflegebedürftigkeit oder
- hoheitliche Gewalt.

II. § 19 Abs. 5 SGB XII sieht eine wichtige Ausnahmeregelung vor. Danach ist es dem So- 5
zialhilfeträger möglich, erweiterte Hilfe zu leisten. Diese Regelung hat vor allem praktische Bedeutung bei der Unterbringung eines Hilfesuchenden in einer Einrichtung.

Beispiel zu § 19 Abs. 5 SGB XII: Ein Rentner kann seinen Platz im Altenheim nur zur Hälfte selbst bezahlen, während die andere Hälfte die Sozialhilfe finanzieren muss. Macht der Träger des Altenheims die Aufnahme des Rentners jedoch von der Übernahme der vollen Kosten durch den Sozialhilfeträger abhängig, so kann dieser nach § 19 Abs. 5 SGB XII verfahren, also Hilfe zum Lebensunterhalt in Höhe der gesamten Heimkosten gewähren und sich sodann vom Rentner den ihm nach den sozialhilferechtlichen Bestimmungen nicht zustehenden Betrag erstatten lassen.

III. Die §§ 27 bis 40 SGB XII enthalten Regelungen über die Leistungen zur Sicherung des 6
notwendigen Lebensunterhalts. Nach § 27 Abs. 1 SGB XII umfasst der notwendige Lebensunterhalt insbesondere Ernährung, Unterkunft, Kleidung, Körperpflege, Hausrat, Heizung und persönliche Bedürfnisse des täglichen Lebens. Dabei gehören zu den persönlichen Bedürfnissen des täglichen Lebens in vertretbarem Umfang auch Beziehungen zur Umwelt und eine Teilnahme am kulturellen Leben. Bei Kindern und Jugendlichen umfasst nach Absatz 2 der notwendige Lebensunterhalt auch den besonderen, insbesondere den durch ihre Entwicklung und ihr Heranwachsen bedingten Bedarf. Durch § 28 SGB XII wird bestimmt, dass der gesamte Bedarf des notwendigen Lebensunterhaltes nach Regelsätzen erbracht wird. Hiervon ausgenommen sind Leistungen für Unterkunft und Heizung und die so genannten Sonderbedarfe nach den §§ 30 bis 34 SGB XII. Damit wird die ursprüngliche Einteilung im BSHG in laufende und einmalige Leistungen aufgegeben. Während der überwiegende Teil der laufenden Leistungen (für Ernährung, hauswirtschaftlicher Bedarf usw.) nach monatlichen Regelsätzen gewährt wurde, waren die einmaligen Leistungen (für Bekleidung, Wäsche, Schuhe, Hausrat, besondere Anlässe usw.) einzeln zu beantragen und zu bewilligen. Die Leistungen werden somit stärker pauschalisiert. Die Regelsätze nach § 28 SGB XII umfassen nun den gesamten Bedarf für den notwendigen Lebensunterhalt. Über den bisherigen Umfang hinaus werden also auch Leistungen für Haushaltsgeräte, Kleidung usw. in den Regelsatz einbezogen. Neben einer Verwaltungsvereinfachung soll damit auch die Selbstverantwortung des Leistungsberechtigten gestärkt werden, denn es obliegt ihm künftig, einen Teil der monatlichen Leistungen anzusparen, um bei entstehendem Bedarf auch größere Anschaf-

43 Vgl. dazu *Baur* NVwZ 2004, 1322 ff.

fungen zu tätigen[44]. Nach § 28 Abs. 1 S. 2 SGB XII kann jedoch eine vom Regelsatz abweichende Bemessung erfolgen, beispielsweise bei einem Leistungsberechtigten, der aufgrund seines Gesundheitszustandes ständig Arznei- oder Heilmittel braucht, die nicht mehr verordnungsfähig sind[45].

Nicht in den Regelsatz mit einbezogen werden zum einen die Leistungen für Miete und Heizung, weil die regionalen Unterschiede so gravierend sind, dass eine bundeseinheitliche Pauschalierung entweder zu einer Überdeckung oder Unterdeckung des Bedarfs führen würde. Ferner werden Mehrbedarfe, Erstausstattungen für Wohnung und Kleidung, Beiträge zu den Sozialversicherungen sowie Bedarfe in Sonderfällen ebenfalls nicht in den Regelsatz einbezogen, da es nicht gerechtfertigt wäre, Leistungen für Bedarfe zu erbringen, die bei vielen bzw. dem überwiegenden Teil der Leistungsberechtigten überhaupt nicht entstehen[46].

Nach § 28 Abs. 2 SGB XII setzen die Landesregierungen durch Rechtsverordnung erstmals zum 1. 1. 2005 und dann zum 1.7. eines jeden Jahres die Höhe der monatlichen Regelsätze im Rahmen der Rechtsverordnung nach § 40 SGB XII fest.

Nach § 29 SGB XII werden Leistungen für die Unterkunft in Höhe der tatsächlichen Aufwendungen erbracht. Allerdings werden nach § 29 Abs. 2 SGB XII die Sozialhilfeträger ermächtigt, für ihren Bereich die Kosten der Unterkunft zu pauschalisieren, wenn auf dem örtlichen Wohnungsmarkt hinreichend angemessener freier Wohnraum verfügbar und in Einzelfällen die Pauschalierung nicht unzumutbar ist. Auch die Heizkosten können nach Absatz 3 durch eine monatliche Pauschale abgegolten werden. Bei der Bemessung der Pauschale sind die persönlichen und familiären Verhältnisse, die Größe und Beschaffenheit der Wohnung, die vorhandenen Heizmöglichkeiten und die örtlichen Gegebenheiten zu berücksichtigen.

Für bestimmte Personengruppen nimmt der Gesetzgeber einen höheren Regelbedarf an, § 30 SGB XII, z.B. für werdende Mütter nach der 12. Schwangerschaftswoche.

7 Nur für wenige besondere Lebensumstände werden gesondert Leistungen für einmalige Bedarfe erbracht. Dies sind nach § 31 Abs. 1 SGB XII Leistungen für Erstausstattungen für die Wohnung einschließlich Haushaltsgeräten, Erstausstattungen für Bekleidung und Erstausstattung bei Schwangerschaft und Geburt sowie mehrtägige Klassenfahrten im Rahmen der schulrechtlichen Bestimmungen. Diese Leistungen können auch erbracht werden, wenn kein Anspruch auf Regelsatzleistungen besteht. In diesem Fall kann das Einkommen berücksichtigt werden, das innerhalb eines Zeitraumes von bis zu sechs Monaten nach Ablauf des Monats erworben wird, in dem über die Leistung entschieden worden ist, § 31 Abs. 2 SGB XII.

Die seit 1. 1. 2004 beim Arztbesuch von krankenversicherten Personen zu leistende Praxisgebühr ist aus dem Regelsatz aufzubringen und stellt keinen einmaligen Bedarf dar[47].

Reichen in anderen Fällen die Regelsatzleistungen nicht zur Deckung des Bedarfs aus, sollen nach § 37 SGB XII ergänzend Darlehen gewährt werden. Die Darlehensgewährung des § 37 SGB XII ist für einen anderweitig nicht abdeckbaren besonderen Bedarf vorgesehen. Der unabweisbar gebotene Bedarf darf auf keine andere Weise gedeckt werden können. Für diesen Fall ist auch ein Antrag nötig. Der Hinweis »auf keine andere Weise« bringt zum Ausdruck, dass die Leistungsberechtigten vorrangig auf eine andere Bedarfsdeckung, etwa aus dem Schonvermögen oder von dritter Seite, verwiesen werden sollen,

---

44 BT-Drs. 15/1514, 59.
45 *Schellhorn* NDV 2004, 167 (170).
46 BT-Drs. 15/1514, 59.
47 VG Hannover, Beschl. vom 15. 1. 2004, NJW 2004, 873.

z.B. Gebrauchtwarenlager und Kleiderkammern[48]. Die Darlehenstilgung ist in Höhe von 5% des Regelsatzes vorgesehen.

§§ 32 und 33 SGB XII regeln die Beiträge für die Kranken- und Pflegeversicherung und für die Vorsorge. Hierzu bedarf es einer speziellen Regelung, da die Beiträge für diese Versicherungen nicht der gegenwärtigen Bedarfsdeckung dienen, sondern der Absicherung eines künftigen Risikos. Nach dem Gegenwärtigkeitsprinzip werden solche künftigen und nur eventuell entstehenden Bedarfe grundsätzlich nicht durch die Sozialhilfe abgedeckt[49].

§ 35 SGB XII, der sich mit dem notwendigen Lebensunterhalt in Einrichtungen beschäftigt, hatte keinen Vorläufer im BSHG. Nach dieser Vorschrift bemisst sich der notwendige Lebensunterhalt in Einrichtungen ausschließlich nach dem Umfang der Regelungen in § 42 Nr. 1 bis 3 SGB XII und setzt sich zusammen aus Regelsatz, Kosten der Unterkunft und Heizung, Mehrbedarf und etwaigen einmaligen Bedarfen. Nach § 82 Abs. 4 SGB XII kann der Sozialhilfeträger verlangen, dass der Berechtigte eigene Mittel, die sich durch Ersparnisse für den nicht mehr benötigten häuslichen Bereich ergeben, selbst aufbringt.

In § 35 Abs. 3 bis 5 SGB XII sind die Regelungen hinsichtlich der Zuzahlungen zu Leistun- 8
gen der Krankenversicherung (Arznei- und Heilmittel oder Hilfsmittel, stationäre Krankenhausbehandlungen) normiert.

C. Grundsicherung im Alter und bei Erwerbsminderung

Die Vorschriften der §§ 41 bis 46 SGB XII treten an die Stelle des »Gesetzes über eine be- 9
darfsorientierte Grundsicherung im Alter und bei Erwerbsminderung (GSiG)«. Die Grundsicherung im Alter und bei Erwerbsminderung ist jetzt ausdrücklich eine von sieben Leistungsarten der Sozialhilfe, folglich müssen nun grundsätzlich alle Vorschriften des SGB XII, in denen von »Sozialhilfe« gesprochen wird, Anwendung finden, es sei denn, die Anwendung wird ausdrücklich ausgeschlossen[50].

Die Integration der Grundsicherung im Alter und bei Erwerbsminderung überrascht auf den ersten Blick: einerseits war im damaligen Gesetzgebungsverfahren zur Einführung der Grundsicherung im Alter und bei Erwerbsminderung im Jahre 2001 die ursprüngliche Absicht einer Regelung innerhalb des BSHG gerade ausdrücklich verworfen worden mit der Begründung, dem Zielpersonenkreis eine »unabhängige und würdige Existenz« unter Vermeidung der Notwendigkeit der als gesellschaftlich diskreditierend empfundenen Sozialhilfe zu sichern[51]. Aufgrund von Problemen im Rahmen der Zuständigkeit und des damit verbundenen Verwaltungsaufwandes wurde das Grundsicherungsgesetz dann letztlich doch in das Sozialhilferecht integriert[52]. System und Anspruchsvoraussetzungen der Grundsicherung im Alter und bei Erwerbsminderung bleiben allerdings bei der Einordnung in das SGB XII dem Grunde nach erhalten.

Zur Sicherung des Lebensunterhalts im Alter und bei dauerhafter Erwerbsminderung 10
können Personen mit gewöhnlichem Aufenthalt im Inland, die sich im Alter zwischen 18 und 65 Jahren befinden, auf Antrag die Leistungen der Grundsicherung im Alter und bei Erwerbsminderung erhalten. Bei Zweifeln über das Alter ist § 33 a SGB I anzuwenden. Die Leistung ist ursprünglich zur Verhinderung der so genannten verschämten Armut eingeführt worden. Wichtiger Bestandteil des damaligen Gesetzes war es, auf den Unterhalts-

48 BT-Drs. 15/1514, 61.
49 *Falterbaum,* in: Hauck/Noftz § 32 SGB XII Rn. 1.
50 Ausführlich und mit Beispielen: *Friedrichsen* NDV 2004, 347 ff.
51 BT-Drs. 14/5150, 48.
52 *Falterbaum,* in: Hauck/Noftz § 41 SGB XII Rn. 5.

rückgriff gegenüber Kindern und Eltern im Wesentlichen zu verzichten. Diese Zielsetzung ist auch in das SGB XII mit übernommen worden, vgl. §§ 43 Abs. 2, 102 Abs. 5 SGB XII. Die sozialhilferechtliche Bedarfsgemeinschaft im Sinne des § 19 Abs. 1 SGB XII wird für die Grundsicherung nach § 43 Abs. 1 SGB XII auf Ehe- und Lebenspartner eingeschränkt. Die Anwendung des § 36 S. 1 SGB XII wird ausgeschlossen.

Die Erwerbsminderung beurteilt sich nach dem Rentenversicherungsrecht, vgl. § 43 Abs. 2 SGB VI. Das Vorliegen der vollen Erwerbsminderung ist nach § 45 SGB XII und § 109 a Abs. 2 SGB VI durch den Träger der Rentenversicherung festzustellen. Eine andere Möglichkeit ist, dass der Fachausschuss einer Werkstatt für behinderte Menschen eine Stellungnahme über die Aufnahme in die Werkstatt abgegeben hat, dann gilt der Leistungsberechtigte kraft Gesetzes nach § 43 Abs. 2 S. 3 Nr. 1 SGB VI als voll erwerbsgemindert.

Der bisherige pauschale Aufschlag in Höhe von 15% auf den Eckregelsatz ist entfallen, da die Grundsicherung hinsichtlich des maßgeblichen Regelsatzes auf § 28 SGB XII verweist. Dieser Regelsatz umfasst jetzt für alle Leistungsempfänger den gesamten Bedarf des notwendigen Lebensunterhalts außerhalb von Einrichtungen mit Ausnahme von Leistungen für Unterkunft und Heizung und der Sonderbedarfe nach den §§ 30 bis 34 SGB XII. Aufgrund dieser weitgehenden Pauschalisierung der einmaligen Leistungen bedarf es keiner Sonderregelungen bei der Grundsicherung im Alter und bei Erwerbsminderung.

Die Leistungen der Grundsicherung nach dem 4. Kapitel des SGB XII gehen der Hilfe zum Lebensunterhalt nach dem 3. Kapitel vor. Sie sind auf Bedarfsdeckung ausgerichtet und verdrängen deshalb auch die allgemeinen Leistungen der Hilfe zum Lebensunterhalt; aufstockende Leistungen können daher nicht mehr gewährt werden.

11 Keinen Anspruch auf Leistungen nach diesem Kapitel haben nach § 41 Abs. 3 SGB XII Personen, die in den letzten zehn Jahren ihre Bedürftigkeit vorsätzlich oder grob fahrlässig herbeigeführt haben. Dadurch wird der subsidiäre Sicherungscharakter deutlich. Diese Personen erhalten dann Hilfe zum Lebensunterhalt nach den Bestimmungen der §§ 27 ff. SGB XII, allerdings mit den dort geltenden strengen Bedürftigkeitsvoraussetzungen und ggf. Sanktionen, z.B. auch hinsichtlich der Kürzung der Leistungen und der Erstattung der entstehenden Kosten.

12 Bei Leistungen der Grundsicherung im Alter und bei Erwerbsminderung gelten die für die Einkommensberechnung bei der Hilfe zum Lebensunterhalt maßgeblichen Vorschriften, mit Ausnahme des Freibetrags aus zusätzlicher Tätigkeit. § 43 Abs. 2 SGB XII enthält eine weitere Einschränkung, danach werden Unterhaltsansprüche gegen Unterhaltspflichtige mit einem jährlichen Gesamteinkommen bis zu 100.000 € nicht berücksichtigt (sog. privilegierte Unterhaltsverhältnisse)[53]. Unabhängig von der Höhe bzw. vom Bestehen einer Unterhaltspflicht sind jedoch tatsächlich geleistete Unterhaltszahlungen als Einkommen im Sinne der §§ 41 Abs. 2, 43 Abs. 1 SGB XII zu behandeln[54]. Der gesetzliche Übergang von bürgerlich-rechtlichen Unterhaltsansprüchen gegen Eltern und Kinder des Leistungsberechtigten auf den Sozialhilfeträger ist vollständig ausgeschlossen, § 94 Abs. 1 S. 3, 2. Hs. SGB XII.

13 Hinsichtlich des einzusetzenden Vermögens verweist § 41 Abs. 2 SGB XII auf § 90 SGB XII. Es wird jedoch nicht auf § 91 SGB XII verwiesen. Das bedeutet, dass Leistungen der Grundsicherung nicht für Personen erbracht werden, die ein Vermögen haben, dessen Verwertung lediglich nicht möglich ist oder eine Härte bedeuten würde. Hier ist der Anspruch nach § 41 SGB XII ausgeschlossen. Ist eine alsbaldige Vermögensverwertung nicht möglich, so sind jedoch darlehensweise Leistungen nach den §§ 27 ff. SGB XII zu erbringen. In allen Fällen, in denen an die Stelle der Grundsicherungsleistung eine solche Hilfe

---

53 Ausführlich und mit Beispielen: *Günther* FRP 2005, 461 (463).

54 *Schellhorn* FuR 2005, 1 (4); *Mrozynski* ZfSH/SGB 2004, 198 (210).

zum Lebensunterhalt nach den §§ 27 ff. SGB XII tritt, ist eine Privilegierung der Unterhaltspflichtigen nach § 43 Abs. 2 SGB XII nicht möglich.

§ 44 SGB XII enthält *besondere Verfahrensregelungen* für die Leistung der Grundsicherung im Alter und bei Erwerbsminderung. Danach wird die Leistung in der Regel für zwölf Kalendermonate bewilligt. Bei der Erstbewilligung oder bei einer Änderung der Leistung beginnt der Bewilligungszeitraum am Ersten des Monats, in dem der Antrag gestellt worden ist oder die Voraussetzungen für die Änderung eingetreten und mitgeteilt worden sind. Ferner ist zu bemerken, dass sich der Bund an den entstehenden Kosten beteiligt (§ 34 Abs. 2 S. 2 Nr. 1 a WoGG). 14

D. Hilfen zur Gesundheit

Die Vorschriften des SGB XII über die Hilfen zur Gesundheit (§§ 47 bis 52 SGB XII) sind im Wesentlichen aus dem BSHG übernommen worden. Bisher wurde die vorbeugende Gesundheitshilfe allerdings im BSHG zusammen mit der Hilfe bei Krankheit in einer Vorschrift geregelt. Um die besondere Bedeutung der vorbeugenden Gesundheitshilfe hervorzuheben, wird diese nun in § 47 SGB XII geregelt. Als Hilfearten werden genannt: 15

- Vorbeugende Gesundheitshilfe
- Hilfe bei Krankheit
- Hilfe bei Familienplanung
- Hilfe bei Schwangerschaft und Mutterschutz und
- Hilfe bei Sterilisation.

§ 52 SGB XII beschäftigt sich – terminologisch ungenau – mit der *Leistungserbringung* und der *Vergütung*. Zunächst setzt die Vorschrift den leistungsrechtlichen (nicht: den leistungserbringungsrechtlichen) Rahmen: Danach entsprechen die Hilfen nach den §§ 47 bis 51 SGB XII den Leistungen der gesetzlichen Krankenversicherung. Soweit Krankenkassen in ihrer Satzung Umfang und Inhalt der Leistungen bestimmen können, entscheidet der Träger der Sozialhilfe über Umfang und Inhalt der Hilfen nach pflichtgemäßem Ermessen. In diesem Zusammenhang ist auf § 264 SGB V einzugehen. Diese Regelung schränkt die Leistung zur Hilfe bei Krankheit[55] erheblich ein. Nach § 264 Abs. 2 SGB V wird nämlich die Krankenbehandlung von Leistungsbeziehern nach dem SGB XII (mit Ausnahme der Leistungsbezieher der Grundsicherung im Alter und bei Erwerbsminderung) und von Empfängern laufender Leistungen nach § 2 des Asylbewerberleistungsgesetzes, die nicht versichert sind, von der Krankenkasse übernommen. Dies gilt nicht für Empfänger, die voraussichtlich nicht mindestens einen Monat ununterbrochen Hilfe zum Lebensunterhalt beziehen. Für die kurze Zeit lohnt sich der organisatorische Aufwand, den Hilfebedürftigen in einer Gesetzlichen Krankenkasse unterzubringen, nicht[56]. Weitere Ausnahmen sieht § 264 Abs. 2 S. 2 SGB V vor, die ausschließlich Leistungen zur Alterssicherung nach § 33 SGB XII und Beratung und Unterstützung nach § 11 Abs. 3 SGB XII beanspruchen können. Beim Anspruch auf Sozialhilfe im Ausland gilt § 264 SGB V ebenfalls nicht. 16

E. Eingliederungshilfe für behinderte Menschen

Die Eingliederungshilfe für behinderte Menschen ist in §§ 53 bis 60 SGB XII und der Eingliederungshilfeverordnung geregelt. Leistungsberechtigt sind nach § 53 SGB XII Personen, die durch eine Behinderung im Sinne von § 2 Abs. 1 S. 1 SGB XII wesentlich in ihrer Fähigkeit, an der Gesellschaft teilzuhaben, eingeschränkt oder von einer solchen wesent- 17

55 *Kostorz/Wahrendorf* ZfSH/SGB 2004, 387 ff..
56 BT-Drs. 15/1525, 140.

lichen Behinderung bedroht sind. Diese Personen erhalten Leistungen der Eingliederungshilfe, wenn und solange nach der Besonderheit des Einzelfalles Aussicht besteht, dass die Aufgabe der Eingliederungshilfe erfüllt werden kann. Als Leistungen der Eingliederungshilfe bezeichnet § 54 SGB XII auch die Leistungen nach den §§ 26, 33, 41 und 55 SGB IX. § 57 SGB XII enthält eine neue Regelung über das trägerübergreifende Persönliche Budget; sie entspricht gleichartigen Regelungen, die gleichzeitig oder schon früher in das SGB III, SGB V, SGB VII, SGB VIII und SGB XI eingefügt worden sind.

F. Hilfe zur Pflege

18 Hilfe zur Pflege als Leistung der Sozialhilfe wird in den §§ 61 bis 66 SGB XII vorgesehen. Leistungsberechtigt sind Personen, die wegen einer körperlichen, geistigen oder seelischen Krankheit oder Behinderung für die gewöhnlichen und regelmäßig wiederkehrenden Verrichtungen im Ablauf des täglichen Lebens auf Dauer, voraussichtlich für mindestens sechs Monate, in erheblichem oder höherem Maße der Hilfe bedürfen. Unter bestimmten Voraussetzungen wird auch eine geringere Pflegedauer anerkannt. Die Hilfe zur Pflege umfasst nach § 61 Abs. 2 SGB XII häusliche Pflege, Hilfsmittel, teilstationäre Pflege, Kurzzeitpflege und stationäre Pflege. Der Inhalt der Leistungen bestimmt sich nach den Regelungen der Pflegeversicherung für die in § 28 Abs. 1 Nr. 1, 5 bis 8 SGB XI aufgeführten Leistungen. § 28 Abs. 4 SGB XI gilt entsprechend. Danach soll die Pflege auch die Aktivierung des Pflegebedürftigen zum Ziel haben, um vorhandene Fähigkeiten zu erhalten und –soweit dies möglich ist – verlorene Fähigkeiten zurück zu gewinnen. Um die Gefahr einer Vereinsamung des Pflegebedürftigen entgegenzuwirken, sollen bei der Leistungserbringung auch die Bedürfnisse des Pflegebedürftigen nach Kommunikation berücksichtigt werden.

19 Die ursprünglichen Vorschriften der Hilfe zur Pflege (§§ 68 ff. BSHG) sind durch das PflegeVG neu geregelt und mit den Vorschriften des SGB XI koordiniert worden. Dabei war besonders darauf zu achten, dass Personen, die nach dem SGB XI keine oder keine ausreichenden Leistungen im Pflegefall erhalten, seitens der Sozialhilfe entsprechende Unterstützung erfahren (s. hierzu die Koordinierungsvorschrift in § 13 Abs. 3 SGB XI). Leistungen der Hilfe zur Pflege können demnach vier Gruppen von pflegebedürftigen Personen beziehen, wobei hier das Verhältnis zur Pflegeversicherung im Vordergrund stehen soll: Personen, die überhaupt keine Leistungen aus der Pflegeversicherung erhalten, weil sie die Versicherungsvoraussetzungen nicht erfüllen; Personen, die weniger als erheblich pflegebedürftig sind, wie nach dem SGB XI (§ 14 SGB XI) vorausgesetzt wird (sog. Pflegestufe 0) (s. § 61 Abs. 1 S. 2 1. Alt. SGB XII); Personen, die einen Hilfebedarf für Verrichtungen haben, die von der Pflegeversicherung nicht erfasst sind (§ 61 Abs. 1 S. 2, 2. Alt. SGB XII); schließlich Personen, deren Hilfebedarf mit den Pflegeleistungen des SGB XI in der Höhe nicht hinreichend gedeckt wird (als aufstockende Hilfe zur Pflege). Außerdem ist darauf hinzuweisen, dass die Pflegeversicherung bei stationärer Pflege die Unterkunfts- und Verpflegungsleistungen nicht übernimmt (§ 4 Abs. 2 S. 2 SGB XI), so dass auch hier ein Bedarf an Sozialhilfeleistungen gegeben sein kann (als Hilfe zum Lebensunterhalt in einer Einrichtung).

20 Zum Inhalt der §§ 61 ff. SGB XII: § 61 umreißt den Kreis der Berechtigten und konkretisiert den Personenkreis der Pflegebedürftigen in enger Anlehnung an das SGB XI, wobei die Abweichungen in § 61 Abs. 1 S. 2 enthalten sind. § 62 bindet die Träger der Sozialhilfe an die Entscheidungen der Pflegekassen über das Ausmaß der Pflegebedürftigkeit nach dem SGB XI. Die Bindung erstreckt sich lediglich auf die Feststellung der Pflegebedürftigkeit und auf die Einstufung in eine bestimmte Pflegestufe. § 69 regelt den Vorrang der häuslichen Pflege. Die Leistung des Pflegegeldes bei häuslicher Pflege (§ 63) entspricht weitgehend den Pflegegeldregelungen des SGB XI (§ 37 SGB XI).

21 Neu ist die Vorschrift § 61 Abs. 2 SGB XII, wonach auch im Bereich dieser Hilfeart das trägerübergreifende *Persönliche Budget* eingeführt werden soll und die Regelungen des SGB IX über das Persönliche Budget für anwendbar erklärt werden.

Für die nach wie vor im Einzelfall diffizile *Abgrenzung von Eingliederungshilfe und Hilfe zur Pflege* ist die Vorschrift in § 14 SGB XII von Bedeutung, nach der Leistungen zur Prävention oder Rehabilitation vorrangig sind. Im Blick darauf, dass bei der Hilfe zur Pflege die besondere Kostenregelung in § 92 SGB XII nicht greift und deshalb für den Träger der Sozialhilfe die Neigung bestehen könnte, diese Hilfeart wegen der besseren Möglichkeit des Rückgriffs auf das Einkommen und Vermögen des Leistungsberechtigten, seiner Angehörigen und auf vorrangige Erstattungsansprüche zu bevorzugen, kommt dieser Grundsatzregelung in § 14 SGB XII besondere Bedeutung zu[57]. 22

G. Hilfe zur Überwindung besonderer sozialer Schwierigkeiten

Die §§ 67 bis 69 SGB XII beschäftigen sich mit der Hilfe zur Überwindung besonderer sozialer Schwierigkeiten. Die Bestimmungen entsprechen denen im bisherigen BSHG. Der Anspruch besteht nur dann, wenn die Betroffenen aus eigener Kraft dazu nicht fähig sind. Soweit ein Anspruch nach anderen Vorschriften des SGB XII oder des SGB VIII besteht, gehen diese den Leistungen nach den §§ 67 bis 69 SGB XII vor. Die Leistungen umfassen alle Maßnahmen, die notwendig sind, um die Schwierigkeiten abzuwenden, zu beseitigen, zu mildern oder ihre Verschlimmerung zu verhüten. Beispielhaft sind Beratung und persönliche Betreuung für die Leistungsberechtigten und ihre Angehörigen, Hilfen zur Ausbildung, Erlangung und Sicherung eines Arbeitsplatzes sowie Maßnahmen bei der Erhaltung und Beschaffung einer Wohnung genannt. Nach § 68 Abs. 2 SGB XII wird die Leistung ohne Rücksicht auf Einkommen und Vermögen erbracht, soweit im Einzelfall Dienstleistungen erforderlich sind. 23

H. Hilfe in anderen Lebenslagen

Die §§ 70 bis 74 SGB XII normieren die Hilfen in anderen Lebenslagen. Nach § 70 SGB XII sollen Personen mit eigenem Haushalt *Leistungen zur Weiterführung des Haushalts* erhalten, wenn keiner der Haushaltsangehörigen den Haushalt führen kann und die Weiterführung des Haushalts geboten ist. Die Leistungen sollen allerdings in der Regel nur vorübergehend erbracht werden. Als weitere Hilfe ist in § 71 SGB XII die *Altenhilfe* normiert. Die Altenhilfe soll dazu beitragen, Schwierigkeiten, die durch das Alter entstehen, zu verhüten, zu überwinden oder zu mildern und alten Menschen die Möglichkeit erhalten, am Leben in der Gemeinschaft teilzunehmen. § 71 Abs. 2 SGB XII nennt beispielhaft einige Leistungen. Altenhilfe soll ohne Rücksicht auf vorhandenes Einkommen oder Vermögen geleistet werden, soweit im Einzelfall Beratung und Unterstützung erforderlich sind. Von dieser vorbildlich ausgestalteten Leistung wird leider in der Praxis viel zu wenig Gebrauch gemacht. Nach § 72 SGB XII wird blinden Menschen zum Ausgleich der durch die Blindheit bedingten Mehraufwendungen *Blindenhilfe* gewährt, soweit sie keine gleichartigen Leistungen nach anderen Rechtsvorschriften erhalten. In § 72 Abs. 2 SGB XII wurde der bisherige Satz der Blindenhilfe (585 € bzw. 293 €) festgeschrieben und er zugleich ab 1.Juli 2004 an die Veränderung des aktuellen Rentenwerts in der gesetzlichen Rentenversicherung angebunden. Leistungen können nach § 73 SGB XII auch in *sonstigen Lebenslagen* erbracht werden, wenn sie den Einsatz öffentlicher Mittel rechtfertigen. Die Regelung ermöglicht als Auffanggeneralklausel in unbenannten, sonstigen Lebenslagen den Einsatz von Sozialhilfemitteln; sie soll eine flexible Reaktion auf anderweitig nicht erfasste Bedarfslagen ermöglichen und unterstreicht systematisch die Funktion der Sozialhilfe als letztem Glied im ausdifferenzierten Sozialsystem[58]. Dabei können Geldleistungen als Beihilfe oder als Darlehen erbracht werden. Die Übernahme von *Bestattungskosten*, die ehe- 24

57 *Schellhorn* NDV 2004, 167 (173).
58 LPK-SGB XII/*Berlit* § 73 Rn. 1.

mals zur Hilfe zum Lebensunterhalt gehörte (§ 15 BSHG), ist jetzt als *Hilfe in sonstigen Lebenslagen* in § 74 SGB XII geregelt.

§ 58 Berücksichtigung von Einkommen und Vermögen sowie Kostenersatz und Inanspruchnahme Dritter

A. Berücksichtigung von Einkommen

1 Die Rechtsgrundlage für die Berücksichtigung des Einkommens ist § 82 SGB XII. Zum Einkommen gehören danach alle Einkünfte in Geld oder Geldeswert mit Ausnahme der Leistungen nach dem SGB XII, der Grundrente nach dem BVG und nach den Gesetzen, die eine entsprechende Anwendung des BVG vorsehen und den Renten oder Beihilfen nach dem Bundesentschädigungsgesetz für Schaden an Leben sowie an Körper oder Gesundheit, bis zur Höhe der vergleichbaren Grundrente nach dem BVG. Durch die Einführung des Arbeitslosengeldes II (SGB II) kommt eine Einkommensanrechnung primär nur für Tätigkeiten von weniger als drei Stunden täglich in Betracht. Dafür sieht § 82 Abs. 3 SGB XII eine prozentuale und einheitliche Anrechnung vor. Zur Berechnung des Einkommens ist auch die Durchführungsverordnung zu § 82 SGB XII zu beachten.

§ 82 Abs. 1 S. 2 SGB XII enthält jetzt die Regelung, dass Kindergeld dann als Einkommen des Kindes anzusehen ist, soweit es zur Deckung seines notwendigen Lebensunterhalts benötigt wird[59]. Diese Regelung hat zum Ziel, die Sozialhilfebedürftigkeit möglichst vieler Kinder zu beseitigen[60].

Die Verletztenrente aus der Gesetzlichen Unfallversicherung zählt in voller Höhe zum Einkommen (BSG 90, 172 mit ausführlicher Begründung).

B. Berücksichtigung von Vermögen

2 Die Vorschriften über das einzusetzende Vermögen entsprechen weitgehend dem Recht des BSHG. Nach § 90 Abs. 1 SGB XII ist grundsätzlich das gesamte verwertbare Vermögen einzusetzen. In Absatz 2 sind Fälle normiert, wonach Sozialhilfe von dessen Einsatz nicht abhängig gemacht werden darf. Unverändert geblieben ist dabei auch die Behandlung von kleineren Beträgen und sonstigen Geldwerten, die in der DVO zu § 90 Abs. 2 Nr. 9 SGB XII näher definiert sind[61].

Fall[62]: B, der körperbehindert ist, wohnt mit seiner Frau F und seiner minderjährigen Tochter T in einer Eigentumswohnung, deren Eigentümer er ist. B bezieht Einkünfte aus einer Erwerbsunfähigkeitsrente, F pflegt B, arbeitet aber im Übrigen nicht. Die Eigentumswohnung besitzt einen Verkehrswert von rund 75.000 €. B begehrt Leistungen nach dem SGB XII. Der zuständige Träger der Sozialhilfe ist der Ansicht, B könne Sozialhilfe nur in Form eines Darlehens unter Einsatz der Eigentumswohnung gewährt werden. – Die Entscheidung hängt gemäß § 90 Abs. 2 Nr. 8 SGB XII von der Frage ab, ob es sich bei der Eigentumswohnung um ein »angemessenes« Hausgrundstück handelt, von deren Einsatz die Sozialhilfe nicht abhängig gemacht werden darf. Die zunächst in der Rechtsprechung des BVerwG vorgenommene enge Wertbegrenzung[63] für das damals »kleine« Hausgrundstück hat das Gericht später dahingehend geändert, dass es jetzt keine starre, allgemeingültige Wertgrenze mehr geben kann.

---

59 Zur Anrechnung des Kindergeldes bei einem volljährigen Kind: SG Leipzig, Beschl. vom 23. 08. 2005, Az: S 9 SO 75/05 ER. S. auch zur bisherigen Rechtslage BVerwG, Urt. vom 17. 12. 2003, NJW 2004, 2541.

60 BT-Drs. 15/1514, 65.

61 Zu einer Lebensversicherung als einzusetzendem Vermögen BVerwG, Urt. v. 13. 5. 2004, NJW 2004, 3647.

62 BVerwGE 87, 278

63 BVerwGE 47, 103 .

Ein Grundstück ist daher wertmäßig »angemessen«, wenn sein Verkehrswert sich im unteren Bereich der Vermögenswerte vergleichbarer Objekte am Wohnort des Hilfesuchenden hält. Bewohnt der Hilfesuchende eine Eigentumswohnung, kommt es auf die für Wohnungseigentum maßgeblichen Vergleichswerte an. Für den vorliegenden Fall hat das BVerwG[64] ein »angemessenes« Hausgrundstück angenommen. Auch die Höhe des Verkehrswertes sowie die Lage der Eigentumswohnung in einem großstädtischen Bereich vermag dies Ergebnis nicht zu widerlegen, so das BVerwG, da bei der Ermittlung der Schongrenze ein örtlicher Bezug nicht vernachlässigt werden darf.

Die Abgrenzung von Vermögen und Einkommen ist von wesentlicher Bedeutung. Durch 3
§ 90 Abs. 2 und 3 SGB XII bleibt Vermögen geschützt, für das Einkommen sind vergleichbare Regelungen nicht vorgesehen. Um Einkommen handelt es sich, wenn Leistungen in Geld oder Geldeswert im Bedarfszeitraum- das soll in der Regel ein Monat sein – zufließen (sog. Zuflusstheorie). Sind Geld oder Geldeswert zu Beginn eines Bedarfszeitraumes vorhanden, sind sie Teil des Vermögens[65].

Nach § 92 Abs. 2 SGB XII bleiben bei behinderten Menschen höhere Einkünfte verschont.

C. Kostenersatz

In einer Reihe von Fällen können die Sozialhilfeempfänger selbst ganz oder teilweise zum 4
Ersatz der durch die Hilfe verursachten Kosten herangezogen werden. Die Möglichkeiten des Kostenersatzes werden in den §§ 102 bis 105 SGB XII geregelt. Im Wesentlichen gilt bisheriges Recht. § 102 SGB XII normiert den Kostenersatz durch die Erben. Durch die Aufnahme des Lebenspartners im Sinne des Lebenspartnerschaftsgesetzes werden die Erben des Lebenspartners, der mit der leistungsberechtigten Person zusammengelebt hat, in die Ersatzpflicht gegen den Träger der Sozialhilfe wie die Erben der leistungsberechtigten Person oder ihres Ehegatten einbezogen. § 103 SGB XII regelt einen Kostenersatzanspruch bei schuldhaftem Verhalten. Danach ist zum Ersatz der Kosten der Sozialhilfe verpflichtet, wer nach Vollendung des 18. Lebensjahres für sich oder andere durch vorsätzliches oder grob fahrlässiges Verhalten die Voraussetzungen für die Leistungen der Sozialhilfe herbeigeführt hat. Das gleiche gilt für denjenigen, der als leistungsberechtigte Person oder als deren Vertreter die Rechtswidrigkeit des der Leistung zu Grunde liegenden Verwaltungsaktes kannte oder infolge grober Fahrlässigkeit nicht kannte. Dabei gilt für den Anwendungsbereich des § 103 Abs. 1 S. 1 SGB XII, dass es sich hier um einen quasi-deliktischen Anspruch handelt, weil dieser Ersatzanspruch von einem schuldhaften Verhalten des Ersatzpflichtigen abhängt. Das Verhalten muss nicht notwendig rechtswidrig im Sinne einer unerlaubten Handlung nach §§ 823 ff. BGB oder im Sinne des Strafrechts sein, es muss vielmehr aus den Umständen des Einzelfalles heraus »sozialwidrig« sein[66].

§ 105 SGB XII normiert den Kostenersatz bei Doppelleistungen. Hat danach ein vorrangig 5
verpflichteter Leistungsträger in Unkenntnis der Leistung des Trägers der Sozialhilfe an die leistungsberechtigte Person geleistet, ist diese zur Herausgabe des Erlangten an den Träger der Sozialhilfe verpflichtet. Laut Gesetzesbegründung soll mit dieser Vorschrift eine Regelungslücke zur Verhinderung des Doppelbezugs von Sozialleistungen geschlossen werden. Nach der Rechtsprechung des Bundesverwaltungsgerichts ist in diesen Fällen eine Rückabwicklung eines Sozialhilfefalles nicht zulässig gewesen, wenn die Sozialhilfe rechtmäßig geleistet worden war, weil eine andere vorrangige Sozialleistung im Zeitraum des Bedarfs nicht als »bereites Mittel« zur Verfügung stand, sondern erst nachträglich bewilligt worden ist; dieser Nachrang der Sozialhilfe ist vielmehr nach der Rechtsprechung des Bundesverwaltungsgerichts durch Erstattung wiederherzustellen, die jedoch bisher dann nicht möglich ist, wenn der vorrangig verpflichtete Leistungsträger in Unkenntnis

64 BVerwGE 87, 278.
65 *Wahrendorf*, in: Grube/Wahrendorf § 82 SGB XII Rn. 6.
66 Urt. des Bayer. LSG vom 19. 1. 2006, Az: L 11 SO 22/05.

des Leistung des nachrangig Verpflichteten seinerseits nach § 104 Abs. 1 SGB X befreiend geleistet hat[67].

6 Die Kostenerstattung zwischen den Trägern der Sozialhilfe ist in den §§ 106 bis 112 SGB XII geregelt.

D. Inanspruchnahme Dritter

7 Soweit Sozialhilfe gewährt wird, obwohl an sich ein anderer Sozialleistungsträger – z.B. eine gesetzliche Krankenkasse – für die Leistung zuständig wäre, sehen §§ 102 ff. SGB X entsprechende Ausgleichsregelungen vor.

8 Leistet ein Sozialhilfeträger bei gleichzeitigem Bestehen zivilrechtlicher Ansprüche gegen den Arbeitgeber des Sozialhilfeempfängers oder gegen Schadenersatzpflichtige, so finden die Regelungen der §§ 115 ff. SGB X Anwendung, während bei anderen, insbesondere unterhaltsrechtlichen Ansprüchen, §§ 93 ff. SGB XII zur Anwendung kommen. Der Gesetzgeber verfolgt mit §§ 93 und 94 SGB XII den Zweck, den durch § 2 SGB XII vorgegebenen Grundsatz des Nachrangs der Sozialhilfe gegenüber anderen Verpflichteten im Nachhinein herzustellen[68]. § 94 Abs. 1 SGB XII sieht bei Unterhaltsansprüchen einen Forderungsübergang kraft Gesetzes vor, wobei zusammen mit dem Unterhaltsanspruch auch der unterhaltsrechtliche Auskunftsanspruch übergeht[69]. Damit tritt der bürgerlich-rechtliche Auskunftsanspruch neben den öffentlich-rechtlichen Auskunftsanspruch des § 117 SGB XII. Gemäß S. 1 geht der Unterhaltsanspruch »bis zur Höhe der geleisteten Aufwendungen« auf den Träger der Sozialhilfe über, dies ist der denkbare Höchstbetrag. Von Bedeutung ist dies nur in dem Fall, wenn der Unterhaltsanspruch höher ist, als die geleisteten Aufwendungen. In diesem Fall verbleibt dem Unterhaltsberechtigten der darüber hinausgehende Betrag. Dem Träger der Sozialhilfe ist die Möglichkeit eingeräumt, den auf ihn übergangenen Unterhaltsanspruch auf den Hilfeempfänger zur gerichtlichen Geltendmachung rückzuübertragen, § 94 Abs. 5 SGB XII[70].

§ 59 Verantwortung für die Bereitstellung von Einrichtungen und Diensten – Verhältnis zur freien Wohlfahrtspflege

1 Die Entwicklung des Sozialhilferechts aus dem Fürsorgerecht und – weiter zurückliegend – aus der karitativen Tätigkeit privater und religiöser Institutionen schlägt sich noch heute rechtlich im SGB XII, aber auch in der gesellschaftlichen Wirklichkeit nieder. Das Verständnis der Sozialhilfe ist ohne die Kenntnis dieser Hintergründe unvollständig. Unter rechtlichen Gesichtspunkten interessiert dabei vor allem die Frage nach der Verantwortung für die Bereitstellung von Einrichtungen und Diensten, in denen Sozialhilfeleistungen erbracht werden und die Frage des Verhältnisses der Träger der Sozialhilfe zur freien Wohlfahrtspflege. Dabei ist festzustellen, dass sich dieses Verhältnis seit Mitte der 90er Jahre zum Teil erheblich verändert hat.

2 **A.** § 17 Abs. 1 Nr. 2 SGB I verpflichtet die Träger der Sozialhilfe ebenso wie alle anderen Sozialleistungsträger, darauf hinzuwirken, dass Einrichtungen rechtzeitig und ausreichend zur Verfügung stehen. Sie haben diesbezüglich eine Gewährleistungspflicht. Hieraus folgt jedoch nicht, dass der Sozialhilfeträger die notwendigen Einrichtungen und

---

67 BT-Drs. 15/1514, 68.

68 *Falterbaum,* in: Hauck/Noftz § 94 SGB XII Rn. 1.

69 *Schellhorn* FuR 1999, 4 ff.

70 Weiterführend (noch zu § 91 BSHG) *Münder* FuR 1997, 281ff, 330 ff. Zu Widersprüchen zwischen Unterhaltsrecht und Sozialrecht: *Scholtz* FamRZ 2004, 751 ff.

Dienste selbst zur Verfügung zu stellen hat. Vielmehr macht § 75 Abs. 2 SGB XII deutlich, dass der Gesetzgeber eine Trennung von Leistungsträgern und Leistungserbringern will. § 75 Abs. 2 S. 1 SGB XII räumt bei der Errichtung von Einrichtungen »anderen Trägern« einen Vorrang vor den öffentlichen Trägern ein. Andere Träger können alle privaten (gemeinnützigen oder gewerblichen) Träger sein. Der bis zum 31. 7. 1996 geltende Vorrang der Träger der freien Wohlfahrtspflege (z.B. Caritas, Arbeiterwohlfahrt, Rotes Kreuz) ist mit dem Gesetz zur Reform der Sozialhilfe aufgegeben worden. Hatten bisher diese Träger als Leistungserbringer einen Vorrang beim Zugang zum Markt der Erbringung sozialer Dienstleistungen genossen, so sollte schon mit der vorherigen Regelung des § 93 BSHG Wettbewerb zwischen den Einrichtungsträgern angestrebt werden (analoge Situation bei den Pflegeeinrichtungen, § 11 Abs. 2 S. 3 SGB XI).

B. Das Verhältnis der Träger der Sozialhilfe zur freien Wohlfahrtspflege ist in § 5 SGB XII 3
zwar so geregelt, dass die Kirchen, Religionsgesellschaften des öffentlichen Rechts und Wohlfahrtsverbände in ihrer karitativen Aufgabenerfüllung selbstständig bleiben. Trotzdem wird durch Kooperationsgebote die Aufgabenverteilung zwischen hoheitlicher und freier Wohlfahrtstätigkeit angemessen ins Spiel gebracht. Die Träger der Sozialhilfe bleiben den Leistungsberechtigten gegenüber dennoch verantwortlich, § 5 Abs. 5 S. 2 SGB XII. So etwa hinsichtlich der Haftung: hier haften die hoheitlichen Träger auch für das Verschulden des privat-gemeinnützigen Trägers[71]. Es besteht eine Förderverpflichtung der Sozialhilfeträger gegenüber den Verbänden der freien Wohlfahrtspflege[72].

§ 60 Leistungserbringungsrecht

Das Zehnte Kapitel des SGB XII beschäftigt sich mit Einrichtungen. Dabei handelt sich nach § 75 Abs. 1 SGB XII um stationäre und teilstationäre Einrichtungen. Gemäß Absatz 2 sollen die Träger der Sozialhilfe eigene Einrichtungen nicht neu schaffen, soweit geeignete Einrichtungen anderer Träger vorhanden sind, ausgebaut oder geschaffen werden können. § 75 Abs. 3 SGB XII normiert, dass der Träger der Sozialhilfe zur Vergütungsübernahme verpflichtet ist, wenn die Leistung von einer Einrichtung erbracht wird, wenn mit dem Träger der Einrichtung oder seinem Verband eine Leistungsvereinbarung, Vergütungsvereinbarung und Prüfungsvereinbarung getroffen worden ist. In S. 3 wird klargestellt, dass der Träger der Sozialhilfe ein uneingeschränktes Prüfungsrecht hinsichtlich der Wirtschaftlichkeit und der Qualität der Leistungen hat. Einzelheiten über den Inhalt dieser Vereinbarungen ergeben sich aus § 76 SGB XII. Neu aufgenommen wurde die Schiedsstellenfähigkeit von Leistungsvereinbarungen.

§ 61 Organisation

Die §§ 97 bis 99 SGB XII regeln die Zuständigkeit der Träger der Sozialhilfe. Sie sind weitgehend an die alten Regelungen angelehnt. Sie unterscheiden primär zwischen sachlicher (§ 97 SGB XII) und örtlicher (§ 98 SGB XII) Zuständigkeit. 1

Nach § 97 Abs. 1 SGB XII ist für die Sozialhilfe sachlich der örtliche Träger zuständig, soweit nicht der überörtliche Träger sachlich zuständig ist. Nach Absatz 2 wird die sachliche Zuständigkeit des überörtlichen Trägers der Sozialhilfe nach Landesrecht bestimmt. In der Gesetzesbegründung heißt es hierzu, dass die bisher sehr differenzierte Regelung der sachlichen Zuständigkeit seit langem durch vorrangiges Landesrecht weitgehend abgelöst worden ist. Soweit dies in Teilen nicht erfolgt ist, wurde eine vereinfachte Regelung geschaffen. Diese beseitigt die vielen Schnittstellen zwischen den örtlichen und überört-

71 LPK-SGB XII/*Münder* § 5 Rn. 57.

72 Grundlegend zum Verhältnis öffentlicher und freier Wohlfahrtspflege: BVerfGE 22, 180.

lichen Trägern und führt dazu, dass die Leistungen aus einer Hand erbracht werden. Insbesondere besteht nun keine Differenzierung mehr zwischen ambulanten, teilstationären und stationären Leistungen. Dies bietet auch für Leistungsberechtigte mehr Transparenz hinsichtlich behördlicher Zuständigkeiten[73].

Nach § 98 Abs. 1 SGB XII ist für die Sozialhilfe der Träger der Sozialhilfe örtlich zuständig, in dessen Bereich sich die Leistungsberechtigten tatsächlich aufhalten. In den folgenden Absätzen sind noch diverse Ausnahmen von diesem Grundsatz genannt.

2 Die im 14. Kapitel des SGB XII (§§ 116 bis 120) geregelten Verfahrensbestimmungen entsprechen im Wesentlichen dem bisherigen Recht. Nach § 116 SGB XII sind vor dem Erlass allgemeiner Verwaltungsvorschriften sozial erfahrene Dritte zu hören, soweit Landesrecht nichts Abweichendes bestimmt. Die Regelungen des § 117 SGB XII begründen eine öffentlich-rechtliche Pflicht zur Auskunftserteilung. In diese Pflicht sind nach § 117 SGB XII nun generell auch die Lebenspartner mit einbezogen worden.

3 Ferner ist in diesem Zusammenhang noch darauf hinzuweisen, dass die Sozialhilfe nun ab dem 1. Januar 2005 in die Zuständigkeit der Sozialgerichte verlagert worden ist.

§ 62 Asylbewerberleistungsgesetz

1 Mit dem am 1. 11. 1993 in Kraft getretenen Asylbewerberleistungsgesetz (AsylbLG)[74] verfolgt der Gesetzgeber das Ziel, gegenüber der früheren Rechtslage den Anreiz zu mindern, aus wirtschaftlichen Gründen nach Deutschland zu kommen[75]. Damit einhergehend soll durch die Umstellung auf Sachleistungen den Schlepperorganisationen der Nährboden entzogen werden. Das AsylbLG ist im Kern eine Regelung des Aufenthalts- und Niederlassungsrechts von Ausländern[76]. Mit dem Zuwanderungsgesetz ist das Asylbewerberleistungsgesetz weiter verschärft worden, indem künftig alle Ausländer, die rechtsmissbräuchlich die Dauer ihres Aufenthalts selbst beeinflusst haben, nach drei Jahren nicht mehr den vollen Leistungsumfang des SGB XII erhalten, § 2 Abs. 1 AsylbLG[77]. Damit soll der Anreiz zur missbräuchlichen Asylantragstellung weiter eingeschränkt werden, was letztlich zu einer Reduzierung der Anträge und damit insgesamt zu einer Verfahrensbeschleunigung führen soll[78].

2 Niedrigere Leistungen nach dem Asylbewerberleistungsgesetz und nicht nach dem Zwölften Sozialgesetzbuch (SGB XII) erhalten nach § 1 AsylbLG Ausländer,

- die noch nicht als Asylberechtigte anerkannt worden sind und eine Aufenthaltserstattung für das Asylverfahren haben,
- die sich im Flughafenasyl befinden,
- denen aus humanitären oder völkerrechtlichen Gründen eine Aufenthaltserlaubnis erteilt worden ist,
- die zwar ausreisepflichtig sind, aber eine Duldung haben,
- die vollziehbar ausreisepflichtig sind, auch wenn eine Abschiebungsandrohung noch nicht oder nicht mehr vollziehbar ist,
- die Ehegatten, Lebenspartner oder minderjährigen Kinder der oben genannten, ohne dass sie selbst die genannten Voraussetzungen erfüllen und

73 BT-Drs. 15/1514, 67.

74 Ausführlich: *Deibel* ZfSH/SGB 1998, 707 ff.

75 BT-Drs. 12/5008, 13.

76 Vgl. Begr. des Gesetzentwurfs der Fraktionen der CDU/CSU und der FDP vom 2. 3. 1993 – BT-Drs. 12/4451, 5.

77 Ausführlich: *Hohm* NVwZ 2005, 388 ff.

78 BT-Drs. 15/420, 120.

- die Ausländer, die einen Folgeantrag oder Zweitantrag auf Anerkennung als politisch Verfolgter gestellt haben.

Personen, die grundsätzlich in den Anwendungsbereich des Asylbewerberleistungsgesetzes fallen, sich aber mindestens 36 Monate in der Bundesrepublik aufhalten und währenddessen Leistungen nach dem Asylbewerberleistungsgesetz bezogen haben, erhalten gemäß § 2 AsylbLG Leistungen entsprechend dem SGB XII, wenn sie, wie bereits erwähnt, die Dauer des Aufenthalts nicht rechtsmissbräuchlich selbst beeinflusst haben, z.B. durch Vernichtung des Passes oder Angabe einer falschen Identität[79]. Dass das SGB XII »entsprechend« anzuwenden ist, bedeutet, dass an die Stelle der in §§ 3 und 4 i.V.m. § 6 AsylbLG geregelten Leistungsinhalte die Regelungen des SGB XII über Art, Form und Maß der Hilfen treten, die ihrem Inhalt nach denen des AsylbLG entsprechen. Da diese Leistungen aber keine Sozialhilfe darstellen, wie sich aus § 9 Abs. 1 AsylbLG und aus § 23 Abs. 3 SGB XII ergibt, gelten auch nicht die Grundsätze der Sozialhilfe, also z.B. der Grundsatz der Individualität und der der Bedarfsdeckung[80]. 3

Für die vom AsylbLG erfassten Personengruppen i.S.d. § 1 AsylbLG haben keinen Anspruch auf Kindergeld, Bundeserziehungsgeld, Landeserziehungsgeld, Unterhaltsvorschuss, BAfög und Wohngeld[81]. 4

Zu den Grundleistungen nach § 3 AsylbLG zählen Unterkunft, Heizung, Ernährung, Kleidung, Hygieneartikel und Hausrat. Dieser Bedarf soll in der Regel durch Sachleistungen gedeckt werden. Für Kleidung können auch Wertgutscheine ausgehändigt werden. Darüber hinaus enthält der Leistungsberechtigte einen persönlichen Betrag. Dieser beträgt bis zur Vollendung des 14. Lebensjahres 20,45 €, von Beginn des 15. Lebensjahres an 40,90 €. 5

Die Leistungen bei Krankheit, Schwangerschaft und Geburt sind nach § 4 AsylbLG erheblich eingeschränkt. Nur bei akuten Erkrankungen und Schmerzzuständen ist den Betreffenden die erforderliche medizinische Versorgung zu gewähren[82]. Eine Versorgung mit Zahnersatz wird nur geleistet, soweit dies im Einzelfall aus medizinischen Gründen unaufschiebbar ist. Sonstige Leistungen stehen nach § 6 AsylbLG im Ermessen des Leistungsträgers. Tatbestandsvoraussetzung ist, dass es sich um eine in § 6 AsylbLG genannte Bedarfsposition handelt und die Bedarfsdeckung im Einzelfall unerlässlich, geboten oder erforderlich ist. § 6AsylbLG kommt Auffangcharakter für den Fall zu, dass die nach den §§ 3, 4 AsylbLG zu erbringenden Leistungen im Einzelfall das verfassungsrechtlich gebotene Existenzminimum nicht gewährleisten[83]. 6

Nach § 7 AsylbLG sind Einkommen und Vermögen, über das verfügt werden kann, von dem Leistungsberechtigten und seinen Familienangehörigen, die im selben Haushalt leben, vor Eintritt von Leistungen aufzubrauchen. Der Einkommensfreibetrag liegt bei 25 % des Nettoeinkommens, höchstens aber 60 % der Grundleistungen. 7

Für Streitigkeiten aus dem AsylbLG[84] sind seit 2005 nach § 51 Abs.1 Nr. 6 a SGG die Sozialgerichte zuständig. 8

Das AsylbLG ist nicht Teil des Sozialgesetzbuches. Deshalb sind nur die Bestimmungen des SGB I und des SGB X anwendbar, auf die das AsylbLG in § 7 Abs. 4 und § 9 Abs. 3 AsylbLG verweist. Ansonsten gelten die Verwaltungsverfahrensgesetze der Länder. 9

79 BT-Drs. 15/420, 120.
80 Noch zum BSHG: *Kunkel* NVwZ 1994, 352 ff.
81 LPK-SGB XII/*Birk* § 1 Rn. 16.
82 Zu Leistungen nach dem AsylbLG bei chronischer Erkrankung: OVG Greifswald NVwZ-RR 2004, 902 ff.
83 OVG Greifswald NVwZ-RR 2004, 902 (903).
84 Die Vorschrift ist teilweise verfassungswidrig, so BVerfG, 1 BvR 293/05 v. 11. 7. 2006.

11. Kapitel: Soziale Förderung

§ 63 Familiengeldleistungen: Kindergeld und Kinderfreibetrag; Elterngeld und Unterhaltssicherung

Zur Einführung und zum Studium: Grundlegende Entscheidungen des BVerfG: E 82, 60; E 87, 153; E 99, 216.

Aus der Diskussion: *Kirchhof* Ehe- und familiengerechte Gestaltung der Einkommensteuer, NJW 2000, 2792; *Lange* Verfassungsrechtliche Möglichkeiten einer gleichheitsorientierten Reform des Familienleistungsausgleichs, ZRP 2000, 415; *Sacksofsky* Steuerung der Familie durch Steuern, NJW 2000, 1896; *Scheiwe / Fuchsloch* Rechtspolitische Ziele und rechtliche Gestaltungsmöglichkeiten eines Elterngeldes, ZRP 2006, 37; *Ruland* Das Bundesverfassungsgericht und der Familienlastenausgleich in der Pflegeversicherung, NJW 2001, 1673.

Kommentare und Darstellungen: *Felix* Kindergeldrecht – Kommentar, 2005.

Zur Vertiefung: *Scheiwe* Kinderkosten und Sorgearbeit im Recht, 1999; *Fuchs* Welche Maßnahmen empfehlen sich, um die Vereinbarkeit von Berufstätigkeit und Familie zu verbessern?, Gutachten F zum 60. Deutschen Juristentag, Münster 1994, 1994; *Wingen* Familienpolitik – Grundlagen und aktuelle Probleme, 1997; Siebter Familienbericht der Bundesregierung, BT-Drs. 16 / 1260.

Rechtsprechung: Die Rechtsprechung zum steuerlichen Familienleistungsausgleich einschließlich des Kindergeldes nach §§ 62–78 EStG ist bei den Finanzgerichten angesiedelt. Letztinstanzlich entscheidet der Bundesfinanzhof (BFH). Nur für Streitigkeiten über das (Rest-)Kindergeld nach dem BKGG und für das Elterngeld nach dem BErzGG ist nach § 15 Abs. 1 BKGG und § 13 S. 1 BErzGG die Sozialgerichtsbarkeit zuständig. Die Jurisdiktion für das Unterhaltsvorschussgesetz (UhVG) liegt bei der Verwaltungsgerichtsbarkeit.

A. Leistungen zum Familienleistungsausgleich im Sozialrecht und im Steuerrecht

I. Allgemeines

1 *Hinweis zur Terminologie*: Im Folgenden wird statt vom *Familienlastenausgleich* in der seit 1996 auch gesetzlich angewendeten Terminologie vom *Familienleistungsausgleich* gesprochen. Teilweise wird auch vom Kinderleistungsausgleich gesprochen, wenn Transferleistungen speziell kindesbezogen sind. Mit der ursprünglichen Terminologie wurde an den kindesbedingten (Unterhalts-)Lasten der Familie angesetzt (vgl. auch § 6 SGB I). Der jetzt verwendete Begriff des Familienleistungsausgleichs stellt die Leistungen der Familie für Kinder in den Vordergrund. Mit diesem Begriff kann auch der Tatsache Rechnung getragen werden, dass Familien mit der Kindererziehung eine Leistung erbringen[1].

2 Art. 6 Abs. 1 GG verpflichtet den Staat zu besonderem Schutz von Ehe und Familie. Dieser Aufgabe kommt der Staat u.a. durch Transfers im Rahmen des Familienleistungsausgleichs nach.

Für die Höhe von Erwerbseinkommen spielen in aller Regel weder der Familienstand noch die Familiengröße eine Rolle. Ein »familiengerechtes« Arbeitseinkommen wird nicht gezahlt. Nur in der Beamtenbesoldung wird ein Familienzuschlag entrichtet (vgl. § 1 Abs. 2 Nr. 3 Bundesbesoldungsgesetz – BBesG). Erwerbstätige mit Kindern sind gegenüber solchen ohne Kinder finanziell in doppelter Hinsicht benachteiligt. Zum einen führen Kinder zu erheblichen Mehraufwendungen der Familie für ihre Versorgung und

1 So auch BVerfGE 94, 241.

Betreuung[2], so dass sich viele Eltern mit Kindern einzuschränken haben; zum anderen wird es durch Kinder häufig erschwert, dass beide Ehegatten erwerbstätig sind.

Das Ehegattensplitting wird nicht als Maßnahme der sozialen Umverteilung, sondern steuersystematisch begründet. Mit beachtlichen Argumenten wird das Ehegattensplitting jedenfalls nach Einführung des Kinderbetreuungsfreibetrags als überholt betrachtet[3] oder ein Familiensplitting gefordert, das sämtliche Unterhaltslasten der steuerpflichtigen Personen berücksichtigt.

§ 6 SGB I sieht als soziales Recht vor: »*Wer Kindern Unterhalt zu leisten hat oder leistet, hat ein Recht auf Minderung der dadurch entstehenden wirtschaftlichen Belastungen.*« Mit den Transferleistungen zum Familienleistungsausgleich wird nicht nur zum solidarischen Ausgleich der unterschiedlichen Belastungen beigetragen, denen Eheleute und Einzelpersonen ohne Kinder einerseits und Familien mit Kindern andererseits ausgesetzt sind. Es wird auch die Chancengleichheit der unterhaltsverpflichteten Eltern gefördert. 3

Die individualbezogene Funktion der kindesbedingten Transferleistungen ist auch vor dem Hintergrund der beiden gesamtgesellschaftlichen Aspekte des Familienleistungsausgleichs zu sehen. Zunächst hat der Staat ein elementares Interesse daran, dass die Familien durch das Auf- und Erziehen von Kindern den Bestand der Gesellschaft sichern. Zum anderen geht es um einen generationsspezifischen Lastenausgleich. Die Generation der Erwerbstätigen muss für den Lebensunterhalt sowohl der Kinder als auch – über die Zahlung insbesondere der Rentenversicherungsbeiträge, mit denen die Altersrenten finanziert werden – der älteren Menschen aufkommen. Dies ist im Übrigen – wenn auch rechtlich und ökonomisch anders vermittelt – nicht nur in Systemen so, die auf dem Umlageverfahren basieren. Auch kapitalgedeckte Verfahren sind auf eine nachfolgende Generation und ihre Wertschöpfung angewiesen. Innerhalb der Erwerbstätigengeneration führt dies zu dem Effekt, dass »*die Eltern, die Kinder, d.h. die nachfolgende Generation, aufziehen, die >>Kosten<< der Alterssicherung ihrer Generation allein tragen und die Kinderlosen oder -armen, die zu ihrer Alterssicherung die Kinder anderer Leute benötigen, diese Alterssicherung auf Kosten eben der Kinderreichen erhalten*[4].« 4

In Hinblick auf diese gesamtgesellschaftliche Funktion des Aufziehens von Kindern ist es konsequent, wenn das BVerfG betont hat, Unterhaltsaufwendungen für Kinder seien grundsätzlich keine Aufwendungen im privaten Bereich, die nach den Grundsätzen des Einkommensteuerrechts als allgemeine Kosten der Lebensführung nicht abzugsfähig seien. Der Staat dürfe »Kinder und private Bedürfnisbefriedigung nicht auf eine Stufe stellen«[5]. Hieraus folgt die verfassungsrechtliche Pflicht zum Familienleistungsausgleich.

Die Transferleistungen zum Familienleistungsausgleich können und sollen nicht zu einem vollen Ausgleich aller kindbedingten Mehraufwendungen einer Familie führen. Bewusst hat der Gesetzgeber in § 6 SGB I auch nur von einer Belastungsminderung gesprochen. Während das Kindergeld nach dem Bundeskindergeldgesetz (BKGG) bis 1995 die wichtigste Sozialleistung im Rahmen des damals noch so genannten Familienlastenausgleichs war, hat sich ab 1996 der Schwerpunkt des jetzt so bezeichneten Familienleistungsausgleichs in das Steuerrecht verlagert. Darüber hinaus müssen diese Maßnahmen in engem Zusammenhang mit zahlreichen weiteren Instrumenten gesehen werden, die zum Familienleistungsausgleich beitragen sollen. Dazu gehört vor allem das Elterngeld. Aus dem Bereich der Krankenversicherung sind die Leistungen im Rahmen der Familienversiche- 5

---

2 Das Pro-Kopf-Einkommen betrug bei Paaren mit einem Kind durchschnittlich 64%, bei Paaren mit zwei Kindern nur 54% des Pro-Kopf-Einkommens der kinderlosen Paare, vgl. die Angaben im Zehnten Kinder- und Jugendbericht, BT-Drs. 13/11368, B 6. 1. 1., S. 86. Aufschlussreich hierzu auch der 2. Armuts- und Reichtumsbericht der Bundesregierung – Lebenlagen in Deutschland, April 2005, A. III.

3 So *Sacksofsky* NJW 2000, 1896; *Heuermann* BB 1999, 660; dagegen: *Kirchhof* NJW 2000, 2792.

4 *Ruland* FS zum 25-jährigen Bestehen des Bundessozialgerichts, 1979, Bd. I, 437, 450.

5 BVerfGE 82, 60 (87); vgl. auch BVerfGE 87, 1.

rung (§ 10 SGB V) zu nennen, die ohne Beitragszuschlag gewährt werden[6]. Weiter gehören hierher die Leistungen nach dem BAföG, wobei freilich zu berücksichtigen ist, dass Kindergeld als anzurechnendes Einkommen der Eltern in Betracht kommt (§ 21 Abs. 3 S. 1 Nr. 3 BAföG).

II. Konzept der Neuregelung des Familienleistungsausgleichs

1. Vom dualen zum monistischen Familienleistungsausgleich unter steuerrechtlichen Vorzeichen

6 Bis 1996 war die *Kombination* von verschiedenen *steuerlichen Erleichterungen* für Familien mit Kindern mit der *Sozialleistung des Kindergeldes* systemprägend für den Familienleistungsausgleich (damals noch Familienlastenausgleich genannt). Dieses *duale System des Familienleistungsausgleichs* zeichnete sich durch das Zusammenwirken von positiven Sozialleistungen (insbesondere Kindergeld) und der Vermeidung negativer Transfers (Steuerfreibeträge) aus[7].

Mit den Entscheidungen aus dem Jahr 1990 hat das BVerfG die Grundlage für die Verlagerung des bisher bestehenden Familienlastenausgleichs in das Einkommensteuerrecht gelegt. Deutlich hat das BVerfG die wesentlichen Grundsätze des verfassungsrechtlich gebotenen Familienleistungsausgleichs hervorgehoben[8]. Diese Entscheidung ist Grundlage für eine Reihe weiterer Entscheidungen des BVerfG zum Familienleistungsausgleich aus den Jahren 1992 zum steuerlichen Freibetrag[9] und 1998 zum Betreuungsbedarf[10]: Danach muss bei der Einkommenbesteuerung ein Betrag in Höhe des Existenzminimums der Familie steuerfrei bleiben. Sofern der Gesetzgeber der kindesbedingten Minderung der steuerlichen Leistungsfähigkeit durch Sozialleistungen (insbes. Kindergeld) Rechnung trägt, müssen diese so bemessen werden, dass eine vergleichbare Entlastung eintritt.

Der Gesetzgeber hat mit dem Jahressteuergesetz 1996[11] die Kritik des Bundesverfassungsgerichts aufgenommen und den Familienlastenausgleich – jetzt zum ersten Mal gesetzlich als *Familienleistungsausgleich* bezeichnet[12] – grundlegend verändert. Die Freistellung eines Einkommensbetrags in Höhe des Existenzminimums eines Kindes einschließlich der Bedarfe für Betreuung und Erziehung oder Ausbildung wird nach § 31 S. 1 EStG alternativ durch Steuerfreibeträge (§ 32 Abs. 6 EStG) oder durch Kindergeld nach dem X. Abschnitt des EStG bewirkt.

Die Lokalisierung des Familienleistungsausgleichs in einem Steuergesetz, d.h. im Einkommensteuerrecht, weist schon auf die Wahl der Instrumente zur Bewältigung des Familienleistungsausgleichs hin: Anders als im dualen System des bisherigen Familienlastenausgleichs hat sich der Gesetzgeber jetzt für ein *monistisches* System entschieden, soweit die kindbedingten Unterhaltsaufwendungen betroffen sind. Der Familienleistungsausgleich findet daher grundsätzlich nur noch im Einkommensteuerrecht statt. Danach wird entweder als Steuervergütung ein Kindergeld (§§ 62–78 EStG) oder ein Kinderfreibetrag (§ 32 Abs. 6 EStG) gewährt. Die Finanzämter prüfen von Amts wegen, ob der Kinderfreibetrag oder das Kindergeld günstiger ist.

7 Kindergeld nach dem sozialrechtlichen *Bundeskindergeldgesetz* (BKGG) wird nur noch für 0,3% der Kindergeldfälle geleistet, nämlich für elternlose Kinder sowie für Kinder von Per-

---

6 Vgl. *Rust* Familienlastenausgleich in der gesetzlichen Kranken-, Unfall- und Rentenversicherung, 1990; *Bieback* VSSR 1996, 73; *Jaeger* VSSR 1996, 125.

7 Zur Rechtsentwicklung BVerfGE 82, 60.

8 Zu dieser Entscheidung sowie zu BVerfGE 82, 198: *Seewald/Felix* VSSR 1991, 157.

9 BVerfGE 87, 153.

10 BVerfGE 99, 216; 246; 268; 273.

11 BGBl. I S. 1250.

12 So die Überschrift zu § 31 EStG.

sonen, die zwar in Deutschland sozialversicherungspflichtig, nicht jedoch steuerpflichtig sind, von Entwicklungshelfern, Beamten und Soldaten im Ausland[13].

Einen neuen Anwendungsbereich hat das Bundeskindergeldgesetz durch den *Kinderzuschlag* (§ 6 a BKGG). Dieser soll insbesondere verhindern, dass Kinder von Leistungsempfängern nach dem SGB II auf Sozialgeld angewiesen sind. 8

2. Kindergeld und Kinderfreibetrag im Einkommensteuerrecht

Der Familienleistungsausgleich wird also nach diesem neuen System entweder durch einen *Kinderfreibetrag* oder durch ein *Kindergeld* bewirkt. Dabei ist die Höhe so bemessen, dass das steuerliche Existenzminimum – und der Betreuungs- und Erziehungs- oder Ausbildungsbedarf, (vgl. § 31 S. 1 EStG) eines Kindes freigestellt werden. Nur so weit, wie das Kindergeld dafür nicht erforderlich ist, soll es auch der Familienförderung dienen (§ 31 S. 2 EStG). Regelungstechnisch ist die Kinderfreibetragsregelung in die sonstigen Freibetragsregelungen des EStG eingefügt worden, während für das Kindergeld in einem neuen Abschnitt X des EStG (§§ 62–78 EStG) Neuregelungen geschaffen worden sind. 9

Die ursprüngliche Höhe der Kinderfreibeträge und des Kindergeldes ist vom BVerfG als nicht ausreichend angesehen worden. Insbesondere ist der Betreuungsbedarf von Kindern unabhängig von der Art der Bedarfsdeckung, d.h. also auch unabhängig davon, ob für drittseitige Kinderbetreuung Kosten entstehen, einkommensteuerrechtlich freizustellen. Das Gleiche gilt für den Erziehungsbedarf[14]. Mit dem Gesetz zur Familienförderung vom 22. Dezember 1999[15] hat es der Gesetzgeber unternommen, diesen verfassungsgerichtlichen Anforderungen Genüge zu leisten.

Das *Kindergeld* wird als *Steuervergütung* monatlich gezahlt (§ 31 S. 3 EStG). Wird die gebotene steuerliche Freistellung durch das Kindergeld nicht in vollem Umfang bewirkt, ist bei der Veranlagung zur Einkommensteuer der Kinderfreibetrag abzuziehen, wobei das Kindergeld verrechnet wird (§ 31 Sätze 4 und 5 EStG). Auch beim Kindergeld ist nicht das Kind selbst anspruchsberechtigt, sondern entweder sein Vater oder seine Mutter oder eine andere Person, die für seinen Lebensunterhalt aufkommt. 10

Anspruchsberechtigt sind zunächst Eltern in Bezug auf ihre Kinder, mit denen sie im ersten Grad verwandt sind (§ 32 Abs. 1 Nr. 1 EStG), sowie Steuerpflichtige bei Pflegekindern (Definition in § 32 Abs. 1 Nr. 2 EStG). Allerdings kann das Kindergeld an das Kind ausgezahlt werden, wenn der Kindergeldberechtigte ihm gegenüber seiner Unterhaltspflicht nicht nachkommt (§ 74 Abs. 1 EStG). 11

Kann sich ein Kind durch eigene Erwerbstätigkeit seinen Lebensunterhalt erwirtschaften, ist es nicht mehr auf Unterhaltsleistungen seiner Eltern oder anderer Personen angewiesen. Die früheren Unterhaltsverpflichteten haben folglich auch keine kindbedingten Aufwendungen mehr, so dass damit zugleich der Grund für die Kindergeldzahlung entfällt. Das EStG berücksichtigt diesen Umstand dadurch, dass es die Anspruchsberechtigung grundsätzlich mit Vollendung des 18. Lebensjahres des Kindes enden lässt (§ 32 Abs. 4 EStG; § 63 Abs. 1 S. 2 EStG). Andere Altersgrenzen gelten für arbeitslose Kinder (21 Jahre) (§ 32 Abs. 4 S. 1 Nr. 1 EStG), und für Kinder in Berufsausbildung (25 Jahre ab 1. 1. 2007, vorher 27 Jahre). Sind Kinder wegen Behinderung dauerhaft außerstande, sich selbst zu unterhalten, werden auch Kindergeld oder Freibetrag unbefristet geleistet (§ 32 Abs. 4 S. 1 Nr. 3 EStG). Systematisch nicht begründbar ist, dass die Behinderung vor dem 25. Lebensjahr eingetreten sein muss, denn für die Unterhaltspflicht der Eltern ist dies ohne Bedeutung. 12

13 Näher: *Vial/Schwetz* SGb 1997, 245.
14 BVerfGE 99, 216.
15 BGBl. I S. 2552. Zu diesem Gesetz *Seer/Wendt* NJW 2000, 1904.

13 Kindergeld und Kinderfreibeträge sind nicht dynamisiert, sondern die Beträge sind im Gesetz ausgewiesen und werden unregelmäßig verändert. Die *monatliche Höhe des Kindergeldes* beträgt (seit dem 1. 1. 2002) für das erste, zweite und dritte Kind jeweils 154 €, für das vierte und jedes weitere Kind jeweils 179 € (§ 66 EStG). Der Kinderfreibetrag beläuft sich bei Ehegatten auf jährlich 3648 € für jedes zu berücksichtigende Kind zuzüglich eines Betreuungs- und Erziehungs- oder Ausbildungsfreibetrags von 2160 € für jedes zu berücksichtigende Kind (§ 32 Abs. 6 EStG). Diese Freibetragsregelung bedeutet, dass der Freibetrag vom zu versteuernden Einkommen abgezogen wird.

14 Kindergeld und Kinderfreibeträge sind pauschaliert, berücksichtigen also nicht die erhöhte Unterhaltsbelastung der Eltern mit behinderten Kindern, die Sonderbedarfe haben. Diese Eltern können aber den Behinderten-Pauschbetrag des Kindes auf sich übertragen lassen (§ 33 b Abs. 5 EStG).

15 Wegen des progressiven Verlaufs des Einkommensteuertarifs wirkt sich ein Freibetrag bei höherem Einkommen demnach günstiger als bei niedrigem Einkommen aus. Der Familienleistungsausgleich in seiner heutigen Ausgestaltung wird daher kritisiert, weil er soziale Unterschiede schon im Kindesalter festigt und staatliche Mittel bindet, die nicht zur sozialen Förderung nach Bedarf eingesetzt werden können.

16 Das Kindergeld ist bei der Familienkasse (Bundesagentur für Arbeit) zu beantragen (§ 67 EStG), die auch das Kindergeld festsetzt (§ 70 Abs. 1 EStG).

17 Für Streitigkeiten hinsichtlich des im EStG verankerten Familienleistungsausgleichs sind die Gerichte der Finanzgerichtsbarkeit zuständig.

3. Kindergeld nach dem Bundeskindergeldgesetz (BKGG)

18 Das *Bundeskindergeldgesetz (BKGG)* ist 1996 neu gefasst worden[16]. Die Leistungsvoraussetzungen und Leistungen entsprechen denen des Familienleistungsausgleichs im EStG. Jedoch erhalten Kindergeld nach dem BKGG nur diejenigen Personen, die nach § 1 Abs. 1 und 2 EStG nicht unbeschränkt steuerpflichtig sind und auch nicht nach § 1 Abs. 3 EStG als unbeschränkt steuerpflichtig gelten (§ 1 Abs. 1 BKGG). Dieses Kindergeld wird also nur an Kindergeldberechtigte entrichtet, die keinen Anspruch auf den steuerrechtlichen Familienleistungsausgleich haben (§ 2 Abs. 4 BKGG).

19 Das BKGG wird von der Bundesagentur für Arbeit (Familienkasse) durchgeführt. Für Streitigkeiten nach dem BKGG sind die Gerichte der Sozialgerichtsbarkeit zuständig (§ 15 BKGG).

4. Sonstige kindesbedingte steuerrechtliche Freibeträge

20 Der *Ausbildungsfreibetrag* für ein volljähriges Kind beläuft sich bei auswärtiger Unterbringung auf 924 € jährlich (§ 33 a Abs. 2 S. 1 EStG).

21 Außerdem können *Kinderbetreuungskosten* für Kinder zwischen drei und sechs Jahren in Höhe von zwei Dritteln der Kosten, maximal jedoch 4.000 € als Sonderausgaben steuerlich geltend gemacht werden (§ 10 Abs. 1 Nr. 5 EStG). Erwerbsbedingte Betreuungskosten können bis zum vierzehnten Lebensjahr in gleicher Höhe wie Betriebsausgaben abgezogen werden (§ 4 f EStG). Der Abzug für Kinderbetreuungskosten ist mit dem Gesetz zur steuerlichen Förderung von Wachstum und Beschäftigung[17] neu außerhalb des Familienleistungsausgleichs geregelt worden.

---

16 Bekanntmachung der Neufassung des BKGG vom 4. 1. 2000 (BGBl. IS. 4).

17 Vom 26. 4. 2006 (BGBl. IS. 1091); dazu *Hey* NJW 2006, 2001.

B. Elterngeld

1986 wurde das Gesetz zum Erziehungsgeld und zum Erziehungsurlaub Elternzeit *(Bundeserziehungsgeldgesetz – BErzGG)* geschaffen. Es wurde seitdem mehrmals reformiert. So wurde im arbeitsrechtlichen Teil der Erziehungsurlaub in Elternzeit umbenannt und es wurden die Ansprüche auf erziehungsbedingte Teilzeitarbeit ausgeweitet[18]. Mit einer erneuten Reform wird das Gesetz nun im sozialrechtlichen Teil völlig umgestaltet und wird ab 1. 1. 2007 Gesetz zum Elterngeld und *zur Elternzeit (Bundeselterngeld- und Elternzeitgesetz – BEEG)* heißen[19]. 22

Dieses Gesetz besteht aus einem sozialrechtlichen Teil (§§ 1–14 BEEG), der die Voraussetzungen des *Elterngeldes* enthält, und einem arbeitsrechtlichen Teil (§§ 15–21 BEEG), der regelt, dass Eltern ganz oder teilweise von der Arbeit freigestellt werden können, ohne ihren Arbeitsplatz zu verlieren[20]. Diese Freistellung heißt *Elternzeit*. Der frühere Begriff Erziehungsurlaub ist aufgegeben worden, um die Anerkennung der Erziehung als Arbeit auszudrücken. 23

Das Elterngeld soll nicht – wie das Kindergeld – die wirtschaftlichen Belastungen mindern, die durch Unterhaltsleistungen für Kinder entstehen.

Aus der Verflechtung sozial- und arbeitsrechtlicher Regelungen lässt sich der Zweck des Gesetzes erkennen. Es geht nicht unmittelbar um den Unterhaltsbedarf von Kindern in Geld, sondern um die Belastungen, die durch die Betreuung und Erziehung von Kleinkindern entstehen. Auch diese haben ihre Wurzeln in Elternrecht und -pflicht (vgl. Art. 6 Abs. 2 GG, §§ 1601, 1626, 1631 BGB).

Nach der ursprünglichen Konzeption sollten Erziehungsgeld und Elternzeit einen Anreiz schaffen, dass ein Elternteil sich in den ersten Lebensjahren hauptsächlich um das Kind kümmert und die Erwerbstätigkeit zurückstellt. Das wird dadurch erreicht, dass das Erziehungsgeld und auch weiterhin das Elterngeld an die Aufgabe der vollzeitigen Erwerbstätigkeit geknüpft ist (§ 1 Abs. 1 Nr. 4 BEEG). Diese Konzeption wird kritisiert. Praktisch ist das erziehende Elternteil fast immer die Mutter. Damit wird der Unterschied zwischen den Geschlechtern bei Erwerbsbeteiligung, Verdienst und beruflichem Aufstieg verfestigt. 24

Das Elterngeldgesetz trägt dieser bisherigen Kritik in zwei Punkten Rechnung: Indem das Elterngeld in der Höhe an das bisherige Erwerbseinkommen anknüpft – statt wie das Erziehungsgeld einen Festbetrag zu gewähren – wird der Anreiz vermindert (wenn auch nicht aufgehoben), dass nur der schlechter oder nicht verdienende Elternteil die Leistung in Anspruch nimmt. Zudem wird das Elterngeld für ein Elternteil nur für maximal zwölf Monate gewährt, jedoch bis zu vierzehn Monate, wenn beide Elternteile die Bezugszeit aufteilen, also mindestens zwei »Partnermonate« – zumeist durch den Vater – genommen werden (§ 4 Abs. 1–3 BEEG). 25

Dennoch geht Deutschland im europäischen Vergleich nach wie vor einen Sonderweg: In den meisten anderen Ländern wird versucht, die Vereinbarkeit von Beruf und Familie eher durch den Ausbau der öffentlichen Kinderbetreuungseinrichtungen zu regeln. In Deutschland setzt der Rechtsanspruch auf einen Kindertagesstättenplatz mit dem vollendeten dritten Lebensjahr ein (§ 24 SGB VIII). Bis dahin besteht auch der Anspruch auf Elternzeit (§ 15 Abs. 2 BEEG), während das Elterngeld in den ersten vierzehn Monaten (§ 4 Abs. 1 BEEG) gezahlt wird. Da der Rechtsanspruch auf einen Tagesstättenplatz häufig 26

18 Bekanntmachung der Neufassung des Bundeserziehungsgeldgesetzes vom 1. 12. 2000 (BGBl. I S. 1645).

19 BT-Drs. 16/1889.

20 Für Beamtinnen und Beamte entsprechend geregelt in § 80 Nr. 2 BBG und die Verordnung über Elternzeit für Bundesbeamte und Richter im Bundesdienst (Elternzeitverordnung – EltZV) und entsprechende landesrechtliche Regelungen.

erst zu dem auf den dritten Geburtstag des Kindes folgenden Schuljahresbeginn erfüllt wird und zumeist nur Halbtagesplätze zur Verfügung stehen, ist das Konzept lückenhaft.

Der Gesetzgeber hat der Kritik insofern Rechnung getragen, als die Möglichkeit einer Teilzeitbeschäftigung während der Elternzeit seit dem 2001 auf Beschäftigungen bis dreißig Wochenstunden ausgeweitet worden ist (jetzt § 1 Abs. 6 BEEG). Zudem besteht seit diesem Zeitpunkt ein Rechtsanspruch auf die Reduzierung der wöchentlichen Arbeitszeit (§ 8 TzBfrG)[21].

27 § 1 Abs. 1 BEEG nennt die *persönlichen Voraussetzungen* für eine Leistungsberechtigung. Danach hat insbes. Anspruch auf Erziehungsgeld, wer (1.) im Inland wohnt oder hier seinen gewöhnlichen Aufenthalt hat, (2.) mit einem Kind, für das ihm die Personensorge zusteht, in einem Haushalt lebt, (3.) dieses Kind selbst betreut und erzieht, (4.) keine oder keine volle Erwerbstätigkeit ausübt (zu weiteren Anspruchsberechtigten s. § 1 Abs. 2, 4, 7 BEEG.)

28 *Keine volle Erwerbstätigkeit* wird ausgeübt, wenn die wöchentliche Arbeitszeit 30 Stunden nicht überschreitet oder eine Beschäftigung zur Berufsausbildung ausgeübt wird (§ 1 Abs. 6 BEEG). Anspruch haben also auch Auszubildende und Studierende, letztere auch, wenn sie zugleich BAföG beziehen, allerdings im Regelfall nur in der Mindesthöhe von 300 €. In dieser Höhe wird es auch nicht auf das BAföG angerechnet (§ 10 Abs. 1 BEEG).

Elterngeld wird Deutschen und EU-/EWR-Bürgerinnen und -Bürgern gewährt[22]. Der Bezug von Elterngeld durch ausländische Staatsbürgerinnen und -bürger in Deutschland ist an die Voraussetzung eines festen Aufenthaltsstatus (Niederlassungserlaubnis, Aufenthaltserlaubnis) geknüpft (§ 1 Abs. 7 BEEG).

29 Anspruch auf Elterngeld besteht vom Tag der Geburt bis zur Vollendung des 14. Lebensmonats (§ 4 Abs. 1 S. 1 BEEG). Elterngeld wird in Monatsbeträgen für Lebensmonate des Kindes gezahlt. Die Eltern haben insgesamt Anspruch auf zwölf Monatsbeträge. Sie haben Anspruch auf zwei weitere Monatsbeträge, wenn für zwei Monate eine Minderung des Erwerbseinkommens erfolgt. Die Eltern können die jeweiligen Monatsbeträge abwechselnd oder gleichzeitig beziehen. Ein Elternteil kann höchstens für zwölf Monate Elterngeld beziehen (§ 4 Abs. 2 und 3 BEEG). Die Eltern bestimmen, wer von ihnen jeweils das Elterngeld in Anspruch nimmt (§ 5 Abs. 1 S. 1 BEEG).

30 Das Elterngeld wird in Höhe von 67% des in den zwölf Kalendermonaten vor dem Monat der Geburt des Kindes durchschnittlich erzielten monatlichen Einkommens aus Erwerbstätigkeit (§ 2 Abs. 7 BEEG) bis zu einem Höchstbetrag von 1800 € monatlich für volle Monate gezahlt, in denen die berechtigte Person kein Einkommen aus Erwerbstätigkeit erzielt (§ 2 Abs. 1 S. 1 BEEG). Die Ersatzrate erhöht sich bei Niedrigeinkommen unter 1000 € auf bis zu 100% bei einem Einkommen von 340 € (§ 2 Abs. 2 BEEG).

Bei Erwerbstätigkeit in der Elternzeit wird das Elterngeld entsprechend gemindert (§ 2 Abs. 3 BEEG). Hat ein berechtigtes Elternteil Einkommenseinbußen nach Kindererziehung und liegen die Geburten nicht mehr als 24 Monate auseinander, wird ein Ausgleich vorgenommen (§ 2 Abs. 4 BEEG).

Die Mindesthöhe des Elterngeldes, auch für Personen, die vorher kein Erwerbseinkommen hatten, liegt bei 300 € (§ 2 Abs. 5 BEEG). Für diesen Personenkreis wird weniger geleistet als mit dem Erziehungsgeld, das für einkommensschwache Eltern in Höhe von 307 € bis 24 Monate gezahlt wurde. Damit folgt das Elterngeld der Linie des Familienleis-

---

21 Gesetz über Teilzeitarbeit und befristete Arbeitsverträge vom 21. 12. 2000 (BGBl. I S. 1966).

22 Seit 2001; zu früheren Konflikten hierüber und damit über die europarechtliche Einordnung von Erziehungsgeld vgl. Rs. *Hoever* und *Zachow* (EuGHE I, 1996, 4895), s. Rn. 1203, und Rs. *Martinez Sala* (EuGHE I, 1998, 2691).

tungsausgleichs, die Kindererziehung einkommensstärkerer Schichten stärker zu fördern als diejenige einkommensschwächerer Schichten.

In seiner Ausgestaltung ähnelt das Elterngeld den Lohnersatzleistungen Arbeitslosengeld oder Krankengeld. Da alle Lohnersatzleistungen dieser Art Sozialversicherungsleistungen sind und Fürsorgeleistungen bisher nicht in dieser Weise am vorherigen Einkommen angeknüpft haben, ist bezweifelt worden, ob das Elterngeld überhaupt eine Fürsorgeleistung ist und ob dem Bund die Kompetenz für das Gesetz zusteht. Jedenfalls handelt es sich um eine neuartige Sozialleistung. 31

Auf das Elterngeld werden nach § 3 Abs. 1 BEEG *Mutterschaftsgeld* (und vergleichbare Leistungen) während der Mutterschutzfrist *angerechnet*. Umgekehrt bleibt das Elterngeld bei *einkommensabhängigen* Sozialleistungen bis 300 € *unberücksichtigt* (§ 10 Abs. 1 BEEG). Lohnersatzleistungen werden über den Betrag von 300 € hinaus angerechnet (§ 3 Abs. 2 BEEG). 32

Beispiel: Die Höhe von BAföG-Leistungen hängt u.a. vom Einkommen des Auszubildenden bzw. seiner Eltern ab; das Elterngeld darf bei der Einkommensermittlung jedoch bis 300 € nicht mitberücksichtigt werden.

Die Stellen, die für die *Ausführung* des BEEG zuständig sind, werden landesrechtlich bestimmt (§ 12 Abs. 1 BEEG). In den meisten Bundesländern sind entweder die Versorgungs- oder die Arbeitsämter zuständig. *Finanziert* wird das Erziehungsgeld aus Bundesmitteln (§ 12 Abs. 2 BEEG). 33

C. Mutterschaftsgeld

Ebenfalls an der Schnittstelle von Arbeits- und Sozialrecht steht das Gesetz zum Schutz der erwerbstätigen Mutter (Mutterschutzgesetz – MuSchG), das zu einem wichtigen Teil den Schutzauftrag des sozialen Grundrechts in Art. 6 Abs. 4 GG ausfüllt. 34

In seinem arbeitsrechtlichen Teil (§§ 1–10 MuSchG) sind der Kündigungsschutz für werdende Mütter, das Verbot gesundheitsgefährdender Beschäftigung während der Schwangerschaft und der Freistellungsanspruch und das Beschäftigungsverbot in der Zeit von sechs Wochen vor bis acht Wochen nach der Entbindung geregelt. Außerdem ist ein Freistellungsanspruch für die zum Stillen der Kinder erforderliche Zeit enthalten.

Im sozialrechtlichen Teil (§§ 11–16 MuSchG) ist zusammen mit der nach wie vor gültigen Vorschrift des § 200 RVO der Anspruch auf Mutterschaftsgeld für die Zeit der Schutzfristen geregelt. Dieses wird für alle Frauen, die Mitglied der gesetzlichen Krankenversicherung sind, in Höhe von 12,78 €[23] pro Tag von dieser gezahlt. 35

Bis zur Höhe des Nettoentgelts zahlt der Arbeitgeber einen Zuschuss zum Mutterschaftsgeld. Hierfür wird von allen Arbeitgebern eine Umlage erhoben, um nicht für Arbeitgeber einen Anreiz gegen die Beschäftigung von Frauen zu schaffen, die Mütter werden könnten. Dies ist verfassungsrechtlich zur Gleichstellung der Geschlechter und zum Schutz der Mütter geboten[24]. 36

D. Unterhaltssicherung

Mit dem 1980 in Kraft getretenen Gesetz zur Sicherung des Unterhalts von Kindern allein stehender Mütter und Väter durch Unterhaltsvorschüsse oder -ausfallleistungen *(Unterhaltsvorschussgesetz – UhVG)* soll einer speziellen Bedarfssituation abgeholfen werden, wobei ein enger Bezug zum Familienleistungsausgleich besteht. Es geht um eine typische Be- 37

23 Stand 2001.
24 BVerfGE 109, 64 = NJW 2004, 146.

lastung allein stehender Elternteile, die in Bezug auf Betreuung und Erziehung eines oder sogar mehrerer Kinder auf sich allein gestellt und häufig auch noch durch das Ausbleiben der vom anderen Elternteil geschuldeten Unterhaltszahlungen in Bedrängnis geraten.

Da der zivilrechtliche Anspruch auf seinen Unterhalt dem Kind selbst zusteht, ist es selbst anspruchsberechtigt für die sozialrechtliche Ausfallleistung vorgesehen worden (§ 1 Abs. 1 UhVG). Damit unterscheidet sich die Rechtslage grundlegend vom Kindergeldrecht, das die Leistungsansprüche den Unterhaltsverpflichteten einräumt. In der Sache besteht eine enge Verflechtung, wie nicht zuletzt § 2 Abs. 2 UhVG zeigt: Danach ist Kindergeld in gewissem Umfang auf die Unterhaltsausfallleistungen anzurechnen.

38 Anders, als es nach dem Kurztitel des Gesetzes – Unterhalts*vorschuss*gesetz – den Anschein hat, liegt das Hauptgewicht seiner sozialpolitischen Funktion auf dem Ausgleich von dauerndem Unterhaltsausfall, nicht nur auf der Hilfe bei verzögerter Erfüllung der Unterhaltspflichten. Da Unterhaltspflichtverletzungen letztlich zu Lasten der allein erziehenden Elternteile gehen, handelt es sich bei den Leistungen nach dem UhVG sozialpolitisch um ein Element des Familienleistungsausgleichs. Der EuGH sieht Unterhaltsvorschussleistungen ebenfalls als Familienleistungen an[25].

39 *Anspruchsberechtigt* sind nach § 1 Abs. 1 UhVG Kinder unter 12 Jahren. Vo raussetzung ist, dass sie bei einem ihrer Elternteile leben, die ledig, verwitwet oder geschieden sind oder die vom anderen Ehegatten dauernd getrennt leben, und dass sie keinen oder keinen regelmäßigen Unterhalt bekommen.

40 Die *Höhe* der Unterhaltsleistungen richtete sich bisher nach der Regelbetrag-Verordnung und soll nach der Reform des Unterhaltsrechts auf den nach § 1612 a BGB zu zahlenden Mindestunterhalt bezogen werden (§ 2 Abs. 1 UhVG)[26]. Die Unterhaltsleistung beträgt bis zum sechsten Lebensjahr mindestens 281 €, danach bis zum zwölften Lebensjahr 324 €.

41 Erhält der Elternteil, bei dem das berechtigte Kind lebt, das volle Kindergeld, so wird die Unterhaltsleistung das Kindergeld gekürzt (§ 2 Abs. 2 UhVG).

Im Übrigen werden auf die Unterhaltsleistungen tatsächliche Unterhaltszahlungen des anderen Elternteils angerechnet, und zwar auch dann, wenn der familienrechtlich geschuldete Unterhalt den Regelunterhalt übersteigt. Andere Einkommen oder Vermögen, insbes. auch des erziehenden Elternteils, werden jedoch nicht angerechnet, was einen wichtigen Unterschied zum Sozialhilferecht bedeutet.

Die Unterhaltsleistung wird bis zur Vollendung des 12. Lebensjahres eines Kindes gewährt, insgesamt für längstens 72 Monate (§ 3 UhVG). Auch rückwirkende Leistungen sind nur begrenzt vorgesehen, und zwar längstens für die letzten drei Monate vor Antragstellung.

42 § 7 UhVG sieht einen *Forderungsübergang* kraft Gesetzes hinsichtlich des zivilrechtlichen Unterhaltsanspruchs gegenüber dem Unterhaltsverpflichteten auf das Land vor, soweit Unterhaltsleistungen nach UhVG gewährt worden sind.

43 Das UhVG wird in den meisten Bundesländern von den *Jugendämtern* durchgeführt, und zwar im Auftrag des Bundes (§ 8 Abs. 1 UhVG). Es wird je zur Hälfte durch den Bund und durch die Länder *finanziert* (§ 8 Abs. 2 und 3 UhVG).

25 EuGH, Rs. C-255/99 *(Humer)*, Slg. I-2002, 1205.
26 BT-Drs. 16/1829.

§ 64 Ausbildungsförderung

Kommentare: *Ramsauer /Stallbaum /Sternal* Bundesausbildungsförderungsgesetz (BAföG), 4. Aufl., 2005.

Rechtsprechung: Da für Rechtsstreitigkeiten im Zusammenhang mit dem BAföG die allgemeinen Verwaltungsgerichte zuständig sind (§ 54 Abs. 1 BAföG), ist vor allem die Rspr. des BVerwG zu beachten.

A. Allgemeines

Leistungen zur Bildungs- und Ausbildungsförderung finden sich im SGB III (Arbeitsförderung) und im *Bundesausbildungsförderungsgesetz (BAföG).* Die Leistungen des SGB III sind beschränkt auf die *berufliche Ausbildung* (vgl. §§ 59 ff. SGB III). Demgegenüber zielen die Leistungen des BAföG auf Hilfen während der *Ausbildung in Schulen und Hochschulen* ab (§ 2 Abs. 1 S. 1 BAföG). 1

Die sozialhilferechtliche Sonderregelung für Auszubildende in § 22 SGB XII greift nur in besonderen Härtefällen. Grundsätzlich soll aus der Sozialhilfe keine Ausbildungsförderung geleistet werden.

§ 1 BAföG wiederholt im Wesentlichen die Regelung des § 3 Abs. 1 SGB I: »*Auf individuelle Ausbildungsförderung besteht für eine der Neigung, Eignung und Leistung entsprechende Ausbildung ein Rechtsanspruch nach Maßgabe dieses Gesetzes, wenn dem Auszubildenden die für seinen Lebensunterhalt und seine Ausbildung erforderlichen Mittel anderweitig nicht zur Verfügung stehen.*«

§ 3 Abs. 1 SGB I lautet: »*Wer an einer Ausbildung teilnimmt, die seiner Neigung, Eignung und Leistung entspricht, hat ein Recht auf individuelle Förderung seiner Ausbildung, wenn ihm die hierfür erforderlichen Mittel nicht anderweitig zur Verfügung stehen.*« Der dogmatische Unterschied beider Bestimmungen liegt darin, dass § 3 Abs. 1 SGB I als sog. soziales Recht keine Anspruchsgrundlage für subjektive Rechte, sondern lediglich Programmsatz und Auslegungsleitlinie darstellt, während § 1 BAföG neben seiner programmatischen Aussage auch die Anspruchsgrundnorm für die Leistungen nach diesem Gesetz enthält.

Die Ausbildungsförderung nach BAföG weist insofern eine gewisse Nähe zur Sozialhilfe auf, als die Leistungen nur *bedarfsabhängig* gewährt werden. Außerdem sind die Einkommensgrenzen so angesetzt, dass nur eine Minderheit von Schülerinnen und Schülern und Studierenden Ausbildungsförderung erhält. Zudem ist seit 1983 im Regelfall keine Förderung mehr für die schulische Sekundarstufe vorgesehen (§ 2 Abs. 1 a BAföG), wenn die Schülerinnen und Schüler bei den Eltern wohnen können. Abgesehen von der Bedarfsabhängigkeit bestehen jedoch wesentliche Unterschiede zum Recht der Sozialhilfe, die es rechtfertigen, das Leistungssystem des BAföG der sozialen Förderung zuzuordnen. Die Ausbildungsförderung soll *Chancengleichheit* gewährleisten, während es der Sozialhilfe um nicht mehr geht, als dem einzelnen Hilfesuchenden ein menschenwürdiges Auskommen zu ermöglichen. Das hat vor allem Konsequenzen für das Nachrangprinzip: 2

Fall: A war unmittelbar nach Abschluss seiner Realschulausbildung für 10 Jahre als ungelernter Arbeiter tätig. Mit 26 Jahren gibt er seinen Arbeitsplatz auf, übernimmt eine geringfügige Beschäftigung, durch die er ca. 200 € monatlich verdient, besucht im Übrigen ein Abendgymnasium und beantragt Ausbildungsförderung, die ihm auch gewährt wird. 3

Im Vergleich dazu erhält Sozialhilfe nicht, wer – wie in vorstehendem Fall der A – sich selbst helfen, insbesondere, wer durch eigene Arbeitstätigkeit seinen Lebensunterhalt verdienen kann (§§ 2 Abs. 1, 19 Abs. 1 SGB XII). Ausbildungsförderung wird dagegen auch dann gewährt, wenn der Anspruchsteller seine Chancen auf dem Arbeitsmarkt durch bessere Ausbildung nur *erhöhen* will.

4 Andererseits haben Schülerinnen und Schüler und Studierende keinen Anspruch auf Leistungen der Hilfe zum Lebensunterhalt, wenn ihre Ausbildung nur dem Grunde nach förderungsfähig ist (§ 22 Abs. 1 SGB XII). Diese Regelung gilt allerdings weitgehend nicht für Schülerinnen und Schüler (§ 22 Abs. 2 SGB XII). Problematisch ist dies etwa, wenn die BAföG-Leistungen für den Lebensunterhalt nicht ausreichen, aber z.B. wegen Kindererziehung, Behinderung, Krankheit oder aus Arbeitsmarktgründen kein ergänzendes Erwerbseinkommen erzielt werden kann. Das BVerwG hat in solchen Fällen keinen Härtefall gesehen[27], sondern hält auch einen Abbruch der Ausbildung für zumutbar. Dieses Ergebnis ist insbesondere vor dem Hintergrund von Art. 6 Abs. 1 GG problematisch, weil es junge Eltern gegenüber gleichaltrigen Kinderlosen benachteiligt. Ebenso können so Studierende mit Behinderungen entgegen Art. 3 Abs. 3 S. 2 GG benachteiligt werden.

Die Ausbildung wird auch durch steuerliche Freibeträge gefördert, welche die Eltern der Schülerinnen und Schüler und Studierenden in Anspruch nehmen können, Ausbildungsfreibetrag (§§ 33 a Abs. 2, 32 Abs. 6 EStG). Dieser Freibetrag ist unabhängig davon, ob die Eltern tatsächlich Mittel für die Ausbildung der Kinder aufwenden. Die Regelung ist daher erheblicher Kritik ausgesetzt. Bei der Diskussion über die Reform des BAföG ist wiederholt vorgeschlagen worden, den Ausbildungsfreibetrag zu streichen und das dann zusätzlich zur Verfügung stehende Finanzvolumen für eine Anhebung des BAföG zu verwenden.

B. Förderungsfähige Ausbildung und anspruchsberechtigter Personenkreis

5 Das BAföG knüpft die Anspruchsberechtigung nicht primär an Personengruppen, sondern an Kriterien der »förderungsfähigen Ausbildung« (so die Überschrift von Abschnitt I) und streut die persönlichen Leistungsvoraussetzungen in die einzelnen Regelungsabschnitte ein.

6 Im April 1996 wurde das Aufstiegsfortbildungsförderungsgesetz (AFBG) erlassen, welches in der Öffentlichkeit die Bezeichnung »Meister-BAföG« erhalten hat. Nach dem AFBG können Personen gefördert werden, die sich auf die Meisterprüfung oder einen vergleichbaren Abschluss vorbereiten.

7 § 2 Abs. 1 BAföG enthält einen Katalog von Ausbildungsstätten, bei deren Besuch Ausbildungsförderung auch für Schülerinnen und Schüler in Betracht kommt. Der Kreis der Ausbildungsstätten, deren Besuch förderungsfähig ist, wurde mehrfach durch Rechtsverordnungen auf der Grundlage von § 2 Abs. 3 BAföG erweitert. Die Landesämter für Ausbildungsförderung führen Verzeichnisse über die in den jeweiligen Bundesländern förderungsfähigen Ausbildungsstätten. Im Hinblick auf § 2 Abs. 1 a BAföG ist von wesentlicher Bedeutung die Unterscheidung zwischen den Ausbildungsstätten der Nr. 1 und denjenigen der weiteren Gruppen. Zur ersten Gruppe zählen insbesondere alle weiterführenden allgemeinbildenden Schulen sowie Berufsfachschulen ab Klasse 10.

8 § 2 Abs. 1 a BAföG beschränkt die Ausbildungsförderung an diesen Ausbildungsstätten auf Schülerinnen und Schüler, die nicht bei ihren Eltern wohnen. Dabei ist weiter Voraussetzung, dass von der elterlichen Wohnung aus keine »entsprechende zumutbare Ausbildungsstätte (...) erreichbar« ist.

Wegen dieser starken Einschränkungen der Schülerförderung gibt es in einigen Bundesländern ergänzende Schülerförderungsbestimmungen, die allerdings z.T. besondere Leistungen voraussetzen (Begabtenförderung).

Fall[28]: Hat eine Auszubildende Anspruch auf Förderung des Besuchs einer Berufsfachschule, wenn sie in dem im Eigentum ihrer Mutter stehenden Haus eine eigene Wohnung zur Miete bewohnt? (Vgl. § 12 Abs. 3 a BAföG).

27 BVerwGE 94, 224; dagegen etwa OVG Lüneburg info also 1996, 137.
28 BVerwG NJW 2000, 2369.

Förderungsfähig ist nach § 2 Abs. 1 S. 1 Nr. 2 bis 6 BAföG der Besuch insbes. von Berufsfachschulklassen mit berufsqualifizierendem Abschluss, von Fach- und Fachoberschulklassen, von allgemeinbildenden Schulen des sog. Zweiten Bildungsweges (vor allem von Abendschulen), von Höheren Fachschulen und von Hochschulen. Hier kommt es nicht darauf an, ob die Schülerinnen und Schüler oder Studierenden bei ihren Eltern oder auswärts wohnen (wohl aber ist dies entscheidend für die Höhe der Ausbildungsförderung; vgl. § 2 Abs. 1 a S. 2 BaföG). 9

Ausbildungsförderung wird unter entsprechenden Voraussetzungen auch bei Teilnahme an Praktika oder an Fernunterrichtslehrgängen gewährt (§ 2 Abs. 4 und § 3 BAföG).

Zum Katalog des § 2 Abs. 1 S. 1 BAföG kommen noch zahlreiche Gruppen weiterer Ausbildungsstätten hinzu, die aufgrund entsprechender Rechtsverordnungen nach § 2 Abs. 3 BAföG bestimmt worden sind.

In § 10 Abs. 3 BAföG ist für die Ausbildungsförderung eine *Regelaltersgrenze* von 30 Jahren festgelegt, von der jedoch insbesondere für Absolventen des Zweiten Bildungsweges Ausnahmen vorgesehen sind[29]. 10

Diese Altersgrenze benachteiligt Studierende mit untypischen Lebensläufen. Das BVerfG hat darum entschieden, dass im Fall einer allein erziehenden Mutter, die zur Sicherung des Unterhalts ihrer Kinder gearbeitet hatte, die Altersgrenze wegen Art. 6 Abs. 1 und Abs. 5 GG nicht anzuwenden war[30].

Bereits § 3 Abs. 1 SGB I knüpft das soziale Recht auf Bildungsförderung an eine Ausbildung, die außer der Neigung auch der Eignung und der Leistung des Auszubildenden entspricht (vgl. auch § 1 BAföG). Diese Voraussetzung wird in § 9 BAföG hinsichtlich der Eignung näher konkretisiert. Nach Abs. 1 wird eine Ausbildung nur gefördert, wenn die Leistungen der Auszubildenden erwarten lassen, dass sie das angestrebte Ausbildungsziel auch erreichen. Da es bei der Ausbildungsförderung *nicht* um eine spezielle *Begabtenförderung* geht, genügt die *durchschnittliche* Eignung für die zu fördernde Ausbildung. 11

Weil die BAföG-Ämter nicht in der Lage sind, in jedem Einzelfall einer Ausbildungsförderung die individuelle Eignung des Antragstellers oder Leistungsempfängers zu beurteilen, sieht § 9 Abs. 2 BAföG eine auf formale Kriterien gestützte Eignungsvermutung vor. Beim Besuch von Schulen genügt der klassenweise Fortschritt der Ausbildung, während für Studierende das besondere Verfahren nach § 48 BAföG gilt. So wird zunächst für vier Semester ohne Eignungsnachweis Ausbildungsförderung gewährt. Danach muss das Zeugnis einer evtl. vorgesehenen Zwischenprüfung oder eine Bescheinigung der Ausbildungsstätte (vgl. § 47 Abs. 1 S. 2 BAföG) darüber vorgelegt werden, dass der Auszubildende »die bei geordnetem Verlauf seiner Ausbildung bis zum Ende des jeweils erreichten Fachsemesters üblichen Leistungen erbracht hat« (sog. 48er-Bescheinigung).

§ 7 BAföG regelt die wichtigsten Voraussetzungen für den Anspruch auf Ausbildungsförderung dem Grunde nach. Die wesentlichen Grundsätze sind: Ein Anspruch kommt zunächst nur für eine Ausbildung in Betracht. Bei dieser muss es sich weiter um die erste Ausbildung handeln, die nach BAföG förderungsfähig ist. Ein Abbruch oder Wechsel der Ausbildung ohne wichtigen Grund nach Beginn des vierten Fachsemesters führt zum Ausschluss aller weiteren Förderungsmöglichkeiten (§ 7 Abs. 3 BAföG). Dabei werden auch Wechsel einbezogen, wenn Studienleistungen aus der alten Fachrichtung in der neuen Fachrichtung angerechnet werden (»Parkstudium«)[31]. Bei der Auslegung des »wichtigen Grunds« zum Fachrichtungswechsel sind verfassungsrechtliche Wertungen wie der Schutz der Familie zu beachten[32]. 12

§ 7 Abs. 1 BAföG stellt die förderungsrechtliche Einheit von schulischer und berufsbildender Ausbildung mit dem Ziel eines berufsqualifizierenden Abschlusses heraus. Aus dem Hinweis auf §§ 2 und 3 BAföG ergibt sich, dass Ausbildungen, die nicht nach diesem Ge- 13

---

29 Zur Ausbildung über die Regelaltersgrenze s. BVerwG NVwZ-RR 2003, 499.

30 BVerfG-Kammerentscheidung JA-R 2000, 184 mit Anm. *Welti.*

31 BVerwGE 117, 86.

32 BVerfG-Kammerentscheidung FamRZ 2003, 1263 f.

setz förderungsfähig sind, bei der Anwendung des § 7 BAföG außer Betracht bleiben. Dies kann zu problematischen Konsequenzen führen:

Fall: A und B werden beide zum Außenhandelskaufmann ausgebildet, A im dualen System nach dem BBiG (schulisch / betriebliche Ausbildung), das vom SGB III erfasst wird, B an einer Berufsfachschule. – Die Ausbildung des A gilt für ihn nicht als erste Ausbildung i.S.d. BAföG, während dies hinsichtlich der Ausbildung von B für diesen sehr wohl der Fall ist, weil die Berufsfachschulausbildung nach § 2 Abs. 1 S. 1 Nr. 2 BAföG förderungsfähig ist. Für B kommt daher – anders als für A – eine weitere Ausbildung nur unter den engen Voraussetzungen des § 7 Abs. 2 BAföG in Betracht.

Für die Berücksichtigung einer ersten Ausbildung kommt es nicht darauf an, ob diese nach BAföG gefördert wurde oder nicht. B könnte sich im vorstehenden Beispiel, wenn er eine weitere Ausbildung absolvieren und dafür BAföG-Leistungen in Anspruch nehmen will, nicht darauf berufen, dass er die Ausbildung zum Außenhandelskaufmann aus eigener Kraft finanziert habe. Das Ausbildungsförderungsrecht will geminderte Chancen ausgleichen. Hat jemand eine Ausbildung ohne öffentliche Förderung erfolgreich beendet, so hat er damit zugleich unter Beweis gestellt, dass *seine* individuellen Chancen gerade nicht gemindert waren.

Wie ist es, wenn B seine zunächst von ihm selbst finanzierte Berufsfachschulausbildung zum Außenhandelskaufmann nach erfolgreicher Absolvierung von etwa der gesamten Ausbildungszeit abgebrochen hat, um eine Ausbildung zum Krankenpfleger zu beginnen? – Selbst in diesem Fall ist § 7 Abs. 3 BAföG anzuwenden, wonach nur bei einem wichtigen Grund für seine berufliche Neuorientierung der B – sofern auch die übrigen rechtlichen Voraussetzungen erfüllt sind – für die Krankenpflegeausbildung BAföG-Leistungen erhält. Der Begriff des wichtigen Grundes wird dabei vom BVerwG eher restriktiv ausgelegt[33]. Nach dieser Rspr. ist ein wichtiger Grund nur gegeben, wenn dem Auszubildenden die Fortsetzung der bisherigen Ausbildung nach verständigem Urteil unter Berücksichtigung aller im Rahmen des BAföG erheblichen Umstände einschließlich der mit der Förderung verbundenen persönlichen und öffentlichen Interessen nicht mehr zugemutet werden kann.

Nur in Ausnahmefällen kommt nach einer ersten (geförderten oder nicht geförderten) und abgeschlossenen Ausbildung die Förderung einer zweiten Ausbildung in Betracht (§ 7 Abs. 2 BAföG).

C. Die Leistungen und ihre Berechnung

14 Ausgangspunkt für die Leistungshöhe ist § 11 Abs. 1 BAföG, wonach Ausbildungsförderung »für den Lebensunterhalt und die Ausbildung geleistet« wird, wobei den Schlüssel für das weitere Verständnis des Regelungssystems der Klammerzusatz »(Bedarf)« darstellt. In den folgenden §§ 12 bis 14 a BAföG wird dann gesagt, was als nach § 11 Abs. 1 BAföG zu befriedigender Bedarf der verschiedenen Gruppen von Auszubildenden »gilt«. Die dort genannten *Bedarfssätze* stellen aber noch nicht die Leistungsbeträge dar. Vielmehr sind zuvor noch nach Maßgabe von §§ 11 Abs. 2 bis 4, 21 ff. BAföG Einkommen und Vermögen des Auszubildenden, seines Ehegatten und seiner Eltern anzurechnen. Auf den in dieser Weise errechneten Betrag hat der Berechtigte Anspruch auf Ausbildungsförderung, wobei als letztes noch nach § 17 BAföG zu bestimmen ist, ob sie als Zuschuss oder nur als Darlehen gewährt wird.

Zu den *Bedarfssätzen für Schülerinnen und Schüler* vgl. § 12 BAföG. Hinzuweisen ist nochmals darauf, dass für Schüler in der Grundausbildung (i.S.v. § 2 Abs. 1 S. 1 Nr. 1 BAföG) ein Bedarf und damit eben auch ein Anspruch auf Leistungen überhaupt nur ab Klasse 10 und auch dann lediglich bei objektiv erforderlicher auswärtiger Unterbringung in Betracht kommt.

Lösung des Falles oben: § 12 Abs. 3 a BAföG ist nicht anwendbar, da sich diese Vorschrift gemäß ihrer systematischen Stellung auf den Leistungsbedarf (Rechtsfolge), nicht aber auf den Förderungsgrundtatbestand bezieht.

33 BVerwGE 50, 161.

Die *Bedarfssätze für Studierende* sind in § 13 BAföG geregelt. Der Bedarf wird nicht nach den tatsächlichen Bedürfnissen ermittelt, sondern ergibt sich pauschal aus § 13 BAföG. Folgende Berechnungsgrößen sind zu berücksichtigen: Bedarfssatz, Kosten der Unterkunft, Kranken- und Pflegeversicherungszuschuss (§ 13 a BAföG), Zuschuss zu den Kosten der Unterkunft nach §§ 8 ff. Härteverordnung und Zuschlag nach der Auslandsausbildungszuschussverordnung.

Eine nach festen Kriterien vorzunehmende Anpassung der Bedarfssätze hat der Gesetzgeber nicht vorgesehen. Vielmehr sind sie nach § 35 BAföG alle zwei Jahre zu überprüfen und durch Gesetz »gegebenenfalls neu festzustellen«, wobei außer den Veränderungen der Lebenshaltungskosten auch der finanzwirtschaftlichen Entwicklung Rechnung zu tragen ist.

Für die *Einkommens- und Vermögensanrechnung* bei der Bedarfs- und damit bei der Anspruchsermittlung sind drei Fragen zu unterscheiden: Wessen Einkommen und Vermögen wird angerechnet? In welchen Fällen wird angerechnet? In welchem Umfang findet eine Anrechnung statt? 15

Anzurechnen sind Einkommen und Vermögen – und zwar in folgender Reihenfolge – des Auszubildenden selbst, seines nicht getrennt lebenden Ehegatten (nicht dagegen seines Partners, mit dem er in eheähnlicher Lebensgemeinschaft lebt) sowie seiner Eltern (§ 11 Abs. 2 BAföG). 16

Einkommen und Vermögen der Eltern bleiben vor allem in Fällen des § 11 Abs. 3 und des § 36 BAföG anrechnungsfrei. Der Gesetzgeber eröffnet hier zwei Wege zur elternunabhängigen Förderung: § 11 Abs. 3 BAföG gewährt die Ausbildungsförderung unabhängig vom Elterneinkommen in Fällen, in denen der Gesetzgeber annimmt, es bestehe typischerweise kein Unterhaltsanspruch mehr gegenüber den Eltern, etwa wenn der Auszubildende älter als 30 Jahre ist. Nach § 11 Abs. 2 a BAföG bleiben Einkommen und Vermögen auch dann außer Betracht, wenn zwar ein Unterhaltsanspruch besteht, aber der Anspruch nicht realisiert werden kann, weil ihr Aufenthaltsort unbekannt ist oder sie rechtlich oder tatsächlich gehindert sind, Unterhalt zu leisten. 17

Nicht auf § 36 BAföG berufen kann sich seit einer Gesetzesänderung im Jahr 1990 etwa ein Auszubildender, der eine zweite Ausbildung absolviert, wie z.B. ein Abiturient, der eine Lehre absolviert hat und im Anschluss ein Studium aufnehmen möchte. Es war verfassungswidrig, auf den Bedarf von Auszubildenden, die bereits eine Ausbildung berufsqualifizierend abgeschlossen haben, Einkommen und Vermögen der Eltern anzurechnen, sie aber von der Ausbildungsförderung auszuschließen, wenn die Eltern den angerechneten Unterhaltsbetrag nicht leisten[34].

Für den Umfang der Einkommens- und Vermögensanrechnung sind zunächst die Legaldefinitionen der §§ 21 und 27 BAföG zu beachten. Sodann sind die verschiedenen Freibeträge nach §§ 23, 25 f. und 29 BAföG festzustellen, um den tatsächlichen Anrechnungsbetrag ermitteln zu können. Kindergeld wird seit 2001[35] nicht mehr als Einkommen angerechnet (Streichung von § 21 Abs. 3 S. 1 Nr. 3 a.F.). 18

Für die Einkommensanrechnung bei den Eltern sehen § 25 Abs. 1 und § 3 BAföG zunächst feste Sockelbeträge vor, wobei für Kinder zusätzliche Freibeträge aufgeschlagen werden. Dazu wurden relative Freibeträge vom Elterneinkommen eingeführt, nämlich 50% des den Sockelbetrag übersteigenden Einkommens zuzüglich je 5% für jedes Kind (§ 25 Abs. 4 BAföG).

Nach einer Entscheidung des BVerfG[36] war es mit Art. 3 Abs. 1 GG unvereinbar, dass nach § 28 Abs. 1 S. 1 BAföG a.F. bei der Berechnung des auf den Bedarf anzurechnenden Vermögens des Auszubildenden Grundstücke lediglich mit dem sog. Einheitswert berücksichtigt wurden, während Wertpapiere und sonstige Vermögensgegenstände mit dem Kurs- oder Zeitwert anzusetzen waren. Mittlerweile werden Wertpapiere mit dem Kurs- 19

---

34 BVerfGE 99, 165.

35 AföRG vom 19. 3. 2001 (BGBl. I S. 390).

36 BVerfGE 100, 195.

wert, sonstige Gegenstände, also auch Grundstücke, mit dem Zeitwert angesetzt (§ 28 Abs. 1 BAföG). Wenn es sich um ein selbst bewohntes kleines Hausgrundstück handelt, kann eine unbillige Härte (§ 29 Abs. 3 BAföG) in der Anrechnung liegen[37].

20 Auch wenn es bei Auszubildenden an einem Bedarf i.S.d. zuvor skizzierten Regelungen des BAföG fehlt, sie aber glaubhaft machen, dass ihre Eltern ihrer Unterhaltspflicht nicht nachkommen und dadurch die Ausbildung gefährdet ist, wird Ausbildungsförderung als sog. *Vorausleistung* gewährt (§ 36 BAföG). Nach § 37 Abs. 1 BAföG kommt es zugleich durch *cessio legis* zum Übergang der zivilrechtlichen Unterhaltsansprüche in entsprechender Höhe auf das Land.

21 Die *Förderungsarten* sind in § 17 BAföG geregelt. Der Grundsatz des Abs. 1, wonach die Zuschussförderung – also die Gewährung von nicht rückzahlbaren Beträgen – den Regelfall darstellen soll, erfährt in Abs. 2 wesentliche Einschränkungen. Danach wird insbes. bei dem Besuch von Akademien und Hochschulen der monatliche Förderungsbetrag i.d.R. zur Hälfte als Darlehen geleistet.

Diese Norm wurde immer wieder geändert. Während das BAföG ursprünglich eine reine Zuschussförderung vorgesehen hatte, wurde später zunehmend die Darlehensförderung eingeführt, die ab Anfang der 80er Jahre im Hochschulbereich sogar die Regelförderung darstellte. Erst das 12. BAföGÄndG brachte mit Wirkung ab Mitte 1991 wieder eine wenigstens partielle Rückkehr zur Zuschussförderung. Diese für das Sozialrecht nicht untypische Ungleichbehandlung hat das BVerfG als vereinbar mit Art. 3 Abs. 1 GG angesehen[38]. Hieran haben auch die weiteren Änderungen des BAföG nichts geändert. Eingeführt wurde aber das verzinsliche Bankdarlehen für alle Förderungsleistungen, die über die Grundausstattung der Förderung hinausgehen, wie z.B. die Förderung nach § 7 Abs. 2 BAföG, die Förderung nach Studienabbruch oder Fachwechsel sowie die Überschreitung der Förderungshöchstdauer. Die Rückzahlung des unverzinslichen staatlichen Darlehens nach Abschluss des Studiums richtet sich nach §§ 18 ff. BAföG i.V.m. der Verordnung über die Einziehung der nach dem BAföG geleisteten Darlehen[39]. Mit dem AföRG[40] wurde für Ausbildungen, die ab März 2001 begonnen haben, eine Rückzahlungshöchstgrenze von 10.000 € eingeführt (§ 17 Abs. 2 S. 1 BAföG).

22 Von großer praktischer Bedeutung ist schließlich die Regelung der §§ 15, 15 a BAföG zur Dauer der Ausbildungsförderung. Nach § 15 Abs. 1 beginnt die Förderung frühestens vom Beginn des Antragsmonats an, was zur Folge hat, dass rückwirkende Leistungen – bei späterer Antragstellung – ausscheiden.

Die Dauer der Förderung ergibt sich für Schüler aus der tatsächlichen Dauer der Ausbildung; für Studierende gilt eine Förderungshöchstdauer, bei deren Überschreiten die Förderung endet, wenn nicht besondere Gründe für die Überschreitung vorliegen (§ 15 Abs. 3 BAföG). In § 15 a BAföG ist die Förderungshöchstdauer für die wichtigsten Studiengänge einheitlich geregelt[41]. Danach wird die Förderungshöchstdauer für Universitätsstudiengänge einheitlich auf neun, für Fachhochschulstudiengänge auf sieben bis acht Semester festgelegt.

23 In fünf Fällen wird nach § 15 Abs. 3 BAföG die *Förderungshöchstdauer* um eine angemessene Frist *verlängert*, und zwar wenn sie aufgrund einer Mitwirkung an der universitären oder studentischen Selbstverwaltung, infolge des erstmaligen Nichtbestehens der Ab-

37 Vgl. BVerwG vom 29. 12. 2003, Az. 5 B 99/03.

38 BVerfGE 96, 330.

39 Vom 28. 10. 1983 (BGBl. I S. 1340), und ÄnderungsV vom 16. 5. 1990 (BGBl. I S. 954).

40 Vom 19. 3. 2001 (BGBl. I S. 390).

41 Die Veränderung des bisherigen Förderkonzeptes zum Nachteil der Studierenden stellt keine Verletzung des Vertrauensschutzprinzips dar, BVerfG, Nichtannahmebeschluss v. 17. 6. 2002, Az.: 1 BvR 1594/99, NVwZ-RR 2002, 838.

schlussprüfung, wegen einer Behinderung, einer Schwangerschaft oder der Pflege und Erziehung eines Kindes bis zu zehn Jahren, infolge einer Ausbildung im Ausland oder wegen eines sonstigen schwerwiegenden Grundes überschritten worden ist. Angemessen ist eine Zeit, wenn sie dem Zeitverlust entspricht, der durch den die Überschreitung der Förderungshöchstdauer rechtfertigenden Grund entstanden ist. Nach § 15 Abs. 3 a BAföG kann auch nach Überschreiten der Förderungshöchstdauer eine Abschlussförderung geleistet werden, damit ein Wegfall der Förderung nicht zum Studienabbruch führt[42].

Die *Darlehensbedingungen* sind in §§ 18 ff. BAföG geregelt. Grundsätzlich sind die Darlehen nicht zu verzinsen, es sei denn, der Geförderte kommt mit der regelmäßigen Tilgung in Rückstand, § 18 Abs. 1 und 2 BAföG. Die Rückzahlungspflicht beginnt fünf Jahre nach dem Ende der Förderungshöchstdauer und setzt den Lauf der zwanzigjährigen Frist in Gang, innerhalb der das Darlehen – in gleich bleibenden Monatsraten – spätestens zurückgezahlt werden muss. Da die monatlichen Raten mindestens 105 € betragen müssen, wird sich i.d.R. eine kürzere Tilgungszeit ergeben. 24

Bei geringem Einkommen wird die Rückzahlungspflicht gestundet, wodurch sich die 20-jährige Tilgungszeit entsprechend – bis höchstens 30 Jahre – verlängert, § 18 a BAföG.

Überdurchschnittliche Ausbildungserfolge in Form einer – gegenüber der Förderungshöchstdauer – vorzeitigen Prüfung oder eines besonders guten Prüfungsergebnisses führen zu einem Teilerlass des Darlehens, § 18 b BAföG.

D. Organisation, Finanzierung und Verfahren

Für die Ausbildungsförderung nach BAföG sind die Ämter für Ausbildungsförderung zuständig, die von den Ländern für jeden Kreis bzw. für jede kreisfreie Stadt sowie bei jeder Hochschule bzw. bei deren Studentenwerk errichtet werden (§ 40 BAföG). Für die Verwaltung und Einziehung der gewährten Förderungsdarlehen ist jedoch bundeseinheitlich das Bundesverwaltungsamt in Köln zuständig (§ 39 Abs. 2 BAföG). Die Förderungsausschüsse bei den Hochschulen aus Vertretern des Lehrkörpers, der Auszubildenden und des jeweiligen Amtes für Ausbildungsförderung nehmen Stellung zu verschiedenen besonderen Leistungsvoraussetzungen (§§ 42, 43 BAföG). 25

Finanziert wird die Ausbildungsförderung zu 65% vom Bund und zu 35% von den Ländern (§ 56 BAföG). 26

Die §§ 45 ff. BAföG enthalten zum Teil sehr detaillierte Verfahrensregelungen, die neben den allgemeinen Bestimmungen des SGB X zu beachten sind (vgl. § 37 SGB I). Besonders hingewiesen sei hier lediglich auf § 46 Abs. 5 sowie auf §§ 50 und 53 BAföG. Nach der erstgenannten Vorschrift ist das Amt für Ausbildungsförderung in den dort genannten Fällen (insbesondere denjenigen des § 7 Abs. 2 und 3 BAföG) verpflichtet, dem Auszubildenden auf Antrag einen *Vorabbescheid* über das Bestehen eines Förderungsanspruchs dem Grunde nach zu erteilen. Nach § 50 Abs. 3 BAföG wird über die Ausbildungsförderung i.d.R. für ein Jahr entschieden. Abs. 2 regelt den Mindestinhalt der Bewilligungsbescheide und § 53 BAföG enthält eine wichtige – gegenüber § 48 SGB X vorrangige – Sonderregelung über die Möglichkeit der Änderung von Bewilligungsbescheiden aufgrund geänderter, für die Ausbildungsförderung maßgeblicher Umstände. 27

42 S. hierzu BVerfG, Nichtannahmebeschl. v. 18. 12. 2003, Az: 1 BvR 1371/03, NVwZ 2004, 855.

E. Bildungskredit

28 Seit dem 1. 4. 2001 bietet die Bundesregierung Schülern und Studenten in fortgeschrittenen Ausbildungsphasen die Möglichkeit, einen zinsgünstigen Kredit nach Maßgabe von Förderbestimmungen des Bundesministeriums für Bildung und Forschung (BMBF) in Anspruch zu nehmen. Ziel dieser Förderung ist die Sicherung und Beschleunigung der Ausbildung oder die Finanzierung von außergewöhnlichem, nicht durch das BAföG erfasstem Aufwand, um die Ausbildung zu verkürzen bzw. den Abbruch der Ausbildung aufgrund fehlender finanzieller Mittel zu vermeiden. Die Förderung erfolgt unabhängig vom Vermögen und Einkommen des Antragstellers und seiner Eltern. Hier wird für Schüler und Studenten, die häufig keine Sicherheiten stellen können, ein Angebot geschaffen, das bisher auf dem Kapitalmarkt nicht verfügbar ist. Innerhalb eines Ausbildungsabschnittes können bis zu 7.200 € bewilligt werden. Der zur Verfügung stehende Finanzrahmen ist begrenzt und wird jährlich vom Bundesministerium für Bildung und Forschung vorgegeben. Es besteht kein Rechtsanspruch auf die Gewährung des Bildungskredites. Der Kreditantrag ist an das Bundesverwaltungsamt zu richten. Hier wird geprüft, ob die Voraussetzungen für die Gewährung eines Bildungskredites vorliegen. Gegebenenfalls wird dann ein Bewilligungsbescheid und eine Bundesgarantie (Bürgschaft) erteilt. Die Abwicklung übernimmt die Kreditanstalt für Wiederaufbau Bankengruppe (KfW). Im Falle der Inanspruchnahme der Bundesgarantie erfolgt die Rückforderung durch das Bundesverwaltungsamt.

§ 65 Wohngeld

Zur Einführung: *Püttner* Wohnungsrecht, in: Achterberg/Püttner/Würtenberger: Besonderes Verwaltungsrecht, Bd. II, 2000, 986 ff.

Kommentare: *Schwerz* Wohngeldgesetz, 4. Aufl. 2006.

Rechtsprechung: Für Streitigkeiten nach WoGG sind die Verwaltungsgerichte zuständig.

A. Allgemeines

1 § 7 SGB I sieht ein *soziales Recht auf Zuschuss für eine angemessene Wohnung*, für die unzumutbare Aufwendungen erbracht werden müssen, vor. Einzelheiten bestimmt das *Wohngeldgesetz (WoGG)*[43]. *Das Wohngeldrecht* zielt auf die Sicherung einer speziellen Bedarfslage ab und steht deshalb, vor allem aber auch wegen der Leistungsabhängigkeit von konkreter Bedürftigkeit, der Sozialhilfe in besonderen Lebenslagen nahe. Die Sozialleistung des Wohngeldes ist vor allem vor dem Hintergrund der neueren Zeitgeschichte des Zweiten Weltkrieges, der anschließenden großen Wohnungsnot und der marktwirtschaftlichen Entwicklung des Wohnungswesens zu verstehen. Während alle anderen Lebensbedürfnisse im gesamten Bundesgebiet zu annähernd vergleichbaren Preisen gedeckt werden können, differieren die Mieten und Kaufpreise für Wohnungen und Häuser sehr stark. Ebenso wenig wie bei den kindesbedingten Belastungen wird hierauf beim Erwerbseinkommen Rücksicht genommen. Nur in Ausnahmefällen stellen die Arbeitgeber Werkswohnungen zur Verfügung oder leisten Mietbeihilfen. Da hinreichender Wohnraum zu den menschlichen Grundbedürfnissen zählt, bietet der Staat eine breite Palette der Förderung des Wohnraums an, so insbesondere mit Maßnahmen des sozialen Wohnungsbaus und durch steuerliche und sonstige Förderung von Haus- und Wohnungseigentum. Das Wohngeld ist hingegen eine Beihilfe für einkommensschwache Personen, unabhängig da-

43 Wohngeldgesetz in der Fassung der Bekanntmachung vom 23. 11. 2002 (BGBl. I S. 474).

von, ob sie in öffentlich geförderten Wohnungen wohnen oder anderen Wohnraum in Anspruch nehmen[44].

§ 1 WoGG bestimmt als Ziel des Wohngeldrechts auch die Sicherung *familiengerechten* Wohnens, so dass dieser Sozialleistungsbereich auch dem *Familienleistungsausgleich* dient. 2

B. Berechtigter Personenkreis

§ 3 WoGG nennt den Kreis der antragsberechtigten und damit materiellrechtlich leistungsberechtigten Personen. Die Regelung unterscheidet nach den beiden Funktionsarten des Wohngeldes, das entweder als *Mietzuschuss* oder – bei Haus- und Wohneigentum – als *Lastenzuschuss* (für den Kapitaldienst und die Bewirtschaftung) gewährt wird (vgl. § 2 Abs. 1, §§ 5,6 WoGG). 3

Mietzuschüsse können außer Mieterinnen und Mietern vor allem auch solchen Personen gewährt werden, die eine Wohnung aufgrund eines mietähnlichen Nutzungsverhältnisses bewohnen (§ 3 Abs. 2 Nr. 2 WoGG). Dazu gehören u.a. Inhaber einer Genossenschafts- oder Stiftswohnung, Inhaber eines dinglichen Wohnrechts (§ 1093 BGB) oder einer Dienstwohnung, ferner Bewohner eines Heimes i.S.d. Heimgesetzes.

Als Berechtigte für *Lastenzuschüsse* kommen nach § 3 Abs. 3 und 4 WoGG insbesondere Eigentümer eines Eigenheimes oder einer Eigentumswohnung in Betracht, ferner Inhaber eines eigentumsähnlichen Dauerwohnrechts (vgl. §§ 31 ff. WEG). 4

Wenn eine Wohnung von mehreren Familienmitgliedern (insbes. von beiden Ehegatten) gemietet worden ist oder wenn eine Wohnung im Miteigentum mehrerer Familienmitglieder steht, so ist wohngeldberechtigt nur der Haushaltsvorstand, nämlich dasjenige Familienmitglied, das den größten Teil der Unterhaltskosten der Familie trägt, § 3 Abs. 5 WoGG.

Nach § 41 Abs. 3 WoGG sind Studierende grundsätzlich nicht wohngeldberechtigt. Das wird damit gerechtfertigt, dass sie nicht zu der sozialen Gruppe gehören, zu deren Unterstützung das Wohngeld geschaffen wurde und von ihnen eine Einschränkung beim Wohnraumbedarf während des Studiums erwartet werden kann. Das BVerfG hat diese Regelung nur unter der Maßgabe als mit Art. 3 Abs. 1 GG vereinbar angesehen, dass sie für diejenigen Studierenden eingeschränkt ausgelegt wird, die nicht zu dieser Gruppe gehören, etwa ältere Studierende, die das Studium durch Teilzeitarbeit finanzieren[45].

C. Leistungen

Der Anspruch auf Wohngeld hängt von der *Größe des Haushalts*, vom Gesamt*einkommen* und der *Höhe der Miete oder Belastung* ab (§ 2 Abs. 1 WoGG). Die *Größe des Haushalts* bestimmt sich nach der Zahl der Familienmitglieder (§ 4 WoGG). 5

Das *Gesamteinkommen* setzt sich aus dem Gesamtbetrag der Jahreseinkommen aller zum Haushalt rechnenden Familienmitglieder zusammen. Für die Ermittlung des Gesamteinkommens gelten die detaillierten Regelungen der §§ 9 ff. WoGG. Zu berücksichtigen sind zunächst grundsätzlich alle Einnahmen in Geld oder Geldeswert unabhängig davon, woher sie stammen. Dabei nimmt das WoGG auf die Einkünfte i.S.v. § 2 Abs. 1 und 2 EStG Bezug (§ 10 Abs. 1 WoGG). Da das Wohngeldrecht einen sehr weiten Einkommensbegriff verwendet, werden auch bestimmten Einnahmen – insbesondere auch zahlreiche Sozialleistungen – zum Einkommen gezählt, jedoch, sofern sie nicht zur Deckung des allgemei- 6

44 Dazu auch *Schulin* 59. DJT, S. E 107 f.

45 BVerfGE 96, 315.

nen Lebensunterhalts bestimmt sind, nur teilweise angerechnet (§ 10 Abs. 2 WoGG)[46]. Von dem ermittelten Betrag sind sodann Werbungskosten, ein Pauschalbetrag für Vorsorgeaufwendungen sowie weitere Beträge (z.B. für schwerbehinderte Menschen oder bei Erfüllung gesetzlicher Unterhaltspflichten) abzuziehen (§§ 10 Abs. 3, 12, 13 WoGG).

Ein Anspruch auf Wohngeld scheidet von vornherein aus, wenn das Gesamteinkommen den monatlichen Höchstbetrag übersteigt. Die Beträge sind in den Wohngeldtabellen (Anlagen zum WoGG) aufgeführt.

7 Als dritter Berechnungsfaktor für das Wohngeld muss die zu *berücksichtigende Miete bzw. Belastung* ermittelt werden. Dabei ist zunächst von §§ 5 und 6 WoGG auszugehen, die regeln, was wohngeldrechtlich zur Miete bzw. Belastung gehört. Besonders wichtig sind sodann die in § 8 WoGG geregelten Höchstbeträge, die bei Anwendung der Wohngeldtabellen in den Anlagen zur Feststellung des konkreten Wohngeldbetrags zu beachten sind. Da nur ein »angemessenes« Wohnen sichergestellt werden soll, wird die tatsächliche Miete bzw. Belastung nur in einer Höhe berücksichtigt, von der das Gesetz ausgeht, dass sie zur Sicherstellung eines angemessenen Wohnens ausreicht, wobei im Einzelnen noch mehrere Einflussfaktoren berücksichtigt werden, nämlich Haushaltsgröße, regionales Mietniveau (differenziert nach Stufen I bis VI), Alter des Wohnraumes und dessen Ausstattung. Die Höchstbeträge sind in einer Tabelle zu § 8 WoGG zusammengefasst.

8 Die Anlagen zum WoGG enthalten schließlich die genauen *Wohngeldbeträge*, auf deren Leistung im konkreten Einzelfall Anspruch besteht.

D. Organisation und Finanzierung

9 Für die Durchführung des WoGG bestehen landesrechtliche Regelungen. Als Leistungsträger sind meistens die Landkreise und kreisfreien Städte bestimmt.

Der Bund erstattet den Ländern 50% der Kosten für die Wohngeldleistungen; dies gilt auch für den Mietzuschuss für Empfänger der Sozialhilfe oder der Kriegsopferfürsorge, § 34 Abs. 1 WoGG. Dazu kommt ein weiterer erheblicher Betrag, den die Länder als Kompensation für die Grundsicherung im Alter und bei dauerhafter Erwerbsminderung im Rahmen der Rentenreform 2001 erhalten haben (§ 34 Abs. 2 WoGG). Die Verwaltungskosten gehen voll zu Lasten der Länder.

§ 66 Kinder- und Jugendhilfe

Zur Einführung: *Eichenhofer* Das neue Kinder- und Jugendhilferecht, JuS 1992, 279; *Rüfner* Kinder- und Jugendhilferecht, in: Achterberg/Püttner/Würtenberger Besonderes Verwaltungsrecht, Bd. II, 2000, 968.

Kommentare: *Kunkel* Lehr- und Praxiskommentar (LPK-SGB VIII), 2.Aufl., 2003; *Münder* Frankfurter Kommentar zum KJHG/SGB VIII (FK), 5. Aufl., 2006; *Schellhorn* SGB VIII/KJHG, Ein Kommentar für Ausbildung, Praxis, Rechtsprechung und Wissenschaft., 3. Aufl., 2006; *Wiesner/Mörsberger/Oberloskamp/Struck* SGB VIII – Kinder- und Jugendhilfe, 3. Aufl., 2006.

Zur Vertiefung: *Kunkel* Grundlagen des Jugendhilferechts, 4. Aufl., 2001; *Mönch-Kalina* Der Rechtsanspruch auf den Besuch eines Kindergartens als soziales Leistungsrecht, 2000.

Zur Situation von Kindern und Jugendlichen: Zwölfter Kinder- und Jugendbericht der Bundesregierung, BT-Drs. 15/6014.

---

46 So werden bei Heimbewohnern die Hilfen in besonderen Lebenslagen nicht angerechnet, BVerwG, Urt. v. 11. 12. 2003, Az.: 5 C 83/02, NJW 2004, 2109.

Zeitschriften: *Recht der Jugend und des Bildungswesens* (zit.: RdJB); *Zentralblatt für Jugendrecht* (zit.: ZfJ oder ZblJugR).

Rechtsprechung: Soweit es sich um öffentlich-rechtliche Streitigkeiten handelt, sind nicht die Sozial-, sondern die Verwaltungsgerichte zuständig.

A. Allgemeines

Die im SGB VIII geregelte *Kinder- und Jugendhilfe* ist am 3. 10. 1990 in den neuen und am 1. 1. 1991 in den alten Bundesländern in Kraft getreten[47]. Das SGB VIII ist als Art. I des Gesetzes zur Neuordnung des Kinder- und Jugendhilferechts (Kinder- und Jugendhilfegesetz – KJHG) vom 26. 6. 1990[48] erlassen worden[49]. Folglich ist die verbreitete Zitierweise »§ 1 KJHG« nicht korrekt. Es heißt: »§ 1 SGB VIII«. 1

Das SGB VIII hat das in seinem Kern auf das frühere *Reichsjugendwohlfahrtsgesetz von 1922* zurückgehende *Jugendwohlfahrtsgesetz (JWG)* abgelöst. Dieses war trotz aller Novellierungen, die es im Laufe der Jahre erfahren hatte, vom Ansatz her polizei- und damit eingriffsrechtlich orientiert. In der Praxis hatte freilich schon seit längerem die freiwillige Inanspruchnahme von Hilfen nach dem JWG Zwangsmaßnahmen – wie insbes. die Fürsorgeerziehung – weitgehend zurückgedrängt. Der Gesetzgeber hat mit dem SGB VIII in wesentlichen Teilen nur nachvollzogen, was schon unter dem JWG Praxis war[50]. 2

Mit dem SGB VIII hat sich die Konzeption des Kinder- und Jugendhilferechts als Leistungsgesetz weitgehend durchgesetzt. 3

§ 8 SGB I lautet:

»Junge Menschen und Personensorgeberechtigte haben im Rahmen dieses Gesetzbuchs ein Recht, Leistungen der öffentlichen Jugendhilfe in Anspruch zu nehmen. Sie sollen die Entwicklung junger Menschen fördern und die Erziehung in der Familie unterstützen und ergänzen.«

Dabei ist hervorzuheben, dass dort, wo das SGB VIII echte Leistungsansprüche vorsieht, in erster Linie nicht die Kinder und Jugendlichen, sondern die Personensorgeberechtigten – also vor allem die Eltern – anspruchsberechtigt sind (§ 27 Abs. 1 SGB VIII).

Im Übrigen ist auch das SGB VIII – wie schon das JWG – von der Zweiteilung in leistungsrechtliche Regelungen einerseits und in Regelungen »anderer Aufgaben« andererseits geprägt (vgl. § 2 Abs. 1 i.V.m. Abs. 2 und 3 SGB VIII). Zu diesen »anderen Aufgaben« zählen vor allem Eingriffsbefugnisse und Mitwirkungspflichten in gerichtlichen Verfahren (§§ 42 ff. SGB VIII). Die früheren Eingriffsbefugnisse der Jugendhilfe in die elterlicher Erziehungsverantwortung liegen jetzt alleine beim Familiengericht (§ 1666 BGB)[51].

Das SGB VIII bemüht sich um einen Ausgleich unterschiedlicher Interessen und Konzeptionen. Der Gesetzgeber war jedoch verschiedentlich zu Wertentscheidungen gezwungen, die sich nicht zum Kompromiss eigneten. Eine wesentliche Grundentscheidung stellt vor allem der *Vorrang des elterlichen Erziehungsrechts* vor dem Selbstbestimmungsrecht des Jugendlichen dar. Allerdings sind die Kinder und Jugendlichen nach § 8 Abs. 1 SGB VIII bei allen Entscheidungen zu beteiligen. Sie sollen z.B. nach § 36 Abs. 1 SGB VIII an der Aufstellung eines Hilfeplans mitwirken, oder sie sind in ihren Bedürfnissen Orientierungspunkt (§ 22 Abs. 2 S. 2 SGB VIII). 4

47 Bekanntmachung der Neufassung des SGB VIII v. 8. 12. 1998 (BGBl. I S. 3546).
48 BGBl. I S. 1163.
49 Zum 1. Änderungsgesetz vom 16. 2. 1993 *Fuchs* NDV 1993, 52 und 92, sowie *Wiesner* FamRZ 1993, 497 ff.
50 *Rüfner* NJW 1991, 1.
51 Vgl. *Wiesner* ZfJ 2003, 121.

5 Nach wie vor ist das Jugendhilferecht kompetenzrechtlich Teil der öffentlichen Fürsorge. Doch handelt es sich weit mehr um eine bedarfsorientierte gehobene Fürsorge als um eine bedürftigkeitsorientierte einfache Fürsorge. So sind insgesamt die Unterschiede zur Sozialhilfe so groß wie die Gemeinsamkeiten. Prinzipiell verschieden sind bereits die grundlegenden Zielsetzungen (vgl. § 1 Abs. 1 S. 2, §§ 8 ff. SGB I): Die Sozialhilfe beschränkt sich darauf, zur Sicherung eines menschenwürdigen Daseins beizutragen und dies in erster Linie durch Gewährung von wirtschaftlichen Hilfen. Die Kinder- und Jugendhilfe soll demgegenüber zur (vollen) Entwicklung des jungen Menschen beitragen und dies nicht zuletzt mit erzieherischen, also nichtwirtschaftlichen Mitteln, während der Sozialhilfe, die ganz überwiegend von erwachsenen Menschen in Anspruch genommen wird, eine solche Erziehungsfunktion fremd ist.

6 Eine gegenüber dem Sozialhilferecht vielschichtigere Funktion hat weiter das Wunsch- und Wahlrecht (§ 5 SGB VIII). Danach soll den Wünschen der Leistungsberechtigten – des jungen Menschen oder seiner Eltern – in Bezug auf die Einrichtungen und Dienste verschiedener Träger sowie hinsichtlich der Gestaltung der Hilfe soweit wie möglich entsprochen werden. Historisch gewachsen geht es hier um die Sicherung des Elternrechts (Art. 6 Abs. 2 S. 1 GG), etwa in der Frage um den Besuch einer religiös oder weltanschaulich beeinflussten Einrichtung. Allerdings wird auch die Beteiligung der Kinder oder Jugendlichen – soweit sie nicht selbst leistungsberechtigt sind – an der Gestaltung einer Maßnahme angestrebt (§ 8 Abs. 1 SGB VIII), da Hilfe in den seltensten Fällen dauerhaft gegen den Willen der Person erfolgreich ist, der geholfen wird. Das sozialhilferechtliche Wunsch- und Wahlrecht (§ 9 Abs. 2 SGB XII) soll dagegen die Freiheit der Sozialhilfeempfänger schützen.

B. Berechtigte; Begriffe

7 Leistungen nach dem SGB VIII werden den Müttern, Vätern und Personen sorgeberechtigten von Kindern und Jugendlichen und den jungen Menschen gewährt (§ 6 Abs. 1 SGB VIII). Kinder sind die noch nicht 14-jährigen, Jugendliche die 14 bis 18-jährigen. Leistungsberechtigt können auch junge Erwachsene (18 bis 27 Jahre) sein. Der Oberbegriff für Kinder, Jugendliche und junge Erwachsene ist junge Menschen (§ 7 SGB VIII).

C. Leistungen

8 Das Zweite Kapitel des SGB VIII, das dem eigentlichen Leistungsrecht gewidmet ist, unterscheidet allgemeine »Angebote« der Kinder- und Jugendhilfe einerseits und individuelle Hilfen für Einzelne andererseits. Bei der ersten Gruppe handelt es sich um die in § 2 Abs. 2 Nr. 1 bis 3 SGB VIII zusammengefassten und in §§ 11 bis 26 SGB VIII näher geregelten Hilfen, während die individuellen Hilfen in § 2 Abs. 2 Nr. 4 bis 6 SGB VIII genannt und in §§ 27 bis 41 SGB VIII konkret ausgestaltet sind.

Die allgemeinen Angebote umfassen im Wesentlichen diejenigen Tätigkeitsfelder der Jugendhilfe, die früher zur sog. Jugendpflege zählten. Die §§ 11 ff. SGB VIII enthalten dabei weitgehend Rahmenregelungen, die der näheren Ausgestaltung durch das Landesrecht bedürfen (vgl. §§ 15, 16 Abs. 3, 26 SGB VIII). Es handelt sich zunächst um die verschiedenen Formen der allgemeinen Jugendarbeit, von denen in § 11 Abs. 3 SGB VIII beispielhaft die außerschulische Jugendbildung, der Jugendsport, die Kinder- und Jugenderholung sowie die Jugendberatung genannt sind.

9 Die *Beratung* spielt im gesamten Leistungsrecht des SGB VIII eine wichtige Rolle (vgl. §§ 8 Abs. 3, 16 Abs. 2 Nr. 2, 17, 18 und 28 SGB VIII).

§ 12 SGB VIII sieht – als eine der wenigen Regelungen des SGB und in Anknüpfung an § 5 Abs. 2 JWG – eine konkrete *institutionelle Förderung für Jugendverbände und -gruppen* vor. Dabei sind die wichtigen Grundsätze in §§ 74, 75 SGB VIII zu beachten. 10

In §§ 16–21 SGB VIII sind die verschiedenen Formen der *»Förderung der Erziehung in der Familie«* geregelt. Hervorzuheben ist der Beratungsauftrag in Fragen der Partnerschaft, Trennung und Scheidung (§ 17 SGB VIII) sowie die Beratung und Unterstützung bei der Ausübung der Personensorge durch Alleinerziehende (§ 18 SGB VIII). 11

Die *Förderung von Kindern in Tageseinrichtungen und in Tagespflege* regeln §§ 22–26 SGB VIII. Hier war im Gesetzgebungsverfahren besonders das Problem eines Anspruchs auf Kindergartenplätze für alle Kinder umstritten. Das SGB VIII in seiner ursprünglichen Fassung hatte einen solchen Anspruch zunächst nicht vorgesehen. Ein solcher Anspruch ist dann – mit Wirkung spätestens ab 1. 1. 1996 – durch das Schwangeren- und Familienhilfegesetz vom 27. 7. 1992[52] geschaffen worden (§ 24 SGB VIII). 12

Der Anspruch auf den Besuch des Kindergartens gilt allerdings erst ab dem vollendeten dritten Lebensjahr. Er wird insbesondere in den alten Ländern Deutschlands noch heute überwiegend nur mit Halbtagesplätzen erfüllt. Für Kinder unter drei Jahren und für Kinder im schulpflichtigen Alter sowie für Ganztagsplätze sollen die Träger bedarfsgerecht Plätze zur Verfügung stellen (§ 24 S. 2 und 3 SGB VIII). Dies ist in den westlichen Bundesländern bisher nicht der Fall. Für Kinder und Eltern, aber auch für die Zukunft Deutschlands als Wirtschaftsstandort ist diese Situation nicht länger hinnehmbar[53]. Die Kindergartenträger sind zur Erfüllung des Rechtsanspruchs gehalten, die Kapazitäten voll auszuschöpfen und im Hinblick auf den Normzweck bevorzugt Vormittags Plätze anzubieten, um den Eltern die Erwerbstätigkeit zu erleichtern[54]. Dem Rechtsanspruch wird nicht dadurch genügt, dass dem Kind irgendein Platz nachgewiesen wird, sondern es muss der gesetzlich anerkannte, von der Anspruchsnorm erfasste individuelle Betreuungs- und Erziehungsbedarf gedeckt werden[55]. 13

Die Einrichtungen werden von Städten, Kreisen und Gemeinden in eigener Verantwortung und nach Maßgabe des Landesrechts[56] gefördert. Das Landesrecht darf aber den Anspruch nicht einschränken[57]. Ein praktisches Problem ist auch, dass Plätze oft erst ab dem Schuljahresbeginn (Sommer) nach dem 3. Geburtstag des Kindes zur Verfügung stehen, was mit dem Recht nicht in Übereinstimmung zu bringen ist. Eine wichtige Hilfe ist auch die Tagespflege durch Tageseltern (§ 23 SGB VIII), auf die aber kein Anspruch besteht. Bei Nichterfüllung des Anspruchs ergibt sich ein Kostenerstattungsanspruch für einen selbst beschafften Kindergartenplatz oder ein weitergehender Anspruch auf Ersatz der Kosten einer anderen selbst organisierten Betreuung[58]. 14

Kindergartenplätze werden den Eltern nicht kostenlos zur Verfügung gestellt. Es werden vielmehr Gebühren oder Teilnahmebeiträge erhoben (§ 90 Abs. 1 S. 1 SGB VIII). Aus Gründen des sozialen Bedarfs und Ausgleichs sind diese Gebühren fast immer nicht kostendeckend und sozial nach der Einkommenshöhe der Eltern und anderen Kriterien (Kinderzahl) gestaffelt (§ 90 Abs. 1 S. 2 SGB VIII). Die konkrete Entscheidung hierüber treffen zumeist die Kommunen oder Kreise nach Maßgabe mehr oder weniger stark bindender landesrechtlicher Vorschriften. Das BVerfG hat die Zulässigkeit der sozial gestaffelten Gebühren bestätigt[59]. Die Grenze des Zulässigen besteht darin, dass die Gebühren für 15

---

52 BGBl. I S. 1398.
53 Vgl. BT-Drs. 15/2580.
54 Vgl. *Külb/Lüddeke* NVwZ 1994, 194 f.; OVG Niedersachsen NJW 2003, 1826 f.; *Mönch-Kalina* S. 84.
55 *Mönch-Kalina* S. 79.
56 Übersicht über die Landesgesetze bei FK/*Münder* § 26 Rn. 5.
57 *Mönch-Kalina* S. 95.
58 FK/*Münder* § 24 Rn. 19 ff.
59 BVerfGE 97, 332; dazu *Berkemann* JR 1999, 9 f; *Struck/Wiesner* RdJB 2000, 180; ablehnend: *Jestaed* DVBl. 2000, 1820.

keine Gruppe von Eltern die Kosten übersteigen dürfen. Die soziale Förderung der Eltern und Kinder wird also aus Steuermitteln vorgenommen.

16 *Individuelle Hilfen.* §§ 28 ff. SGB VIII sehen zunächst die Erziehungsberatung, die Teilnahme an sozialer Gruppenarbeit für ältere Kinder, die Hilfe durch Erziehungsbeistände und Betreuungshelfer sowie sozialpädagogische Familienhilfe vor. §§ 32 bis 35 SGB VIII regeln die verschiedenen Formen der Hilfe zur Erziehung außerhalb der Familie in Tagesgruppen, Vollzeitpflege, Heimerziehung und intensiver sozialpädagogischer Einzelbetreuung. § 35 a SGB VIII konstituiert den Anspruch auf Eingliederungshilfe für seelisch behinderte Kinder und Jugendliche (vgl. § 6 Abs. 1 Nr. 6 SGB IX), der gegenüber dem Anspruch auf Eingliederungshilfe nach dem SGB XIII vorrangig ist. Nach § 39 SGB VIII ist in diesen Fällen auch der Unterhalt der Kinder oder Jugendlichen zu übernehmen. Als Eingliederungshilfe nach dem SGB VIII können Leistungen der medizinischen Rehabilitation, der Teilhabe am Arbeitsleben und der Teilhabe am Leben in der Gemeinschaft erbracht werden.

D. Andere Aufgaben

17 Die in § 2 Abs. 3 SGB VIII zusammengefassten und im Dritten Kapitel (§§ 42 ff.) des SGB VIII näher geregelten »anderen« (Leistungs-)Aufgaben haben nur einen mittelbaren Bezug zum Sozialrecht. In den § 42 SGB VIII ist die Inobhutnahme von Kindern und Jugendlichen geregelt. Dabei ist ein Rest der früheren Eingriffskompetenz zu erkennen: Das Jugendamt kann bei Gefahr im Verzug von sich aus tätig werden, wenn Tatsachen bekannt sind, die die Annahme rechtfertigen, dass die Voraussetzungen des § 1666 BGB vorliegen. Es muss dann aber unverzüglich die Entscheidung der Eltern oder des Familiengerichts herbeiführen.

§§ 43–49 SGB VIII enthalten Rahmenregelungen für den Schutz von Kindern in Familienpflege und in Einrichtungen. § 44 SGB VIII regelt die Aufnahme von Pflegekindern in Familien, die gewöhnlich einer Erlaubnis des Jugendamts bedarf. §§ 45–48 a SGB VIII betreffen den Betrieb von Einrichtungen. Es handelt sich hier um Ordnungsrecht.

§§ 50 ff. SGB VIII regeln die *Mitwirkung der Jugendämter* in Verfahren vor den Vormundschafts- und den Familiengerichten sowie in Verfahren nach dem Jugendgerichtsgesetz. § 53 SGB VIII sieht eine Beratung und Unterstützung von Pflegern und Vormündern vor, und § 55 f. SGB VIII regeln die Amtspflegschaft und die Amtsvormundschaft der Jugendämter.

E. Organisation, Finanzierung

18 Die öffentliche Jugendhilfe wird von den *Trägern der öffentlichen Jugendhilfe* durchgeführt (§§ 69 ff. SGB VIII). Dies sind auf der örtlichen Ebene die *Jugendämter*, die bei den kreisfreien Städten und bei den Landeskreisen errichtet werden (§ 69 Abs. 1 i.V.m. Abs. 3 SGB VIII). Die überörtlichen Aufgaben werden von den *Landesjugendämtern* wahrgenommen (§ 69 Abs. 3 SGB VIII).

Das SGB VIII hat an der Zweigliedrigkeit der Jugendhilfebehörden festgehalten: Neben die eigentliche Verwaltung durch die Jugend- bzw. Landesjugendämter, die insbes. für die Geschäfte der laufenden Verwaltung zuständig sind, treten die Jugend- bzw. Landesjugendhilfeausschüsse, durch die der besondere Sachverstand von in der Jugendhilfe erfahrenen Personen nutzbar gemacht werden soll (vgl. im Einzelnen § 70 f. SGB VIII).

19 Mit der örtlichen und sachlichen Zuständigkeit ist zugleich die Pflicht zur Finanzierung der Aufgaben und Leistungen verbunden. Die Träger der öffentlichen Jugendhilfe haben die Gesamtverantwortung mit der Pflicht zur Jugendhilfeplanung (§§ 79, 80 SGB VIII), insbesondere um sicherzustellen, dass genügend Einrichtungen vorhanden sind, um die Rechtsansprüche des SGB VIII erfüllen zu können.

Eine besonders wichtige Aufgabe in der Kinder- und Jugendhilfe haben traditionell die freien Träger der Jugendhilfe, also Kirchen, Wohlfahrtsverbände (§ 75 Abs. 3 SGB VIII) und andere Vereine und Verbände. Die Träger der öffentlichen Jugendhilfe sind zur Zusammenarbeit mit der freien Jugendhilfe verpflichtet (§§ 4 Abs. 1, 73 bis 78, 80 Abs. 3 SGB VIII). Auf die Anerkennung als Träger der freien Jugendhilfe kann ein Anspruch bestehen (§ 75 Abs. 2 SGB VIII). Die öffentliche Jugendhilfe soll immer dort von eigenen Maßnahmen absehen, wo geeignete Einrichtungen, Dienste und Veranstaltungen von Trägern der freien Jugendhilfe betrieben oder rechtzeitig geschaffen werden können (§ 4 Abs. 2 SGB VIII). Damit wird der gesellschaftlichen Selbstorganisation ein hoher Stellenwert eingeräumt und praktisch für viele Vereinigungen und Einrichtungen eine Finanzierungsbasis aus den Mitteln der öffentlichen Jugendhilfe geschaffen. Zur Finanzierung von Einrichtungen gibt es auch im SGB VIII ein Leistungserbringungsrecht als Grundlage von Vereinbarungen (§§ 77, 78 a–78 g).

12. Kapitel: Soziale Entschädigung

Vorbemerkung: Behandelt werden nur solche Bereiche der sozialen Entschädigung, die vom SGB erfasst werden (§ 68 Nr. 7 SGB I). Nicht dazu gehören das Lastenausgleichsgesetz (vgl. das Gesetz über den Lastenausgleich – LAG), das Wiedergutmachungsrecht (vgl. das Bundesgesetz zur Entschädigung für Opfer der nationalsozialistischen Verfolgung – Bundesentschädigungsgesetz – BEG) und das Gesetz über Entschädigungen für Opfer des Nationalsozialismus im Beitrittsgebiet (Entschädigungsrentengesetz).

Zum Studium: *Schulin / Köbl* Soziales Entschädigungsrecht, in: Achterberg / Püttner / Würtenberger: Besonderes Verwaltungsrecht, Bd. II, 2000, 880 ff.

Kommentare: *Kunz / Zellner* Opferentschädigungsgesetz, 4. Aufl., 1999.

Zur Vertiefung: *Wulfhorst* Soziale Entschädigung – Politik und Gesellschaft, 1994; *Kieswald* Rechtsfortbildung durch Richterrecht im sozialen Entschädigungsrecht, insbesondere in der Kriegsopferversorgung, in: Entwicklung des Sozialrechts – Aufgabe der Rechtsprechung, Festgabe aus Anlass des 100-jährigen Bestehens der sozialgerichtlichen Rechtsprechung, 1984, S. 469 ff.; *Schulin* Soziale Entschädigung als Teilsystem kollektiven Schadensausgleichs, 1981; *Voß* Das Bundesversorgungsgesetz als Leitgesetz für das soziale Entschädigungsrecht – Vorschläge für eine Strukturreform, ZfS 2003, 161 ff.; *Zacher* Die Frage nach der Entwicklung eines sozialen Entschädigungsrechts, DÖV 1972, 461 ff.

Zeitschriften: *Die Versorgungsverwaltung,* hrsg. von der Gewerkschaft der Versorgungsverwaltung im Deutschen Beamtenbund (zit.: VersorgVerw.); Diese Zeitschrift erschien bis Ende 1988 unter dem Titel *Der Versorgungsbeamte* (zit.: VersorgB); *Sozialrecht + Praxis.* Fachzeitschrift des Sozialverbands VdK, ehemals Verbandes der Kriegs- und Wehrdienstopfer, Behinderten und Sozialrentner Deutschlands. Diese Zeitschrift erschien bis Ende 1990 unter dem Titel *VdK-Mitteilungen* (zit.: VdK- Mitt.).

§ 67 Die Entschädigungstatbestände

1 Das soziale Entschädigungsrecht setzt mit seinen Leistungen ein, wenn ein Entschädigungstatbestand gegeben ist. Ein solcher gesetzlich festgelegter Tatbestand besagt, dass die staatliche Gemeinschaft in Abgeltung eines besonderen Opfers oder aus anderen Gründen einer besonderen öffentlichen Verantwortung einsteht (vgl. § 5 SGB I)[1]. Das BSG hat 1986 die durch ein besonderes Opfer begründeten Rentenleistungen nach dem BVG mit der allerdings eher knappen Begründung dem Eigentumsschutz nach Art. 14 Abs. 1 GG unterstellt, dass es sich um gesetzlich normierte Aufopferungsansprüche handele, die dem Ausgleich für das dem Staat an Gesundheit und Leben gebrachte besondere Opfer dienen und nicht auf Billigkeitserwägungen auf Grund einer ausschließlichen Fürsorgepflicht des Staates beruhen[2].

2 Der Sache nach können auch die Tatbestände der so genannten unechten Unfallversicherung zur sozialen Entschädigung gezählt werden. Sie sind aber normativ in das Unfallversicherungsrecht (SGB VII) eingebunden.

3 Anders als in der Sozialversicherung bedarf es im sozialen Entschädigungsrecht also keiner Regelungen, die den begünstigten Personenkreis als solchen – unabhängig von den Entschädigungstatbeständen – bestimmen. In der gesetzlichen Krankenversicherung z.B. genießt Risikoschutz nur, wer aufgrund Versicherungspflicht oder freiwilliger Versicherung Mitglied einer Krankenkasse oder wer als Familienangehöriger eines Mitglieds

1 Vgl. zu den Gründen für soziale Entschädigung ausführlich *Schulin* Soziale Entschädigung als Teilsystem kollektiven Schadensausgleichs, 1981, 118–202.

2 BSG SozR 3100 § 56 Nr. 3 = SGb 1987, 76–78.

versichert ist. In der Krankenversicherung ist demnach, bevor das Vorliegen einer Krankheit als leistungsauslösender Tatbestand zu prüfen ist, zuerst nach den versicherungsmäßigen Voraussetzungen (Versicherteneigenschaft) zu fragen.

Die Regelungen der sozialen Entschädigung schützen hingegen prinzipiell jede Person, die aufgrund einer der näher umschriebenen Ursachen einen Personenschaden erleidet. Deshalb können im Folgenden sogleich die *Entschädigungsfälle* – die den Versicherungsfällen in der Sozialversicherung entsprechen – behandelt werden. Dabei sind zunächst die verschiedenen *Entschädigungstatbestände* zu erläutern. Dann wird auf Einzelheiten zur *Kausalstruktur* und zu weiteren Besonderheiten der Entschädigungsfälle eingegangen.

Grundsätzlich werden von den Regelungen der sozialen Entschädigung lediglich *Personenschäden* erfasst. Eine Ausnahme stellen nur § 8 b BVG und die entsprechenden Parallelregelungen (z.B. § 81 Abs. 5 SVG, § 1 Abs. 10 OEG) dar. Danach steht einer gesundheitlichen Schädigung die Beschädigung eines am Körper getragenen Hilfsmittels, einer Brille, von Kontaktlinsen oder von Zahnersatz gleich.

A. Bundesversorgungsgesetz, Soldatenversorgungsgesetz und vergleichbare Regelungen

Die entschädigungsrechtlichen Grundtatbestände des *Bundesversorgungsgesetzes* (BVG) 4
und des *Soldatenversorgungsgesetzes* (SVG)[3] entsprechen sich, so dass sie nachfolgend gemeinsam behandelt werden. Lediglich die Anwendungsbereiche beider Gesetze unterscheiden sich: Das BVG gilt nur für Schadensfälle, die mit militärischen Ereignissen bis zum Ende des Zweiten Weltkriegs zusammenhängen, während die Tatbestände des SVG den Wehrdienst in der Bundeswehr betreffen. Vgl. auch § 6 S. 3 Wehrsoldgesetz[4] für Wehrpflichtige.

Die Bestimmungen des BVG gelten hinsichtlich der Art und des Umfangs der Entschädigungsleistungen nicht nur für die in diesem Gesetz geregelten Schadenstatbestände, sondern – über entsprechende Verweisungen, z.B. § 1 Abs. 1 S. 1 OEG – auch für diejenigen der anderen Gesetze des sozialen Entschädigungsrechts. Man hat daher gelegentlich auch vom BVG als dem »Grundgesetz« der sozialen Entschädigung gesprochen.

§ 1 Abs. 1 BVG und § 81 Abs. 1 SVG sehen *drei Grundtatbestände* für Entschädigungs- 5
ansprüche vor: gesundheitliche Schädigung

- durch Unfall während der Ausübung des *militärischen Dienstes* (bei der Wehrmacht) oder während des *Wehrdienstes* (bei der Bundeswehr);
- durch eine militärische oder militärähnliche *Dienstverrichtung* bzw. durch eine *Wehrdienstverrichtung* oder
- durch diesen *Dienst* bzw. *dem Wehrdienst eigentümliche Verhältnisse.*

Da die letzte Tatbestandsvariante (wehrdiensteigentümliche Verhältnisse) einen Auffangtatbestand darstellt, sind in einem konkreten Fall zunächst die beiden ersten Tatbestände zu prüfen. Ein Ausschlusstatbestand liegt nach § 1 a BVG vor, wenn der Berechtigte während der Herrschaft des Nationalsozialismus gegen Grundsätze der Menschlichkeit oder Rechtsstaatlichkeit verstoßen hat und den Antrag nach dem 13. 11. 1997 gestellt hat[5]. In diesem Fall sind auch bereits bewilligte Leistungen ganz oder teilweise zu entziehen, soweit nicht besonderer Vertrauensschutz vorliegt (§ 1 a Abs. 2 BVG).

Der erste der zuvor genannten Tatbestände hat Ähnlichkeit mit dem Versicherungsfall des 6
Arbeitsunfalles in der gesetzlichen Unfallversicherung[6].

3 Neufassung v. 6. 5. 1999 (BGBl. I S. 882).
4 BGBl. I S. 695.
5 Vgl. BSGE 89, 207; *Frank* Behindertenrecht 2003, 1 ff.
6 *Dahm* BG 2001, 34; *Eichberger* ZfS 1998, 78.

Beispiel[7]**:** S leistete seinen Wehrdienst bei der Bundeswehr ab. Als er in der Kaserne seine Feldflasche reinigen wollte, benutzte er dazu – nachdem ihm beim letzten Besuch zu Hause seine Frau einen entsprechenden Rat gegeben hatte – das Reinigungsmittel »Rohrfrei«. Hierbei handelt es sich um ein Mittel zur Reinigung von Abflussrohren, das zur Verwendung innerhalb geschlossener Behälter nicht geeignet ist. Nachdem S das Mittel in der Feldflasche mit etwas Wasser vermengt hatte und dabei war, den Kunststoffverschluss aufzuschrauben, wurde dieser durch den sich im Inneren der Flasche entwickelnden Gasdruck explosionsartig aus dem Gewinde gerissen. Die herausspritzende ätzende Flüssigkeit traf die Augen des S, was zur Erblindung seines rechten Auges führte.

7 Erforderlich und ausreichend ist, dass sich der Unfall *während* des Wehrdienstes, also im *zeitlichen* Zusammenhang mit diesem, ereignet hat. Der Begriff des Wehrdienstes wird dabei weit ausgelegt. So hat das BSG z.B. die Ausübung von Wehrdienst angenommen, wenn ein Soldat im Anschluss an den »eigentlichen« Wehrdienst, der mit einer starken Verschmutzung verbunden war (Arbeiten in einer Panzerfahrzeughalle), im Waschraum seiner Einheit duscht. Stürzen dabei während des Duschens Teile der Decke herunter, so liegt eine Wehrdienstschädigung vor[8].

Ähnlich wie in der Unfallversicherung kann es auch im Bereich der sozialen Entschädigung sein, dass es aufgrund besonderer Umstände zu einer *Lösung* vom Wehrdienst und damit zu einer Aufhebung des Risikoschutzes kommt. So versuchte etwa ein Bundeswehrsoldat, von einem Treppengeländer auf das gegenüberliegende Fenstersims zu springen, um wegen eines starken Sturmes das offen stehende Fenster zu schließen, wobei er in einen 5 Meter tiefen Treppenschacht stürzte und eine schwere Schädelverletzung erlitt[9]. Hier hat das Gericht eine *selbst geschaffene Gefahr* angenommen, wie sie auch im Unfallversicherungsrecht zum Ausschluss von Leistungsansprüchen führt.

8 Während sich das *Leistungsrecht* der sozialen Entschädigung in vielfältiger Weise von dem der gesetzlichen Unfallversicherung unterscheidet, weisen die entschädigungsrechtlichen Regelungen zu den Entschädigungsfällen und die Bestimmungen zu den Versicherungsfällen der Unfallversicherung viele strukturelle Gemeinsamkeiten auf. Zu Recht bemüht man sich daher, parallele Problembereiche beider Rechtsgebiete – etwa der Kausalität – auch einheitlich zu beurteilen.

Im *Beispielsfall* kam es entscheidend darauf an, ob die in höchstem Maße gefährliche Verwendung des Reinigungsmittels »Rohrfrei« eine selbst geschaffene Gefahr darstellte, die dazu führen musste, dass trotz des Unfalls »während« des Wehrdienstes Entschädigungsansprüche ausscheiden. Das BSG hat dies verneint.

9 Im Fall des erwähnten BSG-Urteils war der Sachverhalt so, dass der Bundeswehrsoldat die Feldflasche auf die angegebene Weise nicht in der Kaserne, sondern an einem dienstfreien Sonntag in der häuslichen Wohnung reinigte und dort verletzt wurde. Hier war der typische Fall einer *Wehrdienstverrichtung,* also die zweite der oben genannten Tatbestandsvarianten, gegeben.

Nach der allgemein anerkannten Definition des BSG sind Wehrdienstverrichtungen solche Handlungen des Soldaten, die er zur Verrichtung des Wehrdienstes aufgrund besonderer Befehle oder allgemeiner Dienstvorschriften oder ungeschriebener soldatischer Pflichten und militärischer Grundsätze ausführt. Maßgebend ist die Zweckbestimmung, während es auf Zeit und Ort der Handlung nicht entscheidend ankommt. Eine derartige Wehrdienstverrichtung hat das BSG angenommen.

10 Große praktische Bedeutung kommt auch der dritten Tatbestandsvariante zu, nämlich der Schädigung durch den militärischen *Dienst* bzw. durch *dem Wehrdienst* bei der Bundeswehr *eigentümliche Verhältnisse.* Als wehrdiensteigentümlich (im Gegensatz zu den Verhältnissen des Zivillebens) gilt z.B. die sog. Kasernierung – für die das ständige Zusammenleben mit fremden Menschen typisch ist – und das durch diese zwangsläufig begründete Konfliktpotenzial[10]. Vor allem zählt das BSG auch die truppenärztlichen Behandlun-

7 Nach BSG SozR 3200 § 81 Nr. 8.
8 BSGE 33, 141 = SozR Nr. 1 zu § 81 SVG.
9 BSG SozR 3200 § 81 Nr. 7.
10 Vgl. SozR 3200 § 81 Nr. 21.

gen hierzu mit der Folge, dass bei ärztlichen Kunstfehlern soziale Entschädigungsansprüche in Betracht kommen können[11].

Hinsichtlich der *Kriegsereignisse* sehen §§ 1–5 BVG weitere Entschädigungstatbestände vor (z.B. Schädigungen durch unmittelbare Kriegseinwirkung, durch Kriegsgefangenschaft u.ä.[12]). In Entsprechung zur gesetzlichen Unfallversicherung werden auch *Wegeunfälle*, d.h. Unfälle auf dem Weg zur oder von der Dienststelle, entschädigungsrechtlich geschützt (§ 4 Abs. 1 lit. a und c BVG, § 81 Abs. 4 S. 1 Nr. 2 SVG). Das BSG achtet hier besonders sorgfältig auf eine einheitliche rechtliche Beurteilung gleicher Probleme im Recht der Unfallversicherung und der sozialen Entschädigung[13].

Wer den Wehrdienst bei der Bundeswehr verweigert und Zivildienst leistet, muss im Falle 11
eines Gesundheitsschadens, der mit dem Zivildienst zusammenhängt, den Bundeswehrsoldaten rechtlich gleichgestellt sein. Deshalb sieht § 47 des *Zivildienstgesetzes* (ZDG) entsprechende Regelungen zu §§ 80 ff. SVG vor.

Nach § 47 Abs. 2 ZDG handelt es sich bei der *Zivildienstschädigung* um eine gesundheitliche Schädigung, die durch eine Dienstverrichtung, durch einen während der Ausübung des Zivildienstes erlittenen Unfall oder durch die dem Zivildienst eigentümlichen Verhältnisse herbeigeführt worden ist.

Nach § 59 Abs. 1 BGSG gelten die Bestimmungen des BVG für Grenzschutzdienstleistende entsprechend.

Das BVG erfasst keineswegs alle Schadenstatbestände, die mit den Folgen des letzten Krie- 12
ges zusammenhängen und für die Entschädigungsregelungen vorgesehen sind. So betrifft z.B. ein Bereich Schäden durch politische Haftmaßnahmen. Hier greift das Gesetz über Hilfsmaßnahmen für Personen, die aus politischen Gründen außerhalb der Bundesrepublik Deutschland in Gewahrsam genommen wurden (Häftlingshilfegesetz – HHG) ein. Rechtsstaatswidrige Verfolgungsmaßnahmen in der DDR werden vom Strafrechtlichen Rehabilitierungsgesetz[14] und vom Verwaltungsrechtlichen Rehabilitierungsgesetz[15] erfasst.

B. Infektionsschutzgesetz

Während die bisher genannten Entschädigungstatbestände alle einen Bezug zum militäri- 13
schen Bereich einschließlich seines Umfeldes aufweisen, geht es beim früheren *Impfschädenrecht* und ab dem 1. Januar 2001 dem *Infektionsschutzrecht* sowie beim *Opferentschädigungsrecht* (dazu nachfolgend C.) ausschließlich um zivile Lebenssachverhalte.

Der historische Ursprung des *Impfschädenrechts* ist die frühere Pockenschutz-Impfpflicht, die 1874 eingeführt und erst 1983 wieder aufgehoben wurde. Die Pockenschutzimpfungen verliefen ganz überwiegend völlig komplikationslos, hatten in seltenen Ausnahmefällen jedoch schwere und schwerste Gesundheitsschäden zur Folge. Da sie nicht nur zum Schutz des einzelnen Bürgers, sondern vor allem auch im Interesse der Allgemeinheit vorgesehen waren, stellte sich die Frage, ob impfgeschädigte Personen gegenüber dem Staat Entschädigungsansprüche geltend machen können. Nachdem der BGH einen solchen *Aufopferungsanspruch* 1953[16] bejaht hatte, kam es zu einigen landesgesetzlichen Bestim-

11 BSGE 17, 60.

12 Lesenswerte Entscheidung zu Entschädigungsansprüchen wegen »offensichtlich unrechtmäßigen« Todesurteilen von Militärgerichten: BSGE 69, 211; dazu *Rüping* SGb 1992, 429.

13 Vgl. als Beispielsfall BSG SozR 3200 § 81 Nr. 23.

14 §§ 21 ff. des Strafrechtlichen Rehabilitierungsgesetzes (StrRehaG) vom 29. 10. 1992 (BGBl. I S. 1814).

15 §§ 3 ff. des Verwaltungsrechtlichen Rehabilitierungsgesetzes (VwRehaG) vom 23.6. 1994 (BGBl. I S. 1311).

16 BGHZ 9, 83.

mungen und schließlich 1961 zu der bundeseinheitlichen Entschädigungsregelung in §§ 51 ff. BSeuchG.

14 Das Bundes-Seuchengesetz ist am 1. 1. 2001 außer Kraft, das *Infektionsschutzgesetz (IfSG)*[17] zu diesem Zeitpunkt in Kraft getreten. Das IfSG enthält in einem besonderen Abschnitt (»Entschädigung in besonderen Fällen«, §§ 56–65 IfSG) sehr weitgehende Entschädigungsregelungen. Ein wichtiger Entschädigungsfall liegt im *Verdienstausfall*, den Ausscheider, Ansteckungs- oder Krankheitsverdächtige oder sonstige Träger von Krankheitskeimen dadurch erleiden, dass sie Verboten in der Ausübung einer bisherigen Erwerbstätigkeit unterliegen (§ 56 IfSG). Die Entschädigung wird für die ersten sechs Wochen in Höhe des Verdienstausfalls, dann in Höhe des Krankengeldes nach § 47 Abs. 1 SGB V gewährt (§ 56 Abs. 2 IfSG). Gleichzeitig besteht für diese Personen die Versicherungspflicht in der Rentenversicherung fort, wobei die Beiträge hierfür vom entschädigungspflichtigen Land getragen werden (§ 57 Abs. 1 IfSG). Auch der Einbezug in die sonstigen Sozialversicherungszweige ist geregelt (§ 57 Abs. 2 bis 5 IfSG). Bei *Impfschäden und bei Gesundheitsschäden durch andere Maßnahmen der spezifischen Prophylaxe*[18] wird Entschädigung in entsprechender Anwendung der Vorschriften des BVG gewährt (§ 60 IfSG). Hierbei ist eine besondere Erleichterung bei der Anerkennung eines Gesundheitsschadens als Folge einer Schädigung vorgesehen (mit einer entsprechenden Erleichterung bei der Rücknahme von Verwaltungsakten mit Wirkung für die Vergangenheit, wenn unzweifelhaft feststeht, dass die gesundheitliche Schädigung nicht Folge einer Impfung oder einer anderen Maßnahme der spezifischen Prophylaxe ist (§ 61 IfSG). Es genügt die Wahrscheinlichkeit eines ursächlichen Zusammenhanges zwischen Schutzimpfung oder Prophylaxemaßnahme und Schaden.

Ein weiterer Entschädigungstatbestand ist gegeben, wenn im Zusammenhang von Maßnahmen zur Verhütung übertragbarer Krankheiten Gegenstände vernichtet, beschädigt oder in sonstiger Weise in ihrem Wert gemindert werden (§ 65 IfSG). Dieser Entschädigungstatbestand ist insofern ungewöhnlich, als im sozialen Entschädigungsrecht in der Regel nur für Folgen von Gesundheitsschäden eingetreten wird (vgl. § 5 SGB I).

C. Opferentschädigungsgesetz

15 Den jüngsten Zweig der sozialen Entschädigung stellt das Recht der *Kriminalopferentschädigung* dar. § 1 Abs. 1 des Gesetzes über die Entschädigung für Opfer von Gewalttaten (OEG)[19] lautet: »Wer (...) infolge eines vorsätzlichen, rechtswidrigen tätlichen Angriffs gegen seine oder eine andere Person oder durch dessen rechtmäßige Abwehr eine gesundheitliche Schädigung erlitten hat, erhält wegen der gesundheitlichen und wirtschaftlichen Folgen auf Antrag Versorgung in entsprechender Anwendung der Vorschriften des Bundesversorgungsgesetzes.«

Als Gründe einer besonderen öffentlichen Verantwortung für Verbrechensopfer werden das staatliche Versagen bei der Verbrechensbekämpfung und die besondere unverschuldete Bedürftigkeit gesehen, die sich auch daraus ergibt, dass Verbrechensopfer bei den Tätern kaum einmal ihre Schadensersatzansprüche durchsetzen können. Ist der Täter in Haft, ergibt sich dies auch daraus, dass der staatliche Strafanspruch ihn an der Erzielung von nennenswertem Einkommen hindert. Die verschiedenen Begründungen der Entschädigung widersprechen sich nicht, sondern können ergänzend herangezogen werden[20].

---

17 Gesetz zur Verhütung und Bekämpfung von Infektionskrankheiten beim Menschen (Infektionsschutzgesetz – IfSG) = Art. 1 des Gesetzes zur Neuordnung seuchenrechtlicher Vorschriften (Seuchenrechtsneuordnungsgesetz – SeuchRNeuG) v. 20.7. 2000 (BGBl. I S. 1045).
18 Z.B. Gabe von Medikamenten oder von Antikörpern, vgl. § 2 Nr. 10 IfSG.
19 Vgl. *Waltermann* NJW 2001, 733.
20 Vgl. BSGE 49, 98 (101, 104).

Der Begriff des Verbrechensopfers selbst kann problematisch sein. Das BSG hat einem Kind, das durch die Vergewaltigung seiner Mutter durch deren eigenen Vater gezeugt wurde und wegen des Inzests schwer geschädigt geboren wurde, Opferentschädigung in analoger Anwendung von § 1 OEG zugesprochen[21]. 16

Entschädigungsansprüche kommen nur bei Kriminaltaten in Betracht, die auf bundesdeutschem Hoheitsgebiet – einschließlich deutscher Schiffe und Flugzeuge – begangen werden[22]. Zudem sind die Ansprüche von Ausländern eingeschränkt (§ 1 Abs. 4 und 5 OEG). Nach § 1 Abs. 2 OEG stehen im Übrigen einem tätlichen Angriff die vorsätzliche Beibringung von Gift sowie die zumindest fahrlässige Herbeiführung einer Gefahr für Leib und Leben eines anderen durch ein mit gemeingefährlichen Mitteln begangenes Verbrechen gleich. 17

Für das Verständnis des Begriffs »*tätlicher Angriff*« greift man auf die einschlägigen strafrechtlichen Bestimmungen zurück (vgl. §§ 113 Abs. 1, 121 Abs. 1, 125 StGB[23]). **Beispiel**[24]**:** Auf einem Volksfest ergreift nachts um 2.00 Uhr ein junger Mann im Scherz und Übermut ein 16-jähriges Mädchen, hebt es hoch und verliert das Gleichgewicht, so dass beide stürzen und das Mädchen verletzt wird. – Hier fehlte es an der erforderlichen feindseligen Willensrichtung des Mannes, so dass kein tätlicher Angriff vorlag und Entschädigungsansprüche somit ausscheiden. – Auch die *Rechtswidrigkeit* eines Angriffs bzw. die Rechtmäßigkeit einer Abwehr ist nach strafrechtlichen Grundsätzen zu beurteilen. Durch einen Irrtum des Täters über das Vorliegen eines Rechtfertigungsgrundes werden Entschädigungsansprüche nicht ausgeschlossen (§ 1 Abs. 1 S. 2 OEG).

Von besonderer praktischer Bedeutung sind die *Ausschlussgründe* des § 2 Abs. 1 OEG. Danach sind Leistungen zu versagen, wenn der Geschädigte die Schädigung verursacht hat oder wenn es aus sonstigen, insbesondere in dem eigenen Verhalten des Anspruchstellers liegenden Gründen unbillig wäre, Entschädigung zu gewähren. Die Anwendung dieser Vorschrift bereitet viele Probleme. Nach der Rspr. des BSG ist im Rahmen der Unbilligkeit auch ein *Mitverschulden* des Opfers zu berücksichtigen – ein Ergebnis, das auf eine Ausnahme von dem allgemeinen Grundsatz hinausläuft, wonach sich im Sozialrecht ein Mitverschulden der Leistungsberechtigten aus sozialen Gründen, soweit nicht Vorsatz bzw. Absicht gegeben ist, gerade nicht leistungsmindernd oder -ausschließend auswirkt. Zu Härten kann diese Regelung vor allem für die Hinterbliebenen eines Kriminalopfers führen[25]. Problematisch ist auch die Annahme des BSG, dass die Gewalttat eines Mithäftlings gegen einen Inhaftierten dann aus dem Schutzbereich des OEG fallen kann, wenn sich bei ihr eine »typische Gefahr der Inhaftierung verwirklicht hat« und das Opfer also durch sein zur eigenen Inhaftierung führendes Vorverhalten mitursächlich für die Tat geworden sein soll[26]. 18

Der Erstattungsanspruch der vorleistenden Krankenkasse gegen den Versorgungsträger nach § 19 Abs. 1 BVG wird nicht dadurch berührt, dass die Versorgungsverwaltung einem Gewaltopfer wegen mangelnder Mitwirkung bei der Verfolgung des Täters die Leistungen nach dem OEG versagt. Gegenüber der Krankenkasse können die Versagungsgründe des § 2 Abs. 2 OEG nicht geltend gemacht werden, wenn der Versicherte bei der Aufklärung des Sachverhaltes zur Regulierung von Schadensersatzansprüchen nicht mitwirkt. Wenn es aber der Krankenkasse nach § 65 Abs. 3 SGB I versagt ist, sich auf mangelnde Mitwirkung des Opfers zu berufen, so ist es auch der Versorgungsverwaltung untersagt, aus diesem Sachverhalt einen Versagungsgrund für den Erstattungsanspruch nach § 19 BVG herzuleiten[27].

---

21 BSGE 89, 199.
22 Das gilt auch für Schockschäden auf Grund einer im Ausland begangenen Gewalttat: BSGE 90, 190.
23 Zur Einbeziehung auch der Drohung: BSGE 90, 6.
24 BSGE 59, 46.
25 Vgl. dazu BSGE 49, 104.
26 BSGE 88, 103, 110.
27 BSG SozR 3–3100 § 19 BVG Nr. 1.

§ 68 Entschädigungsfall und Schaden

A. Struktur

1 Der Lehre vom Versicherungsfall im Recht der gesetzlichen Unfallversicherung entspricht im sozialen Entschädigungsrecht die Lehre vom *Entschädigungsfall* (nach früherer Terminologie: Versorgungsfall). Die Struktur der Entschädigungsfälle ist bei den einzelnen Tatbeständen allerdings durchaus unterschiedlich. Dem unfallversicherungsrechtlichen Versicherungsfall sehr ähnlich ist der Entschädigungsfall der *Wehrdienstbeschädigung* (§ 1 Abs. 1, 1. Alt. BVG, § 81 Abs. 1 SVG). So kann man z.B. auch eine Wehrdienstbeschädigung aufgrund eines Wehrdienstunfalles als viergliedrigen Sachverhalt verstehen:

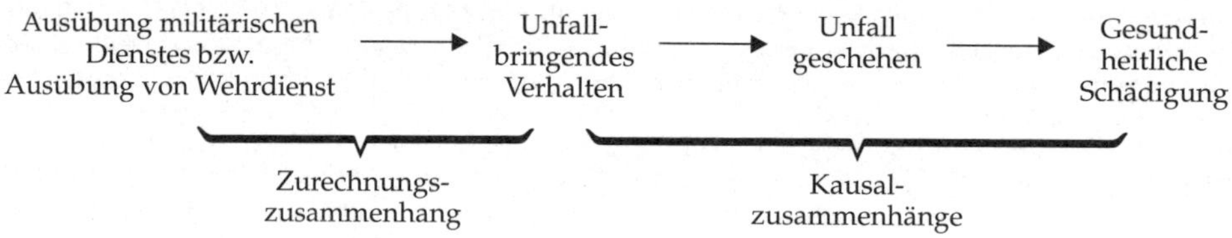

Entsprechend sind die beiden anderen Tatbestandsvarianten zu analysieren.

2 In § 2 Nr. 11 IfSG ist der Impfschaden in Anlehnung an die Rspr. des BSG jetzt gesetzlich definiert (»die gesundheitliche und wirtschaftliche Folge einer über das übliche Ausmaß einer Impfreaktion hinausgehenden gesundheitlichen Schädigung durch die Schutzimpfung«).

3 Bei *Opferentschädigungsfällen* (§ 1 Abs. 1 S. 1 OEG) spielen lediglich zwei Kausalglieder eine Rolle: Ein vorsätzlicher, rechtswidriger tätlicher Angriff muss zu einer gesundheitlichen Schädigung führen.

B. Zurechnungszusammenhang und Kausalität

4 Zwischen dem entschädigungsrechtlich relevanten Ereignis (z.B. Unfall bei einer Wehrdienstverrichtung, Impfung bzw. »übermäßige Impfreaktion«, tätlicher Angriff) und der gesundheitlichen Schädigung (Primärschaden) muss ein *ursächlicher Zusammenhang* gegeben sein. Dieser wird nach der auch im Unfallversicherungsrecht herangezogenen Lehre von der *rechtlich wesentlichen Ursache* beurteilt.

5 Für das Verhältnis zwischen der Ausübung von Wehrdienst und einem schädigenden Ereignis (insbesondere einem Unfall) gilt dasselbe, was bereits für die Beziehung zwischen versicherter Tätigkeit und Unfall im Unfallversicherungsrecht gesagt wurde: In beiden Fällen geht es in der Sache nicht um eigentliche Kausalbeziehungen, sondern um das Problem der normativ-wertenden *Zurechnung* eines Schadensereignisses zum versicherungs- bzw. entschädigungsrechtlichen Schutzbereich.

Beispiel[28]: Im Rahmen einer Wehrübung verbrachte der Kläger eine Nacht in einem Biwaklager, in dem – mit Billigung der militärischen Führung – in einem Kantinenzelt Bier zum Verkauf angeboten wurde. Der Kläger kaufte zunächst zwei Kisten Bier und gegen Mitternacht – lange nach Zapfenstreich – noch eine dritte. Schließlich war er volltrunken und geriet gegen 3.00 Uhr nachts mit seiner Kleidung in die Glut des Biwakfeuers. Er erlitt schwere Brandverletzungen und begehrte Entschädigung.

Unzweifelhaft übte der Kläger während des nächtlichen Biwaks – auch nach Zapfenstreich – Wehrdienst aus. Bestand zwischen diesem und dem Unfall bzw. dem unfallbringenden Verhalten – als

28 BSG SozR 3200 § 81 Nr. 28.

dem schadenbringenden Ereignis – eine »Kausalbeziehung«? Das BSG prüfte das Vorliegen eines »inneren Zusammenhangs« zwischen dem Wehrdienst und dem Unfall, und zwar im Hinblick auf die Grundsätze zur selbst geschaffenen Gefahr. Dabei handelt es sich aber um nichts anderes als um die Beurteilung der normativen Zurechenbarkeit des unfallbringenden Verhaltens (und damit letztlich auch des Gesundheitsschadens) zum eigenen Verantwortungsbereich des Klägers oder zum Verantwortungsbereich der Allgemeinheit. Das BSG verneinte wegen pflichtwidriger Unterlassung der erforderlichen Überwachung des Biwakplatzes durch die militärische Führung eine (vom Kläger) selbst geschaffene Gefahr und bejahte folglich Entschädigungsansprüche[29].

Beispiel[30]: Ein 15-jähriger, der im Jahre 1965 mit gefundener Weltkriegsmunition hantierte und sich dabei verletzte, war nach Ansicht des BSG verantwortungsfähig genug, die Gefahr zu erkennen. Die Kriegsfolge war danach nicht wesentliche Bedingung der Schädigung.

Wie im Unfallversicherungsrecht müssen auch im sozialen Entschädigungsrecht die Kausalbeziehungen nicht *bewiesen* sein. Vielmehr genügt es, wenn die *Wahrscheinlichkeit* des ursächlichen Zusammenhangs festgestellt wird, während dessen bloße Möglichkeit nicht ausreicht.

Ein zurechenbar schädigender Vorgang wird auch dann angenommen, wenn Augenzeugen von Verbrechen und Angehörige von Verbrechensopfer seelische Schäden erleiden (»Schockschaden«), vorausgesetzt die Schädigung steht in einem unmittelbaren Zusammenhang[31]. In diesen Fällen können auch Angehörige eines Opfers entschädigt werden, dessen eigene Entschädigung wegen Mitverursachung unbillig wäre[32].

C. Schaden

Auf den ersten Blick verwirrend ist die gesetzliche Konstruktion der *Schadensbegriffe* und deren Verhältnis zueinander. Erwähnt wurde bereits der Begriff des *Primärschadens*. Bei ihm handelt es sich um die unmittelbare gesundheitliche Beeinträchtigung, die das jeweils letzte Glied der oben erläuterten Zurechnungs- und Kausalketten darstellt (z.B. eine Beinverletzung). In diesem Sinn ist in § 1 Abs. 1 BVG und § 81 Abs. 1 SVG der Begriff der *»gesundheitlichen Schädigung«* gemeint, der sich insoweit mit dem in § 81 Abs. 1 und Abs. 6 SVG verwendeten Begriff der *»Wehrdienstbeschädigung«* deckt. Der Begriff der Wehrdienstbeschädigung, den das BVG nicht kennt, geht jedoch insofern über den der gesundheitlichen Schädigung hinaus, als er zugleich die für Leistungsansprüche erforderlichen Zurechnungs- und Kausalbeziehungen mit umfasst; nur wenn z.B. zwischen der Ausübung von Wehrdienst und einem unfallbringenden Verhalten ein Zurechnungszusammenhang und zwischen diesem und dem Unfallereignis sowie zwischen dem Unfallereignis und der gesundheitlichen Schädigung (z.B. Beinverletzung) Kausalbeziehungen bestehen, liegt eine Wehrdienstbeschädigung vor. 6

Von der gesundheitlichen Schädigung unterscheidet das Gesetz (§ 1 Abs. 3 S. 1 BVG) die *Gesundheitsstörung als Folge* einer Schädigung (BVG). Als eine solche gesundheitliche Folge kommt im Beispielsfall einer Beinverletzung etwa die Amputation des Beines in Betracht. Das Tatbestandsmerkmal der *gesundheitlichen Folge* wird auch in § 1 Abs. 1 BVG und § 80 SVG verwendet, wo außerdem noch von den »wirtschaftlichen Folgen« die Rede ist. 7

Nicht im Gesetz, wohl aber in Lit. und Rspr. findet sich weiter der Begriff der *mittelbaren Schädigungsfolge*. In den Verwaltungsvorschriften zu § 1 BVG heißt es dazu in Nr. 4: »Auch die infolge einer Schädigung eingetretene Verschlimmerung eines früheren Leidens begründet einen Anspruch auf Versorgung; dasselbe gilt für eine Gesundheitsstörung, die 8

29 *Bürck* Blutalkohol 1999, 329.
30 BSGE 88, 153 (164).
31 BSGE 88, 240; BSGE 91, 107.
32 BSGE 89, 75.

durch ein äußeres Ereignis hervorgerufen und durch die Folgen der Schädigung verursacht worden ist (mittelbare Schädigungsfolge).«

Beispiel: Schädigung aufgrund eines Wehrdienstunfalles ist eine Beinverletzung, die als Gesundheitsstörung die Beinamputation zur Folge hat. Durch die Amputation kommt es in der Folgezeit zu einer Verschlimmerung der schon vor dem Wehrdienstunfall in gewissem Umfang vorhanden gewesenen Wirbelsäulenverkrümmung (mittelbare Verschlimmerung) sowie nach drei Jahren zu einem weiteren Unfall, weil der Geschädigte wegen der Beinamputation stürzt[33]. – Dieser Fall wird im Gesetz z.B. in § 16 Abs. 1 lit. a BVG als »Gesundheitsstörung, die (...) durch eine anerkannte Schädigungsfolge verursacht ist«, erwähnt.

9 Schließlich stellt der Tod eines Geschädigten einen Schadensfall dar. Er kann wegen der wirtschaftlichen Folgen Ansprüche auf Hinterbliebenenrenten auslösen. Voraussetzung ist jedoch auch hier, dass der Tod kausal auf einen Primärschaden zurückgeht (§ 38 Abs. 1 BVG).

Wie in der Unfallversicherung nimmt man auch in der sozialen Entschädigung einen solchen Kausalzusammenhang an, wenn der Geschädigte ohne die Schädigung mindestens ein Jahr länger gelebt hätte[34].

10 Zu beachten ist, dass zwischen Schädigung als Primärschaden einerseits und Folgeschaden andererseits nicht in allen Fällen unterschieden werden kann. Ausnahmslos kann differenziert werden im Hinblick auf *wirtschaftliche Folgeschäden* (z.B. Verdienstminderung). In Bezug auf die gesundheitlichen Beeinträchtigungen liegt es jedoch häufig so, dass bereits der primäre Gesundheitsschaden als solcher ausgleichsfähig ist (z.B. ein Beinbruch, der geheilt werden kann). Hier lässt sich nicht zwischen einem gesundheitlichen Primär- und einem weiteren Folgeschaden unterscheiden.

11 Zur *Terminologie:* Diejenigen Schäden, die nach § 1 Abs. 1 BVG (und den anderen entsprechenden Regelungen) als »gesundheitliche und wirtschaftliche Folgen der Schädigung« entschädigt werden sollen, werden in der Praxis kurz als *»schädigungsbedingt«* oder im Falle der verwaltungsmäßigen Feststellung als *»anerkannte Schädigungsfolgen«* bezeichnet. § 1 Abs. 1 BVG fasst die Leistungen unter den alten Begriff der *Versorgung* zusammen (vgl. auch §§ 56, 60 ff. BVG). Dementsprechend werden die Träger der sozialen Entschädigung nach wie vor als *Versorgungsbehörden* (Versorgungsverwaltung) bezeichnet. Einer langen Tradition folgend spricht das BVG – ebenso wie das SVG – vom *Beschädigten.* Hier wird der Begriff *Geschädigter* verwendet, wie es auch dem Sprachgebrauch der neueren Gesetze entspricht (vgl. etwa § 60 Abs. 4 IfSG oder § 1 OEG).

12 Mit einer mittelbaren Schädigung darf nicht der Fall verwechselt werden, bei dem sich ein weiterer Schaden nicht in der Person des Geschädigten, sondern bei einem Dritten – einem *mittelbar Geschädigten* – realisiert.

Beispiel[35]**:** Ein Geschädigter steckt mit seiner Krankheit (hier: Tuberkulose), die eine Schädigungsfolge darstellt, eine dritte Person (hier: den Ehegatten) an. Wie im Unfallversicherungsrecht sind auch im sozialen Entschädigungsrecht nur unmittelbar geschädigte Personen anspruchsberechtigt.

Nur scheinbar ist eine Ausnahme in den §§ 10 Abs. 4 und 5, 12 Abs. 3 und 4 BVG sowie § 8 a Abs. 1 BVG und Parallelregelungen (z.B. § 81 b Abs. 1 SVG) enthalten. Nach diesen Bestimmungen wird der Unfallschutz auf nahe Angehörige der Geschädigten erweitert. Es handelt sich im Kern jedoch um eine Entlastung der *Geschädigten* von Unterhaltspflichten. Um echte Ausnahmen vom Grundsatz, dass nur unmittelbar Geschädigte anspruchsberechtigt sind, handelt es sich dagegen bei § 8 a Abs. 3 BVG (§ 81 b Abs. 3 SVG usw.). Denn hier geht es um eigene Ansprüche von Begleitpersonen Geschädigter, die bei einer wegen der Schädigung notwendigen Begleitung eines Geschädigten einen Unfall erleiden. Ähnliches gilt für die von § 10 Abs. 4 S. 1 lit. c und § 8 a Abs. 1 und 2 BVG (sowie der ent-

33 Vgl. dazu die beiden Entscheidungen BSGE 48, 187 und SozR 3–3100 § 1 Nr. 7.
34 Vgl. BSG SozR 3100 § 1 Nr. 21.
35 BSGE 54, 206.

sprechenden Parallelregelungen) erfassten Pflegepersonen, denn diesen gegenüber besteht eine Unterhaltspflicht der Geschädigten.

§ 69 Die Leistungen

A. Das Leistungssystem in der sozialen Entschädigung

I. Allgemeines

Ist ein Entschädigungsfall eingetreten, kommen für den Geschädigten oder – im Falle seines Todes – für seine Hinterbliebenen Ansprüche auf Entschädigungsleistungen in Betracht. Wie schon im Begriff zum Ausdruck kommt, haben die Leistungen Entschädigungsfunktion, genauer: Sie haben die Funktion, Schäden, die auf bestimmte Ursachen zurückgehen, auszugleichen. 1

An dieser Entschädigungsfunktion orientieren sich in zahlreichen Fällen Gesetz und Rechtsanwendung bei Einzelfragen der Schadensermittlung und damit zugleich der Leistungsbestimmung. So wird beispielsweise nach § 48 Abs. 1 S. 1 BVG einer Witwe eine Witwenbeihilfe auch dann gewährt, wenn der Geschädigte zwar nicht an Schädigungsfolgen gestorben ist, die Schädigung ihn jedoch – ganz oder teilweise – an einer Erwerbstätigkeit hinderte und dadurch die Versorgung der Witwe nicht unerheblich beeinträchtigt worden ist. Das BSG versteht diese Regelung zutreffend dahin, dass der Schaden einer Witwe, den die Witwenhilfe ausgleichen soll, nach rein wirtschaftlichen Kriterien zu bestimmen ist. Stirbt z.B. ein Geschädigter, der einen Wehrdienstunfall erlitten hatte, nicht an den durch diesen verursachten gesundheitlichen Folgen, sondern erliegt er den Verletzungen eines Arbeitsunfalles, so sind bei der Bemessung der Witwenbeihilfe sowohl eine Witwenrente aus der Unfallversicherung als auch eine solche aus der gesetzlichen Rentenversicherung zu berücksichtigen[36].

Im Unterschied zum zivilen Schadensersatzrecht gehen die Funktionen der sozialen Entschädigung jedoch über den Schadensausgleich als solchen weit hinaus, wobei auch hier wieder eine Parallele zum Recht der gesetzlichen Unfallversicherung erkennbar ist. Und zwar geht es um zusätzliche *soziale* Funktionen zugunsten der Geschädigten und ihrer Hinterbliebenen. Sie werden insbesondere dadurch verwirklicht, dass – wie allgemein im Sozialrecht – ein individuelles Mitverschulden des Geschädigten i.d.R. nicht leistungsmindernd berücksichtigt wird (Ausnahme: selbst geschaffene Gefahr, die zum völligen Leistungsausschluss führt) und dass weiter die Kausalzusammenhänge nicht im strengen Sinne bewiesen werden müssen, sondern dass die Feststellung einer Wahrscheinlichkeit zur Begründung von Leistungsansprüchen ausreicht. Darüber hinaus sind einige Leistungen vorgesehen, die auch nicht schädigungsbedingte Folgen ausgleichen sollen (vgl. etwa § 10 Abs. 1 S. 2 und Abs. 2 BVG). 2

Diesen Erweiterungen stehen andererseits Regelungen gegenüber, die einen vollständigen Schadensersatz verhindern. So wird – ebenso wie in der Unfallversicherung – ein »Schmerzensgeld« in nur sehr engen Grenzen (als Element der Grundrente) gewährt; ferner finden sich zahlreiche Pauschalierungen von Entschädigungsleistungen, die ursprünglich vor allem den Sinn hatten, zur Verwaltungsvereinfachung beizutragen.

II. Systematisierungen

Die Leistungen der sozialen Entschädigung dienen ganz überwiegend der *Schadensbeseitigung* bzw. dem *Schadensausgleich.* 3

Anders als in der gesetzlichen Unfallversicherung sind die Leistungsträger (also die Versorgungsbehörden) nicht für Schadensverhütung zuständig. Vereinzelt sind jedoch Leistungen zur Prävention vorgesehen (vgl. etwa § 12 Abs.3 BVG).

36 BSG SozR 3100 § 48 Nr. 13.

Einen Überblick über die verschiedenen Leistungsarten gibt § 9 BVG. In der folgenden Übersicht können nur ausgewählte Leistungen beispielhaft berücksichtigt werden.

4 Als *Restitutionsleistungen* haben die meisten Maßnahmen der Heil- und Krankenbehandlung sowie die Versehrtenleibesübungen die Aufgabe, immaterielle Schäden unmittelbar zu beseitigen oder zu vermindern (§§ 10 bis 24 a BVG). Teilweise handelt es sich darüber hinaus um *Leistungen zur Teilhabe (Rehabilitationsleistungen)* nach dem SGB IX.

5 An *Kompensationsleistungen*, die dem Ausgleich wirtschaftlicher Folgen von Gesundheitsstörungen oder Todesfällen dienen, sind vorgesehen:

Geldleistungen:

- Die Grundrente (§ 31 BVG) soll u.a. zum *Ausgleich* für die Beeinträchtigung der *gesundheitlichen Integrität* als solcher beitragen;
- Das Versorgungskrankengeld (§§ 16 ff. BVG, § 45 Abs. 1 Nr. 4 SGB IX), Übergangsgeld (§ 26 a BVG, § 45 Abs. 2 Nr. 4 SGB IX), der Berufsschadensausgleich (§ 30 BVG) sowie die Ausgleichsrente (§§ 32 f. BVG) haben *Einkommensersatzfunktion;*
- Zahlreiche Leistungen zur *Kostenerstattung* dienen dem *Aufwendungsersatz,* z.B. § 14 BVG (Blindenführhund; fremde Führung), § 15 BVG (Kleider- und Wäscheverschleiß), § 18 Abs. 3 und 4 sowie 6 bis 8 BVG (Kostenerstattung für Heil- und Krankenbehandlung anstelle der entsprechenden Restitutionsleistungen); § 31 BVG (die Grundrente, soweit sie die Mehraufwendungen ausgleichen soll; Schwerbeschädigtenzulage), § 35 BVG (Pflegezulage), § 36 BVG (Bestattungsgeld);
- Witwen- bzw. Witwer- und Waisenrenten sowie weitere Leistungen an Hinterbliebene sollen den Ausfall von *Unterhaltsleistungen* ausgleichen (§§ 38 ff. BVG).

Kompensierende Funktion erfüllen auch einige *Sach- und Dienstleistungen* wie insbes. die meisten Leistungen zur Versorgung mit Hilfsmitteln (z.B. § 13 BVG).

Schließlich ist noch der umfangreiche und sehr vielgestaltige Leistungskatalog der Kriegsopferfürsorge zu berücksichtigen (§§ 25 ff. BVG).

6 Auch in der sozialen Entschädigung ist die Unterscheidung zwischen *Dienst-, Sach- und Geldleistungen* von Bedeutung (vgl. § 11 SGB I).

Bei den meisten Leistungsansprüchen handelt es sich um *Rechtsansprüche* (§ 38 SGB I). Daneben sind jedoch auch einige *Ermessensleistungen* (§ 39 SGB I) vorgesehen (vgl. § 1 Abs. 3 S. 2, §§ 8, 10 Abs. 8, 11 Abs. 2 und 3, 12 Abs. 3 BVG). Eine besonders wichtige Ermessensleistung ist der Härteausgleich (§ 89 BVG).

B. Die Leistungen im Einzelnen

I. Medizinische Leistungen, Leistungen zur Teilhabe am Arbeitsleben und bei Pflegebedürftigkeit

1. Heil- und Krankenbehandlung

7 Nach § 10 Abs. 1 S. I BVG hat ein Geschädigter Anspruch auf Heilbehandlung, um die gesundheitlichen Beeinträchtigungen so umfassend wie möglich zu beseitigen oder zu mindern, insbesondere auch, um ihn in Arbeit, Beruf und Gesellschaft einzugliedern. Die Heilbehandlung umfasst nach § 11 Abs. 1 BVG im Wesentlichen dieselben Leistungen wie die Krankenbehandlung der Krankenversicherung nach § 27 Abs. 1 SGB V oder die Heilbehandlung der Unfallversicherung. Die grundsätzliche Begrenzung auf das Niveau der gesetzlichen Krankenversicherung ist – noch – verfassungsrechtlich unbedenklich[37].

37 BSG vom 10. 12. 2003, Az. B 9 V 12/02 R.

Anders als in der Unfallversicherung sind in der sozialen Entschädigung für wichtige Leistungsgruppen die Krankenkassen zuständig, die Leistungen für die Träger der Versorgungsverwaltung zu erbringen (§ 18 c Abs. 1 S. 3 BVG), wobei sie allerdings Anspruch auf entsprechenden Kostenersatz gegenüber den Versorgungsbehörden haben (§§ 19 ff. BVG). In § 18 c Abs. 1 S. 2 BVG ist abschließend die Leistungszuständigkeit der Versorgungsbehörden geregelt, die u.a. für Zahnersatz und die Versorgung mit Hilfsmitteln gilt.

Grundsätzlich werden die Maßnahmen der Heilbehandlung auch in der sozialen Entschädigung als *Sachleistung* gewährt, so dass die Versorgungsverwaltung folglich für deren Organisation Sorge tragen muss (§ 18 Abs. 1 und 2 BVG). In bestimmten Fällen kommt jedoch auch Kostenerstattung in Betracht (§ 18 Abs. 3 bis 9 BVG)[38]. 8

Zur Entlastung von *Schwerbeschädigten* von Unterhaltspflichten räumt § 10 Abs. 4 und 5 BVG einen Anspruch auf Krankenbehandlung für ihre selbst unterhaltenen Familienangehörigen ein. Die Leistungen sind im Wesentlichen dieselben wie die der Heilbehandlung. 9

Sind Geschädigte aufgrund eines entschädigungsrechtlich relevanten Ereignisses schädigungsbedingt arbeitsunfähig i.S.d. Krankenversicherungsrechts, so haben sie Anspruch auf *Versorgungskrankengeld* (§ 16 BVG), wobei die Berechnung nach ähnlichen Grundsätzen wie beim Krankengeld der Krankenversicherung erfolgt (§§ 16 a f. BVG, § 45 Abs. 1 Nr. 4 SGB IX)). 10

2. Leistungen zur Teilhabe am Arbeitsleben

§ 26 BVG sieht einen umfassenden Leistungskatalog von Maßnahmen vor, um einen Geschädigten nach Möglichkeit wieder in das Erwerbsleben einzugliedern. Der allgemeine sozialrechtliche Grundsatz, dass Rehabilitation vor Rente geht (vgl. § 8 SGB IX), hat im BVG ausdrücklich Niederschlag gefunden. Er gilt allerdings nicht für die Grundrente (§ 31 BVG), da diese primär eine Kompensationsfunktion hat[39]. Auf den Umstand, dass sich die berufliche Rehabilitation erst verhältnismäßig spät als zentrale Leistungsfunktion des Sozialrechts durchgesetzt hat, ist es zurückzuführen, dass dieser Bereich in der sozialen Entschädigung nach wie vor zum nur subsidiär vorgesehenen Leistungssystem der Kriegsopferfürsorge zählt, die in §§ 25 ff. BVG geregelt ist. 11

Materiellrechtlich kommt dem heute deshalb keine besondere Bedeutung mehr zu, weil bei den meisten Leistungen zur Teilhabe am Arbeitsleben ausdrücklich die Berücksichtigung von eigenem Einkommen und Vermögen des Geschädigten ausgenommen worden ist (§ 26 Abs. 5 BVG). Für die Verwaltung ist wichtig, dass Leistungsträger nicht die Versorgungsbehörden, sondern die Sozialhilfeträger und die Integrationsämter (früher: Hauptfürsorgestellen) sind.

3. Pflegezulage

Bis zur Einführung der Pflegeversicherung (SGB XI) waren die Unfallversicherung und die soziale Entschädigung, abgesehen von der Sozialhilfe, die beiden einzigen Leistungszweige des Sozialrechts, die umfassende Leistungen bei Pflegebedürftigkeit gewährten, was aus der Entschädigungsfunktion ihres Leistungsauftrags folgt. Die in § 35 BVG vorgesehene *Pflegezulage* ist demnach auch höher als das entsprechende Pflegegeld in der Pflegeversicherung. 12

II. Renten und sonstige Leistungen für Geschädigte

Das BVG kennt für den Ausgleich wirtschaftlicher Nachteile von Gesundheitsschäden, anders als die Unfallversicherung, keine einheitliche Rentenform, sondern ein System von *drei Rentenarten:* die Grundrente, den Berufsschadensausgleich und die Ausgleichsrente; hinzukommen noch besondere Zulagen. Die verschiedenen Rentenarten sollen sich mit ih- 13

38 Zur Vertiefung: BSGE 65, 56.
39 BT-Drs. 14/5074, 100.

ren unterschiedlichen Funktionen ergänzen und dabei teils mehr pauschalierenden (Grundrente), teils individualisierenden (Berufsschadensausgleich, Ausgleichsrente) Schadensausgleich gewähren.

1. Grundrente

14 § 31 Abs. 1 BVG sieht für Geschädigte eine monatliche Grundrente vor, die zwei Funktionen erfüllen soll. Zum einen dient sie dem Ausgleich *immaterieller Nachteile* aufgrund der Gesundheitsbeeinträchtigung. Zum anderen soll sie die schädigungsbedingten *Mehraufwendungen* ausgleichen helfen. Ihre Höhe richtet sich ausschließlich nach dem Grad der Minderung der *Erwerbsfähigkeit* (MdE) und nicht auch – wie dies bei der Verletztenrente der Unfallversicherung der Fall ist – nach dem entgangenen Erwerbseinkommen.

Die Grundrente beläuft sich (Stand 1. 7. 2003, noch gültig im Jahr 2006) auf einen Betrag von 118 € (bei MdE von 30%) bis 621 € (bei Erwerbsunfähigkeit). Dabei sieht § 31 Abs. 1 S. 2 BVG zusätzlich noch eine besondere Zulage für über 65-jährige Schwerbeschädigte (d.h. Geschädigte mit einer MdE um 50% und mehr, § 31 Abs. 3 BVG) zwischen 24 und 37 € vor. Erwerbsunfähige (d.h. Geschädigte mit einer MdE um mehr als 90%, § 31 Abs. 3 S. 2 BVG) erhalten eine Zulage zwischen 71 € und 442 € (§ 31 Abs. 5 BVG).

Die MdE wird im Wesentlichen nach denselben Grundsätzen bestimmt wie in der Unfallversicherung, § 30 Abs. 1 und 2 BVG. Sie soll nach Auffassung des BSG auch nach der Neuregelung im SGB IX in aller Regel dem Grad der Behinderung nach § 69 Abs. 1 S. 4 SGB IX entsprechen[40].

Wegen der Ausgleichsfunktion der Grundrente war es mit dem Gleichheitssatz auf Dauer unvereinbar, dass die Grundrenten in den neuen Ländern Deutschlands niedriger waren als in den alten Bundesländern[41].

2. Berufsschadensausgleich und Ausgleichsrente

15 Seit 1960 wird durch die zweite Rentenart, den Berufsschadensausgleich nach § 30 Abs. 3 bzw. 6 BVG, auch der *individuelle Erwerbsausfall* bei der Rentengewährung berücksichtigt. Das Gesetz sieht dabei alternative Schadensberechnungssysteme vor, von denen für den einzelnen Geschädigten dasjenige angewendet wird, das für ihn am günstigsten ist.

Die Ermittlung des Einkommensverlustes ist in § 30 Abs. 4 und 5 sowie 7 und 8 BVG geregelt. Vereinfacht geht es um eine *Vergleichsrechnung*, bei der die Differenz berechnet wird zwischen dem Einkommen, das der Geschädigte ohne die Schädigung erzielen würde (sog. Vergleichseinkommen), und dem Einkommen, das er nun nach der Schädigung tatsächlich erzielt[42]. Die beiden erwähnten Berechnungsweisen basieren im einen Fall auf Brutto-, im anderen Fall auf pauschalierten Nettowerten. Bei der Bruttoermittlung findet eine Begrenzung des Ausgleichs auf 42,5% statt.

Fall: B erlitt während einer Wehrübung infolge eines Unfalls eine Wirbelsäulenverletzung, die ihn zur Aufgabe seines früheren Berufs als Tierarzt zwang. Nachdem er nur noch halbtags im Behördendienst tätig sein konnte, erhielt er u.a. einen entsprechenden Berufsschadensausgleich. Später musste er wegen eines – von den Unfallfolgen völlig unabhängig aufgetretenen – Herzleidens ganz aus dem Berufsleben ausscheiden. Da das Herzleiden mit dem Wehrdienstunfall nichts zu tun hat, kommen mithin auch keine Leistungen für den Erwerbsschaden in Betracht, der auf diese – wie es das Gesetz formuliert – schädigungsunabhängige Gesundheitsstörung zurückgeht und bei dem es sich um einen sog. *Nachschaden* handelt (§ 30 Abs. 11 BVG).

16 Reicht das Erwerbs- oder das Erwerbsersatzeinkommen eines Schwerbeschädigten zur Bestreitung eines angemessenen Lebensunterhalts nicht aus, so steht ihm unter bestimm-

40 BSGE 89, 199.
41 BVerfG NJW 2000, 1855 = JA-R 2001, 28 mit Anm. *Welti*; vgl. BSG, Soz-R 4–3100 § 84 a Nr. 2.
42 BSGE 64, 283.

ten Voraussetzungen als Ergänzung der übrigen Leistungen eine Ausgleichsrente nach §§ 32 ff. BVG zu, deren Höhe nach dem Grad der MdE gestaffelt ist.

3. Sonstige Leistungen

Als weitere Leistungen kommen in Betracht: Ehegattenzuschlag (§ 33 a BVG), Kinderzuschlag (§ 33 b BVG) und Pflegezulage[43] (§ 35 BVG). 17

III. Renten und sonstige Leistungen für Hinterbliebene

Im Vordergrund stehen die Renten für den überlebenden Ehegatten sowie für unterhaltsberechtigte Kinder. Auch *Hinterbliebenenansprüche* setzen grundsätzlich einen ursächlichen Zusammenhang zwischen dem Tod des Geschädigten und dessen gesundheitlichem Primärschaden voraus (§ 38 Abs. 1 BVG). 18

Für die *Witwe* bzw. für den *Witwer* (vgl. § 43 BVG) sieht § 40 BVG zunächst eine *Grundrente* vor. Ist das Einkommen der Witwe bzw. des Witwers geringer als die Hälfte jenes Einkommens, das der verstorbene Ehegatte ohne die Schädigung erzielt hätte, wird – in Entsprechung zum Berufsschadensausgleich – ein sog. *Schadensausgleich* gewährt, § 40 a BVG. Da die Witwengrundrenten vor allem dem Unterhaltsersatz dienen, ist es nach Auffassung des BSG verfassungsgemäß, dass sie in den neuen Ländern niedriger sind als in den alten[44]. Weiter kommt nach § 41 BVG eine *Ausgleichsrente* in Betracht. Und schließlich existiert (seit 1990) für Witwen bzw. Witwer, die einen Geschädigten über 20 Jahre gepflegt haben, eine (bescheidene) Honorierung in Form des Pflegeausgleichs (§ 40 b BVG). 19

Das BVerfG hat entschieden, dass es geboten ist, auch nichtehelichen Lebenspartnern von Verbrechensopfern eine Hinterbliebenenleistung zu zahlen, wenn sie die Betreuung gemeinsamer Kinder übernehmen[45].

Kindern eines verstorbenen Geschädigten wird – unter ähnlichen Voraussetzungen wie in der Unfallversicherung – *Waisenrente* gezahlt (§ 45 BVG), die sich aus einer Grund- und einer Ausgleichsrente zusammensetzt (§ 46 f. BVG). Halb- und Vollwaisen erhalten eine Grundrente und eine Ausgleichsrente. 20

IV. Kriegsopferfürsorge

§§ 25 ff. BVG sowie die KriegsopferfürsorgeVO sehen einen umfassenden Katalog von Leistungen der sog. Kriegsopferfürsorge vor, die in Ergänzung zu den Leistungen der Kriegsopferversorgung gewährt werden. Diese Leistungen sind ähnlich wie die Leistungen der Sozialhilfe (SGB XII) gestaltet. Dies beruht darauf, dass die Kriegsopferfürsorge rechtlich eine Mittelstellung zwischen sozialer Entschädigung i.e.S. und Sozialhilfe darstellt. Nach § 25 Abs. 2 BVG ist es ihre Aufgabe, sich der Geschädigten und ihrer Familienmitglieder sowie der Hinterbliebenen in allen Lebenslagen anzunehmen, um die Folgen der Schädigung angemessen auszugleichen oder zu mildern. 21

Dabei sollen insbesondere auch im Einzelfall Gründe der Billigkeit berücksichtigt werden, selbst wenn es am ursächlichen Zusammenhang zwischen Schädigung und Leistungsnotwendigkeit fehlt, § 25 a Abs. 2 S. 2 BVG. Bei der Leistungsgewährung wird jedoch – wie in der Sozialhilfe – eigenes Vermögen und Einkommen der Hilfesuchenden angerechnet (Ausnahme: Leistungen zur Teilhabe am Arbeitsleben).

43 Zur Vertiefung: BSGE 65, 119.
44 BSG SozR 4–3100 § 84 a Nr. 2.
45 BVerfGE 112, 50.

§ 70 Organisation, Verfahren und Finanzierung

1 Die Durchführung der sozialen Entschädigung obliegt den Versorgungs- und Landesversorgungsämtern, die von den Ländern errichtet werden. Es handelt sich um unmittelbare Staatsverwaltung und nicht – wie in der Sozialversicherung – um Selbstverwaltung.

Die allgemeine Versorgungsverwaltung ist nicht auch für die Kriegsopferfürsorge zuständig. Diese wird von den Fürsorge- und Hauptfürsorgestellen im Rahmen der Landesverwaltung und bei den Kreisen und kreisfreien Städten durchgeführt. Auch die Gerichtszuständigkeit fällt auseinander. Für die soziale Entschädigung im Allgemeinen ist die Sozialgerichtsbarkeit, für die Kriegsopferfürsorge im Besonderen dagegen die Verwaltungsgerichtsbarkeit zuständig (§ 51 Abs. 1 und Abs. 2 S. 2 SGG).

2 Für das Verwaltungsverfahren gelten zunächst die Bestimmungen des SGB X, daneben noch einige in Kraft gebliebene Vorschriften des *Gesetzes über das Verwaltungsverfahren der Kriegsopferversorgung*[46].

Auch das BVG selbst enthält vereinzelt verfahrensrechtliche Sonderregelungen, die Vorrang vor den allgemeinen Bestimmungen haben (vgl. § 37 SGB I, der auch für das SGB X gilt), etwa die Vorschrift des § 1 Abs. 3 S. 3 BVG[47].

Die Kosten der Entschädigungsleistungen für Kriegsopfer und für Bundeswehrsoldaten sowie ihre Angehörigen trägt der Bund (Art. 120 Abs. 1 GG, § 88 Abs. 1 S. 2 SVG i.V.m. Art. 104 a Abs. 2 GG). Die Aufwendungen nach dem OEG teilen sich Bund und Länder im Verhältnis 2:3 (§ 4 Abs. 2 OEG). Die Kosten nach dem IfSG werden von den Ländern allein getragen (§ 66 IfSG).

46 Vom 6. 5. 1976 (BGBl. I S 1169).

47 Dazu BSGE 65, 60.

13. Kapitel: Rehabilitation und Teilhabe behinderter Menschen (SGB IX)

Zur Einführung und zum Studium: *Rische* Herausforderungen der Rehabilitation zu Beginn des 21. Jahrhunderts, DAngVers 2001, 1; *Welti* Das neue SGB IX – Recht der Rehabilitation und Teilhabe behinderter Menschen, NJW 2001, 2210; *ders.* Das SGB IX in der Entwicklung des Sozialrechts, Die Rehabilitation 2002, 268.

Kommentare und Darstellungen: *Bihr / Fuchs / Krauskopf / Ritz* SGB IX, Kommentar und Praxishandbuch, 2006; *Cramer* Werkstätten für Behinderte,. 4. Aufl., 2006; *Lachwitz / Schellhorn, / Welti* Handkommentar zum SGB IX (HK-SGB IX), 2. Aufl., 2006; *Mrozynski* SGB IX Teil 1, Kommentar, 2003; *Müller-Wenner / Schorn* SGB IX Teil 2, Kommentar, 2003; *Neumann / Pahlen / Majerski-Pahlen* SGB IX – Rehabilitation und Teilhabe behinderter Menschen, Kommentar, 11. Aufl., 2005; *Wagner/Kaiser* Einführung in das Behindertenrecht, 2004.

Zur Vertiefung: *Deutscher Sozialrechtsverband* Die Behinderten in der sozialen Sicherung (SDSRV 49), 2002; *Igl / Welti* Die Verantwortung des sozialen Rechtsstaats für Personen mit Behinderung und für die Rehabilitation, 2001; *Igl / Welti* Der Schutz der Gesundheit und Teilhabe am Arbeitsleben behinderter, chronisch kranker und älterer Menschen, ZSR-Sonderheft 2005; *Neumann* Rehabilitation und Teilhabe behinderter Menschen – Handbuch SGB IX, 2004; *Welti* Behinderung und Rehabilitation im sozialen Rechtsstaat, 2005; Fünfter Bericht der Bundesregierung über die Lage behinderter Menschen und die Entwicklung ihrer Teilhabe, BT-Drs. 15 / 4575.

Zeitschriften: *Behindertenrecht* (br); *Die Rehabilitation* – Zeitschrift für Praxis und Forschung in der Rehabilitation; *Rechtsdienst der Lebenshilfe* (RdL).

Rechtsprechung: In Angelegenheiten der Rehabilitation und der Teilhabe sind verschiedene Gerichtsbarkeiten zuständig. Die meisten Streitigkeiten sind den Sozialgerichten zugewiesen. Soweit Teilhabeleistungen der Jugendhilfe und Kriegsopferfürsorge betroffen sind, ist die Zuständigkeit der Verwaltungsgerichte gegeben. Die Streitigkeiten nach dem Schwerbehindertenrecht im zweiten Teil des SGB IX sind je nach Gegenstand den Sozialgerichten, Verwaltungsgerichten oder Arbeitsgerichten zugewiesen.

Eine Besonderheit im Rechtsschutz bei Streitigkeiten um Rechte aus dem SGB IX ist das *Klagerecht der Verbände* (§ 63 SGB IX), ausgestaltet als besondere Prozessstandschaft.

§ 71 Allgemeines

A. Strukturen und gesetzliche Grundlagen

Das Recht der Teilhabe und Rehabilitation ist vom Ziel her (final) bestimmt. Dieses ist in § 10 SGB I beschrieben: 1

»Menschen, die körperlich, geistig oder seelisch behindert sind oder denen eine solche Behinderung droht, haben unabhängig von der Ursache der Behinderung zur Förderung ihrer Selbstbestimmung und gleichberechtigten Teilhabe ein Recht auf Hilfe, die notwendig ist, um

1. die Behinderung abzuwenden, zu beseitigen, zu mindern, ihre Verschlimmerung zu verhüten oder ihre Folgen zu mindern,

2. Einschränkungen der Erwerbsfähigkeit oder Pflegebedürftigkeit zu vermeiden, zu überwinden, zu mindern oder eine Verschlimmerung zu verhüten sowie den vorzeitigen Bezug von Sozialleistungen zu vermeiden oder laufende Sozialleistungen zu mindern,

3. ihnen einen ihren Neigungen und Fähigkeiten entsprechenden Platz im Arbeitsleben zu sichern,

4. ihre Entwicklung zu fördern und ihre Teilhabe am Leben in der Gesellschaft und eine möglichst selbstständige und selbstbestimmte Lebensführung zu ermöglichen oder zu erleichtern sowie

5. Benachteiligungen aufgrund der Behinderung entgegenzuwirken.«

Diese Ziele werden unter den Begriffen der Rehabilitation und Eingliederung in fast allen Systemen der sozialen Sicherung seit langem verfolgt. Sie haben sich dabei in deren spezifischem Regelungszusammenhang entwickelt. So wird in der gesetzlichen Rentenversicherung medizinische und berufliche Rehabilitation betrieben, um Renten wegen Erwerbsminderung zu vermeiden. In der gesetzlichen Krankenversicherung ergänzt medizinische Rehabilitation die akute Heilbehandlung, um auch die Krankheitsfolgen zu beseitigen oder zu mildern. In der Arbeitsförderung dienen Maßnahmen der beruflichen Rehabilitation dem Ausgleich am Arbeitsmarkt. Die umfassende Rehabilitation in der Unfallversicherung dient dem Ziel der Schadenskompensation. Die Eingliederungshilfe nach dem SGB XII setzt umfassend ein, wo andere Hilfsangebote und -möglichkeiten nicht vorhanden sind.

Eine besondere Rolle bei der Entwicklung des Rehabilitationsrechts hat die Eingliederung der in Folge der beiden Weltkriege des 20. Jahrhunderts dauerhaft behinderten Personen eingenommen. Die Instrumente des heute im Zweiten Teil des SGB IX geregelten Schwerbehindertenrechts insbesondere zur Eingliederung ins Erwerbsleben haben sich hieraus entwickelt.

Die verschiedenen Stränge der Eingliederung und Rehabilitation haben sich lange Zeit relativ unabhängig voneinander entwickelt. Das führte zu einer Vielzahl von Ansätzen und Institutionen und zu der Situation, dass sich bei vergleichbarer Behinderung je nach deren Ursache und nach dem Versicherungsstatus der behinderten Menschen die Anspruchsvoraussetzungen und Leistungen erheblich unterschieden. Außerdem bedingt das gegliederte System Probleme der Zuständigkeitsabgrenzung und der Schnittstellen zwischen den Systemen.

2 Um die vielfach als ungerecht empfundenen Unterschiede zwischen den verschiedenen Teilsystemen der Rehabilitation zu verkleinern, wurde 1974 das Reha-Angleichungsgesetz (RehaAnglG)[1] geschaffen, das allerdings nicht für die Sozialhilfe und Jugendhilfe galt und das die Unterschiede in Art und Umfang der Leistungen beibehielt. Instrumente der Koordination zwischen den Trägern im RehaAnglG erwiesen sich als unpraktikabel oder wurden praktisch nicht beachtet. Nach mehreren gescheiterten Bemühungen um einen allgemeinen Teil des Rehabilitationsrechts wurde das SGB IX – Rehabilitation und Teilhabe behinderter Menschen – geschaffen[2], das am 1. Juli 2001 in Kraft getreten ist[3].

3 Mit dem SGB IX verfolgt der Gesetzgeber auch den Anspruch, das Benachteiligungsverbot wegen einer Behinderung aus Art. 3 Abs. 3 S. 2 GG in das Sozialrecht umzusetzen (vgl. § 10 Nr. 5 SGB I)[4]. Der Satz »*Niemand darf wegen seiner Behinderung benachteiligt werden*« drückt den Wandel gesellschaftlicher und rechtlicher Vorstellungen aus: Weg von der reinen Hilfe hin zum Anspruch auf selbstbestimmte Teilhabe an allen gesellschaftlichen Bereichen. Das verfassungsrechtliche Benachteiligungsverbot ist bei der Auslegung der neuen Bestimmungen entsprechend zu berücksichtigen[5].

4 Das SGB IX enthält im ersten Teil die allgemeinen Regelungen für die – jetzt als Teilhabeleistungen bezeichneten – Rehabilitationsleistungen, die aus allen Teilen des Sozialgesetzbuchs stammen (Erster Teil, §§ 1 bis 67 SGB IX). Der zweite Teil wird gebildet von einer Neukodifikation des Schwerbehindertenrechts an der Schnittstelle von Sozialrecht und Arbeitsrecht (§§ 68–160 SGB IX). Das RehaAnglG und das Schwerbehindertengesetz

1 Gesetz über die Angleichung der Leistungen zur Rehabilitation vom 7. 8. 1974 (BGBl. I S. 1881) (außer Kraft seit 1. 7. 2001, Art. 63 SGB IX).

2 BGBl. I S. 1046.

3 Siehe dazu *Welti/Sulek* RsDE 49, 40; *Haack* BKK 2000, 97. Zu früheren Diskussion um ein SGB IX: *Schulin* NZS 1993, 185; *Ruland* DRV 1992, 689.

4 BT-Drs. 14/5074, 92.

5 Vgl. zur Diskussion über Art. 3 Abs. 3 S. 2 GG und das Sozialrecht: *Davy* SDSRV 49 (2002), 7; *Pitschas* SGb 2003, 65; *Reichenbach* SGb 2002, 485 und SGb 2000, 660.

(SchwbG)[6] wurden aufgehoben. Die bisherige Rechtsprechung bleibt weiterhin relevant, soweit das SGB IX die Regelungen seiner Vorgängergesetze übernommen oder nur modifiziert hat, was oft der Fall ist.

B. Gemeinsame Grundbegriffe

Grundbegriffe des SGB IX sind Behinderung, Rehabilitation und Teilhabe. 5

I. Behinderung

Behinderung ist der wichtigste Tatbestand zur Definition der Leistungsziele und damit auch der Leistungsvoraussetzungen und -inhalte. Bis zum SGB IX gab es im Sozialrecht keine für alle Bereiche verbindliche Legaldefinition des Behinderungsbegriffs. Nun heißt es in § 2 Abs. 1 SGB IX: 6

»Menschen sind behindert, wenn ihre körperliche Funktion, geistige Fähigkeit oder seelische Gesundheit mit hoher Wahrscheinlichkeit länger als sechs Monate von dem für das Lebensalter typischen Zustand abweichen und daher ihre Teilhabe am Leben in der Gesellschaft beeinträchtigt ist. Sie sind von Behinderung bedroht, wenn die Beeinträchtigung zu erwarten ist.«

Diese Definition soll ausweislich der Gesetzesbegründung[7] an den in der Weltgesundheitsorganisation (WHO) entwickelten Behinderungsbegriff der *Internationalen Klassifikation der Funktionsfähigkeit, Behinderungen und Gesundheit (International Classification of Functioning, Disability and Health, ICF)* anknüpfen. Dieser Behinderungsbegriff ist sowohl medizinisch als auch sozial orientiert (»bio-psycho-sozialer Behinderungsbegriff«)[8]. Eine Behinderung ergibt sich somit aus einer körperlichen, geistigen oder seelischen Gesundheitsbeeinträchtigung dann, wenn diese im Blick auf die soziale Umwelt zu einer Beeinträchtigung der Teilhabe führt.

Die *von Behinderung bedrohten* Menschen sind einbezogen.

Beispiel: Eine angeborene oder erworbene Schädigung des Innenohres kann zu einem Fehlen des Hörvermögens als Funktionsbeeinträchtigung führen. Zu einer Teilhabeeinschränkung führt das immer dann, wenn in der für Hörende geschaffenen und konzipierten Umwelt die Teilhabe (in der Familie, Schule, am Arbeitsplatz, im Straßenverkehr) beeinträchtigt wird.

Durch den veränderten Behinderungsbegriff wird die Behinderung auch nicht mehr als Eigenschaft begriffen (»Behinderte« als Gegenbild zu »normalen Nicht-Behinderten«), sondern als soziale Situation. Damit werden auch die Teilhabeleistungen vielfältiger; sie werden nicht nur auf die Person, sondern auch auf die Situation ausgerichtet. Im Beispiel der Gehörlosen ist dies die Einschaltung von Gebärdendolmetschern (vgl. § 17 Abs. 2 SGB I; § 19 Abs. 1 S. 2 SGB X). Die Behinderung hängt auch von Kontextfaktoren ab, zum Beispiel der Reaktionen der Mitmenschen (Beispiel: Haarlosigkeit bei einer Frau[9]).

Behinderte *Menschen* macht deutlich, dass Leistungen möglichst präventiv den Eintritt von Funktionsbeeinträchtigungen und behindernden Situationen verhindern sollten[10].

Die *Mindestdauer von sechs Monaten* ist nicht aus dem sozialmedizinischen Modell der ICF zu erklären, sondern soll der Abgrenzung von leistungsrechtlich relevanten zu nur geringfügigen Behinderungen dienen. Ein anderes Verständnis dieses Merkmals der Mindest- 7

---

6 Gesetz zur Sicherung der Eingliederung Schwerbehinderter in Arbeit, Beruf und Gesellschaft (Schwerbehindertengesetz – SchwbG) i.d.F. der Bekanntmachung vom 26. 8. 1986 (BGBl. I S. 1421, ber. S. 1550).

7 BT-Drs. 14/5074, S. 18.

8 Vgl. *Schuntermann* DRV 1997, 529.

9 BSG SozR 3–2500 § 33 Nr. 45.

10 Vgl. dazu BSG ZfS 1999, 8, mit Anm. *Heinz.*

dauer würde allerdings dann zu Schwierigkeiten führen, wenn die bei einer nicht vorgenommenen Intervention drohende Behinderung als leistungsauslösendes Element nicht ausreichen würde.

Beispiel: Wenn eine Person nach mehreren komplizierten Knochenbrüchen längere Zeit in Gips gelegen hat, benötigt sie Rehabilitationsleistungen, um die volle Beweglichkeit der Gliedmaßen und damit die Erwerbsfähigkeit wiederherzustellen. Die Tatsache, dass die Gesamtdauer der Behandlung nur fünf Monate beträgt, spricht nicht dagegen, sie unter das SGB IX zu fassen. Wenn die Rehabilitation unterbliebe, würde die Behinderung nämlich länger als sechs Monate dauern.

8 Das Merkmal der *altersentsprechenden Funktionseinschränkung* wirft Fragen und Anwendungsprobleme auf[11]. Es wird nicht ohne normative Wertungen adäquat auszufüllen sein.

Beispiel: In körperlich besonders anstrengenden oder mit großem psychischen Stress verbundenen Berufen kann eine Funktionseinschränkung – etwa bei einem 62-jährigen Bauarbeiter oder einer 59-jährigen angestellten Lehrerin – zwar als durchaus altersentsprechend erscheinen. Ob zur Vermeidung einer Erwerbsminderungsrente der Versuch einer Leistung der medizinischen Rehabilitation gegen die Rückenbeschwerden des Bauarbeiters oder einer Leistung zur Teilhabe am Arbeitsleben gegen das Burn-Out-Syndrom der Lehrerin unternommen wird (z.B. eine Maßnahme zur Vermittlung in neue Arbeitsfelder), hängt nicht von einer sozialmedizinischen Aussage über die Altersadäquanz der gesundheitlichen Probleme ab, sondern vom Ruhestandsalter und praktisch von den Möglichkeiten vorgezogenen Ruhestands (vgl. § 9 Abs. 1 SGB VI, § 8 SGB IX).

Beispiel: Eine 100-jährige Frau beantragt bei der Krankenkasse zum Ausgleich ihrer nachlassenden Gehfähigkeit eine Gehhilfe. Kann die Krankenkasse die Gehhilfe mit dem Argument ablehnen, es sei für dieses Lebensalter typisch, nicht mehr gehen zu können? (vgl. § 33 Abs. 1 SGB V, § 31 Abs. 1 Nr. 3 SGB IX).

II. Rehabilitation

9 *Rehabilitation* ist ein Begriff für den Prozess und auch das Ziel der Maßnahmen, die unternommen werden, um Behinderungen zu vermeiden oder zu verringern. Er ist im Sozialrecht erst nach dem Zweiten Weltkrieg aus dem englischen Sprachraum übernommen worden. Bis dahin sprach man von Krüppelfürsorge, Kur, Heilbehandlung oder Berufshilfe. Rehabilitation beschreibt den Anspruch der vollständigen Wiedereinsetzung in den Stand persönlicher Integrität und gesellschaftlicher Teilhabe. Wegen des Bezugs auf die Wiederherstellung eines vorherigen Zustandes wird der Begriff mittlerweile vor allem für die beruflichen und sozialen Teilhabeleistungen als zu eng empfunden. Diese sind – gerade bei dauerhaften Behinderungen und chronischen Krankheiten – immer stärker darauf gerichtet, Teilhabe auch trotz Krankheit und Behinderung zu ermöglichen. Der Begriff der Rehabilitation ist daher im SGB IX auf die medizinische Rehabilitation beschränkt (§ 5 Nr. 1 SGB IX). Diese Begrifflichkeit ist aber nicht konsequent durchgehalten. So heißen die Träger aller Teilhabeleistungen Rehabilitationsträger (§ 6 SGB IX).

III. Teilhabe

10 Der Begriff der *Teilhabe* ist durch das SGB IX neu in das Sozialrecht eingeführt worden. Er beschreibt das umfassende Ziel (vgl. § 10 SGB I, § 4 SGB IX) der verschiedenen Leistungen und knüpft auch an das Verfassungsrecht an. Dort ist seit langem diskutiert worden, dass im sozialen Rechtsstaat die Grundrechte nicht nur Abwehrrechte gegen den Staat sind, sondern dieser auf Grund der objektiven Wertentscheidung der Grundrechte auch in der Pflicht steht, den Bürgerinnen und Bürgern die Teilhabe etwa an Gesundheit (Art. 2 Abs. 2 S. 1 GG)[12], Kommunikation (Art. 5 GG) und Berufsleben (Art. 12 Abs. 1 GG) zu ermöglichen und zwar im Sinne einer möglichst gleichen (Art. 3 Abs. 1 GG) und diskriminierungsfreien (Art. 3 Abs. 3 GG) Teilhabe. Die Teilhaberechte werden durch eine sozial-

11 Kritisch: LSG Bayern Breithaupt 2003, 289 = SGb 2003, 457.
12 Vgl. BVerfGE 57, 70 (99).

staatliche Grundrechtsinterpretation aus Freiheits- und Gleichheitsrechten entwickelt. Der Gesetzgeber hat für sie einen Gestaltungsauftrag mit großem Spielraum. Bei den Numerus-Clausus-Urteilen ebenso wie bei der Wissenschaftsfreiheit der Universitäten konnten Teilhaberechte auf Art. 12 Abs. 1 GG bzw. auf Art. 5 Abs. 3 GG gestützt werden[13].

IV. Gleichstellung behinderter Menschen

Das SGB IX ist ausweislich § 1 (»gleichberechtigte Teilhabe«) auch dem Ziel der Gleichstellung behinderter Menschen verpflichtet. Wesentlich wird dieses Ziel aber auch außerhalb des Sozialrechts mit dem Gesetz zur Gleichstellung behinderter Menschen (*Behindertengleichstellungsgesetz* – BGG) des Bundes vom 1. 5. 2002[14] und mit den Behindertengleichstellungsgesetzen der meisten Bundesländer verfolgt. Diese Gesetze sind durch ihre Zielsetzung und durch den gemeinsamen Behinderungsbegriff (§ 3 BGG entspricht § 2 Abs. 1 SGB IX) verbunden[15]. 11

Die Gleichstellungsgesetze regeln die Umsetzung des Benachteiligungsverbots aus Art. 3 Abs. 3 S. 2 GG im Verhältnis zu Trägern der öffentlichen Gewalt, etwa durch Ansprüche auf Barrierefreiheit[16], die Benutzung der Gebärdensprache und anderer Kommunikationshilfen, die Gestaltung von Bescheiden und Vordrucken[17] und die Verwendung barrierefreier Informationstechnik[18].

Der Zentralbegriff der *Barrierefreiheit* ist in § 4 BGG definiert: 12

»Barrierefrei sind bauliche und sonstige Anlagen, Verkehrsmittel, technische Gebrauchsgegenstände, Systeme der Informationsverarbeitung, akustische und visuelle Informationsquellen sowie anderer gestaltete Lebensbereiche, wenn sie für behinderte Menschen in der allgemein üblichen Weise, ohne besondere Erschwernis und grundsätzlich ohne fremde Hilfe zugänglich und nutzbar sind.«

Auf die Barrierefreiheit von Rehabilitationseinrichtungen wird auch im SGB IX Bezug genommen (§ 19 Abs. 1 S. 2 SGB IX). Mit dem Ansatz des BGG wird die sozialrechtliche Unterstützung behinderter Menschen ergänzt[19], indem weniger an ihren Funktionsstörungen und deren Ausgleich als vielmehr an den behindernden Umweltfaktoren angesetzt wird.

Nach §§ 12, 13 BGG besteht ein Verbandsklagerecht, das über die Prozessstandschaft nach § 63 SGB IX hinausreicht[20]. 13

C. Gemeinsame Prinzipien

Das SGB IX verbindet die verschiedenen Sozialleistungsbereiche, in denen Leistungen zur Teilhabe erbracht werden, durch gemeinsame Prinzipien. 14

I. Vorrang der Leistungen zur Teilhabe

Ein Grundprinzip ist der *Vorrang der Leistungen zur Teilhabe* vor Rentenleistungen, dauernden Sozialleistungen und Leistungen zur Pflegebedürftigkeit (§ 8 SGB IX, § 9 Abs. 1 S. 2 SGB VI, § 26 Abs. 3 SGB VII)[21]. Damit wird das Prinzip der Hilfe zur Selbsthilfe (§ 1 Abs. 1 SGB I) verdeutlicht. Die Leistungen zur Teilhabe sollen gerade zu einem selbstbestimmten 15

13 BVerfGE 33, 303; 331; 43, 291 (313).
14 Gesetz vom 27. April 2002 (BGBl. I S. 1467).
15 *Braun* MDR 2002, 862.
16 *Pöltl* GewArch 2003, 231.
17 *Kraiczek* SozVers 2003, 259.
18 *Eickermann* BG 2003, 452.
19 *Buhmann* BG 2003, 457.
20 *Schlacke* RsDE 52 (2003), 60.
21 *Schütte* ZSR 2004, 473; *Gagel* SGb 2004, 464; *Gagel/Schian* SGb 2002, 529.

Leben in der Gesellschaft befähigen und insbesondere die eigene Erwerbstätigkeit fördern. Dem entspricht der *Vorrang der Prävention* (§ 3 SGB IX) vor Leistungen zur Teilhabe.

16 Während der Vorrang der Teilhabeleistungen durch eine *Prüfpflicht* (§ 8 Abs. 1 SGB IX, vgl. § 125 Abs. 2 SGB III, § 51 Abs. 1 SGB V) durchgesetzt werden soll, gibt es entsprechende Vorkehrungen für den Vorrang der Prävention allerdings nicht. Er ist entsprechend nur als Hinwirkungspflicht ausgestaltet.

II. Rechte und Pflichten

17 Der Vorrang der Leistungen zur Teilhabe formuliert auch die Erwartung an die Bürgerinnen und Bürger, eigene Anstrengungen zu entfalten, und die Leistungen in Anspruch zu nehmen. Deutlich wird dies als *Verpflichtung* in den §§ 63 und 64 SGB I, deren Nichtbefolgung nach § 66 Abs. 2 SGB I zum Entzug von Leistungen führen kann. Ein Anspruch kann aber nicht deswegen versagt werden, weil der Vorrang der Rehabilitation zuvor nicht beachtet worden ist[22].

18 Allerdings können medizinische Rehabilitation und das Bemühen um berufliche Teilhabe *nicht erzwungen* werden (§ 9 Abs. 4 SGB IX). Ihr Gelingen ist auf die freiwillige Mitwirkung der Betroffenen angewiesen. Der Gesetzgeber kann hierfür nur den Rahmen liefern und Anreize schaffen. Dazu gehört, dass die Leistungen tatsächlich und bedarfsgerecht angeboten werden. Den Vorrang von Rehabilitation und Teilhabeleistungen vor Renten einzuhalten, kann gegenüber den einzelnen Berechtigten nur verlangt werden, wenn sie auch einen *Anspruch* auf die Leistungen haben, deren Inanspruchnahme von ihnen verlangt wird. Das BSG hat daraus geschlossen, dass auf die Leistungen der Rentenversicherung zur Rehabilitation im Regelfall bei Erfolgsaussicht ein Rechtsanspruch besteht, auch wenn die Gewährung nach § 9 Abs. 2 SGB VI ins Ermessen der Träger gestellt ist[23]. Entsprechend muss auch das Ermessen der Krankenversicherung nach § 40 Abs. 1 SGB V und der Agenturen für Arbeit nach § 97 Abs. 1 SGB III reduziert sein.

III. Individualisierung der Leistungen

19 Weiterhin müssen die Leistungen bedarfsgerecht sein[24]. Das bedeutet insbesondere, dass sie den individuellen Gesundheits- und Teilhabeeinschränkungen gerecht werden. Das Gebot der *individuellen Leistungskonkretisierung* ergibt sich aus § 33 SGB I[25] als objektive Anforderung an die Leistungsträger. Das subjektive *Wunsch- und Wahlrecht* der Leistungsberechtigten ist durch § 9 Abs. 1 SGB IX gestärkt worden[26]. Beide Normen werden regelmäßig im Rahmen des Sachleistungsprinzips erfüllt.

§ 9 Abs. 2 SGB IX lässt auch – außerhalb von Einrichtungen – eine Erbringung der Leistungen als Geldleistungen zu. Besondere Bedeutung haben die auch grundrechtlich fundierten Rechtspositionen behinderter Eltern[27] (§ 9 Abs. 1 S. 3 SGB IX) und von Eltern mit behinderten Kindern (§§ 1 S. 2, 4 Abs. 3 SGB IX) sowie die Berücksichtigung der besonderen Situation behinderter Frauen (§§ 1 S. 2, 9 Abs. 1 S. 2 SGB IX)[28].

---

22 LSG Rheinland-Pfalz NZS 2004, 47; LSG Sachsen vom 15. 1. 2003, Az. L 6 RJ 232/02.
23 BSGE 57, 157 (161).
24 *Welti/Raspe* DRV 2004, 76; *Raspe* ZSR 2004, 446.
25 Dazu *Welti/Sulek* VSSR 2000, 453; BSG SozR 3–2500 § 33 Nr. 35 (Shoprider); LSG Berlin NZS 2001, 652.
26 *Welti* SGb 2003, 379; *Schütte* NDV 2003, 416; *Neumann* ZfSH/SGB 2003, 392; *Jabben* NZS 2003, 529.
27 BSG NZS 2003, 477 (C-Leg); *Bieritz-Harde* SGb 2002, 198; *Mrozynski* ZfJ 2003, 458.
28 *Zinsmeister* Streit 2002, 3.

§ 72 Die Ansprüche auf Leistungen zur Teilhabe gegen die Rehabilitationsträger

Die Ansprüche und ihre Voraussetzungen werden zunächst anhand der einzelnen Sozialleistungsbereiche vorgestellt.

A. Rentenversicherung

Die Gewährung von Heilbehandlungen durch die *gesetzliche Rentenversicherung* zur Wiederherstellung oder Sicherung der Erwerbsfähigkeit hat eine lange Tradition[29]. Anspruch auf Leistungen der medizinischen Rehabilitation und zur Teilhabe am Arbeitsleben haben Rentenversicherte, wenn ihre Erwerbsfähigkeit gefährdet oder gemindert ist und wenn die Leistungen die Minderung abwenden, eine Besserung herbeiführen oder bei teilweiser Erwerbsminderung den Arbeitsplatz erhalten können (persönliche Voraussetzungen, § 10 SGB VI). Versicherungsrechtliche Voraussetzungen (§ 11 SGB VI) sind für die medizinische Rehabilitation 15 Jahre Beitragszeit oder sechs Monate Beitragszahlung in den letzten zwei Jahren. Voraussetzung für Leistungen zur Teilhabe am Arbeitsleben sind 15 Jahre Beitragszeit oder ein unmittelbar bevorstehender Rentenfall oder der direkte Anschluss an eine medizinische Rehabilitation. Die Voraussetzungen sind auch erfüllt, wenn bereits eine Erwerbsminderungsrente geleistet wird. 1

Die Beschränkung in der Rentenversicherung (§ 12 Abs. 2 SGB VI) und Krankenversicherung (§ 40 Abs. 3 S. 4 SGB V), wonach stationäre Maßnahmen der medizinischen Rehabilitation *erst nach vier Jahren nach Durchführung einer ähnlichen Leistung* erbracht werden können, ist keine Leistungsvoraussetzung, sondern eine Leistungseinschränkung zum Zwecke der Rationierung. Sie kann bei dringender Erforderlichkeit aus medizinischen Gründen durchbrochen werden.

Bis zum 1. 1. 1997 hatte die Rentenversicherung vorrangig stationäre Leistungen erbracht. Dieser Vorrang ist aufgehoben worden. Der *Vorrang der ambulanten, betrieblichen*[30] *und teilstationären Leistungen* bei gleicher individueller Wirksamkeit (§ 19 Abs. 2 SGB IX) gilt jetzt für alle Leistungsträger. 2

B. Krankenversicherung

Die *gesetzliche Krankenversicherung* erbringt Leistungen der medizinischen Rehabilitation nach den §§ 11 Abs. 2, 40 bis 43 SGB V. Sie sind als Ermessensleistungen ausgestaltet. Ob ein Ermessen über das »ob« einer Leistung der medizinischen Rehabilitation besteht, ist aber fraglich. Dagegen spricht § 11 Abs. 2 SGB V, in dem von einem Anspruch die Rede ist[31]. Besonders fraglich ist – wie auch in der Rentenversicherung – ob finanzielle Erwägungen bei der Ermessensentscheidung über das »ob« berücksichtigt werden können[32]. Hier kollidieren individuelle Ansprüche und Budgetgrenzen. 3

Der Übergang zwischen der akuten Heilbehandlung und der Krankenhausbehandlung zum Stadium der Rehabilitation ist fließend. Hier traten bisher viele Schnittstellenprobleme auf, weil unterschiedliche Leistungserbringer tätig wurden. § 27 SGB IX stellt nun klar, dass die Ziele der medizinischen Rehabilitation auch bei Leistungen der Krankenbehandlung zu beachten sind[33]. Dem korreliert § 2 a SGB V, wonach den besonderen Belan- 4

---

29 Vgl. *Gross/Ritter* DAngVers 2003, 525.
30 Dazu: *Kaiser* BG 2003, 446
31 Vgl. *Noftz*, in: Hauck, SGB V, K § 40 Rn. 14, Lfg. 7/2000.
32 Vgl. BSGE 67, 279.
33 Vgl. *Heine* ZSR 2004, 462.

gen behinderter und chronisch kranker Menschen in der Krankenversicherung Rechnung zu tragen ist. Das Verhältnis der medizinischen Rehabilitation zu den strukturierten Behandlungsprogrammen für chronisch Kranke (§ 137 f SGB V) ist in Praxis und normativem Zusammenhang noch näher zu klären.

C. Arbeitsförderung

5 Durch die *Agenturen für Arbeit* werden Leistungen zur Teilhabe am Arbeitsleben gewährt (§§ 97 bis 115 SGB III). Leistungsberechtigt sind behinderte Menschen. Diese sind in § 19 SGB III dem § 2 SGB IX vergleichbar definiert; die von Behinderung bedrohten Personen sind gleichgestellt.

Die *allgemeinen Leistungen zur beruflichen Eingliederung* (§§ 98 Abs. 1, 100, 101 SGB III) sind Ermessensleistungen der aktiven Arbeitsförderung i.S.v. § 3 Abs. 5 SGB III. Diese sind nachrangig zur Vermittlung in Arbeit (§ 4 Abs. 2 SGB III), aber vorrangig zu Entgeltersatzleistungen (§ 5 SGB III). Die Ermessensleitlinien (§ 7 S. 2 SGB III) sehen keine proportionale Berücksichtigung von Schwerbehinderten und Langzeitarbeitslosen mehr vor, sondern stellen auf die Aufnahmefähigkeit des Arbeitsmarktes und den Grundsatz der Wirtschaftlichkeit und Sparsamkeit ab. Bei einer zu engen Handhabung dieser Merkmale werden behinderte Menschen benachteiligt und aus dem Arbeitsmarkt ausgegliedert[34].

6 Die *besonderen Leistungen zur beruflichen Eingliederung* (§§ 102–114 SGB III) sind als Geldleistungen ausgestaltet. Soweit Maßnahmen betroffen sind, sieht das Gesetz eine Kostenerstattung vor. Die besonderen Leistungen sind nachrangig zu den allgemeinen Leistungen (§ 98 Abs. 2 SGB III).

7 Die Agenturen für Arbeit sind auch Rehabilitationsträger der Teilhabe am Arbeitsleben für die unter das SGB II fallenden erwerbsfähigen Personen (§ 6 a SGB IX). Die Verantwortung aller Träger der Grundsicherung für Arbeitsuchende für die Teilhabeleistungen behinderter Arbeitsuchender wird dadurch nicht geschmälert.

D. Unfallversicherung

8 Die *Gesetzliche Unfallversicherung* leistet im gesamten Spektrum der Leistungen zur Teilhabe, soweit der zugrunde liegende Gesundheitsschaden durch einen Arbeitsunfall oder eine anerkannte Berufskrankheit verursacht ist (§§ 26–55 SGB VII). In der Unfallversicherung wird nicht zwischen ärztlicher Behandlung und medizinischer Rehabilitation getrennt. Auch notwendige Pflege wird übernommen. Damit entfallen in der UV zahlreiche Schnittstellenprobleme; der gesamte Prozess der Rehabilitation kann aus einer Hand erfolgen. Wegen des Schadensersatzcharakters der UV-Leistungen gehen diese auch weiterhin über das im SGB IX vorgesehene Leistungsspektrum hinaus (vgl. § 39 Abs. 1 SGB VII).

E. Soziale Entschädigung

9 Im Bereich der *sozialen Entschädigung* für Kriegs-, Wehr- und Zivildienstgeschädigte sowie Entschädigungsfälle nach dem Infektionsschutzgesetz (IfSG) und Opferentschädigungsgesetz (OEG) werden ebenso wie im Bereich der gesetzlichen Unfallversicherung alle Leistungen zur Teilhabe aus einer Hand erbracht.

34 *Davy* SDSRV 49, 7 (27).

F. Eingliederungshilfe in der Kinder- und Jugendhilfe (SGB VIII)

Die *Kinder- und Jugendhilfeträger* sind nach § 35 a SGB VIII für die Eingliederungshilfe für Kinder und Jugendliche zuständig, deren seelische Gesundheit beeinträchtigt ist und die deshalb behindert oder von Behinderung bedroht sind[35]. Die hier erbrachten ambulanten, teilstationären und stationären Hilfen lassen sich nur schwer in das übliche Raster der Teilhabeleistungen fassen. Auch wird bei der Bestimmung des leistungsberechtigten Personenkreises wiederum die Abgrenzung von alterstypischen Beeinträchtigungen problematisch sein. 10

G. Eingliederungshilfe nach dem SGB XII

Die *Sozialhilfeträger* leisten die *Eingliederungshilfe für behinderte Menschen* (§§ 53–60 SGB XII). Sie umfasst das gesamte Leistungsspektrum nach dem SGB IX und bietet darüber hinaus Raum für weitere im Einzelfall erforderliche Hilfen (§ 54 Abs. 1 SGB XII: »insbesondere«). Wegen ihrer Flexibilität und örtlichen Anbindung ist die Eingliederungshilfe in der Vergangenheit gerade im Bereich der Leistungen zur Teilhabe in der Gemeinschaft wegen innovativer und individueller Lösungen geschätzt worden. 11

Sehr umstritten waren im Gesetzgebungsverfahren zum SGB IX und bereits zuvor die Fragen der Anrechnung von Einkommen und Vermögen der behinderten Menschen und ihrer Angehörigen (vgl. § 94 SGB XII). Gerade bei dauernd und sehr schwer behinderten Menschen wird die Anrechnung von Einkommen und Vermögen insbesondere der Angehörigen als ungerecht empfunden.

Ebenfalls problematisch ist die Abgrenzung zwischen dem Verantwortungsbereich der Eingliederungshilfe und demjenigen der Pflegeversicherung bzw. Hilfe zur Pflege (vgl. dazu §§ 13 Abs. 4, 43 a, 71 Abs. 4 SGB XI, § 55 SGB XII). Hier zeigt sich, dass auch die Abgrenzung zwischen Pflege und Rehabilitation ein ungeklärtes Problem ist[36].

H. Pflegeversicherung

Die *soziale Pflegeversicherung* ist trotz des Vorrangs der Rehabilitation vor Pflege (§ 8 Abs. 3 SGB IX, § 5 SGB XI) *nicht* als Rehabilitationsträger ausgewiesen. Nach § 32 Abs. 1 SGB XI muss sie vorläufige Leistungen zur medizinischen Rehabilitation erbringen, um unmittelbar drohende Pflegebedürftigkeit zu vermeiden oder eine Verschlimmerung zu verhüten, wenn sonst die sofortige Einleitung der Leistungen gefährdet wäre. Außerdem müssen der Medizinische Dienst der Krankenversicherung (§ 18 Abs. 6 SGB XI) und die Pflegekasse (§ 31 SGB XI) den Rehabilitationsbedarf prüfen. 12

Die primäre Zuständigkeit für die Rehabilitation zur Vermeidung oder Minderung von Pflegebedürftigkeit liegt bei der Krankenversicherung (§ 11 Abs. 2 SGB V). Diese Risikozuordnung wird kritisiert, weil nicht derjenige Träger zuständig ist, welcher das Risiko des Scheiterns dadurch trägt, dass er dann entsprechende Dauerleistungen – hier die Pflegeleistungen – zu gewähren hat. Das Leistungsprinzip der aktivierenden Pflege (§ 28 Abs. 4 SGB XI) soll sicherstellen, dass auch bei der Pflege Rehabilitation und Teilhabe als Ziele beachtet werden. Insgesamt ist das Verhältnis von Rehabilitation und Pflege in der Sache noch nicht eindeutig geklärt[37].

---

35 Z.B. BVerwG ZfS 2000, 146, zum Aufmerksamkeitsdefizitsyndrom (ADS).

36 Vgl. OVG Schleswig-Holstein SHAnz 2002, 242.

37 Dazu *Klie* ZSR 2004, 503; *Welti* PKR 2003, 8; *H. Fuchs* SozSich 2002, 154; *Friedrichs* ZfSH/SGB 2000, 17; *Mrozynski* ZfSH/SGB 1999, 333.

I. Gemeinsame Vorschriften

13 Nach dem SGB IX sieht eine Reihe von gemeinsamen Vorschriften die *Koordinierung* des Leistungsrechts vor.

14 Die Rehabilitationsträger sind zur *Koordinierung ihrer Leistungen* und zur *Zusammenarbeit* verpflichtet (§§ 10, 12 SGB IX). Insbesondere soll schon während medizinischer Maßnahmen die Notwendigkeit von beruflichen Teilhabeleistungen geprüft werden (§ 11 SGB IX).

15 Zur *Zuständigkeitsklärung* (§§ 14, 15 SGB IX) ist dem zuerst angegangenen Träger eine Frist von zwei Wochen gesetzt. Hält sich der Träger für zuständig, muss er – soweit nicht ein Gutachten erforderlich ist – unverzüglich entscheiden; hält er sich für unzuständig, muss er den Antrag unverzüglich weiterleiten. Er muss unter Darlegung der Gründe darüber informieren, wenn die Fristen nicht eingehalten werden. Geschieht dies nicht, können die Berechtigten eine angemessene Frist setzen und sich dann die Leistung selbst beschaffen, wofür sie einen *Kostenerstattungsanspruch* haben (§ 15 SGB IX)[38]. Allerdings tragen sie das Risiko, dass sie nicht leistungsberechtigt sind.

16 *Gemeinsame Servicestellen* der Rehabilitationsträger (§§ 22 ff. SGB IX)[39] sollen die Auskunfts- und Beratungspflichten der §§ 14, 15 SGB I erfüllen und darüber hinaus eine Lotsenfunktion für die Menschen zwischen den Rehabilitationsträgern auch noch nach Beginn der Leistungserbringung übernehmen.

§ 73 Besonderer Schutz schwerbehinderter Menschen nach dem SGB IX

A. Schwerbehinderte Menschen

1 Der zweite Teil des SGB IX enthält die früher im Schwerbehindertengesetz (SchwbG) geregelte Materie des besonderen Schutzes schwerbehinderter Menschen. Dieser Abschnitt umfasst öffentlich-rechtliche Verpflichtungen insbesondere der hierfür zuständigen Behörden – der *Integrationsämter* (früher: Hauptfürsorgestellen) –, öffentlich-rechtliche Verpflichtungen der Arbeitgeber und arbeitsrechtliche Schutzregelungen zugunsten der schwerbehinderten Menschen.

2 Diese Regelungen gelten nur für *schwerbehinderte und diesen gleichgestellte behinderte Menschen* (§ 68 Abs. 1 SGB IX). Nach § 2 Abs. 2 SGB IX sind dies Menschen, bei denen ein Grad der Behinderung (GdB) von mehr als 50 vorliegt; eine Gleichstellung soll nach § 2 Abs. 3 SGB IX erfolgen, wenn Menschen einen GdB zwischen 30 und 50% haben und aus diesem Grund einen Arbeitsplatz nicht finden oder nicht erlangen können[40]. Ende 2003 gab es in Deutschland rund 6,639 Millionen schwerbehinderte Menschen[41].

3 Der *Grad der Behinderung* soll die Auswirkung der Funktionsbeeinträchtigung auf die Teilhabe am Leben in der Gesellschaft messen. Das Feststellungsverfahren über den GdB (§ 69 SGB IX, zum Wegfall § 116 SGB IX) obliegt der Versorgungsverwaltung, die hierbei die Maßstäbe nach § 30 Abs. 1 BVG zu berücksichtigen hat und sich der »Anhaltspunkte für die ärztliche Gutachtertätigkeit im sozialen Entschädigungsrecht und nach dem Schwerbehindertengesetz (AHP)« von 1996 bedient, obwohl deren Aktualität und Normqualität[42] umstritten ist. Das BSG hat dies – noch – gebilligt[43]. Dabei werden auch die Ausweise über

---

38 Vgl. *Benz* NZS 2002, 511.

39 *Matzeder* br 2003, 69. Vgl. *Fakhreshafaei* Die gemeinsamen Servicestellen nach § 22 SGB IX, 2006; BT-Drs. 15/4575, S. 190 ff.

40 *Schmidt* br 2003, 141.

41 BT-Drs. 14/4575, 18.

42 BVerfG NJW 1995, 3049; vgl. *Ockenga* ZfsH/SGB 2004, 587; *Bürck* ZfS 1999, 129.

43 BSG SGb 2003, 682.

die Eigenschaft als schwerbehinderter Mensch ausgestellt (§ 69 Abs. 5 SGB IX). Der GdB ist von Bedeutung für die besonderen Hilfen im Arbeitsleben. Besondere gesundheitliche Merkmale, die für besondere Nachteilsausgleiche von Bedeutung sind, werden ebenfalls in diesem Verfahren festgestellt, etwa die Beeinträchtigung der Bewegungsfähigkeit im Straßenverkehr (Merkzeichen G) oder die Gehörlosigkeit (Merkzeichen H)[44], die für die kostenlose Inanspruchnahme des Nahverkehrs Voraussetzung sind (vgl. § 146 SGB IX)[45].

Über Streitigkeiten bei der Feststellung des GdB oder die Ausstellung, Verlängerung, Berichtigung und Einziehung von Ausweisen nach § 69 SGB IX entscheiden die Sozialgerichte (§ 51 Abs. 4 SGG).

B. Schutzregelungen

I. Beschäftigungspflicht – Ausgleichsabgabe

Nach § 71 Abs. 1 SGB IX sind private und öffentliche Arbeitgeber, die über mindestens 20 4
Arbeitsplätze verfügen, zur Beschäftigung von schwerbehinderten Menschen auf wenigstens 5% der Arbeitsplätze verpflichtet. Schwerbehinderte Auszubildende werden doppelt angerechnet (§ 76 Abs. 2 SGB IX); eine Mehrfachanrechnung ist auch für besonders schwer behinderte Personen möglich (§ 76 Abs. 1 SGB IX).

Die reale Beschäftigungsquote von schwerbehinderten Menschen betrug 2002 3,8% (Privatwirtschaft: 3,4%, öffentlicher Dienst 5,2%). 1982 betrug sie noch 5,9%. Fast 80% der beschäftigungspflichtigen Firmen und Behörden erreichten 2001 die Pflichtquote nicht. Im April des Jahres 2003 waren 171.293 schwerbehinderte Menschen arbeitslos gemeldet. Von 3,2 Millionen schwerbehinderten Menschen im erwerbsfähigen Alter waren 2001 nur 768.388 auf dem allgemeinen Arbeitsmarkt und 201.679 in Werkstätten für behinderte Menschen beschäftigt.[46]

Solange Arbeitgeber ihrer Beschäftigungspflicht nicht nachkommen, haben sie für jeden unbesetzten Pflichtplatz eine *Ausgleichsabgabe* (§ 77 SGB IX) zu entrichten, die nach der Betriebsgröße und dem Grad der Nichterreichung des Ziels gestaffelt ist. Sie beträgt zwischen 102 € pro Platz (bei einer Quote von 3–5%) und 256 € pro Platz (bei einer Quote unter 2%)[47] bei Betrieben ab 60 Beschäftigten; sie liegt bei kleineren Betrieben niedriger.

Die Ausgleichsabgabe wird von den Integrationsämtern erhoben und darf nur für besondere Leistungen zur Förderung der Teilhabe schwerbehinderter Menschen am Arbeitsleben verwendet werden (§ 71 Abs. 5 SGB IX). Es handelt sich also nicht um eine Strafe, sondern um einen Ausgleich, der die soziale Verantwortlichkeit aller Arbeitgeber für die Teilhabe der schwerbehinderten Menschen am Arbeitsleben realisiert[48]. Mit der Beschäftigungspflicht korrespondiert eine Prüfpflicht bei Neueinstellungen in Kooperation mit dem Arbeitsamt (§ 81 Abs. 1 SGB IX). Das Aufkommen der Ausgleichsabgabe im Jahr 2002 für 2001 belief sich auf 587,6 Mio. €.

II. Benachteiligungsverbot

Arbeitgeber haben im Verhältnis zu schwerbehinderten Menschen ein *Benachteiligungsverbot* zu beachten (§ 81 Abs. 2 SGB IX). Damit wird das Benachteiligungsverbot aus Art. 3 Abs. 3 S. 2 GG und aus der RL 78/2000 EG auf der Grundlage von Art. 13 EGV[49] in das 5

44 Vgl. BSG vom 10. 12. 2003, Az. B 9 SB 4/02 R.
45 Vgl. BVerwG NVwZ 2003, 866 zur Verfassungsmäßigkeit der Norm.
46 Vgl. BT-Drs. 15/4575, 104 ff.; BT-Drs. 15/1295.
47 Stand 2001.
48 Zur Verfassungsmäßigkeit: BVerfGE 57, 139; BVerwG ZfSH/SGB 2002, 412.
49 Richtlinie 2000/78/EG des Rates vom 27. 11. 2000 zur Festlegung eines allgemeinen Rahmens für die Verwirklichung der Gleichbehandlung in Beschäftigung und Beruf, Abl. Nr. L 303 vom 2. 12. 2000, S. 16 ff.; dazu: *Högenauer* Die europäischen Richtlinien gegen Diskriminierung im Arbeits-

Zivilrecht umgesetzt. Da nur schwerbehinderte Menschen einbezogen sind, erfasst dieses geschriebene Recht nur einen Teil der möglichen Drittwirkungen der Verfassung und der Umsetzung der europäischen Richtlinie[50].

III. Förderungsgebot

6 Weiterhin trifft den Arbeitgeber ein Förderungsgebot (§ 81 Abs. 4 SGB IX), das die Beschäftigung nach den Fähigkeiten und Kenntnissen, den Zugang zu Bildungsmaßnahmen und die behinderungsgerechte Ausgestaltung von Arbeitsplätzen umfasst[51]. Mit den Schwerbehindertenvertretungen, Betriebs- und Personalräten werden zur Konkretisierung Integrationsvereinbarungen (§ 83 SGB IX) geschlossen[52].

IV. Kündigungsschutz

7 Schwerbehinderte Menschen haben einen besonderen *Kündigungsschutz* (§§ 85 bis 92 SGB IX). Zur Kündigung des Arbeitsverhältnisses eines schwerbehinderten Menschen durch den Arbeitgeber bedarf es der Zustimmung des Integrationsamtes.

Die Entscheidung des Integrationsamtes ist ein Verwaltungsakt. Will der Arbeitgeber dagegen vorgehen, ist der Verwaltungsrechtsweg gegeben (zum Widerspruchsverfahren: §§ 118 ff. SGB IX). Gegen die Kündigung als solche ist dagegen für schwerbehinderte Beschäftigte der Rechtsweg zu den Arbeitsgerichten gegeben. Es kann somit zu einer Doppelgleisigkeit des gerichtlichen Verfahrens kommen.

Das Gebot der Prävention wird durch das verpflichtend vorgeschriebene *Betriebliche Eingliederungsmanagement* (§ 84 SGB IX) umgesetzt[53]. Danach müssen Arbeitgeber bei jeder Gefährdung eines Arbeitsverhältnisses schwerbehinderter Menschen die Schwerbehindertenvertretung einschalten, um zu erörtern, wie das Arbeitsverhältnis gesichert werden kann (§ 84 Abs. 1 SGB IX). Ist ein Beschäftigter mehr als sechs Wochen innerhalb eines Jahres krank, muss der Betriebsrat oder Personalrat eingeschaltet werden. Dabei sollen auch das Integrationsamt und die Gemeinsame Servicestelle der Rehabilitationsträger beteiligt werden. § 84 SGB IX konkretisiert das ultima-ratio-Prinzip des Kündigungsschutzrechts und ist somit auch im arbeitsgerichtlichen Streit über die Kündigung behinderter Menschen und die krankheitsbedingte Kündigung zu beachten.

V. Schwerbehindertenvertretung

8 Die *Schwerbehindertenvertretung* (§§ 93–100 SGB IX)[54] vertritt die Interessen der schwerbehinderten Menschen in Betrieb und Dienststelle, steht ihnen beratend und helfend zur Seite und wacht über die Einhaltung der Schutzvorschriften (§ 95 Abs. 1 SGB IX). Sie hat ein Informationsrecht (§ 95 Abs. 2 SGB IX) und wirkt an der Arbeit des Betriebs- und Personalrats mit (§ 95 Abs. 4 SGB IX).

VI. Hilfen im Arbeitsleben

9 Die Integrationsämter führen in Zusammenarbeit mit den Agenturen für Arbeit und den anderen Rehabilitationsträgern die *begleitende Hilfe im Arbeitsleben*[55] durch. Dabei unterstützen sie insbesondere aus den Mitteln der Ausgleichsabgabe schwerbehinderte Men-

---

recht, 2002; *Kummer* Umsetzungsanforderungen der neuen arbeitsrechtlichen Antidiskriminierungsrichtlinie, 2003; *Mohr* Schutz vor Diskriminierungen im Europäischen Arbeitsrecht, 2004.

50 Vgl. *Eichenhofer* ZESAR 2003, 349.

51 BAG NJW 2006, 1691; BAG NZA 2006, 150; *Welti* ArbuR 2003, 445; *Seidel* br 2001, 45.

52 *Welti/Laskowski* ZESAR 2003, 215.; *Schimanski* br 2003, 93; *Seel* br 2001, 61.

53 *Kohte* ZSR-Sonderheft 2005, 7; *Kohte* ZSR 2003, 443; *Schimanski* br 2002, 121; OVG Greifswald NordÖR 2003, 462.

54 *Seidel* br 2003, 80.

55 *Seidel* br 2002, 34.

schen und ihre Arbeitgeber durch Geldleistungen u.a. für technische Arbeitshilfen, zur Existenzgründung, zum Erhalt der beruflichen Kenntnisse und zur behinderungsgerechten Ausstattung der Arbeitsplätze (§ 102 Abs. 3 SGB IX). Sie bedienen sich hierzu auch der Hilfe von *Integrationsfachdiensten* (§§ 109 bis 115 SGB IX)[56] und von *Integrationsprojekten* (§§ 132 bis 135 SGB IX).

VII. Werkstätten für behinderte Menschen

Für diejenigen behinderten Menschen, die wegen Art und Schwere der Behinderung nicht 10 auf dem allgemeinen Arbeitsmarkt beschäftigt werden können, sollen die *Werkstätten für behinderte Menschen* Bildungs- und Beschäftigungsmöglichkeiten bieten und ihren Übergang auf den allgemeinen Arbeitsmarkt fördern (§§ 136–144 SGB IX). Sie stehen allen behinderten Menschen offen, die ein Mindestmaß an wirtschaftlich verwertbarer Arbeitsleistung erbringen können (§ 136 Abs. 2 SGB IX). Sie stehen dort in einem arbeitnehmerähnlichen Rechtsverhältnis, erhalten ein Arbeitsentgelt (§ 138 SGB IX) und sind – bis auf die Arbeitslosenversicherung – in alle Zweige der Sozialversicherung einbezogen (§ 2 Abs. 2 Nr. 2 SGB IV). Insbesondere können sie einen Anspruch auf Erwerbsminderungsrenten erwerben (vgl. § 43 Abs. 6 SGB VI). Die Werkstätten werden bei Aufträgen der öffentlichen Hand bevorzugt (§ 141 SGB IX).

Leistungsträger für die Werkstattbeschäftigung sind im Eingangsverfahren und im Be- 11 rufsbildungsbereich die Agentur für Arbeit (§ 40 SGB IX) und im Arbeitsbereich die Träger der Sozialhilfe (§ 41 SGB IX). Die Beschäftigten in Werkstätten erhalten zur Aufstockung ihrer niedrigen Einkommen ein Arbeitsförderungsgeld (§ 43 SGB IX).

VIII. Vergünstigungen im öffentlichen Nahverkehr

In der Mobilität beeinträchtigte schwerbehinderte Menschen haben Anspruch auf *vergüns-* 12 *tigte Beförderung im öffentlichen Nahverkehr* (§§ 145 bis 154 SGB IX) bei einer Eigenbeteiligung von 61 € jährlich, die unter bestimmten Voraussetzungen auch entfallen kann.

§ 74 Leistungen

Die Leistungsgruppen sind im SGB IX ausführlich beschrieben. Art und Umfang der Leis- 1 tungen werden hierdurch bestimmt, soweit nicht in den einzelnen Leistungsgesetzen etwas Abweichendes geregelt ist (§ 7 S. 1 SGB IX).

A. Medizinische Rehabilitation

Die *Leistungen zur medizinischen Rehabilitation* (§§ 26 bis 32 SGB IX) umfassen insbesondere 2 ärztliche und andere heilberufliche Behandlung und Anleitung, Früherkennung und Frühförderung behinderter und von Behinderung bedrohter Kinder, Arznei- und Verbandmittel, Heilmittel, Psychotherapie, Hilfsmittel, Belastungserprobung und Arbeitstherapie. *Hilfsmittel* gehören zur medizinischen Rehabilitation, wenn sie einer Behinderung vorbeugen, den Erfolg einer Heilbehandlung sichern oder eine Behinderung bei Grundbedürfnissen des täglichen Lebens ausgleichen (§ 31 Abs. 1 SGB IX). Im Einzelnen ist umstritten, wie der Begriff der Grundbedürfnisse im Einklang mit den Zielen der Selbstbestimmung und Teilhabe (§§ 1, 4 Abs. 1 SGB IX) auszulegen ist. Verfassungsrechtlich und fachlich unvertretbar ist eine Auslegung, die Menschen so einstuft, dass bei ihnen Selbstbestimmung und Teilhabe hinter der Pflegebedürftigkeit zurücktreten[57].

56 *Ernst* br 2001, 66.

57 So aber BSG SozR 4–2500 § 33 Nr. 5 = NZS 2005, 533; anders: BSG SozR 4–2500 § 33 Nr. 4.

Einbezogen sind im Einzelfall auch Hilfen zur Unterstützung bei der Krankheits- und Behinderungsverarbeitung, die Aktivierung von Selbsthilfepotenzialen einschließlich der Vermittlung von Kontakten, das Training sozialer und kommunikativer sowie lebenspraktischer Fähigkeiten und die zur Inanspruchnahme der Leistungen nötige Anleitung und Motivation.

3 Die *Früherkennung und Frühförderung* für Kinder (§ 30 SGB IX) umfasst auch sozialpädiatrische, heilpädagogische und psychosoziale Leistungen und die Beratung der Erziehungsberechtigten. Sie wird als Komplexleistung erbracht, um die Zersplitterung zwischen verschiedenen Leistungsträgern und Leistungserbringern zu vermeiden. Nach Maßgabe des Landesrechts kann daran auch die Schulverwaltung beteiligt werden. Dies ist ein wichtiger Schritt zur Vernetzung in dem zwischen Schulrecht, Jugendhilfe und Sozialhilfe oft unübersichtlich gestalteten Bereich der Hilfen für Kinder[58]. Näheres regelt die Frühförderungsverordnung[59].

Die Ziele der medizinischen Rehabilitation sind bei der Krankenbehandlung von Anfang an zu beachten (§ 27 SGB IX).

B. Leistungen zur Teilhabe am Arbeitsleben

4 Die *Leistungen zur Teilhabe am Arbeitsleben* (§§ 33–43 SGB IX) umfassen insbesondere Beratung und Vermittlung, Trainingsmaßnahmen, Berufsvorbereitung, berufliche Anpassung und Weiterbildung, berufliche Ausbildung, psychologische und pädagogische Hilfen und die Aktivierung von Selbsthilfepotenzialen und die erforderlichen Kosten für Unterkunft, Verpflegung, Lernmittel und Arbeitsgerät bei den Maßnahmen. Neu ist die Leistungsform der *Arbeitsassistenz für schwerbehinderte Menschen* bis zur Dauer von drei Jahren (§ 33 Abs. 8 S. 1 Nr. 3 SGB IX), die vom Integrationsamt im Auftrag des jeweiligen Rehabilitationsträgers ausgeführt wird[60]. Es können auch *Leistungen an Arbeitgeber* (§ 34 SGB IX) erbracht werden, insbesondere Ausbildungszuschüsse, Eingliederungszuschüsse[61], Zuschüsse für Arbeitshilfen und die Kostenerstattung für eine befristete Probebeschäftigung.

Zu den Leistungen zur Teilhabe am Arbeitsleben gehören auch die *Leistungen in Werkstätten für behinderte Menschen* (§§ 39–43, 136 SGB IX)[62], die ganz überwiegend in Trägerschaft der Sozialhilfe (Arbeitsbereich) und der Bundesagentur (Berufsbildungsbereich) erbracht werden. Näheres regelt die Werkstätten-Verordnung (WVO)[63]. Danach haben alle einen Anspruch auf Berufsbildung und Beschäftigung in Werkstätten, die wegen Art und Schwere der Behinderung nicht, noch nicht oder noch nicht wieder auf dem allgemeinen Arbeitsmarkt beschäftigt werden können (§ 136 Abs. 1 S. 2 SGB IX). In Deutschland arbeiten ca. 200.000 behinderte Menschen in 671 Werkstätten[64].

---

58 Vgl. dazu *J. Reimann* Schulverwaltung NI SH 2003, S. 315 ff.; die Beiträge von *Mrozynski, Füssel* und *Beck/Schuck*, in: Igl/Welti (Hrsg.), Die Verantwortung des sozialen Rechtsstaats für Personen mit Behinderung und für die Rehabilitation, 2001; *Lehnert* Die Anwendung des Benachteiligungsverbots auf das Schulrecht der Länder unter besonderer Berücksichtigung eines Anspruchs Behinderter auf Regelbeschulung, 2000; Aus der Rechtsprechung: OVG Rheinland-Pfalz ZfSH/SGB 2003, 614; VGH Baden-Württemberg DVBl. 2003, 474; OVG Brandenburg ZfSH/SGB 2002, 736; BVerfGE 96, 288.

59 Vom 24. 6. 2003 (BGBl. I S. 998).

60 *Schneider/Adlhoch* br 2001, 51.

61 Vgl. *Flüthmann* DRV 2003, 293; *Karasch*, br 2003, 99.

62 *Welti* SGb 2005, 491.

63 Vom 13. 8. 1980 (BGBl. I S. 1365).

64 BT-Drs. 15/4575 b, 9, 112.

C. Leistungen zur Teilhabe am Leben in der Gemeinschaft

Leistungen zur Teilhabe am Leben in der Gemeinschaft (§§ 55 bis 59 SGB IX) sind diejenigen Leistungen, die der sozialen Eingliederung dienen und von den anderen Leistungskategorien nicht erfasst sind. 5

Dies sind insbesondere Hilfsmittel, die eine Behinderung ausgleichen und über die Grundbedürfnisse des täglichen Lebens hinausgehen, heilpädagogische Maßnahmen (§ 55 SGB IX), Hilfen zur Kommunikation, zum möglichst selbstständigen Wohnen und zum gemeinschaftlichen und kulturellen Leben. Für hörbehinderte Menschen gehören die Maßnahmen zur Förderung der Verständigung (§ 57 SGB IX), also auch die Gebärdendolmetscher dazu (vgl. § 19 Abs. 1 S. 2 SGB X). *Heilpädagogische Maßnahmen* werden auch für diejenigen Kinder erbracht, für die eine spätere Schul- und Berufsausbildung unwahrscheinlich ist (§ 55 Abs. 1 S. 2 SGB IX).

D. Unterhaltssichernde und andere ergänzende Leistungen

Während länger andauernder Teilhabeleistungen benötigen die Teilnehmerinnen und Teilnehmer *unterhaltssichernde Leistungen*. Sie werden in den unterschiedlichen Sozialleistungszweigen unter verschiedenen Namen und in unterschiedlicher Höhe erbracht. Soweit ein Beschäftigungsverhältnis besteht, haben die Arbeitnehmerinnen und Arbeitnehmer während Maßnahmen der medizinischen Rehabilitation zunächst einen Anspruch auf Entgeltfortzahlung (§ 9 Abs. 1 EFZG). 6

Während einer medizinischen Rehabilitation kann Anspruch auf *Krankengeld* (§§ 44, 46–51 SGB V), *Verletztengeld* (§§ 45–48, 52–55 SGB VII), *Übergangsgeld* (§§ 46 SGB IX, 20, 21 SGB VI) oder *Versorgungskrankengeld* (§§ 16–16 h BVG) bestehen. 7

Während der Leistungen zur Teilhabe am Arbeitsleben[65] wird die Leistung als *Übergangsgeld* von den verschiedenen Trägern nach den einheitlichen Grundsätzen der §§ 46–52 SGB IX erbracht. Dabei wird ein Regelentgelt von 80% des beitragspflichtigen Arbeitsentgelts zugrunde gelegt und hiervon ein Satz von 68% als Leistung gewährt. Haben Leistungsempfänger mindestens ein zum Kindergeldbezug berechtigendes Kind oder ist ihr Ehepartner pflegebedürftig oder pflegt selbst, so erhöht sich dieser Satz auf 75%. 8

Unter die *ergänzenden Leistungen* fallen im Übrigen Reisekosten (§ 53 SGB IX)[66], Haushalts- oder Betriebshilfe und Kinderbetreuungskosten während einer Maßnahme (§ 54 SGB IX) und nötigenfalls ergänzende Krankenversicherungsbeiträge (§ 44 Abs. 2 SGB IX). 9

§ 75 Leistungserbringung

Die Leistungserbringung richtet sich im Wesentlichen nach den Vorschriften der einzelnen Rehabilitationsträger. Diese werden teilweise durch das SGB IX modifiziert. 1

So gibt § 9 Abs. 2 SGB IX den Leistungsberechtigten ein Antragsrecht, *Sachleistungen als Geldleistung* ausführen zu lassen, wenn sie gleich wirksam und wirtschaftlich erbracht werden. Dies gilt nicht für stationäre Leistungen. Die Regelung soll den Berechtigten mehr Selbstbestimmung bringen. 2

---

65 Nicht bei unentschuldigtem Fernbleiben: BSG SozR 3–2600 § 20 Nr. 1 = SGb 2002, 623 mit Anm. *Schultes*.

66 BSG v. 25. 3. 2003, Az. B 7 AL 8/02 R.

3 Die Leistungen können durch ein *persönliches Budget*[67] ausgeführt werden (§ 17 Abs. 2–6 SGB IX). Dabei wird nach einer umfassenden Bedarfsfeststellung von allen zuständigen Leistungsträgern gemeinsam ein Budget festgelegt, mit dessen Hilfe die leistungsberechtigte Person ihren Bedarf an Teilhabeleistungen eigenverantwortlich decken kann. Der federführende (beauftragte) Träger schließt mit ihr eine Zielvereinbarung über die Verwendung. Näheres regelt die Budgetverordnung[68]. Das Budget wird nach einer Erprobungsphase 2008 eine Regelform der Leistungserbringung werden, die insbesondere für dauerhaft behinderte Menschen mehr Selbstbestimmung ermöglichen und die Entwicklung bedarfsgerechterer Angebote einleiten soll.

4 Nach § 18 SGB IX können *Sachleistungen im Ausland* erbracht werden, wenn sie bei gleicher Qualität und Wirksamkeit wirtschaftlicher ausgeführt werden können. Das bislang entgegenstehende Recht des SGB VI wurde angepasst. Das Kriterium der größeren Wirtschaftlichkeit erscheint grundsätzlich als eine kaum europarechtskonforme Diskriminierung, die nur unter bestimmten Voraussetzungen im stationären Sektor Bestand haben kann[69].

5 Die Rehabilitationsträger haben eine gemeinsame Verantwortung für die Infrastruktur der *Rehabilitationsdienste und -einrichtungen* (§ 19 SGB IX) und für die *Qualitätssicherung* (§ 20 SGB IX)[70]. Sie schließen nach einheitlichen Grundsätzen *Verträge mit den Leistungserbringern* ab (§ 21 SGB IX)[71].

67 Vgl. *Welti* PKR 2006, 2; *Neumann* NZS 2004, 281.

68 Vom 27. 5. 2004 (BGBl. I S. 1055).

69 Vgl. dazu EuGHE 2001, 5473 = NJW 2001, 3391 (*Smits*); *Kingreen* ZESAR 2006, 210; Neumann/*Hoffmeister* § 3 Rn. 24; HK-SGB IX/*Welti* § 18 Rn. 12; *Bieback* NZS 2001, 561; vgl. auch BVerwG DVBl. 2002, 1643 zu Heilkuren von Beamten im EU-Ausland.

70 Dazu *Hehling* BG 2003, 514; *Welti* ZSR 2002, 460.

71 Vgl. *Eichenhofer* NZS 2002, 348; *Kunze/Kreikebohm* NZS 2003, 562.

14. Kapitel. Gemeinsame Regelungen für das gesamte Sozialrecht (SGB I und X)

Das *Erste* und das *Zehnte Buch* des *SGB* enthalten Bestimmungen, die grundsätzlich für alle Bereiche des Sozialgesetzbuchs und für diejenigen Teile des Sozialrechts gelten, die nach § 68 SGB I[1] zu den besonderen Teilen des SGB zählen. Im SGB I werden im Ersten Abschnitt einführend die Leistungen des Sozialrechts sowie die Leistungsträger aufgelistet. Das SGB X enthält die Regelungen, die im Verwaltungsverfahren zu beachten sind. In gerichtsverfahrensrechtlicher Hinsicht gilt Entsprechendes für das *Sozialgerichtsgesetz (SGG)*, wobei darauf zu achten ist, dass das SGG nicht für alle Sozialleistungsbereiche des SGB gilt (s. § 51 SGG). Im Folgenden sollen einige von diesen Regelungen behandelt werden, die vor allem auch für die Praxis Bedeutung haben. Dabei kann es sich allerdings nur um eine sehr begrenzte Auswahl von Fragenkreisen handeln.

§ 37 S. 1 SGB I: »Die Bücher I und X gelten für die einzelnen Sozialleistungsbereiche nur, soweit nicht in den besonderen Teilen des SGB [derzeit Bücher II, III, IV, V, VI, VII, VIII, IX, XI und XII sowie die in § 68 SGB I genannten Gesetze] Sonderregelungen enthalten sind.« Dieses erschwert die Frage nach der Anwendbarkeit der Bücher I und X nicht unwesentlich. Ähnlich wie im allgemeinen Verwaltungsverfahrensrecht nach dem VwVfG (§ 1 Abs. 2 Satz 1 VwVfG), aber eben nicht nur begrenzt auf das Verwaltungsverfahrensrecht, gilt auch hier der Vorrang der besonderen Regelung in den besonderen Teilen des Sozialrechts. Dieses zeigt auch der Ausschluss des Vorbehalts der besonderen Regelung in § 37 S. 2 SGB I sowie der Vorrang der sozialdatenschutzrechtlichen Regelungen in Satz 3.

§ 76 Allgemeine materiell-rechtliche Regelungen

A. Soziale Rechte

Die sozialen Rechte – nicht als soziale Grundrechte zu verstehen –, die in §§ 3 bis 10 SGB I normiert sind, markieren inhaltlich das Verständnis und den Rahmen dafür, wie mit den Sozialleistungen des SGB soziale Gerechtigkeit und soziale Sicherheit verwirklicht werden soll (§ 1 Abs. 1 S. 1 SGB I). Sie stellen keine subjektiven Rechte der begünstigten Personen dar, § 2 Abs. 1 S. 2 SGB I: Aus den sozialen Rechten können Ansprüche »nur insoweit geltend gemacht oder hergeleitet werden, als deren Voraussetzungen und Inhalt durch die Vorschriften der besonderen Teile dieses Gesetzbuchs im einzelnen bestimmt sind«. Als besondere Teile gelten bis auf weiteres die in § 68 SGB I (früher: Art. II § 1 SGB I) genannten Einzelgesetze. 1

Ohne Rechtswirkungen sollen die sozialen Rechte aber doch nicht sein[2]. Denn § 2 Abs. 2 SGB I bestimmt ausdrücklich, dass sie »bei der Auslegung der Vorschriften dieses Gesetzbuchs und bei der Ausübung von Ermessen zu beachten« seien. Sie gelten daher unmittelbar als *Auslegungsgrundsätze* für die sozialrechtlichen Einzelregelungen. In der sozialgerichtlichen Praxis haben sie freilich bisher erst selten eine Rolle gespielt[3]. Dies deutet da- 2

---

1 Bis zu einer endgültigen Einordnung aller Sozialleistungszweige in das Sozialgesetzbuch sind in § 68 SGB I diejenigen Teile des Sozialrechts aufgeführt, die als besondere Teile des SGB gelten.

2 Zum Verständnis der sozialen Rechte im Sinne einer Gegenseitigkeitsordnung: *Haverkate*Verfassungslehre, 1992, 278 ff.

3 Zu den wenigen Ausnahmen vgl. BSGE 62, 10 (14), 64, 89 (92 f.), 86, 101 (105) sowie jüngst BSG, Urt. vom 2. 2. 2006 (Az: B 10 EG 9/05 R).

rauf hin, dass sie das Sozialstaatsprinzip als Auslegungsmaxime noch nicht haben verdrängen können[4].

3 Als Ergänzung zu den §§ 3 bis 10 SGB I sind die sog. Einweisungsvorschriften der §§ 18 bis 29 zu sehen, die einen Überblick über die verschiedenen Konkretisierungen der sozialen Rechte zu subjektiven Ansprüchen im Rahmen der einzelnen Sozialleistungsbereiche geben sollen.

Mit dem Gesetz zur Umsetzung europäischer Richtlinien zur Verbindung des Grundsatzes der Gleichbehandlung[5], welcher eine Diskriminierung vor allem im Privatrechtsverkehr und hier vornehmlich in Arbeitsverhältnissen aus den in § 1 AGG genannten Gründen verbinden soll, wurde auch im § 33 c SGB I ein Benachteiligungsverbot bei der Inanspruchnahme sozialer Rechte aufgenommen, das jedoch enger als § 1 AGG ist und nur eine Diskriminierung wegen der Rasse, der ethnischen Herkunft oder Behinderung verbietet. Das Diskriminerungsverbot kann allenfalls bei Ermessensentscheidungen Bedeutung erlangen, z.B. bei Leistungen der aktiven Arbeitsförderung durch die Agenturen für Arbeit (§ 7 SGB III) und von Eingliederungsleistungen an erwerbsfähige Hilfebedürftige (§ 16 I SGB II). Inbesondere bei der in den meisten Fällen vorzunehmenden Erfolgsprognose der Leistungen könnten bestehende Nachteile bestimmter ethnischer Gruppen und behinderter Menschen auf dem Arbeitsmarkt als Grund genommen werden, ihnen neue Leistungen oder die von ihnen gewünschten Leistungen nicht zu gewähren.

B. Handlungsfähigkeit

4 Da auch für Minderjährige bereits Sozialleistungen in Betracht kommen – z.B. aus dem Bereich der Ausbildungsförderung, insbes. aber aufgrund sozialversicherungsrechtlicher Rechtsverhältnisse –, hat das SGB eine besondere sozialrechtliche »Handlungsfähigkeit« vorgesehen, die mit Vollendung des 15. Lebensjahres beginnt, § 36 SGB I[6]. Sie umfasst nicht nur das Recht, Leistungsanträge zu stellen und sie zu verfolgen (also zugleich alle verwaltungsverfahrensrechtlichen Handlungen vorzunehmen), sondern auch Leistungen entgegenzunehmen. Dagegen gelten für die Verwendung der Leistungen die allgemeinen zivilrechtlichen Regelungen des BGB[7].

Zur entsprechenden Prozessfähigkeit vgl. § 71 Abs. 2 SGG, anders § 62 Abs. 1 Nr. 2 VwGO für die sozialrechtlichen Streitigkeiten nach dem BAföG, für die keine abdrängende Sonderzuweisung zu den Sozialgerichten im Sinne des § 40 Abs. 1 S. 1 VwGO existiert; § 54 BAföG eröffnet vielmehr explizit den Verwaltungsrechtsweg.

C. Verbot nachteiliger Vereinbarungen

5 Nach § 32 SGB I sind privatrechtliche Vereinbarungen, die zum Nachteil des Sozialleistungsberechtigten von sozialrechtlichen Regelungen abweichen, nichtig[8]. Der Nachteil kann in einer Verminderung von Rechten, einer Vermehrung von Pflichten oder in einer verfahrensrechtlichen Erschwerung bestehen. Umstritten ist, ob bei einer Vielzahl von Ver-

4 Zur dogmatischen und praktischen Relevanz der sozialen Rechte näher (und kritisch) *v. Maydell*, in: GK-SGB I, § 2 Rn. 6 ff., sowie *Schwerdtfeger* FS Wannagat, 1981, S. 543 ff.

5 Gesetz vom 17. 8. 2006 (BGBl. I S. 1897).

6 Dazu *Schmitt* Die Handlungsfähigkeit im Sozialrecht, 1982.

7 Einführend dazu auch *Koch* Wesen, Bedeutung und Funktion von Willenserklärungen, WzS 2000, 166–177.

8 Zu dieser Regelung *Bürck* VSSR 1990, 287 ff.; vgl. auch *Eichenhofer* VSSR 1991, 185 (188 f.).

einbarungen das Gesamtergebnis nachteilig sein muss oder es ausreicht, dass eine einzelne Vereinbarung nachteilig ist[9].

Fall (nach BAG, NZA 1995, 935): R ist bei der Fa. A als Gebäudereinigerin geringfügig beschäftigt. Nach dem Arbeitsvertrag ist R verpflichtet, die Aufnahme einer weiteren Beschäftigung der Fa. A anzuzeigen. Bei Verletzung dieser Anzeigepflicht sieht der Vertrag einen Schadensersatzanspruch der Fa. A gegen R in voller Höhe der von der zuständigen Krankenkasse nachgeforderten Beiträge vor. – Eine solche Vereinbarung ist wegen § 32 SGB I nichtig. R ist nur zur Duldung des Abzugs *ihres* Beitragsanteils vom Lohn nach § 28 g SGB IV verpflichtet.

Für einen weiteren Beispielsfall zu § 32 SGB I s. BSG SozR 1200 § 14 Nr. 28.

In diesem Zusammenhang ist ein Vergleich von § 32 SGB I und § 46 Abs. 1 SGB I interessant[10]: Auf Sozialleistungsansprüche kann zwar verzichtet werden (allerdings nur durch Erklärung gegenüber dem Leistungsträger, also z.B. gegenüber der BA). Der Verzicht ist jedoch jederzeit mit Wirkung für die Zukunft widerrufbar!

Der Gesetzgeber behandelt also die zweiseitige Vereinbarung mit Nachteilen für den Leistungsempfänger anders als die einseitige Erklärung des Leistungsempfängers in der Form des Verzichts. Diese Ungleichbehandlung liegt darin begründet, dass der Leistungsempfänger eine für ihn nachteilige vertragliche Vereinbarung nicht allein wieder beseitigen kann.

D. Nebenpflichten aus dem Sozialrechtsverhältnis und sozialrechtlicher Herstellungsanspruch

I. Allgemeines

Die Vorschriften über die Sozialleistungsansprüche sind teilweise hochkompliziert. Ihre 6
Anwendung auf den einzelnen Lebenssachverhalt erfordert in der Regel die Kenntnis von detaillierten Sachverhaltsumständen. Deshalb ist die Realisierung des Normzweckes oft nur möglich, wenn Sozialleistungsträger und Sozialleistungsempfänger konstruktiv zusammenarbeiten. Der Sozialleistungsträger ist darauf angewiesen, dass ihn der Sozialleistungsberechtigte insbes. bei der Sachverhaltsermittlung tatkräftig unterstützt, und der Sozialleistungsberechtigte muss sich seinerseits darauf verlassen können, dass ihm der Sozialleistungsträger alle erforderlichen Informationen hinsichtlich der rechtlichen Lage zukommen lässt.

Plastisch und zutreffend hat man insoweit sogar von einem eigenen Risiko gesprochen, nämlich dem »aus dem gegliederten Sozialleistungssystem« sowie »aus dessen Unübersichtlichkeit entspringenden Risiko mit den damit verbundenen Sicherungsdefiziten«[11].

Der Gesetzgeber hat diesen Zusammenhängen dadurch Rechnung zu tragen versucht, dass er beiden Beteiligten des Sozialrechtsverhältnisses entsprechende Pflichten auferlegt hat. So hat der Sozialleistungsträger Betreuungs- und insbesondere Informationspflichten, deren Verletzung zu einem sozialrechtlichen Herstellungsanspruch führen kann, während der Leistungsberechtigte Mitwirkungspflichten zu erfüllen hat, deren Verletzung eine Leistungsversagung zur Folge haben kann.

Vgl. bereits Leitsatz 1 der vor Inkrafttreten des SGB I ergangenen Entscheidung BSGE 34, 124 vom 23. 2. 1972: »Versicherter und Versicherungsträger haben alles in ihren Kräften Stehende und ihnen Zumutbare zu tun, um sich gegenseitig vor vermeidbarem, das Versicherungsverhältnis betreffenden Schaden zu bewahren.«

9 Siehe dazu *Mrozynski* Kommentar zum SGB I, § 32 Rn 6.

10 Dazu BSG SozR 3–1200 § 46 Nr. 3; *Eichenhofer* VSSR 1991, 185 (187 f.).

11 *Krasney* Richtige Zuordnung der Risiken und Überwindung von Sicherungsdefiziten durch die Rechtsanwendung, SDSRV 33 (1990), 73 (91).

II. Betreuungspflichten der Sozialleistungsträger

7 **1.** Die Sozialleistungsträger sind nach den §§ 13 bis 17 SGB I zu umfassender *Betreuung* der Sozialleistungsberechtigten verpflichtet.

Fall (nach BSG SozR 1200 § 14 Nr. 9 und 25): R ist bei der DRV Bund rentenversichert. Da er in früheren Jahren über längere Zeit an Beitragszahlungen gehindert war, beantragte er 2003 die Nachentrichtung von Beiträgen. Nachdem ihm dieses durch Bescheid gestattet worden war, entrichtete er Beiträge in Höhe von etwa 4000 € nach. Später stellte sich heraus, dass R ohne die nachentrichteten Beiträge eine Rente in Höhe von etwa 280 € hätte erwarten können. Demgegenüber beläuft sich sein Rentenanspruch unter Berücksichtigung der nachentrichteten Beiträge nur auf 115 €, weil ihm wegen der Beitragszahlungen entsprechend größere Vorteile aus der Anrechnung der Ersatz- und Ausfallzeiten nach dem früheren Recht der RVO bzw. des AVG entgingen. Wie kann R geholfen werden?

Der Gesetzgeber hat in den §§ 13 bis 15 SGB I umfassende *Informationspflichten* der Sozialleistungsträger normiert.

§ 13 SGB I gibt dem einzelnen Bürger allerdings keine subjektiven Rechte. Vielmehr sieht diese Vorschrift eine Pflicht zur Information lediglich gegenüber der Allgemeinheit (der Bevölkerung) vor, etwa durch Merkblätter, Broschüren oder Informationsveranstaltungen. Deshalb scheidet bei unterlassener oder ungenügender Erfüllung des § 13 SGB I auch ein sozialrechtlicher Herstellungsanspruch i.d.R. aus[12].

8 **2.** §§ 14 und 15 SGB I verpflichten die Sozialleistungsträger zur Beratung[13] und zur Erteilung von Auskünften. Die beiden Pflichten unterscheiden sich in zweierlei Hinsicht. *Inhaltlich* geht Beratung weiter als Auskunftserteilung. Eine Auskunft setzt eine gezielte Frage voraus und bezieht sich (nur) auf diese. Beratung ist die umfassende Aufklärung über einen auch größeren Kreis von Rechten und Pflichten und setzt keine gezielten Informationsfragen voraus. Der andere Unterschied zwischen den beiden Normen betrifft die *Adressaten* der Informationspflichten: Der Beratungsanspruch nach § 14 SGB I besteht nur gegenüber dem jeweiligen Leistungsträger der in Rede stehenden Sozialleistungen, zur Auskunft i.S.d. § 15 SGB I sind demgegenüber alle in dieser Norm genannten Auskunftsstellen verpflichtet, allerdings nur in dem Umfang, wie ihn diese Regelung vorsieht.

Hieraus folgt: Die Pflicht zur Informationserteilung durch den *zuständigen* Leistungsträger richtet sich immer nach § 14 SGB I. Die (umfassende) Beratung schließt die (engere) Auskunft auf gezielte Fragen mit ein.

Zum Fall: § 15 SGB I scheidet aus, weil die DRV Bund von R als zuständiger Leistungsträger (der RV) angesprochen worden war, ferner, weil sich R nicht mit einer gezielten Frage an die DRV Bund gewandt hatte.

Die *Beratungspflicht* des § 14 SGB I ist *nicht unbegrenzt*. Insbesondere bedarf es eines konkreten Anlasses für die Informationserteilung. Eine allgemeine Beratungspflicht von Amts wegen und ohne Anlass gibt es nicht, da sie die Sozialleistungsträger überfordern würde. In der Regel besteht der Anlass zur Beratung darin, dass sich der einzelne Bürger mit einem Anliegen an den Sozialleistungsträger wendet. Dann allerdings setzt eine umfassende Förderungspflicht ein: »Bei Vorliegen eines konkreten Anlasses hat der Versicherungsträger den Versicherten auf solche Gestaltungsmöglichkeiten hinzuweisen, die klar zu Tage liegen und deren Wahrnehmung offenbar so zweckmäßig ist, dass jeder verständige Versicherte sie mutmaßlich nutzen würde«[14]. Die Frage, ob eine Gestaltungsmöglichkeit klar zu Tage liegt, ist allein nach objektiven Merkmalen zu beurteilen.[15] Problematisch ist der Umfang der Beratungs- und Auskunftspflichten im Hinblick auf den irrtümlich

12 BSG SozR 3–1200 § 13 Nr. 1.

13 Allgemein zu rechtlichen Grundlagen und Problemen des Beratungswesens *Schulin/Gebler* VSSR 1992, 33 ff.

14 BSG SozR 1200 § 14 Nr. 9.

15 BSG SozR 3–1200 § 14 Nr. 16.

falsch angegangenen Sozialleistungsträger.[16] Da sich Beitrags- und Ersatz- bzw. Ausfallzeiten gegenseitig ausschließen, konnte es im *Beispielsfall* für den Versicherten R ungünstig sein, eine (kostenlose, weil beitragsfreie) Ersatz- bzw. Ausfallzeit durch Beitragsnachentrichtung zu einer Beitragszeit werden zu lassen. Der einzelne Versicherte kann derartige rechtliche Zusammenhänge freilich in aller Regel nicht übersehen, so dass er auf den fachkundigen Rat der Versicherungsträger angewiesen ist. Im *Beispielsfall* war die DRV Bund daher verpflichtet, den »nachentrichtungswilligen Rentenempfänger zur Vermeidung grob unwirtschaftlichen Vorgehens hierauf hinzuweisen und entsprechende Empfehlungen zu geben«.[17]

Beispiel: (BSG SozR 3–1200 § 14 Nr. 5): »Ein Rentenversicherungsträger, der kurz vor Jahresschluss das Ende der Versicherungspflicht eines Handwerkers feststellt, muss den Versicherten eindeutig darauf hinweisen, dass er die Versicherung zur Erhaltung der Anwartschaft auf Rente wegen Berufs- oder Erwerbsunfähigkeit noch im selben Jahr freiwillig fortsetzen muss.«

3. §§ 16 und 17 Abs. 1 Nr. 1 und 3 SGB I normieren weitere Betreuungspflichten gegenüber 9
den Sozialleistungsberechtigten[18]. Nach § 16 Abs. 3 SGB I sind die Leistungsträger verpflichtet, darauf hinzuwirken, »dass unverzüglich klare und sachdienliche Anträge gestellt und unvollständige Angaben ergänzt werden«. § 16 Abs. 2 SGB I hilft dem Antragsteller, wenn er den Antrag bei einem unzuständigen Leistungsträger gestellt hat: Bei antragsabhängigen Sozialleistungen gilt der Antrag als zu dem Zeitpunkt gestellt, zu dem er bei einem unzuständigen Leistungsträger eingegangen ist. Das BSG hat diese Regelung, die dem Wortlaut nach nur für Anträge auf Sozialleistungen gilt, auf alle Anträge erweitert, die für die Stellung als Versicherter Bedeutung haben, so z.B. bei der Anzeige des Beitritts zur freiwilligen Versicherung in der KV[19].

III. Sozialrechtlicher Herstellungsanspruch

1. Hinsichtlich der *Rechtsfolgen* einer Verletzung der Pflichten aus §§ 14 ff. SGB I ist zu- 10
nächst an die allgemeinen öffentlich-rechtlichen *Ausgleichsansprüche* zu denken, nämlich an den Amtshaftungs- und an den Folgenbeseitigungsanspruch[20].

Der Folgenbeseitigungsanspruch geht jedoch nur auf die Wiederherstellung jenes *tatsächlichen früheren* Zustandes, wie er vor dem rechtswidrigen Verwaltungshandeln bestand. Der Amtshaftungsanspruch zielt zwar auf Schadensersatz, setzt jedoch Verschulden voraus und gewährt Ersatz grundsätzlich in Geld[21].

Für das Sozialrecht – und dort in der Hauptsache für das Sozialversicherungsrecht – hat die Rechtsprechung diese Beschränkungen der allgemeinen öffentlich-rechtlichen Ausgleichsansprüche nicht hinnehmen wollen. Der Rechtsprechung ging es darum, dem Versicherten einen vom Verschulden des Sozialleistungsträgers unabhängigen Anspruch auf die Herstellung des *rechtlichen* Zustandes zu geben, der *jetzt* bestehen würde, wenn sich die Behörde rechtmäßig verhalten hätte. Dieses dient dem sozialen Zweck und Auftrag des Sozialrechts, d.h. der Realisierung des Leistungszwecks, am ehesten. Dieses eigenständige Ausgleichsinstitut ist der *sozialrechtliche Herstellungsanspruch*[22]. Hat eine Sozialleis-

---

16 Dazu BSG SozR 3–3100 § 60 Nr. 3, BSG SozR 3–5910 § 97 a Nr. 7.
17 BSG SozR 1200 § 14 Nr. 9.
18 Zu § 16 SGB I: BSGE 64, 89.
19 BSG SozR 1200 § 16 Nr. 8.
20 *Koch* Wechselwirkungen von sozialrechtlichem Herstellungsanspruch und Amtshaftungsanspruch bei Auskunfts- und Beratungsfehlern, NZS 1998, 167– 173.)
21 S. hierzu etwa *Maurer* Allgemeines Verwaltungsrecht, § 26 IV.
22 Empfehlenswert die sehr übersichtliche und problemorientierte Darstellung bei *Maier* SRH, B. 7 Rn. 24 ff. Aus der umfangreichen Lit. etwa *Bieback* Grundlagen und Schranken des sozialrechtlichen Herstellungsanspruchs, SGb 1990, 517 ff.; *Kreßel* Öffentliches Haftungsrecht und sozialrechtlicher Herstellungsanspruch, 1990; *Ladage* Der sozialrechtliche Herstellungsanspruch, 1990;

tungsbehörde, etwa ein Sozialversicherungsträger, *»durch fehlerhaftes Verwaltungshandeln nachteilige Folgen für die Rechtsstellung des Versicherten herbeigeführt und können diese durch rechtmäßiges Verwaltungshandeln wieder beseitigt werden, so hat die Behörde dem Versicherten die Rechtsposition einzuräumen, die er gehabt hätte, wenn von Anfang an ordnungsgemäß verfahren worden wäre«.*[23] Hat z.B. ein Leistungsberechtigter wegen unzureichender Beratung eine Antragsfrist versäumt, muss der Leistungsträger den Berechtigten so behandeln, als sei der Antrag rechtzeitig gestellt worden[24].

Die Voraussetzungen des Herstellungsanspruchs sind demnach:

- Vorliegen eines Nachteils oder Schadens beim Leistungsberechtigten;
- Verhalten eines Sozialleistungsträgers (Tun oder – häufiger – Unterlassen);
- Pflichtwidrigkeit (Rechtswidrigkeit) dieses Verhaltens, wobei die Pflicht gerade dazu dienen muss, den Nachteil zu verhindern (Schutzzweckzusammenhang);
- Ursächlichkeit (i.S.d. wesentlichen Bedingung) dieses Verhaltens für den Eintritt des Schadens;
- der Anspruch ist gerichtet auf die Vornahme einer Amtshandlung zur Herstellung desjenigen Zustandes, der bestehen würde, wenn der Sozialleistungsträger die ihm aus dem Sozialleistungsverhältnis erwachsenden Nebenpflichten ordnungsgemäß wahrgenommen hätte. Der Nachteil darf dabei nur durch eine gesetzlich zulässige bzw. rechtmäßige Amtshandlung des Sozialleistungsträgers ausgeglichen werden.

Der sozialrechtliche Herstellungsanspruch kommt allerdings zwischen verschiedenen Sozialleistungsträgern nicht in Betracht.[25]

11 **2.** In der Praxis der Rechtsberatung wird der Herstellungsanspruch oft vorschnell als Allheilmittel bei einem angenommenen Fehlverhalten der Sozialleistungsträger verstanden. Es empfiehlt sich aber, die Einzelheiten einer nicht immer einfachen Rspr. zur Kenntnis zu nehmen, denn der sozialrechtliche Herstellungsanspruch weist trotz seiner für den Sozialleistungsberechtigten durchaus günstigen Voraussetzungen und Möglichkeiten etliche Problemzonen auf[26]. Diese sollen im Folgenden in den wichtigsten Punkten kenntlich gemacht werden[27]:

Verhältnis des sozialrechtlichen Herstellungsanspruch zur Wiedereinsetzung in den vorigen Stand (§ 27 SGB X): Das BVerwG vertritt in einem Urteil zum Wohngeldrecht die Auffassung, dass der sozialrechtliche Herstellungsanspruch verdrängt werde, wenn die Voraussetzung einer Wiedereinsetzung in den vorigen Stand gegeben seien.[28] Das BSG hat sich mehrfach mit dieser Ansicht auseinander gesetzt und ist jetzt zu dem Ergebnis gekommen,

---

Adolf Der sozialrechtliche Herstellungsanspruch, 1990; *Schmidt-De Caluwe* Der sozialrechtliche Herstellungsanspruch, 1992. S. auch die verschiedenen Beiträge zur Problematik des Herstellungsanspruchs in SDSRV 39 (1994) von *Ossenbühl, Kreßel, Funk, Bauer, Wallerath* und *Pietzner.* Zusammenfassung der neueren Rspr. bei *Gagel* Der Herstellungsanspruch, SGb 2000, 517 ff. Sehr prägnant auch *Schmidt* Der sozialrechtliche Herstellungsanspruch, Jura 2005, 372 ff.

23 BSG SozR 1200 § 14 Nr. 28, S. 78.

24 BSGE 32, 60.

25 BSGE 86, 78.

26 Sehr informativ hier die Rechtsprechungsübersicht von *Krause/Sattler* in den verschiedenen Bänden des JbSozR, Die höchstrichterliche Rechtsprechung zum SGB I und SGB X, jeweils unter dem Abschnitt: »I. Die Pflicht zur Aufklärung, Beratung und Auskunfterteilung und die Folgen ihrer Verletzung«.

27 Einen in Sachverhalt und Rechtslage komplizierten und daher gerade für die Thematik des Herstellungsanspruchs illustrativen Fall enthält das Urt. des BSG SozR 3–1200 § 14 Nr. 24 = ZfSH/SGB 1998, 617 ff. Zur Ausschlussfrist des § 44 Abs. 4 SGB X s. BSGE 60, 245 sowie BSG, SozR 3–1300 § 44 Nr. 25 = NZS 1999, 415 f.

28 Urt. v. 18. 4. 1997, NJW 1997, 2966.

dass ein sozialrechtlicher Herstellungsanspruch auch neben der Wiedereinsetzung in den vorigen Stand möglich sei.[29]

Das BSG führt zunächst aus, dass nach § 2 Abs. 2 SGB I das Sozialgesetzbuch so auszulegen sei, dass die sozialen Rechte möglichst weitgehend verwirklicht werden. Eben diesem Ziel diene auch der sozialrechtliche Herstellungsanspruch. Das Urteil[30] enthält weiter wichtige Feststellungen zu den Voraussetzungen des Herstellungsanspruchs:

»Der Gesetzgeber hat die Wiedereinsetzungsvorschriften für das sozialgerichtliche Vor- und Klageverfahren (§§ 67 und 84 Abs 2 S. 3 SGG) nicht als abschließende Entscheidung über die Folgen von Pflichtverletzungen der Verwaltung angesehen, sondern – zeitgleich mit § 27 SGB X – durch § 44 SGB X für eine weitgehende Verwirklichung der materiellen Gerechtigkeit zu Gunsten des Bürgers und auf Kosten der Bindungswirkung von diesen belastenden rechtswidrigen Verwaltungsakten gesorgt (...). Bei durch Verwaltungsakt abgeschlossenen Verfahren ist der Bürger gegen Rechtsverluste deshalb nahezu umfassend geschützt: Versäumt er unverschuldet Widerspruchs- oder Rechtsmittelfristen, so wird ihm nach § 67 SGG Wiedereinsetzung gewährt. Lässt er die Fristen – auch verschuldet – verstreichen, so ist ein rechtswidriger Verwaltungsakt ohne Rücksicht auf dessen Bindungswirkung nach § 44 SGB X zurückzunehmen. Eines sozialrechtlichen Herstellungsanspruchs bedarf es insoweit nicht. Er ist sowohl bei Fristversäumnissen im Rechtsmittelverfahren (...) als auch dann ausgeschlossen, wenn das behördliche Fehlverhalten bereits durch den Anspruch nach § 44 SGB X erfasst wird (...). Ist schon ein rechtswidriger bindender Verwaltungsakt zurückzunehmen und die verweigerte Sozialleistung nachträglich zu erbringen, so liegt es nahe, dies erst recht anzunehmen, wenn es durch fehlerhaftes Verwaltungshandeln zu einem Verwaltungsverfahren und einem ablehnenden Verwaltungsakt gar nicht erst gekommen ist (...). Die durch § 67 SGG im Verbund mit § 44 SGB X gewährleistete Realisierungsdichte sozialer Rechte wird bei unterbliebenem Verwaltungsverfahren erreicht, indem § 27 SGB X und der sozialrechtliche Herstellungsanspruch nebeneinander angewendet werden (...).«

Verhalten des Sozialleistungsträgers: Wann wird die Betreuungspflicht ausgelöst?

Fall (nach BSG SozR 3–2600 § 115 SGB VI Nr. 1): Die im Dezember 1939 geborene Klägerin beantragte im April 2005 eine Regelaltersrente. Der beklagte Rentenversicherungsträger setzte den Rentenbeginn auf den 1. April 2005 fest, weil der Antrag mehr als drei Monate nach Ablauf des Monats der Vollendung des 65. Lebensjahres gestellt worden war (§ 99 Abs. 1 S. 2 SGB VI). Die Klägerin meint, dass sie der Versicherungsträger gemäß § 115 Abs. 6 SGB VI auf die erforderliche Antragstellung habe hinweisen müssen. Das Unterlassen dieses Hinweises sei ursächlich für ihre verspätete Antragstellung und damit den Verlust der Rente ab Dezember 2004 gewesen, dem Monat, ab dem alle Voraussetzungen für die Leistung der Regelaltersrente (§ 35 SGB VI) vorgelegen haben. Die Klägerin macht einen sozialrechtlichen Herstellungsanspruch geltend, um so gestellt zu werden, als hätte sie die Rente rechtzeitig beantragt. – Das BSG hat wegen des Fehlens eines konkreten Beratungs- oder Auskunftsanlasses die Anwendbarkeit der §§ 14 und 15 SGB I verneint, jedoch einen Herstellungsanspruch auf die Verletzung der Informationspflicht nach § 115 Abs. 6 SGB VI gestützt.[31]

Zurechnung des Verhaltens beim Zusammenwirken mehrerer Sozialleistungsträger: Bei fehlender Identität zwischen dem Leistungsträger und der Behörde, die die fehlerhafte Beratung durchgeführt hat, kommt es darauf an, ob die andere Behörde vom Gesetzgeber in einer Funktionseinheit »arbeitsteilig« in das Verfahren eingeschaltet worden ist. In diesem Fall obliegt ihr auch die Beratung über die dem Leistungsberechtigten gegenüber einem anderen Leistungsträger bestehenden Gestaltungsmöglichkeiten[32].

Rechtmäßige Amtshandlung: Verlangt im *Beispielsfall* R von der DRV Bund eine Erhöhung seiner Rente unter Berücksichtigung der von ihm nachentrichteten Beiträge, aber ohne Minderung der Ausfall- und Ersatzzeiten, so wäre ein solches Begehren vom Herstellungsanspruch in der vom BSG entwickelten Ausgestaltung *nicht* gedeckt. Er kann nicht verlangen, dass seine Rente so berechnet wird, als ob sowohl die gesamten Ausfall- und

29 BSG, Urt. v. 2. 2. 2006, Az.: B 10 EG 9/05 R.
30 BSG, Urt. v. 2. 2. 2006, Az.: B 10 EG 9/05 Rn. 25.
31 Zum Herstellungsanspruch im Zusammenhang mit dieser Vorschrift s. auch BSG v. 1. 9. 1999 – B 13 RJ 73/98 R = SozR 3–2600 § 115 Nr. 5.
32 BSG SozR 3–1200 § 14 Nr. 8.

Ersatzzeiten als auch die nachentrichteten Beiträge voll rentensteigernd wirkten. Dieses wäre nicht mit dem materiell-rechtlichen Rentenversicherungsrecht vereinbar. R kann nur verlangen, durch eine ihrer Art nach rechtlich zulässige Amtshandlung so gestellt zu werden, als hätte ihn die DRV Bund sachgerecht beraten. Dann – so wird R sagen – hätte er keine Beiträge nachentrichtet. Kann er also Erstattung der Beiträge verlangen? Dieses bejahte das BSG in einer früheren Entscheidung.[33] Später hat sich das Gericht korrigiert: Da die Beitragsnachentrichtung als solche rechtswirksam gewesen sei, das Gesetz aber eine Erstattung rechtmäßig entrichteter Beiträge der Art nach nicht vorsehe, komme eine solche auch im Wege eines Herstellungsanspruchs nicht in Betracht. Folgt man dem, so bleibt als einzige Möglichkeit, die Rente des R unter Außerachtlassung der nachentrichteten Beiträge, jedoch unter Berücksichtigung der Ausfall- und Ersatzzeiten, neu zu berechnen (so BSG SozR 1200 § 14 Nr. 25)[34].

Zum Verhältnis zu §§ 44 ff. SGB X: Soweit es um die fehlerhafte Festsetzung von *Geldleistungen* geht, richtet sich der Nachteilsausgleich ausschließlich nach §§ 44 ff. SGB X. Dieser ist zu verzinsen, § 44 SGB I.

Zum Herstellungsanspruch in den verschiedenen Sozialleistungszweigen: Im SGB V gibt es einen Kostenerstattungsanspruch in § 13 Abs. 3 SGB V. Im *Sozialhilferecht* ist der Herstellungsanspruch nicht anerkannt[35]. Für das *Wohngeldrecht* ist bei schuldloser Versäumung der gesetzlichen Antragsfristen aufgrund unrichtiger behördlicher Beratung nur die Wiedereinsetzung in den vorherigen Stand möglich, § 27 SGB X[36]. Im *Unterhaltsvorschussgesetz* ist wegen der gesetzlichen Begrenzung der Gewährung von Vorschussleistungen für zurückliegende Zeiträume keine Wiedereinsetzung in den vorigen Stand bzw. die Heranziehung des Herstellungsanspruchs möglich[37]. Zu den Grenzen des sozialrechtlichen Herstellungsanspruchs, v.a. im Arbeitsförderungsrecht, s. BSGE 60, 43ff[38].

Zur Wirkung des sozialrechtlichen Herstellungsanspruches auf Pfändungs- und Überweisungsbeschlüsse vgl. BSG SozR 3–1200 § 14 Nr. 28.

IV. Mitwirkungspflichten der Leistungsberechtigten

12 **1.** Den Betreuungspflichten der Sozialleistungsträger entsprechen die Mitwirkungspflichten der Leistungsberechtigten, §§ 60 ff. SGB I, vgl. auch § 21 Abs. 2 SGB X. Ob man die Mitwirkungspflichten als Obliegenheiten definiert, hat angesichts der gesetzlich geregelten Rechtsfolgen fehlender Mitwirkung zumindest im Sozialrecht keine Bedeutung. Die einschlägigen Vorschriften haben eine hohe Praxisrelevanz. Nicht selten verweigern Sozialleistungsträger Leistungen unter Berufung auf eine Verletzung der Mitwirkungspflichten. Die Mitwirkungsvorschriften sind gesetzlicher Ausdruck des Verhältnismäßigkeitsprinzips. Das Verhältnismäßigkeitsprinzip wirkt bei den Voraussetzungen der Mitwirkung wie bei den Rechtsfolgen fehlender Mitwirkung. Nicht jegliche Mitwirkung wird gefordert und nicht jede fehlende Mitwirkung führt zur Leistungsversagung. §§ 60 bis 64 SGB I enthalten die verschiedenen Mitwirkungspflichten, während in § 65 SGB I deren Grenzen bestimmt sind. Die Folgen einer fehlenden Mitwirkung regelt § 66 SGB I: der Sozialleistungsträger kann die beantragten Leistungen ablehnen oder Leistungen entziehen. Der Versicherte hat jedoch auch die Möglichkeit, die verlangte Handlung nachzuholen, s.

33 SozR 1200 § 14 Nr. 9.

34 Zu Fällen, in denen das BSG in neuerer Zeit eine solche Möglichkeit und damit einen Herstellungsanspruch abgelehnt hat, etwa SozR 4100 § 66 Nr. 2 und SozR 3–2200 § 183 Nr. 1. S. auch BSG SozR 3–2200 § 183 Nr. 1.

35 Überblick bei *Wallerath* NDV 1998, 65 ff.

36 BVerwG NJW 1997, 2966.

37 OVG Nordrhein-Westfalen, NWVBl. 2000, 99.

38 Aus der jüngeren Rspr.: Urt. des BSG vom 11. 3. 2004, Az. B 13 RJ 16/03 R: Kann die fehlende Arbeitslosmeldung mit Hilfe des sozialrechtlichen Herstellungsanspruches überwunden werden? Das BSG verneint dies.

§ 67 SGB I. Die Regelung des § 99 SGB X dehnt den Kreis der Mitwirkungspflichtigen auch auf Dritte aus, wie beispielsweise Angehörige des Leistungsempfängers.

2. Die Regelungen der §§ 60 bis 62 SGB I haben den Zweck, die Sachverhaltsaufklärung zu erleichtern: Wer Sozialleistungen beantragt, muss alle erforderlichen Tatsachenangaben vornehmen, muss ggf. persönlich beim Sozialleistungsträger erscheinen und sich ärztlichen oder psychologischen Untersuchungen unterziehen. Für Aufwendungsersatz s. § 65 a SGB I. Wesentlich weiter reichen die Pflichten nach §§ 63 und 64 SGB I, die zur Vermeidung oder Begrenzung von Sozialleistungen Heilbehandlung oder berufsfördernde Maßnahmen für Antragsteller von Sozialleistungen vorsehen. 13

Das Verlangen solcher Mitwirkungshandlungen muss freilich stets in einem angemessenen Verhältnis zum erstrebten Erfolg stehen. Die Einzelheiten der Grenzen bei der Mitwirkung enthält § 65 SGB I. Dazu auch den *Fall* BSG SozR 1200 § 63 Nr. 1: Der Kläger erhielt nach einem Arbeitsunfall wegen einer Verletzung des linken Mittelfingers und nach zwei Operationen zunächst eine vorläufige, dann eine Dauerrente aufgrund einer Minderung der Erwerbsfähigkeit um 20%. Später gab ihm der UV-Träger auf, sich zwecks Verbesserung der Greiffähigkeit der linken Hand einer nochmaligen Operation, mit der ein Verlust des Fingers verbunden sein sollte, in einer berufsgenossenschaftlichen Klinik zu unterziehen. – Leitsatz: »Bei der Abwägung zwischen dem durch die Operation erstrebten Heilerfolg und dem mit dem operativen Eingriff mit Sicherheit verbundenen irreparablen Körperschaden ist zu berücksichtigen, wie der Betroffene selbst den Heilerfolg und den Körperschaden bewertet. Die Vorstellung des Betroffenen kann dann allein maßgebend sein, wenn sie in sich verständlich ist und es nach objektiven Gesichtspunkten nicht zweifelsfrei erscheint, dass der Heilerfolg den Körperschaden bei weitem überwiegt.«

3. Kommt ein Sozialleistungsberechtigter seinen Mitwirkungspflichten nicht nach, kann der Leistungsträger die Leistungen ganz oder teilweise versagen oder entziehen, § 66 SGB I. Es ist jedoch zu bedenken, dass § 66 SGB I den Leistungsträger nicht von seiner Amtsermittlungspflicht des § 20 SGB X entbindet. Daher darf § 66 SGB I nur angewendet werden, wenn dessen Voraussetzungen nicht vorliegen, also insbesondere, wenn die Aufklärung des Sachverhalts ohne die Mitwirkung des Leistungsberechtigten wesentlich erschwert wird. Voraussetzung ist der schriftliche Hinweis auf die Folgen fehlender Mitwirkung und eine Fristsetzung für die Vornahme der Mitwirkungshandlung, § 66 Abs. 3 SGB I. Mit der Entziehung der Sozialleistung geht der Leistungsanspruch mit Wirksamkeit der Entziehungsentscheidung unter. Bei Ansprüchen auf wiederkehrende Leistungen stellt die Entziehung einen Dauerverwaltungsakt dar. 14

Fall (nach BayVBl. 1998, S. 662 f.): G beantragt Hilfe zum Lebensunterhalt nach SGB XII. Der zuständige Sozialhilfeträger lehnt mit der Begründung ab, G wohne in eheähnlicher Gemeinschaft mit Frau B (vgl. § 20 SGB XII). Da die Einkommens- und Vermögensverhältnisse der B trotz mehrfacher Aufforderung an die B zur Mitwirkung nach § 60 Abs. 1 SGB I und nach Fristsetzung nicht bekannt sind, wird der Sozialhilfeantrag wegen fehlender Mitwirkung nach § 66 Abs. 1 SGB I abgelehnt. – Mitwirkungspflichtig ist jedoch nur der Antragsteller, § 60 Abs. 1 SGB I. Sofern er Daten über Dritte mitteilen muss, kann von ihm nur verlangt werden, das mitzuteilen, was er weiß. Beweise muss er jedoch nicht beibringen. Die Fristsetzung nach § 66 Abs. 3 SGB I muss gegenüber dem Leistungsberechtigten (hier: G.) stattfinden, nicht gegenüber Frau B. Die Ablehnung ist daher rechtswidrig.

Da es sich bei dieser Sanktion nicht um eine solche mit Strafcharakter handelt, sind die Leistungen künftig (wieder) zu gewähren, sobald die Mitwirkung nachgeholt wird. – Beachte aber z.B. § 404 Abs. 2 Nr. 26 SGB III (Ordnungswidrigkeit bei Verstoß gegen § 60 Abs. 1 S. 1 Nr. 2 SGB I). Stellt die Entziehungsentscheidung einen Dauerverwaltungsakt dar, besteht bei Nachholung der Mitwirkung ein Anspruch auf Aufhebung dieses Entziehungsbescheides nach § 48 Abs. 1 S. 1 und S. 2 Nr. 1 SGB X. Damit lebt jedoch der Leistungsanspruch nicht rückwirkend auf. Vielmehr besteht nach § 67 i.V.m. § 39 Abs. 1 SGB I ein Anspruch auf fehlerfreie Ermessensentscheidung über die nachträgliche Erbringung der Sozialleistung.[39]

39 Lesenswert: BSGE 76, 16 ff.

§ 60 Abs. 1 S. 1 Nr. 2 SGB I (Pflicht zur Mitteilung der Änderung von leistungsrechtlich relevanten Umständen) beinhaltet eine Pflicht i.S.v. § 48 Abs. 1 S. 2 Nr. 2 SGB X! Dazu BSG SozR 3–1300 § 48 Nr. 10.

E. Regelungen des Leistungsrechts

15 In den §§ 38 bis 59 SGB I sind die *Grundsätze des Sozialleistungsrechts* geregelt.

Diese Regelungen befassen sich ausschließlich mit den Ansprüchen auf *Sozialleistungen*, insoweit jedoch *aller* Sozialleistungsträger, also nicht nur der Sozialversicherung (wie § 19 SGB IV), sondern auch der sozialen Entschädigung und der sozialen Förderung (freilich gehen stets die Sonderregelungen in den Einzelgesetzen vor, § 37 S. 1 SGB I). Die entsprechenden Regelungen zu den *Beitragsansprüchen* der Sozialversicherungsträger (zu Fälligkeit, Verjährung usw.) finden sich dagegen – konsequenterweise, da sie außerhalb der Sozialversicherung nicht anwendbar sind – nicht im Buch I des SGB, sondern in dessen Buch IV, vgl. dort §§ 20 ff.

I. Sozialleistungsansprüche entstehen mit dem Vorliegen der gesetzlichen Tatbestandsmerkmale und werden vorbehaltlich anderer gesetzlicher Regelungen gleichzeitig fällig, s. §§ 40, 41 SGB I.

16 **II.** Die Feststellung von Geldleistungen – insbesondere von Renten – nimmt häufig längere Zeit in Anspruch. Deswegen sieht § 42 Abs. 1 SGB I die Möglichkeit der *Vorschusszahlung* vor. Diese Möglichkeit ist in das Ermessen des zuständigen Leistungsträgers gestellt (§ 42 Abs. 1 S. 1 SGB I). Bei einem entsprechenden Antrag des Berechtigten ist der Leistungsträger zur Vorschussleistung verpflichtet, wobei die Höhe des Vorschusses nach pflichtgemäßem Ermessen zu bestimmen ist (§ 42 Abs. 1 S. 2 SGB I). Der Anspruch auf Geldleistungen muss dem Grunde nach bestehen und zur Feststellung der Höhe des Anspruchs muss voraussichtlich längere Zeit erforderlich sein. Die Zuständigkeit des Leistungsträgers muss geklärt sein (ansonsten § 43 SGB I). Bei einer *Vorwegzahlung* stehen hingegen die Leistungsvoraussetzungen dem Grunde nach noch nicht fest.[40]

Zur Erstattungspflicht s. § 42 Abs. 2 S. 2 und Abs. 3 SGB I.

17 **III.** Nicht selten kommt für *eine* Sozialleistung die Zuständigkeit *mehrerer* Leistungsträger in Betracht.

Beispiel: A wird bei einem Verkehrsunfall verletzt, wobei als Dauerschaden eine Gehörminderung zurückbleibt, so dass er ein Hörgerät benötigt. Die AOK, bei der A versichert ist, und die für ihn zuständige Berufsgenossenschaft streiten sich darüber, ob es sich bei dem Verkehrsunfall um einen Arbeitsunfall (Wegeunfall) handelte. Wie kommt A zu seinem Hörgerät?

Der von A zuerst wegen der benötigten Leistung angegangene Leistungsträger *kann* nach § 43 Abs. 1 S. 1 SGB I *vorläufig leisten*.

Gewährt im Beispielsfall z.B. die AOK das Hörgerät, stellt sich dann später jedoch heraus, dass tatsächlich ein Wegeunfall (§ 8 Abs. 2 SGB VII) gegeben war, so hat die AOK gegen die Berufsgenossenschaft einen Kostenerstattungsanspruch nach § 102 SGB X (s. § 11 Abs. 4 SGB V).

Nach § 43 Abs. 1 S. 2 SGB I ist der zuerst angegangene Leistungsträger zur *vorläufigen Leistung* sogar *verpflichtet*, wenn sie der Berechtigte *beantragt*. Erforderlich ist jedoch stets, dass die materiell-rechtlichen Anspruchsvoraussetzungen erfüllt sind und dass nur über die Zuständigkeit des verpflichteten Leistungsträgers Unklarheit besteht.

18 **IV.** Während früher nur die Nichterfüllung von Beitragspflichten der *Bürger* (durch Säumniszuschlag) sanktioniert wurde, hat der Gesetzgeber des SGB auch die Leistungsträger bei verspäteter Gewährung von Geldleistungen in die Pflicht genommen: Ansprüche auf Geldleistungen sind nach § 44 SGB I mit 4% zu *verzinsen*.

---

40 Hierzu BSGE 62, 32 [41]; BSG SozR 3–1200 § 42 SGB I Nr. 2 und 3.

V. Sozialleistungsansprüche verjähren innerhalb von 4 Jahren nach Ablauf des Kalenderjahres, in dem sie entstanden sind, § 45 SGB I.[41] 19

VI. Soweit Sozialleistungen wie Kranken- oder Arbeitslosengeld, Renten oder Kindergeld der *Sicherung des Unterhalts* auch für solche Familienangehörigen dienen, die nicht selbst anspruchsberechtigt sind, sieht § 48 SGB I bei Verletzung der Unterhaltspflicht durch den Sozialleistungsberechtigten die Möglichkeit (Ermessen!) der *Auszahlung* derartiger Leistungen »in angemessener Höhe« unmittelbar an den *Ehegatten* oder die *Kinder* vor. Dabei muss dem eigentlich Berechtigten des Sozialleistungsanspruchs nach § 24 SGB X Gelegenheit zur Äußerung gegeben werden. 20

Beachte die Sonderregelung für Kindergeld, Kinderzuschläge und vergleichbare Leistungen (sog. »Geldleistungen für Kinder«) in § 48 Abs. 1 S. 2 und 3 SGB I. Zur Auszahlung von Geldleistungen bei stationärer Unterbringung aufgrund richterlicher Anordnung vgl. §§ 49, 50 SGB I.

VII. § 51 Abs. 1 SGB I räumt den Sozialleistungsträgern das Recht ein, gegen Ansprüche auf Geldleistungen mit eigenen Ansprüchen gegen den Berechtigten *aufzurechnen*, allerdings nur, soweit Pfändbarkeit der Ansprüche des Sozialleistungsberechtigten gegeben ist. 21

Fall: A schuldet der DRV Nord Rückerstattung von 1.000 € überzahlter Rentenleistungen. Er will seinerseits mit einem Anspruch auf höheren Beitragszuschuss zu seiner KV aufrechnen. – § 51 SGB I betrifft nur die Aufrechnung der *Sozialleistungsträger.* Die Aufrechnung der *Sozialleistungsberechtigten* richtet sich nach den allgemeinen Aufrechnungsgrundsätzen des öffentlichen Rechts, wonach die §§ 387 ff. BGB entsprechend anzuwenden sind.[42]

VIII. Sozialleistungsansprüche stellen nicht selten die einzige oder die hauptsächliche Grundlage für den Lebensunterhalt der Berechtigten dar. Sie kommen daher auch häufig als Sicherungsgegenstand für zivilrechtliche Verbindlichkeiten in Betracht. Abtretungen[43] und Verpfändungen etwa von Rentenansprüchen zur Sicherung für eine Kaufpreisforderung – z.B. beim Erwerb eines Kfz – spielen daher in der Praxis eine große Rolle. Entsprechendes gilt für die Pfändung. §§ 53 ff. SGB I sehen daher eine Reihe, z.T. sehr komplizierter, Regelungen zur *Übertragung* (so die Bezeichnung des SGB für die Abtretung von Sozialleistungsansprüchen), *Verpfändung* und *Pfändung* vor. Das ihnen gemeinsame rechts- und sozialpolitische Problem besteht darin, den Interessen von drei Beteiligten in ausgewogener Weise gerecht zu werden: dem Interesse des Sozialleistungsempfängers (z.B. des Rentners), dass ihm die Sozialleistung (etwa die Rente) auch tatsächlich zur Bestreitung seines Lebensunterhalts zur Verfügung steht; dem Interesse des Gläubigers (etwa des Kfz-Händlers), dass er auf den zur Sicherung seiner (z.B. Kaufpreis-)Forderung übertragenen oder verpfändeten Sozialleistungsanspruch zur Befriedigung zurückgreifen kann; und das Interesse der Allgemeinheit, die davor geschützt werden muss, dass nicht durch überhöhte Übertragungen oder Verpfändungen die Sozialleistungsberechtigten sozialhilfebedürftig und damit Leistungspflichten der öffentlichen Hand ausgelöst werden. Das gleiche gilt für Pfändungen. Übertragungen, Verpfändungen und Pfändungen von Sozialleistungsansprüchen sind daher nur begrenzt zulässig; bei Ansprüchen auf Dienst- und Sachleistungen sind sie gänzlich ausgeschlossen, §§ 53 Abs. 1, 54 Abs. 1 SGB I. Weiter sind sie – auch bei Geldleistungen – im Bereich der Sozialhilfe unzulässig, § 17 Abs. 1 S. 2 SGB XII (beachte nochmals § 37 S. 1 SGB I) [44]. 22

---

41 Zum Verhältnis der Erhebung einer Verjährungseinrede bei unzureichender Beratung des Leistungsberechtigten und sozialrechtlichem Herstellungsanspruch BSG SozR 3–1200 § 45 SGB I Nr. 6; allgemein: *Rolfs* NZS 2002, 169.

42 BSG SozR 1300 § 48 Nr. 47.

43 Dazu *Elling* NZS 2000, 281–289.

44 Einzelheiten bei *Heinze* SRH B. 8, Rn. 135 ff.; *Mrozynski* Wertungsfragen bei der Abtretung von Ansprüchen auf Sozialleistungen SGb 1989, 374 ff.; *Kamprad* Die Pfändbarkeit künftiger Rentenansprüche, SGb 1990, 5. 184 ff.; *Kothe* Praktische Fragen der Sozialleistungspfändung, NJW 1992, 393 ff. Aus der Rspr. als Beispielsfall BSGE 60, 87.

23 **IX.** Zum Schicksal von Ansprüchen auf Geldleistungen im Fall des Todes des Leistungsberechtigten (sog. *Sonderrechtsnachfolge*) s. §§ 56 ff. SGB I. Die Normen weichen partiell von der Rechtsnachfolge nach § 1922 BGB ab.

§ 77 Verwaltungsverfahren

1 **A.** Das Verwaltungsverfahren für die sozialrechtliche Verwaltungstätigkeit ist im 1. Kapitel des SGB X geregelt[45]. Die Vorschriften dieses Kapitels gelten für die öffentlich-rechtliche Verwaltungstätigkeit der Behörden, die nach dem SGB ausgeübt wird (§ 1 Abs. 1 S. 1 SGB X). Die Bestimmungen weichen nur an wenigen Stellen von denen des Verwaltungsverfahrensgesetzes (VwVfG) ab, so dass auf eine eingehende Darstellung hier verzichtet werden kann[46]. Allerdings sind jüngere Änderungen des VwVfG, z.B. bei § 46 VwVfG, nicht für das sozialrechtliche Verwaltungsverfahren übernommen worden. Die wichtigsten *Besonderheiten* finden sich (außer etwa in § 42 S. 2 SGB X) insbesondere bei den Regelungen zum *Widerruf*, zur *Rücknahme* und zur *Aufhebung von Verwaltungsakten mit Dauerwirkung* sowie zur *Erstattungspflicht* von Leistungen[47].

Die Besonderheiten der Bestimmungen des sozialrechtlichen Verwaltungsverfahrens beruhen vor allem darauf, dass es sich bei Verwaltungsakten im Sozialleistungsrecht häufiger als sonst um solche mit Dauerwirkung handelt, die überdies für die sozialen Lebensverhältnisse der Betroffenen oft existenzielle Bedeutung haben. Das Verständnis dieser Vorschriften erschließt sich – ähnlich wie bei den entsprechenden Vorschriften des VwVfG – erst, wenn man sich über die verfassungsrechtlichen Anliegen (Rechtsstaatsprinzip) und die jeweiligen Interessenlagen der Verfahrensbeteiligten und ihre im Gesetz zum Ausdruck kommende Gewichtung im Klaren ist[48].

2 **B.** Wie im allgemeinen Verwaltungsverfahrensrecht sind auch für das Verständnis der *Vorschriften zur Aufhebung von Verwaltungsakten im Sozialrecht* die Folgen der Bekanntgabe eines (rechtmäßigen oder rechtswidrigen) VA der Ausgangspunkt (§ 39 Abs. 1 SGB X): Während sich der Adressat des VA innerhalb der Rechtsbehelfsfristen gegen den Eintritt der Bestandskraft des VA wehren kann (§ 62 SGB X, §§ 77 ff. SGG), ist die Behörde nach Bekanntgabe des VA an diesen gebunden, außer es sind für die Behörde Aufhebungsmöglichkeiten gesetzlich vorgesehen. Im Gegensatz zu den Aufhebungsvorschriften des VwVfG werden die Normen des SGB X nicht nur als Ermächtigungsnormen für die Verwaltung gesehen, sondern sie geben auch dem Bürger als Leistungsbezieher ein Recht darauf, die Überprüfung einer Entscheidung, vor allem nach § 44 SGB X, zu beantragen.

Zuvor ist jedoch noch auf einen wichtigen Punkt hinzuweisen: Bei jeder Änderung eines Sozialrechtsverhältnisses aufgrund der §§ 44 ff. SGB X ist stets streng zu trennen zwischen der *Korrektur* der Verfügung, die der VA enthält (§§ 44 bis 49 SGB X) und dem *Vollzug der*

---

45 Beachte: Im SGB X ist nicht nur, wie häufig formuliert, das sozialrechtliche Verwaltungsverfahren enthalten. Vielmehr sind dort auch der Schutz der Sozialdaten (2. Kapitel) und die Zusammenarbeit der Leistungsträger mit Dritten (3. Kapitel) geregelt.

46 Vgl. dazu die allgemeinen Darstellungen zum Verwaltungsrecht, etwa bei *Maurer* Allgemeines Verwaltungsrecht, 16. Aufl., 2006, insbes. § 19. Zu §§ 39 bis 42 SGB X *Schnapp* SGb 1988, 309 ff. – S. auch die Beiträge von *Wannagat, Martens, Stober, Pitschas, Siebert, Gagel* und *Meyer-Ladewig* SGb 1990, 217 ff.

47 Einen Überblick über die Probleme bietet *E. Jung* §§ 44, 45, 48 SGB X: Schwierigkeiten bei der Aufhebung bindender Verwaltungsakte, insbesondere im Bereich der gesetzlichen Unfallversicherung, SGb 2002, 1 ff.

48 Weniger für Studierende, aber unter verwaltungspraktischen Gesichtspunkten insgesamt sehr informativ und übersichtlich *Dörr* Bescheidkorrekturen – Rückforderung – Herstellung, 3. Aufl., 2004.

Korrektur in finanzieller Hinsicht (§§ 44 Abs. 4, 48 Abs. 4, 50 SGB X, § 26 Abs. 2 SGB IV); vgl. dazu BSGE 61, 154 (156 ff.).

Beispiel: Die DRV Nord erlässt am 1. 2. einen Rentenbescheid für den Versicherten X. Am 1. 12. erfährt X, dass die Rentenberechnung fehlerhaft ist, weil wegen unrichtiger Rechtsanwendung eine Anrechnungszeit von 4 Jahren nicht berücksichtigt worden ist. – X hat nach § 44 Abs. 1 S. 1 SGB X Anspruch auf Rücknahme des Rentenbescheids. Damit ist jedoch zunächst nur die (fehlerhafte) Rechtsgrundlage des bisherigen Verwaltungshandelns der DRV Nord beseitigt (Korrektur der Verfügung). Dieses hilft X letztlich noch nicht weiter. Vielmehr bedarf er nun einer neuen Rechtsgrundlage für die in der Vergangenheit zu Unrecht vorenthaltenen sowie für die in der Zukunft zu erbringenden Rentenleistungen. Dieser *Vollzug* der Korrektur des fehlerhaften Verwaltungsaktes erfolgt zum einen durch Erlass eines neuen Rentenbescheids (sog. Zugunstenbescheid) als Rechtsgrundlage für die Rentengewährung in richtiger Höhe (für die Vergangenheit und für die Zukunft) sowie zum anderen durch Nachzahlung des Differenzbetrags zwischen richtig und falsch berechneter Rente nach Maßgabe des § 44 Abs. 4 SGB X.

C.I. Bei der *Rücknahme des rechtswidrigen VA* wird wie in § 48 VwVfG auch im SGB X zwi- 3
schen der Rücknahme des nicht begünstigenden VA (§ 44 SGB X) und der Rücknahme des begünstigenden VA (§ 45 SGB X) unterschieden. Wegen der möglicherweise gravierenden Wirkungen von *rechtswidrigen nicht begünstigenden VAen* für den Sozialleistungsberechtigten besteht jedoch grundsätzlich ein Anspruch auf Rücknahme eines solchen VA (§ 44 Abs. 1 und 2, Ermessen nur in § 44 Abs. 2 S. 2 SGB X). § 44 SGB X unterscheidet zwischen solchen Verwaltungsakten, die zur Folge haben, dass eine Sozialleistung (z.B. eine Rente aus der RV) nicht erbracht oder Beiträge zu Unrecht erhoben worden sind (Abs. 1), und den übrigen VAen (z.B. Ablehnung eines Antrags auf Befreiung von der Versicherungspflicht nach § 8 SGB V) (Abs. 2). Im ersten Fall ist ein Verwaltungsakt, bei dem das Recht unrichtig angewandt oder von einem falschen Sachverhalt ausgegangen worden ist, nicht nur für die Zukunft, sondern auch für die Vergangenheit zurückzunehmen. Im anderen Fall, wenn es also nicht um eine Sozialleistung oder um eine Beitragserhebung geht, ist die Rücknahme des Verwaltungsaktes zwingend nur für die Zukunft vorgeschrieben; die Rücknahme für die Vergangenheit steht im Ermessen der Behörde.

Fall (nach BSG SozR 3–1300 § 44 Nr. 3): K ist als Schwerbehinderter nach § 69 SGB IX mit einem Grad der Behinderung (GdB) von 80% ab 1. 1. 2004 rechtsverbindlich anerkannt. Er strebt die gleiche Feststellung für die Zeit ab 1. 1. 2002 an, weil er dies für die rückwirkende Gewährung einer Einkommensteuervergünstigung benötigt. *Frage:* Hat K einen Anspruch auf Aufhebung des Feststellungsbescheides und Neufeststellung? Ein Anspruch besteht nicht nach § 44 Abs. 1 S. 1 SGB X, da sich diese Vorschrift auf VAe beschränkt, die ausschließlich über die Gewährung von Sozialleistungen entscheiden. Jedoch besteht Ermessen der Behörde nach § 44 Abs. 2 S. 2 SGB X. *Fallvariante:* K beantragt am 1. 5. 2005 die rückwirkende Feststellung ab dem 1. 1. 1999. Hier ist die Vierjahresfrist des § 44 Abs. 4 S. 2 SGB X in analoger Anwendung zu berücksichtigen.

Allgemein räumt § 44 SGB X dem Ziel der materiellen Einzelfallgerechtigkeit eine große Priorität ein, hinter dem der Grundsatz der Rechtssicherheit (Bestandskraft von behördlichen Entscheidungen) weitestgehend zurücktritt.

II. Für den *Vollzug* einer Rücknahmeentscheidung nach § 44 Abs. 1 S. 1 SGB X ist zu unterscheiden: Sind dem Berechtigten durch den zurückgenommenen VA in der Vergangenheit Sozialleistungen vorenthalten worden, kann er nach Abs. 4 dieser Vorschrift einen entsprechenden Zugunstenbescheid und nachträgliche Gewährung der Leistungen verlangen, jedoch längstens für vier Jahre (beachte: diese Frist entspricht der Verjährungsfrist des § 45 Abs. 1 SGB I). Sind dagegen aufgrund des zurückgenommenen VA zu viel Beiträge gezahlt worden, steht dem Betroffenen ein Erstattungsanspruch nach § 26 Abs. 2 SGB IV zu.

Fall: Die zuständige Berufgenossenschaft erließ 1995 nach einem Arbeitsunfall für V einen Rentenbescheid wegen Minderung der Erwerbsfähigkeit. Nach 9 Jahren stellt sich heraus, dass die Rente aufgrund unrichtiger Rechtsanwendung zu niedrig berechnet worden war. – V hat Anspruch auf Korrektur des Rentenbescheids auch für die Vergangenheit. Rentennachzahlungen erhält er nach § 44 Abs. 4

SGB X jedoch nur für vier Jahre. Kann er aufgrund des sozialrechtlichen Herstellungsanspruchs auch für die Jahre davor Nachzahlung verlangen? Nein! Zunächst ist der sozialrechtliche Herstellungsanspruch subsidiär gegenüber den §§ 44 ff. SGB X. Aber selbst wenn ein derartiger Anspruch hier in Betracht käme, würde sich am Ergebnis nichts ändern, denn in der Regelung des § 44 Abs. 4 SGB X sieht man einen allgemeinen Rechtsgedanken, der auch für den Herstellungsanspruch entsprechend gelten soll (BSG SozR 1300 § 44 Nr. 25).

D. § 45 SGB X betrifft die *Rücknahme eines rechtswidrigen begünstigenden Verwaltungsaktes.* Die Interessenlagen der Beteiligten sind hier einerseits durch die Sicherung des rechtsstaatlichen Handelns seitens der Behörde (also: Rücknahme) und andererseits durch das Vertrauen auf den Bestand des VA seitens des Sozialleistungsempfängers (wegen Bestandskraft erfolgt keine Rücknahme) gekennzeichnet. Im Wesentlichen wird diese Abwägung – wie auch in § 48 Abs. 2 VwVfG – vor dem Hintergrund des Schutzes des redlichen Vertrauens zugunsten des Bürgers gelöst (dann also keine Rücknahme, § 45 Abs. 2 SGB X).

Die Ermessensentscheidung nach § 45 Abs. 1 SGB X kann erst getroffen werden und ist erst dann notwendig, wenn geprüft worden ist, ob die Voraussetzungen des Vertrauensschutzes nach § 45 Abs. 2 SGB X vorliegen (so richtig BSGE 81, 156 [158 f.]; anders noch BSGE 60, 147 [151], wonach das Ergebnis der Interessenabwägungen im Zusammenhang mit dem Vertrauensschutz auch für die Ermessensentscheidung zu berücksichtigen sei).

Rechtswidrig begünstigende *Dauerverwaltungsakte* können nur bis zum Ablauf von zwei Jahren nach ihrer Bekanntgabe zurückgenommen werden (§ 45 Abs. 3 S. 1 SGB X). Daraus folgt im Umkehrschluss, dass andere als DauerVAe ohne eine solche Frist zurückgenommen werden können. Für die weiteren Rücknahmemöglichkeiten bei DauerVAen s. § 45 Abs. 3 Sätze 2 bis 5 SGB X. Im Hinblick auf die Rücknahmemöglichkeiten für die Vergangenheit und die Zukunft gilt, dass für die Zukunft bei fehlendem Vertrauensschutz mit weniger Beschränkungen zurückgenommen werden kann (unbefristet bei VAen ohne Dauerwirkung, befristet bei DauerVAen, Abs. 2 und 3) als für die Vergangenheit (für beide Verwaltungsakt-Typen, Abs. 4).

Insgesamt handelt es sich bei § 45 SGB X um eine sehr komplizierte Regelung, die sorgfältiger Lektüre bedarf. Instruktiv zu den Abwägungen gemäß § 45 Abs. 2 SGB X: BSGE 81, 156 (159 ff.).

Bei der Rücknahme mit Wirkung für die Vergangenheit gilt die Jahresfrist nach § 45 Abs. 4 S. 2 (vgl. § 48 Abs. 4 VwVfG). Diese Frist beginnt erst dann zu laufen, wenn die Behörde entweder objektiv eine sichere Kenntnis der Tatsachen hatte, welche die Rücknahme eines rechtswidrigen begünstigenden VA rechtfertigen, oder subjektiv von der Richtigkeit und Vollständigkeit der ihr vorliegenden Informationen überzeugt war; dieses ist regelmäßig erst nach der gem. § 24 SGB X durchgeführten Anhörung des Betroffenen der Fall. Hierzu BSG SozR 3–1300 § 45 Nr. 27.

Zu beachten ist jedoch die folgende Besonderheit: Eine AOK beantragt bei einem Sozialleistungsträger – z.B. nach § 251 Abs. 1 SGB V – die Entrichtung von Beiträgen. Der Leistungsträger gibt dem Antrag statt, nimmt den Bewilligungsbescheid jedoch später wieder zurück, weil es an den rechtlichen Voraussetzungen zur Beitragspflicht gefehlt habe. – Nach BSGE 64, 24 beschränkt sich der Vertrauensschutz des § 45 Abs. 4 SGB X auf das Verhältnis zwischen Sozialleistungsträger und Bürger. Im Verhältnis zwischen Sozialleistungsträgern untereinander bestünden dagegen keine entsprechenden Grenzen für die Rücknahme von rechtswidrigen begünstigenden VAen, so dass hier § 45 Abs. 2 SGB X nicht anwendbar sei.

4 **E.** Ein *rechtmäßiger, nicht begünstigender Verwaltungsakt* kann i.d.R. jederzeit *widerrufen* werden, § 46 SGB X, ein *rechtmäßiger begünstigender* dagegen nur unter engen Voraussetzungen, § 47 SGB X.

5 **F.** Von großer praktischer Bedeutung ist § 48 SGB X, der die *Aufhebung eines VA mit Dauerwirkung bei Änderung der Verhältnisse* regelt[49]. Der entscheidende Unterschied zu §§ 44 und 45 SGB X liegt darin, dass diese Bestimmungen VAe voraussetzen, die *von Anfang an*

49 Dazu *Pickel* SGb 1992, 294 ff.

rechtswidrig sind, während § 48 SGB X nur Fälle erfasst, in denen die Unrichtigkeit des VA erst nachträglich aufgrund geänderter Verhältnisse eintritt. Außerdem gilt diese Bestimmung – natürlich – nur für VAe *mit Dauerwirkung*. Ein solcher Dauerverwaltungsakt liegt vor, wenn sich die Regelungswirkung nicht in einem einmaligen Ge- oder Verbot oder einer einmaligen Gestaltung der Rechtslage erschöpft, sondern ein auf Dauer angelegtes bzw. in seinem Bestand von dem VA abhängiges Rechtsverhältnis begründet oder inhaltlich verändert wird, oder – anders ausgedrückt – wenn der VA in rechtlicher Hinsicht über den Zeitpunkt seiner Bekanntgabe hinaus Wirkungen zeitigt (BSGE 81, 156 (157)). Dies ist insbesondere der Fall, wenn mit einem VA wiederkehrende Leistungen bewilligt werden, z.B. bei einem Feststellungsbescheid über Renten. Sozialhilfeleistungen jedoch, etwa Hilfe zum Lebensunterhalt, gelten als täglich neu gewährt, so dass kein DauerVA vorliegt (BVerwGE 66, 34)[50]. Feststellende Bescheide, z.B. über eine Kassenarztzulassung, gelten als DauerVA[51].

Fall (nach BSG SozR 1300 § 48 Nr. 44): A bezieht seit 1. 8. 2004 Arbeitslosengeld, dessen Berechnung die Lohnsteuerklasse IV zugrunde liegt. Zum 1. 1. 2005 übernahm A jedoch die Lohnsteuerklasse V und ihr Ehemann die Lohnsteuerklasse III. Das ausgefallene Nettoarbeitsentgelt als Bemessungsgrundlage des Arbeitslosengeldes verminderte sich dadurch, so dass A ab 1. 1. 2005 nur ein entsprechend geringeres Arbeitslosengeld zusteht, § 137 SGB III. Das Arbeitsamt erfährt davon erst am 1. 4. 2005. – Der ursprüngliche Bewilligungsbescheid war rechtmäßig, so dass für dessen Änderung § 48 SGB X gilt. Abs. 1 dieser Regelung unterscheidet – ebenso wie §§ 44, 45 SGB X – zwischen Änderungen für die Zukunft und für die Vergangenheit. Die Aufhebung für die Zukunft ist nach S. 1 zwingend vorgeschrieben (beachte aber die Sonderregelung des Abs. 3). In Bezug auf die Vergangenheit ist S. 2 anzuwenden, wobei in vorliegendem Fall unterstellt sei, dass der Tatbestand der Nr. 2 erfüllt ist (zumindest grob fahrlässige Verletzung der Mittei lungspflicht – § 60 Abs. 1 S. 1 Nr. 2 SGB I – über die Änderung der Lohnsteuerklasse). Man versteht diese Sonderregelung dahingehend, dass der Leistungsträger den VA in der Regel rückwirkend aufzuheben hat (»soll«), er jedoch in atypischen Fällen (beispielsweise Mitverschulden des Leistungsträgers) hiervon absehen darf. Dabei steht ihm kein Ermessen zu, vielmehr ist die Entscheidung über das Vorliegen oder Nichtvorliegen eines atypischen Falles gerichtlich voll nachprüfbar.[52] Im Beispielsfall sind Anhaltspunkte für einen solchen atypischen Fall nicht gegeben, so dass der Bescheid über das Arbeitslosengeld auch für die Vergangenheit aufzuheben ist.

Nach § 48 Abs. 2 SGB X kommt eine Aufhebung auch dann in Betracht, wenn der zuständige oberste Gerichtshof des Bundes – also das BSG oder das BVerwG – in st. Rspr. nachträglich das Recht anders auslegt als die Behörde bei Erlass des VA und sich dieses zugunsten des Berechtigten auswirkt. Diese Vorschrift hat in der Praxis bisher keine Bedeutung erlangt, weil regelmäßig mit § 44 SGB X geholfen werden konnte[53]. Im Beispielsfall hat A das Arbeitslosengeld in Höhe des überzahlten Betrages nach § 50 Abs. 1 SGB X zurückzuerstatten.

Wie ist die Rechtslage, wenn im Beispielsfall für A ursprünglich die Lohnsteuerklasse V galt und sie später zu der für die Bemessung ihres Arbeitslosengeldes günstigeren Steuerklasse IV überwechselt?

§ 48 Abs. 4 SGB X verweist auf § 44 Abs. 4 SGB X. Damit werden zu Unrecht nicht erbrachte Sozialleistungen auch nachträglich gewährt.

A hat also im abgewandelten Beispiel Anspruch auf Nachzahlung des Arbeitslosengeldes in Höhe des noch nicht gewährten Differenzbetrages.

G. Nach § 50 Abs. 1 SGB X sind, soweit ein VA aufgehoben worden ist, erbrachte Leistungen zu erstatten. Hier steht dem Leistungsträger – anders als bei der Entscheidung über die Aufhebung – *kein* Ermessen zu! Auf »Entreicherung« (etwa in analoger Anwendung des 6

50 Dazu kritisch *Grieger* Der Verwaltungsakt mit Dauerwirkung im Sozialhilferecht, ZfSH/SGB 2002, 451 ff.

51 BSG SozR 3–2500 § 126 SGB V Nr. 1.

52 BSG SozR 1300 § 48 Nr. 44.

53 So *Rüfner* Zur Bedeutung des § 48 Abs. 2 SGB X, FS Krasney, 1997, S. 401 ff.

§ 818 Abs. 3 BGB) kann sich der Erstattungspflichtige nicht berufen. Die Erstattungspflicht ist nach Abs. 3 durch gesonderten VA festzusetzen[54].

7 **H.** Sind *Sozialleistungen ohne VA* zu Unrecht erbracht worden, sind sie – unter entsprechender Anwendung von §§ 45 und 48 SGB X – nach § 50 Abs. 2 SGB X zu erstatten. Bei Bösgläubigkeit des Erstattungspflichtigen schrumpft das Ermessen des Sozialleistungsträgers in der Entscheidung über die Erstattung nach § 50 Abs. 2 S. 2 i.V.m. § 45 Abs. 2 S. 3 Nr. 3 SGB X in der Regel auf Null.

S. hierzu den instruktiven *Fall* in BSGE 75, 291. Dieser Fall betrifft auch die Frage, ob in einer ständigen Rentenleistung ein VA zu sehen ist oder nicht – dies ist nicht der Fall! Es ist jedoch möglich bei einer Rentenanpassungsmitteilung – dabei handelt es sich um einen DauerVA! Ist die Zehnjahresfrist des § 45 Abs. 3 S. 3 SGB X bei der Rückforderung ohne Verwaltungsakt zu Unrecht erbrachter Leistungen entsprechend anzuwenden? Nein – trotz der Verweisung in § 50 Abs. 2 S. SGB X auf § 45 SGB X ist eine entsprechende Anwendung nicht möglich, da der reinen Weiterzahlung einer Leistung ohne zugrunde liegenden VA keine dem VA, der eine Dauerleistung bewirkt, ähnliche Bedeutung zukommt.

§ 78 Schutz der Sozialdaten

A. Allgemeines

1 In kaum einem anderen Bereich wird eine derart große Fülle von personenbezogenen Daten erhoben, gespeichert und verarbeitet wie im Bereich des Sozialrechts. Die Leistungsträger benötigen diverse Daten, um ihren Aufgaben nachkommen zu können. Da nahezu jeder Bürger in irgendeiner Weise mit dem einen oder anderen Leistungsträger in Kontakt gerät, ist hier der Datenschutz naturgemäß von besonders großer Bedeutung. Das SGB trägt dem durch eine Reihe von Regelungen zum Schutz der Sozialdaten Rechnung, die hier nicht im Einzelnen behandelt, sondern nur kurz erwähnt werden können[55]. Der *Sozialdatenschutz im 2. Kapitel des SGB X* ist im Verhältnis zu den allgemeinen datenschutzrechtlichen Vorschriften (Bundesdatenschutzgesetz – BDSG)[56] als bereichsspezifischer Datenschutz für das Sozialrecht zu verstehen. Die verschiedenen Sozialleistungszweige können ebenfalls noch besondere Regelungen zum Sozialdatenschutz enthalten. Als Beispiel für solche Sonderbestimmungen s. §§ 294 ff. SGB V und §§ 147 ff. SGB VI. Nach § 37 S. 2 SGB I dürfen jedoch derartige Sonderregelungen im Bereich des Sozialdatenschutzes nicht von § 35 SGB I, §§ 67 ff. SGB X abweichen. Die Vorschriften des Sozialdatenschutzes (2. Kapitel des SGB X) gehen den Vorschriften des Verwaltungsverfahrens (1. Kapitel des SGB X) vor, soweit sich die Ermittlung des Sachverhaltes auf Sozialdaten erstreckt, § 37 S. 3 SGB I.

B. Sozialdaten und Sozialgeheimnis

2 **I.** Die §§ 67 ff. SGB X enthalten Begriffsbestimmungen, die zum besseren Verständnis der schwierigen Materie beitragen sollen. So wird zunächst der Begriff der Sozialdaten definiert. Sozialdaten sind nach § 67 I SGB X Einzelangaben über persönliche oder sachliche Verhältnisse einer bestimmten oder bestimmbaren natürlichen Person, die von einer in § 35 SGB I genannten Stelle erhoben werden, also alle personenbezogenen Informationen. Weiter zählen zu den Sozialdaten auch Betriebs- und Geschäftsgeheimnisse (s. § 35 Abs. 4 SGB I). Durch das Gesetz zur Änderung des Bundesdatenschutzgesetzes und anderer Ge-

54 Zur Vertiefung: *Hofe* SGb 1990, 527 ff.

55 Vgl. den Überblick von *Binne* SRH, B. 11. Zur Vertiefung: *Rasmussen* Sozialdatenschutz in der Praxis, 1997.

56 In der Fassung der Bekanntmachung vom 14. 1. 2003 (BGBl. I S. 66).

setze vom 18. Mai 2001 wurde durch § 67 Abs. 12 SGB X der Begriff der »besonderen Art personenbezogener Daten« eingeführt. Diese umfassen die Angaben über die rassische und ethnische Herkunft, politische Meinungen, religiöse oder philosophische Überzeugungen, Gewerkschaftszugehörigkeit, Gesundheit oder Sexualleben.

II. Diese Sozialdaten werden von dem Recht auf informationelle Selbstbestimmung aus Artt. 2 Abs. 1, 1 Abs. 1 GG umfassend geschützt[57]. Das Recht auf informationelle Selbstbestimmung gewährleistet, dass jeder Einzelne grundsätzlich selbst über die Preisgabe und Verwendung seiner persönlichen Daten entscheiden kann. Eine Einschränkung dieser Freiheit durch Datenerhebung, Datenverarbeitung oder Datennutzung bedarf daher einer gesetzlichen Grundlage und muss insbesondere dem Verhältnismäßigkeitsgrundsatz genügen. Die verfassungsrechtlichen Vorgaben haben im Sozialrecht ihren einfachgesetzlichen Niederschlag in § 35 SGB I und den §§ 67ff SGB X gefunden. Der Schutz der Sozialdaten vor unbefugter Erhebung, Verarbeitung oder Nutzung wird im Sozialrecht als Sozialgeheimnis bezeichnet (§ 35 I SGB I).

C. Datenerhebung, -verarbeitung und -nutzung

I. Das Gesetz definiert selbst in § 67 SGB I die wichtigsten Rechtsbegriffe für das Datenschutzrecht: Datenerhebung ist das Beschaffen von Daten. Datenverarbeitung beinhaltet das Speichern, Verändern, Übermitteln, Sperren und Löschen von Sozialdaten. Datennutzung ist jede Verwendung, die nicht Datenverarbeitung darstellt, z.B. die Weitergabe der Daten innerhalb der speichernden Stelle. 3

II. Eine Datenerhebung ist zulässig, wenn die Kenntnis der Sozialdaten zur Erfüllung von Aufgaben der erhebenden Stelle erforderlich ist. Die Datenerhebung muss nach § 67 a Abs. 1 SGB X grundsätzlich bei dem Betroffenen erfolgen, nur in den in § 67 a Abs. 2 SGB X genannten Fällen dürfen sie bei anderen Personen oder Stellen erhoben werden, die Behörde muss also grundsätzlich den Betroffenen persönlich befragen. Nach den Grundsätzen der Datenvermeidung und Datensparsamkeit sollen grundsätzlich möglichst keine oder jedenfalls so wenig wie möglich Sozialdaten erhoben werden (§ 78 b SGB X).

III. Für die Datenverarbeitung und Datennutzung stellt § 67 b Abs. 1 SGB X eine Grundregel auf: Eine Datenverarbeitung oder -nutzung darf nur dann erfolgen, wenn sie gesetzlich zugelassen ist oder soweit der von ihr Betroffene zustimmt[58].

D. Datenübermittlung an andere Stellen

I. Die Datenübermittlung[59] als Spezialfall der Datenverarbeitung bildet in zahlenmäßiger Hinsicht den Schwerpunkt der gesetzlichen Regelungen (§§ 67 d bis 78 SGB X). Auch in praktischer Hinsicht hat dieser Bereich die größte Bedeutung. 4

II. Daten dürfen nur an andere Behörden übermittelt werden, wenn eine gesetzliche Übermittlungsbefugnis existiert (§ 67 d Abs. 1 SGB X). Solche Befugnisse werden z.B. eröffnet

57 S. das Volkszählungsurteil des Bundesverfassungsgerichtes, BVerfGE 65, 1; dazu *Proksch* Das Volkszählungsurteil des BVerfG – Analyse und Einfluss auf den Sozialdatenschutz, FPR 1998, 263 ff.

58 In BSGE 90, 162 hat das BSG die Frage verneint, ob eine Krankenkasse zum Zwecke der Mitgliederwerbung von den Arbeitgebern Daten über die Arbeitnehmer anfordern und verwenden darf.

59 *Weichert* Nutzung von Medizin- und Sozialdaten durch die Polizei, DuD 2000, 213 ff.; zur Übermittlung von Patientendaten zwischen Krankenhaus und Krankenkasse: *Gebauer* NJW 2003, 779 ff.

für die Bekämpfung des Leistungsmissbrauches (§ 67 e S. 2 SGB X); in eingeschränktem Umfang für Übermittlungen an die Polizei, Staatsanwaltschaften, Gerichte, Gefahrenabwehrbehörden sowie zur Durchsetzung öffentlich-rechtlicher Ansprüche (§ 68 SGB X); zur Erfüllung sozialer Aufgaben (§ 69 SGB X); für die Durchführung des Arbeitsschutzes (§ 70 SGB X) zur Abwehr von Straftaten nach § 138 StGB, zum Schutze der öffentlichen Gesundheit, zur Wehrüberwachung, zur Bekämpfung der Schwarzarbeit etc. (Katalog des § 71 SGB X); zum Schutze der inneren und äußeren Sicherheit (§ 72 SGB X); für die Durchführung eines Strafverfahrens, bei dem ein Verbrechen (oder eine Straftat von erheblicher Bedeutung) verfolgt wird (§ 73 SGB X) etc.

III. Diese Übermittlungsbefugnisse gelten jedoch nicht uneingeschränkt. Zum einen müssen für die jeweiligen Übermittlungsbefugnisse bestimmte Tatbestandsvoraussetzungen vorliegen, wie z.B. bei der Übermittlung für die Durchführung eines Strafverfahrens: Hier ist die unbeschränkte Übermittlung von Sozialdaten z.B. nur bei Verbrechen und Straftaten von erheblicher Bedeutung erlaubt (§ 73 SGB X). Zum andern ist die Übermittlungsbefugnis häufig in der Rechtsfolge auf die Übermittlung der persönlichen Daten (Name, Anschrift, Geburtsdatum, Arbeitgeber, etc.) beschränkt (z.B. in § 68 Abs. 1 SGB X, für die »normalen« Aufgaben der Gerichte). Besonderen Schutz genießen sog. Patienten- und Klientendaten, über die Ärzte, Psychologen, Eheberater u.a. verfügen und die der speziellen beruflichen Schweigepflicht unterliegen (§ 76 SGB X). Auch die besonderen Arten personenbezogener Daten (§ 67 Abs. 12 SGB X) unterliegen generell einem besonderen Schutz (§ 67 b Abs. 1 S. 2 SGB X).

IV. Wenn eine Übermittlung von Sozialdaten unzulässig ist, besteht auch keine Auskunftsverpflichtung, keine Zeugnispflicht[60] und keine Pflicht zur Vorlegung und Auslieferung von Schriftstücken, Akten und Dateien (§ 35 Abs. 3 SGB I).

E. Zum Sozialdatenschutz Verpflichtete

5 Verpflichtet zur Wahrung des Sozialgeheimnisses sind zunächst die Leistungsträger nach den §§ 18 bis 29 SGB I. Weitergehend sind aber z.B. auch Verbände der Leistungsträger, Arbeitsgemeinschaften, Rechnungsprüfer sowie die Deutsche Post AG an das Sozialgeheimnis gebunden (§ 35 Abs. 1 S. 4 SGB I).

F. Rechte der Betroffenen

6 **I.** Rechtsverletzungen, die bei der Erhebung, Verarbeitung oder Nutzung von personenbezogenen Sozialdaten eingetreten sind, können zunächst bei dem Bundes- oder Landesdatenschutzbeauftragten angezeigt werden[61]. Die Datenschutzbeauftragten können dann die möglichen Rechtsverletzungen kontrollieren (§ 81 Abs. 2 SGB X i.V.m. § 24 Abs. 1 BDSG für den Bundesdatenschutzbeauftragten) und gegebenenfalls beanstanden (§ 25 BDSG für den Bundesdatenschutzbeauftragten).

II. Die Anzeige von Rechtsverletzungen setzt die Kenntnis des Betroffenen von den ihn betreffenden, gespeicherten Sozialdaten voraus. Daher gewährt § 83 SGB X dem Betroffenen ein umfassendes, unentgeltliches Auskunftsrecht bezüglich der über ihn gespeicherten Daten. Dieses Auskunftsersuchen darf nur unter sehr engen Voraussetzungen, wie z.B. einem laufenden Strafverfahren (§ 83 Abs. 3 SGB X) oder bei Gefährdung der öffentlichen Sicherheit / eines Dritten (§ 83 Abs. 4 SGB X) abgelehnt werden.

60 *Riehle* Sozialdatenschutz und Zeugnisverweigerungsrecht, ZfJ 2000, 290 ff.
61 *Pickel* Rechte des Betroffenen im Sozialdatenschutz, SGb 2001, 57 ff.

III. Sind Sozialdaten unrichtig gespeichert, folgt aus § 84 Abs. 1 SGB X ein Anspruch auf Berichtigung der Sozialdaten. War die Speicherung von Daten unzulässig oder ist ihre Kenntnis nicht mehr erforderlich, so sind sie zu löschen oder gegebenenfalls zu sperren. Dieses bewirkt ein umfassendes Übermittlungs- und Nutzungsverbot, (§ 84 Abs. 2 bis 4 SGB X).

IV. Die unbefugte Datenerhebung und -verarbeitung ist straf- und bußgeldbewehrt (§§ 85, 85 a SGB X)[62]. Auch Schadensersatz kann geltend gemacht werden (§ 82 SGB X).

§ 79 Die Beziehungen der Sozialleistungsträger zueinander und zu Dritten

A. Das 3. Kapitel des SGB X enthält Vorschriften, in denen grundlegende Strukturmerkmale des Sozialleistungsrechts, insbes. die Gliederung der Sozialleistungsbereiche, ihren normativen Ausdruck finden. Gleichzeitig liefern diese Vorschriften gesetzliche Beispiele für eine moderne Massenverwaltung, der es nicht darum gehen darf, auf Zuständigkeiten zu beharren, sondern die sich am Kunden, also dem Sozialleistungsberechtigten, orientieren soll. Die im 3. Kapitel des SGB X verfolgten Anliegen sind vierfacher Art: 1

- Die Leistungsträger sollen zur Erfüllung ihrer Aufgaben eng zusammenarbeiten, § 86 SGB X (§§ 87 bis 96 SGB X).
- Die Leistungsträger sollen die Möglichkeit haben, bei Dritten Auskünfte einzuholen (§§ 97 bis 101 a SGB X).
- Leistungsträger, die vorläufig oder unzuständig Leistungen erbracht haben, sollen bei den zuständigen Leistungsträgern Regress nehmen können (Erstattungsansprüche nach §§ 102 bis 114 SGB X).
- Leistungsträger, die Sozialleistungen erbracht haben oder zu erbringen haben, für die ein Arbeitgeber oder Dritte, etwa im Rahmen eines Schadensersatzanspruchs, haften, können sich durch einen gesetzlichen Forderungsübergang bei diesen finanziell befriedigen (§§ 115 bis 119 SGB X).

Dass die letztgenannten Vorschriften in der Praxis besondere Relevanz haben, erschließt sich sehr plastisch, wenn man sich ein Verkehrsunfallgeschehen mit Personenschäden vor Augen hält, bei dem eine Krankenversicherung, ein privates Haftpflichtversicherungsunternehmen und ein schädigender Verkehrsteilnehmer Ansprüche gegenüber einem Verletzten, der sozialversichert ist, zu erfüllen haben. Noch komplexer wird dieses Geschehen, wenn der bei dem Verkehrsunfall Verletzte arbeits- oder erwerbsunfähig wird.

B. Die Regelungen über die *Zusammenarbeit der Sozialleistungsträger* untereinander sollen einem strukturellen Nachteil des gegliederten Sozialleistungssystems abhelfen: In diesem System ist es in der Regel nicht möglich, alle Sozialleistungen, die einen bestimmten Lebenssachverhalt betreffen, gebündelt von einem Leistungsträger erbringen zu lassen[63]. §§ 86 bis 96 SGB X sehen daher Regelungen zur Zusammenarbeit der Leistungsträger untereinander vor. 2

Ein typisches Beispiel ist die Eingliederung (Rehabilitation) behinderter Menschen. Hier können z.B. in ein und demselben Behinderungsfall medizinische Leistungen der KV sowie der RV, berufliche Leistungen der Arbeitsförderung und schließlich sozialrehabilitative der Sozialhilfe zusammentreffen. Ohne eine enge Zusammenarbeit der verschiedenen Leistungsträger könnte das Eingliederungsziel der Rehabilitation nicht optimal erreicht werden. Für die Rehabilitation behinderter Menschen existieren mit dem am 1. Juli 2001 in Kraft getretenen SGB IX spezielle Regelungen zur Zusammenarbeit der verschiedenen Sozialleistungsträger, vgl. §§ 10 bis 13 SGB IX. Weiter sollen die Sozialleistungsträger gemeinsame Servicestellen zur Beratung und Unterstützung behinderter Menschen errichten, vgl. §§ 22 bis 24 SGB IX.

---

62 *Riehle* Schweigepflicht und Sozialgeheimnis, ZfJ 2000, 463 ff.

63 Grundlegend zu diesen Strukturfragen und den Möglichkeiten ihrer Bewältigung *Mrozynski* Zusammenwirken mehrerer Leistungsträger bei der Leistungsrealisierung, SDSRV 41, 125 ff.

Unter den Zusammenarbeitsvorschriften ist die Bestimmung über die Mehrfachverwendbarkeit von ärztlichen Untersuchungen hervorzuheben (§ 96 SGB X). Diese Vorschrift gilt aber nicht für vermeidbare ärztliche Mehrfachuntersuchungen (etwa zur Vermeidung des sog. Doktor-Hoppings), sondern nur für solche Untersuchungen, die zur Feststellung der Voraussetzungen für eine Sozialleistung dienen.

3 **C.** Bei der *Zusammenarbeit der Leistungsträger mit Dritten* geht es vor allem um Auskunftspflichten dieser Dritten gegenüber den Sozialleistungsträgern. Häufig sind die Sozialleistungsträger bei der Wahrnehmung ihrer Aufgaben darauf angewiesen, von Dritten Informationen zu erhalten, insbesondere von Arbeitgebern (über Einzelheiten des Beschäftigungsverhältnisses) und von Familienangehörigen (etwa über Unterhaltspflichten und -zahlungen – Erweiterung des Personenkreises der Mitwirkungspflichtigen nach §§ 60, 65 SGB I) (§§ 97 bis 101 SGB X).

4 **D.I.** Die *Ansprüche auf Erstattung von Leistungen unter den Sozialleistungsträgern*[64] bedürfen deshalb besonderer Regelungen, weil die allgemeinen Grundsätze für solche Erstattungen den Gegebenheiten des Sozialleistungsrechts nicht entsprechen. Solche Erstattungssituationen sind etwa: Ein Leistungsträger – z.B. eine Krankenkasse – hat nur *vorläufig* geleistet, ohne jedoch tatsächlich zuständig zu sein, oder ein Leistungsträger hat *irrtümlich* geleistet (z.B. eine Berufsgenossenschaft in der verfehlten Annahme, es liege ein Arbeitsunfall vor), während tatsächlich ein anderer Träger hätte leisten müssen. Mit den Erstattungsansprüchen (§§ 102 bis 114 SGB X) wird die Herstellung der gesetzlich gewollten definitiven Kostenträgerschaft ermöglicht[65].

Die §§ 102 bis 105 SGB X sind insofern einheitlich strukturiert, als stets zwischen den Voraussetzungen für einen Erstattungsanspruch dem *Grunde nach* und den Regelungen zur Bestimmung des *Anspruchsumfangs* getrennt wird; vgl. etwa bei den §§ 102 und 103 SGB X jeweils die Absätze 1 einerseits und die Absätze 2 andererseits.

II. Der Erstattungsanspruch des § 102 SGB X setzt eine *vorläufige Leistung, die gesetzlich vorgeschrieben* ist, voraus. Die wichtigsten Bestimmungen zur vorläufigen Leistungspflicht sind § 43 SGB I, § 2 Abs. 3 SGB X .

III. §§ 103 und 104 SGB X regeln Fälle, in denen ein Leistungsträger geleistet hat, obwohl er nicht hätte leisten müssen, weil ein anderer Leistungsträger verpflichtet gewesen wäre bzw. weil er – wie es § 104 Abs. 1 S. 2 SGB X formuliert – »bei rechtzeitiger Erfüllung der Leistungsverpflichtung eines anderen Leistungsträgers selbst nicht zur Leistung verpflichtet gewesen wäre«.

§ 103 SGB X erfasst die Fälle sog. *Überbrückungsleistungen,* zu denen ein Leistungsträger verpflichtet ist, obwohl an sich bereits die Leistungspflicht eines anderen Trägers besteht. *Bsp.:* Nachdem eine Krankenkasse seit 1. 2. Krankengeld gezahlt hat, stellt die LVA am 1. 7. rückwirkend zum 1. 2. einen Anspruch auf Erwerbsminderungsrente fest. Wegen des nachträglichen Erlöschens des Krankengeldanspruchs nach § 50 Abs. 1 S. 1 Nr. 1 SGB V hat die Krankenkasse einen Erstattungsanspruch bis zur Höhe der Rente gegenüber der DRV, § 103 SGB X.

§ 104 SGB X bezieht sich auf die Fälle der *subsidiären Leistungspflicht.* Die wichtigste Fallgruppe stellt die Leistungskonkurrenz zwischen Sozialhilfe- und übrigen Sozialleistungsträgern dar, vgl. § 2 SGB XII.

IV. § 105 SGB X setzt im Gegensatz zu §§ 103 und 104 SGB X voraus, dass der Erstattung begehrende Leistungsträger *ohne Rechtsgrund* geleistet hat. Gemeint sind vor allem Fälle irrtümlicher Leistungsgewährung.

---

64 Einen systematischen Überblick bietet *Eichenhofer* Ausgleichsansprüche der Sozialleistungsträger, DVBl 1991, 77 ff.

65 Zur Einführung wird die Lektüre des Beitrags von *Eichenhofer* Dogmatik und Systematik öffentlich-rechtlicher Erstattungsansprüche und privatrechtlicher Regressansprüche der Sozialleistungsträger, SGb 1989, 177 ff., empfohlen; ergänzend dazu *ders.* DVBl. 1991, 77 ff.

V. Im *Verhältnis zwischen Leistungsempfängern und Sozialleistungsträgern* regelt § 107 SGB X das Erlöschen der individualrechtlichen Leistungsansprüche des Berechtigten gegen den eigentlich zur Leistung verpflichteten Leistungsträger, soweit Erstattungsansprüche des leistenden Leistungsträgers bestehen. Bei der Geltendmachung hat der erstattungsberechtigte die Ausschlussfrist des § 111 SGB X zu beachten: Er muss den Anspruch spätestens ein Jahr nach Ablauf des letzten Tages, für den die Leistung erbracht wurde, geltend machen. Zudem hat der Gesetzgeber auch die Erstattungsansprüche der Leistungsträger untereinander mit der vierjährigen Verjährungsfrist versehen, s. § 113 SGB X.

E.I. Die Regelungen zu den *Erstattungs- und Ersatzansprüchen der Leistungsträger gegen* 5
Dritte (§§ 115 bis 119 SGB X) stellen auf ein leistungsrechtliches Konkurrenzverhältnis zwischen Sozialleistungsträgern und Dritten ab. So kann es sein, dass ein Arbeitgeber bei Krankheit eines Arbeitnehmers seiner Entgeltfortzahlungspflicht nach § 3 Abs. 1 Entgeltfortzahlungsgesetz nicht nachkommt und daher die Krankenkasse einspringt und Krankengeld zahlt. Oder es kann am Eintritt eines Versicherungsfalles, für den ein Sozialversicherungsträger – etwa eine Krankenkasse – Leistungen erbracht hat, ein Dritter derart beteiligt sein, dass er gegenüber dem geschädigten Versicherten nach zivilrechtlichen Vorschriften schadensersatzpflichtig ist. In solchen Fällen würde es dem Sinn der SV widersprechen, wenn der Arbeitgeber oder der Schädiger wegen der Leistung des SV-Trägers auf dessen Kosten von der Zahlungspflicht verschont werden würde. Auch wäre es unvertretbar, wenn der Versicherte sowohl vom Versicherungsträger als auch vom Arbeitgeber oder Schädiger (bzw. dessen Haftpflichtversicherung) Leistungen erhielte. Daher bestimmen §§ 115 und 116 SGB X einen entsprechenden gesetzlichen Forderungsübergang *(cessio legis)* auf den leistenden SV-Träger.

Bei Verletzung der Entgeltfortzahlungspflicht hat die Krankengeld gewährende Krankenkasse mithin einen entsprechenden Anspruch aus § 3 Abs. 1 S. 1 Entgeltfortzahlungsgesetz gegenüber dem Arbeitgeber, § 115 Abs. 1 SGB X.

Zum diffizilen Zusammenspiel von § 115 und § 116 SGB X folgender **Fall** (nach BSG SozR 3–2200 § 189 Nr. 1): A – bei der AOK seiner Heimatstadt krankenversichert – erlitt einen durch S verursachten Verkehrsunfall. Obwohl er noch mit weiteren Krankheitsfolgen rechnen musste, schließt er mit der Haftpflichtversicherung des S einen Abfindungsvergleich, wonach er sich gegen Zahlung einer Summe von 45.000 € »wegen aller bisherigen und künftigen Ansprüche aus dem Schadensereignis vom ... für endgültig abgefunden« erklärte. Nachdem er dann später wegen der Unfallfolgen erneut arbeitsunfähig krank wird, lehnt sein Arbeitgeber G die Fortzahlung des Arbeitsentgelts unter Berufung darauf ab, A habe den Übergang eines entsprechenden Schadensersatzanspruchs gegen S bzw. gegen dessen Haftpflichtversicherung auf ihn – den G – schuldhaft verhindert (s. § 7 Abs. 1 Nr. 2 i.V.m. Abs. 2 Entgeltfortzahlungsgesetz). Die AOK meint, auch sie brauche nicht zu leisten, da der Anspruch auf Krankengeld in entsprechender Anwendung des § 49 Abs. 1 Nr. 1 SGB V ruhe. – Die AOK hat nicht Recht. Zwar stimmt es, dass nach der Rspr. des BAG G ein (endgültiges) Leistungsverweigerungsrecht nach § 7 Abs. 1 Nr. 2 i.V.m. Abs. 2 Entgeltfortzahlungsgesetz hat (vgl. zur entsprechenden Regelung nach dem früheren LohnFG: BAG AP Nr. 2 zu § 5 LohnFG). Dann aber scheidet sowohl ein Übergang des Entgeltfortzahlungsanspruchs des A gegen G auf die AOK nach § 115 Abs. 1 SGB X aus (weil er aufgrund des endgültigen Leistungsverweigerungsrechts nach § 7 Entgeltfortzahlungsgesetz erloschen ist) als auch der Übergang eines Schadensersatzanspruchs des A gegen S auf G nach § 6 Entgeltfortzahlungsgesetz (der, wenn er A zugestanden hätte, wegen des Abfindungsvergleichs nach § 779 BGB erloschen wäre). Damit ist der Weg zu § 116 Abs. 1 SGB X frei: Danach geht ein Schadensersatzanspruch bereits im Zeitpunkt seines Entstehens, also im Zeitpunkt des schädigenden Ereignisses, auf den Sozialleistungsträger (hier also auf die AOK) über, so dass der spätere Abfindungsvergleich nicht wirksam werden konnte (Ausnahme: Gutgläubigkeit des S nach §§ 407, 412 BGB). Wenn aber A nicht zum Schaden der AOK gehandelt hat, ist auch kein Grund für ein Ruhen des Krankengeldanspruchs gegeben. – Zu achten ist auf den Unterschied zwischen § 115 Abs. 1 und § 116 Abs. 1 SGB X: Im ersten Fall findet der Forderungsübergang (erst) bei tatsächlicher Leistung (»und deshalb ... erbracht hat ...«), im zweiten schon im Zeitpunkt des Schadensereignisses statt (»zu erbringen hat ...«).

Zu beachten ist, dass § 116 SGB X weder für die Bereiche der sozialen Förderung noch der sozialen Entschädigung gilt; s. Abs. 1, vgl. hier etwa § 37 BAföG oder § 81 a BVG. Für die Sozialhilfe gelten zusätzlich noch §§ 102ff SGB XII.

II. Der an sich einfache Grundgedanke des § 116 SGB X – dass Sozialleistungen nicht zivilrechtliche Verantwortlichkeiten verdrängen sollen – ist in der Praxis deshalb oft so schwierig realisierbar, weil die Sozialleistungsansprüche einerseits und die zivilrechtlichen Haftungsansprüche andererseits nicht selten erheblich in Bezug auf Voraussetzungen und Umfang divergieren.

Beispiel: Der Versicherte V wird vom Radfahrer R angefahren. V hat einen Gesamtschaden (einschließlich 500 € Sachschadens) in Höhe von 2.500 €. R haftet jedoch wegen Mitverschuldens des V (§ 254 BGB) nach § 823 Abs. 1 BGB nur zu 60%. Wenn die Krankenkasse des V diesem Leistungen in Höhe von 2.000 € erbracht hat, so fragt es sich, in welchem Umfang der Forderungsübergang stattfinden soll.

Diese Probleme werden durch die Regelungen der Abs. 2 bis 9 des § 116 SGB X erfasst.

Im Beispielsfall ist Abs. 3 einschlägig. Danach gilt:

Der Gesamtschaden beträgt	2.500 €
die Haftung des R beläuft sich auf (60% von 2500 €)	1.500 €
die Leistung der Krankenkasse beträgt	2.000 €
Forderungsübergang auf die Krankenkasse (60% von 2000 €)	1.200 €
Restforderung des V gegenüber R 60% von 500 e)	300 €

Die Sozialversicherungsträger haben mit den privaten Haftpflichtversicherern sog. *Teilungsabkommen* geschlossen, mit denen Vereinbarungen über eine Pauschalierung der Ersatzansprüche getroffen werden, vgl. § 116 Abs. 9 SGB X.

Zu beachten ist auch der Übergang von Beitragsansprüchen, § 119 i.V.m. § 116 Abs. 1 S. 2 SGB X.

Beispiel: Aufgrund eines drittverschuldeten Unfalls kommt es zu einer dauernden Erwerbsminderung eines Pflichtversicherten. Da der Unfallgeschädigte wegen des geringeren Verdienstes weniger Beiträge zur RV – mit der Folge verminderter Rentenanwartschaften – zahlt, kommt ein Anspruch des Versicherten gegen den Schädiger auf Beitragsersatz in Betracht. Hier greifen die genannten Regelungen ein, wobei § 119 Abs. 3 S. 1 SGB X bezweckt, dass die Schadensersatzleistungen des Schädigers in der Rentenversicherung als Pflichtbeiträge für den Geschädigten gelten. Damit wird die Gefahr einer Rentenkürzung vermieden.

6 Für das *Rentenversicherungsrecht* ist auf § 62 SGB VI hinzuweisen: Schadensersatz in Form von Beiträgen zur Sozialversicherung ist in Bezug auf die Rentenversicherung seit 1. 1. 1992 unabhängig davon zu leisten, ob sich die Beiträge rentensteigernd auswirken können oder (wegen entsprechender Anrechnungszeiten) nicht. Insoweit ist die entsprechende frühere Rspr. des BGH obsolet geworden, vgl. BGHZ 116, 260.

7 Für das SGB VII gelten §§ 110 ff. SGB VII: Im Falle grob fahrlässiger oder vorsätzlicher Verursachung eines Schadens durch Personen, für den eine Haftungsbeschränkung nach §§ 104 ff. SGB VII besteht, kommt ein Regressanspruch für die SV-Träger in Betracht, die aus Anlass des Unfalles Leistungen erbracht haben. Hierbei handelt es sich – anders als bei §§ 115, 116 SGB X – nicht um einen Forderungsübergang, da die §§ 104 ff. SGB VII in den meisten Fällen, nämlich bei Fahrlässigkeit, zu einem Haftungsausschluss führen.

15. Kapitel. Rechtsdurchsetzung im gerichtlichen Verfahren

§ 80 Allgemeines zum Rechtsschutz in sozialrechtlichen Materien

Der gerichtliche Rechtsschutz in sozialrechtlichen Materien wird vor allem als Rechtsschutz in Angelegenheiten des Sozialleistungsrechts wahrgenommen. Damit ist der Rechtsschutz auf dem Gebiet des Sozialrechts aber nur unzulänglich dargestellt. Neben dem Leistungsrecht erlangt auch das Leistungserbringungsrecht, selbst das EG-Wettbewerbsrecht, in der gerichtlichen Praxis zunehmende Bedeutung. Wenig Beachtung finden auch die Erstattungsstreitigkeiten der Sozialleistungsträger untereinander, obwohl diese besondere praktische Bedeutung haben (vgl. §§ 102 ff. SGB X). Diese Streitigkeiten machen einen nicht unerheblichen Teil der gerichtlichen Befassung aus. Auch müssen Sozialleistungsträger oft Forderungen vor den Zivilgerichten geltend machen, die kraft Gesetzes auf sie übergegangen sind (vgl. §§ 115 ff. SGB X und §§ 102 ff. SGB XII). Die Zivilgerichte entscheiden auch über die sozialrechtlich definierten Haftungsbeschränkungen des Unfallversicherungsrechts (vgl. §§ 104 ff. SGB VII). In der europasozialrechtlichen Dimension schließlich wird das Vorabentscheidungsverfahren nach Art. 234 EG relevant.

Die Streitigkeiten in sozialrechtlichen Materien werden also nicht nur vor den Verwaltungsgerichten und vor den Sozialgerichten, sondern auch vor den Zivilgerichten und – als Vorabentscheidungsverfahren – vor dem EuGH ausgetragen.

Seit einiger Zeit wird die Zusammenlegung der öffentlich-rechtlichen Gerichtsbarkeiten diskutiert. Man erwartet sich dadurch Synergieeffekte, aber auch eine leichtere Verwendbarkeit der Richter. Gegenwärtig ist es wegen der Unabhängigkeit der Richter nicht möglich, Richter von einer zur anderen Gerichtsbarkeit zu versetzen (Art. 97 Abs. 2 S. 1 GG)[1].

§ 81 Rechtsschutz vor den Verwaltungsgerichten

Zur Einführung: *Grube* Sozialrecht in der (hamburgischen) Verwaltungsgerichtsbarkeit, NordÖR 1998, 172 ff.

Zur Vertiefung: *Philipp* Besonderheiten des verwaltungsgerichtlichen Verfahrens in sozialrechtlichen Streitigkeiten, BayVBl. 1989, 387 ff.; *Schmidt* Besonderheiten des verwaltungsgerichtlichen Verfahrens im Sozialrecht, NDV 1993, 306 ff.

Kommentare: Hier kann auf die gängigen Kommentare zur VwGO verwiesen werden, wie sie in den Lehrbüchern des Verwaltungsprozessrechts aufgeführt sind.

A. Zuständigkeit der Verwaltungsgerichte

Die Verfahren vor den Verwaltungsgerichten, die das Leistungsrecht zum Gegenstand haben, betrafen früher vor allem das Sozialhilferecht. Diese Streitigkeiten wurden jedoch durch das Gesetz zur Einordnung des Sozialhilferechts in das Sozialgesetzbuch vom 27. Dezember 2003[2] mit Wirkung zum 1. 1. 2005 der Sozialgerichtsbarkeit zugewiesen, siehe § 51 Abs. 1 Nr. 6 a SGG. Die Verwaltungsgerichte sind weiterhin zuständig für die Jugendhilfe, die Kriegsopferfürsorge nach dem Bundesversorgungsgesetz und den in § 68 Nr. 7 1

1 Zur Frage der Vereinigung der öffentlich-rechtlichen Gerichtsbarkeiten: *Roller* VSSR 2004, 131–146; *Zacher* ZfSH/SGB 2006, 67–75 (auch zur Entwicklung der Sozialgerichtsbarkeit).

2 BGBl. I 2003 S. 3022. Hierzu *Geige* NJW 2004, 1850–1852.

lit.a bis h SGB I in Bezug genommenen Gesetzen, die Schwerbehindertenfürsorge sowie die Ausbildungsförderung (vgl. § 188 VwGO). Schließlich fallen in die Zuständigkeit der Verwaltungsgerichte das Wohngeldrecht, Angelegenheiten nach dem Adoptionsvermittlungsgesetz sowie nach dem Unterhaltsvorschussgesetz, vgl. § 68 Nr. 10, 12, 14 SGB I. Die Zuständigkeit der Verwaltungsgerichte wird gemäß der Generalklausel in § 40 Abs. 1 S. 1 VwGO bestimmt, wenn sich aus § 51 SGG keine abdrängende Sonderzuweisung ergibt.

In § 51 Abs. 1 Nr. 2 SGG ist jetzt klargestellt, dass die Sozialgerichte auch in Angelegenheiten der privaten Pflegeversicherung entscheiden. Streitigkeiten aufgrund der schon bisher in landesrechtlicher Zuständigkeit stehenden Planungs- und Förderungsvorschriften (s. § 9 S. 2 SGB XI) werden nicht von § 51 Abs. 1 Nr. 2 SGG erfasst sein, da es sich um öffentlich-rechtliche Streitigkeiten außerhalb der Sozialversicherung handelt. Deshalb sind die Verwaltungsgerichte nach § 40 Abs. 1 VwGO zuständig.

B. Verfahren

2 **I.** Für den Rechtsschutz in sozialrechtlichen Materien gelten nach der VwGO grundsätzlich dieselben Bestimmungen, die auch für sonstige Verwaltungsrechtsstreitigkeiten heranzuziehen sind. Einige *Besonderheiten* sind jedoch zu erwähnen: Verfahren der in § 188 S. 1 VwGO genannten Art sollen besonderen Spruchkörpern zugewiesen werden. Derartige Verfahren sind nach § 188 S. 2 VwGO gerichtskostenfrei, d.h. die Beteiligten können nur mit außergerichtlichen Verfahrenskosten belastet werden (z.B. Rechtsanwaltsgebühren). Daher kommt in solchen Verfahren die Bewilligung von Prozesskostenhilfe nur in Betracht, wenn gleichzeitig die Beiordnung eines Rechtsanwalts erforderlich erscheint[3]. In bestimmten sozialrechtlichen Streitigkeiten vor dem Oberverwaltungsgericht, bei dem nach § 67 Abs. 1 VwGO Anwaltszwang besteht, sind neben Rechtsanwälten und Hochschullehrern ausnahmsweise auch Vertreter von Vereinigungen der Kriegsopfer und Behinderten postulationsfähig (§ 67 Abs. 1 S. 4 VwGO).

3 **II.** Im Grundsatz können in den sozialrechtlichen Materien alle Verfahrensarten der VwGO Bedeutung erlangen. In den typischen leistungsrechtlichen Streitigkeiten des Bürgers gegen den Sozialleistungsträger ist die Verpflichtungsklage nach § 113 Abs. 5 VwGO die richtige Klageart. Bei Untätigkeit der Behörde erlangt die Untätigkeitsklage nach § 75 VwGO Bedeutung.

4 **1.** *Die allgemeine Leistungsklage* kommt zur Anwendung, wenn Sozialleistungsträger untereinander Erstattungsansprüche nach §§ 102 ff. SGB X geltend machen und insoweit nach § 114 SGB X der Rechtsweg zu den Verwaltungsgerichten gegeben ist.

5 **2.** Die *Anfechtungsklage*, die sich gegen belastende Verwaltungsakte richtet, kommt vor allem vor, wenn es um die Aufhebung von Leistungsbescheiden nach §§ 44 ff. SGB X geht.

Beispiel: Der Student S bezieht Ausbildungsbeihilfe. Das Amt für Ausbildungsförderung hebt den Bewilligungsbescheid mit der Begründung auf, dass seine Eltern zu viel verdienen würden. S kann den Aufhebungsbescheid anfechten.

6 **3.** *Einstweiliger Rechtsschutz* findet über die Vorschriften nach § 80 VwGO und § 123 VwGO statt. Die einstweilige Anordnung nach § 123 VwGO ist in allen Streitfällen, in denen es um die Gewährung einer Leistung geht, die richtige Rechtsschutzform. Der Rechtsschutz nach § 80 Abs. 5 VwGO greift hingegen bei sofort vollziehbaren belastenden Verwaltungsakten (z.B. für sofort vollziehbare Aufhebungsbescheide), sofern nicht bereits dem Widerspruch aufschiebende Wirkung zukommt.

3 S. *Grube* NordÖR 2000, 177 ff.

III. Die Frage, welcher *Zeitpunkt maßgeblich für die Sach- und Rechtslage* ist, die das Gericht seiner Entscheidung zugrunde legen muss, beantwortet sich in erster Linie nach dem jeweiligen materiellen Recht. Zudem kommt es auf die Art der Klage an. Die Einzelheiten sind streitig[4]. 7

Im Regelfall kommt es sowohl bei Anfechtungs- als auch bei Leistungs- und Verpflichtungsklagen auf den Zeitpunkt der letzten mündlichen Verhandlung an. Dafür spricht neben der Prozessökonomie (der Kläger muss nachträglich eintretende Umstände nicht in einem neuen Verfahren geltend machen) auch der Wortlaut des § 113 Abs. 1 S. 1 VwGO: »Soweit der VA rechtswidrig ist.« Schließlich lässt das VwVfG eine Heilung bestimmter formeller Fehler des VA auch noch bis zur letzten mündlichen Verhandlung zu. Daher sollten auch materiellrechtlich relevante Umstände bis zum Zeitpunkt der letzten mündlichen Verhandlung berücksichtigt werden können.

§ 82 Rechtsschutz vor den Sozialgerichten

Zum Studium: *Kummer* Das sozialgerichtliche Verfahren, 2. Aufl., 2003; *Niesel* Der Sozialgerichtsprozess, 4. Aufl., 2004; *Rothkegel* Die Strukturprinzipien des Sozialhilferechts, 2000;

Zur Vertiefung: *Wenner / Terdenge* Grundzüge der Sozialgerichtsbarkeit, 3. Aufl., 2005; *Brand/ Fleck/ Scheer* Abschaffung von Sozialgerichten würde Qualität der Rechtsprechung gefährden, Soziale Sicherheit 2004, S. 25 ff; *Grieger* Die Bedarfsdeckung im Leistungsrecht der Sozialhilfe, NWVBl. 1995, S. 201 ff; *Grube* Der Anspruch auf Sozialhilfe im gerichtlichen Verfahren, NordÖR 1999, S. 176 ff (noch zum BSHG, aber weiterhin lesenswert); *Kummer* Das Sechste Gesetz zur Änderung des Sozialgerichtsgesetzes, SGb 2001, S. 707ff

Kommentare: *Binder* Handkommentar Sozialgerichtsgesetz, 2003; *Krasney / Udsching* Handbuch des sozialgerichtlichen Verfahrens, 4. Aufl., 2005; *Meyer-Ladewig / Keller / Leitherer* Sozialgerichtsgesetz, 8. Aufl., 2005; *Peters /Sautter /Wolff* Kommentar zur Sozialgerichtsbarkeit. Kommentar, 5 Bde., Loseblattwerk, 4. Aufl., 2005; *Rohwer-Kahlmann* Aufbau und Verfahren der Sozialgerichtsbarkeit. Kommentar, 3 Bde., Loseblattwerk, 4. Aufl., 2005

A. Allgemeines

I. Die Sozialgerichte entscheiden – als besondere Verwaltungsgerichte, § 1 SGG – über die in § 51 SGG aufgelisteten öffentlich-rechtlichen Streitigkeiten in Angelegenheiten insbes. der Sozialversicherung, der Arbeitslosenversicherung und der übrigen Aufgaben der Bundesagentur für Arbeit, der Grundsicherung für Arbeitsuchende, der Sozialhilfe und des Asylbewerberleistungsgesetzes sowie der Kriegsopferversorgung und des Leistungserbringungsrechts der KV, insbesondere des Vertragsarztrechts, § 51 SGG (»abdrängende« Sonderzuweisung i.S.d. § 40 Abs. 1 VwGO). 1

Die Sozialgerichte sind weiter zuständig für öffentlich-rechtliche Streitigkeiten, die aufgrund des Lohnfortzahlungsgesetzes entstehen, § 51 Abs. 1 Nr. 8 SGG, und für sonstige öffentlich-rechtliche Streitigkeiten, für die durch Gesetz der Rechtsweg vor den Sozialgerichten eröffnet wird.

II. Der *Aufbau der Sozialgerichtsbarkeit* ist dreistufig: Sozialgerichte, Landessozialgerichte, Bundessozialgericht (§ 2 SGG). Bei den *Sozialgerichten* werden Fachkammern errichtet (§ 10 SGG). Die Kammern sind mit einem Vorsitzenden und zwei ehrenamtlichen Richtern als Beisitzer besetzt (§ 12 SGG). Die *Landessozialgerichte* – als Berufungsgerichte – haben Senate, die als Fachsenate errichtet werden (§ 31 SGG). Die Senate sind mit dem Vorsitzenden und zwei weiteren Berufsrichtern sowie zwei ehrenamtlichen Richtern besetzt (§ 33 SGG). Das *Bundessozialgericht* als Revisionsinstanz – mit Sitz in Kassel – besitzt ebenfalls Fachsenate (§ 40 SGG), sowie einen Großen Senat (§ 41 SGG). Die Fachsenate sind wie die Senate der Landessozialgerichte besetzt.

4 S. die Darstellung der Meinungen bei *Kopp/Schenke* Kommentar zur VwGO, § 113 Rn. 29 ff.

III. Das Sozialgerichtsgesetz ist im August 2001 novelliert worden[5]. Ziel der Novellierung ist die Änderung der Gebührenvorschriften, die Verbesserung des einstweiligen Rechtsschutzes[6] und die Straffung und Beschleunigung des Verfahrens.

2 **IV. 1.** Das *Sozialgerichtsverfahren*[7] ist in besonderem Maße vom *sozialen Schutzgedanken* geprägt. Dieses zeigt sich in vielen Einzelregelungen: Es herrscht die *Untersuchungsmaxime,* § 103 SGG; Vertretungszwang besteht lediglich vor dem BSG, wobei als Prozessbevollmächtigte nicht nur Rechtsanwälte (aus dem gesamten Bundesgebiet), sondern vor allem auch Verbandsvertreter (z.B. von Gewerkschaften oder Arbeitgeberverbänden) zugelassen sind; das Verfahren ist für Privatparteien *gerichtsgebührenfrei,* § 183 SGG. Beteiligte, die nicht nach § 183 SGG von den Gerichtsgebühren befreit sind, also beispielsweise Leistungsträger oder Kassenärzte, müssen die Pauschalgebühren des § 184 Abs. 2 SGG bezahlen. Die Anwaltsgebühren sind geringer als in anderen öffentlich-rechtlichen Streitigkeiten[8]. Außergerichtliche Kosten der öffentlichen Hand hat diese – unabhängig vom Ausgang des Verfahrens – stets selber zu tragen, § 193 Abs. 4 SGG.

2. In verfahrensrechtlicher Hinsicht existieren im Verhältnis zur VwGO einige *Besonderheiten.* So ist im Sozialgerichtsverfahren eine *kombinierte Anfechtungs- und Leistungsklage* (§ 54 Abs. 4 SGG) möglich: Mit dieser Klage kann die Aufhebung eines ablehnenden Bescheides und die Verurteilung des Sozialleistungsträgers zur Leistung begehrt werden. Dieses ist dann der Fall, wenn auf die Leistung ein Rechtsanspruch besteht, der entsteht, sobald die gesetzlichen Voraussetzungen vorliegen, vgl. § 40 Abs. 1 SGB I. Hier ergeht zumeist ein Grundurteil, § 130 SGG.

Frage: Welches ist die statthafte Klageart, wenn einem gemäß § 23 Abs. 1 SGB XI Versicherten eines privaten Versicherungsunternehmens die beantragten höheren Pflegeleistungen abgelehnt worden sind? – Nur die Leistungsklage, nicht jedoch auch die Anfechtungsklage, da das private Versicherungsunternehmen keine förmlichen Bescheide (Verwaltungsakte) erlassen kann (BSG, Urt. v. 13. 3. 2001 – B 3 P 10/00 R, NZS 2002, 38).

3. Es ist auch die Kombination einer Anfechtungs- mit einer Verpflichtungsklage sowie die Kombination einer Anfechtungs- mit einer Feststellungsklage möglich[9].

Beispiele: *1.* Der Antrag des A bei der Bundesagentur für Arbeit auf Gewährung von Mobilitätshilfe nach § 53 SGB III wird abgelehnt. Da es sich um eine Ermessensentscheidung handelt, kann A nicht auf Leistung klagen, sondern mit der Anfechtungsklage gegen den ablehnenden Bescheid nur die Verpflichtungsklage auf ermessensfehlerfreie Entscheidung verbinden. *2.* F erhält einen Bescheid des Rentenversicherungsträgers, mit dem seine Tätigkeit als Fitnesstrainer in einem Sportstudio als abhängige und damit versicherungspflichtige Tätigkeit eingestuft wird und zudem Beiträge zur Rentenversicherung geltend gemacht werden. F kann neben der Anfechtungsklage mit der Feststellungsklage die Feststellung begehren, dass seine Tätigkeit als Fitnesstrainer keine abhängige Beschäftigung ist.

4. In sozialrechtlichen Angelegenheiten spielt der medizinische, psychologische oder berufskundliche *Sachverständige* eine besondere Rolle. Zur Stärkung der Position des Klägers ist vorgesehen, dass das Gericht auf Antrag hin einen *bestimmten Arzt gutachtlich hören* muss, § 109 Abs. 1 S. 1 SGG. Allerdings trägt der Kläger das Kostenrisiko, § 109 Abs. 1 S. 2 SGG.

---

5 Sechstes Gesetz zur Änderung des Sozialgerichtsgesetzes (6. SGGÄndG) vom 17. 8. 2001, (BGBl. I S. 2144). Zu den Entwürfen *J. Wendt* NZS 2001, 405 ff. Eine gute Übersicht über die Änderungen bietet *Kummer* Das Sechste Gesetz zur Änderung des Sozialgerichtsgesetzes, SGb 2001, 705 ff.

6 Hierzu *Spiolek* Einstweiliger Rechtsschutz im sozialgerichtlichen Verfahren, ZfSH/SGB 2001, 80 ff.

7 Besonders instruktiv auch unter verfahrenspraktischen Gesichtspunkten *Krasney* Das sozialgerichtliche Verfahren, SGb 1999, S. 105 ff.

8 S. in der Anlage zum Rechtsanwaltsvergütungsgesetz in Teil 2 Abschnitt 5.

9 BSGE 82, 252 (254).

5. Der *einstweilige Rechtsschutz* war bis Ende 2001 im SGG sehr rudimentär geregelt. Eine Klage hatte nur ausnahmsweise aufschiebende Wirkung (§ 97 Abs. 1 SGG a.F.). In Leistungsfällen wurde wegen Art. 19 Abs. 4 GG oftmals die einstweilige Anordnung nach § 123 VwGO analog angewendet[10]. 3

Mit dem Sechsten Gesetz zur Änderung des Sozialgerichtsgesetzes vom 17. August 2001 wurde die Rechtslage hinsichtlich des vorläufigen Rechtsschutzes im Sozialgerichtsverfahren den Regelungen in der VwGO angeglichen. Nach § 86 a Abs. 1 SGG haben Widerspruch und Anfechtungsklage grundsätzlich aufschiebende Wirkung. Diese tritt jedoch in den Ausnahmefällen des § 86 a Abs. 2 Nr. 1 bis 4 SGG kraft Gesetzes nicht ein. Als Beispiele für das Entfallen der aufschiebenden Wirkung aufgrund eines Bundesgesetzes seien § 336 a SGB III sowie § 85 Abs. 4 S. 9 SGB V genannt. Die Möglichkeit der Anordnung der sofortigen Vollziehung durch die zuständige Stelle nach § 86 a Abs. 1 Nr. 5 SGG erübrigte eine detaillierte Aufzählung aller denkbaren Fälle, in denen eine aufschiebende Wirkung von Widerspruch und Anfechtungsklage nicht sachgerecht wäre. Die zuständige Stelle kann jedoch die sofortige Vollziehung aussetzen, § 86 a Abs. 3 SGG. Der einstweilige Rechtsschutz hat insbesondere Bedeutung bei Leistungen nach dem SGB II und XII.

Entsprechend § 80 Abs. 5 VwGO wurde in § 86 b Abs. 1 S. 1 SGG die Möglichkeit der Anordnung der sofortigen Vollziehung (Nr. 1) sowie der aufschiebenden Wirkung von Widerspruch oder Anfechtungsklage (Nr. 2) durch das Gericht der Hauptsache geschaffen.

Aufgrund von § 86 b Abs. 2 SGG können einstweilige Anordnungen getroffen werden. Die Vorschrift ist § 123 VwGO nachgebildet.

Wenn der Kläger beispielsweise Krankengeld oder Arbeitslosengeld begehrt, kann er die Verpflichtung der Krankenkasse oder Agentur für Arbeit zur vorläufigen Zahlung beantragen.

V. Durch das Gesetz zur Einordnung der Sozialhilfe in das Sozialgesetzbuch[11] wechselte die Zuständigkeit für Angelegenheiten der Sozialhilfe mit Wirkung zum 1. 1. 2005 von der Verwaltungs- zur Sozialgerichtsbarkeit, siehe § 51 Abs. 1 Nr. 6 a SGG. Wegen des damit verbundenen Aufwandes wurde den Bundesländern durch das Siebte Gesetz zur Änderung des Sozialgerichtsgesetzes[12] in § 50 a SGG die Möglichkeit eingeräumt, für Streitigkeiten in Angelegenheiten der Sozialhilfe und des Asylbewerberleistungsgesetzes sowie in Angelegenheiten der Grundsicherung für Arbeitsuchende besondere Spruchkörper beim Verwaltungsgericht und Oberverwaltungsgericht zu bilden, deren Besetzung jedoch der Sozialgerichtsbarkeit angeglichen werden soll[13]. 4

1. Im *Sozialhilferecht* ergaben sich nach der Rechtsprechung des BVerwG aus materiellrechtlichen Gründen, insbesondere aus dem Grundsatz »Keine Hilfe für die Vergangenheit« zahlreiche Besonderheiten für das gerichtliche Verfahren[14]. Wenn im gerichtlichen Verfahren die abzuwendende Notlage, für die der Sozialhilfeträger zu Unrecht keine Hilfe gewährt hat, bereits in der Vergangenheit liegt, entsteht insofern ein Zielkonflikt, als einerseits § 17 Abs. 1 SGB XII einen Rechtsanspruch auf Hilfe garantiert, aber andererseits der Zweck der Sozialhilfe, Hilfe in gegenwärtiger Not zu gewähren, im eigentlichen Sinne wegen des eingetretenen Zeitablaufs nicht mehr erreicht werden kann. Da zudem mit dem neuen Regelsatz in der Regel auch der Bedarf für besondere Bedürfnisse, beispielsweise

---

10 S. dazu BVerfGE 46, 166. Dieses kam vor allem in Betracht, wenn ohne solchen Rechtsschutz schwere und unzumutbare, nicht anders abwendbare Nachteile entstünden, zu deren nachträglicher Beseitigung die Entscheidung in der Hauptsache nicht mehr in der Lage wäre. Vgl. auch BVerfG (1. Senat, 3. Kammer), Beschl. vom 19. 3. 2004, 1 BvR 131/04, NJW 2004, 3100.

11 Gesetz vom 27. 12. 2003 (BGBl. I 2003 S. 3022).

12 Gesetz vom 09. 12. 2004 (BGBl. I 2004 S. 3302).

13 Diese Möglichkeit wird den Ländern für eine Übergangszeit bis Ende 2008 eingeräumt, siehe Art. 3 Nr. 3 des 7. SGGÄndG und BRat-Drs. 302/04.

14 S. noch zum verwaltungsgerichtlichen Verfahren insbes. *Rothkegel* Strukturprinzipien, 66 ff.; *Grube* NDV 1999, 150 u. 184; *Grube* NordÖR 1999, 176.

den Ersatz defekter Haushaltsgegenstände, gedeckt werden muss, wird diese Problematik in der Zukunft wohl nur noch in den Fällen der §§ 31ff SGB XII auftauchen.

Fall: Der Schüler S aus Kiel soll am 15. Mai mit seiner Klasse eine Woche nach Italien fahren. Zwei Wochen vorher erfährt er von der Klassenleiterin, dass hierfür ein Kostenbeitrag in Höhe von 100 € erforderlich ist. Weder der sozialhilfebedürftige S noch seine Sozialhilfe beziehenden Eltern haben diesen Betrag auf dem Konto. Der Sozialhilfeträger lehnt die Kostentragung mit dem Argument ab, die Sozialhilfe finanziere keine Luxusreisen. Eine Fahrt an die Ostsee wäre aber noch vertretbar gewesen. Der Förderverein der Schule sieht sich außerstande, hier ausnahmsweise einzuspringen. Wie kann S gerichtlich sicherstellen, dass er an der Klassenfahrt teilnehmen kann?

2. Wegen der Zeitgebundenheit des Anspruchs auf Sozialhilfe und der daraus resultierenden »Existenzschwäche« (BVerwGE 96, 18) des Anspruchs kommt es für den Hilfesuchenden darauf an, sofort Leistungen zu bekommen. Deshalb erlangt der einstweilige Rechtsschutz in diesen Fällen besondere Bedeutung.

Im *Fall* muss S Rechtsschutz nach § 86 b Abs. 2 SGG (einstweilige Anordnung) beantragen. **Frage 1:** Kann S, wenn er von dieser Rechtsschutzmöglichkeit keinen Gebrauch gemacht hat, und sich die 100 € von Freunden geliehen hat, später noch Rechtsschutz erlangen? **Frage 2:** Kann S, wenn ihm seine Freunde kein Geld geliehen haben, und er nicht an der Klassenfahrt hat teilnehmen können, nachträglich vor Gericht 100 € einfordern, oder zumindest feststellen lassen, dass das Sozialamt ihm diesen Betrag zu Unrecht vorenthalten hat?

Zu Frage 1*:* Ist § 25 SGB XII einschlägig? Anspruchsträger nach dieser Vorschrift sind die Freunde des S. Die Vorschrift setzt voraus, dass der Sozialhilfeträger nicht rechtzeitig von der Bedarfslage Kenntnis bekommen hat. Das war aber hier der Fall. So haben zumindest die Freunde des S keinen Anspruch mehr aus § 25 SGB XII (BVerwGE 77, 181). Ein Anspruch des S könnte jedoch gegeben sein.

3. Wenn Dritte geholfen haben, und § 25 SGB XII für diese Dritten nicht einschlägig ist, weil der Sozialhilfeträger bereits Kenntnis von der Notlage hatte, bleibt nur ein Anspruch des Hilfesuchenden auf Kostenerstattung. Diese ist im SGB XII jedoch nicht vorgesehen. Die Rspr. hat jedoch einen Kostenerstattungsanspruch, der an die Stelle des ursprünglichen Anspruchs auf Notlagenhilfe tritt, richterrechtlich entwickelt. Nach der ständigen Rechtsprechung des BVerwG (die Übernahme dieser Rechtsprechung durch die Sozialgerichte bleibt abzuwarten)[15], sind von dem Grundsatz »Keine Hilfe für die Vergangenheit« um der Effektivität der Gewährung des Anspruchs auf Sozialhilfe und der Effektivität des Rechtsschutzes willen Ausnahmen zuzulassen[16]. Danach kann der Hilfesuchende einen rechtzeitig geltend gemachten Hilfebedarf selbst decken – etwa mit Hilfe eines Darlehens oder unter Einsatz eigener sozialhilferechtlich irrelevanter Geldmittel (Grundrente, Schonvermögen, Erziehungsgeld) – sofern es ihm nach Lage der Dinge nicht zuzumuten ist, auf die Entscheidung des Sozialhilfeträgers zu warten oder sofern die begehrte Sozialhilfeleistung bereits abgelehnt worden ist (vgl. zu der Obliegenheit des Hilfesuchenden, den Bedarf rechtzeitig anzumelden und zur Zumutbarkeit des Abwartens der Entscheidung der Behörde BVerwGE 90, 154 und 160). Wenn sich dann im gerichtlichen Verfahren herausstellt, dass zu jenem Zeitpunkt ein Anspruch auf Hilfe bestanden hätte, kann der Hilfesuchende Kostenerstattung für seine Aufwendungen beanspruchen. Dabei handelt es sich der Sache nach um einen Kostenerstattungsanspruch für die selbstbeschaffte Sozialleistung, wie dies in § 13 Abs. 3 SGB V und in § 15 Abs. 1 SGB IX ausdrücklich geregelt ist (s. dort allerdings den Ausschluss der Kostenerstattung bei Leistungen der Sozialhilfe, § 15 Abs. 1 S. 4 SGB IX).

Zu Frage 2*:* Wenn der Schüler nicht an der Klassenreise teilnehmen konnte, weil kein Dritter vorschussweise helfend eingesprungen ist, besteht keinerlei Anspruch auf eine Leistung; der originäre Hilfeanspruch ist infolge Zeitablaufs erloschen und ein Kostenerstattungsanspruch konnte mangels Aufwendungen nicht entstehen. Der Hilfesuchende hätte daher einstweiligen Rechtsschutz in An-

15 Dazu: *Rothkegel* Ist die Rechtsprechung des Bundesverwaltungsgerichts zur Sozialhilfe durch Hartz IV überholt? SGb 2006, 74

16 BVerwGE 99, 149 (156 m.w. Nachw.).

spruch nehmen müssen. Eine Feststellungsklage würde ihm ebenfalls keinen Ersatz in Geld verschaffen, abgesehen davon, dass für eine solche Klage das Rechtsschutzinteresse fehlen dürfte, sofern nicht Wiederholungsgefahr besteht.

Fraglich ist auch, welche Sach- und Rechtslage das Gericht seiner Entscheidung zu Grunde zu legen hat. Im obigen Fall der Klassenreise könnte beispielsweise nicht der Zeitpunkt des Erlasses des Widerspruchsbescheids als letzter Verwaltungshandlung maßgeblich sein, sondern der Zeitpunkt, zu dem der Schüler die Klassenreise bezahlen musste, um an ihr teilnehmen zu können. Es kam nach der Rechtsprechung des BVerwG darauf an, ob er in diesem Zeitpunkt noch hilfebedürftig war. War dieses zu bejahen, ist es unerheblich, dass er im Zeitpunkt der gerichtlichen Entscheidung auf Sozialhilfe nicht mehr angewiesen ist. Bei *laufenden Leistungen der Sozialhilfe* (etwa den Regelsatzleistungen) wird der Zeitraum, der zum Gegenstand des gerichtlichen Verfahrens gemacht werden kann, durch den Zeitpunkt des Erlasses des Widerspruchsbescheids begrenzt. Nur insoweit ist es zutreffend, auf diesen Zeitpunkt abzustellen.

B. Besondere Streitigkeiten vor den Sozialgerichten

I. Erstattungsstreitigkeiten der Leistungsträger untereinander

Diese Streitigkeiten nehmen bei den Sozialgerichten einen großen Raum ein. Das gilt ins- 5
besondere für die Fälle, in denen ein Leistungsträger nachrangig verpflichtet ist und Leistungen erbracht hat. Diese Situation tritt häufig bei den den Hilfs- und Fördersystemen zuzuordnenden Sozialleistungsgesetzen auf, also vor allem bei Leistungsgewährung nach dem SGB XII (s. die dortige Nachrangregelung in § 2 SGB XII), wenn ein anderer Sozialleistungsträger vorrangig zuständig ist. Die einschlägige Klageart ist die Leistungsklage gemäß § 54 Abs. 5 SGG. S. auch die Berufungszulassungsregelung für Erstattungsstreitigkeiten in § 144 Abs. 1 S. 1 Nr. 2 SGG.

II. Wettbewerbsstreitigkeiten

Problematisch ist die Frage, ob die Zivilgerichte dann für sozialrechtliche Angelegenheiten 6
des Leistungserbringungsrechts (insb. des SGB V) zuständig sind, wenn es sich um kartellrechtliche Streitigkeiten handelt, vgl. § 87 GWB. Die Rechtslage war lange Zeit unklar[17]. Mit dem GKV-Gesundheitsreformgesetz 2000 ist die ausschließliche Zuständigkeit der Landgerichte für Rechtsstreitigkeiten aus den in § 69 SGB V genannten Rechtsbeziehungen ausgeschlossen worden, vgl. § 87 Abs. 1 S. 3 GWB. Zuständig sind die Sozialgerichte. S. auch § 96 S. 2 GWB für die Rechtsstreitigkeiten nach Art. 81 und 82 EG. Allerdings sind durch diese Neuregelungen zunächst wieder neue Unklarheiten geschaffen worden[18].

Zur Klage eines Medikamentenherstellers gegen die AOK wegen eines Rundschreibens zu umstrittenen Arzneimitteln s. den interessanten Fall in NJW 2000, 874 f. (Zuständigkeit der Sozialgerichte).

---

17 S. hierzu *U. Becker*, in: Igl (Hrsg.), Das Gesundheitswesen in der Wettbewerbsordnung, 2000, 53 ff. (60 ff.). Vgl. *V. Neumann* Wettbewerbsrecht oder Sozialrecht?, RsDE 43, 1 ff.; *Wigge* NZS 2000, 533 ff.

18 S. hierzu nur die kurze Übersicht über diese Fragen bei *Bill* SGb 2000, 359 ff. Für die Zuständigkeit der Sozialgerichte unabhängig von der bürgerlich- oder öffentlich-rechtlichen Qualifizierung kartellrechtlicher Ansprüche BGH, Beschl. des Kartellsenats v. 14. 3. 2000, SGb 2001, 138 m.Anm.v. *Kummer*.

§ 83 Durchsetzung von Erstattungs- und Ersatzansprüchen der Leistungsträger gegen Dritte vor den Zivilgerichten; zivilrechtliche Haftungsbeschränkungen nach SGB VII

A. Allgemeines zu den Erstattungs- und Ersatzansprüchen der Leistungsträger gegen Dritte

1 Ein Sozialleistungsträger muss Leistungen erbringen, ohne dass es darauf ankommt, ob ein Dritter für den Eintritt des leistungsauslösenden Ereignisses verantwortlich ist.

Beispiel: Arbeitnehmerin A wird auf dem Weg zur Arbeit angefahren. Der Autofahrer F begeht Fahrerflucht. Die zuständige Berufsgenossenschaft (BG) leistet Krankenhausbehandlung, Verletztengeld und Rehabilitation, weil ein Wegeunfall vorliegt, § 8 Abs. 2 Nr. 1 SGB VII. Nach einem Jahr stellt sich der Fahrer. Kann die BG F haftbar machen? S. hierzu § 116 SGB X – gesetzlicher Übergang des Schadensersatzanspruchs der A auf die BG (Rn. 1114).

Frage: Hat A einen Anspruch auf Leistungen der Unfallversicherung auch dann, wenn ihre Ansprüche gegen F sofort realisierbar sind? – Ja, denn die Leistungen der UV entstehen mit Vorliegen der gesetzlichen Voraussetzungen, § 40 SGB I; anspruchsausschließende Gründe sind nicht gegeben.

Wenn aber ein Dritter ersatzpflichtig ist, kann der Versicherungsträger kraft des gesetzlichen Forderungsübergangs die Ansprüche des Geschädigten gegenüber dem Schädiger geltend machen (§ 116 SGB X, s. auch § 115 SGB X). Dieses geschieht vor den Zivilgerichten. S. zur Bindungswirkung von unanfechtbaren behördlichen wie gerichtlichen Entscheidungen bezüglich der Leistungsverpflichtung des Sozialleistungsträgers § 118 SGB X. Zum Quotenvorrecht des Geschädigten vgl. § 116 Abs. 2 SGB X[19].

B. Anspruchsübergang im Sozialhilferecht

2 Um den Nachrang der Sozialhilfe (§ 2 Abs. 1 SGB XII) wenigstens noch nachträglich herzustellen, ist es dem Sozialhilfeträger durch §§ 93, 94 SGB XII möglich gemacht, auf (vorrangige) Ansprüche des Hilfeempfängers zurückzugreifen . In § 94 SGB XII ist dieses in Bezug auf Unterhaltsansprüche des Hilfeempfängers geregelt. Die Vorschrift sieht insoweit eine cessio legis vor; ein (möglicherweise bestehender) Unterhaltsanspruch geht also bis zur Höhe der geleisteten Hilfe ohne weiteres kraft Gesetzes auf den Sozialhilfeträger über. Von § 93 SGB XII werden alle anderen Ansprüche des Hilfeempfängers erfasst, die nicht Unterhaltsansprüche sind. Es müssen indes Ansprüche sein, die sich nicht gegen einen Leistungsträger i.S.v. § 12 SGB I richten. Es handelt sich also um Ansprüche gegen Private. Derartige Ansprüche gehen nicht kraft Gesetzes auf den Sozialhilfeträger über, sondern müssen durch eine »schriftliche Anzeige«, die ein Verwaltungsakt ist, auf ihn übergeleitet werden. Für Ansprüche gegen Sozialleistungsträger gelten die §§ 102 ff. SGB X.

C. Haftungsbeschränkung von Unternehmern nach SGB VII

3 § 104 SGB VII enthält eine Haftungsbeschränkung des Unternehmers gegenüber dem Versicherten, seinen Angehörigen und Hinterbliebenen; §§ 105, 106 SGB VII dehnen diese Haftungsbeschränkung auf die Betriebsangehörigen und andere Personen aus. Schadensersatzansprüche von Versicherten, Angehörigen oder Hinterbliebenen gegen in der Haftung beschränkte Personen sind vor den Zivilgerichten geltend zu machen. Um zu vermeiden, dass das Zivilgericht in der Frage des Vorliegens eines Versicherungsfalls oder des unfallversicherungsrechtlichen Leistungsumfangs anders entscheidet als der zuständige

19 Hierzu BGH, Urt. v. 21. 11. 2000, JZ 2001, 13 ff. mit Anm. *Gitter*.

UV-Träger oder das Sozialgericht, wird in § 108 SGB VII eine Bindungswirkung (Abs. 1) bzw. eine Pflicht zur Verfahrensaussetzung bis zu einer sozialgerichtlichen Entscheidung (Abs. 2) postuliert. Diese besondere Vorschrift ist notwendig, weil nach der allgemeinen Regelung in § 17 Abs. 2 S. 1 GVG das angegangene Gericht den Rechtsstreit unter allen in Betracht kommenden Gesichtspunkten zu entscheiden hat.

§ 84 Vorabentscheidungsverfahren beim EuGH

Literatur. *Borchardt*, Rechtsschutz und Verfahren im europäischen Sozialrecht, in: Fuchs, Maximilian (Hrsg.), Kommentar zum Europäischen Sozialrecht, 4. Aufl., 2005 (Abschnitt XI), 712 ff.; *Iglesias*, Der EuGH und die Gerichte der Mitgliedstaaten – Komponenten der richterlichen Gewalt in der Europäischen Union, NJW 2000, 1889 ff. (1890 ff.: zum Vorabentscheidungsverfahren); *Loytved*, Die sozialrichterliche Vorlage zum Gerichtshof der Europäischen Gemeinschaften, SGb 2001, 1 ff.; *Schwarze*, Europäische Rahmenbedingungen für die Verwaltungsgerichtsbarkeit, NVwZ 2000, 241 ff.

A. Allgemeines

I. Für sozialrechtliche Angelegenheiten existiert kein besonderes Verfahren beim Europäischen Gerichtshof. Jedoch stellt das Vorabentscheidungsverfahren nach Art. 234 EG für das Sozialrecht die wichtigste Verfahrensart beim Europäischen Gerichtshof (EuGH) dar, während die direkten Klagemöglichkeiten im EG-Vertrag für das Sozialrecht in der Regel nicht anwendbar sind (Art. 230 Abs. 4 EG). Solche direkten Klagen können nur gegen Maßnahmen der Gemeinschaft gerichtet werden. Im Sozialrecht treten dem Bürger aber nicht die Organe der Gemeinschaft, sondern die nationalen Behörden gegenüber, so dass diese direkten Klagen im Sozialrecht in der Regel ausscheiden[20]. Allerdings sind auch Klagen der Kommission wegen Vertragsverletzung möglich (Art. 230 Abs. 2 EG)[21]. 1

II. Beim Vorabentscheidungsverfahren handelt es sich um ein Verfahren, das die nationale Gerichtsbarkeit, nicht der betroffene Kläger oder Beklagte, auslösen muss. Das Verhältnis der nationalen Gerichtsbarkeit zum EuGH bestimmt sich dabei aus der Verpflichtung der nationalen Gerichte, Rechtsschutz auch im Hinblick auf das unmittelbar und vorrangig anwendbare Gemeinschaftsrecht zu gewähren. Die nationalen Gerichte haben daher das Gemeinschaftsrecht anzuwenden, das nationale Recht in Übereinstimmung mit den Erfordernissen des Gemeinschaftsrechts auszulegen und anzuwenden, und, soweit eine gemeinschaftsrechtskonforme Auslegung nicht möglich ist, jede dem Gemeinschaftsrecht entgegenstehende innerstaatliche Rechtsvorschrift außer Anwendung zu lassen. Um zu gewährleisten, dass das Gemeinschaftsrecht in seiner innerstaatlichen Anwendung einheitlich ausgelegt wird, ist das Vorabentscheidungsverfahren eingerichtet worden. Neben dieser objektiven Funktion der Wahrung der Rechtseinheit ist dem Vorabentscheidungsverfahren aber auch die subjektive Funktion des Individualrechtsschutzes beizumessen. Der Bürger kann auf diesem Weg erreichen, dass die nationalen Behörden sich EG-vertragskonform verhalten und damit das Gemeinschaftsrecht durchsetzen. Der EuGH ist gesetzlicher Richter i.S.d. Art. 101 Abs. 1 S. 2 GG[22].

20 *Borchardt*, in: Fuchs (Hrsg.), Europäisches Sozialrecht, 4. Aufl., 2005, Abschnitt X, Rn. 1–7.

21 S. als Beispiel die Vertragsverletzungsklage der Kommission gegen die Bundesrepublik Deutschland, EuGH, Urt. v. 8. 3. 2001, Rs. C-68/99 (Künstlersozialabgabe), Slg. I-2001, 1865.

22 BVerfG (2. Kammer des Ersten Senats), Beschl. v. 9. 1. 2001, NJW 2001, 1267 f., hierzu *Sensburg* NJW 2001, 259 f.

B. Gegenstände des Vorabentscheidungsersuchens

2 **I.** Hier interessierende Gegenstände eines Vorabentscheidungsersuchens können Auslegungsfragen des EG-Vertrages und die Gültigkeit und die Auslegung der Handlungen der Organe der Gemeinschaft sein (Art. 234 Abs. 1 lit.a) und b) EG). Im Rahmen der Auslegungsfragen können das primäre und das sekundäre Gemeinschaftsrecht Gegenstand sein, nicht jedoch das innerstaatliche Recht. Im Rahmen der Gültigkeitskontrolle ist eine umfassende Rechtmäßigkeitskontrolle aller Rechtshandlungen der Gemeinschaftsorgane am Maßstab des Vertragsrechts, der allgemeinen Rechtsgrundsätze sowie der die Gemeinschaft bindenden Quellen des allgemeinen Völkerrechts möglich.

Beispiel für ein Auslegungsersuchen: Rs. C-245/94 und C-312/94 (*Hoever/Zachow*), in denen es um die Frage ging, ob das deutsche Erziehungsgeld eine Familienleistung i.S.v. Art. 4 Abs. 1 lit.h) der Verordnung Nr. 1408/71 (sog. Wanderarbeitnehmerverordnung) darstellt oder nicht.

Beispiel für eine Gültigkeitskontrolle: Rs. 20/85 (*Roviello*) – hier ging es um die Voraussetzungen der Anerkennung einer Erwerbs- und Berufsunfähigkeitsrente[23]. Im Bereich des europäischen Sozialrechts unterlag vor allem die VO (EWG) Nr. 1408/71 verschiedentlich einer Gültigkeitskontrolle. Dieser Umstand hat dann zu entsprechenden Änderungen der VO geführt.

II. Nicht zulässig ist ein Vorlageersuchen mit der Frage, ob eine Bestimmung des nationalen Rechts mit dem Gemeinschaftsrecht übereinstimmt. Der EuGH deutet solche unzulässigen Vorlagefragen jedoch um, indem gesagt wird, dass das nationale Gericht um Kriterien für die Auslegung des einschlägigen Gemeinschaftsrechts nachsucht, damit es selbst die Vereinbarkeit des entscheidungserheblichen nationalen Rechts mit dem Gemeinschaftsrecht beurteilen kann[24].

C. Vorlageberechtigung

3 **I.** Vorlageberechtigt sind alle Gerichte der Mitgliedstaaten in jedem Stadium des Verfahrens, also nicht nur die letztinstanzlichen Gerichte. Der EuGH überprüft nicht, ob die Vorabentscheidung auch erforderlich, D.h. entscheidungserheblich für die vor dem nationalen Gericht anhängige Sache ist. Für eine solche Erforderlichkeitsprüfung müsste der EuGH über Fragen des nationalen Rechts befinden[25].

II. Der EuGH überprüft jedoch, ob es sich um eine nach Art. 234 EG vorlagefähige Frage handelt, und weiter, ob es sich um einen echten Rechtsstreit handelt. Die Klärung einer abstrakten Rechtsfrage ohne konkreten Fallbezug im Sinne der Erstattung eines Rechtsgutachtens ist nicht zulässig.

D. Vorlageverpflichtung

4 Jedes nationale Gericht, dessen Entscheidungen selbst nicht mehr mit Rechtsmitteln des innerstaatlichen Rechts angerufen werden können, ist bei einer Auslegungs- oder Gültigkeitsfrage vorlagepflichtig (Art. 234 Abs. 3 EG). Dieses gilt nach der vorherrschenden konkreten Theorie für jedes Gericht, dessen Entscheidung im konkreten Fall mit Rechtsmitteln nicht mehr angegriffen werden kann[26]. Vorlagepflichtigkeit besteht weiter, wenn ein nationales Gericht von der Rspr. des EuGH abweichen will (Divergenzvorlage). Auch das BVerfG unterliegt der Vorlageverpflichtung, hat sich aber noch nicht dazu veranlasst gesehen.

---

23 Slg. 1988, 2805. Abgedruckt in EAS VO (EWG) 1408/71 Anhang, Nr. 1.
24 *Borchardt*, in: Fuchs (Hrsg.), Europäisches Sozialrecht, Abschnitt X Rn. 21.
25 *Borchardt*, in: Fuchs (Hrsg.), Europäisches Sozialrecht, Abschnitt X Rn. 23.
26 *Borchardt*, in: Fuchs (Hrsg.), Europäisches Sozialrecht, Abschnitt X Rn. 39

16. Kapitel. Internationales Sozialrecht (ISR)

Zur Einführung: *Petersen* Sozialversicherungsabkommen, in: von Maydell / Ruland (Hrsg.), SRH, D. 34; *Schulte,* Supranationales Recht, in: von Maydell / Ruland (Hrsg.), SRH, D. 32; *Steinmeyer* Das nationale Recht grenzüberschreitender Sachverhalte, in: von Maydell / Ruland (Hrsg.), SRH, D. 31

Zum Studium: *Eichenhofer* Internationales Sozialrecht, 1994; *Eichenhofer* Sozialrecht der Europäischen Union, 3. Aufl. 2006; *Haverkate / Huster* Europäisches Sozialrecht, 1999; *Haverkate / Weiss / Huster / Schmidt* Casebook zum Arbeits- und Sozialrecht der EU, 1999; *Marhold,* Das neue Sozialrecht der EU, 2005; *Wickenhagen / Aulmann* Internationales Sozialversicherungsrecht, 3. Aufl., 1997

Zur Vertiefung: *Ebsen* Europarechtliche Gestaltungsvorgaben für das deutsche Sozialrecht, 2000; *Kaufmann / Kessler / von Maydell* Arbeits- und Sozialrecht bei grenzüberschreitende Sachverhalten, 1998; *von Maydell / Schulte* Zukunftsperspektiven des Europäischen Sozialrechts, 1995; *Schmähl / Rische* Europäische Sozialpolitik, 1997; *Schuler* Das Internationale Sozialrecht der Bundesrepublik Deutschland, 1988; *Schulte* Die Europäische Sozialpolitik nach der Erweiterung und nach dem Verfassungsvertrag, ZfSH / SGB 2005, 643–650, 716–726; *Schulte / Barwig* Freizügigkeit und soziale Sicherheit, 1999; *Schulte / Zacher* Wechselwirkungen zwischen dem Europäischen Sozialrecht und dem Sozialrecht der Bundesrepublik Deutschland, 1991

Kommentare/Handbücher: *Fuchs* (Hrsg.) Europäisches Sozialrecht, 4. Aufl., 2005; *HanauSteinmeyer /Wank* Handbuch des euorpäischen Arbeits- und Sozialrechts, 2002

Sonstiges: Die von *Oetker / Preis* herausgegebene Vorschriften- und Entscheidungssammlung zum Europäischen Arbeits- und Sozialrecht (EAS) enthält in Teil B Sytematische Darstellungen zum gesamten europäischen Sozialrecht, s. insbesondere den Abschnitt Soziale Sicherheit (B 9000 ff.).

Textsammlungen: *AOK-Verlag* Sozialversicherung – International, 7 Bde., Loseblattwerk (Das Werk erschien früher unter dem Titel: Deutsche Sozialversicherungsabkommen mit ausländischen Staaten); *Haverkate / Weiss* Arbeits- und Sozialrecht der EU, 1998; *Luber / Schock* Deutsche Sozialgesetze; Sammlung des gesamten Arbeits- und Sozialrecht der Bundesrepublik ; mit europäischen Sozialrecht; Deutsches Sozialrecht mit Europäischem Sozialrecht; *Oetker / Preis* Europäisches Arbeits- und Sozialrecht (EAS), Rechtsvorschriften, Systematische Darstellungen, Entscheidungssammlung, 1998 ff. (zit.: EAS); *Plöger /Wortmann* Deutsche Sozialversicherungsabkommen mit ausländischen Staaten, Kommentar und Textsammlung, Loseblatt

Zeitschriften: *Europäisches Arbeits- und Sozialrecht* (zit.: EuroAS); *Zeitschrift für Internationales Arbeits- und Sozialrecht* (zit.: ZIAS); *Zeitschrift für Europäisches Sozial- und Arbeitsrecht* (zit.: ZESAR); *The European Journal of Social Security* (zit.: EJSS)

Hinweis zur Zitierweise der gemeinschaftsrechtlichen Vorschriften:

Seit dem 1. 5. 1999 gilt eine neue Zitierweise für die Bestimmungen der Europäischen Verträge. Diese Zitierweise wird hier übernommen:

- EU für den Vertrag über die Europäische Union in der nach dem 1. 5. 1999 geltenden Fassung
- EG für den EG-Vertrag in der nach dem 1. 5. 1999 geltenden Fassung
- EGV, EWGV für den EG-Vertrag in der vor dem 1. 5. 1999 geltenden Fassung.

S. auch die Hinweise in NJW 2000, 52.

§ 85 Allgemeines

A. Vorbemerkung

Das Verständnis der internationalen Dimensionen des Sozialrechts wird zunächst durch ein schlichtes terminologisches Problem erschwert: Mit dem Begriff des *Internationalen Sozialrechts* ist ein Rechtsgebiet gemeint, das keineswegs alle internationalen Dimensionen des Sozialrechts erfasst. Auch bedeutet das Attribut »international« beim Internationalen 1

Sozialrecht nicht, dass hiermit nur ausländische oder andere internationale Rechtsquellen in Frage kommen. Auch einfaches nationales Gesetz kann Internationales Sozialrecht sein. Um den Zugang zu diesen Problemen zu erleichtern, wird im Folgenden anhand von Beispielen eine Annäherung unternommen, bevor der Begriff des Internationalen Sozialrechts festgelegt wird.

Ein zweites Verständnisproblem bei der Behandlung der internationalen Dimensionen des Sozialrechts ergibt sich bei der Behandlung der europarechtlichen Probleme des Sozialrechts. Das Gemeinschaftsrecht enthält in sozialrechtlicher Hinsicht auf der einen Seite Rechtsnormen, die dem Internationalen Sozialrecht zuzurechnen sind und die mittlerweile eine große praktische Bedeutung erlangt haben; auf der anderen Seite finden sich im Gemeinschaftsrecht – in geringerer Zahl – Rechtsquellen, die als sonstige internationalrechtliche Instrumente gelten können und nicht dem Internationalen Sozialrecht angehören. Diese Instrumente sind im 2. Kapitel aufgeführt.

B. Zugänge zum Verständnis des Internationalen Sozialrechts und der internationalen sozialrechtlichen Instrumente

2 Im Folgenden sollen Zugänge für das Verständnis der *Abgrenzung des Internationalen Sozialrechts von den sonstigen internationalen Instrumenten des Sozialrechts* eröffnet werden.

Der Begriff des *Internationalen Sozialrechts* (im Folgenden abgekürzt: ISR) ist noch keineswegs breit eingeführt. Mit diesem Begriff drängt sich die Assoziation zum Internationalen Privatrecht (IPR) auf. Das IPR hat aber mit Gegenständen zu tun, die privatrechtlich erfasst sind. Das Sozialrecht gehört indessen dem öffentlichen Recht an, so dass sich schon aufgrund der unterschiedlichen Zugehörigkeit zu den großen Rechtsgebieten auch Verschiedenheiten ergeben müssen. Zunächst soll das Verständnis des ISR über verschiedene Annäherungen anhand von Beispielen erschlossen werden.

3 **I.** Die *erste Annäherung hat mit der Zugehörigkeit des Sozialrechts zum öffentlichen Recht* zu tun. Das im Sozialgesetzbuch (SGB) kodifizierte Recht der Sozialleistungen ist Bestandteil des öffentlichen Rechts. Dieses Recht verpflichtet und berechtigt ausschließlich Träger hoheitlicher Gewalt (Sonderrechtstheorie), in der Regel also die Sozialleistungsträger. Diese Träger hoheitlicher Gewalt können nur solche sein, die deutscher hoheitlicher Gewalt unterliegen. Ein ausländischer Träger, etwa eine französische Krankenkasse (Caisse primaire d'assurance maladie), kann durch deutsches Recht nicht verpflichtet werden.

4 **II.** *Zweite Annäherung:* Das *deutsche Sozialrecht gilt im Anwendungsbereich des Grundgesetzes*, also auf deutschem Hoheitsgebiet (§ 30 SGB I). Dort ist der Sozialleistungsträger zur Leistung verpflichtet. Ein deutscher Staatsbürger, der sich im Ausland befindet, ist dem dort geltenden Recht, auch dem dortigen Sozialrecht, unterworfen. Zugleich kann der deutsche Staatsbürger im Ausland aber auch dem deutschen Sozialrecht unterworfen sein, wenn es seine Geltung für Deutsche im Ausland vorsieht. Dies heißt aber nicht, dass diese Geltung ausländische Träger verpflichten kann. Wenn z.B. das deutsche Sozialhilferecht vorsieht, dass ein Deutscher im Ausland sozialhilfeberechtigt sein kann (vgl. § 24 SGB XII), wird dadurch nicht der ausländische Sozialhilfeträger, sondern ein deutscher Sozialhilfeträger zu Leistungen verpflichtet. Aber nicht nur in Hinblick auf Rechte des Deutschen, sondern auch in Hinblick auf Verpflichtungen des Deutschen, der sich im Ausland befindet, kann deutsches Sozialrecht anwendbar sein. Wenn der sozialhilfeberechtigte Deutsche im Ausland seinen Mitwirkungspflichten nach §§ 60 ff. SGB I nicht nachkommt, können ihm die Leistungen versagt werden (§ 65 SGB I). Aber auch hier ist nicht eine ausländische Behörde zuständig, die diese Mitwirkung einfordern könnte.

Problematisch sind die Fälle, in denen einem deutschen Staatsbürger nach deutschem Recht versprochen wird, dass er Sozialleistungen im Ausland beziehen kann, die sich als Dienstleistungen darstellen, z.B. eine ärztliche Behandlung. Da der deutsche Krankenversicherungsträger diese Leistungserbringung nicht sicherstellen kann, weil sein gesetzlich geregeltes öffentlich-rechtliches Leistungserbringungsrecht im Ausland nicht gilt, kann ein solcher Anspruch nur als Kostenübernahmeanspruch (§ 18 Abs. 1 SGB V) oder als Kostenerstattungsanspruch (§ 13 Abs. 4 und 5 SGB V) ausgestaltet werden.

Anders ist die Situation beim Ausländer: Hält er sich in der Bundesrepublik auf, ist er dem deutschen Recht unterworfen. Begibt er sich ins Ausland, hat die Bundesrepublik mit ihrem nationalen Sozialrecht keine rechtliche Einwirkungsmöglichkeit mehr auf diesen Ausländer. Trotzdem kann für den Ausländer deutsches Sozialrecht weiter anwendbar sein, wenn es um Leistungsberechtigungen geht, die im Ausland zu erfüllen sind (vgl. § 17 SGB V). Auch Renten werden für Deutsche und für Ausländer dann gezahlt, wenn sie im Ausland ihren gewöhnlichen Aufenthalt haben (vgl. § 110 Abs. 2 SGB VI).

Damit gilt für die *erste und zweite Annäherung:* Wenn das deutsche Sozialrecht Regelungen enthält, die seinen Geltungsbereich ins Ausland hinein verlängern, also etwa die Zahlung von Geldleistungen im Ausland oder die Erstattung von im Ausland erbrachten Dienstleistungen, so sind diese Regelungen als dem ISR zugehörig zu betrachten. Allerdings können dadurch ausländische Träger nicht verpflichtet werden. Das ISR ist hier einfaches deutsches Gesetz, das nur die Pflichtenstellung deutscher Träger regeln kann. Solche Regelungen finden sich praktisch in allen Sozialleistungsgesetzen.

III. Um einen ausländischen Sozialleistungsträger zu verpflichten, Leistungen an Deut- 5
sche im Ausland zu erbringen, bedarf es zwischenstaatlicher Abmachungen. Damit sind wir bei der *dritten Annäherung an das ISR*. Wenn der Bundesrepublik daran liegt, dass ein Deutscher im Ausland etwa einen Anspruch auf Krankenbehandlung durch dortige Ärzte und Krankenhäuser haben soll, muss sie mit diesem Staat ein Abkommen schließen. Da der andere Staat in der Regel kein besonderes Interesse daran haben wird, Ausländer auf seine Kosten zu versorgen, sind solche Abkommen unter das Gegenseitigkeitsprinzip gestellt: Die Bundesrepublik hat dann auch die Staatsbürger des anderen Staates entsprechend zu versorgen. Solche zwischenstaatlichen – bi- und multilateralen – Abkommen existieren in großer Zahl. Sie stellen ein klassisches Instrument des ISR dar. In der Bundesrepublik werden solche Abkommen erst gemäß der grundgesetzlichen Transformationsvorschrift zu deutschem Recht (Art. 59 Abs. 2 GG).

Dies wäre also die *dritte Annäherung* an das ISR: Schaffung von ISR über völkerrechtliche Verträge zwischen Staaten.

IV. Eine *vierte Annäherung betrifft das Gemeinschaftsrecht:* Auf der Ebene der Europäischen 6
Gemeinschaft existieren besondere Instrumente, die ebenfalls rechtliche Wirkungen in den Mitgliedstaaten erzeugen, aber anders als die zwischenstaatlichen Abkommen nicht transformiert werden müssen (s. auch Art. 23 GG): Es ist dies das supranationale Gemeinschaftsrecht. Eine der Rechtsquellen des Gemeinschaftsrechts, die Verordnung, ist mit unmittelbarer Geltung in den Mitgliedstaaten ausgestattet, während die Richtlinien nur hinsichtlich des zu erreichenden Zieles verbindlich sind (Art. 249 Abs. 2 und 3 EG).

Das Gemeinschaftsrecht enthält seit Gründung der EWG Regelungen, die internationalrechtlichen Charakter haben und die in der Bundesrepublik direkt anwendbares Recht sind. Es ist dies insbesondere die »Wanderarbeitnehmerverordnung« (VO (EWG) Nr. 1408/71), die jetzt durch die VO (EG) Nr. 883/2004 abgelöst worden ist. Hier geht es – strukturell im Wesentlichen gleichgelagert – um die gleichen Regelungsmaterien, die auch Gegenstand der zwischenstaatlichen Abkommen waren und sind.

Zu erwähnen ist der Fall der Zusammenrechnung verschiedener Rentenanwartschaften, wenn etwa ein Deutscher in der Bundesrepublik, in Frankreich, in den USA und in der Schweiz gearbeitet und dort jeweils Beiträge zur Rentenversicherung gezahlt hat. In solchen Fällen geht es um die Abstimmung der jeweiligen nationalen Rechtsvorschriften, denn möglicherweise hat der Deutsche immer nur so kurz im Ausland gearbeitet, dass er nicht einmal die Wartezeit (nach deutschem Recht fünf Jahre, s. § 50 Abs. 1 SGB VI) nach dem jeweiligen nationalen Recht erfüllt und trotz insgesamt langjähriger Beitragszahlung nirgendwo einen Rentenanspruch erworben hat.

Das nationale Recht muss hier also mit den jeweiligen ausländischen Sozialrechtsordnungen koordiniert werden. Dies könnte, wie erwähnt, auch im Wege multilateraler Sozialversicherungsabkommen geschehen. Auf der Ebene der EG geschieht dies für alle Mitgliedstaaten auf gleiche Weise mit einer entsprechenden Verordnung, hier der VO (EG) Nr. 883/2004. Das entsprechende Gemeinschaftsrecht unterscheidet sich von den zwischenstaatlichen sozialrechtlichen Abkommen also nicht in den Gegenständen, sondern im besonderen Rechtscharakter der unmittelbaren Geltung.

In dieser *vierten Annäherung* geht es also um *Sozialrecht der Gemeinschaft als ISR.*

7 **V.** In der *fünften Annäherung* wird nicht mehr nach der Art der Rechtsquellen, sondern nach den *Zwecken und Funktionen international-sozialrechtlicher Instrumente* gefragt. Dies betrifft Regelungen, deren Anliegen es ist, bestimmte soziale Schutzniveaus zu erreichen, sei es als Mindestniveaus, sei es als zu erstrebende Verbesserung des Schutzniveaus in den Staaten. Es geht also, allgemeiner gesagt, um eine gewisse Vereinheitlichung sozialer Standards, weswegen man hier vom »international standardisierenden Sozialrecht« spricht. Die internationalrechtlichen Instrumente zur Erreichung dieser Ziele können vielfältig sein: Die Staaten können sich durch Abkommen binden, sie können aber – auf der Ebene der Gemeinschaft – auch durch supranationales Recht verpflichtet sein. Adressaten des international standardisierenden Sozialrechts sind in der Regel die nationalen gesetzgebenden Körperschaften, die mit Mindeststandards oder höheren Standards das nationale Sozialrecht mit Wirkung für die betroffenen Sozialleistungsempfänger verbessern. Es geht also nicht um den Sozialleistungsbezug bei Auslandssachverhalten, sondern es geht um den Zustand und das Niveau der nationalen Sozialrechtsordnung mit Wirkung für alle Betroffenen. Bestes Beispiel für ein auf Standarderhöhung abzielendes Instrument ist die *Europäische Sozialcharta* des Europarates (s. oben im 2. Kapitel).

Die *fünfte Annäherung* an das ISR betrifft demnach die Abgrenzung des ISR zu den sonstigen internationalen sozialrechtlichen Instrumenten, die als *international standardisierendes Sozialrecht* bezeichnet werden.

Zum besseren Verständnis des Gemeinschaftsrechts sei darauf hingewiesen, dass in der Diskussion um die Frage, ob es einmal ein »gemeinsames europäisches Sozialrecht« geben werde, das standardisierende Sozialrecht gemeint ist. Der Schwerpunkt des Sozialrechts der Gemeinschaft liegt aber nach wie vor auf dem koordinierenden, nicht auf dem standardisierenden Sozialrecht. Eine EG-vertragliche Kompetenz für einen allgemeinen Auftrag zur Standardisierung von Sozialleistungen ist nicht gegeben.

8 **VI.** *Zusammenfassend* lässt sich zum Verständnis des ISR und der internationalen sozialrechtlichen Instrumente Folgendes sagen, wobei zu unterscheiden ist zwischen den *Adressaten, den Funktionen und den Rechtsquellen des ISR:*

Adressaten des ISR sind in der Regel die am Sozialleistungsverhältnis Beteiligten, also ein Sozialleistungsträger und ein Leistungsberechtigter. Adressat einer internationalrechtlichen Norm kann aber auch der Gesetzgeber sein, wenn es um das international standardisierende Sozialrecht geht. Hier spricht man dann nicht mehr vom ISR.

Die *Funktionen des ISR* beziehen sich auf die Herstellung der Koordinierung von Sozialleistungen bei einem Auslandsbezug, insbesondere vor dem Hintergrund der Vermeidung eines Ausfalls von Sozialleistungen; die *Funktion sonstiger internationaler sozialrechtlicher In-*

strumente liegt meist in der Erzeugung bestimmter Schutzstandards oder der Erklärung bestimmter sozialpolitischer Ziele.

Die *Rechtsquellen des ISR* reichen vom einfachen Gesetz (auch im materiellen Sinn) eines Staates über zwischenstaatliche Abkommen und andere völkerrechtliche Verträge, die national transformiert werden, bis zu Rechtsquellen auf der Ebene des Gemeinschaftsrechts. Die *Rechtsquellen der sonstigen internationalen sozialrechtlichen Instrumente* unterscheiden sich nicht von den üblichen völkerrechtlichen Rechtsquellen.

Sozialrecht in den internationalrechtlichen Dimensionen

	Internationales Sozialrecht (ISR)	**Sonstige internationale sozialrechtliche Instrumente**
Adressaten:	Beteiligte am Sozialleistungsverhältnis (i.d.R. Sozialleistungsträger, Leistungsberechtigte)	Staaten
Funktionen:	Bewältigung von Auslandssachverhalten	Vor allem: – Standardbildung (etwa Mindestniveau, anzustrebendes Niveau) – Prinzipienerklärungen – Harmonisierung von Sozialrechtsordnungen
Rechtsquellen:	– Nationales Recht – Völkerrechtliche Instrumente (insb. Abkommensrecht) – Gemeinschaftsrecht (als koordinierendes Europäisches Sozialrecht)	– völkerrechtliche Instrumente – Gemeinschaftsrecht (als standardbildendes oder harmonisierendes Europäisches Sozialrecht)

C. Begriff des Internationalen Sozialrechts

Der Begriff des Internationalen Sozialrechts (ISR) ist streitig. Zunächst ist nochmals eine Klarstellung zu treffen: Rechtsnormen internationaler und supranationaler Organisationen, die innerstaatlich unmittelbar gelten oder die die Staaten umzusetzen haben, werden häufig als ISR bezeichnet (= internationales Sozialrecht als Inbegriff der Normen internationalen Ursprungs). Hierzu rechnen etwa die einschlägigen Abkommen und sonstigen Instrumente der Internationalen Arbeitsorganisation (IAO)[1] oder des Europarates[2]. Auch die zahlreichen sozialrechtlichen Instrumente der Vereinten Nationen gehören hierher[3]. Soweit dieses internationale Sozialrecht dazu beiträgt, international einheitliche Standards für das nationale Sozialrecht zu setzen, was etwa mit der Europäischen Sozialcharta des Europarates bezweckt wird, spricht man von »international standardisierendem Sozialrecht«[4]. 9

1 Etwa das Übereinkommen Nr. 102 über die Mindestnormen der sozialen Sicherheit vom 28. 6. 1952 (BGBl. II 1957 S. 1322).

2 Etwa die Europäische Sozialcharta v. 18. 10. 1961 (BGBl. II 1964 S1262), oder das Europäische Fürsorgeabkommen v. 11. 12. 1953 (BGBl. II 1956 S. 564).

3 Grundlegend *Köhler* Sozialpolitische und sozialrechtliche Aktivitäten in den Vereinten Nationen, 1987.

4 *Zacher* Horizontaler und vertikaler Sozialrechtsvergleich, in: Zacher (Hrsg.), Sozialrechtsvergleich im Bezugsrahmen internationalen und supranationalen Rechts, 1978, 9 ff., 16.

Von letzterer Ausprägung des internationalen Sozialrechts soll im Folgenden nicht die Rede sein. Vielmehr geht es jetzt um die Frage, ob es ein ISR in Anlehnung an den Begriff des Internationalen Privatrechts (IPR) gibt, das als Sonderrecht für sozialrechtliche Sachverhalte mit Auslandsberührung zu verstehen wäre. Wohl überwiegend anerkannt ist deshalb eine weite Begriffsbestimmung, nach der das ISR alle diejenigen sozialrechtlichen Normen zusammenfasst, die internationale Sachverhalte zum Regelungsgegenstand haben[5]. *Eichenhofer* hat folgende Definition des ISR vorgeschlagen[6]: ISR ist der Inbegriff der Sozialrechtsnormen eines Staates, die den internationalen Geltungsbereich des betreffenden Sozialrechts oder die Wirkungen ausländischen Sozialrechts auf die Sozialrechtsordnung des betreffenden Staates regeln.

ISR ist Teil jeder nationalen Rechtsordnung. Es kann einfachgesetzlicher Natur, auch im Sinne transformierter Abkommen, sein. Regeln des ISR finden sich weiter im supranationalen Recht.

Ein internationaler Sachverhalt liegt z.B. bei der Beschäftigung eines Deutschen als Arbeitnehmer im Ausland oder bei der Beschäftigung eines Ausländers in der Bundesrepublik Deutschland vor. Ebenso ist ein internationaler Sachverhalt gegeben, wenn die Kinder eines in der Bundesrepublik Deutschland lebenden Ausländers im In- oder Ausland studieren und BAföG-Leistungen beanspruchen.

Das supranationale Sozialrecht der EU kann zwei Funktionen haben: Es kann standardisierend wirken, indem es für die Mitgliedstaaten der EU einheitliche Regelungen trifft, die sich auf die Lebenssachverhalte in den Mitgliedstaaten normativ auswirken, also etwa bei der Geschlechtergleichbehandlung. Es wirkt für die Sozialrechtsordnungen der Mitgliedstaaten koordinierend, wenn es vorschreibt, wie z.B. die verschiedenen Rentenanwartschaftszeiten bei Beschäftigung in verschiedenen EU-Staaten zusammenzurechnen sind. Nur in dieser koordinierenden Funktion gilt das europäische Sozialrecht als ISR, indem es für die Mitgliedstaaten der EU ein einheitliches ISR schafft.

§ 86 Innerstaatliches Internationales Sozialrecht

1 **Allgemeines:** Die Bestimmungen zum ISR im innerstaatlichen Recht sind nicht in einem speziellen Kapitel des SGB geregelt, sondern über die verschiedenen Bücher und Gesetze verstreut. Den allgemeinen Geltungsbereich des SGB bestimmt § 30 SGB I. Für die Sozialversicherung gelten allgemein §§ 3 ff. SGB IV. Ansonsten finden sich die Regelungen zum ISR in den einzelnen Büchern und inkorporierten Gesetzen.

§ 30 Abs. 2 SGB I sagt – ebenso wie § 6 SGB IV oder § 110 Abs. 3 SGB VI – ausdrücklich, dass Regelungen des über- und zwischenstaatlichen Rechts unberührt bleiben, wobei es sich hierbei in der Sache nur um eine Klarstellung allgemeiner Grundsätze handelt.

A. Territorialitätsprinzip als Ausgangsgrundsatz

2 Als allgemeinen Grundsatz sieht § 30 Abs. 1 SGB I vor, dass die Vorschriften des SGB für alle Personen gelten, die ihren Wohnsitz oder gewöhnlichen Aufenthalt in seinem Geltungsbereich haben (*Territorialitätsprinzip*).

Erneut ist hier an § 68 SGB I zu erinnern, wonach als besondere Teile des SGB nicht nur die bisher in Kraft getretenen Bücher des SGB gehören, sondern auch alle in der genannten Bestimmung aufgezählten Einzelgesetze. Wenn also in § 1 Abs. 1 Nr. 1 BErzGG als Anspruchsvoraussetzung für Erziehungsgeld vorgesehen ist, dass der Antragsteller in der Bundesrepublik Deutschland »einen

5 So *Steinmeyer* SRH, D. 31 Rn. 7 (unter Verweis auf die überwiegende Meinung).
6 *Eichenhofer* Internationales Sozialrecht, 1994, S. 8.

Wohnsitz oder seinen gewöhnlichen Aufenthalt hat«, so verweist diese Bestimmung damit auf § 30 Abs. 3 SGB I.

§ 30 Abs. 3 SGB I definiert sowohl den Begriff des Wohnsitzes als auch den des gewöhnlichen Aufenthaltes. Dabei ist wesentlich, dass es im Sozialrecht – abweichend vom Wohnsitzbegriff des § 7 BGB, vgl. dort § 8 Abs. 1 – zur Begründung eines Wohnsitzes keines rechtsgeschäftlichen Willens bedarf. Die Rspr. stellt für die Beurteilung, ob jemand die Voraussetzungen des § 30 Abs. 3 SGB I erfüllt, auf eine »vorausschauende Betrachtung (Prognose)« ab[7].

BSG SozR 3–1200 § 30 Nr. 5 (Leitsatz): »Befindet sich eine Person aufgrund rechtskräftiger Verurteilung – lebenslänglich – in Strafhaft, hat sie am Ort der Strafverbüßung ihren gewöhnlichen Aufenthaltsort.«

§ 30 SGB I als allgemeine Grundsatznorm steht unter dem doppelten Vorbehalt, dass weder innerstaatliches noch supranationales bzw. zwischenstaatliches Sozialrecht Abweichungen vorsehen, vgl. §§ 37 und 30 Abs. 2 SGB I. Ist weder das eine noch das andere der Fall (was nur selten vorkommt), entscheidet sich nach § 30 Abs. 1 SGB I zunächst, ob in einem konkreten Fall deutsches Sozialrecht im Grundsatz Anwendung findet. Ist dies der Fall, können in Bezug auf die einzelnen Rechte und Pflichten in den verschiedenen Büchern des SGB oder in den sonstigen Sozialgesetzen Sonderregelungen für Sachverhalte mit Auslandsbezug zu beachten sein.

B. Sozialversicherungsrecht

I. Beschäftigungsort als allgemeiner Anknüpfungspunkt

Für die Versicherungspflicht und die Versicherungsberechtigung in den verschiedenen Zweigen der Sozialversicherung (auch der Arbeitslosenversicherung, s. § 1 Abs. 1 S. 2 SGB IV) sehen §§ 3 ff. SGB IV wichtige Abweichungen von § 30 Abs. 1 SGB I vor. § 3 Nr. 1 SGB IV setzt für das SV-Recht dort, wo dieses in Bezug auf die Versicherungspflicht oder -berechtigung an eine Beschäftigung oder an eine selbstständige Tätigkeit anknüpft, diese beiden Kriterien an die Stelle des Wohnsitzes bzw. des gewöhnlichen Aufenthaltes. Bei einem Arbeitnehmer kommt es für seine Versicherungspflicht etwa in der KV nach § 5 Abs. 1 Nr. 1 SGB V also nicht auf seinen Wohnsitz oder gewöhnlichen Aufenthalt, sondern auf den Ort der Beschäftigung an (dazu und zum Tätigkeitsort wiederum §§ 9 ff. SGB IV). Im Ausland – z.B. in der Schweiz – wohnende *Grenzgänger*, die im Inland beschäftigt sind, unterliegen also der deutschen Versicherungspflicht, während dies umgekehrt für Deutsche, die als Grenzgänger im Ausland arbeiten, nicht der Fall ist. 3

Problem: A, wohnhaft in Kreuzlingen (Schweiz), ist bei der Firma F im unmittelbar angrenzenden Konstanz beschäftigt und im Hinblick auf § 3 Nr. 1 SGB IV bei der AOK pflichtversichert. Als er arbeitsunfähig erkrankt und – nach Ablauf der Entgeltfortzahlungszeit – Krankengeld beantragt, lehnt die AOK dieses Begehren mit der Begründung ab, § 3 Nr. 1 SGB IV gelte ausdrücklich nur für die Versicherungspflicht, nicht aber für Leistungsansprüche. Für diese sei § 30 Abs. 1 SGB I anzuwenden. Da A aber seinen Wohnsitz in der Schweiz habe, bestünden für ihn keine Ansprüche auf Krankengeld. – Dass diese »trickreiche« Argumentation nicht richtig sein kann, auch wenn sie in der Tat den Wortlaut des Gesetzes für sich zu haben scheint, liegt auf der Hand. Die Versicherungspflicht aufgrund einer abhängigen Beschäftigung hat die Begründung eines Mitgliedschaftsverhältnisses sowie eines zweiseitigen Versicherungsverhältnisses zwischen dem Versicherten und der zuständigen Krankenkasse zur Folge. Aus diesem Versicherungsverhältnis resultieren nicht nur die Beitragspflichten, sondern – selbstverständlich – auch die Leistungsansprüche[8]. Damit ist die Entstehung des Krankengeldanspruchs für A nicht nur kein Widerspruch zu § 3 Nr. 1 SGB IV, sondern eine zwingende Folge dieser Regelung. 4

7 Vgl. BSGE 65, 84.

8 Im Ergebnis ebenso BSGE 33, 280 (282).

Eine ganz andere Frage ist freilich, inwieweit entstandene Ansprüche auch rechtlich »virulent« bleiben. So sieht § 16 Abs. 1 Nr. 1 SGB V vor, dass der Anspruch auf Leistungen ruht, solange sich Versicherte im Ausland aufhalten, wobei es nicht darauf ankommt, ob dies auf Dauer oder nur vorübergehend der Fall ist. Allein aufgrund der innerstaatlichen Regelungen würde A also letztlich kein Krankengeld von der zuständigen AOK beziehen können, es sei denn, er kuriert seine Krankheit in Konstanz aus. Damit ist der Fall aber noch nicht erschöpft, denn nun stellt sich die Frage nach einschlägigen Regelungen, die nicht zum innerstaatlichen Recht gehören. Früher hat ein zwischenstaatliches Abkommen zwischen der Bundesrepublik Deutschland und der Schweiz die krankenversicherungsrechtlichen Ansprüche von Deutschen und Schweizern, die sich im jeweils anderen Land aufhalten, geregelt[9]. Mittlerweile besteht zwischen der Europäischen Gemeinschaft und ihren Mitgliedstaaten und der Schweizerischen Eidgenossenschaft ein Abkommen über die Freizügigkeit (in Kraft seit 1. 1. 2002 mit einer Dauer von sieben Jahren). Danach wird auch in der Schweiz die VO (EWG) Nr. 1408/71 angewendet[10].

5 Wichtig sind die in §§ 4 und 5 SGB IV geregelten Ausnahmen vom Grundsatz des § 3 SGB IV. § 4 SGB IV behandelt die sog. *Ausstrahlung,* nämlich die Ausstrahlung deutschen Rechts ins Ausland. Wer in Deutschland in einem Beschäftigungsverhältnis steht und in dessen Rahmen ins Ausland entsandt wird, bleibt nach § 4 Abs. 1 SGB IV der deutschen SV unterworfen, wenn »die Entsendung infolge der Eigenart der Beschäftigung oder vertraglich im voraus zeitlich begrenzt ist«. Umgekehrt ist die Einstrahlung gegeben bei Arbeitnehmern mit einem Beschäftigungsverhältnis im Ausland, die in die Bundesrepublik entsandt werden. Diese Arbeitnehmer unterliegen nicht der deutschen Versicherungspflicht[11].

II. Krankenversicherung

6 In Ergänzung zu den allgemeinen Bestimmungen der §§ 3 ff. SGB IV regelt § 9 Abs. 1 Nr. 5 SGB V noch einen speziellen Fall des Zugangs zur gesetzlichen KV. Danach können der KV freiwillig Arbeitnehmer beitreten, deren Mitgliedschaft aufgrund einer Auslandsbeschäftigung geendet hat und die nun wieder nach Deutschland zurückkehren und hier eine Beschäftigung aufnehmen. Zuvor ist stets § 4 Abs. 1 SGB IV zu prüfen. Denn wenn es sich bei der Auslandsbeschäftigung lediglich um eine Entsendung handelte, endete damit die Versicherungspflicht in der deutschen KV ja gerade nicht.

7 Eine Ausnahme von der Ruhensvorschrift des § 16 Abs. 1 Nr. 1 SGB V stellt § 17 SGB V dar. Erkrankt ein Arbeitnehmer, der ins Ausland entsandt worden ist, dort, ist der *Arbeitgeber* verpflichtet, seinem Arbeitnehmer die im SGB V vorgesehenen Leistungen zu verschaffen, der sodann von der Krankenkasse Ersatz seiner Aufwendungen erhält. Diese Regelung trägt dem Umstand Rechnung, dass das Sachleistungsprinzip der gesetzlichen KV naturgemäß nur im Inland praktiziert werden kann, soweit nicht zwischenstaatliche Abkommen etwas anderes vorsehen. Für eine nur im Ausland mögliche Behandlung s. § 18 SGB V.

Für bestimmte Gruppen – vor allem von Ausländern – sieht § 27 SGB V bei Zahnersatz eine Wartezeit vor.

Aus dem Leistungsrecht ist schließlich noch auf § 60 Abs. 4 SGB V hinzuweisen, wonach die Kosten eines Krankentransports aus dem Ausland nach Deutschland nicht übernommen werden.

---

9 Abkommen v. 25. 2. 1964 (BGBl. II 1965 S. 1294) sowie Zweites Zusatzabkommen v. 2. 3. 1989 (BGBl. II 1989 S. 892).

10 ABl. EG, vom 30. 4. 2002, L 114/6.

11 S. eingehender bei *Steinmeyer* SRH, D. 31 Rn. 80 ff. Guter Überblick über Ein- und Ausstrahlung bei *Nowak* ZfS 2003, 129 ff.

III. Pflegeversicherung

Bei der Konzeption der Pflegeversicherung war der Gesetzgeber angesichts eines in den meisten europäischen Ländern in den Systemen der sozialen Sicherheit fehlenden Schutzes bei Pflegebedürftigkeit nicht geneigt, Pflegeleistungen in die EG-Mitgliedstaaten zu exportieren. Aus diesem Grund ist die Pflegeversicherung ursprünglich sehr exportresistent angelegt worden. Dies galt vor allem für das sehr »exportverdächtige« *Pflegegeld*, § 37 SGB XI[12]. Der EuGH hat diesem schon von Anfang an vergeblich erscheinenden Versuch des Gesetzgebers[13] sehr bald einen Riegel vorgeschoben. 8

Davon unberührt bleiben die *Ruhensregelungen beim Auslandsaufenthalt außerhalb der EU*, wonach bis zu sechs Wochen im Kalenderjahr das Pflegegeld weiter gewährt wird, § 34 Abs. 1 Nr. 1 S. 1 SGB XI. S. auch die Sachleistungsregelung in § 34 Abs. 1 Nr. 1 S. 2 SGB XI, und die damit zusammenhängende soziale Sicherung der Pflegeperson, § 34 Abs. 3 SGB XI.

IV. Unfallversicherung

In erster Linie gelten §§ 3 ff. SGB IV. Soweit die Voraussetzungen der Ausstrahlung des § 4 SGB IV nicht erfüllt sind und Arbeitnehmer inländischer Unternehmen im Ausland keinen deutschen Unfallversicherungsschutz genießen, können die Unfallversicherungsträger eine Ergänzungsversicherung einrichten, § 140 Abs. 2 SGB VII. 9

Für nicht Erwerbstätige ist auf § 2 Abs. 3 S. 3 SGB VII hinzuweisen, wonach der *Nothelfer*, der im Ausland zu Schaden kommt, in den Unfallversicherungsschutz einbezogen ist.

Unfallversicherte Personen mit gewöhnlichem Aufenthalt im Ausland erhalten auch *Leistungen ins Ausland*. Dies gilt nicht nur für Geldleistungen, sondern auch für alle anderen Leistungen einschließlich der Kosten für eine Pflegekraft oder für Heimpflege. In diesen Fällen wird eine angemessene Erstattung geleistet, § 97 SGB VII. Für Geldleistungen aus dem Ausland s. die Anrechnungsregelung in § 98 SGB VII.

V. Rentenversicherung

Abweichend von § 4 SGB IV sieht § 1 S. 2 SGB VI vor, dass auch alle Arbeitnehmer bzw. Auszubildenden der *Rentenversicherungspflicht* unterliegen, die – unabhängig von Art und Dauer des Beschäftigungsverhältnisses – bei amtlichen Auslandsvertretungen tätig sind. 10

Wer als Auslandsbeschäftigter weder nach § 4 SGB IV noch nach § 1 S. 2 SGB VI versicherungspflichtig ist, kann auf Antrag (der Beschäftigungsstelle, nicht des Beschäftigten) noch nach § 4 Abs. 1 SGB VI versicherungspflichtig werden. Beachte ferner § 4 Abs. 3 S. 2 SGB VI.

In *leistungsrechtlicher* Hinsicht gelten die speziellen Regelungen der §§ 110 ff. SGB VI. § 110 Abs. 1 und 2 SGB VI sieht vor, dass deutsche oder ausländische Berechtigte für den Fall eines nur vorübergehenden Auslandsaufenthalts alle Leistungen uneingeschränkt, in den übrigen Fällen die Leistungen nur nach Maßgabe der §§ 111 ff. SGB VI erhalten.

§ 111 Abs. 1 SGB VI verschärft die Voraussetzungen für Rehabilitationsleistungen, Abs. 2 schließt den Zuschuss für die KV des Berechtigten gänzlich aus und § 112 SGB VI sieht für Renten wegen verminderter Erwerbsfähigkeit engere Voraussetzungen vor. Schließlich gelten nach §§ 113 f. SGB V detaillierte Sonderregelungen für die Ermittlung der persönlichen Entgeltpunkte, die maßgeblich die Rentenhöhe beeinflussen, wobei für Deutsche, die sich im Ausland aufhalten, großzügigere Bestimmungen gelten als für ausländische Rentenberechtigte im Ausland; s. auch § 271 SGB VI.

---

12 BT-Drs. 12/5262, 110.

13 S. die Kritik bei *Igl* Das neue Pflegeversicherungsrecht, 1995, S. 62.

Insbesondere für Vertriebene und Spätaussiedler gelten die besonderen rentenrechtlichen Vorschriften des *Fremdrentenrechts* (Fremdrentengesetz – FRG)[14].

VI. Arbeitslosenversicherung – Grundsicherung für Arbeitsuchende

11 Bei der Beitragspflicht in der Arbeitslosenversicherung gelten – immer unbeschadet supranationaler oder zwischenstaatlicher Regelungen – §§ 3 ff. SGB IV auch für die ArblV, s. § 1 Abs. 1 S. 2 SGB IV. Für die Versicherungspflicht besteht eine Ausnahme für Ausländer bei der Beschäftigung zur beruflichen Aus- oder Fortbildung, § 27 Abs. 3 Nr. 3 SGB III.

In leistungsrechtlicher Hinsicht sind Inländer und Ausländer grundsätzlich gleichgestellt. Besondere Regelungen gelten jedoch für die Ausbildungsförderung, § 63 SGB III. Leistungen werden jedoch, soweit nicht supranationales oder zwischenstaatliches Recht anderes bestimmt, nur im Inland gewährt.

Ausbildungsförderung kann auch im Ausland gewährt werden, § 62 SGB III.

Das SGB II macht grundsätzlich ebenfalls keinen Unterschied, ob die leistungsberechtigte Person Deutscher oder Ausländer ist. Nur Ausländer, deren Aufenthaltsrecht sich allein aus dem Zweck der Arbeitsuche ergibt, haben keinen Leistungsanspruch, § 7 Abs. 1 Nr. 4 S. 2 SGB II. In Hinblick auf die Erwerbsfähigkeit gilt bei Ausländern, dass ihnen die Aufnahme einer Beschäftigung erlaubt sein muss oder erlaubt sein könnte, § 8 Abs. 2 SGB II.

C. Soziale Entschädigung

12 *Anspruchsberechtigt* für Leistungen wegen *Kriegs-* oder *Kriegsfolgeschäden* nach dem BVG sind im Wesentlichen nur Deutsche, während für Ausländer die sehr restriktiven Voraussetzungen des § 7 Abs. 1 Nr. 3 BVG gelten. Entschädigungsleistungen aufgrund von Wehrdienstschäden bei der Bundeswehr (§§ 80 ff. SVG) bleiben ohnehin auf Deutsche beschränkt, da nur sie für den Wehrdienst in Betracht kommen.

Hinsichtlich des *Infektionsschutzrechts* s. §§ 60 ff. IfSG.

13 Anders als früher enthält das *Opferentschädigungsgesetz (OEG)* jetzt Regelungen, wonach ein Ausländer nur bei Gewährleistung der Gegenseitigkeit Leistungen erhält, § 1 Abs. 4 Nr. 3 OEG. Angehörige von EG-Staaten erhalten Leistungen, § 1 Abs. 4 Nr. 1 OEG; andere Ausländer unter bestimmten Aufenthaltsvoraussetzungen, § 1 Abs. 5 OEG.

14 In *leistungsrechtlicher* Hinsicht gelten die Bestimmungen der §§ 64 ff. BVG. Auslandsdeutsche erhalten die Leistungen grundsätzlich in gleicher Weise wie Deutsche, die im Inland wohnen, während für Nichtdeutsche im Ausland Einschränkungen bestehen.

D. Soziale Förderung

I. Ausbildungsförderung

15 Das Ausbildungsförderungsrecht kennt eine Reihe von Sachverhalten mit Auslandsberührung[15]. Leistungsberechtigte Personen sind nicht mehr nur für »Deutsche im Sinne des Grundgesetzes« (also auch sog. Volksdeutsche, Art. 116 GG), sondern auch bestimmte Gruppen von Ausländern. So sind gleichgestellt insbesondere Ausländer, wenn ein Elternteil Deutscher ist, bestimmte EG-Ausländer sowie anerkannte Asylberechtigte, § 8 Abs. 1

---

14 BGBl. I 1960 S. 93, 94. Dazu *Moser* Das Fremdrentenrecht, in: Ruland (Hrsg.), Handbuch der gesetzlichen Rentenversicherung, 1990, 737 ff.

15 Guter Überblick bei *Armbrecht* ZEuS, 2005, 177 ff. S. auch *Igl* Ausbildungsförderung in der Europäischen Union, in: EAS, Systematische Darstellungen, B 9400.

BAföG. Andere Ausländer sind nach § 8 Abs. 2 BAföG nur unter engen Voraussetzungen anspruchsberechtigt.

Deutschen im Ausland »kann Ausbildungsförderung gewährt werden, wenn die besonderen Umstände des Einzelfalles dies rechtfertigen«, § 6 S. 1 BAföG. Schließlich sieht § 5 Abs. 1 BAföG unter bestimmten Voraussetzungen auch Ansprüche auf Leistungen für Deutsche vor, die zwar in der Bundesrepublik wohnen, jedoch eine Ausbildungsstätte im grenznahen Ausland täglich vom inländischen Wohnsitz aus besuchen (sog. Grenzgängerförderung), während Abs. 2 die Förderung anderer Auslandsstudien – auch von Ausländern – regelt.

II. Kindergeld, Erziehungsgeld und Unterhaltssicherung

1. *Kindergeld* wird nur an Personen gezahlt, die nicht unbeschränkt steuerpflichtig nach § 1 16
Abs. 1 und 2 EStG sind, § 1 Abs. 1 BKGG. Ansonsten erhalten kindergeldberechtigte Personen Leistungen nach dem EStG. Beim Kindergeld nach BKGG sind die ISR-Tatbestände in § 1 Abs. 1 Nrn. 2 bis 3, Abs. 2 (Kindergeld für sich selbst) und Abs. 3 (Kindergeld für Ausländer) geregelt.

§ 17 BKGG enthält einen Verweis auf europasozialrechtlich Selbstverständliches, wenn gesagt wird, dass die Angehörigen der anderen Mitgliedstaaten der Europäischen Union die gleichen Rechte wie die Deutschen haben, und – noch überflüssiger – wenn darauf verwiesen wird, dass auch im Übrigen die Bestimmungen der auf Grundlage des Vertrages zur Gründung der Europäischen Gemeinschaften erlassenen Verordnungen durch die Bestimmungen des BKGG nicht berührt werden.

2. Für das *Erziehungsgeld* wird für den berechtigten Personenkreis auf den Wohnsitz bzw. 17
den gewöhnlichen Aufenthalt abgestellt, § 1 Abs. 1 und 2 BErzGG (ab. 1. 1. 2007: § 1 Abs. 1 Nr. 1 mit Erweiterungen für Entwicklungshelfer u.a. in Abs. 2). § 1 Abs. 4 BErzGG sieht darüber hinaus ausdrücklich vor, dass anspruchsberechtigt auch im Inland beschäftigte Arbeitnehmer aus EG-Mitgliedstaaten oder Grenzgänger aus Nachbarstaaten sind, die nicht EG-Staaten sind. Für andere Ausländer ist eine Aufenthaltsberechtigung, eine Aufenthaltserlaubnis oder eine Aufenthaltsbefugnis Voraussetzung, § 1 Abs. 1 a BErzGG (zu den Neuregelungen im BEEG s. § 1 Abs. 7 BEEG).

3. Anders als beim Kindergeld und beim Erziehungsgeld kommen als Anspruchsberech- 18
tigte auf *Unterhaltsvorschuss* nur die Kinder selbst, nicht deren Eltern in Betracht, § 1 Abs. 1 Nr. 1 Unterhaltsvorschussgesetz (UhVG). Daher war es naheliegend, dass der Gesetzgeber als Anspruchsvoraussetzung einen Inlandsaufenthalt vorgesehen hat, § 1 Abs. 1 Nr. 2 UhVG. Für Ausländer ohne Aufenthaltsberechtigung oder -genehmigung gilt eine dem § 1 Abs. 1 a BErzGG entsprechende Regelung, § 1 Abs. 2 a UhVG.

III. Wohngeld

Wohngeld wird zur wirtschaftlichen Sicherstellung angemessenen und familiengerechten 19
Wohnens ausschließlich im Bundesgebiet gewährt, § 1 WoGG. Ausländern stehen dabei unter denselben Voraussetzungen Leistungsansprüche zu wie Deutschen.

IV. Kinder- und Jugendhilfe

Leistungen der Kinder- und Jugendhilfe werden jungen Menschen, Eltern und Personen- 20
sorgeberechtigten gewährt, wenn sie ihren tatsächlichen Aufenthalt im Inland haben, § 6 Abs. 1 SGB VIII. Für Ausländer ist dabei Voraussetzung, dass sie sich rechtmäßig oder aufgrund einer ausländerrechtlichen Duldung im Bundesgebiet aufhalten, § 6 Abs. 2 SGB VIII. Deutschen im Ausland können darüber hinaus Leistungen gewährt werden, wenn sie vom Aufenthaltsland keine Hilfe erhalten, § 6 Abs. 3 SGB VIII.

E. Sozialhilfe

21 **I.** Der sozialhilferechtliche Grundsatz, dass das »Netz unter den Netzen« am jeweiligen Ort der zu lindernden Not zu spannen ist – nämlich insbesondere bei den kommunalen Gebietskörperschaften –, kann naturgemäß nicht realisiert werden, wenn *Deutsche im Ausland* der Hilfe bedürfen. Die Verantwortlichkeit der Allgemeinheit für die Staatsbürger im Ausland besteht aber auch dort weiter. § 24 Abs. 1 S. 2 SGB XII sieht eine als Ermessensleistung ausgestaltete Hilfe in besonderen Notfällen vor, die sich nach den besonderen Verhältnissen im Aufenthaltsland richtet (Abs. 3).

22 **II.** § 23 SGB XII regelt die *Sozialhilfe für Ausländer im Bundesgebiet.* Bevor jedoch diese Bestimmung in Betracht gezogen wird, ist im Einzelfall zu prüfen, ob ein Ausländer bereits nach anderen Regelungen Inländern gleichsteht, vgl. § 23 Abs. 1 S. 5 SGB XII. Dies ist bei Arbeitnehmern aus EG-Staaten nach Art. 7 Abs. 2 der VO (EWG) Nr. 1612/68 der Fall, bei sonstigen Ausländern, insbesondere auch aus anderen europäischen Staaten, meist aufgrund des *Europäischen Fürsorgeabkommens*[16].

Für Asylbewerber s. das Asylbewerberleistungsgesetz, dazu oben 10. Kapitel.

Da es bei der Sozialhilfe um den Schutz der Menschenwürde geht (Art. 1 Abs. 1 GG), die nach dem GG als Jedermannsrecht, nicht als Deutschenrecht konzipiert ist, sind grundsätzlich alle Ausländer, die sich im Bundesgebiet aufhalten, sozialhilfeberechtigt. § 23 Abs. 1 S. 1 SGB XII enthält insoweit sogar einen weiter gefassten Anspruchsrahmen als § 24 SGB XII für Deutsche im Ausland. § 23 Abs. 3 S. 1 SGB XII schließt Ansprüche nur für den Fall aus, dass sich ein Ausländer gezielt ins Bundesgebiet begibt, um Sozialhilfe zu erlangen. Trotz der strikten Fassung dieser Regelung muss auch einem solchen Ausländer immer noch das gewährt werden, was er zur bloßen Existenz benötigt, § 23 Abs. 3 S. 2 SGB XII.

§ 87 Zwischenstaatliches Internationales Sozialrecht

1 Als historisch wichtigste Rechtsquelle des internationalen Sozialrechts kommt dem zwischenstaatlichen Recht große Bedeutung zu. Es kann z.T. auf eine wesentlich längere Tradition zurückblicken als das sich erst seit wenigen Jahrzehnten entwickelnde supranationale Sozialrecht.

Das zwischenstaatliche Sozialrecht nimmt im sozialrechtlichen Unterricht an den Universitäten trotz seiner hohen praktischen Bedeutung kaum Raum ein. Im Folgenden wird daher nur ein sehr knapper Überblick gegeben. Für Interessierte wird der Beitrag von *Petersen,* Sozialversicherungsabkommen, in: von Maydell/Ruland (Hrsg.), SRH, D. 34 empfohlen.

2 Unmittelbar geltendes Recht für den Einzelnen stellt das *Europäische Fürsorgeabkommen* des Europarates vom 11. 12. 1953[17] dar. Wesentliche Grundsätze sind nach Art. 1 die Gleichbehandlung der Staatsangehörigen aller vertragschließenden Staaten und nach Art. 6 das Verbot der »Rückschaffung« eines Ausländers allein wegen seiner Hilfsbedürftigkeit; zu wichtigen Ausnahmen dieses Verbotes Art. 7.

3 *Die zwischenstaatlichen Verträge,* insbesondere in Form der Sozialversicherungsabkommen, haben für die Bürger trotz der Schaffung des supranationalen koordinierenden Sozialrechts besondere Bedeutung. Diese Bedeutung besteht auch jetzt noch, wenn deutsche Bürger im EG-Ausland arbeiten oder sich dort aufhalten. Diese Verträge kommen als Rechtsgrundlage für unmittelbare Rechte und Pflichten in Betracht. Es handelt sich um klassisches Völkerrecht, das im Allgemeinen in Form von zweiseitigen Abkommen geschaffen wird.

16 Instruktiver Fall in BVerwG, Urt. v. 18. 5. 2000, NVwZ 2000, 1414.
17 Wie Anm. 2.

Im Vordergrund stehen die umfassenden zwischenstaatlichen Abkommen der Bundesrepublik mit anderen Ländern – meist in bilateraler, vereinzelt (insbesondere beim Übereinkommen über die Soziale Sicherheit der Rheinschiffer[18] und beim bereits erwähnten Europäischen Fürsorgeabkommen) aber auch in multilateraler Form –, die die großen Zweige der KV, UV und RV behandeln. Sie weisen hinsichtlich der Regelungsgegenstände und der Regelungstechnik viele Ähnlichkeiten mit der VO (EWG) Nr. 1408/71 (jetzt VO (EG) Nr. 883/2004) auf. So enthalten sie neben Begriffsdefinitionen und Kollisionsbestimmungen insbesondere Regelungen zur Gleichbehandlung der Staatsangehörigen der vertragschließenden Länder, wobei das Prinzip der Gegenseitigkeit eine zentrale Rolle spielt, also der Grundsatz, dass jedes Land den Angehörigen des anderen Landes Leistungen zur sozialen Sicherheit nur in dem Umfang gewährt, wie es umgekehrt auch der Fall ist. 4

Zu beachten ist, dass es zwischenstaatliche Abkommen auch mit allen Mitgliedsländern der EG gibt. Da das supranationale Sozialrecht keineswegs einheitlich für alle Ausländer aus den EG-Ländern gilt, sind ergänzende Regelungen für die übrigen Personen erforderlich. Für die von der VO (EWG) Nr. 1408/71 erfassten Arbeitnehmer und Selbstständigen ist vorgesehen, dass diese VO – von wenigen Ausnahmen abgesehen – im Rahmen ihres persönlichen und sachlichen Geltungsbereichs an die Stelle zwischenstaatlicher Sozialversicherungsabkommen tritt, Art. 6 VO (EWG) Nr. 1408/71 (jetzt: Art. 8 VO (EG) 883/2004). Der EuGH hat diese Bestimmung jedoch in einer umstrittenen[19] Entscheidung restriktiv ausgelegt und eine Art »Günstigkeitsprinzip« kreiert: Sofern Abkommen aus der Zeit vor Inkrafttreten des Gemeinschaftsrechts für Arbeitnehmer günstigere Regelungen enthalten als die genannte VO, werden sie aufgrund deren Art. 6 nicht verdrängt[20].

§ 88 Gemeinschaftsrechtliches Internationales Sozialrecht

A. Allgemeines

S. zunächst oben 2. Kapitel zu den Rechtsquellen des EG-Rechts.

I. Ausprägung des ISR im sekundären Gemeinschaftsrecht

Die wichtigsten Regelungen des gemeinschaftsrechtlichen ISR sind als sekundäres Gemeinschaftsrecht ergangen. An erster Stelle ist hier die VO (EWG) Nr. 1408/71 mit der Durchführungsverordnung VO (EWG) Nr. 574/72 zu nennen *(»Wanderarbeitnehmerverordnung«)*. Weiter enthält die VO (EWG) Nr. 1612/68 über die Freizügigkeit der Arbeitnehmer innerhalb der Gemeinschaft sozialrechtlich relevante Vorschriften *(»Freizügigkeitsverordnung«)*. Diese Verordnungen gelten unmittelbar in jedem Mitgliedstaat, Art. 249 Abs. 2 EG. Aus ihnen kann der Einzelne Rechte ableiten. 1

II. Kompetenzgrundlagen

Die *Kompetenzgrundlagen* für die genannten Verordnungen finden sich im Kapitel über die Freizügigkeit der Arbeitskräfte. Art. 40 i.V.m. Art. 39 EG hat vor allem die Beseitigung der tatsächlichen und rechtlichen Freizügigkeitshindernisse außerhalb der öffentlichen Verwaltung zum Gegenstand, während Art. 42 EG speziell »die auf dem Gebiet der sozialen Sicherheit für die Herstellung der Freizügigkeit der Arbeitnehmer notwendigen Maßnah- 2

18 Rheinschiffer-Übereinkommen v. 30. 11. 1979 (BGBl. II 1983 S. 594).

19 Vgl. etwa. *Zuleeg* DRV 1991, 512 ff., und *Költzsch* SGb 1992, 591 ff.

20 Rs. C-227/89 *(Rönfeldt)*, Slg. I-1991, 323, abgedruckt in: EAS, EG-Vertrag Art. 48 Nr. 51; SozR 3–6030 Art. 48 Nr. 3; Rs. C-153/97 *(Rodríguez)*, Slg. I-1998, 8645, abgedruckt in EAS, VO (EWG) 1408/71, Anhang Nr. 4.

men« im Auge hat. Auf Art. 40 EG wird die VO (EWG) Nr. 1612/68 gestützt. Art. 42 EG liefert die Kompetenzgrundlage für die VO (EWG) Nr. 1408/71 und die Durchführungsverordnung VO (EWG) Nr. 574/72. Für die Kompetenzausübung nach Art. 42 EG gilt das Einstimmigkeitsprinzip.

III. Nationale und gemeinschaftsrechtliche Begriffsbildung im Sozialrecht

3 Bei den auf das Sozialrecht bezogenen Vorschriften des primären, insbesondere aber des sekundären Gemeinschaftsrechts besteht die Schwierigkeit, einen für alle EG-Mitgliedstaaten *einheitlichen Begriffsgebrauch*, aber auch ein für alle Sozialrechtssysteme dieser Staaten *in gleicher Weise taugliches Systemverständnis* zu schaffen.

Beispiel: Nach deutschem Verständnis des Begriffes Sozialrecht ist hierunter insbesondere das formelle, im SGB kodifizierte Sozialleistungsrecht zu verstehen. Im französischen Recht umfasst der Begriff *Droit social* das Recht der sozialen Sicherheit und das Arbeitsrecht. Umgekehrt ist im französischen Recht nicht unumstritten, ob auch das Sozialhilferecht *(aide sociale)* zum Recht der sozialen Sicherheit zählt.

Für die Herstellung der Freizügigkeit bezüglich der sozialen Sicherheit lässt sich das gemeinschaftsrechtliche Sozialrecht, entsprechend der Übung im Bereich der internationalen Sozialpolitik, primär von den sozialen Risiken als solchen und nur nachrangig von institutionellen Kategorien oder von bestimmten Finanzierungsweisen (z.B. Beitrags- oder Steuerfinanzierung) leiten. Trotzdem muss auch der EG-Verordnungsgeber von einem begrifflichen Vorverständnis ausgehen, wenn er in Art. 4 Abs. 1 der VO (EWG) Nr. 1408/71 den sachlichen Geltungsbereich auf die Zweige der sozialen Sicherheit festlegt. Um hier nicht Gefahr zu laufen, dass unterschiedliche Begriffsverwendungen zu Problemen führen, wird eine Technik der begrifflichen Ein- und Ausgrenzung verwendet. So werden in der erwähnten Vorschrift die Leistungen nach Risiken positiv beschrieben (z.B. Krankheit, Alter). Ausgegrenzt werden – negativ – die Leistungen der Sozialhilfe und der Kriegsopferversorgung, Art. 4 Abs. 4 der VO (EWG) Nr. 1408/71. Schließlich wird weiter die Technik verfolgt, in einem Anhang zur Verordnung die jeweiligen ein- oder ausgeschlossenen Systeme oder Leistungen konkret für jeden Mitgliedstaat zu benennen.

Frage: Ist das in den sozialen Sicherungssystemen der EG-Mitgliedstaaten i.d.R. nur in Deutschland, Holland und Luxemburg durch eine Sozialversicherung abgesicherte Risiko der Pflegebedürftigkeit als Krankheit oder als Invalidität i.S.d. Art. 4 Abs. 1 VO (EWG) 1408/71 zu verstehen?

IV. Unterschiedlicher personeller Anwendungsbereich der Verordnungen (EWG) Nr. 1612/68 und Nr. 1408/71

4 Obwohl beide Kompetenznormen den personellen Anwendungsbereich auf den Arbeitnehmer – Art. 42 EG auch noch auf die anspruchsberechtigten Angehörigen – erstrecken, sind die dazu ergangenen Verordnungen personell zum Teil erheblich weiter gefasst. Art. 1 VO (EWG) Nr. 1612/68 spricht nicht nur vom Arbeitnehmer, sondern von jedem Staatsangehörigen eines Mitgliedstaates, der eine Tätigkeit im Lohn- oder Gehaltsverhältnis aufnehmen will. Außerdem wird das Freizügigkeitsrecht auf die Familienangehörigen der Arbeitnehmer erstreckt, Art. 10 ff. VO (EWG) Nr. 1612/68. Nach der Rspr. des EuGH rechnen unter den Begriff des Arbeitnehmers i.S.d. VO (EWG) Nr. 1612/68 z.B. auch Studienreferendare[21]. Die ursprünglich auf Arbeitnehmer und ihre Familienangehörigen bezogene VO (EWG) Nr. 1408/71 ist auf die Selbstständigen ausgedehnt worden. Dies wurde auf die besondere Kompetenz des Art. 308 EG gestützt, für die das Einstimmigkeitsprinzip gilt. Für eine weitere Erstreckung dieser Verordnung auf Beamte und ihnen gleichgestellte Personen durch die VO (EG) Nr. 1606/98[22] ist ebenfalls Art. 308 EG heran-

21 EuGH Rs. 66/85 (*Lawrie-Blum*), Slg. 1986, 2121.
22 Vom 29. 6. 1998, Abl. L 209/1 v. 26. 7. 1998.

gezogen worden[23]. Der EuGH[24] lässt sich bei den Begriffsinterpretationen von einem Anliegen der Herstellung von Freizügigkeit leiten, das nicht nur wirtschaftsorientiert ist, sondern die Freizügigkeit darüber hinaus als allgemeine Grundfreiheit der EG-Bürger versteht[25].

B. VO (EWG) Nr. 1408/71 und Nr. 574/72 (Wanderarbeitnehmerverordnung)

I. Das wichtigste supranationale Regelungswerk[26] auf dem Gebiet des Sozialrechts ist die Verordnung (EWG) Nr. 1408/71 über die Anwendung der Systeme der sozialen Sicherheit auf Arbeitnehmer und Selbstständige sowie deren Familienangehörige, die innerhalb der Gemeinschaft zu- oder abwandern, und die dazugehörige Durchführungsverordnung Nr. 574/72. Da auf europäischer Ebene keine eigenen Sozialleistungsträger bestehen, richten sich die supranationalen Bestimmungen an die Sozialleistungsempfänger und an die nationalen Sozialleistungsträger. Dabei ist es zunächst das Hauptregelungsziel zu verhindern, dass Angehörige von Mitgliedstaaten im jeweiligen Land, in dem sie nach ihrer freien Wahl leben (Freizügigkeit), gegenüber den dortigen Inländern benachteiligt werden. Art. 3 Abs. 1 VO (EWG) Nr. 1408/71 bestimmt daher und in Konkretisierung letztlich des Diskriminierungsverbotes des Art. 12 EG: 5

»Die Personen, die im Gebiet eines Mitgliedstaats wohnen und für die diese Verordnung gilt, haben die gleichen Rechte und Pflichten auf Grund von Rechtsvorschriften eines Mitgliedstaats wie die Staatsangehörigen dieses Staates, soweit besondere Bestimmungen dieser Verordnung nichts anderes vorsehen.«

Ein zweites, nicht weniger wichtiges Regelungsziel besteht in der Sicherung des sog. *Leistungsexports.* Es soll verhindert werden, dass Personen, die in einem Mitgliedsland Rechtspositionen erworben haben, diese nach nationalem Recht ganz oder teilweise verlieren oder dass sie auch nur an deren Realisierung gehindert werden, wenn sie in ein anderes Mitgliedsland überwechseln. Dies erfordert eine entsprechende *Koordinierung* der verschiedenen innerstaatlichen Regelungen, wobei bereits Art. 42 EG die Leitlinien bestimmt hat:

Danach führt der Rat »insbesondere ein System ein, welches aus- und einwandernden Arbeitnehmern und deren anspruchsberechtigten Angehörigen folgendes sichert:

a) die Zusammenrechnung aller nach den verschiedenen innerstaatlichen Rechtsvorschriften berücksichtigten Zeiten für den Erwerb und die Aufrechterhaltung des Leistungsanspruchs sowie für die Berechnung der Leistungen;
b) die Zahlung der Leistungen an Personen, die in den Hoheitsgebieten der Mitgliedstaaten wohnen.«

Art. 10 Abs. 1 VO (EWG) Nr. 1408/71 sieht dementsprechend vor, dass Geldleistungen der verschiedensten Art, »auf die nach den Rechtsvorschriften eines oder mehrerer Mitgliedstaaten Anspruch erworben worden ist, sofern in dieser Verordnung nichts anderes bestimmt ist, nicht deshalb gekürzt, geändert, zum Ruhen gebracht, entzogen oder beschlagnahmt werden (dürfen), weil der Berechtigte im Gebiet eines anderen Mitgliedstaa-

---

23 Der Einbezug der Sondersysteme der Beamten gilt jedoch nur für die Leistungen bei Invalidität, Alter und für Hinterbliebene von Beamten.

24 EuGH, Rs. C-357/89 (*Raulin*), Slg. I-1992, 1027 = NJW 1992, 1493 = EAS, EG-Vertrag Art. 48 Nr. 61.

25 Allgemein zur »Rolle des Europäischen Gerichtshofes bei der Entwicklung des Europäischen Sozialrechts« *Eichenhofer* SGb 1992, 573 ff.

26 Koordinierungsrechtliche Grundsatzfragen der VO (EWG) Nr. 1408/71 werden bei *Christensen/Malmstedt* Lex Loci Laboris versus Lex Loci Domicilii – an Inquiry into the Normative Foundations of European Social Security Law, (2000) (2) EJSS, 69, erörtert. Ausführlich zu dieser Verordnung *Eichenhofer* Sozialrecht der Europäischen Union, 2006, 63 ff.

tes als des Staates wohnt, in dessen Gebiet der zur Zahlung verpflichtete Träger seinen Sitz hat.«

Andererseits soll niemand wegen des Wechsels von einem in das andere Mitgliedsland ungerechtfertigte Vorteile in Form von Doppelleistungen haben, was Art. 12 VO (EWG) Nr. 1408/71 durch das »Verbot des Zusammentreffens von Leistungen« verhindern will.

6 Der *personelle Anwendungsbereich* ist in Art. 2 der VO (EWG) Nr. 1408/71 genauer gefasst: Arbeitnehmer und Selbstständige sowie deren Familienangehörige und Hinterbliebene. Unter den Begriff des Arbeitnehmers oder Selbstständigen fallen jetzt auch Beamte und ihnen gleichgestellte Personen (Art. 1 lit. a) Ziff. i)[27].

7 Zum *sachlichen Anwendungsbereich* heißt es in Art. 4 Abs. 1 der VO:

»Diese Verordnung gilt für alle Rechtsvorschriften über Zweige der sozialen Sicherheit, die folgende Leistungsarten betreffen:

a) Leistungen bei Krankheit und Mutterschaft,
b) Leistungen bei Invalidität einschließlich der Leistungen, die zur Erhaltung oder Besserung der Erwerbsfähigkeit bestimmt sind,
c) Leistungen bei Alter,
d) Leistungen an Hinterbliebene,
e) Leistungen bei Arbeitsunfällen und Berufskrankheiten,
f) Sterbegeld,
g) Leistungen bei Arbeitslosigkeit,
h) Familienleistungen.«

In Abs. 2 derselben Bestimmung wird noch einmal ausdrücklich hervorgehoben:

»Diese Verordnung gilt für die allgemeinen und die besonderen, die auf Beiträgen beruhenden und die beitragsfreien Systeme der sozialen Sicherheit sowie für Systeme, nach denen die Arbeitgeber, einschließlich der Reeder, zu Leistungen gemäß Absatz 1 verpflichtet sind.«

Danach werden also nicht nur die verschiedenen Teilsysteme des Sozialrechts i.S.d. bundesdeutschen nationalen Rechts in den Geltungsbereich der VO einbezogen, sondern darüber hinaus auch alle auf die genannten Risiken reagierenden Systeme betrieblicher, also privatrechtlich geregelter Sozialleistungen der Arbeitgeber. Nicht hierher rechnen jedoch die freiwillige betriebliche Altersversorgung oder tarifvertragliche Leistungen (zu Letzteren s. die Definition in Art. 1 lit. j) der VO).

Lediglich Art. 4 Abs. 4 sieht zwei Ausnahmen vor:

»Diese Verordnung ist weder auf die Sozialhilfe noch auf Leistungssysteme für Opfer des Krieges und seiner Folgen anzuwenden.«

Beachte aber für den Bereich der Sozialhilfe Art. 7 Abs. 2 VO (EWG) Nr. 1612/68.

Die Wanderarbeitnehmerverordnung soll abgelöst werden durch die VO (EG) Nr. 883/2004[28]. Diese Verordnung ist zwar schon in Kraft. Sie entfaltet jedoch erst Wirkung (»gilt«), wenn die Durchführungsverordnung in Kraft getreten ist, vgl. Art. 91 Abs. 2 der VO. Diese Durchführungsverordnung ist bislang – Stand: Oktober 2006 – noch nicht in Kraft getreten. Es existieren jedoch Entwürfe zu einer Durchführungsverordnung[29]. Die wichtigste Änderung im Verhältnis zur Vorgängerverordnung besteht darin, dass der personelle Geltungsbereich der VO auf alle Versicherten, auch auf Nichterwerbstätige, erweitert worden ist. Deshalb kann diese VO auch nicht mehr als »Wanderarbeitnehmerverordnung« bezeichnet werden. Der sachliche Anwendungsbereich der VO ist nicht erweitert

27 Aufgrund der VO (EG) 1606/98.
28 Vom 29. 4. 2004 (ABl. EG L 200 vom 7. 6. 2004, 1). Zu dieser Verordnung s. die Beiträge im Sammelband von *Marhold* (Hrsg.), Das neue Sozialrecht der EU, Wien 2005 (mit Abdruck der VO).
29 Zum aktuellen Stand s. die Übersicht in BR-Drs. 100/06.

worden. Insbesondere ist der Schutz bei Pflegebedürftigkeit nicht aufgenommen worden, da hierfür nach der Rspr. des EuGH der Schutz bei Krankheit gilt.

II. Titel II der VO (EWG) Nr. 1408/71 enthält unter der Überschrift »Bestimmung der anzuwendenden Rechtsvorschriften« *Kollisionsregeln.* Art. 13 Abs. 1 VO legt als Grundsatz fest, dass »Personen, für die diese Verordnung gilt, den Rechtsvorschriften nur eines Mitgliedstaats« unterliegen. 8

Im Einzelnen stimmen die Regelungen in weiten Teilen mit den entsprechenden innerstaatlichen Vorschriften der §§ 3 ff. SGB IV überein.

III. Für die einzelnen Leistungsarten enthält die VO im III. Titel (Art. 18 ff.) zum Teil sehr ins Detail gehende Vorschriften[30]. Während es bei den Geldleistungen insbesondere darum geht, die Leistungsvoraussetzungen (bei Altersrenten etwa Versicherungszeiten, s. Art. 45 VO) und die Leistungsberechnung (s. Art. 46 VO) zu regeln, sind bei *Sachleistungen* (etwa ärztliche Behandlung bei Krankheit) besondere Probleme gegeben, wenn sich z.B. die leistungsberechtigte Person nicht in dem sonst für sie zuständigen Mitgliedstaat aufhält und dort Sachleistungen benötigt. 9

Hier kann die leistungsberechtigte Person die Sachleistungen nach den Rechtsvorschriften des Aufenthaltslandes erhalten, als ob sie bei ihm versichert wäre, wobei dies zu Lasten des Trägers des zuständigen Mitgliedstaates geht (sog. Sachleistungsaushilfe durch den Träger des Aufenthaltstaates), vgl. Art. 19 Abs. 1 lit.lit. a) der VO.

Komplizierte Situationen ergeben sich bei den *Leistungen wegen Arbeitslosigkeit*, wenn der Arbeitslose sich in einen anderen Mitgliedstaat als den zuständigen Staat begibt. Hier verliert der Arbeitslose seinen Anspruch nach drei Monaten, vgl. Art. 69 Abs. 1 lit. c) der VO. Bei den *Familienleistungen* entsteht ein besonderes Problem dann, wenn der Arbeitnehmer und die zu den Familienleistungen berechtigenden Familienangehörigen in unterschiedlichen Staaten wohnen. Art. 74 der VO sieht hier vor, dass der Arbeitnehmer die Familienleistungen nach dem Recht seines Beschäftigungstaates erhält. Tritt in einem solchen Fall eine Leistungskumulierung ein, sind die Leistungen des Wohnlandes der Familienangehörigen vorrangig, auch wenn dort kein Antrag auf Familienleistungen gestellt wird, s. die Prioritätsregelung in Art. 76 der VO. 10

IV. An den folgenden *Beispielen aus der jüngeren Rspr. des EuGH* soll die Bedeutung dieser Rspr. in ihrer Rückwirkung auf das mitgliedstaatliche, hier vor allem auf das deutsche Sozialrecht aufgezeigt werden. Verfahrensrechtlich handelt es sich bei den hier geschilderten Verfahren um Vorabentscheidungen des EuGH nach Art. 234 EG. Ein Vorabentscheidungsverfahren kann von jedem Gericht angestrengt werden. Das letztinstanzliche Gericht ist zur Anrufung des Gerichtshofes verpflichtet, wenn es um eine gemeinschaftsrechtliche Frage nach Art. 234 EG geht[31]. 11

1. Im ersten Fall[32] geht es um die Leistung von *Erziehungsgeld nach dem BErzGG* an den Ehegatten eines Arbeitnehmers, der den Rechtsvorschriften eines Mitgliedstaates (Bundesrepublik Deutschland) unterliegt und mit seiner Familie in einem anderen Mitgliedstaat (Niederlande) lebt. Damit sind die Voraussetzungen des Leistungsbezuges bei den in den Niederlanden lebenden kindererziehenden Klägerinnen nach § 1 BErzGG nicht gegeben. 12

---

30 Einen knappen Überblick gibt *Schulte* SRH, D. 32 Rn. 32 ff. S. auch die ausführlicheren Beiträge zu den einzelnen Leistungsarten der sozialen Sicherheit in: EAS, Systematische Darstellungen, B 9000 ff. S. weiter *Schulte/Barwig* (Hrsg.), Freizügigkeit und soziale Sicherheit, 1999.

31 S. hierzu ausführlich *Borchardt*, in: Fuchs (Hrsg.), Europäisches Sozialrecht, 712 ff.

32 Rs. C-245/94 und C-312/94 *(Hoever/Zachow)*, Slg. I-1996, 4895, abgedruckt in: EAS, VO (EWG) 1408/71 Art. 4 Nr. 18. Hierzu *Becker* SGb 1998, 553.

Zunächst war der *sachliche Anwendungsbereich der VO* zu klären, D.h. die Frage, ob das Erziehungsgeld als Leistung der sozialen Sicherheit zu qualifizieren sei und ob es unter den Begriff der Familienleistung i.S.v. Art. 4 Abs. 1 lit. h) der VO falle. Der Gerichtshof hebt hervor, dass es nicht auf die entsprechende Qualifizierung einer Leistung nach dem nationalen Recht ankomme. Das Erziehungsgeld sei eine Leistung der sozialen Sicherheit, weil »sie dem Empfänger unabhängig von jeder auf Ermessensausübung beruhenden Einzelfallbeurteilung der persönlichen Bedürftigkeit aufgrund einer gesetzlich umschriebenen Stellung gewährt wird und sich auf eines der in Artikel 4 Absatz 1 der Verordnung Nr. 1408/71 ausdrücklich aufgezählten Risiken bezieht (...).« Diese Definition der Leistung des Erziehungsgeldes als Leistung der sozialen Sicherheit kann unstrittig auf das Erziehungsgeld angewendet werden. Dem Einwand, dass es sich beim Erziehungsgeld nicht um eine Familienleistung handle, weil damit die Leistung des Elternteils, der sich der Kindererziehung widme, durch Einräumung eines eigenen Anspruchs honoriert werde und nicht eine kindesbedingte Unterhaltsbelastung gemindert werde, begegnet der Gerichtshof mit dem Argument, dass auch mit dem Erziehungsgeld der Ausgleich von Familienlasten bezweckt werde, s. Art. 1 lit. u) Ziff. i) der VO. Diese Qualifizierung als Familienleistung war in der deutschen Lit. umstritten[33].

Neben dem sachlichen Anwendungsbereich der VO war aber auch der *persönliche Anwendungsbereich* strittig. Die die Leistung des Erziehungsgeldes im Wohnsitzland begehrenden Klägerinnen waren nicht vom persönlichen Geltungsbereich der VO erfasst, da sie selbst nicht sozialversichert waren. Nur deren Ehemänner waren in Deutschland als Beschäftigte sozialversichert. Diese hatten aber nach § 1 BErzGG keinen Anspruch auf Erziehungsgeld. Der Gerichtshof versteht Art. 73 der VO dahingehend, dass mit dieser Vorschrift bezweckt werde, »zugunsten der Familienangehörigen, die in einem anderen als dem zuständigen Mitgliedstaat wohnen, die Gewährung der nach den anwendbaren Rechtsvorschriften vorgesehenen Familienleistungen sicherzustellen.« Art. 73 der VO diene der Gewährleistung der Freizügigkeit. Wenn die Gewährung des Erziehungsgeldes an die Voraussetzung gebunden sei, dass der nicht in Deutschland wohnende Ehegatte eines Arbeitnehmers im Geltungsbereich des BErzGG beschäftigt sei, könnte der Arbeitnehmer davon abgehalten werden, von seinem Recht auf Freizügigkeit Gebrauch zu machen. Demgemäß bestehe »für den Ehegatten eines Arbeitnehmers, der den Rechtsvorschriften eines Mitgliedstaats unterliegt und mit seiner Familie in einem anderen Mitgliedstaat lebt, aufgrund von Artikel 73 der Verordnung Nr. 1408/71 im Mitgliedstaat der Beschäftigung Anspruch auf eine Leistung wie das Erziehungsgeld«.

13 **2.** Im zweiten Fall[34] wird die Frage des *Exportes von Pflegegeld nach dem SGB XI* aufgeworfen. Die Kläger, ein niederländisch-deutsches Ehepaar, sind in Deutschland erwerbstätig, wohnen jedoch in Frankreich. Die zuständige AOK hat ihnen Leistungen der Pflegeversicherung für die Zeit ihres Aufenthaltes in Frankreich verwehrt. Hier war zunächst die Frage zu klären, ob es gegen Art. 6 und Art. 48 Abs. 2 (jetzt: Art. 12 und Art. 39) EG-Vertrag verstoße, wenn ein Mitgliedstaat Personen, die in seinem Gebiet arbeiten, jedoch in einem anderen Mitgliedstaat wohnen, zu Beiträgen zu einem System der sozialen Sicherheit nach Art der Pflegeversicherung heranziehe.

Im Rahmen dieser Frage hat der Gerichtshof die Leistungen der Pflegeversicherung als Leistungen der sozialen Sicherheit qualifiziert und sie den in Art. 4 Abs. 1 lit. a) der VO (EWG) Nr. 1408/71 genannten Leistungen bei Krankheit »ungeachtet gewisser Besonderheiten« zugeordnet mit dem Argument, dass die Leistungen der Pflegeversicherung eine Ergänzung der Leistungen der Krankenversicherung bezweckten, »um den Gesundheitszustand und die Lebensbedingungen der Pflegebedürftigen zu verbessern«. Diese Qualifizierung ist in der deutschen Lit. nicht unumstritten[35], erscheint aber als akzeptabel, solange in Art. 4 Abs. 1 der VO das Enumerationsprinzip gilt.

---

33 *Eichenhofer* Familienleistungen, in: EAS, Systematische Darstellungen, B 9200, Rn. 11.

34 Rs. C-160/96 (*Molenaar)*, EuGHE I 1998, 843, abgedruckt in: EAS, EG-Vertrag Art. 48 Nr. 94; NJW 1998, S. 1767 ff.

35 S. zur Problemstellung *Igl* Pflegeversicherung als neuer Gegenstand sozialrechtlicher Regelung, in: Sieveking (Hrsg.), Soziale Sicherung bei Pflegebedürftigkeit in der Europäischen Union, 1998, 19 ff. (31 f.). S. auch *Klein* Deutsches Pflegeversicherungsrecht versus Europarecht?, 1998.

Der Gerichtshof musste sich weiter der Frage zuwenden, ob das *Pflegegeld nach § 37 SGB XI eine Sach- oder eine Geldleistung* darstellt.

Nach deutscher – regierungsamtlicher – Auffassung handle es sich um ein Sachleistungssurrogat, also eine Leistung, die anstelle der Pflegesachleistung nach § 36 SGB XI gewährt werde[36]. Die Qualifizierung als Sachleistung hätte zur Konsequenz gehabt, dass die Kläger nur dann einen Anspruch auf Pflegeleistungen gehabt hätten, wenn das französische Recht ebenfalls Pflegeleistungen vorsieht, vgl. Art. 19 Abs. 1 lit. a) der VO. Dies ist aber nicht der Fall gewesen, so dass die Kläger keinen Anspruch auf Pflegeleistungen in ihrem Wohnsitzland gehabt hätten. Der Gerichtshof hat das Pflegegeld nach dem SGB XI als Geldleistung der Krankenversicherung i.S.v. Art. 19 Abs. 1 lit. b) der VO qualifiziert. Damit ist das Pflegegeld exportfähig[37].

Diese Frage ist insbesondere für die »echten« Sachleistungen der Pflegeversicherung, also auch für die stationäre Pflege, relevant. Wenn die Voraussetzungen des Art. 19 Abs. 1 lit. a) der VO für die sog. Sachleistungsaushilfe nicht vorliegen, erhält der Arbeitnehmer trotz Beitragsleistung keine entsprechenden Leistungen im anderen Mitgliedstaat, d.h. in seinem Wohnsitzstaat.

In der Frage der *Beitragspflichtigkeit* hat sich der Gerichtshof auf den Standpunkt gestellt, dass es nicht darauf ankomme, ob ein Arbeitnehmer die Leistungen eines Krankenversicherungssystems in vollem Umfang in Anspruch nehmen könne.

Der EuGH hat auch die Zahlung der Beiträge zur Rentenversicherung von informellen Pflegepersonen (vgl. § 19 SGB XI) durch den Träger der Pflegeversicherung als eine Leistung bei Krankheit für den Pflegebedürftigen angesehen. Wenn eine solche Pflegeperson für eine pflegeversicherte und Pflegeleistungen beziehende Person diese informelle Pflege im Ausland leistet, kann die deutsche Pflegekasse die Zahlung der Beiträge an die Rentenversicherung nicht verweigern[38].

Mit dieser auf der Rspr. in der Rechtssache *Molenaar* aufbauenden Entscheidung wird klar, wie notwendig eine Reform der VO (EWG) Nr. 1408/71 auch in Richtung auf eine Erweiterung des sachlichen Anwendungsbereiches der VO gewesen wäre. Das Risiko der Pflegebedürftigkeit wird aber in der VO (EG) Nr. 883/2004 nicht aufgenommen, s. Art. 3 Abs. 1 der VO.

C. VO (EWG) Nr. 1612/68 (Freizügigkeitsverordnung)

I. Das Verhältnis der Verordnung (EWG) Nr. 1612/68 über die Freizügigkeit der Arbeitnehmer innerhalb der Gemeinschaft (»*Freizügigkeitsverordnung*«) zur »*Wanderarbeitnehmerverordnung*« Nr. 1408/71 kann für den Bereich des Sozialrechts zunächst als ein Verhältnis des Allgemeinen zum Speziellen angesehen werden. Genaueres ergibt sich jedoch, wenn man den *personellen* und den *sachlichen Anwendungsbereich* der beiden Verordnungen gegenüberstellt. 14

In *personeller* Hinsicht ist der Anwendungsbereich der Freizügigkeitsverordnung enger. Sie erfasst die Arbeitnehmer und – nach der Rspr. des EuGH[39] – auch ihre Familienangehörigen und Hinterbliebenen, während die Wanderarbeitnehmerverordnung auch noch die Selbstständigen und ihre Familienangehörigen einschließt. 15

Beim *sachlichen Anwendungsbereich* ist die Freizügigkeitsverordnung sehr viel weiter als die Wanderarbeitnehmerverordnung. Der Freizügigkeitsverordnung kommt in erster Linie Bedeutung in arbeitsrechtlicher Hinsicht zu, Art. 1 ff., 7 Abs. 1 VO (EWG) Nr. 1612/68.

36 In der amtlichen Begründung, BT-Drs. 12/5262, S. 110, wird vom Pflegegeld als »Sachleistungssurrogat« gesprochen.

37 Einschränkend allerdings *Eichenhofer* SGb 1999, 57 ff., 60 f.

38 Rs. C-502/01 und C-31/02 *(Gaumain-Cerri)*,Slg. I-2004, 6483, abgedruckt bei: EAS, VO (EWG)1408/71 Art. 4 Nr. 29.

39 Rs. 32/75 *(Cristini)*, Slg. 1975, 1085, Leitsatz abgedruckt in: EAS, VO (EWG) 1612/68 Art. 7 Nr. 5.

In sozialrechtlicher Hinsicht ist ein zunächst unscheinbar wirkender Passus in Art. 7 Abs. 2 VO (EWG) Nr. 1612/68 wichtig:

»Er (sc. der Arbeitnehmer) genießt dort (sc. in einem anderen Mitgliedstaat) die gleichen sozialen und steuerlichen Vergünstigungen wie die inländischen Arbeitnehmer.«

Der EuGH hat dieser Regelung eine nicht unwesentliche Bedeutung für den Bereich des Sozialrechts beigemessen. Die Wanderarbeitnehmerverordnung bezieht sich hingegen speziell auf die Leistungen der Systeme der sozialen Sicherheit[40].

Aus der Gegenüberstellung der Anwendungsbereiche der beiden Verordnungen ergibt sich, dass die Wanderarbeitnehmerverordnung für den Bereich der Leistungen der sozialen Sicherheit immer vorrangig ist. Die Freizügigkeitsverordnung kann daher – im Rahmen ihres engeren personellen Anwendungsbereiches – nur noch für andere Sozialleistungen in Frage kommen.

16 **II.** Nach der Rspr. des EuGH ist der Begriff der *sozialen Vergünstigungen* weit auszulegen:

»Der Begriff der sozialen Vergünstigungen in Art. 7 Abs. 2 der VO (EWG) Nr. 1612/68 umfasst alle Vergünstigungen, die – ob sie an einen Arbeitsvertrag anknüpfen oder nicht – den inländischen Arbeitnehmern im allgemeinen hauptsächlich wegen deren objektiver Arbeitnehmereigenschaft oder einfach wegen ihres Wohnsitzes im Inland gewährt werden und deren Ausdehnung auf die Arbeitnehmer, die Staatsangehörige eines anderen Mitgliedstaats sind, deshalb als geeignet erscheint, deren Mobilität innerhalb der Gemeinschaft zu erleichtern.«[41]

Entsprechend dieser weiten Auslegung des Begriffes der sozialen Vergünstigungen werden u.a. Sozialhilfeleistungen, Rehabilitationsmaßnahmen für behinderte Menschen, Fahrpreisermäßigungen für kinderreiche Familien, zinsgünstige Darlehen für einkommensschwache Familien etc. erfasst[42].

17 **III.** Bei der *Abgrenzung des sachlichen Anwendungsbereichs* der Wanderarbeitnehmerverordnung von dem der Freizügigkeitsverordnung ist bei den *Leistungen der Sozialhilfe* zu prüfen, ob für diese – nach der Definition des EuGH – nicht die Anwendbarkeit der VO (EWG) Nr. 1408/71 vorrangig in Frage kommt. Die Abgrenzung der Leistungen der Sozialhilfe von den Leistungen der sozialen Sicherheit und damit der Anwendbarkeit der Wanderarbeitnehmerverordnung ist in Art. 4 Abs. 4 der VO (EWG) Nr. 1408/71 als negative Abgrenzung geregelt. Dort ist jedoch keine positive Definition des Begriffs der Sozialhilfe enthalten.

Der EuGH[43] hat die Kriterien für Sozialhilfeleistungen folgendermaßen umschrieben: Bedürftigkeit als wesentliche Anwendungsvoraussetzung; kein Erfordernis von Berufstätigkeits-, Mitgliedschafts- oder Beitragszeiten; Beurteilung nach dem Einzelfall; keine Einräumung einer gesetzlichen Stellung; Ermessen der Behörden bei der Bewilligung der Leistung.

Erst wenn nach diesen Kriterien die Anwendbarkeit der Wanderarbeitnehmerverordnung ausscheidet, kommt die Anwendbarkeit der VO (EWG) Nr. 1612/68 in Betracht.

In der unproblematischen Anwendbarkeit der Freizügigkeitsverordnung (auch) auf die Leistungen der Sozialhilfe liegt die besondere Bedeutung für die Sozialrechtspraxis. Der EuGH hat sich aber bisher noch nicht mit den deutschen Sozialhilfeleistungen vor dem Hintergrund der Anwendbarkeit der Freizügigkeitsverordnung befassen müssen.

---

40 Zur Abgrenzung des sachlichen Geltungsbereichs *Igl* Sozialhilfe, in: EAS, Systematische Darstellungen, B 9300, Rn. 23 ff.

41 Rs. 261/83 *(Castelli)*, Slg. 1984, 3199 = SozR 6048 Art. 7 Nr. 2 (Leitsatz Nr. 2), Leitsatz abgedruckt in: EAS, VO Nr. 1612/68 Art. 7 Nr. 10.

42 S. die Rechtsprechungshinweise bei *Igl* (wie Anm. 40); Abdruck der einschlägigen Entscheidungen bzw. der Leitsätze in: EAS, VO (EWG) 1612/68 Art. 7 Nr. 1 ff.

43 Rs. C-25/95 *(Otte)*, Slg. 1996, 3745, abgedruckt in: EAS, VO (EWG) 1408/71 Art. 4 Nr. 17.

Für die Auslegung des deutschen Sozialhilferechts ist zu beachten, dass die in § 23 SGB XII für Ausländer vorgesehenen leistungsrechtlichen Einschränkungen für Arbeitnehmer aus EG-Mitgliedstaaten, soweit sie von ihren Freizügigkeitsrechten Gebrauch machen, nicht gelten. § 23 Abs. 3 SGB XII ist aber auch hier anzuwenden, wenn in derartigen Fällen gerade nicht die Inanspruchnahme der Freizügigkeit das bestimmende Motiv ist[44].

IV. *Andere soziale Vergünstigungen* als Sozialhilfeleistungen sind z.B. Geburtsdarlehen. 18
Hierzu folgender *Fall*[45]:

In einem Bundesland werden nach landesrechtlichen Regelungen Eltern bei der Geburt von Kindern unter bestimmten Voraussetzungen zinslose Darlehen (sog. Geburtsdarlehen) gewährt, wobei u.a. vorausgesetzt wird, dass mindestens ein Ehegatte Deutscher ist. Die zuständige Behörde lehnt die Gewährung des Darlehens gegenüber einem italienischen Ehepaar, das in einer Pizzeria beschäftigt ist, wegen fehlender deutscher Staatsangehörigkeit ab. – Auch ein solches zinsloses Geburtsdarlehen ist eine »soziale Vergünstigung« i.S.d. Art. 7 Abs. 2 VO (EWG) Nr. 1612/68, so dass die italienischen Eltern von seiner Inanspruchnahme nicht ausgeschlossen werden dürfen.

V. Für *Leistungen der Ausbildungsförderung*[46] ist auch Art. 12 der VO (EWG) Nr. 1612/68 ein- 19
schlägig. Die Rspr. des EuGH hat hier zu verschiedenen Änderungen der einschlägigen Vorschriften des BAföG geführt. Der EuGH stützt die einschlägigen Lösungen dabei vor allem auf das Diskriminierungsverbot (Art. 12 EG) und auf die Unionsbürgerschaft, so zuletzt in der Rechtssache *Blidar*[47].

44 OVG Hamburg, Beschl. v. 8. 2. 1989, NVwZ-RR 1990, 141 (143).
45 Nach Rs. 65/81 *(Reina)*, Slg. 1982, 33; Leitsatz abgedruckt in: EAS, VO (EWG) 1612/68 Art. 7 Nr. 9.
46 Hierzu *Igl* (wie Anm. 15); s. auch *Armbrecht* (wie Anm. 15).
47 C-209/03, Slg. I-2005, 2119 = NJW 2005, 2055. S. dazu *Welti* ZESAR 2005, 256.

Anhang: Übersicht über die Arbeitsmittel im Sozialrecht

A. Gesetzessammlungen

Das Sozialrecht ist zu einem großen Teil im Sozialgesetzbuch (SGB) kodifiziert. Dies erleichtert den Überblick über die verschiedenen sozialrechtlichen Materien erheblich. Die gängigen Gesetzessammlungen enthalten diese Materien.

Aichberger, Friedrich: Sozialgesetzbuch mit Nebengesetzen, Ausführungs- und Verfahrensvorschriften, Beck'sche Loseblattausgabe

Diese Ausgabe enthält u.a. folgende Gesetze: alle Bücher des SGB, SGG, BKGG, BErzGG, dagegen *nicht* das BVG.

Aichberger II: Sozialgesetze – Ergänzungsband für die neuen Bundesländer, hrsg. von *Lothar Schenk*, Beck'sche Loseblattausgabe

Luber, Franz: Deutsche Sozialgesetze, Sammlung des gesamten Arbeits- und Sozialrechts der Bundesrepublik Deutschland, Loseblattwerk in 3 Bänden

Hierbei handelt es sich um die umfassendste sozialrechtliche – und zugleich arbeitsrechtliche – Gesetzessammlung, die auch untergesetzliches Recht enthält.

Luber, Franz: Deutsches Sozialrecht mit Europäischem Sozialrecht (bearbeitet von Bernd *Becker*), 3 Bde., Loseblattwerk

Diese Ausgabe unterscheidet sich von der zuvor genannten, dass dem nationalen Recht (unter Einschluss auch der wichtigsten Arbeitsgesetze) nur ein Band gewidmet ist, während der Zusatzband Rechtsquellen des Europäischen Arbeits- und Sozialrechts enthält;

(ohne Herausgeber) Bundesversorgungsgesetz / Soldatenversorgungsgesetz, Beck'sche Loseblattausgabe

Diese Ausgabe enthält alle Gesetze zum sozialen Entschädigungsrecht.

B. Allgemeine Hilfsmittel

Fundhefte für Arbeits- und Sozialrecht (Beck)

Wannagat, Georg/*Gitter*, Wolfgang (Hrsg.): Jahrbuch des Sozialrechts der Gegenwart

In diesem Werk wird jährlich insbes. über die Rspr. des BSG und der anderen Bundesgerichte, z.T. auch über einschlägige Literatur zum Sozialrecht berichtet. Es ist eine Fundgrube, um sich schnell und zuverlässig auf den neuesten Stand von Rspr. und Lit. zu bringen.

Zacher, Hans F. / *Friedrich-Marczyk*, Marion / *Jürgens*, Andreas: Sozialgesetzbuch (SGB), Textausgabe mit Hinweisen und Materialien, 5 Bde., Loseblattwerk

C. Rechtsprechung

Ausgewählte Entscheidungen des Bundessozialgerichts (BSG) enthalten die von Richtern des BSG herausgegebenen

- Entscheidungen des Bundessozialgerichts, (zit.: BSG oder BSGE mit Band und Seite)
- die Loseblattausgabe Sozialrecht – SozR 4. Folge, jetzt auch auf CD-ROM

Zu unterscheiden sind vier Folgen dieser Entscheidungssammlung. Die erste Folge wurde 1973 abgeschlossen und von der zweiten ab 1974 abgelöst. Die dritte Folge ist mit den Entscheidungen ab Januar 1990 begonnen worden. Die dritte Folge wird durch »SozR 3« gekennzeichnet, die vierte Folge mit »SozR 4«.

Sammlung Breithaupt, Sammlung von Entscheidungen aus dem Sozialrecht, begründet von Hermann *Breithaupt*

Zit.: Breith. mit Jahrgang und Seite, früher vielfach auch mit Band und Seite; diese Sammlung enthält neben Entscheidungen des BSG vor allem auch solche der Instanzgerichte.

Neben diesen allgemeinen Rechtsprechungssammlungen gibt es noch solche zu einzelnen Sozialrechtsgebieten.

Für die Gebiete des Ausbildungsförderungsrechts (BAföG), des Unterhaltsvorschussrechts (UnterhVG), des Wohngeldrechts (WoGG), des Rechts der Kriegsopferfürsorge (§§ 25 ff. BVG) ferner für Teile des Kinder- und Jugendhilferechts ist nicht die Sozial-, sondern die allgemeine Verwaltungsgerichtsbarkeit zuständig, so dass insoweit auf die einschlägigen Entscheidungssammlungen dieser Gerichtsbarkeit zurückzugreifen ist.

Auf CD-ROM:

Kompass Arbeits- und Sozialrecht CD (C. H. Beck)

Beruht auf den Fundheften für Arbeits- und Sozialrecht.

SozR, 3. und 4. Folge auf CD-ROM, Gruppen 1000–8000

D. Literatur

Angesichts der in den letzten Jahren besonders häufigen Gesetzesänderungen im Sozialrecht können die Autoren der Sozialrechtsentwicklung häufig nur noch »hinterherschreiben«. Trotz dieser Situation wird die Einführungsliteratur dadurch nicht grundsätzlich wertlos. Allerdings ist besonders bei den Fallbeispielen und Lösungen auf die Aktualität zu achten.

I. Zur Einführung:

Becker, Ulrich, Wahlfach Sozialrecht, in: JuS 1998, S. 98 ff.

Zacher, Hans F.: Einführung in das Sozialrecht, 3. Aufl., 1985

(veraltet, aber in den Grundlagen noch immer beachtenswert)

II. Zum Studium:

Becker, Ulrich/*Seewald*, Otfried: Fälle zum Sozialrecht, 2004

Bley, Helmar / *Kreikebohm*, Ralf / *Marschner*, Andreas: Sozialrecht, 9. Aufl., 2007

Eichenhofer, Eberhard: Sozialrecht, 5. Aufl., Tübingen 2004

Eichenhofer, Eberhard: Klausurenkurs im Sozialrecht, 5.Aufl., Heidelberg 2005

Erlenkämper, Arnold / *Fichte*, Wolfgang: Sozialrecht, 5. Aufl., 2003

Fuchs, Maximilian/*Preiss*, Ulrich: Sozialversicherungsrecht. Praxis-Lehrbuch, 2005

(Nur Sozialversicherungsrecht, dafür ausführlich: mit fast 1100 Seiten eher ein Nachlagewerk als ein Lehrbuch)

Muckel, Stefan: Sozialrecht, 2. Aufl., München 2006

Waltermann, Raimund: Sozialrecht, 6. Aufl., Heidelberg 2006.

III. Zur Vertiefung:

Blüm, Norbert/*Zacher*, Hans F. (Hrsg.): 40 Jahre Sozialstaat Bundesrepublik Deutschland, 1989

Gitter, Wolfgang / *Thieme*, Werner / *Zacher*, Hans F. (Hrsg.): Im Dienst des Sozialrechts, FS für Georg Wannagat, 1981

Schulin, Bertram: Soziale Entschädigung als Teilsystem kollektiven Schadensausgleichs, 1981

Schulin, Bertram: Empfiehlt es sich, die Zuweisung von Risiken und Lasten im Sozialrecht neu zu ordnen?, Gutachten E für den 59. Deutschen Juristentag, 1992

Stolleis, Michael: Quellen zur Geschichte des Sozialrechts, 1976

Stolleis, Michael: Geschichte des Sozialrechts in Deutschland, 2003

Zacher, Hans F.: Das soziale Staatsziel, in: *Isensee*, Josef / *Kirchhof*, Paul (Hrsg.): Handbuch des Staatsrechts, Bd. II, 3.Aufl. 2004, § 28, 659 ff.

IV. Kommentare zum gesamten Sozialgesetzbuch:

Grüner, Hans / *Dalichau*, Gerhard: Sozialgesetzbuch (SGB), Kommentar, 6 Bde., Loseblattwerk

Hauck, Karl/*Noftz*, Wolfgang: Sozialgesetzbuch (SGB), Kommentar, Loseblattwerk

Kassler Kommentar zum Sozialversicherungsrecht, Sozialgesetzbuch- Kommentar zu den Büchern I – XII, Loseblattwerk

Rolfs, Christian / *Giesen*, Richard / *Kreikebohm*, Ralf / *Udsching*, Peter (Hrsg.): Sozialgesetzbuch- Kommentar zu den Büchern I – XII (Beck'scher Online-Kommentar)

Wannagat, Georg (Hrsg.): Sozialgesetzbuch – Kommentar zum gesamten Recht des Sozialgesetzbuches, Loseblattwerk

V. Zur Information

Die zuständigen Bundes- und Landesministerien geben in Abständen Sozialberichte und anderes Informationsmaterial zum Sozialrecht heraus. Gerade solche Hilfsmittel mit übersichtlichen Tabellen, graphischen Darstellungen und konkreten Zahlen machen das Gebiet des Sozialrechts verständlich und zugänglich. Vgl. dazu vor allem

Sozialbericht 2005 hrsg. vom Bundesminister für Arbeit und Sozialordnung

Der Sozialbericht wird nur alle vier Jahre veröffentlicht. Zwischenzeitliche Aktualisierung sind im Internet auf der Homepage des Bundesministeriums für Arbeit und Sozialordnung verfügbar (www.bmas.de).

Übersicht über das Sozialrecht, hrsg. vom Bundesminister für Arbeit und Sozialordnung, 3.Aufl. 2006.

E. Allgemeine Zeitschriften

Spezialzeitschriften zu den einzelnen Teilgebieten des Sozialrechts werden bei den Einzeldarstellungen aufgeführt.

Arbeit und Sozialpolitik (zit.: ArbSozPol)

Bundesarbeitsblatt (zit.: BArbBl)

Die Sozialgerichtsbarkeit (zit.: SGb)

Diese Monatsschrift enthält neben ihrem Aufsatzteil vor allem auch ausführliche Übersichten zur Rechtsprechung der Sozialgerichte.

European Journal of Social Security

Noch ist es schwer vermittelbar, aber auch deutsche Juristinnen und Juristen sollten englisch lesen können. Im europäischen Sozialrecht ist dies unabdingbar.

Neue Zeitschrift für Arbeitsrecht (zit.: NZA)

Die NZA erschien bis 1993 unter dem Titel »Neue Zeitschrift für Arbeits- und Sozialrecht«; der sozialrechtliche Teil ist durch die NZS ersetzt worden.

Neue Zeitschrift für Sozialrecht (zit.: NZS)

Die NZS versteht sich als Praktikerzeitschrift, vor allem für Anwälte. Erschien bis 1993 unter dem Titel »Neue Zeitschrift für Arbeits- und Sozialrecht«; der sozialrechtliche Teil ist durch die NZS ersetzt worden.

Recht der Arbeit (zit.: RdA)

Recht der sozialen Dienste und Einrichtungen (zit.: RsDE)

Die einzige Zeitschrift, die regelmäßig auf dem Gebiet des Leistungserbringungsrechts vor allem der Pflegeversicherung, der Kinder- und Jugendhilfe und der Sozialhilfe sowie des Heimgesetzes publiziert.

Sozialer Fortschritt – Unabhängige Zeitschrift für Sozialpolitik (zit.: SF)

Soziale Sicherheit (zit.: SozSich)

Gewerkschaftliche Zeitschrift mit fundierten und praxisorientierten Beiträgen und sozialpolitischen Informationen.

Vierteljahresschrift für Sozialrecht (zit: VSSR)

Die VSSR enthält vornehmlich wissenschaftliche Beiträge (zwischen 1984 und 1989 nicht erschienen).

Zeitschrift für ausländisches und internationales Arbeits- und Sozialrecht (zit.: ZIAS)

Zeitschrift für Sozialhilfe und Sozialgesetzbuch (zit.: ZfSH/SGB)

Zeitschrift für Sozialreform (zit.: ZSR)

Diese sozialpolitische Zeitschrift zeichnet sich durch einen breit gefächerten Themenkreis aus.

Zentralblatt für Sozialversicherung, Sozialhilfe und Versorgung, Zeitschrift für das Recht der sozialen Sicherheit (zit.: ZfS)

Die Zeitschrift enthält eine sehr gut strukturierte Übersicht über die Literatur, ansonsten praxisorientierte Beiträge.

Zeitschrift für europäisches Sozial- und Arbeitsrecht (ZESAR)

Mit Besprechungen von EuGH-Urteilen und Überblicksartikeln sowie einem Informationsteil zur europäischen Sozialpolitik

F. Internet

Das Internet ist mittlerweile für die juristische Arbeit auch von Studierenden unverzichtbar geworden. Ein Zugang zu JURIS und beck-online erspart manchen Gang in die Bibliothek. Auch die gesetzgebenden Körperschaften, die Ministerien und die europäischen Instanzen haben zum Teil Internetauftritte, die Informationen auch für Studierende, wenn auch nicht speziell sortiert, bieten. Speziell für das Arbeits- und Sozialrecht existiert ein hervorragendes Internetportal: www.aus-portal.de.

Sachverzeichnis

Die fettgedruckten Zahlen verweisen auf die Paragrafen, die einfachen Zahlen auf die Randnummern innerhalb der Paragrafen